ସମାଜ: ଦର୍ଶନ ଓ ସାହିତ୍ୟ

ସମାଜ: ଦର୍ଶନ ଓ ସାହିତ୍ୟ

ଡକ୍ଟର ସଂଘମିତ୍ରା ଭଞ୍ଜ

BLACK EAGLE BOOKS

2022

BLACK EAGLE BOOKS

USA address:
7464 Wisdom Lane
Dublin, OH 43016

India address:
E/312, Trident Galaxy, Kalinga Nagar,
Bhubaneswar-751003, Odisha, India

E-mail: info@blackeaglebooks.org
Website: www.blackeaglebooks.org

First International Edition Published by
BLACK EAGLE BOOKS, 2022

SAMAJ: DARSAN O SAHITYA
by **Dr. Sanghamitra Bhanja**

Cover & Interior Design: Ezy's Publication

ISBN- 978-1-64560-255-2 (Paperback)

Printed in the United States of America

ଉତ୍ସର୍ଗ

ଓଡ଼ିଆ ଭାଷା ସାହିତ୍ୟର ଅନ୍ୟତମ ଶ୍ରେଷ୍ଠ ସମାଲୋଚକ
ପ୍ରଫେସର ବାଉରୀବନ୍ଧୁ କରଙ୍କୁ, ଯିଏ ସମାଲୋଚନାକୁ
ସ୍ୱତନ୍ତ୍ର ଭାବରେ ଉପସ୍ଥାପନ କରିଛନ୍ତି ।

- ସଂଘମିତ୍ରା ଭଞ୍ଜ

ମୁଖବନ୍ଧ

ଯେଉଁଠି ନିର୍ଦ୍ଦିଷ୍ଟ ଲକ୍ଷ୍ୟ ନେଇ ଆମେ ଗୋଷ୍ଠୀବଦ୍ଧ ଜୀବନକୁ ଭେଟିଥାଉ, ତାକୁ ହିଁ ଆମେ ସମାଜ କହୁ। ଏହା ପ୍ରତ୍ୟେକ ମାନବର ଚେତନା-ନିର୍ମାଣକାରୀ ପ୍ରେକ୍ଷାପଟ। ଏହାରି ଭୂମିରୁ ସ୍ୱପ୍ନମଖା ଜୀବନରତ୍ନକୁ ଆହ୍ୱାନ କରିବା ଏବଂ ରହସ୍ୟମୟ ଭୂମା ପର୍ଯ୍ୟନ୍ତ ଗତି କରିବାର ସ୍ଫୁଲିଙ୍ଗ ପ୍ରାପ୍ତ ହୁଏ। ପୁଣି ଏଥିରୁ ଜୀବନର ଯଥାର୍ଥ ଲକ୍ଷ୍ୟ ମିଳେ, ଆତ୍ମସମୀକ୍ଷା ପ୍ରତି ସଚେତନତା ଏବଂ ଆତ୍ମୋପଲବ୍ଧି ଦିଗରେ ମାନବାତ୍ମାର ଆସ୍ପୃହା ସୃଷ୍ଟି ହୁଏ। ଯେଉଁ ସମାଜର ପରିବେଷ୍ଟନୀଟି ଯେତେ ଆନ୍ତରିକ, ସେହି ବଳୟର ବ୍ୟକ୍ତିସତ୍ତା ସେତେ ସ୍ୱତନ୍ତ୍ର। ସାହିତ୍ୟିକଟିଏ ସମାଜର ଆନ୍ତରିକ ବେଷ୍ଟନୀରୁ ହିଁ ସର୍ଜ୍ଜନାର ପ୍ରେରଣା ଲାଭ କରିଥାଏ। ବିସ୍ତୃତ ସାମାଜିକ ଭୂମି ଉପରେ ଶିଳ୍ପୀର ଅନୁଭବ ହୁଏ ଶାଣିତ, ଶିକ୍ଷା ହୁଏ ମାର୍ଜିତ, ଜୀବନର ବ୍ୟାଖ୍ୟା ତେଣୁ ହୁଏ ଯଥାର୍ଥ ଓ ହୃଦ୍ୟ। ସମାଜ ବ୍ୟତିରେକ ଅନ୍ୟ କୌଣସି ସ୍ଥାନରେ ଜୀବନର ମୂଲ୍ୟ ଖୋଜିହୁଏନି। ବିବିଧ ଅନୁଭବ ରସାଣିତ ଉପଲବ୍ଧିକୁ ନେଇ ସାହିତ୍ୟିକର ଜୀବନୀୟ ଦର୍ଶନ ହୋଇଥାଏ ବଳିଷ୍ଠ ତଥା କାଳୋତ୍ତୀର୍ଣ୍ଣ। 'ଦର୍ଶନ ଓ ସାହିତ୍ୟ' ପରସ୍ପରର ପରିପୂରକ। 'ସମାଜ ମୂଲ୍ୟ' ଉଭୟ ଦର୍ଶନ ଓ ସାହିତ୍ୟରେ ଅନ୍ତଃସଲୀଳା ଫଲ୍‌ଗୁ ଭଳି ତରଙ୍ଗାୟିତ ହୋଇଥାଏ। ଜୀବନୀୟ ମୂଲ୍ୟବୋଧକୁ ନେଇ ଶିଳ୍ପୀର ସ୍ୱତନ୍ତ୍ର ଦୃଷ୍ଟିକୋଣକୁ ଦର୍ଶନରେ ଶିରପା ଲାଭ ହୁଏ। ଅନ୍ତର୍ନିମଗ୍ନ ଚେତନାର ଗରିମା ଦ୍ୱାରା ଲେଖକ ନିଜ ସୃଜନକୁ ଶକ୍ତିଶାଳୀ କରିବାକୁ ସକ୍ଷମ ହୁଏ। 'ସମାଜ: ଦର୍ଶନ ଓ ସାହିତ୍ୟ' - ଏହିଭଳି ଦାର୍ଶନିକ ଅଭିବ୍ୟକ୍ତିକୁ ନେଇ ଏକ ତତ୍ତ୍ୱାଶ୍ରୟୀ ପ୍ରବନ୍ଧ ସଂକଳନ। ଏଥିରେ ବ୍ୟକ୍ତିଗତ ଅନୁଭବଙ୍କ ନମ୍ର ଉଚ୍ଚାରଣ ସହିତ ଯଶସ୍ୱୀ ବ୍ୟକ୍ତିତ୍ୱମାନଙ୍କ ସଂପର୍କରେ ସାନ୍ଦ୍ର ଆଲୋଚନା ରହିଛି। ଚିନ୍ତନର ଅଭିସନ୍ଧି ମଧ୍ୟରେ ଦର୍ଶନର ନାନ୍ଦନିକତାକୁ ପ୍ରତିଷ୍ଠା ଦେବା ହିଁ ଏହି ପ୍ରବନ୍ଧ ସଂକଳନର ଅନ୍ତଃସ୍ୱର। ଅଗଣିତ ଜିଜ୍ଞାସୁ ବିଦ୍ୟାର୍ଥୀ ତଥା ଗବେଷକଙ୍କ ନିମନ୍ତେ ଏହି ସଂକଳନଟି ଉପାଦେୟ ସାବ୍ୟସ୍ତ ହେବ ବୋଲି ଆଶା କରୁଛି।

- ସଂଘମିତ୍ରା ଭଂଜ

ସୂଚୀପତ୍ର

ସଂସ୍କୃତି: ଏକ ନୈତିକ ବୋଧଶକ୍ତି

'ସ ବୈ ନୈବ ରେମେ ତସ୍ମାଦେକାକୀ ନ ରମତେ ସ ଦ୍ୱିତୀୟ ମୈଚ୍ଛତ୍' - ଅର୍ଥାତ୍ ସଂସାର ସୃଷ୍ଟି ହେବା ପୂର୍ବରୁ କେବଳ ଅନାଦି ଶୂନ୍ୟପୁରୁଷଙ୍କ ସ୍ଥିତି ଥିଲା। ସେହି ଶୂନ୍ୟମଣ୍ଡଳର ଦିବ୍ୟବଳୟ ହୁଏତ ପୃଥିବୀର ଏହି ରୂପରେଖ ନିର୍ଣ୍ଣୟ କରିଥିବ। କିଏ ଜାଣେ ସେ ସତ୍ୟ? କେଉଁଠୁ ତା'ର ଆରମ୍ଭ ପୁଣି କେବେ ତା'ର ଅନ୍ତିମ ଚରଣ? ଯା'ରି ଭିତରେ ଜୀବନ ଜିଇଁବାର ନିଖୁଣ କାରିଗରୀ ଚାଲେ। ଜନ୍ମରୁ ଜୀବନକୁ ବୁଝିବା ଯାଏ, ପୁଣି ଜୀବନର ଉପଲବ୍ଧ ସିଦ୍ଧାନ୍ତକୁ ଅନ୍ତର୍ଗର୍ଭିତ କରି ଶେଷ ବିଦାୟ ଯାଏ - ଏକ ମହାଯାତ୍ରା ନୁହେଁ କି? ଐନ୍ଦ୍ରିକ ଇଚ୍ଛାପୂର୍ତ୍ତିକୁ ନେଇ ମଣିଷର ନିୟମିତ ପ୍ରତିଯୋଗିତାର ପର୍ବ ସବୁ ଚାଲିଛି। ଭଲ ଜୀବନଟେ କ'ଣ ତା'ର ଉତ୍ତର କେବଳ ମଣିଷର ଉପଲବ୍ଧ ଜ୍ଞାନ ହିଁ ପ୍ରଦାନ କରିଥାଏ। କାହା ପାଇଁ ଜନ୍ମ-ଜନ୍ମାନ୍ତରର ଅର୍ଥ ହିଁ କିଛି ନାହିଁ ତେଣୁ ପ୍ରବୃତ୍ତୀୟ ଆହ୍ୱାନସବୁଙ୍କୁ ଅବଦମିତ କରି, ଇନ୍ଦ୍ରିୟ ନିଗ୍ରହର ଅର୍ଥ ଅବା କ'ଣ ହୋଇପାରେ? ବରଂ ସୁଯୋଗ ମିଳୁଚି ତ ଜୀବନକୁ ଭରପୂର ଉପଭୋଗ କରିନେଲେ କ୍ଷତି ନାହିଁ। ଏଇ ଜାଗତିକ ଭୋଗ-ତୃଷ୍ଣାର ସରଳ ଜୀବନକୁ ଏଡ଼େଇ ଅନାସକ୍ତି ଓ କଠୋର ସଂଯମିତ ଜୀବନର ଆକାଂକ୍ଷାର ମାନେ କିଛି ନାହିଁ। ତତ୍ତ୍ୱ-ସିଦ୍ଧାନ୍ତ-ନିଷ୍କର୍ଷ ସବୁ ମଣିଷକୁ ସୁହାଇଲା ଭଳି ହୋଇଥାନ୍ତି। ଯାହା ତା' ନିଜ ସହିତ ଏକ ଗୋଷ୍ଠୀକୁ ମଧ୍ୟ ଆତ୍ମସନ୍ତୋଷ ପ୍ରଦାନ କରିଥାଏ। କିନ୍ତୁ ଯା'ରି ଭିତରୁ କଠୋର ଜୀବନଶୈଳୀକୁ ତପସ୍ୟା ମନେ କରି, ସ୍ୱତନ୍ତ୍ର ଭାବେ ବଞ୍ଚୁଥିବା ମଣିଷମାନେ ତେବେ କିଏ? ତିନି ସ୍ତରର ମଣିଷଙ୍କୁ ଆମେ ଭେଟୁ। ଯେଉଁମାନେ ଭୋଗପୂର୍ଣ୍ଣ ଜୀବନ ପାଇଁ ଆକାଂକ୍ଷିତ, କିଛି ଭୋଗଶୂନ୍ୟ ଜୀବନ ନିମନ୍ତେ ସମର୍ପିତ, ଆଉ କିଛି ଉଭୟ ଭୋଗ

ଏବଂ ଆଉ କିଛି ଅନାସକ୍ତିର ଖସଡ଼ା ଦେଇ ଗତିଶୀଳ। ଏଭଳି ତିନି ପ୍ରକାର ମାନସିକତାକୁ ନେଇ ଯଦି ଆମେ ଆମ ଜୀବନର ପ୍ରକୃତ ରୂପ ଆକଳନ କରିବା ତେବେ ଉତ୍ତରଟି ହୁଏତ ଟିକେ ଭିନ୍ନ ହେବ। ଯେଉଁଠି ଜଣେ ଉତ୍ତରରେ କହିପାରିବ- "ଯାହାର ସଂସ୍କାର ଯେମିତି ସେ ଅନୁରୂପ ଭାବରେ ଜୀବନ ଜିଇଁବ।" ବାସ୍ତବିକ ଏଇ 'ସଂସ୍କାର' ଶବ୍ଦଟି ସହିତ ଘନିଷ୍ଠ ଭାବସାମ୍ୟ ରଖୁଥିବା ଅନ୍ୟ ଶବ୍ଦଟି ହେଲା 'ସଂସ୍କୃତି'। ପ୍ରଥିତଯଶା ସ୍ତମ୍ଭକାର ଗୌରହରି ଦାସଙ୍କ ମତରେ- "ସଂସ୍କୃତି ଆମେ ଡ୍ରଇଂରୁମ୍‌ରେ ବସି କରୁଥିବା ଆଲୋଚନା ନୁହେଁ, ଆମେ ଯେମିତି ଜୀବନ ଜିଉଁ ତାହାହିଁ ଆମର ସଂସ୍କୃତି। ଆମେ ଯେମିତି ଆଲୋଚନା କରୁ, ସେମିତି ଆମେ ଜୀବନ ଜିଉଁ କି? x x x ଗୋଟିଏ ରାଜ୍ୟର ସାଂସ୍କୃତିକ ବୈଶିଷ୍ଟ୍ୟ କେବଳ ତା'ର ଇତିହାସ, ତା'ର ମଠ-ମନ୍ଦିର, ତା'ର ସାହିତ୍ୟ କିମ୍ବା ତା'ର କଳା-ସଂଗୀତରୁ ଜଣାପଡ଼େ ନାହିଁ। ସେ ଦେଶର ବ୍ୟକ୍ତି ଓ ଅନୁଷ୍ଠାନମାନଙ୍କର ସାଧାରଣ ଚିତ୍ର ଓ ଚରିତ୍ରରୁ ତାହାର ପରିଚୟ ମିଳିଥାଏ।" 'ସଂସ୍କୃତି' ଏକ ବ୍ୟାପକ ଅର୍ଥଯୁକ୍ତ ଶବ୍ଦ। ୟୁନେସ୍କୋଙ୍କ ମତରେ- "ସଂସ୍କୃତିକୁ ସାଧାରଣତଃ 'କଳା' ଭାବରେ ଗ୍ରହଣ କରାଯାଏ। ଆମେମାନେ ନୈତିକ ମୂଲ୍ୟ ଏବଂ ମାନବୀୟ ବ୍ୟବହାରକୁ ମଧ୍ୟ 'କଳା' ରୂପେ ଗ୍ରହଣ କରିଥାଉ। ଏହାକୁ କୌଣସି ସମାଜ କିମ୍ବା କୌଣସି ସାମାଜିକ ସମୂହର ହିତାର୍ଥେ କରାଯାଉଥିବା କାର୍ଯ୍ୟ, ବ୍ୟବହାର ଏବଂ ପ୍ରବୃତ୍ତିରେ ମଧ୍ୟ ଲକ୍ଷ୍ୟ କରାଯାଏ। 'ସଂସ୍କୃତି' କହିଲେ ଆମେ ବୁଝୁ ଜୀବନର ସ୍ତର, ସ୍ଥିତି ଏବଂ ବେଶଭୂଷା, ଭୌତିକ ଅନୁଶୀଳନ। ଆମେ ଭାଷା, ବିଚାର, କାର୍ଯ୍ୟର ସଂସ୍କୃତି ସହିତ ଏହାର ଆକଳନ କରିଥାଉ।" ଯଦି ଆଉ ଟିକେ ସ୍ପଷ୍ଟ ଭାବରେ ଏହାର ଆତ୍ମିକ ମୂଲ୍ୟକୁ ବିଚାର କରିବା, ତେବେ ରେଡ୍‌ଫିଲ୍‌ଡଙ୍କ ବକ୍ତବ୍ୟକୁ ଗ୍ରହଣ କରାଯାଇପାରେ। ରେଡ୍‌ଫିଲ୍‌ଡଙ୍କ ମତରେ- "ସଂସ୍କୃତି, କଳା ଏବଂ ବାସ୍ତୁକଳାରେ ସ୍ପଷ୍ଟ ଥିବା ପରମ୍ପରାଗତ ଜ୍ଞାନର ଏଭଳି ଏକ ସଂଗଠିତ ରୂପ ଅଟେ ଯାହା ପରମ୍ପରା ଦ୍ୱାରା ସଂରକ୍ଷିତ ହୋଇ ମାନବସମୂହର ବୈଶିଷ୍ଟ୍ୟ ପାଲଟି ଯାଇଥାଏ।" ତେଣୁ ଜୀବନର ପ୍ରୟୋଗଶାଳା ହିଁ ସଂସ୍କୃତି। ଯାହା ମାନବର ଅସ୍ଥିମଜ୍ଜାଗତ ଅବବୋଧ ଭିତରେ ସୂକ୍ଷ୍ମ ଭାବରେ ନିହିତ ଥାଏ। ଯାହା ଅନୁସାରେ ମାନବ ନିଜ ଜୀବନକୁ ପରିପୂର୍ଣ୍ଣ ରୂପ ପ୍ରଦାନ କରିଥାଏ।

ଭାରତୀୟ ସଭ୍ୟତାର ମହାଯାତ୍ରାକୁ ଅବଲୋକନ କଲେ, ଭରତୀୟମାନଙ୍କ ଆଚାର-ବିଚାର, ବ୍ୟବହାର, ଚାଲିଚଳନ, ଭାବ-ଭାବନାର ଏକ ସ୍ଥିରରୂପ ସମ୍ମୁଖକୁ ଆସେ ଯାହା ଚିରସ୍ରୋତା ସମୟର ପାବଚ୍ଛରେ ବହୁ ଗଡ୍‌ଡ଼ାଳିକା ଦେଇ ଗତି କରେ ସତ ମାତ୍ର ଶେଷ ହୁଏ ନାହିଁ। ବିବିଧ ତତ୍ତ୍ୱ, ଦର୍ଶନ, ବିଚାର, ସିଦ୍ଧାନ୍ତାଦିର ନୂତନତ୍ୱ

ନେଇ ଆମ ଭାରତୀୟ ସଂସ୍କୃତି ପରିପୁଷ୍ଟ ହୋଇଛି। କାରଣ ସ୍ଥାଣୁତ୍ୱରୁ ମୁକ୍ତି ଏବଂ ବିବର୍ତ୍ତନ ହିଁ ମାନବଲକ୍ଷ୍ୟ। ଏହାହିଁ ସାମାଜିକ ପରିବର୍ତ୍ତନର ଗତିଶାସ୍ତ୍ର (Social Dynamics)। ରାମାୟଣ, ମହାଭାରତ, ମନୁସଂହିତାର ସାମାଜିକ ବିଚାର ସହିତ ପାଶ୍ଚାତ୍ୟ ଦାର୍ଶନିକ ପ୍ଲେଟୋ, ଆରିଷ୍ଟଟଲ୍‌ଙ୍କ ଆଦର୍ଶ ବିଜ୍ଞାନ, ନୀତି-ଧର୍ମଜିଜ୍ଞାସା ତଥା ବିଜ୍ଞାନକୁ ନେଇ ବିଷୟ ଆକାଂକ୍ଷା, ଗ୍ରାମ୍ୟଜୀବନ, ଗୋଷ୍ଠୀ ବିଚାର, ଜାତି-ଧର୍ମ-ଭାଷା ପ୍ରସଙ୍ଗ ଆମ ସଂସ୍କୃତିର ଅବଧାରଣାକୁ ସମୃଦ୍ଧ କରେ।

ଗୋଟିଏ ଜାତିର ମୌଳିକ-ସାରତତ୍ତ୍ୱ ହେଉଛି ତା'ର ସଂସ୍କୃତି। ଶରୀରରେ ହୃତ୍‌ସ୍ପନ୍ଦନ ଭଳି ଜାତିର ଦୁକୁଦୁକିକୁ ସକ୍ରିୟ-ଚଞ୍ଚଳ କରିବାରେ ସଂସ୍କୃତିର ଭୂମିକା ଅନବଦ୍ୟ। 'ନାଟ୍ୟଶାସ୍ତ୍ର' ପ୍ରଣେତା ଭରତମୁନିଙ୍କ ମତରେ- "ନାନା ଦେଶ ବେଶ ଭାଷାଚାର ବାର୍ତ୍ତାଃ" - ଅର୍ଥାତ୍, ବିଭିନ୍ନ ଅଞ୍ଚଳର ବେଶ, ଭାଷା ଓ ଆଚାର ଆଦିର ସମ୍ମିଳିତ ରୂପକୁ ପ୍ରବୃତ୍ତି କୁହାଯାଏ, ଯାହାକି ଅନ୍ୟ ଭାଷାରେ ସେହି ଅଞ୍ଚଳର ସଂସ୍କୃତି ବୋଲି ବୁଝାଯିବ।" କଳା, ବିଜ୍ଞାନ, ନୀତି-ନିୟମ, ପ୍ରଥା-ଅର୍ଥନୀତି, ଧର୍ମ-ଦର୍ଶନ, ପ୍ରଶାସନ, ବାଣିଜ୍ୟ ନୀତି, କୃଷିନୀତି, ଶିଳ୍ପକଳା, ଭାସ୍କର୍ଯ୍ୟ, ସମରକଳା, ବିଭିନ୍ନ ବିଜ୍ଞାନ, ବିଭିନ୍ନ ବିଦ୍ୟା, ଖାଦ୍ୟପେୟ ଆଦିକୁ ଏହାର ଅନ୍ତର୍ଭୁକ୍ତ କରାଯାଇପାରେ।

'ସଂସ୍କୃତି' ନିଃସଙ୍ଗ ଜୀବନର ପରିପନ୍ଥୀ। କାରଣ ଗୋଷ୍ଠୀଭୂତ ଜୀବନର ଚଳଣି, କ୍ରମୋନ୍ନତି ଓ ବିକାଶ ଦ୍ୱାରା ହିଁ ସଂସ୍କୃତି ପରିପୁଷ୍ଟ ହୋଇଥାଏ। 'ଧର୍ମ' ନୁହେଁ 'ଧାର୍ମିକତା', 'କଳା' ନୁହେଁ 'କଳାତ୍ମକତା', 'ନୀତି' ନୁହେଁ 'ନୈତିକତା'କୁ ଆଶ୍ରୟ କରି 'ସଂସ୍କୃତି' ପରିପୁଷ୍ଟ ହୁଏ। ତେଣୁ- "ସମାଜ ଓ ସାମାଜିକ ଜୀବନ କହିଲେ, ସଭ୍ୟତା, ସଂସ୍କୃତି, ପାରସ୍ପରିକ ସଂପର୍କ ଓ ସଂସ୍କାରର ଯେଉଁ ସଂଗଠିତ ଆୟୋଜନକୁ ବୁଝାଇଥାଏ, ତାହାକୁ ଏହି ମଣିଷ ହିଁ ତିଆରି କରିଛି।" ସମାଜ ହିଁ ମଣିଷକୁ ମଣିଷ କରେ ଏବଂ ସଂସ୍କୃତି ତାକୁ ଚେତନାଦୀପ୍ତ କରିଥାଏ। ରାମାୟଣ, ମହାଭାରତ, ସ୍ମୃତିଗ୍ରନ୍ଥ, ଧର୍ମସୂତ୍ର, ପୁରାଣାଦିରେ ଭାରତୀୟ ସଂସ୍କୃତିର ନୈତିକ ମାନଦଣ୍ଡର ପୁଷ୍କଳ ରୂପ ରହିଛି। ବୈଦିକ, ଜୈନ, ବୌଦ୍ଧଧର୍ମ ପରବର୍ତ୍ତୀ ମୌର୍ଯ୍ୟ, ସୁଙ୍ଗ, କାଣ୍ୱ, ସାତବାହନ, ଚେଦି, ଯବନ, ଶକ, କୁଶାଣ, ପଲ୍ଲବ ତଥା ଗୁପ୍ତ ଇତ୍ୟାଦିଙ୍କ ରାଜତ୍ୱକାଳୀନ ସଂସ୍କୃତି ଭିନ୍ନ ଭିନ୍ନ ଥିଲା। ସବୁ ଯୁଗରେ ସାମାଜିକ ଜୀବନର ନୈତିକ ଭାବଧର୍ମ ହିଁ ମଣିଷ ଜୀବନର ଆଧାରଭୂମି ରୂପେ ପ୍ରତିଷ୍ଠା ଲାଭ କରିଛି। ଗୋଷ୍ଠୀ ଜୀବନ ହିଁ ମାନବର ବ୍ୟକ୍ତିତ୍ୱକୁ ବିକାଶ କରିଥାଏ। ଶ୍ରୀ ଆର୍ଥର୍ ମରଗାନ୍‌ଙ୍କ ମତରେ- "ଏହି ପୃଥିବୀରେ କୌଣସି ମନୁଷ୍ୟ ସମାଜ ପାରସ୍ପରିକ ବିଶ୍ୱାସ, ସଦିଚ୍ଛା ଓ ଦାୟିତ୍ୱପୂର୍ଣ୍ଣ ଭ୍ରାତୃଭାବ ବ୍ୟତୀତ କଦାପି ତିଷ୍ଠି ରହିପାରିବ ନାହିଁ। ଆମେରିକୀୟ ସମାଜଶାସ୍ତ୍ରବିଦ୍ ଟମାସ୍‌ଙ୍କ ମତରେ, ମଣିଷ

ଚାରିଗୋଟି ଇଚ୍ଛା (wishes)କୁ ନେଇ ବଞ୍ଚିଥାଏ।

(କ) ନିରାପତ୍ତାର ଇଚ୍ଛା

(ଖ) ନୂତନ ଅଭିଜ୍ଞତାର ଇଚ୍ଛା

(ଗ) ସ୍ନେହ-ଅନୁକମ୍ପା ଓ ସାହଚର୍ଯ୍ୟର ଇଚ୍ଛା

(ଘ) ସ୍ୱୀକୃତି ପାଇବାର ଇଚ୍ଛା

ଯଦି ଆମେ ଉପର୍ଯ୍ୟୁକ୍ତ 'ଇଚ୍ଛା'ଗୁଡ଼ିକୁ ବିଚାର କରିବା ତେବେ ମଣିଷର ସମସ୍ତ ଇଚ୍ଛାପୂର୍ତ୍ତିର ପଶ୍ଚାତ୍‌ଭାଗରେ କେବଳ ସଂସ୍କୃତି ହିଁ ଦାୟୀ। ମାନବର ଆର୍ଥିକ, ଶୈକ୍ଷିକ, ନୈତିକ, ନ୍ୟାୟିକ, ରଚନାତ୍ମକ, ସୃଜନଶୀଳ ତଥା ପ୍ରଶାନ୍ତିପୂର୍ଣ୍ଣ ଜୀବନର ଏକମାତ୍ର ଉତ୍ସ ହେଉଛି 'ସଂସ୍କୃତି'। ସାମାଜିକ ଜୀବନର ଚଳଣିରୁ ମଣିଷ ବୌଦ୍ଧିକ ପ୍ରଚୋଦନା ଲାଭ କରିଥିବାବେଳେ ସଂସ୍କୃତିପ୍ରବଣ ମନୋଭାବ ମାନବର ନୈତିକ ମାନଦଣ୍ଡର ପରିଚାୟକ ନିଶ୍ଚୟ। ତେଣୁ ଯେଉଁମାନେ ଯେତେ ସଂସ୍କୃତିପ୍ରିୟ ସେ ସେତିକି ଯେ ନୀତିନିଷ୍ଠ ଏହା ନିଃସନ୍ଦେହ କୁହାଯାଇପାରେ। ଅତଏବ, 'ସଂସ୍କୃତି' - ଜୀବନ ନୀତିବୋଧର ଏକ ତାତ୍ତ୍ୱିକ ଅବଧାରଣା। ଏହା ମାନବ ସହିତ ଛାୟା ଓ କାୟା ଭଳି ଅଭିନ୍ନ ଓ ଅବିଚ୍ଛେଦ୍ୟ।

ସହାୟକ ଗ୍ରନ୍ଥସୂଚୀ:

୧. ଦାସ ଗୌରହରି - କଥା ସରିନାହିଁ - ଏଥେନା ବୁକ୍‌ସ - ୨୦୧୮

୨. ଦାସ ଚିତ୍ତରଞ୍ଜନ - ଓଡ଼ିଆ ସାହିତ୍ୟର ଇତିହାସ-ସାମାଜିକ-ସାଂସ୍କୃତିକ ଭିତ୍ତିଭୂମି - ପଥିକ ପ୍ରକାଶନୀ - ୨୦୦୩

ସାଂସ୍କୃତିକ ପଟ୍ଟଭୂମିରେ ଆଦିବାସୀଙ୍କ ପର୍ବପର୍ବାଣି

ପ୍ରତ୍ୟେକ ଜାତିର ଅନ୍ତଃପ୍ରକୃତିର ଛଳଛଳ ପ୍ରବାହ ହିଁ ସେ ଜାତିର ସଂସ୍କୃତି । ସଂସ୍କୃତି ଦ୍ୱାରା ସଭ୍ୟତା ପରିପୁଷ୍ଟ ହୁଏ । ଏହା ସର୍ଜନାର ଦୁର୍ବାର ଅଭୀପ୍ସାକୁ ବହନ କରିଥାଏ । ତେଣୁ ଏହାର ବିକାଶ ବ୍ୟତୀତ ସଭ୍ୟତା ବଳିଷ୍ଠ ହୁଏ ନାହିଁ । ସମାଜବିଜ୍ଞାନୀ ଟାଇଲ୍‌ସଙ୍କ ଶବ୍ଦରେ: "ଜ୍ଞାନ, ବିଶ୍ୱାସ, କଳା, ଶିଳ୍ପନୀତି, ଆଇନକାନୁନ, ପ୍ରଥା, ଅନୁଷ୍ଠାନ, ଅଭ୍ୟାସ ଇତ୍ୟାଦି ଯାବତୀୟ କାର୍ଯ୍ୟ ହିଁ ସାମାଜିକ ମଣିଷର ସଂସ୍କୃତିଜ୍ଞାପକ ।"[୧] ସାମାଜିକ ମଣିଷର ସାଂସ୍କୃତିକ ମୂଲ୍ୟବୋଧକୁ ନୃତ୍ୟ, ସଂଗୀତ, ଶିଳ୍ପ, ରୀତି-ନୀତି, ସାର୍ବଜନୀନ ପ୍ରଥା, ପର୍ବପର୍ବାଣି ଭଳି କଳାତ୍ମକ ଅବଧାରଣା ପରିପୁଷ୍ଟ କରିଥାଏ । "ବଂଶ ପରମ୍ପରା ଧରି ଯେତେଦୂର ସମ୍ଭବ ବହିର୍ଜଗତ ସହିତ ସଂପର୍କ ନ ରଖି ଆଦିମମାନେ ସେମାନଙ୍କ ପ୍ରାଚୀନ ସଂସ୍କୃତିର ମୂଳଭିତ୍ତି ଟିକକ ଅପରିବର୍ତ୍ତିତ ରଖିଛନ୍ତି । ଏହା ହିଁ ସେମାନଙ୍କ ବିଶେଷତ୍ୱ । ବାସ୍ତବ ପକ୍ଷରେ, ଆଦିମମାନେ ହିଁ ଅତୀତ ଉତ୍କଳ, ଅତୀତ ଭାରତ ତଥା ଅତୀତ ପୃଥିବୀର ଜୀବନ୍ତ ସନ୍ତକ ।"[୨] ନିଘଞ୍ଚ ବନାନୀର ପରିବ୍ୟାପ୍ତ ବେଷ୍ଟନୀ ଭିତରେ ପ୍ରକୃତି ସନ୍ତାନ ରୂପେ ଆଦିମ ସଭ୍ୟତାର ଏହି ଅଧିବାସୀମାନେ ହିଁ 'ଆଦିବାସୀ' ରୂପେ ଖ୍ୟାତ । ଗୋଟିଏ ଭାଷା-ସଂସ୍କୃତି ତଥା ସାମାଜିକ ଜୀବନ ଆଧାରରେ ପ୍ରତିଷ୍ଠିତ ସାମାଜିକ ଗୋଷ୍ଠୀକୁ ଆଦିବାସୀ କୁହାଯାଇପାରେ । ସେମାନଙ୍କ ଭିତରେ ସାନ୍ତାଳ, କୋହ୍ଲ, ହୋ, ମୁଣ୍ଡା, ବେଣ୍ଟୁ, କନ୍ଧ, ସଉରା, କୋୟା ପ୍ରଭୃତି ପ୍ରକୃତିର ଆଦିସନ୍ତାନ ରୂପେ ସ୍ୱୀକୃତ । ଏମାନଙ୍କ ଜୀବନଶୈଳୀ, ସରଳ ସଂଗୀତର ମୂର୍ଚ୍ଛନା, ସୁମଧୁର ବାଦ୍ୟଯନ୍ତ୍ରର ସୁଲଳିତ ତାନ,

କଳାପୂର୍ଣ୍ଣ ନୃତ୍ୟ ତଥା ଛନ୍ଦ ଇତ୍ୟାଦି ସମସ୍ତ ତତ୍ତ୍ୱ ଆଦିମ ସଭ୍ୟତାର ଗଚ୍ଛିତ ପୈତୃକ ସଂପତ୍ତି।

ଆଦିବାସୀ ଅଧ୍ୟୁଷିତ ରାଜ୍ୟ ଓଡ଼ିଶାର ସାଂସ୍କୃତିକ ମହନୀୟତାର ଅନ୍ୟତମ ବଳିଷ୍ଠ ରୂପ ହେଉଛି ସେମାନଙ୍କ ପର୍ବପର୍ବାଣି। ଆଦିବାସୀମାନେ ଶିଶୁଜନ୍ମ, ନାମକରଣ, ଝିଅ ବଡ଼ ହେବା, ବିବାହ ଉତ୍ସବ, ଶସ୍ୟ ଉତ୍ପନ୍ନ, ଶୁଦ୍ଧିକ୍ରିୟାଦି ବିବିଧ କ୍ଷେତ୍ରରେ ଅସଂଖ୍ୟ ରୀତି-ନୀତି, ଲୋକାଚାର, ବିଶ୍ୱାସ ତଥା ପୂଜାବିଧିକୁ ମାନ୍ୟତା ପ୍ରଦାନ କରିଥାନ୍ତି। ଏ ସମସ୍ତ ବିଧିବିଧାନ ସହିତ ସାଂଗୀତିକ ପରିବେଶଟିଏ ସଦାସର୍ବଦା ସଂଶ୍ଳିଷ୍ଟ ଥାଏ। ନିଜ ନିଜ ଅଞ୍ଚଳର ଲୋକସଂଗୀତ ସେମାନଙ୍କ ଗୋଷ୍ଠୀ ଜୀବନର ଅଭିନ୍ନ ଅଂଶବିଶେଷ। ଢୋଲ, ବାଜା, ମାଦଳ, ମହୁରୀ, ଚାଙ୍ଗୁ, କେନ୍ଦରା, ବଂଶୀ, ଟାମକ, ଡେକା, ପାଣିଲାଉଡ଼ି ଏବଂ ତ୍ରିବିଡ଼ ଇତ୍ୟାଦି ବାଦ୍ୟଯନ୍ତ୍ରର ଜାଙ୍ଗଲିକ ମୂର୍ଚ୍ଛନା ସେମାନଙ୍କ କର୍ମକ୍ଳାନ୍ତ ଜୀବନକୁ ସକ୍ରିୟତା ପ୍ରଦାନ କରୁଥିବା ମନେହୁଏ। ବିଶେଷତଃ କୋରାପୁଟ, କଳାହାଣ୍ଡି, ମୟୂରଭଞ୍ଜର ଚାଙ୍ଗୁ ନୃତ୍ୟ, ଘୁମୁରା, ଛଉ ନୃତ୍ୟାଦି ଏବଂ ସମ୍ବଲପୁର, ବଲାଙ୍ଗୀର, ସୁନ୍ଦରଗଡ଼ର କର୍ମା ନାଚ, ଡାଲ୍‌ଖାଇ ନାଚରେ ବ୍ୟବହୃତ ବାଦ୍ୟଯନ୍ତ୍ରର ମୂର୍ଚ୍ଛନା ବେଶ୍ ଆକର୍ଷଣୀୟ-ଶ୍ରୁତିମଧୁର।

ନିଘଞ୍ଚ ଅରଣ୍ୟାନୀ ଘେରା ଗିରିଗୁହାର ନୈଃସର୍ଗିକ ପ୍ରକୃତି ଭିତରେ ଆଦିବାସୀମାନଙ୍କ ଜୀବନଶୈଳୀ ବହିର୍ଜଗତର ସହରୀ ଚାକଚକ୍ୟଠାରୁ ବହୁ ଦୂରରେ ଥାଏ। ସେମାନଙ୍କ ପାଇଁ ଅରଣ୍ୟାଞ୍ଚଳ ହିଁ ସେମାନଙ୍କ ସଂସ୍କୃତିର କେନ୍ଦ୍ରସ୍ଥଳ ଏବଂ ସାଧନା ପୀଠ। ବିଶ୍ୱାସ-ଅନ୍ଧବିଶ୍ୱାସକୁ ନେଇ ଯେତେସବୁ ତର୍କ-ସିଦ୍ଧାନ୍ତର ବହୁ ଊର୍ଦ୍ଧ୍ୱରେ ଆଦିବାସୀମାନେ ଅତି ସରଳ-ନିର୍ଦ୍ଦେଶ-ଦାର୍ଶନିକ ଭାବମୂଲ୍ୟକୁ ନେଇ ବେଶ୍ ପରାମ୍ପରାବଦ୍ଧ। ପ୍ରକୃତି ସେମାନଙ୍କ ଆତ୍ମାର ସର୍ବାଂଶକୁ ଆଚ୍ଛନ୍ନ କରିଥାଏ। ପ୍ରାକୃତିକ ପରିବେଷ୍ଟନୀ ଭିତରେ ସେମାନେ ଅତ୍ୟନ୍ତ ସ୍ୱଚ୍ଛନ୍ଦ ଏବଂ ସନ୍ତୁଷ୍ଟ ଥାଆନ୍ତି। ଅଗ୍ନି, ବରୁଣ, ପବନ, ଚନ୍ଦ୍ର, ସୂର୍ଯ୍ୟ ଇତ୍ୟାଦି ପ୍ରାକୃତିକ ଦେବତାଗଣ, ପୂର୍ବପୁରୁଷଙ୍କ ପ୍ରେତାତ୍ମା, ଭୂତ, ପିଶାଚ, ରାକ୍ଷସ, ଡାହାଣୀ ଭଳି ଅତିଭୌତିକ ସତ୍ତା ସେମାନଙ୍କର ପୂଜ୍ୟ। ସେମାନଙ୍କ ପରମ୍ପରାରେ ବୃକ୍ଷ, ଶସ୍ୟାଦି ଦେବତା ରୂପେ ଉପାସ୍ୟ। ଏମିତିକି ମହୁଲ, ଗୋପା, ଗୋହରା ଇତ୍ୟାଦି ବୃକ୍ଷଙ୍କୁ ପୂଜାର୍ଚ୍ଚନା କରିବା ସହିତ ସେମାନେ ନିଜ ବାଦ୍ୟଯନ୍ତ୍ରମାନଙ୍କୁ ମଧ୍ୟ ଦେବୀତୁଲ୍ୟ ପୂଜା କରିଥାନ୍ତି।

ଓଡ଼ିଶାରେ ପ୍ରାୟତଃ ୬୨ ଗୋଷ୍ଠୀର ଆଦିବାସୀ ଚିହ୍ନିତ ହୋଇଛନ୍ତି। ଆଦିବାସୀମାନଙ୍କ ମଧ୍ୟରେ ମୁଣ୍ଡାରି ଓ ଦ୍ରାବିଡ ଭଳି ଦୁଇ ପ୍ରକାର ଭାଷାର ପ୍ରଚଳନ ରହିଛି। କୋହ୍ଲ (କୋଲ୍), କିଷାନ୍, ମୁଣ୍ଡା, ଓରାଂମାନେ ମୁଣ୍ଡାରୀ ଦଳର ଥିଲାବେଳେ

ଶବର, ଭୂୟାଁ, ବେଣ୍ଟକାର ଇତ୍ୟାଦି ଦ୍ରାବିଡ ଦଳର। ମୁଣ୍ଡାରୀ ଦଳରେ ଶଉରା, ଗଦ୍‌ବା, ପରେଙ୍ଗ, ଜୁଆଙ୍ଗ ତଥା ସାନ୍ତାଳୀ ପ୍ରଭୃତି ଜନଜାତି ଅଛନ୍ତି। ସେହିପରି କୁଇ, କୁଭି, ଅଲାରୀ, କିଶାନ, ଓରାଂ ପ୍ରଭୃତି ଦ୍ରାବିଡ ଆଦିବାସୀମାନେ ମଧ୍ୟ ରହିଛନ୍ତି। ତେବେ ସମସ୍ତଙ୍କ ମଧ୍ୟରେ ସାନ୍ତାଳୀମାନେ ଭାଷା-ସାହିତ୍ୟ-ସଂସ୍କୃତି ଦୃଷ୍ଟିରୁ ଅତ୍ୟନ୍ତ ସମୃଦ୍ଧ ମନେ ହୁଅନ୍ତି। ଓଡ଼ିଶାର ସମସ୍ତ ଆଦିବାସୀ ଦକ୍ଷିଣ ଓଡ଼ିଶା ଓ ପଶ୍ଚିମ ଓଡ଼ିଶାରେ ବହୁଳ ଭାବରେ ଦେଖାଯାଆନ୍ତି। ତେବେ କୋରାପୁଟ ଜିଲ୍ଲାରେ ଆଦିବାସୀମାନଙ୍କ ସଂଖ୍ୟା ଅଧିକ। କୋରାପୁଟ ରାୟଗଡ଼ର ଡଙ୍ଗରିଆ କନ୍ଧ, ଗଣ୍ଡ, ଭତରା, ବଂଜାରା, ଜାତ୍ରୁ୍ୟ, ଗଦବା, କୋୟା, ଗୁଣପୁରର ଲାଞ୍ଜିଆ ଶବର, ସଉରା, ମାଲକାନଗିରିର କଣ୍ଡା (ପରଜା), ଫୁଲବାଣୀର କୁଟିଆ, କେଉଁଝରର ଜୁଆଙ୍ଗ, ପଉରି, ଭୂୟାଁ, ସମ୍ବଲପୁର ବରଗଡ଼ର ଶବର, ପାଟଣାର ବୋଡ଼ାସମ୍ବର, ଖଡ଼ିଆଳ, ବିନ୍ଧା, ନୂଆଗଡ଼ ଅଞ୍ଚଳର ବିଞ୍ଝାଲ୍, ମଧ୍ୟପ୍ରଦେଶର ଫୁଲଝର, ସାରଙ୍ଗଗଡ଼, ରାୟଗଡ଼ ଅଞ୍ଚଳର ଗଣ୍ଡ, ଗାଙ୍ଗପୁର, ବଣାଇ, ବାମଣ୍ଡା ଅଞ୍ଚଳର ଭୂୟାଁ, ସୋନ୍‌ପୁର, ବଉଦ, ଆଠମଲ୍ଲିକ ଅଞ୍ଚଳର କନ୍ଧ, ଢେଙ୍କାନାଳର ପଉରି ଭୂୟାଁ, ଜୁଆଙ୍ଗ ଇତ୍ୟାଦି ଭୂମିପୁତ୍ରମାନଙ୍କର ରୀତି-ନୀତି, ସାମାଜିକ ଜୀବନଧାରା ନିଜ ନିଜ ଅଞ୍ଚଳର ସାଂସ୍କୃତିକ ମୂଲ୍ୟବୋଧକୁ ନେଇ ପରିପୁଷ୍ଟ। ସେମାନଙ୍କ ବିବିଧ ପର୍ବପର୍ବାଣି ମଧ୍ୟରେ ରାନୀ ପର୍ବ, ଆଷାଢ଼ଖେନା, ବିହନ୍‌ବୁଣା, ମାଟିଯତ୍‌ର, ଡଣ୍‌ସରା, ଆମ୍ ଯାତ୍‌ରା, ନୂଆଁଖାଇ, ଶେମିନାଗ୍ରା ଇତ୍ୟାଦି ପ୍ରମୁଖ। "ଓଡ଼ିଶାର ସମସ୍ତ ଆଦିବାସୀମାନଙ୍କର ନବାନ୍ନ ବା ପୁଷ୍‌ପୁନି (ଛେର୍‌ଛେରା), ଗୁଣ୍ଡିଖାଇ, ଚୈତିପର୍ବ, ଫଗୁନ୍‌ପୁନି ଆଦି ସର୍ବସାଧାରଣଙ୍କ ଦ୍ୱାରା ଗୃହୀତ ହୋଇ ଜଗନ୍ନାଥଙ୍କ ପରି ସାର୍ବଜନୀନ ପର୍ବ ହୋଇଛି। ଏପରି ସାଂସ୍କୃତିକ ବିନିମୟ ଘଟିଛି ଯେ, ଏହା ଏକ ଗୋଷ୍ଠୀର ନ ହୋଇ ସମଷ୍ଟିରେ ପରିଣତ ହୋଇଛି।"(୩)

ପଶ୍ଚିମ ଓଡ଼ିଶାର ଦଣ୍ଡନାଚ, ପ୍ରଭାନାଚ, ରାଧାକୃଷ୍ଣ ନାଚ, ବୀଣାକାର ନାଚ, କରମା, ଡାଲ୍‌ଖାଇ, ପୁଷ୍‌ପୁନି, ଘୁମୁରା, ରୁମ୍‌କୁଝୁମା, ରସର୍‌କେଲି, ପତର୍‌ସଉରା ଆଦି ନୃତ୍ୟଗୀତ ପ୍ରସିଦ୍ଧ। ଅନ୍ୟତ୍ର ଚଇତି ପର୍ବ, ଫାଲଗୁନି ପର୍ବ, ଶୀତଳ ଷଷ୍ଠୀ, ଗୁଣ୍ଡିଚା, ଝୁଲଣ, ଧନୁଯାତ୍ରା, ରସଯାତ୍ରା, ଦୋଳଯାତ୍ରା, ଚନ୍ଦନଯାତ୍ରା, କାଦୋଯାତ୍ରା, ମେରୁଯାତ୍ରା, ହରାଲିପରବ, ଗୋତର୍ ପରବ, ଆମ୍‌ନୂଆ, ଅକ୍ଷୟମୁଠି, ଆଷାଢ଼ୀ ପୂଜା, ଗଂହାପୁନୀ, ଖଲାପୂଜା ଇତ୍ୟାଦି ଦକ୍ଷିଣାଞ୍ଚଳ କୋରାପୁଟ ଏବଂ ମାଲକାନଗିରି ଆଦିବାସୀମାନଙ୍କର ଟାଙ୍କୁ ପରବ୍, ମୁଣ୍ଡ ଧୌନି ପରବ୍, ପୁଷ୍ ପରବ୍, ଚଇତି ପରବ୍, ମାଘ ପରବ୍, ବଡ଼ଯାତ୍ରା, କାନ୍ଦୁଲ ଯାତ୍ରା ଏବଂ ଦଶ୍‌ରା ପରବ ଆଦି ବେଶ୍ ଲୋକପ୍ରିୟ - ପ୍ରସିଦ୍ଧ ସାଂସ୍କୃତିକ ରୂପ। ଦକ୍ଷିଣ ଓଡ଼ିଶା ଜନଜାତିମାନଙ୍କର ପୁଷ୍ ପରବ୍, ଚଇତି

ପରବ୍, ବେଣ୍ଟଶିକାର ପରବ୍ ଇତ୍ୟାଦି ବହୁଚର୍ଚ୍ଚିତ ପର୍ବପର୍ବାଣି, ଦକ୍ଷିଣ ଓଡ଼ିଶାର ଆଦିବାସୀମାନଙ୍କ ମଧ୍ୟରେ ଗଞ୍ଜାମ, କୋରାପୁଟ ଓ ଫୁଲବାଣୀ ଜିଲ୍ଲାର ସଉରା, କନ୍ଧ, ଗାଦ୍‌ବା, ପରଜା, କୋୟା, ବଣ୍ଡା, ଦେଶିଆ ଏବଂ ପଶ୍ଚିମ ଓଡ଼ିଶାର ସମ୍ବଲପୁର, ସୁନ୍ଦରଗଡ଼, ବଲାଙ୍ଗୀର, କଳାହାଣ୍ଡି, ସୋନ୍‌ପୁର, ବୌଦ, ରେଢ଼ାଖୋଲ, ବାମଣ୍ଡା, ବଣେଇ, ଆଠମଲ୍ଲିକ, ପାଲଲହଡ଼ା ଇତ୍ୟାଦି ଅଞ୍ଚଳର ଆଦିବାସୀମାନେ ନିଜ ନିଜ ପାରମ୍ପରିକ ପ୍ରଥାସିଦ୍ଧ ପର୍ବପର୍ବାଣିକୁ ନେଇ ବେଶ୍ ଅଙ୍ଗୀକାରବଦ୍ଧ।

ଦକ୍ଷିଣାଞ୍ଚଳ ଆଦିବାସୀମାନଙ୍କ ପାଇଁ ଶ୍ରାବଣ ମାସର 'ଟାଙ୍କୁ ପରବ୍' ବହୁ ମାନ୍ୟତା ରଖେ। ବିଶେଷ ଭାବରେ ପରଜା ଏବଂ ବଣ୍ଡା ଜାତିର ଆଦିବାସୀମାନଙ୍କର ଏହା ଏକ ବିଶିଷ୍ଟ ପର୍ବ। 'ଟାଙ୍କୁ' କହିଲେ 'ଟାକୁଆ'। ଆମ୍ବ ଟାକୁଆ ଭିତରେ ଥିବା କୋଇଲିକୁ ଶୁଖାଇ, ତାକୁ ଗୁଣ୍ଡ କରି ସେଥିରେ ଜାଉ ପ୍ରସ୍ତୁତ କରି ପରଜାଙ୍କ ଆରାଧ୍ୟ 'ନିଶାଣୀ ମୁଣ୍ଡା'ଙ୍କ ନିକଟରେ ଭୋଗ ଲଗାଇ ତାଙ୍କୁ ସନ୍ତୁଷ୍ଟ କରାଯାଇଥାଏ। ବର୍ଷାଋତୁର ଖାଦ୍ୟାଭାବ ସମସ୍ୟାର ସମାଧାନ ପାଇଁ ଏହି ପର୍ବକୁ ଆଦିବାସୀ ଗୋଷ୍ଠୀ ବହୁ ପ୍ରାଧାନ୍ୟ ଦେଇଥାନ୍ତି।

'ମୁଣ୍ଡଧୌନି ପରବ୍' ଆଦିବାସୀ ବଣ୍ଡାମାନଙ୍କର ଅତି ପ୍ରିୟ ପର୍ବ। ଏହି ପର୍ବଟିକୁ ସେମାନେ ଦଶହରା ସମୟରେ ଆଡ଼ମ୍ବରପୂର୍ଣ୍ଣ ଭାବରେ ପାଳନ କରିଥାଆନ୍ତି। ଦଶହରାରେ ଖଣ୍ଡାୟତମାନଙ୍କ ଖଣ୍ଡାପୂଜା ପରି ବଣ୍ଡାମାନେ ମଧ୍ୟ ଏହି ପର୍ବରେ ମାଆ ଦୁର୍ଗାଙ୍କ ସମ୍ମୁଖରେ ସ୍ନାନପୂର୍ବକ ନିଜ ନିଜର ଧନୁଶର, ଟାଙ୍ଗିଆ, କଟୁରିକୁ ମାଜିମୁଜି - ଜଳଧୌତ କରି ପୂଜା କରିଥାଆନ୍ତି। ଏଥିରେ ବଣ୍ଡାମାନଙ୍କ ମୁଖ୍ୟ ଦେବତା ରୂପେ 'ପାଟଖଣ୍ଡା' ପୂଜିତ ହୁଅନ୍ତି। 'ବଳିଦାନ' ଏହି ପରବ୍‌ର ପ୍ରଧାନ କର୍ମ।

'ପୁଷ୍ ପରବ୍' ଆଦିବାସୀ ଜନଜୀବନରେ ଶ୍ରେଷ୍ଠ ପର୍ବ ରୂପେ ସୁବିଦିତ। କେବଳ ଦକ୍ଷିଣାଞ୍ଚଳୀୟ ଆଦିବାସୀମାନଙ୍କ ନିମନ୍ତେ ନୁହେଁ ବରଂ ସମସ୍ତ ଓଡ଼ିଆ ଏହାକୁ ଅତି ଧୁମ୍‌ଧାମ୍‌ରେ ପାଳନ କରିଥାନ୍ତି। ଏହା 'ପୁଷ୍‌ପୁନି' ତଥା 'ଛେର୍‌ଛେରା' ନାମରେ ମଧ୍ୟ ଖ୍ୟାତ। ପୌଷ ତ୍ରୟୋଦଶୀଠାରୁ ପୂର୍ଣ୍ଣମୀ ଯାଏ, ମାଘ କୃଷ୍ଣପକ୍ଷ ପ୍ରତିପଦା ତିଥିରୁ ତୃତୀୟା ଯାଏ ପ୍ରାୟ ଛଅଦିନ ବ୍ୟାପୀ ଏହି ଉତ୍ସବ ପାଳିତ ହୁଏ। "ପ୍ରାୟ ସମସ୍ତ ଆଦିବାସୀ ଗୋଷ୍ଠୀର ଧାଂଡ଼ାଧାଂଡ଼ୀ ଓ ପିଲାମାନେ ଗାଁ ଗାଁ ବୁଲି ନାଚି ନାଚି ଚାଉଳ ଓ ପଇସା ସଂଗ୍ରହ କରନ୍ତି। ସଂଗୃହୀତ ଅର୍ଥରେ ଭୋଜି ଅନୁଷ୍ଠିତ ହୁଏ। ଏହି କାର୍ଯ୍ୟକ୍ରମକୁ 'ଛେର୍‌ଛେରା' କୁହାଯାଏ।"(୪) ଏହି ପର୍ବରେ ନୂଆ ଶସ୍ୟ ରାନ୍ଧି ଖାଇବାର ରୀତି ହେତୁ ଏହା ନୂଆଖିଆ ପର୍ବ ରୂପେ ମଧ୍ୟ ଖ୍ୟାତ। ବଣ୍ଡା ଜନଜାତିର ଲୋକେ ଏହି ପର୍ବରେ ମଦ ସହିତ ମୂଷା ମାଂସ ଭୋଜନ କରିବାବେଳେ ପରଜାମାନେ ଅଗ୍ନିକୁ

ପୂଜା କରିବା ସହିତ ମାଛ-ମାଂସ ପୋଡ଼ି ଖାଇଥାନ୍ତି। ବଣ୍ଡାଙ୍କ ନିମନ୍ତେ ପୁଷ୍ପର୍ବ 'ଝାଟିପର୍ବ' ରୂପେ ପରଜାଙ୍କ ନିମନ୍ତେ 'ପୁଷ୍‌ଚୋରା' ରୂପେ ଖ୍ୟାତ। ଏହି ପର୍ବରେ 'ମଣ୍ଡାପିଠା'କୁ ପ୍ରାଧାନ୍ୟ ଦିଆଯାଇଥିବାରୁ 'ମଣ୍ଡାପର୍ବ' ମଧ୍ୟ କୁହାଯାଏ। ପୌଷ ଋତୁରେ ଧାନକ୍ଷେତରେ ସୁନା ଫଳିବା, ପ୍ରଚୁର ନୂଆଶସ୍ୟ ଅମଳର ଶୁଭମନାସ ନେଇ ଆଦିବାସୀମାନେ ଏହାକୁ ଶ୍ରଦ୍ଧାରେ ପାଳନ କରିଥାନ୍ତି। "ଆମ ଦେଶରେ ଓଡ଼ିଶାର ଅଞ୍ଚଳ ଭେଦରେ ନବାନ୍ନ ପାଳିତ ହୋଇଥାଏ। କିନ୍ତୁ ପଶ୍ଚିମ ଓଡ଼ିଶାର ଶୁକ୍ଳପକ୍ଷ ପଞ୍ଚମୀ ବା ଦଶମୀ ତିଥିକୁ ଶୁଭ ଦିବସ ଭାବେ ଗ୍ରହଣ କରି ନେଇଥାନ୍ତି।"(୫) ଏହି ପୁଷ୍‌ପୁନିକୁ ପଶ୍ଚିମାଞ୍ଚଳ ଆଦିବାସୀମାନେ ନୂଆଁଖାଇ ଭାବରେ ଅତି ଧୁମ୍‌ଧାମ୍‌ରେ ପାଳନ କରିଥାଆନ୍ତି।

'ଚଇତି ପରବ୍' ଆଦିବାସୀମାନଙ୍କର ଅନ୍ୟତମ ବିଶିଷ୍ଟ ପର୍ବ। ଚୈତ୍ର ମାସର ପୂର୍ଣ୍ଣମୀଠାରୁ ଦୀର୍ଘ ଆଠଦିନ ବ୍ୟାପୀ ଏହି ପର୍ବ ଚାଲେ। ଅବିବାହିତ ଯୁବକ-ଯୁବତୀଙ୍କ ପ୍ରେମକୁ ଚୈତ୍ରର ମହୁଲ ଫୁଲ ମତୁଆଲା କରିଦିଏ। ଏହି ପର୍ବରେ ଆଦିବାସୀଙ୍କ ଆରାଧ୍ୟ ଦେବତା 'ନିଶାଣୀ ମୁଣ୍ଡା'ଙ୍କ ପାଖରେ ନୂଆ ଆମ୍ବ ଭୋଗ ଲାଗେ। ତେଣୁ ଏହି ପର୍ବକୁ 'ଆମ୍ ପରବ୍', 'ଉଲି ପରବ୍' ମଧ୍ୟ କହନ୍ତି। କୋୟାମାନଙ୍କ ପାଇଁ ଏହା 'ବିଜାପାଣ୍ଡୁମ୍' ପରବ୍ ନାମରେ ଖ୍ୟାତ। ଏହି ପର୍ବରେ ପ୍ରଥମ ପୂଜା ଭାବରେ ଜାଗରନା (ବିହନ ପୂଜା), ଦ୍ୱିତୀୟଟି 'ବିହନ ବୁଣା' ଏବଂ ତୃତୀୟଟି 'ବେଣ୍ଟଶିକାର'ର ବିଧି ପାଳନ କରାଯାଇଥାଏ। ବେଣ୍ଟଶିକାରରେ ପୁରୁଷମାନେ ଧନୁତୀର ଧରି ଜଙ୍ଗଲକୁ ଯାଇ ଶିକାର କରନ୍ତି। ଆଦିବାସୀ ଝାଙ୍କର (ଦିଶାରି)ର ଉତ୍ତପ୍ତ ରଡ଼ନିଆଁ ଉପରେ ଚାଲିବାର ଦୃଶ୍ୟ ଚଇତି ପର୍ବକୁ ରୋମାଞ୍ଚପୂର୍ଣ୍ଣ କରିଥାଏ। ଏହି ପରବ୍‌ରେ ଧାଂଡ଼ାଧାଂଡ଼ୀଙ୍କ ନୃତ୍ୟଗୀତ ପ୍ରମୁଖ ଥାଏ। ଆରଖଇ (ମଦ) ଏବଂ ଝରା (ହାଣ୍ଡିଆ) ସେବନ କରି ଆଦିବାସୀମାନେ ନୃତ୍ୟଗୀତରେ ମସଗୁଲ୍ ରହି ଏହି ପର୍ବକୁ ଅତି ଧୁମ୍‌ଧାମ୍‌ରେ ପାଳନ କରିଥାଆନ୍ତି।

'ମାଘ ପରବ୍' ବଣ୍ଡା ଆଦିବାସୀମାନଙ୍କର ଏକ ପ୍ରମୁଖ କୃଷିଭିତ୍ତିକ ପର୍ବ। ଏହି ପର୍ବରେ ସେମାନଙ୍କ ଆରାଧ୍ୟ ଦେବତା ପାଟଖଣ୍ଡାଙ୍କ ନିକଟରେ ବଳି ଅର୍ପଣ କରାଯାଏ। ତେଣୁ ଏହି ପର୍ବ 'ପାଟଖଣ୍ଡା ପର୍ବ' ନାମରେ ଖ୍ୟାତ। ଏଥିରେ ୧୨ଗୋଟି ଗାଁର ବଣ୍ଡା ପୁରୁଷମାନେ ଖଜୁରୀପଟି ବାନ୍ଧି ଏବଂ ସ୍ତ୍ରୀ ଲୋକେ ନୂତନ ବସ୍ତ୍ର (ରିଙ୍ଗା) ପରି ଧାନ କରି ପୂଜାରେ ଯୋଗଦାନ କରିଥାନ୍ତି। "ପୂଜା ପ୍ରାରମ୍ଭରେ ମୁଖ୍ୟ ପୂଜାରୀ ବା ସିସା ସୀତାକୁଣ୍ଡରୁ ପାଣି ସଂଗ୍ରହ କରି ଚରୁଅନ୍ନ ପ୍ରସ୍ତୁତ କରନ୍ତି। ଏହାପରେ ବୃକ୍ଷ କୋରଡ଼ରୁ ଖଣ୍ଡାକୁ ଅଣାଯାଇ ପୂଜା କରାଯାଏ। ଶେଷରେ ବଳି ଅର୍ପଣ କଲା ପରେ ନୃତ୍ୟ

ଗୀତର ଆସର ଜମେ ଏବଂ ପାଟଖଣ୍ଡାକୁ ପୁଣି ବରଗଛ କୋରଡ଼ରେ ରଖି ଦିଆଯାଏ।"(୬)

ମାଘ-ଫଗୁଣ ମାସରେ ଆଦିବାସୀମାନଙ୍କର ଅନ୍ୟତମ କୃଷିଭିତ୍ତିକ ପର୍ବଟି ହେଉଛି କାନ୍ଦୁଲଭଜା ପରବ୍। ବିଶେଷ ଭାବରେ ଚାଷଜମିରୁ କାନ୍ଦୁଲ ଅମଳ ପରେ ଏହି ପର୍ବ ପାଳନ ନିମନ୍ତେ ପ୍ରସ୍ତୁତି ଆରମ୍ଭ ହୋଇଥାଏ। ଏହି ପର୍ବରେ କନ୍ଧ ସଂପ୍ରଦାୟର ଆଦିବାସୀଗଣ ନିଜ ଉତ୍ପାଦିତ ଶସ୍ୟକୁ ଈଶ୍ୱରଙ୍କୁ ଅର୍ପଣ କରିବା ସଂଗେ ସଂଗେ ମାଂସ ଭକ୍ଷଣ ଏବଂ ନୂଆ ଅମଳ କାନ୍ଦୁଲ ଖାଇଥାନ୍ତି।

"ଡଙ୍ଗରିଆ କନ୍ଧମାନଙ୍କର ଅନେକ ପର୍ବ ରହିଛି। ତନ୍ମଧ୍ୟରୁ ଡଙ୍ଗରପୂଜା, ଘଣ୍ଟ ପର୍ବ, କୋଡ଼ିଙ୍ଗା ଯାତ୍ରା (ଗୃହପାଳିତ ପଶୁଙ୍କ ହିତ ପାଇଁ) ଏବଂ ମାଣ୍ଡିଆ-ରାଶି ପରବ୍ ଅନ୍ୟତମ। ସେହିପରି କୁଟିଆ କନ୍ଧମାନେ ବାଙ୍ଗୁପେନୁ ପୂଜା, ଦାରନୀ ପେନୁପୂଜା ଓ ମେରିଆ ପର୍ବ ପାଳନ କରିଥାଆନ୍ତି।"(୭) ସେମାନେ ନିଜ ଆସ୍ଥା-ବିଶ୍ୱାସକୁ ମହତ୍ତ୍ୱ ଦେବା ପଛରେ ପ୍ରାକୃତିକ ସବୁଜିମା ଭରା ପରିବେଶ, ଚାଷଜମି, କୃଷି, ନିଜ ପରିବାର ତଥା ରାଜ୍ୟର ମଙ୍ଗଳ ଉଦ୍ଦେଶ୍ୟ ପ୍ରମୁଖ ଥାଏ।

ପାରମ୍ପରିକ ନରବଳିର ଏକ ବନ୍ଧମୂଳ ପର୍ବ ରୂପେ ଆଦିବାସୀମାନଙ୍କ ଟୋକୀମାରା ପରବ୍ ଅନ୍ୟତମ। ଏହା ସେମାନଙ୍କର ପ୍ରସିଦ୍ଧ କୃଷିଭିତ୍ତିକ ଯାତ୍ରା। ସାତ ପ୍ରକାର ପରଜାମାନଙ୍କ ମଧ୍ୟରୁ କନ୍ଧ ପରଜାମାନେ ଏହି ପରବକୁ ଅତି ଧୁମ୍‌ଧାମ୍‌ରେ ପାଳନ କରିଥାନ୍ତି। ଆଷାଢ଼ ମାସରେ ଲକ୍ଷ୍ମୀ ବା ଟାକୁ ପରବ୍, ଶ୍ରାବଣ ପୂର୍ଣ୍ଣିମାରେ ନଙ୍ଗଳଧୁଆ ପରବ, ଭାଦ୍ରବରେ ନାଗୁଣୀ ପରବ ବା ଭାଦୋପରବ, ଚଇତ ପରବ୍ ଆଦି ପାଳନ କରିବା ସହିତ ଏହି 'ଟୋକୀ ପରବ' ମଧ୍ୟ ପାଳନ କରିଥାନ୍ତି।

ଟୋକୀମାରା ପରବ୍ ପୌଷ ମାସର ଶୁକ୍ଳ ପକ୍ଷ ପୂର୍ଣ୍ଣିମାର ପାଞ୍ଚଦିନ ପୂର୍ବରୁ ଆରମ୍ଭ ହୋଇଥାଏ। ଜାନି ଏବଂ ଦିସାରୀଙ୍କ ଦ୍ୱାରା ଏହି ପର୍ବ ଘୋଷଣା କରାଯାଇଥାଏ। 'ଟୋକୀ' ଅର୍ଥାତ୍ ମେଣ୍ଢାକୁ 'ଗ୍ରାମଦେବୀ ଧରନୀଗୁଡ଼ି' (ଧରିତ୍ରୀ ମାତା) ଚତୁଃପାର୍ଶ୍ୱରେ ପରିକ୍ରମା କରାଇ ତାକୁ ଠେଙ୍ଗାରେ ଛେଚି ଛେଚି ମରାଯାଇଥାଏ। ଏହି ଠେଙ୍ଗାକୁ 'ଛେର୍-ଛେଟ କୁଟା' କୁହାଯାଏ। ଟୋକୀର କଲିଜାକୁ ଛୋଟ ମାଟିପାତ୍ର (ମୁତ୍‌ପେନ୍)ରେ ରଖି ଧରନୀଖାଲ (ମେରିଆ) ନିକଟରେ ଅର୍ପଣ କରାଯାଇଥାଏ। ଏହି ପର୍ବରେ ଢୋଲ, ମହୁରୀ, ଝାଞ୍ଜ, ଢସା, ନିଶାଣ ଇତ୍ୟାଦି ବାଦ୍ୟ ବଜାଇ ଧରନୀ ଦେବୀଙ୍କୁ ସନ୍ତୁଷ୍ଟ କରିବାକୁ ଚେଷ୍ଟା କରାଯାଇଥାଏ। ଏହି ପୂଜା ସମୟରେ ଆଦିବାସୀମାନେ ଯୁଦ୍ଧନୃତ୍ୟ ପରିବେଷଣ କରିଥାନ୍ତି।

'ଗୁଣ୍ଡିଖାଇ' ପରବ୍ ମାଘ-ଫାଲ୍‌ଗୁନ ମାସରେ ପାଳିତ ହୁଏ। ଏହି ସମୟରେ

ନବପଲ୍ଲବିତ ପ୍ରକୃତି ସଂପୂର୍ଣ୍ଣ ଜଗତକୁ ମହୁଲ-ଆମ୍ବର ଆଗମନୀ ବାର୍ତ୍ତା ଦେଇ ରୋମାଞ୍ଚିତ କରେ। ଏହି ଆଦିବାସୀମାନେ ସାକର, ଭଜାଚଣା ସହିତ ନୂଆ ଆମ୍ବ, ଚାର, ମହୁଲ ପ୍ରଭୃତିକୁ ଖାଇ 'ଗୁଣ୍ଡି ପର୍ବ' ପାଳନ କରନ୍ତି।

ପଶ୍ଚିମ ଓଡ଼ିଶାର କଳାହାଣ୍ଡି, ଫୁଲବାଣୀ, କୋରାପୁଟରେ ଟୋକୀମାରା ପରବ୍ ଭଳି ପୋଡ଼ପୂଜା ମଧ୍ୟ ଏକ କୃଷିଭିତ୍ତିକ ପର୍ବ। ଉତ୍କୃଷ୍ଟ ଫସଲ ଆଶାରେ ଫସଲ ବେଉଷଣ ଏବଂ ଫସଲ ଅମଳ ବେଳେ ଆଦିବାସୀ ଭାଇମାନେ ଏହାକୁ ପାଳନ କରିଥାନ୍ତି। ସେମାନଙ୍କର କର୍‌ମା, ଡାଲ୍‌ଖାଇ, ଦଣ୍ଡଯାତ୍ରା ପ୍ରଭୃତି ବହୁଚର୍ଚ୍ଚିତ। ସାଂସ୍କୃତିକ ରୂପର ପଶ୍ଚାତ୍ ଭାଗରେ ଅସଂଖ୍ୟ ଲୋକକଥା ବା ମିଥ୍ ରହିଛି। ଯାହା ଉପରେ ଅଖଣ୍ଡ ବିଶ୍ୱାସ ରଖି ଆଦିବାସୀମାନେ ପର୍ବପର୍ବାଣି ସବୁକୁ ଅତି ଶ୍ରଦ୍ଧାପୂର୍ବକ ପାଳନ କରିଥାଆନ୍ତି।

ଆଶ୍ୱିନ ଶୁକ୍ଳ ପକ୍ଷ ଦୁର୍ଗା ଅଷ୍ଟମୀଠାରୁ ଦଶମୀ (ଦଶହରା) ପର୍ଯ୍ୟନ୍ତ ଦୀର୍ଘ ତିନିଦିନ ବ୍ୟାପୀ ପଶ୍ଚିମ ଓଡ଼ିଶା ଆଦିବାସୀମାନେ ପବିତ୍ର 'ଭାଇ ଜୀଉନ୍ତିଆ' ବା 'ଭ୍ରାତୃଜୟନ୍ତୀ' ପର୍ବ ପାଳନ କରିଥାନ୍ତି। ଏହି ପବିତ୍ର ପୂଜା ତିଥିରେ କୃଷି ଉପକରଣ ସାମଗ୍ରୀ, ପୋଥିପତ୍ର, ଲେଖନୀ ତଥା ଘରୋଇ ଅସ୍ତ୍ରଶସ୍ତ୍ର ପୂଜା କରାଯାଇଥାଏ। ଏହି ତିନିଦିନର ପୂଜାରେ ଆଦିବାସୀ ସଂପ୍ରଦାୟର ଅବିବାହିତ ତରୁଣୀମାନେ ଦଳବଦ୍ଧ ହୋଇ ମାଦଳର ତାଳେ ତାଳେ ଯେଉଁ ନୃତ୍ୟ ପରିବେଷଣ କରନ୍ତି ତାହାକୁ ଡାଲ୍‌ଖାଇ କୁହାଯାଏ। ଏଥିରେ ଯୁବକ ଏବଂ ଯୁବତୀମାନେ ଉକ୍ତି-ପ୍ରତ୍ୟୁକ୍ତି ଛଳରେ ଗୀତ ଗାଇଥାନ୍ତି। ଏହି ଗୀତରେ ସାମାଜିକ, ସାଂସାରିକ ପ୍ରକୃତି ତଥା ପ୍ରେମଭିତ୍ତିକ ବିଷୟବସ୍ତୁ ପ୍ରମୁଖ ଥାଏ। ଡାଲ୍‌ଖାଇ ଗୀତଗୁଡ଼ିକ ବିଶେଷ ଭାବରେ ଶୃଙ୍ଗାର ରସାଶ୍ରିତ ହୋଇଥାଏ। ସମ୍ବଲପୁରୀ ଆଦିବାସୀମାନଙ୍କର ଅତି ପ୍ରିୟ ଡାଲ୍‌ଖାଇ-ଗାଉଁଲି ଗୀତ ବ୍ୟତୀତ ରସର୍‌କେଲି, ମାଇଲାଜଡ଼, ରୁମ୍‌କୁଝୁମା, ବାଣ୍ଡିବୁତଲ, କର୍‌ମା, ଘୁମୁରା, ପତର ସଉରା ଆଦି ଗୀତକୁ ବିଭିନ୍ନ ପର୍ବପର୍ବାଣିରେ ନୃତ୍ୟ ସହିତ ଗାନ କରାଯାଇଥାଏ।

ପଶ୍ଚିମାଞ୍ଚଳ ଓଡ଼ିଶାର ବିଞ୍ଝାଲ୍ ଆଦିବାସୀମାନେ ଭାଦ୍ରବ ମାସ ଶୁକ୍ଳପକ୍ଷ ବଡ଼ ଏକାଦଶୀରେ କରମ୍ ସାଇଁଙ୍କ ଉଦ୍ଦେଶ୍ୟରେ କର୍ମାପୂଜା କରିଥାନ୍ତି। ଏହି ପୂଜାରେ 'ଶାଳ' କିମ୍ବା ହଲନ୍ ବୃକ୍ଷର ଡାଳକୁ କରମ୍ ସାଇଁଙ୍କ ପ୍ରତୀକ ରୂପେ ଗୋଟିଏ ସ୍ଥାନରେ ପୋତାଯାଇ ପ୍ରାଣପ୍ରତିଷ୍ଠା କରାଯାଇଥାଏ। ବିଞ୍ଝାଲ୍ ଆଦିବାସୀମାନଙ୍କ ପୁରୋହିତ କର୍‌ମା ଡାଳକୁ ପୂଜା କରିବା ସହିତ କର୍‌ମା ସାଇଁଙ୍କ ମହିମା ଗାନ କରି ଗୁହାରୀ କରିଥାନ୍ତି।

କର୍‌ମା ପୂଜା ଆଧାରରେ ପ୍ରତି ତିନି ବର୍ଷ ବ୍ୟବଧାନରେ ବଡ଼କରମା ମହୋତ୍ସବ ପାଳିତ ହୋଇଥାଏ। ଏହି ମହୋତ୍ସବରେ ବିଭିନ୍ନ ଗ୍ରାମର ଯୁବକ ଯୁବତୀ ଭାଗ ନେଇ ନିଜ ନୃତ୍ୟକଳା ପ୍ରଦର୍ଶନ କରିଥାନ୍ତି। ଏହି ପୂଜାରେ ନୃତ୍ୟ-ସଂଗୀତ ସହିତ ପ୍ରଚୁର

ଆରଖି (ମଦ) ପାନ ତଥା ଯୁବକ-ଯୁବତୀଙ୍କ ଅବାଧ ମିଳନର ସୁଯୋଗ ଥାଏ। ଆଦିବାସୀମାନେ ମଦ୍ୟକୁ ପ୍ରସାଦ ରୂପେ ସେବନ କରିଥାନ୍ତି। ତେବେ, ସମସ୍ତ ଆଦିବାସୀ କର୍ମା ଡାଳ ସମ୍ମୁଖରେ ଚାଷୋପଯୋଗୀ ବୃଷ୍ଟି, ବିଲରେ ପୋକ ନ ଲାଗିବା, ଗୋରୁ ବଦଳଙ୍କୁ ଫାଟୁଆ ରୋଗରୁ ମୁକ୍ତି ତଥା ବିଭିନ୍ନ ଦୈବୀ ଦୁର୍ବିପାକରୁ ମୁକ୍ତି ପାଇଁ 'କରମ୍‌ଶାନୀ'ଙ୍କୁ ପ୍ରାର୍ଥନା କରିଥାନ୍ତି।

'ଦିଏଲ୍ ବା ଚାଉଳ ଧୁଆ ପରବ୍' ପଶ୍ଚିମ ଓଡ଼ିଶାର କଳାହାଣ୍ଡିରେ ବହୁ ପ୍ରସିଦ୍ଧ। କଳାହାଣ୍ଡିର ଶବର, ଗଣ୍ଡ ପ୍ରଭୃତି ଏହି ପର୍ବକୁ ଅତି ନିଷ୍ଠାର ସହିତ ମାନିଥାନ୍ତି। କାର୍ତ୍ତିକ ଶୁକ୍ଳପକ୍ଷରେ ପ୍ରଥମ ଅମଳ ନୂଆ ଚାଉଳକୁ ଧୋଇ, ନୂଆ ହାଣ୍ଡିରେ ଭାତ ରାନ୍ଧନ୍ତି। ରନ୍ଧାଘର କାନ୍ଥରେ ଝୋଟି ପକାଇ ଦେବଦେବୀଙ୍କ ପ୍ରତୀକ ଅଙ୍କନ କରନ୍ତି। ଏହି ପର୍ବରେ କୁକୁଡ଼ା ବଳି ସହିତ ପିଠା, ଖିରି ପ୍ରଭୃତି ଅର୍ପଣ କରାଯାଇଥାଏ। କାର୍ତ୍ତିକର ଚିତାଲାଗି ଅମାବାସ୍ୟାର ଦୀପାବଳି ଉତ୍ସବ ପରବର୍ତ୍ତୀ ଶୁକ୍ଳପକ୍ଷରେ ହିଁ ଏହି ପର୍ବ ପାଳନ କରାଯାଏ।

'ହାରାଲି ପରବ୍'କୁ ପଶ୍ଚିମ ଓଡ଼ିଶାର ଆଦିବାସୀମାନଙ୍କ ମଧ୍ୟରେ ସମ୍ବଲପୁର ଏବଂ ବଲାଙ୍ଗୀରର ବିଞ୍ଝାଲ୍‌ମାନେ ଶ୍ରାବଣ ମାସରେ ପାଳନ କରିଥାନ୍ତି। ନିଜ ପରିବାରର ପିଲାମାନଙ୍କ ଉନ୍ନତି ଉଦ୍ଦେଶ୍ୟରେ ସେମାନେ ଏହି ପର୍ବ ପାଳନ କରିଥାନ୍ତି। ଶିଶୁମାନଙ୍କ ଭିତରେ ସେମାନେ ନିଜ ପୂର୍ବପୁରୁଷଙ୍କ ଅଦୃଶ୍ୟ ଅସ୍ତିତ୍ୱକୁ ଅନୁଭବ କରି ସମ୍ମାନ ପ୍ରଦର୍ଶନ ନିମନ୍ତେ ଛୋଟ ଶିଶୁମାନଙ୍କ ପାଦକୁ ଅରୁଆ ଚାଉଳ ଓ କଞ୍ଚା କ୍ଷୀରଦେଇ ପୂଜା କରିଥାନ୍ତି। ପୂର୍ବପୁରୁଷଙ୍କ ସ୍ୱରୂପ ନେଇ ଶିଶୁ ଜନ୍ମଲାଭ କରିଥାଏ ବୋଲି ସେମାନଙ୍କ ଭିତରେ ଦୃଢ଼ ବିଶ୍ୱାସ ଥାଏ।

'ଗୋତର୍ ପରବ୍' କୋରାପୁଟ ଗଦ୍‌ବାମାନଙ୍କ ଦ୍ୱାରା ମାଘ ମାସରେ ପାଳିତ ଏକ ବିଶେଷ ପର୍ବ। ଗୋତର୍ ବା ଗୋତ୍ର ପର୍ବଟି ବେଶ୍ ସ୍ୱତନ୍ତ୍ର ଭାବରେ ପାଳନ କରାଯାଇଥାଏ। ପରିବାରର କୌଣସି ସଦସ୍ୟଙ୍କ ମୃତ୍ୟୁର ଦୁଇ ତିନିବର୍ଷ ପରେ ଗୃହସ୍ଥ ନିଜ ପରିବାରର ମୃତକଙ୍କ ଆତ୍ମାର ସଦ୍‌ଗତି ଉଦ୍ଦେଶ୍ୟରେ ଏହି ପର୍ବକୁ ପାଳନ କରିଥାନ୍ତି। ଏହି ପର୍ବରେ ଗାଈ, ମହିଷୀ ବଳି ଦିଆଯାଏ। ଟାଙ୍ଗିଆ ଦ୍ୱାରା ଅତି ନୃଶଂସ ଭାବରେ ମହିଷୀର ଶିରଚ୍ଛେଦପୂର୍ବକ ତା'ର ଅନ୍ତବୁଜୁଳାସବୁକୁ ବାହାର କରାଯାଏ। ଆଦିବାସୀମାନେ ସେମାନଙ୍କୁ ପାପରୁ ମୁକ୍ତିଲାଭ କରିବା ଉଦ୍ଦେଶ୍ୟରେ ମଧ୍ୟ ଦୀର୍ଘ ବର୍ଷ ବ୍ୟବଧାନରେ ଏହି ପର୍ବ ପାଳନ କରନ୍ତି।

ଶୈବ ଧର୍ମାବଲମ୍ବୀ ସୋମବଂଶୀ ରାଜାମାନଙ୍କ ରାଜ୍ୟ ଶାସନ ଅମଳରୁ 'ଦଣ୍ଡ ନାଚ୍'ର ପ୍ରଚଳନ ଥିବା ପ୍ରାମାଣିକତା ରହିଛି। ଆଦିବାସୀ ସଂପ୍ରଦାୟରେ କୃଷିଭିତ୍ତିକ

ସାଂସ୍କୃତିକ ଜୀବନଧାରାର ଏହା ଏକ ଅବିଚ୍ଛେଦ୍ୟ ଅଙ୍ଗ। ପଶ୍ଚିମ ଓଡ଼ିଶାର ଗଡ଼ଜାତ ଅଞ୍ଚଳରେ ଦଣ୍ଡନାଚର ଲୋକପ୍ରିୟତା ଅଧିକ। ଆଦିବାସୀ ସଉରାମାନେ ଏହାକୁ ଅତି ଚମତ୍କାର ଭାବରେ 'ଦଣ୍ଡ' ଅର୍ଥାତ୍ ବାନି ଧରି ପ୍ରଦର୍ଶନ କରିଥାନ୍ତି। ନୃତ୍ୟ ସହିତ ଏହାର ବେଶଭୂଷା ଅତ୍ୟନ୍ତ ଆକର୍ଷଣୀୟ ହୋଇଥାଏ। ତାମସିକ ଖାଦ୍ୟ ବର୍ଜନ କରି ଅତି ନିଷ୍ଠାର ସହିତ ଆଦିବାସୀମାନେ ଶିବ-ପାର୍ବତୀଙ୍କୁ ଉପାସନା କରିଥାନ୍ତି। ଅଣ୍ଟାରେ ଘାଗରା, ପାଦରେ ଘୁଙ୍ଗୁର ଏବଂ ବେକରେ ଘଣ୍ଟି ଘାଗୁଡ଼ି ମାଳ ପିନ୍ଧି ନର୍ତ୍ତକମାନେ ନାଚିଥାନ୍ତି। ଏହି ନୃତ୍ୟରେ ଉପାସ୍ୟ ଦେବତା ଶିବ-ପାର୍ବତୀଙ୍କୁ ଆରାଧନା କରିବା ସହିତ 'ଶିବ ତାଣ୍ଡବ' ନୃତ୍ୟର ପ୍ରଚଳନ ମଧ୍ୟ ରହିଛି।

ଶିବ-ପାର୍ବତୀଙ୍କୁ ଉପାସ୍ୟ ଦେବତା ରୂପେ ମହତ୍ତ୍ୱ ଦେଇ ସମ୍ବଲପୁର ଏବଂ ବରପାଲିର ଆଦିବାସୀମାନେ 'ଶୀତଳଷଷ୍ଠୀ' ଉତ୍ସବ ପାଳନ କରିଥାନ୍ତି। ଏହି ଉତ୍ସବରେ ଶିବଙ୍କୁ ପାର୍ବତୀଙ୍କ ସହିତ ବିବାହ କରାଇବାର ସମସ୍ତ ବିଧି ପାଳନ କରାଯାଏ। ଶୁକ୍ଳ ଷଷ୍ଠୀ ହିଁ ଶୀତଳ ଷଷ୍ଠୀ ନାମରେ ନାମିତ। ଆଷାଢ଼ ମାସର ପହିଲି ବର୍ଷାର ସ୍ପର୍ଶରେ ଶୀତଳତା ଲାଭ କରିଥିବା ଧରିତ୍ରୀକୁ ସବୁଜିମାରେ ପରିପୂର୍ଣ୍ଣ କରିବା ନିମନ୍ତେ ଆଦିବାସୀ କୃଷକମାନେ ହଳ-ଲଙ୍ଗଳ ଯୋଚି ପ୍ରସ୍ତୁତ ହୋଇଥାନ୍ତି। ଏହି ପର୍ବ କେବଳ ଆଦିବାସୀମାନଙ୍କର ନୁହେଁ; ବରଂ ସମଗ୍ର ଓଡ଼ିଶା-ପୁରପଲ୍ଲୀରେ କୃଷି ପରମ୍ପରାକୁ ସମୃଦ୍ଧ କରିବାରେ ଅନନ୍ୟ ଭୂମିକା ନିର୍ବାହ କରେ।

ଆଦିବାସୀ ସଂସ୍କୃତିର ମୂଳପିଣ୍ଡ ହେଉଛି ଶବରମାନଙ୍କର ଆରାଧ୍ୟ ଦେବତା ଶ୍ରୀଜଗନ୍ନାଥ। ଆଦିବାସୀମାନଙ୍କ ପାଇଁ ଜଗନ୍ନାଥ ଭିନ୍ନ ଭିନ୍ନ ନାମରେ ପରିଚିତ। ସଉରାମାନଙ୍କ ପାଇଁ ଜଗନ୍ତା କତୁଙ୍ଗ୍, କୋୟାରଙ୍କ ପାଇଁ ଜଗାରାଜୁ, କନ୍ଧମାନଙ୍କ ପାଇଁ ଜଗାୟା, ଗାଦ୍‌ବାଙ୍କ ପାଇଁ ଜଗତା ନାମରେ ଜଗନ୍ନାଥ ମହାପ୍ରଭୁ ଅତି ପ୍ରିୟ। ଆଦିବାସୀଙ୍କ ପାଇଁ ସୂର୍ଯ୍ୟ 'ଆୟଙ୍ଗୁ ସୁଙ୍ଗ୍' ବା ଆଦି ଦେବତା ବଳଭଦ୍ର 'ମୁତ୍ୟାଲମ୍ମା', 'କୋରାରାଜୁ' ଏବଂ 'ଜାଲିଆ' ହେଉଛନ୍ତି ସୁଭଦ୍ରା, 'ମାରଡ଼ି' ହେଉଛନ୍ତି ମହାଲକ୍ଷ୍ମୀ। ତେଣୁ ଦକ୍ଷିଣ ଓଡ଼ିଶାର କୋରାପୁଟରେ କୋରାରାଜୁ, ଜଗାରାଜୁ ଏବଂ ଜାଲିଆଙ୍କୁ ନେଇ ଯେଉଁ ବଡ଼ଯାତ ହୁଏ ତାହା 'ଠାକୁରାଣୀ ଯାତ୍ରା' ଭାବରେ ବେଶ୍ ପ୍ରସିଦ୍ଧ। ମାଲକାନଗିରିର ମାନ୍ୟମ୍‌କୋଣ୍ଡା ଅଞ୍ଚଳରେ ପ୍ରତି ଦୁଇ ବର୍ଷରେ ଥରେ ଦୀର୍ଘ ଦଶଦିନ ବ୍ୟାପୀ ଏହି ବଡ଼ଯାତ୍ରା ଅନୁଷ୍ଠିତ ହୁଏ। ଶ୍ରୀଜଗନ୍ନାଥଙ୍କ ନବକଳେବର ବିଧି ସହିତ ଠାକୁରାଣୀ ଯାତ୍ରାର ସାମ୍ୟ ରହିଛି। ସ୍ୱପ୍ନାଦେଶ ଦ୍ୱାରା ନିର୍ଦ୍ଦେଶିତ ହୋଇ ବଡ଼ପଣ୍ଡା ତିନି ଠାକୁରଙ୍କ ନବକଳେବର ନିମନ୍ତେ ତିନିଖଣ୍ଡ ବାଉଁଶ ଅଗି ଆଣି ତିନି ଠାକୁର ଭାବରେ ଅଧିଷ୍ଠିତ କରିଥାନ୍ତି। "ସ୍ୱପ୍ନାଦେଶ ପାଇବା ପରେ ପୂଜାରୀମାନେ ବାଉଁଶ

ଅଗି ତିନିଗୋଟି କାଟି ଆଣି ସେଥିରୁ ଗଜା (ଆଖି) ବାହାରିଲା ପରେ ତାକୁ ମୟୂର ପୁଚ୍ଛରେ ଗୁଡ଼ାଇ ଯାତ୍ରା ଆରମ୍ଭ କରନ୍ତି। ଏହି ତିନିଟି ଗଜା ମଧ୍ୟରୁ ପ୍ରଥମଟି କୋରାରାଜୁ, ଦ୍ୱିତୀୟଟି ଜଗାରାଜୁ ଏବଂ ତୃତୀୟଟି ମୁତ୍ୟାଲୁମ୍ମା ବା ସୁଭଦ୍ରାମ୍ମା ନାମରେ ପରିଚିତ ହୋଇଥାଏ।"(୮) ଏହି ଯାତ୍ରାରେ କୋୟା ମୁଖିଆ, ସୁକୁମା, ଦରଭା ତଥା ମାଲ୍‌କାନ୍‌ଗିରିର ରାଜାମାନେ ତିନି ଠାକୁରଙ୍କ ଛେରା ପହଁରା ବିଧି ଭଳି ଠାକୁରମାନଙ୍କ ଆସ୍ଥାନ ସ୍ଥାପନା କରି କାନ୍ଧରେ ବିମାନ ଧାରଣ ପୂର୍ବକ ଶୋଭଯାତ୍ରାରେ ବାହାରିଥାନ୍ତି। ପୁରୀ ଶ୍ରୀମନ୍ଦିରର କୁଡୁଆ ଭଳି ମାଟିହାଣ୍ଡି ଭିତରେ ତିନି ଦେବତାଙ୍କ ପ୍ରତୀକକୁ ରଖି ଗୃହର ସମ୍ମୁଖ ଭାବରେ ଝୁଲାଇ କୁଡୁଆକୁ ପୂଜା କରିଥାନ୍ତି।

ଆଷାଢ଼ ମାସ ପ୍ରଥମାର୍ଦ୍ଧ ବେଳକୁ ଆଦିବାସୀମାନେ ଜାଲିଆଙ୍କ ଯାତ୍ରା ବା ରଥଯାତ୍ରାର ଆୟୋଜନ କରିଥାନ୍ତି। "ଏହି ଯାତ୍ରାରେ ଆୟଙ୍ଗୁ ସୁଙ୍ଗ ବା ଧର୍ମବୋଜା ଓ କିତୁଙ୍ଗ୍ ଠାକୁର ଦ୍ୱୟ ଠାକୁରାଣୀଙ୍କ ସହ ଘୋଷଯାତ୍ରା ବା ଚାଚେରୀ ଭ୍ରମଣରେ ବାହାରିଥାନ୍ତି।"(୯) ସୁଭଦ୍ରାମ୍ମାଙ୍କ ପୂଜା ନିମନ୍ତେ ବାଉଁଶ ପେଡ଼ିରେ ବସ୍ତ୍ର, ତେଲ, ଦର୍ପଣ, ଘଣ୍ଟ, ଦ୍ୱୀପ, ମୟୂରପୁଚ୍ଛ ଇତ୍ୟାଦି ସଜେଇ ଠାକୁରାଣୀଙ୍କୁ ରଥରେ ପ୍ରତିଷ୍ଠା କରାଯାଇଥାଏ। ଏହି ବିଧି ବିଧାନକୁ ଦେଖିଲେ ଆଦିମ ସଂସ୍କୃତିର ଧାରା ପୁରୀ ଶ୍ରୀମନ୍ଦିର ପର୍ଯ୍ୟନ୍ତ ପରିବ୍ୟାପ୍ତ ଥିବା ମନେହୁଏ।

କାମ୍ପିଲ୍ୟାମ୍ମା ଯାତ୍ରା: ଶ୍ରୀଜଗନ୍ନାଥ ଆଦିବାସୀମାନଙ୍କ ନିମନ୍ତେ ଜଗନ୍ତା-ଜଗାରାଜୁ ଏବଂ ଭଗ୍ନୀ ସୁଭଦ୍ରା ହିଁ 'କାମ୍ପିଲ୍ୟାଦେବୀ' (ସୁଭଦ୍ରା) ରୂପେ ଏବଂ 'ମାରିଡି' ଭାବରେ ମହାଲକ୍ଷ୍ମୀ ପୂଜିତା। ସୁଭଦ୍ରା ଏବଂ ଲକ୍ଷ୍ମୀଙ୍କୁ ଆଦିବାସୀମାନେ ପରାଶକ୍ତି ଭାବରେ ଗ୍ରହଣ କରିଥାନ୍ତି। ବୈଶ୍ୟ ବଞ୍ଜାରାମାନେ ସୁଭଦ୍ରାମ୍ମାଙ୍କ ମହାଯାତ୍ରାର ଆୟୋଜନ କରି ବହୁ ଧୁମ୍‌ଧାମ୍‌ରେ ପାଳନ କରିଥାନ୍ତି। ବିଶେଷ କରି ଦକ୍ଷିଣ ଓଡ଼ିଶାର ଗଞ୍ଜାମ, କୋରାପୁଟ, ଫୁଲବାଣୀ ଜିଲ୍ଲାର ସଉରା, କନ୍ଧ, ଗାଦ୍‌ବା, ପରଜା, ଦେଶିଆ ପ୍ରଭୃତି ଆଦିବାସୀମାନଙ୍କ ମଧ୍ୟରେ ଏହି ଯାତ୍ରାସବୁ ବହୁ ପ୍ରସିଦ୍ଧ ଲୋକଯାତ୍ରା।

ପ୍ରତ୍ୟେକ ଜାତିର ମହିମା ବହନ କରିଥାଏ ତା'ର ପର୍ବପର୍ବାଣି। ଆଦିବାସୀମାନେ ନିଜ ନିଜର ପର୍ବପର୍ବାଣିକୁ ନେଇ ବେଶ୍ ସନ୍ତୁଷ୍ଟ ଓ ସଂପୂର୍ଣ୍ଣ। ସେମାନେ ନିଜ ସଂସ୍କୃତିର ଶ୍ରେଷ୍ଠ ପ୍ରତିଷ୍ଠାପକ। ସାମାଜିକ ରୀତି-ନୀତି ତଥା ପର୍ବପର୍ବାଣି ପ୍ରତି ସେମାନଙ୍କ ଦାୟବଦ୍ଧତା ହିଁ ସେମାନଙ୍କ ସାଂସ୍କୃତିକ ପଟ୍ଟଭୂମିକୁ ପର୍ଯ୍ୟାପ୍ତ ବିସ୍ତୃତି ପ୍ରଦାନ କରିଛି। ଏହି ବିସ୍ତୃତି ହିଁ ସେହି ଭୂମିପୁତ୍ରମାନଙ୍କର ଚିରନ୍ତନ ମୂଲ୍ୟବୋଧର ବାର୍ତ୍ତାବହ। ଆଦିବାସୀମାନଙ୍କ ପାରମ୍ପରିକ ମୂଲ୍ୟବୋଧ ହିଁ ସେମାନଙ୍କ ବଳିଷ୍ଠ ସାଂସ୍କୃତିକ ପଟ୍ଟଭୂମି ଓ ଭିତ୍ତିପ୍ରସ୍ତରର ନିର୍ମାଣ ସ୍ତମ୍ଭ କହିଲେ ଅତ୍ୟୁକ୍ତି ହେବନାହିଁ।

ପାଦଟୀକା:

୧.   ଓଡ଼ିଶାର ସାଂସ୍କୃତିକ ପରମ୍ପରା – ଉତ୍କଳ ପାଠକ ସଂସଦ – ଓଡ଼ିଶା ବୁକ୍‍
       ଷ୍ଟୋର୍‍ – (ଦ୍ୱିତୀୟ ସ୍ତବକ) ୧୯୯୧ – ପୃ: ୭

୨.   ତତ୍ରୈବ – ପୃ: ୧୦

୩.   ତତ୍ରୈବ – ପୃ: ୧୯

୪.   ଆଦିବାସୀ ଜୀବନଧାରା ଓ ସଂସ୍କୃତି – ଡକ୍ଟର ହାଡ଼ିବନ୍ଧୁ ମିର୍ଦ୍ଧା – ପୃ: ୧୦୯

୫.   ଦକ୍ଷିଣାଞ୍ଚଳୀୟ ଓଡ଼ିଆ ଜନଜାତି ସଂସ୍କୃତି ଓ ସାହିତ୍ୟ – ଡକ୍ଟର ଦେବାଶିଷ
       ପାତ୍ର – ପୃ: ୬୩

୬.   ତତ୍ରୈବ – ପୃ: ୬୪

୭.   ଓଡ଼ିଶାର ଆଦିବାସୀ – ଶ୍ରୀ ଭାଗିରଥୀ ନେପାକ – ପୃ: ୫୬

୮.   ଦକ୍ଷିଣାଞ୍ଚଳୀୟ ଓଡ଼ିଆ ଜନଜାତି ସଂସ୍କୃତି ଓ ସାହିତ୍ୟ – ଡକ୍ଟର ଦେବାଶିଷ
       ପାତ୍ର – ପୃ: ୬୪

୯.   ଓଡ଼ିଶାର ସାଂସ୍କୃତିକ ପରମ୍ପରା – ଉତ୍କଳ ପାଠକ ସଂସଦ – ଓଡ଼ିଶା ବୁକ୍‍
       ଷ୍ଟୋର୍‍ – ପୃ: ୫୬

ତୁଳନାତ୍ମକ ସାହିତ୍ୟ ଓ ଭାବସାମ୍ୟର ଅବଧାରଣା

"କଳା ଓ ସାହିତ୍ୟ ସର୍ବଶ୍ରେଷ୍ଠ ନୈତିକ ମୂଲ୍ୟର ପ୍ରତିଷ୍ଠାପକ। ବିଶ୍ୱର ପରମ ସତ୍ୟ (ultimate reality)ର ସନ୍ଦର୍ଶନ ଓ ପ୍ରତୀତି ପାଇଁ କଳା ଏକ ଝରକା"(୧) ସମାଲୋଚନାର ଏକ ସମୁଚ୍ଚ କଳାତ୍ମକ ରୂପ ହେଉଛି ତୁଳନାତ୍ମକ ସମାଲୋଚନା, ଯାହା ବିଶ୍ୱର ପରମ ସତ୍ୟ। ଅନ୍ୱେଷାବୋଧକୁ ନେଇ ସମାଲୋଚକ ସଂକଳ୍ପବଦ୍ଧ ଥାଏ।

ସଂପ୍ରତି ଆଧୁନିକ ଶିକ୍ଷାର ବିକାଶ, ଆତ୍ମସମୀକ୍ଷାର ମନୋବୃତ୍ତି, ସାହିତ୍ୟ ଗବେଷଣା ପ୍ରତି ଶ୍ରଦ୍ଧା ଓ ମୂଲ୍ୟବୋଧର ବିକାଶକୁ ନେଇ ତୁଳନାତ୍ମକ ସାହିତ୍ୟାଲୋଚନା ପ୍ରମୁଖ ଭୂମିକା ଗ୍ରହଣ କରିଛି। ଭାରତବର୍ଷରେ ପ୍ରାୟ ୧୬୫୨ ମାତୃଭାଷାରୁ ସମୁନ୍ନତ ସାହିତ୍ୟିକ ଭାଷା ମଧ୍ୟ ରହିଛି। ଦ୍ୱିଭାଷିକତା ହେତୁ ଭାରତୀୟ ଭାଷାରେ ରୂପ ରଚନା ଭିନ୍ନ ହେଲେ ହେଁ ଅର୍ଥଗତ ସଂରଚନା ସମାନ ଥାଏ। ଜାତୀୟ ଇତିହାସ, ସାମାଜିକ ଚେତନା, ସାଂସ୍କୃତିକ ମୂଲ୍ୟବୋଧ ତଥା ସାହିତ୍ୟିକ ସଂବେଦନା ଦୃଷ୍ଟିରୁ ସମସ୍ତ ଭାରତୀୟ ସାହିତ୍ୟ ଏକ। ଭାରତୀୟ ସଂସ୍କୃତିର ଆଧାରଭୂତ ଏକତା ଏବଂ ବୈଶିଷ୍ଟ୍ୟର ପରିଚିତି ନିମନ୍ତେ ଏକ ପ୍ରକାର ବୈକଲ୍ୟ ଭାବ ରହିଛି। ତେଣୁ ଏହାର ପରିଚିତି ସକାଳେ ସାହିତ୍ୟିକ ଅଧ୍ୟୟନର ତୁଳନାତ୍ମକ ଆଧାର ରହିବା ଅପରିହାର୍ଯ୍ୟ। ତେବେ ଏହାକୁ 'ତୁଳନାତ୍ମକ ସାହିତ୍ୟ' (Comparative Literature) କହିବା ପରିବର୍ତ୍ତେ 'ସାହିତ୍ୟର ତୁଳନାତ୍ମକ ଅଧ୍ୟୟନ' (The Comparative Study of Literature) କହିବା ସମୁଚିତ ହେବ। ବିଶ୍ୱକବି ରବୀନ୍ଦ୍ରନାଥ ୧୯୦୭ ମସିହାରେ ତୁଳନାତ୍ମକ

ସାହିତ୍ୟ ପାଇଁ 'ବିଶ୍ୱ ସାହିତ୍ୟ' ଶବ୍ଦର ପ୍ରୟୋଗ କରିଥିଲେ। ତାଙ୍କ ତର୍କ ଅନୁସାରେ-

"'ତୁଳନା' ଶବ୍ଦର ଅର୍ଥ ସାଦୃଶ୍ୟ ନିରୂପଣ। ଏହା ସାଧାରଣତଃ ଦୁଇଟି ବସ୍ତୁ, ବ୍ୟକ୍ତି, ସ୍ଥାନ, ସମୟ, ବିଚାର, ତତ୍ତ୍ୱ, ଘଟଣା ବା ଦୃଷ୍ଟିଭଙ୍ଗୀ ମଧ୍ୟରେ କରାଯାଇଥାଏ। x x x ସାଦୃଶ୍ୟ କଥନ ସହିତ 'ତୁଳନା'ରେ ଉତ୍କର୍ଷ ଓ ଅପକର୍ଷର ବିଚାର ମଧ୍ୟ କରାଯାଏ।"[୨] 'ତୁଳନା' ଶବ୍ଦକୁ ଇଂରାଜୀରେ 'comparison' କୁହାଯାଏ। ଏହା ଲାଟିନ୍ ଭାଷାର 'comparativeus' ଶବ୍ଦରୁ ନିଷ୍ପନ୍ନ। ୧୫୯୮ରେ ଫ୍ରାନ୍‌ସିସ୍ ମିରିସ୍ ତାଙ୍କ ପ୍ରବନ୍ଧର ନାମକରଣରେ ଏହି ଶବ୍ଦଟିକୁ କରିଥିଲେ। ୧୮୪୮ରେ ମାଥ୍ୟୁ ଆର୍‌ନୋଲ୍‌ଡ 'comparative' ଶବ୍ଦ ସହିତ 'literature' ଶବ୍ଦକୁ ଏକତ୍ର ପ୍ରୟୋଗ କରିଥିଲେ। ପରେ ୟୁରୋପର ବିଶ୍ୱବିଦ୍ୟାଳୟମାନଙ୍କରେ ରେନେଁସା ପରବର୍ତ୍ତୀ 'ତୁଳନାତ୍ମକ ସାହିତ୍ୟ ବିଭାଗ'ର ସୂତ୍ରପାତ ହୋଇଥିଲା ଏବଂ କ୍ରମେ ବିଶ୍ୱର ପ୍ରାୟ ବିଶ୍ୱବିଦ୍ୟାଳୟମାନଙ୍କରେ 'ତୁଳନାତ୍ମକ ସାହିତ୍ୟ'କୁ ଏକ ସ୍ୱତନ୍ତ୍ର ସଂକଳ୍ପନା ରୂପେ ଗୁରୁତ୍ୱାରୋପ କରାଗଲା। "ପ୍ରତ୍ୟେକ କୃତିକୁ ତା'ର ସଂପୂର୍ଣ୍ଣ ରୂପରେ ଦେଖିବା ଉଚିତ। କାରଣ ତା'ର ସଂପୂର୍ଣ୍ଣ ରୂପ ହିଁ ମନୁଷ୍ୟର ଶାଶ୍ୱତ ସୃଜନଶୀଳତାର ପରିଚୟ ବହନ କରେ, ଯାହା ବିଶ୍ୱ ସାହିତ୍ୟ ଦ୍ୱାରା ହିଁ ସମ୍ଭବ।" ଇଂଲଣ୍ଡ ସହିତ ଜର୍ମାନ୍, ଫ୍ରାନ୍‌ସ, ଯୁକ୍ତରାଷ୍ଟ୍ର, କାନାଡା, ଋଷିଆ ଓ ଚୀନ୍‌ରେ ମଧ୍ୟ ବିଦ୍ୱାନ୍‌ମାନେ ତୁଳନାତ୍ମକ ଅଧ୍ୟୟନ ଉପରେ ଗୁରୁତ୍ୱ ଦେଲେ। ୧୯୨୯ରୁ ୧୯୩୧ ମସିହା ମଧ୍ୟରେ ବେଇଜିଂର କିଙ୍ଗ୍‌ସୁ ବିଶ୍ୱବିଦ୍ୟାଳୟରେ I.A ରିଚାର୍ଡ ନୂତନ ସମାଲୋଚନା ଉପରେ ଯାହା ଅଭିଭାଷଣ ଦେଇଥିଲେ ତାହାହିଁ ଚୀନ୍‌ରେ ତୁଳନାତ୍ମକ ସାହିତ୍ୟର ବିଶ୍ଳେଷଣ ପାଇଁ ମାର୍ଗ ଅନୁକୂଳ କରିଥିଲା। ୧୯୮୫ ମସିହାରେ ସେନ୍‌ଝେନ୍ ବିଶ୍ୱବିଦ୍ୟାଳୟରେ ତୁଳନାତ୍ମକ ସାହିତ୍ୟ ପରିଷଦର ଆନୁକୂଲ୍ୟରେ ଏକ ସେମିନାର ଅନୁଷ୍ଠିତ ହୋଇଥିଲା। କ୍ରମେ ତୁଳନାତ୍ମକ ସମାଲୋଚନା ଏକ ଆନ୍ତଃସାଂସ୍କୃତିକ ସମାଲୋଚନାର ରୂପ ପରିଗ୍ରହ ବିଶ୍ୱତୋମୁଖୀ ସାରସ୍ୱତ ସଂପର୍କ ସ୍ଥାପନରେ ଅନୁବ୍ରତୀ ହୋଇଛି। ସାହିତ୍ୟ ଅନୁସନ୍ଧାନ କ୍ଷେତ୍ରରେ ବାହ୍ୟଗତ ଏବଂ ଅନ୍ତର୍ନିହିତ ରୂପର ଯଥାଯଥ ସନ୍ଧାନ-ଅଧ୍ୟୟନ ଏବଂ ଉପସ୍ଥାପନା ହିଁ ତୁଳନାତ୍ମକ ଅଧ୍ୟୟନର ବୈଶିଷ୍ଟ୍ୟ। ଏହା ଏକ ଦୃଷ୍ଟିକୋଣ, ଏକ ପ୍ରବିଧି ଏବଂ ଏକ ସଂକଳ୍ପନା। ଏକକ ସାହିତ୍ୟ ଅଧ୍ୟୟନରୁ ଏହା ଭିନ୍ନ। ଏକକ ସାହିତ୍ୟ ଅଧ୍ୟୟନରେ ସାହିତ୍ୟର ସୀମିତ ଅଧ୍ୟୟନର ଦିଗକୁ ନିର୍ଦ୍ଦେଶ ଦିଆଯାଇଥିବା ବେଳେ ତୁଳନାତ୍ମକ ସାହିତ୍ୟରେ ବ୍ୟାପକ ଅଧ୍ୟୟନର ପରିସର ଥାଏ। ଏଥିରେ କିଏ ଶ୍ରେଷ୍ଠ ସାହିତ୍ୟିକ ତା'ର ତୁଳନା ହୁଏ ନାହିଁ; ବରଂ ଦୁଇଜଣ ସାହିତ୍ୟିକଙ୍କର ସମାନତା ଏବଂ ଭିନ୍ନତାର ବିନ୍ଦୁକୁ ଆଲୋଚନା କରାଯାଏ। H.H. ରୋମାକ୍‌ଙ୍କ ମତରେ, "ଏକକ ରାଷ୍ଟ୍ରର ସାହିତ୍ୟ

ପରିଧି ଊର୍ଦ୍ଧ୍ୱରେ ଅନ୍ୟ ରାଷ୍ଟ୍ରର ସାହିତ୍ୟ ସହିତ ତୁଳନାତ୍ମକ ଅଧ୍ୟୟନ ହିଁ ତୁଳନାତ୍ମକ ସାହିତ୍ୟ। ଏହି ଅଧ୍ୟୟନ କଳା-ଇତିହାସ, ସମାଜ ବିଜ୍ଞାନ, ଧର୍ମଶାସ୍ତ୍ର ଆଦି ବିବିଧ ଜ୍ଞାନ ଓ ବିଭିନ୍ନ କ୍ଷେତ୍ରରେ ଥିବା ସ୍ୱସମ୍ବନ୍ଧର ଅଧ୍ୟୟନ ମଧ୍ୟ।" ତାଙ୍କ ମତରେ, "ତୁଳନାତ୍ମକତା ସାଂଶ୍ଲେଷିକ ମାନସିକ ଦୃଷ୍ଟି। ଏହା ଦ୍ୱାରା ଭୌଗୋଳିକ ଓ ଜାତୀୟ ସ୍ତର ଉପରେ ସାହିତ୍ୟର ଅନୁସନ୍ଧାନାତ୍ମକ ବିଶ୍ଳେଷଣ ସମ୍ଭବ ହୁଏ।"[୩] ତେଣୁ ଗୋଟିଏ ଭାଷାରେ ରଚିତ ଦୁଇଟି ସାହିତ୍ୟ ବା ଦୁଇଜଣ କବିଙ୍କ ସଂପର୍କରେ ତୁଳନା କରାଯିବାକୁ ତୁଳନାତ୍ମକ ସାହିତ୍ୟ କୁହାଯାଏ ନାହିଁ। ବରଂ ଯେତେବେଳେ ଗୋଟିଏ ଭାଷାର ସାହିତ୍ୟକୁ ଅନ୍ୟ ଏକ ଭାଷାର ସାହିତ୍ୟ ସହିତ ତୁଳନା କରାଯାଏ ତାହାକୁ ହିଁ ତୁଳନାତ୍ମକ ସାହିତ୍ୟ କୁହାଯାଇଥାଏ।

ଗେଟେଙ୍କ World Literatureର ପରିକଳ୍ପନା ପରେ ତୁଳନାତ୍ମକ ସାହିତ୍ୟ ଓ ବିଶ୍ୱ ସାହିତ୍ୟରେ ଭିନ୍ନତା ଉପଲବ୍ଧି ହୋଇଥିଲା। ରୋମାକ୍ ତୁଳନାତ୍ମକ ଏବଂ ବିଶ୍ୱ ସାହିତ୍ୟ ଭିତରେ ଭେଦକୁ ସ୍ପଷ୍ଟ କରି ଯୁକ୍ତି ଉପସ୍ଥାପନ କରିଥିଲେ ଯେ, ତୁଳନାତ୍ମକ ସାହିତ୍ୟ ପାଇଁ କୌଣସି ସାହିତ୍ୟିକ କୃତି, ଲେଖକଙ୍କ ପ୍ରବୃତ୍ତି, ଥିମ୍ ଅଥବା ଜ୍ଞାନର ଅନ୍ୟ କ୍ଷେତ୍ର ସହିତ ବାସ୍ତବିକ ତୁଳନା ଆବଶ୍ୟକ। ଏପରି ଅଧ୍ୟୟନରେ ଦୁଇଟି ସାହିତ୍ୟକୃତିକୁ ପରୀକ୍ଷା କରିବାର ସୂତ୍ର ଅନ୍ୱେଷା କରାଯାଏ। ତୁଳନା କରିବା ନିମନ୍ତେ କେବଳ ଦୁଇଟି ଭାଷା ଜ୍ଞାନ ନୁହେଁ; ବରଂ ସେ ଭାଷାର ବ୍ୟାକରଣ, ଅର୍ଥ ଏବଂ ସେମାନଙ୍କ କ୍ଷେତ୍ରର ସଂସ୍କୃତି ସଂପର୍କିତ ପ୍ରଚୁର ଜ୍ଞାନର ଆବଶ୍ୟକତା ରହିଛି। କାରଣ ଗୋଟିଏ ସାହିତ୍ୟ ଏକ ବିଶେଷ ଅନ୍ତଃଶକ୍ତି ଏବଂ ଲୋକରଙ୍ଗରେ ନିର୍ମିତ ହୋଇଥାଏ। ଅନ୍ୟ କ୍ଷେତ୍ରର ସାହିତ୍ୟିକ ପରିବେଶଟି ତା' ଉପରେ ବିଚାରାତ୍ମକ ଏବଂ ସମ୍ବେଦନାତ୍ମକ ପ୍ରଭାବ ପକାଇଥାଏ। ଏ ଦୃଷ୍ଟିରୁ ତୁଳନାତ୍ମକ ସାହିତ୍ୟ ବ୍ୟାପକ-ସମନ୍ୱୟ ଏବଂ ବିସ୍ତୃତିର ପଥ ଉନ୍ମୋଚନ ହୁଏ। ଦୁଇଟି ଭାଷା, ଦୁଇଟି ପରିବେଶ, ଦୁଇ ପ୍ରକାର ସାହିତ୍ୟ ନିଜ ସଂସ୍କୃତିର ବୈବିଧ୍ୟକୁ ନେଇ ସମୁଜ୍ଜ୍ୱଳ ହୁଅନ୍ତି।

ତୁଳନାତ୍ମକ ସାହିତ୍ୟ କ୍ଷେତ୍ରରେ ନିମ୍ନୋକ୍ତ ରୂପ ମଧ୍ୟରୁ ଯେକୌଣସି ଗୋଟିଏ ଧାରାକୁ ଗ୍ରହଣ କରାଯାଇପାରେ।

(କ) ଗୋଟିଏ ଭାଷା ଅନ୍ତର୍ଗତ ତୁଳନାତ୍ମକ ଅଧ୍ୟୟନ

(ଖ) ଦୁଇଟି ଭାଷା ଏକ ସଂସ୍କୃତି ଅନ୍ତର୍ଗତ ତୁଳନାତ୍ମକ ଅଧ୍ୟୟନ

(ଗ) ଦୁଇଟି ସଂସ୍କୃତି ଏକ ଭାଷା ଅନ୍ତର୍ଗତ ତୁଳନାତ୍ମକ ଅଧ୍ୟୟନ

(ଘ) ଦୁଇଟି ସଂସ୍କୃତି ଏବଂ ଦୁଇଟି ଭାଷା ଅନ୍ତର୍ଗତ ତୁଳନାତ୍ମକ ଅଧ୍ୟୟନ

ସାହିତ୍ୟ କ୍ଷେତ୍ରରେ ତୁଳନାତ୍ମକ ସାମାଜିକ, ମନସ୍ତାତ୍ତ୍ୱିକ, ସାହିତ୍ୟିକ ଅଧ୍ୟୟନର

ପ୍ରଚୁର ଆବଶ୍ୟକତା ରହିଛି । "ଏହା ଭୌଗୋଳିକ ସୀମା ସରହଦ ଡେଇଁ ଜାତୀୟ ମାନସିକତାର ଊର୍ଦ୍ଧ୍ୱକୁ ଯାଇ ମାନବୀୟ ମୂଲ୍ୟବୋଧର ଅନ୍ୱେଷଣ କରିପାରେ । ଏହା ସଂକୀର୍ଣ୍ଣ ବିଚାରଧାରାରୁ ଊର୍ଦ୍ଧ୍ୱକୁ ଯାଇ ମାନବୀୟ ବିଶ୍ୱତୋମୁଖୀ-ଚେତନାର ଉତ୍ତରଣରେ ସହାୟତା କରେ । ତୁଳନାତ୍ମକ ସାହିତ୍ୟ କ୍ଷେତ୍ରରେ ପଲ୍ ବି ଟିଗ୍ ହେମ୍, ଜ୍ୟାଁ ମାରିକାରେ, ମାରିସେ ଫ୍ରାନ୍‌ସାସ ଗୁଇୟାର୍ଦ୍ଦ ଐତିହାସିକ ଅନୁଶାସନକୁ ଗୁରୁତ୍ୱ ପ୍ରଦାନ କରିଥିବାବେଳେ ରେନେ ବେଲେକ, ରୋମାକ୍, ଆଷ୍ଟିନ୍ ୱାରେନ୍, ପ୍ରାବର୍ ଆଦି ବିଦ୍ୱାନ୍ ସୌନ୍ଦର୍ଯ୍ୟ ଶାସ୍ତ୍ରୀୟ ଅନୁଶାସନକୁ ଗୁରୁତ୍ୱ ପ୍ରଦାନ କରିଛନ୍ତି ।

"ଯେକୌଣସି ଆଲୋଚକଙ୍କୁ ତୁଳନାତ୍ମକ ସାହିତ୍ୟ ଆଲୋଚନା କରିବା ସମୟରେ ଏକାଧିକ ସାହିତ୍ୟ ପଠନ, ଉଭୟ ସାହିତ୍ୟର ସାମାଜିକ, ସାଂସ୍କୃତିକ ଓ ଐତିହାସିକ ପୃଷ୍ଠଭୂମି ଅବଲୋକନ, ଉଭୟର ପାରସ୍ପରିକ ସଂପର୍କ ନିରୂପଣ, ଆହରଣର କାରଣ ଓ ସୂତ୍ର ନିରୂପଣ, ଉଭୟ ସାହିତ୍ୟର ମହନୀୟତା ଓ ଆବଶ୍ୟକତାର ସମର୍ଥନ ଓ କୌଣସି କଥାର ସୂତ୍ର ଓ ତା'ର ଦେଶାନ୍ତର ସଂକ୍ରମଣର ଧାରା ଅନୁସରଣ କରିବାକୁ ପଡ଼ିଥାଏ ।"(୪)

ଗୋଟିଏ ଜାତିର ଭାଷା-ସାହିତ୍ୟର ପରିପୁଷ୍ଟ ରୂପ ଅନ୍ୟ ଭାଷାଭାଷୀଙ୍କୁ ଆକୃଷ୍ଟ କରେ । ଫଳରେ ତୁଳନାତ୍ମକ ଆବେଗଟି ସଞ୍ଚରିତ ହୁଏ । ସପ୍ତଦଶ ଅଷ୍ଟାଦଶ ଶତାବ୍ଦୀରେ ତୁଳନାତ୍ମକ ସାହିତ୍ୟ ବିଶେଷ ଭାବରେ ପ୍ରତିଷ୍ଠା ଲାଭ କରିଥିଲା । ମ୍ୟାକ୍ସମୁଲର୍ ଏବଂ ଉଇଲିୟମ୍ ଜୋନ୍‌ସ ଆଦି ସ୍ରଷ୍ଟାଗଣ ୟୁରୋପୀୟ ଭାଷାରେ ଭାରତୀୟ ସାହିତ୍ୟର ଅନୁବାଦ କରିଥିଲେ । ଯାହା ଦ୍ୱାରା ତୁଳନାତ୍ମକ ସାହିତ୍ୟର ପ୍ରବୃତ୍ତିଟିଏ ସୃଷ୍ଟିକ୍ଷମ ହୋଇପାରିଥିଲା । ୧୭୫୩ରେ ରବର୍ଟ ଲାଉଥ୍ 'ଅକ୍ସଫୋର୍ଡ ଲେକ୍‌ଚର୍ସ ଅଫ୍ ପୋଏଟ୍ରି'ରେ ହିବ୍ରୁ କବିତା ସହିତ ୟୁନାନୀ ସାହିତ୍ୟର ପ୍ରବୃତ୍ତିକୁ ଦର୍ଶାଇଥିଲେ । ଊନବିଂଶ ଶତାବ୍ଦୀ ପର୍ଯ୍ୟନ୍ତ ତୁଳନାତ୍ମକ ସାହିତ୍ୟର ସୂକ୍ଷ୍ମ ପ୍ରବୃତ୍ତିକୁ ମହତ୍ତ୍ୱ ମିଳିଥିଲା । ବାଲ୍ମୀକି, ବ୍ୟାସ, କାଳିଦାସ, ହୋମର, ଭର୍ଜିଲ, ଦାନ୍ତେ, ମିଲ୍‌ଟନ୍ ଆଦିଙ୍କୁ ସମଦୃଷ୍ଟିରେ ରଖି ମାଇକେଲ୍ ମଧୁସୂଦନ ଦତ୍ତ ଆଲୋଚନା କରିଥିଲେ । ସେ ନିଜର ଏକ ପତ୍ରରେ ଲେଖିଥିଲେ "ୟୁରୋପୀୟ ନାଟକ ଯଥାର୍ଥ, ଉଦାତ୍ତ ଆବେଗ ତଥା ବୀରତାକୁ ନେଇ ଗତିଶୀଳ ହେଲାବେଳେ ଭାରତୀୟ ନାଟକ ପ୍ରେମ ଏବଂ କୋମଳତାକୁ ନେଇ ଗତିଶୀଳ ।" ପରମ୍ପରା ଦୃଷ୍ଟିରୁ ମାଇକେଲ୍‌ଙ୍କ ଏପରି ପ୍ରୟାସ ଭାରତୀୟ ସାହିତ୍ୟର ପ୍ରଥମ ପ୍ରୟାସ କୁହାଯାଇପାରେ । ଏହି ଧାରାରେ ୧୭୭୩ରେ ବଙ୍କିମଚନ୍ଦ୍ର ଚାଟାର୍ଜୀ ଶକୁନ୍ତଳା, ମିରାଣ୍ଡା ଏବଂ ଡେସ୍ ଡୋମନା ଶୀର୍ଷକ ପ୍ରବନ୍ଧ ଲେଖିଥିଲେ । ସେ ଗୋଟିଏ ପଟେ ସେକ୍ସପିୟର ଏବଂ କାଳିଦାସଙ୍କୁ ତୁଳନା କରିଥିବାବେଳେ ଅନ୍ୟ ଦିଗରେ

ବାୟରନ୍, ଶେଲୀଙ୍କ କବିତାର ତୁଳନା ବୈଦିକ ଗାନ ସହିତ କରିଥିଲେ । ଏତଦ୍‌ବ୍ୟତୀତ ବଙ୍କିମଚନ୍ଦ୍ର ଭବଭୂତିଙ୍କୁ ସେକ୍ସପିୟର, କୁମାରସମ୍ଭବକୁ ପାରାଡାଇଜ୍ ଲଷ୍ଟ୍ ସହିତ ତୁଳନା କରିଥିଲେ । ୱାରେନ୍ ହେଷ୍ଟିଙ୍ଗସ୍ ଗୀତା ସହିତ ଇସାଇ ଧର୍ମର ମୁକ୍ତି ଭାବନାକୁ ତୁଳନା କରିବା ସହିତ ଶ୍ରୀମଦ୍‌ଭଗବତ୍‌ଗୀତାକୁ ଇଲିୟଡ୍, ଓଡେଶୀ, ପାରାଡାଇଜ୍ ଲଷ୍ଟ୍ ସହିତ ତୁଳନା କରିଥିଲେ । ଏହି ଧାରାରେ ଊନବିଂଶ ଶତାବ୍ଦୀର କିଛି ବିଶେଷ ତୁଳନାତ୍ମକ ପୁସ୍ତକ କ୍ଷେତ୍ରରେ ଚର୍ଚ୍ଚିତ ସୃଷ୍ଟି ଥିଲା ମେକ୍ସମୁଲରଙ୍କ 'A History of Ancient Sanskrit Literature' (୧୮୫୯) । ଏଥିରେ ସେ ଭାରତୀୟ ଆର୍ଯ୍ୟ ଭାଷା ସହିତ ଇଂରାଜୀ, ୟୁରୋପୀୟ ସଂସ୍କୃତିର ତୁଳନାତ୍ମକ ଅଧ୍ୟୟନ କରିଥିଲେ । ଆଲ୍‌ବ୍ରେସ୍ ବେବରଙ୍କ 'The history of Indian Literature' (୧୮୫୨) । ଏଥିରେ ସେ ସଂସ୍କୃତ ନାଟକକୁ ୟୁନାନୀ ନାଟକ ସହିତ ତୁଳନା କରିଥିଲେ । ଚାର୍ଲସ ଇ-ଗ୍ରୋବରଙ୍କ 'The folk songs of Southern India' (୧୮୭୧) । ଏଥିରେ ସେ ତାମିଲ୍ ସାହିତ୍ୟ ସହିତ କନ୍ନଡ, ତେଲୁଗୁ, ମାଲୟାଲମ ଏବଂ କୁର୍ଗ ଭାଷାର ଗୀତଗୁଡ଼ିକର ତୁଳନାତ୍ମକ ଅଧ୍ୟୟନ କରିଥିଲେ । ଏହାଛଡ଼ା A.B. Kithଙ୍କ 'The Sanskrit Drama' (୧୯୨୪) ଅନ୍ୟତମ । ଏଥିରେ ସେ କାଳିଦାସ ଏବଂ ସଂସ୍କୃତ ନାଟ୍ୟକାରଙ୍କ ସହିତ ୟୁରୋପୀୟ ନାଟକ ଏବଂ ନାଟ୍ୟକାରଙ୍କୁ ତୁଳନା କରିଥିଲେ । ଭାଷାତତ୍ତ୍ୱବିତ୍ କର୍ଡୱେଲ୍ 'Comparative Grammar of Dravidian Language' ରଚନା କରି ତୁଳନାତ୍ମକ ଭାଷା ସାହିତ୍ୟର ମାର୍ଗଦର୍ଶନ କରିଥିଲେ ।

"ସ୍ୱାଧୀନତା ପରେ ଭାରତରେ ଭାଷା-ଭାଷା ମଧ୍ୟରେ ନିବିଡ଼ ଯୋଗସୂତ୍ର ସ୍ଥାପିତ ହୋଇଛି । କେନ୍ଦ୍ର ସାହିତ୍ୟ ଏକାଡେମୀ ଭାଷାଗତ ସଂହତି ପାଇଁ ଗଠିତ ହୋଇଛି । ବିଭିନ୍ନ ଭାଷାଭାଷୀ ସାହିତ୍ୟ ସଂପର୍କରେ ଆଲୋଚନା ପାଇଁ କେନ୍ଦ୍ର ସାହିତ୍ୟ ଏକାଡେମୀ ଅନୁକୂଳ ବାତାବରଣ ସୃଷ୍ଟି କରିଛି । 'ଭାରତୀୟ ସାହିତ୍ୟ' - ଏଇ ନାମରେ ଭାରତର ବିଭିନ୍ନ ଭାଷାକୁ ଆଲୋଚନା କରିବାର ଉଦ୍ୟମ ଏକାଡେମୀ ଦ୍ୱାରା ସମ୍ଭବ ହୋଇଛି ।"(୫) ତେବେ ତୁଳନାତ୍ମକ ଓଡ଼ିଆ ସାହିତ୍ୟ କ୍ଷେତ୍ରରେ ସର୍ବପ୍ରଥମ ଉଦ୍ୟମ କରିଛନ୍ତି ଗିରିଜାଶଙ୍କର ରାୟ । ଇଂରାଜୀ ସାହିତ୍ୟରେ ତାଙ୍କର ଅଗାଧ ପାଣ୍ଡିତ୍ୟ ଏବଂ ଅଧ୍ୟାପନା ହେତୁ ସେ ଇଂରାଜୀ ସାହିତ୍ୟ ସହିତ ଓଡ଼ିଆ ନାଟ୍ୟକାରଙ୍କ ରଚନାକୁ ତୁଳନାତ୍ମକ ଶୈଳୀରେ ଅନୁଶୀଳନ କରିଛନ୍ତି । ସମାଲୋଚକ ଚିନ୍ତାମଣି ବେହେରାଙ୍କ 'କାବ୍ୟ ଓ କଳାକାର', ଡକ୍ଟର ଦାଶରଥି ଦାସଙ୍କ 'କାବ୍ୟ ସମ୍ବାଦ', ଡକ୍ଟର ଶ୍ରୀନିବାସ ମିଶ୍ରଙ୍କ 'ଆଧୁନିକ ଓଡ଼ିଆ ଗଦ୍ୟ ସାହିତ୍ୟ', ଡକ୍ଟର ସୀତାକାନ୍ତ ମହାପାତ୍ରଙ୍କ 'ଭିନ୍ନ ଆକାଶ: ଭିନ୍ନ ଦୀପ୍ତି', ଡକ୍ଟର ଗୋପାଳଚନ୍ଦ୍ର ମିଶ୍ରଙ୍କ 'ଚଳିତ ଶତାବ୍ଦୀର ଭାରତୀୟ ସାହିତ୍ୟ', ଡକ୍ଟର

ନରେନ୍ଦ୍ରନାଥ ମିଶ୍ରଙ୍କ 'ଆଧୁନିକତା ଓ ଆଧୁନିକ ସାହିତ୍ୟ', 'ବଳରାମ ଦାସ ଓ ଓଡ଼ିଆ ରାମାୟଣ', ଡକ୍ଟର ନିତ୍ୟାନନ୍ଦ ଶତପଥୀଙ୍କ 'ସବୁଜରୁ ସାଂପ୍ରତିକ', ଡ. ଶରତ ଚନ୍ଦ୍ର ପ୍ରଧାନଙ୍କ 'ମଧୁ ସୃଷ୍ଟି: ଅମୂର୍ତ୍ତ ଦୃଷ୍ଟି' ଇତ୍ୟାଦି ବିଶିଷ୍ଟ ସମାଲୋଚକଙ୍କ ସୃଷ୍ଟିରେ ତୁଳନାତ୍ମକ ଆଲୋଚନା ବେଶ୍ ପ୍ରଶସ୍ତ। ମୃତ୍ୟୁଞ୍ଜୟ ରଥଙ୍କ 'ସାରୋଳ ଚରିତ ଓ ଚନ୍ଦ୍ରଶେଖର ନନ୍ଦଙ୍କ 'ଗଳ୍ପକଳା' ପ୍ରବନ୍ଧରେ ଓଡ଼ିଶା ଓ ପାଶ୍ଚାତ୍ୟ ଲୋକକାହାଣୀର ତୁଳନା, ମାୟାଧର ମାନସିଂହଙ୍କ କାଳିଦାସ ଓ ସେକ୍ସପିୟରଙ୍କ ନାଟ୍ୟକୃତିର ତୁଳନାତ୍ମକ ଅଧ୍ୟୟନ, ପ୍ରଫେସର କୃଷ୍ଣଚରଣ ସାହୁଙ୍କ 'ପୂର୍ବ ଭାରତୀୟ ରାମକଥା', ଡ. ସୁବୋଧ ଚାଟାର୍ଜୀଙ୍କ 'ବାଲ୍ମୀକି ରାମାୟଣ ଓ ଜଗମୋହନ ରାମାୟଣ', ଡ. ନିତ୍ୟାନନ୍ଦ ନାୟକଙ୍କ 'ଫକୀରମୋହନ ପ୍ରେମଚାନ୍ଦ ଓ ବଙ୍କିମଚନ୍ଦ୍ରଙ୍କ ତୁଳନାତ୍ମକ ଅଧ୍ୟୟନ' କରିଛନ୍ତି। ଡ. ମନୋରଞ୍ଜନ ପ୍ରଧାନଙ୍କ 'ଶରତ ଚନ୍ଦ୍ର ଓ କାହ୍ନୁଚରଣଙ୍କ ସାହିତ୍ୟ', ଡ. ଅକ୍ଷୟ ଜେନାଙ୍କ 'ଓଡ଼ିଆ ଓ ବଙ୍ଗଳା ପଦାବଳୀ ସାହିତ୍ୟ', ଡ. ହୃଷିକେଶ ପଣ୍ଡାଙ୍କ 'ରବୀନ୍ଦ୍ରଙ୍କ ସମକାଳୀନ ଓଡ଼ିଆ କବିତା', ପ୍ରଫେସର ସନ୍ତୋଷ ତ୍ରିପାଠୀଙ୍କ 'ଓଡ଼ିଆ କବିତା ଓ ରବୀନ୍ଦ୍ରନାଥ', ପ୍ରଫେସର ସଂଘମିତ୍ରା ମିଶ୍ରଙ୍କ 'ଓଡ଼ିଆ ହିନ୍ଦୀ ପ୍ରତୀକ ନାଟକ', ଡ. ଜ୍ୟୋତ୍ସ୍ନା ବିଶ୍ୱାଳ ରାଉତଙ୍କ 'ଅସମୀୟା ଓ ଓଡ଼ିଆ ଲୋକସାହିତ୍ୟ-ଲୋକସଂସ୍କୃତି', ତାରିଣୀଚରଣ ଦାସଙ୍କ 'ଶ୍ରୀରାଧା ଓ କନୁପ୍ରିୟାର ତୁଳନାତ୍ମକ ଅଧ୍ୟୟନ' ଉଲ୍ଲେଖଯୋଗ୍ୟ।

ତୁଳନାତ୍ମକ ସାହିତ୍ୟାଲୋଚକ ଭାବରେ ଆଧୁନିକ ଓଡ଼ିଆ ସାହିତ୍ୟରେ ସଂପ୍ରତି ଅନ୍ୟାନ୍ୟ କୃତବିଦ୍ୟ ସାହିତ୍ୟିକ ହେଲେ- ପ୍ରଫେସର ଖଗେଶ୍ୱର ମହାପାତ୍ର, ପ୍ରଫେସର ଆଦିକନ୍ଦ ସାହୁ, ଡ. ବିଭୂତି ପଟ୍ଟନାୟକ, ପ୍ରଫେସର ଗଗନେନ୍ଦ୍ର ଦାଶ, ଡ. କୃଷ୍ଣଚରଣ ବେହେରା, ଡ. ବାଉରୀବନ୍ଧୁ ସାହୁ, ପ୍ରଫେସର ବାଉରୀବନ୍ଧୁ କର, ପ୍ରଫେସର ସୁଦର୍ଶନ ଆଚାର୍ଯ୍ୟ, ପ୍ରଫେସର କୁମୁଦରଞ୍ଜନ ପାଣିଗ୍ରାହୀ, ଡ. ଅଜାଶ୍ୱର ମଲ୍ଲ, ଡ. ଗୌରାଙ୍ଗ ଚରଣ ଦାଶ, ଡ. ରତ୍ନାକର ଚଇନି, ଡ. ହେମନ୍ତ କୁମାର ଦାସ, ଡ. ସୁବୋଧ ଚାଟାର୍ଜୀ ପ୍ରମୁଖ।

'କାବ୍ୟ ସମ୍ବାଦ'ରେ ସମାଲୋଚକ ଡକ୍ଟର ଦାଶରଥି ଦାସ Francois Mauriacଙ୍କ 'Second Thoughts' ପୁସ୍ତକରେ 'A Critique of Criticism' ପ୍ରସଙ୍ଗରେ ଲେଖିଛନ୍ତି- "A good critic is the sorcerer who makes some hidden spring gush forth unexpectedly under our feet." ସେହିପରି ରବୀନ୍ଦ୍ରନାଥଙ୍କ ଶବ୍ଦରେ- "ଆମି ଯେ ଛୋଟ ଛୋଟ ଗଳ୍ପଗୁଲୋ ଲିଖେଛି, ବାଙ୍ଗାଲି ସମାଜେର୍ ବାସ୍ତବ ଜୀବନେର୍ ଛବି ତାତେଇ ପ୍ରଥମ ଧରାପଡ଼େ"। ତେଣୁ 'କୌଣସି ଏକକ ଘଟଣା, ଏକକ ସାହିତ୍ୟ, ଅନ୍ୟ ଘଟଣା ଏବଂ ଅନ୍ୟ ସାହିତ୍ୟ ସଂପର୍କରେ ନ

ଆସିଲେ ପୂର୍ଣ୍ଣତା ପାଏ ନାହିଁ।"(୬) ମାଥ୍ୟୁ ଆର୍‌ନୋଲ୍‌ଡଙ୍କ ଶବ୍ଦରେ- "Everywhere there is connection, everywhere there is illustration. No single events, no single literature, is adequately comprehended except in relation to other events, to other literatures." (Mathew Arnold - 14th Nov, 1857, on the Modern Element in Literature.") ଅନ୍ୟ ସାହିତ୍ୟର ସଂପର୍କରେ ଆସିଲାବେଳେ ତୁଳନାର ଭାବଧର୍ମଟି ନିଶ୍ଚିତପକ୍ଷେ ସକ୍ରିୟ ହୋଇ ଉଠେ। ଭବଭୂତିଙ୍କ ଭାଷାରେ-

"ସମ୍ପସ୍ୟତେ ମମ କୋଽପି ସମାନ ଧର୍ମା" ଅର୍ଥାତ୍, ଆଜି ନ ହେଲେ ବି କାଲି ମୋର ସମାନଧର୍ମା କେହି ଦେଖା ଦେଇପାରେ ଏବଂ ଏହି ସମାନଧର୍ମା ସୃଷ୍ଟି ନିମନ୍ତେ ସାହିତ୍ୟିକମାନଙ୍କର ଚିନ୍ତାଧାରାର ଆଲୋଚନା-ପ୍ରତ୍ୟାଲୋଚନା ଏବଂ ତୁଳନାର ଆବଶ୍ୟକତା ନିଶ୍ଚିତ ରହିଛି। ଏକଭାଷୀ ସାହିତ୍ୟିକର ଅନ୍ୟ ଏକ ଭାଷା ଉପରେ ବିଶେଷ ଦକ୍ଷତା, ଅନୁଭବ ଶକ୍ତି, ଆକାଙ୍‌କ୍ଷା, ବ୍ୟକ୍ତିଗତ ଆବେଗ ଥିବା ସହିତ ସାହିତ୍ୟିକ ପରିବେଶ, ସାଂସ୍କୃତିକ ଭାବଧାରାକୁ ହୃଦ୍‌ବୋଧ କରିବାର ସମୁଚ୍ଚ ମାନସିକତା ରହିଥିବା ଆବଶ୍ୟକ। ତୁଳନାତ୍ମକ ସାହିତ୍ୟ କ୍ଷେତ୍ରରେ "ବୃହତ୍ତର ଗୋଷ୍ଠୀବୃତ୍ତ ଭିତରେ ଥିବା ଗୋଷ୍ଠୀ ଆଭିମୁଖ୍ୟ ଏବଂ ବହୁ ଭାଷା, ଧର୍ମ, ଜାତି, ବର୍ଣ୍ଣ, ଶ୍ରେଣୀ, ସଂସ୍କୃତିଗତ ସଂପର୍କର ସୂତ୍ରଜାଲ (Multiple Network of Connections)ର ଅନୁସନ୍ଧାନ ହିଁ ତୁଳନାତ୍ମକ ସାହିତ୍ୟର ଅନ୍ତଃସୌନ୍ଦର୍ଯ୍ୟ।" (୭) ମାକ୍‌ସିମ୍ ଗୋର୍କି, ଦସ୍ତୋଭସ୍କି, ଲିଖାଚେଭ୍ ନିକୋଲାଇ, ୟୁରି ବୋରେଭ ଆଦି ତୁଳନାତ୍ମକ ସାହିତ୍ୟ ଉପରେ ଗୁରୁତ୍ୱାରୋପ କରିଛନ୍ତି। ସୌନ୍ଦର୍ଯ୍ୟ ଆନନ୍ଦର ଉତ୍ସ; ସତ୍ୟ ଓ ମଙ୍ଗଳର ସମନ୍ୱୟକୁ ସ୍ଥାପନା କରିବା ନିମନ୍ତେ ସେମାନେ ସାହିତ୍ୟ ରଚନା କରିଛନ୍ତି। ଭାବଗତ ସୌନ୍ଦର୍ଯ୍ୟକୁ ପ୍ରାଧାନ୍ୟ ଦେଇଛନ୍ତି। "ଶିଳ୍ପୀର କର୍ମ ହେଉଛି ମଧୁମକ୍ଷିକାର କର୍ମ। ରୂପ, ଭାବ, ଲାବଣ୍ୟ, ପ୍ରମାଣ, ସାଦୃଶ୍ୟ, ବର୍ଣ୍ଣିକାଭଙ୍ଗ ଆଦି ପ୍ରତ୍ୟେକ ଦିଗକୁ ଚୟନ କରି କେନ୍ଦ୍ରୀଭୂତ କରିବାକୁ ହୋଇଥାଏ।" (୮) ବିଶ୍ୱକବି ରବୀନ୍ଦ୍ରନାଥ ସୌନ୍ଦର୍ଯ୍ୟ, ଆନନ୍ଦ ଓ ମଙ୍ଗଳର ସମ୍ମିଳନକୁ ସାହିତ୍ୟର ଆଧାର ମନେ କରନ୍ତି। ତେଣୁ ଯେଉଁ ସମାଲୋଚକ ଅପର ସାହିତ୍ୟିକ ଓ ସାହିତ୍ୟକୃତିର ଭାବାତ୍ମକ ମୂଲ୍ୟବୋଧକୁ ଯେତେ ହୃଦ୍‌ବୋଧ କରିବାରେ ସକ୍ଷମ, ସେ ହିଁ ତୁଳନାତ୍ମକ ଆଲୋଚନାକୁ ସେତେଦୂର ନ୍ୟାୟ ପ୍ରଦାନ କରିପାରନ୍ତି। ତୁଳନା କରିବାବେଳେ ସମାଲୋଚକଙ୍କ ଭିତରେ ଜଣେ ନିରପେକ୍ଷ ଅନୁବାଦକ ମଧ୍ୟ ସଚେତନ ଥାଏ, ଯେ ଉଭୟ ସାହିତ୍ୟର ଶବ୍ଦମାନଙ୍କୁ ତଉଲି ପ୍ରକୃତ ଭାବଟିକୁ ହୃଦୟଙ୍ଗମ କରିବାରେ ସମର୍ଥ ହୋଇଥାନ୍ତି। ଏହାଛଡ଼ା ତୁଳନା କରିବା ସମୟରେ

ଗୋଟିଏ ସାହିତ୍ୟ ଉପରେ ଅନ୍ୟ ସାହିତ୍ୟର ପ୍ରଭାବ, ସାଦୃଶ୍ୟ ଅନ୍ୟ ସାହିତ୍ୟରୁ ଆହରଣ, ଆତ୍ମୀକରଣ, ଅପ୍ରୟୋଜନୀୟ ପ୍ରସଙ୍ଗର ପ୍ରତ୍ୟାଖ୍ୟାନ, ଅନୁକରଣକୁ ଗୁରୁତ୍ୱ ଦିଏ।

ପ୍ରାଚୀନ ହିନ୍ଦୀ ସାହିତ୍ୟର ନିର୍ଗୁଣ ଭକ୍ତ କବୀର ଦାସଙ୍କୁ ଭୀମଭୋଇଙ୍କ ସହିତ ତୁଳନା କରାଯାଇପାରେ। ଯେଉଁଠି ଉଭୟଙ୍କ ସୃଷ୍ଟିକାଳୀନ ସମୟର ଦୀର୍ଘ ବ୍ୟବଧାନ ସତ୍ତ୍ୱେ ସେମାନଙ୍କ ବ୍ୟକ୍ତିଗତ ଜୀବନର ସମାନତାକୁ ପାଠକଙ୍କ ସମ୍ମୁଖକୁ ଅଣାଯାଇପାରେ। "ଉଭୟେ ସମାଜ ସମର୍ପିତ ଏବଂ ଉଭୟଙ୍କ ସାହିତ୍ୟ ସାଧନା ପୂର୍ଣ୍ଣ ଲୋକାର୍ପିତ। ଉଭୟଙ୍କ ସାଧନାର ଉଦ୍ଦେଶ୍ୟ ସାମାଜିକ ସଂସ୍କାର ଏବଂ ପ୍ରବୃତ୍ତୀୟ ସଂଶୋଧନ।" ଦୁହେଁ ପ୍ରଥମେ ଭକ୍ତ ପରେ ଭକ୍ତିମତ୍ତାକୁ ନେଇ ଦୁହିଁଙ୍କ ବ୍ୟକ୍ତିତ୍ୱରେ କବିତ୍ୱର ସ୍ଫୁରଣ ଘଟିଛି। ଉଭୟ ସନ୍ଥଙ୍କ ମୃତ୍ୟୁରୁ ସମାଧି ପର୍ଯ୍ୟନ୍ତର ଯାତ୍ରା ଖୁବ୍ ପାଖାପାଖି ଏବଂ ସାମଞ୍ଜସ୍ୟପୂର୍ଣ୍ଣ। ଯେଉଁଠି ସନ୍ଥ ଭୀମଭୋଇ କହିଛନ୍ତି- "ଗୁରୁ ଆଜ୍ଞାରେ କରିଛି ମୁଁ କବି କୃତି"

ପୁଣି -

"ଶ୍ରୀ ଗୁରୁ କୃପାରୁ ମୋର ଗୋ କବିପଣ
ବାଳେକ ବୟସ ବୁଦ୍ଧି ମୋ ନାହିଁ ଜ୍ଞାନ।"

ଅପରପାର୍ଶ୍ୱରେ ଅନୁରୂପ ଭାବରେ କବୀରଙ୍କ ଶବ୍ଦାବଳୀ ଥିଲା-

"ମସି କାଗଜ ଛୁୟୋ ନହିଁ, କଲମ୍ ଗହି ନାହିଁ ହାଥ୍,
ଧାରିକ୍ ଜୁଗ୍ କୋ ମହାତମ, ମୁଖ ହି ଜନାଇ ବାତ୍।"

ଉଭୟ ଗୁରୁବାଦକୁ ମହତ୍ତ୍ୱ ପ୍ରଦାନ କରିଛନ୍ତି।

"ଗୁରୁ ସୋ ଜ୍ଞାନ ଜୁ ଲିଜିୟେ ସିସ୍ ଦିଜିୟେ ଦାନ୍
ବହୁତକ୍ ଭୋଁଦୁ ବହି ଗୟେ, ରାଖି ଜୀବ ଅଭିମାନ୍।"

ବହୁ ଧନୀ, ସୁନ୍ଦର ଶରୀର ଅଭିମାନୀ-ଛଳନାକାରୀ ଶିଷ୍ୟ କେବେହେଲେ ଗୁରୁରୂପୀ ପୋତରେ ସ୍ଥିର ହୋଇ ରହି ନ ପାରେ। ଏ ଅଭିମାନ ରଖି କେତେ କିଏ ଭାସିଗଲେ। 'ସ୍ତୁତି ଚିନ୍ତାମଣି'ରେ ଭୀମଭୋଇ ଅବିକଳ ଭାବରେ କହିଛନ୍ତି-

"ଆଉ ଧର୍ମମାନ ଅଛକେ ହୁଏ ଗୁରୁଧର୍ମ ନୁହେଁ କରି
ବଡ଼ିମା ପଣରେ ବଡ଼ ବଡ଼ ହୋଇ ଅନେକ ଗଲେଣି ସରି।"

ହିନ୍ଦୀ ଏବଂ ଓଡ଼ିଆ ସାହିତ୍ୟର ଦୁଇ ସଚ୍ଚି ଅର୍ଥାତ୍ ସଚ୍ଚିଦାନନ୍ଦ ରାଉତରାୟ ଏବଂ ସଚ୍ଚିଦାନନ୍ଦ ହୀରାନନ୍ଦ ବାତ୍ସ୍ୟାୟନଙ୍କ ସାହିତ୍ୟର ଭାବସାମ୍ୟ ଅତ୍ୟନ୍ତ ସାମଞ୍ଜସ୍ୟପୂର୍ଣ୍ଣ। ଉଭୟେ ପ୍ରୟୋଗବାଦୀ ସାହିତ୍ୟିକ। ଉଭୟଙ୍କ ସାହିତ୍ୟିକ ବାତାବରଣ ଭିନ୍ନ ଏବଂ ଆବିର୍ଭାବ ସମୟ ଭିତରେ ମାତ୍ର ୫ ବର୍ଷର ବ୍ୟବଧାନ ରହିଛି। କିନ୍ତୁ ଉଭୟଙ୍କ ସାଧନାର ଆଭିମୁଖ୍ୟ ସମଧର୍ମୀ।

ଅଜ୍ଞେୟ ଯେଉଁଠି କହିଛନ୍ତି-

"ଯୋଁ ମେଁ କବି ହୁଁ, ଆଧୁନିକ୍ ହୁଁ, ନୟା ହୁଁ
କାବ୍ୟତତ୍ତ୍ୱ କି ଖୋଜ୍ ମେଁ କହାଁ ନହିଁ ଗୟା ହୁଁ
ଚାହତା ହୁଁ ଆପ୍ ମୁଝେ
ଏକ୍ ଏକ ଶବ୍ଦପର୍ ସରାହତେ ହୁୟେ ପଢ଼େଁ।"

ସଚ୍ଚିବାବୁଙ୍କ ଶବ୍ଦରେ-

"ମୁଁ ଏଇ ମାଟିର ଧରା ଆଉ ଆକାଶର କବି
କାମ ନୁହଁ ମୋ ଖାଲି ଆଙ୍କିବା କାଗଜରେ ଛବି,
ପେଶାଦାର ଗାୟକ ମୁଁ ନୁହେଁ,
ତୁମେ ମୋର ଛପା ବହି ଯେତେବେଳେ ଛୁଅଁ
ଛୁଅଁ ନୂଆ ମଣିଷର ଛାତି,
ଏଇ ପୃଥିବୀର ସବୁ ମଣିଷ ଜାତି,
ତା'ର ପ୍ରତିଟି ଖବର
ରୂପ ପାଏ କବିତାରେ ମୋର।"

ଅଜ୍ଞେୟଙ୍କ 'ସାଗର୍-ଗିର୍‌ଗିଟ୍' କବିତାରେ ସେ ଲେଖିଛନ୍ତି-

"ଗିର୍‌ଗିଟ୍ କା ଜୀବନ୍ନ୍ୟ ହୋନା
ହମ୍ ମନୁଜୋଁ କୋ ଖଲ୍‌ତା ହେ।"

ସଚ୍ଚିବାବୁଙ୍କ ଶବ୍ଦରେ-

"ଶୁଣିଛି କାତର କଣ୍ଠେ ଦୁଃଖର କ୍ରନ୍ଦନ
ନରକରେ ନରର ପୀଡ଼ନ।"

ଅଜ୍ଞେୟଙ୍କ ଶବ୍ଦରେ-

"ମାନବ୍ କି ଆଶାୟେଁ ପଲ୍ ପଲ୍
ଉସ୍‌କୋ ଛଲ୍‌ତି ଜାତି ହେ।"

ସଚ୍ଚିବାବୁଙ୍କ ଶବ୍ଦରେ-

"ଜାରଜ ସଭ୍ୟତା ହସେ
କାଳରାତି ମୃତ୍ୟୁଠାରୁ ହିମ
ସାବଧାନ ନିରୀହ ପଥିକ
ଶକୁନିର ଶିକ୍ଷିତ ମୂଷିକ
ସାବଧାନ ! ଏ କପଟ ପାଶା।"

'ହମାରା ଦେଶ' କବିତାରେ ଅଜ୍ଞେୟଙ୍କ ଶବ୍ଦରେ-

"ସହରୋଁ କି ଢଁକି ଲୋଲୁପ ବିଷୈଲୀ ବାସ୍‌ନାକା ସାଁପ୍ ଡଁସ୍‌ତା ହେ"

କବି ସଚ୍ଚି ରାଉତରାୟ ମଧ୍ୟ 'ସହର ତଳିର ଉଷା' କବିତାରେ ଅନୁରୂପ ବ୍ୟଙ୍ଗୋକ୍ତି ବାଢ଼ିଛନ୍ତି-

"ସହର ତଳିର ଉଷା
କ୍ଷତିପୂର୍ଣ୍ଣ ତିମିର ବିକାର
ମାନବର ନାଇଁ ଅଧିକାର।"

ହିନ୍ଦୀ ସାହିତ୍ୟର ମୀରାବାଈ ମହାଦେବୀ ବର୍ମା ଏବଂ ଓଡ଼ିଆ ସାହିତ୍ୟର ଦିବ୍ୟ ସ୍ଫୁଲିଙ୍ଗ କୁନ୍ତଳା କୁମାରୀଙ୍କ ସୃଷ୍ଟିଗତ ଅଦ୍ଭୁତ ଭାବସାମ୍ୟ ପାଠକକୁ ଆଶ୍ଚର୍ଯ୍ୟଚକିତ କରେ। ଉଭୟେ ନାରୀ ସ୍ୱାତନ୍ତ୍ର୍ୟର ପକ୍ଷଧର। ପ୍ରତିଭା ଓ ପ୍ରଣୟ ଘେନି ଉଭୟଙ୍କ ଜୀବନ ସାଧାରଣ ଜୀବନଠାରୁ ସ୍ୱତନ୍ତ୍ର ଥିଲା। ଉଭୟେ ଅଜ୍ଞାତ ପରମ ପୁରୁଷଙ୍କୁ ଆତ୍ମନୈବେଦ୍ୟ ଅର୍ପଣ କରନ୍ତି। ବିରହରେ ଜଳିବାକୁ ଚାହାଁନ୍ତି କିନ୍ତୁ ପ୍ରିୟତମର ଉପସ୍ଥିତି କାମନା କରିନାହାନ୍ତି। ମହାଦେବୀ ବର୍ମାଙ୍କ ଶବ୍ଦରେ-

"କେୱଲ ଜୀବନ୍ କା କ୍ଷଣ ମେରେ।"

କୁନ୍ତଳା କୁମାରୀ 'ତାରା ପ୍ରତି' କବିତାରେ ଅନୁରୂପ ଭାବରେ ଗାଇ ଉଠିଛନ୍ତି-

"କାହିଁ ମୋ ଅସ୍ତିତ୍ୱ ବୁଦ୍‌ବୁଦ୍ ସମାନ
କ୍ଷଣେ ଫୁଟି କ୍ଷଣେ ଯାହା ହୁଏ ଲୀନ।"

ଆଧୁନିକ ହିନ୍ଦୀ ଏବଂ ଓଡ଼ିଆ ସାହିତ୍ୟରେ ଦୁଇ ତୁଙ୍ଗ ସାମ୍ୟବାଦୀ-ବିପ୍ଳବୀ କବି ସମଭାବାପନ୍ନ ବିଶିଷ୍ଟ ବ୍ୟକ୍ତିତ୍ୱ ଅଟନ୍ତି କବି ଅନନ୍ତ ପଟ୍ଟନାୟକ ଏବଂ ହିନ୍ଦୀ କବି ଗଜାନନ ମାଧବ 'ମୁକ୍ତିବୋଧ'। ଉଭୟଙ୍କ ସୃଷ୍ଟି ଭିତରେ ସ୍ୱାଭିମାନ, ସଂଘର୍ଷ, ମାର୍କ୍ସବାଦର ଆହ୍ୱାନ ଅଛି। ଦୁହିଁଙ୍କ ଭିତରେ ମାତ୍ର ୫ ବର୍ଷର ତାରତମ୍ୟ ସତ୍ତ୍ୱେ ଉଭୟେ ଗାନ୍ଧିବାଦ, ମାର୍କସ୍ ଏବଂ ଲେନିନ୍‌ଙ୍କ ଦ୍ୱାରା ପ୍ରଭାବିତ। ଯେଉଁଠି କବି ଅନନ୍ତ ପଟ୍ଟନାୟକ ଶଙ୍କାୟିତ କରନ୍ତି-

"ସଉଖୀନ୍ ଶାନ୍ତିର ଭ୍ରାନ୍ତି ମୁଁ କ୍ରାନ୍ତି
କାଳର ପ୍ରାଣରେ ତାରାର ଧାରା ମୁଁ କାବ୍ୟ
ଚାଲିଲି ମୁଁ ଚାଲିଲି।''

ଠିକ୍ ତାଙ୍କରି ଭଳି ମୁକ୍ତିବୋଧ ଲେଖିଛନ୍ତି- "ମେଁ ଜିନ୍ଦା ହୁଁ, ମେଁ ହୁଁ, ଆଇ ଏକ୍‌ଜିଷ୍ଟ୍, ସାବିତ୍ ସହି ସଲାମତ୍।"

ପୁଣି କବି ଅନନ୍ତ ପଟ୍ଟନାୟକଙ୍କ ଶବ୍ଦରେ- "ମୃତ୍ୟୁର ଜଳେ ପହଁରି ପହଁରି ତୋଳେ ଯେ ତୋ ପାଇଁ ରକ୍ତ କଇଁ, କୃଷ୍ଣନାଗର ଦଂଶନେ ସେ କି ପଡ଼ିବ ନଇଁରେ ପଡ଼ିବ ନଇଁ।"

ମୁକ୍ତିବୋଧଙ୍କ ଶବ୍ଦରେ-

"ତେରେ ରକ୍ତ ମେଁ ଭି ସତ୍ୟ କା ଅବରୋଧ,

x x x

ତୁ ହେ ମରଣ; ତୁ ହେ ରିକ୍ତ, ତୁ ହେ ବ୍ୟର୍ଥ

ତେରା ଧ୍ୱଂସ୍ କେଓ୍ୱଲ୍ ଏକ୍ ତେରା ଅର୍ଥ।"

ଶୋଷକ-ଧନାଢ୍ୟ ବର୍ଗକୁ କୃଷ୍ଣସର୍ପ ଏବଂ ସତ୍ୟର ଅବରୋଧକାରୀ ରିକ୍ତ ସତ୍ତା ଭାବରେ ଉଭୟ କବି ଗ୍ରହଣ କରିଛନ୍ତି। ଉଭୟ ବିପ୍ଳବୀ କବି ନିଜ ପ୍ରତିକ୍ରିୟା ଓ କ୍ରାନ୍ତି ନିମନ୍ତେ 'ଲୌହର ଲେଖନୀ ଏବଂ କୋଇଲାର ତୂଳୀ' ଅନ୍ୱେଷା କରିଛନ୍ତି।

ଓଡ଼ିଆ ଏବଂ ହିନ୍ଦୀ ସାହିତ୍ୟର ଦୁଇ ବିଶିଷ୍ଟ ବ୍ୟଙ୍ଗକାର ଫତୁରାନନ୍ଦ ଏବଂ ହରିଶଙ୍କର ପରସାଇଙ୍କ ମଧ୍ୟରେ ଥିବା ଭାବସାମ୍ୟକୁ ଆଲୋଚନା ପରିସରଭୁକ୍ତ କରାଯାଇପାରେ। 'ବ୍ୟଙ୍ଗ'ର ଲକ୍ଷଣ ବୁଝାଇବାକୁ ଯାଇ ପର୍ସାଇ ମତ ଦିଅନ୍ତି- "ସଚ୍ଚେ ବ୍ୟଙ୍ଗ୍ କି ନିଶାନୀ ହୈ ହେ ଜିସ୍‌ମେଁ କରୁଣା କି ଅନ୍ତର୍ଦ୍ଧାରା ହୋତି ହେ"। ଅନୁରୂପ ଭାବରେ ହସକୁ ମହୌଷଧି ମନେ କରୁଥିବା ଫତୁରାନନ୍ଦ କହନ୍ତି- "ଭଲ ଭାବରେ ହସି ପାରୁଥିବା ଲୋକ କ୍ୱଚିତ୍ ଅପରାଧପ୍ରବଣ ହୋଇଥାଏ।" ପୁଣି କହିଛନ୍ତି- "ମନ ଭିତରେ ଜମି ଯାଇଥିବା ଭାବଗୁଡ଼ିକୁ ଖଲାସ କରିବା ପାଇଁ ଲେଖେ।" ତେବେ ଉଭୟ ବ୍ୟଙ୍ଗକାର ଶାଶ୍ୱତ ସାହିତ୍ୟ ସୃଷ୍ଟି କରିବାର ସଂକଳ୍ପ ନେଇ ଲେଖିନାହାନ୍ତି, ଉଭୟଙ୍କ ମତରେ- "ଯିଏ ନିଜ ଯୁଗ ପ୍ରତି ବିଶ୍ୱସ୍ତ ହୁଏନି, ସେ ଅନନ୍ତକାଳ ପାଇଁ କେମିତି ତିଷ୍ଠିପାରିବ?" ଉଭୟେ ନିଜ ନିଜ ସୃଷ୍ଟି ଦ୍ୱାରା ସମାଜର, ମଣିଷ ଜୀବନ ଏବଂ ଆନ୍ତରୀଣ ବିରୋଧାଭାସର ପୋଷ୍ଟମର୍ଟମ୍ କରିବାର ସକ୍ରିୟ। ଏହିପରି ଭାବରେ ହରିବଂଶ ରାୟ ବଚ୍ଚନ ଏବଂ ମାନସିଂହଙ୍କ ଭାବସାମ୍ୟକୁ ଆଲୋଚନା କରାଯାଇପାରେ।

ପରିଶେଷରେ ଏତିକି କୁହାଯାଇପାରେ ଯେ ସାଂସ୍କୃତିକ ବିସ୍ତାରର ଆକାଙ୍‌କ୍ଷା ହିଁ ତୁଳନାତ୍ମକ ସାହିତ୍ୟର ମହତ୍ତ୍ୱ ପ୍ରତିଷ୍ଠା କରେ। ଭୌତିକ ବିସ୍ତୃତି ଦ୍ୱାରା ପାରସ୍ପରିକ ନିକଟତାର ଅଭିବୃଦ୍ଧି ହେଉଛି ସତ କିନ୍ତୁ ସାଂସ୍କୃତିକ ମୂଲ୍ୟବୋଧର ପ୍ରଶ୍ନ ଉତ୍‌ଥାପିତ ହୁଏ। ତେଣୁ ସାଂସ୍କୃତିକ ସଂକଟ ଏବଂ ଅବକ୍ଷୟର ସ୍ଥିତିରୁ ମୁକ୍ତ ହୋଇ ସାଂସ୍କୃତିକ ସମୃଦ୍ଧି ଏବଂ ବିସ୍ତୃତି ନିମନ୍ତେ ତୁଳନାତ୍ମକ ସମାଲୋଚନା ଏକ ସ୍ୱାଗତଯୋଗ୍ୟ ସଂକଳ୍ପନା।

ପାଦଟୀକା:

୧. ନନ୍ଦନ ତତ୍ତ୍ୱ - ପ୍ରଫେସର ଡକ୍ଟର ନରେନ୍ଦ୍ରନାଥ ମିଶ୍ର - ପୃ:୪୬

୨. ଓଡ଼ିଆ ସାହିତ୍ୟରେ ତୁଳନାତ୍ମକ ଆଲୋଚନା - ପ୍ରଫେସର ସଂଘମିତ୍ରା ମିଶ୍ର - ପୃ: ୧

୩. ତୁଳନାତ୍ମକ ସାହିତ୍ୟ ତତ୍ତ୍ୱ ଓ ପ୍ରୟୋଗ - ପଣ୍ଡିତ ଶ୍ରୀଧର ଦାସ ମେମୋରିଆଲ୍ ଟ୍ରଷ୍ଟ - ପୃ: ୨୦

୪. ଓଡ଼ିଆ ସାହିତ୍ୟରେ ତୁଳନାତ୍ମକ ଆଲୋଚନା - ପ୍ରଫେସର ସଂଘମିତ୍ରା ମିଶ୍ର - ପୃ: ୧୦

୫. ଓଡ଼ିଆ ସାହିତ୍ୟର ଇତିହାସ - ଡକ୍ଟର ବାଉରୀବନ୍ଧୁ କର - ପୃ: ୩୯୫

୬. ତୁଳନାତ୍ମକ ସାହିତ୍ୟ ତତ୍ତ୍ୱ ଓ ପ୍ରୟୋଗ - ପଣ୍ଡିତ ଶ୍ରୀଧର ଦାସ ମେମୋରିଆଲ୍ ଟ୍ରଷ୍ଟ - ପୃ: ୨୭

୭. ତୁଳନାତ୍ମକ ସାହିତ୍ୟ ତତ୍ତ୍ୱ ଓ ପ୍ରୟୋଗ - ପଣ୍ଡିତ ଶ୍ରୀଧର ଦାସ ମେମୋରିଆଲ୍ ଟ୍ରଷ୍ଟ - ପୃ: ୨୦

୮. ନନ୍ଦନ ତତ୍ତ୍ୱ - ପ୍ରଫେସର ଡକ୍ଟର ନରେନ୍ଦ୍ରନାଥ ମିଶ୍ର - ପୃ:୭୫

ଖୋରଧା ମାଟିର ବାଣୀସାଧକ

ସାହିତ୍ୟ ସର୍ବଦା କାଳଖଣ୍ଡ-ସଭ୍ୟତା ଓ ଜାତିର ପ୍ରତିନିଧିତ୍ୱ କରେ । ଏ ଦୃଷ୍ଟିରୁ ଖୋର୍ଦ୍ଧା ପାଇକ ଜାତି ଏବଂ ଖୋର୍ଦ୍ଧା ମାଟିର ପ୍ରତିନିଧିତ୍ୱ କରେ ଏହାର ସାହିତ୍ୟ ।

ଓଡ଼ିଶାର ଇତିହାସ ପୃଷ୍ଠାରେ 'ଖୁରୁଧା' ବନାମ 'ଖୋରଧା' ଏକ ଅଦ୍ୱିତୀୟ ବୀରଭୂମି ତଥା ବାଣୀତୀର୍ଥ ରୂପେ ପ୍ରସିଦ୍ଧ । ଖୁରୁଧା ଅଞ୍ଚଳ ଏକଦା ବାଣପୁରଠାରୁ ଏକାମ୍ର ତୀର୍ଥର ପରିବ୍ୟାପ୍ତ ପରିସରକୁ ବୁଝାଉଥିଲା । ଇତିହାସ, ରାଜନୀତି, ଧର୍ମ, କଳା, ସାହିତ୍ୟ ଓ ସମର କ୍ଷେତ୍ରରେ ଏହାର ଭୂମିକା ଅନବଦ୍ୟ । ଅତୀତରେ ଓଡ଼ିଶାର ରାଜଧାନୀ ରୂପେ ବହୁ ପ୍ରସିଦ୍ଧି ଅର୍ଜନ କରିଥିବା ଖୋର୍ଦ୍ଧାର ଅନ୍ୟତମ ମହତ୍ତ୍ୱପୂର୍ଣ୍ଣ ଦିଗ ହେଉଛି ବୀରପାଇକ ପୁଅଙ୍କ ଅସୀଚାଳନା ଏବଂ ଋଷୀ-ସାହିତ୍ୟରଥୀଙ୍କ ମସୀଚାଳନା । ଏହି ଐତିହାସିକ ଭିଟାମାଟି ଉପରେ ହଜାର ହଜାର ସାହିତ୍ୟ ରଥୀଙ୍କ ଏକାତ୍ମ ବାଣୀସାଧନା ମର୍ମରିତ । ସେମାନେ ତାଙ୍କର ମହାର୍ଘ ସାଧନା ଦ୍ୱାରା ଏହାର ମାଟିକୁ ଗରିମାମୟ, ମୂଲ୍ୟବୋଧମଣ୍ଡିତ ତଥା ସୁସମୃଦ୍ଧ କରିଛନ୍ତି । ତେବେ କେବଳ ଖୋର୍ଦ୍ଧାର ଭୌଗୋଳିକ ସୀମାରେଖା ଭିତରେ ଭୂମିଷ୍ଠ ବ୍ୟକ୍ତିବିଶେଷ ନୁହନ୍ତି, ତତ୍‌ସହିତ ଏହାର ମାଟିକୁ ସ୍ୱକର୍ମ-ଧର୍ମ ସମର୍ପଣ ଦ୍ୱାରା ଧନ୍ୟ କରିଥିବା ଅସଂଖ୍ୟ ସାହିତ୍ୟରଥୀଙ୍କୁ ମଧ୍ୟ ଏହାର ପରିସରଭୁକ୍ତ କରାଯାଇପାରେ । ଖୋର୍ଦ୍ଧାର ଭାଷା-ସାହିତ୍ୟକୁ ମହିମାନ୍ୱିତ କରିଥିବା ସେହି ନିଷ୍ଠାପର ବାଣୀସାଧକଙ୍କ ବ୍ୟତୀତ ଅନେକ ସାଧକ ମଧ୍ୟ ଆତ୍ମପ୍ରଚାର ଅଭାବରୁ ଅନାଲୋଚିତ ହୋଇ ରହିଯାଇଛନ୍ତି । ଯେଉଁ ପ୍ରଥିତଯଶା ସାରସ୍ୱତ ସାଧକ ଖୋର୍ଦ୍ଧା ଭାଷା-ସାହିତ୍ୟ ଭଣ୍ଡାରକୁ ଋଦ୍ଧିମନ୍ତ କରିଛନ୍ତି, ସେମାନଙ୍କ ମଧ୍ୟରେ ପଞ୍ଚସଖା ଯୁଗୀୟ ବିଶିଷ୍ଟ କବି ନରସିଂହ ସେଣ, ଚାନ୍ଦ ଦାସ, ବିଷ୍ଣୁ ଦାସ, ମଧ୍ୟଯୁଗୀୟ ଲୋକନାଥ ବିଦ୍ୟାଧର, କବି

ଭୂପତି ପଣ୍ଡିତ, ଶ୍ରୀ ପୁରୁଷୋତ୍ତମ ଦାସ, ଦନାଇ ଦାସ, ବୃନ୍ଦାବତୀ ଦାସୀ, ଭକ୍ତଚରଣ ଦାସ, ପିଣ୍ଡିକ ଶ୍ରୀଚନ୍ଦନ, କେଶବ ପଟ୍ଟନାୟକ ପ୍ରମୁଖ ସ୍ମରଣୀୟ।

ଊନବିଂଶ-ବିଂଶ ଶତାବ୍ଦୀର ଶ୍ରୀ ଗୌରଚରଣ ଅଧିକାରୀ, ବାଙ୍କା ଦାଶ, ଗୋକୁଳାନନ୍ଦ ପଟ୍ଟନାୟକ, ପଣ୍ଡିତ ଗୋଦାବରୀଶ ମିଶ୍ର, ବାଙ୍କାନାଧି ପଟ୍ଟନାୟକ, କାଳୀଚରଣ ପଟ୍ଟନାୟକ, ଗୋଦାବରୀଶ ମହାପାତ୍ର, ପର୍ଶୁରାମ ହରିଚନ୍ଦନ, କୁନ୍ତଳାକୁମାରୀ ସାବତ, ବିଚ୍ଛନ୍ଦ ଚରଣ ପଟ୍ଟନାୟକ, ମାୟାଧର ମାନସିଂହ, ପ୍ରାଣନାଥ ପଟ୍ଟନାୟକ, ପଣ୍ଡିତ ଗଦାଧର ମିଶ୍ର, ଡମ୍ବରୁଧର ପରିଡ଼ା, ଅନନ୍ତ ପଟ୍ଟନାୟକ, ସଚ୍ଚି ରାଉତରାୟ, ଲକ୍ଷ୍ମୀଧର ନାୟକ, ରାଜକିଶୋର ରାୟ, ଦୁର୍ଗାପ୍ରସାଦ ପଟ୍ଟନାୟକ, କୃଷ୍ଣଚନ୍ଦ୍ର ତ୍ରିପାଠୀ, ରଘୁନାଥ ଦାସ, ପର୍ଶୁରାମ ପଟ୍ଟନାୟକ, ଜାନକୀବଲ୍ଲଭ ପଟ୍ଟନାୟକ, ସତ୍ୟାନନ୍ଦ ଚମ୍ପତିରାୟ, ଅଖିଳ ମୋହନ ପଟ୍ଟନାୟକ, ପଠାଣି ପଟ୍ଟନାୟକ, କୁଞ୍ଜବିହାରୀ ଦାଶ, ପ୍ରଫୁଲ୍ଲ ମିଶ୍ର, ନାରାୟଣ ଶତପଥୀ, ଅବନୀ ବରାଳ, କୁଳମଣି ରାଉତ, ବାଇଧର ମହାପାତ୍ର, ସୁରେନ୍ଦ୍ର ନାଥ ବିଦ୍ୟାଧର, ବିଭୁଦତ୍ତ ମିଶ୍ର, ଧୁନ୍ ଖୁଣ୍ଟିଆ, ବଂଶୀଧର ଷଡ଼ଙ୍ଗୀ, ବନଜ ଦେବୀ, ଫନୀ ମହାନ୍ତି, ଜହିରୁଦ୍ଦିନ୍ ଖାଁ, ବିଶ୍ୱଭୂଷଣ ହରିଚନ୍ଦନ, ନୀଳାଦ୍ରି ଭୂଷଣ ହରିଚନ୍ଦନ, ଅର୍ଚ୍ଚନା ନାୟକ, ପଦ୍ମଜ ପାଳ, ବିପିନ୍ ବିହାରୀ ମହାନ୍ତି, ଅମରେଶ ପଟ୍ଟନାୟକ, ନୀଳମଣି ପରିଡ଼ା, ପୁରୁଷୋତ୍ତମ ମହାପାତ୍ର, ତପନ ପଟ୍ଟନାୟକ, ଭଗବାନ ଜୟସିଂହ, ଗିରିଜା କୁମାର ବଳୀୟାରସିଂହ, ସତ୍ୟ ମିଶ୍ର, ସଂଘମିତ୍ରା ମିଶ୍ର, ଭିକାରୀ ଧଳ, ଶତ୍ରୁଘ୍ନ ପାଣ୍ଡବ, ସୌମ୍ୟ ନାରାୟଣ ପାଣିଗ୍ରାହୀ, ନଟବର ସାହୁ, ମନୋଜ କୁମାର ମିଶ୍ର, ମିହିର କୁମାର ସାହୁ, ବିଜୟ କେତନ ପଟ୍ଟନାୟକ, ବିରଞ୍ଚି ନାରାୟଣ ଦାସ, ଭଗବାନ ହୋତା, ଭାଗିରଥୀ ପଟ୍ଟନାୟକ, ଗଙ୍ଗାଧର ନାୟକ, ତ୍ରିଲୋଚନ ମହାପାତ୍ର, କବି ହରେକୃଷ୍ଣ ଦେବ, ନନ୍ଦ କିଶୋର ଦାସ, ପ୍ରଫୁଲ୍ଲ କୁମାର ପଟ୍ଟନାୟକ, ପ୍ରାଣକୃଷ୍ଣ ଦଳବେହେରା, ଦିଲ୍ଲୀପ ଶ୍ରୀଚନ୍ଦନ, ଗୋପାଳକୃଷ୍ଣ ଦାସ, ଆଭାସ ବରାଳ, ଶକ୍ତିଶଙ୍କର ମିଶ୍ର, ନିରଞ୍ଜନ ମହାନ୍ତି, ଚୈତନ୍ୟ ପ୍ରସାଦ ବେହେରା, ମନୋଜ କୁମାର ସିହ୍ନା, ସୁଜିତ୍ କୁମାର ମିଶ୍ର, ଆନନ୍ଦ ରଥ, ଦମୟନ୍ତୀ ମଙ୍ଗରାଜ, ଦେବଦାସ ମହାପାତ୍ର, ପୂର୍ଣ୍ଣଚନ୍ଦ୍ର ହୋତା, ପଦ୍ମଲୋଚନ ପାଲଟାସିଂହ, ପ୍ରଭୁକଲ୍ୟାଣ ମହାପାତ୍ର, ବିମଳ ଚନ୍ଦ୍ର ଷଡ଼ଙ୍ଗୀ, ବୈଷ୍ଣବ ଚରଣ ନାୟକ, ଲକ୍ଷ୍ମୀ ନାରାୟଣ ରାୟସିଂହ, ସନ୍ନ୍ୟାସୀ ନାୟକ ତଥା ଗୁରୁପ୍ରସାଦ ମହାପାତ୍ର ପ୍ରଭୃତି ସାରସ୍ୱତ ସାଧକଙ୍କ ନାମ ଉଲ୍ଲେଖଯୋଗ୍ୟ।

ପଞ୍ଚସଖା ଯୁଗୀୟ କବି ପ୍ରତିଭାଙ୍କ ମଧ୍ୟରେ ନରସିଂହ ସେଣ (୧୫୩୦ - ହଳଦିଆଗଡ଼ - ଖୋର୍ଦ୍ଧା)ଙ୍କ 'ପରିମଳା', 'ଗୋପକେଳି', 'ଅଜ ବିଳାପ ଚଉତିଶା', 'ଢଗ ମୁକୁତାବଳୀ' ପ୍ରମୁଖ ଅଟେ। ୨୪ଟି ଛାନ୍ଦ ବିଶିଷ୍ଟ, ବିଭିନ୍ନ ରାଗରାଗିଣୀ ଯୁକ୍ତ

'ପରିମଳା' ଏକ କାଳ୍ପନିକ କାବ୍ୟ ଅଟେ। 'ଗୋପକେଳି'ରେ ବସନ୍ତରାସର ବର୍ଣ୍ଣନା ରହିଛି। 'ରଘୁବଂଶ' ପ୍ରଭାବରେ କବିଙ୍କ 'ଅଜ ବିଳାପ ଚଉତିଶା' ରଚିତ।

ଚାନ୍ଦ ଦାସଙ୍କ 'ଗୋପୀ ଚନ୍ଦନ' ଓ 'ଗୋପ ଜୀବନ ଚଉତିଶା', କବି ବିଷ୍ଣୁ ଦାସଙ୍କ 'ପ୍ରେମଲୋଚନା', 'ସାବିତ୍ରୀ ଚରିତ', 'କଳାବତୀ', 'ଲୀଳାବତୀ', 'ମନ୍ଦାକିନୀ ଚଉତିଶା', 'ସୁସଖୀ ଓ ବର୍ଷା ଭାବନା', 'ପ୍ରବାସ ବାହୁଡ଼ା ଚଉତିଶା', 'ମାଲ୍ୟବନ୍ତ ଚଉତିଶା', 'ରଘୁବୀର ଚଉତିଶା', 'ଚାଟୁଚନ୍ଦ୍ର ଚଉତିଶା' ପ୍ରଭୃତି ରଚନାଗୁଡ଼ିକ ପଞ୍ଚସଖା ଯୁଗୀୟ କାବ୍ୟଧାରାକୁ ସମୃଦ୍ଧ କରିଛି।

ରୀତିଯୁଗୀୟ କାବ୍ୟଶୈଳୀ ଅନୁସରଣରେ ବାଣପୁର ନିକଟବର୍ତ୍ତୀ ସ୍ଥାନର କବି ଲୋକନାଥ ବିଦ୍ୟାଧରଙ୍କ 'ନୀଳାଦ୍ରି ମହୋତ୍ସବ', 'ଚିତ୍ରକଳା', 'ସର୍ବାଙ୍ଗ ସୁନ୍ଦରୀ', 'ପଦ୍ମାବତୀ ପରିଣୟ', 'ରସକଳା', 'ବୃନ୍ଦାବନ ବିହାର' ଇତ୍ୟାଦି କାବ୍ୟକୃତି ଓଡ଼ିଆ ସାହିତ୍ୟର ବିଶିଷ୍ଟ ରଚନା। ତାଙ୍କ ଦ୍ୱାରା 'ଗୋପଲୀଳା ସପ୍ତରାଗ ଚଉତିଶା' ଏବଂ 'ବା-ଚଉତିଶା' ରଚିତ ହୋଇଥିବାର ଜଣାଯାଏ। ତେବେ 'ନୀଳାଦ୍ରି ମହୋତ୍ସବ' ରଚନାଟି ଏଯାବତ୍ ଅପ୍ରକାଶିତ ରହିଛି।

ପଶ୍ଚିମା-ଅଣଓଡ଼ିଆ ବ୍ରାହ୍ମଣ ଭୂପତି ପଣ୍ଡିତ ଖୋର୍ଦ୍ଧାର ଜଣେ ପ୍ରଚଣ୍ଡ କବି ପ୍ରତିଭା ରୂପେ ଦୃଷ୍ଟି ସମ୍ମୁଖକୁ ଆସନ୍ତି। ରାଜା ଦିବ୍ୟସିଂହ ଦେବଙ୍କ ସମୟରେ ସେ ଜଣେ ପରମ ବୈଷ୍ଣବ କବି ଭାବରେ ପ୍ରସିଦ୍ଧ। ପ୍ରାକୃତ ଭାଷାର କବି ଭାବରେ 'ପ୍ରେମ ପଞ୍ଚାମୃତ' ତାଙ୍କର ଏକ ବିଶିଷ୍ଟ କୃତି, ନିର୍ମଳ କୃଷ୍ଣରସର ପ୍ରଖ୍ୟାପନ ନିମନ୍ତେ ଖାଣ୍ଟି ଓଡ଼ିଆ ଭାଷା ସହିତ ଭାଗବତ ବାଣୀର ପ୍ରୟୋଗ ଏହି କୃତିଟିକୁ ଅନନ୍ୟ କରିଛି। ଏତଦ୍‌ବ୍ୟତୀତ ଉଦ୍ଧବ ଚଉତିଶା ଓ ଭୂପତି ଚଉତିଶା ମଧ୍ୟ ତାଙ୍କର ଅନୁପମ କଳାକୃତି।

ଖୋର୍ଦ୍ଧାସ୍ଥ ପାନବରଜ ଅଞ୍ଚଳରେ ଅନ୍ୟତମ ମହାନ୍ କବି ଥିଲେ ଶ୍ରୀ ପୁରୁଷୋତ୍ତମ ଦାସ (ଆନୁମାନିକ ୧୬୪୦-୧୭୨୦)। କାଞ୍ଚି ଅଭିଯାନ ଭଳି ଐତିହାସିକ ଘଟଣା ଅବଲମ୍ବନରେ ରଚିତ ବୀର ରସାତ୍ମକ କାବ୍ୟ 'କାଞ୍ଚି କାବେରୀ' କାବ୍ୟ ଯୋଗୁଁ କବି ପୁରୁଷୋତ୍ତମ ଦାସ ଓଡ଼ିଆ ସାହିତ୍ୟରେ ସ୍ୱତନ୍ତ୍ର ପରିଚିତ ହାସଲ କରିଛନ୍ତି। ସେ ଗଜପତି ପୁରୁଷୋତ୍ତମ ଦେବଙ୍କ ସମସାମୟିକ ଥିବା ଅନୁମେୟ। ଶ୍ରୀଜଗନ୍ନାଥଙ୍କ ଅପୂର୍ବ ମହିମା ପ୍ରଖ୍ୟାପନ କ୍ଷେତ୍ରରେ ସପ୍ତଦଶ ଶତାବ୍ଦୀର ପ୍ରଥମାର୍ଦ୍ଧର କୃତି ଭାବରେ 'କାଞ୍ଚି କାବେରୀ' ଏକ ବହୁ ଲୋକପ୍ରିୟ କାବ୍ୟ। ଏତଦ୍‌ଭିନ୍ନ 'ଏକାଦଶୀ ମହାତ୍ମ୍ୟ' ଏବଂ 'ବାଲଭୋଗ' ତାଙ୍କର ଅନ୍ୟାନ୍ୟ ଦୁଇଗୋଟି କୃତି। 'କାଞ୍ଚି କାବେରୀ' କାବ୍ୟଟି ବଙ୍ଗ ସାହିତ୍ୟିକ ରଙ୍ଗଲାଲ୍ ବନ୍ଦୋପାଧ୍ୟାୟଙ୍କୁ ପ୍ରଭାବିତ କରିଥିବାରୁ ସେ ମଧ୍ୟ ବଙ୍ଗଳାରେ କାଞ୍ଚି କାବେରୀ ରଚନା କରିଛନ୍ତି। ଖୋର୍ଦ୍ଧା-ବେଗୁନିଆ ଅଞ୍ଚଳର ଦନାଇ ଦାସ ବା ଜନାର୍ଦ୍ଦନ ଦାସ

୧୮ଶ ଶତାବ୍ଦୀର ଜଣେ ବିଶିଷ୍ଟ କବି। 'ଗୋପୀଭାଷା', 'ସାନ କନଡ଼ା ଚଉତିଶା', 'ବଡ଼ କନଡ଼ା ଚଉତିଶା', 'ପହଲି ଚଉତିଶା', 'ବଡ଼ ଉଦ୍ଧବ ଚଉତିଶା', 'ଯଶୋଦା କୋଇଲି' ଇତ୍ୟାଦି ତାଙ୍କର ପ୍ରମୁଖ ରଚନା। ଅତିବଡ଼ୀ ଜଗନ୍ନାଥ ଦାସଙ୍କ 'ଭାଗବତ' ଆଧାରରେ କବିଙ୍କ 'ଗୋପୀଭାଷା' ଗ୍ରନ୍ଥ ରଚିତ। ଉତ୍କଳୀୟ ଜନସମାଜରେ ନବାକ୍ଷରୀ ବୃତ୍ତରେ ରଚିତ ଓ ୩ଟି ଛାନ୍ଦରେ ବିଭକ୍ତ ଗୋପୀଭାଷା କୃଷ୍ଣକାବ୍ୟ ଧାରାର ଏକ ବିଶିଷ୍ଟ କୃତି।

ଖୋର୍ଦ୍ଧାର ମଳିପଡ଼ା ଗ୍ରାମର ବିଶିଷ୍ଟ ନାରୀକବି ଭାବରେ ବୃନ୍ଦାବତୀ ଦାସୀ ଅନ୍ୟତମ। ରାଜା ଦିବ୍ୟସିଂହଦେବଙ୍କ ରାଜତ୍ୱ କାଳରେ ସେ ଲେଖନୀ ଚାଳନା କରି ନିଜ ସ୍ଥିତି ସାବ୍ୟସ୍ତ କରିଥିଲେ। ରୀତିଯୁଗୀୟ କାବ୍ୟଶୈଳୀ ଅନୁସରଣରେ ଶ୍ରୀକୃଷ୍ଣଙ୍କ ମହତ୍ତ୍ୱ ପ୍ରତିପାଦନ କରି ସେ ରଚନା କରିଛନ୍ତି ପ୍ରସିଦ୍ଧ ସୁଧାମୟ ଭକ୍ତିକାବ୍ୟ 'ପୂର୍ଣ୍ଣତମ ଚନ୍ଦ୍ରୋଦୟ'। ଜଗନ୍ନାଥ ଦାସଙ୍କ ପ୍ରସିଦ୍ଧ 'ଭାଗବତ ବାଣୀ'ରେ ଏହା ରଚିତ।

ଆନୁମାନିକ ୧୭୨୯ରେ ଖୋର୍ଦ୍ଧାର ସାନପଦର ଗ୍ରାମରେ ରୀତିଯୁଗୀୟ କବି ଭକ୍ତଚରଣ ଦାସଙ୍କ ଜନ୍ମ। ତାଙ୍କର ପ୍ରକୃତ ନାମ ଥିଲା ବୈରାଗୀ ଚରଣ। ଗୁରୁଦୀକ୍ଷା ଏବଂ ସନ୍ନ୍ୟାସ ଗ୍ରହଣ କରିବା ପରେ ସେ ଭକ୍ତଚରଣ ନାମରେ ପରିଚିତ ହୋଇଥିଲେ। 'ମଥୁରା ମଙ୍ଗଳ', 'ଗୋପମଙ୍ଗଳ', 'ମନଃଶିକ୍ଷା କଳା କଳେବର ଚଉତିଶା', 'ମନବୋଧ ଚଉତିଶା', 'ବୈଦ୍ୟ ଶାସ୍ତ୍ର' ଇତ୍ୟାଦି ରଚନା ମଧ୍ୟରୁ 'ମଥୁରା ମଙ୍ଗଳ' ତାଙ୍କର ସର୍ବଶ୍ରେଷ୍ଠ କୃତି। ଏହା ୩୦ଟି ଛାନ୍ଦ ବିଶିଷ୍ଟ କାବ୍ୟ ଅଟେ। ଏକାଧାରରେ ବାତ୍ସଲ୍ୟ, ଭକ୍ତି, କରୁଣ, ଶାନ୍ତ ଓ ଶୃଙ୍ଗାର ରସରେ ଏହି କାବ୍ୟଟି ସୁସମୃଦ୍ଧ ହୋଇଛି।

ଅଷ୍ଟାଦଶ ଶତାବ୍ଦୀର ଶେଷାର୍ଦ୍ଧରେ ଖୋର୍ଦ୍ଧା ଜିଲ୍ଲାର ସାନପଦର ଗ୍ରାମରେ ପରମ ବୈଷ୍ଣବ କବି ପିଣ୍ଡିକ ଶ୍ରୀଚନ୍ଦନଙ୍କ ଜନ୍ମ। 'ବସନ୍ତରାସ' ତାଙ୍କର ଏକ ଅମଳିନ କୃତି। ଏଥିରେ ଓଡ଼ିଆ ସହିତ ବଙ୍ଗଳା ଭାଷାର ମିଶ୍ରଣ ଘଟିଛି। 'ବସନ୍ତରାସ' ବ୍ୟତୀତ 'ଶରତ ରାସ' ଏବଂ 'ମୁକୁନ୍ଦମାଳା' ନାମରେ ତାଙ୍କର ଅନ୍ୟ ଦୁଇଖଣ୍ଡ ପୁସ୍ତକ ମଧ୍ୟ ରହିଛି। 'ବସନ୍ତରାସ' ଓଡ଼ିଆ ସାହିତ୍ୟରେ ଏକ ଅମଳିନ ସୃଷ୍ଟି। କନ୍ଦର୍ପର ନାମରେ ତାଙ୍କର ଅନ୍ୟ ଏକ ରଚନା ମଧ୍ୟ ଅଛି। ପିଣ୍ଡିକ ଶ୍ରୀଚନ୍ଦନଙ୍କ ପୂର୍ବପୁରୁଷ ଗଞ୍ଜାମ ଧରାକୋଟ ରାଜ୍ୟର ବାସିନ୍ଦା ଥିଲେ। ପରବର୍ତ୍ତୀ ସମୟରେ ସେହି ବଂଶରୁ କେହି ଆସି ଖୋର୍ଦ୍ଧା ସାନପଦରରେ ଅବସ୍ଥାନ କରିଥିଲେ। 'ଶ୍ରୀଚନ୍ଦନ' ଖୋର୍ଦ୍ଧା ରାଜାଙ୍କ ପ୍ରଦତ୍ତ ଉପାଧି ଥିଲା।

ଅଷ୍ଟାଦଶ ଶତାବ୍ଦୀରେ ଖୋର୍ଦ୍ଧା ଅଞ୍ଚଳର ଅନ୍ୟ ଜଣେ କବି ଭାବରେ କେଶବ ପଟ୍ଟନାୟକ ବେଶ୍ ଲୋକପ୍ରିୟ। 'କେଶବ ରାମାୟଣ' ଏବଂ 'ନୃତ୍ୟ ରାମାୟଣ'

ତାଙ୍କର ବିଶେଷ ରଚନା ଯାହା ଓଡ଼ିଆ ସାରସ୍ୱତ ଭଣ୍ଡାରର ଶ୍ରୀବୃଦ୍ଧିରେ ସହାୟକ ହୋଇଛି। ତାଙ୍କ ସମସାମୟିକ ସ୍ରଷ୍ଟା ଭାବରେ ଗଜପତି ମୁକୁନ୍ଦ ଦେବ-୨ (୧୭୯୫)ଙ୍କ 'କୋକିଳ ଚଉତିଶା' ମଧ୍ୟ ଏକ ବିଶେଷ କୃତି।

ଊନବିଂଶ ଶତାବ୍ଦୀ ପ୍ରାରମ୍ଭ ଅର୍ଥାତ୍ ୧୮୧୪ ଖ୍ରୀଷ୍ଟାବ୍ଦରେ ଖୋର୍ଦ୍ଧା ନିକଟସ୍ଥ ଲେହଙ୍ଗ ଗ୍ରାମର ଏକ ବ୍ରାହ୍ମଣ ପରିବାରରେ ବିପ୍ର ଗୌରଚରଣ ଅଧିକାରୀଙ୍କ ଜନ୍ମ। ସେ ଥିଲେ ପରମ ବୈଷ୍ଣବ। ତାଙ୍କ ଗୀତିକାରେ ରାମକୃଷ୍ଣ ବା ଶ୍ରୀଜଗନ୍ନାଥ ଥିଲେ ଆରାଧ୍ୟ। ସେ ଅସଂଖ୍ୟ ଚଉପଦୀ, ଚଉତିଶା, ଭଜନ, ଜଣାଣ ତଥା କୀର୍ତ୍ତନର ସ୍ରଷ୍ଟା। 'ଗୌରକୃଷ୍ଣ ଭଜନ ଶତକ' ଓ 'ଗୌରଚରଣ ଗୀତାବଳୀ' ତାଙ୍କର ଉତ୍କୃଷ୍ଟ ରଚନା। ଏତଦ୍‌ଭିନ୍ନ ତାଙ୍କର କେତୋଟି ଅପ୍ରକାଶିତ ରଚନାବଳୀ ମଧ୍ୟ ଉପଲବ୍ଧ। ୧୮୯୦ ମସିହାରେ ଏହି ବୈଷ୍ଣବ କବିଙ୍କର ତିରୋଧାନ ହୋଇଥିଲା।

ଆନୁମାନିକ ୧୮୭୬ ଖ୍ରୀଷ୍ଟାବ୍ଦରେ ଖୋର୍ଦ୍ଧା ଜିଲ୍ଲାର ଗୋଳାବାଇ ଗ୍ରାମରେ କବି ବାଙ୍କା ଦାସ ଜନ୍ମଗ୍ରହଣ କରିଥିଲେ। ଜଣେ ବିଶିଷ୍ଟ ପାଲାଗାୟକ ତଥା ଆଶୁକବି ଭାବରେ ସେ ପ୍ରସିଦ୍ଧି ଅର୍ଜନ କରିଥିଲେ। ଶବ୍ଦ ଗୁନ୍ଥି ତାତ୍କାଳିକ କବିତା ରଚନା କରିବାର ଦକ୍ଷତା ହେତୁ ତାଙ୍କୁ ଆଶୁକବିର ମାନ୍ୟତା ପ୍ରାପ୍ତ ହୋଇଛି। ସେ ଅସଂଖ୍ୟ ଚଉପଦୀ ତଥା ବହୁ ଛନ୍ଦୋବଦ୍ଧ କବିତାର ସ୍ରଷ୍ଟା। ଓଡ଼ିଆ କାବ୍ୟଧାରାରେ 'ବାଙ୍କା ଦାଶ ସଞ୍ଚୟନ' ତାଙ୍କର ଏକ ଉତ୍କୃଷ୍ଟ ଚଉପଦୀ। ତେବେ ଖ୍ରୀ. ୧୯୩୭ରେ ତାଙ୍କର ତିରୋଧାନ ହୋଇଥିଲା।

୧୮୮୩ ମସିହାରେ ଖୋର୍ଦ୍ଧା ଜିଲ୍ଲାର ରାମେଶ୍ୱର ଗ୍ରାମରେ କବି ଗୋକୁଳାନନ୍ଦ ପଟ୍ଟନାୟକଙ୍କ ଜନ୍ମ। ଓଡ଼ିଆ ରାମକାବ୍ୟ ଧାରାର ସେ ଥିଲେ ଜଣେ ବିଶିଷ୍ଟ କବି। ୪୮ ଛାନ୍ଦ ବିଶିଷ୍ଟ ତାଙ୍କର ଅନୁପମ କୃତି ହେଉଛି 'ଜାନକୀବଲ୍ଲଭ ବିଳାସ' କାବ୍ୟ। ବଙ୍ଗଳାଶ୍ରୀ ରାଗରେ 'ସାକ୍ଷୀଗୋପାଳ', 'ମନ୍ଦାକିନୀ', 'ଗଜ ଉଦ୍ଧାରଣ' ପ୍ରଭୃତି ତାଙ୍କ ବିମଳ କବିତ୍ୱର ପରିଚାୟକ। ଏତଦ୍‌ବ୍ୟତୀତ ସେ ବହୁ ଛାନ୍ଦ, ଚଉପଦୀ, କାବ୍ୟ-କବିତାର ସ୍ରଷ୍ଟା। ତାଙ୍କ ସାମଗ୍ରିକ ସାହିତ୍ୟ ସାଧନାକୁ ନେଇ ରଚିତ 'ଗୋକୁଳାନନ୍ଦ ଗ୍ରନ୍ଥାବଳୀ' ପାଠକଙ୍କୁ ମାର୍ଗଦର୍ଶନ କରାଇବାରେ ସମର୍ଥ। ୧୯୪୬ ମସିହାରେ ସେ ଇହଲୀଳା ସମ୍ବରଣ କରିଥିଲେ।

ସତ୍ୟବାଦୀ ଯୁଗୀୟ ପଣ୍ଡିତ ଗୋଦାବରୀଶ ମିଶ୍ର (୧୮୮୬-୧୯୫୬) ବାଣପୁରରେ ଜନ୍ମଗ୍ରହଣ କରିଥିଲେ। ଜଣେ କବି, ଗାଳ୍ପିକ, ଔପନ୍ୟାସିକ, ନାଟ୍ୟକାର, ଅନୁବାଦକ, ଜୀବନୀକାର ତଥା ଶିଶୁ ସାହିତ୍ୟିକ ଭାବରେ ସେ ଥିଲେ ବହୁଧା ବିଭକ୍ତ ବ୍ୟକ୍ତିତ୍ୱର ଅଧିକାରୀ। ଜଣେ ସଫଳ ଜାତୀୟବାଦୀ କବି ଭାବରେ ତାଙ୍କର କୃତିଗୁଡ଼ିକ ହେଲା- 'କଳିକା', 'କିଶଳୟ', 'ଆଲେଖିକା', 'ଚୟନିକା', 'କୁସୁମ',

'କବିତାୟନ', 'ଗୀତାୟନ', 'ଗୀତିଗୁଚ୍ଛ' ଓ 'ଶିଶୁ କବିତା'। 'ଆଲେଖିକା' ତାଙ୍କର ଏକ ସାର୍ଥକ ଗାଥା କବିତା ସଂକଳନ। ବିଶିଷ୍ଟ କଥାକାର ରାୟ ସାହେବ ବାଞ୍ଛାନିଧି ପଟ୍ଟନାୟକ (୧୮୮୯-୧୯୬୧)। 'ଧୂପଛାୟା' ଗଳ୍ପ ସଂକଳନ ଦ୍ୱାରା ଓଡ଼ିଆ କଥା ସାହିତ୍ୟ ଭଣ୍ଡାରକୁ ତଥା ଖୋର୍ଦ୍ଧା ମାଟିକୁ ଗୌରବାନ୍ୱିତ କରିଛନ୍ତି।

ଊନବିଂଶ ଶତାବ୍ଦୀର ଅନ୍ୟ ଜଣେ କବି ଭାବରେ ଦାଶରଥି ଦାସ (ଦ୍ୱିଜ) ଖୋର୍ଦ୍ଧାର ସିକୋ ଗ୍ରାମରେ ଜନ୍ମଗ୍ରହଣ କରିଥିଲେ। 'ବିଚିତ୍ର ରାମାୟଣ', 'ଜୟ ଗୀତିକା', 'ରଣପୁର', 'ସଂଗୀତ ଲଳିତା' (୧/୨ ଭାଗ), 'ବିକ୍ରମ ଉର୍ବଶୀ' ଇତ୍ୟାଦି କୃତିର ସ୍ରଷ୍ଟା ଭାବରେ ଚିରସ୍ମରଣୀୟ। ୧୯୮୦ ମସିହା ଗୋଡ଼ିସାହିରେ ଜନ୍ମଲାଭ କରିଥିବା ଲିଙ୍ଗରାଜ ପଟ୍ଟନାୟକଙ୍କ 'ଶକୁନ୍ତଳା' (ଛାନ୍ଦ ୧ମ ଓ ୨ୟ) କାବ୍ୟ ଓଡ଼ିଆ ସାହିତ୍ୟକୁ ସମୃଦ୍ଧ କରିବାରେ ସହାୟକ ହୋଇଛି।

ନାଟ୍ୟାଚାର୍ଯ୍ୟ-ପଦ୍ମଶ୍ରୀ ଡ. କବିଚନ୍ଦ୍ର କାଳୀଚରଣ ପଟ୍ଟନାୟକ (୧୮୯୭-୧୯୭୮) ଏକାଧାରରେ ଥିଲେ ଜଣେ ଔପନ୍ୟାସିକ, କବି, ନାଟ୍ୟକାର, ନାଟ୍ୟଗୁରୁ, ନିର୍ଦ୍ଦେଶକ, ସଂଗୀତକାର, ଅଭିନେତା ଓ ଜୀବନୀକାର। ତାଙ୍କର ପ୍ରକାଶିତ ପୁସ୍ତକ ଗୁଡ଼ିକ ହେଲା- 'କଳାହାଣ୍ଡିଆ ମେଘ', 'ବରଣମାଳା', 'ବାୟାଧନ' ଇତ୍ୟାଦି। ସ୍କୁଲ୍ ଛାତ୍ର ଥିବାବେଳେ 'ଉଦୁଉଦୁମା' ନାମରେ ତାଙ୍କର ପ୍ରଥମ କବିତା ପ୍ରକାଶିତ ହୋଇଥିଲା। ସେ ଅସଂଖ୍ୟ ନାଟକ, ଏକାଙ୍କିକା, ସଂଗୀତ ନାଟକ ଓ କାବ୍ୟ ନାଟିକାର ସ୍ରଷ୍ଟା। 'ପ୍ରତିଶୋଧ', 'ଆହୁତି', 'ଗାର୍ଲସ୍କୁଲ୍', 'ପରିବର୍ତ୍ତନ', 'ଚୁମ୍ବନ', 'ଭାତ', 'ଜୟଦେବ' ଇତ୍ୟାଦି ତାଙ୍କର ଅନନ୍ୟ କୃତି। ଓଡ଼ିଆ ସାହିତ୍ୟ ଇତିହାସରେ ସେ ଜଣେ ଯୁଗଜୟୀ ସାଧକ ଭାବରେ ଚିରସ୍ମରଣୀୟ ରହିବେ।

ଗୋଦାବରୀଶ ମହାପାତ୍ର (୧୮୯୮-୧୯୬୫) ଥିଲେ ସତ୍ୟବାଦୀ ଯୁଗୀୟ ଜଣେ ବିଶିଷ୍ଟ କବି। ସେ ଆଧୁନିକ ଓଡ଼ିଶାର ଶ୍ରେଷ୍ଠ ଚାରଣ କବି ଭାବରେ ବହୁ ପରିଚିତ। ସେ ଏକାଧାରରେ କବି, ଗାଳ୍ପିକ, ଔପନ୍ୟାସିକ, ପ୍ରାବନ୍ଧିକ, ନାଟ୍ୟକାର, ଶିଶୁ ସାହିତ୍ୟିକ, ଜୀବନୀକାର ତଥା 'ନିଆଁଖୁଣ୍ଟା' ପତ୍ରିକାର ସଂପାଦକ ମଧ୍ୟ। ତାଙ୍କର ସୃଷ୍ଟିଗୁଡ଼ିକରେ ରହିଛି- 'ବାଣପୁର', 'ପ୍ରଭାତ କୁସୁମ', 'ଉଠ କଙ୍କାଳ', 'ହେ ମୋର କଲମ', 'ହାଣ୍ଡିଶାଳର ବିପ୍ଳବ', 'କଣ୍ଟା ଓ ଫୁଲ', 'ପାହାଚ ତଳର ଘାସ', 'ବଙ୍କା ଓ ସିଧା', 'ଯେ ଫୁଲ ଫୁଟିଥିଲା ଏବଂ ରୂପରେଖା'। 'ବଙ୍କା ଓ ସିଧା' ପାଇଁ କେନ୍ଦ୍ର ସାହିତ୍ୟ ଏକାଡେମୀ ଏବଂ 'କଣ୍ଟା ଓ ଫୁଲ' ପାଇଁ ସେ ଓଡ଼ିଶା ସାହିତ୍ୟ ଏକାଡେମୀ ଦ୍ୱାରା ପୁରସ୍କୃତ। ସେ ଅସଂଖ୍ୟ ବ୍ୟଙ୍ଗ କବିତାର ସ୍ରଷ୍ଟା। ତାଙ୍କର ଉଦ୍‌ବୋଧନ ମୂଳକ କବିତା 'ଉଠ କଙ୍କାଳ' ଓଡ଼ିଆ ଅସ୍ମିତାର ପ୍ରତିନିଧିତ୍ୱ କରେ।

ନାରୀକବି କୁନ୍ତଳା କୁମାରୀ ସାବତ (୧୯୦୦-୧୯୩୮) ଏକାଧାରରେ ଜଣେ ବିଶିଷ୍ଟ କବି ଏବଂ ଔପନ୍ୟାସିକା। ଓଡ଼ିଶାର ବିଚ୍ଛିନ୍ନାଞ୍ଚଳ ବସ୍ତର ଜିଲ୍ଲାର ଜଗଦଲପୁରରେ ତାଙ୍କର ଜନ୍ମ ହୋଇଥିଲେ ହେଁ ଓଡ଼ିଶାର ଖୋର୍ଦ୍ଧାରେ ୭ ବର୍ଷର ରହଣି ତାଙ୍କୁ ଯେଉଁ ଭାବାନୁଭୂତି ପ୍ରଦାନ କରିଥିଲା, ତାହାହିଁ ତାଙ୍କ କବିତ୍ୱର ପାଥେୟ ହୋଇଥିଲା। ତାଙ୍କର କବିତା ସଂକଳନ ଗୁଡ଼ିକରେ 'ଅଞ୍ଜଳି', 'ଉଚ୍ଛ୍ୱାସ', 'ଅର୍ଚ୍ଚନା', 'ସ୍ଫୁଲିଙ୍ଗ', 'ଆହ୍ୱାନ' ଏବଂ 'ପ୍ରେମ ଚିନ୍ତାମଣି' ଇତ୍ୟାଦି ପ୍ରମୁଖ। 'ଅଞ୍ଜଳି'ରେ ଥିବା ୧୦୫ଟି କବିତା ଏବଂ 'ଉଚ୍ଛ୍ୱାସ'ରେ ଥିବା ୬ଟି ସମ୍ବୋଧନ ଗୀତିକା ଗୁଡ଼ିକ ଅତ୍ୟନ୍ତ ମର୍ମସ୍ପର୍ଶୀ। 'ସ୍ଫୁଲିଙ୍ଗ', 'ଆହ୍ୱାନ'ରେ ଦେଶାତ୍ମବୋଧ, ଜାତୀୟତାର ସ୍ୱର ଉଚ୍ଚକିତ। 'ପ୍ରେମ ଚିନ୍ତାମଣି' ଆବେଗଧର୍ମୀ ସ୍ୱର ବହନ କରିଥିବାବେଳେ 'ଓଡ଼ିଆଙ୍କ କାନ୍ଦଣା', 'ଗଡ଼ଜାତ କୃଷକ', 'ମଣିକାଞ୍ଚନ', 'ମେଡିକାଲ୍ ସ୍କୁଲ୍', 'ବରଷା ପ୍ରତି', 'ବିଜନ ଚିନ୍ତା' ଇତ୍ୟାଦିରେ ତାଙ୍କର ମାନବବାଦୀ ଆବେଗ ବେଶ୍ ହୃଦ୍ୟ। 'ଭ୍ରାନ୍ତି', 'କାଳିବୋହୂ', 'ରଘୁ ଅରକ୍ଷିତ', 'ନଅତୁଣ୍ଡୀ', 'ପରଶମଣି' ଉପନ୍ୟାସଗୁଡ଼ିକ ତତ୍କାଳୀନ ସାମାଜିକ ଜୀବନବୋଧର ପରିଚାୟକ ହୋଇଛି। ତେବେ ଓଡ଼ିଆ ସାହିତ୍ୟ ସବୁଜ ଧାରାରେ ରହସ୍ୟାନୁଭୂତିର ଭାବଧାରାକୁ ନେଇ ସେ ସ୍ୱତନ୍ତ୍ର ପରିଚୟ ଦାବି କରନ୍ତି।

ବିଚ୍ଛନ୍ଦ ଚରଣ ପଟ୍ଟନାୟକ (୧୯୦୧ - ଜାଆଁଲା) ଥିଲେ ଜଣେ ବିଶିଷ୍ଟ କବି। ଅନୁବାଦ, ଶିଶୁ ସାହିତ୍ୟ ତଥା ସଂପାଦନା କ୍ଷେତ୍ରରେ ମଧ୍ୟ ତାଙ୍କର ବିଶେଷ ଦକ୍ଷତା ଥିଲା। ତାଙ୍କ ଦ୍ୱାରା ରଚିତ 'କବିତା କୁମୁଦ', 'ଭାବିନୀ ଭାବନା' କବିତା ସଂକଳନ ଦ୍ୱୟ ତାଙ୍କ କବିତ୍ୱର ସ୍ୱାକ୍ଷର ବହନ କରିଛି। 'କବିତା କୁମୁଦ'ରେ ସ୍ଥାନିତ କବିତାଗୁଡ଼ିକରେ ଦେଶାତ୍ମବୋଧ, ପ୍ରେମାନୁଭୂତି, ଶୋକାନୁଭୂତି ତଥା ଶିଶୁ-ଆବେଗଧର୍ମୀ ଭାବଧାରା ଉପଲବ୍ଧ ହୁଏ। 'ଜଗନ୍ନାଥ ଜଣାଣ' କବି ପଟ୍ଟନାୟକଙ୍କ ଭକ୍ତିମତ୍ତାର ପରିଚୟ ପ୍ରଦାନ କରେ।

ମାୟାଧର ମାନସିଂହ (୧୯୦୫-୧୯୭୩) ଚିଲିକା ମଧ୍ୟସ୍ଥ ପାରିକୁଦ ନିକଟବର୍ତ୍ତୀ ନନ୍ଦଳା ଗ୍ରାମରେ ଜନ୍ମଲାଭ କରିଥିଲେ। ଇଂରାଜୀ ଅଧ୍ୟାପନା ସତ୍ତ୍ୱେ ଓଡ଼ିଆ ସାହିତ୍ୟର ପ୍ରାୟ ସମସ୍ତ ବିଭାଗରେ ଲେଖନୀ ଚାଳନା କରିଥିବା ଜଣେ ପ୍ରତିଭାଧାରୀ ସ୍ରଷ୍ଟା। ସେ ବିଲାତର ଡରହାମ୍ ବିଶ୍ୱବିଦ୍ୟାଳୟରୁ କାଳିଦାସ ଓ ସେକ୍ସପିୟରଙ୍କ ଉପରେ ତୁଳନାତ୍ମକ ଗବେଷଣା ନିବନ୍ଧ ପ୍ରସ୍ତୁତ କରି ସମ୍ମାନଜନକ ଡକ୍ଟରେଟ୍ ଡିଗ୍ରୀ ହାସଲ କରିଥିଲେ। ଓଡ଼ିଆ ସବୁଜ ସାହିତ୍ୟ ଧାରାରେ ତାଙ୍କର ରୋମାଣ୍ଟିକ୍ ଆଭିମୁଖ୍ୟକୁ ନେଇ ସେ ପ୍ରସିଦ୍ଧିଲାଭ କରିଛନ୍ତି। ତାଙ୍କ ସୃଷ୍ଟିରେ ରହିଛି- 'ଧୂପ', 'ହେମପୁଷ୍ପ', 'ହେମଶସ୍ୟ', 'କୋଣାର୍କ', 'ବାପୁତର୍ପଣ', 'ଅକ୍ଷତ', 'ମାଟିବାଣୀ', 'ଜୀବନଚିତା', 'କୃଶ', 'ସିନ୍ଧୁ

ଓ ବିନ୍ଦୁ', 'ସ୍ୱରାଜ୍ୟାଶ୍ରମ', 'ଗୀତରେଣୁ', 'କିଶୋର କବିତା', 'ସାଧବ ଝିଅ', 'କମଳାୟନ' ଇତ୍ୟାଦି। ତାଙ୍କ କବିତାରେ ଉତ୍କଳପ୍ରୀତି, ପ୍ରକୃତିପ୍ରୀତି, ପରମ୍ପରା ଓ ଐତିହ୍ୟର ଗୌରବୋଜ୍ଜ୍ୱଳ ବାର୍ତ୍ତା, ମାନବୀୟ ସ୍ପର୍ଶକାତରତା, ପ୍ରେମାନୁଭୂତି ତଥା ଇନ୍ଦ୍ରିୟୋତ୍ତର ଅନୁଭୂତିକୁ ନେଇ ସେ ବ୍ୟତିକ୍ରମ କବି ପ୍ରତିଭା।

ବିପ୍ଳବୀ ପ୍ରାଣନାଥ ପଟ୍ଟନାୟକ (୧୯୦୫-୭୦) ସାମ୍ୟବାଦୀ ସାହିତ୍ୟଧାରାର ଜଣେ ବିଶିଷ୍ଟ ସମାଲୋଚକ। 'ନୂଆ ଦୁନିଆ' ପତ୍ରିକାର ସଂପାଦନା ଏବଂ 'କୃଷ୍ଣମୋହନ ଗ୍ରନ୍ଥାବଳୀ'ର ସଂକଳନ କ୍ଷେତ୍ରରେ ସେ ତାଙ୍କ ସାହିତ୍ୟପ୍ରୀତିର ପରିଚୟ ପ୍ରଦାନ କରିଛନ୍ତି। ତାଙ୍କ ଦ୍ୱାରା ରଚିତ 'ଆସନ୍ତାକାଲିର ସାହିତ୍ୟ' ଏକ ଉଚ୍ଚକୋଟୀର ସମାଲୋଚନା ଗ୍ରନ୍ଥ। ଖୋର୍ଦ୍ଧାରେ ମହାବିଦ୍ୟାଳୟ ସ୍ଥାପନାର ମହତ୍ତର ଆକାଂକ୍ଷାକୁ ସଫଳ କରିପାରିବାରେ ତାଙ୍କ ଦୃଢ଼ ମନୋବଳ ଓ ପ୍ରତିନିଧିତ୍ୱକାରୀ ପଦକ୍ଷେପ ତାଙ୍କୁ ଓଡ଼ିଆ ସାହିତ୍ୟ ଇତିହାସରେ ଚିରସ୍ମରଣୀୟ ରଖିବ।

ପଣ୍ଡିତ ଗଦାଧର ମିଶ୍ର (୧୯୦୬) ଖୋର୍ଦ୍ଧା ହଳଦିଆଗଡ଼ର ଜଣେ ସୁପ୍ରତିଷ୍ଠିତ କବି। 'ପୁରୀ ପଞ୍ଚକଯାତ୍ରା ଦର୍ଶନ' ଏବଂ 'ପଦ୍ୟାବଳୀ' ତାଙ୍କର ଅନନ୍ୟ କୃତି।

ପରଶୁରାମ ହରିଚନ୍ଦନ (୧୯୦୮-୭୭) ଖୋର୍ଦ୍ଧା ଜିଲ୍ଲାର ଜଣେ ବିଶିଷ୍ଟ ନାଟ୍ୟକାର। 'ଛିନ୍ନାଙ୍ଗୀ', 'ବିପ୍ଳବୀ କୃତ୍ତିବାସ', 'ଅଭିଶପ୍ତ ଦୁର୍ଗ ନାଟକ' ଏବଂ 'ଦିଗ୍‌ବିଜୟୀ କପିଳେନ୍ଦ୍ର' ଏକାଙ୍କିକା ତାଙ୍କ ନାଟ୍ୟଚେତନାର ପରିଚାୟକ। ଚରିତ୍ରୋପଯୋଗୀ ସଂଳାପ ଲେଖିବାରେ ସେ ଥିଲେ ବେଶ୍ ସିଦ୍ଧହସ୍ତ।

ଡମ୍ବରୁଧର ପରିଡ଼ା (୧୯୦୯-୧୯୮୪) ଖୋର୍ଦ୍ଧାର ଗୋଳବାଇ ଅଞ୍ଚଳର ଜଣେ ଲୋକପ୍ରିୟ କବି। ତାଙ୍କ ଦ୍ୱାରା ରଚିତ 'କବିତା ମଞ୍ଜରୀ', 'ତ୍ରିବେଣୀ', 'ପ୍ରଦୀପ' ଇତ୍ୟାଦିରେ ଆଧୁନିକ ଯୁଗ ଯନ୍ତ୍ରଣା, ଅବକ୍ଷୟ, ରାଜନୀତିକ ଭ୍ରଷ୍ଟାଚାର, ମାନବବାଦୀ ଭାବଧାରା, ପଲ୍ଲୀପ୍ରାଣତାର ସ୍ୱର ଉପଲବ୍ଧ ହୁଏ।

ଖୋର୍ଦ୍ଧାର କବି କୃଷ୍ଣଚନ୍ଦ୍ର ତ୍ରିପାଠୀ (୧୯୧୧-୯୭) ଥିଲେ ଜଣେ ଶିକ୍ଷକ। ଛାତ୍ରାବସ୍ଥାରେ ତାଙ୍କର ସତୀର୍ଥ ଶ୍ୟାମସୁନ୍ଦର ପାଣିଗ୍ରାହୀଙ୍କ ସହଯୋଗରେ 'ହିନ୍ଦୁ', 'ମାନବମିତ୍ର' ଓ 'କଳିକା' ନାମରେ ହାତଲେଖା ପତ୍ରିକାମାନ ପ୍ରକାଶ କରିଥିଲେ। ତାଙ୍କ ରଚିତ କବିତାଗୁଡ଼ିକରେ ରହିଛି- 'ଦୀପ୍ତି', 'ଆହୁତି', 'ଅଗ୍ନିଶଂଖ', 'ମାଟିଦୀପ', 'ଦିଗ୍‌ବଳୟ', 'ଉତ୍ସ', 'ରୂପାୟନ', 'ସାଧକର ସ୍ୱପ୍ନ', 'ବେଳା ଓ ବୀଚି', 'ସଂକେତ', 'ଆତ୍ମଲିପି', 'ପଥରେଣୁ', 'ମରୁମାଟିର ସ୍ୱପ୍ନ', 'ପାଇକମାଟିର ଗାଥା', 'ଗୋଧୂଳି', 'ନିଃଶବ୍ଦର ଡାକ', 'କୁଟୀର ବଂଶୀ', 'ପଲ୍ଲୀ ପଥିକ', 'ତରୁ ଓ ତୃଣ' ଇତ୍ୟାଦି। ସାବଲୀଳ ଭାଷା ଓ ଭାବାବେଗ ହିଁ ତାଙ୍କ କବିତାଗୁଡ଼ିକର ବୈଶିଷ୍ଟ୍ୟ।

ଅନନ୍ତ ପଟ୍ଟନାୟକ (୧୯୧୨-୮୭) ଖୋର୍ଦ୍ଧା ଅଞ୍ଚଳର ଜଣେ ତୁଙ୍ଗ ବିପ୍ଳବୀ କବି। ସେ ଥିଲେ ଏକାଧାରରେ କବି, ଗାଳ୍ପିକ, ଅନୁବାଦକ, ଶିଶୁ ସାହିତ୍ୟିକ, ନାଟ୍ୟକାର। ୧୯୪୦ରେ କମ୍ୟୁନିଷ୍ଟ କ୍ରାନ୍ତି ଯୋଗୁଁ ସେ ଦୁଇବର୍ଷ ଜେଲ୍‌ଦଣ୍ଡ ଭୋଗିଥିଲେ। 'ରକ୍ତଶିଖା', 'ଶାନ୍ତିଶିଖା', 'କିଞ୍ଚିତ', 'ଅଲୋଡ଼ାଲୋଡ଼ା', 'ଛାଇର ଛିଟା', 'ଉଠ ଜାଗ ଭୋକ ବନ୍ଦୀ', 'ଅରତୁ ରତୁ', 'ଅବାନ୍ତର', 'ତର୍ପଣ କରେ ଆଜି', 'ସୂତ୍ରଟିଏ ସୁକୃତିର' ଇତ୍ୟାଦି ତାଙ୍କର ସମୁଚ୍ଚ କୃତି।

ଖୋର୍ଦ୍ଧା ଗୁରୁଜଙ୍ଗର ହରିକୃଷ୍ଣ ପ୍ରଧାନ (୧୯୧୩) ଏକାଧାରରେ ଥିଲେ ଜଣେ ଔପନ୍ୟାସିକ, ନାଟ୍ୟକାର, କବି, ଶିଶୁ ଗାଳ୍ପିକ, ସମାଲୋଚକ, ପ୍ରାବନ୍ଧିକ, ବୈୟାକରଣିକ ତଥା ପାଠ୍ୟପୁସ୍ତକ ପ୍ରଣେତା। ତାଙ୍କ କବିତା ଗ୍ରନ୍ଥ 'ବିଜୁଳି ବିପଦ', 'ରୂପର ତାଜ' ଓଡ଼ିଆ କବିତା ଧାରାକୁ ପରିପୁଷ୍ଟ କରିଛି।

ଆଧୁନିକ ଓଡ଼ିଆ ସାହିତ୍ୟର ପ୍ରଗତିବାଦୀ ଶ୍ରେଷ୍ଠ କବି ପଦ୍ମଶ୍ରୀ ସଚ୍ଚି ରାଉତରାୟ (୧୯୧୩-୨୦୦୪) ଖୋର୍ଦ୍ଧା-ଗୁରୁଜଙ୍ଗ ମାଟିର ଅନନ୍ୟ ବାଣୀପୁତ୍ର। ରାଧାନାଥଙ୍କ ପରେ ଆଧୁନିକ ଓଡ଼ିଆ କବିତାରେ ସଫଳ ପ୍ରୟୋଗବାଦୀ କବି ଆଧୁନିକତାର ବାର୍ତ୍ତାବହ, ଆଙ୍ଗିକ ଓ ଥିମ୍‌ରେ ନୂତନ ଛନ୍ଦକୁ ନେଇ ପରୀକ୍ଷା-ନିରୀକ୍ଷାର ଆବାହକ ସଚ୍ଚି ରାଉତରାୟ ଜଣେ ଅନତିକ୍ରମ୍ୟ ସାରସ୍ୱତ ସାଧକ। ଅଜସ୍ର ତାଙ୍କର ସୃଷ୍ଟି ଓ ଅସୀମ ତାଙ୍କର ସାଧନା। ତାଙ୍କ କବିତା ଗ୍ରନ୍ଥଗୁଡ଼ିକ ହେଉଛି- 'ପାଥେୟ', 'ପୂର୍ଣ୍ଣିମା', 'ବାଜିରାଉତ', 'ପଲ୍ଲୀଶ୍ରୀ', 'ପାଣ୍ଡୁଲିପି', 'ଅଭିଯାନ', 'ହସନ୍ତ', 'ଅଭିଜ୍ଞାନ', 'ଭାନୁମତୀର ଦେଶ', 'ସ୍ୱଗତ', 'ଏସିଆର ସ୍ୱପ୍ନ', 'କବିତା-୧୯୬୨' ଇତ୍ୟାଦି ଅସଂଖ୍ୟ କବିତା ପୁସ୍ତକ। 'ମାଙ୍କଡ଼ ଓ ଅନ୍ୟାନ୍ୟ ଗଳ୍ପ', ନୂତନ ଗଳ୍ପ 'ମଶାଣି ଫୁଲ ଓ ଅନ୍ୟାନ୍ୟ ଗଳ୍ପ', 'ଚିତ୍ରଗ୍ରୀବ' ଉପନ୍ୟାସ ତାଙ୍କର ସୃଷ୍ଟିପ୍ରତିଭାର ସମୁଜ୍ଜ୍ୱଳ ରୂପ ବହନ କରିଛି। ସେ ପ୍ରଗତିଶୀଳ ସାହିତ୍ୟ ପତ୍ରିକା 'ଦିଗନ୍ତ'ର ସଂପାଦକ। 'କବିତା-୧୯୬୨' ପାଇଁ କେନ୍ଦ୍ର ସାହିତ୍ୟ ଏକାଡେମୀ ପୁରସ୍କାର, ସମାଜ ଓ ସାହିତ୍ୟ ପ୍ରତି ତାଙ୍କର ଉତ୍ସର୍ଗ ନିମନ୍ତେ 'ପଦ୍ମଶ୍ରୀ' ଉପାଧିରେ ସେ ବିଭୂଷିତ। ଭାରତର ଶ୍ରେଷ୍ଠ ସାହିତ୍ୟିକ ସମ୍ମାନ 'ଭାରତୀୟ ଜ୍ଞାନପୀଠ' ବିଜେତା ଭାବରେ ଖୋର୍ଦ୍ଧା ମାଟିକୁ ସେ କରିଛନ୍ତି ମହିମାନ୍ୱିତ।

ଖୋର୍ଦ୍ଧାର ମାର୍କସବାଦୀ କବି ଲକ୍ଷ୍ମୀଧର ନାୟକ (୧୯୧୩-୨୦୦୪) ଥିଲେ ଜଣେ ତୁଙ୍ଗ ବିପ୍ଳବୀ ନେତା, କବି, ପ୍ରାବନ୍ଧିକ, ଅନୁବାଦକ, ଔପନ୍ୟାସିକ, ଗାଳ୍ପିକ ଓ ନାଟ୍ୟକାର। 'ଖୋଲାଝର୍କା', 'ବିରହିଣୀ ଓ ଅନ୍ୟାନ୍ୟ କବିତା', 'କ୍ୱଚିତ୍ ଜ୍ୟୋସ୍ନା', 'ଉତ୍ତର ବସନ୍ତ' ପ୍ରଭୃତି ତାଙ୍କର ଅନନ୍ୟ ସୃଷ୍ଟି। 'ଖୋଲାଝର୍କା' କବିତା ସଂକଳନରେ

ତାଙ୍କର ବୈପ୍ଳବିକ ବାମପନ୍ଥୀ ଚେତନାର ରୂପାୟନ ଅତି ସ୍ପଷ୍ଟ। ୧୫୦ଟି ଗଜଲରେ ପୁଷ୍ଟ ତାଙ୍କ 'ଗଜଲ୍ ଝର୍ଣ୍ଣା' ଓଡ଼ିଆ କାବ୍ୟ ଜଗତର ଅମୂଲ୍ୟ ରତ୍ନ।

ଖୋର୍ଦ୍ଧାର ଛତାବର ଅଞ୍ଚଳରେ ଜନ୍ମ ରାଜକିଶୋର ରାୟ (୧୯୧୪) ଆଧୁନିକ ଓଡ଼ିଆ ଗଳ୍ପ ସାହିତ୍ୟର ଜଣେ ଶ୍ରେଷ୍ଠ ଗାଳ୍ପିକ। ସେ କବିତା, ନାଟକ, ଉପନ୍ୟାସ, ଶିଶୁସାହିତ୍ୟ, ସମାଲୋଚନା ଓ ଜୀବନୀ ସାହିତ୍ୟ କ୍ଷେତ୍ରରେ ସ୍ୱତନ୍ତ୍ର ପରିଚୟ ସୃଷ୍ଟି କରିଛନ୍ତି। ସେ କଥାଶିଳ୍ପୀ ଭାବରେ ପ୍ରସିଦ୍ଧି ଅର୍ଜନ କରିଥିଲେ ହେଁ ତାଙ୍କ ସାହିତ୍ୟିକ ଜୀବନର ଆରମ୍ଭ କବିତାରୁ। 'ଦୀପାଳି' ତାଙ୍କ ରଚିତ କବିତାଗୁଡ଼ିକର ଏକ ଭାବସ୍ନିଗ୍ଧ ସଂକଳନ। 'ନୀଳ ଲହରୀ', 'ବିକଚ ଶତଦଳ', 'ଜୟଶ୍ରୀ', 'ଅଶୋକଚକ୍ର', 'ବନଜ୍ୟୋତ୍ସ୍ନା', 'ଜୟଶଂଖ', 'ଶୋଣିତ କାବ୍ୟ', 'ମନର ମୃଣାଳ', 'ଜୀବନ ସଂଗୀତ', 'ମଧ୍ୟାହ୍ନର ମରୁପଥେ', 'ଆଦିପୁରୁଷ', 'ପଙ୍କ ଚନ୍ଦନ', 'ଦୁର୍ବଳ ଦେବାଳୟ', 'ଅମୃତ', 'ମନ୍ୱନ୍ତରର ମାନବ', 'ଦୃଶ୍ୟ ଦୃଶ୍ୟାନ୍ତର' ଇତ୍ୟାଦି ବିଶିଷ୍ଟ ଗଳ୍ପ ସଂକଳନ। ଗଳ୍ପ ସଂକଳନ 'ମନ୍ୱନ୍ତରର ମାନବ' ନିମନ୍ତେ ଓଡ଼ିଶା ସାହିତ୍ୟ ଏକାଡେମୀ ଦ୍ୱାରା ପୁରସ୍କୃତ।

ପୁରୀ ଜିଲ୍ଲାର ରେଞ୍ଚ ଶାସନରେ କୁଞ୍ଜବିହାରୀ ଦାଶ (୧୯୧୪-୯୪)ଙ୍କ ଜନ୍ମ। ଓଡ଼ିଆ ସାହିତ୍ୟର ପ୍ରାୟ ସମସ୍ତ ବିଭାଗରେ ସେ ଲେଖନୀ ଚାଳନା କରିଥିଲେ। ଜାତୀୟତା ଓ ପ୍ରକୃତିପ୍ରେମ ତାଙ୍କ କବିତାର ଅନ୍ତଃସ୍ୱର। 'ଛିନ୍ନହସ୍ତା', 'ପ୍ରଭାତୀ', 'ବୀରଶ୍ରୀ', 'ନବମାଳିକା', 'ମାଟି ଓ ଲାଠି', 'କଙ୍କାଳର ଲୁହ', 'ସେ ଏକ ଲୋମଶ ନୀଳହାତ', 'କଳକଲ୍ଲୋଳ', 'ଡୁଡୁମା', 'ବାପା', 'ଅପରାହ୍ଣର କେତୋଟି ସ୍ୱର' ଆଦି ତାଙ୍କ କବିତ୍ୱର ଭାବସ୍ନିଗ୍ଧ ରୂପ। ଓଡ଼ିଆ ଗବେଷଣା ଓ ସମାଲୋଚନା ସାହିତ୍ୟ କ୍ଷେତ୍ରରେ 'ଲୋକଗଳ୍ପ ସଂଚୟନ', 'ଲୋକବାଣୀ ସଞ୍ଚୟନ', 'ସାହିତ୍ୟିକ, ସାହିତ୍ୟିକ ଓ ସମାଲୋଚନା' ଏବଂ 'ସାହିତ୍ୟ: ଏକ ଆଲୋକ-ଆଲୋକନ' ଇତ୍ୟାଦି ତାଙ୍କ ବୁଦ୍ଧିଦୀପ୍ତ ସୂକ୍ଷ୍ମ ଦୃଷ୍ଟିକୋଣର ପରିଚାୟକ ହୋଇଛି।

'ମଣିମା ଶୁଣିମା ହେଉ' ଓ 'ମଶାଣି ତୁଳସୀ' ତାଙ୍କର ଦୁଇଟି ଉଚ୍ଚକୋଟୀର ଉପନ୍ୟାସ। 'ଡମାଡମ୍‌ଡିମ୍ ଓ ଖେଳସାଥୀ' ଲୋକରତ୍ନ କୁଞ୍ଜବିହାରୀ ଦାଶଙ୍କ ଶିଶୁ ଉପଯୋଗୀ କବିତା ଗ୍ରନ୍ଥ। 'ମୋ କାହାଣୀ' ଆତ୍ମଜୀବନୀ ନିମନ୍ତେ ସେ କେନ୍ଦ୍ର ସାହିତ୍ୟ ଏକାଡେମୀ ଦ୍ୱାରା ସମ୍ମାନିତ। ଖୋର୍ଦ୍ଧା ଜିଲ୍ଲାର ସେ ଜଣେ ବରେଣ୍ୟ ବିଭୂତି।

ଶ୍ରୀ ଦୁର୍ଗାପ୍ରସାଦ ପଟ୍ଟନାୟକ (୧୯୧୮) ଖୋର୍ଦ୍ଧା-ସାମନ୍ତରାପୁରର ଜଣେ ବିଶିଷ୍ଟ ଶିଶୁ ସାହିତ୍ୟିକ। ଶିଶୁ ଉପଯୋଗୀ ତାଙ୍କ ରଚନାଗୁଡ଼ିକ ମଧ୍ୟରେ ରହିଛି- 'ବାଘମାମୁର ଚିଠି', 'ସିଂହର ଘର', 'ଖରାବର୍ଷା ଗୀତ', 'ଦଶଟି କଥା ଗୀତରେ', 'ଦେଖରେ

ପିଲେ ବାଘ' ଇତ୍ୟାଦି ପ୍ରମୁଖ। ଶିଶୁ ମନସ୍ତତ୍ତ୍ୱକୁ ଗୁରୁତ୍ୱ ଦେଇ ସରଳ ଭାଷା ଏବଂ ସାବଲୀଳ ଢଙ୍ଗରେ ଅତି ଚମତ୍କାର ଶିଶୁ ସାହିତ୍ୟ ଲେଖିବାରେ ସେ ସିଦ୍ଧହସ୍ତ। ଖୋର୍ଦ୍ଧାର ବଙ୍ଗିଦା ଅଞ୍ଚଳରେ ୧୯୧୮ ମସିହାରେ ଜନ୍ମ ବିଦ୍ୟୁତ୍‌ଲତା ଦାଶଙ୍କ 'ପାତାଳେଶ୍ୱର ଚଉତିଶା' ମଧ୍ୟ ଉଲ୍ଲେଖଯୋଗ୍ୟ ରଚନା।

ବିପ୍ଳବୀ କବି ରଘୁନାଥ ଦାସ (୧୯୧୯-୮୪) ଖୋର୍ଦ୍ଧାର ଜଣେ ବିଶିଷ୍ଟ କବି। ସେ ଏକାଧାରରେ ନାଟ୍ୟକାର, ଔପନ୍ୟାସିକ, ଗାଳ୍ପିକ, ଅନୁବାଦକ ତଥା ମହାସଂଗ୍ରାମୀ। ସାମ୍ୟବାଦୀ ଆଭିମୁଖ୍ୟ ତାଙ୍କ ସାହିତ୍ୟକୁ ପ୍ରଚୁର ଭାବରେ ପ୍ରଭାବିତ କରିଛି। 'ଶ୍ରୀ ଜଟାୟୁ' ଛଦ୍ମନାମରେ ସେ ଅସଂଖ୍ୟ କବିତା ରଚନା କରିଛନ୍ତି। 'ଅଗଷ୍ଟ ପନ୍ଦର ଓ ଅନ୍ୟାନ୍ୟ କବିତା', 'ପୁନଶ୍ଚ', 'ଉବାଚ' ତାଙ୍କର ବୈପ୍ଳବିକ ଚେତନାର ସ୍ୱର ବହନ କରିଛି। ଖୋର୍ଦ୍ଧାର ନୂଆ ବସ୍‌ଷ୍ଟାଣ୍ଡ ଅଞ୍ଚଳର କବି ପ୍ରାଣକୃଷ୍ଣ ସାହୁଙ୍କ 'ବୈଦେହୀ ବିଷାଦ', 'କାମଧେନୁ କାବ୍ୟ', 'ବିଶ୍ୱପତିଙ୍କ ଜଣାଣ', 'ଜରାସନ୍ଧ ବଧ' ପ୍ରଭୃତି ଉଲ୍ଲେଖଯୋଗ୍ୟ କୃତି।

ଖୋର୍ଦ୍ଧାର ବିଶିଷ୍ଟ ଗୀତିକବି ପରଶୁରାମ ପଟ୍ଟନାୟକ (୧୯୨୦-୭୨) ଜଣେ ପ୍ରତିଭାସଂପନ୍ନ ବ୍ୟକ୍ତିତ୍ୱ। ସେ ଆକାଶବାଣୀର ଗୀତିକାର ଭାବରେ ବହୁ ଜନାଦୃତି ଲାଭ କରିଥିଲେ। ଭାବପ୍ରବଣତା, ଆଧ୍ୟାତ୍ମିକତା, ପ୍ରକୃତିପ୍ରୀତି ତାଙ୍କ ଗୀତିକବିତାର ଅନ୍ତଃସ୍ୱର। ଗୀତିକବିତା ସହିତ ନାଟକ, ଉପନ୍ୟାସ, ଶିଶୁ ସାହିତ୍ୟ ଏବଂ ଗଳ୍ପ କ୍ଷେତ୍ରରେ ମଧ୍ୟ ସେ ଲେଖନୀ ଚାଳନା କରି ନିଜ ପ୍ରତିଭାକୁ ସିଦ୍ଧ କରିପାରିଛନ୍ତି।

ଖୋର୍ଦ୍ଧାର କବି ଟୁକୁ ମହାନ୍ତି ୧୯୨୧ ମସିହାରେ ଜନ୍ମଗ୍ରହଣ କରିଥିଲେ। 'ମାଡ଼ ଭରଣ ଚଉତିଶା', 'ରକ୍ଷା କବଚ', ବ୍ରଜମୋହନ ସାମନ୍ତରାୟ (୧୯୨୪ - ଛତାବର)ଙ୍କ 'କବିତାର ନିଃଶ୍ୱାସ', ଜାନକୀ ବଲ୍ଲଭ ମହାନ୍ତି (୧୯୨୫ - ରାଧାବଲ୍ଲଭ ସାହ)ଙ୍କ 'ଓମର ଗୀତିକା', 'ଅଶ୍ରୁ' ଇତ୍ୟାଦି ଓଡ଼ିଆ କବିତା ଧାରାକୁ ସୁସମୃଦ୍ଧ କରିଛି।

ଜାନକୀବଲ୍ଲଭ ପଟ୍ଟନାୟକ (୧୯୨୭) ଖୋର୍ଦ୍ଧାର ଜଣେ ଶ୍ରେଷ୍ଠ ରାଜନେତା ଭାବରେ ଅବିସ୍ମରଣୀୟ। ସେ ରାଜନୀତି ବ୍ୟତିରେକ ଜଣେ କବି, ପ୍ରାବନ୍ଧିକ, ସାମାଜିକ ଜନନାୟକ ଭାବରେ ମଧ୍ୟ ଅତି ଲୋକପ୍ରିୟ ବ୍ୟକ୍ତିତ୍ୱ ଥିଲେ। ତାଙ୍କ ପ୍ରକାଶିତ ୨୬ଟି ପୁସ୍ତକର ସଂକଳନ ହେଉଛି 'ସିନ୍ଧୁ ଉପତ୍ୟକା'। ଏଥିରେ ସଂକଳିତ କବିତା ଗୁଡ଼ିକ ମଧ୍ୟରେ ରହିଚି 'ଜ୍ୟୋତିଶିଖା', 'ଫ୍ଲେମିଙ୍ଗୋ', 'ସରୀସୃପ', 'ଚନ୍ଦ୍ର ଓ ଶ୍ୱାନ', 'ଗୋଟିଏ ଲଣ୍ଡାଗଛ', 'ଭଗ୍ନ ଦେବାଳୟ', 'ସମୁଦ୍ର ବାଲି', 'ପଥର ପାଞ୍ଚାଲୀ', 'ଶିମିଳିପାଳ', 'ସିନ୍ଧୁ ଉପତ୍ୟକା', 'ଅକର୍ମ ଶିଳା', 'ଶାନ୍ତିର କପୋତ', 'ଖୋରଧା ଗଡ଼', 'ମରୁର ଅଧରେ ଯେ ଫୁଟାଏ ହସ', 'ଆକାଶରେ କେତେ

ମେଘ' ପ୍ରଭୃତି। 'ଖୋରଧା ଗଡ଼' କବିତାରେ ତାଙ୍କର ଖୋର୍ଦ୍ଧା ମାଟି ପ୍ରତି ଐକାନ୍ତିକ ଅନୁରକ୍ତି ପ୍ରସ୍ଫୁଟିତ। ପ୍ରକୃତି ଓ ସ୍ୱଦେଶ ପ୍ରୀତିର ବର୍ଣ୍ଣାଢ଼୍ୟ ରୂପ ଚିତ୍ରିତ ହୋଇଛି 'ସିନ୍ଧୁ ଉପତ୍ୟକା' କବିତା ପୁସ୍ତକରେ। ତାଙ୍କର 'ନିର୍ବାଚିତ ପ୍ରବନ୍ଧ ସଂକଳନ' ମଧ୍ୟ ଏକ ଉଲ୍ଲେଖନୀୟ କୃତି।

ଖୋର୍ଦ୍ଧାର ଅନ୍ୟ ଜଣେ ବିଶିଷ୍ଟ କବି ଶ୍ରୀ ସତ୍ୟାନନ୍ଦ ଚମ୍ପତିରାୟ (୧୯୨୭)ଙ୍କ 'ଅଞ୍ଜନ', 'ଗାଁ ଗହଳେ', 'ତାଜମହଲ ଓ ଯମୁନା' ପ୍ରଭୃତି ତାଙ୍କର ଚମତ୍କାର କବିତା ସଂକଳନ। 'ତାଜମହଲ ଓ ଯମୁନା' କବିତାରେ ତାଙ୍କ ରୋମାଣ୍ଟିକ୍ ଆବେଗ ଛଳଛଳ ଆଧ୍ୟାତ୍ମିକ ଭାବମାନସର ସୃଷ୍ଟି ରୂପେ 'କୁମାର ସମ୍ଭବ', 'ଅମର ଶତକ', 'ରତି ବିଳାପ', 'ପ୍ରୀତିଶତକ', 'ଗୀତା', 'ଶ୍ରୀରାମ ଚରିତ ମାନସ' ପ୍ରଭୃତି ତାଙ୍କ ଦ୍ୱାରା ଓଡ଼ିଆରେ ଅନୂଦିତ ବିଶେଷ କୃତି।

ଖୋର୍ଦ୍ଧାର ବିଶିଷ୍ଟ ଗାଳ୍ପିକ ଅଖିଳ ମୋହନ ପଟ୍ଟନାୟକ (୧୯୨୭-୧୯୮୨) ଜଣେ କୃତବିଦ୍ୟ ସାରସ୍ୱତ ସାଧକ। 'ଓ ଅନ୍ଧଗଳି' ପାଇଁ ସେ ସାହିତ୍ୟ ଏକାଡେମୀ ଦ୍ୱାରା ସମ୍ମାନିତ। 'ଝଡ଼ର ଈଗଲ ଓ ଧରଣୀର କୃଷ୍ଣସାର' ତାଙ୍କ ମାଟି-ମାନବ ପ୍ରୀତିର ନିଦର୍ଶନ ବହନ କରେ। 'ଚକେ ଗଲେ ବାରହାତ', 'ନଦୀର ନାମ ଗଣତନ୍ତ୍ର' ଇତ୍ୟାଦି ଗଳ୍ପରେ ରାଜନୀତିକ ଦୁର୍ନୀତି ପ୍ରତି ବିଦ୍ରୂପାତ୍ମକ ଦୃଷ୍ଟିକୋଣ ସ୍ପଷ୍ଟ। ଓଡ଼ିଆ କଥା ସାହିତ୍ୟ ଧାରାର ସେ ଜଣେ ଅନନ୍ୟ କଥାକାର।

ଖୋର୍ଦ୍ଧାର କୁମାରବସ୍ତ ଅଞ୍ଚଳର କବି ଦିବାକର ପାଟଶାଣୀ (୧୯୨୮)ଙ୍କ ଦ୍ୱାରା ଲିଖିତ 'ବରୁଣାଇ', 'ଉଷାହରଣ', 'ବୀର ସୁରେନ୍ଦ୍ର ସାଏ', 'ସୁବୋଧ ରାମାୟଣ' ପ୍ରଭୃତି ଉଲ୍ଲେଖନୀୟ କୃତି। ଦୁଲଣା ସାହି, ଖୋର୍ଦ୍ଧାର ରାଜକିଶୋର ରାମ (୧୯୨୮)ଙ୍କ ନାମ ମଧ୍ୟ ସ୍ମରଣୀୟ।

ଖୋର୍ଦ୍ଧା ଅଞ୍ଚଳର ବିଶିଷ୍ଟ ସମାଲୋଚକ ପଠାଣି ପଟ୍ଟନାୟକ (୧୯୨୮) ଜଣେ ଅଦ୍ୱିତୀୟ ସାରସ୍ୱତ ସାଧକ। ଓଡ଼ିଆ ସମାଲୋଚନା ସାହିତ୍ୟକୁ ସେ ଏକ ବଳିଷ୍ଠ ଭିତ୍ତିଭୂମି ପ୍ରଦାନ କରିଛନ୍ତି। ତାଙ୍କର ସମାଲୋଚନା ଗ୍ରନ୍ଥଗୁଡ଼ିକ ମଧ୍ୟରେ 'ଓଡ଼ିଆ ସାହିତ୍ୟର ଇତିହାସ', 'ଓଡ଼ିଆ ସାହିତ୍ୟର ଭୂମିକା', 'ସାହିତ୍ୟ ପରିକ୍ରମା', 'ସାହିତ୍ୟ ବିଚାର', 'ଭାରତୀୟ ସାହିତ୍ୟର ଭୂମିକା', 'ପ୍ରବନ୍ଧ ଓ ସମାଲୋଚନା', 'ମନୀଷୀ ନୀଳକନ୍ଦର' ଇତ୍ୟାଦି ଉଚ୍ଚକୋଟୀର ପୁସ୍ତକ। ତାଙ୍କର ସାହିତ୍ୟିକ ଅବଦାନ ନିମନ୍ତେ ସେ 'ସାହିତ୍ୟ ଭାରତୀ' ସମ୍ମାନପ୍ରାପ୍ତ ହୋଇଛନ୍ତି।

ଖୋର୍ଦ୍ଧା ସାହିତ୍ୟ ଦିଗନ୍ତକୁ ପ୍ରଫୁଲ୍ଲ ମିଶ୍ର (୧୯୩୨)ଙ୍କ 'ଅନେକ ସ୍ୱପ୍ନ', 'ଶୂନ୍ୟତାର ବଂଶୀ', 'ମାଗୁଛି ମୁଁ ବନ୍ଧୁ ହୃଦୟଟିଏ', 'ମନ ଅରଣ୍ୟର ସଂଗୀତ', ନାରାୟଣ ଶତପଥୀ

(୧୯୩୩)ଙ୍କ 'ଏପାରି ସେପାରି', 'ଅସମାପ୍ତ ହୋ କବିତା', 'ଆଗୋ ରାତ୍ରି', 'ଅସଂଲଗ୍ନ ପାଖୁଡ଼ା କେତୋଟି' ଇତ୍ୟାଦି ସୃଷ୍ଟିସମ୍ଭାର ପରିପୁଷ୍ଟ କରିଛି।

ଜୀବନଧର୍ମୀ ଔପନ୍ୟାସିକ ଅବନୀ କୁମାର ବରାଳ (୧୯୩୪-୨୦୧୩)ଙ୍କ ଖୋର୍ଦ୍ଧା ଜନସମାଜ ନିମନ୍ତେ ଅବଦାନ ଅନନ୍ୟ। ଉପନ୍ୟାସରେ ନାଟକୀୟ ସଂଳାପର ପ୍ରୟୋଗ ହିଁ ଥିଲା ତାଙ୍କର ବ୍ୟତିକ୍ରମ ଶୈଳୀ। 'ପ୍ରେମର ଅନ୍ୱେଷଣରେ ଗୋଟିଏ ତରୁଣୀ', 'ମଞ୍ଚକନ୍ୟାର କାହାଣୀ', 'ଅପରାହ୍ଣର ଛାୟା', 'ମାୟାବିନୀ ମଞ୍ଚ' ଇତ୍ୟାଦି ତାଙ୍କର ବିଶିଷ୍ଟ ଉପନ୍ୟାସ। 'ଜାରଜ', 'ଉତ୍ତର ବସନ୍ତ' ଇତ୍ୟାଦି ଗୁଡ଼ିକ ମଧ୍ୟ ଓଡ଼ିଆ ସାହିତ୍ୟର ଅମଳିନ କୃତି।

ଖୋର୍ଦ୍ଧା ନିରାକାରପୁରର କୁଳମଣି ରାଉତ (୧୯୩୫)ଙ୍କ 'ସରଗଫୁଲ', ବାଇଧର ମହାପାତ୍ର (୧୯୩୫-ଗୁରୁଜଙ୍ଗ)ଙ୍କ 'ବରୁଣାଇର ଦେଶେ', ଗୀତିକବି ସୁରେନ୍ଦ୍ରନାଥ ବିଦ୍ୟାଧର (୧୯୩୫-୨୦୧୩)ଙ୍କ 'ସଂଜୁ ଓ ପୃଥ୍ୱୀ', 'ମାନସୀ ଓ କୋଣାର୍କ', 'ଯେଉଁ ଗାଁରେ ଜହ୍ନ ଉଏଁ' ଇତ୍ୟାଦି ଉଲ୍ଲେଖନୀୟ ସୃଷ୍ଟି।

ଖୋର୍ଦ୍ଧାର ଅତି ଲୋକପ୍ରିୟ ରୋମାଣ୍ଟିକ୍ କବି ବିଭୁଦତ୍ତ ମିଶ୍ର (୧୯୩୬-୨୦୦୩)ଙ୍କ 'ଉର୍ବଶୀର ଚିଠି', 'ଶହେଟି ସନେଟ୍', 'ବିସ୍ମୃତିର ସ୍ମୃତି', 'ହେ ସାରଥୀ ! ରଥର ସୁପର୍ଣ୍ଣର ସଂଗୀତ' ପ୍ରଭୃତି ସମୁଚ୍ଚ କବିତା ପୁସ୍ତକର ସ୍ରଷ୍ଟା। ଅନ୍ୟ ଜଣେ ରୋମାଣ୍ଟିକ୍ କବି ଧ୍ରୁନ୍ ଖୁଣ୍ଟିଆ (୧୯୩୯)ଙ୍କ 'ପ୍ରୀତିର ଋତୁ', 'ଆକୁଳ ଅରଣ୍ୟ', 'ବିନ୍ଦୁ ବିସର୍ଗ', 'ପୀଡ଼ିତ ପ୍ରଜାପତି', 'ପାହାନ୍ତା ପ୍ରହର' ପ୍ରଭୃତି କବିତା ସଂକଳନ ଗୁଡ଼ିକ ଓଡ଼ିଆ କବିତା ଭଣ୍ଡାରକୁ ଋଦ୍ଧିମନ୍ତ କରିଛି। ଆଧୁନିକ ସମୟର ଜଣେ ସଫଳ ପ୍ରୟୋଗବାଦୀ କବି ଭାବରେ ବଂଶୀଧର ଷଡ଼ଙ୍ଗୀ (୧୯୪୦)ଙ୍କ 'ସମୟ ଅସମୟ', 'ସ୍ଥବିର ଅଶ୍ୱାରୋହୀ', 'ଶବରୀଚର୍ଯ୍ୟା', 'ଛାୟାଦର୍ଶନ', 'ଶୂନ୍ୟସଂହିତା ଓ ଅନ୍ୟାନ୍ୟ କବିତା', 'ସ୍ୱରୋଦୟ' ଇତ୍ୟାଦି ଉତ୍କୃଷ୍ଟ କବିତା ଗ୍ରନ୍ଥ।

ଖୋର୍ଦ୍ଧା ଜିଲ୍ଲାକୁ ଗୌରବାନ୍ୱିତ କରିଥିବା ନାରୀକବି ବନଜ ଦେବୀ (୧୯୪୧)ଙ୍କ 'ବନ ହଳଦୀ', 'ବର୍ଷାର ବଳାକା', 'ଭୂମିଳଗ୍ନା', 'ଦୂର ନକ୍ଷତ୍ରର ଦୀପ' ଏବଂ 'ସୁନାରେ ଭରି ନାଆ' ପ୍ରଭୃତି ଅନନ୍ୟ କବିତା ଗ୍ରନ୍ଥ। କବିତା ବ୍ୟତିରେକ 'ନଦୀ ଓ ନୌକା', 'ହଂସ ନୀଡ଼', 'ମନ ଭଉଁରୀ', 'ପଦଯାତ୍ରା', 'ନିଜ ଭିତରେ ସୂର୍ଯ୍ୟ', 'ପୂର୍ବାଶାର ପକ୍ଷୀ', 'ଜୀବନ ଯେମିତି', 'ସୁଅରେ ବଉଳ ଫୁଲ' ଇତ୍ୟାଦି ଉପନ୍ୟାସ, 'ରାଗ ବେହାଗ', 'ବସ୍ତିସାରା ଶୋକ', 'ଗାୟତ୍ରୀର ପୁଅ' ଇତ୍ୟାଦି ଗଳ୍ପ ଓଡ଼ିଆ ସାହିତ୍ୟକୁ ଋଦ୍ଧିମନ୍ତ କରିଛି। ରମେଶ ଚନ୍ଦ୍ର ଭଂଜ (୧୯୪୧)ଙ୍କ 'କାଟିକୁଟା ପତର' ଏବଂ ଦିବ୍ୟସିଂହ ମିଶ୍ରଙ୍କ 'ଅଳି ଅନୁଭୂତି' ଗ୍ରନ୍ଥ ମଧ୍ୟ ଉଲ୍ଲେଖଯୋଗ୍ୟ।

ଅରବିନ୍ଦ ପଟ୍ଟନାୟକ (୧୯୪୧) ଖୋର୍ଦ୍ଧାର ଜଣେ ଯଶସ୍ୱୀ ସାହିତ୍ୟିକ। 'ହେ ଅତୀତ କଥା କହ', 'ମନ କହୁଛି ଘୋଡ଼ା ଚଢ଼ିବି', 'ପ୍ରବନ୍ଧରେ ନାନାକଥା', 'ଓଡ଼ିଆ ଲୋକକଥା', 'ଓଡ଼ିଶାରେ ଲୋକଧର୍ମର ପରମ୍ପରା', 'ପରମ୍ପରା ଓ ମୂଲ୍ୟବୋଧ', 'ପୁରାଣ ପରମ୍ପରା ଓ ଭାଗବତ', 'ଲୋକସାହିତ୍ୟ' ଇତ୍ୟାଦି ଉଲ୍ଲେଖଯୋଗ୍ୟ ସୃଷ୍ଟି। 'ଓଡ଼ିଶାରେ ଲୋକଧର୍ମର ପରମ୍ପରା' ପୁସ୍ତକ ପାଇଁ ସେ ୨୦୧୪ ବର୍ଷର ଓଡ଼ିଶା ସାହିତ୍ୟ ଏକାଡେମୀ ପୁରସ୍କାରପ୍ରାପ୍ତ ହୋଇଛନ୍ତି।

ଆଧୁନିକ କବିତା ରାଜ୍ୟର ଏକ ଶ୍ରଦ୍ଧାଶୀଳ ଉଚ୍ଚାରଣ ଭାବରେ କବି ଫନୀ ମହାନ୍ତି (୧୯୪୪)ଙ୍କ 'ମାନଚିତ୍ର', 'ସ୍ୱୟଂବର', 'ବିଦଗ୍ଧ ହୃଦୟ', 'ରଚିର ନଗର', 'ପ୍ରିୟତମା', 'ମାୟାଦର୍ପଣ', 'ରୁବି ପାଇଁ କେତୋଟି କବିତା', 'ବିଷାଦ ଯୋଗ' ପ୍ରଭୃତି ତାଙ୍କର ଅମ୍ଳାନ କୃତି। ତାଙ୍କ କବିତାରେ ପ୍ରେମ, ପ୍ରଣୟ, ବିଷାଦ-ବିରହ, ଆଧାତ୍ମିକ ଚେତନାର ବଳୟ ଉପଲବ୍ଧ ହୁଏ। 'ବିଷାଦ ଯୋଗ' ପାଇଁ ଓଡ଼ିଶା ସାହିତ୍ୟ ଏକାଡେମୀ 'ମୃଗୟା' ପାଇଁ କେନ୍ଦ୍ର ସାହିତ୍ୟ ଏକାଡେମୀ ପୁରସ୍କାର ପ୍ରାପ୍ତି ତାଙ୍କ ପ୍ରତିଭାର ଦୀପ୍ତିକୁ ପ୍ରମାଣିତ କରେ।

ବୋଲଗଡ଼-ମାଣିକଗୋଡ଼ାର ଯଶସ୍ୱୀ ଛାନ୍ଦସିକ କବି ଜହିରୁଦ୍ଦିନ୍ ଖାଁ (୧୯୪୬)ଙ୍କ ଭଂଜୀୟ ଓ ରାଧାନାଥୀୟ ଶୈଳୀରେ ରଚିତ କାବ୍ୟ 'ଝରଣା' ଏକ ଉଲ୍ଲେଖଯୋଗ୍ୟ କୃତି। ସେହିପରି ବୈକୁଣ୍ଠନାଥ ରାଜଗୁରୁ (୧୯୪୬)ଙ୍କ 'ବରଷା ଗାଉଚି ଗୀତ', 'ଲୋତକର ଛାଇ' ଉଲ୍ଲେଖଯୋଗ୍ୟ ସୃଷ୍ଟି।

ଖୋର୍ଦ୍ଧାର ବିଶିଷ୍ଟ ସମାଲୋଚକ ପ୍ରଫେସର ନୀଳାଦ୍ରିଭୂଷଣ ହରିଚନ୍ଦନ (୧୯୪୬)ଙ୍କ 'ପାହାଚ', 'ନୀଳଚନ୍ଦନର ଭୁଲ୍ ଠିକଣା', 'ସମ୍ବୋଧନହୀନ', 'ଅଚାନକ ବୃହନ୍ନଳା', 'ନିର୍ବୋଧ ଲୋକ ପୃଥିବୀ', 'ସମୁଦ୍ର ନିରୁତ୍ତର', 'ଆଉ ଗୋଟିଏ ଜନ୍ମର ଅପେକ୍ଷା' ଇତ୍ୟାଦି କବିତାରେ ଥିବା ମିଥ୍‌ଧର୍ମୀ ଶୈଳୀ ଅନନ୍ୟ। ନାଟ୍ୟ ସାହିତ୍ୟର ଜଣେ ବିଶିଷ୍ଟ ଗବେଷକ ଓ ସମାଲୋଚକ ଭାବରେ 'ସାହିତ୍ୟର ରୂପରେଖ', 'ଓଡ଼ିଆ ନାଟକର ଇତିହାସ', 'ନୂତନ ନାଟ୍ୟଚିନ୍ତା', 'ଐତିହାସିକ ନାଟକର ମୂଳସୂତ୍ର' ଇତ୍ୟାଦି ତାଙ୍କର ଉଲ୍ଲେଖଯୋଗ୍ୟ କୃତି। 'ଭିନ୍ନ ସମୟ ଭିନ୍ନ ଦୃଷ୍ଟି' ନିମନ୍ତେ ସେ ଓଡ଼ିଶା ସାହିତ୍ୟ ଏକାଡେମୀ ଦ୍ୱାରା ପୁରସ୍କୃତ।

ଆଧୁନିକ ଓଡ଼ିଆ କଥା ସାହିତ୍ୟ ଧାରାରେ ବାଲୁଗାଁ ପଦନପୁରର ଜଣେ ବଳିଷ୍ଠ ନାରୀ ଲେଖିକା ତଥା ଚେତନାର ଉତ୍ତରଣରେ ବିଶ୍ୱାସୀ କବି ଅର୍ଚ୍ଚନା ନାୟକ (୧୯୪୭) ଜଣେ ପ୍ରତିଭାମୟୀ ସାଧିକା। ତାଙ୍କ ଉଲ୍ଲେଖନୀୟ କୃତିଗୁଡ଼ିକରେ 'ସାତପଦ୍ମର ଦୀପ' ଓ 'ରାଣୀ ଶ୍ୟାମାବତୀ' ଉପନ୍ୟାସ, 'ସ୍ୱପ୍ନ-ଗୋଧୂଳି', 'କୁହୁଡ଼ି

ପକ୍ଷୀ', 'ଅନ୍ୟ ନାୟିକା', 'ଶ୍ରମଣାର ପୃଥିବୀ', 'ହଂସ ପ୍ରହରୀ', 'ନକ୍ଷତ୍ରର ଭାଷା', 'ସାକ୍ଷୀ ଠାକୁରାଣୀ ଓ ଗନ୍ଧର୍ବ ବୀଣା' ଇତ୍ୟାଦି ପ୍ରମୁଖ। 'ସାବିତ୍ରୀ' ଏବଂ 'ଆସ୍ପୃହା' ଭଳି ଉଚ୍ଚକୋଟୀର ପତ୍ରିକାର ସଂପାଦିକା ଭାବରେ ସେ ଅନନ୍ୟ।

ଖୋର୍ଦ୍ଧାର ଅଗ୍ରଣୀ କଥାକାର ପଦ୍ମଜ ପାଲ (୧୯୪୭)ଙ୍କ 'ନିଷିଦ୍ଧ ଅରଣ୍ୟ', 'ଅରଣ୍ୟ ଅଜଗର ପ୍ରାୟେ', 'ତୃତୀୟ ଦିବସ', 'ବିରୋଧାଭାସ', 'ଚନ୍ଦ୍ରସେଣାର ଦୁଃଖ', 'ଯେଉଁଠି ସୂର୍ଯ୍ୟ ଅସ୍ତ ଯାଏ', 'ସର୍କସ ଚାଲିଛି', 'ମୁଖାପିନ୍ଧା ମଣିଷ', 'ଗୋଟିଏ ଦୁଃଖର ଅନ୍ୱେଷଣରେ', 'ମୂଷା', 'ମୁଦ୍ରାରାକ୍ଷସ', 'କ୍ଷତ' ଇତ୍ୟାଦି ଗଳ୍ପଗୁଡ଼ିକରେ ପାରମ୍ପରିକ ମୂଲ୍ୟବୋଧ, ଆତ୍ମ ଅନ୍ୱେଷାବୋଧ, ସୁଖର ସନ୍ଧାନ ଭଳି ଅସ୍ତିତ୍ୱବାଦୀ ଭାବଧାରା ଅନୁରଣିତ। 'ନିଶୀଥ ଅରଣ୍ୟ', 'ଅପେକ୍ଷା କର ମୁଁ ଫେରୁଛି', 'ଇଗଲର ନଖଦନ୍ତ', 'ଜୀବନ୍ମୟ ଉତ୍ତରପୁରୁଷ' ଇତ୍ୟାଦି ତାଙ୍କର ଅନୁଭୂତିସିଦ୍ଧ ଗଳ୍ପସମ୍ଭାର।

ଖୋର୍ଦ୍ଧାର କବି ବିପିନ୍ ବିହାରୀ ମହାନ୍ତି (୧୯୪୭)ଙ୍କ 'ନିଃସର୍ତ୍ତ ଅନ୍ଧାର', 'ଗାଁ ଗୋହିରୀ' କବିତା ପୁସ୍ତକ ଗୁଡ଼ିକ ଉଲ୍ଲେଖଯୋଗ୍ୟ କୃତି। ଖୋର୍ଦ୍ଧା ଜିଲ୍ଲାର ବିପ୍ଳବୀ-ଆଶୁକବି ପ୍ରସନ୍ନ କୁମାର ପାଟ୍ଟଶାଣୀ (୧୯୪୭) ଜଣେ ସ୍ୱତନ୍ତ୍ର ସାହିତ୍ୟ ସାଧକ। 'ଆକାଶ କବିତା', 'ଲେନିନ୍', 'ବାଘ ଆଁରେ ପିକ୍‌ନିକ୍', 'ବର୍ଷା', 'ରକ୍ତପଥ', 'ଅଗ୍ନିଯୁଗ', 'ସାପ ଗାତରେ ସକାଳ', 'ସାତ ମନ ତେର ଆକାଶ', 'ପ୍ରସନ୍ନ ପାଟ୍ଟଶାଣୀଙ୍କ ଏକଶତ ଏକ କବିତା', 'ଦେଖାହେଲେ କହିବି ସେ କଥା', 'ଖୋର୍ଦ୍ଧାର କବିତା ମୁଁ ପଢ଼େ' ତାଙ୍କର ଉଲ୍ଲେଖଯୋଗ୍ୟ କବିତା ସଂକଳନ। 'ଦେଖାହେଲେ କହିବି ସେ କଥା' ପାଇଁ ସେ ଓଡ଼ିଶା ସାହିତ୍ୟ ଏକାଡେମୀ ଦ୍ୱାରା ସମ୍ମାନିତ। ଜଣେ ରାଜନୀତିଜ୍ଞ, ସାଂସଦ ଜନନାୟକ, ସଂସ୍କାରକ, ଆଧ୍ୟାତ୍ମିକ ଦିଗ୍‌ଦର୍ଶକ ଭାବରେ ଖୋର୍ଦ୍ଧାର ସେ ଅଦ୍ୱିତୀୟ ବାଣୀପୁତ୍ର।

ପ୍ରଗତିବାଦୀ ଚେତନାର କବି ନୀଳମଣି ପରିଡ଼ା (୧୯୪୮)ଙ୍କ 'ମନୋରମ କାହାଣୀ', 'ଭୂଲୋକ', 'ରକ୍ତନଦୀ ସନ୍ତରଣ ଓ ଅନ୍ୟାନ୍ୟ କବିତା', 'ଚତୁର୍ଥ ପଦ', 'ନଦୀ ନକ୍ଷତ୍ର ତଥା ମୁକ୍ତିର ସନନ୍ଦ' ଇତ୍ୟାଦି କବିତା ସଂକଳନ ତାଙ୍କର ବହୁ ଜନାଦୃତ କୃତି।

ଖୋର୍ଦ୍ଧାର ତୁଙ୍ଗ-ବିପ୍ଳବୀ କବି ଅନନ୍ତ ପଟ୍ଟନାୟକଙ୍କ ସୁଯୋଗ୍ୟ ଦାୟାଦ ଭାବରେ କବି ଅମରେଶ ପଟ୍ଟନାୟକ (୧୯୪୮) ଜଣେ ପ୍ରତିଭାସଂପନ୍ନ ବ୍ୟକ୍ତିତ୍ୱ। 'ମନରୁ ମନକୁ', 'ମଣିଷ ଆଙ୍ଗୁଳେ', 'ସନ୍ଧିବିସନ୍ଧି', 'ଅବୁଦ୍ଧ ଗରୁଡ଼', 'ଘଟଘଟାନ୍ତର', 'ଆକାଶି ମଣିଷ' ପ୍ରଭୃତି କବିତା ଗ୍ରନ୍ଥ ତାଙ୍କର ଉଲ୍ଲେଖଯୋଗ୍ୟ କୃତି। 'ଆକାଶି ମଣିଷ' ପାଇଁ ସେ ଓଡ଼ିଶା ସାହିତ୍ୟ ଏକାଡେମୀ ଦ୍ୱାରା ସମ୍ମାନିତ ହୋଇଛନ୍ତି।

ବାଣପୁରର କବି ପୁରୁଷୋତ୍ତମ ମହାପାତ୍ର (୧୯୪୯)ଙ୍କ 'ପୁନଶ୍ଚ ପ୍ରତୀକ୍ଷା, 'ପ୍ରୀତିପୂର୍ବା' ଓ 'ଭୋର୍‌ର ଭୈରବୀ' ତାଙ୍କର ଅନନ୍ୟ କବିତା ପୁସ୍ତକ। ବାଲୁଗାଁର ତପନ ପଟ୍ଟନାୟକ (୧୯୫୧)ଙ୍କ 'ଝଡ଼', 'କାବ୍ୟତାରା', 'ବିନିମୟ', 'ଶୂନ୍ୟଧାନ କ୍ଷେତ', ଗୁରୁଜଙ୍ଗର ଆରତି ମଞ୍ଜରୀ ଦାଶ (୧୯୫୧)ଙ୍କ 'ଶାଶ୍ୱତ ଭିକ୍ଷା', ଭଗବାନ ଜୟସିଂହ (୧୯୫୨)ଙ୍କ 'ନିର୍ବାସନରେ ପକ୍ଷୀ', 'ଘୋଷଯାତ୍ରା', 'ଓଲଟ ଦୃଶ୍ୟ', 'ମାୟା ଘେରରେ କାଳିଦାସ' କବିତାଗୁଡ଼ିକ ସେମାନଙ୍କ କବିପ୍ରତିଭାର ପରିଚୟ ପ୍ରଦାନ କରେ।

ଖୋର୍ଦ୍ଧାର ଭାଷା-ସାହିତ୍ୟ ବଳୟକୁ ନିଜ ସାରସ୍ୱତ ସାଧନା ବଳରେ ଗୌରବଦୀପ୍ତ କରିଥିବା ଖୋର୍ଦ୍ଧା ମହାବିଦ୍ୟାଳୟର ଛାତ୍ରୀ ତଥା ବିଶିଷ୍ଟ କବି, ନାଟ୍ୟକାର, ସମାଲୋଚିକା ଡ. ସଂଘମିତ୍ରା ମିଶ୍ର (୧୯୫୩)ଙ୍କ 'ମମତାର ଉପପାଦ୍ୟ', 'ନିଜର ଭାବିବା ପରେ', 'ବୋଉ ଓ ଅନ୍ୟାନ୍ୟ କବିତା' ଇତ୍ୟାଦି ତାଙ୍କ କବିମାନସର ଭାବସାନ୍ଦ୍ର ରୂପ। ତାଙ୍କର 'ଆତ୍ମବିଶ୍ୱାସର ଚାବିକାଠି', 'ନାୟିକା ନିଜ ଦର୍ପଣରେ', 'ସମୟର ଡେଣା', 'ସୀମା: ଏକ ଉପଲବ୍ଧି' ଇତ୍ୟାଦି ଗଦ୍ୟ ରଚନାର ମନୋଜ୍ଞ ସଂକଳନ। ମଞ୍ଚ ଓ ବେତାର ନାଟ୍ୟକାର ଭାବରେ ୧୨ଗୋଟି ଏକାଙ୍କିକା ତଥା 'ବସୁଧାର ପ୍ରତିବାଦ ଓ ଅନ୍ୟାନ୍ୟ ନାଟକ' ଗ୍ରନ୍ଥ ଅତ୍ୟନ୍ତ ଉତ୍କୃଷ୍ଟ ସୃଷ୍ଟି। ସମୀକ୍ଷାତ୍ମକ ସାହିତ୍ୟ କ୍ଷେତ୍ରରେ ନାଟକ, କବିତାକୁ ନେଇ ତାଙ୍କର ଅସଂଖ୍ୟ ସମାଲୋଚନା ପୁସ୍ତକ ଅତ୍ୟନ୍ତ ଉପାଦେୟ। ତାଙ୍କର ସାରସ୍ୱତ ସାଧନା ନିମନ୍ତେ ସେ ଓଡ଼ିଶା ସାହିତ୍ୟ ଏକାଡେମୀ ଦ୍ୱାରା ପୁରସ୍କୃତା। ତାଙ୍କର ସମସାମୟିକ ସ୍ରଷ୍ଟା ଭାବରେ ଭିକାରୀ ଧଳ (୧୯୫୩)ଙ୍କ 'ସମୟର ସ୍ୱର', 'ସମୟ ଭଲ ନାହିଁ', 'ଏକା ଏକା ସବୁଦିନ', 'ପକ୍ଷୀର ସକାଳ ଗୀତ' ଇତ୍ୟାଦି କବିତା ଗ୍ରନ୍ଥ ଉଲ୍ଲେଖଯୋଗ୍ୟ କୃତି। ଖୋର୍ଦ୍ଧା-ବାଲୁଗାଁର ଯୋଗୀନ୍ଦ୍ର ନାଥ ପାଇକରାୟ (୧୯୫୩)ଙ୍କ 'ଝିଁକାରୀର ଓଁକାର', ନୀଳମଣି ସେଠୀ (୧୯୫୪-ପିଚୁକୁଳି)ଙ୍କ 'କନ୍ଦର୍ପ ଦର୍ପଦଳନ', 'ନୀଳାଚଳ ମାଧୁରୀ' ଇତ୍ୟାଦି ଓଡ଼ିଆ କବିତା ଧାରାକୁ ପରିପୁଷ୍ଟ କରିଛି।

ଗିରିଜା କୁମାର ବଳୀୟାରସିଂହ (୧୯୫୪) ଖୋର୍ଦ୍ଧାର ଜଣେ ବହୁ ପରିଚିତ ବ୍ୟକ୍ତିତ୍ୱ। 'କ୍ରୌଞ୍ଚ ମିଥୁନ', 'କାଲିର କବିତା', 'ତୃଷ୍ଣା ତର୍ପଣ', 'ଡାଏରୀର ସାୟରୀ', 'ଭାରତବର୍ଷ', 'ଚତୁର୍ଦ୍ଦଶୀର ଚନ୍ଦ୍ର', 'ନୀଳ ନିର୍ବାଣ', 'ସର୍ଗସମଗ୍ର', 'ଚର୍ଯ୍ୟାଚୟନ', 'ମୃତ୍ୟୁ ତୁମେ ଆସ', 'ଚିତ୍ର ପ୍ରତିମା', 'ଶୀତ ଶୀର୍ଷକ' ଇତ୍ୟାଦି କବିତା ଯୁଗ ଯନ୍ତ୍ରଣାର ସ୍ୱର ବହନ କରିଛି। ଜ୍ଞାନରଞ୍ଜନ ଦାଶ (୧୯୫୫)ଙ୍କ 'ଭଜନ କଳିକା' ଏକ ଉଲ୍ଲେଖନୀୟ କୃତି। ଜଟଣୀର କବି-ସମାଲୋଚକ ଶତ୍ରୁଘ୍ନ ପାଣ୍ଡବ (୧୯୫୬)ଙ୍କ 'ନିଃଶ୍ୱାସର ତାଳପତ୍ର', 'ପଦ୍ମ ପାଲିଙ୍କି', 'ଶ୍ରୀବସ୍ତୀରୁ ଶ୍ରୀବସ୍ତୀ', 'ସାବରମତି',

'ଦୃଶ୍ୟବୋଧ', 'ପାଣି ଓ ଅନ୍ୟାନ୍ୟ କବିତା'ରେ ଆଧୁନିକ କାବ୍ୟଶିଳ୍ପର ପ୍ରୟୋଗ ଅତି ଅଭିନବ ଢଙ୍ଗରେ ସାଧିତ ହୋଇଛି। ସାରୁଅ ଅଞ୍ଚଳର ସୌମ୍ୟ ନାରାୟଣ ପାଣିଗ୍ରାହୀ (୧୯୫୮)ଙ୍କ 'ଉଡ଼ି ଶିଖିବାର ବେଳ' ଓ 'ଅଭିସାର' ଇତ୍ୟାଦି ପ୍ରତୀକାତ୍ମକ କବିତା ପୁସ୍ତକ ତାଙ୍କର କବିତ୍ୱର ପରିଚୟ ବହନ କରିଛି। ଏହି ପରିପ୍ରେକ୍ଷୀରେ ଗୁରୁଜଙ୍ଗର କବି ନଟବର ସାହୁ (୧୯୫୯)ଙ୍କ 'ମୀରା' ସ୍ମରଣୀୟ।

ଖୋର୍ଦ୍ଧାର ବହୁଜନାଦୃତ ଆଶୁକବି ଦିଲ୍ଲୀପ ଶ୍ରୀଚନ୍ଦନ (୧୯୫୯)ଙ୍କ 'ମୁକ୍ତିମନ୍ତ୍ର', 'କୃଷକ ପୁଅ: ପ୍ରଣାମ ନିଅ', 'ଶ୍ରାବଣ ପାରିନି ଧୋଇ ରକତର ଦାଗ ଏ ମାଟିରୁ', 'ବିଧାନସଭା କବିତା' ଇତ୍ୟାଦି ତାଙ୍କ କବିପଣର ସ୍ୱାକ୍ଷର ବହନ କରିଛି। କବି ମନୋଜ କୁମାର ମିଶ୍ର (୧୯୫୯-ବାଣପୁର)ଙ୍କ 'ଏକୁଟିଆ ଦୁଃଖଟିଏ' ଉଲ୍ଲେଖନୀୟ କବିତା ପୁସ୍ତକ।

ଖୋର୍ଦ୍ଧା ରାଧାବଲ୍ଲଭ ସାହିର ବିଶିଷ୍ଟ ସଂସ୍କୃତି ଓ ସଂରକ୍ଷକ, ବହୁ ପ୍ରତିଭାସଂପନ୍ନ ସାହିତ୍ୟିକ କବି ଗୋପାଳକୃଷ୍ଣ ଦାସ (୧୯୫୯)ଙ୍କ 'ନୀଳ ନିୟତି ନିଦାରୁଣ ରାତି' ଏକ ଅନୁପମ ସଂକଳନ। କାବ୍ୟ ଜଗତର ଶାଣିତ ଉପସ୍ଥାପକ ଭାବରେ ବହୁ ପରିଚିତ ଅନ୍ୟତମ ଖୋର୍ଦ୍ଧା-କବି ସୂର୍ଯ୍ୟ ମିଶ୍ର (୧୯୬୦)ଙ୍କ 'ସାତ ବର୍ଣ୍ଣର ସକାଳ', 'ଏକା ଏକା ସହବାସ', 'ହାୟ! ଶବ୍ଦ ଓ ପାଗଳ ପ୍ରେମିକ ଦଳ', 'ଶୂନ୍ୟବାସ' ଓ 'ଲିଖିତ ନିରବତା' କବିତା ପୁସ୍ତକଗୁଡ଼ିକ ତାଙ୍କ ସୃଜନଶୀଳ କବି ପ୍ରତିଭାର ସ୍ୱାକ୍ଷର ବହନ କରିଛି।

ଖୋର୍ଦ୍ଧାର ବିଶିଷ୍ଟ ଚିତ୍ରକର, କବି, ଗାଳ୍ପିକ, ଔପନ୍ୟାସିକ ଭାବରେ ଆଭାସ ବରାଳ (୧୯୬୦) ସ୍ୱତନ୍ତ୍ର ପରିଚୟ ସୃଷ୍ଟି କରିଛନ୍ତି। 'ନାନୁ', 'ମୁଁ ୧/୧୮', 'ଜୀବାଣୁ' ଇତ୍ୟାଦି ତାଙ୍କର ଅନନ୍ୟ ଗଳ୍ପ ସଂକଳନ।

ଖୋର୍ଦ୍ଧା ଗୁରୁଜଙ୍ଗର ମିହିର କୁମାର ସାହୁ (୧୯୬୩)ଙ୍କ 'ପ୍ରିୟତମାକୁ', ସୁନୀଲ୍ କୁମାର ପୃଷ୍ଟି (୧୯୬୩)ଙ୍କ 'ତନୁଲତାର କବିତା', 'ପୁଅ ପାଇଁ ପ୍ରାର୍ଥନା', 'ଚିହ୍ନା ଚିହ୍ନା ନିର୍ଜନତା', 'ଦେହ ଦେଉଳ', 'ଅସଫଳ କବିତା' ଇତ୍ୟାଦି ଓଡ଼ିଆ ସାହିତ୍ୟକୁ ଋଦ୍ଧିମନ୍ତ କରିବା ସହିତ ଖୋର୍ଦ୍ଧା ମାଟିକୁ ଯଶସ୍ୱିନୀ କରିବାରେ ସହାୟକ ହୋଇଛି। ଏହି ପ୍ରଥିତଯଶା ସାରସ୍ୱତ ସାଧକଙ୍କ ବ୍ୟତୀତ ଖୋରଧା ମାଟିର ଆହୁରି ଅନେକ ବାଣୀପୁତ୍ର ରହିଛନ୍ତି ଯେଉଁମାନଙ୍କ ନାମୋଲ୍ଲେଖ ଏହି ସ୍ୱଳ୍ପ ପରିଧି ଭିତରେ ସମ୍ଭବ ହୋଇନି। ସେମାନଙ୍କ ନିରବଚ୍ଛିନ୍ନ ସାଧନାର ବାର୍ତ୍ତା ଯେ ନିଶ୍ଚିତ ଭାବରେ ଦିନେ ବହୁ ପାଠକୀୟ ଆଦୃତି ଲାଭ କରି ପ୍ରତିଷ୍ଠିତ ହେବ ଏଥିରେ ସନ୍ଦେହ ନାହିଁ। ସାହିତ୍ୟିକମାନଙ୍କ ସଂପର୍କରେ ବିଧିବଦ୍ଧ ଭାବରେ ସୂଚନା ଦେବା ନିମନ୍ତେ ଯଥାସମ୍ଭବ ପ୍ରୟାସ

କରାଯାଇଛି। ଯଦି କିଛି ତ୍ରୁଟି ରହିଥାଏ ତେବେ ସେହି ବାଣୀସାଧକଙ୍କ ନିକଟରେ ମୁଁ କ୍ଷମା ପ୍ରାର୍ଥିନୀ। ଖୋର୍ଦ୍ଧାର ସାରସ୍ଵତ ସାଧକଙ୍କୁ ନେଇ ଆଉ ଅନେକ ଗବେଷଣାର ସମ୍ଭାବନାକୁ ଆଶା କରାଯାଇପାରେ। ଖୋର୍ଦ୍ଧା ମାଟିକୁ ସ୍ଵକୀୟ ପରାକାଷ୍ଠା ଓ ପ୍ରତିଭା ବଳରେ ମହିମାନ୍ଵିତ କରିଥିବା ସେହି ଜ୍ଞାତ-ଅଜ୍ଞାତ ସାଧକଙ୍କ ନିକଟରେ ମୋର ଶିରଲୋଟା – ବିନମ୍ର ପ୍ରଣାମ।

ସହାୟକ ଗ୍ରନ୍ଥସୂଚୀ:

୧.   ଓଡ଼ିଆ ସାହିତ୍ୟର ଇତିହାସ – ଡକ୍ଟର ସୁରେନ୍ଦ୍ର କୁମାର ମହାରଣା

୨.   ଖୋରଧା କାବ୍ୟ ବିତାନ: ଦୃଷ୍ଟି ଓ ଦିଗନ୍ତ (୨୦୧୮) – ସଂପାଦନା: ପ୍ରାଧ୍ୟାପିକା ସ୍ଵୟଂପ୍ରଭା ପଟ୍ଟନାୟକ

ଗାନ୍ଧୀ ଓ ମହତ୍ ନାରୀବାଦ

ବିଶ୍ୱ ଇତିହାସ-ରାଜନୀତି-ଦର୍ଶନ ପୃଷ୍ଠାରେ ସ୍ୱର୍ଣ୍ଣାକ୍ଷରରେ ଲିପିବଦ୍ଧ ସେହି ଶ୍ରଦ୍ଧାପୂର୍ଣ୍ଣ ଉଚ୍ଚାରଣ 'ମହାତ୍ମା ଗାନ୍ଧୀ' - ଏକ 'ନାମ' ମାତ୍ର ନୁହେଁ ବରଂ ଏକ ବିରାଟ ତତ୍ତ୍ୱ। ଋଷିପ୍ରତିମ 'ମହାତ୍ମା' ସମ୍ବୋଧନ ଭିତରେ ଯୁଗାବ୍ଦୀ ଓ ଅନନ୍ତ ସମୟର ଅଖଣ୍ଡ ଚେତନା ମଶାଲ ଜାଜ୍ୱଲ୍ୟମାନ ରହିଛି। ଆଣ୍ଠୁ ଲୁଚୁ ନ ଥିବା ଶୁଭ୍ର ଲୁଗା ପିନ୍ଧି କାନ୍ଧରେ ମୋଟା ଚଦର ତାଙ୍କି ସମଗ୍ର ବିଶ୍ୱ ସମ୍ମୁଖରେ ନିରସ୍ତ୍ର ଯୋଦ୍ଧାସମ ଉଭା। ଗାନ୍ଧୀଜୀ ଥିଲେ 'ମାନସ୍ୟେଙ୍କ ବାଚସ୍ୟେଙ୍କ କର୍ମଣ୍ୟେଙ୍କ ମହାତ୍ମାନାଂ'। ସେ କହିଛନ୍ତି- "ମୁଁ ଜଣେ ନମ୍ର ଅନୁସନ୍ଧିତ୍ସୁ ମାତ୍ର, ଜଣେ ସାଧୁପୁରୁଷ ନୁହେଁ।" ଅତୀତ ଓ ଭବିଷ୍ୟତର ଯୁଗସନ୍ଧିକୁ ତଟସ୍ଥ କରିଥିବା ସେହି ଦୁର୍ଦ୍ଦମନୀୟ ବୀର ଓ ତତ୍ତ୍ୱଦର୍ଶୀ-ଆଦର୍ଶବାଦୀ ଦାର୍ଶନିକ ତଥା ସାଂପ୍ରତିକ ସମୟର ବହୁଚର୍ଚ୍ଚିତ "ଗାନ୍ଧୀତତ୍ତ୍ୱ"ର ମୂର୍ତ୍ତରୂପ ସେ। ଅଧୁନା 'ଗାନ୍ଧୀଜୀ' ଭାରତୀୟ ମୁକ୍ତି ସଂଗ୍ରାମର ମହାନ୍ ଜନନାୟକ ମାତ୍ର ନୁହନ୍ତି ବରଂ ପ୍ରତି ଭାରତୀୟଙ୍କ ଚେତନାପିଣ୍ଡ ରୂପେ କେତେ ଯେ ପ୍ରାସଙ୍ଗିକ ତାହା କେବଳ ଅବଧାରଣାର ବିଷୟ ମାତ୍ର। ପ୍ଲାଟୋଙ୍କ ମତରେ, "ପୃଥିବୀରେ ସବୁବେଳେ ଅଳ୍ପ କେତେଜଣ ବ୍ୟକ୍ତି ଥାଆନ୍ତି, ସେମାନଙ୍କର ସାନ୍ନିଧ୍ୟ ଲାଭ କରିବା, ଏକ ଅମୂଲ୍ୟ ବିଷୟ।" - ଏହା ଅହିଂସାକାମୀ ବାପୁଙ୍କ ନିମନ୍ତେ ଯୁକ୍ତିଯୁକ୍ତ ମନେହୁଏ।[୧] ରକ୍ତମାଂସର ମାନବ ଶରୀରଧାରୀ ଗାନ୍ଧୀଜୀ ଭାରତବର୍ଷର ମୁକ୍ତି-ଭାଗୀରଥ ତଥା ବିଶ୍ୱ ଇତିହାସର ସ୍ଥିତପ୍ରଜ୍ଞ-ମହାତ୍ମା ରୂପେ ଚିରନମସ୍ୟ।

ଗୁଜୁରାଟ-ରାଜକୋଟର ପୋର୍ ବନ୍ଦର ବା ସୁଦାମାପୁରୀ ଠାରେ ୨ ଅକ୍ଟୋବର ୧୮୬୯ ମସିହାରେ ବାପୁଜୀଙ୍କ ଜନ୍ମ ତଥା ୧୯୪୮ ମସିହା ଜାନୁଆରି ୩୧

ତାରିଖ, ଶେଷ ନିଃଶ୍ୱାସ ପର୍ଯ୍ୟନ୍ତ ୭୯ ବର୍ଷର ଦୀର୍ଘ କର୍ମମୟ ଜୀବନ ଥିଲା ଅତ୍ୟନ୍ତ ଅନନ୍ୟ। ୧୮୬୯ ମସିହାରୁ ୧୮୮୨ ପର୍ଯ୍ୟନ୍ତ ବାଲ୍ୟାବସ୍ଥା, ୧୮୮୮ ସେପ୍ଟେମ୍ବର ୪ ତାରିଖରେ ଲଣ୍ଡନ ଯାତ୍ରା, ୧୮୯୧ ମସିହା ପର୍ଯ୍ୟନ୍ତ ଲଣ୍ଡନ ରହଣି ଓ ସେଠାରେ ଆଇନ ଶିକ୍ଷାଲାଭ, ନୀତିଶାସ୍ତ୍ର ଓ ରାଜନୀତି ଆଧାରିତ ଅସଂଖ୍ୟ ପୁସ୍ତକ ଅଧ୍ୟୟନ, ୧୮୯୧-୯୩ ମସିହା ମଧ୍ୟରେ ଜଣେ ଆଇନଜୀବୀ ଭାବରେ ତାଙ୍କର ବୃତ୍ତିଗତ ସଂଘର୍ଷ, ୧୮୯୩ ମସିହାରେ ଦକ୍ଷିଣ ଆଫ୍ରିକାକୁ ଫେରିଯାଇ ସେଠାରେ ଦୀର୍ଘ ୨୦ ବର୍ଷ ରହଣି ପରେ ପୁନର୍ବାର ୧୯୧୪ ମସିହାରେ ଭାରତବର୍ଷକୁ ପ୍ରତ୍ୟାବର୍ତ୍ତନ କରିବା, ୧୯୨୦ ମସିହାରେ କଂଗ୍ରେସରେ ଯୋଗଦାନ ଏବଂ ୧୯୩୪ ମସିହାରେ। କଂଗ୍ରେସରୁ ଇସ୍ତଫା ଦେବା ପରେ ହିଁ ରାଜନୈତିକ ଚିନ୍ତନପର୍ବର ଶୁଭାରମ୍ଭ ଥିଲା, ମହାତ୍ମା ଗାନ୍ଧୀଙ୍କ ବହୁବିଧ କର୍ମଯୋଗ।

"୧୯୩୪ରୁ ୧୯୪୮ ମଧ୍ୟରେ ହିଁ ସେ ପ୍ରକୃତରେ ତାଙ୍କର ରାଜନୈତିକ ଚିନ୍ତନର ପରଖ କରିଛନ୍ତି ଭାରତବର୍ଷରେ। ଏହିଠାରେ ହିଁ ସେ ପାଇଛନ୍ତି ରାଜନୈତିକ ଦର୍ଶନ ପାଇଁ ତାତ୍ତ୍ୱିକ ମାର୍ଗ ଓ ସୃଷ୍ଟି କରିଛନ୍ତି ଅନେକ ରାଜନୈତିକ ଦର୍ଶନ ପ୍ରତ୍ୟୟ, ଯାହା କ୍ରମଶଃ ସମଗ୍ର ବିଶ୍ୱରେ, ରାଜନୈତିକ କର୍ମରେ, ଦର୍ଶନରେ, ଅର୍ଥନୈତିକ ବ୍ୟାଖ୍ୟାରେ, ସାମାଜିକ ପରିବର୍ତ୍ତନରେ ଆଲୋଡ଼ନ ସୃଷ୍ଟି କରିଆସିଛି। ସେଗୁଡ଼ିକ ହେଉଛି ସତ୍ୟ, ଅହିଂସା, ସତ୍ୟାଗ୍ରହ, ସର୍ବୋଦୟ, ସମତା, ଅନ୍ନଶ୍ରମ ଆଦି। ଏବେ ଏହା ଆଉ ଗାନ୍ଧୀଜୀଙ୍କର ସଂପତ୍ତି ନୁହେଁ। ସମଗ୍ର ରାଜନୀତି ବିଜ୍ଞାନୀ, ତତ୍ତ୍ୱଦର୍ଶୀଙ୍କ ଅଭିଧାନରେ ଏଗୁଡ଼ିକ ଆପଣାଛାଏଁ ଗୃହୀତ ହୋଇଯାଇଛି।"(୨) ବ୍ରିଟିଶ ସାମ୍ରାଜ୍ୟ ଭିତରେ ଥାଇ ମଧ୍ୟ ଭାରତ ମୁକ୍ତିର ସ୍ୱପ୍ନ ଦେଖିଥିବା ଅପରାଜେୟ ବୀର ଥିଲେ ସେ। ତାଙ୍କ ରାମରାଜ୍ୟର ସ୍ୱପ୍ନକୁ ବହୁ ମାତ୍ରାରେ ପ୍ରଭାବିତ କରିଥିବା ଦାର୍ଶନିକଙ୍କ ରଚନାଗୁଡ଼ିକ ମଧ୍ୟରେ ଇଂରେଜ ଦାର୍ଶନିକ ଜନ୍ ରସ୍କିନ୍‌ଙ୍କ ଦ୍ୱାରା ଲିଖିତ 'ଅନ୍ ଟୁ ଦିସ୍ ଲାଷ୍ଟ୍' (ଏହି ଶେଷ ପରିଣତି), 'ଟାଇମ୍ ଏଣ୍ଡ୍ ଟାଇଡ୍' (ସମୟ ଓ ଜୁଆର), ଥୋରଭଙ୍କ 'ୱାଲ୍‌ସ' ଥିଲା ପ୍ରମୁଖ। ଶିଳ୍ପବିପ୍ଳବର ବହୁବିଧ ସାମାଜିକ ସମସ୍ୟା ରାମରାଜ୍ୟ ପରିକଳ୍ପନାର ଭିତ୍ତିସ୍ଥାପକ ଗାନ୍ଧୀଙ୍କୁ ମର୍ମାହତ କରିଥିଲା। ଯେଉଁଥିପାଇଁ ସେ 'ହିନ୍ଦ୍ ସ୍ୱରାଜ' ରଚନା କରିଥିଲେ। ଏତଦ୍‌ଭିନ୍ନ ଟଲ୍‌ଷ୍ଟୟଙ୍କ 'କିଙ୍ଗଡମ୍ ଅଫ୍ ଗଡ୍ ଉଇଦିନ୍ ୟୁ', ମାଲେସ୍‌ଙ୍କ 'ଦି ହିଷ୍ଟ୍ରି ଅଫ୍ ଇଣ୍ଡିଆନ୍', ହାୱାର୍ଡ ଉଇଲିୟମ୍‌ଙ୍କ 'ଦି ଏଥିକ୍ସ ଅଫ୍ ଡାଏଟ୍' ଆଦି ତାଙ୍କ ମନକୁ ସର୍ବଦା ଆଚ୍ଛନ୍ନ କରି ରଖୁଥିଲା। ଗାନ୍ଧୀଜୀଙ୍କ ଆଦର୍ଶ ଥିଲେ ଜନ୍ ରସ୍କିନ୍, ଟଲ୍‌ଷ୍ଟୟ, ଥୋରେ, ଏମରସନ୍ ଏବଂ ବହୁ ଭାରତୀୟ ଦାର୍ଶନିକ। ମାର୍କ୍ସ, ଏଞ୍ଜେଲ୍ସ, ଲେନିନ୍ ଓ ଷ୍ଟାଲିନ୍‌ଙ୍କ ଦର୍ଶନକୁ ଗାନ୍ଧୀଜୀ ଆନ୍ତରୀଣ ଭାବରେ ହୃଦ୍‌ବୋଧ କରିଥିଲେ। ବ୍ରିଟିଶ ସାମ୍ରାଜ୍ୟର ଅକଥନୀୟ

ଶୋଷଣ ନୀତିର ବିରୁଦ୍ଧାଚରଣ, ବର୍ଣ୍ଣ ବୈଷମ୍ୟର ଦୂରୀକରଣ, ରୋଗୀସେବା, ଭାରତର ଦୁର୍ଭିକ୍ଷ ପ୍ରପୀଡ଼ିତ ଜନତାଙ୍କ ନିମନ୍ତେ ଅର୍ଥ ସଂଗ୍ରହ, ଜାତି-ଧର୍ମ-ବର୍ଣ୍ଣ ନିର୍ବିଶେଷରେ ଅହିତକାରୀ ପ୍ରତି ହିତ ପ୍ରଦର୍ଶନ, ଜନ୍ମଦାତ୍ରୀ ମାତା, ବେଦ-ଉପନିଷଦ, ସତ୍ୟରକ୍ଷା, କ୍ଷମା, ଆର୍ଜବ, ତିତିକ୍ଷା, ସାଧୁତା, ଉଦାରତା, ନୈସର୍ଗିକ ଅହିଂସା ନୀତି, ସରଳ ଜୀବନ, ଅନ୍ତର୍ନିବିଷ୍ଟ ଉଚ୍ଚ ଚିନ୍ତନ ତଥା ଭାରତୀୟ ମୁନି-ଋଷିଙ୍କ ତପସ୍ୟାମୟ ଜୀବନ, ସର୍ବୋପରି ଭାରତୀୟ ଆଧ୍ୟାତ୍ମିକ ପରମ୍ପରାର ଆତ୍ମିକ ଉତ୍କର୍ଷ ଥିଲା ଏ ଜାତିର ପିତା ମହାତ୍ମା ଗାନ୍ଧୀଙ୍କ ସମୁଚ୍ଚ ଜୀବନାଦର୍ଶ।

ଆଲ୍‌ବର୍ଟ ହ୍ୟୁମ୍‌ଙ୍କ ଉଦ୍ୟମରେ ୧୮୮୫ ମସିହା ଡିସେମ୍ବର ୨୮ ତାରିଖ, ବମ୍ବେଠାରେ ଜାତୀୟ କଂଗ୍ରେସ ଜନ୍ମଲାଭ କରିଥିଲା। ଶିକ୍ଷିତ ଭାରତୀୟମାନଙ୍କ ମନରେ ବ୍ରିଟିଶ ସାମ୍ରାଜ୍ୟବାଦର ବିରୁଦ୍ଧାଚରଣ ଓ ଦେଶସେବା ହିଁ ଥିଲା ଜାତୀୟ କଂଗ୍ରେସର ଆତ୍ମିକ ଆଭିମୁଖ୍ୟ। ମାକ୍ସମୁଲରଙ୍କ ମତରେ, "ଦୁର୍ନୀତିରୁ ମୁକ୍ତି ନିମନ୍ତେ ଗ୍ରାମାଞ୍ଚଳକୁ ଫେରିବାକୁ ହେବ ଏବଂ ଫ୍ରାନ୍ସିସ୍ ବେକେନ୍‌ଙ୍କ 'ଦାରିଦ୍ର୍ୟ ଓ ଅସନ୍ତୋଷ ହିଁ ବିଦ୍ରୋହର ଦୁଇଗୋଟି ପ୍ରମୁଖ କାରଣ' ବୋଲି ଅନୁଭବ କରି ଭାରତୀୟ ମୁକ୍ତି ଆନ୍ଦୋଳନକୁ ବ୍ୟାପକ କରିବା ନିମନ୍ତେ ଗାନ୍ଧୀଜୀ ସଂକଳ୍ପବଦ୍ଧ ହୋଇଥିଲେ। 'ସତ୍ୟାଗ୍ରହ' (Passive Registance) ଥିଲା ଏହି ସଂକଳ୍ପର ଆଦ୍ୟମନ୍ତ୍ର। ଗାନ୍ଧୀଜୀ ସତ୍ୟାଗ୍ରହର ଶକ୍ତି ସଂପର୍କରେ ସୂଚନା ଦେବାକୁ ଯାଇ ଏକଦା କହିଥିଲେ- "ସତ୍ୟାଗ୍ରହ ଏକ ଧାର୍ମିକ ଅସ୍ତ୍ର ଏବଂ ତାହା ପ୍ରହଲାଦ ଓ ମୀରାବାଈଙ୍କ ଭଳି ଧର୍ମପରାୟଣ ବ୍ୟକ୍ତି କେବଳ ବ୍ୟବହାର କରିପାରିବେ।"[୩]

ସତ୍ୟାଗ୍ରହକୁ ଧାରଣ କରିବା ନିମନ୍ତେ ଚାରିତ୍ରିକ ଔଦାର୍ଯ୍ୟ ଥିଲା ଅପରିହାର୍ଯ୍ୟ। ବାପୁଜୀ ଅହିଂସା ସଂଗ୍ରାମର ରାଜନୈତିକ ପୃଷ୍ଠଭୂମି ଉପରେ ସତ୍ୟାଗ୍ରହ ଦ୍ୱାରା ଏକ ନୂତନ ପରୀକ୍ଷାର ସୂତ୍ରପାତ କରିଥିଲେ। ତାଙ୍କ ପାଇଁ ଏହାର ଶକ୍ତି ପରମାଣୁ ବୋମାଠାରୁ ମଧ୍ୟ ଅଧିକ ଶକ୍ତିଶାଳୀ ମନେ ହୋଇଥିଲା। ନିଷ୍ଠୁର ଆଚରଣ ବିରୁଦ୍ଧରେ ନମ୍ର ପ୍ରତିବାଦ ହିଁ ସତ୍ୟାଗ୍ରହ। ଭାରତରେ ଗାନ୍ଧୀଙ୍କ ସତ୍ୟାଗ୍ରହ ଆନ୍ଦୋଳନର ଆଦ୍ୟ ପରୀକ୍ଷାସ୍ଥଳ ଥିଲା 'ଚମ୍ପାରଣ'। ଚମ୍ପାରଣର ନୀଳଚାଷୀମାନଙ୍କ ସମସ୍ୟା, ଅହମ୍ମଦାବାଦର ଶ୍ରମିକ ଧର୍ମଘଟ, ଖେଦାର କୃଷକମାନଙ୍କର ଆନ୍ଦୋଳନ କ୍ଷେତ୍ରରେ ସତ୍ୟାଗ୍ରହର ପ୍ରୟୋଗପୂର୍ବକ ଗାନ୍ଧୀଜୀ ଭାରତୀୟମାନଙ୍କ ହୃଦୟରେ ସ୍ୱତନ୍ତ୍ର ମର୍ଯ୍ୟାଦାରେ ଅଭିଷିକ୍ତ ହୋଇଥିଲେ।

୧୯୦୮ ମସିହାରେ ସର୍ବପ୍ରଥମେ ଗାନ୍ଧୀଙ୍କୁ ଦୁଇମାସ ପାଇଁ ଜେଲଯାତ୍ରା କରିବାକୁ ପଡ଼ିଥିଲା। ୧୯୦୯ ମସିହାରେ ପୁଣି ତାଙ୍କୁ ତିନିମାସ ପାଇଁ ଜେଲ୍‌ଦଣ୍ଡ ମିଳିଥିଲା। ଏହି ସମୟରେ ସେ 'ହିନ୍ଦ୍ ସ୍ୱରାଜ୍' ନାମକ ଏକ ପୁସ୍ତିକାରେ ଆଧୁନିକ ସଭ୍ୟତାକୁ

ସମାଲୋଚନା କରି ଲେଖିଥିଲେ- "ଆଧୁନିକ ସଭ୍ୟତା ଏକ ବ୍ୟାଧି। ଏହା ନବ ଦିବସର ବିସ୍ମୟ ଏବଂ ଆପଣାଛାଏଁ, ଆପଣାର ଓଜନରେ ଭୁଶୁଡ଼ି ପଡ଼ିବ।" ବର୍ଷକ ଭିତରେ ସ୍ୱରାଜ ଲାଭ ଥିଲା ତାଙ୍କର ଚରମ ଆଭିମୁଖ୍ୟ। ସେଥିପାଇଁ ୧୯୧୭ ମସିହା ପରବର୍ତ୍ତୀ ସମୟରେ ଗାନ୍ଧୀଜୀଙ୍କ ପ୍ରୟାସ କ୍ରମେ ସାବରମତି ଆଶ୍ରମରେ 'ଚରଖା' ଦ୍ୱାରା ଖଦୀର ହାତବୁଣା ବସ୍ତ୍ରର କର୍ମଶାଳା ଆୟୋଜନ ହୋଇଥିଲା। ଏହି ଆଶ୍ରମ ଥିଲା ସନ୍ଥ ଗାନ୍ଧୀଜୀଙ୍କ ପ୍ରକୃଷ୍ଟ କର୍ମାଶ୍ରମ ଏବଂ ସ୍ୱରାଜ ପ୍ରାପ୍ତିର ପ୍ରୟୋଗଶାଳା। ଖଦଡ଼ ଟୋପି, ଖଦଡ଼ ବସ୍ତ୍ର ଥିଲା ତାଙ୍କ ଜାତୀୟତାବାଦର ଚିହ୍ନ ଓ ସ୍ୱାଧୀନତାର ପୋଷାକ। ଅରଟରେ ସୂତାକଟା ସମଗ୍ର ଭାରତବର୍ଷରେ କୁହୁକ ସୃଷ୍ଟି କରିଥିଲା। "ଚରଖା ମାଧ୍ୟମରେ ଶିକ୍ଷିତ ଓ ଅଶିକ୍ଷିତଙ୍କ ମଧ୍ୟରେ ଯୋଗସୂତ୍ର ସ୍ଥାପନ ହେଲା। ସ୍ୱରାଜ ମନ୍ତ୍ର ଗ୍ରାମର ଅନ୍ଧକାରାଚ୍ଛନ୍ନ ଅଞ୍ଚଳଠାରୁ ଆରମ୍ଭ କରି କଳକାରଖାନାର ବସ୍ତି ମଧ୍ୟକୁ ପ୍ରବେଶ କଲା।"(୪) ସ୍ୱରାଜ ସ୍ଥାପନା କ୍ଷେତ୍ରରେ ଗାନ୍ଧୀଜୀ ଭାରତୀୟ ନାରୀମାନଙ୍କର ଭୂମିକାକୁ ଅନୁଭବ କରିଥିଲେ। ନାରୀ ଜାଗରଣ ଦ୍ୱାରା ହିଁ ଭାରତରେ ସ୍ୱରାଜ ପ୍ରତିଷ୍ଠା ସମ୍ଭବ ବୋଲି ସେ ଉପଲବ୍ଧି କରିଥିଲେ।

'ନୂତନ ପୃଥ୍ୱୀ' ପ୍ରତିଷ୍ଠାର ସ୍ୱପ୍ନବାହକ ଗାନ୍ଧୀଜୀ ଭାରତୀୟ ମୁକ୍ତି ସଂଗ୍ରାମ କ୍ଷେତ୍ରରେ କେବଳ ଭାରତୀୟ ପୁରୁଷମାନଙ୍କ ଉପରେ ନିର୍ଭରଶୀଳ ନ ହୋଇ ନାରୀର ପ୍ରତ୍ୟୟାତ୍ମକ ଦୃଷ୍ଟିକୋଣ (most convincing)କୁ ମହତ୍ତ୍ୱ ପ୍ରଦାନ କରିଥିଲେ। ନାରୀର ଅନ୍ତର୍ମୁଖୀ ବିଚାର ଓ ବୀକ୍ଷାମୂଳକ ଶକ୍ତି - (Aesthetic Activity) ନିଶ୍ଚିତ ଭାବରେ ସ୍ୱାଧୀନତା ସଂଗ୍ରାମ କ୍ଷେତ୍ରରେ ଯୁଗାନ୍ତକାରୀ ଭୂମିକା ଗ୍ରହଣ କରିବ ବୋଲି ସେ ଦୃଢ଼ ଆଶା ପୋଷଣ କରିଥିଲେ। ସମାଜର ପ୍ରଗତି ଏବଂ ନୂତନ ସମାଜ ନିର୍ମାଣ କ୍ଷେତ୍ରରେ ନାରୀସ୍ପର୍ଶ (feminine touch) ଏବଂ ତା'ର ବ୍ୟକ୍ତିତ୍ୱର ପ୍ରଭାବ ତାଙ୍କୁ ଅତ୍ୟାବଶ୍ୟକ ମନେ ହୋଇଥିଲେ। ଡ. ସର୍ବପଲ୍ଲୀ ରାଧାକୃଷ୍ଣନ୍‌ଙ୍କ ମତରେ "ନାରୀ ଓ ପୁରୁଷ ଉଭୟଙ୍କ ମଧ୍ୟରେ ଯେଉଁ ସ୍ୱତନ୍ତ୍ର ସତ୍ତା ରହିଛି, ତାହା ଅପର ସତ୍ତାଟିର ଅପେକ୍ଷା ରଖେ।" ଗାନ୍ଧୀଙ୍କ ସ୍ୱପ୍ନର ଭାରତବର୍ଷରେ 'ସ୍ତ୍ରୀ'ର ସମ୍ମାନ ଓ ଅଧିକାର କଥା ଥିଲା ମୁଖ୍ୟ, ଗାନ୍ଧୀ ଥିଲେ ଭାରତୀୟ ନାରୀମାନଙ୍କ ଯୁଗ ଯୁଗର ସଂକୀର୍ଣ୍ଣ ବନ୍ଧନକୁ ଛିନ୍ନ କରିଥିବା ମୁକ୍ତିଦୂତ ଏବଂ ନାରୀ ଆନ୍ଦୋଳନର ଅଗ୍ରଦୂତ। ବିଂଶ ଶତାବ୍ଦୀରେ ମହିଳାମାନଙ୍କ ବହୁବିଧ ସାମାଜିକ ସମସ୍ୟା ସଂପର୍କରେ ସଚେତନ ଥିବା ବିଶିଷ୍ଟ ଚିନ୍ତାନାୟକଙ୍କ ମଧ୍ୟରେ ଥିଲେ ବ୍ୟତିକ୍ରମ। ନାରୀ ସଶକ୍ତିକରଣ ଥିଲା ତାଙ୍କ ଆନ୍ତରୀଣ ଉଦ୍ଦେଶ୍ୟ। ତାଙ୍କ ଆଦର୍ଶ ଭାରତବର୍ଷରେ ନାରୀ ସମନ୍ୱୟ, ନାରୀର ସମ୍ମାନରକ୍ଷା ଓ ନାରୀ ଉନ୍ନୟନର ବିବିଧ ଦିଗକୁ ଗୁରୁତ୍ୱ ଦେଇଥିଲେ। ପୁରୁଷ ସହଭାଗିନୀ ରୂପେ ନାରୀକୁ ସମାନ ଅଧିକାର

ଯୋଗାଇଦେବା ଆବଶ୍ୟକ ବୋଲି ମତବ୍ୟକ୍ତ କରିଥିଲେ। ଗାନ୍ଧୀଜୀ କହିଥିଲେ- "ସ୍ତ୍ରୀମାନେ ତାଙ୍କ ଲିଙ୍ଗର ଘୃଣା ନ କରନ୍ତୁ ଏବଂ 'ପୁରୁଷ ଜନ୍ମ କାହିଁକି ନ ହେଲା' ବୋଲି ଅନୁଶୋଚନା ନ କରନ୍ତୁ। ପୁରୁଷ ମଧ୍ୟ 'ମୋର ସ୍ତ୍ରୀ ଜନ୍ମ ହୋଇଥାନ୍ତା କି' ବୋଲି କଳ୍ପନା କରିବାର ଯଥେଷ୍ଟ କାରଣ ଅଛି।"[୫] ମହିଳାମାନଙ୍କ ପ୍ରକୃତ ପ୍ରଗତି କେବଳ ସେହି ମହିଳାମାନଙ୍କ ଦ୍ୱାରା ସମ୍ଭବ ବୋଲି ସେ ଉପଲବ୍ଧି କରିଥିଲେ। ଏ କ୍ଷେତ୍ରରେ ଗାନ୍ଧୀଜୀ ଇଂଲଣ୍ଡର ନିରସ୍ତ୍ର ସଂଗ୍ରାମ (ପ୍ୟାସିଭ୍ ରେଜିଷ୍ଟାନ୍ସ)କୁ ଭାରତୀୟ ମହିଳାଙ୍କ ନିମନ୍ତେ ବ୍ୟବହାର କରିଥିଲେ। ସେ ଦକ୍ଷିଣ ଆଫ୍ରିକାରୁ ପ୍ରତ୍ୟାବର୍ତ୍ତନ କରି ୧୯୨୦ ମସିହାରେ ଭାରତୀୟ ଜାତୀୟ କଂଗ୍ରେସର ନେତୃତ୍ୱ ସହିତ ବ୍ରିଟିଶ ସରକାରଙ୍କ ବିରୁଦ୍ଧରେ ଏହି ନୀତିକୁ ପ୍ରୟୋଗ କରିବା ନିମନ୍ତେ ଭାରତୀୟ ମହିଳାଙ୍କୁ ପ୍ରବର୍ତ୍ତାଇ ଥିଲେ। ସତ୍ୟାଗ୍ରହ ସହିତ 'ହିଂସାଶୂନ୍ୟ ସାମ୍ୟବାଦ ନୀତି' ଆଚରଣପୂର୍ବକ ଜେଲ୍ ଯିବା ପାଇଁ ମଧ୍ୟ ଆହ୍ୱାନ କରିଥିଲେ। ଗାନ୍ଧୀଙ୍କ ୧୮ ଦଫା ଗଠନମୂଳକ ଯୋଜନାରେ ମହିଳାଙ୍କର ଉତ୍‌ଥାନ ଓ ସଶକ୍ତିକରଣ ଥିଲା ଏକ ଗୁରୁତ୍ୱପୂର୍ଣ୍ଣ ପ୍ରସଙ୍ଗ। ସେ ବୁଝିଥିଲେ, ଯେପର୍ଯ୍ୟନ୍ତ ମହିଳାମାନେ ପୁରୁଷମାନଙ୍କ ସହିତ ସମାନ ଭାବରେ ଧର୍ମ ଏବଂ ରାଜନୈତିକ କାର୍ଯ୍ୟକଳାପରେ ଅଂଶଗ୍ରହଣ କରିନାହାନ୍ତି, ସେ ପର୍ଯ୍ୟନ୍ତ ଭାରତର ଉନ୍ନତି ଅସମ୍ଭବ। ଅପ୍ରେଲ ୬, ୧୯୩୦ ମସିହା ଲବଣ ସତ୍ୟାଗ୍ରହରେ ଭାରତର ହଜାର ହଜାର ମହିଳାଙ୍କ ଯୋଗଦାନ ଥିଲା ବିସ୍ମୟକର। ଗାନ୍ଧୀଜୀ ଅଲୌକିକ ଭାବରେ ଭାରତୀୟ ନାରୀଙ୍କୁ ସାମାଜିକ ବନ୍ଧନରୁ ମୁକୁଳାଇ ଜାତୀୟ ସ୍ରୋତରେ ମିଶାଇ ପାରିଥିଲେ। ସ୍ତ୍ରୀଶକ୍ତି ଏବଂ ସତ୍ୟାଗ୍ରହ ବ୍ୟତିରେକ ଶାସନତାନ୍ତ୍ରିକ ସଂସ୍କାର ତାଙ୍କୁ ଅସମ୍ଭବ ମନେ ହୋଇଥିଲା। ସେଥି ନିମନ୍ତେ ସେମାନଙ୍କୁ ସାମାଜିକ-ପାରିବାରିକ ନିର୍ଯାତନା ଓ କୁ-ରୀତି-ନୀତିରୁ ମୁକ୍ତ କରି ସେମାନଙ୍କ ନୈତିକ ଓ ଆଧ୍ୟାତ୍ମିକ ଉତ୍ତରଣ ଚାହିଁଥିଲେ। ନାରୀର ଆତ୍ମତ୍ୟାଗ ଓ ସହନଶୀଳତାକୁ ବାପୁଜୀ ପ୍ରାଧାନ୍ୟ ଦେଇଥିଲେ। ଏ କ୍ଷେତ୍ରରେ ଆଧୁନିକ ନାରୀର ସତୀତ୍ୱ ଓ ପବିତ୍ରତା ତା'ର ଅସୀମ ଶକ୍ତିଗୃହ ବୋଲି ଦର୍ଶାଇ ଦ୍ରୌପଦୀଙ୍କ ସ୍ଥିତପ୍ରଜ୍ଞ ଲକ୍ଷଣ, ସୀତାଙ୍କ ଦୃଢ଼ ସଂକଳ୍ପବୋଧକୁ ସମ୍ମାନ ପ୍ରଦର୍ଶନ କରିବାକୁ ସର୍ବଦା ଚେତାଇଛନ୍ତି। ସାବିତ୍ରୀ, ତାରା, ମନ୍ଦୋଦରୀ, ଦମୟନ୍ତୀ, ଅରୁନ୍ଧତୀ, ଯଶୋଦା, ଶାରଦାମଣି, ଭଗିନୀ ନିବେଦିତାଙ୍କ ଭଳି ମହୀୟସୀ ନାରୀଶକ୍ତିଙ୍କୁ ସେ ଆନ୍ତରିକ ସମ୍ମାନ ପ୍ରଦର୍ଶନ କରିଛନ୍ତି।

ନାରୀମୁକ୍ତି କ୍ଷେତ୍ରରେ ତା'ର ଅଲଂଘନୀୟ ଆତ୍ମସମ୍ମାନ, ମର୍ଯ୍ୟାଦା ଓ ନ୍ୟାୟ, ଶିକ୍ଷା ବ୍ୟବସ୍ଥା, ସାମାଜିକ କୁସଂସ୍କାର ବିରୋଧ, ଅନ୍ଧବିଶ୍ୱାସ, ବାଲ୍ୟବିବାହ, ଯୌତୁକ ପ୍ରଥା, ବେଶ୍ୟାବୃତ୍ତି, ପତିତା ସମସ୍ୟା ଭଳି ସାମାଜିକ ବ୍ୟାଧିମାନଙ୍କୁ ସମାଜର

ମୂଳୋତ୍ପାଟନ କରିବା କ୍ଷେତ୍ରରେ ନାରୀମାନଙ୍କ ପ୍ରତିବାଦକୁ ଆହ୍ୱାନ କରିଛନ୍ତି । ଗାନ୍ଧୀଜୀଙ୍କ ମତରେ- "She must revolt against any pretension on the part of man that woman is born to be his plaything." ସ୍ତ୍ରୀ ଅବା ମହିଳା ପୁରୁଷର ଭୋଗ-ବିଳାସ ସାମଗ୍ରୀ, କ୍ରୀଡ଼ନକ, ଅନୁଚର ଅବା ଦାସୀ ନୁହେଁ । ପୁରୁଷ ନାରୀର ମୁନିବ ମଧ୍ୟ ନୁହେଁ । ଗାନ୍ଧୀଙ୍କ ଶବ୍ଦରେ- "ମୁଁ ସ୍ତ୍ରୀ ହୋଇ ଜନ୍ମ ହୋଇଥିଲେ, ସ୍ତ୍ରୀକୁ ତା'ର କ୍ରୀଡ଼ନକ ବୋଲି ପୁରୁଷର ଯେଉଁ ଭଣ୍ଡାମି ତାହା ବିରୁଦ୍ଧରେ ବିଦ୍ରୋହ କରିଥାନ୍ତି ।"[୬]

ଗାନ୍ଧୀଙ୍କ ଦୃଷ୍ଟିରେ ନାରୀ ଏକ ଲିଙ୍ଗହୀନ (sexless) ସତ୍ତା । ସେ ଶ୍ରଦ୍ଧାର ପ୍ରତିମୂର୍ତ୍ତି । ସେ ତା'ର ପବିତ୍ର ଗର୍ଭରେ ପୁରୁଷର ସନ୍ତାନକୁ ଧାରଣ କରିଥାଏ । ମାତ୍ର ପ୍ରଜନନ କ୍ଷେତ୍ରରେ ବୈଧ ସାମାଜିକ ସଂସ୍କାର ହିଁ ମୁଖ୍ୟ ଉଦ୍ଦେଶ୍ୟ ଥାଏ । 'ମାତୃତ୍ୱ' ନାରୀକୁ ସାମାଜିକ ପରିଚୟ ପ୍ରଦାନ କରିଥାଏ । 'ମାତୃତ୍ୱ' ନିମନ୍ତେ ଲିଙ୍ଗୀୟ ପବିତ୍ରତା ଅପରିହାର୍ଯ୍ୟ । ଏହି ପରିପ୍ରେକ୍ଷୀରେ ନେପୋଲିୟନ୍‌ଙ୍କ ପ୍ରଣିଧାନଯୋଗ୍ୟ ଉକ୍ତି- "Give us good mothers, I shall give you a good nation." (ଆମ ପାଇଁ ଶ୍ରେଷ୍ଠ ଜନନୀ ଯୋଗାଇଦିଅ, ମୁଁ ତୁମକୁ ଗୋଟିଏ ଉତ୍ତମ ଜାତି ଯୋଗାଇଦେବି ।" ନାରୀ ସ୍ୱୟଂ ପ୍ରେମର ଭଣ୍ଡାର । ସେ ହିନ୍ଦୁଜାତି ନିମନ୍ତେ ଶ୍ରେଷ୍ଠ ଦାନ । ବିବାହ ଓ ମାତୃତ୍ୱ ବ୍ୟତୀତ 'ଯୌନତା' ପାପ ମାତ୍ର । ନାରୀକୁ ତା'ର ଯୁଗୀୟ ସମସ୍ୟାରୁ ମୁକ୍ତ ହେବା ନିମନ୍ତେ ଗାନ୍ଧୀଜୀ ଆହ୍ୱାନ କରିଥିଲେ ।

ଭାରତୀୟ ଇତିହାସ ପୃଷ୍ଠାକୁ ଅବଲୋକନ କଲେ ଖ୍ରୀଷ୍ଟପୂର୍ବ ୨୫୦୦ ଶତାବ୍ଦୀର ବୈଦିକ ଭାରତୀୟ ସମାଜରେ ନାରୀର ସ୍ଥିତି ଅତ୍ୟନ୍ତ ସମୁଚ୍ଚ ଥିଲା । ବାଲ୍ୟ ବିବାହର ପ୍ରଚଳନ ନ ଥିଲା, ବିବାହ ପୂର୍ବରୁ କନ୍ୟାର ମତାମତ ନିଆଯାଉଥିଲା । ପୁରୁଷର ସହଧର୍ମିଣୀ ଭାବରେ ତାଙ୍କୁ ମର୍ଯ୍ୟାଦା ପ୍ରଦାନ କରାଯାଉଥିଲା । ଧର୍ମ ଓ କର୍ମାନୁଷ୍ଠାନରେ ସ୍ୱାମୀର ସହାୟିକା ରୂପେ ନାରୀ ସମ୍ମାନନୀୟା ଥିଲା ।

ମାତ୍ର ବୈଦିକ ଯୁଗର ଶେଷାର୍ଦ୍ଧ (ଖ୍ରୀଷ୍ଟପୂର୍ବ ୫୦୦) ବେଳକୁ ବାଲ୍ୟବିବାହ ପ୍ରଥା ଦୃଢ଼ୀଭୂତ ଥିବା ଜଣାପଡ଼େ । ମାତ୍ର ନାରୀ ଶିକ୍ଷାର ସ୍ଥିତି ନିଶ୍ଚିତ ଭାବରେ ଥିଲା । ଏହି ସମୟର ମହାନ୍ ଗାର୍ଗୀ ଏବଂ ମୈତ୍ରେୟୀଙ୍କ ଭଳି ନାରୀଗଣ ସୁଶିକ୍ଷିତା ଥିଲେ । ପରବର୍ତ୍ତୀ ମାଗଧ ଯୁଗ (ଖ୍ରୀ.ପୂ. ୫୦୦ ଠାରୁ ୩୨୫)ରେ ନାରୀ 'ଅସୂର୍ଯ୍ୟଂପଶ୍ୟା' ରୂପେ ବର୍ଣ୍ଣିତ ଥିଲେ ମଧ୍ୟ ପୁରୁଷର ଅର୍ଦ୍ଧାଙ୍ଗିନୀ ରୂପେ ସମ୍ମାନର ଅଧିକାରିଣୀ ଥିଲା ଏବଂ ଉଚ୍ଚଶିକ୍ଷା ଲାଭର ସୁଯୋଗ ମଧ୍ୟ ଥିଲା । ଖ୍ରୀ.ପୂ. ୩୨୫ରୁ ୧୮୭ର ମୌର୍ଯ୍ୟ ଯୁଗରେ ସ୍ତ୍ରୀ-ପୁରୁଷାଧୀନ ଥିବା କୌଟିଲ୍ୟଙ୍କ 'ଅର୍ଥଶାସ୍ତ୍ର'ରୁ ଜଣାପଡ଼େ । ଏହାର ୭୦୦ ବର୍ଷ ପରବର୍ତ୍ତୀ ଗୁପ୍ତଯୁଗୀୟ ସମାଜରେ ନାରୀର ସ୍ଥିତି ସୁଦୃଢ଼ ଥିବା ଜଣାପଡ଼େ । ସ୍ୱୟଂବର,

ବିବାହ ପ୍ରଥା, ବହୁଦାର ପ୍ରଥାର ପ୍ରଚଳନ ତତ୍କାଳୀନ ନାରୀ ସମାଜର ଆଭିଜାତ୍ୟପୂର୍ଣ୍ଣ ସ୍ଥିତିକୁ ନିର୍ଦ୍ଦେଶ କରେ। ଗୁପ୍ତଯୁଗର ଶେଷାର୍ଦ୍ଧରେ 'ସତୀଦାହ' ପ୍ରଥା ପ୍ରଚଳିତ ଥିଲା। କ୍ରମେ ବହୁବିଧ ସାମାଜିକ କୁସଂସ୍କାର ଓ ସମସ୍ୟାରେ ନାରୀ ଜୀବନ କ୍ଷୀଣ ହୋଇଥିଲା। ପ୍ରାକ୍ ବୈଦିକ ଓ ବୈଦିକ ଯୁଗର ପ୍ରାରମ୍ଭରେ ମାତୃକୈନ୍ଦ୍ରିକ ସମାଜ ବ୍ୟବସ୍ଥାର ପ୍ରଚଳନ ଥିଲେ ହେଁ ନାରୀର ବ୍ୟକ୍ତିତ୍ୱ ଏବଂ ତା'ର ନାରୀତ୍ୱର ମର୍ଯ୍ୟାଦା ନ ଥିଲା। ନାରୀ 'ନର୍କର ଦ୍ୱାର' ତଥା ସମସ୍ତ ମାନବିକ ଦୁର୍ଗତିର କାରଣ ରୂପେ ପୁରୁଷମାନଙ୍କ ଦ୍ୱାରା ଶାସିତ ହୋଇ ଭୋଗ ସାମଗ୍ରୀରେ ପରିଣତ ହୋଇଯାଇଥିଲା।

ତେବେ କ୍ଷୟିଷ୍ଣୁ ସାମନ୍ତବାଦୀ ଶୋଷଣ ମଧ୍ୟରୁ ନାରୀକୁ ସ୍ୱତନ୍ତ୍ର ମର୍ଯ୍ୟାଦା ପ୍ରଦାନ ଓ ବ୍ୟକ୍ତିସତ୍ତା ଭାବରେ ସ୍ୱତନ୍ତ୍ର ପରିଚୟ ପ୍ରଦାନ କ୍ଷେତ୍ରରେ ପାଶ୍ଚାତ୍ୟ ନବଜାଗରଣର ଭୂମିକା ଥିଲା ଅଭିନନ୍ଦନୀୟ। ଇଉରୋପର ବାମାବାଦ ଆନ୍ଦୋଳନ (feminism movement) ଅନୁସାରେ ନାରୀ-ପୁରୁଷର ସମଯୋଗ୍ୟତା ଓ ସମାଧିକାର ପ୍ରସଙ୍ଗ ବିଷୟଟି ଚର୍ଚ୍ଚିତ ହୋଇଥିଲା। ନାରୀର ନ୍ୟାଯ୍ୟ ସ୍ୱାଧୀନତା ଓ ତା'ର ସାମାଜିକ ପ୍ରତିଷ୍ଠାର ପରିକଳ୍ପନାର ଏହି ଆନ୍ଦୋଳନର ମୁଖ୍ୟ ଉଦ୍ଦେଶ୍ୟ ଥିଲା। ୧୭୯୨ ମସିହାରେ ମେରୀ ବୋଲ୍ଷ୍ଟନ୍ କ୍ରାଫ୍ଟଙ୍କ ରଚିତ 'ଭିଣ୍ଡିକେସନ୍ ଅଫ୍ ଦି ରାଇଟ୍ ଅଫ୍ ଓ୍ୱମ୍ୟାନ୍' ଏବଂ ୧୮୫୭ରେ ଗୁସ୍ତାଭେ ଫ୍ଲବର୍ଟଙ୍କ ରଚିତ 'ମ୍ୟାଡାମ୍ ବୋଭାରି' ଉପନ୍ୟାସ, ଜନ୍ ଷ୍ଟୁଆର୍ଟ ମିଲ୍ ଏବଂ ଜେରୋମି ବେନ୍ଥମ୍‌ଙ୍କ ରାଜନୀତିକ ଦର୍ଶନ ଇତ୍ୟାଦି ବିଶ୍ୱବ୍ୟାପୀ ନାରୀ ଜାଗରଣକୁ ଉଦ୍ଦୀପ୍ତ କରିଥିଲା। "ଏସବୁର ପରିଣାମରେ ଊନବିଂଶ ଶତାବ୍ଦୀର ଆଦ୍ୟ ଭାଗରେ ସ୍କୁଲ୍-କଲେଜଗୁଡ଼ିକରେ ଛାତ୍ରୀମାନଙ୍କର ସଂଖ୍ୟା ବୃଦ୍ଧି ଘଟିଥିଲା ଏବଂ ଇଂଲଣ୍ଡ ପାର୍ଲାମେଣ୍ଟରେ 'ବିବାହିତା ସ୍ତ୍ରୀମାନଙ୍କ ସଂପତ୍ତି ଆଇନ' (୧୮୮୨) ଗୃହୀତ ହେବା ପରେ ନାରୀମାନଙ୍କର ସାମାଜିକ ସ୍ଥିତିରେ ସାମାନ୍ୟ ଉନ୍ନତି ଦେଖାଦେଲା।"[୭] ବିଶ୍ୱର ସାମଗ୍ରିକ ବିକାଶ ସାଧନ ନିମନ୍ତେ ପୃଥିବୀ ଜନସଂଖ୍ୟାର ଅର୍ଦ୍ଧେକ ନାରୀମାନଙ୍କୁ ସମାନ ସୁବିଧା ଦୃଷ୍ଟିରୁ ୧୯୯୨ ମସିହାରେ ବ୍ରାଜିଲ୍‌ରେ 'ପରିବେଶ ଓ ବିକାଶ' ନିମନ୍ତେ ଆୟୋଜିତ ସମ୍ମିଳନୀର ୨୧ତମ ଘୋଷଣାନାମା ସ୍ତ୍ରୀ-ପୁରୁଷ ପ୍ରଭେଦ ଦୂର କରି ନାରୀ ସମାଜକୁ ଭୂସଂପତ୍ତି, ଶିକ୍ଷା, ନିଯୁକ୍ତି କ୍ଷେତ୍ରରେ ସମାନ ଅଂଶଗ୍ରହଣ ତଥା ଆଇନ ପ୍ରଣୟନରେ ପୁରୁଷ ସହିତ ସମତୁଲ ଭାବରେ ପୃଥିବୀର ଗୁଣାତ୍ମକ ତଥା ପ୍ରାକୃତିକ ବିକାଶର ପ୍ରସଙ୍ଗ ଉତ୍‌ଥାପିତ ହୋଇଥିଲା। ତେବେ ୧୮୫୭ ମସିହାରେ ପ୍ରବର୍ତ୍ତିତ ଲର୍ଡ କେମ୍ପବେଲ୍ ଆଇନ ଥିଲା ନାରୀ ଜାଗରଣ କ୍ଷେତ୍ରରେ ପ୍ରଥମ ପଦକ୍ଷେପ। ସମଗ୍ର ୟୁରୋପରେ 'ଆଲୋକ ଧାରିଣୀ ରମଣୀ' ଏବଂ ମିନିଷ୍ଟେରିଆଲ୍ ଆଞ୍ଜେଲ୍ ନାମରେ ଆଦୃତା ମହାନ୍ ସେବାକାରିଣୀ ଫ୍ଲୋରେନ୍ସ ନାଇଟ୍‌ଙ୍ଗେଲ୍, ଭାରତୀୟ ନାରୀ ରମାବାଈ

ରାନାଡେ, ଶ୍ରମିକମାନଙ୍କ ମଙ୍ଗଳ ବିଧାନ ନିମନ୍ତେ 'କମନ୍ ୱେଲଥ ଅଫ୍ ଇଣ୍ଡିଆ ବିଲ୍'ର ପ୍ରସ୍ତୁତିକାରିଣୀ 'ଆନିବେଶାନ୍ତ', ଭଗିନୀ ନିବେଦିତା, କସ୍ତୁରବା ଗାନ୍ଧୀ ତଥା ମଦର୍ ତେରେସାଙ୍କ ଭଳି ମହିୟସୀ ନାରୀଗଣ ନାରୀ ଜାଗରଣ କ୍ଷେତ୍ରରେ ବଳିଷ୍ଠ ଭୂମିକା ନିର୍ବାହ କରିଥିଲେ।

ନାରୀମାନଙ୍କୁ ଗୁରୁତ୍ୱ ଦେଇ ପାଶ୍ଚାତ୍ୟ ଅବଧାରଣା ଭିତରେ 'Activity in support of women' ଏବଂ ସେମାନଙ୍କ ଉତ୍ତମ ଜୀବନପନ୍ଥା ନିର୍ଣ୍ଣୟର ଆଭିମୁଖ୍ୟ ଥିଲା 'ମହତ୍ ନାରୀବାଦ'ର ପ୍ରକୃତ ଲକ୍ଷ୍ୟ। ବିଶେଷ ଭାବରେ ବିଭିନ୍ନ ବର୍ଗର ନାରୀଙ୍କୁ ତାଙ୍କର ହୀନମ୍ମନ୍ୟତାରୁ ମୁକ୍ତ କରି ସାମାଜିକ ଓ ରାଜନୈତିକ ଅଧିକାର ସଂପର୍କରେ ସଚେତନ କରିବା, ତା'ର ଲିଙ୍ଗଗତ ଅସମାନତା ସତ୍ତ୍ୱେ ପୁରୁଷ ସମାଜର ଶୋଷଣନୀତି ବିରୁଦ୍ଧରେ ତୀବ୍ର ପ୍ରତିବାଦ ଓ ବିଦ୍ରୋହ ନିମନ୍ତେ ପ୍ରୋତ୍ସାହିତ ହେବା, ଉଭୟ ପୁରୁଷ ଓ ନାରୀଙ୍କୁ ସମଧର୍ମୀ କାର୍ଯ୍ୟ ନିମନ୍ତେ ସମାନ ପାରିଶ୍ରମିକ ଏବଂ ସମ ଅଧିକାର ପ୍ରଦାନ 'ମହତ୍ ନାରୀବାଦ'ର ଚରମ ଲକ୍ଷ୍ୟ ଅଟେ।

ବିଶ୍ୱ ସମାଜ ଓ ଭାରତୀୟ ସମାଜରେ ନାରୀର ମହତ୍ତ୍ୱ ପ୍ରତିଷ୍ଠା ଦିଗରେ ମହାତ୍ମା ଗାନ୍ଧୀ ନେତୃତ୍ୱ ଗ୍ରହଣ ଥିଲା ଅନନ୍ୟ। ନାରୀମାନଙ୍କର ରାଜନୈତିକ ଅନୁପ୍ରବେଶ ଅଂଶଗ୍ରହଣ ଓ ଗଣତାନ୍ତ୍ରିକ ସଂସ୍ଥା ସଂଗଠନ କ୍ଷେତ୍ରରେ ଉନ୍ନତି ତାଙ୍କର ଲକ୍ଷ୍ୟ ଥିଲା। ଗାନ୍ଧୀଙ୍କ ନେତୃତ୍ୱରେ ଭାରତୀୟ ମହିଳାମାନେ ସ୍ୱାଧୀନତା ସଂଗ୍ରାମରେ ସକ୍ରିୟ ଯୋଗଦାନ କରି ନିଜ ବହୁମୂଲ୍ୟ ଅଳଙ୍କାର ଏବଂ ଗଚ୍ଛିତ ଅର୍ଥକୁ ଦାନ କରିଥିଲେ। ଐତିହାସିକ ବଙ୍ଗଭଙ୍ଗ, ସ୍ୱଦେଶୀ ଆନ୍ଦୋଳନ ତଥା ସତ୍ୟାଗ୍ରହ କ୍ଷେତ୍ରରେ ଅସଂଖ୍ୟ ଭାରତୀୟ ନାରୀ ଗୁରୁତ୍ୱପୂର୍ଣ୍ଣ ଭୂମିକା ନିର୍ବାହ କରିଥିଲେ। ସ୍ୱାଧୀନତା ସଂଗ୍ରାମ କ୍ଷେତ୍ରରେ ସେମାନଙ୍କ ସହଯୋଗ ନିମନ୍ତେ ଆହ୍ୱାନ ଦେଇ ଗାନ୍ଧୀଜୀ କହିଥିଲେ- "ଭାରତର ନୈତିକ ଓ ଅର୍ଥନୈତିକ ମୁକ୍ତି ଆପଣମାନଙ୍କ ଶକ୍ତି ଉପରେ ପର୍ଯ୍ୟବସିତ। ଆପଣ ତା'ର ଭବିଷ୍ୟତ ବଂଶଧରମାନଙ୍କୁ ପାଳନ କରିବେ।"(୮)

ଗାନ୍ଧୀଜୀ ପାରିବାରିକ ଜୀବନରେ ସ୍ୱାମୀ-ସ୍ତ୍ରୀ ମଧ୍ୟରେ ଆପୋସ ବୁଝାମଣା, ସୌହାର୍ଦ୍ଦ୍ୟ ଓ ପ୍ରେମକୁ ଗୁରୁତ୍ୱ ଦେଇଥିଲେ। ସ୍ୱାମୀର ଅନ୍ୟାୟ ଅତ୍ୟାଚାରରେ ପ୍ରପୀଡ଼ିତା ନାରୀମାନଙ୍କ ପାଇଁ ଛାଡ଼ପତ୍ରକୁ ଉଚିତ ମନେ କରୁଥିଲେ। ବାଲ୍ୟବିବାହର ବିରୋଧ ସହିତ ବିଧବାର ପୁନର୍ବିବାହ, ତା'ର ନିଷ୍ଠା ଓ ସଂଯମିତ ଆଚରଣକୁ ଗୁରୁତ୍ୱ ପ୍ରଦାନ କରିଥିଲେ। ଈଶ୍ୱରଚନ୍ଦ୍ର ବିଦ୍ୟାସାଗରଙ୍କ ପ୍ରୟାସ କ୍ରମେ ବିଧବା ବିବାହ ଆନ୍ଦୋଳନ କରି ୧୮୫୬ ମସିହାରେ ହିନ୍ଦୁ ବିବାହ ଆଇନ ଗୃହୀତ ହୋଇଥିଲା। ନାରୀର ବେଶ୍ୟାବୃତ୍ତି ଓ ତା'ର ଅଧଃପତନ ପଛରେ ପୁରୁଷ ସମାଜକୁ ଉତ୍ତରଦାୟୀ ମନେ

କରିବା ସହିତ ପୁରୁଷ ସମାଜକୁ ଏ ସମସ୍ତ ଅନୀତିରୁ ନିବୃତ୍ତ ରହିବା ନିମନ୍ତେ ଗାନ୍ଧୀଜୀ ଅନୁରୋଧ କରୁଥିଲେ। ଉଭୟ ନାରୀ-ପୁରୁଷଙ୍କର ଅନୈତିକ କାର୍ଯ୍ୟକଳାପ ସ୍ୱରାଜ ପ୍ରତିଷ୍ଠା କ୍ଷେତ୍ରରେ ଯେପରି ଅନ୍ତରାୟ ସୃଷ୍ଟି ନ କରେ, ସେଥିପ୍ରତି ସେ ସଚେତନ ଥିଲେ। କଳଙ୍କଶୂନ୍ୟ ନାରୀ ଜୀବନର ପ୍ରତିଷ୍ଠା ନିମନ୍ତେ ମହତ୍ ନାରୀବୋଧର ଆବଶ୍ୟକତାର ପ୍ରଚାର-ପ୍ରସାର ଥିଲା ଗାନ୍ଧୀଜୀଙ୍କ ଜୀବନାଦର୍ଶ। ପତିତା ସମସ୍ୟାକୁ ସେ ନୈତିକ କୁଷ୍ଠ (Moral Leprosy) ଆଖ୍ୟା ଦେଇଥିଲେ। ଭାରତୀୟ ନାରୀମାନଙ୍କର ବହୁବିଧ ସମସ୍ୟାକୁ ନିର୍ମୂଳ ଭାବରେ ସଂସ୍କାରିତ କରିବା ଥିଲା ମହାତ୍ମାଙ୍କ ଆନ୍ତରିକ ଅନୁଚିନ୍ତା। ଗାନ୍ଧୀଜୀ ଆଧୁନିକ ନାରୀ ସମାଜକୁ ଯୁଗୋପଯୋଗୀ ଶିକ୍ଷା-ନୀତିରେ ଦୀକ୍ଷିତ କରାଇଥିଲେ। ଗାନ୍ଧୀଙ୍କ ଶବ୍ଦରେ- "ଝିଅମାନେ ନୈତିକତା ଦୃଷ୍ଟିରୁ ଦୃଢ଼ ହେବା ଦରକାର। ଦେହରେ ବଳ, ମନରେ ଶକ୍ତି ଆଣିବା ଦରକାର।"[୯] ସମଗ୍ର ନାରୀ ସମାଜକୁ ସୁରକ୍ଷା ଦେବା ନିମନ୍ତେ ଗାନ୍ଧୀଜୀ ପୁରୁଷ ସମାଜକୁ ଆହ୍ୱାନ କରି କହିଥିଲେ- "ମୁଁ ବୃଦ୍ଧ, ଶ୍ଳଥଚର୍ମା, ଦନ୍ତହୀନ ଏଣୁ ମୋ ଭଗିନୀ ଉପରେ ଅତ୍ୟାଚାର ହେଲେ ମଧ୍ୟ ମୁଁ ନିରୁପାୟ - ଏହା ଯଦି ମୁଁ କହେ ମୋର ମହତ୍ମାପଣିଆ ଆଉ କେଉଁଠି। ତାହା ହାସ୍ୟାସ୍ପଦ ଓ ନିନ୍ଦନୀୟ ହେବ। ମୁଁ ଓ ମୋ ଭଳି ଲୋକ ଯଦି ହିଂସା ହେଉ ବା ଅହିଂସା ହେଉ ନାରୀର ସମ୍ମାନ ରକ୍ଷାଲାଗି ପ୍ରାଣ ମୂର୍ଚ୍ଛିଦିଅନ୍ତି, ତେବେ ଯାଇ ଅତ୍ୟାଚାର ବନ୍ଦ ହୋଇପାରିବ।"[୧୦]

ଗାନ୍ଧୀଜୀଙ୍କ ନାରୀ ଜାଗରଣର ପ୍ରୟାସ ଫଳରେ ଭାରତବର୍ଷରେ ନାରୀ ସଶକ୍ତିକରଣର ରୂପରେଖ କ୍ରମେ ବଳିଷ୍ଠ ହୋଇଥିଲା। ସ୍ୱାଧୀନତା ପରବର୍ତ୍ତୀ ୧୯୫୪ ମସିହାର ହିନ୍ଦୁ ଆଇନରେ ଆନ୍ତଃଜାତି ଓ ଆନ୍ତଃସଂପ୍ରଦାୟ ବିବାହକୁ ଆଇନଗତ ସ୍ୱୀକୃତି ପ୍ରଦାନ, ୧୯୫୫ ମସିହାରେ ଛାଡ଼ପତ୍ର ଓ ଜୀବନଧାରଣ ଭତ୍ତା ପାଇବାରେ ସୁଯୋଗ ପ୍ରଦାନ, ୧୯୫୬ରେ ଉତ୍ତରାଧିକାର ଓ ସଂପତ୍ତି ଗ୍ରହଣ କ୍ଷେତ୍ରରେ ନାରୀକୁ ସମାନ ଅଧିକାର ପ୍ରଦାନ, ୧୯୬୧ ମସିହାରେ ଯୌତୁକ ବିରୋଧୀ ଆଇନ ପ୍ରବର୍ତ୍ତନ, ୧୯୯୨ ମସିହାର ୭୩ତମ ସମ୍ବିଧାନ ସଂଶୋଧନ ଆଇନ ଦ୍ୱାରା ସ୍ୱାୟତ୍ତ ଶାସନ ସଂସ୍ଥାରେ ମହିଳାମାନଙ୍କ ପାଇଁ ସ୍ଥାନ ସଂରକ୍ଷଣ, ନାରୀମାନଙ୍କ ସାମାଜିକ ଓ ଅର୍ଥନୈତିକ ପ୍ରଗତି ନିମିତ୍ତ ୨୦୦୧ ମସିହାରେ ଜାତୀୟ ଯୋଜନା ଲକ୍ଷ୍ୟ ଘୋଷଣା ଥିଲା ବ୍ୟାପକ ସାମ୍ବିଧାନିକ ନିଷ୍ପତ୍ତି।

ଖ୍ରୀ.ପୂ. ୧୯୧୪-୧୯୧୮ ସାଲ୍ ପର୍ଯ୍ୟନ୍ତ ବିଶ୍ୱଯୁଦ୍ଧ ପରେ ୧୯୨୧ ମସିହା ମାର୍ଚ୍ଚ ୨୪ ତାରିଖରେ ମହାତ୍ମା ଗାନ୍ଧୀ ଓଡ଼ିଶାରେ ପଦାର୍ପଣ କରିଥିଲେ। ସ୍ୱାଧୀନତା ସଂଗ୍ରାମରେ ସକ୍ରିୟ ସହଯୋଗ କରିଥିବା ଗାନ୍ଧୀବାଦୀ ନାରୀମାନଙ୍କ ମଧ୍ୟରେ ଅଧରମଣି

ଦେବୀ, ସର୍ବୋଦୟ ନେତ୍ରୀ, ଭୂଦାନ ଆନ୍ଦୋଳନର ନେତ୍ରୀ ମା ରମାଦେବୀ, ମହାତ୍ମା ଗାନ୍ଧୀଙ୍କ ମୌଳିକ ଶିକ୍ଷା କାର୍ଯ୍ୟରେ ନିଜକୁ ସାମିଲ୍ କରିଥିବା ଅନ୍ନପୂର୍ଣ୍ଣା ଦାସ, ଅବର୍ତ୍ତୀ ଲକ୍ଷ୍ମୀବାଈ, ଅବନ୍ତୀ ଦେବୀ, ଅମ୍ବିକା ଦେବୀ, ଇନ୍ଦୁମତୀ ଦାସ, ସର୍ବୋଦୟ ନେତ୍ରୀ କିରଣଲେଖା ମହାନ୍ତି, କୁନ୍ତଳା କୁମାରୀ, କୃଷ୍ଣକାମିନୀ ଦେବୀ, କୋକିଳା ଦେବୀ, କ୍ଷେତ୍ରମଣି ଦେବୀ, ଗୁରୁବାରୀ ଜାନୀ, ଚାରୁଲତା ଭଟ୍ଟାଚାର୍ଯ୍ୟ, ଜାହ୍ନବୀ ଦେବୀ, ନିଶାମଣି ଦେବୀ, ବହ୍ନିକନ୍ୟା ପାର୍ବତୀ ଗିରି, ପି. ତାରମ୍ମା, ପୁରୁବାଈ, ପ୍ରମିଳା ଆଚାର୍ଯ୍ୟ, ପ୍ରିୟମ୍ବଦା ମହାନ୍ତି, ମନୋରମା ମହାନ୍ତି, ମାଳତୀ ଚୌଧୁରୀ, ରମାଦେବୀ, ଶୈଳବାଳା ଦାସ, ସରସ୍ୱତୀ ଦେବୀ, ସୁନ୍ଦରମଣି ପଟ୍ଟନାୟକ, ସୁନାମଣି ଦେବୀ, ସୂର୍ଯ୍ୟାମ୍ମା, ହାରାମଣି କାନୁନ୍‌ଗୋ ତଥା ହୈମବତୀ ମିଶ୍ର ପ୍ରମୁଖ ଥିଲେ ଅନନ୍ୟା ନାରୀ। ୧୯୩୨ରେ ଅସ୍ପୃଶ୍ୟତା ଦୂରୀକରଣ ନିମନ୍ତେ ଗାନ୍ଧୀଜୀଙ୍କ ନେତୃତ୍ୱରେ ଆନ୍ଦୋଳନର ସୂତ୍ରପାତ, ଦିଲ୍ଲୀରେ ଅଖିଳ ଭାରତ ହରିଜନ ସେବକ ସଂଘର ପ୍ରତିଷ୍ଠା, ଓଡ଼ିଶା ଶାଖାର ସଂପାଦକ ରହିଥିଲେ ମା' ରମାଦେବୀ ଚୌଧୁରୀ, ୧୯୪୪ରେ କସ୍ତୁରବା ଗାନ୍ଧୀଙ୍କ ଦେହାବସାନ ଛ' ବର୍ଷ ପାଇଁ କସ୍ତୁରବା ଗାନ୍ଧୀ ଟ୍ରଷ୍ଟର ରାଜ୍ୟସ୍ତରୀୟ ପ୍ରତିନିଧି ରୂପେ ମା' ରମାଦେବୀ ନିଯୁକ୍ତ ହୋଇଥଲେ। ୧୯୪୬ରେ ଏହି ଟ୍ରଷ୍ଟର ଯୋଜନା ଅନୁସାରେ 'ବରୀ' ଅଞ୍ଚଳରେ ତାଲିମ କେନ୍ଦ୍ର ଆରମ୍ଭ ହୋଇଥିଲା। ଓଡ଼ିଶାରେ ରମାଦେବୀ ଚୌଧୁରୀ ଥିଲେ ମହାତ୍ମା ଗାନ୍ଧୀଙ୍କ ଅଦ୍ଭୁତ ଓ ପ୍ରଚଣ୍ଡ ବାମାଶକ୍ତିର ଉତ୍ସ। ଗାନ୍ଧୀଜୀଙ୍କ ନିର୍ଦ୍ଦେଶ କ୍ରମେ ନିର୍ଯାତିତ ହରିଜନ, ଆଦିବାସୀଙ୍କ ପ୍ରତି ଗଭୀର ସହାନୁଭୂତି, ନିଶା ନିବାରଣ, ଅସ୍ପୃଶ୍ୟତା ଦୂରୀକରଣ, ମୌଳିକ ଶିକ୍ଷାଦାନ, ଯୁବଶକ୍ତିର ଉତ୍‌ଥାନ, ଭୂଦାନ, ଗ୍ରାମ୍ୟଶିଳ୍ପର ଉଦ୍ଧାର, ଉତ୍କଳ ଖଦୀ ମଣ୍ଡଳ, ନବ ଜୀବନ ମଣ୍ଡଳ, ଓଡ଼ିଶା ରିଲିଫ୍ କମିଟି ଗଠନ, ନାରୀ ଜାଗରଣ, ନାରୀ ଶିକ୍ଷା, ନାରୀ ସଂସ୍କାର ଓ ନାରୀ ସଂଗଠନ ଦ୍ୱାରା ରମାଦେବୀ ଚୌଧୁରୀ ଓଡ଼ିଶାର ନାରୀବାଦକୁ ମହତ୍ତର କରି ଗଢ଼ି ତୋଳିଥିଲେ। ତାଙ୍କ ପାଇଁ ଗାନ୍ଧୀଜୀ କହିଥିଲେ- "ଭାରତର ଏତେ ମହିଳା ଆସି ମୋତେ ଦେଖା କରି ମୋର ସମୟ ଯେତେ ନେଇଛନ୍ତି, ରମାଦେବୀ ଖୁବ୍ କମ୍ ସମୟରେ ଖୁବ୍ ସୁନ୍ଦର ଭାବରେ ଯୋଜନାଟି ଆଣି ମୋତେ ଦେଲେ। ମୋତେ ତାଙ୍କୁ ଦେଖି ଖୁବ୍ ସନ୍ତୋଷ ଲାଗିଲା। x x x ସେ ହେଉଛନ୍ତି ପ୍ରକୃତ 'ରମା'। ଭାରତର ଏତେ ମହିଳା କାମ କରୁଛନ୍ତି, ତାଙ୍କ ପରି ସନ୍ତୋଷଜନକ କାମ କରୁନାହାନ୍ତି। ଈଶ୍ୱରଲାଲ୍ ବ୍ୟାସ ମୋତେ କହିଲେ ରମାଦେବୀଙ୍କ ପାଖରେ ରହି ସେହିପରି ସମାଜସେବା କରିବାକୁ ଉତ୍ସାହ ପାଉଛି। ଆଉ ଗୁଜୁରାଟ ଯିବା ପାଇଁ ଇଚ୍ଛା କରୁନାହିଁ।"(୧୧) ଓଡ଼ିଶାର ନାରୀ ଜାଗରଣ

କ୍ଷେତ୍ରରେ ସାହିତ୍ୟ ମାଧ୍ୟମରେ ବିଦ୍ରୋହ କରିଥିବା ଅନନ୍ୟ ନାରୀ ବିପ୍ଲବିନୀ ଥିଲେ ସରଳା ଦେବୀ। ତାଙ୍କର 'ନାରୀର ଦାବୀ' ପୁସ୍ତକକୁ ମେରୀ ୱିଲ୍‌ଷ୍ଟୋନ୍ କ୍ରାଫ୍‌ଟଙ୍କ 'Vindication of the Rights of Women' ସହିତ ତୁଳନା କରାଯାଇଥାଏ। ୧୯୩୧ ମସିହାରେ ପ୍ରତିଷ୍ଠିତ ଉତ୍କଳ ଯୁବ ସଂଘର ପ୍ରଥମ ସଭାପତି ରୂପେ ବାଲ୍ୟବିବାହ ଓ ବିଧବା ବିବାହ ପରି ସାମାଜିକ କୁସଂସ୍କାର ବିରୁଦ୍ଧରେ ସ୍ୱର ଉତ୍ତୋଳନ କରିଥିଲେ। "ଓଡ଼ିଶା ବ୍ୟବସ୍ଥା ସଭାରେ ବାଲ୍ୟ ବିବାହ ବିରୋଧ (ସଂଶୋଧନ) ଯୌତୁକ ବିରୋଧ ବିଲ୍, ପୋଇଲି ପ୍ରଥା ନିରୋଧକ ବିଲ୍ ଓ ପଶୁ ରକ୍ଷା ବିଲ୍ ସେ ଉପସ୍ଥାପନ କରିଥିଲେ। ଭାରତର ପ୍ରଥମ ସତ୍ୟାଗ୍ରହୀ ଥିଲେ ବିନୋବା ଭାବେ। ଓଡ଼ିଶାରୁ ପ୍ରଥମ ସତ୍ୟାଗ୍ରହୀ ଭାବେ ବଛା ହୋଇଥିଲେ ସରଳା ଦେବୀ।"[୧୨] ଓଡ଼ିଶାର ନାରୀମାନଙ୍କ ବହୁବିଧ ସମସ୍ୟାକୁ କେନ୍ଦ୍ର କରି ସାହିତ୍ୟ କ୍ଷେତ୍ରରେ ଅଗ୍ରଣୀ ହୋଇଛନ୍ତି କୁନ୍ତଳା କୁମାରୀ, ସରଳା ଦେବୀ, ବସନ୍ତ କୁମାରୀ, ନନ୍ଦିନୀ ଶତପଥୀ, ପ୍ରତିଭା ରାୟ, ପ୍ରତିଭା ଶତପଥୀ ତଥା ବୀଣାପାଣି ମହାନ୍ତି ପ୍ରମୁଖ ଲେଖିକାଗଣ।

ସାହିତ୍ୟ, ସମାଜସେବା, ସଂଗଠନ ତଥା ରାଜନୈତିକ ଆନ୍ଦୋଳନ ମାଧ୍ୟମରେ ଓଡ଼ିଶାର ମହତ୍ ନାରୀବାଦ ଭାରତୀୟ ନାରୀ ସାହିତ୍ୟିକାଙ୍କ ଦ୍ୱାରା ଯେ ପ୍ରଭାବିତ ହୋଇଥିଲା ଏଥିରେ ଦ୍ୱିମତ ନାହିଁ। ନାରୀ ମନସ୍ତତ୍ତ୍ୱକୁ ସାହିତ୍ୟ ମାଧ୍ୟମରେ ଅତି ନିଖୁଣ ଭାବରେ ଉପସ୍ଥାପନ କରିବାରେ ସେମାନେ ଗୁରୁତ୍ୱପୂର୍ଣ୍ଣ ଭୂମିକା ଗ୍ରହଣ କରିଛନ୍ତି। ଭାରତୀୟ ଲେଖିକାମାନଙ୍କ ମଧ୍ୟରେ ନାରୀ ସମସ୍ୟା ଓ ନାରୀ ଜାଗୃତିର ବିଷୟ ମୁଖ୍ୟ ପ୍ରସଙ୍ଗ ପାଲଟିଛି। କମଳା ମାର୍କଣ୍ଡେୟ, ଅନୀତା ଦେଶାଇ, ନୟନତାରା ସେହଗଲ୍, ଅରୁନ୍ଧତୀ ରାୟ, ଅମୃତା ପ୍ରୀତମ୍, ସରସ୍ୱତୀ ଅମ୍ମା, ଶଶି ଦେଶପାଣ୍ଡେ, ଶୋଭା ଦେଙ୍କ ଭଳି ବିଶିଷ୍ଟ ଲେଖିକାଙ୍କ ଦ୍ୱାରା ନାରୀ ସଶକ୍ତିକରଣର ଫର୍ଦ୍ଦ ସଂପ୍ରତି ବିଶେଷ ଅଧ୍ୟୟନର ମାନ୍ୟତା ଲାଭ କରିଛି। ଏହି ପରିପ୍ରେକ୍ଷୀରେ ମହାତ୍ମା ଗାନ୍ଧୀଙ୍କ ନାରୀ ଜାଗରଣର ମୂଲ୍ୟବୋଧ ଯେ ପ୍ରଚ୍ଛନ୍ନ ଏବଂ ପ୍ରତ୍ୟକ୍ଷ ଏହା ନିଃସନ୍ଦେହ। ଗାନ୍ଧୀଜୀଙ୍କ ନେତୃତ୍ୱରେ ନାରୀ ଜାଗରଣ ତଥା ନାରୀ ସଶକ୍ତିକରଣର ଦୁର୍ବାର ପ୍ରୟାସ ଫଳରେ ସମାଜର ଏକ ବିଶିଷ୍ଟ ଅଂଶ ଓ ପୁରୁଷର ସମକକ୍ଷ ରୂପେ ନରୀ ଆଜି ବିଶ୍ୱ ସମ୍ମୁଖରେ ସସମ୍ମାନେ ଦଣ୍ଡାୟମାନ। ଯୁଗେ ଯୁଗେ ନାରୀବାଦ ଓ ଗାନ୍ଧୀନୀତି ଅଙ୍ଗୀଭୂତ ଆଦର୍ଶପୂର୍ଣ୍ଣ ଅବଧାରଣା ଅତ୍ୟନ୍ତ ପ୍ରାସଙ୍ଗିକ ଓ ଆଲୋଚନା ସାପେକ୍ଷ।

ପ୍ରତି ଯୁଗର ମୁକ୍ତି ଆନ୍ଦୋଳନରେ ବନ୍ଧନରୁ ମୁକ୍ତି ଯାଏ ପୁରୁଷ ସହିତ ନାରୀଶକ୍ତିର ଆବଶ୍ୟକତାକୁ ଗାନ୍ଧୀଜୀ ହୃଦୟଙ୍ଗମ କରିଥିଲେ। ପୁରୁଷର ଶକ୍ତି-ସାମର୍ଥ୍ୟର ଧ୍ୱଂସ

ନୁହେଁ; ବରଂ ନାରୀ ଭୋଗବାଦର ବିରୋଧ ଥିଲା ତାଙ୍କ ଲକ୍ଷ୍ୟ। ପୁରୁଷ ସାମର୍ଥ୍ୟକୁ ନାରୀରୂପୀ ଚରଖା-ଚକ ଦ୍ୱାରା ଆଉ ପାଦେ ଆଗେଇ ନେବାର ମହତ୍ତର ଦୃଷ୍ଟିକୋଣ ହିଁ ଗାନ୍ଧୀନୀତି ତଥା ମହତ୍ ନାରୀବାଦର ସୂକ୍ଷ୍ମ ଆହ୍ୱାନ।

ସହାୟକ ଗ୍ରନ୍ଥ ଓ ପାଦଟୀକା:

୧. ଲେଖକ ଗାନ୍ଧୀ - ସୌରୀବନ୍ଧୁ କର - ଓଡ଼ିଶା ସାହିତ୍ୟ ଏକାଡେମୀ- ୨୦୧୫ - ପୃ:୧୧

୨. ଗାନ୍ଧୀଚର୍ଚ୍ଚା - ଆଚାର୍ଯ୍ୟ ଭାବାନନ୍ଦ - 'ଭୂମିକା'

୩. ନାରୀ ପ୍ରତିଭା - ସୂର୍ଯ୍ୟ ନାରାୟଣ ଦାସ - ଓଡ଼ିଶା ବୁକ୍ ଷ୍ଟୋର୍ - ୧୯୭୫ - ପୃ: ୭

୪. ଲେଖକ ଗାନ୍ଧୀ - ସୌରୀବନ୍ଧୁ କର - ଓଡ଼ିଶା ସାହିତ୍ୟ ଏକାଡେମୀ- ୨୦୧୫ - ପୃ:୬୧

୫. ଯୁଗଜନକ ମହାତ୍ମା ଗାନ୍ଧୀ - ସୂର୍ଯ୍ୟ ନାରାୟଣ ଦାସ - ପୃ:୨୯

୬. ଯୁଗଜନକ ମହାତ୍ମା ଗାନ୍ଧୀ - ସୂର୍ଯ୍ୟ ନାରାୟଣ ଦାସ - ପୃ:୩୦୦

୭. ଯୁଗେ ଯୁଗେ ନାରୀ - ସୂର୍ଯ୍ୟ ନାରାୟଣ ଦାସ - ବିଜୟ ବୁକ୍ ଷ୍ଟୋର୍ - ବ୍ରହ୍ମପୁର - ୧୯୭୫ - ପୃ: ୧୯

୮. ଗାନ୍ଧୀଚର୍ଚ୍ଚା - ଆଚାର୍ଯ୍ୟ ଭାବାନନ୍ଦ - ପୃ: ୯୨

୯. ଓଡ଼ିଶାର ମହୀୟସୀ ମହିଳା - ଡକ୍ଟର କୃଷ୍ଣଚନ୍ଦ୍ର ଭୂୟାଁ - ଓଡ଼ିଶା ସାହିତ୍ୟ ଏକାଡେମୀ - ୨୦୦୯ - ପୃ:୩

୧୦. ଯୁଗଜନକ ମହାତ୍ମା ଗାନ୍ଧୀ - ସୂର୍ଯ୍ୟ ନାରାୟଣ ଦାସ - ପୃ:୩୦୪

୧୧. ଓଡ଼ିଶାର ମହୀୟସୀ ମହିଳା - ଡକ୍ଟର କୃଷ୍ଣଚନ୍ଦ୍ର ଭୂୟାଁ - ଓଡ଼ିଶା ସାହିତ୍ୟ ଏକାଡେମୀ - ୨୦୦୯ - ପୃ:୧୫୪

୧୨. ଓଡ଼ିଶାର ମହୀୟସୀ ମହିଳା - ଡକ୍ଟର କୃଷ୍ଣଚନ୍ଦ୍ର ଭୂୟାଁ - ଓଡ଼ିଶା ସାହିତ୍ୟ ଏକାଡେମୀ - ୨୦୦୯ - ପୃ:୧୯୮

ଦଳିତ ବିମର୍ଶ:
ଏକ ସକାରାତ୍ମକ ଆହ୍ୱାନ

"ମନୁସ୍ମୃତ୍ର ହକ୍‌ମାଗେ ଯୁଗାବ୍ଦୀର ଶେଷେ
ଶୋଷିତର ଲାଲଖୁନ୍
ଆତ୍ମମୁକ୍ତି-ନ୍ୟାଯ୍ୟସ୍ଥିତି ଖୋଜେ
ଢୋକେ ପିଇ ଜିଇଁବାର ପ୍ରତିଶ୍ରୁତି ଚାହେଁ
ବଞ୍ଚି ଆଉ ବଞ୍ଚିବାକୁ ଦିଅ କହି
ନିପୀଡ଼ନ ଅକାତରେ ସହେ।"

(ଜିଇଁବାର ଡାକ - ସଂଘମିତ୍ରା ଭଞ୍ଜ)

ତଥାକଥିତ ବଡ଼ପଣ୍ଡାଙ୍କ ରଢ଼ ସମାଜ ବ୍ୟବସ୍ଥାର ଚତୁର୍ବର୍ଣ୍ଣ ପରେ ପଞ୍ଚମ ବର୍ଣ୍ଣ ରୂପେ ଯେଉଁ ଅଛୁ ସଂପ୍ରଦାୟ ସମ୍ମୁଖକୁ ଆସନ୍ତି, ସେମାନଙ୍କୁ 'ଦଳିତ' ଓ 'ପଞ୍ଚମ' କୁହାଯାଏ। 'ଦଳିତ' ଶବ୍ଦ ନିମନ୍ତେ ଇଂରାଜୀରେ 'Broken' ବା 'Scattered' ଶବ୍ଦର ବ୍ୟବହାର ରହିଛି। ଏହାକୁ ସଂସ୍କୃତରେ 'ଅସବର୍ଣ୍ଣ', ହିନ୍ଦୀରେ 'ଦଳିତ', 'ଅସ୍ପୃଶ୍ୟ', 'ଅଛୁତ' ଆଦି କୁହାଯାଏ। ଯେଉଁମାନେ ବିଶେଷ ଭାବରେ ଅତ୍ୟାଚାର-ଶୋଷଣ ତଥା ଅସ୍ପୃଶ୍ୟତା ହେତୁ ଅବସାଦଗ୍ରସ୍ତ ସେମାନେ ହିଁ ଦଳିତ। ଭାରତୀୟ ସମ୍ବିଧାନ ୧୯୫୦ ମସିହାରେ ଆର୍ଟିକିଲ୍ ୩୪୧ରେ ସଂରକ୍ଷିତ ଜାତି (Scheduled Caste) ଓ ୩୪୨ ସଂରକ୍ଷିତ ଆଦିବାସୀ (Scheduled Tribe)ଙ୍କୁ ଅନୁନ୍ନତ-ଦଳିତ ଭାବରେ ଗ୍ରହଣ କରିଛି।

'ଦଳିତ ଶବ୍ଦର ଅର୍ଥ ରୂପେ ଦଳନ', ଶୋଷଣ, ଉତ୍ପୀଡ଼ନର ଶିକାର ଗୋଡ଼ତଳର

ଅପାଂକ୍ତେୟ, ମର୍ଦ୍ଦିତ, ନିଷ୍ପେଷିତ, ଶୂକରୀ ପରିବେଷ୍ଟିତ-ଦୁର୍ଗନ୍ଧମୟ-କର୍ଦ୍ଦମାକ୍ତ-ସନ୍ତସନ୍ତିଆ, ବସ୍ତିତଳିଆ ଅନୁନ୍ନତ-ନଗଣ୍ୟ ଲୋକଙ୍କୁ ସୂଚିତ କରେ। 'ଦଳିତ' ଶବ୍ଦର ଅର୍ଥକୁ ଦୀର୍ଘ ସାତ-ଆଠ ଦଶନ୍ଧି ଧରି ବହୁ ରୂପରେ ବ୍ୟବହାର କରାଯାଇଛି। ଏହି ପଛୁଆ-ଦଳିତ ବର୍ଗକୁ ନେଇ ବହୁ ତାତ୍ତ୍ୱିକ ଅବଧାରଣା ବ୍ୟାପକ ହେବାରେ ଲାଗିଛି। ଏମାନଙ୍କ ଜୀବନ, ସାମାଜିକ ସ୍ୱୀକୃତି ଓ ଜୀବନମୂଲ୍ୟ କ୍ରମଶଃ ଆଧୁନିକ ମଣିଷମାନଙ୍କ ଦୃଷ୍ଟି ଆକର୍ଷଣ କରିଆସୁଛି। "ଅନୁନ୍ନତ ସଂପ୍ରଦାୟ ଅନ୍ତର୍ଭୁକ୍ତ ଆଦିବାସୀ ଓ ହରିଜନ ସମାଜ ଭିତରେ ଥିବା ଜାତିଗତ ଅନ୍ତର୍ଦ୍ୱନ୍ଦ୍ୱ, ସଂହତିର ଅଭାବ, ସେହି ସଂପ୍ରଦାୟର ବିପର୍ଯ୍ୟୟ ପାଇଁ ସେହି ସମାଜ ଅନ୍ତର୍ଭୁକ୍ତ ବ୍ୟକ୍ତିବିଶେଷଙ୍କର ଚକ୍ରାନ୍ତ, ଶିକ୍ଷା, ରାଜନୀତି, ବ୍ୟବସାୟ ଇତ୍ୟାଦି ଦ୍ୱାରା ଉନ୍ନତ ହୋଇଥିବା ସେହି ସଂପ୍ରଦାୟର ବ୍ୟକ୍ତିମାନଙ୍କର ନିଜ ସଂପ୍ରଦାୟ ପ୍ରତି ଉଦାସୀନତା ଓ ନଗରରେ ଅବସ୍ଥାନ"[୧] ଇତ୍ୟାଦି ପ୍ରମୁଖ ସ୍ଥିତି ଦୃଷ୍ଟିଗୋଚର ହୁଏ।

ପାଶ୍ଚାତ୍ୟ ସଭ୍ୟତାରେ ସର୍ବପ୍ରଥମେ ଆବ୍ରାହିମ୍ ଲିଙ୍କନ୍ ଦଳିତମୁକ୍ତି ଓ ଅଧିକାର ସଂପର୍କରେ ସଚେତନତା ସୃଷ୍ଟି କରିଥିଲେ। ୟୁରୋପ ହିଁ ସେମାନଙ୍କ ମାନବୀୟ ଅଧିକାରକୁ କାନୁନଗତ ମାନ୍ୟତା ପ୍ରଦାନ କରିଥିଲା। ୟୁରୋପରେ ନବଜାଗରଣ ତଥା ଚେତନାର ଉତ୍ତରଣ ଦ୍ୱାରା ସେମାନଙ୍କ ସ୍ଥିତି ତଥା ଅଧିକାର ମହିମାମଣ୍ଡିତ ହୋଇଥିଲା। ଦଳିତମାନଙ୍କ ମାନବୀୟ ମୂଲ୍ୟହିଁ ୟୁରୋପୀୟ କ୍ରାନ୍ତିର ଆଦର୍ଶ ଥିଲା। ଏହି ଆଦର୍ଶପୂର୍ଣ୍ଣ ମାନସିକତା ଭିତରେ ଦଳିତଙ୍କ ସମାଜ ସଂରଚନାର ଆଭିମୁଖ୍ୟ ସେମାନଙ୍କ ମୂଳ ଭୂତତତ୍ତ୍ୱକୁ ଅଗ୍ରାଧିକାର ଦେବା ପ୍ରମୁଖ ଲକ୍ଷ୍ୟ ଥିଲା। ଅନୁନ୍ନତ ସଂପ୍ରଦାୟ ଏକ ଜାତିବାଚକ ବିଚାର। ରାଜନୀତିକ ଦୃଷ୍ଟିକୋଣରୁ ସେମାନେ ଦଳିତ ମାତ୍ର ନିରୋଳା ଦଳିତ ନୁହନ୍ତି।"[୨]

ଭାରତରେ ଦଳିତମାନଙ୍କୁ ଯେଉଁ ନ୍ୟାୟିକ ଅଧିକାର ପ୍ରାପ୍ତ ହୋଇଛି ତା'ର ପୃଷ୍ଠଭୂମି ଭାବରେ ବ୍ରିଟିଶ ଶାସନର ଅବଦାନ ଅବିସ୍ମରଣୀୟ। ବ୍ରିଟିଶ ଉପନିବେଶବାଦର ସ୍ଥାପନା କାଳ ଦଳିତମାନଙ୍କ ନିମନ୍ତେ ସ୍ୱର୍ଣ୍ଣକାଳ ଥିଲା। ଭାରତୀୟ ସମ୍ବିଧାନର ପ୍ରସ୍ତାବନାଠାରୁ ଆରମ୍ଭ କରି ସମସ୍ତ ଅନୁଚ୍ଛେଦରେ ସେମାନଙ୍କ ଅଧିକାର ରକ୍ଷାପ୍ରତି ଗଭୀର ଦୃଷ୍ଟି ପ୍ରଦାନ କରାଯାଇଛି। ଭାରତୀୟ ସମାଜରେ 'ବାଲ୍ମୀକି' ସବୁଠୁ ନିମ୍ନବର୍ଗର ଜାତିରୂପେ ଗ୍ରହଣୀୟ। ତେବେ ଶଙ୍କରାଚାର୍ଯ୍ୟ 'ମଧୁରାଷ୍ଟକମ୍'ରେ 'ଦଳିତ', 'ମଧୁର' ଶବ୍ଦ ପ୍ରୟୋଗପୂର୍ବକ ଶ୍ରୀକୃଷ୍ଣଙ୍କୁ ସମ୍ବୋଧନ କରିଥିଲେ। ମହାମତି ଚାର୍ବକ୍ ଦଳିତମାନଙ୍କ ନିମନ୍ତେ ସ୍ୱରୋତ୍ତଳନ କରିବା ପଛରେ ସାମାଜିକ ଦାସତ୍ୱ ଶୃଙ୍ଖଳରୁ ମୁକ୍ତ କରିବାର ଆଭିମୁଖ୍ୟ ଥିଲା ପ୍ରମୁଖ। ଚାର୍ବକ୍ ଧର୍ମ ଓ ଈଶ୍ୱର ଭୟରୁ ଲୋକଙ୍କୁ ମୁକ୍ତ କରିଥିଲେ।

ଖ୍ରୀ.ଅ. ୬୦୦ରେ ବୌଦ୍ଧଧର୍ମରେ ମଧ୍ୟ ହିନ୍ଦୁସମାଜର ସବୁଠାରୁ ନିମ୍ନବର୍ଗର ଜାତିର ଲୋକ ଅଧିକାର ନିମନ୍ତେ ସ୍ୱର ଉତ୍ତୋଳନ ହୋଇଥିଲା। ଶବର, ଚାଣ୍ଡାଳ, ଡୋମ୍ବୀ, ହାଡ଼ିଆଦି ଜନଜାତିର ଯାର ସ୍ଥିତି-ଚିତ୍ରକୁ ବୌଦ୍ଧସାଧକମାନେ ନିଜ ରଚନାବଳୀ ମାଧ୍ୟମରେ ଉପସ୍ଥାପିତ କରିଥିଲେ। ଭଗବାନ ଗୌତମବୁଦ୍ଧ ହିଁ ବୌଦ୍ଧଧର୍ମ ସହାୟତାରେ ସାମାଜିକ-ରାଜନୀତିକ କ୍ରାନ୍ତିର ପ୍ରତିଷ୍ଠାପକ ହୋଇଥିଲେ। ସେ ସମୟରେ ଧର୍ମର ପ୍ରଚୁର ଆଧିପତ୍ୟ ହେତୁ ସାମାଜିକ ରାଜନୀତିକ ଦିଗସବୁ ଧର୍ମ ଦ୍ୱାରା ହିଁ ନିୟନ୍ତ୍ରିତ ଥିଲା। ତେଣୁ ସମାଜର ନିମ୍ନବର୍ଗର ବ୍ୟକ୍ତିବିଶେଷକଙ୍କ ନିମନ୍ତେ ଭଗବାନ୍ ବୁଦ୍ଧ ଯେଉଁ ଦିଗ ନିର୍ଦ୍ଦେଶ କରିଥିଲେ, ତାହା ଦଳିତଙ୍କ ନିମନ୍ତେ ଅତ୍ୟନ୍ତ ପ୍ରଭାବଶାଳୀ ହୋଇପାରିଥିଲା।

ଭାରତରେ ଦଳିତମାନଙ୍କ ନିମନ୍ତେ ନେତୃତ୍ୱକାରୀ ପଦକ୍ଷେପ ବହନ କରିଥିବା ବ୍ୟକ୍ତିତ୍ୱ ଥିଲେ ସନ୍ଥ କବୀର, ଜ୍ୟୋତିବା ଫୁଲେ, ଆମ୍ବେଦକର ଜଗଜ୍ଜୀବନ ରାମ, କେ. ଆର୍. ନାରାୟଣ ଆଦି ଜ୍ୟୋତିରାଓ ଓ ଗୋବିନ୍ଦରାଓ ଫୁଲେଙ୍କ ନେତୃତ୍ୱରେ ଭାରତରେ ଦଳିତ ଆନ୍ଦୋଳନର ସୂତ୍ରପାତ ହୋଇଥିଲା। ସେ ଜାତିରେ ଜଣେ 'ମାଳି' ଥିଲେ ଏବଂ ସମାଜର ଉଚ୍ଚବର୍ଗର ଲୋକଙ୍କଠାରୁ ତାଙ୍କୁ ସମାନ ଅଧିକାର ପ୍ରାପ୍ତ ନଥିଲା। ତଥାକଥିତ ନିମ୍ନ ଜାତିର ଲୋକଙ୍କ ଅଧିକାର ଉପରେ ଗୁରୁତ୍ୱାରୋପ କରିଥିଲେ। ସର୍ବପ୍ରଥମେ ସେ ଦଳିତ ବିଦ୍ୟାଳୟ ସ୍ଥାପନ କରିଥିଲେ। ସମାଜର ଦଳିତମାନଙ୍କ ଅଧିକାର ଆନ୍ଦୋଳନରେ ଆଗୁଆ ବର୍ଗର ଲୋକଙ୍କୁ ସକ୍ରିୟ ଭାବରେ ଯୋଗଦାନ ନିମନ୍ତେ ପ୍ରୋତ୍ସାହନ ଦେବା ସହିତ ପଥପ୍ରଦର୍ଶନ ମଧ୍ୟ କରିଥିଲେ। ଗୋବିନ୍ଦରାଓ ଫୁଲେ, ଦଳିତ-ନାରୀଶିକ୍ଷା ନିମନ୍ତେ ବହୁ ବଳିଷ୍ଠ ପଦକ୍ଷେପ ଗ୍ରହଣ କରିଥିଲେ। ତାଙ୍କ ଦ୍ୱାରା ଦଳିତ ଆନ୍ଦୋଳନର ସୂତ୍ରପାତ ହୋଇଥିଲେ ହେଁ ସମାଜର ମୁଖ୍ୟସ୍ରୋତରେ ସେମାନଙ୍କୁ ସାମିଲ କରାଇବା ନିମନ୍ତେ ଭାରତର ବାବାସାହେବ ଆମ୍ବେଦକର ହିଁ ଥିଲେ ପ୍ରକୃତ ଜନକ। ସେ ଥିଲେ ଦଳିତମାନଙ୍କ ଈଶ୍ୱର ଓ ଦଳିତ ସମାଜର ପ୍ରଣେତା। ସେମାନଙ୍କୁ ସାମାଜିକ ପରିଧି ଭିତରେ ପ୍ରତିଷ୍ଠା ଦେବା ଦିଗରେ ସେ ଦାୟବଦ୍ଧ ଥିଲେ। ଦଳିତଙ୍କ କାନୁନଗତ କ୍ରାନ୍ତି ନିମନ୍ତେ ସେ ସକ୍ରିୟ ପଦକ୍ଷେପ ଗ୍ରହଣ କରିଥିଲେ। ଦଳିତଙ୍କ ସାମାଜିକ, ରାଜନୀତିକ ତଥା ଆର୍ଥିକ ଅଧିକାରକୁ ମହତ୍ତ୍ୱ ପ୍ରଦାନ କରି ପଛୁଆ ବର୍ଗର ତିରସ୍କୃତ ଲୋକଙ୍କ ଅଧିକାର ପ୍ରସଙ୍ଗକୁ ଆମ୍ବେଦକର ଉତ୍‌ଥାପିତ କରିଥିଲେ। ସେମାନଙ୍କ ରାଜନୀତିକ ପୃଥକ୍ ନିର୍ବାଚନୀ କ୍ଷମତାର ଚାହିଦା (demand)କୁ ଭାରତୀୟ ସମ୍ବିଧାନରେ ସ୍ଥାନ ଦେଇଥିଲେ। ଆମ୍ବେଦକରଙ୍କ ମତରେ ସମ୍ବିଧାନର ମୌଳିକ ଅଧିକାର ଦ୍ୱାରା ହିଁ ଦଳିତଙ୍କୁ ଅଧିକାର ରକ୍ଷା ଦାୟିତ୍ୱ ବହନ କରାଯାଇପାରେ। ଦଳିତମାନେ ହିନ୍ଦୁ ସମାଜ

ବ୍ୟବସ୍ଥାରେ ସବୁଠାରୁ ନଗଣ୍ୟ ଶ୍ରେଣୀର ଲୋକସମୂହ ଅର୍ଥାତ୍ ଅସ୍ପୃଶ୍ୟ ଜନଜାତିର ପରିଚାୟକ ଅଟନ୍ତି। ଯଦିଚ ବୌଦ୍ଧଯୁଗରୁ ଦଳିତ ବର୍ଗର ସ୍ଥିତି ସଂପର୍କରେ ଆମେ ଅବଗତ ହେଉ, ତଥାପି ମାନବାଧିକାର ଆନ୍ଦୋଳନ ରୂପେ ଦଳିତଙ୍କୁ ନେଇ ସାହିତ୍ୟ ସାଧନା ମୁଖ୍ୟତଃ ବିଂଶ ଶତାବ୍ଦୀର ଅବଦାନ। ସ୍ୱାଧୀନତା ଲାଭ ପୂର୍ବରୁ ଏହି ସଂପ୍ରଦାୟ ପ୍ରତି ପ୍ରଶାସନ କ୍ଷେତ୍ରରେ କୌଣସି ଦୃଷ୍ଟିପାତ କରାଯାଇନଥିଲା। ସର୍ବପ୍ରଥମେ ଗାନ୍ଧୀଜୀଙ୍କ ଆନ୍ଦୋଳନ ଫଳରେ ଏମାନଙ୍କ ପ୍ରତି ଗୋଟାଏ ସହାନୁଭୂତିମୂଳକ ଦଳିତଙ୍କ ଦୃଷ୍ଟିକୋଣ ପ୍ରକାଶ ପାଇଲା।"[୩] ଦଳିତଙ୍କୁ ନ୍ୟାୟ, ଶିକ୍ଷା, ସମାନତା, ସ୍ୱତନ୍ତ୍ରତା, ସ୍ୱାନୁଭୂତି ଓ ମୁକ୍ତି ଦେବା ଉଦ୍ଦେଶ୍ୟରେ ସେମାନଙ୍କ ଜୀବନଶୈଳୀକୁ 'ସାହିତ୍ୟ' ଜରିଆରେ ଚର୍ଚ୍ଚା କରିବା ଏକ ନୂତନ ଦୃଷ୍ଟିକୋଣ ନେଇ ଦଳିତ ସାହିତ୍ୟର ସୂତ୍ରପାତ ହୋଇଥିଲା ମରାଠୀ ଭାଷାରୁ। ସାଧାରଣ ଜନତା ନିକଟରେ ଦଳିତଙ୍କ ଭାବନା, ଦୁଃଖ-ଯନ୍ତ୍ରଣା, ବିଡ଼ମ୍ବନାକୁ କବିତା, ନିବନ୍ଧ, ଜୀବନୀ, କଟାକ୍ଷ ତଥା ଶାଣିତ ବ୍ୟଙ୍ଗ କଥା ମାଧ୍ୟମରେ ପହଞ୍ଚାଇବାର ପ୍ରୟାସ ଆରମ୍ଭ ହେଲା। ଦଳିତ ସାହିତ୍ୟକାରମାନଙ୍କ ମତରେ- 'ସବର୍ଣ୍ଣମାନେ ଦଳିତର ପୀଡ଼ାକୁ ଭୋଗି ନାହାନ୍ତି, ତେଣୁ ସେମାନଙ୍କ ପକ୍ଷରେ ଦଳିତ ସାହିତ୍ୟ ସୃଜନ ସମ୍ଭବ ନୁହେଁ। ମାତ୍ର ପରବର୍ତ୍ତୀ ସମୟରେ ପ୍ରେମଚାନ୍ଦ, ନାଗାର୍ଜୁନ ନିରାଲାଙ୍କ ପରି ବିଶିଷ୍ଟ ସାହିତ୍ୟିକଗଣ ଦଳିତଙ୍କୁ ନେଇ ଅନେକ ଚର୍ଚ୍ଚା କରିଛନ୍ତି।

ଆମ୍ବେଦକରଙ୍କ ମରାଠୀ ସୃଷ୍ଟି 'ମିକସା ଝାଲା (ଆତ୍ମକଥା) ଠାରୁ ପ୍ରଥମ ଦଳିତ ସାହିତ୍ୟର ସୃଷ୍ଟି। ପରେ ଦୟା ପାୱାର, ସେନ୍ କାମ୍ବଲେ, ଶରଣକୁମାର ଲିମ୍ବାଲେ ଆଦି ସ୍ରଷ୍ଟାଗଣ ନିଜ ଆତ୍ମକଥା ଦ୍ୱାରା ଦଳିତ ଜୀବନର ବ୍ୟକ୍ତିଗତ ପୀଡ଼ାଙ୍କୁ ସାକ୍ଷାତ୍କାର କରି ଜାତିଗତ ସାମୂହିକ ଯନ୍ତ୍ରଣାକୁ ସମାଜ ସମ୍ମୁଖରେ ପ୍ରସ୍ତୁତ କରିଥିଲେ। ତେବେ ବାବୁରାମ ବାଗୁଲ୍‌ଙ୍କ 'କ୍ରାନ୍ତିବିଜ୍ଞାନ'କୁ ଦଳିତମାନଙ୍କୁ ସାର୍ଥକ-ପ୍ରାମାଣିକ ବିବେଚନାଧର୍ମୀ ଆତ୍ମକଥା ରୂପେ ସ୍ୱୀକାର କରାଯାଏ। ୮୦/ ୯୦ ଦଶକ ବେଳକୁ ଦଳିତ ସାହିତ୍ୟ ଲୋକମାନଙ୍କ ନିକଟରେ ପହଞ୍ଚି ସାରିଥିଲା। ହିନ୍ଦୀ ସାହିତ୍ୟ କ୍ଷେତ୍ରରେ ପ୍ରେମଚାନ୍ଦ, ବିହାରୀଲାଲ ହରିତ୍, ମହାଶୟ ନଥୁରାମ ତାମ୍ରମେଲୀ ଚୌହାନ ଇତ୍ୟାଦି ସ୍ରଷ୍ଟାଗଣ ସାହିତ୍ୟ ଜରିଆରେ ଓମ୍‌ପ୍ରକାଶ ବାଲ୍ମୀକି, ଧର୍ମବୀର ଭାରତୀ, ମୋହନଦାସ ନୈମିଶରାୟ, ସୂରଜ୍‌ପାଲ ଦଳିତଙ୍କ ପ୍ରତିନିଧିତ୍ୱ କରିଛନ୍ତି। ସେମାନେ ମାର୍କ୍ସବାଦ ଦ୍ୱାରା ପ୍ରଭାବିତ ଥିଲେ। ପରେ ଅନୁଭୂତି, ନୂତନ ଶବ୍ଦବିମ୍ବ ତଥା ପ୍ରତୀକର ପ୍ରୟୋଗ ଦ୍ୱାରା ସୌନ୍ଦର୍ଯ୍ୟଶାସକୁ ଯୁକ୍ତକରି ଦଳିତବର୍ଗର ପୀଡ଼ାକୁ ଅଭିବ୍ୟଞ୍ଜିତ କରିବାକୁ ଯଥାସମ୍ଭବ ଚେଷ୍ଟା କରିଛନ୍ତି। ବିଶେଷତଃ ସବର୍ଣ୍ଣଙ୍କ ଅମାନବୀୟ ବ୍ୟବହାର, ଶୋଷଣ-ପେଷଣ ଅର୍ଥନୀତିକ ଦୁରବସ୍ଥାର ସ୍ୱର ସାହିତ୍ୟରେ ମର୍ମରିତ ହୋଇଛି।

ହିନ୍ଦୀ ସାହିତ୍ୟରେ ପ୍ରେମଚାନ୍ଦଙ୍କ 'ଠାକୁରକା କୁଆଁ' ଏକ ପ୍ରସିଦ୍ଧ କାହାଣୀ ଯେଉଁଥିରେ ଗଳ୍ପର ମୁଖ୍ୟପାତ୍ର ଗଙ୍ଗା ନିଜ ଅସୁସ୍ଥ ସ୍ୱାମୀ ପାଇଁ କୂଅର ସଫା ପାଣି ଟିକେ ଆଣି ପାରୁନି। ଉଚ୍ଚଜାତିର ବର୍ଣ୍ଣବାଦୀ ବ୍ୟବସ୍ଥା ଏ କ୍ଷେତ୍ରରେ ଅନ୍ତରାୟ ସୃଷ୍ଟି କରିଛି।

"ପୁରାଣ ଓ କାବ୍ୟରେ ଜନଜାତି, ହରିଜନଙ୍କର ସ୍ଥଳବିଶେଷରେ ଉଲ୍ଲେଖ ରହିଛି। ଯେମିତି ରାମାୟଣରେ ଶମ୍ବୁକ, ଗୁହକ, ମହାଭାରତରେ ଏକଲବ୍ୟ, ଜରାଶବର ଇତ୍ୟାଦି। ତେବେ ଭାରତର ପ୍ରଥମ ପ୍ରଧାନମନ୍ତ୍ରୀ ପଣ୍ଡିତ ଜବାହରଲାଲ ନେହେରୁ ଆଦିବାସୀଙ୍କ ସଂପର୍କରେ କହିଥିଲେ "ମୁଁ ଠିକ୍ ଭାବରେ କହିପାରିବି ନାହିଁ, କାହାର ଜୀବନଧାରା ଉନ୍ନତତର - ଆଦିବାସୀମାନଙ୍କର ନା ଆମର। ମୁଁ ସଂପୂର୍ଣ୍ଣ ନିଶ୍ଚିତ ଯେ, କେତେକ ଦୃଷ୍ଟିକୋଣରୁ ସେମାନଙ୍କ ଜୀବନଧାରା ଆମଠାରୁ ଅଧିକ ଉନ୍ନତ। ଆମ୍ଭେମାନେ ସେମାନଙ୍କଠାରୁ ନିଜକୁ ଉତ୍କୃଷ୍ଟତର ମନେକରି ସେମାନଙ୍କ ପାଖକୁ ଯିବା ଓ ସେମାନେ କିପରି ବ୍ୟବହାର କରିବେ, କ'ଣ କରିବେ, କ'ଣ ବା ନକରିବେ ଏସବୁ ବିଷୟରେ ସେମାନଙ୍କୁ କହିବା ଆମ୍ଭମାନଙ୍କ ପକ୍ଷରେ ଔଦ୍ଧତ୍ୟର ପରିଚୟ ବ୍ୟତୀତ ଅନ୍ୟକିଛି ନୁହେଁ। ସେମାନଙ୍କୁ ଆମ୍ଭମାନଙ୍କର ନକଲ କରି ଗଢ଼ିବାରେ କିଛି ଅର୍ଥ ନାହିଁ।"(୪)

ଆଦିବାସୀ ବା ହରିଜନମାନଙ୍କର ସାମାଜିକ ସାଂସ୍କୃତିକ, ଅର୍ଥନୀତିକ ଶୈକ୍ଷିକ ମୂଲ୍ୟବୋଧର ପ୍ରତିଷ୍ଠା ନିମନ୍ତେ ଆଧୁନିକ ସାହିତ୍ୟିକଗଣ ତତ୍ପର ହୋଇଛନ୍ତି। ଆଜିର ଲେଖକଗଣ ସେମାନଙ୍କ ପ୍ରତି ସହାନୁଭୂତିଶୀଳ, ସମ୍ବେଦନଶୀଳ ହେବା ସହିତ ସେହି ଭୂମିପୁତ୍ର ଆଦିମ ଜନତାଙ୍କ ଜୀବନକୁ ବିଶ୍ଳେଷଣ କରିବାର ଦାୟିତ୍ୱବୋଧକୁ ଗମ୍ଭୀର ଭାବରେ ଗ୍ରହଣ କରିଛନ୍ତି।

କଥାସମ୍ରାଟ ଫକୀରମୋହନଙ୍କ 'ସଭ୍ୟ ଜମିଦାର', 'ବଗଲା ବଗୁଲୀ', ଚନ୍ଦ୍ରଶେଖରଙ୍କ 'ଜଗୁ ଚୌକିଦାର', ଲକ୍ଷ୍ମୀକାନ୍ତ ମହାପାତ୍ରଙ୍କ 'ଅଧିକାର', ଗୋଦାବରୀଶ ମହାପାତ୍ରଙ୍କ 'ଦୁଇଟି ଟଙ୍କା', 'ଜାତିର ଧକ୍କା', 'ନୀଳ ମାଷ୍ଟରାଣୀ', କାଳିନ୍ଦୀଚରଣ ପାଣିଗ୍ରାହୀଙ୍କ 'ସାପୁଆ', ଭଗବତୀ ଚରଣ ପାଣିଗ୍ରାହୀଙ୍କ 'ଜଙ୍ଗଲ' 'ଶିକାର', ସଚ୍ଚି ରାଉତରାୟଙ୍କ 'ଜାଗିରି', 'ରଜାପୁଅ', ରାଜକିଶୋର ପଟ୍ଟନାୟକଙ୍କ 'ବିପ୍ଳବୀ', ବାମାଚରଣ ମିତ୍ରଙ୍କ 'ଅପରାଧୀ', କାହ୍ନୁଚରଣଙ୍କ 'ପ୍ରାନ୍ତକୁ', ପ୍ରାଣବନ୍ଧୁ କରଙ୍କ 'ହିରୋ', ସୁରେନ୍ଦ୍ର ମହାନ୍ତିଙ୍କ 'ଖାଦାନୀ', ବସନ୍ତ କୁମାର ଶତପଥୀଙ୍କ 'ବାଲିଡ଼ିହା ବାଘ' ଠାରୁ ଆରମ୍ଭ କରି ଦୁର୍ଗାମାଧବ ମିଶ୍ରଙ୍କ 'ଚନ୍ଦ୍ରାହତ' ଆଦି ଗଳ୍ପରେ ଆଦିବାସୀଙ୍କ ଜୀବନ ସଂପର୍କିତ ଚିତ୍ର ଅଛି। ଓଡ଼ିଆ ଉପନ୍ୟାସ କ୍ଷେତ୍ରରେ ଅନୁନ୍ନତ ସଂପ୍ରଦାୟର ପ୍ରତିନିଧିତ୍ୱ

କରିଥିବା ଔପନ୍ୟାସିକଙ୍କ ମଧ୍ୟରେ 'ଭୀମାଭୂୟାଁ'ର କାଳଜୟୀ ସ୍ରଷ୍ଟା ଗୋପାଳବଲ୍ଲଭ ଦାସ, 'ପରଜା' ଓ ହରିଜନ'ର ସ୍ରଷ୍ଟା ଗୋପୀନାଥ ମହାନ୍ତି ଚିରସ୍ମରଣୀୟ। ସ୍ୱାଧୀନତା ପରବର୍ତ୍ତୀ ସବର୍ଣ୍ଣ-ଅସବର୍ଣ୍ଣର ବିଭେଦ କ୍ରମଶଃ ଦୂରୀଭୂତ ହେବାରେ ଲାଗିଛି। ଦଳିତଙ୍କ ବୃହତ୍ତର ସାମାଜିକ ସ୍ରୋତ ସହିତ ସଂପୃକ୍ତ କରିବାର ଆଭିମୁଖ୍ୟ ନିଶ୍ଚିତ ରୂପେ ପ୍ରାସଙ୍ଗିକ ତଥା ସକାରାତ୍ମକ ଯୁଗୀୟ ଆହ୍ୱାନ। 'can the subaltern speak' ମାଧ୍ୟମରେ ଗାୟତ୍ରୀ ଚକ୍ରବର୍ତ୍ତୀ ସ୍ପିଭାକ ଦଳିତଙ୍କ ତରଫରୁ କହିବାର ଚେଷ୍ଟା କରିଛନ୍ତି, ଯେଉଁମାନେ ଚାହିଁ ମଧ୍ୟ କହିପାରିନାହାନ୍ତି। ଜାତିଗତ ମୁଖ୍ୟସ୍ରୋତରେ ଏମାନଙ୍କୁ ସାମିଲ କରିବାର ସମୁଚ୍ଚ ପ୍ରବଣତା ଦଳିତ ବିମର୍ଶକୁ ନିଶ୍ଚିତ ଭାବରେ ସମୃଦ୍ଧ କରିପାରିବ।

ପାଦଟୀକା:

୧. ଓଡ଼ିଆ ଗଳ୍ପ ଉନ୍ମେଷ ଓ ଉତ୍ତରଣ - ପ୍ରଫେସର ବୈଷ୍ଣବ ଚରଣ ସାମଲ - ଫ୍ରେଣ୍ଡସ ପବ୍ଲିଶର୍ସ - ପୃ:୪୦

୨. ତତ୍ରୈବ - ପୃ: ୩୮୮

୩. ତତ୍ରୈବ - ପୃ: ୩୮୯

୪. ତତ୍ରୈବ - ପୃ: ୩୯୦

ଦର୍ଶନ-ମହାଗୁରୁ ସକ୍ରେଟିସ୍

ଚିନ୍ତନର ସ୍ୱାତନ୍ତ୍ର୍ୟ ମଣିଷକୁ ଅନ୍ୟଠାରୁ ଭିନ୍ନ ପ୍ରତିପାଦନ କରେ। ସୁଚିନ୍ତନ କେବଳ ସେହି ବ୍ୟକ୍ତିର ବ୍ୟକ୍ତିତ୍ୱକୁ ଚିହ୍ନିତ କରେ ନାହିଁ, ତତ୍‌ସହିତ ସମୟ-ସମାଜ ଏବଂ ପାରିପାର୍ଶ୍ୱିକ ଅବସ୍ଥାକୁ ମଧ୍ୟ ପ୍ରଭାବିତ କରିଥାଏ। ଜୀବନର ବିବିଧ ମୂଲ୍ୟବୋଧକୁ ନେଇ ବିଚାରଗତ ଦୃଷ୍ଟିକୋଣ ହିଁ 'ଦର୍ଶନ'। ପାଶ୍ଚାତ୍ୟ ଜନମାନସରେ ନିଜ ସ୍ୱତନ୍ତ୍ର ଦାର୍ଶନିକ ଅଭିବ୍ୟକ୍ତିକୁ ନେଇ ଚିରନମସ୍ୟ ହୋଇଥିବା ମହାମନୀଷୀ ଥିଲେ ଗ୍ରୀକ୍ ଦାର୍ଶନିକ ସକ୍ରେଟିସ୍। ଜୀବନଧାରଣ କ୍ଷେତ୍ରରେ ସେ ଥିଲେ ଅତ୍ୟନ୍ତ ସାଧାରଣ ମାତ୍ର ବିଚାର କ୍ଷେତ୍ରରେ ସେ ଥିଲେ ମହାନ୍। ତାଙ୍କର ବ୍ୟକ୍ତିତ୍ୱ ତତ୍କାଳୀନ ସମାଜକୁ ଜୀବନୋପଲବ୍ଧିର ନୂତନ ମାର୍ଗ ନିର୍ଦ୍ଦେଶ କରିଥିଲା। ସକ୍ରେଟିସ୍‌ଙ୍କ ବିଶ୍ୱାସ ଥିଲା- "Philosophy should achieve practical results for the greater well-being of society." ନୀତିନିଷ୍ଠ ଜୀବନବୋଧ ପ୍ରତିଷ୍ଠା ତଥା ମାନବ ଆଗ୍ରହ ଓ ଆନନ୍ଦର ମହତ୍ତ୍ୱକୁ ସେ ସର୍ବଦା ଗୁରୁତ୍ୱ ପ୍ରଦାନ କରିଥିଲେ।

ପ୍ରାୟ ତିନି ହଜାର ବର୍ଷ ତଳେ ଗ୍ରୀକ୍ ୟୁନାନ୍‌ର ଏକ ସମୃଦ୍ଧ ରାଜ୍ୟ ଥିଲା ଏଥେନ୍ସ। ଖ୍ରୀଷ୍ଟପୂର୍ବ ୪୬୯ରେ ପିତା ସୋଫ୍ରୋନିସ୍‌କସ୍ (Sophroniscus) ଏବଂ ମାତା ଫିନାରିଟେ (Phaenarete)ଙ୍କ କୋଳମଣ୍ଡନ କରି ସକ୍ରେଟିସ୍ ୟୁନାନ୍‌ରେ ଜନ୍ମଗ୍ରହଣ କରିଥିଲେ। ସକ୍ରେଟିସ୍‌ଙ୍କ ପିତା ସୋଫ୍ରୋନିସ୍‌କସ୍ ଜଣେ ସ୍ଥପତି (sculptor) ଥିଲେ। ମୂର୍ତ୍ତି ତିଆରି କରି ଗୁଜୁରାଣ ମେଣ୍ଟାଇବା ନିମନ୍ତେ ତାଙ୍କ ପିତାଙ୍କ ସଂଘର୍ଷମୟ ଜୀବନକୁ ଦେଖି ସକ୍ରେଟିସ୍ ଅତ୍ୟନ୍ତ ଦୁଃଖିତ ହୋଇପଡୁଥିଲେ। ବାଲ୍ୟାବସ୍ଥାରୁ ହିଁ ଭଲ ଖାଦ୍ୟ, ବସ୍ତ୍ରର ଅଭାବ ଭିତରେ ତାଙ୍କ ଆଦ୍ୟ ଜୀବନ ଅତ୍ୟନ୍ତ

ଦୁଃସ୍ଥ ଅବସ୍ଥାରେ ଗତିଶୀଳ ହୋଇଥିଲା। ଶୈଶବରୁ ସକ୍ରେଟିସ୍‌ଙ୍କ ମନରେ ଶିକ୍ଷାଲାଭର ଉଚ୍ଚାକାଂକ୍ଷା ରହିଥିଲା। ସଂଯୋଗବଶତଃ କ୍ରିଟୋ ନାମକ ଜଣେ ଧନୀ ବ୍ୟକ୍ତି ତାଙ୍କୁ ସାହାଯ୍ୟ କରିଥିଲେ। ସମୁଚିତ ଶିକ୍ଷାଲାଭ ଦ୍ୱାରା ସେ ବିଦ୍ୱାନ୍ ହୋଇପାରିଥିଲେ। ତାଙ୍କ ମତରେ- **'Knowledge is Virtue'**। 'ଜ୍ଞାନ ହିଁ ସତ୍ୟ'। ସକ୍ରେଟିସ୍ ପାରମ୍ପରିକ ରଢ଼ିବାଦୀ ମାନସିକତା ଏବଂ ଅଜ୍ଞତାକୁ ଘୃଣା କରୁଥିଲେ। ଗୌତମ ବୁଦ୍ଧଙ୍କ ଭଳି ସେ ତାଙ୍କର ଜୀବନାନୁଭୂତି ଏବଂ ଜୀବନୀୟ ଉପଲବ୍ଧିକୁ ଉପଦେଶ ଛଳରେ ନିଜ ଶିଷ୍ୟମାନଙ୍କୁ ପ୍ରଦାନ କରିବା ସହିତ ସେମାନଙ୍କୁ ଜୀବନର ଉଚିତ ମାର୍ଗ ପ୍ରଦର୍ଶନ କରିଥିଲେ।

ସକ୍ରେଟିସ୍ ଉପଦେଶ ଛଳରେ କହୁଥିଲେ- 'ଏ ଦୁନିଆରେ ସମ୍ମାନରେ ବଞ୍ଚିବାର ସବୁଠାରୁ ମହାନ୍ ରାସ୍ତା ହେଉଛି ଆମେ ସେମିତି ହେବା, ଯାହା ଆମେ ଦେଖେଇ ହେଉ।' ତାଙ୍କ ମତରେ- "ଜଣେ ସଚ୍ଚୋଟ-ବିଶ୍ୱସ୍ତ ବ୍ୟକ୍ତି ଠିକ୍ ଗୋଟେ ଶିଶୁ ଭଳି ହୋଇଥାଏ। ପ୍ରତ୍ୟେକ ବ୍ୟକ୍ତିର ଆତ୍ମା ଅମର ଥାଏ, କିନ୍ତୁ ଯେ ସ୍ୱଚ୍ଛ ହୃଦୟର ଥାନ୍ତି ସେମାନଙ୍କ ଆତ୍ମା ଅମର ଏବଂ ଦିବ୍ୟ ଥାଏ।" ସକ୍ରେଟିସ୍ ବିଶ୍ୱ, ଆତ୍ମା, ବିଚାର, ବିବିଧ ସିଦ୍ଧାନ୍ତ ଏବଂ ସେଗୁଡ଼ିକର ପ୍ରୟୋଗକୁ ନେଇ ସ୍ୱ-ଅଭିମତ ପ୍ରତିଷ୍ଠା କରିଯାଇଛନ୍ତି। ସେ ଜ୍ଞାନର ଭଣ୍ଡାର ଥିଲେ। ତାଙ୍କ ମନରେ ଏଥେନ୍ସ ଏବଂ ଏହାର ଅଧିବାସୀମାନଙ୍କ ପ୍ରତି ଅସୀମ ପ୍ରେମ ଥିଲା। ଏଥେନ୍ସରେ ସେ ସମୟରେ ବହୁ ଷଡ଼ଯନ୍ତ୍ରକାରୀ-ନୀତିଭ୍ରଷ୍ଟ ବିଦ୍ୱାନ୍‌ମାନଙ୍କର ଅଭାବ ନ ଥିଲା। ସେମାନେ ନିଜ ଅହଂ ଓ ଗର୍ବର ଧ୍ୱଜା ଧାରଣ କରି ନିଜ ପ୍ରତିଷ୍ଠା ନିମନ୍ତେ ଯେକୌଣସି ସ୍ତରକୁ ଯିବାକୁ ପ୍ରସ୍ତୁତ ଥିଲେ। ଗ୍ରୀକ୍‌ରେ ସେତେବେଳେ ବହୁ ଦେବଦେବୀଙ୍କ ମାନ୍ୟତା ରହିଥିଲା। ସକ୍ରେଟିସ୍ ବହୁ ଦେବଦେବୀ ଉପାସନାର ବିରୁଦ୍ଧରେ ଥିଲେ। ଯେହେତୁ ନବଯୁବକମାନେ ତାଙ୍କର ସଂସ୍ପର୍ଶରେ ଥିଲେ ସକ୍ରେଟିସ୍ ସେମାନଙ୍କ ସହିତ ଈଶ୍ୱର, ସୃଷ୍ଟି, ଧର୍ମ, ପ୍ରଶାସନ, ରାଜା, ରାଜଧର୍ମ ତଥା ପ୍ରଜାଧର୍ମ ଇତ୍ୟାଦି ସଂପର୍କିତ ବହୁ ପ୍ରସଙ୍ଗ ଆଲୋଚନା କରୁଥିଲେ। ସାଧାରଣ ଲୋକଙ୍କ ନିମନ୍ତେ ଏ ପ୍ରକାର ଚର୍ଚ୍ଚା ସେ ସମୟରେ ଅତ୍ୟନ୍ତ କଠିନ ଥିଲା। ସକ୍ରେଟିସ୍ କହୁଥିଲେ- "ଈଶ୍ୱର କେବଳ ଜଣେ। ତାଙ୍କ ସ୍ଥାନରେ ନାନା ପ୍ରକାର ଦେବୀ-ଦେବତାଙ୍କୁ ପୂଜା କରିବା ଅଜ୍ଞାନତା। ଏହାଦ୍ୱାରା ବୁଦ୍ଧି ଭ୍ରମିତ ହୁଏ। ପ୍ରକୃତ ଧର୍ମ ନିଜ ବୁଦ୍ଧିକୁ ବ୍ୟବହାର କରିବା ଦ୍ୱାରା ପାଳନ କରିହେବ। ନିଜ ପ୍ରତି, ସମାଜ ପ୍ରତି ଏବଂ ଦେଶ ପ୍ରତି ନିଜ କର୍ତ୍ତବ୍ୟ ପାଳନ କରିବା ହିଁ ପ୍ରତ୍ୟେକ ମାନବର ଧର୍ମ ହେବା ଉଚିତ। ବ୍ୟକ୍ତିଠାରୁ, ରାଜାଠାରୁ ମଧ୍ୟ 'ଦେଶ' - ବୃହତ୍ ଅଟେ। ତେଣୁ ଆମର ପ୍ରଥମ କର୍ତ୍ତବ୍ୟ ହେଉଛି ଆମେ

ଦେଶଭକ୍ତ ହେବା। ରାଜା ଜଣେ ପ୍ରଶାସକ ଅଟେ। ସେ ଈଶ୍ୱର ନୁହେଁ। ଜଣେ ରାଜା ସେପର୍ଯ୍ୟନ୍ତ ଭଲ ଯେପର୍ଯ୍ୟନ୍ତ ସେ ଆନ୍ତରିକତା ଏବଂ ସଚ୍ଚୋଟତାର ସହିତ ଦେଶ, ଜନତା ଏବଂ ପ୍ରଜାର ସେବା କରିଥାଏ। ଜନତାର ମଧ୍ୟ କର୍ତ୍ତବ୍ୟ ଯେ, ଦେଶର ହିତ ପାଇଁ ସେ ରାଜାଙ୍କୁ ସହାୟତା କରିବା ଉଚିତ। ଜ୍ଞାନ ଅର୍ଜନ କରି ସତ୍ୟ ସନ୍ଦର୍ଶନ କରିବା ହିଁ ଜନତାର କର୍ତ୍ତବ୍ୟ ହେବା ଉଚିତ।" ସକ୍ରେଟିସ୍‌ଙ୍କ ମାନସିକତା ଏବଂ ବିଚାର ଦ୍ୱାରା ନବଯୁବକ ତଥା ରାଜ୍ୟବାସୀ ଗଭୀର ଭାବରେ ପ୍ରଭାବିତ ହେଉଥିଲେ। ସକ୍ରେଟିସ୍ ନିଜ ଜ୍ଞାନକୁ କାହା ଉପରେ ବୋଝ ଭଳି ଲଦିଦେବାକୁ ଚାହୁଁ ନ ଥିଲେ। କୌଣସି କଥାକୁ ଜଣେ ବିଶିଷ୍ଟ ବ୍ୟକ୍ତି କହିଛନ୍ତି ବୋଲି ଭାବି ଗ୍ରହଣ କରିବା ଉଚିତ ନୁହେଁ ବୋଲି ସେ ମତ ଦେଉଥିଲେ। ପ୍ରତ୍ୟେକ କଥାର ଗଭୀରତା, ମହତ୍ତ୍ୱ ଏବଂ ଗୁଣ-ଅବଗୁଣକୁ ହୃଦ୍‌ବୋଧ କରି ଗ୍ରହଣ କରିବାକୁ ସେ ନିର୍ଦ୍ଦେଶ ଦେଉଥିଲେ। ସକ୍ରେଟିସ୍ ଜ୍ଞାନର ସଂଗ୍ରାହକ ଥିଲେ। ବିନମ୍ରତା ପୂର୍ବକ ନିଜ ଜ୍ଞାନ ବିତରଣ କରୁଥିଲେ। ଏହି କାରଣ ଯୋଗୁଁ ତାଙ୍କ ମାର୍ଗ ଅନୁସରଣକାରୀ ଶିଷ୍ୟଙ୍କ ସଂଖ୍ୟା ବୃଦ୍ଧି ପାଇଥିଲା। ତାଙ୍କର ଦୁଇ ବିଶିଷ୍ଟ ଶିଷ୍ୟ ଥିଲେ ଅଫ୍‌ଲାତୁନ୍ ଏବଂ ପ୍ଲେଟୋ। ପ୍ଲେଟୋଙ୍କ ପରେ ତାଙ୍କ ଶିଷ୍ୟ ଆରିଷ୍ଟଟଲ୍ ଏବଂ ଆରିଷ୍ଟଟଲ୍‌ଙ୍କ ଶିଷ୍ୟ ମହାନ ସିକନ୍ଦର୍ ମଧ୍ୟ ଏହି ପରମ୍ପରାକୁ ଆଗେଇ ନେଇଥିଲେ।

ସକ୍ରେଟିସ୍ ଦେଖିବାକୁ ଯେତିକି ଅସୁନ୍ଦର ଥିଲେ ତାଙ୍କର ଉପଦେଶ, ଶିକ୍ଷାଦାନ ଏବଂ ବକ୍ତବ୍ୟର ମହତ୍ତ୍ୱ ଏବଂ ସୌନ୍ଦର୍ଯ୍ୟ ସେତିକି ପ୍ରଭାବଶାଳୀ ଥିଲା। 'ଦର୍ଶନଶାସ୍ତ୍ର' ତାଙ୍କରିଠାରୁ ହିଁ ଆରମ୍ଭ ହୋଇଛି ବୋଲି କୁହାଯାଏ। ତାଙ୍କ ମୌଳିକ ବିଚାରକୁ ସେ ଲିପିବଦ୍ଧ କରିନାହାନ୍ତି। ବରଂ ତାଙ୍କ ଅବର୍ତ୍ତମାନରେ ତାଙ୍କ ଶିଷ୍ୟ ପ୍ଲେଟୋ ତାକୁ ବିଧିବଦ୍ଧ ରୂପ ପ୍ରଦାନ କରିଥିଲେ। 'ରିପବ୍ଲିକ୍' ପ୍ରକାରାନ୍ତରେ ପ୍ଲେଟୋଙ୍କ ଗୁରୁ ସକ୍ରେଟିସ୍‌ଙ୍କ ସମ୍ବାଦ (Dialouge)ର ଏକ ନାନ୍ଦନିକ ଉପସ୍ଥାପନା। ଏହାକୁ ପ୍ରଶ୍ନୋତ୍ତର ଶୈଳୀ କିମ୍ବା ସକ୍ରାଟିକ୍ ପ୍ରଣାଳୀ (Socratic Method) ରୂପେ ବିଶ୍ଲେଷଣ କରାଯାଏ। ଏଥିରେ ଛାତ୍ରମାନଙ୍କୁ ପ୍ରଶ୍ନ ପଚାରିବାର ପ୍ରଣାଳୀ ରହିଛି। ଏହା ଛାତ୍ରମାନଙ୍କୁ କୌଣସି ବିଷୟଭୁକ୍ତ ପ୍ରଶ୍ନ ସହିତ ବିଷୟ ବାହାର ପ୍ରଶ୍ନକୁ ମଧ୍ୟ ବୁଝିବା ନିମନ୍ତେ ଅନୁପ୍ରେରିତ କରାଯାଏ। ଚିକିତ୍ସା ବିଜ୍ଞାନ ଏବଂ ନ୍ୟାୟିକ ଶିକ୍ଷା କ୍ଷେତ୍ରରେ ସକ୍ରାଟିକ୍ ପ୍ରଣାଳୀର ବ୍ୟବହାରକୁ ଅଧିକ ମହତ୍ତ୍ୱ ପ୍ରଦାନ କରାଯାଇଥାଏ। ସତ୍ୟ ଏବଂ ନ୍ୟାୟ ଭଳି ଯେକୌଣସି ବିଷୟକୁ ନେଇ ତର୍କର ମୂଳ ରୂପର କୌଶଳପୂର୍ଣ୍ଣ ବ୍ୟବହାର ହିଁ ସକ୍ରେଟିସୀୟ କୌଶଳର ଉଦ୍ଦେଶ୍ୟ ଅଟେ। ପ୍ଲାଟୋଙ୍କ ଡାଇଲଗ୍ (ସଂବାଦ) (crito ଏବଂ the phaedo) ହିଁ ସକ୍ରେଟିସ୍‌ଙ୍କ ବକ୍ତବ୍ୟଗୁଡ଼ିକର ପୁନଃସ୍ଥାପନା ମାତ୍ର। ପ୍ଲାଟୋ

ତାଙ୍କ ଗୁରୁ ସକ୍ରେଟିସ୍‌ଙ୍କ ତତ୍ତ୍ୱକୁ ଯେପରି ଭାବରେ ଉପସ୍ଥାପନ କରିଛନ୍ତି, ବେଳେବେଳେ ସେ ସମସ୍ତ ସକ୍ରେଟିସ୍‌ଙ୍କୁ ଅତ୍ୟନ୍ତ ରହସ୍ୟପୂର୍ଣ୍ଣ କରିଦିଏ। ସକ୍ରେଟିସ୍ ନିଜ ଶିଷ୍ୟମାନଙ୍କୁ ପ୍ରଶ୍ନ ପଚାରିବା ସମୟରେ କହନ୍ତି- "ମୁଁ କିଛିହେଲେ ଜାଣିନାହିଁ। ତମେ କ'ଣ କହୁଛ ତାକୁ କେବଳ ବୁଝିବାକୁ ଚେଷ୍ଟା କରୁଛି ମାତ୍ର।" ପ୍ଲେଟୋଙ୍କ 'ରିପବ୍ଲିକ୍' ଗ୍ରନ୍ଥରୁ ଦେଶ, ସମୟ, କାଳ, ରାଜନୀତି ଇତ୍ୟାଦିକୁ ନେଇ ସକ୍ରେଟିସ୍‌ଙ୍କ ମୌଳିକ ବିଚାରକୁ ଉପଲବ୍ଧ କରିହୁଏ। ସକ୍ରେଟିସ୍‌ଙ୍କ ବିଚାରର ତ୍ରିବିଧ ରୂପ ହେଲା-

(କ) ତର୍କ ବିଚାର ସିଦ୍ଧାନ୍ତ

(ଖ) ପ୍ରୟୋଜନମୂଳକ ସିଦ୍ଧାନ୍ତ

(ଗ) ଆକୃତି ସିଦ୍ଧାନ୍ତ ବା ଜ୍ୟାମିତିକ ସିଦ୍ଧାନ୍ତ

ତର୍କ ବିଚାର ସିଦ୍ଧାନ୍ତ: ସକ୍ରେଟିସ୍ ଜ୍ଞାନପ୍ରାପ୍ତିକୁ ମାନସିକ କ୍ରିୟା ରୂପେ ଗ୍ରହଣ କରିଥିଲେ। ତାଙ୍କ ମତରେ ନିରୀକ୍ଷଣ ପର୍ଯ୍ୟାପ୍ତ ନୁହେଁ। ପ୍ରକୃତିର କୌଣସି ରୂପକୁ କେବଳ ନିରୀକ୍ଷଣ ପରେ ଯେଉଁ ବିଚାର ଆସେ ସେସବୁ ସତ୍ୟର ନିକଟ ଥିଲେ ହେଁ ସଠିକ୍ ଜ୍ଞାନର ଆବଶ୍ୟକତା ନିମନ୍ତେ ବାର୍ତ୍ତାଳାପ, ବାଦ-ବିବାଦ ଏବଂ ତର୍କ ବିଦ୍ୟାର ଆବଶ୍ୟକତା ରହିଛି। ସତ୍ୟ ନିକଟରେ ମଣିଷକୁ ପହଞ୍ଚିବାକୁ ହେଲେ ଅନ୍ୟମାନଙ୍କ ବିଚାରକୁ ମଧ୍ୟ ନିଜ ତର୍କରେ ସାମିଲ୍ କରିବାକୁ ପଡ଼େ। ଦୁଇଟି ପକ୍ଷର ତର୍କ-ବିତର୍କ ମଧ୍ୟରେ ଯେଉଁ ବିରୋଧାଭାସ ଆସେ, ତାହା ଅସତ୍ୟର ଅଂଶଠାରୁ ଦୂରକୁ ଚାଲିଯାଏ ଏବଂ ଯାହା ଅବଶିଷ୍ଟ ରହେ ତାହାହିଁ ସଠିକ୍ ଜ୍ଞାନ ଭାବରେ ସତ୍ୟ। ତର୍କର ମୂଳରୂପ ହେଉଛି ପ୍ରକଳ୍ପନା (Hypothesis)। ନିରୀକ୍ଷଣ ପରେ ଉପଲବ୍ଧ ବିଚାରକୁ ଅନ୍ୟ ସମ୍ମୁଖରେ ପ୍ରସ୍ତୁତ କରିବା ପରେ ଅନ୍ୟମାନଙ୍କୁ ନିଜ ନିଜ ମତ ଦେବାକୁ ହେବ ଏବଂ ଭୁଲ୍-ଠିକ୍‌ର ବିଚାରପୂର୍ବକ ସ୍ୱବିଚାର ପ୍ରଦାନ କଲେ ଯାଇ ସଠିକ୍ ବିଚାର ଆପେ ଆସିଯାଏ। ସାମାନ୍ୟ ଚର୍ଚ୍ଚାରୁ ବିଚାର ସଂଶୋଧିତ ହୋଇ ବାସ୍ତବ ଜ୍ଞାନପ୍ରାପ୍ତ ହୋଇଥାଏ। କିନ୍ତୁ ସେହି ଜ୍ଞାନକୁ ସ୍ୱୀକାର କରିବା ଉଚିତ ଅବା ଅନୁଚିତର ହାନି-ଲାଭ ବିଚାରକୁ ମଧ୍ୟ ସକ୍ରେଟିସ୍ ଅଗ୍ରାହ୍ୟ କରିଛନ୍ତି।

ପ୍ରୟୋଜନମୂଳକ ସିଦ୍ଧାନ୍ତ: ଦୀର୍ଘ ୩୦୦୦ ବର୍ଷ ପୂର୍ବେ ସକ୍ରେଟିସ୍‌ଙ୍କ ଦ୍ୱାରା ପ୍ରଦତ୍ତ ଏହି ପ୍ରୟୋଜନ ମୂଳକ ସିଦ୍ଧାନ୍ତ ଆଜି ମଧ୍ୟ ପ୍ରାସଙ୍ଗିକ। କୌଣସି ବ୍ୟକ୍ତିର ଜୀବନକୁ କେବଳ ତା'ର ଭୌତିକ ଆବଶ୍ୟକତା ନିୟନ୍ତ୍ରଣ କରେ ନାହିଁ ବରଂ ମାନବର ଉଦ୍ଦେଶ୍ୟ, ଧ୍ୟେୟ ଏବଂ ସାଧ୍ୟ ମଧ୍ୟ ନିୟନ୍ତ୍ରିତ କରିଥାଏ। ତତ୍କାଳୀନ ଏଥେନ୍ସର ଲୋକତାନ୍ତ୍ରିକ ବ୍ୟବସ୍ଥାର ସତ୍ତାଭ୍ରଷ୍ଟ - ଦୁର୍ବଳ ଦିଗଗୁଡ଼ିକୁ ସକ୍ରେଟିସ୍ ଅଙ୍ଗୁଳି ନିର୍ଦ୍ଦେଶ କରିଥିଲେ। ରାଜନୀତିକ ସତ୍ତା ଭ୍ରଷ୍ଟ ହେଲେ ଲୋକକଲ୍ୟାଣ

ସମ୍ଭବ ନୁହେଁ ବୋଲି ସେ ହୃଦ୍‌ବୋଧ କରିଥିଲେ । ଶାସନ ବ୍ୟବସ୍ଥାର ପଙ୍ଗୁ ରୂପ ଏବଂ ବିଫଳ-ଦୁର୍ବଳ ଦିଗ ପ୍ରତି ସେ ଯୁବପିଢ଼ିଙ୍କୁ ସଚେତନ କରୁଥିଲେ । ଅଯୋଗ୍ୟ-ସ୍ୱାର୍ଥୀ ଲୋକମାନେ ସତ୍ତାର ଉଚ୍ଚପଦରେ ଅଧିଷ୍ଠିତ ହେବା ଦ୍ୱାରା ଭ୍ରଷ୍ଟାଚାର ପ୍ରସାରିତ ହୁଏ ବୋଲି ସେ ଯୁକ୍ତି କରୁଥିଲେ । ତତ୍କାଳୀନ ଶାସନ ବ୍ୟବସ୍ଥା ବିରୁଦ୍ଧରେ ଯାଇଥିବା ସକ୍ରେଟିସ୍‌ଙ୍କୁ ରାଜଦଣ୍ଡ ରୂପେ ବିଷପାନ କରିବାକୁ ନିର୍ଦ୍ଦେଶ ଥିଲା । ତାଙ୍କର ଅସଂଖ୍ୟ ଶିଷ୍ୟ ତାଙ୍କୁ ବଞ୍ଚେଇବାକୁ ଚାହିଁଥିଲେ ହେଁ, ରାଜଶାସନର ନିୟମକୁ ସମ୍ମାନ ଜଣାଇ ସକ୍ରେଟିସ୍ 'ମୃତ୍ୟୁଦଣ୍ଡ'କୁ ସାଦରେ ସ୍ୱୀକାର କରିନେଇଥିଲେ । ତାଙ୍କର ଆଦର୍ଶ ଥିଲା- "ମନୁଷ୍ୟର ଗତିବିଧି କେବଳ ଭୌତିକ କାରଣ ଦ୍ୱାରା ନିୟମିତ ଅବା ନିୟନ୍ତ୍ରିତ ହୁଏ ନାହିଁ ବରଂ ତା'ର ଲକ୍ଷ୍ୟ-ଉଦ୍ଦେଶ୍ୟ, ଧ୍ୟେୟ ଏବଂ ସାଧ ଦ୍ୱାରା ମଧ୍ୟ ନିୟନ୍ତ୍ରିତ ହୋଇଥାଏ ।" ତେଣୁ ସମାଜ ସଂସ୍କାରର ଉଦ୍ଦେଶ୍ୟକୁ ସଫଳ କରିବାକୁ ହେଲେ ତାଙ୍କୁ ବିଷପାନ କରିବାକୁ ହେବ ବୋଲି ଶିଷ୍ୟମାନଙ୍କୁ ଜଣାଇଥିଲେ । ଶାସନଗତ ନିୟମକୁ ସଫଳ କରିବା ନିମନ୍ତେ ନିୟମ ପାଳନକୁ ଅପରିହାର୍ଯ୍ୟ ମନେ କରୁଥିବା ସକ୍ରେଟିସ୍ ରାଜଦଣ୍ଡକୁ ସ୍ୱୀକାର କରି, ରାଷ୍ଟ୍ରରେ ଅରାଜକତାକୁ ପ୍ରତିହତ କରିବା ନିମନ୍ତେ ଅଦ୍ଭୁତ ପ୍ରୟାସ କରିଥିଲେ । ତାଙ୍କ ଜୀବନାଦର୍ଶର ମହତ୍ତ୍ୱପୂର୍ଣ୍ଣ ଉଦ୍ଦେଶ୍ୟ ନିକଟରେ ଭୌତିକ ଜୀବନର ଆହ୍ଲାଦ ମୂଲ୍ୟହୀନ ହୋଇ ପଡ଼ିଥିଲା ।

ଆକୃତି ସିଦ୍ଧାନ୍ତ: ସକ୍ରେଟିସ୍‌ଙ୍କ ଲକ୍ଷ୍ୟ ଥିଲା ସତ୍ୟଜ୍ଞାନର ପ୍ରାପ୍ତି । 'ଆକୃତି' କହିଲେ 'ଆକାର'କୁ ବୁଝାଏ । ତ୍ରିଭୁଜ ପ୍ରସ୍ତୁତ କରିବା ନିମନ୍ତେ ଜ୍ୟାମିତିକ ରେଖା ଅଙ୍କନ କରାଯାଏ । ରେଖାଙ୍କନ ସମୟରେ ବେଳେବେଳେ ସେଥିରୁ ଗୋଟିଏ ମୋଟା ଅବା ଚଉଡ଼ା ରେଖା ଟାଣି ହୋଇଯାଇଥାଏ । ତାହା ଅପୂର୍ଣ୍ଣ ହେଲେ ହେଁ ପୂର୍ଣ୍ଣ ତ୍ରିଭୁଜର ପ୍ରତିବିମ୍ବ ନିଶ୍ଚୟ । ଏଥେନ୍‌ସ ନଗରୀର ଅସଂଖ୍ୟ ବିକୃତି ଏବଂ ଅପୂର୍ଣ୍ଣତା ସତ୍ତ୍ୱେ ତାହା ରାଜ୍ୟର ପୂର୍ଣ୍ଣାକୃତି ସୃଷ୍ଟିରେ ସହାୟତା କରିଥାଏ । ସକ୍ରେଟିସ୍‌ଙ୍କ ମତରେ- "ବ୍ୟାବହାରିକ ରୂପରେ ନିର୍ମିତ ତ୍ରିଭୁଜର ଆକୃତି ଅପୂର୍ଣ୍ଣ ହେଲେ ମଧ୍ୟ ଏକ ପୂର୍ଣ୍ଣବସ୍ତୁର ପ୍ରତିନିଧିତ୍ୱ କରେ । ସେହିପରି ଆମର ନଗର ରାଜ୍ୟ ଅପୂର୍ଣ୍ଣ ହେଲେ ମଧ୍ୟ ରାଜ୍ୟର ପ୍ରକୃତିକୁ ବୁଝିବାରେ ସହାୟକ ହୁଏ । ଜ୍ଞାନେନ୍ଦ୍ରିୟ ସାହାଯ୍ୟରେ ଆମକୁ ଆକୃତି ଗୁଡ଼ିକର ପ୍ରକୃତ ପ୍ରତିବିମ୍ବ ମିଳେ । କିନ୍ତୁ ତର୍କ, ବିଚାର ଏବଂ ପ୍ରୟୋଜନମୂଳକ ପଦ୍ଧତିର ପ୍ରୟୋଗ କରି ଏହି ବିକୃତ ପ୍ରତିବିମ୍ବର ପଶ୍ଚାତ୍ ଭାଗରେ ଥିବା ପ୍ରକୃତ ସତ୍ୟକୁ ଅନ୍ୱେଷା କରିହେବ ।" ସକ୍ରେଟିସ୍ ନିଜ ଚିନ୍ତନରେ ସର୍ବଦା ଜ୍ଞାନକୁ ପ୍ରାଧାନ୍ୟ ଦେଇଛନ୍ତି । 'ଜ୍ଞାନ' ହିଁ 'ସତ୍ୟ', 'ଅଜ୍ଞାନତା' ହିଁ 'ଅସତ୍ୟ' । ବ୍ୟକ୍ତି ସର୍ବଦା ସତ୍ୟର ଅନ୍ୱେଷା କରିଥାଏ । ଜ୍ଞାନପ୍ରାପ୍ତି ପରେ ସେ ଅଜ୍ଞାନତା ଓ ଅସତ୍ୟକୁ ତ୍ୟାଗ କରିଥାଏ ।

ସକ୍ରେଟିସ୍ ଉତ୍ତମ-ଆଦର୍ଶ ରାଜ୍ୟର ସ୍ଥାପନା କ୍ଷେତ୍ରରେ ରାଜନୀତିକ ସତ୍ତାକୁ ବିବେକଶୀଳ-ଜ୍ଞାନୀ-ଦାର୍ଶନିକମାନଙ୍କ ହାତରେ ନ୍ୟସ୍ତ କରିବାକୁ ପ୍ରବର୍ତ୍ତାଉଥିଲେ। ଅଜ୍ଞାନତା ଶେଷ କରିବାର ଗୋଟିଏ ପରମ ମାର୍ଗ ହେଉଛି ଜ୍ଞାନ। ଜ୍ଞାନପ୍ରାପ୍ତି ନିମନ୍ତେ ସଦ୍‌ଜୀବନର ଆବଶ୍ୟକତାକୁ ରାଜନୀତିଜ୍ଞମାନେ ବୁଝିବା ଉଚିତ।

ସକ୍ରେଟିସ୍‌ଙ୍କ ତର୍କ ମୂଲ୍ୟ - ତଥ୍ୟ ମୂଲ୍ୟ ତଥା ବୈଚାରିକ ଜୀବନମୂଲ୍ୟର ପ୍ରାମାଣିକ ପ୍ରତିନିଧି ଥିଲେ 'ପ୍ଲେଟୋ' ଏବଂ ତାଙ୍କ 'ସଂବାଦଶୈଳୀ'। ସକ୍ରେଟିସ୍‌ଙ୍କୁ ଖ୍ରୀଷ୍ଟପୂର୍ବ ୩୯୯ରେ ୭୧ ବର୍ଷ ବୟସରେ ଶାସନତନ୍ତ୍ରର ଆକ୍ରୋଶର ସମ୍ମୁଖୀନ ହେବାକୁ ପଡ଼ିଥିଲା। ଯାହାଫଳରେ ତାଙ୍କ ପରି ସର୍ବଶ୍ରେଷ୍ଠ ବୁଦ୍ଧିଜୀବୀ-ଦାର୍ଶନିକଙ୍କୁ ମୃତ୍ୟୁଦଣ୍ଡ ଭୋଗିବାକୁ ହେଲା। ଏକଦା ସକ୍ରେଟିସ୍‌ଙ୍କୁ ଜଣେ ବିଦେଶୀ ରାଜା ନିଜ ଦରବାରକୁ ଡକେଇଥିଲେ। ଅତି ବିନମ୍ରତାର ସହିତ ତାଙ୍କ ନିମନ୍ତ୍ରଣକୁ ଅଗ୍ରାହ୍ୟ କରିବାକୁ ଯାଇ ସକ୍ରେଟିସ୍ କହିଥିଲେ- "ମୁଁ ଆପଣଙ୍କ କୃପାର ବୋଝ ଉଠେଇ ପାରିବି ନାହିଁ। ମୁଁ ମୋ ରାଜ୍ୟରେ ହିଁ ସୁଖୀ ଅଛି। ପେଟ ଭରିବାକୁ ଦୁଇବେଳା ଖାଦ୍ୟ, ତୃଷା ମେଣ୍ଟାଇବାକୁ ଝରଣାର ଜଳ, ଦେହ ଢାଙ୍କିବାକୁ ଖଣ୍ଡେ କପଡ଼ା ଯଥେଷ୍ଟ।" ସକ୍ରେଟିସ୍ ତାଙ୍କ ଜୀବଦ୍ଦଶାରେ ଧନ-ଯଶ-ମାନ-ସମ୍ମାନ ପଛରେ ଧାଇଁ ନ ଥିଲେ।

ଏଥେନ୍‌ସର ତତ୍କାଳୀନ ଶାସକ ପେରିକ୍ଲେଜ୍ ତାଙ୍କୁ ବହୁ ସମ୍ମାନ ପ୍ରଦାନ କରୁଥିଲେ। ସକ୍ରେଟିସ୍ ମଧ୍ୟ ତାଙ୍କୁ ଜନତାର ସେବା ନିମନ୍ତେ ପ୍ରେରଣା ଦେଉଥିଲେ। ଯେପର୍ଯ୍ୟନ୍ତ ପେରିକ୍ଲେଜ୍ ଜୀବିତ ଥିଲେ ସେପର୍ଯ୍ୟନ୍ତ ସକ୍ରେଟିସ୍‌ଙ୍କ ଜନଜାଗରଣ ସକ୍ରିୟ ଥିଲା। କିନ୍ତୁ ପେରିକ୍ଲେଜ୍‌ଙ୍କ ମୃତ୍ୟୁ ପରେ ତାଙ୍କ ଉତ୍ତରାଧିକାରୀ କ୍ଲିଓନ୍‌ଙ୍କୁ ସକ୍ରେଟିସ୍‌ଙ୍କ ବିରୁଦ୍ଧରେ କିଛି ପରଶ୍ରୀକାତର ବିଦ୍ୱାନ୍ ପ୍ରବର୍ତ୍ତାଇଥିଲେ। କ୍ଲିଓନ୍ ଜଣେ ଅହଂକାରୀ ଏବଂ ଅବିଚାରୀ ଶାସକ ଥିଲେ। ସକ୍ରେଟିସ୍‌ଙ୍କ ସ୍ୱତନ୍ତ୍ର ବିଚାର ତାଙ୍କୁ ବିଦ୍ରୋହପୂର୍ଣ୍ଣ ମନେ ହୋଇଥିଲା। ନବଯୁବକମାନେ ସକ୍ରେଟିସ୍‌ଙ୍କ କଥା ମାନିବାକୁ ସେ ପସନ୍ଦ କରୁ ନ ଥିଲା। କ୍ଲିଓନ୍ ନିରଙ୍କୁଶ ଶାସକ ହେବାକୁ ଚାହୁଁଥିଲା। ତେଣୁ ସକ୍ରେଟିସ୍‌ଙ୍କୁ ନିଜ ରାସ୍ତାରୁ ଦୂରେଇବା ନିମନ୍ତେ ସେ ଚକ୍ରାନ୍ତ କଲା। ଏଥେନ୍‌ସର ନବଯୁବକମାନଙ୍କୁ ପଥଭ୍ରଷ୍ଟ କରିବା ତଥା ନାସ୍ତିକ ହେବାର ମିଥ୍ୟାରୋପରେ ରାଜଦଣ୍ଡ ମିଳିଲା। ଅଧର୍ମ ସ୍ଥାପନା, ଶାସନର ବିରୁଦ୍ଧାଚରଣ ଏବଂ ଯୁବପିଢ଼ିକୁ ବିପ୍ଳବ ନିମନ୍ତେ ପ୍ରୋତ୍ସାହିତ କରିବା ଦୋଷରେ ସକ୍ରେଟିସ୍‌ଙ୍କୁ ବନ୍ଦୀ କରାଯାଇ ତାଙ୍କ ଉପରେ ମୋକଦ୍ଦମା ରୁଜୁ କରାଗଲା। ନ୍ୟାୟାଧୀଶମାନେ ତାଙ୍କୁ ନିଜ ଅପରାଧ ସ୍ୱୀକାର କରି ଆତ୍ମସମର୍ପଣ କରିବାକୁ ପ୍ରବର୍ତ୍ତାଇଥିଲେ। ପାଞ୍ଚଶହ ଏକ ନ୍ୟାୟାଧୀଶଙ୍କ

ସମ୍ମୁଖରେ ସକ୍ରେଟିସ୍ ନିଜ ଶୁଣାଣି ପାଇଁ ଛିଡ଼ା ହୋଇଥିଲେ। ଜନଅସନ୍ତୋଷ ଭୟରେ ଭୋଟିଂ ବ୍ୟବସ୍ଥା କରାଯାଇ ୨୮୦ ଜଣ ନ୍ୟାୟାଧୀଶ ତାଙ୍କୁ ଦୋଷୀ ନିର୍ଣ୍ଣୟ କରିଥିଲେ। ସତ୍ୟରକ୍ଷା ତଥା ଦେଶ-ଦେଶବାସୀଙ୍କ ସପକ୍ଷରେ ଥିବା ନ୍ୟାୟକୁ ହତ୍ୟା କରୁଥିବା ନ୍ୟାୟାଧୀଶଙ୍କ ମିଥ୍ୟାରୋପକୁ ସକ୍ରେଟିସ୍ ସ୍ୱୀକାର କରି ନ ଥିଲେ। ପରିଣାମ ସ୍ୱରୂପ ତାଙ୍କୁ ମୃତ୍ୟୁଦଣ୍ଡରେ ଦଣ୍ଡିତ କରାଯାଇଥିଲା। ତତ୍କାଳୀନ ରାଜଦଣ୍ଡ ଅନୁଯାୟୀ ଅପରାଧୀକୁ ନିର୍ଦ୍ଦିଷ୍ଟ ଦିନରେ ବିଷପାନ କରିବାକୁ ପଡୁଥିଲା। ସକ୍ରେଟିସ୍‌ଙ୍କୁ ଅତିମାତ୍ରାରେ ଭଲପାଉଥିବା ଶିଷ୍ୟଗଣ ଏ ନିର୍ଦ୍ଦେଶକୁ ଭଣ୍ଡୁର କରିବା ନିମନ୍ତେ ତାଙ୍କୁ ଜେଲ୍ କାରାଗାରରୁ ପଳାୟନ କରିବାକୁ ପରାମର୍ଶ ଦେଇଥିଲେ। କିନ୍ତୁ ସକ୍ରେଟିସ୍ ଏ କଥାରେ ଆଦୌ ସମ୍ମତି ପ୍ରକାଶ କରି ନ ଥିଲେ। ସକ୍ରେଟିସ୍ ପଳାୟନପନ୍ଥୀ ହେବା ଅପେକ୍ଷା ବିଷପାନ କରିବାକୁ ଶ୍ରେୟସ୍କର ମନେ କରିଥିଲେ। ସେ ତାଙ୍କ ଶିଷ୍ୟମାନଙ୍କୁ କହିଥିଲେ- "ମୁଁ ତୁମ୍ଭମାନଙ୍କ ପ୍ରସ୍ତାବକୁ ସମ୍ମାନ ଜଣାଇ ପଳାୟନ କଲେ, ଏହା ଦେଶର କାନୁନ ବ୍ୟବସ୍ଥାର ଉଲ୍ଲଂଘନ ହେବ। ଏହା କରି ମୁଁ ଦେଶର ଅପମାନ କରିବି ନାହିଁ। ସତ୍ୟର ରକ୍ଷା କରିବା ହିଁ ମୋର ଧର୍ମ। ପ୍ରତ୍ୟେକ ବ୍ୟକ୍ତିକୁ ନିଜ ଜୀବନ ଏବଂ ପ୍ରାଣ ପ୍ରତି ମୋହ ଥାଏ। କିଏ ଅବା ପ୍ରାଣତ୍ୟାଗ କରିବାକୁ ଚାହିଁବ? କିନ୍ତୁ ଏକଥା ସେହି ସାଧାରଣ ଲୋକଙ୍କ ନିମନ୍ତେ ଉଦ୍ଦିଷ୍ଟ ଯେଉଁମାନେ ଏହି ନଶ୍ୱର ଶରୀରକୁ ହିଁ ସବୁକିଛି ମାନନ୍ତି। ଆତ୍ମା ଯଦି ଅମର ତେବେ ଏହି ଶରୀରର ବିନାଶ ନିମନ୍ତେ ଭୟ କ'ଣ? ମୃତ୍ୟୁ ଭୟରେ ମୁଁ ଏଭଳି ଅଧର୍ମ କରିବି ନାହିଁ। ମୋର ଶରୀର କବରରେ ରହିବ। ମୋ ଆତ୍ମା ତମମାନଙ୍କ ସହିତ ରହିବ। ଆମ ସମସ୍ତଙ୍କ ଆତ୍ମା ଏକ - ଏହା ହିଁ ଅମର ଅସତ୍ୟ ଅଟେ। ଆମ ଶରୀରରେ ଯେ ନିବାସ କରୁଛନ୍ତି ତାଙ୍କର କ'ଣ କେହି କ୍ଷତି କରିପାରିବ? ଏଭଳି ଶରୀରକୁ ଆତ୍ମା ବାରମ୍ବାର ଧାରଣ କରିଥାଏ। ତେଣୁ ଏହି କ୍ଷଣସ୍ଥାୟୀ ଶରୀରକୁ ରକ୍ଷା କରିବା ନିମନ୍ତେ ପଳାୟନପନ୍ଥୀ ହେବାକୁ ମୁଁ ଉଚିତ ମନେ କରୁନାହିଁ। ମୁଁ କ'ଣ କିଛି ଅପରାଧ କରିଛି? ଯେଉଁ ବ୍ୟକ୍ତିଗଣ ଏହାକୁ ଅପରାଧ ବୋଲି କହନ୍ତି, ସେମାନଙ୍କ ବୁଦ୍ଧି ଉପରେ ଅଜ୍ଞାନର ପ୍ରଭାବ ରହିଛି। ମୁଁ ଏକଥା ସର୍ବଦା କହେ ଯେ- ବିଶ୍ୱକୁ କେବେହେଲେ କୌଣସି ନିର୍ଦ୍ଦିଷ୍ଟ ସିଦ୍ଧାନ୍ତର ବଳୟ ମଧ୍ୟରେ ଆବଦ୍ଧ କରାଯାଇ ନ ପାରେ। ମାନବର ବୌଦ୍ଧିକତାର ନିଜସ୍ୱ ସୀମା ରହିଛି। ବିଶ୍ୱକୁ ବୁଝିବାକୁ ହେଲେ ନିଜ ଭିତରେ ଥିବା ଅଜ୍ଞାନତାକୁ ଦୂରେଇବାକୁ ହେବ। ମାନବ କେବଳ ଶରୀର ମାତ୍ର ନୁହେଁ, ତାହା ଜାଗ୍ରତ ଏବଂ ଚେତନ ଆତ୍ମା ମଧ୍ୟରେ ନିବାସ କରିଥାଏ। ସେଥିପାଇଁ ଆମକୁ ଆତ୍ମାନୁସନ୍ଧାନ ଆଡ଼କୁ ଉନ୍ମୁଖ ହେବାକୁ ହେବ।

ଆମ୍ଭମାନଙ୍କ ଆତ୍ମ ଜୀବନରେ ସତ୍ୟ, ନ୍ୟାୟ ଏବଂ ସତ୍ୟପରାୟଣତାକୁ ଅବଲମ୍ବନ କରିବାକୁ ହେବ। ଆମକୁ ଏତିକି ସ୍ମରଣ ରଖି ଆଗକୁ ବଢ଼ିବାକୁ ହେବ ଯେ, ଶରୀର ନଶ୍ୱର ଅଟେ। ମୋତେ ମୃତ୍ୟୁଦଣ୍ଡ ଆଦେଶ ଦେବା ପରେ, ନଶ୍ୱର ଶରୀର ନିଜ ସୀମା ସମାପ୍ତ କରିସାରିଛି ବୋଲି ଜାଣିବାକୁ ହେବ। ଭ୍ରମି-ଭ୍ରମି କ୍ଳାନ୍ତ ହୋଇସାରିଚି। ଏବେ ଏହି ସଂସାରରୂପୀ ରାତିରେ ବିଶ୍ରାମ ନେଉଛି। ଶୋଇଯିବା ପରେ ମୋ ଉପରେ ଚାଦର ଖଣ୍ଡେ ଢାଙ୍କିଦେବ। ମୃତ୍ୟୁ ସର୍ବଦା ଶାନ୍ତିର କ୍ଷଣରେ ଶାନ୍ତ ଭାବରେ ହେବା ଉଚିତ। ତେଣୁ ନିଜ ଭାବ ଉପରେ ନିୟନ୍ତ୍ରଣ ରଖ।"

ଯଥାର୍ଥବାଦୀ - ଦାର୍ଶନିକ ସକ୍ରେଟିସ୍ ହସି ହସି ବିଷପାନ କରିବାକୁ ପ୍ରସ୍ତୁତ ହୋଇଥିଲେ। ନିଜ ମୃତ୍ୟୁର ଶେଷ ପହରରେ ସେ ତାଙ୍କ ଶିଷ୍ୟମାନଙ୍କୁ ହସ-ଖୁସିରେ ତାଙ୍କୁ ଶାନ୍ତିପୂର୍ବକ ବିଦାୟ ଦେବାକୁ ଅନୁରୋଧ କରିଥିଲେ। ନିଶ୍ଚିତ ସମୟରେ ଜେଲର୍ ସକ୍ରେଟିସ୍‌ଙ୍କୁ ଥରଥର ହସ୍ତରେ ବିଷପାତ୍ର ଧରାଇଥିଲା। ସେ କାନ୍ଦି କାନ୍ଦି କହିଥିଲା- 'ମହୋଦୟ ମୁଁ ଜାଣିଛି, ଆପଣ ନିର୍ଦ୍ଦୋଷ-ନିରପରାଧ। କିନ୍ତୁ ମୁଁ ଅସହାୟ। ମୋତେ କ୍ଷମା କରିଦିଅନ୍ତୁ। ସକ୍ରେଟିସ୍ ତାକୁ ଧୈର୍ଯ୍ୟହରା ନ ହେବାକୁ ପରାମର୍ଶ ଦେଇ ବୁଝାଇଥିଲେ- "ଭାଇ! ମୁଁ ତମ ଉପରେ ରୁଷ୍ଟ କାହିଁକି ହେବି? ତମେ ତ ନିଜ କର୍ତ୍ତବ୍ୟ ପାଳନ କରି ମୋ ବିଚାରକୁ ହିଁ ସମର୍ଥନ କରୁଛ।" ଏହା କହି ସକ୍ରେଟିସ୍ ବିଷପାତ୍ରରୁ ଧୀରେ ଧୀରେ ବିଷପାନ କରିଥିଲେ। ଜେଲର ବିଷପାନ କରୁଥିବା ସକ୍ରେଟିସ୍‌ଙ୍କୁ ବିନମ୍ର ଭାବରେ ନିର୍ଦ୍ଦେଶ ଦେଇଥିଲା ଯେ, ବିଷ ପିଇବା ପରେ ସେ ପଦଚାରଣ କରନ୍ତୁ। କ୍ରମେ ପାଦଦ୍ୱୟ ଭାରୀ ହୋଇ ଆସିଲା ପରେ ଶୋଇପଡ଼ିଲେ, ଆରାମଦାୟକ ମୃତ୍ୟୁ ହେବ। ମହାନ୍ ସକ୍ରେଟିସ୍ ଏ ସମସ୍ତ ଶୁଣି କୌଣସି ପ୍ରତିକ୍ରିୟା ପ୍ରକାଶ କରି ନ ଥିଲେ। ସେ ପଚାରିଥିଲେ- 'ଯାକୁ ପିଇବା ପୂର୍ବରୁ ସାମାନ୍ୟ ପ୍ରାର୍ଥନା କରିହେବ କି?' ଜେଲର୍ ଉତ୍ତରରେ କହିଥିଲା- 'ଆମେ ବିଷ ଦେବା ପୂର୍ବରୁ ସବୁ କଏଦୀଙ୍କୁ ସମୟ ଦେଇଥାଉ।' ଏହା ଶୁଣି ସକ୍ରେଟିସ୍ କହିଥିଲେ- "ଆମକୁ ପ୍ରାର୍ଥନା କରିବାକୁ ହେବ ଯେ, ଆମ ସ୍ୱଜନମାନଙ୍କୁ ଆମ ପରେ ଏ ପୃଥିବୀରେ ଈଶ୍ୱର ପ୍ରସନ୍ନ ରଖନ୍ତୁ ଓ ତାଙ୍କ ଜୀବନକୁ ସରସ-ସୁନ୍ଦର କରନ୍ତୁ। ମୁଁ ଚାହୁଁଛି ଏଠାରେ ଯେଉଁମାନେ ଅଛନ୍ତି ସେମାନେ ମଧ୍ୟ ମୋ ସହିତ ପ୍ରାର୍ଥନା କରନ୍ତୁ।" ଏତିକି କହିବା ପରେ ସେ ଅତି ନିର୍ଭୟରେ ସଂପୂର୍ଣ୍ଣ ବିଷପାନ କରିସାରିଥିଲେ। ଏହା ଦେଖି ସେଠାରେ ଉପସ୍ଥିତ ବ୍ୟକ୍ତିମାନଙ୍କ ହୃଦୟ ହାହାକାର କରି ଉଠିଲା। ଧୀରେ ଧୀରେ ବିଷକ୍ରିୟା ସଂଚାର ହେଲା। ହଠାତ୍ ସକ୍ରେଟିସ୍‌ଙ୍କର କିଛି ମନେପଡ଼ିଯିବାରୁ ସେ ତାଙ୍କ ଶିଷ୍ୟ କ୍ରିଟୋକୁ ପାଖକୁ ଡାକି ନିଜ ପଡ଼ୋଶୀ ପାଖରୁ ଗୋଟେ କୁକୁଡ଼ା ଉଧାର ଆଣିଥିବା କଥାକହିଲେ।

କ୍ରିଟୋଙ୍କୁ ସେହି କୁକୁଡ଼ାର ଦାମ୍ ପରିଶୋଧ କରିବା ନିମନ୍ତେ ସକ୍ରେଟିସ୍ ଅନୁରୋଧ କଲେ। ଏତିକି କହି ସେ ନିଜ ଉପରେ ଚାଦର ଢାଙ୍କି ନିସ୍ପନ୍ଦ ହୋଇ ପଡ଼ିରହିଲେ। କିଛି କ୍ଷଣ ପରେ ତାଙ୍କ ଶରୀର ସାମାନ୍ୟ ଥରି ଉଠିଥିଲା ଓ ପରେ ଶାନ୍ତ ହୋଇଗଲା। 'ମୃତ୍ୟୁ'କୁ ମାନବ ଜୀବନର ସବୁଠାରୁ ମହାନ୍ ବରଦାନ ମନେ କରୁଥିବା ସତ୍ୟାନ୍ୱେଷୀ ସକ୍ରେଟିସ୍ ରାଜରୋଷର ଶିକାର ହୋଇ ବଳି ପଡ଼ିଗଲେ। ଜୀବନ ଜିଇବାରେ ସେ ଯେତିକି ମହାନ୍ ଥିଲେ, ମୃତ୍ୟୁରେ ମଧ୍ୟ ସେ ସେତିକି ମହାନ୍ ଥିଲା।

ଏଥେନ୍ସର ମହର୍ଷି ସକ୍ରେଟିସ୍ଙ୍କ ବିଷପାନକାଳୀନ ଦୃଶ୍ୟକୁ ନେଇ ବହୁ କବି-ସାହିତ୍ୟିକଙ୍କ ଲେଖନୀରୁ ଝରିପଡ଼ିଛି ଆନ୍ତରିକ ବିଳପିତ ଶବ୍ଦ। ଉତ୍କଳମଣି ଗୋପବନ୍ଧୁ ହଜାରିବାଗ୍ ଜେଲ୍‌ରେ ବନ୍ଦୀ ଥିଲାବେଳେ ସେହି ସତ୍ୟସନ୍ଧ-ମହାଯୋଗୀ ସକ୍ରେଟିସ୍ଙ୍କୁ ସ୍ମରଣ କରି ଲେଖିଛନ୍ତି-

'ଆତ୍ମାର ଅମର ତତ୍ତ୍ୱ ପ୍ରଚାରି ଲୋକରେ
ସତ୍ୟସନ୍ଧ ସକ୍ରେଟିସ୍ ଯେବେ ଅକାତରେ।
ପାଷାଣ୍ଡ ଶାସନ ଦଣ୍ଡେ ଦେଖାଇଲେ ଶିର,
ମୁଖେ ଯେବେ ବିଷପାତ୍ର ଲଗାଇଲେ ବୀର।

xxx xxx xxx

ବୁଡ଼ି ନାହିଁ ଏବେ ସୂର୍ଯ୍ୟ, ଆସି ନାହିଁ କାଳ
ନ ପିଅ ମହର୍ଷି ଆଉ ମୁହୂର୍ତ୍ତେ ସମ୍ଭାଳ

xxx xxx xxx

ଜାଣି ନ ଥିଲା ଯେ ହୃଦ ଭୟ ପଳାୟନ,
ମରଣେ ଯେ ଦେଖୁଥିଲା ଅମର ଜୀବନ।"

(ବନ୍ଦୀର ସାନ୍ଧ୍ୟ ଅନୁଚିନ୍ତା)

ସକ୍ରେଟିସ୍ଙ୍କ ଜୀବଦ୍ଦଶାରେ ଏକଦା ଏକ ଅଲୌକିକ ଘଟଣା ଘଟିଥିଲା। ଏଥେନ୍ସର ଡେଲ୍‌ଫି ମନ୍ଦିରରୁ ଏକଦା ଆକାଶବାଣୀ ହୋଇଥିଲା ଯେ, 'ସକ୍ରେଟିସ୍ ଏହି ୟୁନାନ୍‌ର ସର୍ବଶ୍ରେଷ୍ଠ ବୁଦ୍ଧିମାନ - ବିଚାରଶୀଳ - ବିବେକଶୀଳ ବ୍ୟକ୍ତି ଅଟେ।" ଏହି ଅଲୌକିକ ଘଟଣା ସଂପର୍କରେ ଅତି ବିନମ୍ରତା ଓ ଉଦାରତାର ସହିତ ସେ ଏଥେନ୍ସ ନଗରବାସୀଙ୍କୁ କହିଥିଲେ ଯେ- "ମୁଁ ସବୁଠୁ ଜ୍ଞାନୀବ୍ୟକ୍ତି ଏଥିପାଇଁ କାରଣ ମୋତେ କିଛି ଆସେ ନାହିଁ। ମୁଁ ଏହି ଏଥେନ୍ସର ଅନ୍ୟ ବ୍ୟକ୍ତିଙ୍କଠାରୁ ଅଧିକ ବୁଦ୍ଧିମାନ ଏଥିପାଇଁ ଯେ, ମୋ ଅଜ୍ଞାନତାର ସୀମା କେଉଁ ଯାଏ ମୁଁ ଜାଣେ ଏବଂ ତାକୁ ସମାପ୍ତ କରି ଜ୍ଞାନପ୍ରାପ୍ତ କରିବାକୁ ହେବ ବୋଲି ଭାବେ।"

୭୧ ବର୍ଷ ବୟସରେ ଖ୍ରୀଷ୍ଟପୂର୍ବ ୩୯ ୯ରେ ସକ୍ରେଟିସ୍ ବୈଚାରିକ ଜୀବନର ଅନ୍ତ ଘଟିଥିଲା । ପାଶ୍ଚାତ୍ୟର ବୌଦ୍ଧିକ ଜଗତ ନିମନ୍ତେ ମହାତ୍ମା ସକ୍ରେଟିସ୍‌ଙ୍କ ଆତ୍ମତ୍ୟାଗ ପରବର୍ତ୍ତୀ ଯୁଗକୁ ନୂତନ ସଂସ୍କାରିତ ଚିନ୍ତା-ଚେତନାର ଆହ୍ବାନ କ୍ଷେତ୍ରରେ ସହାୟକ ହୋଇଥିଲା । କିନ୍ତୁ ମାନବ ସଭ୍ୟତାକୁ ଯେ ଜୀବନର ବାସ୍ତବିକ ଦର୍ଶନ କରାଇଥିଲେ, ତାଙ୍କରି ମହାନ୍ ଚିନ୍ତନକୁ ଚାପଗ୍ରସ୍ତ କରିବାକୁ ଯାଇ ତତ୍କାଳୀନ ରାଜନୀତିକ ସଂକୀର୍ଣ୍ଣ ମାନସିକତା ତଥା ଏତାଦୃଶ ଅନ୍ୟାୟ-ଅନୀତି ଇତିହାସ ପୃଷ୍ଠାର କାଳିମାମୟ-ବିଡ଼ମ୍ବିତ ଅଧ୍ୟାୟ ନିଶ୍ଚୟ ।

ମହାମାରୀ କାଳରେ ଦାର୍ଶନିକ ମୂଲ୍ୟବୋଧ

ଜୀବନ ଯେଉଁଠି ସ୍ୱପ୍ନ ଏବଂ ସମ୍ଭାବନାର ମୂଲ୍ୟାଙ୍କନ କରେ, ସମୟ-ନିୟତି ସେଇଠି ଦୁଃସ୍ଥିତି ଏବଂ ସଂଘାତ-ସଂଘର୍ଷପୂର୍ଣ୍ଣ ପ୍ରତିକୂଳ ପରିବେଶର ବିରୋଧାଭାସକୁ ସଂଯୋଜିତ କରିଦିଏ। ଜୀବନ-ସମୟର ନିଛକ ଆହ୍ୱାନ ଭିତରେ ମାନବ ସଭ୍ୟତାର ଧାରା କେତେ ଯେ ଅବରୋଧର ସାମ୍ନା କରିଛି, ତା'ର ଦଲିଲ୍ ଇତିହାସ ପୃଷ୍ଠାରେ ସୁଲିଖିତ ହୋଇ ରହିଛି। ପଡ଼ିଉଠି, ଲହୁଲୁହାଣ ହୋଇ ବଞ୍ଚିରହିବାର ଦୁର୍ବାର-ମହତ୍ତ୍ୱାକାଂକ୍ଷା ମଧ୍ୟରେ ମାନବ ସମାଜର ଗତି ଭଙ୍ଗା-ଗଢ଼ାର ସତ୍ୟକୁ ନେଇ ପ୍ରବହମାନ ହେଉଛି। ଏକବିଂଶ ଶତାବ୍ଦୀର ବିଶ୍ୱଜୀବନ ତା'ର ଧରାବନ୍ଧା ଧାରାରେ ଗତିଶୀଳ ଥିଲା। ବିଜ୍ଞାନ, ବୈଷୟିକ, ଔଦ୍ୟୋଗିକ ଉପଲବ୍ଧିକୁ ନେଇ ସଭ୍ୟତାକୁ ଶୀର୍ଷାରୋହଣ କରାଇବାର ଯୋଜନାବଦ୍ଧ ସଂକଳ୍ପ ଆକସ୍ମିକ ଭାବରେ ଆଜି ପ୍ରତିହତ ହୋଇଥିବା ମନେହୁଏ। ଧର୍ମ, ଦର୍ଶନ, ବିଶ୍ୱାସ, ଆଧ୍ୟାତ୍ମିକତା, ଆତ୍ମୋପଲବ୍ଧି, ନୀତିବାଦ ଭଳି ସହଜ-ସରଳ ମାନସିକତାକୁ ଚ୍ୟାଲେଞ୍ଜ୍ ଦେଇ ବିଜ୍ଞାନର ଅବାଙ୍ମାନସ ଗୋଚର ତଥ୍ୟ-ତତ୍ତ୍ୱ ମାନବ ସମ୍ମୁଖରେ ପ୍ରହେଳି ସୃଷ୍ଟିକାରୀ ଏକ ବାତାୟନରେ ପରିଣତ ହୋଇଥିଲା, କିନ୍ତୁ ବର୍ତ୍ତମାନର ସ୍ଥିତିରେ ଅବର୍ତ୍ତମାନକୁ ଅପେକ୍ଷାର ସମୟ ବାସ୍ତବିକ ଅଦ୍ଭୁତ ମନେହୁଏ। ଆଜିର ଦିନ ପରେ ଆଗାମୀ କାଲିର ସୂର୍ଯ୍ୟୋଦୟକୁ ଅପେକ୍ଷା କରୁଥିବା ଏ ସଭ୍ୟ-ଶିକ୍ଷିତ ସଭ୍ୟତା ସତରେ କି ଚାପଗ୍ରସ୍ତ ସନ୍ଧିକ୍ଷଣରେ ଗତି ନ କରୁଛି ! କେମିତି କରୋନା ମହାମାରୀର ଭୟଙ୍କର ସ୍ଥିତିରୁ ମୁକ୍ତ ହୋଇ କାଲିର ସହଜ-ସ୍ୱାଭାବିକ ଜୀବନ ପ୍ରଣାଳୀକୁ ଆହ୍ୱାନ କରିପାରିବ, ସେଥି ନିମନ୍ତେ ଦୀର୍ଘ ଦେଢ଼ବର୍ଷର ଏ ସଂଘାତପୂର୍ଣ୍ଣ-ଅସହନୀୟ ସ୍ଥିତିକୁ ଅତିକ୍ରମି ଯିବାର

ପ୍ରୟାସ ଏଯାବତ୍ ଜାରି ରହିଛି। ଚିକିତ୍ସା ବିଜ୍ଞାନର ଅଦ୍ଭୁତ ପ୍ରୟୋଗ ସତେ ଯେମିତି ସମୟର କ୍ରୂର ଚକ୍ରାନ୍ତର ଶିକାର ହେବା ପରି ମନେ ହେଉଛି। କରୋନାର ମହାକାଳ ଗର୍ଭରେ ଅସଂଖ୍ୟ ଡାକ୍ତରଙ୍କ ଜୀବନଦୀପ ଲିଭିଯାଇଛି। ପ୍ରଶ୍ନ ଉଠେ ଯେଉଁମାନେ ସମାଜର ରୁଗ୍ଣ ମାନବର ସେବା ନିମନ୍ତେ ବିବିଧ ପରୀକ୍ଷାମୂଳକ ତତ୍ତ୍ୱର ମହତ୍ତ୍ୱ ବୁଝନ୍ତି ଏବଂ ମାର୍ଗଦର୍ଶନ କରାନ୍ତି, ସେମାନେ କିପରି ଭାବରେଏଭଳି ସଂକ୍ରମଣର ଶିକାର ହୋଇ ମୃତ୍ୟୁମୁଖରେ ପଡ଼ିଛନ୍ତି ? ଔଷଧ, ସ୍ୱଚ୍ଛତା, ରୋଗୀଠାରୁ ଦୂରତା ରକ୍ଷା ଏବଂ ପରିଷ୍କାର-ପରିଚ୍ଛନ୍ନ ରହିବାରେ ସତତ ସଚେତନ ଚିକିତ୍ସକମାନେ ଯଦି କରୋନାର ପ୍ରଭାବରୁ ମୁକ୍ତ ନୁହନ୍ତି ତେବେ ସାଧାରଣ ମାନବସମାଜ ସଂପର୍କରେ କ'ଣ ଭାବିହେବ।

ସଭ୍ୟତାର ଆରମ୍ଭରୁ ଏ ବିଶ୍ୱ ବହୁ ଭୟଙ୍କର ସଂକ୍ରାମକ ରୋଗ-ବ୍ୟାଧିର ସମ୍ମୁଖୀନ ହୋଇଛି। ଦୀର୍ଘ ୫୦୦୦ ବର୍ଷ ତଳେ ଚୀନ୍‌ରେ କୌଣସି ଏକ ଭୟଙ୍କର ବ୍ୟାଧି ହେତୁ ଏକ ପ୍ରାକ୍ତନ କୋଠରିରେ ଅସଂଖ୍ୟ ନରକଙ୍କାଳ ଠାବ ହେବା ତତ୍କାଳୀନ ସମୟର ଏକ ଭୀଷଣ ବିପତ୍ତିକୁ ଦର୍ଶାଉଛି। ପ୍ରାୟ ୪୩୦ ଖ୍ରୀ.ପୂ.ରେ ଏଥେନ୍‌ସ ଏବଂ ସ୍ପାର୍ଟାରେ ସୁସ୍ଥ ମାନବସମାଜ ଆକସ୍ମିକ ଭାବରେ ଭୟଙ୍କର ସଂକ୍ରାମକ ରୋଗର ଶିକାର ହୋଇଥିଲା। ଏଥିରେ ପ୍ରାୟ ୧,୦୦,୦୦୦ ଲୋକ ମୃତ୍ୟୁବରଣ କରିଥିବାର ପ୍ରମାଣ ରହିଛି। ୧୬୫-୧୮୦ ଖ୍ରୀଷ୍ଟାବ୍ଦରେ ଆଣ୍ଟୋନୀ ପ୍ଲେଗ୍ ନାମରେ ଏକ ସଂକ୍ରାମକ ବ୍ୟାଧି ରୋମ୍‌ର ପ୍ରାୟ ପାଞ୍ଚ ମିଲିୟନ୍ ମଣିଷଙ୍କୁ ଅକାଳ ମୃତ୍ୟୁ ଆଡ଼କୁ ଟାଣି ନେଇଥିଲା। ପ୍ରାୟ ୨୫୦-୨୭୧ ଖ୍ରୀଷ୍ଟାବ୍ଦରେ ରୋମ୍‌ର 'ସାଇପ୍ରିୟାନ୍ ପ୍ଲେଗ୍' ନାମକ ବ୍ୟାଧିରେ ପ୍ରାୟ ୫,୦୦୦ରୁ ଊର୍ଦ୍ଧ୍ୱ ଲୋକେ ମୃତ୍ୟୁବରଣ କରିଥିଲେ। ୫୪୧-୫୪୨ ଖ୍ରୀଷ୍ଟାବ୍ଦରେ ଜଷ୍ଟିନିୟନ୍ ପ୍ଲେଗ୍‌ରେ ବିଶ୍ୱର ପ୍ରାୟ ଦଶଭାଗ ଲୋକ ମୃତ୍ୟୁବରଣ କରିଥିଲେ। ୧୩୪୬ରୁ ୧୩୫୩ ମସିହାରେ ଏସିଆର ବ୍ଲାକ୍‌ଡେଥ୍, ୧୫୪୫-୧୫୪୮ରେ 'କୋକୋଲିଜ୍‌ଲି' ନାମକ ରୋଗରେ, ୧୫୧୯ ବେଳକୁ 'ଆମେରିକାନ୍ ପ୍ଲେଗ୍', ୧୬୬୫-୧୬୬୬ରେ 'ଲଣ୍ଡନ୍‌ର ମହାମାରୀ', ୧୭୨୦-୧୭୨୩ ମସିହାରେ 'ମାର୍ଶିଲେ ପ୍ଲେଗ୍', ୧୭୭୦-୧୭୭୨ରେ 'ରଷିଆନ୍ ପ୍ଲେଗ୍', ୧୭୯୩ରେ 'ଫିଲାଡେଲ୍‌ଫିଆ ୟଲୋ ଫିଭର୍' ବ୍ୟାଧି, ୧୮୮୯-୧୮୯୦ର ଫ୍ଲୁ-ବ୍ୟାଧି, ୧୯୧୬ରେ ଆମେରିକାନ୍ ପୋଲିଓ ବ୍ୟାଧି, ୧୯୧୮-୧୯୨୦ରେ 'ସ୍ପାନିଶ୍ ଫ୍ଲୁ', ୧୯୫୭-୧୯୫୮ର 'ଏସିଆନ୍ ଫ୍ଲୁ', ୧୯୮୧ରେ 'ଏଡ୍‌ସ' ରୋଗ, ୨୦୦୯-୨୦୧୦ର 'ସ୍ୱାଇନ୍ ଫ୍ଲୁ', ୨୦୧୪-୨୦୧୬ର 'ଓ୍ୱେଷ୍ଟ ଆଫ୍ରିକା ଏବୋଲା' ବ୍ୟାଧି, ୨୦୧୫ରେ 'ଜିକା ଭାଇରସ୍' ରୋଗ ଏବଂ

ପରିଶେଷରେ ୨୦୧୯-୨୦ର 'କୋଭିଡ୍-୧୯' ମହାମାରୀ ଏ ସମୟର ସର୍ବଶ୍ରେଷ୍ଠ ବିଶ୍ୱ-ମହାମାରୀ ରୂପେ ତା'ର ଭୟଙ୍କରିତା ପ୍ରଦର୍ଶନ କରିଚାଲିଛି।

ଜନ୍‌ସ ହାଁପକିନ୍ସ ବିଶ୍ୱବିଦ୍ୟାଳୟର ଆକଳନ ଅନୁସାରେ ୨୦୨୦ ଡିସେମ୍ବର ୧୭ ବେଳକୁ କୋଭିଡ୍‌ରେ ୭.୪୫ କୋଟି ଲୋକ ସଂକ୍ରମିତ ହୋଇସାରିଥିଲେ ଏବଂ ଏଥିଯୋଗୁଁ ସଂପୂର୍ଣ୍ଣ ବିଶ୍ୱରେ ୧୬ ଲକ୍ଷ ଲୋକଙ୍କ ଜୀବନ ଯାଇଛି। ପୂର୍ବରୁ 'ବ୍ଲାକ୍‌ଡେଥ୍'ରେ ସଂପୂର୍ଣ୍ଣ ବିଶ୍ୱରେ ୨୦ କୋଟି, ଆମେରିକାନ୍ ପ୍ଲେଗ୍‌ରେ ୬୦ରୁ ୯୦ ଭାଗ ଲୋକ, ସ୍ପାନିଶ୍ ଫ୍ଲୁରେ ପାଞ୍ଚକୋଟି, ଏଡ୍‌ସ ଯୋଗୁଁ ପ୍ରାୟ ତିନି କୋଟି, ଏସିଆନ୍ ଫ୍ଲୁ (ବାର୍ଡ ଫ୍ଲୁ)ରେ ପ୍ରାୟ ୪,୪୫୧,୭୫୮ ଜଣ ସଂକ୍ରମିତ ଏବଂ ବିଶ୍ୱସ୍ତରରେ ଅସଂଖ୍ୟ ଲୋକ ମୃତ୍ୟୁବରଣ କରିଥିଲେ। ଲଣ୍ଡନ୍ ପ୍ଲେଗ୍‌ରେ ପ୍ରାୟ ସାତମାସ ମଧ୍ୟରେ ୧,୦୦,୦୦୦ ମୃତ୍ୟୁବରଣ କରିଥିଲେ। ୧୯୮୪ ମସିହାରେ ଭାରତର ଭୋପାଳ ସହରରେ ରାସାୟନିକ ପ୍ଲାଣ୍ଟ୍‌ର ଗ୍ୟାସ୍ ଦୁର୍ଘଟଣା, ଆଧୁନିକ ଇତିହାସର ସବୁଠାରୁ ବଡ଼ ଔଦ୍ୟୋଗିକ ଦୁର୍ଘଟଣା ଥିଲା। ଏଥିରେ ପ୍ରାୟ ୩,୫୦୦ ଲୋକ ଦୁର୍ଘଟଣାଗ୍ରସ୍ତ ହୋଇ ମୃତ୍ୟୁବରଣ କରିଥିଲେ। ପରବର୍ତ୍ତୀ ସମୟରେ ଏହାର ପ୍ରଭାବରେ ୧୫,୦୦୦ରୁ ଅଧିକ ଲୋକେ ମୃତ୍ୟୁବରଣ କରିଥିଲେ। ୧୯ ବର୍ଷ ପୂର୍ବେ ୨୦୦୨-୦୩ରେ ସାର୍ସ ଭାଇରସ୍ ଦ୍ୱାରା ମଧ୍ୟ ୭୦୦ରୁ ଅଧିକ ଲୋକେ ମୃତ୍ୟୁବରଣ କରିଥିଲେ। କିନ୍ତୁ କରୋନା ମହାମାରୀ ସଂପୂର୍ଣ୍ଣ ବିଶ୍ୱରେ ପ୍ରାୟ ୨୦ ଲକ୍ଷରୁ ଅଧିକ ଲୋକେ ସଂକ୍ରମିତ ହୋଇଥିବା ପ୍ରମାଣ ମିଳେ। ଏହି ପରିପ୍ରେକ୍ଷୀରେ ରାଧାନାଥ ରାୟଙ୍କ 'ଶ୍ମଶାନ ଦୃଶ୍ୟ' କବିତା ମନେପଡ଼େ -

"କରାଳ ନିୟତି - କରେ କନ୍ଦୁକ ପରାୟେ
ଉଠନ୍ତି ପଡ଼ନ୍ତି ପ୍ରାଣୀ ଏହି ରୂପେ ସିନା।"

ନିୟତିର ଏହି ଦୁର୍ଭାଗ୍ୟପୂର୍ଣ୍ଣ ସ୍ଥିତିରେ ମଣିଷ ଜୀବନର ସୁରକ୍ଷା କେବଳ ମଣିଷ ହାତରେ ଥିବା ମନେହୁଏ। ପ୍ରତ୍ୟେକ ପ୍ରତିକୂଳ ଅବସ୍ଥାକୁ ଅତିକ୍ରମ କରିବା ନିମନ୍ତେ ଶକ୍ତି ପ୍ରୟୋଗ, ଅର୍ଥ ବିନିଯୋଗ କିମ୍ବା ଜ୍ଞାନର ପ୍ରୟୋଗ ଯଥେଷ୍ଟ ନୁହେଁ, ଏଥି ନିମନ୍ତେ ମାନସିକ ସ୍ଥିରତା, ଅସୀମ ଧୈର୍ଯ୍ୟ, ଅନ୍ତର୍ଦୃଷ୍ଟି, ଦୂରଦୃଷ୍ଟି ତଥା ସହନଶକ୍ତିର ଆବଶ୍ୟକତା ରହିଛି। କରୋନା ମହାମାରୀ ଏକ ଜାତୀୟ ବିପତ୍ତି ଭାବରେ ଦଣ୍ଡାୟମାନ। ଯେଉଁଠି ଅଦୃଶ୍ୟ ଭାଇରସ୍ ତା'ର ପ୍ରଚଣ୍ଡ ବିଷ ଉଦ୍‌ଗାର କରି ପ୍ରକୋପ ସୃଷ୍ଟି କରୁଛି, ସେଇଠି ଅଦୃଶ୍ୟ ଐଶୀ ପ୍ରେରଣାକୁ ମାନବ କାହିଁକି ଅନୁଭବ କରିପାରୁନାହିଁ? ଏହି ଅନୁଭବ ନିମନ୍ତେ ଆମକୁ ନୈତିକ ମୂଲ୍ୟବୋଧର ଦାର୍ଶନିକ ଉତ୍ସ ନିକଟରେ ମଥାନତ କରିବାକୁ ହେବ। ଦାର୍ଶନିକ ବ୍ରେଡ୍‌ଲେଙ୍କ ମତରେ, "ନୈତିକ ଜୀବନ ବଞ୍ଚିଲାବେଳେ

ଆନ୍ତରିକ ବିରୋଧ ଥାଏ ଏବଂ ପ୍ରତ୍ୟେକ ନୈତିକ ପ୍ରଚେଷ୍ଟାର ଅନ୍ତ ଦ୍ୱାରା ଆମେ ନିଜକୁ ହିଁ ନିଜେ ହତ୍ୟା କରିଥାଉ।" ଏହାର ତାତ୍ପର୍ଯ୍ୟ ହେଉଛି, ବିବେକ ଦ୍ୱାରା ପରିଚାଳିତ ହେଲାବେଳେ ନିଶ୍ଚିତ ରୂପେ ଅନ୍ତର୍ଦ୍ୱନ୍ଦ୍ୱ, ବାହ୍ୟଦ୍ୱନ୍ଦ୍ୱ ତଥା ଭୌତିକ ବିରୋଧ ଆମ ଦୃଷ୍ଟିବଦ୍ଧ ହୁଏ। ତା'ର ଅର୍ଥ ନୁହେଁ, ଆମେ ଆମର ନୀତିଗତ ପ୍ରୟାସଠାରୁ ଦୂରେଇ ଯିବା। ନୀତିଗତ ଧର୍ମ ଆଚରଣ ସାଂପ୍ରତିକ ସମୟର ମୂଳ ଆହ୍ୱାନ, ଯେଉଁଠି 'ମଣିଷପଣିଆ', 'ସେବା', 'ତ୍ୟାଗ', 'ଆନ୍ତରିକ ଭଲପାଇବାର ସମୁଚ୍ଚ ଆଦର୍ଶ' ବିଦ୍ୟମାନ ଥାଏ। 'ଯାହାର ମନ ଯେଡ଼େ ତାହାର ପ୍ରଭୁ ତେଡ଼େ' ନ୍ୟାୟରେ ମନକୁ ସଂପ୍ରସାରିତ କରି ଜଗତକୁ ଦେଖିବାକୁ ହେବ। ଯେଉଁ ସ୍ଥାନରେ ଆମେ ଆଜି ପହଞ୍ଚିଛେ ଅନ୍ୟର ତ୍ରୁଟି ଏବଂ ଅସଂପୂର୍ଣ୍ଣ ସ୍ଥିତି ମଧ୍ୟ ଆମକୁ ଦେଖାଯାଏ। ଦାର୍ଶନିକ କାଣ୍ଟଙ୍କ ମତରେ- "ଆମର ଅନ୍ତିମ ଉଦ୍ଦେଶ୍ୟ ହେଉଛି ପୂର୍ଣ୍ଣତା ଏବଂ ଏହା ସିଦ୍ଧି ନିମନ୍ତେ ଅନନ୍ତ କାଳର ଆବଶ୍ୟକତା ରହିଛି। କିଛି ବିଚାରକଙ୍କ ମତରେ ଅପୂର୍ଣ୍ଣତାର କିଛି ଅଂଶ ମଧ୍ୟ ରହିବା ଦରକାର। ସୋର୍ଟୋ ନିଜ ପ୍ରସିଦ୍ଧ ପୁସ୍ତକ 'ନୈତିକ ମୂଲ୍ୟବୋଧ'ରେ ଉଲ୍ଲେଖ କରିଛନ୍ତି- "କଳ୍ପନା କର ଯେ, ସମସ୍ତ ମୂଲ୍ୟର ସିଦ୍ଧି ହେଲା। ଏହା ହେବା ଦ୍ୱାରା ନୀତିର କ'ଣ ହେବ? ଆଗକୁ ବଢ଼ିବା ନିମନ୍ତେ କୌଣସି ଆଦର୍ଶ ମଧ୍ୟ ରହିବ ନାହିଁ। ସଫଳତା ସମସ୍ତ ପ୍ରଚେଷ୍ଟାକୁ ଶେଷ କରିଦିଏ ଏବଂ ସେହିପରି ସିଦ୍ଧିପ୍ରାପ୍ତ ନୈତିକ ଆଦର୍ଶ ଜୀବନକୁ ପୂର୍ଣ୍ଣ କରିବା ମଧ୍ୟରେ ଶେଷ ମଧ୍ୟ କରିଦେବ।" ଅପୂର୍ଣ୍ଣତା ବେଳେବେଳେ ସଂଗ୍ରାମ ପାଇଁ ପ୍ରାଣଶକ୍ତି ଦିଏ। ବିଜ୍ଞାନର ଜୟଯାତ୍ରା ପଥରେ ଆମ ପ୍ରଗତିର ଡିଣ୍ଡିମ ପିଟା ଚାଲିଛି। ନୀତିଭ୍ରଷ୍ଟ, ଲକ୍ଷ୍ୟଚ୍ୟୁତ ମାନବସମାଜ ପରିବେଶ ପ୍ରଦୂଷଣ, ବଣ-ଜଙ୍ଗଲ ଉଚ୍ଛେଦ, ବ୍ୟାବସାୟିକ ପ୍ରତିଷ୍ଠା ନିମନ୍ତେ ସାଧାରଣ ଚାଷୀଠାରୁ ନିରୀହ ଗରିବଙ୍କ ବାସସ୍ଥାନରୁ ସେମାନଙ୍କୁ ବିସ୍ଥାପିତ କରିବାର ଷଡ଼ଯନ୍ତ୍ର ରଚୁଛି। ନୀତି, ଆଦର୍ଶ, ଜୀବନମୂଲ୍ୟର ଅର୍ଥ କେବଳ ପୁସ୍ତକ, ଶାସ୍ତ୍ର, ପୁରାଣାଦିରେ ସୀମିତ ରହିଯାଉଛି। ନିଜକୁ ନିଜେ ସମୀକ୍ଷା କରିବାର ଏବଂ ଦୃଷ୍ଟିକୋଣକୁ ବ୍ୟାପକ କରି ମାନବ ଜୀବନର ଅର୍ଥକୁ ବୁଝି-ବୁଝାଇବାର ସମୟ ଆସିଛି। ବାମପନ୍ଥୀ କବି ଶ୍ରୀ ମନମୋହନ ମିଶ୍ରଙ୍କ 'ମୋର ପରିଚୟ' କବିତାର ପଙ୍‌କ୍ତି ମନେପଡ଼େ -

"ମୁଁ ଏକ ବେଗବାନ୍ ଜାତିର ପ୍ରତିନିଧି
ଏକ ବେଗବାନ୍ ଏକ ଚକ୍ରର ସାରଥି
ଏକ ରହସ୍ୟମୟୀ ହାସ୍ୟମୟୀ
  ଜନ୍ମମାଟିର
  ରଙ୍ଗୀ କଳାକାର

x x x

ମୁଁ ଏକ ସ୍ୱପ୍ନିଳ ବାସ୍ତର କର୍ମ-ବିଧି
ମୁଁ ଏକ ବେଗବାନ୍ ଜାତିର ପ୍ରତିନିଧି।"

ଭାରତର ଐଶ୍ୱର୍ଯ୍ୟ ହେଉଛି ଏହାର ଆଧ୍ୟାତ୍ମବାଦୀ-ଦର୍ଶନ। ଜୀବେଦୟା, ପରୋପକାର, ଅହଂ ବ୍ରହ୍ମୋଽସ୍ମିର ଭାବଗତ ମୂଲ୍ୟକୁ ନେଇ ଏହା ବେଶ୍ ସ୍ୱତନ୍ତ୍ର। ଭାରତୀୟ ଦର୍ଶନ ସାଧାରଣରୁ ଅସାଧାରଣ, ଅସମ୍ଭବରୁ ସମ୍ଭାବନା, ବର୍ତ୍ତମାନରୁ ଅବର୍ତ୍ତମାନ, ଅନ୍ଧକାରରୁ ଆଲୋକ ନିମନ୍ତେ ମହତ୍ତର ମାର୍ଗ ନିର୍ଦ୍ଦେଶ କରେ। ଭାରତର ଏହି ଅସମ୍ଭବ ଆଧ୍ୟାତ୍ମିକତା ନିକଟରେ ନତମସ୍ତକ ଅସଂଖ୍ୟ ଋଷି-ମୁନି, ମହାପୁରୁଷଗଣ ଏଠାରେ ବାରମ୍ବାର ଜନ୍ମ ନେବାର ଇଚ୍ଛା ପ୍ରକଟ କରନ୍ତି। ତେଣୁ ଆଜିର ଏ ସମୟରେ ଅସ୍ତ୍ର-ଶସ୍ତ୍ର, ପରମାଣବିକ-ସ୍ଫୁଟନିକ୍ ଶକ୍ତିର ସ୍ଥାପନା ନୁହେଁ, ବରଂ ସଦ୍‌ଭାବ, ଭ୍ରାତୃଭାବ, ସହାନୁଭୂତି-ଆପଣାପଣର ଦର୍ଶନ ହିଁ ମୁଖ୍ୟ କଥା। କିନ୍ତୁ ଦିଗ୍‌ଭ୍ରାନ୍ତ ସଭ୍ୟ-ଶିକ୍ଷିତ ମାନବଜାତି ପ୍ରତି କବି ଶ୍ରୀ ନିତ୍ୟାନନ୍ଦ ମହାପାତ୍ରଙ୍କ କ୍ଷୋଭପୂର୍ଣ୍ଣ କିନ୍ତୁ ଶାଣିତ ଶବ୍ଦ ପ୍ରୟୋଗ ଏଠାରେ ଉଲ୍ଲେଖନୀୟ -

"ଓଡ଼ିଶାର ଶ୍ମଶାନରେ
ଓଡ଼ିଆର ଶବ ଆରୋହଣ କରି
ମହାଭାରତୀୟ ସେହି କାପାଳିକର
ବିକଟାଳ ରୂପ ଦେଖୁଛ ?
ତା'ରି କରପତ୍ରରେ
ମୋର ମଲାମୁଣ୍ଡର ସୁରାପାତ୍ର ଭରା ରହିଚି।
ତମେ ତା'ର ସ୍ୱାଦ ନିଅ
ଇସ୍ - କି କର୍କଟ କଟୁ।
ମୁଁ ଏକ ଉତ୍କଟ ସୃଷ୍ଟି
ସୃଷ୍ଟିର ଅପକର୍ଷ।"

ଜୀବନର ପ୍ରତ୍ୟେକଟି ମହାନ୍ ମୂଲ୍ୟକୁ ବୁଝିବା ହିଁ ମଣିଷ ଜନ୍ମର ପ୍ରକୃତ ଉଦ୍ଦେଶ୍ୟ। ଏହାଠାରୁ ଦୂରେଇବା ଅର୍ଥ ନିଜେ ନିଜଠାରୁ ଦୂରେଇବା। ଯେତେବେଳେ ଆମେ ନିଜକୁ ବୁଝିପାରୁ ସେତେବେଳେ ଆମେ ଅନ୍ୟ ପାଇଁ ସଦୟ ଏବଂ ସମ୍ବେଦନଶୀଳ ହୋଇଥାଉ। କବି ସଚ୍ଚି ରାଉତରାୟ ଯଥାର୍ଥରେ କହିଥିଲେ- "ଶତାବ୍ଦୀର ସିଂହଦ୍ୱାରୁ ଆସିଅଛି ଦୂତ, ଆଣିଅଛି ବାର୍ତ୍ତା ଭବିଷ୍ୟର, ଜୀବନର ସଂଭାବନା ଯହିଁ ମୂର୍ତ୍ତିମାନ।" ସମୟ ସର୍ବଦା ଗତିଶୀଳ ହେବାକୁ ଶିକ୍ଷା ଦିଏ। ସମୟ ଚଳମାନ।

ସେଇ ସତ୍ୟୋପଲବ୍ଧି ମଧ୍ୟରେ ଅନନ୍ତ ସତ୍ୟଟି ହେଉଛି- "ଏ ସମୟ ଚାଲିଯିବ।" ତେଣୁ ଜୀବନର ନିର୍ଯ୍ୟାସକୁ ହେଜିପାରିଲେ, ସମୟାନ୍ତରରେ ମଧ୍ୟ ଅନ୍ୟ କୌଣସି ସମୟର ଉତ୍ତରପୁରୁଷଙ୍କ ପାଇଁ କିଛି ଦୃଷ୍ଟାନ୍ତର ସନ୍ଧାନ ଦେଇହେବ। କାରଣ, ଇତିହାସ ଆମକୁ ଗତାୟୁ ଭୁଲ୍, ଅପରିଣାମଦର୍ଶୀ ଜୀବନର ଚିହ୍ନ ଦେଖାଏ। ବିଶିଷ୍ଟ କବି ଶ୍ରୀ ହରପ୍ରସାଦ ଦାସ ତାଙ୍କ 'ଇତିହାସ' କବିତାରେ ତେଣୁ ଉଲ୍ଲେଖ କରିଛନ୍ତି-

"କରତାଳିର ପ୍ରତିଧ୍ୱନି
ଲେଉଟେ ଓ ଘୂରେ
ଜଟିଳ ଗୁମ୍ଫାରେ
କିଏ ଜାଣେ ଇତିହାସ
ଗିଳିଦେବ କେତେବେଳେ
ମୂଢ଼ ଚଣ୍ଡାଶୋକକୁ ଯେ କେଉଁ
ଅନୁଶାସନର ଅଶୁଦ୍ଧ ବର୍ଣ୍ଣରେ।"

'ମୁଁ'ରୁ 'ଆମେ' ହେବାକୁ ହେବ। ଜୀବନର ଦୃଷ୍ଟିକୋଣକୁ ପ୍ରଥମେ ଆତ୍ମସମୀକ୍ଷା ପୂର୍ବକ ଅନ୍ୟମାନଙ୍କ ଉପରେ ନିବଦ୍ଧ କରିବାକୁ ହେବ। ନିଜର ଦୁଃଖ, ଅବସୋସ, ନିରାଶା ପରି ଅନ୍ୟର ଯନ୍ତ୍ରଣାକୁ ହୃଦ୍‌ବୋଧ କରିବାକୁ ହେବ। ଅନ୍ୟ ପାଇଁ ନିଜକୁ ଦଧୀଚି ସାଜି 'ସର୍ବଜନହିତାୟ' ନିମନ୍ତେ ଆହୂତି ଦେବାକୁ ହେବ।

କୋଭିଡ୍ ମହାମାରୀ କୌଣସି ଯୁଦ୍ଧଠାରୁ କମ୍ ଭୟଙ୍କର ନୁହେଁ। ଯେଉଁ ଯୁଦ୍ଧରେ ନିଜକୁ ସୁରକ୍ଷା ଦେବାର ନିୟମ ମାନି ଆତ୍ମୀୟ-ପରିଜନଙ୍କୁ ପୋକମାଛି ପରି ମରିଯାଇ ମଢ଼ରେ ପରିଣତ ହେବା ଦେଖିବାକୁ ମିଳେ। କୋଭିଡ୍ ରୋଗୀର ଅନ୍ତିମ ସଂସ୍କାର ନିମନ୍ତେ କ୍ରିୟାକର୍ମ ନ କରି ଗୋଟିଏ ଶବ ଉପରେ ଅସଂଖ୍ୟ ଶବକୁ କୁଢ଼େଇ ସଂସ୍କାର କରିବା ଦେଖାଯାଏ। ମୃତ ମାଆର ଶବ ପାଖରେ ଜନ୍ମିତ ଶିଶୁର ବିକଳ ଛାତିଥରା କ୍ରନ୍ଦନ ଶୁଣିବାର ଏ ଦୁର୍ବିସହ-ଅଭାବନୀୟ ସ୍ଥିତିରେ 'ମଣିଷପଣିଆ'କୁ ମନ୍ତ୍ର ଭଳି ଜପ କରିବାକୁ ହେବ। କଞ୍ଚା-ପାଚିଲାର ପ୍ରଭେଦ ଦେଖୁ ନ ଥିବା କୋଭିଡ୍ ରୂପୀ ଦୁର୍ଦ୍ଧର୍ଷ ମୃତ୍ୟୁକୁ ଜିତିବାକୁ ହେଲେ ଆତ୍ମଶକ୍ତିର ପ୍ରଚଣ୍ଡ ଜ୍ୟୋତିକୁ ନିଜ ଭିତରେ ପ୍ରଜ୍ୱଳିତ କରି ରଖିବାକୁ ହେବ। ଏହା ଥରେ ତା'ର ଆଭା ବିକିରଣ କଲେ, ଶୋଷଣ, ସ୍ୱାର୍ଥପରତା ତଥା କୁ-ଚିନ୍ତନର ନକାରାତ୍ମକ ସ୍ଥିତିରୁ ଓହରିବାକୁ ବେଶୀ ସମୟ ଲାଗିବନି। ଏ ଅବେଳରେ ମଣିଷ ପରି ମଣିଷ ହୋଇପାରିଲେ ପ୍ରତିକୂଳ ସ୍ଥିତି ଉପରେ ବିଜୟ ଲାଭ କରିବା ବେଶ୍ ସହଜ ମନେହେବ।

'ଯତୋ ଧର୍ମଃ ତତୋଃ ଜୟ'।

ବିଶ୍ୱାସ: ଏକ ଅମୂର୍ତ୍ତ ଆକାଶଗଙ୍ଗା

ସମଗ୍ର ବ୍ରହ୍ମାଣ୍ଡର ସତ୍ୟାସତ୍ୟ ନିରୂପଣର ଏକମାତ୍ର ମାନଦଣ୍ଡ ହେଉଛି 'ମାନବ'। ମାନବର ଚେତନାଗତ ମାନସିକ ଅବସ୍ଥାରେ ସତ୍ୟକୁ ନେଇ ଥିବା ଅବଧାରଣା ହେଉଛି 'ବିଶ୍ୱାସ'। ଗୌତମ ମୁନିଙ୍କ 'ନ୍ୟାୟଶାସ୍ତ୍ର' ଅନୁଯାୟୀ ପ୍ରତ୍ୟକ୍ଷ, ଅନୁମାନ, ଉପମାନ ଏବଂ ଶବ୍ଦ ମଧ୍ୟରୁ ବିଶ୍ୱାସ (ପ୍ରତ୍ୟକ୍ଷ) ହେଉଛି ଗୋଟିଏ। ଯୋଗ ଦର୍ଶନ ଏବଂ ସାଂଖ୍ୟ ଦର୍ଶନରେ 'ବୁଦ୍ଧି' ଅର୍ଥାତ୍ 'ଚିତ୍ତ'କୁ ପୃଥକ୍ ତତ୍ତ୍ୱ ରୂପେ ସ୍ୱୀକାର କରିଥିଲାବେଳେ ନ୍ୟାୟ ଦର୍ଶନ ଏବଂ ବୈଶେଷିକ ଦର୍ଶନରେ 'ବିଶ୍ୱାସ'କୁ ଆତ୍ମାର ସବଳ ସ୍ୱରୂପ ରୂପେ ଗ୍ରହଣ କରାଯାଇଛି। ଆତ୍ମା-ପରମାତ୍ମାଙ୍କ ଅସ୍ତିତ୍ୱ ପ୍ରମାଣ ସହିତ ଅବିଦ୍ୟା ନାଶ (ରାଗ, ଦ୍ୱେଷ, ମୋହ)ର ମାର୍ଗ ରୂପେ 'ବିଶ୍ୱାସ'କୁ ମହତ୍ତ୍ୱ ପ୍ରଦାନ କରାଯାଇଛି। 'ନ୍ୟାୟସୂତ୍ର'ରେ ଜ୍ଞାନର ଷୋହଳ ଗୋଟି ରୂପ ପ୍ରଦାନ କରାଯାଇଛି, ଯଦ୍ଦ୍ୱାରା ମାନବ ନିମନ୍ତେ ମୋକ୍ଷଲାଭ କରିବା ସମ୍ଭବ ହୁଏ। ସେହି ଷୋହଳ ଗୋଟି ରୂପ ମଧ୍ୟରେ ରହିଛି- ପ୍ରମାଣ, ପ୍ରମେୟ, ସଂଶୟ, ପ୍ରୟୋଜନ, ଦୃଷ୍ଟାନ୍ତ, ସିଦ୍ଧାନ୍ତ, ଅବୟବ, ତର୍କ, ନିର୍ଣ୍ଣୟ, ବାଦ, ଜଳ୍ପ, ବିତଣ୍ଡା, ହେତ୍ୱାଭାଷ, ଛଳ, ଜାତି, ନିଗ୍ରହସ୍ଥାନ ଇତ୍ୟାଦି। 'ଜ୍ଞାନ'ର ପ୍ରକୃତ ଲକ୍ଷ୍ୟ ଯେ ଇନ୍ଦ୍ରିୟନିଗ୍ରହ ପୂର୍ବକ ଆତ୍ମାର ବିଭୁତ୍ୱ ଅନୁଭବ ଏବଂ ଏହାକୁ ପ୍ରତ୍ୟକ୍ଷ କରିବା ନିମନ୍ତେ 'ବିଶ୍ୱାସ' ହେଉଛି ପ୍ରମୁଖ ସୋପାନ। ଯେଉଁଠି ସଂଶୟ, ସନ୍ଦେହ, ଭୟ ତଥା ପ୍ରେମ ମନକୁ ଭ୍ରମିତ କରେ, ସେଇଠି ପରମତତ୍ତ୍ୱର ବିଶ୍ୱାସ ମନୁଷ୍ୟକୁ ଦୃଢ଼ତା ପ୍ରଦାନ କରିଥାଏ। 'ବିଶ୍ୱାସ'ରୁ ହିଁ 'ପ୍ରେମ'ର ସୃଷ୍ଟି ଏବଂ ସେ ପ୍ରେମ ମାନବ କର୍ମ, ଧର୍ମ ଅବା ଈଶ୍ୱର ପ୍ରତି ହୋଇପାରେ। ଏଥିରୁ ଧୈର୍ଯ୍ୟ ଉତ୍ପନ୍ନ ହୁଏ ଯାହାଫଳରେ ମଣିଷ ପରିପକ୍ୱ ହେବା ସହିତ 'ବିଶ୍ୱାସ'ର ବାସ୍ତବିକତାକୁ ଅନୁଭବ

କରିଥାଏ। 'ବିଶ୍ୱାସ' - ଏକ ମନଃଶକ୍ତି ଏବଂ ଏହାହିଁ ମଣିଷ ପ୍ରତି ଈଶ୍ୱରଙ୍କ ଦିବ୍ୟ ଅନୁଗ୍ରହ ତଥା ଶ୍ରେଷ୍ଠଦାନ।

'ବିଶ୍ୱାସ' ଶବ୍ଦ ନିମନ୍ତେ trust, belief, confidence ଇତ୍ୟାଦି ଇଂରାଜୀ ଶବ୍ଦର ବ୍ୟବହାର ରହିଛି। ଏହା ସାଧାରଣତଃ ଧର୍ମ (Religion) ଏବଂ ଆତ୍ମସ୍ଥିତି (Self) ସହିତ ସଂଶ୍ଳିଷ୍ଟ। କେତେବେଳେ ଏହା ଧର୍ମ, ଈଶ୍ୱର ତଥା ଗୁରୁବାଦକୁ ଆଧାର କରି ହୋଇଥାଏ ତ ଆଉ କେତେବେଳେ ଆତ୍ମବିଶ୍ୱାସଭିତ୍ତିକ ହୋଇଥାଏ। ଧର୍ମୀୟ ବିଶ୍ୱାସର ପରିଧିଟି ଅତ୍ୟନ୍ତ ପରିବ୍ୟାପ୍ତ। ସେଥିରେ ମାନବ, ପ୍ରକୃତି, ସଂପ୍ରଦାୟ, ଗୋଷ୍ଠୀ ଏବଂ ଈଶ୍ୱରଙ୍କ ଅସ୍ତିତ୍ୱ ସଂବନ୍ଧିତ ବହୁ ଆଲୋଚନାକୁ ପରିସରଭୁକ୍ତ କରାଯାଇପାରେ। ଯେମିତି 'ମାନବର ପ୍ରକୃତ ଧର୍ମ ହେଉଛି ପରୋପକାର', 'ଗୃହସ୍ଥାଶ୍ରମର ପରମ ଧର୍ମ ହେଉଛି 'ମୁଁ'ର ସ୍ୱରୂପକୁ ଉପଲବ୍ଧି କରିବା, 'ମାନବ ଗୋଟିଏ ପରିବାରଭୁକ୍ତ ସତ୍ତା ହୋଇଥିବା ହେତୁ ବସୁଧା ଏକ କୁଟୁମ୍ବ, ଜୀବେ ଦୟା ହିଁ ପରମୋଧର୍ମ', 'ସାମାଜିକ ମଣିଷ ଭାବରେ ମଣିଷ ପାରସ୍ପରିକ ସାନ୍ନିଧ୍ୟ ଏବଂ ସହାୟତା ଚାହେଁ' - ଇତ୍ୟାଦି ତତ୍ତ୍ୱରେ ମାନବ ବିଶ୍ୱାସୀ ହୋଇଥାଏ। ସକାଳ ପରେ ସଞ୍ଜ, ଜନ୍ମ ପରେ ମୃତ୍ୟୁ, ହିନ୍ଦୁ-ମୁସଲମାନ-ଖ୍ରୀଷ୍ଟିୟାନ୍ ଆଦି ସଂପ୍ରଦାୟର ଇଷ୍ଟ ଈଶ୍ୱର-ଆଲ୍ଲା-ଯୀଶୁ ଅଟନ୍ତିର ସତ୍ୟ ଉପରେ ମାନବ ପୂର୍ଣ୍ଣବିଶ୍ୱାସୀ। ତଥାପି ମନୁଷ୍ୟ ଦୁର୍ଯ୍ୟୋଧନ ପରି ଅହଂପ୍ରମତ୍ତ ହୁଏ, ତତ୍ତ୍ୱଦର୍ଶୀ ରାବଣ ପରି ଅପକର୍ମ କରେ, ଦୁର୍ଜ୍ଜୟ ମହିଷାସୁର ପରି ପ୍ରଲୋଭିତ ହୁଏ, ଅଜର-ଅମର ରହିବା ନିମନ୍ତେ ଆକାଂକ୍ଷିତ ହୋଇଉଠେ ଏବଂ ବିଜ୍ଞାନୀ ସାଜି ଅମରତ୍ୱର ମାର୍ଗ ଅନୁସନ୍ଧାନ କରେ। ତେବେ ଏଇଠି ପ୍ରଶ୍ନ ଉଠେ ଯେ, ଜୀବନ ନଶ୍ୱର ଜାଣି ମଧ୍ୟ ମଣିଷ କେଉଁ ବିଶ୍ୱାସରେ ପ୍ରେରିତ ହୋଇ ନିଜକୁ ଅଜର-ଅମର କରିବା ପାଇଁ ଅଭିଯାନ ଚଳାଏ। ଶ୍ରୀ ରାମକୃଷ୍ଣ ପରମହଂସ ଦୁଇପ୍ରକାର ଅହଂକାରର କଥା କହିଛନ୍ତି। 'ପାକା ଅହଂ' ଏବଂ 'କାଚା ଅହଂ'। ଏହି ପରିପ୍ରେକ୍ଷୀରେ 'କାଚା ଅହଂ' ମଣିଷ ନିମନ୍ତେ ଅତ୍ୟନ୍ତ ମାରାତ୍ମକ ବୋଲି ଗ୍ରହଣ କରାଯାଇପାରେ। କିନ୍ତୁ, ସେଇଠି 'ପାକା ଅହଂ'ର କାମନା କରି ବିଶ୍ୱକବି ରବି ଠାକୁର କହିଛନ୍ତି- "ସକଲ ଅହଂକାର ହେ ଆମାର୍ ଡୁବାଅ ଚାଖେର୍ ଜଲେ"। 'ବିଶ୍ୱାସ'ର ପ୍ରଗାଢ଼ତା ହିଁ ଆତ୍ମପ୍ରତ୍ୟୟ ସୃଷ୍ଟି କରୁଥିବା ଏକ ଅହଂବଳୟ ଯାହା ସମୟେ ସମୟେ ଆବଶ୍ୟକ ହୋଇଥାଏ ମଧ୍ୟ। କିନ୍ତୁ ସଂକୀର୍ଣ୍ଣ ଅହଂପ୍ରମତ୍ତ ମଣିଷ ପ୍ରତ୍ୟେକଙ୍କ ଶରୀରରେ ପ୍ରବହମାନ ରକ୍ତର ରଙ୍ଗ ଲାଲ୍ ବୋଲି ଜାଣିବା ସତ୍ତ୍ୱେ ଗୋଟିଏ ଜାତି 'ମାନବଜାତି' ବୁଝିବା ପରେ ମଧ୍ୟ ଶ୍ରେଣୀ ସଂଘର୍ଷ, ଗୋଷ୍ଠୀ ବିଭେଦ ଏବଂ ସାଂପ୍ରଦାୟିକ ଦ୍ୱେଷରେ ମାତି ରକ୍ତପାତ କରିବାକୁ ପଛାଏ ନାହିଁ। ଏହି କ୍ଷେତ୍ରରେ ମଣିଷ ଠିକ୍ ପଙ୍କିଳ-ପ୍ରଦୂଷିତ ଜୀବନକୁ ବଞ୍ଚେ। ମଣିଷ ହେବାର

ପ୍ରକୃତ ଉଦ୍ଦେଶ୍ୟଠୁ ଦୂରେଇ ଯାଇଥାଏ। କିନ୍ତୁ ଦସ୍ୟୁ ରତ୍ନାକର ବାଲ୍ମୀକିରେ, ଚଣ୍ଡାଶୋକ ଧର୍ମାଶୋକରେ ପରିବର୍ତ୍ତିତ ହେବା କ୍ଷେତ୍ରରେ ସେହି ସତ୍‌ବିଶ୍ୱାସର ପ୍ରଭାବ ଏଇଠି ସ୍ମରଣୀୟ। 'ସତ୍‌ବିଶ୍ୱାସ' ହିଁ ଆତ୍ମବିଶ୍ୱାସ। ବେଳେବେଳେ ଅନ୍ତର୍ନିହିତ ଗଭୀର ବିଶ୍ୱାସ (Core Belief) ଏବଂ ହୃଦ୍‌ବୋଧଗତ ବିଶ୍ୱାସ (Dispositional Belief) ଭିତରେ ଦ୍ୱନ୍ଦ୍ୱ ଉପୁଜେ। ଦାର୍ଶନିକ lynne Rudder Baker ତାଙ୍କର 'Saving Belief' ପୁସ୍ତକରେ ବିଶ୍ୱାସର ଚାରିଗୋଟି ପର୍ଯ୍ୟାୟକୁ ଦର୍ଶାଇଛନ୍ତି। ତାଙ୍କ ମତରେ, ମାନବଠାରେ ଅନ୍ତର୍ମନସ୍ତରୀୟ ଗଭୀର ବଦ୍ଧମୂଳ ଧାରଣା, ସାଧାରଣ ହୃଦ୍‌ବୋଧଭିତ୍ତିକ-ଅନୁଭବାତ୍ମକ ଧାରଣା, ଭ୍ରମାତ୍ମକ ଏବଂ ଆବେଗାତ୍ମକ ଧାରଣା ରହିଛି। ଅନ୍ତର୍ମନ ସ୍ତରୀୟ ଗଭୀର ବଦ୍ଧମୂଳ ଧାରଣା ହିଁ ଆତ୍ମବିଶ୍ୱାସର ଆଧାରଭୂମି। ଆତ୍ମବିଶ୍ୱାସର ଚୁମ୍ବକୀୟ ଆକର୍ଷଣ ଦ୍ୱାରା ଅସମ୍ଭବ ସମ୍ଭବ ହୋଇଥାଏ। ଆମ ଭଲ-ମନ୍ଦ, ଠିକ୍-ଭୁଲ୍‌ର ପଥପ୍ରଦର୍ଶନ ନିମନ୍ତେ କେହିଜଣେ ଅଛିର ବିଶ୍ୱାସ ମନକୁ ହାଲୁକା କରିଦିଏ। ନିର୍ବାଣଷ୍ଟକମ୍‌ରେ ଆଦି ଶଙ୍କରାଚାର୍ଯ୍ୟ କହିଛନ୍ତି-

"ମନୋବୁଦ୍ଧିହଂକାରଂ ଚିତ୍ତାନି ନାହଂ
ନଚ ଶ୍ରୋତ୍ର ଜିହ୍ୱେ ନଚ ଘ୍ରାଣନେତ୍ରେ
ନଚ ବ୍ୟୋମ ଭୂମିର୍ମ ତେଜୋ ନ ବାୟୁଃ
ଚିଦାନନ୍ଦ ରୂପଃ ଶିବୋଽହମ୍ ଶିବୋଽହମ୍"।

ଅର୍ଥାତ୍ 'ମୁଁ ମନ, ବୁଦ୍ଧି, ଅହଂ, ଇନ୍ଦ୍ରିୟ, ଆକାଶ, ପୃଥିବୀ, ବାୟୁ କିଛି ନୁହେଁ, ମୁଁ ସଂପୂର୍ଣ୍ଣ ଆନନ୍ଦମୟ ଚିତ୍ ରୂପ, ମୁଁ ଶିବ, ମୁଁ ହିଁ ପରମ ଆନନ୍ଦ।'

ଲୌକିକ ବିଶ୍ୱାସରେ ଐନ୍ଦ୍ରିୟ ଅନୁଭବ ଥାଏ କିନ୍ତୁ ପାରଲୌକିକ ବିଶ୍ୱାସଟି ଇନ୍ଦ୍ରିୟାତୀତ। ଯେହେତୁ ଆତ୍ମବିଶ୍ୱାସ ବସ୍ତୁଗତ ନୁହେଁ, ବ୍ୟକ୍ତିଗତ ତେଣୁ 'ବିଶ୍ୱାସ ମୂଳେ ଏ ଜଗତ।' ଶରୀରରେ ଆତ୍ମାର ସ୍ଥିତି ହେତୁ ମଣିଷ ଜୀବନ୍ତ ଥାଏ- ଏହା ଏକ ବିଶ୍ୱାସ କିନ୍ତୁ ଆତ୍ମାକୁ କ'ଣ ଦେଖିହୁଏ ? ବ୍ରହ୍ମାଣ୍ଡରେ ଏପରି ଏକ ଶକ୍ତି ଅଛି ଯାହା ସମଗ୍ର ବ୍ରହ୍ମାଣ୍ଡର କାର୍ଯ୍ୟକୁ ସଂଚାଳନ ତଥା ନିୟନ୍ତ୍ରଣ କରୁଛି। ଏହା ଏକ ବିଶ୍ୱାସ, କାରଣ ବ୍ରହ୍ମାଣ୍ଡର ଶକ୍ତିକୁ ଆମେ ଦେଖିପାରୁନାହେଁ। 'ବାଇବେଲ୍'ରେ 'ବିଶ୍ୱାସ' ସଂପର୍କରେ ଉଲ୍ଲେଖ ଅଛି- "ଆଶା କରିଥିବା ବସ୍ତୁମାନଙ୍କର ନିଶ୍ଚିତତା ଏବଂ ଅଦେଖା ବସ୍ତୁମାନଙ୍କର ପ୍ରମାଣ ହିଁ ବିଶ୍ୱାସ। ଏହା ନିୟତ ଅନ୍ୱେଷା କରୁଥିବା ଅନୁସନ୍ଧାନୀମାନଙ୍କୁ ପ୍ରତିଫଳନ ପ୍ରଦାନ କରିଥାଏ।

ବିଶ୍ୱାସର ପ୍ରଗାଢ଼ତମ ରୂପ 'ଆତ୍ମବିଶ୍ୱାସ'କୁ 'ଯନ୍ତ୍ର' ରୂପେ ଗ୍ରହଣ କରାଯାଏ, ଯାହା ମନ୍ତ୍ରଠାରୁ ମଧ୍ୟ ଅଧିକ ଶକ୍ତିଶାଳୀ। ଆତ୍ମବିଶ୍ୱାସ ମାନବର ହୃଦୟବେଦୀରେ ସ୍ୱତଃ ସଂଚରିତ

- ସ୍ୱତଃ ପ୍ରତିଷ୍ଠିତ ହୋଇଥାଏ। ଏହା 'ବିଶ୍ୱାସ'ର ସର୍ବୋତ୍ତମ ପର୍ଯ୍ୟାୟ ତଥା ସଫଳତାର ଆଦ୍ୟ ସୋପାନ। ମସ୍ତିଷ୍କ ଓ ମନ ମଧ୍ୟରେ ବିଶ୍ୱାସ ତ୍ୱରାନ୍ୱିତ ହୋଇ ଯେଉଁ ସକାରାତ୍ମକ ଊର୍ଜା ଉତ୍ପନ୍ନ କରେ ତାହାହିଁ ଆତ୍ମବିଶ୍ୱାସ। ଏହା ହିଁ ବିବେକର ମହତ୍ତର ଉତ୍ସ ଯାହା ମାନବ ନିକଟରେ ନିୟତ ଥାଏ। ଯାହା ଅତ୍ୟନ୍ତ ସକାରାତ୍ମକ, ବୈଜ୍ଞାନିକ, ରଚନାତ୍ମକ ମାନସିକତା କୈନ୍ଦ୍ରିକ ହୋଇଥିବାରୁ ମାନବକୁ ସର୍ବସିଦ୍ଧି ପ୍ରଦାନ କରିଥାଏ। ବିଶ୍ୱାସ ବଳରେ ମୂକ କଥା କହେ, ପଙ୍ଗୁ ଗିରି ଲଂଘନ କରିପାରେ। କବୀର୍ ଦାସଙ୍କ ଶବ୍ଦରେ-

"ଦୁଃଖ - ସୁଖ ସବ କହଁ ପରତ ହେ
ପୌରୁଷ ତଜହୁଁ ନ ମିତ୍
ମନ୍‌କେ ହାରେ ହାର୍ ହେ ମନ୍‌କେ ଜିତେ ଜିତ୍।"

ମନଃଶକ୍ତି ହିଁ ଇଚ୍ଛାଶକ୍ତି (will power) ବା ଆତ୍ମଶକ୍ତି ରୂପେ ମହାପ୍ରଭାବଶାଳୀ। ତେଣୁ ସଂସ୍କୃତରେ କୁହାଯାଇଛି- 'ମନୋୟସ୍ୟ ବଶେତସ୍ୟ ଭବେସ୍ସର୍ବ ଜଗଦ୍ୟଶେ ମନୁଙ୍କାସ୍ତୁ ବଶେୟୋଽସି ସର୍ବ ଜଗତୋଂ ବଶ୍ୟେ।" ବିଶ୍ୱାସର ମନୋଭୂମି ଉପରେ ଅଧିଷ୍ଠିତ ମଣିଷ ଜଗତକୁ ମଧ୍ୟ ବଶ୍ୟ କରିପାରେ। ସତୀ ସୀତା ମହାପ୍ରତାପୀ ରାବଣକୁ ସମାନ୍ୟ ଦୁର୍ବାଦଳ ପ୍ରଦର୍ଶନ କରି, ଦ୍ରୌପଦୀ ଆତ୍ମସମର୍ପଣ କରି, ପାଞ୍ଚ ପାଣ୍ଡବ ସୀମିତ ସଂଖ୍ୟକ ହେବା ସତ୍ତ୍ୱେ ଅସଂଖ୍ୟ ସେନାନୀକୁ ସାମ୍ନା କରି, ପ୍ରହ୍ଲାଦ ସ୍ତମ୍ଭକୁ ନିର୍ଦ୍ଦେଶ କରି, ମୀରା ବିଷପାନ କରି, ନିରହଂକାର କାଳିଦାସ ଏବଂ ସାରଳା ଦାସ ନିରକ୍ଷର ହୋଇ ମଧ୍ୟ ନିଜକୁ ବ୍ୟତିକ୍ରମ ଭାବରେ ପ୍ରତିଷ୍ଠା କରିପାରିଥିଲେ। ତେଣୁ,

'ଜହାଁ ବିଶ୍ୱାସ ହେ ୱହାଁ ସବୁତ୍ କି ଜରୁରତ୍ ନହିଁ ହୋତି,
ଆଖିର ଗୀତା ପରଭି କହାଁ ଶ୍ରୀକୃଷ୍ଣକେ ଦସ୍ତଖତ ହେଁ ?'

ଫ୍ରେଞ୍ଚ୍ ଦାର୍ଶନିକ ୱାଲ୍ଟେୟର ନାସ୍ତିକ ଥିଲେ ହେଁ ସେ କହୁଥିଲେ- "ଯଦି ପ୍ରତ୍ୟେକ ମଣିଷ ଈଶ୍ୱରଙ୍କ ପ୍ରତି ଅନାସ୍ଥା ପ୍ରକଟ କରନ୍ତି, ତେବେ ସେମାନେ ଆଉ କିଛିକୁ ମାନିବେନି।" ସେହିପରି ଐତିହାସିକ ଏଡ୍‌ୱର୍ଡ ଗିବନ୍ ମଧ୍ୟ ଧାର୍ମିକ ସିଦ୍ଧାନ୍ତମାନଙ୍କୁ ଅସ୍ୱୀକାର କରୁଥିଲେ ମଧ୍ୟ ସମାଜିକ ଦୃଷ୍ଟିରୁ ସେ ସବୁକୁ ଉପଯୋଗୀ ବୋଲି ମାନୁଥିଲେ। ଜୀବନର ମହତ୍ତ୍ୱପୂର୍ଣ୍ଣ ଲକ୍ଷ୍ୟପ୍ରାପ୍ତି ନିମନ୍ତେ ଆତ୍ମବିଶ୍ୱାସ ଜରୁରୀ। ନିଜର କ୍ଷମତା, କୌଶଳ ଓ ପ୍ରତିଭା ଉପରେ ଯେତେ ବିଶ୍ୱାସ ଥିଲେ ହେଁ ଆତ୍ମବିଶ୍ୱାସଟି ମୁଖ୍ୟ।

ଆତ୍ମବିଶ୍ୱାସ ସହିତ ଈଶ୍ୱରଙ୍କ ସ୍ତୁତି (ସାକାର-ନିରାକାର)ର ସୂକ୍ଷ୍ମ ସଂଯୋଗ ରହିଛି। ସାକାର ଭାବରେ ନାମ ଜପ, ଦର୍ଶନ, ଭଜନ ଦ୍ୱାରା ଏବଂ ନିରାକାର ଭାବରେ ସର୍ବବ୍ୟାପୀ ଦର୍ଶନ ଦ୍ୱାରା ଆତ୍ମବିଶ୍ୱାସ ବଳବତ୍ତର ହୁଏ। ତେଣୁ, ବିଶ୍ୱାସ ଉପରେ ବିଶ୍ୱାସ କରିବା ଉଚିତ।

‘ଆତ୍ମବିଶ୍ୱାସ’ ଅହଂକାର ନୁହେଁ ବରଂ ଏକ ନୈତିକ ଭାବ (moral feelings), ଯାହା ମଣିଷକୁ ପ୍ରତିକୂଳ ଅବସ୍ଥାରେ ମଧ୍ୟ କର୍ତ୍ତବ୍ୟ ସଂପାଦନ ନିମନ୍ତେ ପ୍ରୋତ୍ସାହିତ କରେ। ଏହି ଭାବ ମାନବ ଜୀବନର ବୋଧିପୀଠ। ଯେଉଁଠି ଅବସ୍ଥିତ ହୋଇ ସେ ଜୀବନର ମୂଲ୍ୟକୁ ହୃଦ୍‌ବୋଧ କରିପାରେ। ବିଶ୍ୱାସହୀନ ଜୀବନ ଦୋଦୁଲ୍ୟମାନ ଅଟ୍ଟାଳିକାତୁଲ୍ୟ। ମହର୍ଷି ସକ୍ରେଟିସ୍‌ଙ୍କ ଶବ୍ଦରେ- “ଗୋଟିଏ ଆତ୍ମା ନିୟତ ମୋ ସଙ୍ଗେ ସଙ୍ଗେ ରହିଅଛି ଏବଂ ସେହି ଆତ୍ମା ମୋତେ ସର୍ବପ୍ରକାର ଅନ୍ୟାୟରୁ ରକ୍ଷା କରୁଛି।” ମାନବର ଅଜାଣତରେ ଆତ୍ମବିଶ୍ୱାସ ଓ ଈଶ୍ୱରୀୟ ଅସ୍ତିତ୍ୱ ଏକାକାର ହୋଇଯାଇଥାଏ। ଏହି ପ୍ରସଙ୍ଗରେ ମହାତ୍ମା ଥିଓଡର୍ ପାର୍କରଙ୍କ ଜୀବନର ଏକ ଘଟଣାକୁ ଉଲ୍ଲେଖ କରାଯାଇପାରେ। ଥିଓଡର୍ ମାତ୍ର ୫ ବର୍ଷ ବୟସରେ ଗୋଟିଏ କଚ୍ଛପକୁ ଆଘାତ କରିବା ପାଇଁ ହସ୍ତୋତ୍ତୋଳନ କରିଥିଲେ। ହଠାତ୍ ସେ ଆତ୍ମାର ନିଷେଧାଜ୍ଞା ଶୁଣି ସ୍ତମ୍ଭିତ ହୋଇଯାଇଥିଲେ। ତାଙ୍କର ଧର୍ମପରାୟଣା ଜନନୀ ଏହାକୁ ‘ମାନବ ହୃଦୟରେ ଈଶ୍ୱରବାଣୀ’ ବୋଲି ଅଭିହିତ କରିଥିଲେ ଏବଂ ସର୍ବଦା ହୃଦୟର କଥାକୁ ଅନୁସରଣ କରିବାପାଇଁ ତାଙ୍କୁ ଉପଦେଶ ଦେଇଥିଲେ। ମହାତ୍ମା ଗାନ୍ଧୀଙ୍କ ମାଂସ ଭକ୍ଷଣ ଘଟଣା ମଧ୍ୟ ଏଠାରେ ସ୍ମରଣୀୟ। ମାଂସ ଭକ୍ଷଣ ପରେ ଗାନ୍ଧୀଜୀ କିପରି ଭାବରେ ନିଜ ଭିତରେ ନିରୀହ ପଶୁର ଯନ୍ତ୍ରଣାକୁ ଅନୁଭବ କରି ଆଜୀବନ ଶାକାହାରୀ ହୋଇଯାଇଥିଲେ।

ତେଣୁ ‘ବିଶ୍ୱାସ’ ଏକ ଅସୀମ-ଉତ୍ତରିତ ଚେତନାର ବ୍ୟାପ୍ତିକୁ ସୂଚିତ କରେ। ଯେଉଁଥିରେ ଆତ୍ମା-ବିବେକ ତଥା ବିଶ୍ୱାସ ଗୋଟାଳି ବାନ୍ଧି ‘ବ୍ରହ୍ମ’ରେ ପରିଣତ ହୁଏ। ବିଶ୍ୱାସ ହିଁ ସମଦୃଷ୍ଟିର ଉତ୍ସ ଏବଂ ଏହା ହିଁ ନୀତି, ଈଶ୍ୱର ଓ ପରମତତ୍ତ୍ୱ ଅଟେ। ପରିଶେଷରେ ଏତିକି କୁହାଯାଇପାରେ ଯେ, ବିଶ୍ୱାସର ବିଶାଳକାୟ ସଂରଚନା ଠିକ୍ ଆକାଶଗଙ୍ଗା ଭଳି ମାନବ ଜୀବନକୁ ଅନାମୟ ଔଜ୍ଜ୍ୱଲ୍ୟରେ ପରିପୂର୍ଣ୍ଣ କରେ। ଏହାହିଁ ମାନବ ଜୀବନର ପରମ ଉପଲବ୍ଧି ହେବା ଉଚିତ।

ସୃଜନ ଉତ୍ସ: ବିଷାଦ

"କଳା-କୋମଳ ଭାବାନୁଭୂତିର ଫଳଶ୍ରୁତି ମଣିଷ ମନରେ ନୈତିକ ପ୍ରଭାବ ସୃଜିବା ପାଇଁ ଯଥେଷ୍ଟ। ତାହାର ଫଳଶ୍ରୁତି ଚିତ୍ତୋଲ୍ଲାସ ଓ ଚତ୍ତୋନ୍ନତି।"(୧) ଆନନ୍ଦଲାଭର ଇଚ୍ଛା ଓ ଦୁଃଖରୁ ମୁକ୍ତି ହିଁ ମାନବ ଜୀବନର ଅନ୍ତର୍ନିହିତ ଉଦ୍ଦେଶ୍ୟ। ଈପ୍ସିତ ଲକ୍ଷ୍ୟକୁ ପାଇବାର ଉଦ୍ଦେଶ୍ୟ ତାକୁ କର୍ମପ୍ରେରଣା ଦିଏ। ନଚେତ୍ ଆଳସ୍ୟ ଓ ପରିଶ୍ରମକାତର ମନୋବୃତ୍ତି କାହାର ଅବା ନାହିଁ? ଏହି କର୍ମଦ୍ୟୋତନା ଭିତରେ ଅସୁମାରି ସ୍ୱପ୍ନ, କଳ୍ପନା ଓ ଯୋଜନା ପ୍ରସ୍ତୁତିର ଧାରାଟିଏ ତା'ର ଚେତନା ଜଗତକୁ ଉଦ୍‌ଭାସିତ କରେ। ଯା'ରି ଭିତରେ କେତେ ସ୍ୱପ୍ନ ଧୂଳିସାତ୍ ହୁଏ, ଅନେକ କଳ୍ପନା ଭୁଶୁଡ଼ି ପଡ଼େ, ଯୋଜନା ପ୍ରସ୍ତୁତି କେବଳ ସେହି ଭାବନା ଭିତରେ ରହିଯାଏ। ତଥାପି ନିରାଶା, ଅସଫଳ ଯୋଜନା ତଥା ଦିବାସ୍ୱପ୍ନର ପ୍ରହେଳି ଭିତରୁ କିଛି ଧୂମାୟମାନ ଅନୁଭବ ମଣିଷର ବାହ୍ୟରୂପ ଉପରେ 'ବିଷାଦ'ର ପ୍ରଲେପ ଅଙ୍କନ କରେ। ମନ ଦବିଯାଏ, ଉଚ୍ଛ୍ୱାସ ଝାଉଁଳି ପଡ଼େ ଓ ସକ୍ରିୟ ଆବେଗ ନିରବି ଯାଏ। ଆହତ ଆବେଗଙ୍କୁ ଠୁଳ କରି ଆଗକୁ ବଢ଼ିବାର ପର୍ଯ୍ୟାୟକୁ ବୋଧହୁଏ 'struggle for existance' କୁହାଯାଏ। ଆତ୍ମପ୍ରତିଷ୍ଠା ପ୍ରତି ମଣିଷ ମନର ସୂକ୍ଷ୍ମ ଲକ୍ଷ୍ୟ। ମାନବକୁ ଏ କ୍ଷେତ୍ରରେ କଳ୍ପନା ଓ ସଂବେଦନା ପାହାଚ ଭଳି ସହାୟତା କରେ। ଏହି ଦୁଇଟିର ପାହାଚ ଦେଇ ଗତିଶୀଳ ମାନବପ୍ରାଣ ନୂତନତ୍ୱକୁ ଅନ୍ୱେଷା କରେ ଏବଂ ସୃଜନଶୀଳ ହୋଇ ଉଠେ। ତେଣୁ ସୃଜନର ଉତ୍ସ ରୂପେ ମାନବ ନିମନ୍ତେ ସ୍ୱପ୍ନମଖା-କଳ୍ପନାର ବିଳୟ ଜନିତ ବିଷାଦବୋଧ ହିଁ ପ୍ରମୁଖ ଅଟେ। ମହାକବି ବାଲ୍ମୀକି କ୍ରୌଞ୍ଚବଦ୍ଧର କାରୁଣ୍ୟକୁ ଅନୁଭବ କରି 'ରାମାୟଣ'ର ମହାସୃଜନକୁ ପରିପୂର୍ଣ୍ଣ କରିଥିଲେ।

ସୃଜନକର୍ମ ଏକ ମାନସିକ ପ୍ରକ୍ରିୟା। ଯେଉଁଠି ଜଣେ କଳାକାର ନିଜ ଅବଚେତନ-ଅଚେତନ ବୌଦ୍ଧିକତାକୁ ଆଧାର କରି ଅତି ସ୍ୱତଃସ୍ଫୂର୍ତ୍ତ ପରିଧି ମଧ୍ୟରେ ଶବ୍ଦଚିତ୍ରଙ୍କୁ ଗଢ଼ିଥାଏ। ସ୍ରଷ୍ଟା ନିମନ୍ତେ ସମଗ୍ର ଜଗତ ଏବଂ ତା'ର ଅସ୍ତିତ୍ୱ ଓତପ୍ରୋତ ଭାବେ ଜଡ଼ିତ। ଜଗତର ସତ୍ୟାସତ୍ୟକୁ ସ୍ରଷ୍ଟା ନିଜ ଶବ୍ଦ ଜରିଆରେ ମୁକ୍ତ (release) କରେ। ଏଥିନିମନ୍ତେ ସ୍ରଷ୍ଟାର ଇଚ୍ଛା ଗୁରୁତ୍ୱପୂର୍ଣ୍ଣ ଭୂମିକା ଗ୍ରହଣ କରିଥାଏ। ତା'ର ଇଚ୍ଛା ଥିଲେ ମୂଲ୍ୟହୀନ ପଥର, ପଚା-ଶଢ଼ା ଶବ, ଝାଉଁଳା-ପତ୍ର, ମଉଳା ଫୁଲ ଭିତରେ ଅରୂପ-ଅମୂର୍ତ୍ତ ସତ୍ତାକୁ ଅନୁଭବି ତାକୁ ସୌନ୍ଦର୍ଯ୍ୟରେ ପରିପୂର୍ଣ୍ଣ କରିପାରେ। ନିଜ ଅବଚେତନ-ଅଚେତନ ବୌଦ୍ଧିକତା ଦେଇ ସ୍ୱତଃସ୍ଫୂର୍ତ୍ତ ପରିଧି ଭିତରେ ନିଜ ଶବ୍ଦଚିତ୍ରମାନଙ୍କୁ ଗଢ଼େ। ପୁଣି ଜଗତର ସତ୍ୟାସତ୍ୟ ସ୍ରଷ୍ଟାର ଦୃଷ୍ଟିକୋଣ ଦେଇ ମୁକ୍ତି ପାଏ ଠିକ୍ ପ୍ରଜାପତିର ବିବର୍ତ୍ତିତ ଅବସ୍ଥାଚକ୍ର ଦେଇ।

ସୃଜନପଣଟି ସ୍ମୃତିଚିତ୍ର (memory image) ଦେଇ ଅବା ସ୍ରଷ୍ଟାର ବୌଦ୍ଧିକ ଅନ୍ତର୍ନିହିତ ଦୃଷ୍ଟି (intellectual inner lence) ଦେଇ ରୂପ ପରିଗ୍ରହ କରେ। ଯା'ରି ଭିତରେ ସ୍ମୃତିଜର୍ଜରିତ ସ୍ରଷ୍ଟାର ଖେଦ, ଯନ୍ତ୍ରଣା, ଆବେଗ ତାକୁ ଅଚିହ୍ନା-ଅବୋଧ ବିଷାଦ ତାକୁ ଭାରାକ୍ରାନ୍ତ କରିବସେ। ସେହି ଦୁଃଖକୁ ନେଇ ସ୍ରଷ୍ଟା ଗଢ଼ିବସେ ସୌନ୍ଦର୍ଯ୍ୟ, ସତ୍ୟ ଓ କଳ୍ପନାର କାବ୍ୟବୃତ୍ତ। ସ୍ୱାନୁଭବୀ ସ୍ରଷ୍ଟା କେବଳ ବିଷାଦଗ୍ରସ୍ତ ହୋଇ ଦୁଃଖକୁ ଭୋଗେନି ବରଂ ତତ୍‌ସହିତ ଭୋଗେ ଦୀର୍ଘ ମିଷ୍ଟିକ୍ ମୌନ ଅବସ୍ଥାକୁ। Laslo Verseryଙ୍କ ମତରେ ଦୁଃଖର ମୌଳିକ ଆଧାର ହେଲା- "The original mystery, the dark silence that sorrounds the light." ଦୁଃଖ ଓ ଯନ୍ତ୍ରଣା ସ୍ରଷ୍ଟାକୁ ସଂସାରର ପ୍ରଲୋଭିତ ବଳୟ ଭିତରୁ ଏକଲାପଣର ଅସ୍ୱସ୍ତି ଭିତରକୁ ଠେଲିଦିଏ ସତ ହେଲେ ତା'ରି ଭିତରେ ହିଁ ସ୍ରଷ୍ଟାର ସୃଜନ ପ୍ରକ୍ରିୟା, ବୁଢ଼ିଆଣୀ ଜାଲ ଭଳି ସ୍ୱତଃ ଆରମ୍ଭ ହୋଇଥାଏ। ଅସଫଳତା, ଏକ୍‌ଲାପଣ, ଅପୂର୍ଣ୍ଣ ଆକାଂକ୍ଷା ଓ ଅପ୍ରାପ୍ତିବୋଧର ଅସହାୟପଣ ମଧ୍ୟ ସ୍ରଷ୍ଟାକୁ ଭ୍ରମିତ କରିଥାଏ। ଦୁଃଖମାନଙ୍କୁ ସାଉଁଟିଥିବା ସ୍ରଷ୍ଟାର କୃତି ଭିତରେ ପ୍ରକୃତ ସୃଷ୍ଟି ସାରାଂଶ ଉଙ୍କି ମାରିଥାଏ। ବ୍ୟଥା, ଅଶ୍ରୁ, ବେଦନା ଓ କାତରତା ଦେଇ ସ୍ରଷ୍ଟା ଅଦ୍ଭୁତ ଆନନ୍ଦ ପାଇଥାଏ।

କବିବର ରାଧାନାଥଙ୍କ ସୃଜନ ଆଧାର ରୂପେ ଅତ୍ୟନ୍ତ ଶକ୍ତିଶାଳୀ ଦିଗଟି ଥିଲା ତାଙ୍କ ଚିର ହାହାମୟ ଜୀବନ। ତେଣୁ ସେ ଲେଖିବସିଛନ୍ତି-

"ପ୍ରତିଦିନ ଦୁଃଖ ପ୍ରହାରେ ଜର୍ଜର
ପଟ୍ଟଶିଷ୍ୟ ମୁହିଁ ଦୁଃଖ ଗୁରୁଙ୍କର

ଦୁଃଖଦତ୍ତ ଜ୍ଞାନ ଚକ୍ଷୁରେ ଜଗତ
ଦେଖିବାରେ ମୁହିଁ ଅଭ୍ୟସ୍ତ ସତତ।"

"ମଣିଷ ମନର ଏହି ବିଷାଦଭାବ କବିର ଭାବପ୍ରବଣ ମନକୁ ଆହୁରି ଗଭୀରତର ଭାବେ ଆକ୍ରାନ୍ତ କରେ। ମଣିଷର ଚେତନାକୁ ଆଚ୍ଛନ୍ନ କରି ଦେଉଥିବା ଏହି ବିଷାଦଭାବ ଅତ୍ୟନ୍ତ ଶକ୍ତିଶାଳୀ।" (କଳ୍ପନାର ଅଭିଷେକ - ଡ. ପ୍ରତିଭା ଶତପଥୀ -ପୃ:୨୧) ଏହି ବିଷାଦବୋଧ ଭିତରେ ସ୍ୱର୍ଗୀୟ ଉନ୍ମାଦନା (spiritual madness) ଲୁକ୍କାୟିତ ଥାଏ। ଆଲ୍‌ବର୍ଟ ଆଇନ୍‌ଷ୍ଟାଇନ୍‌ଙ୍କ ଶବ୍ଦରେ- "Feeling and longing are the motive forces behind all human endeavours and human creations." ସୃଜନ ମାନବର ଭାବାବେଗ ଉପରେ ନିର୍ଭରଶୀଳ କୁନ୍ତଳା କୁମାରୀଙ୍କ ଶବ୍ଦରେ-

"ଘନ ଅନ୍ଧାରେ ଆତ୍ମା କାନ୍ଦିବ ବସି
ଓହ୍ଲାଇ ଆସିବୁ ତୁ ଜ୍ୟୋତି ବରଷି।"

(ଗ୍ରନ୍ଥାବଳୀ - ପୃ:୫)

ଗୀତିକାର ସର୍ବଦା ଶବ୍ଦ, ପ୍ରେମ ଏବଂ ଦିବ୍ୟତାର ଉତ୍ତରଣ ଅପେକ୍ଷାରେ ଥାଏ। ନାରୀକବି ପ୍ରେମାଭକ୍ତିରେ ବିଷାଦବାଦିନୀ ହୋଇଥିଲେ ହେଁ ଅତୀନ୍ଦ୍ରିୟ ପ୍ରେମ ନିମନ୍ତେ ଉନ୍ମୁଖ। ବ୍ୟକ୍ତିଗତ ଜୀବନ ଯନ୍ତ୍ରଣାର ଗରଳ ପାନ କରି କୁନ୍ତଳା ନୀଳକଣ୍ଠଙ୍କ ଭଳି ବିଷକୁ ଅମୃତ ରୂପ ପ୍ରଦାନ କରିଥିଲେ। ତାଙ୍କ ସାମଗ୍ରିକ କବିତାରେ ଜୀବନ ବିଷର ଅମୃତ ରୂପ ଓ ତାଙ୍କ ସୃଜନ ଆଧାର ପାଲଟିଛି। ବୈକୁଣ୍ଠନାଥଙ୍କ ଶବ୍ଦରେ- "ଅଶ୍ରୁ ସାଗର ପାରେ ଶତ ବିଫଳତା ହାଣି ଉଇଁଛିରେ ଜୀବନର ସୂର୍ଯ୍ୟ।" (ବୈକୁଣ୍ଠନାଥ ଗ୍ରନ୍ଥାବଳୀ - ୧ମ - ପୃ:୪୦୪)

ମାନସିଂହ 'କୁଶ' କବିତାରେ 'ଦୁଃଖ'କୁ ରହସ୍ୟମୟ ପୁରୁଷଙ୍କ ଭିତରେ ହଜେଇ ଦେଇଥିବା ଅନୁଭବ କରିଛନ୍ତି। କବି ମାନସିଂହଙ୍କ ଶବ୍ଦରେ-

"ଦୁଃଖ ଦୈନ୍ୟ ନାହିଁ ଆଉ ଆଜି ମୋ ବିଶ୍ୱାସ
ତୁମରି ଲୀଳା ହିଁ ମୋର ମିଳନ ପ୍ରୟାସ।"

(କୁଶ - ମାନସିଂହ ଗ୍ରନ୍ଥାବଳୀ - ପୃ: ୪୫୩)

ସମସ୍ତ ବିଫଳତା ସତ୍ତ୍ୱେ ଜଗତର ସତ୍ୟ ଭିତରେ ଜୀବନର ଅର୍ଥ ଖୋଜିଥିବା କବି ମାନସିଂହଙ୍କ ଶବ୍ଦରେ - "ଅନନ୍ତ ବ୍ୟର୍ଥତା ମଧ୍ୟେ ଏ ଧରଣୀ, ଏ ଦାନ ପରମ।"

ଆଧୁନିକ ଯୁଗରେ କବିମାନଙ୍କ କବିତାରେ ବ୍ୟକ୍ତିକ ଦୃଷ୍ଟିଭଙ୍ଗୀ (personal attitude) ଅତି ମାର୍ମିକ ଭାବରେ ଅଭିବ୍ୟକ୍ତ ହେଉଥିବା ହେତୁ ଗୁରୁକୃଷ୍ଣ ଗୋସ୍ୱାମୀଙ୍କ

କବିତାରେ ଆଧୁନିକ ଜୀବନର ନିଛକ ଆବେଗର ଅଭିବ୍ୟକ୍ତି ଅତ୍ୟନ୍ତ ମର୍ମସ୍ପର୍ଶୀ :-

"ଅନ୍ତରେ କାନ୍ଦେ
ବାହାରେ ହସେ ମୁଁ
ଏଇ ମୋର ପରିଚୟ
ମରି ସାରିଛି ମୁଁ
ତେବେ ବି କରୁଚି ବଞ୍ଚିବାର ଅଭିନୟ।" (ଏ ମନ ଚୋରାପଥେ - ୧)

ଆଧୁନିକ କବିର ବ୍ୟକ୍ତିକ ଆକୁତି ଓ ବିଷାଦ ହିଁ ସେମାନଙ୍କ କବିତାର ଆଧାର ନିଶ୍ଚୟ।

ଗାନ୍ଧୀ ଦର୍ଶନ ଓ ତା'ର ପ୍ରଭାବ

ବିଶ୍ୱ ଇତିହାସ-ରାଜନୀତି-ଦର୍ଶନ ପୃଷ୍ଠାରେ ସ୍ୱର୍ଣ୍ଣାକ୍ଷରରେ ଲିପିବଦ୍ଧ ସେହି ଶ୍ରଦ୍ଧାପୂର୍ଣ୍ଣ ଉଚ୍ଚାରଣ 'ମହାତ୍ମା ଗାନ୍ଧୀ' - ଏକ 'ନାମ' ମାତ୍ର ନୁହେଁ ବରଂ ବିରାଟ ତତ୍ତ୍ୱ। ଋଷିପ୍ରତିମ 'ମହାତ୍ମା' ସମ୍ବୋଧନ ଭିତରେ ଯୁଗାବ୍ଧି ଓ ଅନନ୍ତ ସମୟର ଅଖଣ୍ଡ ଚେତନା ମଶାଲ ଜାଜ୍ୱଲ୍ୟମାନ ରହିଛି। ଆଣ୍ଠୁ ଲୁଚୁ ନ ଥିବା ଶୁଭ୍ର ଲୁଗା ପିନ୍ଧି କାନ୍ଧରେ ମୋଟା ଚଦର ଢାଙ୍କି ସମଗ୍ର ବିଶ୍ୱ ସମ୍ମୁଖରେ ନିରସ୍ତ୍ର ଯୋଦ୍ଧାସମ ଉଭା। ଗାନ୍ଧୀଜୀ ଥିଲେ, 'ମାନସ୍ୟେକଂ ବାଚସ୍ୟେକଂ କର୍ମଣ୍ୟେକଂ ମହାତ୍ମାନାଂ'। ସେ କହିଛନ୍ତି, 'ମୁଁ ଜଣେ ନମ୍ର ଅନୁସନ୍ଧିତ୍ସୁ ମାତ୍ର, ଜଣେ ସାଧୁପୁରୁଷ ନୁହେଁ'। ଅତୀତ ଓ ଭବିଷ୍ୟତର ଯୁଗସନ୍ଧିକୁ ତଟସ୍ଥ କରିଥିବା ସେହି ଦୁର୍ଦ୍ଦମନୀୟ ବୀର ଓ ତତ୍ତ୍ୱଦର୍ଶୀ ଆଦର୍ଶବାଦୀ ଦାର୍ଶନିକ ତଥା ସାଂପ୍ରତିକ ସମୟର ବହୁଚର୍ଚ୍ଚିତ 'ଗାନ୍ଧୀତତ୍ତ୍ୱ'ର ଅମୂର୍ତ୍ତ ରୂପ ସେ। ଅଧୁନା ଗାନ୍ଧୀଜୀ ଭାରତୀୟ ମୁକ୍ତି ସଂଗ୍ରାମର ମହାନ୍ ଜନନାୟକ ମାତ୍ର ନୁହଁନ୍ତି ବରଂ ପ୍ରତି ଭାରତୀୟଙ୍କ ଚେତନାପିଣ୍ଡ ରୂପେ ଅତ୍ୟନ୍ତ ପ୍ରାସଙ୍ଗିକ। ପ୍ଲାଟୋଙ୍କ ମତରେ, 'ପୃଥିବୀରେ ସବୁବେଳେ ଅଳ୍ପ କେତେଜଣ ବ୍ୟକ୍ତି ଥାଆନ୍ତି, ସେମାନଙ୍କର ସାନ୍ନିଧ ଲାଭ କରିବା, ଏକ ଅମୂଲ୍ୟ ବିଷୟ' - ଏହା ଅହିଂସାକାମୀ ବାପୁଙ୍କ ନିମନ୍ତେ ଅତ୍ୟନ୍ତ ପ୍ରଯୁଜ୍ୟ ମନେହୁଏ। ରକ୍ତମାଂସର ମାନବ ଶରୀରଧାରୀ ବାପୁଜୀ ଭାରତବର୍ଷର ମୁକ୍ତି-ଭଗୀରଥ ତଥା ବିଶ୍ୱ ଇତିହାସର ସ୍ଥିତପ୍ରଜ୍ଞ ମହାତ୍ମା ରୂପେ ଚିରବନ୍ଦନୀୟ।

ଗୁଜୁରାଟ-ରାଜକୋଟ୍‌ର ପୋର୍ ବନ୍ଦର ବା ସୁଦାମାପୁରୀ ଠାରେ ୧୮୬୯ ମସିହା ଅକ୍ଟୋବର ୨ ତାରିଖରେ ବାପୁଜୀଙ୍କ ଧରାବତରଣ ଦିବସ ଏବଂ ୧୯୪୮ ମସିହା ଜାନୁୟାରୀ ୩୧ ତାରିଖ ତାଙ୍କ ମହାପ୍ରୟାଣ ଦିବସ ରୂପେ କୋଟି କୋଟି

ଭାରତୀୟଙ୍କ ସ୍ମରଣୀୟ ଦିନାଙ୍କ। ଜନ୍ମ-ମୃତ୍ୟୁର ଦୀର୍ଘ ୭୯ ବର୍ଷର ସମୟସୀମା ଭିତରେ ମୋହନଦାସ କରମଚାନ୍ଦ ଗାନ୍ଧୀ ବିଶ୍ୱବିଦିତ 'ମହାତ୍ମା' ରୂପେ ଅତି ଅଦ୍ଭୁତ ନିଷ୍କାମ କର୍ମଯୋଗର ଦିବ୍ୟ ବଳୟ ଅଙ୍କନ କରି ଯାଇଛନ୍ତି। ସାବରମତୀର ସନ୍ଥ ରୂପେ ଗାନ୍ଧୀଜୀ ଥିଲେ କ୍ରାନ୍ତିକାରୀ। 'କ୍ରାନ୍ତି' କୌଣସି ଶସ୍ତ୍ର ମାଧ୍ୟମରେ ନଥିଲା, ଭାବ ଓ ବିଚାର ମାଧ୍ୟମରେ ଥିଲା।

ଜୀବନରେ ସଂଘଟିତ ସାମାନ୍ୟ ଭୁଲ୍ ନିମନ୍ତେ ଦୋଷ ସ୍ୱୀକାରର ନିରୀହ ଆବେଗଠାରୁ ଆରମ୍ଭ କରି ଆମରଣ ଅନଶନ ଆଚରଣ ପର୍ଯ୍ୟନ୍ତ ଗାନ୍ଧୀ ଚେତନା ଓ ତତ୍ତ୍ୱର ବୈଭବପୂର୍ଣ୍ଣ ଉତ୍ତରଣ ସତେଅବା ଏକ ଅମୃତ ମଣୋହୀର ଅଂଶବିଶେଷ। ସେ ଥିଲେ କାୟ-ମନୋ-ବାକ୍ୟରେ ସ୍ୱତନ୍ତ୍ର ଓ ଅସାଧାରଣ। ବିଶ୍ୱ ପାଇଁ ସେ ମୋହନ ଦାସ କରମଚାନ୍ଦ, ଭାରତବର୍ଷରେ ଜାତିର ପିତା, କାହା ପାଇଁ ଫକୀର ମହାତ୍ମା, ବାପୁ, ଦେବାଂଶୀ ମହାପୁରୁଷ, ଶସ୍ତ୍ରବିହୀନ ବୀର ଜନନାୟକ ଏବଂ ପରିଶେଷରେ ବିଶ୍ୱବାସୀଙ୍କ ନିମନ୍ତେ 'ଗାନ୍ଧୀଚେତନା' ବା 'ଗାନ୍ଧୀବାଦ' ଭାବରେ ସେ ସର୍ବସମ୍ମତ ଏକ ମୂଲ୍ୟବୋଧ ପାଲଟିଛନ୍ତି। ସାଧାରଣ ମଣିଷ ଭିତରେ ସତ୍ୟପାଳନ, ତ୍ୟାଗ, ଅହିଂସା, ଇନ୍ଦ୍ରିୟ ନିଗ୍ରହ, ରାମରାଜ୍ୟ ପ୍ରତିଷ୍ଠାର ମହାନ୍ ଲକ୍ଷ୍ୟ, ପ୍ରେମ ଦ୍ୱାରା ସଂସାର ଜୟର ଦୁର୍ବାର ଆଭିମୁଖ୍ୟ ହିଁ ତାଙ୍କୁ ଅତିମାନବ ରୂପେ ପରିଗଣିତ କରିଛି। ବିଶ୍ୱକୁ ଭାରତବର୍ଷର ଶ୍ରେଷ୍ଠ ଅବଦାନ ହେଉଛି 'ମହାତ୍ମାଗାନ୍ଧୀ'। ଗୌତମବୁଦ୍ଧ ପୃଥିବୀକୁ ଅହିଂସାର ବାର୍ତ୍ତା ଦେଇଥିଲେ। କିନ୍ତୁ, ମହାତ୍ମାଗାନ୍ଧୀ ଏହି ଅହିଂସାର ଯଥାର୍ଥ ପ୍ରୟୋଗ ଓ ପରୀକ୍ଷା କରି ମାନବ ଇତିହାସରେଏକ ନୈତିକ ମୂଲ୍ୟବୋଧ ପ୍ରତିଷ୍ଠା କରିବାରେ ସମର୍ଥ ହୋଇଛନ୍ତି। ଅହିଂସା ଓ ସତ୍ୟ ଯେ ମଣିଷ ସମାଜକୁ ରକ୍ଷା କରିପାରିବ ଏବଂ ଏହା ମଣିଷକୁ ସଫଳତାର ଶୀର୍ଷରେ ପହଞ୍ଚାଇପାରେ ବୋଲି ମହାତ୍ମାଗାନ୍ଧୀ ପ୍ରମାଣ କରିଛନ୍ତି। ତାଙ୍କ ମତରେ 'ସତ୍ୟ'ଠାରୁ ଶ୍ରେଷ୍ଠ ଈଶ୍ୱର କେହି ନାହାନ୍ତି। ସତ୍ୟାଗ୍ରହ ସହିତ ନିଷ୍ପେଷିତ ଜାତିର ସେବା, ଗାନ୍ଧୀଙ୍କ ଦୃଷ୍ଟିକୋଣ ତାଙ୍କ ଜୀବନ ପ୍ରଣାଳୀ ତଥା ଆଦର୍ଶପୂର୍ଣ୍ଣ ବିଚାର ହିଁ ଯଥାର୍ଥତଃ ଗାନ୍ଧୀବାଦ।

ଶୈଶବରୁ ପରମସାଧ୍ୱୀ ମାତା ପୁତୁଳିବାଈଙ୍କ ଧର୍ମପରାୟଣ ତଥା ବ୍ୟବହାର କୁଶଳତାର ପ୍ରଭାବ ତାଙ୍କ ଉପରେ ପଡ଼ିଥିଲା। ପିତା କାବାଗାନ୍ଧୀ ସତ୍ୟପ୍ରିୟ, ଉଦାର ଏବଂ ନ୍ୟାୟପରାୟଣ ବ୍ୟକ୍ତି ଥିଲେ। ମାତ୍ର ତେର ବର୍ଷ ବୟସରେ ସମବୟସ୍କା କସ୍ତୁରବାଈଙ୍କ ସହିତ ଗାନ୍ଧୀଙ୍କ ବାଲ୍ୟବିବାହ ସଂପନ୍ନ ହୋଇଥିଲା। ବୈଷ୍ଣବ ସଂପ୍ରଦାୟରେ ଜନ୍ମଲାଭ କରିଥିଲେ ମଧ୍ୟ ଜୈନ ଧର୍ମାଚାର୍ଯ୍ୟମାନଙ୍କ ଧର୍ମାଚରଣ ମାର୍ଗ ଏବଂ ଅନ୍ୟାନ୍ୟ ବହୁ ଧର୍ମୀୟ ତତ୍ତ୍ୱକୁ ସେ ହୃଦ୍‌ବୋଧ କରିଥିଲେ। ଗାନ୍ଧୀଜୀ ହୃଦୟଙ୍ଗମ

କରିଥିଲେ ଯେ, ଏ ଜଗତ ନୀତି ଉପରେ ତିଷ୍ଠି ରହିଛି। ନୀତି ହିଁ ସତ୍ୟରେ ନିମଜ୍ଜିତ। ତେଣୁ ସତ୍ୟର ମହିମାକୁ ସେ ପ୍ରତିମୁହୂର୍ତ୍ତରେ ଅନୁଭବ କରିଥିଲେ। ଉଚ୍ଚ ବିଦ୍ୟାଳୟର ପାଠପଢ଼ା ଅବସ୍ଥାରେ ଜଣେ ମେଧାବୀ ଛାତ୍ରରୂପେ ତାଙ୍କୁ ଛାତ୍ରବୃତ୍ତି ମିଳୁଥିଲେ ହେଁ ସେ ନିରହଙ୍କାରୀ ଥିଲେ। ସର୍ବଦା ସେ ନିଜର ଚରିତ୍ର ପ୍ରତି ବିଶେଷ ଦୃଷ୍ଟି ପ୍ରଦାନ କରୁଥିଲେ। ଆତ୍ମସମୀକ୍ଷା ପୂର୍ବକ ନିଜର ସାମାନ୍ୟ ଦୋଷତ୍ରୁଟି ପ୍ରତି ଅତ୍ୟନ୍ତ କଠୋର ହୋଇ ପଡୁଥିଲେ। ହାଇସ୍କୁଲ୍ ଶିକ୍ଷା ସମୟରେ ବ୍ୟାୟାମ, ଯୋଗ, ଶାରୀରିକ ଶ୍ରମର ମହତ୍ତ୍ୱ ଉପଲବ୍ଧି କରିଥିଲେ। ଦୀର୍ଘପଥ ଚାଲିବାର କସରତ ଅପେକ୍ଷା ପିତୃସେବା ପ୍ରତି ଥିଲା ତାଙ୍କର ଏକ ଝୁଙ୍କ୍। ପିଲାବେଳୁ ସୁନ୍ଦର ଅକ୍ଷରକୁ ଶିକ୍ଷାର ଏକ ବିଶିଷ୍ଟ ଅଙ୍ଗ ବୋଲି ସେ ମନେକରୁଥିଲେ। ଜ୍ୟାମିତି, ଗଣିତ,ସାହିତ୍ୟ, ସଂସ୍କୃତ, ଗୁଜୁରାଟୀ, ବଙ୍ଗଳା, ହିନ୍ଦୀ, ଆରବୀ, ଫରାସୀ, ଇଂରାଜୀ ଆଦି ଭାଷାରେ ସେ ଦକ୍ଷ ଥିଲେ। ସହନଶୀଳା ନାରୀ ସମାଜ ଏବଂ ଅବହେଳିତ ଦଳିତ ସମାଜ ପ୍ରତି ତାଙ୍କର ଥିଲା ଆନ୍ତରିକ ଶ୍ରଦ୍ଧା ଓ ସମ୍ମାନ। ଦେଶଭକ୍ତିରେ ସେ ଥିଲେ ଅଦ୍ଭୁତ ଭାବରେ ନିଷ୍ଠାପର। ଦେଶଭକ୍ତି ସଂପର୍କରେ ସେ ତାଙ୍କ 'ଆତ୍ମକଥା'ରେ ଉଲ୍ଲେଖ କରିଛନ୍ତି- 'ମୋ ନିଜ ପ୍ରାଣରେ ମୁଁ ଯେପରି ଶୁଦ୍ଧ ରାଜଭକ୍ତି ଅନୁଭବ କରିଛି, ଅନ୍ୟ କାହାରିଠାରେ ସେପରି ରାଜଭକ୍ତି କ୍ୱଚିତ୍ ଦେଖିଥିବି। ଏବେ ମୁଁ ଦେଖିପାରୁଛି, ମୋର ସେହି ରାଜଭକ୍ତି ମୂଳରେ କେବଳ ମୋର ସ୍ୱାଭାବିକ ସତ୍ୟପ୍ରୀତି ହିଁ ଥିଲା। ରାଜଭକ୍ତି ଅଥବା ଅନ୍ୟ କୌଣସି ବିଷୟରେ ଢମ କରିବା ମୋ ଦ୍ୱାରା ହୋଇପାରିବ ନାହିଁ'। ଜଣେ ଦେଶସେବକ ନିଜ ମାତୃଭୂମିର କୌଣସି ପ୍ରକାରର ସେବାରୁ ନିବୃତ୍ତ ରହିବା ସଂଗତ ନୁହେଁ ବୋଲି ସେ ମନେ କରୁଥିଲେ। ତାଙ୍କ ପାଇଁ ପରଧର୍ମଠାରୁ ସ୍ୱଧର୍ମ ଶ୍ରେୟସ୍କର ଥିଲା।

ଗାନ୍ଧୀଙ୍କ ଜୀବନ ଥିଲା ବୈବିଧ୍ୟପୂର୍ଣ୍ଣ।୧୮୬୯ ମସିହାରୁ ୧୮୮୨ ପର୍ଯ୍ୟନ୍ତ ଗାନ୍ଧୀଜୀଙ୍କ ବାଲ୍ୟାବସ୍ଥା,୧୮୮୮ ସେପ୍ଟେମ୍ବର ୪ ତାରିଖରେ ଲଣ୍ଡନଯାତ୍ରା, ୧୮୯୧ ମସିହା ପର୍ଯ୍ୟନ୍ତ ଲଣ୍ଡନ ରହଣି ଏବଂ ସେଠାରେ ଆଇନ ଶିକ୍ଷାଲାଭ, ନୀତିଶାସ୍ତ୍ର ତଥା ରାଜନୀତି ସଂପର୍କିତ ଅସଂଖ୍ୟ ପୁସ୍ତକ ଅଧ୍ୟୟନ କରିବାର ସୁଅବସର ପ୍ରାପ୍ତ କରିଥିଲେ। ୧୮୯୧-୯୩ ମସିହା ମଧ୍ୟରେ ଜଣେ ଆଇନଜୀବୀ ଭାବରେ ତାଙ୍କର ବୃତ୍ତିଗତ ସଂଘର୍ଷ, ୧୮୯୩ ମସିହାରେ ଦକ୍ଷିଣ ଆଫ୍ରିକାକୁ ଫେରିଯାଇ ସେଠାରେ ଦୀର୍ଘ ୨୦ ବର୍ଷ ରହଣି ପରେ ପୁନର୍ବାର ୧୯୧୪ ମସିହାରେ ଭାରତବର୍ଷକୁ ପ୍ରତ୍ୟାବର୍ତ୍ତନ, ୧୯୨୦ ମସିହାରେ କଂଗ୍ରେସରେ ଯୋଗଦାନ ଏବଂ ୧୯୩୪ ମସିହାରେ କଂଗ୍ରେସରୁ ଇସ୍ତଫା ଦେବାପରେ ହିଁ ରାଜନୈତିକ ଚିନ୍ତନ ପର୍ବର ଶୁଭାରମ୍ଭ ଥିଲା ମହାତ୍ମାଙ୍କ ବହୁବିଧ କର୍ମଯୋଗ।

ଗାନ୍ଧୀବାଦୀ ସମାଲୋଚକ ଆଚାର୍ଯ୍ୟ ଭାବାନନ୍ଦଙ୍କ ମତରେ- '୧୯୩୪ ମସିହାରୁ ୧୯୪୮ ମସିହା ମଧ୍ୟରେ ଗାନ୍ଧୀ ପ୍ରକୃତରେ ତାଙ୍କର ରାଜନୈତିକ ଚିନ୍ତନର ପରୀକ୍ଷା କରିଛନ୍ତି ଭାରତବର୍ଷରେ। ଏହିଠାରେ ରାଜନୈତିକ ଦର୍ଶନ ପାଇଁ ତାତ୍ତ୍ୱିକ ମାର୍ଗ ପ୍ରାପ୍ତ କରିବା ସହିତ ସୃଷ୍ଟି କରିଛନ୍ତି ଅନେକ ରାଜନୈତିକ ଦର୍ଶନ, ଯାହା କ୍ରମଶଃ ସମଗ୍ର ବିଶ୍ୱରେ, ରାଜନୈତିକ କର୍ମ, ଦର୍ଶନ, ଅର୍ଥନୈତିକ ବ୍ୟାଖ୍ୟା ତଥା ସାମାଜିକ ପରିବର୍ତ୍ତନରେ ନବଚେତନାର ପରିଚାୟକ ହୋଇଛି। ସେହି ଚେତନାଗୁଡ଼ିକ ହେଉଛି ସତ୍ୟ, ଅହିଂସା, ସତ୍ୟାଗ୍ରହ, ସର୍ବୋଦୟ, ସମତା, ଅନାଶ୍ରମ ଆଦି। ଏବେ ଏ ସମସ୍ତ ଆଉ ଗାନ୍ଧୀଜୀଙ୍କର ସଂପତ୍ତି ନୁହେଁ। ସମଗ୍ର ରାଜନୀତି ବିଜ୍ଞାନୀ ଓ ତତ୍ତ୍ୱଦର୍ଶୀଙ୍କ ଅଭିଧାନରେ ଏଗୁଡ଼ିକ ଆପଣାଛାଏଁ ଗୃହୀତ ହୋଇଯାଇଛି'।

'ମହାତ୍ମା' ଶବ୍ଦର ଅର୍ଥ 'ମହାନ୍ ଆତ୍ମା' ଯେ ସର୍ବାନ୍ତକରଣରେ ଶୁଦ୍ଧ, ତ୍ୟାଗୀ, ସଂଯମୀ, ବିନମ୍ର, ଦୟାଶୀଳ। ତାଙ୍କୁ 'ମହାତ୍ମା' ଭାବରେ ସମ୍ବୋଧନକୁ ନେଇ ମତାନୈକ ରହିଛି ଏବଂ ଏ ସଂପର୍କିତ ବହୁ ପ୍ରସଙ୍ଗ ସମ୍ମୁଖକୁ ଆସିଛି। ଗାନ୍ଧୀଜୀଙ୍କୁ ସର୍ବପ୍ରଥମେ ୧୯୧୫ ମସିହାରେ ସର୍ବପ୍ରଥମ ଜୀବରାମ କାଳିଦାସ ଏବଂ ୧୯୧୫ ମସିହା ଅପ୍ରେଲ ୮ ତାରିଖରେ ହରିଦ୍ୱାର ନିକଟସ୍ଥ କନଖଲ୍ ଗୁରୁକୁଳରେ ଗାନ୍ଧୀଜୀଙ୍କ ସମ୍ମାନ ଉଦ୍ଦେଶ୍ୟରେ ଯେଉଁ ସମାରୋହ ଉତ୍ସବ ଆୟୋଜିତ ହୋଇଥିଲା, ସେଥିରେ ଗାନ୍ଧୀଙ୍କୁ ସ୍ୱାମୀ ଶ୍ରଦ୍ଧାନନ୍ଦ 'ମହାତ୍ମା' ଉପାଧି ପ୍ରଦାନ କରିଥିବା ବିଶ୍ୱାସ କରାଯାଏ। ଅବଶ୍ୟ ୧୯୧୯ ମସିହା ଅପ୍ରେଲ ୧୨ ତାରିଖରେ ବିଶ୍ୱକବି ରବୀନ୍ଦ୍ରନାଥ ଟାଗୋର୍ ଗାନ୍ଧୀଙ୍କୁ ଯେଉଁ ପତ୍ର ଲେଖିଥିଲେ, ସେଥିରେ ସେ ଗାନ୍ଧୀଜୀଙ୍କୁ 'ମହାତ୍ମା' ରୂପେ ସମ୍ବୋଧନ କରିଥିଲେ। ଗାନ୍ଧୀଜୀ ଦକ୍ଷିଣ ଆଫ୍ରିକାରୁ ଭାରତ ପ୍ରତ୍ୟାବର୍ତ୍ତନ କରି ପ୍ରଥମ ଜନଆନ୍ଦୋଳନ ଆରମ୍ଭ କରିଥିଲେ ବିହାରର ଚମ୍ପାରଣରୁ। ସେଠାରେ ସେ ଜମିଦାର ଏବଂ ଶୋଷକବର୍ଗଙ୍କ ବିରୋଧରେ ସ୍ୱର ଉତ୍ତୋଳନ କରିଥିଲେ। ସେହି ଅଞ୍ଚଳର ଦୁଃସ୍ଥ କୃଷକମାନଙ୍କୁ ଅଧିକ କ୍ଷତିପୂରଣ ମଞ୍ଜୁର କରିବା, ରାଜସ୍ୱ ବୃଦ୍ଧିକୁ ବନ୍ଦ କରିବା ସହିତ ଚାଷଜମିକୁ କୃଷକମାନଙ୍କ ଦ୍ୱାରା ନିୟନ୍ତ୍ରିତ କରିବା ନିମନ୍ତେ ଗାନ୍ଧୀଜୀ ବହୁ ବଳିଷ୍ଠ ପଦକ୍ଷେପ ନେଇଥିଲେ। ଏହି ସଂଘର୍ଷପୂର୍ଣ୍ଣ ପରିସ୍ଥିତିରେ ଭାରତୀୟ ଜନତାଙ୍କ ଦ୍ୱାରା ଗାନ୍ଧୀଜୀ 'ବାପୁ' ନାମରେ ମଧ୍ୟ ସମ୍ବୋଧିତ ହୋଇଥିଲେ। ସେହିପରି ପ୍ରଥମଥର ପାଇଁ ସୁଭାଷଚନ୍ଦ୍ର ବୋଷ ମଧ୍ୟ ଗାନ୍ଧୀଙ୍କୁ 'ରାଷ୍ଟ୍ରପିତା' ରୂପେ ସମ୍ବୋଧନ କରିଥିଲେ। ୧୯୪୪ ମସିହା ଜୁନ୍ ୪ ତାରିଖରେ ସିଙ୍ଗାପୁର ଆକାଶବାଣୀରୁ ଭାରତବାସୀଙ୍କୁ ସନ୍ଦେଶ ଦେବା ସହିତ 'ରାଷ୍ଟ୍ରପିତା' ମହାତ୍ମାଗାନ୍ଧୀଙ୍କୁ ସମ୍ମାନ ଜଣାଇଥିଲେ। ସେ ଭାରତବାସୀଙ୍କୁ ସତ୍ୟ, ଅହିଂସାର ମାର୍ଗରେ ପରିଚାଳିତ କରିବା ନିମନ୍ତେ ଶିକ୍ଷା ପ୍ରଦାନ,

ସ୍ୱାଧୀନତା ପ୍ରାପ୍ତି କ୍ଷେତ୍ରରେ ପଥପ୍ରଦର୍ଶନପୂର୍ବକ ମାନବଜାତି ପାଇଁ ଭାରତୀୟ ପରମ୍ପରା, ସଦାଚାର ତଥା ସମୁଚ୍ଚ ଆତ୍ମଶୁଦ୍ଧିର ଦୃଷ୍ଟାନ୍ତମୂଳକ ବାର୍ତ୍ତା ପ୍ରଦାନ କରିଯାଇଛନ୍ତି ।

ମାନବ ସମାଜକୁ ଯୁଗାନୁସାରୀ ସମସ୍ୟାରୁ ମୁକ୍ତ କରିବା ଉଦ୍ଦେଶ୍ୟରେ ଅପୂର୍ବ ସୃଜନକାର ଗାନ୍ଧୀଜୀ ୧୯୦୯ ମସିହାରେ 'ହିନ୍ଦ୍ ସ୍ୱରାଜ' ରଚନା କରିଥିଲେ । ୧୯୨୫ରୁ ୧୯୨୯ମସିହା ମଧ୍ୟରେ ରଚିତ ତାଙ୍କ 'ଆତ୍ମକଥା' ମଧ୍ୟ ଗୁଜରାଟର 'ନବଜୀବନ' ସାପ୍ତାହିକ ପତ୍ରିକାରେ ଧାରାବାହିକ ଭାବରେ ପ୍ରକାଶଲାଭ କରିଥିଲା । ମହାତ୍ମା ଗାନ୍ଧୀଙ୍କ ବ୍ୟକ୍ତିଗତ ସଚିବ ଭାବରେ ସହଯୋଗ କରୁଥିବା ମହାଦେବ ଦେଶାଇ ତାକୁ ଇଂରାଜୀରେ ଅନୁବାଦ କରି ତତ୍କାଳୀନ 'ୟଙ୍ଗ୍ ଇଣ୍ଡିଆ' ପତ୍ରିକାରେ ପ୍ରକାଶିତ କରିଥିଲେ । ମହାତ୍ମାଙ୍କ 'ଆତ୍ମକଥା'ରେ ୧୯୨୦ ମସିହାରୁ ୧୯୪୮ ମସିହାରେ ତାଙ୍କ ମୃତ୍ୟୁ ପର୍ଯ୍ୟନ୍ତ ଅସଂଖ୍ୟ ତଥ୍ୟାବଳୀ ସୁଗୁମ୍ଫିତ ରହିଛି । ଭାରତବର୍ଷରେ ଗାନ୍ଧୀଙ୍କ ପ୍ରମୁଖ ଲକ୍ଷ୍ୟ ଥିଲା ରାମରାଜ୍ୟ ସ୍ଥାପନ । ରାମରାଜ୍ୟ ତାଙ୍କ ଦୃଷ୍ଟିରେ ଥିଲା ଜାତିହୀନ, ଶ୍ରେଣୀହୀନ, ରାଷ୍ଟ୍ରହୀନ ତଥା ସମାନାଧିକାରସଂପନ୍ନ ସମାଜ । ଏଭଳି ରାଜ୍ୟର ପରିକଳ୍ପନାରେ 'ସତ୍ୟ' ଥିଲା ବାପୁଙ୍କ ଆଦର୍ଶ ।

ଗାନ୍ଧୀଜୀ 'ସତ୍ୟ'କୁ ସାମ୍ନା କରିଥିବା ଅଦ୍ୱିତୀୟ ଜନନାୟକ ଓ ଯୋଦ୍ଧା ଥିଲେ । ସେ ତାଙ୍କର 'ଆତ୍ମକଥା'ରେ ସତ୍ୟର ମହିମା ଗାନକରି ଲେଖିଛନ୍ତି- 'ସତ୍ୟ ଏକ ବିଶାଳ ବୃକ୍ଷ' । ତାକୁ ଯେମିତି ହେପାଜତ୍ କରିବ, ସେଥିରୁ ସେତିକି ଅଧିକରୁ ଅଧିକ ଫଳ ମିଳିବ । ସତ୍ୟର ଖଣିଜ ଭଣ୍ଡାରରେ ଯେତିକି ଗହୀରକୁ ଯାଇ ଅନୁସନ୍ଧାନ କରିବ, ସେତିକି ଭିତରର ଲୁକ୍‌କାୟିତ ଓ ସେତିକି ମୂଲ୍ୟବାନ ମଣିମାଣିକ୍ୟ ଅବଶ୍ୟ ପାଇବ । ସତ୍ୟର ଗଭୀର ଅନୁସନ୍ଧାନରେ ସେବା ପାଇଁ ଚିର ନୂତନ ଓ ପ୍ରଶସ୍ତତର କ୍ଷେତ୍ର ପ୍ରତିଭାତ ହେବ ।" 'ସତ୍ୟ'କୁ ଈଶ୍ୱର ବୋଲି ମନେକରି ସେ ଆଜୀବନ ତାକୁ ହିଁ ଅନ୍ୱେଷା କରିଥିଲେ । ସତ୍ୟର ପ୍ରାପ୍ତି ନିମନ୍ତେ ନିଜର ପ୍ରିୟବସ୍ତୁକୁ ମଧ୍ୟ ସେ ତ୍ୟାଗ କରିବାକୁ ପ୍ରୋତ୍ସାହନ ଦେଇଥିଲେ । ସତ୍ୟର ଶକ୍ତିକୁ ବୁଝାଇବାକୁ ଯାଇ ସେ ତାଙ୍କ 'ଆତ୍ମକଥା'ରେ ଲେଖିଛନ୍ତି- 'ମୋର ବିଶ୍ୱାସ ଯେ, ଏହି ଅନୁସନ୍ଧାନରୂପୀ ଯଜ୍ଞରେ ମୁଁ ଏହି ଦେହକୁ ସୁଦ୍ଧା ଆହୂତି ଦେବାକୁ ପ୍ରସ୍ତୁତ ଏବଂ ସେଥିପାଇଁ ମୋର ଶକ୍ତି ଅଛି । ଯେପର୍ଯ୍ୟନ୍ତ ଏହି ସତ୍ୟର ସାକ୍ଷାତ ନ ପାଇଛି, ସେ ପର୍ଯ୍ୟନ୍ତ ମୋର ଅନ୍ତରାତ୍ମା ଯାହାକୁ ସତ୍ୟ ମଣୁଛି, ସେହି କାଳ୍ପନିକ ସତ୍ୟକୁ ମୁଁ ଆପଣାର ଆଧାର କରି ମୋର ଦୀପଦଣ୍ଡି ମନେକରି ତାହାରି ଆଶ୍ରୟରେ ମୋର ଜୀବନ କଟାଉଛି ।'

ଗାନ୍ଧୀଜୀ ତାଙ୍କ ଜୀବନ ପରିବର୍ତ୍ତନର ଆଧାର ଭାବରେ ତତ୍କାଳୀନ ୫ ଗୋଟି ସମ୍ବାଦପତ୍ରକୁ ଶ୍ରେୟ ପ୍ରଦାନ କରିଛନ୍ତି । ୟଙ୍ଗ୍ ଇଣ୍ଡିଆ, ଇଣ୍ଡିୟନ୍ ଓପନିୟନ୍, ନବଜୀବନ,

ହରିଜନ ତଥା ସତ୍ୟାଗ୍ରହୀ ସାପ୍ତାହିକୀ ଖବରକାଗଜରେ ତାଙ୍କ ସତ୍ୟାଗ୍ରହର ନୀତିତତ୍ତ୍ୱ ଓ ତା'ର ମହନୀୟ ଭାବଧର୍ମ ବର୍ଣ୍ଣିତ ହୋଇଛି। 'ଇଣ୍ଡିଆନ୍ ଓପିନିୟନ୍'ର ସାହାଯ୍ୟ ବ୍ୟତିରେକ 'ସତ୍ୟାଗ୍ରହ' ସ୍ଥିତି ସମ୍ଭବ ନଥିଲା ବୋଲି ସ୍ପଷ୍ଟ କରିବାକୁ ଯାଇ ଉଲ୍ଲେଖ କରିଛନ୍ତି- 'ସମ୍ବାଦପତ୍ରର ଗୋଟିଏ ପ୍ରବଳ ଶକ୍ତି, ମାତ୍ର ଗୋଟାଏ ଅବାଧ ଜଳସ୍ରୋତ ଯେପରି ଗ୍ରାମକୁ ଗ୍ରାମ ବୁଡ଼େଇ ଫସଲ ଧ୍ୱଂସ କରିଦିଏ, ସେମିତି ଅସଂଯତ ଲେଖା କେବଳ ନଷ୍ଟ ହିଁ କରେ।" ସତ୍ୟାଗ୍ରହୀ ପାଖରେ ଅହିଂସା ହିଁ ତା'ର ପ୍ରକୃତ ପାଥେୟ। ଅହିଂସାକୁ 'ବିନୟର ଶୀର୍ଷବିନ୍ଦୁ' ଏବଂ ଏହାର ସ୍ଥିତିରେ 'ନ୍ୟୂନତମ ସୃଷ୍ଟିକୁ ନିଜ ଭଳି ଭଲପାଇ ହୁଏ' ବୋଲି ସେ ମନେକରୁଥିଲେ। ନୈତିକ ଆଦର୍ଶକୁ ଉପଲବ୍ଧି କରିବାରେ 'ଆତ୍ମଶୁଦ୍ଧି'ର ଆବଶ୍ୟକତା ରହିଛି। ଅନ୍ତଃକରଣର ଶୁଦ୍ଧତା ବ୍ୟତିରେକ ଈଶ୍ୱରାନୁଭୂତି ଅସମ୍ଭବ। ଗାନ୍ଧୀଙ୍କ ମତରେ ଜୀବନର ପ୍ରତ୍ୟେକ କ୍ଷେତ୍ରରେ ଆଧ୍ୟାତ୍ମିକ ଶୁଚି-ସଂପାଦନ ହିଁ ଆତ୍ମଶୁଦ୍ଧି। ଗାନ୍ଧୀଙ୍କ ଦୃଷ୍ଟିରେ ଆଧ୍ୟାତ୍ମିକତାର ଅର୍ଥ ଥିଲା ଆତ୍ମିକ ତଥା ବାହ୍ୟ ନୀତିନିଷ୍ଠ ଆଚରଣ। ଆତ୍ମାର ଦୃଷ୍ଟିରେ ପାଳିତ ହେଉଥିବା ନୀତି ଥିଲା ତାଙ୍କ ଦୃଷ୍ଟିରେ ପ୍ରକୃତଧର୍ମ। ମାନବଧର୍ମର ଶ୍ରେଷ୍ଠ ଆଚରଣ ଭିତରେ ସେ ସତ୍ୟ, ଅହିଂସା, ବ୍ରହ୍ମଚର୍ଯ୍ୟ ଇତ୍ୟାଦିକୁ ମହତ୍ତ୍ୱ ପ୍ରଦାନ କରିଥିଲେ।

ଗାନ୍ଧୀଜୀ ବ୍ରିଟିଶ ସାମ୍ରାଜ୍ୟ ଭିତରେ ଥାଇ ମଧ୍ୟ ଭାରତମୁକ୍ତିର ସ୍ୱପ୍ନ ଦେଖିଥିବା ଅପରାଜେୟ ବୀର ଥିଲେ। ସେ ବହୁ ଚିନ୍ତାନାୟକଙ୍କ ଦ୍ୱାରା ପ୍ରଭାବିତ ହୋଇଥିଲେ। ତାଙ୍କ ରାମରାଜ୍ୟର ସ୍ୱପ୍ନକୁ ବହୁମାତ୍ରାରେ ପ୍ରଭାବିତ କରିଥିବା ଦାର୍ଶନିକଙ୍କ ରଚନାଗୁଡ଼ିକ ମଧ୍ୟରେ ଇଂରେଜ ଦାର୍ଶନିକ ଜନ୍ ରସ୍କିନ୍‌ଙ୍କ ଦ୍ୱାରା ଲିଖିତ 'ଅନ୍ ଟୁ ଦିସ୍ ଲାଷ୍ଟ୍' (ଏହି ଶେଷ ପରିଣତି), 'ଟାଇମ୍ ଏଣ୍ଡ୍ ଟାଇଡ୍' (ସମୟ ଓ ଜୁଆର), ଥୋରଭ୍‌ଙ୍କ 'ୱାଲ୍‌ସ' ଥିଲା ପ୍ରମୁଖ। ଶିଳ୍ପ ବିପ୍ଲବର ବହୁବିଧ ସାମାଜିକ ସମସ୍ୟା, ରାମରାଜ୍ୟ ପରିକଳ୍ପନାର ଭିତ୍ତିସ୍ଥାପକ ଗାନ୍ଧୀଙ୍କୁ ମର୍ମାହତ କରିଥିଲା। ଯେଉଁଥିପାଇଁ ସେ 'ହିନ୍ଦ୍ ସ୍ୱରାଜ' ରଚନା କରିଥିଲେ। ଏତଦ୍‌ଭିନ୍ନ ଟଲଷ୍ଟୟଙ୍କ 'କିଙ୍ଗଡମ୍ ଅଫ୍ ଗଡ୍ ଉଇଦିନ୍ ୟୁ', ମାଲେସ୍‌ଙ୍କ 'ଦି ହିଷ୍ଟ୍ରି ଅଫ୍ ଇଣ୍ଡିଆନ୍', ହାୱାର୍ଡ ଉଇଲିୟମଙ୍କ୍ 'ଦି ଏଥିକ୍ସ ଅଫ୍ ଡାଏଟ୍' ଆଦି ରଚନା ତାଙ୍କ ମନକୁ ସର୍ବଦା ଆଚ୍ଛନ୍ନ କରି ରଖୁଥିଲା। ଗାନ୍ଧୀଜୀଙ୍କ ଆଦର୍ଶ ଥିଲେ ଜନ୍ ରସ୍କିନ୍, ଟଲଷ୍ଟୟ, ଥୋରେ, ଏମରସନ୍ ଏବଂ ବହୁ ଭାରତୀୟ ଦାର୍ଶନିକ। ମାର୍କ୍ସ, ଏଞ୍ଜେଲ୍, ଲେନିନ୍ ଓ ଷ୍ଟାଲିନ୍‌ଙ୍କ ଦର୍ଶନକୁ ଗାନ୍ଧୀଜୀ ଆନ୍ତରିକ ଭାବରେ ହୃଦ୍‌ବୋଧ କରିଥିଲେ। ବ୍ରିଟିଶ୍ ସାମ୍ରାଜ୍ୟର ଅକଥନୀୟ ଶୋଷଣନୀତିର ବିରୁଦ୍ଧାଚରଣ, ବର୍ଣ୍ଣବୈଷମ୍ୟର ଦୂରୀକରଣ, ବିଦେଶୀବସ୍ତ୍ର ବର୍ଜନ, ରୋଗୀସେବା, ଭାରତର ଦୁର୍ଭିକ୍ଷ ପ୍ରପୀଡ଼ିତ ଜନତାଙ୍କ ନିମନ୍ତେ ଅର୍ଥ ସଂଗ୍ରହ, ଜାତି-ଧର୍ମ-ବର୍ଣ୍ଣ ନିର୍ବିଶେଷରେ ଅହିତକାରୀ

ପ୍ରତି ହିତ ପ୍ରଦର୍ଶନ, ଜନ୍ମଦାତ୍ରୀ ମାତା, ବେଦ-ଉପନିଷଦ, ବ୍ରହ୍ମଚର୍ଯ୍ୟ, ରାମ-ହରିଶ୍ଚନ୍ଦ୍ରଙ୍କ ଜୀବନୀ, ଶ୍ରବଣ କୁମାରର ପିତୃଭକ୍ତି, ନୈତିକତା, ସତ୍ୟରକ୍ଷା, କ୍ଷମା, ଆର୍ଜବ, ତିତିକ୍ଷା, ସାଧୁତା, ଉଦାରତା, ନୈଃସର୍ଗିକ ଅହିଂସାନୀତି, ସରଳ ଜୀବନ, ଅନ୍ତର୍ନିବିଷ୍ଟ ଉଚ୍ଚଚିନ୍ତନ ତଥା ଭାରତୀୟ ମୁନି-ଋଷିଙ୍କ ତପସ୍ୟାମୟ ଜୀବନ, ସର୍ବୋପରି ସମୁଚ୍ଚ ଜୀବନାଦର୍ଶ।

ଆଲ୍‌ବର୍ଟ ହ୍ୟୁମ୍‌ଙ୍କ ଉଦ୍ୟମରେ ୧୮୮୫ ମସିହା ଡିସେମ୍ବର ୨୮ ତାରିଖ ବମ୍ବେଠାରେ ଜାତୀୟ କଂଗ୍ରେସ ଜନ୍ମ ଲାଭ କରିଥିଲା। ଶିକ୍ଷିତ ଭାରତୀୟମାନଙ୍କ ମନରେ ବ୍ରିଟିଶ ସାମ୍ରାଜ୍ୟବାଦର ବିରୁଦ୍ଧାଚରଣ ଓ ଦେଶସେବା ହିଁ ଥିଲା ଜାତୀୟ କଂଗ୍ରେସର ଆତ୍ମିକ ଆଭିମୁଖ୍ୟ। ମାକ୍ସମୁଲରଙ୍କ ମତରେ, 'ଦୁର୍ନୀତିରୁ ମୁକ୍ତି ନିମନ୍ତେ ଗ୍ରାମାଞ୍ଚଳକୁ ଫେରିବାକୁ ହେବ ଏବଂ ଫ୍ରାନ୍ସିସ୍ ବେକେନ୍‌ଙ୍କ 'ଦାରିଦ୍ର୍ୟ ଓ ଅସନ୍ତୋଷ' ହିଁ ବିଦ୍ରୋହର ଦୁଇଗୋଟି ପ୍ରମୁଖ କାରଣ ବୋଲି ଅନୁଭବ କରି ଭାରତୀୟ ମୁକ୍ତି ଆନ୍ଦୋଳନକୁ ବ୍ୟାପକ କରିବା ନିମନ୍ତେ ଗାନ୍ଧୀଜୀ ସଂକଳ୍ପବଦ୍ଧ ହୋଇଥିଲେ। 'ସତ୍ୟାଗ୍ରହ' (Passive Registance) ଥିଲା ଏହି ସଂକଳ୍ପର ଆଦ୍ୟମନ୍ତ୍ର। ଗାନ୍ଧୀଜୀ ସତ୍ୟାଗ୍ରହର ଶକ୍ତି ସଂପର୍କରେ ସୂଚନା ଦେବାକୁ ଯାଇ ଏକଦା କହିଥିଲେ- 'ସତ୍ୟାଗ୍ରହ ଏକ ଧାର୍ମିକ ଅସ୍ତ୍ର ଏବଂ ତାହା ପ୍ରହଲାଦ ଓ ମୀରାବାଈଙ୍କ ଭଳି ଧର୍ମପରାୟଣ ବ୍ୟକ୍ତି କେବଳ ବ୍ୟବହାର କରିପାରିବେ।' ସତ୍ୟାଗ୍ରହକୁ ଧାରଣ କରିବା ନିମନ୍ତେ ଚାରିତ୍ରିକ ଔଦାର୍ଯ୍ୟ ଅପରିହାର୍ଯ୍ୟ ଅଟେ। ବାପୁଜୀ ଅହିଂସା ସଂଗ୍ରାମର ରାଜନୈତିକ ପୃଷ୍ଠଭୂମି ଉପରେ ସତ୍ୟାଗ୍ରହ ଦ୍ୱାରା ଏକ ନୂତନ ପରୀକ୍ଷାର ସୂତ୍ରପାତ କରିଥିଲେ। ତାଙ୍କ ପାଇଁ ଏହାର ଶକ୍ତି ପରମାଣୁ ବୋମାଠାରୁ ମଧ୍ୟ ଅଧିକ ଶକ୍ତିଶାଳୀ ମନେ ହୋଇଥିଲା। ନିଷ୍ଠୁର ଆଚରଣ ବିରୁଦ୍ଧରେ ନମ୍ର ପ୍ରତିବାଦ ହିଁ ସତ୍ୟାଗ୍ରହ।

ଭାରତରେ ଗାନ୍ଧୀଙ୍କ ସତ୍ୟାଗ୍ରହ ଆନ୍ଦୋଳନର ଆଦ୍ୟ ପରୀକ୍ଷାସ୍ଥଳ ଥିଲା ଚମ୍ପାରଣ। ଚମ୍ପାରଣର ନୀଳଚାଷୀମାନଙ୍କ ସମସ୍ୟା, ଅହମ୍ମଦାବାଦର ଶ୍ରମିକ ଧର୍ମଘଟ, ଖେଦାର କୃଷକମାନଙ୍କ ଆନ୍ଦୋଳନ କ୍ଷେତ୍ରରେ ସତ୍ୟାଗ୍ରହର ପ୍ରୟୋଗପୂର୍ବକ ଗାନ୍ଧୀଜୀ ଭାରତୀୟମାନଙ୍କ ହୃଦୟରେ ସ୍ୱତନ୍ତ୍ର ମର୍ଯ୍ୟାଦାରେ ଅଭିଷିକ୍ତ ହୋଇଥିଲେ। ଗଣତାନ୍ତ୍ରିକ ଲକ୍ଷ୍ୟ ଦିଗରେ ଭାରତର ସାମରିକ ଶକ୍ତି ଉପରେ ଜନଶକ୍ତିର ବିଜୟ ନିମନ୍ତେ ଗାନ୍ଧୀଜୀଙ୍କ ଅତନ୍ଦ୍ର ନିଷ୍ଠା ଥିଲା ଅଦ୍ଭୁତ। ସ୍ୱରାଜ ଦାବୀ ଯୋଗୁଁ ୧୯୦୮ ମସିହାରେ ସର୍ବପ୍ରଥମେ ଗାନ୍ଧୀଙ୍କୁ ଦୁଇମାସ ପାଇଁ ଜେଲ୍‌ଯାତ୍ରା କରିବାକୁ ପଡ଼ିଥିଲା। ୧୯୦୯ ମସିହାରେ ପୁଣି ତାଙ୍କୁ ତିନିମାସ ପାଇଁ ଜେଲ୍‌ଦଣ୍ଡ ମିଳିଥିଲା। ସେ 'ହିନ୍ଦ୍ ସ୍ୱରାଜ' ପୁସ୍ତିକାରେ ଆଧୁନିକ ସଭ୍ୟତାକୁ ସମାଲୋଚନା କରି ଲେଖିଥିଲେ- 'ଆଧୁନିକ ସଭ୍ୟତା ଏକ ବ୍ୟାଧି। ଏହା ନବ ଦିବସର ବିସ୍ମୟ ଏବଂ ଆପଣାଛାଏଁ ଆପଣାର ଓଜନରେ ଭୁଶୁଡ଼ି ପଡ଼ିବ।'

ବର୍ଷକ ଭିତରେ ସ୍ୱରାଜ ଲାଭ ଥିଲା ତାଙ୍କର ଚରମ ଆଭିମୁଖ୍ୟ। ସେଥିପାଇଁ ୧୯୧୭ ମସିହା ପରବର୍ତ୍ତୀ ସମୟରେ ଗାନ୍ଧୀଜୀଙ୍କ ପ୍ରୟାସକ୍ରମେ ସାବରମତୀ ଆଶ୍ରମରେ 'ଚରଖା' ଦ୍ୱାରା ଖଦୀର ହାତବୁଣା ବସ୍ତ୍ରର କର୍ମଶାଳା ଆୟୋଜନ ହୋଇଥିଲା। ଏହି ଆଶ୍ରମ ଥିଲା ସନ୍ଥ ଗାନ୍ଧୀଜୀଙ୍କ ପ୍ରକୃଷ୍ଟ କର୍ମାଶ୍ରମ ଏବଂ ସ୍ୱରାଜ ପ୍ରାପ୍ତିର ପ୍ରୟୋଗଶାଳା। ଖଦଡ଼ ଟୋପି, ଖଦଡ଼ ବସ୍ତ୍ର ଥିଲା ତାଙ୍କ ଜାତୀୟତାବାଦର ଚିହ୍ନ। ପଣ୍ଡିତ ନେହେରୁ ଖଦୀକୁ ସ୍ୱାଧୀନତାର ପୋଷାକ (The living of Freedom) ରୂପେ ଆଖ୍ୟାୟିତ କରିଥିଲେ। ଅରଟରେ ସୂତାକଟା ସମଗ୍ର ଭାରତବର୍ଷରେ କୁହୁକ ସୃଷ୍ଟି କରିଥିଲା। ସୂତାକଟା ଥିଲା ଅହିଂସାର ପ୍ରତୀକ। ଏହା ଚରଖା ମାଧ୍ୟମରେ ଶିକ୍ଷିତ ଓ ଅଶିକ୍ଷିତଙ୍କ ମଧ୍ୟରେ ଯୋଗସୂତ୍ର ସ୍ଥାପନ ସହିତ ସ୍ୱରାଜ ମନ୍ତ୍ର ମାଧ୍ୟମରେ ଗ୍ରାମର ଅନ୍ଧକାରାଚ୍ଛନ୍ନ ଅଞ୍ଚଳଠାରୁ ସହର ପର୍ଯ୍ୟନ୍ତ ପରିବ୍ୟାପ୍ତ ହୋଇଥିଲା। ଚରଖା ଦ୍ୱାରା ସ୍ୱାଧୀନତା ପ୍ରାପ୍ତିର ସମ୍ଭାବନା ସଂପର୍କରେ ଏକଦା ଗାନ୍ଧୀଜୀ ତାଙ୍କ ଅଭିଭାଷଣରେ କହିଥିଲେ- "ସ୍ୱାଧୀନତା ଆସୁଚି ଏବଂ ଅଳ୍ପକାଳ ପରେ ଆସିଯିବ- ମାତ୍ର ତାହା ମୋ ପରିକଳ୍ପିତ ସ୍ୱାଧୀନତା ନୁହେଁ। ତାହାଦ୍ୱାରା ସବୁଠାରୁ ତଳେ ପଡ଼ିରହିଥିବା ଲୋକର ଉତ୍‌ଥାନ ହେବନାହିଁ, ତେଣୁ ଆମମାନଙ୍କୁ ଚରଖା ମାଧ୍ୟମରେ ଏ କାମ କରିବାକୁ ହେବ।" 'କୁଟି ଖାଅ, କାଟି ପିନ୍ଧ'ର ଯୁଗାନ୍ତକାରୀ ଆହ୍ୱାନ ଭାରତବାସୀଙ୍କୁ ଉଦ୍ଦାମ ସାହସ ଓ ଜୀବନୀଶକ୍ତିର ସ୍ଫୂର୍ତ୍ତି ପ୍ରଦାନ କରିଥିଲା। ମା' ରମାଦେବୀ ଚୌଧୁରୀ ଗାନ୍ଧୀଙ୍କ ଚରଖାଭିତ୍ତିକ ଦୂରଦୃଷ୍ଟିକୁ ନେଇ 'ଜୀବନପଥେ' ପୁସ୍ତକରେ ଉଲ୍ଲେଖ କରିଛନ୍ତି- 'ସ୍ୱାଧୀନ ଭାରତ ବିଷୟରେ ତାଙ୍କର କଳ୍ପନା ଥିଲା ଯେ ଭାରତ ଅନ୍ନବସ୍ତ୍ରରେ ସ୍ୱାବଲମ୍ବୀ ହେବ ଏବଂ ଶୋଷଣରହିତ ସମାଜ ହେବ। କେହି ବେକାର ଓ ଭୋକିଲା ରହିବେ ନାହିଁ। ଶ୍ରମିକ ଓ ମାଲିକ ଭିତରେ ସଦ୍‌ଭାବ ରହିବ, ଶ୍ରମମର୍ଯ୍ୟାଦାର ଭାବନା ଜାଗ୍ରତ ହେବ। ଲୋକଙ୍କ ଭିତରେ ଆତ୍ମବିଶ୍ୱାସ ଆସିବ। ପରସ୍ପର ସହିତ ସଦ୍‌ଭାବ ରକ୍ଷା କରି ଚଳିବାର କଳାକୁ ଲୋକେ ଆୟତ୍ତ କରିବେ ଏବଂ ହିଂସାତ୍ମକ ଆକ୍ରମଣକୁ ଅହିଂସାତ୍ମକ ଉପାୟରେ ପ୍ରତିରୋଧ କରିବାର ଶକ୍ତି ଲୋକେ ଅର୍ଜନ କରିପାରିବେ। ଗାଁ ଗାଁରେ ଏପରି ସଂଗଠନ କରିବାକୁ ହେଲେ ଅହିଂସାର ପ୍ରତୀକ ଚରଖାକୁ ଏହାର ମାଧ୍ୟମ କରିବାକୁ ହେବ।' ସତ୍ୟାଗ୍ରହ ମାଧ୍ୟମରେ ହରିଜନମାନଙ୍କ ଗଠନମୂଳକ କାର୍ଯ୍ୟ, ସଭାସମିତି, ଜାଗରଣ, ଚାନ୍ଦା, ସ୍ୱେଚ୍ଛାସେବକ-ସେବିକା ସଂଗ୍ରହ, ବନ୍ୟାବିପନ୍ନଙ୍କ ସେବା, ପଦଯାତ୍ରା ଇତ୍ୟାଦି କାର୍ଯ୍ୟାବଳୀ ଗାନ୍ଧୀତତ୍ତ୍ୱର ଅନନ୍ୟ ଦିଗନ୍ତ ଥିଲା।

ଭାରତର ଅନ୍ୟାନ୍ୟ ପ୍ରାନ୍ତ ମଧ୍ୟରେ ଗାନ୍ଧୀଜୀଙ୍କ ଏହି ନିଷ୍କାମ କର୍ମଯୋଗର ଶ୍ରେଷ୍ଠ ସ୍ଥଳୀ ଥିଲା ଓଡ଼ିଶାଭୂମି। ଓଡ଼ିଶାବାସୀଙ୍କୁ ସେ ଅତି ଭଲପାଉଥିଲେ। ୧୯୨୦

ମସିହା ଫେବୃୟାରୀ ୫ ତାରିଖରେ ଲାହୋର ଅଧିବେଶନକୁ ଉତ୍କଳ 'ପ୍ୟୁପଲ୍‌ସ ଆସୋସିଏସନ୍'ର ସଭାପତି ଶ୍ରୀ ବ୍ରଜସୁନ୍ଦର ଦାସ ଗାନ୍ଧୀଜୀଙ୍କୁ ପ୍ରେରଣ କରିଥିବା ପତ୍ରରେ ଓଡ଼ିଆ ଭାଷାଭାଷୀ ଅଞ୍ଚଳର ଏକତ୍ରୀକରଣ ଓ ସ୍ୱତନ୍ତ୍ର ଉତ୍କଳ ପ୍ରଦେଶ ଗଠନ ପାଇଁ ଚାଲିଥିବା ଜନଆନ୍ଦୋଳନ ସଂପର୍କରେ ଅବଗତ କରାଇଥିଲେ। ଦୁର୍ଭିକ୍ଷ ଏବଂ ବନ୍ୟାର ପ୍ରଳୟଙ୍କରୀ ସ୍ଥିତି ତଥା ଅସ୍ପୃଶ୍ୟତା ଭଳି ରୁଗ୍ଣ ମାନସିକତାକୁ ଗାନ୍ଧୀଜୀ ଉତ୍କଳର ଦୁଇଗୋଟି ପ୍ରମୁଖ ସମସ୍ୟା ବୋଲି ବୁଝିପାରିଥିଲେ। ଅସ୍ପୃଶ୍ୟତା ଦୂରୀକରଣ ସହିତ ବନ୍ୟା-ଦୁର୍ଭିକ୍ଷର କ୍ଷୟକ୍ଷତିରୁ ଉତ୍କଳକୁ ରକ୍ଷା କରିବା ନିମନ୍ତେ ଖଦୀର ପ୍ରସାର ଉପରେ ଗୁରୁତ୍ୱାରୋପ କରିଥିଲେ। ଏହି ପରିପ୍ରେକ୍ଷୀରେ ଗାନ୍ଧୀଜୀଙ୍କ ଦୃଷ୍ଟିରେ ଓଡ଼ିଶା ଥିଲା ଦାରିଦ୍ର୍ୟର ପ୍ରକୃଷ୍ଟ ଉଦାହରଣ। ଯଦି ଜଣେ ଦୁଃସ୍ଥ ଜନତାର ସେବା କରିବାକୁ ଚାହେଁ, ତେବେ ସେ ଉତ୍କଳ ଜନତାର ସେବା କରିପାରିବ ବୋଲି ଗାନ୍ଧୀଜୀ କହିଥିଲେ। ୧୯୨୨ ମସିହାରେ 'ବମ୍ବେ କ୍ରିନିକଲ୍'ରେ ଗାନ୍ଧୀଜୀ ଉଲ୍ଲେଖ କରିଥିଲେ- 'ଉତ୍କଳ ମୋତେ ସର୍ବଦା ବ୍ୟଥିତ କରୁଛି, ସେଠାରେ ଯାହା ମୁଁ ଦେଖିଛି ତାହା ଖୁବ୍ ଦୁଃଖଦ ଓ ଦୁର୍ଭାଗ୍ୟଜନକ। ଉତ୍କଳରୁ ଦାରିଦ୍ର୍ୟ ଦୂରକରି ପ୍ରତ୍ୟେକ ଘରେ ଚରଖାର ବାଣୀ ପହଞ୍ଚାଅ। ଉତ୍କଳକୁ ସାରା ଭାରତର ଖଦୀ ଭଣ୍ଡାରରେ ପରିଣତ କର। ସବୁ ଭୋକିଲା ଲୋକଙ୍କୁ ଅନ୍ନ ଦିଅ।' ଉତ୍କଳବାସୀଙ୍କ ପାଇଁ ଗାନ୍ଧୀଙ୍କ ହୃଦୟ ସର୍ବଦା ବ୍ୟାକୁଳ ହେଉଥିଲା। ସେମାନଙ୍କ ଉନ୍ନତି ଓ ପ୍ରଗତି ବିଷୟରେ ଗାନ୍ଧୀ ବହୁ ଉନ୍ନୟନମୂଳକ ଯୋଜନା କଳ୍ପନା କରୁଥିଲେ।

୧୯୨୧ ମସିହାରୁ ୧୯୪୬ ମସିହା ଭିତରେ ମହାତ୍ମା ଗାନ୍ଧୀ ଓଡ଼ିଶାକୁ ୮/୯ ଥର ଆସିଥିଲେ ଏବଂ ୭୯ ଦିନ ଓଡ଼ିଶା ରହଣି ଭିତରେ ଅସଂଖ୍ୟ ଯୋଜନା କାର୍ଯ୍ୟକାରୀ କରିଥିଲେ। ୧୯୨୧, ୧୯୨୫, ୧୯୨୭, ୧୯୨୮, ୧୯୩୪ (ଦୁଇଥର), ୧୯୩୮ ଏବଂ ୧୯୪୬ ମସିହା ଥିଲା ଓଡ଼ିଶାର ଇତିହାସ ପୃଷ୍ଠା ନିମନ୍ତେ ଅବିସ୍ମରଣୀୟ ସମୟ। ଗାନ୍ଧୀଙ୍କ ଓଡ଼ିଶା ଆଗମନ ଉଦ୍‌ବୋଧନ ଦ୍ୱାରା ଜନଜାଗରଣ ସୃଷ୍ଟି କରିବା ଘଟଣା ଥିଲା ପ୍ରତ୍ୟେକ ଓଡ଼ିଆଙ୍କ ନିମନ୍ତେ ଗର୍ବ ଓ ଗୌରବର ବିଷୟ। ଗାନ୍ଧୀଜୀ ପ୍ରଥମେ ୧୯୨୧ ମସିହା, ମାର୍ଚ୍ଚ ୨୩ ଦୋଳପୂର୍ଣ୍ଣିମା ଦିନ କଟକରେ ପହଞ୍ଚି କଟକ ସଭାରେ ପ୍ରଥମ ଥର ପାଇଁ ଅସହଯୋଗ ଆନ୍ଦୋଳନ ନିମନ୍ତେ ଆହ୍ୱାନ ଦେଇଥିଲେ। ଉତ୍କଳମଣି ଗୋପବନ୍ଧୁ ଦାସଙ୍କ ସଭାପତିତ୍ୱରେ ଅପରାହ୍ଣ ସାଢ଼େ ପାଞ୍ଚଟାରେ କଟକର କାଠଯୋଡ଼ି ବାଲୁକା ଶେଯରେ ଏହି ବିରାଟ ଐତିହାସିକ ସଭା ଆୟୋଜିତ ହୋଇଥିଲା।

୧୯୨୩ ମସିହାରେ ଓଡ଼ିଶାର ଗାନ୍ଧୀ ସେବାସଂଘ ସ୍ଥାପିତ ହୋଇଥିଲା ଏବଂ

ଓଡ଼ିଶାରେ ଏହାର ୩୩ଟି କେନ୍ଦ୍ର ଥିଲା । ଗାନ୍ଧୀଙ୍କ ଆଶ୍ରମର ନାମ ଥିଲା 'ସେବାଘର'। ଯାହାର ପରିଚାଳନା ଦାୟିତ୍ୱରେ ଥିଲେ ଓଡ଼ିଶାର ଗଣଜୀବନର ମା' ରମାଦେବୀ ଚୌଧୁରୀ । ୧୯୨୫ ମସିହା ଅଗଷ୍ଟ ୧୯ ତାରିଖରେ ଉତ୍କଳଗୌରବ ମଧୁସୂଦନ ଦାସଙ୍କ ନିମନ୍ତ୍ରଣରେ ଗାନ୍ଧୀଜୀ ଦ୍ୱିତୀୟ ଥର ପାଇଁ ଓଡ଼ିଶା ଆସିଥିଲେ । ମଧୁବାବୁଙ୍କ 'ଜମିର ସଂସ୍କୃତି ଚାଷ' ତଥା 'ହାତର ସଂସ୍କୃତି ଶିଳ୍ପ' ଗାନ୍ଧୀଜୀ ପରିଦର୍ଶନ କରି ଅତ୍ୟନ୍ତ ଅଭିଭୂତ ହୋଇଥିଲେ । ମଧୁସୂଦନ ଦାସଙ୍କ ଦ୍ୱାରା ପ୍ରତିଷ୍ଠିତ ଉତ୍କଳ ଚର୍ମାଳୟ (ଚମଡ଼ା କାରଖାନା) ଭାରତର କୁଟୀର ଶିଳ୍ପ ବିକାଶ ଦିଗରେ ମହତ୍ତ୍ୱପୂର୍ଣ୍ଣ ବୋଲି ଉପଲବ୍ଧି କରିଥିଲେ । ନିଜ ଆଶ୍ରମରେ ଏହି କାରଖାନାର ପ୍ରତିଷ୍ଠା ସହ ଏହାର ବୈଷୟିକ ଜ୍ଞାନ କୌଶଳ ପ୍ରତି ମଧ୍ୟ ଗୁରୁତ୍ୱାରୋପ କରିଥିଲେ ।

୧୯୨୭ ମସିହା ଡିସେମ୍ବର ୨୧ରେ ଗାନ୍ଧୀଜୀ ତୃତୀୟ ଥର ପାଇଁ ଓଡ଼ିଶା ଆସିଥିଲେ । 'ପୂର୍ଣ୍ଣଚନ୍ଦ୍ର ଭାଷାକୋଷ' ପ୍ରଣେତା ଗୋପାଳ ପ୍ରହରାଜଙ୍କ ଗୃହରେ ଅତିଥି ଭାବରେ ରହି ଓଡ଼ିଶାର ପରିସ୍ଥିତିକୁ ଅତି ନିବିଡ଼ ଭାବରେ ଅନୁଧ୍ୟାନ କରିଥିଲେ । ଶ୍ରୀ ପ୍ରହରାଜଙ୍କ ପ୍ରଣୀତ ଭାଷାକୋଷର ଭୂରି ଭୂରି ପ୍ରଶଂସା କରି ଗାନ୍ଧୀଜୀ ଓଡ଼ିଆ ଲିପି ସହିତ ପରିଚିତ ହୋଇଥିଲେ । ୧୯୨୮ ମସିହାରେ ଜଗନ୍ନାଥଙ୍କ ପବିତ୍ର ନେତ୍ରୋତ୍ସବ ଅବସରରେ ଏବଂ ଉତ୍କଳମଣି ଗୋପବନ୍ଧୁଙ୍କ ମହାପ୍ରୟାଣର ଦୁଃଖଦ ସ୍ଥିତିରେ ଶୋକାତୁର ଗାନ୍ଧୀଜୀ ପୁନର୍ବାର ଓଡ଼ିଶା ଆଗମନ କରିଥିଲେ । ଗାନ୍ଧୀଜୀ ୧୯୩୪ ମସିହାରେ ହରିଜନ ପଦଯାତ୍ରା ନିମନ୍ତେ ମଧ୍ୟ ଆସିଥିଲେ । ଏହା ଥିଲା ଗାନ୍ଧୀଜୀଙ୍କର ପ୍ରଥମ ହରିଜନ ପଦଯାତ୍ରା ଯାହା ମେ ମାସ ୯ ତାରିଖ ଦିନ ପୁରୀ ଜଗନ୍ନାଥ ମନ୍ଦିର ସମ୍ମୁଖରୁ ଆରମ୍ଭ ହୋଇ ଜୁନ୍ ୮ ତାରିଖ ଭଦ୍ରକ ଠାରେ ଶେଷ ହୋଇଥିଲା । ଅସ୍ପୃଶ୍ୟତା ନିବାରଣ ନିମନ୍ତେ ଜୀବନପଣ କରି ଏ ଛୁଆଁଛୁଇଁ ଉଠାଇବାକୁ ପଡ଼ିବ ବୋଲି ସର୍ବସମକ୍ଷରେ ଗାନ୍ଧୀଜୀ ଆହ୍ୱାନ ଦେଇଥିଲେ । ୧୯୩୪ ମସିହାରେ ଓଡ଼ିଶାର ଏହି ଐତିହାସିକ ହରିଜନ ପଦଯାତ୍ରା ସଫଳ ହୋଇଥିଲା । ସମାଜର ମୁଖ୍ୟସ୍ରୋତରେ ଅସ୍ପୃଶ୍ୟମାନଙ୍କୁ ସାମିଲ୍ କରିବା ସହିତ ଓଡ଼ିଶାରେ ଖଦୀର ବିକାଶ, ନିଶା ନିବାରଣ, ଅପମିଶ୍ରଣ ମୁକ୍ତ ଜୀବନ, ସୂତାକଟା, ଖଜୁରୀଗୁଡ଼ ପ୍ରସ୍ତୁତି, ମହୁମାଛି ପାଳନ, ଗୋପାଳନ, ରାଷ୍ଟ୍ରଭାଷା ପ୍ରଚାର, ନାରୀ ଜାଗରଣ, ମୌଳିକ ଶିକ୍ଷା, ପ୍ରୌଢ଼ଶିକ୍ଷା, କୁଷ୍ଠରୋଗୀ ସେବା, ଔଷଧ ବିତରଣ, ସ୍ୱଚ୍ଛତା ଅଭିଯାନ, ବନ୍ୟା ବିପନ୍ନଙ୍କୁ ସହାୟତା, ରିଲିଫ୍ ଦାନ, ସ୍ୱାବଲମ୍ବୀ ଖଦୀକେନ୍ଦ୍ର ସ୍ଥାପନ, ବିବିଧ ଉନ୍ନୟନ ମୂଳକ କାର୍ଯ୍ୟ ନିମନ୍ତେ ଜାଗରଣ, ଲୁଗାବୁଣା କେନ୍ଦ୍ର, ଗ୍ରାମସେବା କେନ୍ଦ୍ର ସ୍ଥାପନ, ପରିବା ଚାଷ ଇତ୍ୟାଦି ଉପରେ ଗୁରୁତ୍ୱ ପ୍ରଦାନ କରିଥିଲେ । ଏହାଛଡ଼ା ପାଣିର ଅଭାବ ଦୂରୀକରଣ ନିମନ୍ତେ କୂପ, କେନାଲ୍ ବ୍ୟବସ୍ଥା,

ଟାଙ୍ଗରା ଭୂଇଁର ଚାଷୋପଯୋଗୀକରଣ, ଯୌତୁକ ପ୍ରଥା ବିରୋଧ, ଦୁର୍ନୀତି, ଭ୍ରଷ୍ଟାଚାର, କୁଶାସନ, ନିଶା ନିବାରଣ, ଗ୍ରାମୀଣ ଉତ୍‌ଥାନ ତଥା ଅନ୍ୟାନ୍ୟ ସାମାଜିକ ଦୋଷ ଦୁର୍ବଳତା ବିନାଶ ଥିଲା ଗାନ୍ଧୀଜୀଙ୍କ ପ୍ରମୁଖ ଲକ୍ଷ୍ୟ। ସେଥିନିମନ୍ତେ ସେ ସାଧାରଣ ଲୋକମାନଙ୍କୁ ତାଲିମ ଦେବା ପାଇଁ ନିଜର ସେବାକର୍ମୀଙ୍କୁ ନିର୍ଦ୍ଦେଶ ଦେଇଥିଲେ। ଗାନ୍ଧୀଜୀଙ୍କ ମତରେ, 'ତାଲିମର ଅର୍ଥ ଭଲ ସଂସ୍କାର, ଭଲ ସଂସ୍କୃତିରେ ଅଭ୍ୟସ୍ତ କରାଇବା।' ଏହି ତାଲିମ ଦ୍ୱାରା ଓଡ଼ିଶାରେ ଗାନ୍ଧୀଜୀଙ୍କ ମାଧ୍ୟମରେ ପ୍ରଥମଥର ନାରୀସଶକ୍ତିର ସ୍ୱର ଉଚ୍ଚକିତ ହୋଇଥିଲା। ବିଶେଷ ଭାବରେ ଓଡ଼ିଶାର ନାରୀମାନଙ୍କ ପ୍ରତି ଗାନ୍ଧୀଜୀଙ୍କ ଆହ୍ୱାନ ଥିଲା- 'ଘର୍ କାମ୍‌କେ ସାଥ୍ ବାହର୍‌କେ କାମ୍‌କା ମେଲ୍ ବିଠାନା ହୋଗା।' ପରିବାର ସେବା ସହିତ ସମାଜସେବାକୁ ସମଭାବରେ ଗ୍ରହଣ କରି ଦାୟିତ୍ୱସଂପନ୍ନ କରିବା ନିମନ୍ତେ ଗାନ୍ଧୀ ନାରୀ ସମାଜକୁ ସର୍ବଦା ପ୍ରୋତ୍ସାହିତ କରୁଥିଲେ। ଏତଦ୍‌ଭିନ୍ନ ଗ୍ରାମୀଣ ଭାରତ ତଥା ଓଡ଼ିଶାର ପୁନରୁତ୍‌ଥାନ ଥିଲା ତାଙ୍କର ମହତ୍ତର ଆଭିମୁଖ୍ୟ। ଓଡ଼ିଶାର ଦୁଃସ୍ଥ-ଅସ୍ପୃଶ୍ୟ ଜନସାଧାରଣଙ୍କ ନିମନ୍ତେ ଗାନ୍ଧୀଜୀଙ୍କ ଚିନ୍ତା ଏବଂ ବିକଳପଣକୁ ବ୍ୟକ୍ତ କରିବାକୁ ଯାଇ ମା' ରମାଦେବୀ ଉଲ୍ଲେଖ କରିଛନ୍ତି- 'ଗାନ୍ଧୀଜୀ କହୁଥିଲେ ଯେ ତୁମେ ଯଦି କୌଣସି କାମ କରିବାକୁ ମନ କରିବ, ସେ କାମ ଆରମ୍ଭ କରିବା ପୂର୍ବରୁ ଆପେ ବିଚାର କରି ଦେଖିବ ଯେ, ସେ କାମ କରିବା ଦ୍ୱାରା ସମାଜରେ ସବୁଠାରୁ ତଳେ ପଡ଼ିଥିବା ଲୋକର କିଛି ଉପକାର ହେବ କି ନାହିଁ- ସେ ଲୋକ ଯଦି ଉପକୃତ ନହେବ ତୁମ କାମ ଅକାରଣ ହୋଇଯିବ।' ୧୯୪୬ ମସିହା ଜାନୁୟାରୀ ୧୯ ତାରିଖରେ ଗାନ୍ଧୀଜୀ ଶେଷଥର ପାଇଁ ଓଡ଼ିଶା ଆଗମନ କରିଥିଲେ। ଗାନ୍ଧୀଙ୍କ ଦ୍ୱାରା ଭାରତୀୟ ସମ୍ବିଧାନର ପ୍ରତିଷ୍ଠା ଓ ସ୍ୱରାଜ ଲାଭ ସହିତ ସ୍ୱାଧୀନ ଭାରତବାସୀଙ୍କୁ ସେମାନଙ୍କର ବହୁ ପ୍ରତୀକ୍ଷିତ ମୌଳିକ ଅଧିକାରପ୍ରାପ୍ତି ପରେ ଶୋଷଣମୁକ୍ତ ସମାଜ ଗଠନ ଓ ରାମରାଜ୍ୟ ପ୍ରତିଷ୍ଠାର ସମ୍ଭାବନା ଦେଶବାସୀଙ୍କୁ ମୋହାଛନ୍ନ କରିଥିଲା। ଗାନ୍ଧୀଜୀଙ୍କ ସ୍ୱପ୍ନକୁ ସାକାର କରିବାକୁ ସକ୍ରିୟ ସହଯୋଗ କରିଥିବା ଓଡ଼ିଶାର ମହାବିପ୍ଳବିନୀ ମା' ରମାଦେବୀ ଚୌଧୁରୀ ତାଙ୍କ 'ଜୀବନପଥେ' ପୁସ୍ତକରେ ଏ ସଂପର୍କରେ ଉଲ୍ଲେଖ କରିଛନ୍ତି- 'ଦେଶ ସ୍ୱାଧୀନ ହେଲେ ନିଶା ଉଠିଯିବ, ଗୋଲାମି ପାଠ ରହିବ ନାହିଁ, ନୂଆ ପ୍ରକାର ପାଠପଢ଼ା ହେବ, ଅତ୍ୟାଚାର ଓ ଶୋଷଣ ରହିବ ନାହିଁ ଇତ୍ୟାଦି। ଲୋକେ ଭାବିଥିଲେ ରାଜାଙ୍କ ହାତରୁ ରାଜ୍ୟ ଚାଲିଗଲେ ସେମାନେ ରାମରାଜ୍ୟ ଭୋଗ କରିବେ।" ତେବେ ତତ୍କାଳୀନ ଓଡ଼ିଶାରେ ଗାନ୍ଧୀଙ୍କ ବ୍ୟତୀତ ଶୋଷଣମୁକ୍ତ ସମାଜ ଗଠନ କ୍ଷେତ୍ରରେ ଆପ୍ରାଣ ଉଦ୍ୟମ କରିଥିଲେ ବିନୋବା ଭାବେ ଏବଂ ଜୟପ୍ରକାଶଙ୍କ ଭଳି କାଳଜୟୀ ଜନନାୟକଗଣ।

ସ୍ୱାଧୀନତା ସଂଗ୍ରାମର ଅଧିନାୟକ ଗାନ୍ଧୀଙ୍କ ଦେଶବ୍ୟାପୀ ଆହ୍ୱାନ, ପ୍ରଚାର, ଅକ୍ଲାନ୍ତ ଶ୍ରମ ତଥା ନିଃସ୍ୱାର୍ଥ ଜୀବନଶୈଳୀ ବିଶ୍ୱସମାଜ ସମ୍ମୁଖରେ ଦୃଷ୍ଟାନ୍ତମୂଳକ ଚିନ୍ତନ ରୂପେ ଆଦୃତି ଲାଭ କରିଛି। ଯୁଦ୍ଧ, ହିଂସା, ରକ୍ତପାତ ପରିବର୍ତ୍ତେ ଶାନ୍ତି, ଘୃଣାରହିତ ପ୍ରେମ, ଅହିଂସା, ଅନଶନ ଓ ସତ୍ୟାଗ୍ରହର ଦର୍ଶନ ମନୁଷ୍ୟ ଜାତିକୁ ଗାନ୍ଧୀ ଚେତନାନ୍ମୁଖୀ ହେବା ନିମନ୍ତେ ଆନ୍ତରିକ ଆହ୍ୱାନ ଦେଇଥିଲା। ଗାନ୍ଧୀବାଦୀ ଚିନ୍ତନ ଭିତରେ ଚତୁର୍ଦ୍ଦିଗରେ ଜାତି-ଧର୍ମ-ବର୍ଣ୍ଣ ନିର୍ବିଶେଷରେ ସମସ୍ତେ ଏକ ମନେହେଲେ। ଦଳିତ, ପତିତ ଧନୀ, ଦରିଦ୍ର, କୃଷକ ଶ୍ରମିକ, ହରିଜନ, ହିନ୍ଦୁ-ମୁସଲମାନ, ଖ୍ରୀଷ୍ଟିୟାନ ଆଦି ଏକାକାର ହେବା ଦ୍ୱାରା ବୃହତ୍ ମାନବବାଦ ଓ ସନାତନ ଧର୍ମର ମହତ୍ତର ଆଦର୍ଶ ପ୍ରତିଷ୍ଠା ଲାଭ କରିଥିଲା।

ସଂପ୍ରତି ଜୀବନମୂଲ୍ୟର ଗଭୀର ଓ ଗମ୍ଭୀର ତତ୍ତ୍ୱର ଅମୂର୍ତ୍ତ ରୂପ ପାଲଟିଛନ୍ତି ଗାନ୍ଧୀଜୀ। ନିରସ୍ତ୍ର ଗାନ୍ଧୀବାଦ ବହୁ ଚର୍ଚ୍ଚିତ ହୋଇଛି। ଗାନ୍ଧୀବାଦୀ ଆଭିମୁଖ୍ୟ ବିଶ୍ୱବାସୀଙ୍କ ହୃଦୟବୃତ୍ତକୁ ଦିବ୍ୟତାର ପରିଧିରେ ଆଚ୍ଛାଦିତ କରିଛି। ବହୁ ଦାର୍ଶନିକ, ଚିନ୍ତକ, ସାହିତ୍ୟିକ ଗାନ୍ଧୀତତ୍ତ୍ୱର ନିରାଜନା କରିଆସୁଛନ୍ତି। ଆଜିର ଯୁଗର ସାହିତ୍ୟିକମାନଙ୍କ ସୃଷ୍ଟି ଭିତରେ 'ଗାନ୍ଧୀ' ଜଣେ ମହାନ୍ ବ୍ୟକ୍ତିସତ୍ତା ଅପେକ୍ଷା ଦିବ୍ୟ ନୈତିକ ମନ୍ତ୍ର ରୂପେ ଅଧିଷ୍ଠିତ ହୋଇଛନ୍ତି। 'ଗାନ୍ଧୀ' ଏକ ଚେତନା, ଏକ ଧର୍ମ ତଥା ଏକ ଉପଲବ୍ଧି, ଯାହା ଆଧୁନିକ ଲେଖକଙ୍କ ସର୍ବାନ୍ତକରଣଙ୍କୁ ଧାରଣ କରିବାରେ ଅନନ୍ୟ ଭୂମିକା ଗ୍ରହଣ କରିଛି। ସ୍ୱାଧୀନତା ପୂର୍ବବର୍ତ୍ତୀ ସାହିତ୍ୟିକଙ୍କ ଠାରୁ ଆରମ୍ଭ କରି ସ୍ୱାଧୀନତା ପରବର୍ତ୍ତୀ ସାହିତ୍ୟିକମାନଙ୍କୁ 'ଗାନ୍ଧୀବାଦ' ଅନୁପ୍ରାଣିତ କରିଛି। ଗାନ୍ଧୀବାଦୀ ସମର୍ଥକ ଦାଶ ବେନହୁରଙ୍କ ମତରେ- ଭାରତର ଅତୀତ ଓ ଭବିଷ୍ୟତକୁ ବୁଝି ଗୋଟାଏ ବିଚାରଧାରାଙ୍କୁ ଜୀବନ ସହିତ ଯୋଡ଼ି ଗାନ୍ଧୀଜୀ ଯେଭଳି ସଫଳତାର ସହିତ ଜୀବନବୋଧର ଏକ ଖସଡ଼ା ରଖିଛନ୍ତି, ସେଭଳି ଆଉ କେଉଁ ଭାରତୀୟ ଅତୀତରେ କରିପାରିନଥିଲେ। ଗାନ୍ଧୀପଣହିଁ ସେଇ ଜୀବନବୋଧର ଅନ୍ୟ ନାମ'। ଭାରତୀୟ ସାହିତ୍ୟ ତଥା ଜୀବନର କାନ୍‌ଭାସ୍ ଉପରେ ଗାନ୍ଧୀ ଅତି ଜୀବନ୍ତ ଭାବରେ ପ୍ରତିଫଳିତ ହୋଇଛନ୍ତି। ତାଙ୍କୁ ପାଥେୟ କରି ସୃଜନର ବିଭିନ୍ନ ଦିଗ ଚଳଚଞ୍ଚଳ ହୋଇ ଉଠିଛି। କେତେବେଳେ ତାହା ପ୍ରବନ୍ଧ, ଜୀବନୀରେ ପୁଣି କେବେ ଗଳ୍ପ, ଉପନ୍ୟାସ ଓ ନାଟକରେ ବିଭିନ୍ନ ରୂପରେ ଉଚ୍ଚାରିତ ହୋଇଛି।

ସାହିତ୍ୟ ସର୍ବଦା ମୂଲ୍ୟବୋଧର ପ୍ରତିଷ୍ଠାପକ। ସଭ୍ୟତାର ଗତିଧାରା ଦେଇ କାଳଖଣ୍ଡର ଉପଲବ୍ଧ ତତ୍ତ୍ୱକୁ କଳାକର୍ମ ରୂପ ପ୍ରଦାନପୂର୍ବକ ସମାଜକୁ ମହତ୍ତର ଚେତନାର ବାର୍ତ୍ତା ପ୍ରଦାନ କରିଥାଏ। ଆଧୁନିକ ଓଡ଼ିଆ ସାହିତ୍ୟର ଗାନ୍ଧୀବାଦ କାଳଖଣ୍ଡର ଏଭଳି

ଏକ ଉପଲବ୍ଧ ତତ୍ତ୍ୱ ଯାହା 'ବାଦ' ଅର୍ଥାତ୍ ଏକ ନୈତିକ ଅବଧାରଣା ପାଲଟିଛି। ମାର୍କ୍ସବାଦ, ସମାଜବାଦ, ପ୍ରଗତିବାଦ, ବାସ୍ତବବାଦ, ସ୍ଥିତିବାଦ ଭଳି ଗାନ୍ଧୀବାଦ ଏକ ଶକ୍ତିଶାଳୀ ତତ୍ତ୍ୱ ଭାବରେ ଆଜିର ଲେଖକମାନଙ୍କ ଚିନ୍ତା-ଚେତନାକୁ ଆଚ୍ଛନ୍ନ କରିଛି। ଏହା ସାହିତ୍ୟିକମାନଙ୍କୁ ସେହି ଭାବଭୂମି ଉପରେ ପର୍ଯ୍ୟାପ୍ତ ପରିସର ପ୍ରଦାନ କରିବା ସହିତ ନବ୍ୟ-ସଂସ୍କାରିତ ମାର୍ଗ ନିର୍ମାଣରେ ସହାୟତା କରିଛି। 'ବାପୁଜୀଙ୍କି ଖାଲି ବିରାଟ ପ୍ରଶ୍ନ ଏକ, ତର୍ପଣ ଜଳ, ସ୍ୱପ୍ନର ଅଭିଷେକ!' ଗୋପବନ୍ଧୁଙ୍କ ଏହି ପଦ ସଂପ୍ରତି ସମ୍ଭାବନା ଓ ସାନ୍ତ୍ୱନାର ଦୋମୁହାଁଣି ଭିତରେ ମାନବପ୍ରାଣକୁ ଆନ୍ଦୋଳିତ କରିଚାଲିଛି। ସମ୍ଭାବନା ଭବିଷ୍ୟତ ପିଢ଼ି ପାଇଁ ଏବଂ ସାନ୍ତ୍ୱନା ବର୍ତ୍ତମାନ ପାଇଁ ଯେ, ଶହେ ପଚାଶ ବର୍ଷ ପରେ ମଧ୍ୟ ଗାନ୍ଧୀଜୀ କୋଟି କୋଟି ଭାରତୀୟଙ୍କ ଆତ୍ମବେଦୀରେ ବିରାଜିତ।

ଆଧୁନିକ ଓଡ଼ିଆ ସାହିତ୍ୟରେ ବହୁ ଗାଳ୍ପିକ ଗାନ୍ଧୀଦର୍ଶନର ବହୁ ତତ୍ତ୍ୱକୁ ନେଇ ପରୀକ୍ଷା ନିରୀକ୍ଷା କରିଛନ୍ତି। ସେମାନଙ୍କ କଥାସାହିତ୍ୟ ରାମରାଜ୍ୟ ସ୍ଥାପନାର ସମ୍ଭାବନାକୁ ଯଥାସମ୍ଭବ ସୁରକ୍ଷିତ ରଖିଥିବା ମନେହୁଏ। ସେମାନଙ୍କ ସୃଷ୍ଟିରେ ନାରୀଶିକ୍ଷା, ନାରୀମୁକ୍ତି, ନାରୀ ଜୀବନର ମହତ୍ ଦିଗ, ଦଳିତଙ୍କ ପ୍ରତି ସମବେଦନା, ଅହିଂସା ଦ୍ୱାରା ହିଂସାର ଦମନ, ଶାନ୍ତି, ମୈତ୍ରୀ ଦ୍ୱାରା ଦୁର୍ନୀତିଗ୍ରସ୍ତ ରାଜତନ୍ତ୍ରର ବିରୋଧ, ପ୍ରାର୍ଥନାମୟ ଶୃଙ୍ଖଳା, ମାନବପ୍ରେମ, ତ୍ୟାଗ ଓ ସେବା, ସାମାଜିକ ସଂସ୍କାର, ଅନୀତିମୁକ୍ତ ରାଜନୀତି, ଆତ୍ମାନୁସନ୍ଧାନ, ଦୀନ-ଦରିଦ୍ରଙ୍କ କଲ୍ୟାଣ, ଶୋଷଣର ବିରୋଧ, ଅସହାୟ ମଣିଷର ସହାୟତା, ଐକ୍ୟବଦ୍ଧ ଜୀବନ, କଠୋର ଶୃଙ୍ଖଳା ଏବଂ ନିର୍ଭୟ ଜୀବନବୋଧ ଇତ୍ୟାଦିକୁ ନେଇ ଗାନ୍ଧୀତତ୍ତ୍ୱର ସ୍ୱର ମର୍ମରିତ ହୋଇଛି। ବିଶିଷ୍ଟ ଔପନ୍ୟାସିକ ଶାନ୍ତନୁ ଆଚାର୍ଯ୍ୟଙ୍କ ଶବ୍ଦରେ- 'ଗାନ୍ଧୀ ଅନିବାର୍ଯ୍ୟ। ଏକା ଏ ଦେଶ କାହିଁକି- ସମଗ୍ର ପୃଥିବୀରେ ମଧ୍ୟ ଗାନ୍ଧୀ ଅନିବାର୍ଯ୍ୟ'।

ବିଂଶ ଶତାବ୍ଦୀର ବିଶିଷ୍ଟ କଥାକାରମାନେ ଗାନ୍ଧୀଚେତନାରେ ଅନୁପ୍ରାଣିତ ହେବା ସହିତ ସାହିତ୍ୟରେ ଗାନ୍ଧୀବାଦକୁ ପ୍ରତିଫଳିତ କରିଯାଇଛନ୍ତି। ସେମାନଙ୍କ ଗଳ୍ପଗୁଡ଼ିକରେ ଗାନ୍ଧୀବିଚାର-ଦର୍ଶନ ଅତି ନିଖୁଣ ଭାବରେ ରୂପାୟିତ। ଲକ୍ଷ୍ମୀକାନ୍ତ ମହାପାତ୍ର, ଗୋଦାବରୀଶ ମହାପାତ୍ର, ହରେକୃଷ୍ଣ ମହତାବ, କାଳିନ୍ଦୀଚରଣ ପାଣିଗ୍ରାହୀ, ରାଜକିଶୋର ରାୟ, ପ୍ରାଣବନ୍ଧୁ କର, ରଘୁନାଥ ଦାସ, ସୁରେନ୍ଦ୍ର ମହାନ୍ତି, ବ୍ରହ୍ମାନନ୍ଦ ପଣ୍ଡା, ଲକ୍ଷ୍ମୀଧର ମହାନ୍ତି, ଗୋପାଳଚନ୍ଦ୍ର ମିଶ୍ର, ମହାପାତ୍ର ନୀଳମଣି ସାହୁ, ଅଖିଳମୋହନ ପଟ୍ଟନାୟକ, ଚନ୍ଦ୍ରଶେଖର ରଥ, ଦୁର୍ଗାମାଧବ ମିଶ୍ର, ସାତକଡ଼ି ହୋତା, କୁନ୍ତଳାକୁମାରୀ ଆଚାର୍ଯ୍ୟ, ଶାନ୍ତନୁ ଆଚାର୍ଯ୍ୟ, କୃଷ୍ଣପ୍ରସାଦ ମିଶ୍ର, ମନୋଜ ଦାସ, ଅବନୀ ବରାଳ, ରବି ପଟ୍ଟନାୟକ, ଭୂପେନ୍ ମହାପାତ୍ର, ବୀଣାପାଣି ମହାନ୍ତି, ବିଭୂତି ପଟ୍ଟନାୟକ, ବନଜ

ଦେବୀ, ପ୍ରତିଭା ରାୟ, ଅର୍ଚ୍ଚନା ନାୟକ, ଲକ୍ଷ୍ମୀପ୍ରିୟା ଆଚାର୍ଯ୍ୟ, ପୀତବାସ ରାଉତରାୟ, ଦାଶ ବେନହୁର, ତରୁଣ କୁମାର ସାହୁ, ହୃଷୀକେଶ ପଣ୍ଡା, ସଦାନନ୍ଦ ତ୍ରିପାଠୀ, ଦେବବ୍ରତ ମଦନରାୟ, ସୀତେଶ ତ୍ରିପାଠୀ, ବିଜୟାନନ୍ଦ ସିଂହ, ଭୀମ ପୃଷ୍ଟି, ପ୍ରକାଶ କୁମାର ପରିଡ଼ା, ଗିରୀଶ ସାହୁ, ପରେଶ କୁମାର ପଟ୍ଟନାୟକ, ଗୌରହରି ଦାସ, ଆଭାସ ବରାଳ, ସତ୍ୟପ୍ରିୟ ମହାଲିକ, ହିରଣ୍ମୟୀ ମିଶ୍ର ଆଦି ବିଶିଷ୍ଟ ସ୍ରଷ୍ଟାଗଣ ଗାନ୍ଧୀଙ୍କୁ ନେଇ ଯେପରି ଗଳ୍ପ ରଚନା କରିଛନ୍ତି, ତାହା ଓଡ଼ିଆ ଗଳ୍ପ ସାହିତ୍ୟରେ ନୂତନ ଭାବ-ଭାବନା ପ୍ରତିଷ୍ଠା କରିପାରିଛି। କେଉଁ ଗଳ୍ପରେ ଗାନ୍ଧୀଙ୍କୁ ଆଦର୍ଶ ଓ ଚରିତ୍ର ଭାବରେ ଗ୍ରହଣ କରାଯାଇଛି ତ କେଉଁ ଗଳ୍ପରେ ଗାନ୍ଧୀ ଚେତନା-ଭାବନା ଓ ଆଦର୍ଶକୁ ପ୍ରାଧାନ୍ୟ ଦିଆଯାଇଛି। 'ଗାନ୍ଧୀ' ଦିବ୍ୟ ଚିନ୍ତନର ସର୍ବକାଳୀକ ଅନୁଷ୍ଠାନ ରୂପେ ଚିର ଅମର ରହିବେ। ତାଙ୍କ ଚିନ୍ତାସ୍ରୋତର ପ୍ଲାବନ ମାନବ ସମାଜକୁ ବର୍ତ୍ତମାନ ଏବଂ ଅନାଗତ ଭବିତବ୍ୟ ନିମନ୍ତେ ଦିଗ୍‌ଦର୍ଶନ ତଥା ପଥପ୍ରଦର୍ଶନ କରୁଥିବ।

ମହାତ୍ମା ଗାନ୍ଧୀଙ୍କ ବିରାଟ ବ୍ୟକ୍ତିତ୍ୱର ମହାତ୍ମ୍ୟ ଏ ଯୁଗ ନିମନ୍ତେ ଅତ୍ୟନ୍ତ ପ୍ରାସଙ୍ଗିକ। ସେ ଏ ଯୁଗର ବିବେକାନୁମୋଦିତ ମହତ୍ତର ଉପଲବ୍ଧି। ୧୯୪୮ ମସିହା ଜାନୁୟାରୀ ୩୦ ତାରିଖ, ଦିଲ୍ଲୀ ବିରଳା ହାଉସ୍ ପ୍ରାର୍ଥନା ସଭାର ସନ୍ଧ୍ୟା ୫ ଘଟିକା ୧୭ ମିନିଟ୍‌ରେ ହତ୍ୟାକାରୀର ତିନିଟି ଗୁଳି ମହାତ୍ମାଙ୍କୁ ବିଦ୍ଧକରି ଯେଉଁ ଅଭାବନୀୟ ହୃଦୟବିଦାରକ ପରିସ୍ଥିତି ସୃଷ୍ଟି କରିଥିଲା, ତାହା ସମଗ୍ର ଜଗତ ପାଇଁ ଥିଲା ଦୁର୍ଭାଗ୍ୟପୂର୍ଣ୍ଣ। ଗାନ୍ଧୀଙ୍କ ମୃତ୍ୟୁରେ ଆଇନଷ୍ଟାଇନ୍ ଯଥାର୍ଥତଃ କହିଥିଲେ- 'ହାଡ଼-ମାଂସର ଶରୀରଧାରୀ ଏପରି ମଣିଷ ଏ ପୃଥିବୀ ପୃଷ୍ଠରେ ଜନ୍ମ ନେଇଥିଲା ବୋଲି ଆଗାମୀ ପିଢ଼ିଙ୍କୁ ବିଶ୍ୱାସ ହେବନି'। ଗାନ୍ଧୀ ଥିଲେ ଯୋଗଜନ୍ମା-ଯୁଗଜନ୍ମା ମହାପୁରୁଷ। କର୍ମ ଓ ଆତ୍ମାରେ ସେ ଥିଲେ ପ୍ରକୃତ ସନ୍ଥ-ମହାତ୍ମା। ତାଙ୍କ ମହାସଂଗ୍ରାମ ଏବଂ ନେତୃତ୍ୱର ପରାକାଷ୍ଠା ସମ୍ମୁଖରେ ସମଗ୍ର ବିଶ୍ୱ ଆଜି ନତମସ୍ତକ।

ଭାରତ ସ୍ୱାଧୀନତା ପ୍ରାପ୍ତି ପରେ ୧୯୪୮ ମସିହା ଜାନୁୟାରୀ ୨୯ ତାରିଖ ଦିନ ଗାନ୍ଧୀଜୀ ତାଙ୍କର ଶେଷ ଇଚ୍ଛାପତ୍ରରେ ଲେଖିଥିଲେ- 'ଭାରତରେ ଏବେ ମଧ୍ୟ ସାମାଜିକ, ନୈତିକ ଓ ଆର୍ଥିକ ସ୍ୱାଧୀନତା ଅର୍ଜନ କରିବାର ବାକି ଅଛି। ଗଣତାନ୍ତ୍ରିକ ଲକ୍ଷ୍ୟ ଦିଗରେ ଭାରତ ଗତି କରୁଥିବାବେଳେ ସାମରିକ ଶକ୍ତି ଉପରେ ଜନଶକ୍ତିର ବିଜୟ ପାଇଁ ଆନ୍ଦୋଳନ ହେବ ହିଁ ହେବ।' ଗାନ୍ଧୀ ଆଜିର ମାନବସଭ୍ୟତା ନିମନ୍ତେ ଜଣେ ବିସ୍ମୟକାରୀ ମହାମାନବ। ତାଙ୍କରି ଭାବମୂର୍ତ୍ତିକୁ ଶଙ୍ଖୋଳି, ତାଙ୍କରି ଆଲୋକିତ ପଥକୁ ସମାଜ ପାଖରେ ପ୍ରତିମୁହୂର୍ତ୍ତରେ ଜୀବନ୍ତ ରଖିବା ଉଦ୍ଦେଶ୍ୟରେ ଆଜିର ସାହିତ୍ୟିକଗଣ ଦୃଢ଼ ସଂକଳ୍ପବଦ୍ଧ। ଗାନ୍ଧୀଙ୍କ ବାର୍ତ୍ତାକୁ କିଏ କେତେ ବାଗରେ

ବୁଝାଇବାର ପ୍ରୟାସ ଜାରି ରଖିଛନ୍ତି । ସେମାନଙ୍କର ସେହି ଐଶୀ ଲେଖନୀ ନିକଟରେ ମୁଁ କୃତଜ୍ଞ ।

ଅବର୍ତ୍ତମାନରେ ଅନିର୍ବାପିତ ଅଖଣ୍ଡ ମଶାଲ ରୂପେ 'ଗାନ୍ଧୀବାଦ' ଜ୍ୟୋତିଦୀପ୍ତ । ଏକବିଂଶ ଶତାବ୍ଦୀରେ 'ଅହିଂସା ପରମୋ ଧର୍ମଃ'ର ବିଶ୍ୱସ୍ତ ବାର୍ତ୍ତା ବହନ କରିଛି ଗାନ୍ଧୀତତ୍ତ୍ୱ । ଗାନ୍ଧୀଜୀଙ୍କ ୧୫୦ତମ ଜୟନ୍ତୀ ପାଳନ ପ୍ରତି ଯେଉଁ ଐକାନ୍ତିକ-ଶ୍ରଦ୍ଧାପୂର୍ଣ୍ଣ ମାନସିକତା ସୃଷ୍ଟି ହୋଇଛି ତାହା ହିଁ ତାଙ୍କ ଅମରତ୍ୱକୁ ସିଦ୍ଧ କରୁଛି । ଏ ଦୃଷ୍ଟିରୁ ଭାରତବର୍ଷ ନିମନ୍ତେ ୨୦୧୯ ମସିହା ନିଶ୍ଚିତ ଭାବରେ ଏକ ଐତିହାସିକ ବର୍ଷ ରୂପେ ସ୍ମରଣୀୟ ରହିବ । ଗାନ୍ଧୀଜୀଙ୍କ ବିରାଟ ଆଦର୍ଶ, ଅମୃତ ବକ୍ତବ୍ୟ ତଥା ଯୁଗୋପଯୋଗୀ ମହତ୍ ଚିନ୍ତନ ତାଙ୍କ ଅସ୍ତିତ୍ୱକୁ ଅନାଗତ ଭବିତବ୍ୟ ପାଇଁ ଅମ୍ଳାନ ରଖିଛି ଏବଂ ରଖିଥିବ । ସାଧାରଣ ଦେହଧାରୀ ତାଙ୍କ ମାନବ ଶରୀରରେ ଥିବା ଦେବତ୍ୱ ସଂପ୍ରତି ବିଶ୍ୱ ଦରବାରରେ 'ଗାନ୍ଧୀଧର୍ମ' ରୂପେ ପବିତ୍ର ଗୀତାତୁଲ୍ୟ ଅର୍ଚ୍ଚନୀୟ ହୋଇଛି । ଭଗବାନ ବୁଦ୍ଧ, ଯୀଶୁଙ୍କ ପରି ଗାନ୍ଧୀଜୀଙ୍କୁ ଅବତାରୀ ମହାତ୍ମା ରୂପେ ବିଶ୍ୱମାନ୍ୟତା ମିଳିଛି ।

'ମହାତ୍ମା ଭାଷଣ ମହାତ୍ମା କଷଣ, ଜଗତେ ନଯାଏ କେବେ ଅକାରଣ' - ଉତ୍କଳମଣି ଗୋପବନ୍ଧୁଙ୍କର ଏହି ଦିବ୍ୟପଦ ଆଜି ସତ୍ୟ ସାବ୍ୟସ୍ତ ହୋଇଛି । ଏକବିଂଶ ଶତାବ୍ଦୀରେ ଗାନ୍ଧୀଜୀ ମାନବ ଜୀବନର ଆଧାରଗତ ବୈଶିଷ୍ଟ୍ୟ ପାଲଟିଛନ୍ତି । ସାଂପ୍ରତିକ ବିଶ୍ୱରେ ଗାନ୍ଧୀ ବିଚାରର ପ୍ରାସଙ୍ଗିକତା ପ୍ରତି କ୍ଷେତ୍ରରେ ଅନୁଭୂତ ହେବାରେ ଲାଗିଛି ଅଖଣ୍ଡ-ନୈତିକ-ବର୍ତ୍ତିକାତୁଲ୍ୟ ଗାନ୍ଧୀଙ୍କ ପ୍ରଦର୍ଶିତ ତତ୍ତ୍ୱ ମାନବକୁ ଉଚ୍ଚତର ମାନବରୂପେ ଜାଗୃତ କରିଚାଲିଥିବ । ମନୁଷ୍ୟପୁତ୍ରମାନଙ୍କୁ ବାସ୍ତବ ମାନବମନ୍ତ୍ରରେ ଦୀକ୍ଷିତ କରାଇବାର ମହାନ୍ ଆଭିମୁଖ୍ୟକୁ ଗାନ୍ଧୀଦର୍ଶନ ହିଁ ଦେଇଛି ଏକ ନୂତନ ପରିଚିତି । ସଂପ୍ରତି 'ଗାନ୍ଧୀବାଦ' ଏକ ମର୍ଯ୍ୟାଦାମଣ୍ଡିତ ଉତ୍କର୍ଷପୂର୍ଣ୍ଣ ଅବଧାରଣା । ଅତୀତ ଅପେକ୍ଷା ବର୍ତ୍ତମାନ ଏବଂ ଭବିଷ୍ୟତ ପାଇଁ 'ଗାନ୍ଧୀ' ଅଧିକ ପ୍ରାସଙ୍ଗିକ ।

ଚନ୍ଦ୍ରଶେଖର ରଥଙ୍କ ପ୍ରବନ୍ଧରେ ଦାର୍ଶନିକ ବୋଧିବାଦ

ଆଧୁନିକ ଓଡ଼ିଆ ସାହିତ୍ୟରେ ଅପରିସୀମ ଭାବ ଓ ଭୂମାର ସମ୍ଭାନ୍ତ ଶିଳ୍ପୀ, ଆଦର୍ଶବାଦର ଉଦାତ୍ତ ଗାୟକ ଥିଲେ ପଦ୍ମଶ୍ରୀ ଚନ୍ଦ୍ରଶେଖର ରଥ। ଲେଖକଟିଏ ସର୍ବଦା ନିଜ ଚେତନାକୁ ନିଜ ଭିତରୁ ମୁକ୍ତ କରିବାକୁ ଚାହେଁ। ବିପୁଳାଚ ପୃଥିବୀରେ ବିଚିତ୍ର ଜୀବନ ବୃକ୍ଷର ପ୍ରତିଟି ଅଗମ୍ୟ ଅଂଶ ଭିତରକୁ ଗତିକରି ଊର୍ଦ୍ଧ୍ୱାୟିତ ଚେତନାକୁ ସାହିତ୍ୟ ମାଧ୍ୟମରେ ଅଭିବ୍ୟକ୍ତ କରିଥିବା ସେହି ମହାମନୀଷୀ ପ୍ରଫେସର ଚନ୍ଦ୍ରଶେଖର ରଥ ବାସ୍ତବିକ ରୂପେ କେତେ ଯେ ଅନନ୍ୟ ତାହା ଅଚିନ୍ତନୀୟ। ଜଣେ ସୃଜନଶିଳ୍ପୀ ରୂପେ ତାଙ୍କ ସୃଷ୍ଟିକର୍ମ ନିଶ୍ଚିତ ରୂପେ ଶକ୍ତିଶାଳୀ ତଥା ଆବେଗଦୀପ୍ତ। ତାଙ୍କ ସାରସ୍ୱତ ସାଧନା ପାର୍ଥିବ ବିଳାସମୟ ପ୍ରାଚୁର୍ଯ୍ୟର ଢେର୍ ଊର୍ଦ୍ଧ୍ୱରେ ଥିଲା ସମର୍ପିତ, ଉନ୍ମୁକ୍ତ-ଚିତ୍-ଆନନ୍ଦର ଅବଧାରକ ଓ ପ୍ରତିଷ୍ଠାପକ। ସେ ଥିଲେ ଆପାଦମସ୍ତକ ଜଣେ ବୈଦିକ ସଂସ୍କୃତିସଂପନ୍ନ ନିଷ୍ଠାପର ବ୍ରହ୍ମବେତ୍ତା ଓ ଶ୍ରୀମା ଅରବିନ୍ଦଙ୍କ ପ୍ରଭାବିତ ସମୁଚ୍ଚ ମାନସିକତାର ଅଧିକାରୀ।

ବଲାଙ୍ଗୀର ଜିଲ୍ଲାର ଟିକ୍ରାପଡ଼ା ଗ୍ରାମରେ ୧୯୨୯ ମସିହା ଅକ୍ଟୋବର ୧୭ ତାରିଖ କୁମାରପୂର୍ଣ୍ଣିମାରେ ପିତା କେଳେଇ ରଥ ଏବଂ ମାତା ଚମ୍ପାଦେବୀଙ୍କ କୋଳମଣ୍ଡନ କରି ଭୂମିଷ୍ଠ ହୋଇଥିଲେ। ବଲାଙ୍ଗୀର ହାଇସ୍କୁଲ୍‌ର ପ୍ରସିଦ୍ଧ ଶିକ୍ଷକ ହେଡ୍‌ମାଷ୍ଟର ବାଳମୁକୁନ୍ଦ ହୋତାଙ୍କ ମୂଲ୍ୟବୋଧପୂର୍ଣ୍ଣ ଆଦର୍ଶରେ ସେ ଅନୁପ୍ରାଣିତ ଥିଲେ। ଶ୍ରୀ ରଥ ସଂସ୍କୃତ, ଓଡ଼ିଆ, ଇଂରାଜୀ, ହିନ୍ଦୀ, ଉର୍ଦ୍ଦୁ, ବଙ୍ଗଳା, କୋଶଲୀ ତଥା ସମ୍ବଲପୁରୀ ସାହିତ୍ୟରେ ବହୁ ପାରଦର୍ଶୀ ଥିଲେ। ସେ ଇଂରାଜୀ ଭାଷା-ସାହିତ୍ୟରେ ଅଧ୍ୟୟନ ଓ

ଅଧ୍ୟାପନା କରିଥିଲେ ହେଁ ଓଡ଼ିଆ ଭାଷାରେ ନିଜକୁ ଆତ୍ମପ୍ରକାଶ କରିବାର ଆତ୍ମତୃପ୍ତି ପ୍ରଦାନ କରିଛି ବୋଲି ସେ ସ୍ୱୀକାର କରିଛନ୍ତି। ତାଙ୍କ ମତରେ- "ଜନ୍ମ ହେଲାବେଳେ ଯେପରି ଦେଶ କାଳକୁ ଓ ପିତାମାତାଙ୍କୁ ଅନିର୍ବାଯ୍ୟ ସ୍ୱୀକାର କରିବାକୁ ହୁଏ, ସେହିପରି ମଧ୍ୟ ସ୍ୱୀକାର କରିବାକୁ ହୁଏ ଯେ ବ୍ୟକ୍ତିଟି ଏକ ଭାଷାବଳୟ ଓ ସାଂସ୍କୃତିକ ପରମ୍ପରା ଭିତରେ ହିଁ ଆବିର୍ଭୂତ ହୁଏ। ଇଂରାଜୀରେ କହିବା ବା ଲେଖିବା ମୋର ବୃତ୍ତି କିନ୍ତୁ ଓଡ଼ିଆରେ ଆତ୍ମପ୍ରକାଶ କରିବାକୁ ହେଲେ, ସେ ଭାଷାର ଆତ୍ମାକୁ ସ୍ପର୍ଶ କରିବାକୁ ହୁଏ। ସେ ଭାଷାକୁ ବଞ୍ଚିବାକୁ ହେଲେ ସେ ଭାଷାର ଆତ୍ମାକୁ ସ୍ପର୍ଶ କରିବାକୁ ହୁଏ।"(୧)

ସାରଳା ଦାସଙ୍କ 'ମହାଭାରତ', ଜଗନ୍ନାଥ ଦାସଙ୍କ 'ଭାଗବତ' ଏବଂ କବିସୂର୍ଯ୍ୟ ବଳଦେବ ରଥ, କବିସମ୍ରାଟ ଉପେନ୍ଦ୍ର ଭଞ୍ଜ, ଅଭିମନ୍ୟୁ, ଗଙ୍ଗାଧର ତଥା ରାଧାନାଥଙ୍କ ଭଳି ଯଶସ୍ୱୀ ସ୍ରଷ୍ଟାଙ୍କର ସୃଷ୍ଟିଦ୍ୱାରା ସେ ପ୍ରଭାବିତ ଥିଲେ। ଏତଦ୍‌ଭିନ୍ନ ଆଧୁନିକ ସମୟର ଓଡ଼ିଆ, ବଙ୍ଗଳା, ହିନ୍ଦୀ ତଥା ଇଂରାଜୀ ସାହିତ୍ୟର ବହୁ ବିଶିଷ୍ଟ ସାହିତ୍ୟିକଙ୍କ ଦ୍ୱାରା ସେ ପ୍ରଭାବିତ ହୋଇଥିବା ସ୍ୱୀକାର କରିଛନ୍ତି। ତାଙ୍କ ଶବ୍ଦରେ: "ଫକୀର ମୋହନ ବା ଟଲ୍‌ଷ୍ଟୟଙ୍କୁ ପଢ଼ିବାବେଳ ମୁଁ ଯେତେ ମାତ୍ରାରେ ଆବିଷ୍ଟ ଓ ଆଚ୍ଛନ୍ନ ହୋଇଯାଏ ସେମିତି ହାର୍ମାନ୍ ହେସ୍ ବା ଫକ୍‌ରନ୍‌ଙ୍କୁ ପଢ଼ିବାବେଳେ ବା ରବୀନ୍ଦ୍ରନାଥ କିମ୍ବା ମହାଦେବୀ ବର୍ମାଙ୍କୁ ପଢ଼ିଲାବେଳେ ମୁଁ ବିଭୋର ହୋଇଯାଏ।" (୨) ମହାବାଗ୍ମୀ ଶ୍ରୀ ରଥ ଇଂରାଜୀ ଏବଂ ଆଇନ ସମ୍ମାନରେ ଲକ୍ଷ୍ନୌ ବିଶ୍ୱବିଦ୍ୟାଳୟରୁ ସ୍ନାତକୋତ୍ତର ଏବଂ ଲକ୍ଷ୍ନୌ ତଥା ଉତ୍କଳ ସଂସ୍କୃତି ବିଶ୍ୱବିଦ୍ୟାଳୟରୁ ସମ୍ମାନଜନକ ଡି.ଲିଟ୍ ଉପାଧି ଲାଭ କରିଥିଲେ। ୧୯୫୨-୧୯୮୬ ମସିହା ମଧ୍ୟରେ ବିଭିନ୍ନ ମହାବିଦ୍ୟାଳୟରେ ଅଧ୍ୟାପନା କାର୍ଯ୍ୟ ସଂପାଦନ କରି ୧୯୮୭ ମସିହାରେ ଶିକ୍ଷା ବିଭାଗରୁ ଅବସର ପ୍ରାପ୍ତ ହୋଇଥିଲେ। ପରବର୍ତ୍ତୀ ସମୟରେ କର୍ମଯୋଗୀ ଶ୍ରୀ ରଥ ୧୯୮୭ରୁ ୧୯୯୫ ପର୍ଯ୍ୟନ୍ତ 'ସନ୍ ଟାଇମ୍‌ସ'ର ସମ୍ପାଦନା ଓ 'ସମ୍ବାଦ'ର ସଂପାଦକୀୟ ପୃଷ୍ଠା ପରିଚାଳନା କରିବା ସଙ୍ଗେ ସଙ୍ଗେ 'ଆଶା', 'ଆସ୍ପୃହା' ତଥା 'ଶତଭିଷା' ଇତ୍ୟାଦି ଉଚ୍ଚକୋଟୀର ପତ୍ରିକାର ପ୍ରତିଷ୍ଠାତା ଓ ଉପଦେଷ୍ଟା ରୂପେ କାର୍ଯ୍ୟ କରିଥିଲେ।

ତାଙ୍କର ଉତ୍କର୍ଷପୂର୍ଣ୍ଣ ସାରସ୍ୱତ ସାଧନା ଓଡ଼ିଆ ବାଣୀ ଭଣ୍ଡାରକୁ ଶ୍ରୀସମୃଦ୍ଧ କରିଛି। ଉପନ୍ୟାସରେ 'ଯନ୍ତାରଢ଼'(୧୯୬୭), 'ଅସୂର୍ଯ୍ୟ ଉପନିବେଶ' (୧୯୭୪), 'ନବଜାତକ' (୧୯୮୧) ଆଦି, ଗଳ୍ପ କ୍ଷେତ୍ରରେ 'ଅନେକ ବନ୍ୟାପରେ' (୧୯୭୮), 'ଅଶ୍ୱାରୋହୀର ଗଳ୍ପ' (୧୯୭୯), 'ସମ୍ରାଟ ଓ ଅନ୍ୟମାନେ' (୧୯୮୦), 'ଅନ୍ୟ ଏକ ସକାଳ' (୧୯୮୧), 'ସବୁଯାକ ସ୍ୱପ୍ନ' (୧୯୮୪), 'ବାଘ ସବାର' (୧୯୮୭), 'ଏତେ ପାଖରେ ସମୁଦ୍ର' (୧୯୮୮), 'ବିକ୍ରୀ ପାଇଁ

ଫୁଲମାଳ' (୧୯୯୦), 'ସ୍ୱପ୍ନବାହକ' (୧୯୯୨), 'ସବୁଠାରୁ ଦୀର୍ଘରାତି' (୧୯୯୪), 'ଅନ୍ତିମା' (୧୯୯୬), 'କ୍ରମଶଃ ଗଭୀର ନଈ' (୧୯୯୬), 'ଚନ୍ଦ୍ରଶେଖର କଥା ସରିତ' (୨୦୦୦), 'ଶିଖର ଲଂଘନ' (୨୦୦୨), 'ନାଗାନ୍ତକ ବିଦ୍ୟା' (୨୦୦୫), 'ସନ୍ଧିକାଳ' (୨୦୦୭) ଇତ୍ୟାଦି, କବିତା ସଂକଳନରେ 'ତୁମ ପାଇଁ ପକ୍ଷୀଗାନ' (୨୦୦୨), 'ଆଗକୁ ବନସ୍ତ' (୨୦୦୨), 'ମୋ ଘର ବହୁତ ଦୂର' (୨୦୧୨), 'ସୀମାନ୍ତ ସମୁଦ୍ର' (୨୦୧୨), 'ଆଦ୍ୟୋପ୍ରାନ୍ତ କବିତା ସମାହାର' (୨୦୧୭) ଇତ୍ୟାଦି, ନିବନ୍ଧରେ 'ରଥ ସପ୍ତକ' (୧୯୯୨), ଅନୁବାଦରେ 'ଶାଙ୍କର ଗୀତା ଭାଷ୍ୟ' (୨୦୦୯), 'ସାଗର ବିହଙ୍ଗ' (୧୯୭୯) ଇତ୍ୟାଦି ପ୍ରମୁଖ ଅଟେ।

ଲଳିତ ନିବନ୍ଧ ସାହିତ୍ୟ କ୍ଷେତ୍ରରେ ତାଙ୍କ ଶୈଳୀ ଲେଖନୀର ପଟାନ୍ତର ନାହିଁ। ଲଳିତ ନିବନ୍ଧ ସଂକଳନ ଗୁଡ଼ିକ ମଧ୍ୟରେ ରହିଛି- 'ଦୃଷ୍ଟି ଓ ଦର୍ଶନ' (୧୯୭୧), 'ଏ ଯେଉଁ ପୃଥିବୀ' (୧୯୭୫), 'ମୁଁ ସତ୍ୟଧର୍ମା କହୁଛି' (୧୯୭୭), 'ମଧୁସନ୍ଧାନ' (୧୯୭୮), 'ଉତ୍ତର ଅରଣ୍ୟ' (୧୯୭୦/୮୦), 'ଅଶ୍ଚୁତର ସ୍ୱର' (୧୯୮୧), 'କ୍ରୀତଦାସର ସ୍ୱପ୍ନ' (୧୯୮୧), 'ବିଶେଷ କଥନ' (୨୦୦୭), 'ଲଘୁ ସଂହିତା' (୨୦୧୭) ଇତ୍ୟାଦି ଉଲ୍ଲେଖନୀୟ ସୃଷ୍ଟି। ତାଙ୍କ ଏକାଗ୍ର ସାରସ୍ୱତ ସାଧନା ନିମନ୍ତେ ଶ୍ରୀ ରଥଙ୍କୁ ୧୯୭୩ ମସିହାରେ ଓଡ଼ିଶା ସାହିତ୍ୟ ଏକାଡେମୀ (ଉପନ୍ୟାସ: 'ଅସୂର୍ଯ୍ୟ ଉପନିବେଶ'), ୧୯୭୮ ମସିହାରେ ଓଡ଼ିଶା ସାହିତ୍ୟ ଏକାଡେମୀ, (ପ୍ରବନ୍ଧ ସଂକଳନ: 'ଅଶ୍ଚୁତର ସ୍ୱର') ୧୯୮୨ ମସିହାରେ ଶାରଳା ପୁରସ୍କାର, (ଗଳ୍ପ ସଂକଳନ: 'ସମ୍ରାଟ ଓ ଅନ୍ୟମାନେ'), ୨୦୧୦ରେ ଅତିବଡ଼ୀ ଜଗନ୍ନାଥ ଦାସ ପୁରସ୍କାର: ଓଡ଼ିଶା ସାହିତ୍ୟ ଏକାଡେମୀର ସର୍ବୋଚ୍ଚ ପୁରସ୍କାର, ୨୦୧୫ରେ ଉତ୍କଳ ସାହିତ୍ୟ ସମାଜ - ବରେଣ୍ୟ ସଦସ୍ୟ ସମ୍ମାନ ତଥା ୨୦୧୮ରେ ପଦ୍ମଶ୍ରୀ ସମ୍ମାନ ପ୍ରାପ୍ତ ହୋଇଛି।

ଶ୍ରୀ ରଥଙ୍କ ଭିତରେ ଥିଲା ଜଣେ ଅଧ୍ୟାପକର ନୀତିବୋଧ ଆଦର୍ଶ, ଥିଲା ଜଣେ ସଚେତନଶୀଳ ଲେଖକର ଜାଗୃତ ଆତ୍ମଶକ୍ତି ଏବଂ ମଣିଷପଣିଆର ଦ୍ୟୁତି। ବୃତ୍ତିରେ ସେ ଥିଲେ ଅଧ୍ୟାପକ କିନ୍ତୁ ନିଶାରେ ଥିଲେ ଜଣେ ଚିତ୍ରକର ଏବଂ ସାହିତ୍ୟିକ। ଜଣେ ଚିତ୍ରଶିଳ୍ପୀ ଭାବରେ କାଦୁଅ, ପଥର ଖୋଦେଇ ମୂର୍ତ୍ତି, ପଟ୍ଟଚିତ୍ର ଗଢ଼ିବା ସହିତ ସେ ଥିଲେ ଜଣେ କ୍ରୀଡ଼ାବିତ୍, ବ୍ୟାଖାକାର, ଭାଷ୍ୟକାର ମଧ୍ୟ। ଯେଉଁ ହାତରେ ତୂଳୀ ଧାରଣ କରିଛନ୍ତି ସେହି ହାତରେ କାରିଗର ଭଳି ପଥ କାଟିଛନ୍ତି ଏବଂ କଲମ ଧାରଣ କରି ସେହି ରୂପକୁ ଶବ୍ଦରେ ଯୋଡ଼ିଛନ୍ତି।

ସେ ଲେଖୁଥିଲେ କାରଣ ନଲେଖି ବଞ୍ଚିବା ତାଙ୍କ ପକ୍ଷରେ ସମ୍ଭବ ନଥିଲା। ଲେଖିବା

ଥିଲା ମଣିଷର ଶ୍ୱାସକ୍ରିୟା ପରି ତାଙ୍କ ପାଇଁ ଏକ ସ୍ୱାଭାବିକ କର୍ମ। ତାଙ୍କ ବ୍ୟକ୍ତିଙ୍କ ଜୀବନଧର୍ମ ସହିତ ସାହିତ୍ୟ ସାଧନାର ଐଶୀତ୍ୱ ଏକୀଭୂତ ହୋଇଯାଇଥିଲା। ଆର୍ଯ୍ୟ ଋଷିଙ୍କ ଦ୍ୱାରା ପ୍ରଦତ୍ତ ଦୀର୍ଘ ଜୀବନର ସୂତ୍ର ସାମାଜିକ, ନୈତିକ, ଆଧ୍ୟାତ୍ମିକ ବିଧି-ବିଧାନ, ଐତିହ୍ୟ ସଚେତନତା, ସଂସ୍କୃତିପ୍ରାଣତା କ୍ଷେତ୍ରରେ ଶ୍ରୀ ରଥ ଏ ଯୁଗର ଜଣେ ପ୍ରତିନିଧି ହସ୍ତାକ୍ଷର। ସମଗ୍ର ଭାରତବର୍ଷରେ ଓଡ଼ିଆ ମନୀଷା ଓ ବୌଦ୍ଧିକତାର ସେ ଥିଲେ ସାର୍ଥକ ପ୍ରତିନିଧି। ସେ ସଂସ୍କୃତ, ଦର୍ଶନ, ମନସ୍ତତ୍ତ୍ୱ, ଉପନିଷଦ ଓ ଧର୍ମ-ଶାସ୍ତ୍ରାଦିକୁ ନିଜ ସୃଜନରେ ଆତ୍ମସ୍ଥ କରିଥିବା ପ୍ରଚଣ୍ଡ ବୋଧିବାଦୀ ଶିଳ୍ପୀ। ସେ ଥିଲେ ସତ୍ୟଦ୍ରଷ୍ଟା ଜଗତକୁ ଦେଖିବାର ତାଙ୍କ ଦୃଷ୍ଟିକୋଣ ଥିଲା ଭିନ୍ନ। ଶ୍ରୀ ରଥଙ୍କ ମତରେ- "ଭଲ ଦେଖିପାରୁନଥିବା ବ୍ୟକ୍ତି ଭଲ ଲେଖିପାରିବ ନାହିଁ।"[୩] ସେ ଚିତ୍ରଧର୍ମୀ ଗଦ୍ୟଶୈଳୀର ଶ୍ରେଷ୍ଠ ବିନ୍ଧାଣି। କଳ୍ପିତ ପୃଥିବୀ ସହିତ ପାଠକକୁ ଏକୀଭୂତ କରିପାରୁଥିବା ଅଦ୍ଭୁତ ସଂଯୋଗ ସେତୁ। ଆଧୁନିକ ଯୁଗର ଅନନ୍ୟ ଶବ୍ଦସ୍ଥପତି। ଶାଳୀନ-ସଂଯମିତ ଶବ୍ଦକୁ ନେଇ ତାଙ୍କ କମକୁଟା ଶବ୍ଦ କାରିଗରୀ କୌଣସି ବିସ୍ମୟକର ସ୍ଥାପତ୍ୟରୁ କମ୍ ନୁହେଁ। ସେ ଥିଲେ ସମୁଚ୍ଚ ଭାବର ବାହକ ତଥା ଭୂମାର ପୂଜକ। ସେ କହନ୍ତି - "ଭାଷା କୌଣସି ପଥ କାନ୍ଥ ଭିତରେ ଅବରୁଦ୍ଧ ନୁହେଁ। କବିତା ଯେମିତି ଗଦ୍ୟାରଢ଼ ହେବା ଦେଖାଯାଏ, ଗଦ୍ୟ ମଧ୍ୟ ସେଇଭଳି କବିତା ହେବାର ଦେଖାଯାଏ। x x x ଗୋଟିଏ ଦିଗରେ ହୁଏତ ମନ୍ତ୍ରପୂତ ବିଶୁଦ୍ଧ କବିତା ତରଳ, ମୃଦୁଳ, ସୂକ୍ଷ୍ମ ଏବଂ ଅନ୍ୟ ଦିଗରେ ଚାରି କୋଣିଆ ନିବିଡ଼ ଗଦ୍ୟ।"[୪]

ତାଙ୍କର ସମଗ୍ର ସୃଷ୍ଟି ଭିତରେ ମୁକ୍ତାତୁଲ୍ୟ ଜାଜ୍ୱଲ୍ୟମାନ 'ରଥସପ୍ତକ' ଏକ କାଳଜୟୀ ନିବନ୍ଧ ଗ୍ରନ୍ଥ। ଏହା ଏକପ୍ରକାର 'ଜଗନ୍ନାଥ ଗୀତା' କହିଲେ ଅତ୍ୟୁକ୍ତି ହେବନାହିଁ। ସମାଲୋଚକମାନଙ୍କ ମତରେ ଏକମାତ୍ର 'ରଥସପ୍ତକ' ଲେଖିଥିଲେ ମଧ୍ୟ ଓଡ଼ିଶା ସାହିତ୍ୟ ଇତିହାସରେ ସେ ପ୍ରତିଷ୍ଠିତ ଓ ଅମର ହୋଇଯାଇଥାନ୍ତେ। ଘୋଷଯାତ୍ରାର ପୁଣ୍ୟତିଥି ଅବସରରେ ଦୀର୍ଘ ୧୩ ବର୍ଷ ଧରି ଲେଖିଥିବା ୧୩ ଗୋଟି ନିବନ୍ଧର ଅତି ଭାବାବିଷ୍ଟ - ଆଧ୍ୟାତ୍ମିକ ସୃଷ୍ଟି ଅଟେ 'ରଥସପ୍ତକ'। ଗଳ୍ପ, ଉପନ୍ୟାସ କ୍ଷେତ୍ରରେ ସ୍ଥିତିବାଦ, ଆଶାବାଦ ଓ ଆଦର୍ଶବାଦୀ ଆତ୍ମପ୍ରତ୍ୟୟର ସ୍ୱର ଅନୁରଣିତ ହୋଇଛି। କାଳ୍ପନିକ ଜଗତଟିଏ ସୃଷ୍ଟିକରି ତା' ଭିତରେ ସନାତନ ଆଦର୍ଶ ପ୍ରତିଷ୍ଠା ନିମନ୍ତେ ବ୍ୟାକୁଳତା ତାଙ୍କ ମହତ୍ତର ଜୀବନାଦର୍ଶକୁ ଉପସ୍ଥାପିତ କରିଛି।

ଅଜସ୍ର ନିବନ୍ଧର ସେ ସ୍ରଷ୍ଟା। ବିଚାର ଓ ଆଦର୍ଶର ସାବଲୀଳ ସୁରମ୍ୟ ଅଟ୍ଟାଳିକା ରୂପେ ତାଙ୍କ ନିବନ୍ଧ ସଂକଳନ ଓଡ଼ିଆ ସାହିତ୍ୟକୁ ସୁଶୋଭିତ କରିଛି। ତାଙ୍କର ଲଳିତ ନିବନ୍ଧଗୁଡ଼ିକ ସଂପର୍କରେ ପଦ୍ମଶ୍ରୀ ମନୋଜ ଦାସ ମତ ଦିଅନ୍ତି- "ସଂଯତ ଭାଷା ଓ

ଉନ୍ନତ ଭାବର ଯେଭଳି ସାବଲୀଳ ଅଭିବ୍ୟକ୍ତି ତାଙ୍କ କଣ୍ଠରେ ସମ୍ଭବ ହୁଏ, ତାହାର ଦୃଷ୍ଟାନ୍ତ କ୍ୱଚିତ୍ କାହିଁ ମିଳିଥାଏ।"[୪] ତାଙ୍କ ରଚନା ଗୁଡ଼ିକ ଭିତରେ ବେଦ, ଉପନିଷଦ, ଗୀତା, ଭାଗବତ, ମହାଭାରତ, ରାମାୟଣର ମହନୀୟ ମୂଲ୍ୟବୋଧ ନିହିତ। ଏତଦ୍‌ବ୍ୟତୀତ ବୁଦ୍ଧ, ଶଙ୍କର, ବିବେକାନନ୍ଦ, ଶ୍ରୀଅରବିନ୍ଦ, ମହାତ୍ମାଗାନ୍ଧୀଙ୍କ ଭଳି ପ୍ରାଚ୍ୟ ମନୀଷୀ ତଥା ସକ୍ରେଟିସ୍, ପ୍ଲାଟୋ, ଆରିଷ୍ଟଟଲ୍, କାମ୍ୟୁ, କାଫ୍‌କା, ଫ୍ରଏଡ୍, ସାର୍ତ୍ରେଙ୍କ ଭଳି ପାଶ୍ଚାତ୍ୟ ମନୀଷୀଙ୍କ ଆଧ୍ୟାତ୍ମିକ-ଦାର୍ଶନିକ ମୂଲ୍ୟବୋଧ ଅନୁଭୂତ ହୁଏ।

'ପ୍ରଜ୍ଞାଳୟ' ଦ୍ୱାରା ପ୍ରକାଶିତ ପଦ୍ମଶ୍ରୀ ଚନ୍ଦ୍ରଶେଖର ରଥଙ୍କର ନିବନ୍ଧ 'ଏ ଯେଉଁ ପୃଥିବୀ', 'ଦୃଷ୍ଟି ଓ ଦର୍ଶନ', 'ମୁଁ ସତ୍ୟଧର୍ମା କହୁଛି', 'ମଧୁ ସନ୍ଧାନ', 'ଉତ୍ତର ଅରଣ୍ୟ', 'ଅଶ୍ରୁତ ସ୍ୱର' ଏବଂ 'କ୍ରୀତଦାସର ସ୍ୱପ୍ନ' ଇତ୍ୟାଦି ସାତଗୋଟି ନିବନ୍ଧର ଏକତ୍ର ସଂକଳନ ଅଟେ। ଏହି ସଂକଳନସ୍ଥ ନିବନ୍ଧ ଗୁଡ଼ିକ ସଂପର୍କରେ ସେ କହନ୍ତି- "ଆପଣମାନଙ୍କର ପରିଚିତ କୌଣସି ସଂଜ୍ଞାରେ ସିଧାସଳଖ ପଡ଼ିପାରୁନଥିବାରୁ, ଏ ପ୍ରକାର ନିବନ୍ଧକୁ ଆପଣ ଅପାଂକ୍ତେୟ କହିବା ପରିବର୍ତ୍ତେ 'ରମ୍ୟରଚନା' କହିଥାନ୍ତି।" (ଗ୍ରନ୍ଥାବଳୀ - ପ୍ରଥମ ପୃଷ୍ଠା - ୬)

'ଏ ଯେଉଁ ପୃଥିବୀ' ପୁସ୍ତକସ୍ଥ ୨୦ ଗୋଟି ରମ୍ୟରଚନାରେ ଆଧୁନିକ ସମାଜ ଉପଯୋଗୀ ବହୁ ତାତ୍ତ୍ୱିକ ବିଚାର ରହିଛି। ଆଜିର ପୃଥିବୀ ସଂପର୍କରେ ସୂଚନା ଦେବାକୁ ଯାଇ ଶ୍ରୀ ରଥ ଏକଦା କହିଥିଲେ- "ଯୁଗ ଶାପଗ୍ରସ୍ତ ହେଲେ ଯୁଗନ୍ଧର ପୁରୁଷମାନେ ସ୍ୱୟଂ ହୀନପ୍ରଭ ହୋଇ ମଉଳିଯାନ୍ତି। ଭୀମାର୍ଜ୍ଜୁନ ପରି ବଳିଷ୍ଠ ଯୋଦ୍ଧାମାନେ ନିସ୍ତ୍ରଭ-ପୌରୁଷ ନେଇ ଉଦ୍‌ବାସ୍ତୁ ବନଚାରୀ ରୂପେ ଭ୍ରମଣ କରନ୍ତି। ସେତେବେଳେ ସ୍ୱୟଂ ଧର୍ମପୁରୁଷ ମଳିନ ଅଜ୍ଞାତବାସ ବରଣ କରିଥାନ୍ତି। ସେଭଳି ଯୁଗର ସୂର୍ଯ୍ୟ କେତୁଗ୍ରସ୍ତ, ହିମାଦ୍ରିମଣ୍ଡିତ ପୃଥିବୀ ଛାୟାଛନ୍ନ" (ଚନ୍ଦ୍ରଶେଖର ରଥ -ନିବନ୍ଧ ସଂଗ୍ରହ - ପ୍ରଥମ ପୃଷ୍ଠା) [୭] ସତ୍ୟଦ୍ରଷ୍ଟା ଶ୍ରୀ ରଥ 'ଅନନ୍ୟା ପୃଥିବୀ'ର ଉଦ୍ଧାର ଗାୟକ ସାଜିଛନ୍ତି। ଅତି ସାବଲୀଳ ଢଙ୍ଗରେ ବିଜ୍ଞାନସମ୍ମତ ବିଚାର ଉପସ୍ଥାପିତ କରି ପୃଥିବୀର ସ୍ଥିତି ସଂପର୍କରେ ଅବଗତ କରାଇଛନ୍ତି। ବିଜ୍ଞାନର ନିରସ ବିଚାର କାବ୍ୟିକ ସରସତାର ପ୍ରବାହ ଦେଇ ଅତି ଚମତ୍କାର ଭାବରେ ଅଭିବ୍ୟକ୍ତ ହୋଇଛି। ତାଙ୍କ ଶବ୍ଦରେ- "ଏ ପୃଥିବୀ ହିଁ ସକଳ ପ୍ରାଣୀଙ୍କର ମଧୁଚକ୍ର ଏବଂ ଭୂତସମୂହ ପୃଥିବୀର ମଧୁଚକ୍ର। ଏଥିରେ ଯେଉଁ ତେଜୋମୟ ଅମୃତମୟ ପୁରୁଷ ବିଦ୍ୟମାନ ଅଛନ୍ତି ସେ ହିଁ ସର୍ବମୟ ବ୍ରହ୍ମ ଅଟନ୍ତି।"[୭] ବିଜ୍ଞାନୀମାନେ ଏ ପୃଥିବୀକୁ ଛାଡ଼ି ଅନ୍ୟ ଗ୍ରହରେ ଯାଇ ବିଭିନ୍ନ ଅନୁସନ୍ଧାନ କରିଚାଲିଛନ୍ତି। କୋଟି କୋଟି ଆଲୋକବର୍ଷର ବିବର୍ତ୍ତନର ଧାରା ମଧ୍ୟ ଦେଇ ଏ ସୃଷ୍ଟି ରହସ୍ୟାବୃତ୍ତ। କିନ୍ତୁ ସମସ୍ତ ଗ୍ରହ-ଉପଗ୍ରହ ଅପେକ୍ଷା 'ପୃଥିବୀ' ଅନନ୍ତ ଐଶ୍ୱର୍ଯ୍ୟର ଅଧିକାରିଣୀ, ମମତା

ସ୍ନିଗ୍ଧା, ଜୀବନ ରସରେ ପରିପୂର୍ଣ୍ଣା ତଥା ମଣିଷର ଉଷ୍ମତାରେ ସଂଜୀବିତ ବୋଲି ପ୍ରାବନ୍ଧିକଙ୍କ ମତ। ପୃଥିବୀର ବିକଳ୍ପ ନାହିଁ କି ବିଳୟ ନାହିଁ। ସେ ଚିର ଶାଶ୍ୱତ, ସ୍ଥିର, ତେଣୁ ସମସ୍ତଙ୍କୁ ପୃଥିବୀ ବିଭୋର ହେବା ପାଇଁ ପ୍ରାବନ୍ଧିକ ଆହ୍ୱାନ କରିଛନ୍ତି।

'ମଥୁରା ନଗରୀ' ରଚନାରେ 'ମଥୁରା' ଏକ ଅନ୍ଧାରୁଆ ଗିରିଗୁହାର ପ୍ରତୀକ। କାଳର ସାଂଘାତରେ ନିଷ୍ଫଳ ଜୀବନକୁ ଆଉ ପାଦେ ଅନ୍ଧାରକୁ ଟାଣିନିଏ। ପ୍ରାବନ୍ଧିକଙ୍କ ମତରେ "ମଥୁରା ଅପରିମେୟ ଭବିଷ୍ୟତର ପ୍ରଥମ ମୁହୂର୍ତ୍ତ x x x ମଥୁରା ଶୋଷଣ କରେ।"(୮) ପ୍ରାବନ୍ଧିକ ମଥୁରା ନଗରୀକୁ ଶିଶୁହନ୍ତା, କ୍ଷୁଧାର୍ତ୍ତ କଣ୍ଟାବଣ ରୂପେ ନାମିତ କରିଛନ୍ତି। 'ମଥୁରା'କୁ ପ୍ରତୀକାତ୍ମକ ଭାବେ ଗ୍ରହଣ କରି ପ୍ରାବନ୍ଧିକ ଶ୍ରୀ ରଥ ଏକ ଅପରିଚିତ ଅନାଗତର ରାଜ୍ୟ, ଅନ୍ଧାରୁଆ ଗିରିଗୁହା, କ୍ଷୁଧାର୍ତ୍ତ କଣ୍ଟାବଣ ରୂପେ ଅଭିହିତ କରିଛନ୍ତି ଯେଉଁଠି ନାନାବିଧ କଳ୍ପିତ ବିପର୍ଯ୍ୟୟରେ ଆଶଙ୍କିତ ହୁଅନ୍ତି ଯଶୋଦା ନନ୍ଦ ତଥା ଗୋପାଙ୍ଗନାଗଣ। ପରିଶେଷରେ ଗୋପ ଓ ମଥୁରା କେବଳ ମାତ୍ର ଦୁଇଟି ଘାଟ ରୂପେ ଆମ ସମ୍ମୁଖରେ ଦିଶେ। ଆଧୁନିକ ମାନବ ତା'ର ଜୀବନ ମୂଲ୍ୟକୁ ନେଇ ଏମିତି ଗୋପ ଓ ମଥୁରାର ଘାଟ ପାରିହୁଏ। କେବେ କେବେ ଗୋପର ଆତ୍ମାକୁ ଧାରଣ କରି ରିକ୍ତ ହୋଇଯାଏ ତ ପୁଣି ମଥୁରାରେ ଗୋପର ଆତ୍ମାକୁ ଅନ୍ୱେଷା କରେ। କିନ୍ତୁ ବଞ୍ଚିବାର ସାର୍ଥକତା ଗୋପ ନୁହେଁ ଅବା ମଥୁରା ନୁହେଁ; ବରଂ ଏକ ଦଶା, ଏକ ସ୍ଥିତି ଏବଂ ଏକ ପ୍ରବାହ ମାତ୍ର।

'ଫଗୁଣ'କୁ ଜଣେ ଦାର୍ଶନିକର ଦୃଷ୍ଟି ନେଇ ଶ୍ରୀ ରଥ ପରିଭାଷିତ କରିଛନ୍ତି। ଫଗୁଣ ଏକ କୁହୁକ। ନିତ୍ୟ ବର୍ତ୍ତମାନ ପ୍ରକ୍ରିୟା, ଯାହାକୁ ଶିଳ୍ପୀ ନିଜର ସୃଷ୍ଟିର ମଧୁସଂପଦ ଭାବରେ ଧାରଣ କରିଥାଏ। କାରଣ "କୌଣସି ସ୍ରଷ୍ଟାର ଗଭୀର ଗର୍ତ୍ତରେ ଅହରହ ମଳୟ ତା'ର ସୃଜନ-ମନ୍ତ୍ର ଗାଉଥାଏ।"(୧୦) ମାତ୍ର ସ୍ରଷ୍ଟା କେବଳ ଫଗୁଣର ମଧୁମୟ ରୂପକୁ ଅନ୍ୱେଷା କରିନଥାଏ, ତତ୍‌ସହିତ ସଂଲଗ୍ନ ଥାଏ ଫଗୁଣର ନିଦାରୁଣପଣ ଓ ତା'ର ଜ୍ୱାଳାର ଆକର୍ଷଣକୁ ମଧ୍ୟ ସ୍ୱାଗତ କରିଥାଏ। କାରଣ ନିଦାରୁଣ ଫଗୁଣ ଯନ୍ତ୍ରଣାଦଗ୍ଧ ସ୍ମୃତିମୁଖର ସ୍ଥିତିକୁ ସଦାସର୍ବଦା ଅନ୍ତର୍ଗର୍ଭିତ କରିଥାଏ। ଯାହାର ଚୁମ୍ବକୀୟ ସ୍ପର୍ଶ ମାତ୍ରେ ସ୍ରଷ୍ଟାର ଭାବପୂର୍ଣ୍ଣ ଆବେଗ ବର୍ଣ୍ଣବିଭାମଣ୍ଡିତ ହୋଇ ଗୁଞ୍ଜରି ଉଠେ। ସେହି ନିଦାରୁଣ ଫଗୁଣ ସ୍ରଷ୍ଟାର ସୃଷ୍ଟିଉତ୍ସ।

'କହିବାକୁ ଲାଜ' ନିବନ୍ଧରେ ମହାପ୍ରଭୁ ଶ୍ରୀ ଜଗନ୍ନାଥଙ୍କୁ ବିଶ୍ୱବନ୍ଦିତ ସତ୍ତା ରୂପେ ଶ୍ରୀ ରଥ ବର୍ଣ୍ଣନା କରିଛନ୍ତି। ଜଗନ୍ନାଥଙ୍କ ଭକ୍ତିରେ ଉଲ୍ଲସିତ ଭାବଗର୍ଭକ ଶବ୍ଦକୁ ପାଠ କରିବା ମାତ୍ରେ ହିଁ ପାଠକ ତାଙ୍କ ଅପୂର୍ବ ଯାଦୁକରୀ ଶବ୍ଦବିନ୍ୟାସକୁ ଅନୁଭବ କରିପାରିବ। ଶ୍ରୀ ରଥଙ୍କ ଶବ୍ଦରେ– "କାଳିଆ କଟକଟ ଆଦିମ କାଳରାତ୍ରିର ରଙ୍ଗ ଉପରେ ଯୋଡ଼ାଏ

'ଠ' ମୁଣ୍ଡାଳି ବୁଲେଇ ଦିଆହୋଇଛି। ସେଇଟା ପୁଣି ଏକା ଥରକେ ସୂର୍ଯ୍ୟର ରଙ୍ଗ।"(୧୧) ପୁରୁଷାନୁକ୍ରମେ ଉତ୍କଳ ଜାତିକୁ ବାହୁ ସଂପ୍ରସାରିତ କରିଛନ୍ତି ସେ। କିନ୍ତୁ ତାଙ୍କୁ ଈଶ୍ୱରୀୟ ସତ୍ତାକୁ ନେଇ ସଂଶୟାଛନ୍ନ ମାନବ ଯଦି କେବେ ଲଜ୍ଜା ଅନୁଭବ କରେ ତେବେ ଉତ୍କଳୀୟ ଶିଳ୍ପୀଙ୍କ ଅଦ୍ୱିତୀୟ କଳାକର୍ମ ନିକଟରେ ମଥାନତ କରିବ ନିଶ୍ଚୟ। ଶିଳ୍ପୀର ଇନ୍ଦ୍ରିୟାଭାସର ଅପୂର୍ବ ରୂପକାନ୍ତି ନେଇ ଚକାଡୋଳା ଆଜି ବିଶ୍ୱ ଦରବାରରେ ରହସ୍ୟ ଓ ଦୁର୍ବୋଧପୂର୍ଣ୍ଣ ନିଶ୍ଚୟ।

ବିବେକାନୁମୋଦିତ ଅନ୍ତଃସ୍ୱର ଶୁଣି କାର୍ଯ୍ୟରତ ରହିବାକୁ ନିର୍ଦ୍ଦେଶ ଦେଇ ଶ୍ରୀ ରଥଙ୍କ 'ଶୁଣନ୍ତୁ' ନିବନ୍ଧଟି ଆଧୁନିକ ସମୟରେ ପ୍ରାସଙ୍ଗିକ ମନେହୁଏ। ଗହୀରର ସ୍ୱର ହିଁ ପ୍ରକୃତ ସ୍ୱର। ମାନବ ଜୀବନକୁ ବହୁତ କିଛି ବାହ୍ୟ ବତାସୀ ଆହ୍ୱାନ ସତତ ବାଧକରେ ଶୁଣିବାକୁ ଏବଂ ସେସବୁକୁ କାର୍ଯ୍ୟରେ, ମନରେ, ପ୍ରବୃତ୍ତିରେ ପରିଣତ କରିବାକୁ। କିନ୍ତୁ ପ୍ରାବନ୍ଧିକଙ୍କ ମତରେ ବିବିଧ କୋଳାହଳର ପଶ୍ଚାତ୍‌ରେ ଥିବା ଅନନ୍ତ କମ୍ପନକୁ ହୃଦ୍‌ବୋଧ କଲେ ହିଁ ମାନବ ଜୀବନ ସାର୍ଥକ ହୋଇଥାଏ।

'ଇତ୍ୟାଦି' ଓ 'ସଞ୍ଚୟର ପ୍ରତିପକ୍ଷ' ନିବନ୍ଧ ଦ୍ୱୟରେ ଶ୍ରୀ ରଥ ମାନବ ଜୀବନର ମନସ୍ତାତ୍ତ୍ୱିକ ଆକଳନ କରିଛନ୍ତି। 'ଛପେଇ ଆତଙ୍କ' ଏକ ମନୋରମ ରମ୍ୟରଚନା। ଛାପାଖାନାରେ ଅକ୍ଷରଖଞ୍ଜା କାର୍ଯ୍ୟର ଦାୟିତ୍ୱରେ ଥିବା ବ୍ୟକ୍ତିବିଶେଷଙ୍କର ଅମନୋଯୋଗିତା ଓ ସ୍ୱଳ୍ପଜ୍ଞାନ ହେତୁ ନିର୍ଦ୍ଦିଷ୍ଟ ବର୍ଣ୍ଣ ବ୍ୟତୀତ ଅନ୍ୟ କୌଣସି ଭୁଲ ବର୍ଣ୍ଣର ପ୍ରୟୋଗ ଦ୍ୱାରା ଶବ୍ଦରୂପ ବଦଳିଯିବା ନିଶ୍ଚିତ ରୂପେ ବିଡ଼ମ୍ବନାର ବିଷୟ। ଏଥିପାଇଁ ଶ୍ରୀ ରଥ ଦାୟୀ କରିଛନ୍ତି ଓଡ଼ିଆ ଅକ୍ଷରର ଗୋଟାଳିଆ 'ଠ' ରୂପକୁ। 'ରବନ' ଏବଂ 'ନବର' ଶବ୍ଦ ନିଶ୍ଚିତ ସଂଶୟ ସୃଷ୍ଟିକାରୀ ଦୁଇଟି ଶବ୍ଦ। ଗୋଟିଏ ଆରଟି ପରି ମନେହୁଏ। ପ୍ରାବନ୍ଧିକଙ୍କ ମତରେ- "ତିନୋଟି ଲଣ୍ଡା ମୋଟା ଲୋକକୁ ଏକାଠି ଦେଖି ସେମାନଙ୍କୁ ବାରିବା ଯେପରି କଷ୍ଟକର, ସେପରି ତିନୋଟି ନିରାଭରଣ ଓଡ଼ିଆ ଅକ୍ଷର।"(୧୨) ତେଣୁ ମୁଦ୍ରଣଗତ ସଚେତନତା ଅତ୍ୟନ୍ତ ଜରୁରୀ। ସ୍ଥାନ ଅଦଳବଦଳ ଲେଖାକୁ ବିକୃତ କରିଦିଏ। ପ୍ରସଙ୍ଗାନୁକ୍ରମେ ଶ୍ରୀ ରଥ ଓଡ଼ିଆ ଅକ୍ଷରର 'ଠ' ରୂପ, ଛପେଇ ଭୁଲ୍, ଦିଗ-ଭ୍ରମ, ଧାଡ଼ି ବଦଳ, ଚିହ୍ନ ଉଭାନ୍, ହରଣଚାଲ୍ ପ୍ରକ୍ରିୟା, ସ୍ୱଚ୍ଛନ୍ଦ ସନ୍ତରଣ, ପେଟ ପିଠି ବିବାଦ, କାଳି ସହଯୋଗ ଭଳି ବହୁ ବିକୃତ ସ୍ଥିତି ହେତୁ ରଚନାଟିଏ ଛପେଇ ଆତଙ୍କର ଶିକାର ହେବା ଦୁର୍ଭାଗ୍ୟକୁ ଅଙ୍ଗୁଳି ନିର୍ଦ୍ଦେଶ କରିଛନ୍ତି।

'ବିଦ୍ୟା ଓ ବିଦ୍ୟାର୍ଥୀ' ଚନ୍ଦ୍ରଶେଖର ରଥଙ୍କର ଏକ ବହୁଚର୍ଚ୍ଚିତ ଉତ୍କୃଷ୍ଟ ପ୍ରବନ୍ଧ। ଏହା ମାନବ ଜୀବନର ଏକ ପ୍ରମୁଖ ଭୂମିକାର ମହତ୍ତ୍ୱକୁ ପ୍ରତିଷ୍ଠା କରେ। 'ବିଦ୍ୟା' ମଣିଷକୁ ପ୍ରକୃତ ଜୀବନମୂଲ୍ୟର ଦୀକ୍ଷା ପ୍ରଦାନ କରିଥାଏ। ଏହାକୁ ଏକ ଆୟାସଲଭ୍ୟ

ଐଶ୍ୱର୍ଯ୍ୟ ରୂପେ ପ୍ରାବନ୍ଧିକ ଅଭିହିତ କରିଛନ୍ତି। ଜ୍ଞାନସାଗରର ଗଭୀରତମ ଗର୍ତ୍ତକୁ ବଜ୍ର ତୁଲ୍ୟ ଭେଦକରି ମେଧା ଲାଭ ଅତ୍ୟନ୍ତ କଷ୍ଟସାପେକ୍ଷ। ଏ କ୍ଷେତ୍ରରେ ବିଦ୍ୟା-ବିଦ୍ୟାର୍ଥୀ ଏବଂ ବିଦ୍ୟାୟତନ ଅଙ୍ଗାଙ୍ଗୀ ଭାବେ ଜଡ଼ିତ। କିନ୍ତୁ ସଂପ୍ରତି ନୂତନ ଶିକ୍ଷାୟତନମାନଙ୍କରେ ବ୍ୟବସାୟିକ ମନୋବୃତ୍ତି ସହିତ ଅନିୟନ୍ତ୍ରିତ-ଅସଂଯତ ବିଦ୍ୟାର୍ଥୀର ଶିକ୍ଷା ତଥା ଶିକ୍ଷକମାନଙ୍କ ପ୍ରତି ଉଦାସୀନତା ବିଡ଼ମ୍ବନାର ବିଷୟ ନିଶ୍ଚିତ। ଶ୍ରୀ ରଥ ଏଭଳି ବିଦ୍ୟାର୍ଥୀମାନଙ୍କ ସଂପର୍କରେ ମତବ୍ୟକ୍ତ କରିଛନ୍ତି ଯେ- "ପ୍ରାଜ୍ଞପୂଜା, ଶୁଚି, ବ୍ରହ୍ମଚର୍ଯ୍ୟ, ଅହିଂସାଦି ଶରୀର ତପସ୍ୟା ତ ଏହାଙ୍କର ନାହିଁ। ବାଙ୍ମୟି ଏବଂ ମାନସ ତପସ୍ୟା ପାଇଁ ଏମାନଙ୍କର ପ୍ରସ୍ତୁତି ବା ସାମର୍ଥ୍ୟ ନାହିଁ କି ଇଛା ମଧ୍ୟ ନାହିଁ।"[୧୩] 'ଗୁରୁ' ଆସନ ଅଧିକାରୀମାନଙ୍କ ସଂପର୍କରେ ମଧ୍ୟ ପ୍ରାବନ୍ଧିକ ନିଜ ନିରପେକ୍ଷ ବିଚାରକୁ ଉପସ୍ଥାପନ କରିଛନ୍ତି। ଅର୍ଥ ଏବଂ କାମ ଜୀବନର ଲକ୍ଷ୍ୟ ନୁହେଁ ବରଂ ଶୃଙ୍ଖଳିତ ଜୀବନ, ଦେହାନ୍ତର-ମୁକ୍ତିର ସଂଯମିତ ଲକ୍ଷ୍ୟ ହିଁ ମାନବର ପ୍ରକୃତ ଲକ୍ଷ୍ୟ ହେବା ଉଚିତ। ଅଭ୍ୟାସ, ଅଧ୍ୟବସାୟ, ଏକାଗ୍ରତା ଓ ନିୟମଯୁକ୍ତ ବିଦ୍ୟାଭ୍ୟାସ ଦ୍ୱାରା ବିଦ୍ୟାର୍ଥୀ ତା'ର ବିଶାଳତମ ସିଦ୍ଧିପ୍ରାପ୍ତ ହୁଏ।

ଶ୍ରମକାତର ଛାତ୍ର-ଛାତ୍ରୀମାନଙ୍କ ଦ୍ୱାରା 'କପି' - 'ଶଠତା' ଅବା 'ଚିତାକଟା'ର ପ୍ରକ୍ରିୟା ସଂପର୍କରେ ତିର୍ଯ୍ୟକ୍ ବ୍ୟଙ୍ଗ ରହିଛି ପ୍ରାବନ୍ଧିକ ଶ୍ରୀ ରଥଙ୍କ 'କପି' ରମ୍ୟ ରଚନାରେ। ଅତି ଚଟୁଳ ଶବ୍ଦବିନ୍ୟାସ ମାଧ୍ୟମରେ କପି କରିବା ପ୍ରବୃତ୍ତିଟିକୁ ବ୍ୟଙ୍ଗ କରିବାକୁ ଯାଇ ସେ ଲେଖିଛନ୍ତି- "ଅନୁକରଣ ଏକ ବିଦ୍ରୋହ, ନିଜକୁ ଉତ୍‌କ୍ରମଣ କରିଯିବାର ଅଖଣ୍ଡ ପ୍ରୟାସ। ଏ ପ୍ରୟାସରେ ବିମୂଢ଼ତା, ତା'ର ଅସହାୟତା, ବ୍ୟର୍ଥ ବିଫଳତା ଦେଖି ଜଗତ ଜନେ ହସନ୍ତି।"[୧୪] 'କପି' ଏକ ପ୍ରବୃତ୍ତି, ଯାହା ଆଜୀବନ ଜାରିରହେ। କପି କରିବା ପାଶ୍ଚାତ୍‌ଭାଗରେ ଅନ୍ୟ ଜଣକର ଦୀର୍ଘ ତପସ୍ୟାର ଫଳକୁ ଅନାୟାସରେ ପାଇବାର ଯୋଜନାବଦ୍ଧ ପ୍ରୟାସକୁ ପ୍ରାବନ୍ଧିକ ଦୃଢ଼ ସମାଲୋଚନା କରିଛନ୍ତି। 'କପି' କରୁଥିବା ଶଠମାନଙ୍କୁ ଲେଖକ ଛଦ୍ମବେଶଧାରୀ ଗୌତମ, ଲାଙ୍ଗୁଡ଼ଧାରୀ ଲୋମଶ ହନୁ, ମରାଳୀ ହେପା ଲୋଭରେ ହିଙ୍ଗୁଳ ଲଗାଇଥିବା ବକୀ, ମେଘମାୟା ସୃଷ୍ଟିକାରୀ ମହିମଣ୍ଡନାଙ୍କ ଛଇଛଟା ସୃଷ୍ଟିକାରୀ ମାନସିକତା ସହିତ ତୁଳନା କରିଛନ୍ତି। କାରଣ ପ୍ରତ୍ୟେକ ଶଠ ନିଜ କ୍ଷୁଦ୍ରତା ବିଷୟରେ ସଚେତନ ଥିବାରୁ ନିଜର ସମସ୍ତ ଅଭାବ ସତ୍ତ୍ୱେ ପ୍ରତିଷ୍ଠାଲାଭର ଲୋଭରୁ ନିଜକୁ ମୁକ୍ତ କରି ନପାରି ଏତାଦୃଶ ପ୍ରୟାସରେ ଆଜୀବନ୍ୟ ମାତିଥାନ୍ତି। ଅନୁକରଣ ପ୍ରବୃତ୍ତିକୁ ଏକ ସ୍ୱାଭାବିକ ଅଭ୍ୟାସ ଏବଂ ମାନବପ୍ରାଣର ବିଶୁଦ୍ଧତମ ଆକୁତି ରୂପେ ପ୍ରାବନ୍ଧିକ ମତବ୍ୟକ୍ତ କରିଛନ୍ତି। ଯେଉଁଥିପାଇଁ ପ୍ରାବନ୍ଧିକ ମା'ଟି

ନିଜ ସନ୍ତାନର ଦରୋଟି ଶବ୍ଦଙ୍କୁ, ପ୍ରସ୍ଫୁଟିତ ପଦ୍ମ ଭଳି ହେବା ପାଇଁ ତପସ୍ୱୀର ଦର୍ଶନକୁ ସମ୍ମାନ ଜଣାଇଛନ୍ତି। ଜଣେ ସମୁଚ୍ଚ ଦର୍ଶନବାଦୀ ସ୍ରଷ୍ଟା ଭାବରେ ଶ୍ରୀ ରଥଙ୍କ ନମନୀୟ ଦୃଷ୍ଟିକୋଣ କେତେ ଯେ ମହାନ୍, ଏଥିରୁ ତାହା ଦୃଦ୍ୟ ହୁଏ।

'ଶୁଭ୍ର ଶରତ', 'ଦିଅଁଦେଖା', 'ମୃତ୍ୟୁ - ଏକ ବିଳାସ', 'ବ୍ୟବଧାନ କାନ୍ଥୁରା', 'ଖୋଜିବା-ନପାଇବା', 'ଅନନ୍ୟ', 'କଥା ସରିଯାଏ' ଇତ୍ୟାଦି ରମ୍ୟରଚନାର ଅନ୍ତର୍ନିହିତ ଭାବଧର୍ମ ପାଠକକୁ ଯେତିକି ଆତ୍ମମଗ୍ନ କରାଇବାରେ ସହାୟକ ହୁଏ ସେତିକି କାବ୍ୟିକ ରସାତଳ ଦ୍ୱାରା ତା'ର ପ୍ରାଣକୁ ଆହ୍ଲାଦିତ ମଧ୍ୟ କରିଥାଏ। ଶ୍ରୀ ରଥଙ୍କ ଦ୍ୱାରା ଲିଖିତ ଏ ସମସ୍ତ ରମ୍ୟରଚନାର କ୍ଷୁଦ୍ରରୂପ ଭିତରେ ଜୀବନବୋଧର ଅଖଣ୍ଡ ଅନ୍ତର୍ଦ୍ୟୋତନା ଅଦ୍ଭୁତ ରୂପେ ଆତ୍ମପ୍ରକାଶ ଲାଭ କରିଛି।

'ସାହାରା' ରଚନାରେ ଶ୍ରୀ ରଥ ଏ ପୃଥିବୀକୁ ବର୍ତ୍ତୁଳ ଓଏସିସ୍ ରୂପେ ଅଭିହିତ କରିବା ସହିତ ଏହାର ମୋହାଚ୍ଛନ୍ନକାରୀ ବଳୟ ପ୍ରତି ସଚେତନ କରାଇଛନ୍ତି। ତାଙ୍କ ଶବ୍ଦରେ- "ଏ ବିଚିତ୍ରବର୍ଣ୍ଣା ପୃଥିବୀଟି ଗୋଟିଏ ବର୍ତ୍ତୁଳ ଓଏସିସ୍। x x x ଏଇଠି ଦହନ ସତ୍ୟ, ପୀଡ଼ନ ସତ୍ୟ, ବିସ୍ଫୋରଣର ଯନ୍ତ୍ରଣା, ତା'ର ଲେଲିହାନ୍ ଅଗ୍ନି ସତ୍ୟ।"[୧୪] ନିଷ୍କମ୍ପ ମାନବ ଜୀବନରେ 'ଆଶା' ରୂପୀ ସାହାରା, ଯେଉଁ କମ୍ପନ ସୃଷ୍ଟିକରେ ତାହା ବହୁକ୍ରୋଶ ଅତିକ୍ରମ କରିବାକୁ ସକ୍ରିୟ-ଶକ୍ତି ପ୍ରଦାନ କରେ ଓ ତାକୁ ସ୍ୱପ୍ନାଚ୍ଛନ୍ନ କରେ। ଯଦିଚ ମାନବ ପାଇଁ ଅଜସ୍ର ବାଲି ହିଁ ସତ୍ୟ, ତଥାପି ସାହାରା ଏକ ମାୟାଞ୍ଜନ, ଏହି ଅନନ୍ତ ଯୁଗଚକ୍ରର ବର୍ତ୍ମ।

ଅପାଆନ୍ତା, ଦୁରନ୍ତ ଜିନିଷ ପ୍ରତି ମନୁଷ୍ୟର ଥାଏ ଅସୀମ ଆକର୍ଷଣ। 'ଦୂର ପାହାଡ଼ ସୁନ୍ଦର' ନ୍ୟାୟରେ ଦୀର୍ଘ - ଦୁସ୍ତର ବ୍ୟବଧାନ ମଣିଷ ଭିତରେ ସେ ପାରିର ସ୍ଥିତି ପ୍ରତି ଦୁର୍ବାର ଆକର୍ଷଣ ସୃଷ୍ଟି କରିଥାଏ। କାରଣ 'ସେପାରି' ସର୍ବଦା ମୁଗ୍ଧ ଏବଂ ଦଗ୍ଧ କରେ। ତାହା ସ୍ୱପ୍ନ ଏବଂ ଯାତନାର ଚିର ଅପ୍ରତ୍ୟକ୍ଷ ରାଜ୍ୟ। 'ସେପାରି' ରମ୍ୟ ରଚନାରେ ଅପ୍ରାପ୍ତ ଚିଜ ପ୍ରତି ଅହେତୁକ ଆକର୍ଷଣର ମନସ୍ତାତ୍ତ୍ୱିକ ବର୍ଣ୍ଣନା ରହିଛି। ଏହି ରଚନାରେ ଶ୍ରୀ ରଥଙ୍କ ଅଭିବ୍ୟକ୍ତି ଠିକ୍ କବି ଭଳି ସ୍ୱତଃସ୍ଫୂର୍ତ୍ତ ମନେହୁଏ। 'ସେପାରି'ର ମହତ୍ତ୍ୱ ବୁଝାଇବାକୁ ଯାଇ ଶ୍ରୀ ରଥ ଲେଖିଛନ୍ତି- "ସେପାରିରେ ସବୁ ସୁନ୍ଦର। ସେଠି ସତେ ବା ଗୋଟାଏ ପ୍ରଚ୍ଛନ୍ନ ପରକୀୟାର ଦୁର୍ବାର ଆକର୍ଷଣ। ଏପାରି ପାହାଡ଼ କେବଳ କଣ୍ଟାବୁଦା ଏବଂ କଙ୍କରର ସ୍ତୂପ। ଏପାରି ନଈଧାରରେ ଅନେକ କର୍ଦ୍ଦମ। ଏପାରି ଗଛଗୁଡ଼ିକ ଗଣ୍ଠିଆ, ରୁଢ଼ିଆ, ନିଷ୍ଫଳ ବନସ୍ପତି। ସେ ପାରିର ଡାଳେ ଡାଳେ କିନ୍ତୁ କଦମ୍ବ ଧାରେ ଧାରେ ଯମୁନା। ପାହାଡ଼ଗୁଡ଼ିକ ଶ୍ୟାମଳ ସୁନ୍ଦର। ସେପାରିର ଅଖଣ୍ଡ କୁଞ୍ଜବନରେ ଅହରହ ବଂଶୀ

ଡାକୁଥାଏ। ଏପାରିରୁ ବିମୁଖ ହୋଇ ଆମେ ସେପାରିକୁ ଅଭିସାର ରଚିବାକୁ ଉତଲା ହୋଇଉଠୁ। 'ସେପାରି'କୁ ପ୍ରେମ ଓ ବିରହର, ସ୍ୱପ୍ନ ଓ ଯାତନାର ଚିର ଅପ୍ରତ୍ୟକ୍ଷ ରାଜ୍ୟ ରୂପେ ଲେଖକ ଅଭିହିତ କରିଛନ୍ତି।

ଶ୍ରୀ ରଥଙ୍କ 'ଏ ଯେଉଁ ପୃଥିବୀ' ସଂକଳନସ୍ଥ ୨୦ ଗୋଟି କ୍ଷୁଦ୍ର ରଚନା ଭିତରେ ରହିଛି ଅଖଣ୍ଡ ରମ୍ୟ (Delishlful) ଅନ୍ତର୍ଦ୍ୟୋତନା ଯାହା ତାଙ୍କ ଚିଦ୍ ବିସ୍ତାରକୁ ସିଦ୍ଧ କରିଛି। ଅତି ସାବଲୀଳ ଢଙ୍ଗରେ ସରଳ-ତରଳ ଶବ୍ଦବିନ୍ୟାସ ପାଠକ ହୃଦୟରେ ଗୀତିମୟ-ଛଳଛଳ ଆବେଗ ପ୍ରବଣତା ସୃଷ୍ଟି କରିଥାଏ। ଶ୍ରୀ ରଥ ତାଙ୍କ ରଚନାଶୈଳୀ ସଂପର୍କରେ ଉଲ୍ଲେଖ କରିଛନ୍ତି ଯେ- "କବିତା ଯେମିତି ଗଦ୍ୟାରୂଢ଼ ହେବାର ଦେଖାଯାଏ, ଗଦ୍ୟ ମଧ୍ୟ ସେହିଭଳି କବିତାକ୍ରାନ୍ତ ହେବାର ଦେଖାଯାଏ; ମଝିରେ ପାଣିଗାରଟିକୁ କେବଳ ଡେଇଁଯିବା କଥା। ଗୋଟିଏ ଦିଗରେ ହୁଏତ ମନ୍ତ୍ରପୂତ ବିଶୁଦ୍ଧ କବିତା, ତରଳ, ମୃଦୁଳ, ସୂକ୍ଷ୍ମ ଏବଂ ଅନ୍ୟ ଦିଗରେ ଚାରିକୋଣିଆ ନିବିଡ଼ ଗଦ୍ୟ। ଏ ଦୁଇଟି ଦୂରତମ ବିନ୍ଦୁ ମଧ୍ୟରେ ଅନେକ ପ୍ରଶସ୍ତ ସାଧାରଣ ଭୂମି। ସେଇଠି ରଚନା ଲେଖାହୁଏ। ଆଉ ଧାରେ ଘୁଞ୍ଚିଗଲେ ଯାହା ତରଳି ଯାଇ କବିତା ହୋଇଯାଆନ୍ତି, ତାହାହିଁ ରଚନା। ଯେଉଁଠି କବିତା ଛନ୍ଦ ବଦଳାଇ ମନ୍ଥର ହୋଇଯାଏ ତାହାହିଁ ରଚନା। ଏହା କିନ୍ତୁ ଗଦ୍ୟପଦ୍ୟର ଅପମିଶ୍ରଣ ନୁହେଁ।"[୧୭] ପ୍ରାବନ୍ଧିକଙ୍କ ସମଗ୍ର ରଚନାରେ ଦର୍ଶନର ସୂକ୍ଷ୍ମ ମୂଲ୍ୟ ନିହିତ ଅଛି। ଗଭୀର ଦର୍ଶନ ତଥା କାବ୍ୟିକତାର ଅଦ୍ଭୁତ ଫ୍ୟୁଜନ୍ ପାଠକକୁ ଆତ୍ମହରା କରିବାରେ ସମର୍ଥ। T.S. Eliotଙ୍କ ଉକ୍ତି "The Author is larger than his work" - ଶ୍ରୀ ଚନ୍ଦ୍ରଶେଖର ରଥଙ୍କ ଭଳି ମନୀଷୀଙ୍କ ନିମନ୍ତେ ପ୍ରଣିଧାନଯୋଗ୍ୟ। ରଚନାଗୁଡ଼ିକରେ 'ବର୍ତ୍ତୁଳା ପୃଥିବୀ', 'ସ୍ତମ୍ଭିତ ଚିତ୍ରପଟ', 'ଚଇତର ଧୂଳି', 'ଚିକ୍‌କଣ ମୁଗୁନି'। ତାଙ୍କ ନିବନ୍ଧର ଶବ୍ଦଗୁଡ଼ିକ ଶ୍ରୀ ରଥଙ୍କ ମହତ୍ତର ଧିଷଣା ଶକ୍ତିର ପରିଚାୟକ ହୋଇଛି। ତାଙ୍କର ପ୍ରତି ବାକ୍ୟ ବାଣୀତୁଲ୍ୟ ସ୍ମର୍ତ୍ତବ୍ୟ। ପ୍ରତ୍ୟେକଟି ସୃଷ୍ଟି ଭିତରେ ମାନବ ପ୍ରତି ଅନନ୍ତ ଭଲପାଇବାର ସ୍ପର୍ଶ ତାଙ୍କୁ ଯୁଗ ଯୁଗ ଧରି ପ୍ରାସଙ୍ଗିକ କରି ରଖିବ ନିଶ୍ଚୟ। ପ୍ରକୃତ ଜ୍ଞାନବେତ୍ତା ଭାବରେ ତାଙ୍କ ବୌଦ୍ଧିକତା ଦ୍ୱାରା ସେ ପାଠକ ହୃଦୟକୁ ଆଲୋକିତ କରି ପାରିଛନ୍ତି। ଜାଗତିକ ଜୀବନ ଜିଜ୍ଞାସା ଦେଇ ସୂକ୍ଷ୍ମ ଦର୍ଶନବୋଧକୁ ତାଙ୍କ ଚେତନା ପ୍ରତିଷ୍ଠା କରିଥିବାରୁ ସେ ଜଣେ ବୋଧିବାଦୀ ରୂପେ ସଦା ସ୍ମରଣୀୟ ରହିବେ। ଘନକୃଷ୍ଣ ମୃତ୍ୟୁବଳୟ, କୂର୍ମର ଅବୟବ, ସାନ୍ଦ୍ର ବୈତରଣୀ, ବରଫ କୁହୁଡ଼ି, କୁଢ଼ କୁଢ଼ ବ୍ୟର୍ଥତା, କ୍ଳାନ୍ତ ଝଡ଼ର ଡେଣା ଇତ୍ୟାଦି ଚିତ୍ରାତ୍ମକ ଶବ୍ଦ ତାଙ୍କ ରଚନାର ଅଙ୍ଗକୁ ଉତ୍କର୍ଷରେ ପରିପୂର୍ଣ୍ଣ କରିଛି।

ପାଦଟୀକା:

୧. ରଥ ଶଶିଭୂଷଣ - (ସଂକଳନ ଓ ସଂପାଦନା) - ଚେତନାର ଚିତ୍ରକର ଚନ୍ଦ୍ରଶେଖର - ପ୍ରକାଶକ- ଚନ୍ଦ୍ରଶେଖର ସ୍ମୃତି ପରିଷଦ - ଭୁବନେଶ୍ୱର - ପ୍ରଥମ ସଂସ୍କରଣ - ୨୦୧୮-୧୯ - ପୃ:୧୧୭

୨. ରଥ ଶଶିଭୂଷଣ - (ସଂକଳନ ଓ ସଂପାଦନା) - ଚେତନାର ଚିତ୍ରକର ଚନ୍ଦ୍ରଶେଖର - ପ୍ରକାଶକ - ଚନ୍ଦ୍ରଶେଖର ସ୍ମୃତି ପରିଷଦ - ଭୁବନେଶ୍ୱର - ପ୍ରଥମ ସଂସ୍କରଣ - ୨୦୧୮-୧୯ - ପୃ:୧୧୮

୩. ତତ୍ରୈବ - ପୃ:୧୪୫

୪. ରଥ ଚନ୍ଦ୍ରଶେଖର - ବିଜୟ କୁମାର ମହାପାତ୍ର - ପ୍ରଜ୍ଞାଳୟ, ଦଣ୍ଡତୋଟା, ପୁରୀ-୧, ପ୍ରଥମ ସଂସ୍କରଣ - ୨୦୧୨ - ପୃ: ୧୦

୫. ରଥ ଶଶିଭୂଷଣ (ସଂକଳନ ଓ ସଂପାଦନା) - ଚେତନାର ଚିତ୍ରକର ଚନ୍ଦ୍ରଶେଖର - ପ୍ରକାଶକ- ଚନ୍ଦ୍ରଶେଖର ସ୍ମୃତି ପରିଷଦ - ଭୁବନେଶ୍ୱର - ପ୍ରଥମ ସଂସ୍କରଣ - ୨୦୧୮-୧୯ - ପୃ:୧୫୪

୬. ରଥ ଚନ୍ଦ୍ରଶେଖର - ନିବନ୍ଧ ସଂଗ୍ରହ - ପ୍ରକାଶକ ଡକ୍ଟର ବିଜୟ କୁମାର ମହାପାତ୍ର - ପ୍ରଜ୍ଞାଳୟ, ଦଣ୍ଡତୋଟା, ପୁରୀ- ୧, ପ୍ରଥମ ସଂସ୍କରଣ- ୨୦୧୨ - ପ୍ରଥମ ପୃଷ୍ଠା

୭. ତତ୍ରୈବ, ପୃ: ୧୪

୮. ରଥ ଚନ୍ଦ୍ରଶେଖର - ନିବନ୍ଧ ସଂଗ୍ରହ - ପ୍ରକାଶକ - ବିଜୟ କୁମାର ମହାପାତ୍ର - ପ୍ରଜ୍ଞାଳୟ, ଦଣ୍ଡତୋଟା, ପୁରୀ- ୧, ପ୍ରଥମ ସଂସ୍କରଣ -୨୦୧୨- ପୃଷ୍ଠା- ୧୯

୯. ରଥ ଚନ୍ଦ୍ରଶେଖର - ନିବନ୍ଧ ସଂଗ୍ରହ - ପ୍ରକାଶକ - ବିଜୟ କୁମାର ମହାପାତ୍ର - ପ୍ରଜ୍ଞାଳୟ, ଦଣ୍ଡତୋଟା, ପୁରୀ- ୧, ପ୍ରଥମ ସଂସ୍କରଣ -୨୦୧୨- ପ୍ରଥମ ପୃଷ୍ଠା - ପୃ: ୨୨

୧୦. ରଥ ଚନ୍ଦ୍ରଶେଖର - ନିବନ୍ଧ ସଂଗ୍ରହ - ପ୍ରକାଶକ - ବିଜୟ କୁମାର ମହାପାତ୍ର - ପ୍ରଜ୍ଞାଳୟ, ଦଣ୍ଡତୋଟା, ପୁରୀ- ୧, ପ୍ରଥମ ସଂସ୍କରଣ -୨୦୧୨- ପ୍ରଥମ ପୃଷ୍ଠା - ପୃ: ୨୬

୧୧. ରଥ ଚନ୍ଦ୍ରଶେଖର - ନିବନ୍ଧ ସଂଗ୍ରହ - ପ୍ରକାଶକ - ବିଜୟ କୁମାର ମହାପାତ୍ର - ପ୍ରଜ୍ଞାଳୟ, ଦଣ୍ଡତୋଟା, ପୁରୀ- ୧, ପ୍ରଥମ ସଂସ୍କରଣ -୨୦୧୨- ପ୍ରଥମ ପୃଷ୍ଠା -ପୃ: ୪୭

୧୧. ରଥ ଚନ୍ଦ୍ରଶେଖର - ନିବନ୍ଧ ସଂଗ୍ରହ - ପ୍ରକାଶକ - ବିଜୟ କୁମାର ମହାପାତ୍ର - ପ୍ରଜ୍ଞାଳୟ, ଦଣ୍ଡତୋଟା, ପୁରୀ- ୧, ପ୍ରଥମ ସଂସ୍କରଣ-୨୦୧୨- ପ୍ରଥମ ପୃଷ୍ଠା -ପୃ: ୫୩

୧୨. ରଥ ଚନ୍ଦ୍ରଶେଖର - ନିବନ୍ଧ ସଂଗ୍ରହ - ପ୍ରକାଶକ - ବିଜୟ କୁମାର ମହାପାତ୍ର - ପ୍ରଜ୍ଞାଳୟ, ଦଣ୍ଡତୋଟା, ପୁରୀ- ୧, ପ୍ରଥମ ସଂସ୍କରଣ-୨୦୧୨- ପ୍ରଥମ ପୃଷ୍ଠା- ପୃ: ୫୯

୧୩. ରଥ ଶଶିଭୂଷଣ -(ସଂକଳନ ଓ ସଂପାଦନା)- ଚେତନାର ଚିତ୍ରକର ଚନ୍ଦ୍ରଶେଖର- ପ୍ରକାଶକ- ଚନ୍ଦ୍ରଶେଖର ସ୍ମୃତି ପରିଷଦ-ଭୁବନେଶ୍ୱର - ପ୍ରଥମ ସସ୍କରଣ- ୨୦୧୮- ପୃ: ୧୦୩

୧୪. ରଥ ଚନ୍ଦ୍ରଶେଖର - ନିବନ୍ଧ ସଂଗ୍ରହ - ପ୍ରକାଶକ - ବିଜୟ କୁମାର ମହାପାତ୍ର - ପ୍ରଜ୍ଞାଳୟ, ଦଣ୍ଡତୋଟା, ପୁରୀ- ୧, ପ୍ରଥମ ସଂସ୍କରଣ-୨୦୧୨- ପ୍ରଥମ ପୃଷ୍ଠା

୧୫. ରଥ ଚନ୍ଦ୍ରଶେଖର - ନିବନ୍ଧ ସଂଗ୍ରହ - ପ୍ରକାଶକ - ବିଜୟ କୁମାର ମହାପାତ୍ର - ପ୍ରଜ୍ଞାଳୟ, ଦଣ୍ଡତୋଟା, ପୁରୀ- ୧, ପ୍ରଥମ ସଂସ୍କରଣ -୨୦୧୨- ପ୍ରଥମ ପୃଷ୍ଠା - ପ୍ରଥମ ପୃଷ୍ଠା

୧୬. ରଥ ଚନ୍ଦ୍ରଶେଖର - ନିବନ୍ଧ ସଂଗ୍ରହ - ପ୍ରକାଶକ - ବିଜୟ କୁମାର ମହାପାତ୍ର - ପ୍ରଜ୍ଞାଳୟ, ଦଣ୍ଡତୋଟା, ପୁରୀ- ୧, ପ୍ରଥମ ସଂସ୍କରଣ -୨୦୧୨- ପ୍ରଥମ ପୃଷ୍ଠା -ପୃ: ୧୦୬

୧୭. ରଥ ଚନ୍ଦ୍ରଶେଖର - ନିବନ୍ଧ ସଂଗ୍ରହ - ପ୍ରକାଶକ - ବିଜୟ କୁମାର ମହାପାତ୍ର - ପ୍ରଜ୍ଞାଳୟ, ଦଣ୍ଡତୋଟା, ପୁରୀ- ୧, ପ୍ରଥମ ସଂସ୍କରଣ -୨୦୧୨- ପ୍ରଥମ ପୃଷ୍ଠା

'ଶେଷସ୍ତମ୍ଭ'ର ସ୍ଥପତି:
ସ୍ତମ୍ଭକାର ସୁରେନ୍ଦ୍ର ମହାନ୍ତି

ଅଜସ୍ରସ୍ରାବୀ ଲେଖନୀର ଉତ୍ସ ସୁରେନ୍ଦ୍ର ମହାନ୍ତି ଓଡ଼ିଆ ସାହିତ୍ୟର ଜଣେ ପ୍ରତିନିଧି ସ୍ରଷ୍ଟାପୁରୁଷ। 'ବ୍ୟକ୍ତିସ୍ୱାତନ୍ତ୍ର୍ୟ'କୁ କଳାର ମର୍ମ ବୋଲି ମନେ କରୁଥିବା ଅନ୍ୟତମ ସାଧକ ସେ। ନୂତନ ଚିନ୍ତା-ଚେତନାର ରୂପକାର ଭାବରେ ଲେଖକର ସ୍ୱତନ୍ତ୍ର ସଂଜ୍ଞା ନିରୂପଣ କରି କହନ୍ତି- "ପାଦ ଥିଲେ ଚାଲିହୁଏ, କିନ୍ତୁ ହାତ ଥିଲେ ସବୁବେଳେ ଲେଖିହୁଏନା ! ଲେଖକ ଏ ଯୁଗର ମହାମୌନୀ ତପସ୍ୱୀ ଓ ଲେଖା ତା'ର ତପସ୍ୟା - ସତ୍ୟର ସନ୍ଧାନ ପାଇଁ ଓ ନୂତନ ମୂଲ୍ୟବୋଧର ପରିଚୟ ପାଇଁ ତପଶ୍ଚରଣ ମଧ୍ୟରେ ଯେତିକି, ସ୍ଖଳନ ମଧ୍ୟରେ ସେତିକି।"(୧) ମାନବର ପ୍ରବୃତ୍ତିକୁ ଘୋଷ୍ଟ ନ ଘୋଡ଼େଇ ତା'ର ସ୍ୱାଭାବିକ ରୂପକୁ ସାମାନ୍ୟ କରି ଉପସ୍ଥାପିତ କରିବାରେ ସୁରେନ୍ଦ୍ର ମହାନ୍ତି ଥିଲେ ସୁଦକ୍ଷ ସ୍ଥପତି। ବ୍ୟକ୍ତିସ୍ୱାତନ୍ତ୍ର୍ୟକୁ ଗୁରୁତ୍ୱପ୍ରଦାନ ପୂର୍ବକ ମାନବ ବ୍ୟକ୍ତିତ୍ୱର ବହୁବିଧ ଦିଗ ଏବଂ ସମସ୍ୟାକୁ ଉନ୍ମୁକ୍ତ ଭାବରେ ପାଠକଙ୍କୁ ଦର୍ଶାଇବା ଥିଲା ତାଙ୍କ ସୃଷ୍ଟି ଆଭିମୁଖ୍ୟ। ଏ ସଂପର୍କରେ ସେ ସ୍ପଷ୍ଟୋକ୍ତି ଉଲ୍ଲେଖ କରିଛନ୍ତି- "ମୋ ମତରେ ସାହିତ୍ୟ ସମସ୍ୟାମୂଳକ ହେବା ଉଚିତ। ବିଶ୍ୱବ୍ୟାପୀ ସାହିତ୍ୟ ଆଜି ମଧ୍ୟ ସମସ୍ୟାମୂଳକ। ଏ ସମସ୍ୟା ପୁଣି କେବଳ ଭାତ, ଲୁଣର ଜାନ୍ତବ ସମସ୍ୟା ନୁହେଁ। ଜୀବନର ଆଧ୍ୟାତ୍ମିକ ଓ ଆବେଗତ ସମସ୍ୟା ମଧ୍ୟ ଏହାର ଅର୍ନ୍ତଗତ। 'ରସ' ଏ ସାହିତ୍ୟର ପ୍ରାଣ ନୁହେଁ। 'ଆଇଡିଆ' ବା ଚିନ୍ତା ଏ ସାହିତ୍ୟର ପ୍ରାଣ। ଏହି ଆଇଡିଆଧର୍ମୀ ସାହିତ୍ୟର ଭୂମିକା ମୁଁ ଓଡ଼ିଆ ସାହିତ୍ୟରେ ସୃଷ୍ଟି କରିଛି ବୋଲି ଯଥାର୍ଥରେ ଦାବି କରିବି। x x x ମୁଁ ଲେଖେ, ମାପିଚୁପି ଲେଖେ, ଅଙ୍କ କଷିଲା ପରି ଲେଖେ, ଏକ ଦୁର୍ବିସହ ବେଦନାରେ

ଲେଖେ।"[୨] ୧୯୨୨ ମସିହା ଜୁନ୍ ୨୧ ତାରିଖରେ କଟକ ଜିଲ୍ଲାର ପୁରୁଷୋତ୍ତମପୁର ଗ୍ରାମରେ ପିତା ଲୋକନାଥ ମହାନ୍ତି ଏବଂ ମାତା ସୁଶୀଳା ଦେବୀଙ୍କ କୋଳ ମଣ୍ଡନ କରି ସୁରେନ୍ଦ୍ର ମହାନ୍ତି ଭୂମିଷ୍ଠ ହୋଇଥିଲେ। ଆବାଲ୍ୟରୁ ହିଁ ସେ ସାହିତ୍ୟିକ ପରିବେଶଟିଏ ପାଇଥିଲେ। "ତାଙ୍କର ପିତାମହ ଗୋପୀନାଥ ମହାନ୍ତି ବିଖ୍ୟାତ ସଂସ୍କୃତ ପଣ୍ଡିତ ଥିଲେ। ତାଙ୍କର ପିତୃବ୍ୟ ବ୍ରଜବନ୍ଧୁ ମହାନ୍ତି, ଚିତ୍ରକର, ଅଭିନେତା ତଥା ନାଟ୍ୟକାର ଥିଲେ। ତାଙ୍କରି ପ୍ରେରଣାରେ ଚାଟଶାଳୀ ଓ ମେଟକାଫ୍ ମିଡିଲ୍ ସ୍କୁଲ୍‌ର ଛାତ୍ରାବସ୍ଥାରେ ସୁରେନ୍ଦ୍ରଙ୍କ ଅନ୍ତରରେ ସାହିତ୍ୟ ସାଧନାର ବୀଜ ବପନ ହୋଇଥିଲା। ମେଟକାଫ୍ ସ୍କୁଲ୍ ପରେ ସୁରେନ୍ଦ୍ର ସାଲେପୁର ହାଇସ୍କୁଲ୍‌ରେ ଅଧ୍ୟୟନ କଲେ। ଏହି ସମୟରେ ଅର୍ଥାତ୍ ୧୯୩୬ ଖ୍ରୀ.ଅ.ରେ ତତ୍କାଳୀନ ରାଜନେତା ଜବାହରଲାଲ ସାଲେପୁର ହାଟକୁ ଭାଷଣ ଦେବା ପାଇଁ ଆସିଥିଲେ। ପ୍ରଧାନଶିକ୍ଷକଙ୍କ ଆଦେଶ ଅମାନ୍ୟ କରି ଏହି ସଭାରେ ଯୋଗଦାନ କରି ସୁରେନ୍ଦ୍ର ପ୍ରଥମେ ସାମ୍ୟବାଦ ସଂପର୍କରେ ଏକ ଝଲକ ପାଇଥିଲେ। ଦଶମ ଶ୍ରେଣୀରେ ଅଧ୍ୟୟନ କରୁଥିଲା ସମୟରେ ମିନୁ ମାସାନୀଙ୍କ 'Bolsivism' ପୁସ୍ତକ ପଢ଼ି ଶୋଷକ ଓ ଶୋଷିତ ଶ୍ରେଣୀ ସଂପର୍କରେ ସେ ଏକ ବିଧିବଦ୍ଧ ଧାରଣା ପାଇଲେ। ରେଭେନ୍ସା କଲେଜରେ ଅଧ୍ୟୟନ ସମୟରେ ପ୍ରଜାମଣ୍ଡଳ ଆନ୍ଦୋଳନ ସହ ସଂଶ୍ଳିଷ୍ଟ ସଚ୍ଚି ରାଉତରାୟଙ୍କ ସୃଷ୍ଟି 'ବାଜିରାଉତ' ଆଦିର ପ୍ରଭାବ କ୍ରମେ ସେ ବିପ୍ଳବୀ ଛାତ୍ରନେତା ରୂପେ ସୁପରିଚିତ ହେଲେ। ୧୯୪୨ ଭାରତଛାଡ଼ ଆନ୍ଦୋଳନ ଡାକରାରେ କଲେଜ ଅଫିସ୍ ପୋଡ଼ି ଘଟଣାରୁ ସେ କଲେଜରୁ ବିତାଡ଼ିତ ହେଲେ। ଏହା ସହିତ ସେ ପାଟଣା ବିଶ୍ୱବିଦ୍ୟାଳୟର ବି.ଏ ପରୀକ୍ଷାରୁ ମଧ୍ୟ ବଞ୍ଚିତ ହେଲେ। ପିତାମାତାଙ୍କ ଦ୍ୱାରା ତିରସ୍କୃତ ସୁରେନ୍ଦ୍ର ବାରବୁଲା ଜୀବନ ଆରମ୍ଭ ହେଲା। କିଛି କାଳ କଟକରେ ଅବସ୍ଥାନ ପରେ ସେ କଲିକତା ଅଭିମୁଖେ ଯାତ୍ରା କଲେ। ସେଠି ସେ ମାନବେନ୍ଦ୍ର ରାୟଙ୍କ ରେଡିକାଲ୍ ଡେମୋକ୍ରାଟିକ୍ ଦଳରେ ଯୋଗଦାନ କଲେ। ପାର୍ଟିର ନିର୍ଦ୍ଦେଶକ୍ରମେ ସେ ଚଟକଳରେ କାମ କରୁଥିବା ଓଡ଼ିଆ ଶ୍ରମିକଙ୍କ ମଧ୍ୟରେ ସଂଗଠନ କାର୍ଯ୍ୟ କଲେ। ୧୯୪୪ରେ କଲିକତାରୁ ଫେରି ସମ୍ବଲପୁର ସେକ୍ରେଟାରିଏଟ୍‌ରେ କିରାଣି ଚାକିରି କଲେ। ଏହି ସମୟରେ ସେ ଏକ କେନ୍ଦୁପତ୍ର ତୋଳାଳି ପରିବାରରେ ରହୁଥିଲେ। ଶେଷରେ ଆଫିସିକ ଗଣ୍ଡଗୋଳ ଯୋଗୁଁ ଚାକିରି ପରିତ୍ୟାଗ କରି କଟକରେ ୧୯୪୫ରୁ ମଧୁ ମହାନ୍ତିଙ୍କ ଜନତା ପତ୍ରିକାରେ ସଂପାଦକ ଜୀବନ ଆରମ୍ଭ କଲେ। ତତ୍କାଳୀନ ସରକାରଙ୍କ କୋପଦୃଷ୍ଟି ଯୋଗୁଁ 'ଜନତା' ବନ୍ଦ ହେଲା। ୧୯୪୯ରୁ ୧୯୫୨ ପର୍ଯ୍ୟନ୍ତ ବଲାଙ୍ଗୀରରେ 'ଗଣତନ୍ତ୍ର'ର ସଂପାଦନା କାର୍ଯ୍ୟରେ ନିଯୁକ୍ତ ହେଲେ। ରାଜନୀତିକ ଦଳ 'ଗଣତନ୍ତ୍ର ପରିଷଦ'ର ଗଠନ ସହିତ ଓତପ୍ରୋତ ଭାବେ ଜଡ଼ିତ ସୁରେନ୍ଦ୍ର ପ୍ରତ୍ୟକ୍ଷ

ରାଜନୀତିରେ ଅଂଶଗ୍ରହଣ କରି ୧୯୫୨ ଓ ୧୯୫୭ରେ ସେ ଯଥାକ୍ରମେ ରାଜ୍ୟସଭା ଓ ଲୋକସଭାର ସଭ୍ୟ ରହିଥିଲେ। ଏହି ସମୟରେ ଓଡ଼ିଶାର ବିଚ୍ଛିନ୍ନାଞ୍ଚଳ ସମ୍ମିଶ୍ରଣ ପାଇଁ ଯେଉଁ ଆନ୍ଦୋଳନ ଦେଖା ଦେଇଥିଲା ତହିଁରେ ନେତୃତ୍ୱ ପାଇଁ କାରାବରଣ କରିଥିଲେ। ୧୯୬୫ରେ ପାର୍ଲାମେଣ୍ଟାରୀ ପ୍ରତିନିଧି ଦଳରେ ଚୀନ୍ ଭ୍ରମଣ କରିଥିଲେ। ୧୯୫୬ରୁ ୧୯୬୦ ପର୍ଯ୍ୟନ୍ତ ଦୈନିକ ଗଣତନ୍ତ୍ରର ସେ ସଂପାଦକ ଥିଲେ। ୧୯୬୨ ନିର୍ବାଚନରେ ପାର୍ଲାମେଣ୍ଟ ନିର୍ବାଚନରେ ପରାଜିତ ହେବା ପରେ ପ୍ରତ୍ୟକ୍ଷ ରାଜନୀତିରୁ ଦୂରେଇ ଯାଇ ୧୯୬୨ରୁ ୧୯୭୧ ପର୍ଯ୍ୟନ୍ତ 'କଳିଙ୍ଗ'ର ସଂପାଦକ ରହିଥିଲେ। ୧୯୬୭ରେ ନିର୍ବାଚନ ମକଦ୍ଦମାର ସମ୍ମୁଖୀନ ହୋଇ ସେ ସଂପୂର୍ଣ୍ଣ ରୂପେ ରାଜନୀତିରୁ ଦୂରେଇଯିବା ପାଇଁ ଇଚ୍ଛା କରିଥିଲେ ହେଁ ଜରୁରୀ ପରିସ୍ଥିତି ସମୟରେ ନିଜର ବିଭିନ୍ନ ଗଳ୍ପ ମାଧ୍ୟମରେ ସ୍ୱର ଉତ୍ତୋଳନ କରିଥିଲେ। ୧୯୭୬ରେ ଅହମ୍ମଦାବାଦଠାରେ ଜନତାସାମ୍ମୁଖ୍ୟ ଗଠନରେ ଯୋଗଦାନ କରି ଏହାର ସଂଗଠନ ପାଇଁ କାର୍ଯ୍ୟ କରିଥିଲେ। ଜନତା ଦଳର ସଭ୍ୟ ଭାବେ ୧୯୭୮ରେ ରାଜ୍ୟସଭାକୁ ନିର୍ବାଚିତ ହେଲା ପରେ ୧୯୮୧ରେ କଂଗ୍ରେସ (ଇନ୍ଦିରା) ଦଳକୁ ପରିବର୍ତ୍ତନ କରିଥିଲେ। ଓଡ଼ିଶା ସାହିତ୍ୟ ଏକାଡେମୀର ସଭାପତି ତଥା 'ସମ୍ବାଦ'ର ମୁଖ୍ୟ ସଂପାଦକ ରୂପେ କାର୍ଯ୍ୟ କରିଥିଲେ। ୧୯୯୦, ଡିସେମ୍ବର ମାସ ୨୧ ତାରିଖରେ ତାଙ୍କର ଦେହାନ୍ତ ହୋଇଥିଲା।"[୩] ସୁରେନ୍ଦ୍ର ମହାନ୍ତିଙ୍କ ବ୍ୟକ୍ତିତ୍ୱ ଥିଲା ବହୁମୁଖୀ। ସେ ଏକାଧାରରେ ଥିଲେ ଜଣେ ରାଜନୀତିଜ୍ଞ, ସାମ୍ବାଦିକ, ସାହିତ୍ୟିକ, ସଂପାଦକ ତଥା ଜଣେ ନିରଳସ କର୍ମଯୋଗୀ। ସେ କୁଳବୃଦ୍ଧ ମଧୁସୂଦନଙ୍କ ଆଦର୍ଶରେ ଅନୁପ୍ରାଣିତ ଥିଲେ। ଓଡ଼ିଆ ଭାଷା-ସାହିତ୍ୟର ସମୃଦ୍ଧି କ୍ଷେତ୍ରରେ ତାଙ୍କର ଗଳ୍ପ, ଉପନ୍ୟାସ, ଜୀବନୀ, ଭ୍ରମଣ କାହାଣୀ, ରମ୍ୟରଚନା, ପ୍ରବନ୍ଧ, ନାଟକ, ସମାଲୋଚନା ତଥା 'ସମ୍ବାଦ' ପୃଷ୍ଠାର ଫିଚରଗୁଡ଼ିକ ଉଲ୍ଲେଖନୀୟ ଭୂମିକା ନିର୍ବାହ କରନ୍ତି। "ମଧୁସୂଦନ ମହାନ୍ତିଙ୍କ ଜନତା ପତ୍ରିକାରୁ ନିଜର ସାମ୍ବାଦିକ ଜୀବନ ଆରମ୍ଭ କରିଥିବା ସୁରେନ୍ଦ୍ର ମହାନ୍ତି ପରବର୍ତ୍ତୀ କାଳରେ 'ଗଣତନ୍ତ୍ର', 'କଳିଙ୍ଗ' ତଥା 'ସମ୍ବାଦ' ଓଡ଼ିଆ ଦୈନିକର ସଂପାଦକ ଭାବେ କାର୍ଯ୍ୟନିର୍ବାହ କରିଥିଲେ। ବିଭିନ୍ନ ସମୟରେ ଓଡ଼ିଶାରୁ ସେ ରାଜ୍ୟସଭା ଓ ଲୋକସଭାକୁ ନିର୍ବାଚିତ ହୋଇଯିବା ସହିତ ଓଡ଼ିଶା ତଥା ଭାରତୀୟ ରାଜନୀତିରେ ପ୍ରତିଷ୍ଠା ଲାଭ କରିଥିଲେ। ସାହିତ୍ୟ, ରାଜନୀତି ଓ ସାମ୍ବାଦିକତା ରୂପକ ଆକାଶର ତିନିଟି ସ୍ତରରେ ଏକ ବିହଙ୍ଗମ ସଦୃଶ ସେ ବିଚରଣ କରୁଥିଲେ।"[୪] ଶ୍ରୀ ମହାନ୍ତି ଥିଲେ ଜଣେ ଅନୁଭୂତିସଂପନ୍ନ ସାରସ୍ୱତ ବ୍ୟକ୍ତିତ୍ୱ। ସାହିତ୍ୟ କ୍ଷେତ୍ରରେ ସେ ଜଣେ ଅଙ୍ଗୀକାରବଦ୍ଧ ସାଧକ ଥିଲେ। ସେ ସର୍ବଦା ବ୍ୟକ୍ତି ଚେତନାର ବିକାଶ, ଆତ୍ମିକ ଭାବନା, ସଂଗ୍ରାମ ଓ ଆବେଗର ଅଭିବ୍ୟକ୍ତିକୁ ଗୁରୁତ୍ୱ ପ୍ରଦାନ କରିଛନ୍ତି।

ତାଙ୍କ ସମସାମୟିକ କାଳିନ୍ଦୀଚରଣ ପାଣିଗ୍ରାହୀ, ଗୋଦାବରୀଶ ମହାପାତ୍ର, ନିତ୍ୟାନନ୍ଦ ମହାପାତ୍ର, ରାଜକିଶୋର ରାୟ, ଗୋପୀନାଥ ମହାନ୍ତି, ରାଜକିଶୋର ପଟ୍ଟନାୟକ ପ୍ରମୁଖ ଲବ୍ଧପ୍ରତିଷ୍ଠିତ ସାହିତ୍ୟିକମାନଙ୍କ ମଧ୍ୟରେ ସୁରେନ୍ଦ୍ର ମହାନ୍ତି ସ୍ୱୀୟ ଲେଖନୀର ସ୍ୱାତନ୍ତ୍ର୍ୟ ପ୍ରତିଷ୍ଠା କରିପାରିଥିଲେ। ଫକୀରମୋହନ ସେନାପତିଙ୍କ ପରେ ତାଙ୍କର କଥାକାରିତା ଓଡ଼ିଆ ସାହିତ୍ୟରେ ନୂତନ କ୍ରାନ୍ତି ସୃଷ୍ଟି କରିଛି। ତେବେ ଜଣେ ସାହିତ୍ୟିକ ଓ ସାମ୍ବାଦିକ ଭାବରେ ଦୀର୍ଘ ୪୫ ବର୍ଷ ଧରି ତାଙ୍କ ସାଧନା ନିରବଚ୍ଛିନ୍ନ ଓ ଅପ୍ରତିହତ ଥିଲା। ଓଡ଼ିଶାରେ ସାହିତ୍ୟିକମାନଙ୍କ ସର୍ଜନଶୀଳ ମାନସିକତାକୁ ଦିଗ୍‌ଦର୍ଶନ ଦେବାକୁ ଯାଇ ସେ ଉଲ୍ଲେଖ କରିଛନ୍ତି- "ସାଂପ୍ରତିକ ଓଡ଼ିଆ ସାହିତ୍ୟର ଦିଗ୍‌ବଳୟ ଅତି ସୀମିତ। ଏହାର କାରଣ ଓଡ଼ିଶା ତଥାପି ଏକ କୃଷିପ୍ରଧାନ ରାଜ୍ୟ ହୋଇ ରହିଛି। ଏଠାରେ କୌଣସି ମହାନଗରୀ ଗଢ଼ି ଉଠିପାରିନାହିଁ। ଏହାର ଛୋଟ ମଫସଲି ସହରମାନଙ୍କରେ ପ୍ରାୟ କିଛି ଘଟୁନାହିଁ। ଏହାର ଜୀବନଧାରା ବଡ଼ ନିସ୍ତରଙ୍ଗ। ପୁଣି ଯେଉଁମାନେ ନାମକରା ସାହିତ୍ୟିକ ଅଛନ୍ତି ସେମାନେ ହୁଏତ କଲେଜ, ବିଶ୍ୱବିଦ୍ୟାଳୟ, ନୋହିଲେ ସରକାରୀ ଦପ୍ତର ମାନଙ୍କରେ ଅବସ୍ଥାପିତ। ସ୍ୱାଭାବିକ ଭାବରେ ସାହିତ୍ୟର ଆଙ୍ଗିକରେ ତେଣୁ ଚମତ୍କାରିତା ପ୍ରକାଶ ପାଉଅଛି ସତ ମାତ୍ର ଆତ୍ମାରେ ନୁହେଁ। ବନ୍ଦ କୋଠରି ଭିତରେ ରହି ଅସୀମ ଆକାଶର ସ୍ୱପ୍ନ ଦେଖିବା ଯାହା, ମପାଚୁପା, ଧରାବନ୍ଧା ପରିବେଶ ମଧ୍ୟରେ ରହି ବୃହତ୍ତର ଜଗତର ବୈଚିତ୍ର୍ୟ କଳନା କରିବା ସେଇଆ। ଓଡ଼ିଶାରେ ଲେଖାଲେଖି ଏପର୍ଯ୍ୟନ୍ତ ଏକ ନିର୍ଭରଯୋଗ୍ୟ ବୃତ୍ତି ହୋଇପାରି ନ ଥିବାରୁ ସାହିତ୍ୟିକମାନେ ପେଟପାଟଣା ପାଇଁ ଅନ୍ୟ ବୃତ୍ତି ଧରିବା ପାଇଁ ବାଧ୍ୟ ହେଉଛନ୍ତି। ସାହିତ୍ୟ ସେମାନଙ୍କ ପାଇଁ ମାନସିକ ବିଳାସ। କିନ୍ତୁ ସମୃଦ୍ଧ, ପ୍ରଭାବଶାଳୀ ସାହିତ୍ୟ ସୃଷ୍ଟି ପାଇଁ ମାନସିକ ବିଳାସ କେବଳ ଯଥେଷ୍ଟ ନୁହେଁ, ସେଥିପାଇଁ ମଧ୍ୟ ରହିଥିବା ପ୍ରୟୋଜନ କିଛି ସଂପୃକ୍ତି ଓ ସଂକଳ୍ପ ସ୍ୱାକ୍ଷର।"[୪]

ସୁରେନ୍ଦ୍ର ମହାନ୍ତିଙ୍କ 'ଶେଷସ୍ତମ୍ଭ' ଥିଲା ତାଙ୍କ ସାହିତ୍ୟ ପିପାସାର ଏକ ବାଙ୍ମୟ ଅଭିବ୍ୟକ୍ତି। ସେ ଦୈନିକ 'ସମ୍ବାଦ'ର ପ୍ରଥମ ସଂପାଦକ ଥିଲେ। ୧୯୮୭ ମସିହା ଏପ୍ରିଲ୍ ୩୦ ତାରିଖ ପର୍ଯ୍ୟନ୍ତ ସେ 'ସମ୍ବାଦ' ସହିତ ସଂପୃକ୍ତ ଥିଲେ। 'ଶେଷସ୍ତମ୍ଭ'ର ଏତାଦୃଶ ନାମକରଣ ସଂପର୍କରେ ସୁରେନ୍ଦ୍ର ମହାନ୍ତି ଉଲ୍ଲେଖ କରିଛନ୍ତି- "୧୯୮୪ ମସିହାରେ ମୋର ସଂପାଦନାରେ 'ସମ୍ବାଦ' ଆତ୍ମପ୍ରକାଶ କରିଥିଲା। ମୁଁ ସଂପାଦକ ଥିବାବେଳେ ଏହାର ସାପ୍ତାହିକ ସାହିତ୍ୟ ପୃଷ୍ଠାର ସଂପାଦନାକୁ ପ୍ରତ୍ୟକ୍ଷ ଭାବରେ ନିୟନ୍ତ୍ରଣ କରୁଥିଲି। ସେତେବେଳେ ମୁଁ ଗୋଟିଏ ନିୟମ ବାନ୍ଧିଥିଲି ଯେ, ସାହିତ୍ୟ ପୃଷ୍ଠାରେ କୌଣସି କବିତା ଆଦୌ ପ୍ରକାଶ ପାଇବ ନାହିଁ। କବିତା ପ୍ରତି ଏହା ମୋର ଅହେତୁକ ଅଶ୍ରଦ୍ଧା ବୋଲି ସେତେବେଳେ କେତେକ ସହକର୍ମୀ ମୋର ଏ ପ୍ରକାର

ନିଷ୍ପତ୍ତି ବିରୁଦ୍ଧରେ ପ୍ରତିବାଦ ଉଠାଇଥିଲେ, କିନ୍ତୁ ମୁଁ ସେମାନଙ୍କୁ ବୁଝାଇ ଦେଇଥିଲି, ଗୋଟିଏ ଦୈନିକ ପତ୍ରିକାରେ କବିତାଟିଏ ପ୍ରକାଶିତ ହେଲେ କବିତାଟିର ଯଥାର୍ଥ ମର୍ଯ୍ୟାଦା ରହେ ନାହିଁ କିମ୍ବା କାବ୍ୟାମୋଦୀ ପାଠକମାନଙ୍କ ମନରେ ତାହା ଆଦୌ ରେଖାପାତ କରେ ନାହିଁ। ସାହିତ୍ୟ ପତ୍ରିକାମାନଙ୍କରେ କବିତାଟିଏ ପ୍ରକାଶ ପାଇଲେ, ତାହା ପାଠକ ମନରେ ଯେମିତି ରେଖାପାତ କରେ ଦୈନିକ ପତ୍ରିକାର ସ୍ଥୂଳତା ମଧ୍ୟରେ ପ୍ରକାଶିତ କବିତାଟି ସେପରି ରେଖାପାତ କରିପାରେ ନାହିଁ। ସେଥିପାଇଁ 'ସମ୍ବାଦ'ର 'ସାହିତ୍ୟ' ପୃଷ୍ଠା ମୋ ନିୟନ୍ତ୍ରଣରେ ଥିବା ପର୍ଯ୍ୟନ୍ତ ସେଥିରେ କବିତା ଆଦୌ ପ୍ରକାଶ ପାଉ ନ ଥିଲା। ଏହାର 'ସାହିତ୍ୟ' ପୃଷ୍ଠାରେ ପ୍ରଥମ ସଂଖ୍ୟାରେ ହଠାତ୍ ଆଠ/ ଦଶ କଲମ୍ ଇଞ୍ଚ ସ୍ଥାନ ପାଇଁ ଲେଖାଟିଏ ପ୍ରୟୋଜନ ପଡ଼ିଲା। ମୋର ସହକାରୀ ଆସି କହିଲେ, "ଏତେ ଛୋଟ ଗଦ୍ୟ ଲେଖାଟିଏ ବା କାହିଁ? ବରଂ କବିତାଟିଏ ଦେଇ ଦେଉଛି।" ମୁଁ ତାଙ୍କୁ ଉତ୍ତର ଦେଲି, "ମୋର ନିଷ୍ପତ୍ତି ଅପରିବର୍ତ୍ତନୀୟ। କବିତାଟିଏ ଶୂନ୍ୟସ୍ଥାନ ପୂରଣ କରିବା ପରି ସେଠାରେ ଛପାଇଦେଲେ କବିତାର ଅମର୍ଯ୍ୟାଦା ହେବ।" ସହକାରୀ କହିଲେ, "ତାହେଲେ ଆପଣ ସେହି ସ୍ଥାନ ପାଇଁ ଲେଖାଟିଏ ଦିଅନ୍ତୁ।" ଅଗତ୍ୟା ମୋତେ ବହୁ ଶ୍ରମ ସ୍ୱୀକାର କରି ସେତିକି ଶୂନ୍ୟସ୍ଥାନ ପୂରଣ କରିବା ପାଇଁ ସେହିଠାରେ ଲେଖାଟିଏ ଲେଖିବା ପାଇଁ ପଡ଼ିଲା। ସେଥିପାଇଁ, ସେହିଦିନୁ ଏହାର ନାମ 'ଶେଷସ୍ତମ୍ଭ' ରହିଆସିଛି।"[୬] ଇଷ୍ଟର୍ଣ୍ଣ ମିଡିଆର ଉଦ୍ୟମ କ୍ରମେ ସୁରେନ୍ଦ୍ର ମହାନ୍ତିଙ୍କ ଦ୍ୱାରା ଲିଖିତ ଶତାଧିକ ସ୍ତମ୍ଭଗୁଡ଼ିକୁ 'ଆମ ଓଡ଼ିଶା' ପ୍ରକାଶନ ଦ୍ୱାରା 'ଶେଷସ୍ତମ୍ଭ' ପୁସ୍ତକରେ ସୁଗ୍ରନ୍ଥିତ କରାଯାଇଛି। ଏଥିରେ ସନ୍ନିବେଶିତ ସ୍ତମ୍ଭର ବିଷୟବସ୍ତୁ ସଂପର୍କରେ ଶ୍ରୀ ମହାନ୍ତି ସ୍ପଷ୍ଟ ଭାବରେ ଉଲ୍ଲେଖ କରିଛନ୍ତି- "ଆରମ୍ଭରେ ସ୍ଥିର କରିଥିଲି, ଏହି ସ୍ତମ୍ଭର ଲେଖାସବୁ ସାହିତ୍ୟ ଓ ସମାଜ ସଂପର୍କିତ ହେବ। ସେହିପରି କେତେକ ଲେଖା ମଧ୍ୟ ଆରମ୍ଭରେ 'ଶେଷସ୍ତମ୍ଭ'ର ବିଷୟବସ୍ତୁ ଥିଲା। ସେସବୁ ପାଠକମାନଙ୍କ ପାଇଁ ଚିତ୍ତାକର୍ଷକ ଥିଲେ ହେଁ କେତେକ ପାଠକ ମୋର ନିଜର ଉପଲବ୍ଧି ସଂପର୍କରେ ଏହି ସ୍ତମ୍ଭରେ ଲେଖିବା ପାଇଁ ବ୍ୟକ୍ତିଗତ ଭାବରେ ମୋତେ ଅନୁରୋଧ କଲେ ଏବଂ ପତ୍ର ଲେଖିଲେ। କ୍ରମେ ତେଣୁ 'ଶେଷସ୍ତମ୍ଭ'ର ଲେଖାସବୁ ବ୍ୟକ୍ତିନିଷ୍ଠ ହୋଇ ଉଠିଲା। ଏପର୍ଯ୍ୟନ୍ତ ମଧ୍ୟ ସେହି ବ୍ୟକ୍ତିନିଷ୍ଠତା 'ଶେଷସ୍ତମ୍ଭ'ର ଲକ୍ଷଣୀୟ ଆଭିମୁଖ୍ୟ ହୋଇ ରହିଛି।"[୭]

'ଶେଷସ୍ତମ୍ଭ' ଅନ୍ତର୍ଭୁକ୍ତ ଏକଶତ ସ୍ତମ୍ଭଙ୍କୁ ପଞ୍ଚବିଧ ବିଷୟଭୁକ୍ତ କରିହେବ।

୧. ସାହିତ୍ୟଭିତ୍ତିକ ସ୍ତମ୍ଭ

୨. ଦର୍ଶନଭିତ୍ତିକ ସ୍ତମ୍ଭ

୩. ବ୍ୟକ୍ତିବିଶେଷ ଭିତ୍ତିକ ସ୍ତମ୍ଭ

୪. ବ୍ୟକ୍ତିଗତ ଅବଧାରଣାମୂଳକ ସ୍ତମ୍ଭ

୫. ଅନ୍ୟାନ୍ୟ ଭାବଭିତ୍ତିକ ସ୍ତମ୍ଭ

ତେବେ ସମାଲୋଚକମାନେ 'ଶେଷସ୍ତମ୍ଭ'ର ଲେଖାଗୁଡ଼ିକୁ କେଉଁ ଶ୍ରେଣୀ (Genne) ରୂପେ ଗ୍ରହଣ କରିବେ, ତାହା କହିବା ମୋ ପକ୍ଷରେ କଠିନ। ଏସବୁ ପ୍ରବନ୍ଧ ବା ମିତପ୍ରବନ୍ଧ ନୁହେଁ। କାରଣ ଏଥିରେ କୌଣସି ତତ୍ତ୍ୱକୁ ପ୍ରତିପାଦିତ କରିବାର ଉଦ୍ୟମ ନାହିଁ। ଏସବୁ ମଧ୍ୟ ରମ୍ୟ ରଚନା ଶ୍ରେଣୀରେ ନୁହେଁ। କାରଣ ଏଥିରେ ରମ୍ୟତା ବା ଚଟୁଳତାର ଘୋର ଅଭାବ।"[୮]

ସାହିତ୍ୟଭିତ୍ତିକ ସ୍ତମ୍ଭ: ସୁରେନ୍ଦ୍ର ମହାନ୍ତି ସର୍ବଦା ସାହିତ୍ୟିକର ପରିଚିତିରେ ବଞ୍ଚିବାକୁ ଚାହିଁଥିଲେ। ତାଙ୍କ ଶବ୍ଦରେ- "ମୁଁ ସାହିତ୍ୟିକ ରୂପେ ହିଁ ପରିଚିତ ହେବା ପାଇଁ ଚାହେଁ। କାରଣ ସାହିତ୍ୟ ମୋ ଜୀବନରେ ଆଣିଦେଇଛି ପରିତୃପ୍ତି। ସାହିତ୍ୟ ସାହିତ୍ୟ ମଧ୍ୟରେ କେବଳ ମୁଁ ମୋ ନିଜକୁ ଆବିଷ୍କାର କରିବା ସଂଗେ ସଂଗେ ମୋର ବକ୍ତବ୍ୟ ଅବାଧ ଭାବରେ ପ୍ରକାଶ କରିପାରିଛି। x x x ସାହିତ୍ୟ, ରାଜନୀତି ଓ ସାମ୍ବାଦିକତା ମୋ ଜୀବନରେ ତ୍ରିବେଣୀ ଧାରା ପରି ବହି ଆସିଥିଲେ ହେଁ କେବଳ ସାହିତ୍ୟିକ ରୂପେ ହିଁ ମୁଁ ପରିଚିତ ଓ ସେହିପରି ଭାବରେ ପରିଚିତ ହେବା ମୋର ଉଦ୍ଦେଶ୍ୟ।"[୯]

'ଶେଷସ୍ତମ୍ଭ' ସଂକଳନସ୍ଥ ସାହିତ୍ୟଭିତ୍ତିକ ସ୍ତମ୍ଭଗୁଡ଼ିକର ଶୀର୍ଷକ ହେଲା- 'ଓଡ଼ିଆ ଭାଷା ଓ ଆମେ', 'ଦୁଃସ୍ଥ ସାହିତ୍ୟିକ', 'ସାହିତ୍ୟିକର ଜୟମାଲ୍ୟ', 'ସାହିତ୍ୟ ଓ ସମାଜ', 'ଉପନ୍ୟାସ-ସଂକଟ', 'ଆଙ୍ଗିକ ଓ ଆତ୍ମିକ', 'ଚୀନ୍ ସାହିତ୍ୟରେ ନୂତନ ଋତୁ', 'ଫକୀରମୋହନ: ଗୋଠ ଓ ମଠ', 'ନାୟକ ନା ବିଦୂଷକ', 'ଓଡ଼ିଆ ଉପନ୍ୟାସର ଭୂମିକା', 'ଅନ୍ଧଗଳି', 'ସାହିତ୍ୟରେ ଋତୁ ପରିବର୍ତ୍ତନ', 'ବିଶ୍ୱ ସାହିତ୍ୟ', 'ସାହିତ୍ୟ ଓ ରାଜନୀତି', 'କବି-ଲଢ଼େଇ', 'ଜୟଦେବ ଗବେଷଣା: ପୁନଶ୍ଚ', 'ଉପନ୍ୟାସ ଏକବିଂଶ ଶତାବ୍ଦୀରେ', 'କବିର ପ୍ରତିବାଦ', 'ସାହିତ୍ୟ କ'ଣ ଏକ ଛଦ୍ମବେଶ', 'କବିର ଉତ୍ତରାଧିକାର', 'ସାହିତ୍ୟର ସଂଜ୍ଞା', 'ସାହିତ୍ୟ ଓ ରାଷ୍ଟ୍ର', 'କବି ଓ ରସିକ' ଇତ୍ୟାଦି ଉଲ୍ଲେଖଯୋଗ୍ୟ।

ସୁରେନ୍ଦ୍ର ମହାନ୍ତିଙ୍କ ସ୍ତମ୍ଭରେ ଆରମ୍ଭ - ମଧ୍ୟ ଓ ସମାପନର ଚମତ୍କାର ଶୈଳୀ ଥାଏ। ସାହିତ୍ୟକୁ ନେଇ ସଜୀବ ରୂପରେଖ ନିର୍ଣ୍ଣୟ କ୍ଷେତ୍ରରେ ସେ ଅନନ୍ୟ। ସାହିତ୍ୟର ବହୁବିଧ ପ୍ରସଙ୍ଗକୁ ଗୁରୁତ୍ୱ ପ୍ରଦାନ କରି ତା'ର ସ୍ୱରୂପ ପ୍ରସ୍ତୁତ କରିଛନ୍ତି। 'ଓଡ଼ିଆ ଭାଷା ଓ ଆମେ' ସ୍ତମ୍ଭରେ ଭାଷାର ଉନ୍ନତିକଳ୍ପେ ଓଡ଼ିଆରେ ପୂର୍ଣ୍ଣାଙ୍ଗ ଅଭିଧାନ ପ୍ରସ୍ତୁତ କରିବା ଦିଗରେ ଓଡ଼ିଶାର ବିଭିନ୍ନ ବିଶ୍ୱବିଦ୍ୟାଳୟ ଓ ଓଡ଼ିଶା ସାହିତ୍ୟ ଅକାଦେମୀକୁ ଅନୁରୋଧ

ରହିଛି । ଶ୍ରୀ ମହାନ୍ତି ଆଧୁନିକ ଓଡ଼ିଆ ଭାଷାକୁ ରକ୍ଷଣଶୀଳତାରୁ ମୁକ୍ତ ହୋଇ ଜନସାଧାରଣଙ୍କ ଭାଷାକୁ ଆତ୍ମାଭିବ୍ୟକ୍ତି କ୍ଷେତ୍ରରେ ପ୍ରୟୋଗ କରିବାକୁ ସଚେତନ କରିଛନ୍ତି । ସେ କ୍ଷୋଭ ପ୍ରକାର କରି ଲେଖିଛନ୍ତି- "ସାହିତ୍ୟର ସୀମା ବହୁ ବ୍ୟାପକ । ବିଦଗ୍ଧଠାରୁ ଆରମ୍ଭ କରି ସାଧାରଣ ଜନତା ପର୍ଯ୍ୟନ୍ତ ସମସ୍ତଙ୍କ ସହିତ ଏହାର ପରିଚୟ । ତେଣୁ ଜନସାଧାରଣଙ୍କ ମଧ୍ୟରେ ଯେଉଁସବୁ ଶବ୍ଦ ବା ପ୍ରୟୋଗବିଧି ପ୍ରଚଳିତ, ସାହିତ୍ୟ ଓ ସମ୍ବାଦପତ୍ର ଭିତରକୁ ସେସବୁ ନ ଆସିବ ବା କାହିଁକି ? ବିଶୁଦ୍ଧତାବାଦୀମାନଙ୍କର ସ୍ଲୋଗାନ୍‌ରେ ମିଶିଗଲେ ଭାଷା ଓ ଏହାର ପ୍ରକାଶ ଶକ୍ତି ଯେ ପଙ୍ଗୁ ହୋଇପଡ଼ିବ, ଉଲ୍ଲେଖ କରିବା ନିଷ୍ପ୍ରୟୋଜନ । ଏହି ପୃଷ୍ଠଭୂମିରେ ବିଚାର କଲେ ହତାଶ ହେବାକୁ ପଡ଼େ । ଓଡ଼ିଆରେ ଏ ପର୍ଯ୍ୟନ୍ତ ଖଣ୍ଡେ କାଳୋପଯୋଗୀ ଅଭିଧାନ ପ୍ରସ୍ତୁତ ହୋଇପାରିଲା ନାହିଁ । ଓଡ଼ିଆ ଭାଷାରେ ଅଭିଧାନ କହିଲେ ବୁଝାଉଛି ଏ ଶତାବ୍ଦୀର ଆରମ୍ଭ ବେଳେ ପ୍ରକାଶ ପାଇଥିବା 'ପ୍ରମୋଦ ଅଭିଧାନ' ଓ ପଣ୍ଡିତ ଗୋପୀନାଥ ନନ୍ଦଙ୍କ 'ଓଡ଼ିଆ ଶବ୍ଦତତ୍ତ୍ୱ ଅଭିଧାନ' ।"(୧୦) ସାହିତ୍ୟିକମାନଙ୍କର ଦୁଃସ୍ଥତାକୁ ଭାରତୀୟ ସମାଜ ଓ ସାଂସ୍କୃତିକ ପରିବେଶର ଏକ ବିକୃତି ଭାବରେ ଶ୍ରୀ ମହାନ୍ତି ଅଭିହିତ କରିଛନ୍ତି 'ଦୁଃସ୍ଥ ସାହିତ୍ୟିକ' ସ୍ତମ୍ଭରେ । ସାହିତ୍ୟିକର ସାହିତ୍ୟକୃତିକୁ ବଞ୍ଚେଇ ରଖିବା ସହିତ ସେମାନଙ୍କୁ ଅର୍ଥନୈତିକ ସ୍ୱଚ୍ଛଳ ସ୍ଥିତି ପ୍ରଦାନର ପ୍ରସଙ୍ଗ ଉତ୍‌ଥାପନ କରିଛନ୍ତି । ଏହି ପରିପ୍ରେକ୍ଷୀରେ ଇଂଲଣ୍ଡର ରୟାଲ୍ ଲିଟେରାରୀ ଫଣ୍ଡ୍ ଭଳି ବିଶିଷ୍ଟ ସାହିତ୍ୟିକମାନଙ୍କୁ ପେନ୍‌ସନ୍ ପାଣ୍ଠି ପ୍ରଦାନ କରିବାର ଆହ୍ୱାନ ମଧ୍ୟ ଦେଇଛନ୍ତି । କୌଣସି ସଚ୍ଚା ସାହିତ୍ୟିକ ନିମନ୍ତେ ଶ୍ରେଷ୍ଠ ସ୍ୱୀକୃତି ରୂପେ ଏକ ବିଦଗ୍ଧ ପାଠକ ସମାଜର ଆବଶ୍ୟକତାକୁ ମହତ୍ତ୍ୱ ପ୍ରଦାନ କରାଯାଇଛି 'ସାହିତ୍ୟିକର ଜୟମାଲ୍ୟ' ଫିଚରରେ । ପ୍ରସଙ୍ଗାନୁକ୍ରମେ ବିଶ୍ୱ ସାହିତ୍ୟର ସର୍ବୋଚ୍ଚ ସମ୍ମାନ, ନୋବେଲ ପୁରସ୍କାର କିମ୍ବା ଭାରତୀୟ ଜ୍ଞାନପୀଠ ପୁରସ୍କାର ବିଷୟ ଅବତାରଣା କରିଛନ୍ତି । ସ୍ତମ୍ଭକାର ସୁରେନ୍ଦ୍ର ମହାନ୍ତିଙ୍କ ମତରେ ବହୁ ବଡ଼ ବଡ଼ କବିଙ୍କୁ ପୁରସ୍କାରପ୍ରାପ୍ତ ହୋଇଛି ପୁଣି ମଧ୍ୟ ଜୀବଦ୍ଦଶାରେ ସ୍ୱୀକୃତି ମିଳିପାରେ ନାହିଁ । ଶ୍ରୀ ମହାନ୍ତି ଜଣେ ସାହିତ୍ୟିକର ପ୍ରକୃତ ସ୍ୱୀକୃତିର ସ୍ୱରୂପ ବୁଝାଇବାକୁ ଯାଇ ଉଲ୍ଲେଖ କରିଛନ୍ତି- "ରାଜକୀୟ ସମ୍ମାନ ବା ରାଷ୍ଟ୍ରର ସ୍ୱୀକୃତି ସାହିତ୍ୟିକର ସ୍ୱୀକୃତି ହୋଇପାରେ, କିନ୍ତୁ ସାହିତ୍ୟର ଆଦୌ ନୁହେଁ । ମୁଁ ଚିରକାଳ ବିଶ୍ୱାସ କରି ଆସିଛି- ବିଦଗଧ ପାଠକ ସମାଜ, କବି ଓ ଲେଖକଙ୍କୁ ଯେଉଁ ସ୍ୱୀକୃତି ଦିଅନ୍ତି, ତାହା ହିଁ ସେମାନଙ୍କର ଶ୍ରେଷ୍ଠ ଜୟମାଲ୍ୟ । x x x କୌଣସି ସଚ୍ଚା ସାହିତ୍ୟିକ କେବେ ଏସବୁ ପାଇଁ ବ୍ୟାକୁଳ ହୋଇନାହିଁ । ସମାଜକୁ ବଦଳେଇବାର ଦାୟିତ୍ୱ କାଳେ କାଳେ ସାହିତ୍ୟିକମାନଙ୍କ ଉପରେ ନ୍ୟସ୍ତ ରହିଛି ତେଣୁ ସେମାନଙ୍କୁ ବାସ୍ତବବାଦୀ ହେବା ପାଇଁ ସୁରେନ୍ଦ୍ର ମହାନ୍ତି ସଚେତନ କରିଛନ୍ତି ତାଙ୍କର 'ସାହିତ୍ୟ ଓ ସମାଜ' ଫିଚରରେ । ଅନୁବାଦ ସାହିତ୍ୟକୁ ଗୁରୁତ୍ୱ ଦେବାକୁ ଯାଇ

ଶ୍ରୀ ମହାନ୍ତି ଋଷିଆର ପ୍ରଖ୍ୟାତ କବି ଆଲେକ୍‌ଜାଣ୍ଡାର ପୁଷ୍କିନ୍‌ଙ୍କର ପ୍ରସିଦ୍ଧ ଉକ୍ତି "The Couriers of Human Spirit"କୁ ସ୍ମରଣ କରିଛନ୍ତି। ଓଡ଼ିଆ ସାହିତ୍ୟ କ୍ଷେତ୍ରରେ ମଧ୍ୟ ଅନୁରୂପ ଅନୁବାଦକମାନଙ୍କୁ ଅନ୍ୱେଷା କରି ପ୍ରତ୍ୟେକ ମନୁଷ୍ୟର ଆତ୍ମାର ବାର୍ତ୍ତାବହ ହେବା ନିମନ୍ତେ ଆହ୍ୱାନ ଦେଇଛନ୍ତି 'ଆତ୍ମାର ବାର୍ତ୍ତାବହ' ଫିଚର ଜରିଆରେ। 'କାବ୍ୟନାୟିକା' ସ୍ତମ୍ଭରେ କବି ବା ଲେଖକମାନଙ୍କ ପାଇଁ ସ୍ୱପ୍ନ ସହିତ ନିଜ ସୃଷ୍ଟିକର୍ମରେ ପ୍ରଚଣ୍ଡ ଆତ୍ମପ୍ରତ୍ୟୟର ସନ୍ଦେଶ ରହିଛି। 'ଉପନ୍ୟାସ-ସଂକଟ' ସ୍ତମ୍ଭରେ ଓଡ଼ିଆ ସାହିତ୍ୟର ପ୍ରଖ୍ୟାତ ଔପନ୍ୟାସିକମାନଙ୍କ ସୃଷ୍ଟିକର୍ମକୁ ଆଲୋଚନାଭୁକ୍ତ କରିଛନ୍ତି। ସେମାନଙ୍କ ଉପନ୍ୟାସରେ ପଲ୍ଲୀଭିତ୍ତିକ ଓଡ଼ିଶାର, ପଲ୍ଲୀ ସମାଜର ନିଖୁଣ ଚିତ୍ର ହିଁ ସେମାନଙ୍କ ସୃଷ୍ଟିକୁ ଜୀବନ୍ତ କରିଛି। ବିଶେଷ ଭାବରେ କାଳିନ୍ଦୀଚରଣଙ୍କ 'ମାଟିର ମଣିଷ', କାହ୍ନୁଚରଣଙ୍କ 'ହାଅନ୍ନ', 'ଶାସ୍ତି, ଗୋପୀନାଥ ମହାନ୍ତିଙ୍କ 'ପରଜା', 'ଅମୃତର ସନ୍ତାନ' ଓ 'ଦାଦିବୁଢ଼ା' ଇତ୍ୟାଦି ଉଲ୍ଲେଖଯୋଗ୍ୟ କୃତି। ସୁରେନ୍ଦ୍ର ମହାନ୍ତି ସାଂପ୍ରତିକ ଉପନ୍ୟାସରେ ଥିବା ଉପରଠାଉରିଆ ଅନୁଭବ ଏବଂ ସୌଖୀନ ମାନସିକତାକୁ ଅଙ୍ଗୁଳି ନିର୍ଦ୍ଦେଶ କରିଛନ୍ତି। ସେ 'ଉପନ୍ୟାସ-ସଂକଟ' ସ୍ତମ୍ଭରେ ତେଣୁ ସାଂପ୍ରତିକ ଲେଖକମାନଙ୍କ ସୃଷ୍ଟିକର୍ମ ଭିତରେ ଜୀବନର ଗଭୀର ଅଭିଜ୍ଞତା, ବହୁଦର୍ଶିତାକୁ ଗୁରୁତ୍ୱ ଦେବାକୁ ବିଚାର ଉତ୍‌ଥାପନ କରିଛନ୍ତି। ସାହିତ୍ୟରେ ଶୈଳୀ ତଥା ଉପଲବ୍ଧିର ସମନ୍ୱୟ ଅପରିହାର୍ଯ୍ୟ ବୋଲି ଶ୍ରୀ ମହାନ୍ତି 'ଆଙ୍ଗିକ ଓ ଆତ୍ମିକ' ସ୍ତମ୍ଭରେ ଉଲ୍ଲେଖ କରିଛନ୍ତି। ସାହିତ୍ୟରେ ଆଙ୍ଗିକର ମୋହ ଉଚିତ ନୁହେଁ ବୋଲି ଦର୍ଶାଇ ସୁରେନ୍ଦ୍ର ମହାନ୍ତି କହିଛନ୍ତି- "ସର୍ବାଧୁନିକ ଆଙ୍ଗିକ ପ୍ରୟୋଗ ଦ୍ୱାରା କେବଳ ପ୍ରାକ୍ ଆଧୁନିକ ଯୁଗର ଭାବଧାରା ଘେନି କେହି କବିତା, ଗଳ୍ପ ବା ଉପନ୍ୟାସ ଲେଖିଲେ ତାହା କଦାପି ମର୍ତ୍ତଣ୍ଡ ହୋଇଯିବ ନାହିଁ। ଆଙ୍ଗିକ ଏକ ପନ୍ଥା ମାତ୍ର। ଏହା ଲକ୍ଷ୍ୟ ହେବା ଉଚିତ ନୁହେଁ।"[୧୨] ଚୀନ ସାହିତ୍ୟ ଓ ଭାରତୀୟ ସାହିତ୍ୟର ଏକ ତୁଳନାତ୍ମକ ଚିତ୍ର ପ୍ରଦାନ କରି ସୃଷ୍ଟିଧର୍ମୀ ସାହିତ୍ୟକୁ ପ୍ରାଧାନ୍ୟ ଦେବାର ପ୍ରସଙ୍ଗ ରହିଛି 'ଚୀନ୍ ସାହିତ୍ୟରେ ନୂତନ ଋତୁ' ସ୍ତମ୍ଭରେ। ସେହିଭଳି 'ଫକୀରମୋହନ : ଗୋଠ ଓ ମଠ' ଶୀର୍ଷକ ସ୍ତମ୍ଭରେ ତରୁଣ ସାହିତ୍ୟିକମାନଙ୍କୁ ନିଜର ସାଧନାରେ ଅନୁବ୍ରତୀ ହେବାକୁ ନମ୍ର ନିର୍ଦ୍ଦେଶ ରହିଛି। ଶ୍ରୀ ମହାନ୍ତିଙ୍କ ଶବ୍ଦରେ- "ତରୁଣମାନେ ମନେ ରଖନ୍ତୁ, କାଳ ଗୋଠକୁ ସ୍ମରଣ ରଖେ ନାହିଁ, ସ୍ମରଣ ରଖେ ବ୍ୟକ୍ତି ଓ ତା'ର କୃତିକୁ।"[୧୩] 'ନାୟକ ନା ବିଦୂଷକ' ସ୍ତମ୍ଭରେ ଲୋକପ୍ରିୟ ସାହିତ୍ୟର ପ୍ରାଦୁର୍ଭାବ ମଧ୍ୟରେ ଶୁଦ୍ଧ, କାଳାତିଶାୟୀ ସାହିତ୍ୟର ଅନାଦୃତ ହେଉଥିବା ପ୍ରସଙ୍ଗ ରହିଛି। ମାଣିକ ବନ୍ଦୋପାଧ୍ୟାୟଙ୍କ 'ପଦ୍ମାନଦୀର୍ ମାଝୀ', ବିଭୂତି ମୁଖୋପାଧ୍ୟାୟଙ୍କ 'ପଥେର୍ ପାଞ୍ଚାଲୀ', ତାରାଶଙ୍କରଙ୍କର 'ହଁସୁଲୀ ବାଙ୍କେର୍ ଉପକଥା', ହିନ୍ଦୀର ଫଣୀଶ୍ୱର ନାଥ 'ରେଣୁ'ଙ୍କ

'ମୈଲା ଆଞ୍ଚଲ୍' ଇତ୍ୟାଦି ବଳିଷ୍ଠ ଉପନ୍ୟାସର ଦୃଷ୍ଟାନ୍ତ ପ୍ରଦାନ ପୂର୍ବକ ସୁରେନ୍ଦ୍ର ମହାନ୍ତି ଓଡ଼ିଆ ଔପନ୍ୟାସିକମାନଙ୍କୁ ଯୁଗ ଏବଂ ଜୀବନକୁ ନିଛକ ଭାବରେ ରୂପାୟନ କରିବା ଦିଗରେ ଦାୟବଦ୍ଧ ରହିବାକୁ ସଚେତନ କରିଛନ୍ତି। ତାଙ୍କ ଶବ୍ଦରେ- "ମୋର ନମ୍ର ବକ୍ତବ୍ୟ ହେଉଛି, ଉପନ୍ୟାସ କେବଳ କାହାଣୀ ନୁହେଁ, କେବଳ ବର୍ଣ୍ଣନା ନୁହେଁ। ଏହା ଏକ ଯୁଗର ମହାକାବ୍ୟ। ଜୀବନର ଭାଷ୍ୟ। ଯଦି ଏହି ଭାଷ୍ୟକୁ ମନୋରଞ୍ଜନଧର୍ମୀ କରାଯାଇପାରିଲା, ତା'ହେଲେ ସିଏ ତ ହେବ ସୁନାରେ ସୋହାଗା ପରି।"(୧୪) ଓଡ଼ିଆ ସାହିତ୍ୟ କେବଳ ନୁହେଁ, ସମଗ୍ର ଭାରତୀୟ ଭାଷା-ସାହିତ୍ୟରେ ଉପେନ୍ଦ୍ର ଭଞ୍ଜଙ୍କୁ ଜଣେ ମହାକବି ରୂପେ ସମ୍ମାନ ଜଣାଇ ତାଙ୍କ କାବ୍ୟାତ୍ମାର ନୂତନ ଆବିଷ୍କାର କରିବା ନିମନ୍ତେ ବାର୍ତ୍ତା ରହିଛି 'ଦେଖି ନବକାଳିକା' ସ୍ତମ୍ଭରେ। 'ସାହିତ୍ୟରେ ଶୈଳୀ ଅପେକ୍ଷା ତାହାର ବକ୍ତବ୍ୟ ଅଧିକ ମହତ୍ତ୍ୱପୂର୍ଣ୍ଣ' ବୋଲି ମତ ରହିଛି 'ସାହିତ୍ୟରେ ଋତୁ ପରିବର୍ତ୍ତନ' ସ୍ତମ୍ଭରେ। 'ପିଓର ବନାମ୍ ପପ୍'ରେ ଶୁଦ୍ଧ ସାହିତ୍ୟର ସଂଜ୍ଞା, 'ବିଶ୍ୱ ସାହିତ୍ୟ'ରେ ଲେଖକମାନଙ୍କ ସୃଷ୍ଟି, ପ୍ରତିଭା, ଆତ୍ମପ୍ରତ୍ୟୟ, ଉପଲବ୍ଧିର ପ୍ରୟୋଜନ ତଥା ଅନୁବାଦ ପ୍ରତି ମହତ୍ତ୍ୱ ପ୍ରଦାନ କରାଯାଇଛି। ପ୍ରତିଭାକୁ ନେଇ ସାହିତ୍ୟିକମାନଙ୍କ 'ଅହଂ'ର ପ୍ରସଙ୍ଗ ରହିଛି 'କବି-ଲଢ଼େଇ' ସ୍ତମ୍ଭରେ! ଉପନ୍ୟାସର ବିଡ଼ମ୍ବିତ ଅବସ୍ଥାର ନିଛକ ପ୍ରସଙ୍ଗ ରହିଛି 'ଉପନ୍ୟାସ-ଏକବିଂଶ ଶତାବ୍ଦୀରେ' ଫିଚର୍‌ରେ। ଓଡ଼ିଆ ଭାଷାର ଅସ୍ତିତ୍ୱ ନିର୍ମାଣ କ୍ଷେତ୍ରରେ ଊନବିଂଶ ଶତାବ୍ଦୀର ଦ୍ୱିତୀୟାର୍ଦ୍ଧରେ ଓଡ଼ିଶା ନବଜାଗରଣର ଅଗ୍ରଣୀ ପୁରୋଧା ଜନ୍ ବୀମ୍‌ସଙ୍କୁ ସମ୍ମାନ ଜଣାଇ, ଶ୍ରୀ ମହାନ୍ତି ଉଚ୍ଛ୍ୱସିତ କଣ୍ଠରେ ଉଲ୍ଲେଖ କରିଛନ୍ତି- "ବିଗତ ଶତାବ୍ଦୀର ଦ୍ୱିତୀୟାର୍ଦ୍ଧରେ 'ଉଡିଆ ସ୍ୱତନ୍ତ୍ର ଭାଷା ନୟ'! ଆନ୍ଦୋଳନ ସରକାରୀ ସ୍ତରରେ ବିପଜ୍ଜନକ ସୀମାରେ ପହଞ୍ଚିଥିବାବେଳେ, ସାର୍ ଜନ୍ ବୀମ୍‌ସ' 'A Comparative Grammar of Indo-Aryan Languages' ଗ୍ରନ୍ଥ ଲେଖି ଓଡ଼ିଆ ଭାଷାରେ ପ୍ରାଚୀନତା ଓ ମୌଳିକତା ପ୍ରତିପାଦନ କରି ନ ଥିଲେ ଆଜି ଆମେ ଯେଉଁ ଭାଷାରେ ଲେଖୁଛୁ ଓ କହୁଛୁ ତା'ର ଅସ୍ତିତ୍ୱ ହୁଏତ ନ ଥାନ୍ତା! ଭାଷା ଓ ସାହିତ୍ୟ ଥିଲା ଓଡ଼ିଶାରେ ନବଜାଗରଣ ଭିତ୍ତିଭୂମି ଓ ସାର୍ ଜନ୍ ବୀମ୍‌ସ ଥିଲେ ତାହାର ନିର୍ମାତା।"(୧୫) 'କବିର ପ୍ରତିବାଦ' ସ୍ତମ୍ଭରେ ଇଂରାଜୀ ସାହିତ୍ୟର ସାମୁଏଲ୍ ଜନ୍‌ସନ୍, ସେକ୍ସପିୟର, ଗୋଲ୍‌ଡସ୍ମିଥ୍ ପ୍ରମୁଖଙ୍କ ବ୍ୟକ୍ତିତ୍ୱ, ମାନସିକତା ଏବଂ ସେମାନଙ୍କ ସାହିତ୍ୟ ଉପଲବ୍ଧିର ବିଶ୍ଳେଷଣ ରହିଛି। ଜନଗଣଙ୍କ ମନ ଓ ହୃଦୟକୁ ସ୍ପର୍ଶ କରିବା ଭଳି ଲେଖା ଉପରେ ଗୁରୁତ୍ୱ ରହିଛି 'ସମାଜ ଓ ରାଷ୍ଟ୍ର' ସ୍ତମ୍ଭରେ।

ମୋ ମତରେ, ଜୀବନର ବିବିଧ ମୂଲ୍ୟବୋଧକୁ ନେଇ ବିଚାରଗତ ଦୃଷ୍ଟିକୋଣ ହିଁ 'ଦର୍ଶନ'। ଏହି ମର୍ମରେ ଯଶସ୍ୱୀ ସ୍ତମ୍ଭକାର ସୁରେନ୍ଦ୍ର ମହାନ୍ତିଙ୍କ ଦର୍ଶନଭିତ୍ତିକ ସ୍ତମ୍ଭଗୁଡ଼ିକ

ଉଲ୍ଲେଖଯୋଗ୍ୟ। ଜୀବନର ପ୍ରତ୍ୟେକ ଅନୁଭବ ରସାଣିତ ଉପଲବ୍ଧିକୁ ସ୍ତମ୍ଭଗୁଡ଼ିକରେ ଅତି ଚମତ୍କାର ଶୈଳୀରେ ଉପସ୍ଥାପନ କରିଛନ୍ତି। ତନ୍ମଧ୍ୟରେ ରହିଛି- 'ବସନ୍ତ ବିଦାୟ', 'ଅବକ୍ଷୟ: ଆହ୍ୱାନ ଓ ପ୍ରତ୍ୟୁତ୍ତର', 'ଯୌବନର ଜୟଯାତ୍ରା', 'ଜୀର୍ଣ୍ଣ ପଲ୍ଲବର ଆଶୀର୍ବାଦ', 'ଆଜି ହସର ଦୁର୍ଭିକ୍ଷ', 'ଦାଢ଼ି ବନାମ ନିର୍ଦାଢ଼ି', 'ଆଜିର ପ୍ରଧାନ ଅତିଥି', 'ଶେଷବାଣୀ!', 'ବୁଦ୍ଧପୂର୍ଣ୍ଣିମା', 'ଅର୍ଦ୍ଧନାରୀଶ୍ୱର', 'ଭୋଳାନାଥର ସଂସାର', 'ଶ୍ରୀଜଗନ୍ନାଥଙ୍କ ଅଣସର', 'ସେରକ ପୂରିଲା, ମାଣକ ପୂରିଲା', 'ଅନ୍ଧଗଳି', 'ଗୋଟିଏ ମନ୍ଦିର: ଦୁଇଟି ସଂସ୍କୃତି', 'ସେମାନେ ଆଉ ଆମେ', 'ଅପରାଜିତ', 'ଅଶୋକ, ଅଶୋକା ଓ ସତ୍ୟମେବ ଜୟତେ!', 'ସର୍ବେଷାଂ ନୋ ଜନନୀ ଭାରତ', 'ମୂଲ୍ୟ ବନାମ ମୂଲ୍ୟବୋଧ', 'ଭାରତ ଆବିଷ୍କାର', 'କିଶୋର ବାଳକର ମୃତ୍ୟୁ ସଂପର୍କରେ', 'ମା' ଫଳେଷୁ କଦାଚନ', 'କାଉ-କୋଇଲି', 'ଟେଲିଫୋନ୍ ଇଜ୍ ଡେଡ୍', 'ବସ୍‌ସା-ବାସ', 'ବିନାଶ୍ରୟେନ ବର୍ତ୍ତନ୍ତେ: ଏକ ଅର୍ଦ୍ଧସତ୍ୟ', 'ଯତ୍ର ଯୋଗେଶ୍ୱରଃ କୃଷ୍ଣୋ', 'ଜାତୀୟ-ସଂଗୀତ ବିସମ୍ବାଦ', 'ଦୀପାବଳିର ଅନ୍ଧକାର', 'କାର୍ତ୍ତିକ ମାହାତ୍ମ୍ୟ', 'ଫୁଟପାଥ୍‌ର ଆହ୍ୱାନ', 'ରୁଟି ଓ ଚନ୍ଦ୍ର', 'ଚେହେରା: ଭଦ୍ର ଓ ଅଭଦ୍ର', 'ଅପର୍ଣ୍ଣାର ତପସ୍ୟା', 'ମହାଦୀପ', 'ନଷ୍ଟନୀଡ଼', 'ଅନ୍ୟ ଭାରତ', 'ପାଚିରି', 'ପାଗଳ ଆଉ ସେମାନେ', 'ଧୂଳିକଣାର ଗଦ୍‌ଦାରୀ', 'ହରିଣୀର ଆଖି', 'କିସ୍‌ସା କୁର୍ସୀକା', 'ବୃଷଭ-ସମ୍ବାଦ', 'କୋଇଲି-କଜଳପାତି', 'ଶୁକଲପକ୍ଷୀ ଓ ଚଞ୍ଚାଣ ସମ୍ବାଦ', 'ଋତୁସଂହାର', 'ସନ୍ଧ୍ୟାଦୀପ', 'ଦାରିଦ୍ର୍ୟର ସଂଜ୍ଞା', 'ରଙ୍ଗିନ ଓଢ଼ଣା', 'ଅସ୍ତ ତାରକା ପାଇଁ ଏଲିଜୀ', 'ନିଶବ୍ଦରୁ ଶବ୍ଦ ଆଡ଼େ', 'ନିଃସଙ୍ଗତାର ସଂଗୀତ', 'ଶାଳଗଛ ଓ ବନଲତା', 'ହାଟ ବାହୁଡ଼ା', 'ମଣିଷ ଭିଡ଼ ଭିତରେ ଓ ବାହାରେ' ଇତ୍ୟାଦି ଅସଂଖ୍ୟ ସ୍ତମ୍ଭରେ ତାଙ୍କ ଦାର୍ଶନିକତାର ସ୍ୱତନ୍ତ୍ର ଛାପ ସ୍ପଷ୍ଟ ଅନୁଭବ୍ୟ।

ସାହିତ୍ୟରେ ନାନ୍ଦନିକତା ପ୍ରତି ସୁରେନ୍ଦ୍ର ମହାନ୍ତିଙ୍କ ଏକାନ୍ତ ନିଷ୍ଠା ରହିଥିଲା। ଭାବ ହେଉ କି ଅଙ୍ଗରୂପ ହେଉ ସବୁଠାରେ ସୌନ୍ଦର୍ଯ୍ୟର ଅଦ୍ଭୁତ ସ୍ପର୍ଶ ତାଙ୍କୁ ଓଡ଼ିଆ ସାହିତ୍ୟରେ ଅବିସ୍ମରଣୀୟ କରି ରଖିଛି। ଗାମ୍ଭୀର୍ଯ୍ୟପୂର୍ବ ଶବ୍ଦବିନ୍ୟାସ ମଧ୍ୟ ଦେଇ ସୁରେନ୍ଦ୍ରୀୟ ଦର୍ଶନର ବିଭା, ତାଙ୍କ ସ୍ତମ୍ଭଗୁଡ଼ିକୁ କରିଛି ବର୍ଣ୍ଣିଳ। ତାଙ୍କ ଶବ୍ଦରେ- "ମୁଁ ସାହିତ୍ୟର ନାନ୍ଦନିକତାରେ ତ ନିଶ୍ଚୟ ବିଶ୍ୱାସ କରେ। କିନ୍ତୁ ନାନ୍ଦନିକତା ପାଇଁ କେବଳ ନାନ୍ଦନିକତା ଉଚିତ ନୁହେଁ। ଓସ୍କାର୍ ୱାଇଲ୍‌ଡ ଯେପରି ଏଡ୍‌ୱାର୍ଡିଆନ୍ ଯୁଗର ସାହିତ୍ୟାଦର୍ଶ ବିରୁଦ୍ଧରେ ସ୍ରଷ୍ଟାମାନଙ୍କର ପ୍ରତିକ୍ରିୟା ରୂପେ କହିଥିଲେ, "ଆର୍ଟ ଫର୍ ଇଟ୍‌ସ ଓ୍ୱନ୍ ସେକ୍", ଆଜି ସେହିପରି ମୋ ସାଂପ୍ରତିକ କାଳର ଅର୍ଥହୀନ, ଉଦ୍ଦେଶ୍ୟହୀନ, ଦୁର୍ବୋଧ୍ୟ ସାହିତ୍ୟ ବିରୁଦ୍ଧରେ, ମୋର ପ୍ରତିକ୍ରିୟା ହେଉଛି, "ଆର୍ଟ ଫର୍ ଲାଇଫ୍‌ସ ସେକ୍"।[୧୬]

ଜୀବନଧର୍ମୀ ଲେଖାକୁ ଗୁରୁତ୍ୱ ଦେଇ ପାରିଲେ ଲେଖା ଉଭଟ ହୁଏ ନାହିଁ ବୋଲି ତାଙ୍କର ଦର୍ଶନ ବାସ୍ତବିକ ଯଥାର୍ଥ। ଶ୍ରୀ ଚୈତନ୍ୟଙ୍କୁ 'ଭାରତ-ଇତିହାସର ପ୍ରଥମ ସତ୍ୟାଗ୍ରହୀ' ଭାବରେ ଦର୍ଶାଇ ଜନ୍ମଭୂମି ଅପେକ୍ଷା କର୍ମଭୂମିର ମହତ୍ତ୍ୱ ପ୍ରତିଷ୍ଠା କରିଛନ୍ତି 'ଅବୈଷ୍ଣବ ଦୃଷ୍ଟିରେ ଶ୍ରୀ ଚୈତନ୍ୟ' ସ୍ତମ୍ଭରେ। 'ବସନ୍ତ ବିଦାୟ' ସ୍ତମ୍ଭରେ ଉତ୍କଳୀୟ ପୂଜାପାର୍ବଣର ଆଧ୍ୟାତ୍ମିକ ସୌନ୍ଦର୍ଯ୍ୟକୁ ଲେଖକ ଅନ୍ୱେଷା କରିଛନ୍ତି। 'ଯୌବନର ଜୟଯାତ୍ରା' ସ୍ତମ୍ଭରେ ଶ୍ରୀ ମହାନ୍ତି ତରୁଣ ସମାଜକୁ ପୁରାତନର ସ୍ୱୀକୃତି ପାଇଁ ବ୍ୟାକୁଳ ନ ହୋଇ ବନ୍ଧନରୁ ମୁକ୍ତ ହେବାକୁ ଦିଗ୍‌ଦର୍ଶନ ରହିଛି। ସେହିପରି 'ଜୀର୍ଣ୍ଣ ପଲ୍ଲବର ଆଶୀର୍ବାଦ'ରେ ମଧ୍ୟ ତରୁଣମାନଙ୍କଠାରେ ଅଗସ୍ତିର ତୃଷ୍ଣାକୁ ସନ୍ଧାନ କରିଛନ୍ତି ସ୍ତମ୍ଭକାର ସୁରେନ୍ଦ୍ର ମହାନ୍ତି। ମନଖୋଲା ହସର ମହତ୍ତ୍ୱ ପ୍ରକାଶ ପାଇଛି 'ଆଜି ହସର ଦୁର୍ଭିକ୍ଷ' ସ୍ତମ୍ଭରେ। ରାଜନୀତି ବ୍ୟତୀତ ସୁରେନ୍ଦ୍ର ମହାନ୍ତିଙ୍କ ପାଇଁ ତିନିଟି ପ୍ରସଙ୍ଗ ମୁଖ୍ୟ ଥିଲା। ପ୍ରଥମଟି ଶ୍ରୀଜଗନ୍ନାଥ, ଦ୍ୱିତୀୟ ଥିଲେ ଭଗବାନ୍ ବୁଦ୍ଧ ଏବଂ ତୃତୀୟଟି ଥିଲେ କୁଳବୃଦ୍ଧ ମଧୁସୂଦନ ଦାସ। ନିବୃତ୍ତି ଅପେକ୍ଷା ପ୍ରବୃତ୍ତିର ଜୟଗାନ କରିଥିବା ନିର୍ଭୀକ ତଥା ସ୍ପଷ୍ଟବାଦୀ ସାହିତ୍ୟିକ ଭାବରେ ସୁରେନ୍ଦ୍ର ମହାନ୍ତି ଥିଲେ ବ୍ୟତିକ୍ରମ। 'ବୁଦ୍ଧପୂର୍ଣ୍ଣିମା' ସ୍ତମ୍ଭରେ ବୌଦ୍ଧଧର୍ମ, ତା'ର ନିଗ୍ରହ ଓ କୃଚ୍ଛ ସାଧନାର ପରିଣତି ଓ ପ୍ରତିକ୍ରିୟାକୁ ନେଇ ସ୍ତମ୍ଭିକ ମହାନ୍ତିଙ୍କ ସ୍ୱତନ୍ତ୍ର ଦୃଷ୍ଟିକୋଣ ଅଭିବ୍ୟକ୍ତ ହୋଇଛି। ପ୍ରବୃତ୍ତିମାର୍ଗୀ ମହାଯାନୀମାନେ କ୍ରମେ ତନ୍ତ୍ରଯାନ, ବଜ୍ରଯାନ ଦେଇ ଯେପରି ସହଜଯାନରେ ପହଞ୍ଚିଲେ ଓ ବୌଦ୍ଧଧର୍ମର ଅଧଃପତନ ସ୍ଥିତିକୁ ଏଥିରେ ସେ ସ୍ମରଣ କରିଛନ୍ତି। ପ୍ରସଙ୍ଗାନୁକ୍ରମେ ମହାତ୍ମା ଗାନ୍ଧୀଙ୍କୁ ମନେପକାଇ ଉଲ୍ଲେଖ କରିଛନ୍ତି- "ମହାତ୍ମା ମଧ୍ୟ ଗୌତମଙ୍କ ପରି ହତଭାଗ୍ୟ ପୁରୁଷ। ଗୌତମଙ୍କ ଶୀଳସାଧନା ସହଜଯାନୀ ଭ୍ରଷ୍ଟାଚାରରେ ପର୍ଯ୍ୟବସିତ ହୋଇଥିବା ପରି, ଗାନ୍ଧୀଜୀଙ୍କ ତ୍ୟାଗ, ତିତିକ୍ଷା ଓ ଅପରିଗ୍ରହ ଭିତ୍ତିକ ଦେଶସେବା ଆଜି ପରିଣତ ହୋଇଛି 'ମହାପ୍ରସାଦ ସେବା'ରେ। ବୌଦ୍ଧଧର୍ମ ପରି ଗାନ୍ଧୀବାଦ ଆଜି ଭାରତରୁ ନିର୍ବାସିତ। xxx ପ୍ରବୃତ୍ତିରେ ଉତ୍ତେଜନା ଥାଇପାରେ, ମାତ୍ର ନିବୃତ୍ତିରେ ଅଛି ପ୍ରଶାନ୍ତି।"[୧୭] ନାରୀ-ପୁରୁଷର ସହଭାଗିନୀ-ସହକର୍ମିଣୀ ହେବା ସ୍ୱାଗତଯୋଗ୍ୟ କିନ୍ତୁ ପୁରୁଷ ହେବା ପାଇଁ ଇଚ୍ଛା କରିବା ଶୁଭଙ୍କର ନୁହେଁ ବୋଲି 'ଅର୍ଦ୍ଧନାରୀଶ୍ୱର' ସ୍ତମ୍ଭରେ ଲେଖକଙ୍କ ମତ। ସ୍ତମ୍ଭିକଙ୍କ ମତରେ- "ଯଦି ପୁରୁଷ ପରି କଳହ-ପରାୟଣ, ତାର୍କିତ ଓ ରୁକ୍ଷଭାଷୀ ହୁଏ, ତା'ହେଲେ ଏ ସମାଜ ଓ ଜୀବନ ଯେ ଛାୟା ବିହୀନ ଏବଂ ରୌଦ୍ରଦଗ୍ଧ ମରୁଭୂମିରେ ପରିଣତ ହେବ, ସେଥିରେ ସନ୍ଦେହ ନାହିଁ।"[୧୮] "ଶ୍ରୀଜଗନ୍ନାଥଙ୍କ ସେବାପୂଜା କେବଳ ଅନୁଷ୍ଠାନ ନୁହେଁ, ଏହା ଏକ ଐତିହାସିକ ସ୍ମୃତିର ଉଦ୍‌ବୋଧନ ବୋଲି ସ୍ୱଦର୍ଶନ ଅଭିବ୍ୟକ୍ତ କରିଛନ୍ତି 'ଶ୍ରୀଜଗନ୍ନାଥଙ୍କ ଅଣସର' ସ୍ତମ୍ଭରେ। ଅନୁରୂପ ଭାବରେ 'ସେରଳ

ପୂରିଲା, ମାଣକ ପୂରିଲା'ରେ ଜଙ୍ଗଲ ସୁରକ୍ଷା ପ୍ରତି ସଚେତନତାର ବାର୍ତ୍ତା ରହିଛି। ସମାଜ ପ୍ରତି ସାହିତ୍ୟର ଦାୟିତ୍ୱବୋଧ ବା 'କମିଟ୍‌ମେଣ୍ଟ୍'ର ସ୍ଲୋଗାନ୍ ରହିଛି 'ଅନ୍ଧଗଳି' ଫିଚର୍‌ରେ।

ମନୁଷ୍ୟ-ମନୁଷ୍ୟ ମଧ୍ୟରେ ଜାତି ଓ ଜାତିଆଣ ଭାବକୁ ନେଇ ସୃଷ୍ଟି ହୋଇଥିବା ବିଭେଦ ସତ୍ତ୍ୱେ ଗୁଣ୍ଡିଚା ଘରେ ଜାତିବର୍ଣ୍ଣ ନିର୍ବିଶେଷରେ ଥିବା ରତ୍ନବେଦୀକୁ 'ସଂସ୍କୃତି'ର ସୌହାର୍ଦ୍ଦ୍ୟପୂର୍ଣ୍ଣ ପୀଠ ବୋଲି ସ୍ତମ୍ଭକାର ସୁରେନ୍ଦ୍ର ମହାନ୍ତି ବାର୍ତ୍ତା ଦେଇଛନ୍ତି- "ଗୋଟିଏ ମନ୍ଦିର : ଦୁଇଟି ସଂସ୍କୃତି'ରେ। 'ଅପରାଜିତ' ଫିଚରରେ ପ୍ରାକୃତିକ ଦୁର୍ବିପାକ ମଧ୍ୟରେ ମନୁଷ୍ୟର ଜୀବନ ସଂଗ୍ରାମ ଓ ଅପରାଜେୟତାର ପ୍ରସଙ୍ଗ ରହିଛି। ବିଶ୍ୱକବି ରବୀନ୍ଦ୍ରନାଥଙ୍କ 'ବନ୍ଦେ ମାତରଂ' ପରିବର୍ତ୍ତେ କବିବର ରାଧାନାଥ ରାୟଙ୍କ 'ସର୍ବେଷାଂ ନୋ ଜନନୀ ଭାରତ ଧରଣୀ କଳ୍ପଲତେୟମ'କୁ ସର୍ବଶ୍ରେଷ୍ଠ ଜାତୀୟ ସଂଗୀତ ଭାବରେ ଯୁକ୍ତି ଉପସ୍ଥାପିତ ହୋଇଛି 'ସର୍ବେଷାଂ ନୋ ଜନନୀ ଭାରତ' ସ୍ତମ୍ଭରେ। ଶ୍ରୀମଦ୍‌ଭଗବତ୍ ଗୀତାର ଦୃଷ୍ଟାନ୍ତ ମାଧ୍ୟମରେ ସାଂପ୍ରତିକ ଭାରତୀୟ ନବଜାଗରଣ ପରବର୍ତ୍ତୀ ଜୀବନରେ ଚରିତ୍ରବତ୍ତା ଏବଂ ମୂଲ୍ୟବୋଧ ପ୍ରତି ଗୁରୁତ୍ୱାରୋପ ରହିଛି 'ମୂଲ୍ୟ ବନାମ ମୂଲ୍ୟବୋଧ' ଫିଚର୍‌ରେ। 'କାଉ-କୋଇଲି', 'କୋଇଲି-କଜଳପାତି' ଏବଂ 'ଶୁକଳପକ୍ଷୀ ଓ ଚଞ୍ଚାଣ ସମ୍ବାଦ' ଭଳି ସ୍ତମ୍ଭଗୁଡ଼ିକରେ ମାନବେତର ଜୀବମାନଙ୍କ ବାହାନାରେ ମାନବୀୟ ମୂଲ୍ୟବୋଧ ପ୍ରତିଷ୍ଠାର ଉଦ୍ଦେଶ୍ୟ ଉପଲବ୍ଧ ହୁଏ। ଟେଲିଫୋନ୍ ଯନ୍ତ୍ର ମନୁଷ୍ୟ-ମନୁଷ୍ୟ ମଧ୍ୟରେ ପ୍ରତ୍ୟକ୍ଷ ସଂପର୍କକୁ ବ୍ୟାବସାୟିକ ସ୍ୱଚ୍ଛୋକ୍ତି ମଧ୍ୟରେ ହଜାଇ ଦେଉଥିବାର ବିଡ଼ମ୍ବିତ ଚିତ୍ର ରହିଛି 'ଟେଲିଫୋନ୍ ଇଜ୍ ଡେଡ୍' ଫିଚର୍‌ରେ। 'ବର୍ଷା ମଙ୍ଗଳ' ଫିଚର୍ ମାଧ୍ୟମରେ ବର୍ଷା ସହିତ ମାନବ ଜୀବନର ନିବିଡ଼ ସଂପର୍କର ଛିନ୍ନ ରୂପକୁ ଚିତ୍ରିତ କରାଯାଇଛି। ଅନୁରୂପ ଅସହାୟତା ପ୍ରକାଶ ପାଇଛି 'ବସ୍‌ସା-ବାସ' ଫିଚର୍‌ରେ। ବୌଦ୍ଧ ଧର୍ମାଚାରର 'ବସ୍‌ସା-ବାସ', ସଂସ୍କୃତର 'ବର୍ଷା-ବାସ' କଥାକୁ ଆଲୋଚନା କରି 'ଚତୁର୍ମାସ୍ୟା'କୁ ନେଇ ହିନ୍ଦୁ ସମ୍ବେଦନାର ପ୍ରସଙ୍ଗ ଉତ୍‌ଥାପିତ ହୋଇଛି। ସ୍ତମ୍ଭିକ ସୁରେନ୍ଦ୍ର ମହାନ୍ତି କ୍ଷୟମାଣ ଭାରତୀୟ ମୂଲ୍ୟବୋଧକୁ ନେଇ ଅସହାୟତା ପ୍ରକାଶ କରି ଲେଖିଛନ୍ତି- "ଆଜି କିନ୍ତୁ ପାଲି ସଂସ୍କୃତିର 'ବସ୍‌ସା-ବାସ' ଓ ଲୋକସଂସ୍କୃତିର ଚତୁର୍ମାସ୍ୟା ଆମର ଆଧ୍ୟାତ୍ମିକ ଜୀବନରୁ ବିଦାୟ ନେଇଛି ! ଆଜି ଆଉ ସେଦିନର ପ୍ରବଜ୍ୟା ନାହିଁ। ସବୁ ପ୍ରବଜ୍ୟାର ଶେଷ ହୋଇଛି, ଗୋଟିଏ ଗୋଟିଏ ମଠ ବାନ୍ଧି।" (୧୮) କାରିଗରୀ କୌଶଳ ସହିତ ପ୍ରଜ୍ଞାର ସମନ୍ୱୟ ସଂପ୍ରତି ଭାରତୀୟ ଜୀବନରେ ଅତ୍ୟନ୍ତ ଜରୁରୀ। ଭାରତର ଉଜ୍ଜୀବନକୁ 'ଗୀତା'ରେ ସନ୍ଧାନ କରିଛନ୍ତି ଦାର୍ଶନିକ-ସ୍ତମ୍ଭକାର ସୁରେନ୍ଦ୍ର ମହାନ୍ତି ତାଙ୍କର 'ଯତ୍ର ଯୋଗେଶ୍ୱରଃ କୃଷ୍ଣୋ' ସ୍ତମ୍ଭରେ। 'ଜାତୀୟ-ସଂଗୀତ ବିସମ୍ବାଦ'

ସ୍ତମ୍ଭରେ ଭାରତର ବାସ୍ତବ ମାନଚିତ୍ର ସଂପର୍କରେ ପାଠକମାନଙ୍କୁ ପରିଚିତି ଦେବାକୁ ଯାଇ ସୁରେନ୍ଦ୍ର ମହାନ୍ତି ତାଙ୍କର ଦର୍ଶନକୁ ଅତି ଚମତ୍କାର ଶବ୍ଦରେ ବିନ୍ୟାସ କରିଛନ୍ତି- "ଦେଶ କହିଲେ, ମୁଁ ମାନଚିତ୍ରରେ ଚିହ୍ନିତ କେବଳ ଗୋଟାଏ ଭୌଗୋଳିକ ଭୂଖଣ୍ଡକୁ ବୁଝେ ନାହିଁ। ମୁଁ ତା' ଭିତରେ ଖୋଜେ କୋଟି କୋଟି ଦୁଃଖୀ, ଦରିଦ୍ର, ନିରନ୍ନଙ୍କ ଚେହେରା। ସେଇମାନଙ୍କ ମୁହଁର ଚେହେରା ମୋ ଆଖିରେ ଭାରତମାତାର ପ୍ରକୃତ ଚିତ୍ର। ସେଇମାନଙ୍କ ମୁହଁର ଚିତ୍ର ମୋ ଦେଶର ମାନଚିତ୍ର।"[୧୯] 'ଦୀପାବଳିର ଅନ୍ଧକାର' ଫିଚରରେ ବଡ଼ ବଡ଼ ନାମୀ-ଦାମୀ ବ୍ୟକ୍ତିତ୍ୱଙ୍କ ଅପେକ୍ଷା ସାନ-ସାନ ମଣିଷମାନଙ୍କର ନିର୍ମଳ ହୃଦୟକୁ ମହତ୍ତ୍ୱ ପ୍ରଦାନ କରାଯାଇଛି। ଓଡ଼ିଶୀ ରୀତି-ନୀତି, ପୂଜାପାର୍ବଣ ପ୍ରତି ସୁରେନ୍ଦ୍ରୀୟ ଦର୍ଶନ ଭାସ୍ୱର ହୋଇଛି 'କାର୍ତ୍ତିକ ମାହାତ୍ମ୍ୟ' ସ୍ତମ୍ଭ। ଏଥିରେ ଜେଜୀମା'ର ହବିଷ, ଧବଳେଶ୍ୱର ବଡ଼ଓଷା ତଥା ବିଭିନ୍ନ ପିଠାପଣାର ପ୍ରସଙ୍ଗ ରହିଛି।

ବ୍ୟକ୍ତିଗତ ସ୍ତମ୍ଭ, ବ୍ୟକ୍ତିମୂଳକ ସ୍ତମ୍ଭଗୁଡ଼ିକରେ ସୁରେନ୍ଦ୍ର ମହାନ୍ତି ନିଜର ଅଙ୍ଗେନିଭା ଅନୁଭବ ଓ ଉପଲବ୍ଧିକୁ ସ୍ଥାନିତ କରିଛନ୍ତି। 'ଦିନେ ସକାଳେ', 'ହୋରୀ: ମୁଁ ଓ ମିଷ୍ଟର କୁରିଆଜ୍', 'କିଶୋର ବାଳକର ମୃତ୍ୟୁ ସଂପର୍କରେ', 'ଗୋଟିଏ ଶିଶୁ କନ୍ୟାର ମୃତ୍ୟୁରେ ଏଲିଜି', 'ଷଣ୍ଢକୁଦର ମଇଁଷିଆଳ', 'ଖଳନାୟକ', 'ଘାସଲନ୍', 'ଗୁଣ୍ଡୁଚିମୂଷା ଓ କ୍ୟାପ୍‌ଟେନ୍ ଡେଭିଡ୍', 'ମସ୍ତାନ୍ ବଗର୍ ଟେକ୍‌ନିକାଲ୍ ନୋ-ହାଓ', 'ସକାଳ', 'ସଁବାଳୁଆ ଓ ମୁଁ', 'ଆମ ସାଇ ରାମନବମୀ', 'ଜନ୍ ବୀମ୍‌ସ ଓ ନିମଚୌଡ଼ି', 'ସେମାନେ ଓ ଆମେ', 'ବିଡ଼ାନାସୀର ଖୁଆପେଡ଼ାବାଲା', 'ପାଳଭୂତ', 'ଅବଳା କିନ୍ତୁ ଦୁର୍ବଳା ନୁହେଁ', 'ମହାନ୍ତି ଅଙ୍କଲ୍' ଇତ୍ୟାଦି ସ୍ତମ୍ଭଗୁଡ଼ିକରେ ଅନୁଭବ ଏବଂ ସଂପର୍କର କଥା ରହିଛି। କିଛି ସଂସ୍କୃତିଭିତ୍ତିକ ସ୍ତମ୍ଭ, ବିଦେଶ ଏବଂ ବିଦେଶୀ ମଣିଷଙ୍କ ଜୀବନଚର୍ଯ୍ୟା, ରାଜନୀତିକ ଷଡ଼ଯନ୍ତ୍ର ସାଧାରଣ ପରିବେଶରେ ସଂଗ୍ରାମରତ ମଣିଷଙ୍କ ପ୍ରସଙ୍ଗକୁ ଅତି ଚମତ୍କାର ଭାବରେ ବିଶ୍ଳେଷଣ ଓ ଜୀବନ୍ତ ରୂପେ ଉପସ୍ଥାପନ କରାଯାଇଛି। ପ୍ରତ୍ୟେକଟି ସ୍ତମ୍ଭର ଶେଷାର୍ଦ୍ଧରେ ସୁରେନ୍ଦ୍ରୀୟ ଦର୍ଶନର ଅଦ୍ଭୁତ ରୂପରାଗ ପାଠକ ପ୍ରାଣକୁ ଯେ ସ୍ପର୍ଶ କରିବ ଏଥିରେ ଦ୍ୱିମତ ନାହିଁ। 'ଶେଷସ୍ତମ୍ଭ' ଅନ୍ତର୍ଭୁକ୍ତ ଏକଶତ ସ୍ତମ୍ଭରେ ଥିବା ବିଷୟର ଗାମ୍ଭୀର୍ଯ୍ୟ ଅତ୍ୟନ୍ତ ପ୍ରଭାବଶାଳୀ। ଆଭିଜାତ୍ୟସଂପନ୍ନ ଭାଷା ପାଟବ ସୁରେନ୍ଦ୍ର ମହାନ୍ତିଙ୍କ ଶୈଳୀର ସମୁଚ୍ଚ ରୂପକୁ ପ୍ରତିଷ୍ଠା କରିଥାଏ। ଜଣେ ସମ୍ବେଦୀ ସାହିତ୍ୟିକ ଭାବରେ କୃଷିକାରୀ ସମାଜ, ମାନବ ଜୀବନର ବୃତ୍ତି-ପ୍ରବୃତ୍ତି-ନିବୃତ୍ତି-ପ୍ରକୃତି, ପ୍ରାକୃତିକ ବିପର୍ଯ୍ୟୟ, କଳା-ସଂସ୍କୃତି, ସ୍ଥାପତ୍ୟ, ସମୁଦ୍ର, ସ୍ଥାନ, ଆକାଶ, ନକ୍ଷତ୍ର, ଫୁଲ, ଋତୁ, ପୁରାଣ, ଶାସ୍ତ୍ର, ଅସ୍ତିତ୍ୱ, ସାହିତ୍ୟ, ଲୋକବିଶ୍ୱାସ, ବିଜ୍ଞାନ ଇତ୍ୟାଦିର ବ୍ୟାପକ ଶବ୍ଦରୂପ ସୁରେନ୍ଦ୍ର ମହାନ୍ତିଙ୍କ 'ଶେଷସ୍ତମ୍ଭ'କୁ କରିଛି ସମୃଦ୍ଧ ଓ ପରିପୂର୍ଣ୍ଣ। ସୁରେନ୍ଦ୍ରୀୟ ଶବ୍ଦତୂଣୀର ସଂପର୍କରେ ଓଡ଼ିଶାର

ଅନ୍ୟତମ ପ୍ରଖ୍ୟାତ ସ୍ତମ୍ଭକାର ଗୌରହରି ଦାସ ବ୍ୟାପକ ପରିଚୟ ପ୍ରଦାନ ପୂର୍ବକ ଉଲ୍ଲେଖ କରିଛନ୍ତି- "କେହି ଜଣେ କହିଥିଲେ ଆକାଶକୁ ନ ଦେଖିଲେ ଜାଣିହୁଏ ନାହିଁ ବ୍ୟାପ୍ତିର ବିଶାଳତା, ସମୁଦ୍ରକୁ ନ ଦେଖିଲେ ବୁଝିହୁଏ ନାହିଁ ଗଭୀରତାର ପରିଭାଷା। ସେମିତି ସୁରେନ୍ଦ୍ର ମହାନ୍ତିଙ୍କୁ ନ ପଢ଼ିଲେ ଜାଣିହୁଏ ନାହିଁ ଓଡ଼ିଆ ଭାଷାର ଗୀତିମୟତା ଓ ଓଡ଼ିଆ ଶବ୍ଦର ଭାବସାନ୍ଦ୍ରତା। ସେମିତି ତାଙ୍କ ସାହିତ୍ୟର ଧାଡ଼ିମାନଙ୍କ ମଝିରେ ସାଇତା ନିରବ ଶୂନ୍ୟତାକୁ ଉପଲବ୍ଧି ନ କଲେ ବୁଝିହୁଏ ନାହିଁ ନିଃସଙ୍ଗ ସଂଗ୍ରାମର ଅର୍ଥମୟତା। x x x ବଙ୍ଗଳାରେ ଶରତଚନ୍ଦ୍ରଙ୍କର ଯେଉଁ ଆସନ, ଓଡ଼ିଆ ଭାଷାରେ ସୁରେନ୍ଦ୍ର ବାବୁଙ୍କ ଆସନ ତା'ଠାରୁ ଅଧିକ ଉଚ୍ଚ ହେବା ଆଶା କରାଯାଏ। କାରଣ ତାଙ୍କର ଅଙ୍ଗୀକାରବଦ୍ଧତା କେବଳ ସାହିତ୍ୟ ନୁହେଁ, ଓଡ଼ିଆ ଜାତୀୟତା, ଓଡ଼ିଆ ସଂସ୍କୃତି ଏବଂ ଓଡ଼ିଶାର ଇତିହାସ ଆଡ଼କୁ ମଧ୍ୟ ସଂପ୍ରସାରିତ ହୋଇଥିଲା।"(୨୦)

ଇଂରାଜୀ, ହିନ୍ଦୀ, ଦେଶଜ ଶବ୍ଦରେ ପରିପୂର୍ଣ୍ଣ ତାଙ୍କ ସ୍ତମ୍ଭଗୁଡ଼ିକର ସ୍ୱାତନ୍ତ୍ର୍ୟ ଅଦ୍ୱିତୀୟ। ଓଡ଼ିଆ ସାହିତ୍ୟର ବିସ୍ତୃତ ପ୍ରେକ୍ଷାପଟ ତାଙ୍କ ସୃଷ୍ଟିର ଚାରଣଭୂମି ପାଲଟିଛି। 'ଶେଷସ୍ତମ୍ଭ' ଓ 'ନରୋତ୍ତମ ଚକଡ଼ା' ତାଙ୍କ ବ୍ୟାପକ ଦୃଷ୍ଟିକୋଣର ବଳିଷ୍ଠ ରୂପ। "ସୁରେନ୍ଦ୍ର ମହାନ୍ତିଙ୍କ ସାହିତ୍ୟ ପେଡ଼ିରେ ସବୁ ପ୍ରକାର ଶବ୍ଦ ଥିଲା। ତାହାର ଧ୍ୱନି ପାଣି ଓ ପବନର ଧ୍ୱନି ପରି ଅବଶ୍ୟ କ୍ଷେତ୍ର ବିଶେଷରେ ଅଲଗା। ପାହାଡ଼ ଖୋଲର ତଳକୁ ଖସିପଡୁଥିବା ପ୍ରପାତର ଶବ୍ଦ, ଉପତ୍ୟକାର ଶାନ୍ତ ସମାହିତ ନଦୀର ଶବ୍ଦ ନୁହେଁ। ବନ୍ୟାର ଶବ୍ଦ ନିସ୍ତରଙ୍ଗ ପୁଷ୍କରିଣୀର ଶବ୍ଦ ନୁହେଁ। ସେମିତି ଝଡ଼ ବତାସର ପବନ, ବଂଶୀ ରନ୍ଧ୍ରର ପବନ ନୁହେଁ କି ଚଇତର ମଳୟ ନୁହେଁ। x x x ସୁରେନ୍ଦ୍ର ମହାନ୍ତି ଅତ୍ୟନ୍ତ ସ୍ୱାଭିମାନୀ ଥିଲେ। ଓଡ଼ିଆ ସଂସ୍କୃତି, ଇତିହାସ ଓ ସାହିତ୍ୟ ପ୍ରତି ତାଙ୍କର ପ୍ରତିବଦ୍ଧତାରୁ ତାହା ସ୍ପଷ୍ଟ। ଜଣେ ବଡ଼ ସାହିତ୍ୟିକ ଭାବରେ ତାଙ୍କର ବ୍ୟୁତ୍ପତ୍ତି କେବଳ ଶବ୍ଦ ସାମର୍ଥ୍ୟ ପ୍ରଦର୍ଶନରେ ସୀମିତ ନ ଥିଲା। ତା' ସହ ନିଜ ସଂସ୍କୃତି, ଇତିହାସ ଓ ସାହିତ୍ୟ ପ୍ରତି ଅନତିକ୍ରମଣୀୟ ଅଙ୍ଗୀକାରବଦ୍ଧତା ମଧ୍ୟ ଥିଲା। ସାହିତ୍ୟ ଓ ସଂସ୍କୃତି କେବଳ ରହସ୍ୟଘନ ତତ୍ତ୍ୱ ନୁହେଁ। ତାକୁ ନିର୍ଦ୍ଦିଷ୍ଟ ଭାବରେ କୌଣସି ବ୍ୟକ୍ତି ବା ଅନୁଷ୍ଠାନ ଭିତରେ ଖୋଜିବାକୁ ପଡ଼େ। ତେଣୁ ସୁରେନ୍ଦ୍ର ବାବୁ ଓଡ଼ିଶାର ସାଂସ୍କୃତିକ ବୈଶିଷ୍ଟ୍ୟ ପାଇଁ ଶ୍ରୀଜଗନ୍ନାଥ, ଐତିହାସିକ ବୈଶିଷ୍ଟ୍ୟ ପାଇଁ କୁଳବୃଦ୍ଧ ମଧୁସୂଦନ ଦାସ ଏବଂ ସାହିତ୍ୟିକ ବୈଶିଷ୍ଟ୍ୟ ପାଇଁ ଫକୀରମୋହନ ସେନାପତିଙ୍କୁ ନିଜର ଆଦର୍ଶ ଭାବରେ ଗ୍ରହଣ କରିଥିଲେ।"(୨୧) 'ଶେଷସ୍ତମ୍ଭ'ର ବିଷୟ, ପଦ, ବାକ୍ୟ, ଶବ୍ଦ ବିନ୍ୟାସ ଅପୂର୍ବ ରସମୟତାରେ ପରିପୂର୍ଣ୍ଣ। କେଉଁଠି ନିଖୁଣ ଶବ୍ଦ କାରିଗରୀ ପାଠକକୁ ବିମୋହିତ କରେ ତ ଆଉ କେଉଁଠି ତାଙ୍କର ତାତ୍ତ୍ୱିକ ବିଚାର ପାଠକର ଚେତନାକୁ ନୂତନ ଜ୍ଞାନାଲୋକ ଓ ଅସୀମ ଶକ୍ତିମତ୍ତାରେ ପରିପୂର୍ଣ୍ଣ କରେ। ଏ ସଂପର୍କରେ ସ୍ତମ୍ଭକାର ସୁରେନ୍ଦ୍ର ମହାନ୍ତି ସ୍ପଷ୍ଟ କରିଛନ୍ତି ଯେ – "ଆଙ୍ଗିକ

ଯେତେ ଅଭିନବ ଓ ଚମତ୍କାର ହେଲେ ସୁଦ୍ଧା ଏଥିରେ ଯଦି ବକ୍ତବ୍ୟ ନ ଥାଏ ବା ବହୁ ରୋମନ୍ଥିତ ଅନୁଭୂତି ସର୍ବାଧୁନିକ ଆଙ୍ଗିକରେ କେତେଟା 'ଇମେଜ' ସାହାଯ୍ୟରେ ପ୍ରକାଶ କରା ନ ଯାଏ, ତା'ହେଲେ ସାହିତ୍ୟର ଅଙ୍ଗ ଓ ଆତ୍ମା ମଧ୍ୟରେ ଦୁର୍ଲଂଘ୍ୟ ବ୍ୟବଧାନ କେବଳ ଯେ ରସସିଦ୍ଧିକୁ ବ୍ୟାହତ କରେ ତାହା ନୁହେଁ, ପାଠକମାନଙ୍କ ଚେତନାକୁ ମଧ୍ୟ ଏହା ସ୍ପର୍ଶ କରିପାରେ ନାହିଁ।"(୨୨) ଓଡ଼ିଆ ଭାଷାର ଗାମ୍ଭୀର୍ଯ୍ୟକୁ ସୁରକ୍ଷିତ କରି ଏକ ସ୍ୱତନ୍ତ୍ର ଉଚ୍ଚତା ପ୍ରଦାନ କରିଥିବା ସୁରେନ୍ଦ୍ରୀୟ କାବ୍ୟଶୈଳୀର ଚମତ୍କାରିତା ଦେଖନ୍ତୁ -

- "ମୁଁ ଏଥର ଗୋଟିଏ ଅଶାନ୍ତ କୋକିଳର ଶେଷ କୁହୁ ଶୁଣିଛି, ଗୋଟିଏ ବର୍ଷଣମୁଖର ଗୋଧୂଳିରେ କେଉଁ ଦୂର ବୃକ୍ଷ ଶାଖାରେ ! କୋକିଳମାନେ ଏବେ ନିରବ ! ଏଣିକି ବଳାକାମାନଙ୍କର ପାଳି ! କଳାଘୁମର ମେଘଢଙ୍କା ଆକାଶରେ, ମିଥୁନବଦ୍ଧ ହୋଇ ସେମାନେ ଉଡ଼ିଯିବେ, ନୀଡ଼ର ସନ୍ଧାନରେ।" (ଶେଷସ୍ତମ୍ଭ - ବର୍ଷା ମଙ୍ଗଳ)
- 'ସ୍ତମ୍ଭ' ମଧ୍ୟ ଦେଇ କଥାଧର୍ମୀ ଶୈଳୀ:- "ମୁକୁନ୍ଦ ଜେନାଙ୍କ କଣ୍ଠରେ କିନ୍ତୁ କରୁଣ ରସ ଆଦୌ ଫିଟେ ନାହିଁ। ସିଏ ବୀରରସରେ ଏ ଗୀତ ବୋଲିବା ବେଳେ ମୋ ପରି କେତେକ ବେଆଦଦ୍ ମୁହଁରେ ହାତ ଅବା ରୁମାଲ ଚାପି ଖେଁ ଖେଁ ହସୁଥିଲେ। x x x ସେ ସାଇ ଆଜି ସୁଦ୍ଧା ରହିଛି। ମୁକୁନ୍ଦ ଜେନା ମଲେଣି।" (ଶେଷସ୍ତମ୍ଭ - ଆମ ସାଇ ରାମନବମୀ)

'ଶେଷସ୍ତମ୍ଭ'ରେ ଆଙ୍ଗିକ ଚମତ୍କାରିତାର ବିବିଧ ରୂପ:

ଗ୍ରାମୀଣ ଦେଶଜ ଶବ୍ଦ: **ସାଇ, ଧାଙ୍ଗଡ଼ୀ, ଖପରଲି, ସଳପ, ଢାବଲପଟା, ପିଣ୍ଡା, ଛତରଛାଲ, ବିଲଗହୀର, ବାସିଦିନ, ଦଦରା, ମୃତିକିଆ, ପାଚିରି, ଘୁମୁରା, ତୋଟା, ମାଣ ଇତ୍ୟାଦି।**

ହିନ୍ଦୀ ଶବ୍ଦ: **ମେଜାଜ୍, ରିସ୍ୱତ୍, ମୁନାଫା, ବେଆଦଦ୍, ମେହନତୀ, ମଦତ୍, ଖାନ୍ଦାନ୍, ଚକ୍‌ମା, ଖତର୍‌ନାକ୍, ଫରିସ୍ତା, ରେଶମୀ ହାୱା, ମିଠାସ୍, ଗରମହାୱା, ଜାନ୍‌ୱାର୍ ଇତ୍ୟାଦି।**

ସଂସ୍କୃତ ଶବ୍ଦ: ଅଦ୍ୟଭକ୍ଷ ଧନୁର୍ଦ୍ଧର, ନବ୍ୟ, ପ୍ରବେଶାତ୍, କ୍ଲିଷ୍ଟ, ମକର କୁଣ୍ଡଳ, ଉତ୍ତରୀୟ, ଭ୍ରୂକୁଟୀ, ଚକ୍ଷୁକର୍ଣ୍ଣ, ନିଷ୍ପ୍ରଭ, ନିସ୍ପୃହ, ପ୍ରଶସ୍ତି, ପ୍ରାରବ୍ଧ, ରୌଦ୍ରଦଗ୍ଧ, ସ୍ୱାଧୀକାର, ବିବର୍ଣ୍ଣ, କ୍ଷୁଧିତ ସରୀସୃପ ଇତ୍ୟାଦି।

ଇଂରାଜୀ ଶବ୍ଦ: ଫୋକ୍ କଲଚର୍, ସୋବର୍, ଫିସରୀ ଡିପାର୍ଟମେଣ୍ଟ, ବ୍ରିଟିଶ, ମ୍ୟୁଜିୟମ୍, ଏସ୍‌ଟାବ୍ଲିଶ୍‌ମେଣ୍ଟ, ବୁକ୍ ସେଲ୍‌ଫ, ସନ୍‌ଗ୍ଲାସ୍, ହୋଲ୍‌ଡର୍, ଡାଇମେନ୍‌ସନାଲ୍, ଜର୍ଣ୍ଣାଲିଷ୍ଟ, ଷ୍ଟ୍ରିଟ୍ ଲାଇଟ୍, ଗ୍ରାଉଣ୍ଡ, ଅଫେନ୍‌ସ, ଆବଷ୍ଟ୍ରାକ୍ଟ ଇତ୍ୟାଦି।

ସଂସ୍କୃତ ପଦ:

- ସ୍କନ୍ଧଂ ନବାଧତେ ରାଜନ୍ ତବ ବାଧତି ବାଧତେ
- ଜାନାମି ଧର୍ମଂ ନଚମେ ପ୍ରବୃତ୍ତିଂ
- ସର୍ବେନ୍ଦ୍ରିୟ ଗୁଣାଭାସଂ ସର୍ବେନ୍ଦ୍ରିୟ ବିବର୍ଜିତଂ
- ଯତ୍ର ଯୋଗେଶ୍ୱରଃ କୃଷ୍ଣୋ ଯତ୍ର ପାର୍ଥୋଃ ଧନୁର୍ଦ୍ଧରଃ
- ପରିତ୍ରାଣାୟ ସାଧୁନଂ ବିନାଶାୟ ଚ ଦୁଷ୍କୃତାଂ

ଚିତ୍ରମୟୀ-ବିମ୍ବ ଶବ୍ଦ: ଆଉଟା ସୁନା ପରି ସକାଳ ଖରା, ହୈମନ୍ତିକାର ତୁଷାର ସ୍ପର୍ଶ, କୁହୁଡ଼ିର ଅବଗୁଣ୍ଠନ, ଦକ୍ଷିଣାର ଦାକ୍ଷିଣ୍ୟ, ମେଘମଳିନ ଅପରାହ୍ଣ, କ୍ଷୁଧାର ଅସହାୟ ଚେହେରା, କୁହୁଡ଼ିର ସଢ଼ଣା, ଭେଳା ଭେଳା ପାଉଁଶିଆ ମେଘ, ଶାୟିତ ଉତ୍ତରାୟଣ, ବର୍ଷାଭିଜା ପବନ, ବର୍ଷଣମୁଖର ଗୋଧୂଳି, ହୈମନ୍ତିକାର ବିଚିତ୍ର ଛଳନା, କଳାଘୁମର ମେଘଢଙ୍କା ଆକାଶ, ଜ୍ୟୋସ୍ନାର ଚାପଲ୍ୟ, ଧ୍ୟାନଗଭୀର-ନିର୍ବେଦ ଆକାଶ, ପବନର କଳରୋଳ, ପୂର୍ଣ୍ଣଚନ୍ଦ୍ରର ପୃଷ୍ଠଭୂମିରେ ଉତ୍ସବ ପଟୁଆର ଇତ୍ୟାଦି।

ସ୍ତମ୍ଭିକ ସୁରେନ୍ଦ୍ର ମହାନ୍ତିଙ୍କ ଶବ୍ଦରେ- "ଯେଉଁ ସାହିତ୍ୟରେ ବକ୍ତବ୍ୟ ନାହିଁ, ତାହା ବର୍ଣ୍ଣମାଳାର ସଂଯୋଜନା ହୋଇପାରେ - ଅର୍ଥାତ୍ ରଚନା ହୋଇପାରେ, ମାତ୍ର ସେଥିରେ ସାହିତ୍ୟର ଆବେଦନ ନ ଥାଏ। 'ଶେଷସ୍ତମ୍ଭ'ରେ ମୁଁ ଯେଉଁ ବ୍ୟକ୍ତିଗତ ଅଭିଜ୍ଞତାର କଥାସବୁ ଲେଖିଆସୁଛି ସେସବୁ ମୋର ବ୍ୟକ୍ତିନିଷ୍ଠ ଉପଲବ୍ଧିର କଥା। କ୍ରମେ ଏହାର ଆଙ୍ଗିକରେ ଆସିଛି ପରିବର୍ତ୍ତନ ଓ ବୈଚିତ୍ର୍ୟ। କେତେକ 'ଶେଷସ୍ତମ୍ଭ' ଲେଖୁ ଲେଖୁ ହୋଇଯାଇଛି ମିନିଗଳ୍ପ ଅଥବା ମିନି ପ୍ରବନ୍ଧ, କିନ୍ତୁ ସବୁଥିରେ ରହିଛି ମୋର ନିଜସ୍ୱ ଉପଲବ୍ଧି ଓ ନିଜସ୍ୱ ବକ୍ତବ୍ୟ। ସେଥିପାଇଁ ଏହା ବ୍ୟକ୍ତିନିଷ୍ଠତାର ସଂକୀର୍ଣ୍ଣ ଗଣ୍ଡି ଭେଦି ଭାବନିଷ୍ଠ ହୋଇପାରିଛି।"(୨୩)

ସୀମିତ ପରିସରରେ ସରଳ ଶବ୍ଦବ୍ୟଞ୍ଜନା ମାଧ୍ୟମରେ ସ୍ତମ୍ଭକାର ସୁରେନ୍ଦ୍ର ମହାନ୍ତି ପାଠକମାନଙ୍କ ନିକଟରେ ପହଞ୍ଚାଇ ପାରିଛନ୍ତି ନୈତିକ ଉଦ୍‌ଭାସ। ସମ୍ଭବତଃ ସେଥିପାଇଁ ସ୍ତମ୍ଭକୁ 'Soft News' ଭାବରେ ମଧ୍ୟ ନାମିତ କରାଯାଏ। ସାଂପ୍ରତିକ ଅବସ୍ଥାକୁ ସମାଜ ଓ ଜୀବନଭିତ୍ତିରେ ପ୍ରତିଫଳିତ କରିବା କ୍ଷେତ୍ରରେ ସୁରେନ୍ଦ୍ରୀୟ ସ୍ତମ୍ଭିକତା ଅନବଦ୍ୟ। ତନ୍ନତନ୍ନ କରି ଜୀବନାନୁଭବକୁ ସଜାଡ଼ି କଳାତ୍ମକ ସୌନ୍ଦର୍ଯ୍ୟର ସ୍ପର୍ଶ ଦେଇ 'ଶେଷସ୍ତମ୍ଭ'କୁ ଜୀବନ ଅସ୍ମିତା ପ୍ରଦାନ କରିଥିବା ସ୍ରଷ୍ଟାପୁରୁଷ - ସ୍ତମ୍ଭକାର ସୁରେନ୍ଦ୍ର ମହାନ୍ତି ଜଣେ ଶ୍ରେଷ୍ଠ ଶବ୍ଦସ୍ଥପତି।

ପାଦଟୀକା:

୧. ସୁରେନ୍ଦ୍ର ବିଚିତ୍ରା - ଫ୍ରେଣ୍ଡ୍‌ସ ପବ୍ଲିଶର୍ସ - ୧୯୬୭ - ମୁଁ କାହିଁକି ଲେଖେ

୨. ତତ୍ରୈବ

୩. ଡ. ବିଭୂତିଭୂଷଣ ପଣ୍ଡା - ସୁରେନ୍ଦ୍ର ଗଳ୍ପବୀକ୍ଷା - ପ୍ରଗତି ଉତ୍କଳ ସଂଘ-୨୦୧୧ - ପୃ:୨୦

୪. ତତ୍ରୈବ

୫. ସଂକଳନ-ସଂପାଦନା - ଡ. ଗୌରହରି ଦାସ - ସୁରେନ୍ଦ୍ର ଚୟନିକା - ସାହିତ୍ୟ ଅକାଦେମି - ୨୦୧୮

୬. ସୁରେନ୍ଦ୍ର ମହାନ୍ତି - ଶେଷସ୍ତମ୍ଭ - ଆମ ଓଡ଼ିଶା-୨୦୧୭ - ଭୂମିକା

୭. ତତ୍ରୈବ

୮. ତତ୍ରୈବ

୯. ସଂକଳନ-ସଂପାଦନା - ଡ. ଗୌରହରି ଦାସ - ସୁରେନ୍ଦ୍ର ଚୟନିକା - ସାହିତ୍ୟ ଅକାଦେମି - ୨୦୧୮ - ପୃ: ୪୩୭

୧୦. ଶେଷସ୍ତମ୍ଭ - ପୃ: ୧୮

୧୧. ତତ୍ରୈବ - ପୃ: ୨୪

୧୨. ତତ୍ରୈବ - ପୃ: ୩୭

୧୩. ତତ୍ରୈବ - ପୃ: ୪୬

୧୪. ତତ୍ରୈବ - ପୃ: ୬୬

୧୫. ତତ୍ରୈବ - ପୃ: ୨୮୭

୧୬. ତତ୍ରୈବ - ପୃ: ୪୧

୧୭. ତତ୍ରୈବ - ପୃ: ୮୩

୧୮. ତତ୍ରୈବ - ପୃ: ୧୭୬

୧୯. ତତ୍ରୈବ - ପୃ: ୧୯୩

୨୦. ଗୌରହରି ଦାସ - ସୁରେନ୍ଦ୍ର ଚୟନିକା - ସାହିତ୍ୟ ଅକାଦେମି-୨୦୧୮ - ପୃ: ୨୦

୨୧. ତତ୍ରୈବ - ପୃ: ୨୨

୨୨. ସୁରେନ୍ଦ୍ର ମହାନ୍ତି - ଶେଷସ୍ତମ୍ଭ - ଆମ ଓଡ଼ିଶା - ୨୦୧୭ - ପୃ: ୩୭

୨୩. ତତ୍ରୈବ - ପୃ: ୩୧୩

ଲାଷ୍ଟ୍‌ଟ୍ରେନ୍: ବସ୍ତୁବାଦ ବିରୋଧୀ ଚରମ ପ୍ରତିକ୍ରିୟାର ସନନ୍ଦ

ସବୁ କାଳରେ, ସବୁ ଯୁଗରେ, ସବୁ ଶକ୍ତିଶାଳୀ ନାଟ୍ୟକାର ସେମାନଙ୍କ ନାଟକ ମାଧ୍ୟମରେ ଆତ୍ମାର ଅନ୍ୱେଷଣ କରିଚାଲିଛନ୍ତି । ନିରବଚ୍ଛିନ୍ନ ସେ ଅନ୍ୱେଷଣ । ସେ ଅଦୃଶ୍ୟ ଆତ୍ମାର ସନ୍ଧାନ ହୁଏତ କେହି ପାଇପାରିନାହାନ୍ତି ଆଉ ସମ୍ଭବତଃ ସେଇଥିପାଇଁ କୌଣସି ଯୁଗର ନାଟ୍ୟସିଦ୍ଧିକୁ ତାଙ୍କ ପରବର୍ତ୍ତୀ ଯୁଗର ନାଟ୍ୟକାରମାନେ ସ୍ୱୟଂସଂପୂର୍ଣ୍ଣ ବୋଲି ସ୍ୱୀକାର କରି ନ ପାରି ସେଇ ଆତ୍ମାର ଅନ୍ୱେଷଣରେ ନିଜେ ଲାଗିପଡ଼ିଛନ୍ତି ।"[୧] ନାଟକର ଏହି ଆତ୍ମା ଅନ୍ୱେଷଣଖର ସଦା ବ୍ୟାପୃତ ଥିଲେ ନବନାଟ୍ୟ ଆନ୍ଦୋଳନର ପ୍ରଗତିକାମୀ ନାଟ୍ୟକାର ବିଜୟ ମିଶ୍ର । ନାଟକ ମାଧ୍ୟମରେ ଦର୍ଶକଙ୍କୁ ଆମୋଦ ପ୍ରଦାନ ପୂର୍ବକ ସେମାନଙ୍କ ଅତୀନ୍ଦ୍ରିୟ ଚେତନାକୁ ସମୁଚ୍ଚ ସ୍ତରକୁ ବାଟ କଢ଼େଇବା ଏବଂ ବିଶ୍ୱ ନାଟକ ସହିତ ସେମାନଙ୍କ ସଂପର୍କକୁ ସଂଯୋଗ କରିବା କ୍ଷେତ୍ରରେ ସେ ପ୍ରକୃତରେ ଜଣେ ଅପ୍ରତିଦ୍ୱନ୍ଦ୍ୱୀ ବାଦ୍‌ଶାହା । କଥାକାର ମନୋଜ ଦାସଙ୍କ ମତରେ- "ଯେଉଁ ବ୍ୟକ୍ତି ନିଜ ଭିତରେ ଉଚ୍ଚତର, ସତ୍ୟତର ଚେତନାର ଆବିଷ୍କାର କରିଥିବ, ଯାହା ସଂହତି, ଶାନ୍ତି ଓ ସୌନ୍ଦର୍ଯ୍ୟ ତଥା ଏକ ବୃହତ୍ତର, ପ୍ରଗତିଶୀଳ ମହତ୍ତର ବିଧିର ପ୍ରବର୍ତ୍ତନ କରିପାରେ, ସେହି ବ୍ୟକ୍ତି ପକ୍ଷରେ ଏକ ପୁରୁଣା ପରମ୍ପରାଠାରୁ ନିଜକୁ ବିଚ୍ଛିନ୍ନ କରିନେବା ଓ ପୁରୁଣା ନିୟମକୁ ନ ମାନିବା ଭଲ କଥା ହୋଇପାରେ ।" ଅନୁରୂପ ଭାବେ, ନାଟ୍ୟକାର ମିଶ୍ର ନାଟକ ଜରିଆରେ କେବଳ ଲାକ୍ଷାଗୃହ ନିର୍ମାଣରେ ବିଶ୍ୱାସୀ ହୋଇନାହାନ୍ତି ବରଂ ଅନ୍ଧାରକୁ ଏଡ଼େଇ ତା' ଭିତରେ ସ୍ଥିତ ଜ୍ୟୋତିର ଅଣୁକୁ ଦର୍ଶାଇବାରେ ପୂର୍ଣ୍ଣ ସମର୍ପିତ ।

ଶ୍ରୀ ମିଶ୍ରଙ୍କ ୧୯୬୦ ପରବର୍ତ୍ତୀ ନାଟ୍ୟକୃତିରେ କଳାତ୍ମକ ଅର୍ଥବୋଧକୁ ଅତି ଚମତ୍କାର ରୂପ ପ୍ରଦାନ କରିବା ସହିତ ପ୍ରଚଳିତ ପାରମ୍ପରିକ ସମାଜ-ନୀତି ତଥା ଶୃଙ୍ଖଳର

ପରିଧିରୁ ମୁକ୍ତ କରି ସାଂସ୍କୃତିକ ମୂଲ୍ୟବୋଧର ପ୍ରତିଷ୍ଠା ନିମନ୍ତେ ବୈପ୍ଳବିକ ଆହ୍ୱାନ ଦେଇଛନ୍ତି ଜଣେ ସଚେତନ ଶିଳ୍ପୀ ଭାବରେ ଆଧୁନିକ ମାନବ ସମାଜ ପ୍ରତି ତାଙ୍କର ଉତ୍ତରଦାୟିତ୍ୱକୁ ସେ ବେଶ୍ ବୁଝିଛନ୍ତି। ସେଥିପାଇଁ ହିଁ ଅସଂଖ୍ୟ କୃତି ତାଙ୍କ କଳାତ୍ମକ ଦୃଷ୍ଟି-ଦର୍ଶନର ଅର୍ଥପୂର୍ଣ୍ଣ ଅଭିବ୍ୟକ୍ତିକୁ ପ୍ରତିଷ୍ଠା ଦେଇଛି।

'ଜନନୀ', 'ପଞ୍ଚଶାୟକ', 'ଏକାକୀ', 'ହଂସ ବଳାକା', 'ପାଷାଣର ପ୍ରତୀକ୍ଷା', 'ଆହ୍ୱାନ', 'ଅପ୍ରତିହତ', 'ଶୃଙ୍ଖଳ', 'ଅଶାନ୍ତ ଗ୍ରହ', 'ତିମିରିତୀର୍ଥ', 'ଅସତ୍ୟ ସହର', 'ହେ ସ୍ୱର୍ଗ ବିଦାୟ', 'ଶବ ବାହକମାନେ', 'ଏଠି ସେଠି ସବୁଠି', 'ଲଗ୍ନ', 'ଅମର କବି', 'ସାଗରତୀରେ', 'ଚନ୍ଦ୍ରଚୋରୀ', 'ପାହାଚ', 'ତଟ ନିରଞ୍ଜନା', 'ଜଣେ ରାଜା ଥିଲେ', 'ନିଶୀଥ ସ୍ୱପ୍ନ', 'ଫେରିବାର ସମୟ', 'ଅନ୍ୟ ଅରଣ୍ୟ', 'ଇତିହାସର ଯନ୍ତ୍ରଣା', 'ସାକ୍ଷୀ ଇତିହାସ', 'ଭୋକ', 'ବାଦ୍‌ଶାହା', 'ଯାଦୁକର', 'ଧର୍ମାବତାର', 'ଦୁଇଟି ସୂର୍ଯ୍ୟ ଦଗ୍ଧ ଫୁଲକୁ ନେଇ', 'ଯନ୍ତା', 'ବାନପ୍ରସ୍ଥ', 'ପରଶୁରାମ', 'ଲାଷ୍ଟ୍‌ଟ୍ରେନ୍' ଇତ୍ୟାଦି ନାଟ୍ୟକୃତି ବିଜୟ ମିଶ୍ରଙ୍କ ନିରବଚ୍ଛିନ୍ନ ସାଧନାକୁ ସିଦ୍ଧ କରେ। 'ଜନନୀ' ନାଟକ ଅନ୍ନପୂର୍ଣ୍ଣା 'ବି' ଗ୍ରୁପ୍ ଦ୍ୱାରା ଅଭିନୀତ ହୋଇ ବହୁ ପ୍ରଶଂସିତ ହୋଇଛି। ୧୯୬୮ ମସିହାରେ ଫ୍ରେଣ୍ଡ୍‌ସ ଇଉନିୟନ୍ ଦ୍ୱାରା ଅଭିନୀତ ଏବଂ ଓଡ଼ିଆ ସଂଗୀତ ନାଟକ ଏକାଡେମୀ ପକ୍ଷରୁ ଆୟୋଜିତ ପ୍ରତିଯୋଗିତାରେ 'ଶବ ବାହକମାନେ' ସର୍ବୋତ୍କୃଷ୍ଟ ନାଟକ ଭାବରେ ସମ୍ମାନିତ ହୋଇଛି, ୧୯୭୮ ମସିହାରେ 'ଯାଦୁକର' ନାଟକ ପାଇଁ ଶ୍ରୀ ମିଶ୍ର ଓଡ଼ିଶା ସାହିତ୍ୟ ଏକାଡେମୀ, ୧୯୮୮-୮୯ରେ ସଂଗୀତ ନାଟକ ଏକାଡେମୀ, 'ବାନପ୍ରସ୍ଥ' ପାଇଁ ୨୦୧୧ ମସିହାରେ କେନ୍ଦ୍ର ସାହିତ୍ୟ ଏକାଡେମୀ ଦ୍ୱାରା ସମ୍ବର୍ଦ୍ଧିତ ହୋଇଛନ୍ତି। ତାଙ୍କ ସୃଷ୍ଟିସମଗ୍ର ତାଙ୍କ ବ୍ୟକ୍ତିତ୍ୱର ଅସୀମପଣ ଭିତରେ ଊର୍ଦ୍ଧ୍ୱାୟିତ - ପରିବ୍ୟାପ୍ତ ହୋଇଛି।

ନାଟ୍ୟକାର ମିଶ୍ରଙ୍କ ପାଇଁ ପାଶ୍ଚାତ୍ୟ ସାହିତ୍ୟ ଥିଲା ତାଙ୍କ ନାଟକର ଭାବତତ୍ତ୍ୱ ଫରୁଆ। ଗ୍ରୀକ୍ ନାଟ୍ୟକାର ଏସ୍ ଚିଲସଙ୍କ ଠାରୁ ଆରମ୍ଭ କରି ମାର୍କିନ୍ ନାଟ୍ୟକାର ଅର୍ଥର୍ ମିଲର୍‌ଙ୍କ ପର୍ଯ୍ୟନ୍ତ ଯେତେସବୁ ଅବିସ୍ମୃତ ଶ୍ରେଷ୍ଠ ନାଟକ ରହିଛି, ସେସବୁରେ ଚିତ୍ତ ବିନୋଦନ ସଂଗେ ସଂଗେ ମାନବ ଜୀବନର ଘାତ-ପ୍ରତିଘାତ ତଥା ସାମାଜିକ ସମୟର ଜୀବନ୍ତ ଚିତ୍ର ଦୃଶ୍ୟାୟିତ ହୋଇଛି। ବର୍ଣ୍ଣାଡ୍ ଶ', ଇବ୍‌ସନ୍, ଚେକଭ୍, ଡିକେନ୍‌ସ, ଗଲ୍‌ସଓର୍ଦ୍ଦି, ମିଟର୍ ଲିଙ୍କ୍, ଗୋଗଲ୍, ମୋପାସାଁ, ମାଲାର୍ମେ, କାମ୍ୟୁ ଆଦି ପାଶ୍ଚାତ୍ୟ ନାଟ୍ୟକାରଗଣ ବିଭିନ୍ନ ରୂପରେ ମାନବର ପ୍ରଗତି ଓ ବିକାଶ ପ୍ରସଙ୍ଗକୁ ଚିତ୍ରିତ କରିଛନ୍ତି। ୧୯୧୭ ମସିହାରେ ଋଷିଆର ବଲ୍‌ସେଭିକ୍ ବିପ୍ଳବ ଦ୍ୱାରା ସର୍ବହରା ମାନବତା (proletarian humanism)କୁ ଗୁରୁତ୍ୱ ପ୍ରଦାନ କରାଯାଇଥିଲା। ପ୍ରଜା

ଅତ୍ୟାଚାର, ନିମ୍ନ ଶ୍ରେଣୀ ସମସ୍ୟା ହୋଇ ଉଠିଲା । ସମାଜ ତାନ୍ତ୍ରିକ ବାସ୍ତବତା ପ୍ରତି ନାଟ୍ୟକାରମାନେ ଉନ୍ମୁଖ ହୋଇଥିଲେ । ନାଟ୍ୟମୁକ୍ତି ଓ ସଂଗ୍ରାମର ମୁଖ୍ୟ ସ୍ୱର ରୂପେ ପ୍ରଭାବ ବିସ୍ତାର କରିଥିଲା । ୧୯୬୦ ପରବର୍ତ୍ତୀ ଓଡ଼ିଆ ନବନାଟ୍ୟ ଆନ୍ଦୋଳନକୁ ଏ ସମସ୍ତ ସ୍ଥିତି ଅତ୍ୟନ୍ତ ପ୍ରଭାବିତ କରିଥିଲା । ଏହି ସମୟରୁ ଓଡ଼ିଆ ନାଟକରେ ବୌଦ୍ଧିକ ପରୀକ୍ଷା-ନିରୀକ୍ଷାର ରୂପ ପରିବର୍ତ୍ତିତ ହୋଇ ପାରମ୍ପରିକ ଭାବଭୂମି ଅପେକ୍ଷା ସାମାଜିକ ଜୀବନର ଶୋଷଣ, ସଂଘର୍ଷ ଓ ପ୍ରତିବାଦର ପ୍ରସଙ୍ଗ ଅଧିକ ଆଲୋଚନାଭୁକ୍ତ ହୋଇଥିଲା । ୧୯୬୩ ମସିହାରେ ଆୟୋଜିତ ଭାରତୀୟ ପ୍ରଗତିଶୀଳ ସାହିତ୍ୟର ପ୍ରଥମ ଅଧିବେଶନରେ ସଭାପତି ଭାବରେ ଯୋଗଦାନ କରି ପ୍ରେମ୍‌ଚାନ୍ଦ ପ୍ରଗତିଶୀଳ ସାହିତ୍ୟ ସଂପର୍କରେ ଉଲ୍ଲେଖ କରିଥିଲେ ଯେ- "ଫାସିବାଦୀମାନେ ସମାଜର ଗତିଶୀଳ ସ୍ୱୀକାର କରନ୍ତି ନାହିଁ । ଫାସିବାଦର ମୁଖ୍ୟ ଦାର୍ଶନିକ ନିତ୍‌ସେ କହନ୍ତି, ଶୋଷକ, ଶୋଷିତ, ଧନୀ ଓ ନିର୍ଦ୍ଧନ ଏମାନେ ସର୍ବଦା ପୃଥିବୀରେ ରହିବେ । ୧୯୬୮ ମସିହା ବେଳକୁ ନକ୍ସଲ ଆନ୍ଦୋଳନର ଝଙ୍କାର ହିମାଳୟର ତରାଇ ବନଭୂମି ଏବଂ ଚା' ବାଗାନ୍ ଅଞ୍ଚଳକୁ ଥରାଇ ଦେଇ ଭାରତବର୍ଷ ପର୍ଯ୍ୟନ୍ତ ବ୍ୟାପି ଯାଇଥିଲା । ଏ ସମସ୍ତ ପ୍ରାଣସ୍ପନ୍ଦନକୁ ନେଇ ନାଟ୍ୟ ସାହିତ୍ୟ ଜଗତ ଭାବପୂର୍ଣ୍ଣ ହୋଇ ଉଠିଥିଲା ।

ବିଶ୍ୱ ନାଟ୍ୟ ସାହିତ୍ୟରେ ଏହି ଶ୍ରେଣୀ-ଶୋଷକହୀନ ସମାଜ ପ୍ରତିଷ୍ଠା ଏବଂ ମାର୍କ୍ସଙ୍କ ଦ୍ୱନ୍ଦ୍ୱାତ୍ମକ ବସ୍ତୁବାଦରେ ବିଶ୍ୱାସୀ ଥିଲେ 'ଏପିକ୍ ରିଅଲିଜିମ୍'ର ଉଦ୍‌ଗାତା- ଜର୍ମାନ୍ ନାଟ୍ୟକାର ବ୍ରେକ୍‌ଟ୍ । "ମଣିଷ ସମାଜ ଉତ୍ପାଦନ ଭିତ୍ତିରେ ଶାସକ ଓ ଶାସିତ, ଶୋଷକ ଓ ଶୋଷିତ ଶ୍ରେଣୀରେ ବିଭକ୍ତ ହୋଇଯାଇଛି । ଯୁଗ ଯୁଗ ଧରି ଥେସିସ୍- ଆଣ୍ଟିଥେସିସ୍‌ର ଦ୍ୱନ୍ଦ୍ୱ ଭିତରୁ ଏକ ସିନ୍ଥେସିସ୍ ବା ସମନ୍ୱୟର ଜନ୍ମ । ଏଇ ସମନ୍ୱୟରେ ପୁଣି ବିରୋଧର ସୃଷ୍ଟି । ଏହିପରି ଭାବରେ ଭବିଷ୍ୟତରେ ଏକ ଶ୍ରେଣୀ ଶୋଷଣହୀନ ସମାଜ ଗଠନ ଲାଗି ପଥ ପରିଷ୍କାର ହୋଇଯାଇଛି । ଏହା ମାର୍କ୍ସଙ୍କ ଦ୍ୱନ୍ଦ୍ୱାତ୍ମକ ବସ୍ତୁବାଦର ମୂଳ ସ୍ୱରୂପ । ଏହି ସ୍ୱରୂପ ଇତିହାସର କାହାଣୀ ଭିତରେ ଫୁଟାଇବାର ବିଶେଷ ପ୍ରୟାସ ବ୍ରେକ୍‌ଶ୍‌ଟଙ୍କ ରଚନାରେ ମିଳେ ।"[୨] ଭାରତୀୟ ସାହିତ୍ୟରେ ଦ୍ୱିତୀୟ ବିଶ୍ୱଯୁଦ୍ଧ ସମୟରୁ ପ୍ରଗତିବାଦର ସ୍ୱର ଉଚ୍ଚାରିତ ହୋଇଥିଲା । ଓଡ଼ିଆ ସାହିତ୍ୟରେ ୧୯୪୯ ମସିହା ବେଳକୁ 'ଗଣ ନାଟ୍ୟସଂଘ' ପ୍ରଗତିଶୀଳ ସଂଗ୍ରାମୀକୁ ପ୍ରାଧାନ୍ୟ ଦେଇଥିଲା ।

ଜମିଦାର, ସାହୁକାର, ପୁଞ୍ଜିପତି, ଶାସନ ଗାଦିରେ ବସିଥିବା ନେତା, ଅଫିସର, କୃଷକ ଓ ଶ୍ରମିକଙ୍କ ଲୁହ ଓ ଲହୁରେ ଜମିଦାର, ପୁଞ୍ଜିପତିମାନଙ୍କ ବିଳାସର ଚିତ୍ର ହିଁ ପ୍ରମୁଖ ଭାବବସ୍ତୁ ପାଲଟିଥିଲା । କମ୍ୟୁନିଷ୍ଟ ଆଦର୍ଶର କଳଙ୍କିତ ତଥା ନଷ୍ଟ ମୂଲ୍ୟବୋଧକୁ ସାହିତ୍ୟିକମାନେ ପର୍ଦ୍ଦାଫାଶ କରିବାକୁ ସକ୍ରିୟ ହୋଇ ଉଠିଥିଲେ ।

କଥାବସ୍ତୁ ନିର୍ମାଣ କ୍ଷେତ୍ରରେ ମାର୍କସଙ୍କ ଦ୍ୱନ୍ଦ୍ୱାତ୍ମକ ବସ୍ତୁବାଦକୁ ପୂର୍ଣ୍ଣ ସମର୍ଥନ ଜଣାଇ ବ୍ରେକ୍‌ଶ୍‌ଟଙ୍କ ନାଟ୍ୟରୀତି ଶୈଳୀରେ ମନୋରଞ୍ଜନ ଦାସ, ରମେଶ ଚନ୍ଦ୍ର ପାଣିଗ୍ରାହୀ, ବିଜୟ ମିଶ୍ର, ରତ୍ନାକର ଚଇନି, କାର୍ତ୍ତିକ ରଥ ପ୍ରମୁଖ ବହୁ ନାଟ୍ୟକାର ନାଟକରେ ପରୀକ୍ଷା-ନିରୀକ୍ଷା କରିଛନ୍ତି। ନାଟ୍ୟକାର ବ୍ରେକ୍‌ଶ୍‌ଟ ସମାଜର ନିଛକ ସତ୍ୟାସତ୍ୟକୁ ପ୍ରାଧାନ୍ୟ ଦେଇଛନ୍ତି। ତାଙ୍କ ମତରେ- "ରଙ୍ଗମଞ୍ଚର ମାୟା ଦ୍ୱାରା ଦର୍ଶକ ସମାଜକୁ ଆଚ୍ଛନ୍ନ କରି ରଖିବାର କୌଣସି ପ୍ରୟୋଜନ ନାହିଁ। ପ୍ରଚଳିତ ସମାଜର କଳଙ୍କିତ ରୂପଟିର ଉପସ୍ଥାପନ ସେମାନଙ୍କ ମନ ଭିତରେ ଆଲୋଡ଼ନ ସୃଷ୍ଟି କରିବା ଦରକାର। ଦର୍ଶକ ନାଟ୍ୟ ଦର୍ଶନର ଆନନ୍ଦ ସଂଗେ ସଂଗେ ସାମାଜିକ ବିଧି-ବ୍ୟବସ୍ଥା ପ୍ରତି ସଚେତନ ହେବା ଆବଶ୍ୟକ।"

ଜଣେ ସଚେତନ ଶିଳ୍ପୀ ଭାବରେ ବିଜୟ ମିଶ୍ର ମାନବ ଜୀବନର ସମସ୍ତ ବୈଷମ୍ୟ ଓ ମିଥ୍ୟାର ଆବରଣ ଏଡ଼େଇ ନୂତନ ପରମ୍ପରା ସୃଷ୍ଟି କରିଛନ୍ତି। ସେ ସମାଜର ନିଛକ ସତ୍ୟକୁ ଦର୍ଶକ ସମ୍ମୁଖରେ ଉଜ୍ଜୀବିତ କରିବା ନିମନ୍ତେ ସାଂକେତିକତା, ମନସ୍ତାତ୍ତ୍ୱିକତା ଏବଂ ଉଦ୍ଭଟତାର କେମେଷ୍ଟ୍ରିକୁ ନାଟ୍ୟ ଭାବତତ୍ତ୍ୱ ରୂପେ ଗ୍ରହଣ କରିଥାନ୍ତି।

ଦ୍ୱନ୍ଦ୍ୱାତ୍ମକ ବସ୍ତୁବାଦର ଏକ ବିକୃତ-ବିରୋଧାଭାସପୂର୍ଣ୍ଣ ରୂପ ରୂପାୟିତ ହୋଇଛି ନାଟ୍ୟକାର ବିଜୟ ମିଶ୍ରଙ୍କ 'ଲାଷ୍ଟ୍‌ଟ୍ରେନ୍' ନାଟକରେ। ଏଥିରେ ନାଟ୍ୟକାର ମାନବ ଜୀବନର ସ୍ଥିତିଶୀଳତାକୁ ଭାଙ୍ଗି ସମାଜର ବୈଷମ୍ୟ ଓ ମିଥ୍ୟାର ଆବରଣ ଏଡ଼େଇ ନୂତନ ଦିଗନ୍ତ ଉନ୍ମୋଚନ କରିବାରେ ପ୍ରୟାସୀ ହୋଇଛନ୍ତି। ସମାଜର ବିପର୍ଯ୍ୟସ୍ତ ବସ୍ତୁରୂପକୁ ସମଷ୍ଟିଶକ୍ତି ମାଧ୍ୟମରେ ସଜାଡ଼ି ଗଣକଲ୍ୟାଣ ନିମନ୍ତେ ଆଶାବାଦୀ ହୋଇଛନ୍ତି। ନାଟକରେ ଆରମ୍ଭରୁ ଶେଷ ପର୍ଯ୍ୟନ୍ତ ଘଟଣା ପ୍ରବାହର ପ୍ରତ୍ୟକ୍ଷ ଆବେଦନ ଦର୍ଶକଙ୍କୁ ବାନ୍ଧି ରଖିବା ପାଇଁ ଯଥେଷ୍ଟ ମନେହେବ।

"ପୁଞ୍ଜିପତି ସଂସ୍କୃତି ସମାଜ ଉପରେ ଯେଉଁ ନିୟନ୍ତ୍ରଣ ବା ପ୍ରଭାବ ବିସ୍ତାର କରେ, ତାହାର ବିଶ୍ଳେଷଣ କରାଯାଇଥାଏ। ଏହି ଧନତାନ୍ତ୍ରିକ ଗୋଷ୍ଠୀ ସମାଜକୁ ନିଜର ସାଆନ୍ତିଆ ଅଧିକାରରେ ଯୁଗ ଯୁଗ ଧରି ପାଦତଳେ ଦାବି ରଖି ସେମାନଙ୍କ ଉପରେ ଅତ୍ୟାଚାର ଚଳାଇଥିବାରୁ ତହିଁରୁ ଦଳିତ ଗୋଷ୍ଠୀକୁ ମୁକ୍ତି ଦେବା ତଥା ଏହି ସାମନ୍ତବାଦୀ ସଂସ୍କୃତିର ଧ୍ୱଂସ ସାଧନ କରିବା"[୩] ହିଁ ଲାଷ୍ଟ୍‌ଟ୍ରେନ୍ ନାଟକର ଆଭିମୁଖ୍ୟ।

ପୁଞ୍ଜିବାଦୀ ଧନତନ୍ତ୍ର ବିରୋଧରେ ବିଦ୍ରୋହର ସ୍ୱର କେବଳ ନୁହେଁ ମୁଖାପିନ୍ଧା-ଛଦ୍ମବେଶୀ ମାନବର ଲୋଭ, ଈର୍ଷା, ପରଶ୍ରୀକାତରତା ଓ ଅନ୍ୟର ଖୁସିକୁ ଧ୍ୱଂସ କରିଦେବାର ଅଦ୍ଭୁତ ମାନସିକତାକୁ 'ଲାଷ୍ଟ୍‌ଟ୍ରେନ୍' ଅଭିବ୍ୟଞ୍ଜିତ କରିଛି। ବିଶେଷତଃ ସାମ୍ୟବାଦର ପ୍ରକୃତ ଲକ୍ଷ୍ୟ ଭିତରେ ବିକୃତିର ସ୍ତରିତ ରୂପକୁ ନାଟ୍ୟକାର ତିର୍ଯ୍ୟକ୍

ଢଙ୍ଗରେ ଅଙ୍ଗୁଳି ନିର୍ଦ୍ଦେଶ କରିଛନ୍ତି। ସାର୍ତ୍ତଙ୍କ କହିବା ଅନୁସାରେ- "All human relationships are based on conflict." ମଣିଷର ସମସ୍ତ ସଂପର୍କ ସଂଘର୍ଷ ଆଧାରିତ। 'ଲାଷ୍ଟ୍‌ଟ୍ରେନ୍' ନାଟକ ଆରମ୍ଭରୁ ହିଁ ଏକ ସ୍ୱାଭାବିକ ପରିବେଶ ମଧ୍ୟ ଦେଇ ଗତିଶୀଳ ହୋଇଛି। ଦ୍ୱନ୍ଦ୍ୱ ମାଧ୍ୟମରେ ଚରିତ୍ରର ସ୍ୱରୂପ ଉଦ୍‌ଘାଟନ କରିବା ନାଟ୍ୟକାରଙ୍କ ସ୍ୱତନ୍ତ୍ର ଶୈଳୀ। ଶ୍ରେଣୀଦ୍ୱନ୍ଦ୍ୱର ଉପସ୍ଥାପନା ମାଧ୍ୟମରେ ସମାଜ ପରିବର୍ତ୍ତନ ନିମନ୍ତେ ଆଶାବାଦର ସ୍ୱର ମର୍ମରିତ ହୋଇଛି 'ଲାଷ୍ଟ୍‌ଟ୍ରେନ୍' ନାଟକରେ।

ଲାଷ୍ଟ୍‌ଟ୍ରେନ୍ (ଶେଷ ଟ୍ରେନ୍‌ର ଯାତ୍ରୀ)ରେ ପଞ୍ଚାବନ ବର୍ଷୀୟ ଷ୍ଟେସନ୍ ମାଷ୍ଟର ଜଗବନ୍ଧୁ ରାଉତ, ପଚାଶ ବର୍ଷୀୟ ଡାକ୍ତର ପ୍ରମୋଦ ପଟ୍ଟନାୟକ, ଚାଳିଶ ବର୍ଷୀୟ ବିପ୍ଳବୀ ନେତା କମ୍ରେଡ ରଘୁ ପାତ୍ର ଏବଂ ରଘୁ ପାତ୍ରଙ୍କ ଦଳୀୟ ସହଯୋଗୀ ରୂପେ ସତେଇଶ ବର୍ଷୀୟ ସୁଜିତ୍, ହରିଶ୍, ବିରାଜ୍, ନଗେନ, ଆୟୁଷ୍ମାନ, ଆୟୁଷ ଏବଂ ଚବିଶ ବର୍ଷୀୟା ରୀନା ମହାପାତ୍ର ଭଳି ଚରିତ୍ରମାନେ ରହିଛନ୍ତି।

'ସ୍ଥାନ' ହୋଇଛି ସିଙ୍ଗିପୁର ଷ୍ଟେସନ୍ ପ୍ଲାଟ୍‌ଫର୍ମ ଓ ପାସେଞ୍ଜର ହଲ୍‌ଟ। ବିକାଶ ନଗର ଷ୍ଟେସନ୍‌ରୁ ମଧୁପୁର ଲୋକାଲ୍ ଟ୍ରେନ୍ ସେହି ସିଙ୍ଗିପୁର ଷ୍ଟେସନ୍ ଦେଇ ଗତି କରେ। ନାଟକର କଥାବସ୍ତୁ ଅନୁସାରେ ସେହି ଲାଇନ୍‌ରେ ମଧୁର ଲୋକାଲ୍ ଟ୍ରେନ୍ ଚାଲିବାର ସେଦିନ ଥିଲା ଶେଷଦିନ। ଲାଷ୍ଟ୍ ଟ୍ରେନ୍ ଭଳି ଷ୍ଟେସନ୍ ମାଷ୍ଟର ଜଗବନ୍ଧୁଙ୍କର ମଧ୍ୟ ସେଦିନ କାର୍ଯ୍ୟକାଳରୁ ଅବସର ନେବାର ଦିନ। ତେଣୁ ସେଇ ଲୋକାଲ୍ ଟ୍ରେନ୍‌ରେ ନିଜ ଗନ୍ତବ୍ୟ ସ୍ଥଳକୁ ଯିବା ନିମନ୍ତେ ସେ ପ୍ରତୀକ୍ଷିତ ଥିଲେ। ଡାକ୍ତର ପ୍ରମୋଦ ପଟ୍ଟନାୟକ ମଧୁପୁର ଲୋକାଲ୍ ଟ୍ରେନ୍‌ରେ ନିଜ ଘରକୁ ଫେରିଯିବାକୁ ଟିକେଟ୍ କାଉଣ୍ଟର ପାଖରେ ପହଞ୍ଚି ଜଗବନ୍ଧୁଙ୍କୁ ଭେଟିଛନ୍ତି। ଜଗବନ୍ଧୁଙ୍କଠାରୁ ସେ ଜାଣିଛନ୍ତି ଯେ, ସେହି ଶୁନ୍‌ଶାନ୍ ଷ୍ଟେସନ୍ ପ୍ଲାଟ୍‌ଫର୍ମର ଅନ୍ୟାନ୍ୟ ରେଳବାଇ କର୍ମକର୍ତ୍ତାମାନେ ଅନ୍ୟ ସ୍ଥାନରେ ପୋଷ୍ଟିଂ ପାଇ ଚାଲିଯାଇଛନ୍ତି। ଜାଣିଛନ୍ତି ସେଦିନର ସେହି ଶେଷ ଟ୍ରେନ୍ ଯିବା ପରେ ଆଉ ଟ୍ରେନ୍ ଚାଲିବ ନାହିଁ। ଜଗବନ୍ଧୁ ଏବଂ ପ୍ରମୋଦ ବାବୁଙ୍କ କଥୋପକଥନ ସମୟରେ ଅଦୂରରୁ କିଛି ଯୁବକ ସେହି ପ୍ଲାଟ୍‌ଫର୍ମରେ ଦେଖାଦେଇଛନ୍ତି।

କୌଣସି ପୂର୍ବପ୍ରସ୍ତୁତ ଯୋଜନାକୁ କାର୍ଯ୍ୟକାରୀ କରିବାର ଅଭିସନ୍ଧି ଥିବା ସେମାନଙ୍କ ଆଲୋଚନାରୁ ବାରିହୋଇ ପଡ଼ିଛି। ଜଗବନ୍ଧୁ ବାବୁ ସେମାନଙ୍କ କଥାବାର୍ତ୍ତା ଶୁଣି ସେମାନେ 'କ୍ରାନ୍ତିକାରୀ' ବୋଲି ଠଉରାଉଛନ୍ତି। "ଦେଶରେ ଅକର୍ମୀ ସମସ୍ୟା ବଢ଼ିଲେ, ଖାଇବାକୁ ନ ମିଳିଲେ, ଅବିବାହିତ ଅଥଚ ଶିକ୍ଷିତ ଯୁବକମାନେ ଏସବୁ ବିପ୍ଳବାତ୍ମକ ଭାବରାଶି ଆହରଣ କରିଥାନ୍ତି।"[୪] ଯୁବକମାନଙ୍କ ପ୍ରତିକ୍ରିୟାଶୀଳ ବାର୍ତ୍ତାଳାପରୁ ଜଣାପଡ଼ିଛି, ସେମାନେ ଶୋଷିତ-ସର୍ବହରା। ତେଣୁ ନରମ ଗଦିରେ

ଏୟାର୍‌କଣ୍ଡିସନ୍ ପ୍ରକୋଷ୍ଟରେ ଶୋଇ ବିଳାସପୂର୍ଣ୍ଣ ଜୀବନ ଅତିବାହିତ କରୁଥିବା ବୁର୍ଜୁଆ ଶକ୍ତିକୁ ସେମାନେ ଘୃଣା କରନ୍ତି ଓ ସେମାନଙ୍କୁ ଧ୍ୱଂସ କରିବାକୁ ଚାହାନ୍ତି। ସୁଜିତ୍ ନାମକ ଯୁବକ କହି ଉଠିଛି- "ଆମେ ଆସିବୁ। ଦିନେ ନା ଦିନେ ଆସିବୁ। ଗୋଟାଏ ଶ୍ରେଣୀହୀନ, ଶୋଷଣହୀନ ସମାଜ ଗଢ଼ିବା ପାଇଁ ତମମାନଙ୍କର ରକ୍ତ ଦରକାର ତାଜା ଲାଲ୍ ଟକଟକ ରକ୍ତ।"[୫] କଳ୍ପନାକୁ ପରିହାର କରି ବୁର୍ଜୁଆ ବାସ୍ତବାବଦ (Burgeoism Realism) ସହ ସଂଶ୍ଳିଷ୍ଟ ସମାଜ ବ୍ୟବସ୍ଥା, ଆର୍ଥନୀତିକ ଅସଂଗତି, ନିପୀଡ଼ନ, ଶୋଷଣ ଭଳି ସ୍ଥିତାବସ୍ଥାକୁ ନାଟ୍ୟକାର ଚମତ୍କାର ଭାବରେ ଅଭିବ୍ୟଞ୍ଜିତ କରିଛନ୍ତି। ଉଚ୍ଚଶିକ୍ଷିତ ହେବା ସତ୍ତ୍ୱେ ବେକାର ହୋଇ ବୁଲୁଥିବା ହରିଶ୍, ସୁଜିତ ଓ ନଗେନ୍ ଭଳି ଯୁବକ ପାଇଁ ମାଫିଆ ଦଳପତି-ସାମ୍ୟବାଦୀ ନେତା ରଘୁପାତ୍ର ଥିଲେ ଭଗବାନ। ସେମାନଙ୍କୁ ସେ ଦଳରେ ମିଶାଇ ଜୀବନ ଜିଇବାର ଅର୍ଥ ବୁଝାଇଥିଲେ। ମାର୍କସ୍, ଚେଗୁଏଭେରା, ହୋ-ଚି-ମିନ୍‌ଙ୍କ କବିତାକୁ ଆଦର୍ଶ ରୂପେ ଗ୍ରହଣ କରିଥିବା ତଥା ବିଶିଷ୍ଟ ବିପ୍ଳବୀମାନଙ୍କ ସଂସ୍ପର୍ଶରେ ଆସିଥିବା କମ୍ରେଡ୍ ରଘୁପାତ୍ର ଥିଲେ ସେମାନଙ୍କର ଏକାନ୍ତ ଧେୟ ଓ ଆଦର୍ଶ। ତାଙ୍କରି ନିର୍ଦ୍ଦେଶରେ ଯୁବକମାନେ ବିପ୍ଳବୀ ସାଜିଛନ୍ତି। ସେମାନେ ଭାବି ନେଇଛନ୍ତି- ଧନୀକ ଗୋଷ୍ଠୀଙ୍କଠାରୁ ଲାଞ୍ଛିତ, ଅପମାନିତ ହୋଇ ଫୁଟ୍‌ପାଥ୍, ଗଛମୂଳ, ପିଣ୍ଡାରେ ଓଳିଏ ଖାଇ ଓ ମ୍ୟୁନିସିପାଲିଟି କଳରୁ ପାଣି ପିଇ ସେମାନେ ଯେଉଁ ଅକଥନୀୟ କଷ୍ଟ ପାଇଛନ୍ତି କମ୍ରେଡ୍ ପାତ୍ରଙ୍କ କଷ୍ଟ ତୁଳନାରେ କିଛି ନୁହେଁ। କମ୍ରେଡ୍ ପାତ୍ରଙ୍କ ନିର୍ଦ୍ଦେଶ-ନିଷ୍ପତ୍ତିକୁ ଚ୍ୟାଲେଞ୍ଜ୍ ଦେବାର ଅଧିକାର ସେମାନଙ୍କର ନାହିଁ। କମ୍ରେଡ୍ ପାତ୍ର ସେମାନଙ୍କ ବିପ୍ଳବ ଆଗଧାଡ଼ିର ସିପାହି ବୋଲି ସ୍ୱୀକାର କରନ୍ତି। କମ୍ରେଡ୍ ପାତ୍ର ଯୁବକମାନଙ୍କ ମନରେ ଶୋଷକମାନଙ୍କ ପ୍ରତି ବିଦ୍ରୋହ ଓ ବିକ୍ଷୋଭ ଉଦ୍ଦୀପ୍ତ କରିଛନ୍ତି। ସେମାନଙ୍କ ହୃଦୟରେ ଶୋଷଣ ଓ ଅତ୍ୟାଚାର ପ୍ରତି କ୍ରାନ୍ତି ପ୍ରଦର୍ଶନ କରି ସମୂଳେ ଧ୍ୱଂସ କରିବାକୁ ଉସ୍‌କାଇଛନ୍ତି। ସେମାନଙ୍କ ଦୃଷ୍ଟିରେ କମ୍ରେଡ୍ ପାତ୍ର ଭଗବାନ୍‌ଙ୍କ ଭଳି ଆରାଧ୍ୟ - ହରିଶ୍ ଏ ସଂପର୍କରେ କହିଛି- "ମାର୍କ୍ସ କହିଚନ୍ତି ଧର୍ମଟା ଅଫିମ ଭଳି ମାରାତ୍ମକ। ଆଉ ଧର୍ମ ଭଗବାନ୍ ନାମକ ଶବ୍ଦଟିଏ ତିଆରି କରିଚି। ଭଗବାନ୍ ଅନ୍ୟମାନଙ୍କ ଯାହା ବୁଝଉ ପଛେ କିନ୍ତୁ comrade ପାତ୍ର ଆମ ପାଇଁ ଭଗବାନ୍।"[୬] ପୁଞ୍ଜିବାଦୀ ସମାଜ ସହିତ ସମାଜତାନ୍ତ୍ରିକ ଜଗତର ପାର୍ଥକ୍ୟ, ଯୁଗଯନ୍ତ୍ରଣା ଓ ହା-ହତୋଽସ୍ମିକୁ ନେଇ ଯୁବକମାନଙ୍କର ବିଦ୍ରୋହ ଯଥାର୍ଥ ମନେ ହୋଇଛି।

ରଘୁପାତ୍ରଙ୍କ ପାଇଁ 'ଦଳ' ବଡ଼। ଦଳର ଶୃଙ୍ଖଳା ଆଗରେ କୌଣସି ଭାବପ୍ରବଣତାର ସ୍ଥାନ ନାହିଁ। ବ୍ୟକ୍ତିଗତ ଇମୋସନ୍‌କୁ ଏଡ଼େଇ ନିଷ୍ଠୁର ଓ ମାରାତ୍ମକ ହେବାକୁ କମ୍ରେଡ୍ ପାତ୍ର ସେମାନଙ୍କୁ ବୁଝେଇଛନ୍ତି। ଯୁବକମାନେ ତାଙ୍କ କଥାକୁ ଅକ୍ଷରେ

ଅକ୍ଷରେ ମାନିଛନ୍ତି । ତାଙ୍କରି କଥାରେ ଅନେକ ଲୁଟ୍ କରିଛନ୍ତି । ବିତ୍ତଶାଳୀଙ୍କଠାରୁ କଳାଧନକୁ ହଡ଼ପ କରି କମ୍ରେଡ୍ଙ୍କ ନିକଟରେ ଅଜାଡ଼ିଛନ୍ତି । ସେମାନେ ଅନୁଭବ କରନ୍ତି ଯେ ଲୁଟ୍ ଧନକୁ ନେଇ ରଘୁପାତ୍ର କନ୍ଧ, କୋହ୍ଲ, ଗଦବା ଆଉ ବଣ୍ଡାମାନଙ୍କ ଭଳି ଗରିବ-ନିମ୍ନବର୍ଗଙ୍କ ଭିତରେ ସମବଣ୍ଟନ କରୁଛନ୍ତି । ସମାଜର ସେହି ଅବହେଳିତ-ଦୁଃସ୍ଥ ଲୋକଙ୍କ ପ୍ରତି ସମର୍ପିତ ବିପ୍ଳବୀ ନେତା ରଘୁପାତ୍ର ସେଥିପାଇଁ ଯୁବକମାନଙ୍କ ଆଦର୍ଶ । ସେମାନଙ୍କ ଲକ୍ଷ୍ୟପଥରେ ଅନ୍ତରାୟ ସୃଷ୍ଟି କରୁଥିବା ପ୍ରିୟ-ପରିଜନଙ୍କୁ ମଧ୍ୟ ନିଷ୍ଠୁର ଭାବରେ ମାରିଦେବାକୁ ସେମାନେ ପ୍ରସ୍ତୁତ । ଲକ୍ଷ୍ୟ ବିପ୍ଳବ, ଆଦର୍ଶ, ସାମ୍ୟବାଦ । ସୁନା-ରୁପା ବେପାର କରୁଥିବା ଦଣ୍ଡପାଣି ସୁବୁଦ୍ଧି ଯେତେବେଳେ ପୋଲିସ୍ ଗୁଇନ୍ଦା ସାଜି, ମାଫିଆ ଦଳ ସଂପର୍କରେ ତଥ୍ୟ ଯୋଗାଡ଼ କରିଦେଇଛି, କମ୍ରେଡ୍ଙ୍କ ନିର୍ଦ୍ଦେଶରେ ତାକୁ ହତ୍ୟା କରାଯାଇଛି । ଏମିତିକି ଦଣ୍ଡପାଣି ସୁବୁଦ୍ଧିର ସ୍ତ୍ରୀ କାଳେ ଭବିଷ୍ୟତରେ ପୋଲିସ୍‌କୁ ଆଉ କିଛି ତଥ୍ୟ ଦେବ ଭାବି କମ୍ରେଡ୍ଙ୍କ ବିନା ନିର୍ଦ୍ଦେଶରେ ମଧ୍ୟ ନିଜେ ସୁଜିତ୍ ତାକୁ ଗୁଳିବିଦ୍ଧ କରି ନିର୍ମମ ହତ୍ୟା କରିଛି । ହରିଶ କହିଛି- "କମ୍ରେଡ୍ ପାତ୍ର ଆମକୁ କେତେଥର କହିଛନ୍ତି, ବିପ୍ଳବକୁ ବଞ୍ଚେଇ ରଖିବା ପାଇଁ ପ୍ରଚଳିତ systemକୁ ବଦଳେଇବା ପାଇଁ, ଦଳିତ-ଶୋଷିତ-ସର୍ବହରାଙ୍କ ମୁକ୍ତି ପାଇଁ ଆମେ ରକ୍ତାକ୍ତ ସଂଗ୍ରାମ କରୁଚେ । ଯୋଉ ରକ୍ତପାତ ଘଟିଥିଲା ତାକୁ ନେଇ ଆଲୋଚନା କଲେ ମନ ଭିତରେ ଦୁର୍ବଳତା ଜନ୍ମ ନବ । ସେଇଟା ହବ ବିପ୍ଳବର ପରିପନ୍ଥୀ ।"[୭] ହରିଶ୍‌ର ପିଲାଦିନର ବନ୍ଧୁ ଏବଂ ସହପାଠୀ ସୁଜନ ଚୌଧୁରୀ ହରିଶ୍‌କୁ ବି.ଏ. ପଢ଼ିବା ବେଳେ ବହୁ ଆର୍ଥିକ ସହାୟତା କରିଥିଲା । ଅର୍ଥ ଯଥେଷ୍ଟ ନ ଥିବାରୁ ହରିଶ୍ ବି.ଏ. ପରୀକ୍ଷା ଦେଇପାରି ନ ଥିଲା । ପରେ ସୁଜନ୍ ଚୌଧୁରୀ ପୋଲିସ୍ ଇନ୍‌ସପେକ୍ଟର ହୋଇଥିଲା । ଅପରେସନ୍ ଜଙ୍ଗଲ ମହଲ ନାଁରେ ସୁଜନ୍ ଚୌଧୁରୀ ଜଙ୍ଗଲରେ ଥିବା ମାଫିଆ କ୍ୟାମ୍ପ ଉପରେ ଚଢ଼ଉ ଓ ସର୍ଭେ କରୁଥିଲାବେଳେ ହରିଶ୍ ତା' କପାଳକୁ ଲକ୍ଷ୍ୟ କରି ମାରିଦେଇଥିଲା । ଏହି ପ୍ରସଙ୍ଗରେ ସୁଜିତ୍ କହିଛି- "ପୋଲିସ୍ ହଉଛି ପ୍ରଥମ ଶ୍ରେଣୀ ଶତ୍ରୁ । ସେ ଯେତେ ଆପଣାର ହେଲେ ବି ବିପ୍ଳବର ପରିପନ୍ଥୀ ହିସାବରେ ତାକୁ ମରିବାକୁ ହେବ ।"[୮] ଯୁବକମାନେ ମାର୍କ୍ସପନ୍ଥୀ ଓ କ୍ରାନ୍ତିକାରୀ ହୋଇଥିବାରୁ ରକ୍ତର ନିଶା ସେମାନଙ୍କ ଭିତରେ ପ୍ରବଳ ହୋଇ ଉଠିଛି । ରକ୍ତର ସୁଅ ଛୁଟେଇ ଦେବାକୁ ସେମାନଙ୍କର ଅଦ୍ଭୁତ ଇଚ୍ଛା ।

ପ୍ଲାଟ୍‌ଫର୍ମରେ ଯୁବକମାନଙ୍କ ପାରସ୍ପରିକ ଅସ୍ପଷ୍ଟ ଆଲୋଚନା ବେଳେ ଟ୍ରେନ୍ ଆସିବା ସମୟ ପାଖେଇ ଆସିବାରୁ ଷ୍ଟେସନ୍ ମାଷ୍ଟର ଜଗବନ୍ଧୁ ଯେତେବେଳେ ଷ୍ଟେସନ୍ ରୁମ୍‌ରୁ ବାହାରି counter ପାଖରେ ପହଞ୍ଚିଛନ୍ତି ସୁଜିତ୍ ତାଙ୍କୁ ବାଧା ଦେଇଛି । ବିରାଜ୍ ଷ୍ଟେସନ୍ ମାଷ୍ଟରଙ୍କ ଉପରକୁ ଝାମ୍ପି ପଡ଼ି ହରୀଶ ଓ ବିରାଜ୍ ତାଙ୍କୁ ଷ୍ଟେସନ୍ ଘର ଭିତରେ

ବାନ୍ଧିଦେଇ ମୁହଁରେ ରୁମାଲ୍ ଭର୍ତ୍ତି କରିଦେଇଛନ୍ତି । ରୁମାଲ୍‌ରେ ଅଙ୍କାଯାଇଥିବା ନାମର ସଂକେତକୁ ଦେଖି ହରୀଶ 'ରୀନା'କୁ ମନେପକେଇଛି ।

ବାଇଶ-ତେଇଶ ବର୍ଷୀୟା ରୀନା ସେମାନଙ୍କ ମାଫିଆ ଦଳରେ ଛଅମାସ ତଳେ ହିଁ ଯୋଗ ଦେଇଥିଲା । ରୀନା ଥିଲା ଉଚ୍ଚଶିକ୍ଷିତା ଏକମାତ୍ର ମହିଳା କ୍ୟାଡର୍ । କମ୍ରେଡ୍ ରଘୁପାତ୍ରଙ୍କ ଆଦର୍ଶରେ ଅନୁପ୍ରାଣୀତ ହୋଇ ସେ ଦଳରେ ଯୋଗ ଦେଇଥିଲା । ସବୁବେଳେ ଜୀବନର ଭିନ୍ନ ଅର୍ଥ ଖୋଜୁଥିବା ରୀନରା ନିଜ ଜୀବନରେ ଚାହୁଁଥିଲା ଗୋଟାଏ ଥ୍ରିଲ୍ ଓ ଆଡ୍‌ଭେଞ୍ଚର୍ । କଥା କଥାକେ ବାପା-ମାଆଙ୍କ ଆକଟ ତାକୁ ଭଲ ଲାଗୁ ନ ଥିଲା । ଦିନେ କାହାକୁ କିଛି ନ କହି ଟ୍ରେନ୍ ଯୋଗେ ଘର ଛାଡ଼ିଥିଲା । ଜୀବନ ପ୍ରତି ନିର୍ଭୀକ ମନୋବୃତ୍ତି ପୋଷଣ କରୁଥିବା ଆୟୁଷ (ଆୟୁଷ୍ମାନ୍) ସହ ତା'ର ଦେଖା ହୋଇଥିଲା । ରୀନା ଓ ଆୟୁଷ ମଧ୍ୟରେ ପାରସ୍ପରିକ ଆତ୍ମୀୟତା ବୃଦ୍ଧି ପାଇଥିଲା । ଏକଦା କମ୍ରେଡ୍ ରଘୁପାତ୍ର ମ୍ୟାଲେରିଆ ପୀଡ଼ିତ ଥିଲାବେଳେ ରୀନା ଜଙ୍ଗଲ ଭିତର ଦେଇ ପ୍ରାୟ ପାଞ୍ଚ କିଲୋମିଟର ପଥ ଅତିକ୍ରମ କରି ସହରରୁ ଔଷଧ ଆଣିଦେଇ କମ୍ରେଡ୍‌ଙ୍କ ଜୀବନ ବଞ୍ଚେଇଥିଲା । କମ୍ରେଡ୍ ସୁସ୍ଥ ହେବା ପରେ ରୀନାକୁ ପ୍ରଶଂସାରେ ପୋତି ପକେଇଥିଲେ । ଘରସଂସାର କରି ଭଲ ଗୃହିଣୀଟିଏ ହୋଇପାରିଥାନ୍ତା ବୋଲି ଆଶା ପୋଷଣ କରିଥିଲେ । ରୀନା ମାଫିଆ ଦଳରେ ପ୍ରୋବେସନ୍‌ରେ ଥାଇ ରଘୁ ପାତ୍ରଙ୍କ observation ଭିତରେ ଥିଲା । ପାତ୍ର କହୁଥିଲେ- "ଆମେ ଏ system ବଦଳେଇବାକୁ ଚାହୁଁ । ବିରାଟ ବିରାଟ ବଙ୍ଗଳାରେ ଅଜସ୍ର କଳାଧନ ଲୁଚେଇ କିଛି ଲୋକ ଅଏସ୍ ଆଉ ଆରାମ କରୁଥିବେ ଆଉ ଅସଂଖ୍ୟ ଲୋକ ଦିନରେ ଓଳିଏ ଖାଇବାକୁ ପାଉ ନ ଥିବେ, ଏଇଟାକୁ ଆଉ ଆମେ ବରଦାସ୍ତ କରିପାରିବୁ ନାହିଁ । ମାଓ ସେତୁଂ କହିଚନ୍ତି, ବନ୍ଧୁକ ମୁନରେ ନିଜର ଦାବି ହାସଲ କରିବାକୁ ହୁଏ ।"[୯] ରୀନାର ହାତ ତିଆରି ମାଂସ ତରକାରିର ସୁଗନ୍ଧ ଯୁବକମାନଙ୍କୁ ଦୁର୍ବଳ କରିଥାଏ । ରୁମାଲ ଉପରେ ରୀନା ହାତବୁଣା ଫୁଲର ଡାଳି ହରୀଶ୍‌କୁ ଆନନ୍ଦ ଦିଏ । ହେଲେ ଦଳର ଧୁରନ୍ଧର ମାର୍କ୍ସମ୍ୟାନ୍ ହରୀଶ ନିଜ ଟାର୍ଗେଟ୍ ଓ ରଘୁପାତ୍ରଙ୍କ ନିର୍ଦ୍ଦେଶରୁ ନିଜକୁ ମୁକ୍ତ କରିପାରେନି । ହରୀଶ ମତରେ- ଦାବି ହାସଲ କରିବା ପାଇଁ ଗରିବ, ଖଟିଖିଆ, ଆଦିବାସୀମାନଙ୍କ ବଞ୍ଚିବାର ରସଦ ଯୋଗେଇ ଦବା ପାଇଁ ଧନୀ, କଳାବଜାରୀ, ଲାଭଖୋର ଆଉ ପ୍ରତିକ୍ରିୟାଶୀଳ ପୋଲିସ୍ ବିରୁଦ୍ଧରେ ସଶସ୍ତ୍ର ସଂଗ୍ରାମ ଚଳେଇଚନ୍ତି ।"[୧୦] ମାଫିଆଦଳରେ ରୀନାର ପ୍ରବେଶ ମରୁଭୂମିରେ ମରୁ ଉଦ୍ୟାନ ଭଳି, କଣ୍ଟା ଭିତରେ ଫୁଲ ପରି, ଶୁଖିଲା ନଈରେ ବନ୍ୟା ଭଳି ଥିଲା । ରୀନା ଯୋଗୁଁ ସମସ୍ତଙ୍କ ମନରେ ପରିବର୍ତ୍ତନ ଆସିଛି । ରୀନା ହାତ ତିଆରି ମାଂସ ସମସ୍ତଙ୍କ ମନରେ

ସମ୍ବେଦନାତ୍ମକ ପ୍ରାଚୁର୍ଯ୍ୟ ସୃଷ୍ଟି କରିଛି। ରୀନା ସ୍ୱପ୍ନ ବାଣ୍ଟିଛି, ପ୍ରେମ ଓ ଆନ୍ତରିକତାର ଗଜଲ୍ ଗାଇଛି। କିନ୍ତୁ ଏସବୁ ଭିତରେ ଭାବପ୍ରବଣତାକୁ ସାମାନ୍ୟ ପ୍ରଶ୍ରୟ ଦେଉ ନ ଥିବା କମ୍ରେଡ୍ ରଘୁପାତ୍ର ଦଳ ଭାଙ୍ଗିଯିବାର ଭୟରେ ଆଶଙ୍କିତ ହୋଇଛନ୍ତି। ରୀନା ଓ ଆୟୁଷଙ୍କ ପାରିବାପଣକୁ ତଉଲିବାକୁ ସେଦିନ ତାକୁ ଦଳପତି ଏକ ଗୁରୁତ୍ୱ ଦାୟିତ୍ୱ ଦେଇଛନ୍ତି। ମଧୁପୁର ଲୋକାଲ୍ ପାସେଞ୍ଜର୍ ଟ୍ରେନ୍ ଆସିବାର ଅଧଘଣ୍ଟା ପୂର୍ବରୁ ବ୍ରିଜ୍ ଉପରେ ପଡ଼ିଥିବା fishplateକୁ ଉଠେଇବା ପାଇଁ ସେ ଦୁହିଁଙ୍କୁ ନିର୍ଦ୍ଦେଶ ଦିଆଯାଇଛି। ରୀନା ପାଇଁ ଏଭଳି କାମ ପ୍ରଥମ କିନ୍ତୁ ପୂର୍ବରୁ ବ୍ୟାଙ୍କ୍ ରବରି କରିଥିବା ଆୟୁଷ ପାଇଁ ଏ କାମ ବଡ଼ ଚ୍ୟାଲେଞ୍ଜିଂ ମନେ ହୋଇଛି। ରୀନା-ଆୟୁଷଙ୍କ କାର୍ଯ୍ୟକଳାପକୁ ନେଇ ଦଳପତିଙ୍କ ସଂଶୟର ସତ୍ୟାସତ୍ୟ ପରଖିବା ପାଇଁ ପ୍ଲାଟ୍‌ଫର୍ମରେ ଯୁବକମାନେ ପ୍ରତୀକ୍ଷିତ। ଅପର ପାର୍ଶ୍ୱରେ ମଧୁପୁର ଲୋକାଲ୍ ଟ୍ରେନ୍ ଆକ୍ସିଡେଣ୍ଟ୍ ଦ୍ୱାରା ଅସଂଖ୍ୟ ଶ୍ରମିକ-ଖଟିଖିଆ ଓ ସର୍ବହରା ପ୍ରାଣ ହରାଇବା ସମ୍ଭାବନାରେ ରୀନା ଓ ଆୟୁଷ ବ୍ରିଜ୍ ଉପରେ fishplateଟି ଉଠାଇ ନାହାନ୍ତି। ଦଳ ପ୍ରତି ସେମାନଙ୍କ ବିଶ୍ୱାସଘାତକତା ସଂପର୍କରେ ଯୁବକମାନଙ୍କୁ ଖବର ଦେଇଛି ବିରାଜ୍। ତେଣୁ କମ୍ରେଡ୍‌ଙ୍କର ଅତି ବିଶ୍ୱସ୍ତ ହୋଇଥିବା ସତ୍ତ୍ୱେ କମ୍ରେଡ୍‌ଙ୍କ ନିର୍ଦ୍ଦେଶକୁ ବେଖାତିର କରିଥିବା ରୀନା ଓ ଆୟୁଷଙ୍କୁ ଜୀବନରେ ମାରିଦେବା ପାଇଁ ଯୁବକମାନେ ନିଷ୍ପତ୍ତି ନେଇଛନ୍ତି। ରୀନା-ଆୟୁଷକୁ ଦଳପତିଙ୍କ ଭୁଲ୍ ହିସାବ ସଂପର୍କରେ ବୁଝାଇବାକୁ ଯାଇ କହିଛି- "ତମ ଦଳ ପରା ଖଟିଖିଆ, ମଜୁରିଆ, ଶ୍ରମିକ... ଏଇମାନଙ୍କ ପାଇଁ ଲଢ଼େଇ କରୁଚି। ସବୁଠୁ ବେଶୀ ମରିଥାନ୍ତେ, ଆହତ ହେଇଥାନ୍ତେ ସେଇ ବିଚରା ଶ୍ରମିକମାନେ। ତମ ଭାଷାରେ ସର୍ବହରା proletariat."[୧୧]

ଆୟୁଷ ରୀନାକୁ ବୁଝାଇଛି ଯେ - ଜାହାଜ ଯେତେବେଳେ ବୁଡ଼ିଯାଏ, ସେତେବେଳେ ଖାଲି ଦୁଷ୍ଟଲୋକ ମରନ୍ତିନି, ଜାହାଜରେ ଥିବା ସାଧୁଲୋକମାନେ ବି ମରନ୍ତି। ବର୍ତ୍ତମାନର ଏଇ ପ୍ରଚଳିତ system ସେମିତି ବୁଡ଼ିବାକୁ ଯାଉଥିବା ଜାହାଜଟିଏ। କିଛି ବୁର୍ଜୁଆଙ୍କୁ ନିଛିନ୍ନ କରିବାକୁ ଗଲାବେଳେ proletariatଙ୍କୁ ବି ଆତ୍ମବଳି ଦେବାକୁ ପଡ଼ିବ।"[୧୨] ରୀନା ଓ ଆୟୁଷ ଶେଷ ଲୋକାଲ୍ ଟ୍ରେନ୍‌ର ଲୋକ ଗହଳିରେ ହଜିଯିବାକୁ ଚାହୁଁଥିଲେ। କିନ୍ତୁ ଉଭୟଙ୍କ ସମ୍ମୁଖକୁ ପିସ୍ତଲ ଧରି ଆଗେଇ ଆସିଛି ସୁଜିତ୍। ଉଭୟଙ୍କ ପାଖରେ ଆତ୍ମରକ୍ଷା କରିବା ପାଇଁ କୌଣସି ଅସ୍ତ୍ର ନ ଥିଲା। ଦଳର ମଙ୍ଗଳ ପାଇଁ ସେମାନଙ୍କୁ ଆତ୍ମବଳି ଦେବାକୁ ସୁଜିତ୍ ଆହ୍ୱାନ କରିଛି। ପ୍ରେମ ବିପ୍ଲବର ପରିପନ୍ଥୀ ମନେ ହୋଇଛି। ସୁଜିତ୍ ଉଭୟଙ୍କୁ ଗୁଳିବିଦ୍ଧ କରିଛି। ସେମାନେ ଛଟପଟ ହୋଇଛନ୍ତି। ପ୍ଲାଟ୍‌ଫର୍ମରେ ଉପସ୍ଥିତ ଡାକ୍ତର ପ୍ରମୋଦ ପଟ୍ଟନାୟକ ଗୁଳିଶବ୍ଦ ଶୁଣି mobile କାଢ଼ିବା ଦେଖି ସୁଜିତ୍ ତାଙ୍କୁ ମଧ୍ୟ ଗୁଳି କରିଛି। ଷ୍ଟେସନ୍ ଘର ଭିତରେ

ବନ୍ଦୀ ଥିବା ଷ୍ଟେସନ୍ ମାଷ୍ଟରଙ୍କୁ ବିରାଜ୍ ହତ୍ୟା କରିଛି। ଛଟପଟ ହେଉଥିବା ରୀନା ମୁହଁରେ ତା'ରି ହାତ ତିଆରି ରୁମାଲ୍‌କୁ ଢାଙ୍କି ଦେଇଛି ହରୀଶ୍। ଚାରି ଯୁବକ ନିଜ ମିଶନ୍‌କୁ ଶେଷ କରି ଷ୍ଟେସନ୍ ଗେଟ୍ ଆଡ଼କୁ ଧାଇଁଥିବା ବେଳେ ନାଟକରେ ଅତି ସସ୍‌ପେନ୍‌ସ ସୃଷ୍ଟି କରି ଅନ୍ତରାଳରୁ କେହି ଜଣେ ସେମାନଙ୍କୁ ଗୁଳିବିଦ୍ଧ କରିଛି। ନାଟକର ଏପର୍ଯ୍ୟନ୍ତର ଦୃଶ୍ୟ ଗୋଟିଏ ଦିନର କ୍ରିୟା-କଳାପ, ଭାବ-ଭାବାନ୍ତରକୁ ଉପସ୍ଥାପିତ କରିଛି। ଚରିତ୍ରମାନଙ୍କ ସ୍ମୃତିଚାରଣ ସ୍ଥିତିକୁ ଦର୍ଶକଙ୍କ ନିକଟରେ ଜୀବନ୍ତ କରି ଗଢ଼ି ତୋଳିଛନ୍ତି ଫ୍ଲାସ୍‌ବ୍ୟାକ୍ ଶୈଳୀରେ। କିନ୍ତୁ ଏଇଠି ନାଟକ ଶେଷ ହୋଇନାହିଁ। ମଞ୍ଚସଜ୍ଜାରେ ସାମାନ୍ୟ ପରିବର୍ତ୍ତନ କରି ଏ ଘଟଣାର ଦଶବର୍ଷ ବ୍ୟବଧାନକୁ ଦର୍ଶାଇବାର ପ୍ରୟାସ କରାଯାଇଛି।

ଦୃଶ୍ୟରେ ପୂର୍ବ ଘଟଣା ପରବର୍ତ୍ତୀ ଦଶବର୍ଷ ବ୍ୟବଧାନରେ ଠିକ୍ ସେହି ପ୍ଲାଟ୍‌ଫର୍ମ ଅଞ୍ଚଳରେ ରଘୁପାତ୍ର ଓରଫ୍ ଅବିନାଶ ପଟ୍ଟନାୟକଙ୍କ ଗାଡ଼ି ଖରାପ ହୋଇଛି। ଡ୍ରାଇଭର ମଧୁପୁରର କୌଣସି ମେକାନିକ୍‌କୁ ଆଣିବାକୁ ଯାଇଛି। ଅନନ୍ୟୋପାୟ ହୋଇ ସେଇ ଷ୍ଟେସନ୍ ପ୍ଲାଟ୍‌ଫର୍ମରେ ଅପେକ୍ଷା କରିବାକୁ ପଡ଼ିଛି ରଘୁପାତ୍ରଙ୍କୁ। ରଘୁପାତ୍ର, ପରିତ୍ୟକ୍ତ ସିଙ୍ଗିପୁରଗଡ୍ ପାସେଞ୍ଜର ହଲ୍‌ଟ ପାଖରେ ବସି ଦଶବର୍ଷ ତଳର ଘଟଣାସବୁକୁ ରୋମନ୍ଥନ କରିବସିଛନ୍ତି। ଆଜୀବନ ନିର୍ଭୀକ ଥିବା ରଘୁପାତ୍ରଙ୍କୁ ପରିତ୍ୟକ୍ତ ଷ୍ଟେସନ୍ ପ୍ଲାଟ୍‌ଫର୍ମରେ ଅଶରୀରୀମାନଙ୍କ ଚଳପ୍ରଚଳ ଅନୁଭବ ହୋଇଛି। ଧୀରେ ଧୀରେ ଅବୟବହୀନ ସୁଜିତ୍, ବିରାଜ, ନଗେନ୍, ହରିଶ୍, ଆୟୁଷ ଓ ରୀନା ଦେଖାଦେଇଛନ୍ତି। ସମସ୍ତେ ହାତ ଉପରକୁ କରି 'ବିପ୍ଳବ ଦୀର୍ଘଜୀବୀ ହେଉ' (longlive revolution)ର ସ୍ଲୋଗାନ୍ ଦେଇଛନ୍ତି। ରଘୁପାତ୍ରଙ୍କୁ ଜଣେ ଜଣେ କରି ପ୍ରଶ୍ନ ପଚାରିଛନ୍ତି ଯେ, କାହିଁକି ଏମିତି ନିର୍ମମ ଭାବରେ ସେମାନଙ୍କୁ ମାରିଦିଆଗଲା। ସେମାନେ ସେମାନଙ୍କ ପ୍ରଶ୍ନର ଉତ୍ତର ଚାହିଁଛନ୍ତି ଯେ, ଦୀର୍ଘ ୧୦ ବର୍ଷ ହେଲା ସେମାନଙ୍କ ମୃତ୍ୟୁ ପଛରେ କିଏ ଥିଲା ? ଅବଶ୍ୟ ଷ୍ଟେସନ୍ ମାଷ୍ଟର ଜଗବନ୍ଧୁ ରାଉତ ଓ ଡାକ୍ତର ପ୍ରମୋଦନ ପଟ୍ଟନାୟକଙ୍କୁ ମାଫିଆମାନେ ଟାର୍ଗେଟ୍ ନ ଥାଇ ମାରିଥିଲେ, କାରଣ encounter ପରେ ନିର୍ଦ୍ଦୋଷ ହେଲେ ମଧ୍ୟ କୌଣସି ସାକ୍ଷୀ-ପ୍ରମାଣ ଛାଡ଼ି ଚାଲିଯିବା ଉଚିତ ନୁହେଁ। ଅଶରୀରୀମାନେ କମ୍ରେଡ୍ ପାତ୍ରଙ୍କଠାରୁ ସେମାନଙ୍କ ଉତ୍ତର ଆଶା କରିଛନ୍ତି ଏବଂ ରଘୁପାତ୍ରଙ୍କ ଉତ୍ତର ହିଁ ନାଟକର twist। ପାତ୍ରଙ୍କ ଜବାବ ତଲବ ଭିତରେ କାହାଣୀର ମୋଡ଼ ବଦଳିଯାଇଛି। ସମସ୍ତେ ଜାଣିପାରିଛନ୍ତି, ବିପ୍ଳବୀ ନେତାର ମୁଖା ପିନ୍ଧିଥିବା କମ୍ରେଡ୍ ରଘୁପାତ୍ର ପ୍ରକୃତରେ ଜଣେ ସୁବିଧାବାଦୀ-ହିପୋକ୍ରାଟ୍। ନିରୀହ ଯୁବକମାନଙ୍କ ସମ୍ମୁଖରେ କ୍ରାନ୍ତିକାରୀ ନେତା ସାଜିଥିବା ପାତ୍ରଙ୍କ ଅନାଦର୍ଶର କଳାଚିଟା ସର୍ବସମ୍ମୁଖକୁ ଆସିଚି। ଦୀର୍ଘ ଦଶବର୍ଷ ତଳେ

ନିଜ ଭାବମୂର୍ତ୍ତି ବଳରେ କୋଟି କୋଟି ଟଙ୍କା ଜମେଇଥିବା ରଘୁପାତ୍ର ସହରରେ ଜଣେ ନାମୀ ଉଦ୍ୟୋଗପତି ଭାବେ ପ୍ରତିଷ୍ଠା ପାଇସାରିଛି। ରଘୁପାତ୍ର ବଦଳରେ ଅବିନାଶ ପଟ୍ଟନାୟକର ନୂତନ ପରିଚୟ ଲାଭ କରିଛି। ଯୁବକମାନଙ୍କ ଭାବାତ୍ମକ ସ୍ତରରେ ପୁଞ୍ଜିପତିମାନଙ୍କ ପ୍ରତି ଅସୂୟା-କ୍ରୋଧ ଜନ୍ମାଇ ନିଜ ଭଣ୍ଡାର ପରିପୂର୍ଣ୍ଣ କରିଚି। ଗରିବ-ଆଦିବାସୀମାନଙ୍କୁ ଟଙ୍କା ବାଣ୍ଟିବା ଆଳରେ କୌଣସି ଅନୁନ୍ନତ ଅଞ୍ଚଳକୁ ନ ଯାଇ, ସହରରେ ଟଙ୍କା ସବୁ ଗଚ୍ଛିତ କରି ରଖିଚି। ପଚାଶ କୋଟି ଟଙ୍କାରୁ ଊର୍ଦ୍ଧ୍ୱ ଫ୍ୟାକ୍ଟ୍ରି ସ୍ଥାପନ ପାଇଁ ସହରକୁ ଆସିଥିବା ସଂପର୍କରେ ସମସ୍ତଙ୍କୁ ଜଣାଇଛି। ଯୁବକମାନଙ୍କୁ encounter କରିବାକୁ ପୋଲିସ୍‌କୁ ଫୋନ୍ କରିଥିବା ବ୍ୟକ୍ତି ସେ ନିଜେ ହିଁ ଥିଲେ ବୋଲି ସ୍ୱୀକାର କରି ନାଟକର ଶେଷ ପର୍ଯ୍ୟନ୍ତ ଗତିଶୀଳ ହେଉଥିବା ସସ୍‌ପେନ୍‌ସରେ ପୂର୍ଣ୍ଣଚ୍ଛେଦ ଟାଣିଛନ୍ତି।

ରଘୁପାତ୍ର ନିଜ ହାତରେ ନିଜ ଦ୍ୱାରା ଗଢ଼ିଥିବା ଦଳକୁ ଧ୍ୱଂସ କରିଥିବା ମାନିଯାଇଛନ୍ତି। ଏ ସଂପର୍କରେ ଅଶରୀରୀମାନଙ୍କ ସମ୍ମୁଖରେ ଯୁକ୍ତି ବାଢ଼ିଛନ୍ତି ଯେ- "ବୈଜ୍ଞାନିକମାନେ କହନ୍ତି, ବିଲିୟନ୍ ବିଲିୟନ୍ ବର୍ଷ ପୂର୍ବରୁ ସୂର୍ଯ୍ୟର ଘୂର୍ଣ୍ଣନରେ ପୃଥିବୀ ଆଉ ଅନ୍ୟାନ୍ୟ ପ୍ଲାନେଟ୍‌ମାନେ ସୃଷ୍ଟି ହେଲେ ସେମିତି ବିଲିୟନ୍ ବିଲିୟନ୍ ବର୍ଷ ପରେ ସେଇ ସୂର୍ଯ୍ୟ ପୁଣି ସେଇ Planet ମାନଙ୍କୁ ଧ୍ୱଂସ କରିଦବ।"[୧୩] ଆଦର୍ଶର ଏଭଳି ବିଖଣ୍ଡିତ ରୂପକୁ ଦର୍ଶାଇ ନାଟ୍ୟକାର ବିଜୟ ମିଶ୍ର ଲେଖିଛନ୍ତି- "ଆରେ ଆଦର୍ଶକୁ ସମ୍ବଳକରି ଗାନ୍ଧୀ ତିଷ୍ଟିପାରିଲେ ନାହିଁ, Martin Luther King ବଞ୍ଚିପାରିଲେ ନାହିଁ। ଗୋର୍ବାଚେଭ୍ ବୁଝିପାରିଲା ବେଳକୁ ବହୁତ ଡେରି ହେଇଯାଇଥିଲା, ଋଷିଆ ଖଣ୍ଡଖଣ୍ଡ ହେଇଗଲା।"[୧୪] ଏହି ପରିପ୍ରେକ୍ଷୀରେ, ସ୍ଥାପତ୍ୟ ତତ୍ତ୍ୱବିଦ୍ ଜୋସେଫ୍ ହୁଡନ୍‌ଙ୍କର uncentimental and looked to science to compare the quality of lifeର ସତ୍ୟତା ରଘୁପାତ୍ର ଚରିତ୍ରରେ ପ୍ରତିଫଳିତ ହୋଇଛି। 'ଲାଷ୍ଟଟ୍ରେନ୍' ନାଟକର ଶେଷାଂଶରେ ନାଟ୍ୟକାର ବୁର୍ଜୁଆ ଇଲ୍ୟୁସନ୍ ସୃଷ୍ଟି କରିଛନ୍ତି। ନାଟକ ଭିତରେ ଆଉ ଏକ ନାଟକ ଅତ୍ୟନ୍ତ ପ୍ରଭାବଶାଳୀ ହୋଇଛି। Illusion & Realityର ଚମତ୍କାର ସମନ୍ୱୟ ଘଟିଛି। ପ୍ରକୃତପକ୍ଷେ କମ୍ୟୁନିଷ୍ଟ ଆଦର୍ଶକୁ କଳଙ୍କିତ କରିଥିବା ରଘୁପାତ୍ର ଭଳି ଚରିତ୍ରମାନେ ଯୁଗେ ଯୁଗେ ସାଧାରଣ ମଣିଷଙ୍କୁ ଶାରୀରିକ, ଆର୍ଥିକ ତଥା ମାନସିକ ସ୍ତରରେ ଶୋଷଣ କରିଥାନ୍ତି।

ସ୍ୱାର୍ଥସାଧନ, ଲାଭଖୋର ମନୋବୃତ୍ତିକୁ ଆଢୁଆଳରେ ରଖି ସାଧାରଣ ଜନସାଧାରଣଙ୍କୁ ପ୍ରତାରିତ କରିବା ସେମାନଙ୍କର ଚିରନ୍ତନ ପ୍ରବୃତ୍ତି। ଏ ପରିପ୍ରେକ୍ଷୀରେ ବିଶିଷ୍ଟ ସମାଲୋଚକ ଚିତ୍ତରଞ୍ଜନ ଦାସଙ୍କ ବକ୍ତବ୍ୟ ସ୍ମରଣୀୟ- "ପୃଥିବୀ ଇତି ଯୁଗେ

ଯୁଗେ କେତେ ମିଛ ନାୟକ ଆସିଛନ୍ତି। ସେମାନେ କେତେ ଖଣ୍ଡ ସତ୍ୟକୁ ପୂର୍ଣ୍ଣସତ୍ୟ ବୋଲି କହିଛନ୍ତି ଓ ତା'ପରେ କ୍ଷମତାବିସ୍ତାରୀ ବସିଛନ୍ତି। ମଣିଷକୁ ବାରମ୍ବାର ପ୍ରତାରିତ କରିଛନ୍ତି।" ମଣିଷ ପୁରୁଣା ଦାସତ୍ୱ ଗୁଡ଼ାକ ଛିଡ଼ାଇ ଆଣିବାର ଉତ୍ସାହରେ ପୁନର୍ବାର ନୂଆ ଦାସତ୍ୱ ମାନଙ୍କ କବଳରେ ପଡ଼ିଯାଇଛି। ପତାକା, ଚିତା ଓ ପଇତାମାନେ ମଣିଷ ଉପରେ ଘୋଡ଼ା ଚଢ଼ିଛନ୍ତି।

ବ୍ରେକ୍‌ଶଟ୍‌ଙ୍କ ନାଟ୍ୟରୀତି ଅନୁଯାୟୀ ଶ୍ରୀ ମିଶ୍ର ସମାଜର ଗୁରୁତ୍ୱପୂର୍ଣ୍ଣ ଘଟଣାକୁ କଥାରୂପ ପ୍ରଦାନ କରିଛନ୍ତି। 'ଲାଷ୍ଟଟ୍ରେନ୍'ର ଚରିତ୍ରମାନେ ନାଟ୍ୟକାରଙ୍କ ବର୍ଣ୍ଣନାକୁ ଅଧିକ ପରିପୁଷ୍ଟ କରିବା ପାଇଁ ସତେ ଯେପରି ଜୀବନ୍ତ ଭାବରେ ଆବିର୍ଭୂତ ହୋଇଥିବା ମନେହୁଏ। ପାରମ୍ପରିକ ନାଟ୍ୟରୀତିରୁ ଓହରି ବ୍ରେକ୍‌ଶଟ୍‌ଙ୍କ ଷ୍ଟ୍ରିଟ୍ କର୍ଣ୍ଣର ପରିକଳ୍ପନା ଭଳି ଏହି ନାଟକରେ ଷ୍ଟେସନ୍ ଓ ସାଧାରଣ ଟ୍ରେନ୍ ଟିକେଟ୍ କାଉଣ୍ଟରର ଦୃଶ୍ୟସଜ୍ଜା ରହିଛି। ଥିଏଟର୍ ଦୃଶ୍ୟ ଭିତରେ ଷ୍ଟେସନ୍ ଦୃଶ୍ୟର ପରିବେଶ ସୃଷ୍ଟି କରି ଘଟଣାକୁ ପ୍ରତ୍ୟକ୍ଷଧର୍ମୀ ଓ ଅସଲ ଘଟଣା ରୂପେ ପରିବେଷଣ କରାଯାଇଛି। ଷ୍ଟ୍ରିଟ୍ କର୍ଣ୍ଣରର ବୈଚିତ୍ରମୟ ଚିତ୍ର ଉତ୍ତୋଳନପୂର୍ବକ ଚରିତ୍ରମାନଙ୍କ ଦ୍ୱାରା ଖଞ୍ଜିଥିବା ସଂଳାପ ମାଧ୍ୟମରେ କଥାବସ୍ତୁ କ୍ରମଶଃ ସ୍ପଷ୍ଟରୁ ସ୍ପଷ୍ଟତର ହୋଇଛି। 'ସେଟ୍' ପରିକଳ୍ପନାରେ ଦାମୀ ସେଟ୍‌ର ବ୍ୟୟବାହୁଲ୍ୟ ନାହିଁ। ଫାଣ୍ଟାସୀ ଶୈଳୀରେ ନାଟକର ଅନ୍ତିମ ଚରଣରେ ରଘୁପାତ୍ର ଚରିତ୍ର ନିଜ ଛନ୍ଦ-ଛଦ୍ମ ଓ ପାପବୋଧକୁ ନିଜେ ଉନ୍ମୋଚନ କରିଛି। ନାଟ୍ୟକାର ବିଜୟ ମିଶ୍ର ଜଣେ କୁଶଳୀ ଶିଳ୍ପୀ ଭାବରେ ସାଂପ୍ରତିକ ଯୁଗର ମାଫିଆ ଏବଂ ନକ୍ସଲ ସମସ୍ୟା ସହିତ ଅଶରୀରୀ ଭାବବସ୍ତୁ (invisible concept)କୁ ସଂଯୋଗ କରି ଦର୍ଶକଙ୍କୁ ଦୀର୍ଘ ସମୟ ଧରି ବାନ୍ଧି ରଖିବାରେ ସଫଳ ହୋଇଛନ୍ତି। 'ଲାଷ୍ଟ୍ ଟ୍ରେନ୍' ନାଟକର ପରିଦୃଶ୍ୟ ଜରିଆରେ ନାଟ୍ୟକାରଙ୍କ ଅନ୍ତର୍ନିହିତ ବକ୍ତବ୍ୟ ଅତ୍ୟନ୍ତ ମର୍ମସ୍ପର୍ଶୀ। ନାଟ୍ୟକାରଙ୍କ ମୂଳଲକ୍ଷ୍ୟ ଓ ବ୍ୟାଖ୍ୟା ସ୍ୱତନ୍ତ୍ର। ମଞ୍ଚରେ ଆଲୋକସଂପାତ, ଅଦୂରର ଜୋତା ଶବ୍ଦ, ଷ୍ଟେସନ୍‌ର ନିରବତା, ପ୍ରଚ୍ଛଦରୁ ଗୁଳିର ଶବ୍ଦ, କଥାବସ୍ତୁର ଘଟଣାକ୍ରମ, ସଂଳାପ, କ୍ଲାଇମାକ୍ସ, ସ୍ଥାନ-କାଳ-ପାତ୍ରର ଚେତନା ଅତି ଚମତ୍କାର ଏବଂ ସ୍ୱାଭାବିକ ମନେହୁଏ। 'ଲାଷ୍ଟ୍‌ଟ୍ରେନ୍' ଭଳି ପ୍ରତୀକାତ୍ମକ ନାମକରଣ ପଛରେ ଯୁଗୀୟ ଶୋଷଣ-ଉତ୍ପୀଡ଼ନର ଅନନ୍ତ ଗତିକୁ ଜଣେ ଦାର୍ଶନିକ ଭଳି ନାଟ୍ୟକାର ସମାଜକୁ ବୁଝାଇଛନ୍ତି। ମଣିଷ ଜୀବନର ଶେଷ ଟ୍ରେନ୍ ଆସିପାରେ ହେଲେ, "ଅବିନାଶ ପଟ୍ଟନାୟକ ଭଳି ଲୋକମାନଙ୍କ ପାଇଁ ଶେଷ ଟ୍ରେନ୍ ବୋଲି କିଛି ନାହିଁ। ତାଙ୍କ ଶୋଷଣର (exploitation)ର train ସବୁ ଅବିରାମ ଗତିରେ ଚାଲୁଥିବ ଅନନ୍ତକାଳ।"[୧୬] ଏହା ହିଁ ନାଟକର ମର୍ମବାଣୀ। ନାଟକରେ ନୂତନ ପ୍ରତି ମୋହ, ସାମାଜିକ ଅଙ୍ଗୀକାର, ଜୀବନ

ପ୍ରତି ସକାରାତ୍ମକ ଦୃଷ୍ଟିଭଙ୍ଗୀ ତଥା ବିବର୍ତ୍ତନର ସ୍ୱାଗତ ରହିଛି। ଶ୍ରୀ ମିଶ୍ର ସାବଲୀଳ-ଅକୃତିମ ଓଡ଼ିଆ, ହିନ୍ଦୀ ତଥା ଇଂରାଜୀ ଭାଷାର ପ୍ରୟୋଗ କରି କାହାଣୀ ଭାଗକୁ ସ୍ୱଚ୍ଛନ୍ଦ କରି ଗଢ଼ି ତୋଳିଛନ୍ତି। ନିଜ ଶବ୍ଦଚାତୁରୀ ମାଧ୍ୟମରେ ନାଟ୍ୟକାର ମିଶ୍ର ବସ୍ତୁବାଦୀ ବିକୃତି ଓ ବିରୋଧାଭାସକୁ କଟାକ୍ଷ କରିଛନ୍ତି। ପ୍ରକୃତପକ୍ଷେ, 'ଲାଷ୍ଟ୍‌ଟ୍ରେନ୍' ଜୀବନମୂଲ୍ୟ ଅପେକ୍ଷା ଅନ୍ତଃସାରଶୂନ୍ୟ ରିକ୍ତତା, ଅସାରତା, ବାହ୍ୟ ଜୀବନର ଦ୍ୱନ୍ଦ୍ୱ, ସଭ୍ୟତା ଓ ମଣିଷର କୃତ୍ରିମ ଆବରଣ ଏକ କଷାୟ-ତିକ୍ତ ଏବଂ ତୀବ୍ର ପ୍ରତିକ୍ରିୟାଶୀଳ ଅନନ୍ତ ଦଲିଲ୍।

ସହାୟକ ଗ୍ରନ୍ଥସୂଚୀ:

୧. ସାହିତ୍ୟ ସୂଚୀରୁ କେତୋଟି - ସଂପାଦନା: ଅପୂର୍ବ ରଞ୍ଜନ ରାୟ - ଓଡ଼ିଶା ବୁକ୍ ଷ୍ଟୋର୍ - ୧୯୮୧ - ପୃ:୯୦
୨. ଆଧୁନିକ ଓଡ଼ିଆ ନାଟକରେ ବାସ୍ତବ ଓ ଉଦ୍ଭଟ ଚେତନା - ନୀଳାଦ୍ରିଭୂଷଣ ହରିଚନ୍ଦନ - ବିଦ୍ୟାପୁରୀ - ୨୦୦୭ - ୧୯୮୧ - ପୃ:୪୭
୩. ଓଡ଼ିଆ ନାଟକର ଉତ୍ତର ଆଧୁନିକ ପର୍ବ - ଡକ୍ଟର ହେମନ୍ତ କୁମାର ଦାସ - ବିଦ୍ୟାପୁରୀ - ୨୦୧୧ - ପୃ:୨୨
୪. ବିବିଧ ପ୍ରସଙ୍ଗ - ବିଶ୍ୱନାଥ କର - ଉତ୍କଳ ସାହିତ୍ୟ - ମାର୍ଗଶୀର - ୧୩୪୩
୫. ଲାଷ୍ଟ୍‌ଟ୍ରେନ୍ - ବିଜୟ ମିଶ୍ର - ପୃ: ୨
୬. ଲାଷ୍ଟ୍‌ଟ୍ରେନ୍ - ବିଜୟ ମିଶ୍ର - ପୃ: ୫
୭. ଲାଷ୍ଟ୍‌ଟ୍ରେନ୍ - ବିଜୟ ମିଶ୍ର - ପୃ: ୭
୮. ଲାଷ୍ଟ୍‌ଟ୍ରେନ୍ - ବିଜୟ ମିଶ୍ର - ପୃ: ୧୧
୯. ଲାଷ୍ଟ୍‌ଟ୍ରେନ୍ - ବିଜୟ ମିଶ୍ର - ପୃ: ୮
୧୦. ଲାଷ୍ଟ୍‌ଟ୍ରେନ୍ - ବିଜୟ ମିଶ୍ର - ପୃ: ୧୩
୧୧. ଲାଷ୍ଟ୍‌ଟ୍ରେନ୍ - ବିଜୟ ମିଶ୍ର - ପୃ: ୧୮
୧୨. ଲାଷ୍ଟ୍‌ଟ୍ରେନ୍ - ବିଜୟ ମିଶ୍ର - ପୃ: ୧୯
୧୩. ଲାଷ୍ଟ୍‌ଟ୍ରେନ୍ - ବିଜୟ ମିଶ୍ର - ପୃ: ୪୦
୧୪. ଲାଷ୍ଟ୍‌ଟ୍ରେନ୍ - ବିଜୟ ମିଶ୍ର - ପୃ: ୪୦
୧୫. ପ୍ରଗତିବାଦୀ କାବ୍ୟଚେତନା - ଡକ୍ଟର ବିଜୟ କୁମାର ଶତପଥୀ - ଓଡ଼ିଶା ବୁକ୍ ଷ୍ଟୋର୍ - ୧୯୯୨ - ପୃ: ୧୮
୧୬. ପ୍ରଗତିବାଦୀ କାବ୍ୟଚେତନା - ଡକ୍ଟର ବିଜୟ କୁମାର ଶତପଥୀ - ଓଡ଼ିଶା ବୁକ୍ ଷ୍ଟୋର୍ - ୧୯୯୨ - ପୃ: ୪୧

ଶବ୍ଦାକୃତିର ବିଶ୍ୱକର୍ମା: ମନୋଜ ଦାସ

ଉତ୍ତରିତ ଚେତନାର ବ୍ୟକ୍ତିତ୍ୱ ଭାବରେ ପଦ୍ମଶ୍ରୀ ମନୋଜ ଦାସ ଜଣେ ଅନତିକ୍ରମ୍ୟ-ଅପ୍ରତିଦ୍ୱନ୍ଦ୍ୱୀ ସ୍ରଷ୍ଟାପୁରୁଷ। ସାହିତ୍ୟର ପ୍ରତ୍ୟେକ ବିଭାଗରେ ସ୍ୱକୀୟ ମୁଦ୍ରାଙ୍କନର ସ୍ୱାତନ୍ତ୍ର୍ୟ ନେଇ ସେ ପ୍ରତିନିଧି ସାଧକ ରୂପେ ଯଶସ୍ୱୀ। "ଆନ୍ତରୀଣ ରହସ୍ୟର ତାଡ଼ନାରେ ଓ ସୁସଂଗଠିତ ଶିଳ୍ପକଳାର ଆବରଣରେ ତାଙ୍କର ସମଗ୍ର କୃତି ସମୁଜ୍ଜ୍ୱଳ। ସବୁଥିରେ ଜୀବନ ଓ ଭାଷା ଅପୂର୍ବ ଭାବରେ ମିଶିଯାଇଛନ୍ତି, ଭାବ ଏବଂ ଭାବବାହୀ ଶୈଳୀର ସୁନ୍ଦର ସୁଠାମ ସହାବସ୍ଥାନ ଘଟିଛି, ପୁରୋଦୃଷ୍ଟି ଓ ଅନ୍ତର୍ଦୃଷ୍ଟି ଅତି ସାବଲୀଳ ଭାବେ ସଦା ଲୀଳା-ଚଞ୍ଚଳ ମନେ ହେଉଛନ୍ତି। Gerard Manley Hopkinsଙ୍କ ଭାଷାରେ "Nothing but fine execution survives long", ପରି ପ୍ରେରଣାକୁ ସେ ଏମିତି ସୁନ୍ଦର ଭାବେ ରୂପାୟିତ କରିଛନ୍ତି ଯେ ସତରେ ସେ ଚିରାୟତ।"[୧] ସେ ଏକାଧାରରେ ଥିଲେ ଜଣେ ସ୍ୱତଃସ୍ଫୂର୍ତ୍ତ କବି, ପ୍ରଜ୍ଞାଦୀପ୍ତ ପ୍ରାବନ୍ଧିକ, ଦକ୍ଷ ସଂପାଦକ, ସଫଳ ଜୀବନୀକାର, ସ୍ତମ୍ଭ-ଫିଚରର ସମର୍ଥ ଶିଳ୍ପୀ।

ବହୁଦର୍ଶୀ ସ୍ରଷ୍ଟା ମନୋଜ ଦାସଙ୍କ ଲିଖିତ ବିଭିନ୍ନ ଗଳ୍ପ, ଉପନ୍ୟାସ, ଭ୍ରମଣବୃତ୍ତାନ୍ତ, ବକ୍ତବ୍ୟ, ସ୍ମୃତିକଥା, ପ୍ରବନ୍ଧ, ସ୍ତମ୍ଭ ଇତ୍ୟାଦିରେ ସାହିତ୍ୟର ସ୍ୱରୂପ ସ୍ୱତନ୍ତ୍ର ବୈଶିଷ୍ଟ୍ୟ ନେଇ ଉଚ୍ଚାରିତ ହୋଇଛି। ଭାରତ ବିଖ୍ୟାତ 'ଦି ହେରିଟେଜ୍' ନାମକ ଇଂରାଜୀ ମାସିକ ପତ୍ରିକା ମନୋଜୀୟ ମନୀଷାର ବୈଚିତ୍ର୍ୟ ପ୍ରତିଷ୍ଠା କରିଛି। ମହାଯୋଗୀ ଶ୍ରୀଅରବିନ୍ଦ ଦର୍ଶନ ଅବଗାହୀ ମନୋଜ ଦାସଙ୍କ ସାରସ୍ୱତ ସମ୍ଭାରରେ ରହିଛି ଜୀବନୋପଲବ୍ଧିର ଅନୁପମ ସୌନ୍ଦର୍ଯ୍ୟ ତଥା ମାନବ ଜୀବନର ଗଭୀରତମ ଚୈତ୍ୟସ୍ତରୀୟ ଅନୁଭବ। ୧୯୬୩ ମସିହାରେ ଅରବିନ୍ଦ ଆଶ୍ରମରେ ତାଙ୍କ ଜୀବନର

ଆଧ୍ୟାତ୍ମିକ ଆସ୍ପୃହା-ପ୍ରଶାନ୍ତିର ମହାଯୋଗରେ ରହି ଶୀର୍ଷାରୋହଣ କରିଥିଲା ଏବଂ ଜୀବନର ମୋଡ଼ ପରିବର୍ତ୍ତିତ ହୋଇଯାଇଥିଲା। "At Pondicherry, under the care of the mother, Das continued to write creatively in Odia and English. He wrote regular coloumns on literature and culture in the Times of India, The Hindustan Times and The Hindu."[୨] ମନୋଜ ଦାସ ବିଶ୍ୱ ବ୍ୟବସ୍ଥା ପ୍ରତି ସତତ ସଚେତନ, ସାଂସ୍କୃତିକ ଅସ୍ମିତା ନିର୍ମାଣରେ ଦୃଢ଼ ବିଶ୍ୱାସୀ ତଥା ସତ୍ୟ ଉଦ୍‌ଘାଟନରେ ସଚ୍ଚୋଟ ଅନୁସନ୍ଧିତ୍ସୁ ଥିଲେ। ସତ୍ୟାନ୍ୱେଷାର ମୂଲ୍ୟବୋଧରୁ ହିଁ ସେ ସୃଷ୍ଟି କରିଯାଇଛନ୍ତି ଅସଂଖ୍ୟ ଫିଚର୍। ଏଥିନିମନ୍ତେ ତାଙ୍କୁ ମୁଦ୍ରିତ ଗଣମାଧ୍ୟମ 'ସମ୍ବାଦ'ର ଆବଶ୍ୟକତା ପଡ଼ିଛି। ଡେନିସ୍ ମ୍ୟାକୁଏଲ୍‌ଙ୍କ ମତରେ- "ସାଂପ୍ରତିକ ଅବସ୍ଥାକୁ ସମାଜ ଓ ଜୀବନର ଭିତ୍ତି କ'ଣ ହୋଇଛି ତାହାକୁ ପ୍ରତିଫଳନ କରିବା ଓ ସମାଜ ଦ୍ୱାରା ପ୍ରଭାବିତ ହୋଇ ତହିଁରୁ ତଥ୍ୟ ସଂଗ୍ରହ କରି ସମାଜକୁ ଚାହିଦା ଅନୁସାରେ ସୂଚନା ପ୍ରଦାନ କରି ସମୂହର ମନୋରଞ୍ଜନ କରିବା ହେଉଛି ଗଣମାଧ୍ୟମର କର୍ତ୍ତବ୍ୟ।"[୩] ଗଣମାଧ୍ୟମର ସହାୟତାରେ ଜନମତର ଉପସ୍ଥାପନ ଅତ୍ୟନ୍ତ ସହଜ-ସରଳ-ସୁବୋଧ ହୋଇଥାଏ। ତେଣୁ, ସମାଜହିତୈଷୀ ମନୋଜ ଦାସ ମାନବ ଜୀବନର ପ୍ରତ୍ୟେକଟି ସତ୍ୟକୁ ନିଛକ ଭାବରେ ଉପସ୍ଥାପିତ କରିଛନ୍ତି ତାଙ୍କର ସ୍ତମ୍ଭଗୁଡ଼ିକରେ। ସେ ବୁଝିଥିଲେ- "ଜନମତର ଯଥାର୍ଥତା ପ୍ରତିପାଦନ, ଜନ ସଚେତନତାର ସୃଷ୍ଟିକାରୀ ଶକ୍ତି ଭାବରେ ଗଣମାଧ୍ୟମ ଗଣତନ୍ତ୍ରର ଚତୁର୍ଥ ସ୍ତମ୍ଭ ବା ନିରପେକ୍ଷ ସୁରକ୍ଷା ଶକ୍ତିପିଣ୍ଡ ଭାବରେ ଦାୟିତ୍ୱ ସଂପାଦନ କରିଥାନ୍ତି। ମାର୍କିନ୍ ଚିନ୍ତାବିତ୍ ଏମ୍.ଏଲ୍. ପେନ୍‌ସରିଜଙ୍କ ମତରେ- ଯେକୌଣସି ଧରଣର ନୂତନ ଘଟଣା, ନୂତନ ପ୍ରସଙ୍ଗ, ନୂତନ ବିଚାର, ନୂତନ ସିଦ୍ଧାନ୍ତ, ନୂତନ ଉଦ୍ଭାବନର ତାତ୍କାଳିକ ଗୁରୁତ୍ୱକୁ ବୋଧଗମ୍ୟ ରୀତିରେ ସାହିତ୍ୟିକ ରସମୟତା ଭଙ୍ଗୀରେ ସୂଚନାତ୍ମକ ସମ୍ବାଦ ଆକାରରେ ଜନସମ୍ମୁଖସ୍ଥ କରିବା ଗଣମାଧ୍ୟମର ଦାୟିତ୍ୱ।"[୪] ଅତି ସୂଚନାତ୍ମକ ଶୈଳୀରେ ସାହିତ୍ୟଧର୍ମୀ ସମ୍ବାଦ ପରିବେଷଣରେ ମନୋଜ ଦାସ ଥିଲେ ଜଣେ ସୁଦକ୍ଷ ଶବ୍ଦଶିଳ୍ପୀ। ବିଶ୍ୱ ଜୀବନ ସହ ଭାବବିନିମୟର ମାନସିକତା ନେଇ ସେ ଅସଂଖ୍ୟ କଥାବିମ୍ବ ଗଢ଼ିଛନ୍ତି। ତଥ୍ୟ-ସତ୍ୟ-କଥ୍ୟ ଶବ୍ଦରୂପକ ହିଁ ଫିଚର୍। "ଇଂରାଜୀ ଭାଷାରେ 'ଫିଚର' (Features) ହେଉଛି ଏକ ସ୍ୱତନ୍ତ୍ର ଧରଣ ବା ବିଶେଷତ୍ୱ ମଣ୍ଡିତ (special and prominent article) ଦୃଶ୍ୟବୋଧାତ୍ମକ ଗଦ୍ୟ ରଚନା ଯାହାକୁ ପଢୁ ପଢୁ ପାଠକ ସାମ୍ନାରେ ଦେଖି ହୋଇଯିବା ଭଳି ପ୍ରତ୍ୟୟ କରିବ। ଓଡ଼ିଆ ଭାଷାରେ ସମ୍ବାଦ ବ୍ୟବସ୍ଥା କ୍ଷେତ୍ରରେ ଏହି ଫିଚରକୁ 'ଆକୃତି ସମ୍ବାଦ' ଭାବରେ ଗ୍ରହଣ କରାଯାଇପାରେ। ତତ୍ତ୍ୱନିଷ୍ଠ,

ତଥ୍ୟନିଷ୍ଠ, ବିତର୍କ ସମ୍ଭାବନା ସାପେକ୍ଷ, ଆଲୋଚନାଯୋଗ୍ୟ, ସମକାଳୀନ ପ୍ରାସଙ୍ଗିକତା ଓ ସମସ୍ୟା ସଂପୃକ୍ତ ପ୍ରସଙ୍ଗକୁ ନାନା ସୂଚନା, ଦୃଷ୍ଟାନ୍ତ, ଯୁକ୍ତିବଳରେ ସ୍ୱତନ୍ତ୍ର ଆକାର ପ୍ରଦାନ କରି ସମ୍ବାଦପତ୍ରରେ ସ୍ତମ୍ଭାୟିତ କରିବାର ରଚନା ପ୍ରଯତ୍ନକୁ ଆକୃତି ସମ୍ବାଦ ବା ରୂପକ ରଚନା ଭାବରେ ପରିଭାଷିତ କରାଯାଇପାରେ। x x x ଆକୃତି ଓ ରୂପକର ବ୍ୟୁତ୍ପତ୍ତିଗତ ଅର୍ଥ ହେଉଛି - ଆ - କୃ + ତ/ରୂପ - ଣିଚ୍ + ଅକ, ଯାହା ତତ୍ତ୍ୱକୁ ଆକାରଯୁକ୍ତ ବ୍ୟାଖ୍ୟାନ ବିଶେଷତ୍ୱରେ ପରିମଣ୍ଡିତ କରିଥାଏ। ତତ୍ତ୍ୱ ବା ଘଟଣାଶ୍ରିତ ତଥ୍ୟକୁ ମୂର୍ତ୍ତିମାନ ଆକାର ପ୍ରଦାନ କରିବା ହିଁ ରୂପକ ବା ଆକୃତି ସମ୍ବାଦ।"(୫)

ଖବରକାଗଜରେ ନିତିଦିନର ଘଟଣାର ବିବରଣୀ ଥାଏ କିନ୍ତୁ ଫିଚର୍ ସେହି ଘଟଣାକୁ ସୌନ୍ଦର୍ଯ୍ୟମଣ୍ଡିତ କରିଥାଏ। ଖବରକୁ ପ୍ରାଣଶକ୍ତି ପ୍ରଦାନ କରିବାରେ ଫିଚର୍‌ର ଭୂମିକା ଅନବଦ୍ୟ। ସମାଲୋଚକ ପ୍ରଫେସର ସନ୍ତୋଷ ତ୍ରିପାଠୀଙ୍କ ଶବ୍ଦରେ- "ଏଣୁ ତେଣୁ ପ୍ରସଙ୍ଗ ଚିତ୍ର, ଦୃଶ୍ୟ, କଥନୀ, ଦୃଷ୍ଟାନ୍ତ ଭିତ୍ତିରେ ଲେଖି ହୋଇଗଲେ ତାହା ଆକୃତି ସମ୍ବାଦ ବା ଫିଚର ରଚନା ହୁଏ ନାହିଁ। ପ୍ରତ୍ୟେକ ଖବର ମଧ୍ୟରେ ଆକୃତିଟି ଗୁପ୍ତବୀଜଶକ୍ତି ଭାବରେ ରହିଥାଏ। ସମ୍ବାଦ ଫିଚର୍ ନୁହେଁ। ସମ୍ବାଦକୁ ବଢ଼େଇ ଦେଲେ ଫେଣେଇ ବନେଇ ଚୂନେଇ ଲେଖିଦେଲେ ଫିଚର୍ ହୁଏ ନାହିଁ। ସମ୍ବାଦଯୋଗ୍ୟ ଘଟଣାଟି ଭିତରେ ଥିବା ସତ୍ୟ, କାରଣର ପୂର୍ବାପର ଗୁରୁତ୍ୱ, କାରଣ ସଂପୃକ୍ତ ତଥ୍ୟ ଇତ୍ୟାଦିକୁ ଆମୋଦଦାୟକ, ଶିକ୍ଷାଭିତ୍ତିକ, ସୂଚନାଗର୍ଭକ, ଜ୍ଞାନାତ୍ମକ, ବିତର୍କ ଭାବାନ୍ତର ସୃଷ୍ଟିକାରକ କରି ପ୍ରତିପାଦନ କରିବା ହେଉଛି ରୂପକ ରଚନାର ବିଶେଷତ୍ୱ। x x x ସେଥିପାଇଁ ସାମ୍ବାଦିକ ବ୍ରାନ୍ ନିକୋଲସ୍ ଆକୃତି ସମ୍ବାଦରେ ବଳିଷ୍ଠ ଖବରକାଗଜକୁ ଜାତିର ଜୀବନସ୍ରୋତ, ସଂପାଦକୀୟକୁ ହୃତ୍‌ପିଣ୍ଡ, ସମ୍ବାଦକୁ ଚେହେରା ଓ ଫିଚର୍‌କୁ ଆତ୍ମା ଭାବରେ ଅଭିହିତ କରିଛନ୍ତି। ସମ୍ବାଦ ନିର୍ଦ୍ଦିଷ୍ଟ ଓ ଏକପାକ୍ଷିକ। ମାତ୍ର ଫିଚର୍ ସମ୍ବାଦର ଏକପାକ୍ଷିକ ନିର୍ଯ୍ୟାସକୁ କେନ୍ଦ୍ରବିନ୍ଦୁରେ ରଖି ତାହାର ଚାରିପାଖରେ ବହୁପ୍ରସ୍ଥୀୟ ବଳୟ ସୃଷ୍ଟି କରିଥାଏ।"(୬) ତେବେ ଲାଟିନ୍ ଶବ୍ଦ ଫିଚର୍ (Feature)ର ଅର୍ଥ ହେଉଛି ସ୍ୱରୂପ ପ୍ରସ୍ତୁତି, ରୂପରେଖ ନିର୍ଣ୍ଣୟ। ଏହା ହିନ୍ଦୀରେ 'ରୂପକ ପତ୍ରକାରିତା' ଏବଂ ଓଡ଼ିଆରେ 'ସ୍ତମ୍ଭ' ରୂପେ ଆଦୃତି ଲାଭ କରିଛି।

କଥାକାରିତାର ଅପୂର୍ବ କାରିଗର ମନୋଜ ଦାସ ଥିଲେ 'ସ୍ୱାନ୍ତ ସୁଖାୟ'ର ବାର୍ତ୍ତାବହ। ମାନବ ଜୀବନର ମଙ୍ଗଳ, ଚେତନାର ବିସ୍ତାର, ଆତ୍ମାର ଉତ୍ତରଣକୁ ସାହିତ୍ୟ ମାଧ୍ୟମରେ ଜାଗ୍ରତ କରିବା ଉଦ୍ଦେଶ୍ୟରେ ହିଁ ସେ ରୂପାତ୍ମକ-ଶବ୍ଦାକୃତିମାନ ଗଢ଼ିଛନ୍ତି। ଭୂତ-ବର୍ତ୍ତମାନ-ଭବିଷ୍ୟତର ସମାବେଶ ସହିତ ବ୍ୟକ୍ତିତ ଅନୁଭବକୁ କଳ୍ପନା ଓ ସୃଜନର ପୁଟ ଦେଇ ଆକର୍ଷଣୀୟ ଶୈଳୀରେ ଉପସ୍ଥାପନ କରିଛନ୍ତି। ଖବରକାଗଜ ଗଣଜୀବନର

ବହୁ ପ୍ରଭାବଶାଳୀ-ପ୍ରାତ୍ୟହିକ ପଠନୀୟ ଗଦ୍ୟରୂପ ହୋଇଥିବା ହେତୁ ଏଥିରେ ପ୍ରକାଶିତ ତାଙ୍କର ସ୍ତମ୍ଭଗୁଡ଼ିକ ଅତ୍ୟନ୍ତ ଶିକ୍ଷଣୀୟ, ଚଳତ୍‌ମାନ ଏବଂ ମନୋରଞ୍ଜନଧର୍ମୀ।

ମନୋଜୀୟ ସ୍ତମ୍ଭଗୁଡ଼ିକ ନିର୍ଦ୍ଦିଷ୍ଟ ବିନ୍ଦୁ ଆଧାରିତ ରଚନା। ତାଙ୍କ ସୃଷ୍ଟିରେ ଦୁଇଗୋଟି ପ୍ରମୁଖ ରୂପ ଥାଏ।

- ଏକ ନିର୍ଦ୍ଦିଷ୍ଟ ବିନ୍ଦୁ (with of without a caption)
- କୌଣସି ବିଶେଷ ବକ୍ତବ୍ୟ (pull-quote)

ମନୋଜ ଦାସଙ୍କ ଫିଚରଗୁଡ଼ିକୁ ନଅ (୯) ଭାଗରେ ବିଭାଜନ କରାଯାଇପାରେ।

୧. ସମ୍ବାଦଧର୍ମୀ ଫିଚର
୨. ମାନବୀୟ ରୁଚିସଂପନ୍ନ ଫିଚର ବା ସାମାଜିକ ଫିଚର
୩. ଐତିହାସିକ ଫିଚର
୪. ବିଶେଷ ଘଟଣା ଆଧାରିତ ଫିଚର
୫. ଅନ୍ୱେଷାଧର୍ମୀ ଫିଚର
୬. ସାଂସ୍କୃତିକ ବିଚାରଧର୍ମୀ ଫିଚର
୭. ତୂରୀୟ-ଚେତନାଭିତ୍ତିକ ଫିଚର
୮. ବ୍ୟକ୍ତିଗତ-ଅନୁଭବାତ୍ମକ ଫିଚର
୯. ବିଜ୍ଞାନ ଆଧାରିତ ଫିଚର

ମନୋଜ ଦାସଙ୍କ ସ୍ତମ୍ଭଗୁଡ଼ିକର ଚମକପ୍ରଦ 'ଆରମ୍ଭ', ସାବଲୀଳ 'ମଧ୍ୟ', ନିର୍ଦ୍ଦିଷ୍ଟ 'ଚରମ' ଏବଂ ଆକର୍ଷଣୀୟ 'ସମାପନ' ଅନବଦ୍ୟ। ପାଠକଙ୍କୁ ବାନ୍ଧି ରଖିବା କ୍ଷେତ୍ରରେ ମନୋଜୀୟ ଦୃଷ୍ଟିକୋଣର ଚୁମ୍ବକୀୟ ବନ୍ଧନ ଅତ୍ୟନ୍ତ ନିଗୂଢ଼ (catchy) ଥାଏ ! ତତ୍‌ସହିତ ହୃଦୟଜିତା ରସବୋଧ (metaphore), ବିବିଧ ଦୃଷ୍ଟାନ୍ତ, ଦୃଶ୍ୟାୟିତ କରିବାର ବ୍ୟାଖ୍ୟାତ୍ମକ ରୂପ, ଆବେଗିକ ଭାବବିନ୍ୟାସ ଅତ୍ୟନ୍ତ ସମୁଚ୍ଚ ଥାଏ। ତାଙ୍କର ଫିଚର ଗୁଡ଼ିକରେ 'କାରଣ ଏବଂ ତା'ର ପ୍ରଭାବ' (Cause & Effect), 'ସମସ୍ୟା ସମାଧାନ' (Problem Solution), 'ସମୟର ପଦଧ୍ୱନି' (Chronological Impact of Time) ଇତ୍ୟାଦିର ନିଚ୍ଛକ ରୂପ ଅତି ଯୁକ୍ତିଯୁକ୍ତ ଭାବରେ ସୁବିନ୍ୟସ୍ତ ହୋଇଥାଏ।

ମନୋଜ ଦାସଙ୍କ ବ୍ୟକ୍ତିତ୍ୱ ଉପରେ ବାଲ୍ୟାବସ୍ଥାରୁ ଆହରିତ ମହାଭାରତ, ରାମାୟଣ, ବେଦ, ଉପନିଷଦୀୟ ତତ୍ତ୍ୱ, ପଞ୍ଚତନ୍ତ୍ର ଜାତକ, କଥାସରିତ ସାଗରର ଗଳ୍ପରୂପର ପ୍ରଭାବ ରହିଥିବା ସେ ସ୍ୱୀକାର କରନ୍ତି। ଫକୀରମୋହନ, ରବୀନ୍ଦ୍ରନାଥ ଟାଗୋର, ବଙ୍କିମଚନ୍ଦ୍ର ଚାଟାର୍ଜୀ, ଆର୍‌.କେ. ନାରାୟଣ, ରସ୍କିନ୍ ବଣ୍ଡ, ମୁଲକ୍ ରାଜ୍

ଆନନ୍ଦ ତଥା ରାଜା ରାଓଙ୍କ ଭଳି କୃତବିଦ୍ୟ ସାହିତ୍ୟିକମାନଙ୍କର କଥାତ୍ମକ ଉପସ୍ଥାପନାର ପ୍ରଭାବକୁ ସ୍ୱୀକାର କରିଛନ୍ତି। ଶ୍ରୀ ଦାସ ନିଜ ଆଭିମୁଖ୍ୟକୁ ପାଠକମାନଙ୍କ ନିକଟରେ ପହଞ୍ଚାଇବା ନିମନ୍ତେ ସମ୍ବାଦ ପୃଷ୍ଠାକୁ ଏକ ବିଶେଷ ଅବଲମ୍ବନ ଭାବରେ ଗ୍ରହଣ କରିଛନ୍ତି। ଗଳ୍ପ, ଉପନ୍ୟାସ, କବିତାରେ ଯାହା କହିବାକୁ ଚାହିଁଛନ୍ତି ତା'ଠାରୁ ଅଧିକ ସୂକ୍ଷ୍ମ ଭାବରେ ସେ ଅଭିବ୍ୟକ୍ତ କରିପାରିଛନ୍ତି ତାଙ୍କର ସ୍ତମ୍ଭଗୁଡ଼ିକରେ। ସ୍ତମ୍ଭକାର ଭାବରେ ତାଙ୍କ ପୂର୍ବସୂରୀଙ୍କ ଫିଚରଧର୍ମୀ ସୃଷ୍ଟି ମଧ୍ୟରେ- ଡକ୍ଟର ହରେକୃଷ୍ଣ ମହତାବଙ୍କ 'ଗାଁ ମଜଲିସ', ସୁରେନ୍ଦ୍ର ମହାନ୍ତିଙ୍କ 'ଶେଷସ୍ତମ୍ଭ', ଚିତ୍ତରଞ୍ଜନ ଦାସଙ୍କ 'ନଖଦର୍ପଣେନ' ଇତ୍ୟାଦି ଉଲ୍ଲେଖଯୋଗ୍ୟ ଭୂମିକା ଗ୍ରହଣ କରିଛି। ସେହି ଧାରାକୁ ନିତ୍ୟନୂତନ ଭାବରେ ସମୃଦ୍ଧ କରିବା ସହିତ ସ୍ୱତନ୍ତ୍ର ଉଚ୍ଚତା ପ୍ରଦାନ କରିବା କ୍ଷେତ୍ରରେ ସ୍ତମ୍ଭକାର ମନୋଜ ଦାସ ଜଣେ ଅପ୍ରତିଦ୍ୱନ୍ଦ୍ୱୀ ଶବ୍ଦକାର। ନିଖୁଣ ତାଙ୍କର ଶବ୍ଦାକୃତି, ଅପୂର୍ବ ତାଙ୍କର ଲବ୍ଧ ଅନୁଭୂତିର ଲାବଣ୍ୟ! ଅନୁଭବ, ଚେତନା ଓ ଦାର୍ଶନିକତାର ସଙ୍ଗମ ପୀଠ ସାଜିଛି ତାଙ୍କର ଅସଂଖ୍ୟ ସ୍ତମ୍ଭ। ଏହି ପରିପ୍ରେକ୍ଷୀରେ ନିମ୍ନୋକ୍ତ ପୁସ୍ତକରେ ସନ୍ନିବେଶିତ ଫିଚରଗୁଡ଼ିକର ପୁଙ୍ଖାନୁପୁଙ୍ଖ ଆଲୋଚନାର ଆବଶ୍ୟକତା ରହିଛି।

୧. କେତେ ଦିଗନ୍ତ (ପ୍ରଥମ/ ଦ୍ୱିତୀୟ ଭାଗ) (୧୯୮୬)
୨. ବିପୁଳାଚ ପୃଥ୍ୱୀ (୧୯୯୪)
୩. ମହାକାଳର ପ୍ରହେଳିକା ଓ ଅନ୍ୟାନ୍ୟ ଜିଜ୍ଞାସା (୧୯୯୬)
୪. ଭାରତର ଐତିହ୍ୟ: ଶତେକ ପ୍ରଶ୍ନର ଉତ୍ତର (୧୯୯୮)
୫. ସନ୍ଧାନ ଓ ସଂକେତ (୧୯୯୯)
୬. ଅରଣ୍ୟ ଉଲ୍ଲାସ (୧୯୯୯)
୭. ସତ୍ୟ, ଅସତ୍ୟ ଏବଂ ଅନ୍ୟାନ୍ୟ ପ୍ରସଙ୍ଗ (୨୦୦୨)
୮. ସ୍ମୃତିର ପ୍ରଦୀପ (୨୦୦୪)

ଉପର୍ଯ୍ୟୁକ୍ତ ପୁସ୍ତକଗୁଡ଼ିକ ବ୍ୟତିରେକ 'The New Indian Express'ରେ ପ୍ରକାଶିତ ଇଂରାଜୀ ଫିଚର୍‌ଗୁଡ଼ିକୁ ନିମ୍ନମତେ ଉଲ୍ଲେଖ କରାଯାଇପାରେ।

1. A citizen's prayer on I-Day (15/08/2019)
2. Can we recover our lost smile (18/07/2019)
3. Celestial power of healing (29/06/2019)
4. Ideals, not just goal of happiness can prevent burnout (09/06/2019)
5. The Irony of disowning one's culture (05/06/2019)

ଉପର୍ଯ୍ୟୁକ୍ତ ଫିଚରଗୁଡ଼ିକରେ ସାମାଜିକ, ମାନବିକ, ଐତିହାସିକ, ରାଜନୀତିକ, ମନସ୍ତାତ୍ତ୍ୱିକ, ଦାର୍ଶନିକ, ସ୍ଥାନୀୟ, ବ୍ୟକ୍ତିସତ୍ତାଭିତ୍ତିକ, ସାଂସ୍କୃତିକ, ଆଧ୍ୟାତ୍ମିକ, ନୈତିକ ମୂଲ୍ୟଭିତ୍ତିକ ଆଲୋଚନା ରହିଛି। ଯେଉଁଠି ସମାଜର କ୍ଷୟମାଣ ସ୍ଥିତି ଦେଖି ସେ ବ୍ୟସ୍ତ-ବିକ୍ଷୁବ୍ଧ ହୋଇଛନ୍ତି ସେଇଠି ବ୍ୟକ୍ତିସତ୍ତା ନିମନ୍ତେ ତାଙ୍କର ଆନ୍ତରିକ ସହାନୁଭୂତି ଝରିପଡ଼ିଛି। ରାଜନୀତିକ ଦୁର୍ନୀତି ଦେଖି ମନୋଜ ଦାସ କେଉଁଠି ବିଗଳିତ ହୋଇଛନ୍ତି ତ ପୁଣି ବ୍ୟଙ୍ଗାତ୍ମକ ଶବ୍ଦବାଣ ନିକ୍ଷେପପୂର୍ବକ ଦୃଷ୍ଟାନ୍ତ ଦେଇଛନ୍ତି- "Lord Acton's warring 'Power tends to corrupt and absolute power corrupts absolutely'." ପୁଣି କହିଛନ୍ତି- "Great men are almost always bad men." ଦେଶମାତୃକାର ସେବାର୍ଥେ ପ୍ରତ୍ୟେକ ନାଗରିକ ନିଜ ମହତ୍ତ୍ୱ ଉପଲବ୍ଧି କରିବାକୁ ସେ ମତପ୍ରଦାନ କରିଛନ୍ତି। ମାନବର ଛଳନା, ବିଷାକ୍ତ କୂଟନୀତି ହେତୁ ଭାରତୀୟ ସମାଜ କ୍ରମଶଃ ଧରାତଳକୁ ଯିବାକୁ ବସିଲାଣି। ରାସ୍ତାଘାଟରେ ଅନୀତି, ଲୁଣ୍ଠନ, ଭ୍ରଷ୍ଟାଚାର, ବ୍ୟଭିଚାର, ବଳାତ୍କାରର ଦୃଶ୍ୟ। ନିଜ ସଂସ୍କୃତି, ରୀତି-ନୀତିକୁ ଲପଲବ୍ଧି କରି ଚେତନାର ଉତ୍ତରଣ ପାଇଁ ପ୍ରତ୍ୟେକ ମଣିଷ ଅନ୍ୱେଷା କରିବା ହିଁ ମାନବର ପ୍ରକୃତ ଧର୍ମ ବୋଲି ସେ ଉଲ୍ଲେଖ କରିଛନ୍ତି। ଶ୍ରୀ ଦାସ 'ହସକୁ ମହୌଷଧି' (Laughter the Best Medicine) ରୂପେ ଅଭିହିତ କରି 'Laugh a little'ର ଆହ୍ୱାନ ଦେଇଛନ୍ତି। 'ହସ'କୁ ଚେତନାର ଏକ ମହତ୍ତର ଅଂଶ ବୋଲି ଦର୍ଶାଇ ସ୍ତମ୍ଭକାର ମନୋଜ ଦାସ ଉଲ୍ଲେଖ କରିଛନ୍ତି- "It is blessing that there are good people to explore our access to smile. But the trend cannot be reversed unless we usher in a globally cooperative radical change in our lifestyle or we climb a few rungs along the ladder of our ascent to a higher consciousness where we breathe happiness, smile or no smile." (Can we recover our lost smile?- 18th July 2019) 'ସଂଗୀତ ଚିକିତ୍ସା'ର ପ୍ରସଙ୍ଗ ଆଲୋଚନାପୂର୍ବକ 'anti-music'ର ସ୍ୱରୂପ ବର୍ଣ୍ଣନା କରିଛନ୍ତି। ଆଦିଯୁଗରେ ଶିକ୍ଷାର ଆଦ୍ୟରୂପ ସଂଗୀତ ମାଧ୍ୟମରେ ବେଶ୍ ଫଳପ୍ରଦ ଥିଲା ବୋଲି ଦର୍ଶାଇଛନ୍ତି। ଆଧୁନିକ ସମାଜରେ ରସାସ୍ୱାଦନର ରୂପରେଖ ବଦଳିବା ନିଶ୍ଚିତ ରୂପେ ବିଡ଼ମ୍ବନାର ବିଷୟ। ପ୍ରସଙ୍ଗାନୁକ୍ରମେ ଶ୍ରୀ ଦାସ ୨୦୧୯ ମସିହାରେ କ୍ୟାମ୍ବ୍ରିଜ୍‌ର Anglia Ruskin University ଏବଂ ଅଷ୍ଟ୍ରିଆର IMC University of Applied Sciencesର ମିଳିତ ଆନୁକୂଲ୍ୟରେ ଆୟୋଜିତ ଏକ ସମ୍ମିଳନୀରେ 'The healing effect of music' ଶୀର୍ଷକ ଆଲୋଚନାର ଦୃଷ୍ଟାନ୍ତ ପ୍ରଦାନ କରିଛନ୍ତି। ବିଜ୍ଞାନ ଯୁଗରେ ସଂଗୀତ ଚିକିତ୍ସାର ପ୍ରଭାବ ସୁଦୂରପ୍ରସାରୀ ହୋଇପାରେ ବୋଲି ଅତି ଚମତ୍କାର ଭାବରେ ଶ୍ରୀ ଦାସ ଆଲୋଚନା କରିଛନ୍ତି। କାର୍ଯ୍ୟଚାପ, ମେଦବହୁଳତା, ଅବସାଦଗ୍ରସ୍ତ ଜୀବନଶୈଳୀରୁ ମୁକ୍ତି ଉଦ୍ଦେଶ୍ୟରେ ମଣିଷକୁ ନିଜ ନୈମିତ୍ତିକ ଜୀବନଚର୍ଯ୍ୟା ସହିତ ବ୍ୟାବହାରିକ କୌଶଳ, ମାନସିକତାରେ ପରିବର୍ତ୍ତନ ତଥା ବୌଦ୍ଧିକ ବିକାଶ ଉପରେ ଗୁରୁତ୍ୱ ଦେବା ଉଚିତ ବୋଲି ମତବ୍ୟକ୍ତ କରିଛନ୍ତି। ଆତ୍ମିକ ବିକାଶ (inner quietude) ନିମନ୍ତେ ଧ୍ୟାନ, ଜୀବନର ଲକ୍ଷ୍ୟ, ନିରବ ଅତିକ୍ରମଣକୁ ସେ ମହତ୍ତ୍ୱ ପ୍ରଦାନ କରିଛନ୍ତି। ଶ୍ରୀ ଦାସଙ୍କ ମତରେ- "Truth is divine and there is no activity beyond the jurisdiction of the Divine." ତେଣୁ, ନିଜର ନକାରାତ୍ମକ ମାନସିକତାକୁ ଦଗ୍ଧ କରିପାରିଲେ, ଆତ୍ମିକ ଇନ୍ଧନ ଆମକୁ ଜୀବନୋପଲବ୍ଧି ନିମନ୍ତେ ସହାୟକ ହେବ। ଭାରତୀୟ ଆଧ୍ୟାତ୍ମିକତାର ଆଲୋଚନା କରି ଭାରତ ଉପରେ ହିମାଳୟର ପ୍ରଭାବ ସଂପର୍କରେ ଆଲୋଚନା କରିଛନ୍ତି। ହିମାଳୟର ମହତ୍ତ୍ୱ ପ୍ରତିପାଦନ କରିବା ନିମନ୍ତେ ଶ୍ରୀ ଦାସ ଉଲ୍ଲେଖ କରିଛନ୍ତି- "The Himalayas have been the symbol of India." ଅର୍ଥାତ୍ ଭାରତର ପ୍ରତୀକ ରୂପେ ହିମାଳୟର ଗୁଣଗାନ କରିଛନ୍ତି।

ମାନବ ଜୀବନରେ ମୃତ୍ୟୁ ଅନିର୍ବଚନୀୟ ସତ୍ୟ। କିନ୍ତୁ ସ୍ୱାଭାବିକ ମୃତ୍ୟୁ ଅପେକ୍ଷା ହୃଦ୍‌ରୋଗ, କର୍କଟ, ଏଡ୍‌ସ ଭଳି ରୋଗରେ ମଣିଷର ମୃତ୍ୟୁ ସ୍ୱାଭାବିକ ନୁହେଁ। ଏ କ୍ଷେତ୍ରରେ ମାନବ ମୃତ୍ୟୁକୁ ଜୟ କରିବାର ଆଶାନ୍ୱିତ ଆହ୍ୱାନ ଦେଇ ମନୋଜ ଦାସ ମହାଯୋଗୀ ଅରବିନ୍ଦଙ୍କ ଦାର୍ଶନିକ ଉକ୍ତି ଉଦ୍ଧାରପୂର୍ବକ କହନ୍ତି- "Death is a stair, a door, a stumbling stride / The soul must take from birth to birth / A grey defeat pregnant with Victory, / A whip to lash us towards our deathless state." (Sri Aurobindo: Savitri) ଶରୀରର ଅକାଳ ଭଙ୍ଗୁରତା, ଜରା, ବ୍ୟାଧିକୁ ହରାଇବା ନିମନ୍ତେ ମାନବର ପରିବେଶଗତ ତଥା ଚେତନାଗତ

ପରିବର୍ତ୍ତନର ଆବଶ୍ୟକତା ଶ୍ରୀ ଦାସ ଅନୁଭବ କରିଛନ୍ତି । 'death, a necessary end' ଭଳି ଚିରାୟତ ବକ୍ତବ୍ୟକୁ ଶେଷତମ ସତ୍ୟ ରୂପେ ମାନିନେବାକୁ ସେ ପ୍ରସ୍ତୁତ ନୁହନ୍ତି । 'The Death of Death'ର ଉଦାହରଣ ମାଧ୍ୟମରେ ଯୁବପିଢ଼ିଙ୍କୁ ଜୀବନର ଶାଶ୍ୱତ ସ୍ଥିତି ପ୍ରତିଷ୍ଠା ସମ୍ଭବ ବୋଲି ଆଶାବାଦୀ ହୋଇଛନ୍ତି । ଗୀତା, ମହାଭାରତ, ଗାୟତ୍ରୀ ମନ୍ତ୍ର ଜପ, କର୍ମବାଦ, ଅର୍ଥହୀନ ଯନ୍ତ୍ରଣାର ଭୋଗାଭୋଗରୁ ମୁକ୍ତି ତଥା ରହସ୍ୟପୂର୍ଣ୍ଣ ଜୀବନସୂତ୍ର ସଂପର୍କରେ ତାଙ୍କ ଫିଚରଗୁଡ଼ିକରେ ନିଗୂଢ଼ ତତ୍ତ୍ୱ ରହିଛି । ଶ୍ରୀ ଦାସ ସ୍ୱାଧୀନତା ପ୍ରାପ୍ତି ପରେ ରାଜନୀତିକ ବାତାବରଣରେ ପରିବର୍ତ୍ତନର ସୂଚନା ଦେଇ ଗାନ୍ଧୀଜୀଙ୍କ 'କର ବା ମର' ଏବଂ 'ଧାରଣା'ର ଅର୍ଥ ପରିବର୍ତ୍ତନ ସହିତ ମୂଲ୍ୟହୀନ କର୍ମାନୁଷ୍ଠାନରେ ଅର୍ଥହାନୀର ରୂପାଙ୍କନ କରିଛନ୍ତି । ବିଶେଷତଃ ରାଜନୀତିର ମାୟାଜାଲରେ ଦିଗଭ୍ରାନ୍ତ ହେଉଥିବା ଛାତ୍ରସମାଜକୁ ଜ୍ଞାନାର୍ଜନ ନିମନ୍ତେ ଅଧିକରୁ ଅଧିକ ସମୟ ଦେବାକୁ ଉପଦେଶ ପ୍ରଦାନ କରିଛନ୍ତି । ଶିଶୁମାନଙ୍କର କଳ୍ପନାଶକ୍ତିର ବିକାଶକୁ ଗୁରୁତ୍ୱ ପ୍ରଦାନ କରି ମନୋଜ ଦାସ ପ୍ରତ୍ୟେକ ଲେଖକ ମଧ୍ୟରେ ଥିବା 'ସୁପ୍ତ ଶିଶୁ'ର ଜାଗରଣ କାମନା କରି ଲେଖିଛନ୍ତି- "To be truly helpful to the child, we have to awaken the child lying forgotten within ourselves." (21st Dec 2017 celebrating innocence this X MAS)

'Depression in the land of Gita' ଫିଚର୍‌ରେ ମାନସିକ ଚାପ ଏବଂ ଅବସାଦଗ୍ରସ୍ତ ଜୀବନରୁ ମୁକ୍ତି ନିମନ୍ତେ ଶ୍ରୀମଦ୍‌ଭଗବତ୍ ଗୀତାର ମହତ୍ତ୍ୱ ପ୍ରଖ୍ୟାପନ କରିଛନ୍ତି । ଜୀବନର ସମୁଚ୍ଚ ମୂଲ୍ୟକୁ ହୃଦ୍‌ବୋଧ କରିବା ସହିତ ପ୍ରାଚୀନ ପରମ୍ପରାର ମହାତ୍ମ୍ୟକୁ ଅବଲମ୍ବନ କରିବା ଉଚିତ ବୋଲି ଶ୍ରୀ ଦାସ ଉଲ୍ଲେଖ କରିଛନ୍ତି । ତାଙ୍କ ଶବ୍ଦରେ- "The Gita exhorted me to trust the Divine; it assured me that. He alone could protect me from the consequences of all my sins." ରାଣୀ ପଦ୍ମାବତୀଙ୍କୁ ନେଇ 'Let Rani Padmavati rest in peace' ଫିଚରଟି ଅତ୍ୟନ୍ତ ପ୍ରଭାବଶାଳୀ ଆଲେଖ୍ୟ । ରାଣୀ ପଦ୍ମିନୀଙ୍କ ସମେତ ମେୱାଡର ମୀରାବାଈଙ୍କୁ ମଧ୍ୟ ଆଲୋଚନା କରିଛନ୍ତି । ଆଧୁନିକ ସମାଜରେ ଅଲୌକିକତା ପ୍ରଦର୍ଶନ କରି ଜନଜୀବନକୁ ପ୍ରତାରିତ କରୁଥିବା ଭଣ୍ଡବାବାଙ୍କୁ 'ଭଗବାନ' ମନେ କରିବା ଅଯୌକ୍ତିକର ବୋଲି ମନୋଜ ଦାସ ତର୍କ ଉପସ୍ଥାପନ କରିଛନ୍ତି । ତାଙ୍କ ଶବ୍ଦରେ- "Vedantic truth that there is nothing sans God - miracle man, fraud, charlatan, et al!" (Of godmen and ungodly errors - 30th May 2017)

ମହାମନୀଷୀ ରବୀନ୍ଦ୍ରନାଥଙ୍କ ବକ୍ତବ୍ୟ ଉଦ୍ଧାର କରି ଶ୍ରୀ ଦାସ କହିଛନ୍ତି- "Great

Saints have performed miracles; greater saints have railed at them; the greatest have both railed at them and performed them." 'ରାମାୟଣ' ଏବଂ 'ମହାଭାରତ'କୁ ଯୁଗାବ୍ଦୀ ଧରି ପ୍ରଚଳିତ ଶ୍ରେଷ୍ଠ ସାହିତ୍ୟ ଭାବରେ ପ୍ରତିପାଦନ କରିଛନ୍ତି 'Let's leave mythology alone' ଫିଚର୍‌ରେ । ଆଲୋଚ୍ୟ ଫିଚର୍‌ରେ ଦ୍ରୌପଦୀ, ଏକଲବ୍ୟ, ଦ୍ରୋଣ, ବାଲ୍ମୀକି, ବ୍ୟାସ, କୃଷ୍ଣ, ରାଧା, ସାନ୍ଦିପନୀଙ୍କ ସଂପର୍କରେ ଆଲୋଚନା କରିଛନ୍ତି । ଆମ ପରମ୍ପରା ପାଖରେ ଆମେ କୃତଜ୍ଞ ରହିବା ଉଚିତ ବୋଲି ଦର୍ଶାଇ ଶ୍ରୀ ମନୋଜ ଦାସ ଉଲ୍ଲେଖ କରିଛନ୍ତି- "Let us not be ungrateful towards our heritage of mythology, and to the two epics in particular, the mighty base and succour for the growth of our literature, philosophy and all the aspects of our culture." ମହାନ୍ ଭାରତୀୟ ପରମ୍ପରା ସଂପ୍ରତି ବିଶ୍ୱଦରବାରରେ ସଗର୍ବେ ଦଣ୍ଡାୟମାନ । ଏହାର ଆଧାର ରୂପେ ରାମାୟଣ ଏବଂ ମହାଭାରତ ଭଳି ଦୁଇ ମହାକାବ୍ୟକୁ ମହତ୍ତ୍ୱ ପ୍ରଦାନ କରାଯାଇଥାଏ । ଆମ ଦର୍ଶନ, ସଂସ୍କୃତି ତଥା ସାହିତ୍ୟର ସମୃଦ୍ଧିକୁ ନେଇ ସେଇ ଦୁଇ ମହାକାବ୍ୟ ନିକଟରେ କୃତଜ୍ଞତା ପ୍ରକାଶ କରିଛନ୍ତି ମନୋଜ ଦାସ । ସାମାଜିକ ଜୀବନରେ, ପାରିପାର୍ଶ୍ୱିକ ଅବକ୍ଷୟମାଣ ମୂଲ୍ୟବୋଧର ପୁନଃପ୍ରତିଷ୍ଠାର ଆଭିମୁଖ୍ୟ ନେଇ ସେ ବାରମ୍ବାର ଐତିହ୍ୟ ଓ ପ୍ରାଚୀନ ଜୀବନମୂଲ୍ୟକୁ ପାଥେୟ କରିଛନ୍ତି ।

ମହାନ୍ ଦାର୍ଶନିକ ମନୋଜ ଦାସଙ୍କ ସ୍ତମ୍ଭଗୁଡ଼ିକ ସାମ୍ବାଦିକତାଠାରୁ ସଂପୂର୍ଣ୍ଣ ଭିନ୍ନ । ସାହିତ୍ୟ ଓ ସୃଜନର ଅପୂର୍ବ ମାଧୁର୍ଯ୍ୟ ନେଇ ସେସବୁ ସ୍ୱତନ୍ତ୍ର ଭାବରେ ଅଭିବ୍ୟକ୍ତ ହୋଇଛନ୍ତି । ଏକାଡେମୀ ପୁରସ୍କାରପ୍ରାପ୍ତ 'କେତେ ଦିଗନ୍ତ' (୧/୨) ପୁସ୍ତକରେ ପ୍ରାୟତଃ ୧୬୪/୧୫୩ ଗୋଟି ଫିଚର୍ ସନ୍ନିବେଶିତ ହୋଇଛି । ଏହା ସଂପର୍କରେ ପଦ୍ମଶ୍ରୀ ମନୋଜ ଦାସ ତାର ଭୂମିକାରେ ଉଲ୍ଲେଖ କରିଛନ୍ତି- "ଏକଦା ଦୈନିକ 'ଜନଶକ୍ତି'ରେ ପ୍ରକାଶ ପାଇଥିବା ମୋର 'କେତେ ଦିଗନ୍ତ' ସ୍ତମ୍ଭର ରଚନାସବୁର କଥା ଆଜି ଅଧିକାଂଶ ପାଠକଙ୍କର ମନେ ନ ଥିବ । କିନ୍ତୁ ପରବର୍ତ୍ତୀ କାଳରେ 'ସମାଜ'ରେ ପ୍ରକାଶିତ 'ସନ୍ଧାନ ଓ ସମୀକ୍ଷା' ଏବଂ 'ଧରିତ୍ରୀ'ରେ ପ୍ରକାଶିତ 'କେତେ ଦିଗନ୍ତ'ର ଲେଖାସବୁକୁ ସଂକଳନ କରିଦେବା ନିମନ୍ତେ ମୁଁ କ୍ରମାଗତ ଭାବରେ ପରିଚିତ ତଥା ଅପରିଚିତ ପାଠକମାନଙ୍କଠାରୁ ତାଗଦା ପାଇ ଆସିଛି । x x x ଲେଖାଗୁଡ଼ିକୁ ସେସବୁର ମୁଖ୍ୟ ବିଷୟ-ଚରିତ୍ର ଅନୁଯାୟୀ ସଜାଇବାକୁ ପ୍ରଥମେ ନିଷ୍ପତ୍ତି କରିଥିଲି; ଅର୍ଥାତ୍ ସାହିତ୍ୟ ବିଷୟକ ଲେଖା, ଇତିହାସ-ପ୍ରଧାନ ଲେଖା, ବ୍ୟକ୍ତିବିଶେଷଙ୍କ ଉପରେ ଲେଖା, ଏମିତି ଭାବରେ ବିଭାଗ ନିର୍ଣ୍ଣିତ ସୂଚୀ ପ୍ରସ୍ତୁତ କରିବାର ପ୍ରୟାସ କରିଥିଲି । କିନ୍ତୁ ମନେହେଲା

ତାହା ସ୍ୱାଭାବିକ ହେଉନାହିଁ। ସାହିତ୍ୟ, ସମାଜ-ଭାବନା, ବ୍ୟକ୍ତିବିଶେଷ, ଇତିହାସ, ଭ୍ରମଣ - ଏସବୁ ରଚନାରେ ମିଶାମିଶି ହୋଇ ରହିଛନ୍ତି। ଅତଏବ ସହଜ ପଦ୍ଧତିଟି ଗ୍ରହଣ କରିନେଲି। ଲେଖାଗୁଡ଼ିକ ବର୍ତ୍ତମାନ ସେମାନଙ୍କ ରଚନା ଓ ପ୍ରକାଶନ କାଳର କ୍ରମରେ ପରିବେଷିତ ହେଉଛନ୍ତି। ଯେଉଁ ନିର୍ଦ୍ଦିଷ୍ଟ ସୂତ୍ର ଏସବୁକୁ ବାନ୍ଧି ରଖିଛି, ତାହା ଘଟଣାକ୍ରମ।"[୭] 'କେତେ ଦିଗନ୍ତ'ର ରଚନାଗୁଡ଼ିକରେ ସ୍ୱତନ୍ତ୍ର ସାହିତ୍ୟ ସହ ବଳିଷ୍ଠ ସାମ୍ବାଦିକତାର ସମୀକରଣ ହୋଇଛି। 'କେତେ ଦିଗନ୍ତ' ଶିରୋନାମାରେ ମାନବ ସଭ୍ୟତାର ରହସ୍ୟପୂର୍ଣ୍ଣ ଯାତ୍ରା ସଂପର୍କରେ ଶ୍ରୀ ଦାସ ଉଲ୍ଲେଖ କରିଛନ୍ତି- "ଏକ ଶାଶ୍ୱତ ପୂର୍ଣ୍ଣତା ଆମକୁ ତାହାରି ରୂପରେ ଅହରହ ରୂପାୟିତ କରି ଚାଲିଛି।" (ଶ୍ରୀଅରବିନ୍ଦ) ଅସୁମାରି କାଳବ୍ୟାପୀ ସମଗ୍ର କ୍ରମବିକାଶ, ସଭ୍ୟତାର କ୍ରମାଗତ ସମସ୍ତ ପ୍ରଗତିର ଏହାହିଁ ରହସ୍ୟ। ଆମର ଯାବତୀୟ ଉଦ୍ୟମ, ଉଦ୍‌ଯୋଗ ପଛରେ ଏହି ସଚେତନ ଅଥବା ଅଚେତନ ଜ୍ଞାନ ହିଁ ରହିଛି ଯେ ଆମେ ଅପୂର୍ଣ୍ଣ - ଆମକୁ ପୂର୍ଣ୍ଣତାର ସନ୍ଧାନରେ ଆଗେଇବାକୁ ହିଁ ପଡ଼ିବ।"[୮] 'କେତେ ଦିଗନ୍ତ'ର ସ୍ତମ୍ଭଗୁଡ଼ିକରେ ଅନ୍ତଃଚେତନାର ଉତ୍ତରଣ, ଜୀବନର ସାର୍ଥକତା ଖୋଜିପାଇବାର ଅଭିଳାଷ, ବୁଦ୍ଧ ପ୍ରଦର୍ଶିତ ଦିବ୍ୟଜ୍ଞାନ ଓ ତା'ର ଅଭୀପ୍ସା, ପ୍ରତିଯୋଗିତାମୂଳକ ଖେଳ କସରତକୁ ମହତ୍ତ୍ୱ, ସିପାହୀ ବିଦ୍ରୋହର ମହତ୍ତ୍ୱ, ମୟୂର ଓ ମନୁଷ୍ୟର ସମବେତ ବାସଭୂମି ହାଲାସାଙ୍ଗୀକୁ ନେଇ ଲେଖକଙ୍କ ଅଭିଜ୍ଞତା, ଆତ୍ମାର ଅସ୍ତିତ୍ୱ ପ୍ରମାଣ, ମଣିଷର ଅଧିକାରକୁ ସଂରକ୍ଷିତ କରୁଥିବା ଆଇନର ପ୍ରସଙ୍ଗ, ମାନସିକ ବ୍ୟାଧିରୂପୀ ବର୍ଣ୍ଣ ବିଦ୍ୱେଷ, ହିରୋସୀମାର ଭସ୍ମୀଭୂତ ଅବସ୍ଥା ପାଇଁ ମାନବଜାତିର ହିଂସ୍ର ମାନସିକତା ଇତ୍ୟାଦି ଅଜସ୍ର ପ୍ରସଙ୍ଗ ଆଲୋଚିତ ହୋଇଛି। 'କେତେ ଦିଗନ୍ତ' ସଂକଳନରେ 'ହିଂସ୍ର ମଣିଷ', 'ଯାନ୍ତ୍ରିକ', 'ମୌଳିକ ପାପ', 'ହାୟ ଛଳନା', 'ପ୍ରକୃତିର ପ୍ରତିହିଂସା', 'ଚତୁରେ ଚତୁରେ', କ୍ଷତିପୂରଣ', 'ଶିଳ୍ପୀର ସର୍ତ୍ତ', 'ମଣିଷ ଓ ପଶୁ', 'ମୌଳିକ ପାପ', 'ସାଧୁ, ସାବଧାନ!', 'ତଥ୍ୟ ଓ ସତ୍ୟ, 'ଛାଇ-ଆଲୁଅର ଜଗତ୍', 'ଗୀତାଞ୍ଜଳି', 'ଅସଂଖ୍ୟ ନର୍କ', 'ଭଗବାନ: ନାରୀ ନା ପୁରୁଷ?', 'ଚାରିତ୍ରିକ ବିଶେଷତ୍ୱ', 'ସୁଖର ସନ୍ଧାନ' ଇତ୍ୟାଦି ଅସଂଖ୍ୟ ଫିଚର ସନ୍ନିବେଶିତ ହୋଇଛି। ସେସବୁର ସୂକ୍ଷ୍ମ ଆଲୋଚନା ଦ୍ୱାରା ମନୋଜୀୟ ଚେତନାର ଅସଂଖ୍ୟ ଉଜ୍ଜ୍ୱଳ ବିନ୍ଦୁ ଉଦ୍‌ଭାସିତ ହେବ ନିଶ୍ଚୟ।

'ବିପୁଳାଚ ପୃଥ୍ୱୀ' ପୁସ୍ତକସ୍ଥ ୨୮ ଗୋଟି ସ୍ତମ୍ଭରେ 'ହିଂସା ପ୍ରମତ୍ତ ଭାରତ', 'ସଂସ୍କୃତିରେ ସଂକଟ', 'ସାହିତ୍ୟର ଆଭିମୁଖ୍ୟ', 'ସାହିତ୍ୟ ଓ ଔଚିତ୍ୟବୋଧ', 'ସାହିତ୍ୟ ଓ ଅଧ୍ୟାତ୍ମ ଜୀବନ', 'ବ୍ୟାସ-ବାଲ୍ମୀକିଙ୍କ ସ୍ୱତ୍ତ୍ୱାଧିକାର', 'ଇତିହାସର ଲାଳିତ୍ୟ', 'ବିଧାତାର ଧର୍ମ ବନାମ ମଣିଷର ଧର୍ମ', 'ସାଂପ୍ରତିକ ସାହିତ୍ୟ: ସନ୍ଧାନ ଓ ଅଭୀପ୍ସା'

ଇତ୍ୟାଦି ସ୍ତମ୍ଭ ରହିଛି। ଶ୍ରୀ ମନୋଜ ଦାସ ଏହି ସଂକଳନସ୍ଥ ଆଲେଖ୍ୟଗୁଡ଼ିକର ସମୟ ଏବଂ ପ୍ରକାଶନ ସଂପର୍କରେ 'ବିପୁଳାଚ ପୃଥ୍ୱୀ'ର ମୁଖବନ୍ଧରେ ଉଲ୍ଲେଖ କରିଛନ୍ତି- "ଏ ସଂକଳନର ଅନ୍ତର୍ଭୁକ୍ତ ପ୍ରଥମ ନିବନ୍ଧ 'ହିଂସା-ପ୍ରମତ୍ତ ଭାରତ' (ସମାଜ ବାର୍ଷିକ ବିଶେଷାଙ୍କ) ୧୯୯୨ରେ ହିଁ ଲିଖିତ। ସୂଚୀକ୍ରମ ୧୦ରୁ ୨୭ ପର୍ଯ୍ୟନ୍ତ ଅନତିଦୀର୍ଘ ଲେଖାଟିମାନ ଦୈନିକ 'ସମ୍ବାଦ'ରେ 'ବିପୁଳାଚ ପୃଥ୍ୱୀ' ନାମ ବହନକାରୀ ସାପ୍ତାହିକ ସ୍ତମ୍ଭରେ ଲେଖୁଥିଲି। (ସେ ସ୍ତମ୍ଭ ସମୟ ଅଭାବରୁ ବଜାୟ ରଖିପାରିଲି ନାହିଁ।) 'ହାରିନ୍ଦ୍ରନାଥଙ୍କ ଶେଷ ଲେଖା' (ଧରିତ୍ରୀ ବାର୍ଷିକୀ) ତା'ର ଅବ୍ୟବହିତ ପୂର୍ବରୁ, ୧୯୯୧ରେ ଲିଖିତ। ଶେଷ ପ୍ରବନ୍ଧ, 'ସାଂପ୍ରତିକ ସାହିତ୍ୟ: ସନ୍ଧାନ ଓ ଅଭୀପ୍ସା' (ଦିଗନ୍ତ) ୧୯୬୬ରେ ବା ୧୯୬୭ ଆରମ୍ଭରେ ଲିଖିତ। 'ସମସାମୟିକ ସମାଲୋଚନା: କେତେକ ମାରାତ୍ମକ ଧାରା ଓ ଧାରଣା' ('ଝଙ୍କାର', ବିଷୁବ ସଂଖ୍ୟା) ଓ 'ସଂସ୍କୃତିରେ ସଂକଟ' ଅଷ୍ଟମ ଦଶକରେ ଲିଖିତ। ବାକି ନିବନ୍ଧ ସମୂହର ରଚନାକାଳ ଷଷ୍ଠ ଦଶକରୁ ଅଷ୍ଟମ ଦଶକ। 'ସମାଜ' ବାର୍ଷିକୀ ଓ 'ଦିଗନ୍ତ'ରେ ମୁଖ୍ୟତଃ ସେସବୁ ପ୍ରକାଶିତ ହୋଇଥିଲା।"[୯] 'ହିଂସା-ପ୍ରମତ୍ତ ଭାରତ' ଶୀର୍ଷକରେ ହିଂସାଚରଣ ଓ ଆକ୍ରମଣଶୀଳତା (Violence and Aggression) ମଣିଷର ସ୍ୱଭାବରେ ଥିବା ଦର୍ଶାଇ ଆଧ୍ୟାତ୍ମିକ ସମ୍ଭାବନାକୁ ମଧ୍ୟ ମଣିଷ ମଧ୍ୟରେ ଲେଖକ ଅନ୍ୱେଷା କରିଛନ୍ତି। ମଣିଷ ମନରେ ହିଂସାର ସ୍ଥିତି ସନ୍ଧାନ କରିଥିବା ତିନିଜଣ ମନସ୍ତତ୍ତ୍ୱବିଦ୍ ଯଥାକ୍ରମେ ଫ୍ରୟେଡ୍, କନ୍‌ରାଡ୍ ଲରେଞ୍ଜ, ଡଲାର୍ଡଙ୍କ ମନସ୍ତାତ୍ତ୍ୱିକ ବିଶ୍ଲେଷଣକୁ ଶ୍ରୀ ଦାସ ଆଲୋଚନାଭୁକ୍ତ କରିଛନ୍ତି। ମାନବର ହିଂସ୍ରତାକୁ ନେଇ ସେହି ମନୀଷୀମାନଙ୍କର ଆଲୋଚନା ସତ୍ତ୍ୱେ ମନୋଜ ଦାସ ମଣିଷ ଭିତରେ ନୂତନ ଚେତନା ଏବଂ ବିବର୍ତ୍ତନ ପରବର୍ତ୍ତୀ ଦିଗ୍‌ବଳୟ ମନୋତ୍ତର ମଣିଷକୁ ଖୋଜିଛନ୍ତି। ତାଙ୍କ ମତରେ- "ଯାହାକୁ 'ହିଂସା', 'ଆକ୍ରମଣାତ୍ମକ ମନୋଭାବ', 'ନିର୍ମମତା' ଇତ୍ୟାଦି ନାମରେ ଅଭିହିତ କରିଛୁ, ସେସବୁର ଆଧ୍ୟାତ୍ମିକ ବ୍ୟାଖ୍ୟା ଭିନ୍ନ: ସେସବୁ ଅଜ୍ଞାନତାର ଅନ୍ଧକାର। ଆମର ଅଧିକାଂଶ ଆଚାର ବ୍ୟବହାର, ଚିନ୍ତା-ଚରିତ୍ର ଏହି ଅଜ୍ଞାନତା ଦ୍ୱାରା ପରିଚାଳିତ। ଏକମାତ୍ର ଆଶାର ବିଷୟ ହେଲା, ସଚେତନ ଭାବରେ ହେଉ ବା ଅଚେତନ ଭାବରେ ହେଉ, ଆମେ କିନ୍ତୁ ଜ୍ଞାନର ଅନ୍ୱେଷଣ କରି ଚାଲିଛୁ ଅନ୍ଧକାର ଭିତରେ ସହସ୍ର ପତନ, ସ୍ଖଳନ ସତ୍ତ୍ୱେ।"[୧୦] 'ସଂସ୍କୃତିରେ ସଂକଟ' ଫିଚର୍‌ରେ ସଂସ୍କୃତିର ଅର୍ଥ ସ୍ପଷ୍ଟ କରିବା ସହିତ ଆଜିର ସମୟରେ ସାଂସ୍କୃତିକ ପରମ୍ପରାର ବିପର୍ଯ୍ୟୟ ପ୍ରତି ସେ ସଚେତନ। ସାହିତ୍ୟ, ସଂଗୀତ, ନୃତ୍ୟ, ନାଟକ ଓ କଳାର ସମାହାର ରୂପେ ସେ ସଂସ୍କୃତିର ମୂଲ୍ୟାୟନ କରିଛନ୍ତି। ତତ୍‌ସହିତ ସାମାଜିକ ସଂସ୍କୃତି, ଆଧ୍ୟାତ୍ମିକ ସଂସ୍କୃତି ମଧ୍ୟରେ ଅପସଂସ୍କୃତିର ପ୍ରବେଶ ପ୍ରତି ସେ

ସମାଜକୁ ସଚେତନ କରିବାକୁ ପ୍ରୟାସ କରିଛନ୍ତି। ଭାରତୀୟ ପରମ୍ପରାକୁ ଅଖଣ୍ଡନୀୟ-ଐତିହାସିକ ପରମ୍ପରା ରୂପେ ଦର୍ଶାଇ, ଏ ମହାଜାତିର ଚେତନା ଓ ବିବେକବୋଧକୁ ଗୁରୁତ୍ୱ ପ୍ରଦାନ ପୂର୍ବକ 'ସଂସ୍କୃତି ରକ୍ଷା' ପ୍ରତ୍ୟେକଙ୍କର ଦାୟିତ୍ୱ ବୋଲି ସୂଚନା ଦେଇଛନ୍ତି। 'ବିପୁଳାଚ ପୃଥ୍ୱୀ'ର ଫିଚରଗୁଡ଼ିକରେ ସଚ୍ଚା ସାହିତ୍ୟିକର ସହଜାତ ବିଶେଷତ୍ୱର ଚର୍ଚ୍ଚା ରହିଛି 'ବାସ୍ତବବାଦ ପ୍ରସଙ୍ଗ' ସ୍ତମ୍ଭରେ। 'ସାହିତ୍ୟରେ ନୂଆ-ପୁରୁଣା' ଶୀର୍ଷକରେ ଶ୍ରୀ ଦାସ ଦାର୍ଶନିକ ଶାନ୍ତାୟନଙ୍କ ଉକ୍ତି ଉଦ୍ଧାର କରି ଲେଖିଛନ୍ତି- "ସ୍ୱାଧୀନତାର ଘୋଷଣା କାହାକୁ ସ୍ୱାଧୀନ କରି ପକାଏ ନାହିଁ।" ଆଧୁନିକତା ପ୍ରସଙ୍ଗରେ ବି କୁହାଯାଇପାରେ, ଆଧୁନିକତାର ଘୋଷଣା କାହାକୁ ଆଧୁନିକ କରିଦିଏ ନାହିଁ। x x x ବସ୍ତୁ ଆଧାରିତ ଆଧୁନିକତାଠୁଁ ସାହିତ୍ୟ କ୍ଷେତ୍ରର ଆଧୁନିକତା ପୃଥକ୍। ସାହିତ୍ୟ ଚେତନାଶ୍ରିତ।"[୧୧] ବ୍ୟକ୍ତିସତ୍ତା ଭିତରେ ସୌନ୍ଦର୍ଯ୍ୟ, ସୁଷମାର ଦିବ୍ୟଲୋକରୁ ଉତ୍ସାରିତ ଭାବୋଦ୍ଦୀପନାର ପ୍ରସଙ୍ଗ ରହିଛି 'ସାହିତ୍ୟର ଅଭିମୁଖ୍ୟ' ସ୍ତମ୍ଭରେ। ଅନୁରୂପ ଭାବରେ 'ଅଭିବ୍ୟକ୍ତିର ସଂଭ୍ରମତା' ସ୍ତମ୍ଭରେ ରସଜ୍ଞ ସାହିତ୍ୟିକ ଭିତରେ ନୂତନ ସୃଜନର ପୁଲକ ସମ୍ଭବ ବୋଲି ଶ୍ରୀ ଦାସ ମତବ୍ୟକ୍ତ କରିଛନ୍ତି। ମନୋଜ ଦାସଙ୍କ ଚମତ୍କାର ଉକ୍ତି- "ନିଜର ବୁଦ୍ଧି, ଅନ୍ତର୍ବୋଧ, ଶିକ୍ଷାଦୀକ୍ଷା, ଅଭିଜ୍ଞତା, ଏସବୁର ଯଥାର୍ଥ ବିନିଯୋଗ ସାହିତ୍ୟ ସୃଷ୍ଟିରେ ହୋଇପାରିବ ସେତିକିବେଳେ, ଯେତେବେଳେ ପ୍ରେରଣାର ପରଶମଣି ଦ୍ୱାରା ଏ ସମସ୍ତ ସାଧାରଣ ଗୁଣ ସାହିତ୍ୟ-ସୃଷ୍ଟି ସକାଶେ ଉପାଦାନ ହିସାବରେ ରୂପାନ୍ତରିତ ହୋଇଥିବେ।"[୧୨]

'ମହାକାଳର ପ୍ରହେଳିକା ଏବଂ ଅନ୍ୟାନ୍ୟ ଜିଜ୍ଞାସା'ର ୨୭ ଗୋଟି ଫିଚର 'ସଚିତ୍ର ବିଜୟା', 'କାହାଣୀ', 'ସୃଜନୀ' ଏବଂ 'ସାବିତ୍ରୀ' ଇତ୍ୟାଦି ପତ୍ରିକାରେ ପ୍ରକାଶ ପାଇଥିଲା। ଏଥିରେ ଜିଜ୍ଞାସୁମାନଙ୍କର ପ୍ରଶ୍ନଗୁଡ଼ିକର ଯଥାର୍ଥ ଉତ୍ତର ସ୍ଥାନିତ ହୋଇଛି। ମନୋଜ ଦାସ ଏ ସଂପର୍କରେ ସ୍ପଷ୍ଟ ଭାବରେ ଉଲ୍ଲେଖ କରିଛନ୍ତି- "ଆଧ୍ୟାତ୍ମିକ, ଆଧ୍ୟାତ୍ମିକତାର ଆଲୋକରେ ମନସ୍ତାତ୍ତ୍ୱିକ ସମସ୍ୟା, ସାହିତ୍ୟ ଓ ସମାଜ ଶୃଙ୍ଖଳା - ବିବିଧ ବିଷୟ ଉପରେ ଏ ଉତ୍ତରମାଳା ଆଲୋକପାତ କରୁଛି। କିନ୍ତୁ ସବୁ ବିଷୟକୁ ବାନ୍ଧି ରଖିଛି ଏକ ଦୃଢ଼ ପ୍ରତ୍ୟୟ। ସେହି ପ୍ରତ୍ୟୟର ଯାହା ଉତ୍ସ, ପାଠକମାନେ ଯଦି ତାହାର ସ୍ପର୍ଶ ପାଇପାରିବେ, ତେବେ ଏ ସଂକଳନର ଆଭିମୁଖ୍ୟ ସାର୍ଥକ ହେବ।"[୧୩] ଆଲୋଚ୍ୟ ପୁସ୍ତକରେ ଦର୍ଶନ, ଅଧ୍ୟାତ୍ମ, କାଳ ବା ସମୟ ପ୍ରତି ଆମର ଦୃଷ୍ଟିକୋଣ, ଗୀତାର ମହତ୍ତ୍ୱ, ଅଧ୍ୟାତ୍ମ ଦିଗରେ ମଣିଷର ପ୍ରଚେଷ୍ଟା, ବନ୍ଧୁତାର ପରିଭାଷା, ମାନବ ଚରିତ୍ରର ବିବିଧ ରୂପ, ମଣିଷ ପ୍ରତି ଅସ୍ତିସୂଚକ ବା ନାସ୍ତିସୂଚକ ଦୃଷ୍ଟିକୋଣ ସଂପର୍କରେ ବହୁ ଆଲୋଚନା ରହିଛି। ସକ୍ରେଟିସ୍‌ଙ୍କ ପ୍ରଶ୍ନୋତ୍ତରୀ ଭଳି, ଶ୍ରୀ ଦାସ ମଧ୍ୟ

ଜିଜ୍ଞାସୁମାନଙ୍କର ସଂଶୟ ମୋଚନ କରିଛନ୍ତି। ମନୋଜୀୟ ଉତ୍ତରଲିପିରେ ଅସଂଖ୍ୟ ଦୃଷ୍ଟାନ୍ତ, ଆନୁଷଙ୍ଗିକ ମତବାଦ ସବୁ ସୁଗୁମ୍ଫିତ ହୋଇଛି। 'ମହାକାଳର ପ୍ରହେଳିକା ଏବଂ ଅନ୍ୟାନ୍ୟ ଜିଜ୍ଞାସା' ସଂକଳନଟି ବାସ୍ତବରେ ମହାକାଳର ଅସମାଧିତ ପ୍ରଶ୍ନର ସୁଚିନ୍ତିତ ଉତ୍ତର। ଅନୁରୂପ ଭାବରେ 'ଭାରତର ଐତିହ୍ୟ: ଶତେକ ପ୍ରଶ୍ନର ଉତ୍ତର' ପୁସ୍ତକରେ ମଧ୍ୟ ପ୍ରାଚୀନ ଭାରତର ମହାଜାତି, ଆଧ୍ୟାତ୍ମିକତା, ସନ୍ନ୍ୟାସ, ବୈରାଗ୍ୟ, ଉପନିଷଦ, ଯୋଗ, ତନ୍ତ୍ର, ଜାତକ ଯଜ୍ଞ, କର୍ମ, ଚତୁର୍ବର୍ଣ୍ଣ, ନଦୀ, ଦେବ-ଦେବୀ, ମନ୍ତ୍ର, ମାୟା, ପ୍ରାଚୀନ କଳ୍ପକଥା, ସ୍ୱଧର୍ମ, ପୁନର୍ଜନ୍ମ ଇତ୍ୟାଦିକୁ ନେଇ ଶତାଧିକ ପ୍ରଶ୍ନ ଏବଂ ତା'ର ଉତ୍ତର ସ୍ଥାନିତ ହୋଇଛି। ଆଲୋଚ୍ୟ ପୁସ୍ତକସ୍ଥ ସ୍ତମ୍ଭଗୁଡ଼ିକ 'ଅନୁପମ ଭାରତ'ରେ ପ୍ରକାଶିତ ହୋଇଛି। ଏଥିରେ ତାତ୍ତ୍ୱିକ, ତଥ୍ୟ ସମ୍ବଳିତ, ତତ୍ତ୍ୱମୂଳକ ଏବଂ ତଥ୍ୟପ୍ରଧାନ ଉତ୍ତର ସନ୍ନିବେଶିତ ହୋଇଛି। ଭାରତୀୟ ସାହିତ୍ୟ ଓ ଜୀବନ ଦର୍ଶନର ବିକାଶରେ ବେଦ ପରେ ପରେ ଉପନିଷଦକୁ ଗୁରୁତ୍ୱ ପ୍ରଦାନ କରାଯାଏ। 'ବେଦ' ଏବଂ 'ଉପନିଷଦ'ର ପାର୍ଥକ୍ୟ ଦର୍ଶାଇ ଶ୍ରୀ ଦାସ ଉଲ୍ଲେଖ କରିଛନ୍ତି- "ବେଦର ଅନ୍ତର୍ନିହିତ ଅର୍ଥ କେବଳ ବିକଶିତ ଚେତନା-ସଂପନ୍ନ ଜିଜ୍ଞାସୁ ହୃଦୟଙ୍ଗମ କରିପାରେ। କିନ୍ତୁ ଉପନିଷଦରେ ଅନେକ ପ୍ରତୀକଧର୍ମୀ କଥା ଥିଲେ ବି ତା'ର ବହୁଳାଂଶ ବୋଧଗମ୍ୟ ଏବଂ ବେଦନିହିତ ସତ୍ୟ ବୁଝିବା ଦିଗରେ ତାହା ବିଶେଷ ସହାୟକ। 'ଉପନିଷଦ' ଶବ୍ଦର ଆକ୍ଷରିକ ଅର୍ଥ ହେଲା 'ସନ୍ନିକଟରେ ଉପବେଶନ'। କହିବା ବାହୁଲ୍ୟ, ଶାରୀରିକ ନୈକଟ୍ୟ ଅପେକ୍ଷା ଅଧିକ ମାତ୍ରାରେ ଏହା ମାନସିକ ନୈକଟ୍ୟକୁ ବୁଝାଉଛି।"(୧୪) 'ଭାରତର ଐତିହ୍ୟ: ଶତେକ ପ୍ରଶ୍ନର ଉତ୍ତର' ପୁସ୍ତକର ପ୍ରତ୍ୟେକଟି ସ୍ତମ୍ଭ ଭାରତୀୟ ସଂସ୍କୃତି, ଦର୍ଶନ, ଆଧ୍ୟାତ୍ମିକ ସିଦ୍ଧାନ୍ତର ପ୍ରତିନିଧିତ୍ୱ କରେ। 'ମହାକାଳର ପ୍ରହେଳିକା ଓ ଅନ୍ୟାନ୍ୟ ଜିଜ୍ଞାସା' ଭଳି ଏହି ପୁସ୍ତକରେ ସନ୍ନିବିଷ୍ଟ ପ୍ରତ୍ୟେକ ସ୍ତମ୍ଭ ମନୋଜୀୟ ମହାଚେତନାର ମହାଦ୍ୟୁତିରେ ଆଲୋକିତ ହୋଇଛି। ଅନ୍ୟତମ ପୁସ୍ତକ 'ସନ୍ଧାନ ଓ ସଂକେତ'ରେ ସନ୍ନିବେଶିତ ୫୪ଟି ସ୍ତମ୍ଭରେ ଆତ୍ମସଚେତନତାର ବହୁ ପ୍ରସଙ୍ଗ ରହିଛି। "ଏ ସଂକଳନର ଅନ୍ତର୍ଭୁକ୍ତ ନିବନ୍ଧଗୁଚ୍ଛ ୧୯୯୬ ଅଗଷ୍ଟ ଏବଂ ୧୯୯୯ ଜାନୁଆରି ମଧ୍ୟରେ ଉତ୍କଳର ପ୍ରଧାନ ଦୈନିକପତ୍ର 'ସମାଜ'ରେ ଲେଖକଙ୍କ ବ୍ୟକ୍ତିଗତ ସ୍ତମ୍ଭ 'ସନ୍ଧାନ ଓ ସଂକେତ'ରେ ପ୍ରକାଶିତ ହୋଇଥିଲା। x x x 'ସମାଜ'ରେ ପ୍ରକାଶିତ ତାଙ୍କର ଏହି ସ୍ତମ୍ଭ ପ୍ରତି ସମାନ ମାପକାଠି ପ୍ରଯୁଜ୍ୟ। ବିଂଶ ଶତାବ୍ଦୀର ଶେଷ ଦଶକ ଉପରେ ଏହା ଏକ ରଞ୍ଜନ ରଶ୍ମି।"(୧୫) ଆଲୋଚ୍ୟ ପୁସ୍ତକସ୍ଥ 'ଆତ୍ମ ଜାଗୃତିର ମୁହୂର୍ତ୍ତ' ସ୍ତମ୍ଭରେ ସଚେତନତାର ବାର୍ତ୍ତା ପ୍ରଦାନ କରି ମନୋଜ ଦାସ ଲେଖିଛନ୍ତି- "ଆତ୍ମ-ସଚେତନତା ଦିଗରେ ସାମାନ୍ୟ ଧ୍ୟାନ ଅନ୍ତେ ଆମେ ଦେଖିବୁଁ, ମାନବ ଜାତିକୁ ଆଜି

ଖାଲି ପୁଳାଏ ଅନ୍ଧଶକ୍ତି ଆୟତ୍ତ ଓ ଆଚ୍ଛନ୍ନ କରି ନାହିଁ, ବହୁ ମଙ୍ଗଳମୟ ଶକ୍ତି ବି ତା'ର ସହାୟତା ନିମନ୍ତେ ପ୍ରସ୍ତୁତ । ଆଜି ଅବିଳମ୍ବେ ଯେପରି ଗୋଟାଏ ଗୋଟାଏ ଆଦର୍ଶବାଦ ଭୁଶୁଡ଼ି ପଡୁଛି, ସେମିତି ଭୁଶୁଡ଼ି ପଡୁଛି ବହୁ ମିଥ୍ୟାଚାର ଓ ଛଳନାର ଇମାରତ୍ । ପୃଥିବୀର ଅନ୍ତଃସତ୍ତା ଯେପରି ଗତାନୁଗତିକତାକୁ ନେଇ ବିରକ୍ତ । ଆଜିର ଜନସମାଜର ଗୋଟାଏ ଦିଗରେ ଆମେ ଦିଗ୍‌ଭ୍ରାନ୍ତ ଓ ହତାଶ ଅନୁଭବ କରିବାର ବହୁ ହେତୁ ଥାଇପାରେ, ଅନ୍ୟ ଦିଗରେ କିନ୍ତୁ ରହିଛି ଗଭୀର ଆଶାବାଦ ଓ ଶୁଭଙ୍କର ପ୍ରତିଶ୍ରୁତି । ସେ ପ୍ରତିଶ୍ରୁତିର ପ୍ରଦାୟକ ଶ୍ରୀଅରବିନ୍ଦ ।"(୧୬) ଏହି ପରିପ୍ରେକ୍ଷୀରେ ଶ୍ରୀ ମନୋଜ ଦାସ ଏରିକ୍ ଫ୍ରୋମ୍‌ଙ୍କ ଲିଖିତ 'The Sane Society' (୧୯୫୫)କୁ ଆଲୋଚନାଭୁକ୍ତ କରି ସେ ପ୍ରଦାନ କରିଥିବା ବକ୍ତବ୍ୟକୁ ଉଲ୍ଲେଖ କରିଛନ୍ତି ଯେ- "ଊନବିଂଶ ଶତାବ୍ଦୀରେ ଭଗବାନ ମରିଥିଲେ; ବିଂଶ ଶତାବ୍ଦୀର ସମସ୍ୟା ହେଲା, ମଣିଷ ମରିଯାଇଛି ।" ଭଗବାନ ମରିନାହାନ୍ତି କି ମଣିଷ ମରିନାହିଁ । ମଣିଷ ଯେତେ ପ୍ରଚଣ୍ଡ ସମସ୍ୟାବର୍ତ୍ତରେ ପଡୁନା କାହିଁକି, ତା'ର ମୁକାବିଲା କରି ସେଥିରୁ ଉତ୍ତୀର୍ଣ୍ଣ ହେବାର ଶକ୍ତି ତାକୁ ଭଗବାନ ଦେଇଥାନ୍ତି ।"(୧୭) ବିଂଶ ଶତାବ୍ଦୀରେ ସଂଘଟିତ ନାନା ଦୁର୍ଘଟଣା, ନାନା ବିଭୀଷିକା ମଧ୍ୟରେ ଶ୍ରୀ ଦାସ ଏ ଶତାବ୍ଦୀର ଆଗାମୀ କାଳ ପାଇଁ ମହତ୍ତର ବାର୍ତ୍ତା ଏବଂ ଅବଦାନ ରୂପେ ଶ୍ରୀଅରବିନ୍ଦଙ୍କ ଦ୍ୱାରା ପ୍ରଦତ୍ତ ମଣିଷର ଦିବ୍ୟ ଭବିଷ୍ୟତର ପ୍ରତିଶ୍ରୁତି ବା ଅନନ୍ତ ସମ୍ଭାବନାକୁ ଦର୍ଶାଇଛନ୍ତି । 'ଚଷାପୁଅ ଏବଂ ଦ୍ୱାଦଶ ସେବକ ଉପାଖ୍ୟାନ' ସ୍ତମ୍ଭରେ ରାଜନୀତିକ ପରିବେଶରେ ମନ୍ତ୍ରୀ ଏବଂ ବ୍ୟୁରୋକ୍ରାଟ୍‌ମାନଙ୍କ ପ୍ରସଙ୍ଗ ଅବତାରଣା ପୂର୍ବକ ବିଡ଼ମ୍ବିତ ରାଜନୀତି ପ୍ରତି ବ୍ୟଙ୍ଗ ପ୍ରଦର୍ଶନ କରିଛନ୍ତି । ତାଙ୍କ ମତରେ- "କୌଣସି ଅଯଥା ବ୍ୟବସ୍ଥା, କୌଣସି ଅର୍ଥହୀନ ପରମ୍ପରା ବଦଳାଇଦେବା ଭଳି ବ୍ୟକ୍ତିତ୍ୱସଂପନ୍ନ ନେତା ଭାରତର ଭାଗ୍ୟରେ ନାହିଁ ।"(୧୮)

'ବାଘନିଶ ଅଦ୍ୟାବଧି ଓଦା !' ଫିଚର୍‌ରେ ବୈଜ୍ଞାନିକ ଆଇନଷ୍ଟାଇନଙ୍କ ପ୍ରସଙ୍ଗ ଅବତାରଣା କରି ମଣିଷର ବୌଦ୍ଧିକତା ଓ ସନ୍ଧାନକୁ ନେଇ ପ୍ରଶ୍ନ ଉତ୍‌ଥାପିତ କରିଛନ୍ତି । ଅହିଂସ ଆନ୍ଦୋଳନ ନାମରେ ଚାଲୁଥିବା ନିର୍ମମ ହିଂସାଚାର, ଦୁର୍ନୀତି, କୁଜି ନେତାମାନଙ୍କର ଆଡ଼ମ୍ବରିତା ପ୍ରତି ମନୋଜ ଅଙ୍ଗୁଳି ନିର୍ଦ୍ଦେଶ କରିଛନ୍ତି 'ରୋକୋ ରାକ୍ଷସ କବଳିତ 'ଭାରତବର୍ଷ' ସ୍ତମ୍ଭରେ । ଏଥିରେ ମହାଭାରତର ଯୁଧିଷ୍ଠିରଙ୍କୁ ଆଲୋଚନା ପରିସରଭୁକ୍ତ କରି ନିୟତ ଯମପୁର ଯାଉଥିବା ସତ୍ୟତାକୁ ଭ୍ରୂକ୍ଷେପ ନ କରି ଜୀବିତ ଲୋକମାନଙ୍କର ଭ୍ରଷ୍ଟ ଆଚରଣକୁ ନେଇ ବ୍ୟଥିତ ମଧ୍ୟ ହୋଇଛନ୍ତି । ଗୋଷ୍ଠୀଗତ ଅହଂର ଅସନ୍ତୋଷ ପ୍ରତି ବିଦ୍ରୂପ ହିଁ ଆଲୋଚ୍ୟ ସ୍ତମ୍ଭର ଅନ୍ତଃସ୍ୱର । ଭାରତୀୟ ଜୀବନ ଏବଂ ପ୍ରଜ୍ଞାର ସବୁଠୁ ବଡ଼ ଶତ୍ରୁ ଭାବରେ ଟିଭି ପରିବେଷିତ ଆମୋଦପ୍ରମୋଦକୁ

ଶ୍ରୀ ଦାସ ଦାୟୀ କରିଛନ୍ତି 'ନର୍କର ମାୟା' ଫିଚର୍‌ରେ। ସେହିଭଳି 'ଅମୋଚିତ ଅଶ୍ରୁ', 'ଅଭାଗା ଉତ୍କଳର ହେ ଭାଗ୍ୟବିଧାତା ବର୍ଗ' ଭଳି ଅନ୍ୟାନ୍ୟ ଫିଚର୍‌ରେ ବିବିଧ ସମସ୍ୟା ଉପରେ ଗୁରୁତ୍ୱାରୋପ କରି ସମସ୍ୟା ଊର୍ଦ୍ଧ୍ୱରେ ଥିବା ଆଲୋକିତ ପଥକୁ ଶ୍ରୀ ଦାସ ନିର୍ଦ୍ଦେଶ କରିଛନ୍ତି। 'ଅରଣ୍ୟ ଉଲ୍ଲାସ' ପୁସ୍ତକସ୍ଥ ୭୦ ଗୋଟି ସ୍ତମ୍ଭରେ ଚେତନା, ଅଧ୍ୟାତ୍ମ, ଦେଶ-ବିଦେଶ, ରାଜନୀତି, ନିର୍ବାଚନ ସମାଜକୁ ନେଇ ବହୁ ଫିଚର୍ ଆଲୋଚିତ ହୋଇଛି। ଏହି ପୁସ୍ତକ ସଂପର୍କରେ ମନୋଜ ଦାସ ଉଲ୍ଲେଖ କରିଛନ୍ତି- "ଏ ସଂକଳନର ଅନ୍ତର୍ଭୁକ୍ତ ସତୁରିଗୋଟି ନିବନ୍ଧ ସେପ୍‌ଟେମ୍ବର ୧୯୯୬ ଏବଂ ଏପ୍ରିଲ୍ ୧୯୯୮ ଭିତରେ ଦୈନିକ 'ଅନୁପମ ଭାରତ' ସକାଶେ ଲିଖିତ ହୋଇଥିଲା। ପ୍ରଥମ ଲେଖାଟି ଏକ ସ୍ୱତନ୍ତ୍ର ରଚନା ରୂପେ ପ୍ରକାଶ ପାଇଥିବା ସ୍ଥଳେ ଅନ୍ୟ ସବୁ ଏ ଲେଖକର ବ୍ୟକ୍ତିଗତ ସ୍ତମ୍ଭରେ (ସୋମବାସରୀୟ ସୌଜନ୍ୟ ସଂପାଦକୀୟ)ରେ ପରିବେଷିତ ହୋଇଥିଲା।"[୧୯] ଆଲୋଚ୍ୟ ପୁସ୍ତକସ୍ଥ ସ୍ତମ୍ଭଗୁଡ଼ିକ ସାମୟିକ ଘଟଣାବଳୀ ଆଧାରିତ ରଚନା। 'ଗତ ଓ ଅନାଗତ' ଫିଚର୍‌ରେ ଶ୍ରୀ ଦାସ ଅତୃପ୍ତ ମଣିଷର ପୃଥିବୀ ବ୍ୟାପୀ ସଂଘର୍ଷ, ପ୍ରତିଦ୍ୱନ୍ଦ୍ୱିତା, ବାଦବିସମ୍ବାଦର ଯୁଦ୍ଧ, ଯାନ୍ତ୍ରିକ ପ୍ରଗତି ଜରିଆରେ ବିପ୍ଲବର ଚିତ୍ର ଅଙ୍କନ କରିଛନ୍ତି, ଯାହା ଅନାଗତ ଭବିତବ୍ୟ ପାଇଁ ସଂଶୟ ସୃଷ୍ଟି କରୁଛି। ଏହି ପରିପ୍ରେକ୍ଷୀରେ ଶ୍ରୀ ଦାସ ଯୁଗ ଯୁଗର ଅର୍ଦ୍ଧପଶୁବତ୍ ଅଜ୍ଞାନର ଲଗାମ୍‌ରୁ ମୁକ୍ତି ପାଇଁ ଆସ୍ପୃହା ପୋଷଣ କରିବା ସହିତ ଯୁକ୍ତି ଓ ବୁଦ୍ଧି ପ୍ରଣୋଦିତ ଛଳନାକୁ ଦୃଢ଼ ଭାବରେ ପରିତ୍ୟାଗ କରି ଦିବ୍ୟଶକ୍ତି ପ୍ରତି ଉନ୍ମୁଖ ହେବାକୁ ଆହ୍ୱାନ ଦେଇଛନ୍ତି। 'ଅତିମାନସ ଶକ୍ତି'ର ଅନୁଭବକୁ ପ୍ରତ୍ୟେକ ମାନବ ପ୍ରତୀକ୍ଷା କରି ସେ ଦିଗରେ ଗତିଶୀଳ ହେବାକୁ ସେ ପ୍ରେରଣା ପ୍ରଦାନ କରିଛନ୍ତି। 'ଅରଣ୍ୟ ଉଲ୍ଲାସ'ର ଅନ୍ୟାନ୍ୟ ଫିଚର୍‌ରେ ସାମାଜିକ ଅବସ୍ଥାର ବହୁ ଚିତ୍ର ଦୃଶ୍ୟାୟିତ ହୋଇଛି। 'ନିର୍ବାଚନରେ ଅପରାଧୀ: ଦାୟୀ କିଏ ?' ଫିଚର୍‌ରେ ମନୋଜ ଦାସ ଆଧୁନିକ ମଣିଷମାନଙ୍କର ଅପରାଧପ୍ରବଣତାକୁ ଦର୍ଶାଇଛନ୍ତି। 'ଗଣତନ୍ତ୍ରରେ ଦଳ ଓ ସରକାର' ଫିଚର୍‌ରେ କ୍ଷମତାସୀନ ନେତାମାନଙ୍କ ସଂପର୍କରେ ଇଙ୍ଗିତ ପ୍ରଦର୍ଶନ ହୋଇଛି। ସୁଖର ପ୍ରକୃତ ସଂଜ୍ଞା ବୁଝାଇବାକୁ ଯାଇ ଶ୍ରୀ ଦାସ ମତବ୍ୟକ୍ତ କରିଛନ୍ତି ଯେ- "ଆଜି ସୁଖ ବୋଇଲେ ଆମୋଦ ଲିପ୍‌ସା, ଅତ୍ୟନ୍ତ ଅସ୍ଥାୟୀ ଭ୍ରାନ୍ତି-ବିଳାସ; ଯାହା ଖାଲି ମଣିଷକୁ ଅଧିକରୁ ଅଧିକ ଉତ୍ତେଜନା ପଛରେ ଧାଁ-ଦଉଡ଼ କରିବାକୁ ପ୍ରବର୍ତ୍ତାଇଥାଏ ଏବଂ ଶେଷରେ ତାକୁ ନିସ୍ତେଜ, ବିମର୍ଷ, ଅସହାୟ ଅବସ୍ଥାକୁ ଅବନମିତ କରେ।"[୨୦] ଶିକ୍ଷାୟତନ ଯେତେ ଆଦର୍ଶପୂର୍ଣ୍ଣ ହେଲେ ମଧ୍ୟ ଶିଶୁର ପ୍ରାଥମିକ ଅବଚେତନ ଗଠନ ଉପରେ ପିତାମାତାଙ୍କ ଦାୟିତ୍ୱ ନିର୍ଭର କରେ ବୋଲି ଲେଖକ ଯଥାର୍ଥ ମନେ କରନ୍ତି। ପଚିଶ ଗୋଟି ପ୍ରବନ୍ଧ, ଏକଚାଳିଶ ଗୋଟି ପ୍ରଶ୍ନୋତ୍ତର ଏବଂ

ଚାରିଗୋଟି ସାକ୍ଷାତକାରର ସମାହାରରେ 'ସତ୍ୟ-ଅସତ୍ୟ ଏବଂ ଅନ୍ୟାନ୍ୟ ପ୍ରସଙ୍ଗ' ସଂକଳନଟି ବେଶ୍ ପ୍ରଭାବଶାଳୀ ହୋଇଛି। ଆଲୋଚ୍ୟ ପୁସ୍ତକରେ 'ସମାଜ ସଂଧାନ', 'ସାହିତ୍ୟ ସଂସ୍କୃତି ସଂଧାନ', 'ଆଧ୍ୟାତ୍ମ ସଂଧାନ', 'ସମାଜ ଓ ଜୀବନର ନାନା ଦିଗ', 'ସାହିତ୍ୟ ଓ ଇତିହାସର କେତେକ ଝଲକ', 'ଆଧ୍ୟାତ୍ମିକତାର ନାନା ଦିଗ' ଏବଂ 'ଲେଖକଙ୍କ ସହ ସାକ୍ଷାତକାର' ଶୀର୍ଷକରେ ପର୍ଯ୍ୟାୟଗୁଡ଼ିକ ବିଭାଜିତ ହୋଇଛି। 'ସ୍ମୃତିର ପ୍ରଦୀପ' ସଂକଳନଟି ମନୋଜୀୟ ମନୀଷାର ଅପୂର୍ବ ରୂପକାନ୍ତି ବହନ କରିଛି। ଏହି ପୁସ୍ତକର ସ୍ତମ୍ଭଗୁଡ଼ିକ ମଧ୍ୟରୁ କିଛି 'ଧ୍ୱନି ପ୍ରତିଧ୍ୱନି' ଦୈନିକର ସାହିତ୍ୟ ବିଭାଗରେ ପ୍ରକାଶିତ ହୋଇଥିଲା। ଏହି ପୁସ୍ତକଟି ମନୋଜୀୟ ଅନୁଭୂତିର ସ୍ମୃତିଚିତ୍ର। ଶ୍ରୀ ଦାସଙ୍କ ଶବ୍ଦରେ- "କୁହାଯାଏ, ବୟସ ହେଲେ ମଣିଷ ଅତୀତରେ ଅଙ୍ଗେ ନିଭାଇଥିବା ଅଭିଜ୍ଞତା ଗପିବାକୁ ଭଲପାଏ। କାରଣ ସମ୍ଭବତଃ ଏକାଧିକ। ସଚରାଚର କାର୍ଯ୍ୟକାରୀ କାରଣଟି ହେଲା, ଜଣେ ନିଜର ବୃତ୍ତିରୁ ଅବସର ନେବା ଦୃଷ୍ଟିରୁ ଅଳସ ମୁହୂର୍ତ୍ତ ସବୁକୁ ସ୍ମୃତି ମନ୍ଥନରେ ବ୍ୟୟ କରେ। ଏହା ବି ହୋଇପାରେ, ଉଲ୍ଲେଖଯୋଗ୍ୟ ସ୍ମୃତିରେ ପରିଣତ ହେବା ଭଳି ଘଟଣାମାନ ଘଟିବାର ସମ୍ଭାବନା ଭବିଷ୍ୟତରେ କମ୍ ଥିବା ଦୃଷ୍ଟିରୁ ଅତୀତର ଦୈର୍ଘ୍ୟ (ଅଭିଜ୍ଞତା ଦୃଷ୍ଟିରୁ) କେତେ, ତାହା ମନେ ମନେ ମାପି ଚାଲିଥାଏ।"[୨୧] ସ୍ମୃତିର ପୃଷ୍ଠାରୁ ପଣ୍ଡିଚେରୀ ଆଶ୍ରମ ପାଇଁ ନିଜକୁ ଉତ୍ସର୍ଗ କରିଥିବା ଜଣେ ବିଦେଶୀ ବନ୍ଧୁଙ୍କ ଉକ୍ତିକୁ ମନେପକାଇ ଲେଖକ ଉଲ୍ଲେଖ କରିଛନ୍ତି- "ଆଜି ମନେହୁଏ ମୋର ସେ ତଥାକଥିତ ବ୍ୟର୍ଥ ଅର୍ଥ ଓ ଶ୍ରମ ମୋଟେ ବ୍ୟର୍ଥ ନୁହେଁ, ତାହା ଥିଲା ମୂଳଧନ ବିନିଯୋଗ- ଜୀବନରେ ଏହି ସାର୍ଥକତାର ଅନୁଭବ ପାଇଁ। ସମଗ୍ର ସାମାଜିକ ସାଫଲ୍ୟ ଯଦି ମୋତେ ଏହି ଅନୁଭବଠାରୁ ଦୂରେଇ ରଖିଥାନ୍ତା, ତେବେ ଜୀବନ ହିଁ ହୋଇଥାନ୍ତା ବୃଥା।" କହିଥିଲେ ସର୍ବଦା ତାରୁଣ୍ୟର ଔଜ୍ଜ୍ୱଲ୍ୟରେ ଉଦ୍‌ଭାସିତ ବୃଦ୍ଧ ରବର୍ଟ ଡେନ୍।"[୨୨] 'ଅପସୃତ ମୁହଁ ଓ ମୁହୂର୍ତ୍ତ ଶତକ' ଫିଚର୍‌ରେ ଗୋପବନ୍ଧୁଙ୍କ ଦୁଇ ସହକର୍ମୀ ଓ ସହକାରୀଙ୍କ ସ୍ମୃତିଚିତ୍ର ରହିଛି। ଜଣେ ଥିଲେ ଗୋଦାବରୀଶ ମିଶ୍ର ଅନ୍ୟ ଜଣେ ଥିଲେ ପଣ୍ଡିତ ନୀଳକଣ୍ଠ ଦାସ। 'ଗୋଲାପୀ ଶିଶୁ ଓ ସ୍ଫଟିକ ପାନପତ୍ର', 'ସ୍ୱଦେଶୀ' ଶତବାର୍ଷିକୀ, 'ଏକ ଅଚର୍ଚ୍ଚିତ ଐତିହାସିକ ବିତର୍କ' ଇତ୍ୟାଦି ଅସଂଖ୍ୟ ଫିଚର୍‌ରେ ମନୋଜୀୟ ସମୁଚ୍ଚ ଚେତନାର ବର୍ଣ୍ଣୋଜ୍ଜ୍ୱଳ ବିମ୍ବ ପ୍ରତିଫଳିତ ହୋଇଛି। ମହତ୍ ଚେତନାର କାଳଜୟୀ ରୂପବିମ୍ବକୁ ପାଥେୟ କରି ମନୋଜୀୟ ସ୍ତମ୍ଭଗୁଡ଼ିକ ଅନତିକ୍ରମ୍ୟ ହୋଇପାରିଛନ୍ତି।

ସ୍ତମ୍ଭକାର ମନୋଜ ଦାସଙ୍କ ଫିଚର୍‌ଗୁଡ଼ିକର ପ୍ରଥମ ପାରାଗ୍ରାଫ୍ ନିର୍ଦ୍ଦିଷ୍ଟ-ନିର୍ବାଚିତ ଶବ୍ଦଚୟନ ଦ୍ୱାରା ସୁସଂହତ ହୋଇଥାଏ। ପରବର୍ତ୍ତୀ ପାରାଗ୍ରାଫ୍ ଅର୍ଥାତ୍ ଦ୍ୱିତୀୟ

ପାରାଗ୍ରାଫ୍‌କୁ ତାଙ୍କ ଫିଚର୍‌ର ଶରୀର ରୂପେ ଗ୍ରହଣ କରାଯାଇପାରେ। ଯାହା ଅତ୍ୟନ୍ତ ସାବଲୀଳ, ଯୁକ୍ତିନିଷ୍ଠ ଏବଂ ମୌଳିକ ଦୃଷ୍ଟିକୋଣ ଆଧାରରେ ଉଚ୍ଚକୋଟୀର ହୋଇଥାଏ। ଘଟଣା, ବିଷୟ, ଚରିତ୍ରକୁ ବ୍ୟାଖ୍ୟା କରିବା ସମୟରେ ବହୁ ଉଦାହରଣର ସୁଗୁମ୍ଫନ ତାଙ୍କ ଫିଚରକୁ ଆକର୍ଷଣୀୟ କରିଥାଏ। ପାଠକ ସମ୍ମୁଖରେ ସମସ୍ୟାଗୁଡ଼ିକୁ ଉତ୍‌ଥାପନ କରିବା ସହିତ ସମାଧାନର ସୂତ୍ର ଧରେଇବା ହିଁ ତାଙ୍କର ଫିଚର୍‌ର ବୈଶିଷ୍ଟ୍ୟ। ସାଧାରଣରୁ ସାଧାରଣ ପ୍ରସଙ୍ଗକୁ ଚମତ୍କାର ଭାବରେ ଚିତ୍ତ ବିନୋଦନକାରୀ-ଶୈକ୍ଷିକ ତଥା ତଥ୍ୟାତ୍ମକ କରି ଗଢ଼ି ତୋଳିବାରେ ମନୋଜ ଦାସ ଅଦ୍ୱିତୀୟ। ତାଙ୍କ ଫିଚର୍‌ର ପରିସମାପ୍ତିରେ ଥିବା ଚମତ୍କାର ବାର୍ତ୍ତା ପାଠକ ହୃଦୟରେ ରେଖାଙ୍କନ କରିବାରେ ସମର୍ଥ। ଫିଚର୍‌ର କଳାତ୍ମକତା ଦୃଷ୍ଟିରୁ ମନୋଜୀୟ ଫିଚର୍ ପାଠକ ସହିତ ଯୋଗାଯୋଗ ରକ୍ଷା କରି ପ୍ରଭାବ ବିସ୍ତାର କରିବାରେ ସମର୍ଥ।

ମନୋଜୀୟ ଉତ୍ତୁଙ୍ଗ କାଞ୍ଚନିକତା, ବୌଦ୍ଧିକତା, ଉତ୍କଣ୍ଠାପୂର୍ଣ୍ଣ ଅବତାରଣା କୌତୁକପ୍ରଦ ଶବ୍ଦ ବିନ୍ୟାସ ଅତ୍ୟନ୍ତ ହୃଦ୍ୟ। ମନୋଜ ଦାସଙ୍କ ଚାତୁର୍ଯ୍ୟପୂର୍ଣ୍ଣ ରୂପକ ପାଠକକୁ ବ୍ୟକ୍ତିକରୁ ନୈର୍ବ୍ୟକ୍ତିକ ଏବଂ ସାଧାରଣ ଭାବନାରୁ ଅସାଧାରଣ ଭାବନା ଆଡ଼କୁ ଊର୍ଦ୍ଧ୍ୱାୟିତ କରିଥାଏ। ଆଧୁନିକ ଓଡ଼ିଆ ସମ୍ବାଦଧର୍ମୀ ସାହିତ୍ୟ କ୍ଷେତ୍ରରେ ସ୍ତମ୍ଭକାର ମନୋଜ ଦାସଙ୍କ ଫିଚର୍‌ଗୁଡ଼ିକ ଶକ୍ତିଶାଳୀ-ବିମ୍ବରୂପ ଧାରଣ କରିଛନ୍ତି। ଶବ୍ଦାକୃତି-ରୂପକ ସମ୍ବାଦ ରଚନା କ୍ଷେତ୍ରରେ ପଦ୍ମଶ୍ରୀ ମନୋଜ ଦାସ ଜଣେ ଅସାଧାରଣ ବିଶ୍ୱକର୍ମା !

ସହାୟକ ପାଦଟୀକା:

୧. ମୁଖ୍ୟ ସଂପାଦକ – ଡ. ସାନ୍ତ୍ୱନା ହାଲ୍‌ଦାର – 'ମନୋଜାୟନ' – ବାଲେଶ୍ୱର – ୨୦୧୯ – ୨୫

୨. Frontline - May 21, 2021 - Master Storyteller by Sachidananda Mohanty - VC of Central University - P: 91

୩. ଡକ୍ଟର ସନ୍ତୋଷ ତ୍ରିପାଠୀ – ବ୍ୟାବହାରିକ ଓଡ଼ିଆ ଭାଷା ପ୍ରୟୋଗାତ୍ମକ ବ୍ୟାକରଣ – ନାଳନ୍ଦା – ୨୦୦୯ – ପୃ: ୧୬୦

୪. ତତ୍ରୈବ – ପୃ: ୧୬୦

୫. ତତ୍ରୈବ – ପୃ: ୧୭୬

୬. ତତ୍ରୈବ – ପୃ: ୧୭୭

୭. ମନୋଜ ଦାସ – କେତେ ଦିଗନ୍ତ – ଗ୍ରନ୍ଥମନ୍ଦିର – ୧୯୮୬ – ପୃ: ପ୍ରଥମ ସଂସ୍କରଣ ଅବସରରେ ଲେଖକଙ୍କ ଭୂମିକା

୮. ତତ୍ରୈବ – ପୃ: ୧

୯. ମନୋଜ ଦାସ - ବିପୁଳାଚ ପୃଥ୍ୱୀ - ଚତୁରଙ୍ଗୀ ପ୍ରକାଶନୀ - ୧୯୯୪ - ମୁଖବନ୍ଧ
୧୦. ତତ୍ରୈବ - ପୃ: ୭
୧୧. ତତ୍ରୈବ - ପୃ: ୨୧
୧୨. ତତ୍ରୈବ - ପୃ: ୩୫
୧୩. ମନୋଜ ଦାସ - ମହାକାଳର ପ୍ରହେଳିକା ଏବଂ ଅନ୍ୟାନ୍ୟ ଜିଜ୍ଞାସା - ଗ୍ରନ୍ଥମନ୍ଦିର - ୨୦୦୬ - ଗ୍ରନ୍ଥ ସଂପର୍କରେ
୧୪. ମନୋଜ ଦାସ - ଭାରତର ଐତିହ୍ୟ: ଶତେକ ପ୍ରଶ୍ନର ଉତ୍ତର - ଗ୍ରନ୍ଥମନ୍ଦିର - ୧୯୯୬ - ପୃ: ୧୨
୧୫. ମନୋଜ ଦାସ - ସନ୍ଧାନ ଓ ସଂକେତ - ଗ୍ରନ୍ଥମନ୍ଦିର - ୧୯୯୯ - ପ୍ରକାଶକ: ମନୋଜ କୁମାର ମହାପାତ୍ର - ପୃ: ନିବେଦନ
୧୬. ତତ୍ରୈବ - ପୃ: ୩
୧୭. ତତ୍ରୈବ - ପୃ: ୩
୧୮. ତତ୍ରୈବ - ପୃ: ୨୮
୧୯. ମନୋଜ ଦାସ - ଅରଣ୍ୟ ଉଲ୍ଲାସ - ଗ୍ରନ୍ଥମନ୍ଦିର - ୧୯୯୯ - ଭୂମିକା
୨୦. ତତ୍ରୈବ - ପୃ: ୨୭
୨୧. ମନୋଜ ଦାସ - ସ୍ମୃତିର ପ୍ରଦୀପ - ଗ୍ରନ୍ଥମନ୍ଦିର - ୨୦୦୪ - ଭୂମିକା
୨୨. ତତ୍ରୈବ - ପୃ: ୩୯

ସମାଲୋଚନା ସାହିତ୍ୟ: ଅର୍ଚ୍ଚନା ନାୟକଙ୍କ ଦୃଷ୍ଟି ଓ ଦିଗନ୍ତ

ଚେତନାର ବ୍ୟତିକ୍ରମ ଶିଳ୍ପୀକୁ ସ୍ୱତନ୍ତ୍ର ପରିଚିତି ପ୍ରଦାନ କରେ। ଶୈଳୀର ଭିନ୍ନତା ଭଳି ବିଚାରଗତ ସ୍ୱାତନ୍ତ୍ର୍ୟ ତଥା ଜୀବନକୁ ବ୍ୟାଖ୍ୟା କରିବାର ନିଆରାପଣ ହିଁ ସାହିତ୍ୟିକକୁ ଯଶସ୍ୱୀ କରେ। ସାଂପ୍ରତିକ ଓଡ଼ିଆ ସାହିତ୍ୟରେ ସ୍ୱତନ୍ତ୍ର ଦାର୍ଶନିକ ମୂଲ୍ୟବୋଧ ଏବଂ ବଳିଷ୍ଠ ସମୀକ୍ଷାତ୍ମକ ବିଚାରବୋଧକୁ ଧାରଣ କରିଥିବା ଜଣେ ବିଶିଷ୍ଟ ସାହିତ୍ୟିକା ହେଉଛନ୍ତି ଡକ୍ଟର ଅର୍ଚ୍ଚନା ନାୟକ। ଓଡ଼ିଆ ସମାଲୋଚନା ସାହିତ୍ୟ କ୍ଷେତ୍ରରେ ସେ ଜଣେ ବିଶ୍ୱସ୍ତ ସମାଲୋଚିକା। ସମାଲୋଚନାର ବହୁବିଧ ଦିଗକୁ ସେ ନୂତନ ଗରିମା ପ୍ରଦର୍ଶନ କରିଛନ୍ତି। ୧୯୪୭ ମସିହାରେ ବାଲୁଗାଁ ନିକଟବର୍ତ୍ତୀ ପଦନପୁର ଗ୍ରାମରେ ପିତା କ୍ଷେତ୍ରମୋହନ ନାୟକ ଏବଂ ମାତା ପ୍ରେମଲତା ନାୟକଙ୍କ କୋଳମଣ୍ଡନ କରି ସେ ଭୂମିଷ୍ଠ ହୋଇଥିଲେ। ଜଣେ ମେଧାବିନୀ ଭାବରେ ଡକ୍ଟର ନାୟକ ସଂସ୍କୃତ ଅନର୍ସ ପରେ ଓଡ଼ିଆ-ଭାଷା-ସାହିତ୍ୟରେ ପ୍ରଥମ ଶ୍ରେଣୀରେ ପ୍ରଥମ ସ୍ଥାନ ଲାଭ କରିଥିଲେ।

ଡକ୍ଟର ଅର୍ଚ୍ଚନା ନାୟକ ସାଂପ୍ରତିକ ଓଡ଼ିଆ ସାହିତ୍ୟରେ ଜଣେ ଅସାଧାରଣ ଲେଖିକା। ସେ ଏକାଧାରରେ ଜଣେ ଗାଳ୍ପିକା, ଔପନ୍ୟାସିକା, ପ୍ରାବନ୍ଧିକା, ସମାଲୋଚିକା, ନାଟ୍ୟକାର, ଗୀତିକାର ତଥାଜଣେ ସଫଳ ଅନୁବାଦିକା ମଧ୍ୟ। ଅସଂଖ୍ୟ ତାଙ୍କର ସର୍ଜନା ସ୍ୱତନ୍ତ୍ର ତାଙ୍କର ବିଚାର ସ୍ୱାତନ୍ତ୍ର୍ୟ। "ଜୀବନ ଓ ଜଗତ ପ୍ରତି ଆସ୍ଥାଶୀଳ ଗାଳ୍ପିକା ଇତିହାସ-ପୁରାଣଠାରୁ ଆରମ୍ଭ କରି ସାଂପ୍ରତିକ ସମାଜ ଯାଏ ଓ ପୁଣି କଳ୍ପନାର ବର୍ଣ୍ଣମୟ ଭୂମିରୁ

ଆଧ୍ୟାତ୍ମିକ ଜଗତ ଯାଏ ପ୍ରତ୍ୟେକ କ୍ଷେତ୍ରରେ ବ୍ୟକ୍ତି ଜୀବନର ସମ୍ବନ୍ଧ ସଂପର୍କରେ ସୂକ୍ଷ୍ମ ଯୋଗସୂତ୍ରର ସନ୍ଧାନ କରିଛନ୍ତି। xxx ସେ ଗଭୀର ଆଧ୍ୟାତ୍ମବାଦୀ। ଋଷି ଶ୍ରୀଅରବିନ୍ଦଙ୍କର ଯୋଗ, ଦର୍ଶନ ଓ ସାହିତ୍ୟ ଦ୍ୱାରା ସେ ବହୁ ଭାବରେ ଅନୁପ୍ରାଣିତ। x x x ସେ ଜୀବନକୁ ନେଇ ଗଭୀର ଭାବରେ ଆଶାବାଦୀ। ସାଂପ୍ରତିକ କାଳରେ ସମସ୍ତ ନିରାଶା, ବିଫଳତା ଓ ବୈଷମ୍ୟ ସତ୍ତ୍ୱେ ସେ ବିଶ୍ୱାସ କରନ୍ତି ମଣିଷ ଏସବୁକୁ ଅତିକ୍ରମ କରିପାରିବ ଓ ଏକ ମହତ୍ତର ଜୀବନ ବଞ୍ଚିବା ପାଇଁ ନିଜ ଭିତରେ ଗଭୀର ଭାବରେ ଆସ୍ଥାବନ୍ତ ହୋଇପାରିବ।"[୧] ଡକ୍ଟର ନାୟକ ଶ୍ରୀଅରବିନ୍ଦଙ୍କ ଭଳି - "ସବୁ ଦୃଶ୍ୟ - ସବୁ ରୂପରେ କେବଳ ସେହି 'ପରମ ଶାଶ୍ୱତ ଓ ପରମ ସତ୍ୟର ଦର୍ଶନ'ରେ ବିଶ୍ୱାସୀ ହୋଇଛନ୍ତି। ସକଳ ଶବ୍ଦ ଭିତରେ ପରମର କଥା ଶ୍ରବଣ ପୂର୍ବକ ସକଳ ସ୍ପର୍ଶରେ ମଧ୍ୟ ସେହି ପରମଙ୍କୁ ହିଁ ଅନୁଭବ କରିଛନ୍ତି।

ଡକ୍ଟର ଅର୍ଚ୍ଚନା ନାୟକଙ୍କ ଆଧ୍ୟାତ୍ମିକ ଆସ୍ଥାର ନୈର୍ବ୍ୟକ୍ତିକ ଉଚ୍ଚାରଣ ତାଙ୍କର ସାମଗ୍ରିକ ସୃଷ୍ଟିସଂପଦକୁ ଆଚ୍ଛନ୍ନ କରିଥିବା ମନେହୁଏ। ପ୍ରଥମେ ୧୯୮୪ ମସିହାରେ ଓ ପରେ ୨୦୧୮ ମସିହାରେ ପ୍ରକାଶିତ ଓଡ଼ିଆ କାବ୍ୟରେ 'ଶିବ' ସଂପର୍କିତ ତାଙ୍କର ଉଚ୍ଚତର ଗବେଷଣାତ୍ମକ ସନ୍ଦର୍ଭ ଓଡ଼ିଆ ସାହିତ୍ୟରେ ଏକ ଦୁର୍ଲ୍ଲଭ ଗ୍ରନ୍ଥ। ଏହା ଓଡ଼ିଆ ଭାଷାରେ ଶୈବ ଧର୍ମ, ଶିବ ତତ୍ତ୍ୱ ଓ ସାହିତ୍ୟରେ ଶିବଙ୍କୁ ନେଇ ପ୍ରକାଶିତ ପ୍ରଥମ ଗବେଷଣାତ୍ମକ ଗ୍ରନ୍ଥ ଭାବରେ ଗୌରବମୟ ଅଧ୍ୟାୟ ସୃଷ୍ଟି କରିପାରିଛି। ଋଷି ଶ୍ରୀଅରବିନ୍ଦଙ୍କର ଯୋଗ, ଦର୍ଶନ ଓ ସାହିତ୍ୟ ଦ୍ୱାରା ସେ ବହୁ ଭାବରେ ଅନୁପ୍ରାଣିତ ହୋଇଥିବାରୁ ଶ୍ରୀଅରବିନ୍ଦଙ୍କ ବିଚାରମୂଲ୍ୟ ତଥା ଜୀବନତତ୍ତ୍ୱକୁ ନେଇ ତାଙ୍କ ଦ୍ୱାରା ଲିଖିତ ପୁସ୍ତକ 'ଅତିମାନବ: ସମ୍ଭାବନା ଓ ପ୍ରତିଶ୍ରୁତି' (୨୦୦୫) ଏବଂ 'ଶ୍ରୀଅରବିନ୍ଦ ଓ ନୂତନ ପୃଥିବୀ' (୨୦୦୭) ଯୋଗ ଦର୍ଶନ ଆଧାରିତ ଉତ୍କୃଷ୍ଟ ପୁସ୍ତକ। ପରବର୍ତ୍ତୀ ସମୟରେ 'ପୃଥିବୀର ନିୟତି ଓ ସମୂହଯୋଗ' (୨୦୧୦), 'ନିର୍ବାଚିତ ପ୍ରବନ୍ଧ' (୨୦୧୦) ଏବଂ 'ଦୃଷ୍ଟି ଓ ଦିଗନ୍ତ' (୨୦୧୪) ଭଳି ଉଚ୍ଚକୋଟୀର ସମାଲୋଚନା ପୁସ୍ତକ ପ୍ରକାଶିତ ହୋଇଛି। ଡକ୍ଟର ନାୟକ 'ପ୍ରବନ୍ଧ' ରଚନାକୁ ସର୍ବଦା ଗୁରୁତ୍ୱ ଦେବା ସଂପର୍କରେ ସ୍ୱୀକାର କରନ୍ତି ଯେ- "ମୁଁ ପ୍ରବନ୍ଧ ରଚନାକୁ ସବୁବେଳେ ଗୁରୁତ୍ୱ ଦେଇ ଆସିଛି। ଗୋଟିଏ ପ୍ରବନ୍ଧ ଲେଖିବା ପାଇଁ ସେଇ ନିର୍ଦ୍ଦିଷ୍ଟ ବିଷୟରେ ବେଶ୍ ପଢ଼ାପଢ଼ି କରିବାକୁ ହୁଏ ଏବଂ ତା' ସହିତ ଆବଶ୍ୟକସ୍ଥଳେ ନିଜସ୍ୱ ବିଚାର ଓ ବିଶ୍ଳେଷଣକୁ ସଚେତନ ଭାବରେ ଉପସ୍ଥାପିତ କରିବାକୁ ହୁଏ। ଗୋଟିଏ ପ୍ରବନ୍ଧ ଲେଖିବା ପାଇଁ ହୁଏତ ମାସାଧିକ କାଳ ପ୍ରୟୋଜନ ହୁଏ। ଲେଖିବା, କାଟିବା ଓ ପୁଣି ତାକୁ ସଜାଡ଼ିବା ବେଶ୍ ସମୟସାପେକ୍ଷ। କିନ୍ତୁ କୌଣସି ବିଷୟରେ ଲେଖିବା ପାଇଁ ମନ ସ୍ଥିର କଲେ ମୁଁ

ଆଦୌ ଶ୍ରମକୁଣ୍ଠ ହୁଏ ନାହିଁ। ତା'ରି ପଛରେ ଦିନ ଦିନ ଧରି ଲାଗିଥାଏ। ବର୍ତ୍ତମାନ ସୁଦ୍ଧା ନିବନ୍ଧ, ପ୍ରବନ୍ଧ, ସଂକଳନ ଓ ଜୀବନୀ ସମେତ ମୋର ପନ୍ଦର ଖଣ୍ଡ ପୁସ୍ତକ ପ୍ରକାଶ ପାଇସାରିଛି।"[୨] ଡ. ନାୟକଙ୍କ ସାହିତ୍ୟ ସଂପର୍କିତ ଆଲୋଚନା କ୍ଷେତ୍ରରେ ଦ୍ୱିବିଧ ସମାଲୋଚନାର ସ୍ୱର ହୃଦ୍ୟ ହୁଏ।

ପ୍ରଥମଟି ବିଚାରମୂଳକ ସମାଲୋଚନା (Judicial Criticism)

ଦ୍ୱିତୀୟଟି ଅନୁଭବାତ୍ମକ ସମାଲୋଚନା (Impressionistic Criticism)

ଡ୍ରାଇଡେନ୍‌ଙ୍କ ଭଳି ଡକ୍ଟର ନାୟକଙ୍କ ସମାଲୋଚନାର ଉଦ୍ଦେଶ୍ୟ ହେଉଛି- "My chief endeavours are to delight the age in which I live." ସମୟର ପ୍ରତିଟି ଆହ୍ୱାନ ଭିତରେ ଜୀବନର ସୌନ୍ଦର୍ଯ୍ୟକୁ ଅଭିବ୍ୟକ୍ତ କରିବା ନିମନ୍ତେ ଡକ୍ଟର ନାୟକ ବେଶ୍ ସମର୍ପିତ। ତାଙ୍କ ପ୍ରତ୍ୟେକ ସମାଲୋଚନାରେ ପ୍ରବନ୍ଧର ତାତ୍ତ୍ୱିକ ବିଚାର ସହ ଜୀବନୀୟ ନନ୍ଦନ ମୂଲ୍ୟର ମହାସମନ୍ୱୟ ରହିଛି। ଆଧ୍ୟାତ୍ମିକ ଚିନ୍ତନକୁ ନୂତନ ପରିପାଟୀ ପ୍ରଦାନ କରିବା କ୍ଷେତ୍ରରେ ତାଙ୍କ ସମାଲୋଚନା ଅଦ୍ୱିତୀୟ।

ସାମୁଏଲ୍ ଜନ୍‌ସନ୍‌ଙ୍କ 'Preface to Shakespeare' ପୁସ୍ତକ ଭଳି 'ଓଡ଼ିଆ କାବ୍ୟରେ ଶିବ' ଆମ ଇତିହାସରେ ଶିବଚେତନାର କ୍ରମିକ ବିକାଶ ଓ ସ୍ଥିତିକୁ ପ୍ରତିଷ୍ଠା ପ୍ରଦାନ କରିବା କ୍ଷେତ୍ରରେ ଅଦ୍ୱିତୀୟ ସୃଷ୍ଟି। ଏହାର 'ସ୍ୱୀକୃତି' ପତ୍ରରେ ଡକ୍ଟର ନାୟକ ସ୍ପଷ୍ଟ କରିଛନ୍ତି ଯେ- "ରୋମ୍‌କୁ ପୃଥିବୀ କଳାର ନଗରୀ କୁହାଯିବା ପରି ଭୁବନେଶ୍ୱରକୁ ଅନୁରୂପ ଭାବରେ ଭାସ୍କର୍ଯ୍ୟ ନଗରୀ କୁହାଯାଉଛି। ଏହି ବିପୁଳ ଭାସ୍କର୍ଯ୍ୟ ତଥା ସ୍ଥାପତ୍ୟ ମଧ୍ୟରେ ଶୈବ ପ୍ରାଧାନ୍ୟ ଏବଂ ଶିବାନୁଷ୍ଠାନର ପ୍ରାଚୁର୍ଯ୍ୟ ନୟନଗୋଚର ହୁଏ। ଆମର ଇତିହାସରେ ଏହି ପ୍ରାଚୁର୍ଯ୍ୟର ଏପରି ବିଶିଷ୍ଟ ସ୍ଥାନ ରହିଥିବା ସ୍ଥଳେ, ସେଥିରେ ସାରସ୍ୱତ ଶିଳ୍ପସୂତ୍ରରେ ଶିବରେ କିପରି ରୂପରେଖ ନେଇଛି ଓ ଅଗଣିତ ଜନଜୀବନକୁ କିପରି ଆପ୍ଲୁତ କରିଛି, ତାହା ନିରୂପଣ କରିବାର ଇଚ୍ଛାରୁ ଏହି ଉଦ୍ୟମର ରୂପାୟନ।"[୩] ବିଶ୍ୱବିଦ୍ୟାଳୟର ଅନୁଦାନ ଲାଭ କରି ଦିଗ୍‌ଦର୍ଶକ - ଅଧ୍ୟାପକ ବେଣୁଧର ରାଉତଙ୍କ ତତ୍ତ୍ୱାବଧାନ ଏବଂ ଓଡ଼ିଆ ସାହିତ୍ୟର ବିଶିଷ୍ଟ ସମ୍ମାନନୀୟ ଡକ୍ଟର ନଟବର ସାମନ୍ତରାୟ ତଥା ଡକ୍ଟର ଦୋଳଗୋବିନ୍ଦ ଶାସ୍ତ୍ରୀଙ୍କ ନିରପେକ୍ଷ ପରୀକ୍ଷାନୁସାରେ ଆଲୋଚ୍ୟ ଗ୍ରନ୍ଥଟି ବିଶେଷ ଗବେଷଣାତ୍ମକ ସନ୍ଦର୍ଭର ମାନ୍ୟତା ଲାଭ କରିପାରିଛି। ଓଡ଼ିଶାର ସମ୍ଭ୍ରାନ୍ତ ଏବଂ ପୁରାତନ ପ୍ରକାଶନୀ ସଂସ୍ଥା ପ୍ରାଚୀ ସାହିତ୍ୟ ପ୍ରତିଷ୍ଠାନ ଦ୍ୱାରା ପ୍ରକାଶିତ ହୋଇଥିବା ଆଲୋଚ୍ୟ ପୁସ୍ତକଟି ଓଡ଼ିଆ ଗବେଷଣାଧାରାକୁ ସୁସମୃଦ୍ଧ କରିଛି।

ଡକ୍ଟର ନାୟକଙ୍କ ଦ୍ୱାରା ଲିଖିତ ଏହି ଗବେଷଣା କର୍ମ ସଂପର୍କରେ ସେ ମତ ଦିଅନ୍ତି- "ଓଡ଼ିଆ କାବ୍ୟ ପରମ୍ପରା କ୍ରମରେ ଶିବଙ୍କର ସାକାରଚରିତ୍ର, ଦର୍ଶନ ବା

ଭାବରୂପ କିପରି ଭାବରେ, ରୂପରେ, ବର୍ଣ୍ଣନରେ ଓ ରସରେ ରୂପାୟିତ ହୋଇଛି, ତାହାହିଁ ଏହି ଗବେଷଣା କର୍ମର ବିଷୟ। ନିବନ୍ଧର ପ୍ରଥମ ପରିଚ୍ଛେଦରେ ଭାରତୀୟ ଶିବଙ୍କର ବୈଦିକ ରୂପ ରୁଦ୍ର, ପ୍ରାଗ୍-ଅର୍ଘ୍ୟ ସିନ୍ଧୁ ସଭ୍ୟତାର ପଶୁପତି ଓ ପୌରାଣିକ ଶିବଙ୍କର ପରିଚୟ ଓ ସମନ୍ୱୟର ଆଲୋଚନା କରାଯାଇଛି। ସେହିପରି କରାଯାଇଛି ରୁଦ୍ର ଶିବଙ୍କ ସହ ଭିନ୍ନ ଭିନ୍ନ ଦେବୀମାନଙ୍କର ସଂପର୍କ, ତନ୍ତ୍ରାନୁଯାୟୀ ଶିବ-ଶକ୍ତି ସମ୍ବନ୍ଧ ବିଚାର, ଶିବ ପରିବାରର ସଦସ୍ୟମାନଙ୍କ ସହିତ ଶିବଙ୍କର ସମ୍ବନ୍ଧ, ଶୈବ ପ୍ରତୀକାବଳୀ, ଶୈବସାଧନା ଏବଂ ନଟରାଜ ରହସ୍ୟ। ଦ୍ୱିତୀୟ ପରିଚ୍ଛେଦରେ ରହିଛି- 'ଉତ୍କଳୀୟ ପୃଷ୍ଠଭୂମିରେ ଶିବ ଓ ଶୈବ ତତ୍ତ୍ୱର ପ୍ରଭାବ ଓ ପ୍ରସାର, ବିଭିନ୍ନ ରାଜବଂଶର ରାଜତ୍ୱ କାଳରେ ଶୈବଧର୍ମର ବିକାଶକ୍ରମ, ଓଡ଼ିଶାର ଜନଜୀବନରେ ଶୈବାନୁଷ୍ଠାନର ପ୍ରଭାବ ଓ ଓଡ଼ିଶୀ ଲୋକନୃତ୍ୟର ଶୈବଧର୍ମ ସହ ସଂଯୁକ୍ତି।' ତୃତୀୟ ପରିଚ୍ଛେଦରେ- 'ସାହିତ୍ୟରେ ଶିବଙ୍କର ଭୂମିକା ଓ ବୈଶିଷ୍ଟ୍ୟ, ଶୈବ କାବ୍ୟରେ ମୁଖ୍ୟ ଉପଜୀବ୍ୟ କଥାବସ୍ତୁ, ଶୈବ ରଚନାର ପରମ୍ପରା, ଓଡ଼ିଆ ପୂର୍ବବର୍ତ୍ତୀ କାବ୍ୟଧାରାରେ ଶିବ ଓ ଓଡ଼ିଆ କବିମାନଙ୍କର ସଂସ୍କୃତ ଶୈବ ରଚନା ପ୍ରତି ଅବଦାନ। ଚତୁର୍ଥ, ପଞ୍ଚମ, ଷଷ୍ଠ ଓ ସପ୍ତମ ପରିଚ୍ଛେଦରେ ଚର୍ଯାପଦ, ଓଡ଼ିଆ ପ୍ରାଚୀନ ମଧ୍ୟଯୁଗୀୟ କାବ୍ୟାବଳୀ, ଚଉତିଶା, ଚଉପଦୀ ଏବଂ ଆଧୁନିକ କାବ୍ୟଧାରା ପ୍ରଭୃତିରେ ପ୍ରତିଷ୍ଠିତ ଓ ପ୍ରକାଶିତ ହୋଇଥିବା ଶିବ-ଚରିତ୍ର, ଶୈବଭାବ ଓ ଶିବ ସଂକେତର ବିସ୍ତୃତ ବ୍ୟାଖ୍ୟା ଓ ବିଶ୍ଳେଷଣ କରାଯାଇଛି।"(୪)

ତେବେ ଭାରତୀୟ ଚିନ୍ତନରେ 'ଶିବ' ଜଣେ ଅଲୌକିକ - ଅନାସକ୍ତ - ସାତ୍ତ୍ୱିକ ଦେବତା ରୂପେ ଆରାଧ୍ୟ। ବେଦ-ପୁରାଣ, ଉପନିଷଦ-ଶାସ୍ତ୍ରାଦିରେ 'ଶିବ' - ସତ୍ୟ-ଶିବ-ସୁନ୍ଦରର ପ୍ରତିଷ୍ଠାପକ ରୂପେ ପୂଜ୍ୟ। ସମଗ୍ର ଗବେଷଣା ସନ୍ଦର୍ଭରେ 'ରୁଦ୍ର'ଙ୍କ ନାମକରଣ, ଅନ୍ୟାନ୍ୟ ବୈଦିକ ଦେବତାଙ୍କ ସହ 'ରୁଦ୍ର'ଙ୍କ ସମ୍ବନ୍ଧଠାରୁ ଆରମ୍ଭ କରି ଜୈନ, ବୌଦ୍ଧ ଓ ଶୈବଧର୍ମ ସହ ତାଙ୍କର ସଂଯୋଗ, ଶିବଙ୍କର ଜନପ୍ରିୟତା, ସାଂସ୍କୃତିକ ମହତ୍ତ୍ୱ ଏବଂ ପୌରାଣିକ ଯୋଗ୍ୟତାଦିର ବହୁ ଆଲୋଚନା ରହିଛି। 'ଶିବଶକ୍ତି'ଙ୍କ ସ୍ୱରୂପ ଭାବରେ ପୃଥିବୀ, ଅମ୍ବିକା, ଉମା, ପାର୍ବତୀ, ଦୁର୍ଗା, ଗଙ୍ଗା, ଶକ୍ତିସ୍ୱରୂପା ତଥା ଅର୍ଦ୍ଧନାରୀଶ୍ୱର ସଂପର୍କିତ ପ୍ରାଞ୍ଜଳ ଆଲୋଚନା ରହିଛି। 'ଶିବ ପରିବାର' ରୂପେ ଗଣେଶ, କାର୍ତ୍ତିକେୟଙ୍କ ପ୍ରସଙ୍ଗ ପୁଣି 'ଶୈବ ପ୍ରତୀକ: ଲିଙ୍ଗ, ବୃଷଭ ଓ ସର୍ପ' ଇତ୍ୟାଦି ସଂପର୍କରେ ବିସ୍ତୃତ ଆଲୋଚନା ରହିଛି। ଭାରତବର୍ଷରେ ଲିଙ୍ଗୋପାସନାର ବିବିଧ ରୂପ ସହିତ ଶୈବ ସାଧନା ସଂପର୍କିତ ବିବିଧ ସିଦ୍ଧାନ୍ତର ପ୍ରାସଙ୍ଗିକ ଆଲୋଚନା ରହିଛି। ଏତଦ୍‌ବ୍ୟତୀତ 'ଶିବତାଣ୍ଡବ'ର ପୌରାଣିକ ଉପାଖ୍ୟାନ, ନୃତ୍ୟର ତାତ୍ତ୍ୱିକ ଦିଗସବୁକୁ ଅତ୍ୟନ୍ତ ଯୁକ୍ତିନିଷ୍ଠତାର ସହ ଆଲୋଚନା କରାଯାଇଛି।

'ଶ୍ୱେତାଶ୍ୱେତ ଉପନିଷଦ' ଅନୁଯାୟୀ - 'ଏକୋହି ରୁଦ୍ରୋ ନଦ୍ୱିତୀୟାତ୍' ଶିବ ହିଁ ଏକମାତ୍ର ପରମପୁରୁଷ-ସୃଷ୍ଟିକର୍ତ୍ତା। ତାଙ୍କ ବ୍ୟତିରେକ ଦ୍ୱିତୀୟ କେହି ନାହିଁ। "ବୈଦିକ ଦେବମଣ୍ଡଳୀ ମଧ୍ୟରୁ ଅନ୍ୟତମ ଆର୍ଯ୍ୟଦେବତା ରୁଦ୍ରଦେବ ପରବର୍ତ୍ତୀ କାଳର ଦେବତା ଶିବଙ୍କର ମୂଳରୂପ ଭାବରେ ଗୃହୀତ ହୋଇଛନ୍ତି। ରଗ୍‌ବେଦରେ ରୁଦ୍ର ଏକ ମିଶ୍ର ଚରିତ୍ର ରୂପରେ ବର୍ଣ୍ଣିତ। ଏହାଙ୍କ ମଧ୍ୟରେ ବହୁ ବୈପରୀତ୍ୟର ସମନ୍ୱୟ ସାଧିତ ହୋଇଛି। ବୈଦିକ ଧର୍ମ ଓ ପରବର୍ତ୍ତୀ ଶୈବୋପାସନା ମଧ୍ୟରେ ଯୋଗସୂତ୍ର ରକ୍ଷାକାରୀ ହେଉଛନ୍ତି ଆର୍ଯ୍ୟ ରୁଦ୍ର।"(୪) ରୁଦ୍ରଙ୍କୁ ଅତ୍ୟନ୍ତ ଶକ୍ତିଶାଳୀ ଦେବତା ରୂପେ ଅଭିହିତ କରାଯାଏ। ସୃଷ୍ଟି ଓ ଧ୍ୱଂସର ନିୟାମକ ଭାବରେ ତାଙ୍କୁ ଭିନ୍ନ ଭିନ୍ନ ନାମରେ ନାମିତ କରାଯାଇଛି। ବିଦ୍ୱାନ୍ ଗବେଷକ ଭଣ୍ଡାର୍‌କର ରୁଦ୍ରଙ୍କୁ 'ପ୍ରକୃତତିର ବିନାଶକାରୀ ଶକ୍ତି', ପ୍ରଫେସର କୀଥ୍ 'ଝଞ୍ଜାବାୟୁର ବିନାଶକାରୀ', ଅଥର୍ବ ବେଦରେ 'ଅଶୁଭଙ୍କର' - 'ଧ୍ୱଂସକାରକ' ମୃତ୍ୟୁର ଦେବତା ରୂପେ ପୁଣି ମଧ୍ୟ ସୌମ୍ୟ ଆଶୁତୋଷ ଏବଂ ମଙ୍ଗଳକାରୀ ଶକ୍ତିର ପ୍ରତୀକ ରୂପେ ବିବେଚନା କରାଯାଇଛି। ଋକ୍‌ବେଦ, ଅଥର୍ବ ବେଦ, ତୈତ୍ତରୀୟ ସଂହିତା ଏବଂ 'ଶତପଥ ବ୍ରାହ୍ମଣ'ରେ ରୁଦ୍ରଙ୍କୁ ଅଗ୍ନି ତଥା ବଜ୍ର ରୂପେ ବର୍ଣ୍ଣନା କରାଯାଇଛି। ଏ ସମସ୍ତ ତତ୍ତ୍ୱାଶ୍ରୟୀ ଗ୍ରନ୍ଥ ଅନୁଯାୟୀ ରୁଦ୍ର ହିଁ ସୂର୍ଯ୍ୟ, ମରୁତ୍, କାଳପୁରୁଷ, ଯଜ୍ଞସାଧକ, ଆଦିବୈଦ୍ୟ ଏବଂ ମୃତ୍ୟୁ ତଥା ଉର୍ବରତାର ଦେବତା ରୂପେ ବର୍ଣ୍ଣିତ। 'ରୁଦ୍ର' ଶବ୍ଦର ପରିଭାଷା ଦେବାକୁ ଯାଇ ଯାସ୍କ କହିଛନ୍ତି- "ରୁଦ୍ରୋ ରୌତୀତି ସତଃ। ରୋରୁୟମାନୋ ଦ୍ରବତୀତି ବା ରୋଜୟେତର୍ବା, ଯଦରୁଦଭଦ୍ ରୁଦ୍ରସ୍ୟ ରୁଦ୍ରତ୍ୱମିତି କାଠକମ୍, ଯଦରେଦୀତ୍ତଦ୍ ରୁଦ୍ରସ୍ୟ ରୁଦ୍ରତ୍ୱମିତି କାଠକମ୍, ଯଦରେଦୀତ୍ତଦ୍ ରୁଦ୍ରସ୍ୟ ରୁଦ୍ରତ୍ୱମିତି ହରିଦ୍ରବିକମ୍।" ଅର୍ଥାତ୍ 'ରୁଦ୍ର' ଶବ୍ଦ 'ରୁ' ଧାତୁରୁ ନିଷ୍ପନ୍ନ, ଶବ୍ଦ କରନ୍ତି ବୋଲି ସେ ରୁଦ୍ର। 'ରୁ' ଏବଂ 'ଦ୍ରୁ' ଧାତୁରୁ ନିଷ୍ପନ୍ନ, ଶବ୍ଦ କରି କରି ଗମନ କରନ୍ତି ଏଇ ଅର୍ଥରେ ରୁଦ୍ର। ପୁଣି ରୁଦ୍ ଧାତୁ + ସଂଜ୍ଞାର୍ଥେ ଅପାଦାନେର, ଯାହା ଯୋଗୁଁ ଲୋକେ କାନ୍ଦନ୍ତି।"(୬) ବୈଦିକ-ଅବୈଦିକ ମତରେ ଶିବଙ୍କ ଆକୃତିରେ ଭିନ୍ନତା ରହିଛି। ଶିବଶକ୍ତି ତତ୍ତ୍ୱର ମୂଳଉତ୍ସ - ଋକ୍‌ବେଦର ଦଶମଣ୍ଡଳର ୧୨୫ ସଂଖ୍ୟକ ସୂକ୍ତ (ଦେବୀସୂକ୍ତ)କୁ ମହତ୍ତ୍ୱ ପ୍ରଦାନ କରାଯାଏ। ଅମ୍ବିକା, ଉମା, ପାର୍ବତୀ, ଦୁର୍ଗା, ଗଙ୍ଗା, ଅର୍ଦ୍ଧନାରୀଶ୍ୱର ଇତ୍ୟାଦି ରୂପରେ 'ଶିବଶକ୍ତି'ର ଆରାଧନା କରାଯାଏ। ଅର୍ଦ୍ଧନାରୀଶ୍ୱରର ପରିକଳ୍ପନା ସଂପର୍କରେ ଆଲୋଚନା କରିବାକୁ ଯାଇ ସମାଲୋଚିକା ଡ. ଅର୍ଚ୍ଚନା ନାୟକ ଉଲ୍ଲେଖ କରିଛନ୍ତି- "ବେଦରେ ଅଛି, ପ୍ରଜାପତି ନିଜକୁ ଦୁଇ ଭାଗରେ ବିଭକ୍ତ କଲେ; ଦକ୍ଷିଣ ଭାଗ ପୁରୁଷ ଓ ବାମ ଭାଗ ନାରୀ। ବୈଷ୍ଣବ ଧାରଣାରେ ପୁରୁଷ କୃଷ୍ଣ ଓ ନାରୀ ରାଧାଙ୍କୁ ନେଇ ଅର୍ଦ୍ଧନାରୀଶ୍ୱର ରୂପ କଳ୍ପିତ। ସୃଷ୍ଟି ଆରମ୍ଭରେ କୃଷ୍ଣ ଥିଲେ

ଏକାକୀ । ଏକରୁ ଅନେକ ହେବାର ଇଚ୍ଛାରେ ନିଜକୁ ଦ୍ୱିଧା ବିଭକ୍ତ କଲେ; ପୁରୁଷ ହେଲେ କୃଷ୍ଣ ଓ ପ୍ରକୃତି ହେଲେ ରାଧା । କିନ୍ତୁ ଲୋକଧାରଣାରେ ଶିବଙ୍କର ଅର୍ଦ୍ଧନାରୀଶ୍ୱର ରୂପ ଅଧିକ ପରିଚିତ ଓ ଜନପ୍ରିୟ ।"(୭) ଶିବଙ୍କୁ ଉଭୟ ନାରୀ ଓ ପୁରୁଷ ରୂପରେ ପୂଜା କରାଯାଏ । ବିଭିନ୍ନ ଶୈବପୀଠ ଏହାର ଦୃଷ୍ଟାନ୍ତରେ ପରିପୂର୍ଣ୍ଣ । 'ଶିବପରିବାର' ଭାରତୀୟ ଦର୍ଶନରେ ପାରସ୍ପରିକ ମୈତ୍ରୀ-ସଦ୍‌ଭାବର ପ୍ରକୃଷ୍ଟ ଦୃଷ୍ଟାନ୍ତ । ସମାଲୋଚିକା ଡ. ନାୟକ ସଂସ୍କୃତ ଭାଷାରେ ପାରଦର୍ଶୀ ଥିବାରୁ 'ଶିବତତ୍ତ୍ୱ'ର ଶାସ୍ତ୍ରୀୟ ଦୃଷ୍ଟିକୋଣକୁ ପ୍ରତିଷ୍ଠା କରିବାରେ ସମର୍ଥ ହୋଇଛନ୍ତି । ସେ ତାଙ୍କର ଏହି ସନ୍ଦର୍ଭରେ 'ଜଗଜ୍ଜନନ୍ୟୈ ଜଗଦେକପିତ୍ରେ- ନମଃ ଶିବାୟୈ ଚ ନମଃ ଶିବାୟ' ବାଣୀ ବହନ କରୁଥିବା ପ୍ରସିଦ୍ଧ ହରଗୌର୍ଯଷ୍ଟକମ୍ ସ୍ତୁତିଟି ଉଦ୍ଧାର କରି ନାରୀ ଓ ପୁରୁଷକୁ ସମଦୃଷ୍ଟିରେ ଦେଖିବା ଏବଂ ସମାଜ ଗଠନରେ ଉଭୟଙ୍କ ମହତ୍ତ୍ୱପୂର୍ଣ୍ଣ ଭୂମିକାକୁ ସମ୍ମାନ ଜଣାଇଛନ୍ତି ।

ଜଣେ ସମ୍ବେଦନଶୀଳା-ଦାୟବଦ୍ଧ ଲେଖିକା ଭାବରେ ଡ. ଅର୍ଚ୍ଚନା ନାୟକ ଏହି ପୃଥିବୀ ଏବଂ ମାନବଜାତି ପ୍ରତି ନୂତନ ଦିବ୍ୟ ଜୀବନ ପ୍ରତିଷ୍ଠାର ଆହ୍ୱାନ ଦେଇଛନ୍ତି । ଏହି ଭାବଭୂମି ଉପରେ ତାଙ୍କ ଲିଖିତ ପୁସ୍ତକ 'ଶ୍ରୀଅରବିନ୍ଦ ଓ ନୂତନ ପୃଥିବୀ' (୨୦୦୭) ଏକ ଉତ୍କୃଷ୍ଟ ନିବନ୍ଧ ପୁସ୍ତକ । ଆଲୋଚ୍ୟ ପୁସ୍ତକରେ ଶ୍ରୀମା ଓ ଶ୍ରୀଅରବିନ୍ଦଙ୍କ ଯୋଗସାଧନା ଆଧାରିତ ତେରଗୋଟି ବିଷୟ ସୁବିନ୍ୟସ୍ତ ହୋଇଛି । ସମଗ୍ର ପୃଥିବୀରେ ମଣିଷକୁ ଦେବକୋଟି ଉନ୍ନୀତ କରିବା ଏ ପୃଥିବୀପୃଷ୍ଠରେ ହିଁ ସ୍ୱର୍ଗରାଜ୍ୟ ପ୍ରତିଷ୍ଠା କରିବା ନିମନ୍ତେ ମାର୍ଗ ପ୍ରଦର୍ଶନ କରିଥିବା ଶ୍ରୀଅରବିନ୍ଦ ଯଥାର୍ଥତଃ ଥିଲେ ଜଣେ ମହାନ୍ ଋଷି ତଥା ଯୁଗାବତାର । ସମାଲୋଚିକା ଡ. ନାୟକ ଶ୍ରୀଅରବିନ୍ଦଙ୍କୁ ଜାତୀୟତାର 'ମହାକବି', 'ଯୋଗେଶ୍ୱର', 'ଋଷି' ତଥା 'ଯୁଗାବତାର' ରୂପେ ଅଭିହିତ କରିଛନ୍ତି । ଏହି ପୁସ୍ତକରେ 'ଅତିମାନସର ସୌର ଋତୁ', 'ମଣିଷର ଆଧ୍ୟାତ୍ମିକ ବିବର୍ତ୍ତନ', 'ଶ୍ରୀଅରବିନ୍ଦ ଓ ନୂତନ ସହସ୍ରାବ୍ଦ', 'ଶ୍ରୀଅରବିନ୍ଦ ଓ ଯନ୍ତ୍ରଣା କାତର ପୃଥିବୀ', 'ସାବିତ୍ରୀ'ରେ ପ୍ରକାଶିତ 'ମାନୁଷୀ ଆସ୍ପୃହା', 'ପୂର୍ଣ୍ଣାଙ୍ଗ ଯୋଗ', 'ଯୋଗ ସାଧନାରେ ସମର୍ପଣ', 'ଶ୍ରୀଅରବିନ୍ଦଙ୍କର ପ୍ରଥମ କାବ୍ୟ: ଲଭ୍ ଏଣ୍ଡ୍ ଡେଥ୍', 'ଆଗାମୀ ଯୁଗରେ ନାରୀର ଭୂମିକା', ପ୍ରେମ: ଆଧ୍ୟାତ୍ମ ଆକାଂକ୍ଷାର ଏକ ମହାକାଶ', 'ଶ୍ରୀଅରବିନ୍ଦ ଓ ଭାରତବର୍ଷ' ଇତ୍ୟାଦି ଆଲୋଚନା ସ୍ଥାନିତ ହୋଇଛି । ଆଲୋଚ୍ୟ ପୁସ୍ତକ ସଂପର୍କରେ ମହାନ୍ ସାହିତ୍ୟିକ ମହାପାତ୍ର ନୀଳମଣି ସାହୁ ଉଲ୍ଲେଖ କରିଛନ୍ତି- "ଆମ ସମୟର ଅନ୍ୟତମ ଯୁଗପୁରୁଷ ମହାଯୋଗୀ, ମହାପ୍ରାଜ୍ଞ ମହର୍ଷି ଶ୍ରୀଅରବିନ୍ଦ ମଣିଷର ଉଦ୍‌ବର୍ତ୍ତନକୁ ଅବଶ୍ୟମ୍ଭାବୀ ବୋଲି କହିଥିଲେ ବି ସେହି ଅତିମାନବ ଗୋଟାଏ ପ୍ରାଣବନ୍ତ ବିରାଟ ଦୈତ୍ୟ ନ ହୋଇ – ସେ ହେବ ଏକ ଦିବ୍ୟ ମଣିଷ – ଯେ କି ତା'ର ନିମ୍ନଧୂର୍ତ୍ତ ବୁଦ୍ଧିରେ ବଳୀୟାନ୍ ହେବ ନାହିଁ – ସେ ତା'ର

ଅନ୍ତରାତ୍ମାର ଉପଲବ୍ଧିରେ ଓ ତା'ର ଚୈତ୍ୟସତ୍ତାର ନିର୍ଦ୍ଦେଶରେ ଜୀବନ-ନିର୍ବାହ କରିବ - ଫଳରେ ଏକ ଦିବ୍ୟମାନବ ସମାଜ ଆପଣାଛାଏଁ ଗଢ଼ି ଉଠିବ। ଶ୍ରୀଅରବିନ୍ଦ ଭବିଷ୍ୟତର ବିବର୍ତ୍ତନରେ ଏହି ଦିବ୍ୟମାନବ କିପରି ସମ୍ଭବ ହେବ- ତା'ର ପଥ ମଧ୍ୟ ଆବିଷ୍କାର କରିଛନ୍ତି। ଏହି ଦିବ୍ୟ ମାନବତ୍ୱର ପ୍ରତିଷ୍ଠା ଓ ଅଗ୍ରଗତି ପାଇଁ ଯେଉଁ ନୂତନ ଆଧ୍ୟାତ୍ମିକ ଶକ୍ତି, ଚେତନା ଓ ଆଲୋକର ଆବଶ୍ୟକତା ଅଛି - ତାକୁ ଶ୍ରୀଅରବିନ୍ଦ ଅତିମାନସ ଶକ୍ତି, ଆଲୋକ ଓ ଚେତନା ନାମରେ ଅଭିହିତ କରିଛନ୍ତି ଏବଂ ଏହି ଅତିମାନସ ଶକ୍ତି,ଚେତନା ଓ ଆଲୋକକୁ ସେ ଊର୍ଦ୍ଧ୍ୱଲୋକର ଭୂପୃଷ୍ଠକୁ ଓହ୍ଲାଇ ଆଣିବା ପାଇଁ ସେ ତାଙ୍କର ଉତ୍ତରସାଧିକା ଶ୍ରୀମା ମୀରାଙ୍କ ସହିତ ପଣ୍ଡିଚେରୀ ଆଶ୍ରମରେ ଦୀର୍ଘ ଚାଳିଶ ବର୍ଷ କଠିନ ତପସ୍ୟା କରି ସେହି ମହାନ୍ ଆଧ୍ୟାତ୍ମିକ ଶକ୍ତିକୁ ମଣିଷକୁ ପାଖରେ ପରିବେଷଣ କରିଛନ୍ତି। ଏହି ଅତିମାନସ ଶକ୍ତି, ଚେତନା ଓ ଆଲୋକ ବର୍ତ୍ତମାନ ପୃଥିବୀ ଉପରେ ତା'ର ବିବର୍ତ୍ତନ-କାର୍ଯ୍ୟ ଆରମ୍ଭ କରିଦେଇଛି।"[୮] 'ଶ୍ରୀଅରବିନ୍ଦ ଓ ନୂତନ ପୃଥିବୀ' ପୁସ୍ତକସ୍ଥ 'ଶ୍ରୀଅରବିନ୍ଦ' ନିବନ୍ଧରେ ଶ୍ରୀଅରବିନ୍ଦଙ୍କ ଜୀବନୀକୁ ନେଇ ବ୍ୟାପକ ଆଲୋଚନା ରହିଛି।

ଜନ୍ମରୁ ଆତ୍ମାନୁସନ୍ଧାନ ପର୍ଯ୍ୟନ୍ତ ଏବଂ 'ଅଧିମାନସ ଚେତନା'ରେ ତପଶ୍ଚର୍ଯ୍ୟା ପର୍ଯ୍ୟନ୍ତର ସମସ୍ତ ପର୍ଯ୍ୟାୟ ଏଥିରେ ଆଲୋଚିତ ହୋଇଛି। ଆଧ୍ୟାତ୍ମ ଜୀବନ ପଥରେ ପାର୍ଥିବ ଜୀବନକୁ ପରିତ୍ୟାଗ ନ କରି ସ୍ୱାଧୀନ ଭାବରେ ଦିବ୍ୟ ବାସ୍ତବତା, ମାନବଧର୍ମ ତଥା ଜନସମୂହର କଲ୍ୟାଣ ମାର୍ଗରେ ପରିଚାଳିତ ହେବା ନିମନ୍ତେ ଶ୍ରୀଅରବିନ୍ଦଙ୍କ ଦର୍ଶନ ଏହି ନିବନ୍ଧରେ ସୁସ୍ପଷ୍ଟ। ପ୍ରଜ୍ଞାମୟୀ ଆଲୋଚିକା ଡ. ନାୟକ ଏ ସଂପର୍କରେ ଶ୍ରୀଅରବିନ୍ଦଙ୍କ ଦର୍ଶନକୁ ସମ୍ମାନ ଜଣାଇ ଲେଖିଛନ୍ତି- "ଶ୍ରୀଅରବିନ୍ଦ ସ୍ପଷ୍ଟ କରିଦେଇଥିଲେ ଯେ, ଅଧ୍ୟାତ୍ମଜୀବନ ସାଧନାରେ ତଥାକଥିତ ପାର୍ଥିବ ପ୍ରକୃତିର ଆଧ୍ୟାତ୍ମିକରଣ ଓ ରୂପାନ୍ତର କରିବାର ପଥ ପ୍ରଦର୍ଶନ କରିଥାଏ। x x x ଏକ ଆଧ୍ୟାତ୍ମିକ ଧର୍ମ ହିଁ ମାନବ ଜାତିର ଭବିଷ୍ୟତ ପାଇଁ ଆଶା। କିନ୍ତୁ ଆଧ୍ୟାତ୍ମିକ ଧର୍ମ କହିଲେ କେହି ଯେପରି ନ ବୁଝନ୍ତି ଯେ, ଏହା ଏକ ବିଶ୍ୱ ଧର୍ମ ଭଳି ବ୍ୟାପାର ଓ ଏହାର ଏକ ସାର୍ବଜନୀନ ଆଚରଣ ବିଧି ରହିବ ଏବଂ ସର୍ବଗ୍ରହଣକ୍ଷମ ନୀତି ବା ତତ୍ତ୍ୱ ରହିବ, ବୌଦ୍ଧିକ ବିଶ୍ୱାସ ରହିବ ଓ ଅଲଂଘନୀୟ ବିଧାନ ଦ୍ୱାରା ଏହା ଶୃଙ୍ଖଳିତ ହେବ। x x x ସମସ୍ତଙ୍କର ଭିତରେ ଏ ପୃଥିବୀରେ ମଣିଷ ହେଲା ସର୍ବୋତ୍ତମ ମାଧ୍ୟମ। ମଣିଷ ସମୂହ ଭାବରେ ଏବଂ ବ୍ୟକ୍ତିଗତ ଭାବରେ ସେହି କ୍ରମବିକଶିତ ଦିବ୍ୟପ୍ରକାଶର ସର୍ବୋତ୍ତମ ମାଧ୍ୟମ ହେବ।"[୯] ଏହି ନିବନ୍ଧରେ ପଣ୍ଡିଚେରୀରେ ଶ୍ରୀଅରବିନ୍ଦଙ୍କ ଚିନ୍ତାଧାରାଶ୍ରୟୀ ଶିକ୍ଷାପଦ୍ଧତିର ପରିକଳ୍ପନାକୁ ଆଧାର କରି ପ୍ରଥମେ ଶ୍ରୀଅରବିନ୍ଦ ଆନ୍ତର୍ଜାତିକ ଶିକ୍ଷାକେନ୍ଦ୍ରର ପରିକଳ୍ପନା ପ୍ରସଙ୍ଗ ରହିଛି।

୧୯୫୦ ମସିହା ଡିସେମ୍ବର ପାଞ୍ଚ ତାରିଖରେ ଶ୍ରୀଅରବିନ୍ଦଙ୍କ ମହାପ୍ରୟାଣ ତଥା ତାଙ୍କର ଅତିମାନସ ଜ୍ୟୋତିକୁ ଡିସେମ୍ବର ନଅ ତାରିଖରେ 'ସେବା' ନାମକ ବୃକ୍ଷମୂଳରେ ସମାଧିସ୍ଥ କରିବାର କ୍ରମିକ ରୂପକୁ ଡ. ନାୟକ ଅତି ମାର୍ମିକ ଭାବରେ ଆଲୋଚନା କରିଛି।

ପୃଥିବୀ ଇତିହାସରେ ଶ୍ରୀଅରବିନ୍ଦଙ୍କର ଭୂମିକା ଓ କାର୍ଯ୍ୟ ସଂପର୍କିତ ଉଲ୍ଲେଖନୀୟ ବାଣୀ ହେଲା- "ବିଶ୍ୱ ଇତିହାସରେ ଶ୍ରୀଅରବିନ୍ଦ ଯାହା ଉପସ୍ଥାପିତ କରିଛନ୍ତି, ତାହା ଏକ ଶିକ୍ଷାଦାନ ନୁହେଁ, ଏପରିକି ଏକ ଶ୍ରୁତବାଣୀନୁହେଁ, ତାହା ସର୍ବୋତ୍ତମଙ୍କଠାରୁ ପ୍ରତ୍ୟକ୍ଷ ରୂପେ ଏକ ଚୂଡ଼ାନ୍ତ କ୍ରିୟା।"[୧୦] ପ୍ରକୃତପକ୍ଷେ ଶ୍ରୀଅରବିନ୍ଦ ଅଧ୍ୟାତ୍ମ ପର୍ଯ୍ୟାୟ ଓ ଭୌତିକ ବାସ୍ତବତାର ଅଦ୍ଭୁତ ସଂଯୋଗସେତୁ ରୂପେ ଜଣେ ଅବିସ୍ମରଣୀୟ ମହର୍ଷି। ଏହି ପୁସ୍ତକ ଅନ୍ତର୍ଭୁକ୍ତ 'ଶ୍ରୀମା' - ନିବନ୍ଧରେ ପ୍ୟାରିସ୍ ନଗରୀର ଏକ ସମ୍ଭ୍ରାନ୍ତ ପରିବାରରେ ଜନ୍ମିତା 'ମୀରା'ଙ୍କ ବାଲ୍ୟଜୀବନ, ଅଦୃଶ୍ୟ ସୂକ୍ଷ୍ମ ଜଗତର ସନ୍ଦର୍ଶନ, ୧୯୧୪ ସାଲରେ ଭାରତରେ ଶ୍ରୀଅରବିନ୍ଦଙ୍କ ଦର୍ଶନ ଓ ଦିବ୍ୟସାନ୍ନିଧ ଲାଭ, ଭାରତବର୍ଷରେ ଅବସ୍ଥାନ, ଆଧ୍ୟାତ୍ମିକ କର୍ମଧାରା, ୧୯୧୯ ମସିହାରେ ଜାପାନରେ କବିଗୁରୁ ରବୀନ୍ଦ୍ରନାଥ ଠାକୁରଙ୍କ ସହିତ ଶ୍ରୀମାଙ୍କର ସାକ୍ଷାତ, ପଣ୍ଡିଚେରୀ ଆଶ୍ରମର ପରିଚାଳନା, ଶ୍ରୀଅରବିନ୍ଦ ବିଶ୍ୱବିଦ୍ୟାଳୟ ସ୍ଥାପନ, ଉଷାନଗରୀ ଅରୋଭିଲ୍‌ରେ ଶ୍ରୀଅରବିନ୍ଦ ଆଶ୍ରମ ପ୍ରତିଷ୍ଠା ଏବଂ ପରିଶେଷରେ ଶ୍ରୀମାଙ୍କ ଦେହତ୍ୟାଗ ପର୍ଯ୍ୟନ୍ତର କ୍ରମିକ ଘଟଣା ଆଲୋଚିତ ହୋଇଛି। ଇନ୍ଦିରା ଗାନ୍ଧୀଙ୍କ ଭଳି ଆଲୋଚିକା ଡ. ଅର୍ଚ୍ଚନା ନାୟକ ଶ୍ରୀମାଙ୍କୁ ସକ୍ରିୟ ଦୀପ୍ତ ବ୍ୟକ୍ତିତ୍ୱସଂପନ୍ନା, ତୀବ୍ର ଶକ୍ତିଶାଳୀ ଅଲୌକିକ ବ୍ୟକ୍ତିତ୍ୱ ଓ ଅସାଧାରଣ ଆଧ୍ୟାତ୍ମିକ ସିଦ୍ଧିର ଉତ୍ସ ଭାବରେ ଅଭିହିତ କରିଛନ୍ତି। ଶ୍ରୀମା ମାନବସତ୍ତାର ପାଞ୍ଚଗୋଟି ପ୍ରଧାନ ବିଭାବ, ଯଥା- ଶାରୀରିକ, ପ୍ରାଣିକ, ମାନସିକ, ଆନ୍ତରାତ୍ମିକ ଏବଂ ଆଧ୍ୟାତ୍ମିକ ରୂପକୁ ଶିକ୍ଷାର ଆଧାର ରୂପେ ଗ୍ରହଣ କରିଛନ୍ତି। ମାନସିକ ଶିକ୍ଷାର ଅଭିବୃଦ୍ଧିରେ ଆନ୍ତରାତ୍ମିକ ତଥା ଆଧ୍ୟାତ୍ମିକ ଶକ୍ତିର ଅଭିବୃଦ୍ଧି ସମ୍ଭବ ଦର୍ଶାଇ ଡ. ନାୟକ - 'ଏକାଗ୍ରତାର ଶକ୍ତି ବୃଦ୍ଧି, ଏକ ପରମ ଜ୍ୟୋତିର୍ମୟ ଲକ୍ଷ୍ୟକୁ କେନ୍ଦ୍ର କରି ଚିନ୍ତା ସମୂହର ସଂଗଠନ, ଚିନ୍ତାର ନିୟନ୍ତ୍ରଣ, ଅବାଞ୍ଛନୀୟ ଚିନ୍ତାସମୂହର ବର୍ଜନ, ମାନସିକ ନିସ୍ତବ୍ଧତା ଓ ପୂର୍ଣ୍ଣ ଶାନ୍ତି ଇତ୍ୟାଦି ପ୍ରସଙ୍ଗ ଉପରେ ଗୁରୁତ୍ୱ ପ୍ରଦାନ କରିଛନ୍ତି।'

'ଅତିମାନସର ସୌରରତ୍ନ' ନିବନ୍ଧରେ ଅନ୍ତଃଜଗତର ଆଲୋଡ଼ନକୁ ଅନୁଭବ କରି ସୂକ୍ଷ୍ମ ଚେତନାର ଜାଗରଣର ବାର୍ତ୍ତା ରହିଛି। ଡ. ନାୟକଙ୍କ ମତରେ- "ବହିଃଜଗତର ବ୍ୟାପାରରେ ମଣିଷ ଅନେକ ସମୟରେ ଅନ୍ଧ ବଧିର ହୋଇଥାଏ। ତେଣୁ ଅନ୍ତଃଜଗତର ବ୍ୟାପାରକୁ ବୁଝିବା, ସୂକ୍ଷ୍ମସ୍ତରର ସଂଗଠନକୁ ପ୍ରତ୍ୟକ୍ଷ କରିବା ଓ ଚେତନାର ଗଭୀରତମ

ଉପଲବ୍ଧିର ଧ୍ୱନି ଶୁଣିପାରିବା ସର୍ବଦା ସାଧନାର ଅପେକ୍ଷା ରଖେ।"[୧୧] ଡ. ଅର୍ଚ୍ଚନା ନାୟକ ଆଲୋଚ୍ୟ ନିବନ୍ଧରେ ମହର୍ଷି ଶ୍ରୀଅରବିନ୍ଦଙ୍କର ଦୀର୍ଘ ତପସ୍ୟାର ସିଦ୍ଧି ସ୍ୱରୂପ ତାଙ୍କର ଅତିମାନସ ଶକ୍ତିକୁ ଅନୁଭବ କରିବାକୁ ଦିବ୍ୟବାର୍ତ୍ତା ପ୍ରଦାନ କରିଛନ୍ତି। ତାଙ୍କର ବିଶ୍ୱାସ ଶ୍ରୀଅରବିନ୍ଦଙ୍କ- "ଏହି ଅତିମାନସ ଶକ୍ତି ପୃଥିବୀର ବିବର୍ତ୍ତନ ପ୍ରକ୍ରିୟାକୁ କରିବ ତ୍ୱରାନ୍ୱିତ, ମଣିଷକୁ ଉତ୍ତୀର୍ଣ୍ଣ କରିବ ଦିବ୍ୟମାନବ ପର୍ଯ୍ୟାୟକୁ, ପ୍ରକୃତିର ରୂପାନ୍ତର ସାଧନ ହେବ ଓ ଜଡ଼ରେ ଦିବ୍ୟତାର ପ୍ରକାଶ ଓ ପ୍ରତିଷ୍ଠା ଘଟିବ।"[୧୨] ଅତିମାନବ ସ୍ତରରେ ପହଞ୍ଚିବା ନିମନ୍ତେ ମାନବକୁ ହିଁ ସଚେତନ ପ୍ରୟାସ କରିବାକୁ ହୋଇଥାଏ। 'ଅତିମାନସ'ର ଅଲୌକିକତା ଅବର୍ଣ୍ଣନୀୟ। ମାନବ ଅତିମାନବ ସ୍ତରରେ ପହଞ୍ଚିଲେ ଆଲୋକ, ଆନନ୍ଦ, ଶାନ୍ତି, ସଂହତି ଓ ପ୍ରେମ ପ୍ରତିଷ୍ଠା କରିପାରେ। ଡ. ନାୟକ ଏହି ମର୍ମରେ ଶ୍ରୀଅରବିନ୍ଦଙ୍କ ମହାନ୍ ବାଣୀ ପ୍ରଦାନ କରିଛନ୍ତି ଯେ- "ଶ୍ରୀଅରବିନ୍ଦ ପ୍ରଥମ କରି ଜଡ଼ (Matter)ର ପ୍ରାଧାନ୍ୟ ପ୍ରତିଷ୍ଠା କଲେ। ସେ କହିଲେ ଭାରତର ଆଧ୍ୟାତ୍ମିକ ଜ୍ଞାନ ରହିଛି; କିନ୍ତୁ ଏହା ଜଡ଼କୁ ଅବହେଳା କରିଛି ଓ ସେଥିପାଇଁ ତାକୁ ପରିଣତି ମଧ୍ୟ ଭୋଗ କରିବାକୁ ପଡ଼ିଛି। x x x ଆଧ୍ୟାତ୍ମିକତାର ଲକ୍ଷ୍ୟ ନୁହେଁ ନିଜ ସତ୍ତାକୁ ଦିବ୍ୟଚେତନାରେ ନିଶ୍ଚିହ୍ନ କରିଦେବା - ଏହାର ଲକ୍ଷ୍ୟ ହେଉଛି ଦିବ୍ୟ ଚେତନା ଜଡ଼ରେ ପ୍ରବେଶ କରି ତା'ର ରୂପାନ୍ତର କରିବା।"[୧୩] ମନରେ ଦୃଢ଼ ବିଶ୍ୱାସ ଓ ପ୍ରତ୍ୟୟକୁ ଧାରଣ କରି ମନ-ପ୍ରାଣ-ଚୈତନ୍ୟ ସ୍ତରରେ ନୂତନ ଆହ୍ଲାଦକୁ ଅନୁଭବ କରିବା ନିମନ୍ତେ ଆଲୋଚ୍ୟ 'ଅତିମାନସର ସୌରରତ୍ନ' ପ୍ରବନ୍ଧରେ ଉଚ୍ଛ୍ୱସିତ ଆହ୍ୱାନ ରହିଛି।

ଯୋଗୀ ଶ୍ରୀଅରବିନ୍ଦ ଭାରତବର୍ଷକୁ ଈଶ୍ୱରଙ୍କ ଦ୍ୱାରା ନିର୍ବାଚିତ ଦେଶ ଭାବରେ ଅଭିହିତ କରିବା ସହିତ ଆଧ୍ୟାତ୍ମିକ ପରିବର୍ତ୍ତନ କ୍ଷେତ୍ରରେ ଚୈତ୍ୟସତ୍ତାର ମହତ୍ତ୍ୱ ପ୍ରତିପାଦନ ହୋଇଛି 'ମଣିଷର ଆଧ୍ୟାତ୍ମିକ ବିବର୍ତ୍ତନ' ନିବନ୍ଧରେ। ନାୟକ ଚୈତ୍ୟସତ୍ତା ମଧ୍ୟରେ ଅନ୍ତର୍ନିହିତ ପରମତତ୍ତ୍ୱର ପ୍ରସଙ୍ଗ ଆଲୋଚନା କରି ଶ୍ରୀଅରବିନ୍ଦଙ୍କ ଉକ୍ତିକୁ ଉଲ୍ଲେଖ କରିଛନ୍ତି ଯେ- "The history of the cycles of man is a progress towards the unveiling of the Godhead in the soul and life of humanity." ଅନୁରୂପ ଭାବରେ ଶ୍ରୀମାଙ୍କ ଉକ୍ତି ଏପରି ଉଲ୍ଲେଖଯୋଗ୍ୟ ଯେ- 'ବିଶ୍ୱପ୍ରକୃତି ପୂର୍ବେ ଏକଦା ପୃଥିବୀ ପୃଷ୍ଠରେ ମନୁଷ୍ୟରୂପୀ ଏକ ମନୋମୟ ସତ୍ତା ସୃଷ୍ଟି କରିଥିଲା। ଠିକ୍ ସେହିପରି ବର୍ତ୍ତମାନ ମଧ୍ୟ ଏହି ମନୋମୟ ଭୂମିରେ ଏକ ଅତିମାନସ ଚେତନା ତଥା ବ୍ୟକ୍ତିତ୍ୱର ସ୍ଫୁରଣ ଲାଗି ଏକ ସଂକେନ୍ଦ୍ରିତ ଏବଂ ସଘନକ୍ରିୟା ଆରମ୍ଭ ହୋଇଗଲାଣି।"[୧୪]

'ଶ୍ରୀଅରବିନ୍ଦ ଓ ନୂତନ ସହସ୍ରାବ୍ଦ' ରଚନାରେ ଶ୍ରୀଅରବିନ୍ଦଙ୍କ ଆବିର୍ଭାବର ସନ୍ଧିକ୍ଷଣ ସଂପର୍କରେ ଆଲୋଚନା ରହିଛି। ଶ୍ରୀଅରବିନ୍ଦଙ୍କ ଶବ୍ଦରେ- "ମନୁଷ୍ୟ ନିଜର ସ୍ୱାଭାବିକ ଶୀର୍ଷସ୍ଥାନକୁ ଉନ୍ନୀତ ହେବା ଅତିମାନବତ୍ୱ ନୁହେଁ କିମ୍ବା ଏହା ଏକ ଉନ୍ନତତର ମାନବିକ ମହତ୍ତ୍ୱ, ଜ୍ଞାନ, ଶକ୍ତି, ବୁଦ୍ଧି, ସଂକଳ୍ପ, ପ୍ରତିଭା, ସାଧୁତା, ପ୍ରେମ, ପବିତ୍ରତା ବା ପୂର୍ଣ୍ଣତା ମଧ୍ୟ ନୁହେଁ; ଏହା ଅନ୍ୟ କିଛି ଅସ୍ତିତ୍ୱର ଅନ୍ୟ ଏକ ସ୍ପନ୍ଦନ, ଅନ୍ୟ ଏକ ଚେତନା"(୧୫) ତେଣୁ ନୂତନ ଜଗତର ଚଳିତ ସହସ୍ରାବ୍ଦରେ ପୂର୍ଣ୍ଣ ପ୍ରତିଷ୍ଠା ଓ ପ୍ରକାଶ ପାଇଁ ମଣିଷର ଆସ୍ପୃହାକୁ ଡ. ନାୟକ ଗୁରୁତ୍ୱ ପ୍ରଦାନ କରିଛନ୍ତି।

ମାନବବାଦୀ-ମହାଋଷି ଶ୍ରୀଅରବିନ୍ଦ ମାନବର ଅଜ୍ଞାନତା ଭିତରେ ଯନ୍ତ୍ରଣାପୂର୍ଣ୍ଣ ଦୁଃଖର ସ୍ଥିତିକୁ ସନ୍ଦର୍ଶନ କରି, ଦୁଃଖର ମୂଳ ନିର୍ଣ୍ଣୟପୂର୍ବକ ଏହାର ବନ୍ଧନରୁ ମୁକ୍ତ ହେବାର ମାର୍ଗ ପ୍ରଦର୍ଶିତ ହୋଇଛି 'ଶ୍ରୀଅରବିନ୍ଦ ଓ ଯନ୍ତ୍ରଣାକାତର ପୃଥିବୀ' ନିବନ୍ଧରେ। ଯୋଗୀ ଶ୍ରୀଅରବିନ୍ଦ 'ସାବିତ୍ରୀ' ମହାକାବ୍ୟରେ ଦୁଃଖ, ଦୁଃଖର ସ୍ୱରୂପ ଓ ଦୁଃଖ-ଆନନ୍ଦରେ ରୂପାନ୍ତରିତ ହେବାର ମାର୍ଗ ପ୍ରଦର୍ଶନ କରିଛନ୍ତି। ଅଜ୍ଞାନତାର ବଶବର୍ତ୍ତୀ ଥିବା ମାନବମାନଙ୍କ ନିୟତିର ଲୌହଶୃଙ୍ଖଳରୁ ମୁକ୍ତି ଦେବା କ୍ଷେତ୍ରରେ ଶ୍ରୀଅରବିନ୍ଦ ଯେ ପରିତ୍ରାତା ଥିଲେ ଏହା କହିଲେ, ଅତ୍ୟୁକ୍ତି ହେବ ନାହିଁ। ସାରା ଜଗତର ସମସ୍ତ ପ୍ରାଣୀଙ୍କ କଷଣରେ ଶ୍ରୀଅରବିନ୍ଦ ମର୍ମାହତ ଥିଲେ। ବ୍ରହ୍ମର୍ଷି ନାରଦଙ୍କ ଭଳି ଶ୍ରୀଅରବିନ୍ଦ ଅବଗତ ଥିଲେ ଯେ- "କୌଣସି ଦୁଃଖ ଜର୍ଜରିତ ଅନ୍ତରାତ୍ମା କେବେ ଚିରନ୍ତନର ପଥ ଦେଖାଏ ନାହିଁ।"(୧୬) ଡ. ନାୟକଙ୍କ ଅନ୍ୟତମ ନିବନ୍ଧ 'ସାବିତ୍ରୀ'ରେ ତାଙ୍କର ଯୋଗୀଦୃଷ୍ଟିର ମହତ୍ତ୍ୱ ପ୍ରତିପାଦିତ ହୋଇଛି। ଏହି ମହକାବ୍ୟର ପ୍ରଥମ ଭାଗରେ ଅଶ୍ୱପତିଙ୍କର ଚେତନାର ଯାତ୍ରା, ଭାଗବତ ସତ୍ତା ଲାଭର ଆସ୍ପୃହା, ସତ୍ୟବାନଙ୍କ ସହ ସାବିତ୍ରୀଙ୍କର ଜନ୍ମ, ଅଭିବୃଦ୍ଧି ଓ ବିବାହ ସତ୍ୟବାନ୍‌ଙ୍କ ଆତ୍ମାନୁସରଣ, ସ୍ୱର୍ଗଲୋକରେ ପ୍ରବେଶ ଓ ଅଭିଜ୍ଞତାର ପ୍ରସଙ୍ଗ ରହିଛି। ଡ. ନାୟକଙ୍କ ମତରେ- "ଚେତନାର ସ୍ତର ପରେ ସ୍ତର ଅତିକ୍ରମ କରିବା ଓ ମୃତ୍ୟୁକୁ ନେଇ ତର୍କ – ମୃତ୍ୟୁର ପରାଜୟ। ଜ୍ୟୋତିର୍ମୟ ବିଶ୍ୱଦେବଙ୍କ ଆବିର୍ଭାବ ଓ ସାବିତ୍ରୀଙ୍କୁ ସେହି ନିତ୍ୟ ଆନନ୍ଦଲୋକରେ ରହିଯିବା ପାଇଁ ଆହ୍ୱାନ କରାଯାଇଛି। ସାବିତ୍ରୀ ବିନୀତ ଭାବରେ ତାହା ପ୍ରତ୍ୟାଖ୍ୟାନ କରିଛନ୍ତି, କାରଣ ନିତ୍ୟସୁଖମୟ ଜଗତ ଲାଗି ସେ ତାଙ୍କର ପ୍ରିୟତମ ପୃଥିବୀକୁ ଓ ତା'ର କୋଟି କୋଟି ଆର୍ତ୍ତ ନରନାରୀଙ୍କୁ ବଳି ଦେଇ ପାରିବେ ନାହିଁ। ତାଙ୍କର ସେ ପ୍ରାର୍ଥନାରେ ସନ୍ତୁଷ୍ଟ ବିଶ୍ୱଦେବ ତାଙ୍କର କାଳାତୀତ ସଂକଳ୍ପକୁ ସାବିତ୍ରୀଙ୍କ ମାଧ୍ୟମରେ କ୍ରିୟାଶୀଳ କରିବା ପାଇଁ ନିର୍ଭର ପ୍ରତିଶ୍ରୁତି ଦେଇଛନ୍ତି।" x x x ଆତ୍ମାର ଜାଗରଣ ଓ ଆଲୋକଯାତ୍ରାର କାହାଣୀକୁ କବିର କଳ୍ପନା, ଯୋଗୀର ସାଧନା ଓ ଋଷିର ଅନୁଭବ ଭିତରେ ଶବ୍ଦାଙ୍କିତ

କରାଯାଇଛି 'ସାବିତ୍ରୀ' ମହାକାବ୍ୟରେ।"[୧୭] ଆଲୋଚ୍ୟ ନିବନ୍ଧରେ ମାନବ ସମାଜର ମଙ୍ଗଳ ଓ ଉତ୍ତରଣ ଉଦ୍ଦେଶ୍ୟରେ ମାନବର ବିକାଶୋନ୍ମୁଖୀ-ଅଭୀପ୍ସା ପରାୟଣ ଅନ୍ତଃସତ୍ତାକୁ ଆଲୋଚିକା ମହତ୍ତ୍ୱ ପ୍ରଦାନ କରିଛନ୍ତି। 'ପୂର୍ଣ୍ଣାଙ୍ଗ ଯୋଗ' ତଥା 'ଯୋଗ ସାଧନାରେ ସମର୍ପଣ' ପ୍ରବନ୍ଧ ଦ୍ୱୟରେ 'ଯୋଗ'ର ପରିଭାଷା, ସ୍ୱରୂପ, ବୈଶିଷ୍ଟ୍ୟ ତଥା ଯୋଗସାଧନାର ବିବିଧ ପର୍ଯ୍ୟାୟ ସଂପର୍କରେ ବ୍ୟାପକ ବିଶ୍ଳେଷଣ ରହିଛି। 'ଶ୍ରୀଅରବିନ୍ଦ ଓ ନୂତନ ପୃଥିବୀ' ସଂକଳନସ୍ଥ 'ଶ୍ରୀଅରବିନ୍ଦଙ୍କର ପ୍ରଥମ କାବ୍ୟ: ଲଭ୍ ଏଣ୍ଡ୍ ଡେଥ୍'ରେ 'ପ୍ରେମ'କୁ ପୃଥିବୀ ଓ ସ୍ୱର୍ଗ ମଧ୍ୟରେ ଏକ ଜ୍ୟୋତିର୍ମୟ ସଂଯୋଗ ସେତୁ ଭାବରେ ଶବ୍ଦାୟିତ କରାଯାଇଛି। ଆଲୋଚ୍ୟ ନିବନ୍ଧରେ ଶ୍ରୀଅରବିନ୍ଦଙ୍କ ସାଧନାର ମୂଳସତ୍ୟର ଅବତାରଣା କରି ଡ. ନାୟକ ଉଲ୍ଲେଖ କରିଛନ୍ତି- "ଶ୍ରୀଅରବିନ୍ଦଙ୍କର ସାଧନାର ମୂଳସତ୍ୟ ହେଲା- ମୃତ୍ୟୁକୁ ଜୟ କରିବା ଏବଂ ମୃତ୍ୟୁକୁ ଜୟ କରିବାର ଏକମାତ୍ର ଶକ୍ତି ଓ ସାମର୍ଥ୍ୟ ରହିଛି ପ୍ରେମର।"[୧୮] ଶ୍ରୀଅରବିନ୍ଦଙ୍କର ମହାକାବ୍ୟ 'ସାବିତ୍ରୀ'ର ନବମ ପର୍ବ - ଦ୍ୱିତୀୟ ସର୍ଗରେ 'ସାବିତ୍ରୀ' - ପ୍ରେମର ଶକ୍ତି, ସାମର୍ଥ୍ୟ ସଂପର୍କରେ ଯମକୁ କହିଥିବା କାବ୍ୟିକ ବକ୍ତବ୍ୟର କିୟଦଂଶକୁ ଉଦ୍ଧାର କରି ଆଲୋଚିକା ଡ. ନାୟକ କହିଛନ୍ତି-

"ପ୍ରେମର ସୁବର୍ଣ୍ଣ ଡେଣା
ଅକ୍ଳେଶରେ ପାରି ହୋଇଯାଏ
ଶୂନ୍ୟତାର ଶୀତଳ ସମୀର,
ପ୍ରେମର ଜାଗର - ଦୃଷ୍ଟି ଚାହିଁରହେ
ତାରକାଙ୍କ ଦୃଷ୍ଟି ନେଇ ମୃତ୍ୟୁର ରାତିରେ
ପ୍ରେମର ନଗ୍ନ ଚରଣ ଧାଇଁ ବୁଲେ
ଏ ବିଶ୍ୱର ପଥେ ପଥେ ବନ୍ଧୁର କୁଟିଳ।"

'ଲଭ୍ ଏଣ୍ଡ୍ ଡେଥ୍' କାବ୍ୟଟି 'ସାବିତ୍ରୀ' ମହାକାବ୍ୟର ଆଧାରଭୂମି ଭାବରେ ସ୍ମରଣୀୟ ଓ ବହୁପାଠ୍ୟ ନିଶ୍ଚୟ। 'ପ୍ରେମ'ର ଆନ୍ତରିକ ଉଚ୍ଚାରଣରେ ମର୍ମରିତ ହୋଇଛି 'ପ୍ରେମ: ଆଧ୍ୟାତ୍ମ ଆକାଂକ୍ଷାର ଏକ ମହାକାଶ' ନିବନ୍ଧଟି ରଚିତ। 'ପ୍ରେମ'କୁ ଜ୍ଞାନର ଆଲୋକ ଓ କର୍ମର ପ୍ରେରଣା ଭାବରେ ଏଥିରେ ଆଲୋଚିତ ହୋଇଛି। ଏବଂ ପ୍ରେମ ହିଁ ମଣିଷକୁ ସର୍ବଶ୍ରେଷ୍ଠ ଆନନ୍ଦ ଓ ଆଶ୍ୱାସନା ଦେଇଥାଏ ବୋଲି ଆଲୋଚ୍ୟ ପ୍ରବନ୍ଧରେ ଆଲୋଚିତ ହୋଇଛି। ଏହି ପ୍ରସଙ୍ଗରେ ଡ. ନାୟକ ପ୍ରେମଭକ୍ତିର ଉପଲବ୍ଧିରେ ସିଦ୍ଧିରୂପା ମୀରାବାଈ, ପ୍ରେମୀଭକ୍ତ କବୀର, ତୁକାରାମ, ବିଲ୍ୱମଙ୍ଗଳ ଓ ଚୈତନ୍ୟ ପ୍ରଭୃତି ବୈଷ୍ଣବ ଭକ୍ତଗଣ ଓ ଧ୍ରୁବ, ପ୍ରହ୍ଲାଦଙ୍କ ପରି ପୌରାଣିକ ଭକ୍ତମାନେ ଏ ସଂସାରରେ ପ୍ରେମର

ପ୍ରକାଶ ଓ ପ୍ରତିଷ୍ଠା ସଂପର୍କରେ ଆଲୋଚନା ହୋଇଛି। ପରିଶେଷରେ ଶ୍ରୀରାଧାଙ୍କର ଅନିର୍ବଚନୀୟ ମହାଭାବର ଉନ୍ମାଦମୟ ଔଜ୍ଜଲ୍ୟକୁ ଆଲୋଚନା କରି ଉଚ୍ଚତର ପ୍ରେମ ହିଁ କେବଳ ପ୍ରେମକୁ ଉଦ୍‌ଭାସିତ, ରୂପାନ୍ତରିତ ଏବଂ ପ୍ରସାରିତ କରିପାରେ। ବିଶ୍ୱର ସକଳ ସକ୍ରିୟ ଶକ୍ତିର ମଧ୍ୟରେ ପ୍ରେମ ହିଁ ହେଲା ସବୁଠାରୁ ଦୁର୍ବାର ଓ ଦୁର୍ଦ୍ଦମନୀୟ।" ପ୍ରେମ ବ୍ୟତୀତ ଏ ପୃଥିବୀ ବିଶୃଙ୍ଖଳା ଓ ଅଚେତନା ମଧ୍ୟରେ ବୁଡ଼ିଯିବ ବୋଲି ପ୍ରେମର ଜୟଗାନ ହୋଇଛି। ଏତଦ୍‌ବ୍ୟତୀତ ଆଲୋଚ୍ୟ ନିବନ୍ଧରେ ଶ୍ରୀଅରବିନ୍ଦଙ୍କ ଲିଖିତ ମାନୁଷୀପ୍ରେମ, ଦିବ୍ୟପ୍ରେମ ଓ ପ୍ରେମସାଧନା ସଂପର୍କିତ 'letters on yoga' ଏବଂ 'Synthesis of yoga' ପ୍ରଭୃତି ପୁସ୍ତକରେ ବିସ୍ତୃତ ଆଲୋଚନା ରହିଛି। 'ସାବିତ୍ରୀ'ର ମର୍ମକଥାରେ ପ୍ରେମ ନିକଟରେ ପରାହତ ହୋଇଥିବା ଅପରାଜେୟ ମୃତ୍ୟୁ ସଂପର୍କରେ ଚମତ୍କାର ଭାବମୁଗ୍ଧ ଆଲୋଚନା ନିବନ୍ଧଟିକୁ ଆକର୍ଷଣୀୟ କରିଛି। ପ୍ରେମ-ପ୍ରାଣର କ୍ଷୁଧା ଅବା ରକ୍ତମାଂସର ଲାଳସା ନୁହେଁ ବୋଲି ଦର୍ଶାଇ ତା'ର ବ୍ୟାପକ ପରିଭାଷାକୁ ଡ. ନାୟକ ଅତ୍ୟନ୍ତ ସ୍ପଷ୍ଟ ଭାବରେ ଉଲ୍ଲେଖ କରିଛନ୍ତି ଯେ- 'ପ୍ରେମ କେବଳ ସ୍ଥୂଳ ମାଂସର ଅନ୍ୟ ଏକ ସ୍ଥୂଳ ମାଂସ ପ୍ରତି କ୍ଷୁଧିତ ଆକର୍ଷଣ, କ୍ଷଣିକର ସଙ୍ଗୀକୁ ସେ ସ୍ୱପ୍ନରେ ଭାବୁଥାଏ ଚିରନ୍ତନ ସଙ୍ଗୀ ବୋଲି। ଯେ ପ୍ରେମ କରେ ସେ ଅସଲରେ ଏକ ଶିକାରୀ ପଶୁ। ଶିକାର ଅନ୍ୱେଷଣରେ ଯାଇ ସେ ଲୁଚିରହେ ଏକ ପ୍ରସ୍ଫୁଟିତ ପୁଷ୍ପଭରା ଲତାକୁଞ୍ଜ ଭିତରେ। ତା'ର ଲକ୍ଷ୍ୟ କେବଳ ଦେହଟିଏ କିମ୍ବା ହୃଦୟଟିଏ କିମ୍ବା ଉଭୟକୁ ପାଇ ସେ ପୁଷ୍ଟ ହେବ ଓ ହୃଷ୍ଟ ହେବ। ପାର୍ଥିବ ପ୍ରେମରେ ଅନ୍ଧ ମଣିଷର ଜାଣିପାରେନି ଯେ ତା'ର ପ୍ରେମକୁଞ୍ଜର କେଉଁ ଏକ ଅଦୃଶ୍ୟ ଗର୍ତ୍ତ ଭିତରେ ବିଷଧର ସର୍ପଟିଏ ଉଦ୍ୟତ ଫଣାରେ ଅପେକ୍ଷା କରିଛି। ମଣିଷର ପ୍ରେମାବେଗ କେବଳ ଇନ୍ଦ୍ରିୟଗତ ପ୍ରୟୋଜନ। ପ୍ରଥମ ପ୍ରେମର ଉଦ୍‌ବେଳନ ଶାନ୍ତ ହୋଇଗଲେ ଉଦାସୀନତା, ନିଷ୍ପ୍ରାଣତା ଗ୍ରାସ କରିଯାଏ ପ୍ରାଣକୁ। ମୃତ୍ୟୁର ବିଶାଳ ସ୍ତବ୍ଧତା ସଂଗେ ମିଳିତ ହୋଇ ସେହି ପ୍ରେମ ଶାନ୍ତିର ବକ୍ଷ ଭିତରେ ଶୋଇଯାଏ।"[୧୯] ସମର୍ପଣରେ ପ୍ରେମର ଶକ୍ତି ଓ ମହିମା ନିହିତ ଥାଏ ବୋଲି ପ୍ରାବନ୍ଧିକା ଅତି ସୁନ୍ଦର ତର୍କ ଉପସ୍ଥାପନ କରିଛନ୍ତି।

'ଶ୍ରୀଅରବିନ୍ଦ ଓ ନୂତନ ପୃଥିବୀ' ପୁସ୍ତକ ସଂକଳନସ୍ଥ 'ଆଗାମୀ ଯୁଗରେ ନାରୀର ଭୂମିକା' ଏବଂ 'ଶ୍ରୀଅରବିନ୍ଦ ଓ ଭାରତବର୍ଷ' ନିବନ୍ଧ ଦ୍ୱୟରେ ଯଥାକ୍ରମେ 'ନାରୀ ଶକ୍ତି'ର ମହାନତା ତଥା ଭାରତୀୟ ପ୍ରାଚୀନ ଆଧ୍ୟାତ୍ମିକ ଜ୍ଞାନର ମହତ୍ତ୍ୱ ପ୍ରତିଷ୍ଠିତ ହୋଇଛି। ସମାଲୋଚିକା ଡ. ଅର୍ଚ୍ଚନା ନାୟକଙ୍କ ମତରେ- "ଶ୍ରୀଅରବିନ୍ଦ ତାଙ୍କର 'The Human Cycle' ଗ୍ରନ୍ଥରେ ବିବର୍ତ୍ତନର ପରବର୍ତ୍ତୀ ସୋପାନରେ ଯେଉଁ ଆଧ୍ୟାତ୍ମିକ ଜୀବନର ନକ୍‌ସା ଉପସ୍ଥାପନ କରିଛନ୍ତି ସେଥିରେ ନାରୀପୁରୁଷର ଚେତନାଗତ କୌଣସି

ପାର୍ଥକ୍ୟ ରହିବ ନାହିଁ। ଉଭୟ ପରସ୍ପର ମଧ୍ୟରେ ସେହି ଦିବ୍ୟତାର ହିଁ ପ୍ରତ୍ୟକ୍ଷ କରିବେ। x x x ଯେଉଁ ଯୁଗ ପରିଚାଳିତ ହେବ ଆତ୍ମା ବା ଚୈତ୍ୟସତ୍ତାର ଶକ୍ତି ଦ୍ୱାରା ଏବଂ ଏହି ଯୁଗର ନେତୃତ୍ୱ ନେବ ନାରୀ।"(୨୦) ସେହିପରି 'ଶ୍ରୀଅରବିନ୍ଦ ଓ ଭାରତବର୍ଷ' ନିବନ୍ଧରେ ପୃଥିବୀର ଭବିଷ୍ୟତ ରୂପରେଖ ଭାରତ ଉପରେ ନିର୍ଭର କରିବ ବୋଲି ଡ. ନାୟକ ଆଶାବାଦୀ ହୋଇଛନ୍ତି।

ବିଶିଷ୍ଟ ସମାଲୋଚିକା ଡ. ଅର୍ଚ୍ଚନା ନାୟକଙ୍କ ଅନ୍ୟତମ ଆଲୋଚନା ପୁସ୍ତକ ହେଉଛି 'ଅତିମାନବ: ସମ୍ଭାବନା ଓ ପ୍ରତିଶ୍ରୁତି' (୨୦୦୫)। ଏହି ପୁସ୍ତକଟି ମହାନ୍ ସାହିତ୍ୟରଥୀ ମହାପାତ୍ର ନୀଳମଣି ସାହୁ ଏବଂ ଡକ୍ଟର ଅର୍ଚ୍ଚନା ନାୟକଙ୍କ ମିଳିତ ଦୃଷ୍ଟିକୋଣର ବଳିଷ୍ଠ ଗଦ୍ୟକୃତି। 'ମାନବ'ର ପରିଚୟ ପ୍ରଦାନ କରି ଶ୍ରୀଅରବିନ୍ଦ କହନ୍ତି- A link between the demigod and the Beast; ଅର୍ଥାତ୍ ମଣିଷ ହେଲା ଉପଦେବତା ଓ ଶିଶୁ ଭିତରେ ଏକ ଯୋଗସୂତ୍ର। ଦୃଢ଼ ଇଚ୍ଛାଶକ୍ତି ଭିତରେ ବଞ୍ଚିବାର ପ୍ରେରଣା ଥାଏ ଏବଂ ପ୍ରେରଣାର ଦୃଢ଼ତା ମଣିଷ ଭିତରେ ସଂକଳ୍ପବଦ୍ଧ ହେବାର ସାମର୍ଥ୍ୟ ସୃଷ୍ଟି କରେ। ସଂକଳ୍ପ ହିଁ ଅତିମାନବର ହେତୁ ରୂପେ ଆଲୋଚ୍ୟ ପୁସ୍ତକରେ ବିବିଧ ପ୍ରସଙ୍ଗ ରହିଛି। ଆଠଗୋଟି ତାତ୍ତ୍ୱିକ ପ୍ରବନ୍ଧର ସମନ୍ୱୟରେ ଏହି ପୁସ୍ତକଟି ସମାଲୋଚିକାଙ୍କ ବିଚାରଗତ ତଥା ଅନୁଭବାତ୍ମକ ଦୃଷ୍ଟିକୋଣକୁ ପ୍ରତିଷ୍ଠା ପ୍ରଦାନ କରିଛି।

କେବଳ ଡାରୱଇନୀୟ କ୍ରମବିକାଶର ହେତୁତତ୍ତ୍ୱ ନୁହେଁ, ବରଂ ଚିନ୍ତାନାୟକ-ଦାର୍ଶନିକ ଫ୍ରେଡ୍‌ରିଖ୍ ନିତ୍‌ସେ (୧୮୪୪-୧୯୦୦)ଙ୍କ ଅତିମାନବତତ୍ତ୍ୱ, ଏହି ତତ୍ତ୍ୱର ସ୍ୱରୂପ ତଥା ମହାଯୋଗୀ ଶ୍ରୀଅରବିନ୍ଦଙ୍କ ଅତିମାନବବାଦ ସଂପର୍କିତ ଯୋଗାନୁଭୂତି, ଯୋଗ ଓ ତାଙ୍କ ଆଧ୍ୟାତ୍ମିକ ଅନୁଭବର ବିସ୍ତାରିତ ପ୍ରଭାବ-ପ୍ରତିଶ୍ରୁତି ସଂପର୍କିତ ସୂକ୍ଷ୍ମ ଆଲୋଚନା ରହିଛି। ଆଲୋଚ୍ୟ ପୁସ୍ତକର ଅନ୍ତର୍ନିହିତ ଭାବମୂଲ୍ୟ ଉପରେ ଆଲୋକପାତ କରି ସମାଲୋଚିକା ଡ. ଅର୍ଚ୍ଚନା ନାୟକ ମତ ଦେଇଛନ୍ତି- "କ୍ରମବିକାଶର ଧାରା ମଣିଷ ପାଖରେ ଶେଷ ହୋଇଯାଇନାହିଁ। ମଣିଷକୁ ଅତିକ୍ରମ କରିବାକୁ ଏକ 'ଅତିମାନବ' ଜାତିର ଆବିର୍ଭାବ ଏ ପୃଥିବୀରେ ଅବଶ୍ୟମ୍ଭାବୀ। କିନ୍ତୁ ଏହି ଅତିମାନବ ମହାକାଶର ଶୂନ୍ୟତା ଭିତରୁ ଏ ପୃଥିବୀ ଉପରକୁ ଖସିଆସିବେ ନାହିଁ। କ୍ରମବିକାଶର ଧାରାରେ ପ୍ରକୃତିର ଏକ ନେପଥ୍ୟ ବାଧ୍ୟତାମୂଳକ ପ୍ରେରଣା ବା ପ୍ରଚୋଦନାରେ ଏହି ମଣିଷର ତୀବ୍ର ସଂକଳ୍ପ ବା ଜ୍ୱଳମାନ ଅଭୀପ୍‌ସା ଭିତରୁ ଧୀରେ ଧୀରେ ଅତିମାନବର ଉଦ୍ଭବ ହୋଇପାରେ। ଅତିମାନବର ପରିକଳ୍ପନା ପ୍ରଥମେ ଜର୍ମାନ୍ ଦାର୍ଶନିକ ଫ୍ରେଡ୍‌ରିଖ୍ ନିତ୍‌ସେଙ୍କର ମନସ୍ତାତ୍ତ୍ୱିକ ଓ ନୈତିକ ବିଦ୍ରୋହ ଆଲୋଡ଼ନ ଭିତରୁ ସମ୍ଭବ ହୋଇଥିଲା। ତାଙ୍କ ପରେ ମହାନ୍ ନାଟ୍ୟକାର ବର୍ଣ୍ଣାଡ୍ ଶ' ଓ ଅନ୍ୟ କେତେକ ଦାର୍ଶନିକ ଏହି

ପରିକଳ୍ପନାର ଭିନ୍ନ ରୂପାୟନ ଦେଇଛନ୍ତି। ପରିଶେଷରେ ମହାଯୋଗୀ ଶ୍ରୀଅରବିନ୍ଦ ଏହି ଅତିମାନବର ସୃଷ୍ଟିକୁ ଆଉ ପରିକଳ୍ପନା ବା ସମ୍ଭାବନା ସ୍ତରରେ ରଖିନାହାନ୍ତି; ଏହାକୁ ଏକ ବାସ୍ତବତାରେ ପ୍ରତିଷ୍ଠା ଦେଇଛନ୍ତି।"[୨୧] 'ଅତିମାନବ: ସମ୍ଭାବନା ଓ ପ୍ରତିଶ୍ରୁତି' ପୁସ୍ତକସ୍ଥ ତିନିଗୋଟି ପ୍ରବନ୍ଧ ଡ. ନାୟକଙ୍କ ଦ୍ୱାରା ଲିଖିତ ହୋଇଥିବାବେଳେ ଅନ୍ୟ ପାଞ୍ଚଗୋଟି ପ୍ରବନ୍ଧ ଓଡ଼ିଆ କଥାସାହିତ୍ୟର ଅନ୍ୟତମ ବିଶିଷ୍ଟ କଥାକାର ମହାପାତ୍ର ନୀଳମଣି ସାହୁଙ୍କ ଦ୍ୱାରା ଲିଖିତ ହୋଇଛି। ପୁସ୍ତକସ୍ଥ ପ୍ରଥମ ପ୍ରବନ୍ଧ 'ଅତିମାନବ'ର ଆଦି ଜନକ ଫ୍ରେଦେରିଖ୍ ନିତ୍‌ସେ' ପ୍ରବନ୍ଧରେ ପ୍ରାବନ୍ଧିକ ମହାପାତ୍ର ନୀଳମଣି ସାହୁ ମାନବର ଜୀବନଧାରଣ କ୍ରିୟା ସହିତ ମାନବଧର୍ମର ପାଳନ ମାଧ୍ୟମରେ ଜୀବନମୂଲ୍ୟକୁ ଉପଲବ୍ଧି କରିପାରିବାର ସ୍ୱରୂପ ନିର୍ଣ୍ଣୟ କରିଛନ୍ତି। ଜର୍ମାନ୍‌ର ବିଖ୍ୟାତ ଦାର୍ଶନିକ ଆରଥର୍ ସୋପେନ୍ ଆୱାର୍‌ଙ୍କ ଅଦମ୍ୟ ଇଚ୍ଛାଶକ୍ତିକୁ ମାନବ ଉପଲବ୍ଧିର ଦୃଷ୍ଟାନ୍ତ ଭାବରେ ଗ୍ରହଣ କରାଯାଇଛି। ସୋପେନ୍ ଆୱାର୍‌ଙ୍କ ମତରେ- "ଏ ଜଗତରେ ବୃକ୍ଷଲତା-ଗୁଳ୍ମ, ପ୍ରାଣୀ ଓ ମନୁଷ୍ୟ କେବଳ ସେମାନଙ୍କର ଇଚ୍ଛାଶକ୍ତି ବଳରେ ହିଁ ସେମାନଙ୍କର ବଂଶବୃଦ୍ଧିର ଧାରା ଅବ୍ୟାହତ ରଖିଥାନ୍ତି। ବଞ୍ଚି ରହିବା ପାଇଁ ଯେଉଁ ପ୍ରବଳ ଇଚ୍ଛା- ତାହା କୌଣସି ବୌଦ୍ଧିକ ବିଚାରରୁ ଉଦ୍‌ଭୂତ ନୁହଁ। ଏହା କେବଳ ପ୍ରାଣର ଏକ ଅନ୍ଧ ପ୍ରବେଶପୂର୍ଣ୍ଣ ପ୍ରବଳ ଅବାରଣୀୟ ଇଚ୍ଛାଶକ୍ତି।"[୨୨] ଇଚ୍ଛାଶକ୍ତି ହେତୁ ମାନବ କ୍ରିୟାଶୀଳ ହୁଏ, କ୍ରିୟା ଜ୍ଞାନଶକ୍ତିକୁ ବ୍ୟାପ୍ତ କରେ ଏବଂ ଜ୍ଞାନଶକ୍ତିରୁ ହିଁ ଆତ୍ମଶକ୍ତି ଜାଗୃତ ହୋଇଥାଏ। ଦାର୍ଶନିକ ନିତ୍‌ସେଙ୍କ ମତରେ- "ଜୀବନ ପାଇଁ ମଣିଷର ସର୍ବୋଚ୍ଚ ଓ ସର୍ବଶକ୍ତିଶାଳୀ ଇଚ୍ଛାଶକ୍ତିର ପରିଚୟ ବା ଜାଗରଣ ସାଧାରଣ ଜୀବନଟିଏ ଦୀନହୀନ ଭାବେ ବଞ୍ଚିବାର ସଂଗ୍ରାମ ଭିତରୁ ମିଳେ ନାହିଁ ବା ସମ୍ଭବ ହୁଏ ନାହିଁ। ଯୁଦ୍ଧ କରିବାର ସଂକଳ୍ପ ଭିତରୁ, କ୍ଷମତା ଅର୍ଜନ କରିବାର ସଂକଳ୍ପ ଭିତରୁ ଓ ସବୁ ବା ସମସ୍ତଙ୍କୁ ଅଭିଭୂତ କରିବାର ସଂକଳ୍ପ ଭିତରୁ ହିଁ ଯଥାର୍ଥ ଇଚ୍ଛାଶକ୍ତି ଜାଗିଉଠେ।"[୨୩]

ମାନବୀୟ ମୂଲ୍ୟବୋଧକୁ କବି-ଦାର୍ଶନିକ ନିତ୍‌ସେ ଭିନ୍ନ ରୂପରେ ଅନୁଭବ କରିଛନ୍ତି। ସେ ଥିଲେ ପୃଥିବୀ ପାଇଁ ଉଦ୍ଦିଷ୍ଟ ନୂତନ ଧର୍ମ-ଦର୍ଶନର ଦେବଦୂତ (ପ୍ରଫେଟ)। ମାନବ ସମାଜର ପ୍ରଚଳିତ ରାଜନୀତି, ଅର୍ଥନୀତି, ଧାର୍ମିକତା, ନୈତିକତା ଉପରେ ନିତ୍‌ସେଙ୍କ ବୈପ୍ଳବିକ-ବୌଦ୍ଧିକ ଆଘାତ ତତ୍‌କାଳୀନ ସମାଜକୁ ନୂତନ ବୈଚାରିକ ଭୂମି ପ୍ରଦାନ କରିଥିଲା। ସୋପେନ୍ ଆୱାର୍‌ଙ୍କ 'ଇଚ୍ଛାଶକ୍ତି'ର ଦର୍ଶନତତ୍ତ୍ୱକୁ ନିତ୍‌ସେ ଏକ ମହତ୍ ସଂକଳ୍ପ ଭାବରେ ଗ୍ରହଣ କରିଛନ୍ତି। ଏହାକୁ ନିତ୍‌ସେଙ୍କ ଅସ୍ତିତ୍ୱବାଦୀ ଦର୍ଶନ ରୂପେ ଅଭିହିତ କରାଯାଏ। ନିତ୍‌ସେଙ୍କ ମତରେ- "ଜୀବନ ଯନ୍ତ୍ରଣାରୁ ମୁକ୍ତି ପାଇବାକୁ ମରଣ କାମନା କରିବା ଏକ ଘୃଣା ଭୀରୁତା ଛଡ଼ା ଆଉ କିଛି ନୁହେଁ।

ଅନ୍ୟପକ୍ଷରେ ସବୁପ୍ରକାର ଦୁଃଖ-ଯନ୍ତ୍ରଣା ସତ୍ତ୍ୱେ ବଞ୍ଚିବାକୁ ଇଚ୍ଛା କରିବା ହେଲା ଏକ ମହତ୍ ସଂକଳ୍ପ। ଏହି ଅସ୍ତିବାଚୀ ଇଚ୍ଛାଶକ୍ତି ହିଁ ଆମକୁ ଆମର ନିର୍ଦ୍ଦିଷ୍ଟ ମାନବୀୟ ସୀମାକୁ ଅତିକ୍ରମ କରାଇ ଊର୍ଦ୍ଧ୍ୱକୁ ଉଠାଇ ଦେବ। ସତକଥା - ସଂକଳ୍ପ ହିଁ ମଣିଷକୁ ଈଶ୍ୱରଙ୍କ ସ୍ତରକୁ ଉଠାଇ ନେଇ ଯାଉ।"[୨୪] ନିତ୍‌ସେ ନାଜୀଦଳର ଦାର୍ଶନିକ ଭାବେ ସ୍ୱୀକୃତି ଲାଭ କରିଥିଲେ। ପ୍ରସିଆନ୍ ସରକାରଙ୍କ ନିର୍ଦ୍ଦେଶକ୍ରମେ ନିତ୍‌ସେ ଅଶ୍ୱାରୋହୀ ସେନା ବିଭାଗରେ କାର୍ଯ୍ୟ କରିଥିଲେ। ଆଘାତପ୍ରାପ୍ତ ସୈନିକମାନଙ୍କର ସେବା ଶୁଶ୍ରୂଷା କରିବାର ଦାୟିତ୍ୱ ମଧ୍ୟ ତାଙ୍କୁ ଦିଆଯାଇଥିଲା। ଟ୍ରେନିଂ ସମୟରେ ସେ ଘୋଡ଼ା ଉପରୁ ପଡ଼ି ଛାତିର ମାଂସପେଶୀରେ ଆଘାତ ପାଇଥିଲେ। ସେ ଚିକିତ୍ସିତ ହେବା ଅବସ୍ଥାରେ ଶଯ୍ୟାଶାୟୀ ହୋଇଥିଲେ କିନ୍ତୁ ଦୃଢ଼ ଇଚ୍ଛାଶକ୍ତିର ମହତ୍ତ୍ୱକୁ ସେ ନିଜ ଉପରେ ପ୍ରୟୋଗ କରିଥିଲେ। ଅସହାୟ ମଣିଷ ଜୀବନରେ ଯନ୍ତ୍ରଣାକୁ ଶାଶ୍ୱତ ସତ୍ୟ ବୋଲି ମନେ କରୁଥିବା ନିତ୍‌ସେ ସମସ୍ତ ପ୍ରତିକୂଳ ଅସହାୟ ସ୍ଥିତିରେ ମଣିଷକୁ ଆଶାବାଦୀ ହେବାକୁ ନିର୍ଦ୍ଦେଶ କରିଥିଲେ। 'ଦୃଢ଼ ସଂକଳ୍ପ' ହିଁ ଦୁଃଖକୁ ଜୟ କରିବାର ଏକମାତ୍ର ଆଧାର ବୋଲି ସେ ମନେ କରୁଥିଲେ। ନିତ୍‌ସେ, ମହାକବି ଗେଟେ, ଦାର୍ଶନିକ ଷ୍ଟେଣ୍ଡେଲ୍, ହାଇନ୍, ସଂଗୀତଜ୍ଞ ବିଥୋଭେନ୍, ଆମେରିକାନ୍ କବି ହୁଇଟ୍‌ମାନ୍‌ଙ୍କ ଭଳି ଅସଂଖ୍ୟ କବିଗଣ ତଥା ନାଟ୍ୟକାରଗଣ ଜୀବନର ଅସହାୟତା ଏବଂ ମୌଳିକ ବୈରାଗ୍ୟ ଭାବକୁ ଅତିକ୍ରମ କରି ଜୀବନର ଅସ୍ତିତ୍ୱ ଜନିତ ଆନନ୍ଦର ସଂଗୀତଗାନ କରିଛନ୍ତି। ଜୀବନ ଯନ୍ତ୍ରଣାମୟ ହେଲେ ହେଁ ତା'ରି ଭିତରେ ସୁଖବାଦର ନାନ୍ଦନିକ ସ୍ଥିତି ବିଦ୍ୟମାନ। ମଣିଷର ଅନ୍ତର୍ନିହିତ ଆତ୍ମବଳ ତାକୁ ବିରୋଧୀ ଅବସ୍ଥାର ସମ୍ମୁଖ କରିବା ନିମନ୍ତେ ସାମର୍ଥ୍ୟ ଦିଏ; ତାହାହିଁ ମଣିଷ ଭିତରେ ବିଦ୍ରୋହ କରିବାର ସଂକଳ୍ପ ସୃଷ୍ଟି କରେ। ଯାହାଫଳରେ ସେ ତା'ର 'ସ୍ୱାଧୀକାର' ଏବଂ 'ଦିବ୍ୟ ମର୍ଯ୍ୟାଦା' ଲାଭ କରିପାରେ। ନିତ୍‌ସେ 'ନୈତିକତା'ର ପରିଭାଷା ବୁଝାଇଛୁ ଛଳରେ (ଶ୍ରେୟ) ଭଲ ଓ ମନ୍ଦିର ମୌଳିକ ଅର୍ଥକୁ ମଧ୍ୟ ସ୍ପଷ୍ଟ କରିଛନ୍ତି। ମଣିଷର 'ମନ୍ଦ' ଭାବ ତା'ର ପ୍ରବୃତ୍ତୀୟ ଅବଦମନ ମଧ୍ୟରୁ ଉଦ୍‌ଭୂତ ହୋଇଛି ବୋଲି ସେ ସ୍ପଷ୍ଟ କରିଛନ୍ତି। ମଣିଷର ଭଲପଣ ହିଁ ତା'ର ଅତିମାନବର ଏକ ସ୍ୱତନ୍ତ୍ର ରୂପ। ନିତ୍‌ସେ ଘୋଷଣା କରିଛନ୍ତି- "ହେ ବର୍ତ୍ତମାନ କାଳର ନିଃସଙ୍ଗ ଗୋଷ୍ଠୀବିଚ୍ଛିନ୍ନ ବ୍ୟକ୍ତିମାନେ! ତୁମେ ଯେଉଁମାନେ ପୃଥକ୍ ଓ ନିଃସଙ୍ଗ ଭାବେ ଏବେ ବଞ୍ଚୁଛ - ସେଇ ତୁମେମାନେ ହିଁ ଦିନେ ସେହି ପ୍ରକୃତ ମାନବଗୋଷ୍ଠୀ ତିଆରି କରିବ। ତୁମେମାନେ ନିଜକୁ ପୃଥକ୍ ମଣିଷ ବୋଲି ଭାବିଛ ଏବଂ ତୁମରିମାନଙ୍କ ଭିତରୁ ହିଁ ସେଇ ନିର୍ବାଚିତ ମଣିଷମାନେ ଉଦ୍‌ଭବ ହେବେ ଏବଂ ସେଇମାନଙ୍କ ଔରସରୁ ଜନ୍ମ ହେବେ ଅତିମାନବମାନେ (superman)।"[୨୫] ନିତ୍‌ସେ ଜଣେ

ସଂସ୍କୃତି ସଚେତନ ମନୋବିଜ୍ଞାନୀ-ଦାର୍ଶନିକ ଥିଲେ। ସେ ବୈଜ୍ଞାନିକ ଡାର୍‌ଉଇନ୍‌ଙ୍କ ତତ୍ତ୍ୱର ସମର୍ଥକ ଥିଲେ। ଡାର୍‌ଉଇନ୍ ମାନବ ଜୀବନର ଅଗ୍ରଗତିକୁ ଏକ ପ୍ରାକୃତିକ ନିୟମ ଭାବରେ ସ୍ୱୀକାର କରିଛନ୍ତି। ନିତ୍‌ସେ ମଧ୍ୟ ଡାର୍‌ଉଇନ୍‌ଙ୍କ ବିବର୍ତ୍ତନବାଦ ସଂପର୍କିତ ଦାର୍ଶନିକତାକୁ ସ୍ୱୀକାର କରିଥିଲେ। ଡାର୍‌ଉଇନ୍‌ଙ୍କ ବିବର୍ତ୍ତନବାଦ ଅନୁଯାୟୀ - "ବଞ୍ଚି ରହିବାର ଜୀବନସଂଗ୍ରାମ - ନିୟମକୁ ପ୍ରାଣୀ-ଜାତିମାନଙ୍କର ବିବର୍ତ୍ତନ ଘଟି ଶେଷରେ ମଣିଷର ସୃଷ୍ଟି। ମଣିଷକୁ ଯଦି ଜୈବିକ ବିବର୍ତ୍ତନର ଫଳ ଭାବେ ଧରାଯାଏ, ତେବେ ସମସ୍ତ ମୂଲ୍ୟବୋଧ, ନୈତିକ ଆଦର୍ଶନ ମଣିଷର ଶାରୀରିକ ଗଠନ ଓ ତା'ର ପରିବେଶ ଉପରେ ନିର୍ଭର କରେ ବୋଲି ଧରିନେବାକୁ ହେବ। ସମସ୍ତ ନୈତିକ ମୂଲ୍ୟବୋଧକୁ ଆପେକ୍ଷିକ ମନେ କରିବା ବିବର୍ତ୍ତନବାଦର ଦାର୍ଶନିକ ତାତ୍ପର୍ଯ୍ୟ।"(୨୬) ୟୁରୋପର କ୍ଷୟିଷ୍ଣୁ ସଂସ୍କୃତି ନିତ୍‌ସେଙ୍କୁ ବିଚଳିତ ଓ ଉତ୍‌କ୍ଷିପ୍ତ କରିଥିଲା। ମୂଲ୍ୟବୋଧଗୁଡ଼ିକର ଅଚଳ ଅବସ୍ଥାକୁ ସେ ଅନୁଭବ କରିଥିଲେ। ମଣିଷ ଜାତିକୁ ସତ୍ୟ, କିଛି ନୂଆ ତତ୍ତ୍ୱ ବା ବିଚାରସିଦ୍ଧ ଜ୍ଞାନ ଦେବାକୁ ନିତ୍‌ସେ ନିଜର କାର୍ଯ୍ୟ ବୋଲି ମନେ କରିପାରିନାହାନ୍ତି। ନିତ୍‌ସେ ତାଙ୍କ ପାଠକମାନଙ୍କ ପାଖରେ ନିଜ ସଂପର୍କରେ ଉନ୍ମୁକ୍ତ ଭାବରେ କହିଛନ୍ତି- "ମୋ ଲେଖାରେ ମୁଁ ନିଜକୁ ଫୁଟାଇଛି। ମୋର ପ୍ରବୃତ୍ତି, ଅନ୍ତର୍ବୋଧ, ବିଶ୍ୱାସ, ମୋର ଜ୍ଞାନ ତଥା ଅଜ୍ଞାନକୁ ତମେ ଜାଣ। ମୋ ଜୀବନରେ ଯାହାସବୁ ପାଥେୟ ଭାବେ ଗ୍ରହଣ କରିଛି, ଯେଉଁଠୁ ସାହସ ପାଇଛି, ପ୍ରେରଣା ପାଇଛି, ଜୀବନକୁ ଅଙ୍ଗୀକାର ଶକ୍ତି ପାଇଛି, ତମେ ସେ ସବୁରୁ କିଛି ଉପକାର ପାଉଛ କି ନା ଦେଖ।"(୨୭) ମଣିଷ ପାଇଁ ଉନ୍ନତତର ଜୀବନ, ଉନ୍ନତତର ସଂସ୍କୃତିର ସନ୍ଧାନ ନିତ୍‌ସେଙ୍କ ଜୀବନର ବ୍ରତ ଥିଲା। ତାଙ୍କ ଶୈଳୀର କଳାଗତ ମୂଲ୍ୟ ଅତୁଳନୀୟ। 'The Birth of Tragedy out of the spirit of music' ଅର୍ଥାତ୍ - ସଂଗୀତର ଆତ୍ମସ୍ଫୁରଣ ଭିତରୁ ଦୁଃଖାନୁଭୂତିର ଜନ୍ମ ବୋଲି ନିତ୍‌ସେ ମନେ କରୁଥିଲେ। ପୃଥିବୀ ପ୍ରତି ସର୍ବଦା ବିଶ୍ୱସ୍ତ ରହିବା ନିମନ୍ତେ ନିର୍ଦ୍ଦେଶ ଦେଉଥିବା ଜରାଥୁଷ୍ଟ ଥିଲେ ତାଙ୍କର ପଥପ୍ରଦର୍ଶକ। ପାରସ୍ୟକ ଦେବଦୂତ ମହାତ୍ମା ଜରାଥୁଷ୍ଟଙ୍କ ଧର୍ମାଶର୍ଦର ପବିତ୍ର ବାଣୀକୁ ନିତ୍‌ସେ ସୁଗୁମ୍ଫିତ କରିଛନ୍ତି। ଅତିମାନବର ଆଦ୍ୟ ସ୍ୱପ୍ନଦ୍ରଷ୍ଟା ନିତ୍‌ସେଙ୍କ ଅନ୍ତରାତ୍ମାର ଆହ୍ୱାନ ଥିଲା- "ମଣିଷ ନିଜକୁ ଅତିକ୍ରମ କରୁ, ନଚେତ୍ ଧ୍ୱଂସ ପାଇଯାଉ।" ଋଷି ଜରାଥୁଷ୍ଟଙ୍କ ଅନ୍ତରାତ୍ମାର ମୁଖପାତ୍ର ଥିଲେ ନିତ୍‌ସେ। ଡ. ଅର୍ଚ୍ଚନା ନାୟକ ନିତ୍‌ସେଙ୍କ 'Beyond Good & Evil' (ଭଲ ଓ ମନ୍ଦର ଊର୍ଦ୍ଧ୍ୱରେ) ଗ୍ରନ୍ଥ ଓ Geneelogy of Morals (ନୈତିକତାର ଉତ୍ପତ୍ତି) ଗ୍ରନ୍ଥ ଦ୍ୱୟକୁ ମାନବ ସଭ୍ୟତା ନିମନ୍ତେ ଅତ୍ୟନ୍ତ ଉପାଦେୟ ପୁସ୍ତକ ବୋଲି ଅଭିହିତ କରିଛନ୍ତି। ଏହି ପୁସ୍ତକ ଦ୍ୱୟରେ ନିତ୍‌ସେ ପୁରାତନ ନୈତିକତାଗୁଡ଼ିକ ଉପରେ ଭୀଷଣ କୁଠାରାଘାତ

କରିଛନ୍ତି ଏବଂ ଅତିମାନବ ଜାତି ପାଇଁ ଏକ ନୂତନ ନୈତିକ ପୃଷ୍ଠଭୂମିର ସମ୍ଭାବନା ଅଙ୍କନ କରିଛନ୍ତି। ନିତ୍‌ସେ ସ୍ପଷ୍ଟ କରିଛନ୍ତି ଯେ- "ମଣିଷ ଏକ ଅର୍ଦ୍ଧସଚେତନ ପ୍ରାଣୀ। ପ୍ରାୟତଃ ସେ ତା'ର ଅବଚେତନ ମନରୁ ଉଦିତ ନାନା ପ୍ରକାର ପ୍ରବେଗ ଓ ଉଦ୍ଦେଶ୍ୟ ଦ୍ୱାରା ପରିଚାଳିତ ହୋଇଥାଏ। ମଣିଷର ତଥାକଥିତ ସଦ୍‌ଗୁଣ ଗୁଡ଼ିକ ପଛରେ ଆଦିମ ପଶୁପ୍ରବୃତ୍ତିର ପ୍ରେରଣା ରହିଛି। ଦୟା, ମାୟା, ପରୋପକାର ଓ ନାନାବିଧ ଲୋକହିତକର ବା ଧାର୍ମିକ କାର୍ଯ୍ୟମାନ କରି ସେ ତା'ର ଭିତରର ପାପପ୍ରବୃତ୍ତି, ଅହଂକାର, ଅଧିକାରବୋଧ ଓ ଆଧିପତ୍ୟ ବିସ୍ତାରର ପ୍ରବୃତ୍ତିକୁ ଘୋଡ଼ାଇ ରଖେ।"[୨୮]

ଦାର୍ଶନିକ ନିତ୍‌ସେଙ୍କ ଦାର୍ଶନିକତାକୁ ନିମ୍ନମତେ ଆଲୋଚନା କରିହେବ।

- ମଣିଷ ଭିତରେ ପଶୁ ଓ ସ୍ରଷ୍ଟା, ଈଶ୍ୱର ଓ ଅଣଈଶ୍ୱରର ସମନ୍ୱୟ।
- ଦୁର୍ଦ୍ଦଶା ଓ ବିରୋଧାଭାସ ଭିତରେ ଦୃଢ଼ ଇଚ୍ଛା ନେଇ ମାନବ ଗତିଶୀଳ।
- ବୀରତ୍ୱ ଓ ଦୁଃସାହସିକତା ପରେ ନ୍ୟାୟ, ନୀତି, ସଂଯମ, ମିତାଚାର ଏବଂ ପରିଶେଷରେ ପ୍ରଜ୍ଞା, ସୃଜନଶୀଳତାର ଉତ୍ତରଣ ସମ୍ଭବ।
- ମଣିଷ ଏବଂ ସମାଜ ଭିତରେ ଦାସ ସୁଲଭ ନୈତିକତା ଓ ପ୍ରଭୁସୁଲଭ ନୈତିକତା ରହିଛି।
- ସନ୍ନ୍ୟାସ - ପୃଥିବୀର ଜୀବନଧାରାରୁ ପଳାୟନର କ୍ଷୁଦ୍ର ମାନସିକତା ଅଟେ।
- କିଛି ଇଚ୍ଛା ନ କରିବା ଅପେକ୍ଷା ଶୂନ୍ୟତାକୁ ଇଚ୍ଛା କରିବା ଅଧିକ ସଂଗତ।
- ସବୁବେଳେ ଭଲ ଓ ମନ୍ଦର ଊର୍ଦ୍ଧ୍ୱରେ ରହିବାକୁ ହେବ।
- ଲକ୍ଷ୍ୟସାଧନ ନିମନ୍ତେ ଆବଶ୍ୟକ ପଡ଼ିଲେ ପ୍ରଚଳିତ ନୀତିକୁ ମଧ୍ୟ ଲଂଘନ କରିବାକୁ ହେବ।
- ଅତିମାନବର ସର୍ବଶ୍ରେଷ୍ଠ ଗୁଣ - ବିପଦ-ଆପଦ ପ୍ରତି ପ୍ରେମ ଓ ପ୍ରଗାଢ଼ ଏକ ଆକର୍ଷଣ।
- ମାନବଜାତିର ବୈଜ୍ଞାନିକ ଅଗ୍ରଦୃଷ୍ଟି ଫଳରେ ଏବଂ ଏକ ମହତ୍ତ୍ୱପୂର୍ଣ୍ଣ ଶିକ୍ଷାପ୍ରଣାଳୀ ବଳରେ ହିଁ ଅତିମାନବର ଜନ୍ମ ସମ୍ଭବ ହେବ।
- ଉନ୍ନତ ମଣିଷର ଜନ୍ମ ନ ହେଲେ, ମହତ୍ତ୍ୱ ବା ମହାନତା ଏକ ଅସମ୍ଭବ କଥା ହୋଇପଡ଼େ।

ମହାନ୍ ଦାର୍ଶନିକ ନିତ୍‌ସେ ରାଜନୀତି, ଅର୍ଥନୀତି, ଆଧ୍ୟାତ୍ମିକତା, ସାମାଜିକତା କ୍ଷେତ୍ରରେ ବିବାହ ତଥା ବିବିଧ ସମସ୍ୟାପୂର୍ଣ୍ଣ ଦିଗ ପ୍ରତି ଅଙ୍ଗୁଳି ନିର୍ଦ୍ଦେଶ କରିଛନ୍ତି। ନିତ୍‌ସେ ସର୍ବଦା ଅତିମାନବତ୍ୱର ଉଚ୍ଚକାଂକ୍ଷା ପ୍ରତି ଆଶାବାଦୀ ହୋଇଛନ୍ତି। ତାଙ୍କ ମତରେ - "ମଣିଷର ନୂତନ ସୃଜନଶକ୍ତି ତା'ର ଭାବାବେଗ ଦ୍ୱାରା ରୂପାୟିତ ହୁଏ।

ଆମର ପ୍ରବୃତ୍ତି, ଲାଳସା ବା ସର୍ବବିଧ କ୍ଷୁଧା କାମନାକୁ ଦମନ କରିନାହିଁ। ତା'ର ଊର୍ଦ୍ଧ୍ୱପାତନ (sublimation) ଦ୍ୱାରା ହିଁ ମଣିଷ ସେଇ ଅତିମାନବ ହେବା ଦିଗରେ ଗତି କରିଚି।"[୨୯] 'ଅତିମାନବ: ସମ୍ଭାବନା ଓ ପ୍ରତିଶ୍ରୁତି' ସଂକଳନସ୍ଥ ଦ୍ୱିତୀୟ ସମାଲୋଚନାରେ – 'ଶ୍ରୀଅରବିନ୍ଦ ଓ ନିତ୍‌ସେଙ୍କ ଅତିମାନବ ତତ୍ତ୍ୱ ଓ ତା'ର ସୀମା ସରହଦ' ଶୀର୍ଷକ ଏକ ତାତ୍ତ୍ୱିକ ପ୍ରସଙ୍ଗ ରହିଛି। ପ୍ରାଚ୍ୟ-ଭାରତୀୟ ଦର୍ଶନର ସିଦ୍ଧପୁରୁଷ-ମହାଯୋଗୀ ଶ୍ରୀଅରବିନ୍ଦ ଏବଂ ପାଶ୍ଚାତ୍ୟ ଦାର୍ଶନିକ ନିତ୍‌ସେଙ୍କ ଅତିମାନବବାଦ ସଂପର୍କିତ ଦୃଷ୍ଟିକୋଣର ସାମଞ୍ଜସ୍ୟକୁ ଦର୍ଶାଇ ଦିଆଯାଇଛି। ଉଭୟ ଦାର୍ଶନିକଙ୍କ ମତରେ- "ମଣିଷ, ସାଧାରଣ-ମଣିଷଟିଏ ହୋଇ ରହିବା ମଧ୍ୟ ମଣିଷର ଲକ୍ଷ୍ୟ ନୁହେଁ, ମଣିଷ ଭିତରେ ଯେଉଁ ବିଶେଷ ଗୁଣଟି ଅଛି – ତା' ହେଲା ସେ ଆକାଶକୁ ପାରି ହୋଇ ଯାଇପାରେ ଓ ରସାତଳକୁ ମଧ୍ୟ ଅତିକ୍ରମ କରିଯାଇପାରେ।"[୩୦] ମହାପୁରୁଷ ଜରାଥୁଷ୍ଟଙ୍କ ବିଚାର ଭଳି ନିତ୍‌ସେ ମଧ୍ୟ ମଣିଷର ଯନ୍ତ୍ରଣା ଓ ପୀଡ଼ନରୂପୀ କୋଇଲା ମଧ୍ୟରେ ଶକ୍ତ ହୀରକର ଔଜ୍ଜ୍ୱଲ୍ୟକୁ ଅନୁଭବ କରିଛନ୍ତି। ମଣିଷର ଊର୍ଦ୍ଧ୍ୱଗ ରୂପ ଓ ଆତ୍ମଶକ୍ତି ଲାଭର ସଂକଳ୍ପକୁ ସେ ଗୁରୁତ୍ୱ ଦେଇଛନ୍ତି। ପରିପୂର୍ଣ୍ଣ ଅତିମାନବତା ହିଁ ନିତ୍‌ସେ ଏବଂ ଅରବିନ୍ଦଙ୍କ ତତ୍ତ୍ୱ ଥିଲା। ସମାଲୋଚିକା ଡକ୍ଟର ଅର୍ଚ୍ଚନା ନାୟକଙ୍କ ମତରେ- "ଏ ବିଶ୍ୱରେ ସହସ୍ର ସହସ୍ର ବର୍ଷ ପରେ ନିତ୍‌ସେ ହିଁ ପ୍ରଥମ ଦ୍ରଷ୍ଟା ବା ଦାର୍ଶନିକ, ଯିଏକି ଦୃଢ଼ ସ୍ୱରରେ ଘୋଷଣା କଲେ- ମଣିଷର ନିଜର କ୍ଷୁଦ୍ର ସୀମାକୁ ଅତିକ୍ରମ କରିଯିବାର ସମ୍ଭାବନା ଅଛି। ସେ ତା'ର ଊର୍ଦ୍ଧ୍ୱକୁ ଉଠିଯାଇପାରେ ଏବଂ ମଣିଷ ଏହି ପୃଥିବୀପୃଷ୍ଠରେ ହିଁ ଅତିମାନବରେ ରୂପାନ୍ତରିତ ହେବ, ପୃଥିବୀ ବାହାରେ ଅନ୍ୟ କେଉଁ ସ୍ୱର୍ଗରେ ନୁହେଁ।"[୩୧] 'ଅତିମାନବ: ସମ୍ଭାବନା ଓ ପ୍ରତିଶ୍ରୁତି' ପ୍ରବନ୍ଧ ସଂକଳନସ୍ଥ 'ଶ୍ରୀଅରବିନ୍ଦଙ୍କ ଅତିମାନବ' ପ୍ରବନ୍ଧରେ ଶ୍ରୀଅରବିନ୍ଦଙ୍କ ଦିବ୍ୟବୋଧି ଏବଂ ଦେଶପ୍ରେମ ଜାଗରଣ, ପ୍ରକୃତିର ନୈତିକ କ୍ରମବିକାଶ, ଦିବ୍ୟପଥ ଅନୁସରଣ, ପ୍ରାଣୀ ସମାଜ ପ୍ରତି ସହାନୁଭୂତିଶୀଳ, ଶୃଙ୍ଖଳିତ, ସଂଯମଶୀଳ ଜୀବନକୁ ଗୁରୁତ୍ୱ ଦେଇଛନ୍ତି। ଶ୍ରୀଅରବିନ୍ଦ କହନ୍ତି- ମଣିଷ ଯେପର୍ଯ୍ୟନ୍ତ ଏକ ଊର୍ଦ୍ଧ୍ୱସ୍ଥ ଉଚ୍ଚତର ଶ୍ରେୟବସ୍ତୁକୁ ନ ପାଇଛି ସେପର୍ଯ୍ୟନ୍ତ ସେ ସବୁଦିନ ପାଇଁ ବିଶ୍ରାମ ନେଇପାରିବ ନାହିଁ। ସବୁ ପ୍ରାଣୀଙ୍କ ଭିତରେ ସେ ଶ୍ରେଷ୍ଠ। x x x Aspiring to Godhead from insensible clay, the travels slow fooled towards the eternal day."[୩୨] ଶ୍ରୀଅରବିନ୍ଦ ମାନବକୁ ଦେବମାନବ ରୂପେ ଗ୍ରହଣ କରନ୍ତି। ମାନବ ଭିତରେ ହିଁ ଅତିମାନବ ଓ ଦେବମାନବର ସ୍ଥିତି ରହିଛି। ଯେଉଁଠି ନିତ୍‌ସେ ଅତିମାନବ ନିମନ୍ତେ ଶକ୍ତି ଓ କ୍ଷମତା ପ୍ରସଙ୍ଗ ଉତ୍‌ଥାପନ କରିଛନ୍ତି, ସେଇଠି ଶ୍ରୀଅରବିନ୍ଦ ଆଲୋକର ସତ୍ତା ଉପରେ ଗୁରୁତ୍ୱ ଦେଇଛନ୍ତି। 'ଶକ୍ତି' ଏବଂ

'ଆଲୋକ'ର ସମନ୍ୱୟରେ ମଣିଷ ଅତିମାନବ ହେବା ସମ୍ଭବ ହୁଏ। ଶ୍ରୀଅରବିନ୍ଦ ଅତିମାନବର ଅତିମାନସକୁ ବିଶେଷ ଚେତନା ରୂପେ ଗ୍ରହଣ କରିବା ସହିତ ଏହାକୁ - "ଊର୍ଦ୍ଧ୍ୱମାନସ, ଜ୍ୟୋତିମାନସ, ବୋଧିମାନସ ବା ପ୍ରବୁଦ୍ଧମାନସ ଏବଂ ଅଧିମାନସ କ୍ଷେତ୍ର ଭାବରେ ନାମିତ କରିଛନ୍ତି। ଶ୍ରୀଅରବିନ୍ଦ ଅତିମାନସ ଭିତରେ 'ସତ୍‌ସ୍ଥିତି'ର ଶକ୍ତି ସଂପର୍କରେ ମତ ଦିଅନ୍ତି- "ଅତିମାନସର ପ୍ରକୃତି ହେଲା ସ୍ୱତଃ ଜ୍ଞାନମୟ। ଏହା ହିଁ ସ୍ୱୟଂସିଦ୍ଧ ମହାବିଦ୍ୟା, ସେଥିପାଇଁ ପାର୍ଥିବ ମାନସ ଭଳି ଅତିମାନସକୁ ଜ୍ଞାନ ଆହରଣ କରିବାକୁ ପଡ଼େ ନାହିଁ। ଏହା ସ୍ୱୟଂ ସକଳ ଜ୍ଞାନର ଅଧିକାରୀ। ଏହାର ସୋପାନଗୁଡ଼ିକ ହେଲା- ସତ୍ୟରୁ ବୃହତ୍ତର ସତ୍ୟ ଆଡ଼କୁ, ସଠିକ୍ ଦୃଷ୍ଟିରୁ ଗଭୀର ଦୃଷ୍ଟି ଆଡ଼କୁ, ବୋଧିରୁ ସମ୍ବୋଧି ଆଡ଼କୁ - ଆଲୋକରୁ ଉଜ୍ଜ୍ୱଳତମ ଓ ଅସୀମ ଜାଜ୍ୱଲ୍ୟମାନତାକୁ।"(୩୩) ଶ୍ରୀଅରବିନ୍ଦ ମାନବ ମଧ୍ୟରେ ଅତିମାନସିକ ଶକ୍ତି ଓ ପ୍ରେମର ଏକାନ୍ତ ସ୍ଥିତିକୁ ମହତ୍ତ୍ୱ ଦେଇଛନ୍ତି। ଅତିମାନବୀୟ ନୈତିକତା, ଦିବ୍ୟଜୀବନ, ଦୃଢ଼ସଂକଳ୍ପ ଓ ଅତିମାନବର ଉଚ୍ଚାକାଂକ୍ଷା, ଅତିମାନସିକ କର୍ମସ୍ପୃହା, କ୍ଷମତାର ସଂଗତିକରଣ ଦ୍ୱାରା ଆତ୍ମସ୍ଫୂର୍ତ୍ତିକୁ ଅନୁଭବ କରିଛନ୍ତି। ମାନବର ସଂଗତିପୂର୍ଣ୍ଣ ଜୀବନ ସଂପର୍କରେ ଶ୍ରୀଅରବିନ୍ଦ ପ୍ରାଣ-ମନ ଓ ବୁଦ୍ଧି ମଧ୍ୟରେ ପୂର୍ଣ୍ଣ ସଚେତନ ସଂଗତିକୁ ଅନ୍ୱେଷା କରିଛନ୍ତି।

'ଅତିମାନବ: ବଂଶ ସମ୍ଭୂତ ନା ଯୋଗ ପ୍ରସୂତ' ପ୍ରବନ୍ଧରେ ନିତ୍‌ସେ ଓ ଶ୍ରୀଅରବିନ୍ଦଙ୍କ ମଧ୍ୟରେ ପରିପୂର୍ଣ୍ଣ ଜୀବନ ନିମନ୍ତେ ମଣିଷର ଅତିମାନବ ଅବସ୍ଥାକୁ ଉନ୍ନୀତ ହେବାର ବିବର୍ତ୍ତନ ପ୍ରସଙ୍ଗ ରହିଛି। ଯେଉଁଠି ନିତ୍‌ସେ ମଣିଷର ଅଭିଜାତ ବଂଶୋଦ୍ଭବମାନଙ୍କ ଜନ୍ମସୂତ୍ରର କ୍ଷମତାକୁ ଗୁରୁତ୍ୱ ଦେଇଛନ୍ତି, ସେଇଠି ଶ୍ରୀଅରବିନ୍ଦ କୁହନ୍ତି- ଅତିମାନସ ଚେତନା, ଆଲୋକ ଓ ଶକ୍ତିକୁ ଅବଲମ୍ବନ କରି ମଣିଷ ପୂର୍ଣ୍ଣାଙ୍ଗ ଯୋଗସାଧନା କରିହେବ। ଆଲୋଚ୍ୟ ପ୍ରବନ୍ଧରେ ଡକ୍ଟର ନାୟକ ବିଜ୍ଞାନତତ୍ତ୍ୱ ଏବଂ ଧର୍ମତତ୍ତ୍ୱ ମଧ୍ୟରେ ସାମଞ୍ଜସ୍ୟ ଥିବା ଦର୍ଶାଇଛନ୍ତି। ହିନ୍ଦୁ ଧର୍ମର କ୍ରମବିକାଶରେ ବିଭିନ୍ନ ଯୁଗର ଧର୍ମାଚାର୍ଯ୍ୟମାନଙ୍କ ସତ୍ୟପ୍ରକାଶ, ନୂତନ ବିଶ୍ୱାସ, ନୂତନ ଭାବଧାରା, ନୂତନ ଦାର୍ଶନିକ ଚିନ୍ତନ, ଆଧ୍ୟାତ୍ମିକ ପରୀକ୍ଷା-ନିରୀକ୍ଷା, ଯୋଗସାଧନା ତଥା ତପସ୍ୟାଦି ଭଳି ବୈଜ୍ଞାନିକମାନଙ୍କର ସୃଷ୍ଟିତତ୍ତ୍ୱକୁ ନେଇ ବହୁ ପରୀକ୍ଷା-ନିରୀକ୍ଷା, ବ୍ୟାବହାରିକ ବାସ୍ତବତା କ୍ଷେତ୍ରରେ ବହୁ ପରିବର୍ତ୍ତନ ଓ ସଂଶୋଧନ ଆସିପାରେ ବୋଲି ପ୍ରାବନ୍ଧିକ ଯୁକ୍ତି ପ୍ରଦାନ କରିଛନ୍ତି। ଉଭୟ ଧର୍ମ ଏବଂ ବିଜ୍ଞାନର ବହୁ ତତ୍ତ୍ୱ ମଧ୍ୟରେ ବିରୋଧାଭାସପୂର୍ଣ୍ଣ ତର୍କ ମଧ୍ୟ ରହିଛି। "ଯେଉଁମାନେ ମଣିଷର ମସ୍ତିଷ୍କକୁ ଏକ ଯନ୍ତ୍ର ବୋଲି ଭାବନ୍ତି - ସେମାନେ ବିଶ୍ୱାସ କରନ୍ତି ଯେ ମଣିଷର ଜିନ୍‌ରେ ସବୁକଥା ନିର୍ଦ୍ଧାରିତ ହୋଇଛି, ତା'ର ପରିବର୍ତ୍ତନ ଅସମ୍ଭବ। କିନ୍ତୁ ଜୀବବିଜ୍ଞାନୀ ଫ୍ରାଙ୍କୋଇସ ଜାକବଙ୍କ ମତରେ ମଣିଷର ବୁଦ୍ଧିରୁ ଉଦ୍‌ଭୂତ

ନବ ନବ ଉନ୍ମେଷଶାଳିନୀ ପ୍ରଜ୍ଞାକୁ ପର୍ଯ୍ୟବେକ୍ଷଣ କଲେ ନିର୍ଧାର୍ଯ୍ୟ ସିଦ୍ଧାନ୍ତ ଦେଇ ହେବ ନାହିଁ ଯେ ମଣିଷର ଜିଦ୍ ଭିତରେ ଆଗରୁ ସବୁ ଥିଲା।"(୩୪) ପ୍ରାବନ୍ଧିକା ଡ. ନାୟକ ତାଙ୍କ ଆଲୋଚନାରେ ଜୈବିକ ବିବର୍ତ୍ତନ ଅପେକ୍ଷା ସାଂସ୍କୃତିକ ଚେତନାଗତ ବିବର୍ତ୍ତନକୁ ମହତ୍ତ୍ୱ ପ୍ରଦାନ କରିଛନ୍ତି। ଶ୍ରୀଅରବିନ୍ଦଙ୍କ ଦର୍ଶାନୁଯାୟୀ- "ମଣିଷର ଶିକ୍ଷା କରିବା ପ୍ରବୃତ୍ତିର ଅନ୍ତ ନାହିଁ। ସେ ତା'ର ମନଶକ୍ତିକୁ ଏକାଗ୍ର କରି, ନିଜକୁ ଅନ୍ତର୍ମୁଖୀ କରି, ଧ୍ୟାନସ୍ଥ ହୋଇ ତା'ର ଅନ୍ତରର ଗଭୀରରୁ କିଛି ଗୋଟାଏ ନୂତନ ଧାରଣା, ଚିନ୍ତା ଉଦ୍ଦୀପନା ପାଇପାରେ ବା ବାହାର ପରିବେଶରୁ ସାମାଜିକ ଅନୁଷ୍ଠାନମାନଙ୍କ ଠାରୁ ମଧ୍ୟ କିଛି ନୂତନ ଚିନ୍ତା, ଧାରଣା, ଉଦ୍ଦୀପନା ପାଇପାରେ। ଜ୍ଞାନ, ପ୍ରେମ, ଅନୁକମ୍ପା, ମୁକ୍ତି, ସଂକଳ୍ପ ଶକ୍ତି ବା ଇଚ୍ଛାଶକ୍ତିର ସୃଜନଶୀଳ ବ୍ୟବହାର ଓ କ୍ଷମତା ଏବଂ ସୁନୀତି ଓ ସୁରୁଚି ସେ ବାହାରୁ ବା ତା' ଭିତରୁ ପ୍ରାପ୍ତ ହୋଇପାରେ।(୩୫) ମାନବର ଉନ୍ନତତର ଭବିଷ୍ୟତ ନିର୍ମାଣ କ୍ଷେତ୍ରରେ ଜନନୀକା ବିଜ୍ଞାନର ପ୍ରୟୋଗ କୌଶଳ (genetic technology) ଏବଂ ଅନ୍ୟଟି ସାଂସ୍କୃତିକ ବଂଶପରମ୍ପରାକୁ ଗୁରୁତ୍ୱ ପ୍ରଦାନ କରାଯାଇଛି। ଶ୍ରୀଅରବିନ୍ଦ ସର୍ବଦା ଅନ୍ତରାତ୍ମାର ନିର୍ଦ୍ଦେଶରେ ଜୀବନର ଗତିପଥ ନିର୍ମାଣକୁ ଗୁରୁତ୍ୱ ଦେଇଛନ୍ତି। ମଣିଷର ବୌଦ୍ଧିକ ବିକାଶ କ୍ଷେତ୍ରରେ ବିଜ୍ଞାନର ସତ୍ୟ ଓ ବାସ୍ତବତାର ପାକ୍ଷିକ ଦିଗ ବ୍ୟତିରେକ ଆତ୍ମାର ସତ୍ୟାନ୍ୱେଷଣ ଓ ଭଲ ପୃଥିବୀ ପ୍ରତିଷ୍ଠାର ସ୍ୱପ୍ନ ମଧ୍ୟ ଅତ୍ୟାବଶ୍ୟକ। ଜୀବନକୁ ଆଧ୍ୟାତ୍ମୀକରଣ କରିବା ଦ୍ୱାରା ମାନବ ଊର୍ଦ୍ଧ୍ୱାୟିତ ହୋଇପାରିବ। "ଆତ୍ମାର ଉଜ୍ଜ୍ୱଳ ଆଲୋକରେ ଜୀବନ ହୋଇଉଠିବ ସମୁଜ୍ଜ୍ୱଳ ଏବଂ ମନୁଷ୍ୟ ଏକ ଉଚ୍ଚତର ଜୀବନଚର୍ଯ୍ୟା ଭିତରକୁ ଉନ୍ନୀତ ହୋଇଯିବ। ସେହି ଦିବ୍ୟ ଜୀବନଚର୍ଯ୍ୟା ଭିତରେ ଆଉ ଭଲ-ମନ୍ଦ, ସତ୍ୟ ମିଥ୍ୟା, ସ୍ୱପ୍ନ ଓ ବାସ୍ତବତାର ଦ୍ୱନ୍ଦ୍ୱବୋଧ ରହିବ ନାହିଁ ଏବଂ ସେହି ଜୀବନରେ ହିଁ ପରମ ଆନନ୍ଦ, ପରମ ଜ୍ଞାନ ଓ ପରମ ସତ୍ୟର ଉପଲବ୍ଧି ସମ୍ଭବ ହେବ।"(୩୬) ଆଲୋଚ୍ୟ ପୁସ୍ତକର ପଞ୍ଚମତମ ପ୍ରବନ୍ଧ 'ଶ୍ରୀଅରବିନ୍ଦଙ୍କ ପୂର୍ଣ୍ଣଯୋଗ ସଂଭୂତ ଅତିମାନବ' ସଂପର୍କିତ ତାତ୍ତ୍ୱିକ ଆଲୋଚନା ରହିଛି। ମରଣଶୀଳ ମଣିଷ ମଧ୍ୟରେ ଅତିମାନବର ଶକ୍ତିକୁ ଅନ୍ୱେଷା କରି ନୂତନ ପୃଥିବୀ ପ୍ରତିଷ୍ଠାର ବାର୍ତ୍ତା ରହିଛି। ଊନବିଂଶ ଶତାବ୍ଦୀର ୟୁରୋପୀୟ ଈଶ୍ୱର ବିରୋଧୀ ଯୁଗରେ କାର୍ଲମାର୍କ୍ସ ଧର୍ମବିଶ୍ୱାସକୁ ମଣିଷର ଅଫିମନିଶା ବୋଲି ମତବ୍ୟକ୍ତ କରିଥିବାବେଳେ ମନସ୍ତତ୍ତ୍ୱବିଦ୍ ସିଗ୍‌ମଣ୍ଡ ଫ୍ରଏଡ୍ ମଣିଷର ସବୁକିଛି ମାନସିକ ଆବେଗ ଏବଂ ପ୍ରେରଣା ପଛରେ ତା'ର ଅବଚେତନର ଅବଦମିତ କାମଲିପ୍ସା ବୋଲି କହିଥିଲେ। ଏହି ସମୟରେ ଫ୍ରେଡରିଖ୍ ନିତ୍‌ସେ 'ଈଶ୍ୱର ମୃତ' ବୋଲି ଘୋଷଣା କରିଥିବା ବେଳେ ପ୍ରାଚ୍ୟ-ଭୂଖଣ୍ଡର ଜଗତ ବିଖ୍ୟାତ ମହାଯୋଗୀ ସ୍ୱାମୀ ବିବେକାନନ୍ଦ ପରମେଶ୍ୱରଙ୍କ ଦିବ୍ୟ-

ଶାଶ୍ୱତ ସ୍ଥିତିର ଅନୁଭବକୁ ସାବ୍ୟସ୍ତ କରିଥିଲେ। ଶ୍ରୀଅରବିନ୍ଦ, ଡାର୍‌ଉଇନ୍‌ଙ୍କ କ୍ରମବିକାଶତତ୍ତ୍ୱ କ୍ଷେତ୍ରରେ ଜଡ଼ଚେତନାକୁ ଗ୍ରହଣ କରିଥିଲେ ହେଁ ତା'ରି ମଧ୍ୟରେ ପରମ ଚେତନାକୁ ମଧ୍ୟ ଦର୍ଶନ କରିଛନ୍ତି। 'ଅତିମାନସ' ସିଦ୍ଧି ଲଭିଥିବା ଶ୍ରୀଅରବିନ୍ଦ ଏବଂ ଶ୍ରୀ ମା ମଣିଷ ମାନବସମାଜ ନିମନ୍ତେ 'ପୂର୍ଣ୍ଣାଙ୍ଗ ଯୋଗପନ୍ଥା' ଏବଂ 'ଦିବ୍ୟ ଜୀବନ'କୁ ଗୁରୁତ୍ୱ ପ୍ରଦାନ କରିଛନ୍ତି। ଦିବ୍ୟ ଜୀବନର ମୁଖ୍ୟ ଆଧାର ଭାବରେ ଅଭୀପ୍‌ସା (Aspiration), ବିଶ୍ୱାସ (Faith), ଅହଂକାର ଓ ସ୍ୱାର୍ଥପରଣତାର ପ୍ରତ୍ୟାଖ୍ୟାନ (Rejection), ସମର୍ପଣ (Surrender) ଇତ୍ୟାଦିକୁ ଗୁରୁତ୍ୱ ଦେବାନିମନ୍ତେ ପୂର୍ଣ୍ଣାଙ୍ଗ ଯୋଗପନ୍ଥାରେ ନିର୍ଦ୍ଦେଶ ରହିଛି। "ସମର୍ପଣ ଭିତ୍ତିରେ ହିଁ ଶ୍ରୀଅରବିନ୍ଦଙ୍କ ପୂର୍ଣ୍ଣଯୋଗର ସାଧନା ପ୍ରତିଷ୍ଠିତ। ଏହି ପୂର୍ଣ୍ଣ ଆତ୍ମସମର୍ପଣ ଦିବ୍ୟ ଜନନୀଙ୍କ ପାଖରେ ଏହା ହିଁ ଶ୍ରୀଅରବିନ୍ଦଙ୍କ ପ୍ରଦର୍ଶିତ ସୂର୍ଯ୍ୟାଲୋକଗତ ପଥ (Sunlight Path)."[୩୭] ଦିବ୍ୟଜୀବନର ତୀବ୍ର ଆକାଂକ୍ଷା ହିଁ ମାନବକୁ ଈଶ୍ୱରୀୟ କୃପାପ୍ରାପ୍ତି ନିମନ୍ତେ ଯୋଗ୍ୟ ବିବେଚିତ କରିଥାଏ ଏବଂ ଏ ଯେଉଁ 'ପାରମ୍ପରିକ ଯୋଗ ଓ ପୂର୍ଣ୍ଣାଙ୍ଗ ଯୋଗ'ର ଆବଶ୍ୟକତା ରହିଛି। 'ଯୋଗ'ର ଅର୍ଥ ହେଲା ଜୀବାତ୍ମା ଏବଂ ପରମାତ୍ମା ମଧ୍ୟରେ ସଂଯୋଗ। ଯୋଗ-ସାଧକର ଭଗବତ ପ୍ରାପ୍ତି ତଥା ଆତ୍ମୋପଲବ୍ଧିର ନିୟାମକ ହୋଇଥାଏ ବୋଲି 'ପାରମ୍ପରିକ ଯୋଗ ଓ ପୂର୍ଣ୍ଣାଙ୍ଗ ଯୋଗ' ପ୍ରବନ୍ଧରେ ସମାଲୋଚିକା ଡକ୍ଟର ନାୟକ ସ୍ପଷ୍ଟ କରିଛନ୍ତି। ଶ୍ରୀଅରବିନ୍ଦଙ୍କ 'ପୂର୍ଣ୍ଣଯୋଗ'ର ଅର୍ଥ ସ୍ପଷ୍ଟ କରିବାକୁ ଯାଇ ଏହାକୁ ଆଲୋଚିକା ଅତିମାନସ ଚେତନା, ଶକ୍ତି ଓ ଆଲୋକ ଦ୍ୱାରା ମାନବୀୟ ପ୍ରକୃତିର ଦିବ୍ୟ ରୂପାନ୍ତର ଭାବରେ ଅଭିହିତ କରିଛନ୍ତି। ପୂର୍ଣ୍ଣଯୋଗ ଆମ ଭାରତୀୟ ପାରମ୍ପରିକ ଜ୍ଞାନଯୋଗ, ଭକ୍ତିଯୋଗ, କର୍ମଯୋଗ, ହଠଯୋଗ ତଥା ରାଜଯୋଗର ସମନ୍ୱୟ। ଏତଦ୍‌ବ୍ୟତୀତ ଶ୍ରୀଅରବିନ୍ଦ ତାଙ୍କ ପୂର୍ଣ୍ଣାଙ୍ଗ ଯୋଗରେ ତନ୍ତ୍ରମାର୍ଗକୁ ମଧ୍ୟ ଗ୍ରହଣ କରିଛନ୍ତି। 'ତନ୍ତ୍ର ହେଲା ଏକ ଗୂହ୍ୟ ଆଧ୍ୟାତ୍ମ ବିଜ୍ଞାନ। ଯାହାଫଳରେ କି ତାନ୍ତ୍ରିକ ପ୍ରକୃତି ଓ ନିୟତିର ପ୍ରଭୁ ହୋଇଥାଏ। x x x ତନ୍ତ୍ର ମାର୍ଗ ହିଁ ମନୁଷ୍ୟକୁ ଭଗବତୀ ଶକ୍ତିରେ ଶକ୍ତିମାନ ହେବା ଲାଗି ପ୍ରଥମ ସାଧନା। x x x ଶ୍ରୀଅରବିନ୍ଦଙ୍କ ତନ୍ତ୍ର ଏକ ଶୋଧିତ ତନ୍ତ୍ର। ଏହାର ପ୍ରୟୋଗ ମଧ୍ୟ ଦିବ୍ୟ ଉଦ୍ଦେଶ୍ୟରେ।"[୩୮] ପୂର୍ଣ୍ଣାଙ୍ଗ ଯୋଗରେ ମହାଯୋଗୀ ଶ୍ରୀଅରବିନ୍ଦ ନିର୍ଦ୍ଦେଶିତ ଚୈତ୍ୟସତ୍ତା ଓ ତା'ର ଉନ୍ମୀଳନ ସମ୍ପର୍କରେ ଡକ୍ଟର ନାୟକ ଅତି ସମୁଚ୍ଚ ଆଲୋଚନା ଉପସ୍ଥାପନ କରିଛନ୍ତି। ଡକ୍ଟର ନାୟକଙ୍କ ମତରେ- "ଚୈତ୍ୟ' ଶବ୍ଦଟି ସଂଗେ ଆମ ଚିତ୍ତର କୌଣସି ସଂପର୍କ ନାହିଁ ବରଂ ଆମ ଅନ୍ତରାତ୍ମା ସହିତ ଏହାର ବହୁ ଯୋଗାଯୋଗ ରହିଛି। x x x ଏହି ଚୈତ୍ୟ ସବୁ ମଣିଷଙ୍କ ଭିତରେ କଳିକା ଅବସ୍ଥାରେ ଥାଏ। କିନ୍ତୁ ଏହାକୁ ଆସ୍ପୃହା ଦ୍ୱାରା ପ୍ରସ୍ଫୁଟିତ କରିବାକୁ ହୁଏ।

ଚୈତ୍ୟସତ୍ତା ଜାଗ୍ରତ ନ ହେଲେ ଓ ତା'ର ପ୍ରଭାବ ଆମର ଦେହ ପ୍ରାଣ ମନ ଉପରେ ନ ପଡ଼ିଲେ ପୂର୍ଣ୍ଣାଙ୍ଗ ଯୋଗ ଓ ରୂପାନ୍ତର ସମ୍ଭବ ନୁହେଁ।"[୩୯] ଯୋଗ ମାଧ୍ୟମରେ ମାନବ ନିଜର ବୌଦ୍ଧିକ ଉତ୍କର୍ଷ ପ୍ରାପ୍ତ ହୋଇ ଆତ୍ମଶକ୍ତିର ଅଧିକାରୀ ତଥା ଦିବ୍ୟଜୀବନ ଲାଭ କରିପାରିବ ବୋଲି ଡ. ନାୟକ ଆଶାବାଦୀ ହୋଇଛନ୍ତି। 'ଅତିମାନବ: ସମ୍ଭାବନା ଓ ପ୍ରତିଶ୍ରୁତି' ସଂକଳନସ୍ଥ ଅଷ୍ଟମ ପ୍ରବନ୍ଧ 'ପୂର୍ଣ୍ଣାଙ୍ଗ ଯୋଗ ପଥର କିଛି ପାଥେୟ'ରେ ଶ୍ରୀମା ଏବଂ ଶ୍ରୀଅରବିନ୍ଦଙ୍କ ପ୍ରଦତ୍ତ ସୂକ୍ତାବଳି ସଂଯୋଜିତ ହୋଇଛି ଏବଂ ସେସବୁ ହିଁ ଆଲୋଚ୍ୟ ପୁସ୍ତକର ମହାନ୍ ମର୍ମବାଣୀ ଭାବେ ଦ୍ୟୁତି ବିକିରଣ କରିଛି। ଅତିମାନବ, ପୂର୍ଣ୍ଣସତ୍ୟର ଅନ୍ୱେଷା, ପ୍ରଜ୍ଞାର ଉଦୟ, ବୃହତ୍ତର ଲକ୍ଷ୍ୟ ଇତ୍ୟାଦିର ତାତ୍ତ୍ୱିକ ମୂଲ୍ୟାୟନ ସହିତ ଜୀବନର ପୁନର୍ଗଠନରେ ସହାୟକ ଛୋଟ ବଡ଼ ବହୁ ବିଚାରମୂଲ୍ୟକୁ ସ୍ଥାନିତ ଥିବା ଏହି ପୁସ୍ତକଟି ଆଧୁନିକ ସମାଜ ନିମନ୍ତେ ଅତ୍ୟନ୍ତ ଯୁଗୋପଯୋଗୀ ପ୍ରାସଙ୍ଗିକ ମନେହୁଏ।

ସମାଲୋଚିକା ଡକ୍ଟର ଅର୍ଚ୍ଚନା ନାୟକଙ୍କ ଦ୍ୱାରା ଲିଖିତ 'ନିର୍ବାଚିତ ପ୍ରବନ୍ଧ' ପନ୍ଦର ଗୋଟି ଉଚ୍ଚକୋଟୀର ପ୍ରବନ୍ଧର ସମାହାର। ଆଲୋଚ୍ୟ ପୁସ୍ତକରେ ଥିବା ପ୍ରବନ୍ଧଗୁଡ଼ିକରେ ସାହିତ୍ୟ ସମାଲୋଚନା ମୂଳକ ରଚନା ରହିବା ସହିତ ଶେଷ ପ୍ରବନ୍ଧଟି ଶ୍ରୀଅରବିନ୍ଦଙ୍କ ଯୋଗଦର୍ଶନ ଉପରେ ଆଧାରିତ ରଚନା।

'ଗୀତ ଗୋବିନ୍ଦ: ଏକ କାବ୍ୟିକ ମୂଲ୍ୟାୟନ' ପ୍ରବନ୍ଧରେ ଦ୍ୱାଦଶ ଶତକର ଉତ୍କଳୀୟ କବି ଜୟଦେବଙ୍କ ବିଦଗ୍ଧ କବିପ୍ରାଣରୁ ନିଃସୃତ 'ଗୀତଗୋବିନ୍ଦ' ସଂପର୍କରେ ଅତି ଚମତ୍କାର ବିଚାର ରହିଛି। କୃଷ୍ଣଲୀଳାର ଚମତ୍କାର: କାବ୍ୟିକ ଅଭିବ୍ୟକ୍ତି ଭାବରେ 'ଗୀତଗୋବିନ୍ଦ', କୃଷ୍ଣପ୍ରିୟା-ବିରହିଣୀ ରାଧାଙ୍କ ଅଭିମାନ, କୃଷ୍ଣଙ୍କ ମନରେ ରାଧାଙ୍କୁ ନେଇ ଉଚ୍ଚକିତ ଆବେଗ, ବିଷଣ୍ଣ ଭାବ ଇତ୍ୟାଦିର ବର୍ଣ୍ଣନା ରହିଛି। ବିଷୟବସ୍ତୁ, ଶବ୍ଦ ସଂଯୋଜନା ତଥା ସାଂଗୀତିକତା ଦୃଷ୍ଟିରୁ 'ଗୀତଗୋବିନ୍ଦ'ର ପ୍ରଭାବ ସଂପର୍କରେ ସମାଲୋଚିକା ବିଶଦ୍ ବର୍ଣ୍ଣନା କରିଛନ୍ତି। 'ରାମାୟଣ'ର 'ସୀତା'ଙ୍କ ଭିତରେ ସମାଲୋଚିକା ଡକ୍ଟର ଅର୍ଚ୍ଚନା ନାୟକ ସନାତନୀ ନାରୀକୁ ଆବିଷ୍କାର କରିଛନ୍ତି ତାଙ୍କର ଅନ୍ୟତମ ପ୍ରବନ୍ଧ 'ବିଧାନ ହୋଇଛି ଯା' ନାମ ସୀତା'ରେ। ଆଲୋଚ୍ୟ ପ୍ରବନ୍ଧରେ ସେ ଆବେଗପୂର୍ଣ୍ଣ ଶବ୍ଦରେ ଉଲ୍ଲେଖ କରିଛନ୍ତି- "ରାମାୟଣର ସୀତା ବାସ୍ତବ ସଜୀବ ନାରୀ ମୂର୍ତ୍ତିଟିଏ। ସେ ଆତ୍ମାଭିମାନ, ସତ୍ୟନିଷ୍ଠା, ଦୃଢ଼ତା ଓ କଠିନ ତପଶ୍ଚର୍ଯ୍ୟାର ତେଜସ୍ୱିନୀ ବିଗ୍ରହଟିଏ। ସେ ସ୍ନେହ, ପ୍ରେମ, ନମ୍ରତା, ସଦାଚାର ଓ ସହିଷ୍ଣୁତା ପରି କୋମଳ ଭାବ ମିଶାମିଶି ହେମନ୍ତ ପ୍ରତ୍ୟୁଷର ସ୍ନିଗ୍ଧ କରୁଣ ଝରା ଶେଫାଳିଟିଏ। କାରୁଣ୍ୟ ପ୍ରତିମା ସୀତାଙ୍କର ସଜଳ ନୟନ ତଳେ ଢଳଢଳ ଅଶ୍ରୁବିନ୍ଦୁ ସଂବେଦୀ ମଣିଷର ହୃଦୟକୁ

ଯୁଗାବିଧି ଅଶ୍ରୁପ୍ଳୁତ। କରିଚାଲିଛି ଅଭିମାନ ଅନୁଯୋଗଶୂନ୍ୟ ପ୍ରେମ ସାଧିକା ସେ। ସର୍ବୋପରି ସଚ୍ଚିଦାନନ୍ଦ ପରମାତ୍ମାଙ୍କର ନାରୀ ବିଭୂତି ସୀତା ଭାରତୀୟ ନାରୀ ମହିମା ମର୍ଯ୍ୟାଦାର ସର୍ବୋତ୍ତମ ମୂର୍ତ୍ତ ବିଗ୍ରହ।"(୪୦) ଅର୍ଚ୍ଚନା ନାୟକଙ୍କ 'ନିର୍ବାଚିତ ପ୍ରବନ୍ଧ' ଅନ୍ତର୍ଭୁକ୍ତ 'ଓଡ଼ିଆ ଭକ୍ତି ସଂଗୀତର ପରମ୍ପରା' ଏକ ଦୀର୍ଘ ପ୍ରବନ୍ଧ। ପ୍ରାଚୀନ କାବ୍ୟ-କବିତା କ୍ଷେତ୍ରରେ ସଂଗୀତ, ସାଙ୍ଗୀତିକତାର ଭକ୍ତିପୂର୍ଣ୍ଣ ଉଚ୍ଛ୍ୱାସର କ୍ରମିକ ବିବର୍ତ୍ତନର ସ୍ୱର ରହିଛି। ଭାରତବର୍ଷରେ ଭକ୍ତିସଂଗୀତର ପ୍ରାଚୀନ ପରମ୍ପରାକୁ ଦର୍ଶାଇ କବି ଜୟଦେବଙ୍କ 'ଗୀତଗୋବିନ୍ଦ', ଜୈନ ତୀର୍ଥଙ୍କର ମାନତୁଙ୍ଗଙ୍କର 'ଷର ପଞ୍ଚାଶିକା', ସିଦ୍ଧାଚାର୍ଯ୍ୟଙ୍କ 'ଦୋହା', ସାରଳା ଦାସଙ୍କ 'ମହାଭାରତ', ମଧ୍ୟଯୁଗୀୟ ଗୀତିକବିତାର ପରମ୍ପରାରେ ରାଗ-ରାଗିଣୀ, ଛାନ୍ଦ, ଚୌତିଶା ଇତ୍ୟାଦିର ରୂପରେଖ ନିର୍ଣ୍ଣୟ କରିଛନ୍ତି। ପରବର୍ତ୍ତୀ କାଳରେ ପଞ୍ଚସଖା ଯୁଗୀୟ ବିବିଧ ପ୍ରତୀକାତ୍ମକ-ରହସ୍ୟବାଦୀ କବିତା ସଂପର୍କରେ ମଧ୍ୟ ଆଲୋଚନା ରହିଛି। ଷୋଡ଼ଶ ଶତାବ୍ଦୀର ଉନ୍ମେଷ ପର୍ବରେ ଶ୍ରୀ ଚୈତନ୍ୟଙ୍କ ଆଗମନ ଓ ଜଗନ୍ନାଥ କୈନ୍ଦ୍ରିକ ଭକ୍ତି-କବିତା ରଚନା, ପରେ ମହିମାଧର୍ମୀ କନ୍ଧ କବି ଭୀମଭୋଇଙ୍କ ମହିମା କୀର୍ତ୍ତନ ଓ ଭଜନ ଇତ୍ୟାଦି ସଂପର୍କରେ ବ୍ୟାପକ ଆଲୋଚନା ରହିଛି। ଅନ୍ୟତମ ପ୍ରବନ୍ଧ 'ମଧ୍ୟଯୁଗୀୟ ଓଡ଼ିଆ କାବ୍ୟ ଓ ଅମ୍ବିକା ବିଳାସ' ସଂପର୍କରେ ଥିବା ଆଲୋଚନାଟି ଅତ୍ୟନ୍ତ ଅଭିନନ୍ଦନୀୟ।

ଅନୁରୂପ ଭାବରେ 'ଆଧୁନିକ ଓଡ଼ିଆ କବିତାରେ ଶିବ ଚେତନା' ପ୍ରବନ୍ଧଟି ଡକ୍ଟର ନାୟକଙ୍କ ଗବେଷଣାତ୍ମକ ଦୃଷ୍ଟିକୋଣର ପ୍ରାଚୁର୍ଯ୍ୟ ବହନ କରିଛି। ଶିବଙ୍କୁ ନେଇ ଦାର୍ଶନିକ ବିଚାର ସହିତ ଯୁଗେ ଯୁଗେ ଶିବୋପାସନାର ପ୍ରଭାବ ସଂପର୍କରେ ମଧ୍ୟ ଏଥିରେ ତାତ୍ତ୍ୱିକ ଆଲୋଚନା ରହିଛି। 'ନିର୍ବାଚିତ ପ୍ରବନ୍ଧ' ପୁସ୍ତକସ୍ଥ 'ଶେଫାଳି ଫୁଲର କବି କୁନ୍ତଳା କୁମାରୀ' ପ୍ରବନ୍ଧରେ କୁନ୍ତଳାଙ୍କୁ ଅସାଧାରଣ-ଅନତିକ୍ରମଣୀୟ କବିପ୍ରତିଭା ଭାବରେ ଡକ୍ଟର ନାୟକ ଆଲୋଚନା କରିଛନ୍ତି। କୁନ୍ତଳାଙ୍କ ପ୍ରତି ଲେଖିକାଙ୍କ ଭାବପୂର୍ଣ୍ଣ ଶବ୍ଦନୈବେଦ୍ୟ ଅତ୍ୟନ୍ତ ହୃଦ୍ୟ ମନେହୁଏ। ଡକ୍ଟର ନାୟକ ଲେଖିଛନ୍ତି- "କୁନ୍ତଳା-ନିରଳସ ଅତନ୍ଦ୍ର ସାଧନାର ପଟ୍ଟଭୂମିରେ ନିର୍ମାଣ କରିଥିଲେ ସାହିତ୍ୟର କୋଣାର୍କ, ସେବାର ମାଣିକପାଟଣା। ତାଙ୍କର ବ୍ୟକ୍ତିତ୍ୱ ଥିଲା ଉତ୍ସର୍ଗୀକୃତ ତ୍ୟାଗ ଓ ମାନବିକତାରେ ସମୁଜ୍ଜ୍ୱଳ ଓ ସାହିତ୍ୟିକ ଜୀବନ ଥିଲା ନିଷ୍କଳୁଷ ଆରଣ୍ୟକ ପ୍ରଭାତର ଶୁଦ୍ଧପୂତ ଓଁକାର। ଅପବାଦର କାଳିମାକୁ ନେଇ ସେ ଥିଲେ ଚନ୍ଦ୍ରମା ଓ ଚନ୍ଦ୍ରମାକୁ ସ୍ପର୍ଶ କରିବାର ଆସ୍ପର୍ଦ୍ଧା କରୁଥିବା ବାମନମାନଙ୍କଠାରୁ ବହୁ ଉଚ୍ଚରେ ଶୀତଳ, ନିର୍ଲିପ୍ତ, ଜ୍ୟୋତିର୍ମୟୀ ଈଶ୍ୱରୀ।"(୪୧) ଆଲୋଚ୍ୟ ପ୍ରବନ୍ଧରେ କୁନ୍ତଳାଙ୍କ ସୃଷ୍ଟି ସମଗ୍ର ସହିତ ତାଙ୍କ ବ୍ୟକ୍ତିତ୍ୱର ମହତ୍ତ୍ୱର ଦିଗଗୁଡ଼ିକୁ ଆଲୋଚିକା ନିଜର ପ୍ରଜ୍ଞାନୁଶୀଳ ବିଚାର ଦ୍ୱାରା ସିଦ୍ଧ କରିଛନ୍ତି।

'କାନ୍ତକବି ଲକ୍ଷ୍ମୀକାନ୍ତ' ଓ 'ସିଦ୍ଧ କବି ଗୋପବନ୍ଧୁ' ପ୍ରବନ୍ଧ ଦ୍ୱୟରେ ଉଭୟ ମହାକବିଙ୍କ ଜୀବନଦର୍ଶନ ତଥା ସାହିତ୍ୟସିଦ୍ଧିର ମହତ୍ତ୍ୱପୂର୍ଣ୍ଣ ଦିଗ ଆଲୋଚିତ ହୋଇଛି। ସେହିପରି ଭାବରେ 'ଓଡ଼ିଆ ଉପନ୍ୟାସର କେତୋଟି ବିଶିଷ୍ଟ ନାରୀ ଚରିତ୍ର' ପ୍ରବନ୍ଧରେ ଫକୀରମୋହନଙ୍କ 'ଛ'ମାଣ ଆଠଗୁଣ୍ଠ'ର ସାନ୍ତାଣୀ, 'ମାମୁଁ'ର ନାୟିକା ଚିତ୍ରକଳା, ବୈଷ୍ଣବଚରଣ ଦାସଙ୍କ 'ମନେ ମନେ' ଉପନ୍ୟାସର ନାୟିକା ଗଉରୀ, ଔପନ୍ୟାସିକ ଉପେନ୍ଦ୍ର କୁମାରଙ୍କ 'ମଲାଜହ୍ନ'ର ନାୟିକା ସତ୍ୟଭାମା ବା 'ସତୀ', ଔପନ୍ୟାସିକ କାଳିନ୍ଦୀ ଚରଣ ପାଣିଗ୍ରାହୀଙ୍କ 'ମାଟିର ମଣିଷ' ଉପନ୍ୟାସର ନାୟିକା ନେତ୍ରମଣି, କାହ୍ନୁଚରଣ ମହାନ୍ତିଙ୍କ 'ଶାସ୍ତି' ଉପନ୍ୟାସର ନାୟିକା ଧୋବୀ, ବସନ୍ତ କୁମାରୀ ପଟ୍ଟନାୟକଙ୍କ ଉପନ୍ୟାସ 'ଅମଡ଼ାବାଟ'ର ମାୟା, ଗୋପୀନାଥ ମହାନ୍ତିଙ୍କ ଉପନ୍ୟାସ 'ଦାନାପାଣି'ର ନାୟିକା ସରୋଜିନୀ ପ୍ରମୁଖ ନାରୀ ଚରିତ୍ରଙ୍କ ଆଶା, ଆକାଂକ୍ଷା, ମାନସିକ ସଂଘର୍ଷ ଓ ଜୀବନର ଅବ୍ୟକ୍ତ ଦୁଃଖସବୁର ମାର୍ମିକ ମୂଲ୍ୟାୟନ ରହିଛି। 'ସ୍ୱାଧୀନତା ପରବର୍ତ୍ତୀ କେତୋଟି ଉପନ୍ୟାସ' ପ୍ରବନ୍ଧରେ ବୌଦ୍ଧିକତା ଏବଂ କଳାତ୍ମକତା ଦୃଷ୍ଟିରୁ ରସୋତ୍ତୀର୍ଣ୍ଣ ହୋଇଥିବା କେତେକ ଉପନ୍ୟାସ ଉପରେ ବିଶେଷ ଆଲୋଚନା ରହିଛି। 'ଭାରତୀୟ ଗଳ୍ପ ସାହିତ୍ୟକୁ ଲେଖିକାମାନଙ୍କର ଅବଦାନ' ପ୍ରବନ୍ଧରେ ନାରୀମାନଙ୍କର ସୃଜନ ସାମର୍ଥ୍ୟର ସ୍ୱରଲିପି ବହନ କରିଛି। ଆଲୋଚ୍ୟ ପ୍ରବନ୍ଧରେ ବଙ୍ଗଳାର ଆଶାପୂର୍ଣ୍ଣା ଦେବୀ ଓ ମହାଶ୍ୱେତା ଦେବୀ, ଆସାମୀର ସ୍ନେହ ଦେବୀ ଓ ଇନ୍ଦିରା ଗୋସ୍ୱାମୀ, ଉର୍ଦ୍ଦୁର ହାଜିରା ମାସୁର୍, ଖୁରସିଦ ମିର୍ଜା, ରେଜିଆ ଇସ୍‌ମାତ୍ ଚୁଗ୍‌ତାଇ ଓ କରୁତୁଲୈନ୍ ହାଇଦର୍, କେରଳର ଲାଲି ଥାମ୍ଭିକା ଆର୍ଥରାଜାନାମ୍, ମାଲୟାଲମର କମଳା ଦାସ, ତାମିଲ୍‌ର ଚୂଡ଼ାମଣି ରାଘବନ ଓ ଶିବଶଙ୍କରୀ, ଗୁଜୁରାଟର ହିମାଶୀ ସେଲାତ୍, ଡୋଗ୍ରୀର ପଦ୍ମା ସଚଦେବ, ମରାଠୀର ମାଲତୀ ଯୋଷୀ, ପଞ୍ଜାବର ଅମୃତା ପ୍ରୀତମ୍, ହିନ୍ଦୀର ମନ୍ନୁ ଭଣ୍ଡାରୀ, କୃଷ୍ଣା ସୋବତୀ, ଉଷା, ଓଡ଼ିଆ ଭାଷା-ସାହିତ୍ୟରେ ବୀଣାପାଣି ମହାନ୍ତି ଓ ପ୍ରତିଭା ରାୟ ପ୍ରମୁଖଙ୍କ ଗଳ୍ପ ରଚନା ଉପରେ ଆଲୋକପାତ କରାଯାଇଛି। 'ମନ୍ୱନ୍ତରର ଦରଦୀ କଥାକାର: ରାଜକିଶୋର' ପ୍ରବନ୍ଧରେ ରାଜକିଶୋର ରାୟଙ୍କ ସ୍ରଷ୍ଟାପ୍ରାଣର ରୋମାଣ୍ଟିକ୍ ଭାବବିଳାସ, ଅନୁଭୂତି, ଜୀବନାଦର୍ଶ ଭିତ୍ତିକ ବହୁ ଆଲୋଚନା ରହିଛି। 'ମନୋଜ ଦାସଙ୍କ କଥା ମାନସ' ପ୍ରବନ୍ଧରେ ମନୋଜୀୟ ସୃଜନକର୍ମ ଉପରେ ଆଲୋକପାତ ପୂର୍ବକ ତାଙ୍କର 'କଥା ଓ କାହାଣୀ', 'ଲୁଭୁର୍ଭା ପର୍ବତରେ ଏକ ଦ୍ୱିପ୍ରହର', 'ବିଷକନ୍ୟାର କାହାଣୀ', 'ସମୁଦ୍ରର କ୍ଷୁଧା', 'ଆରଣ୍ୟକ', 'ଶେଷ ବସନ୍ତର ଚିଠି', 'ଧୂମ୍ରାଭ ଦିଗନ୍ତ ଅନ୍ୟାନ୍ୟ କାହାଣୀ', 'ଆବୁପୁରୁଷ ଓ ଅନ୍ୟାନ୍ୟ କାହାଣୀ' ଆଧାରିତ ଏକ ବିସ୍ତୃତ ଆଲୋଚନା ରହିଛି। ଆଲୋଚ୍ୟ ପ୍ରବନ୍ଧରେ ପାବନ୍ଧିକ ଡକ୍ଟର

ନାୟକ ମନୋଜ ଦାସଙ୍କ ଭାରତୀୟ କଥା ସାହିତ୍ୟର ଅସାଧାରଣ ସୃଜନସ୍ରଷ୍ଟା ତଥା ବିସ୍ମୟକର ପ୍ରତିଭା ରୂପେ ଅଭିହିତ କରିଛନ୍ତି। 'ନିର୍ବାଚିତ ପ୍ରବନ୍ଧ' ପୁସ୍ତକସ୍ଥ ଶେଷ ପ୍ରବନ୍ଧଟି ଯଶସ୍ୱିନୀ-ସାହିତ୍ୟିକା ପ୍ରତିଭା ରାୟଙ୍କ 'ମାଟି ଓ ସମୁଦ୍ରର ମହାକାବ୍ୟ: ମଗ୍ନମାଟି' ଉପନ୍ୟାସ ଉପରେ ଆଧାରିତ ଓ ଆଲୋଚିତ। ଆଲୋଚ୍ୟ ପ୍ରବନ୍ଧରେ 'ମଗ୍ନମାଟି' ଉପନ୍ୟାସର କଥାଭୂମି, ଘଟଣା ବିନ୍ୟାସ ଏବଂ ଚରିତ୍ର ଚିତ୍ରଣର ଅବତାରଣା ସହି 'ମଗ୍ନମାଟି'କୁ ପ୍ରତିଭା ରାୟଙ୍କ ଚେତନାଭିତ୍ତିକ ଉପନ୍ୟାସ ଭାବରେ ଆଲୋଚନା କରାଯାଇଛି। ପଦ୍ମଶ୍ରୀ ପ୍ରତିଭା ରାୟଙ୍କ ମାଟି ଚେତନାର ଏକ ସମୁଚ୍ଚ ଅମୃତମଗ୍ନ କଳାକୃତି ଭାବରେ 'ମଗ୍ନମାଟି'କୁ ଡ. ନାୟକ ଅଭିହିତ କରିଛନ୍ତି। 'ନିର୍ବାଚିତ ପ୍ରବନ୍ଧ' ସଂକଳନସ୍ଥ ପନ୍ଦର ଗୋଟି ଆଲୋଚନା 'ପ୍ରବନ୍ଧ'ର ତାତ୍ତ୍ୱିକ ପରିଭାଷା ଦୃଷ୍ଟିରୁ ଯଥାର୍ଥ ଓ ସମୁଚ୍ଚ।

ଡକ୍ଟର ଅର୍ଚ୍ଚନା ନାୟକଙ୍କ 'ପୃଥିବୀର ନିୟତି ଓ ସମୂହ ଯୋଗ' ପୁସ୍ତକଟି ଶ୍ରୀଅରବିନ୍ଦ ଦର୍ଶନ, ପ୍ରେମ ଓ ସମର୍ପଣର ଏକ ତ୍ରିବେଣୀ ପୀଠ। 'କ' ବିଭାଗ ଏବଂ 'ଖ' ବିଭାଗରେ ବିଭାଜିତ ହୋଇଛି ଏବଂ ଏଥିରେ ଯଥାକ୍ରମେ ସାତଗୋଟି ଏବଂ ଚଉଦ ଗୋଟି ବୈଚାରିକ-ଆଧ୍ୟାତ୍ମିକ ସିଦ୍ଧାନ୍ତ ରହିଛି।

'କ' ବିଭାଗ ଅନ୍ତର୍ଭୁକ୍ତ ସାତଗୋଟି ଆଲୋଚନାରେ ଶ୍ରୀଅରବିନ୍ଦଙ୍କ 'ଦିବ୍ୟ ସ୍ୱୀକୃତି', 'ମଧୁମୟୀ ମା', 'ମା' ଜଗନ୍ମାତା', 'ଶ୍ରୀଅରବିନ୍ଦଙ୍କ ଦୃଷ୍ଟିରେ ଅତିମାନବ', 'ବିଶ୍ୱସଂକଟ ଓ ଶ୍ରୀଅରବିନ୍ଦ', 'ପୃଥିବୀର ନିୟତି ଓ ସମୂହଯୋଗ' ଏବଂ 'କବିତାରେ ମହତ୍ତର ଜୀବନର ସ୍ପନ୍ଦନ' ଆଧାରିତ ବହୁ ଆଲୋଚନା ରହିଛି। 'ଖ' ବିଭାଗ ଅନ୍ତର୍ଭୁକ୍ତ ଅନ୍ୟାନ୍ୟ ଚଉଦଗୋଟି ଆଲୋଚନାରେ 'ତପସ୍ୟାର ଭୂମି', 'ସଚେତନ ସହଯୋଗ ଓ ଅଧ୍ୟାତ୍ମ ସଂହତି', 'ମାନବ ସେବା ମାଧବ ସେବା', 'ପ୍ରେମ ଓ ଶକ୍ତିର ପ୍ରତୀକ: ନାରୀ', 'ମାତୃରୂପେଣ ସଂସ୍ଥିତା', 'ମେଧା ଓ ସୌନ୍ଦର୍ଯ୍ୟ', 'ମର୍ତ୍ତ୍ୟଭୂମିର ଦେବମଣିଷ' ଇତ୍ୟାଦି ଅନ୍ତର୍ଭୁକ୍ତ ରହିଛି। ଆଲୋଚ୍ୟ ପୁସ୍ତକ 'ପୃଥିବୀର ନିୟତି ଓ ସମୂହ ଯୋଗ' ସଂପର୍କରେ ଡକ୍ଟର ନାୟକ କହନ୍ତି- "ଏଥିରେ ସ୍ଥାନିତ ହୋଇଥିବା ବି ବିଷୟଗୁଡ଼ିକ ଭିନ୍ନ ଶ୍ରେଣୀର। ଏହାର 'କ' ବିଭାଗରେ ଥିବା ରଚନାସମୂହ ଦୀର୍ଘ ପ୍ରବନ୍ଧ ହୋଇଥିବା ବେଳେ 'ଖ' ବିଭାଗରେ ସାହିତ୍ୟ ଓ ଆଧ୍ୟାତ୍ମିକତା ସମ୍ବନ୍ଧୀୟ ବିବିଧ ପ୍ରସଙ୍ଗ ସଂକ୍ଷେପରେ ଆଲୋଚନା କରାଯାଇଛି। x x x ଏହି ପୁସ୍ତକଟି ପ୍ରସ୍ତୁତ କରିବା ପାଇଁ ମତେ ଶ୍ରୀଅରବିନ୍ଦଙ୍କର ରଚନାବଳୀ ଓ ମହାପାତ୍ର ନୀଳମଣି ସାହୁ ଓଡ଼ିଆ ଭାଷାରେ ଅନୁବାଦ କରିଥିବା 'ସାବିତ୍ରୀ' ପୁସ୍ତକର ସହାୟତା ନେବାକୁ ନେଇଛି।"[୪୨]

'ଦୃଷ୍ଟି ଓ ଦିଗନ୍ତ' ଆଲୋଚିକା ଅର୍ଚ୍ଚନା ନାୟକଙ୍କ ଦାର୍ଶନିକ ଅଭିବ୍ୟକ୍ତିର କଳାତ୍ମକ ରୂପ। ଆଲୋଚ୍ୟ ପୁସ୍ତକରେ ଅଣଷଠିଟି ନିବନ୍ଧ ସନ୍ନିବେଶିତ ହୋଇଛି।

ଏହାର ଆଭିମୁଖ୍ୟ ସ୍ପଷ୍ଟ କରିବାକୁ ଯାଇ ପ୍ରାବନ୍ଧିକା ଲେଖିଛନ୍ତି- "ସମାଜରେ ଶିଳ୍ପୀ ଓ ସାହିତ୍ୟିକର ଦୃଷ୍ଟି ସାଧାରଣତା ମଧ୍ୟରେ ସୀମାବଦ୍ଧ ନୁହେଁ। ତେଣୁ ସାଧାରଣ ମଣିଷର ଦୃଷ୍ଟିରେ ଯେଉଁ ଘଟଣା ଖୁବ୍ ନଗଣ୍ୟ ମନେହୁଏ, ଯେଉଁ ମଣିଷଟି ଖୁବ୍ ଅପଦାର୍ଥ ଲାଗେ, ଯେଉଁଠି କୌଣସି ପ୍ରକାର ସମ୍ଭାବନା ନିହିତ ଅଛି ବୋଲି ତା'ର ମନେ ହୋଇପାରେ ସେହି କ୍ଷେତ୍ରରେ ଜଣେ ଅନ୍ତର୍ଦୃଷ୍ଟି-ସଂପନ୍ନ କବି ବା ଶିଳ୍ପୀ ହୁଏତ ତା' ଭିତରେ ବହୁତ କିଛି ସନ୍ଧାନ କରିପାରେ ତାକୁ ଅଭିନବ ରୂପ ଦେଇପାରେ ବାସ୍ତବତା ଓ କଳ୍ପନାର ସଂଯୋଗରେ; ମୁଖ୍ୟତଃ ନିଜ ଅନୁଭବର ସ୍ତରଭେଦରେ। ପ୍ରତିଦିନର ସୂର୍ଯ୍ୟୋଦୟ ଓ ସୂର୍ଯ୍ୟାସ୍ତ ସାଧାରଣ ଆଖିକୁ ସମାନ ଦିଶିବାବେଳେ ଶିଳ୍ପୀ ତୂଳୀର ରଙ୍ଗକଳାର ସ୍ପର୍ଶରେ ତାହା ଅସାଧାରଣ ଶିଳ୍ପକଳାରେ ପରିଣତ ହୁଏ। ଯେଉଁଥିପାଇଁ ଯୁଗ ଯୁଗ ଧରି ସେହି ସମାନ ଦିଶିବାବେଳେ ଶିଳ୍ପୀ ତୂଳୀର ରଙ୍ଗକଳାର ସ୍ପର୍ଶରେ ତାହା ଅସାଧାରଣ ଶିଳ୍ପକଳାରେ ପରିଣତ ହୁଏ। ଯେଉଁଥିପାଇଁ ଯୁଗ ଯୁଗ ଧରି ସେହି ସମାନ ଦୃଶ୍ୟଟି ଭିତରେ ଶିଳ୍ପୀର ଆଖି ନୂଆ କିଛି ଦେଖିପାରୁଥାଏ। ଏହି ପରିପ୍ରେକ୍ଷୀରେ ସାରସ୍ୱତ ସ୍ରଷ୍ଟାର ଭୂମିକା ଅନନ୍ୟ ମନେହୁଏ। ସତ୍ ସାହିତ୍ୟିକର ଦୃଷ୍ଟି ସ୍ୱର୍ଗ, ପୃଥିବୀ ଓ ପାତାଳକୁ ଏକସାଙ୍ଗରେ ପରିକ୍ରମା କରିପାରେ। ସମାଜ ଦ୍ୱାରା ପ୍ରତ୍ୟାଖ୍ୟାତ ଚରିତ୍ର ଓ ଉପେକ୍ଷିତ ଘଟଣା ଆଦିରେ ସେ ଦେଖିପାରେ ସତ୍ୟ ଶିବ ସୁନ୍ଦରର ପ୍ରଚ୍ଛନ୍ନ ପ୍ରକାଶକୁ।"(୪୩) 'ଦୃଷ୍ଟି ଓ ଦିଗନ୍ତ' ପୁସ୍ତକ ସନ୍ନିବେଶିତ ସୃଷ୍ଟିଗୁଡ଼ିକରେ ଭକ୍ତି, ଦର୍ଶନ, ଐତିହ୍ୟ, ଦେଶ, ସଂସ୍କୃତି, ଋତୁ ପରମ୍ପରା, ଯୋଗ, ମହାପୁରୁଷ, ଆଧ୍ୟାତ୍ମିକତା, ସଂସ୍କାରବାଦ ଇତ୍ୟାଦିକୁ ନେଇ ଡ. ଅର୍ଚ୍ଚନା ନାୟକ 'ଦୃଷ୍ଟି ଓ ଦିଗନ୍ତ' ପରିବ୍ୟାପ୍ତ ହୋଇଛି।

'ଶିବ: ପ୍ରାଚ୍ୟ ଓ ପାଶ୍ଚାତ୍ୟ', 'ମା' ଭବାନୀ', 'ପଞ୍ଚଦେବୋପାସନା ଓ ଶ୍ରୀ ଦୁର୍ଗା', 'ଜୟ ଅଧ-ପୁରୁଷ ଜୟତି ଅଧ-ନାରୀ', 'ଜଗନ୍ନାଥଙ୍କ ରଥ ଚୈତ୍ୟାଗ୍ନିର ହୋମଶିଖା', 'ମାତୃଦେବୋ ଭବ', 'ବିସ୍ମୃତ ଦେବତା ବ୍ରହ୍ମା', 'ବୃଷଭ ଓ ସର୍ପ ଉପାସନା' ଇତ୍ୟାଦିରେ ଆଧ୍ୟାତ୍ମିକତାର ରୂପାଙ୍କନ ହୋଇଥିବାବେଳେ 'କଳା ଓ ଯୋଗ', 'କ୍ଲାସିକ୍ ସାହିତ୍ୟ', 'ସାହିତ୍ୟର କଥା', 'ସାହିତ୍ୟର ଲକ୍ଷ୍ୟ', 'ପୁସ୍ତକମେଳା ଓ ଭଲ ବହି', 'ସହୃଦୟ ପାଠକ', 'ସଶ୍ରଦ୍ଧ ସ୍ୱୀକୃତି' ଇତ୍ୟାଦିରେ ସାହିତ୍ୟଭିତ୍ତିକ ପ୍ରସଙ୍ଗ ରହିଛି। 'ଭକ୍ତି ସଂଗୀତ', 'ଭକ୍ତ ଓ ଭଗବାନ', 'ଭକ୍ତବର୍ଗ', 'ତୋ ଇଚ୍ଛାର ଅନୁରୂପରେ', 'ଅଦ୍ୱିତୀୟ ଅଭୀଷ୍ଟ', 'ଦିବ୍ୟମୁହୂର୍ତ୍ତର ଅପେକ୍ଷାରେ', 'ଆଧ୍ୟାତ୍ମ ସାଧନାରେ ସମତା ରକ୍ଷା', 'ଦିବ୍ୟ ପ୍ରତିଶ୍ରୁତି', 'ସୂର୍ଯ୍ୟାଲୋକିତ ପଥ', 'ଯୁଗୋପଯୋଗୀ କର୍ମ', 'ଜନନୀ ଜଠରେ ଜାଗରଣ', 'ସହନଶୀଳତା ଓ ତିତିକ୍ଷା', 'ଚରୈବେତି' ଇତ୍ୟାଦିରେ ଭକ୍ତି-ଯୋଗ-କର୍ମ ତଥା ଆଧ୍ୟାତ୍ମିକ ଆସ୍ପୃହାର ସ୍ୱର ଅନୁରଣିତ ହୋଇଛି। 'କବିତା ଉତ୍କଳ: ଆବେଗ ଓ ଅନୁରାଗର ପୁଷ୍ପାଞ୍ଜଳି',

'ଓଡ଼ିଶାର ପ୍ରଥମ ମହିଳା ମହାବିଦ୍ୟାଳୟ', 'ଓଡ଼ିଶାର ଲୋକନୃତ୍ୟ' ଇତ୍ୟାଦିରେ ଅର୍ଚ୍ଚନା ନାୟକଙ୍କ ଉତ୍କଳ ପ୍ରାଣତା ତଥା ଅନ୍ୟାନ୍ୟ ସୃଷ୍ଟି ମଧ୍ୟରେ ସମାଜ ସଂସ୍କାରକ 'ରାଜା ରାମମୋହନ ରାୟ', 'ଭଗିନୀ ନିବେଦିତା'ଙ୍କ ସଂପର୍କରେ ଆଲୋଚନା ରହିଥିବା ବେଳେ 'ନାରୀ: ଏକ ଅନ୍ୟ ଦୃଷ୍ଟି', 'ନାରୀବାଦର ପ୍ରଥମ ଅଗ୍ନିଶିଖା', 'ବାର୍ଦ୍ଧକ୍ୟ ଓ ସୁବର୍ଣ୍ଣ କଳସ' ଇତ୍ୟାଦିରେ ଡକ୍ଟର ନାୟକଙ୍କ ଦାର୍ଶନିକତା ଅତି ଚମତ୍କାର ଢଙ୍ଗରେ ଉପସ୍ଥାପିତ ହୋଇଛି।

ଆଧୁନିକ ଓଡ଼ିଆ ସମାଲୋଚନା ସାହିତ୍ୟ କ୍ଷେତ୍ରରେ ପ୍ରଜ୍ଞାମୟୀ ସାହିତ୍ୟିକା ଅର୍ଚ୍ଚନା ନାୟକଙ୍କ ଗଭୀର ରସବୋଧ, ପରିପକ୍ୱ ବୁଦ୍ଧି ଓ ଅଭିଜ୍ଞତା ତାଙ୍କ ସମାଲୋଚନାକୁ ପରିପୁଷ୍ଟ କରିଛି। ସମାଲୋଚନା କ୍ଷେତ୍ରରେ ତାଙ୍କ ସମୀକ୍ଷାତ୍ମକ ଦୃଷ୍ଟିକୋଣ ଅତ୍ୟନ୍ତ ଔଦାର୍ଯ୍ୟପୂର୍ଣ୍ଣ ଓ ସମ୍ବେଦନଶୀଳ ମଧ୍ୟ। ଆଧ୍ୟାତ୍ମିକ ଆସ୍ପୃହା ତାଙ୍କ ପ୍ରବନ୍ଧ ତଥା ସମାଲୋଚନାକୁ ଅନନ୍ୟ ସୌନ୍ଦର୍ଯ୍ୟରେ ବିଭୂଷିତ କରିଛି। ଡକ୍ଟର ନାୟକଙ୍କ ପ୍ରବନ୍ଧ ଏ ସମୟର ଅତ୍ୟନ୍ତ ପ୍ରାସଙ୍ଗିକ ତଥା ସର୍ବଜନପାଠ୍ୟ ସୃଷ୍ଟିସଂପଦ।

ସହାୟକ ପାଦଟୀକା:

୧. ଅର୍ଚ୍ଚନା ନାୟକ : ଏକ ପରିଚିତି
୨. ମୋ ଜୀବନ ମୋ ସାହିତ୍ୟ - ଅର୍ଚ୍ଚନା ନାୟକ - ପୃ:୧୦
୩. ନାୟକ ଅର୍ଚ୍ଚନା - ଓଡ଼ିଆ କାବ୍ୟରେ ଶିବ - ପ୍ରାଚ୍ୟ ସାହିତ୍ୟ ପ୍ରତିଷ୍ଠାନ - ୨୦୧୮ - ପୃ: ୧୦
୪. ନାୟକ ଅର୍ଚ୍ଚନା - ଓଡ଼ିଆ କାବ୍ୟରେ ଶିବ - ପ୍ରାଚ୍ୟ ସାହିତ୍ୟ ପ୍ରତିଷ୍ଠାନ - ୨୦୧୮ - ପୃ: ୯
୫. ନାୟକ ଅର୍ଚ୍ଚନା - ଓଡ଼ିଆ କାବ୍ୟରେ ଶିବ - ପ୍ରାଚ୍ୟ ସାହିତ୍ୟ ପ୍ରତିଷ୍ଠାନ - ୨୦୧୮ - ପୃ: ୧୫
୬. ନାୟକ ଅର୍ଚ୍ଚନା - ଓଡ଼ିଆ କାବ୍ୟରେ ଶିବ - ପ୍ରାଚ୍ୟ ସାହିତ୍ୟ ପ୍ରତିଷ୍ଠାନ - ୨୦୧୮ - ପୃ: ୧୭
୭. ନାୟକ ଅର୍ଚ୍ଚନା - ଓଡ଼ିଆ କାବ୍ୟରେ ଶିବ - ପ୍ରାଚ୍ୟ ସାହିତ୍ୟ ପ୍ରତିଷ୍ଠାନ - ୨୦୧୮ - ପୃ: ୪୫
୮. ନାୟକ ଅର୍ଚ୍ଚନା - ଶ୍ରୀଅରବିନ୍ଦ ଓ ନୂତନ ପୃଥିବୀ - କଟକ ଷ୍ଟୁଡେଣ୍ଟ୍ସ ଷ୍ଟୋର - ୨୦୦୭ - ପୃ: ପୂର୍ବାଭାସ
୯. ନାୟକ ଅର୍ଚ୍ଚନା - ଶ୍ରୀଅରବିନ୍ଦ ଓ ନୂତନ ପୃଥିବୀ - କଟକ ଷ୍ଟୁଡେଣ୍ଟ୍ସ ଷ୍ଟୋର - ୨୦୦୭ - ପୃ: ୧୭
୧୦. ନାୟକ ଅର୍ଚ୍ଚନା - ଶ୍ରୀଅରବିନ୍ଦ ଓ ନୂତନ ପୃଥିବୀ - କଟକ ଷ୍ଟୁଡେଣ୍ଟ୍ସ ଷ୍ଟୋର - ୨୦୦୭ - ପୃ: ୨୦

୧୧. ନାୟକ ଅର୍ଚ୍ଚନା - ଶ୍ରୀଅରବିନ୍ଦ ଓ ନୂତନ ପୃଥିବୀ - କଟକ ଷ୍ଟୁଡେଣ୍ଟ୍‌ସ ଷ୍ଟୋର - ୨୦୦୭ - ପୃ: ୩୮
୧୨. ନାୟକ ଅର୍ଚ୍ଚନା - ଶ୍ରୀଅରବିନ୍ଦ ଓ ନୂତନ ପୃଥିବୀ - କଟକ ଷ୍ଟୁଡେଣ୍ଟ୍‌ସ ଷ୍ଟୋର - ୨୦୦୭ - ପୃ: ୪୦
୧୩. ନାୟକ ଅର୍ଚ୍ଚନା - ଶ୍ରୀଅରବିନ୍ଦ ଓ ନୂତନ ପୃଥିବୀ - କଟକ ଷ୍ଟୁଡେଣ୍ଟ୍‌ସ ଷ୍ଟୋର - ୨୦୦୭ - ପୃ: ୪୬
୧୪. ନାୟକ ଅର୍ଚ୍ଚନା - ଶ୍ରୀଅରବିନ୍ଦ ଓ ନୂତନ ପୃଥିବୀ - କଟକ ଷ୍ଟୁଡେଣ୍ଟ୍‌ସ ଷ୍ଟୋର - ୨୦୦୭ - ପୃ: ୫୫
୧୫. ନାୟକ ଅର୍ଚ୍ଚନା - ଶ୍ରୀଅରବିନ୍ଦ ଓ ନୂତନ ପୃଥିବୀ - କଟକ ଷ୍ଟୁଡେଣ୍ଟ୍‌ସ ଷ୍ଟୋର - ୨୦୦୭ - ପୃ: ୬୫
୧୬. ନାୟକ ଅର୍ଚ୍ଚନା - ଶ୍ରୀଅରବିନ୍ଦ ଓ ନୂତନ ପୃଥିବୀ - କଟକ ଷ୍ଟୁଡେଣ୍ଟ୍‌ସ ଷ୍ଟୋର - ୨୦୦୭ - ପୃ: ୭୫
୧୭. ନାୟକ ଅର୍ଚ୍ଚନା - ଶ୍ରୀଅରବିନ୍ଦ ଓ ନୂତନ ପୃଥିବୀ - କଟକ ଷ୍ଟୁଡେଣ୍ଟ୍‌ସ ଷ୍ଟୋର - ୨୦୦୭ - ପୃ: ୮୦
୧୮. ନାୟକ ଅର୍ଚ୍ଚନା - ଶ୍ରୀଅରବିନ୍ଦ ଓ ନୂତନ ପୃଥିବୀ - କଟକ ଷ୍ଟୁଡେଣ୍ଟ୍‌ସ ଷ୍ଟୋର - ୨୦୦୭ - ପୃ: ୧୦୩
୧୯. ନାୟକ ଅର୍ଚ୍ଚନା - ଶ୍ରୀଅରବିନ୍ଦ ଓ ନୂତନ ପୃଥିବୀ - କଟକ ଷ୍ଟୁଡେଣ୍ଟ୍‌ସ ଷ୍ଟୋର - ୨୦୦୭ - ପୃ: ୧୨୪
୨୦. ନାୟକ ଅର୍ଚ୍ଚନା - ଶ୍ରୀଅରବିନ୍ଦ ଓ ନୂତନ ପୃଥିବୀ - କଟକ ଷ୍ଟୁଡେଣ୍ଟ୍‌ସ ଷ୍ଟୋର - ୨୦୦୭ - ପୃ: ୧୧୩
୨୧. ନାୟକ ଅର୍ଚ୍ଚନା - ଅତିମାନବ: ସମ୍ଭାବନା ଓ ପ୍ରତିଶ୍ରୁତି - କଟକ ଷ୍ଟୁଡେଣ୍ଟ୍‌ସ ଷ୍ଟୋର୍ - ୨୦୦୫ - ପୃ: ମୁଖବନ୍ଧ
୨୨. ନାୟକ ଅର୍ଚ୍ଚନା - ଅତିମାନବ: ସମ୍ଭାବନା ଓ ପ୍ରତିଶ୍ରୁତି - କଟକ ଷ୍ଟୁଡେଣ୍ଟ୍‌ସ ଷ୍ଟୋର୍ - ୨୦୦୫ - ପୃ: ୭
୨୩. ନାୟକ ଅର୍ଚ୍ଚନା - ଅତିମାନବ: ସମ୍ଭାବନା ଓ ପ୍ରତିଶ୍ରୁତି - କଟକ ଷ୍ଟୁଡେଣ୍ଟ୍‌ସ ଷ୍ଟୋର୍ - ୨୦୦୫ - ପୃ: ୯
୨୪. ନାୟକ ଅର୍ଚ୍ଚନା - ଅତିମାନବ: ସମ୍ଭାବନା ଓ ପ୍ରତିଶ୍ରୁତି - କଟକ ଷ୍ଟୁଡେଣ୍ଟ୍‌ସ ଷ୍ଟୋର୍ - ୨୦୦୫ - ପୃ: ୭
୨୫. ନାୟକ ଅର୍ଚ୍ଚନା - ଅତିମାନବ: ସମ୍ଭାବନା ଓ ପ୍ରତିଶ୍ରୁତି - କଟକ ଷ୍ଟୁଡେଣ୍ଟ୍‌ସ ଷ୍ଟୋର୍ - ୨୦୦୫ - ପୃ: ୧୯
୨୬. ମହାନ୍ତି ଶରତ କୁମାର - ଅସ୍ତିତ୍ୱବାଦର ମର୍ମକଥା - ଅଗ୍ରଦୂତ ପ୍ରକାଶନୀ - ୧୯୭୭ - ପୃ: ୧୨୧
୨୭. ମହାନ୍ତି ଶରତ କୁମାର - ଅସ୍ତିତ୍ୱବାଦର ମର୍ମକଥା - ଅଗ୍ରଦୂତ ପ୍ରକାଶନୀ - ୧୯୭୭ - ପୃ: ୧୧୮

୨୮. ନାୟକ ଅର୍ଚ୍ଚନା - ଅତିମାନବ: ସମ୍ଭାବନା ଓ ପ୍ରତିଶ୍ରୁତି - କଟକ ଷ୍ଟୁଡେଣ୍ଟ୍ସ ଷ୍ଟୋର୍ - ୨୦୦୫ - ପୃ: ୩୧
୨୯. ନାୟକ ଅର୍ଚ୍ଚନା - ଅତିମାନବ: ସମ୍ଭାବନା ଓ ପ୍ରତିଶ୍ରୁତି - କଟକ ଷ୍ଟୁଡେଣ୍ଟ୍ସ ଷ୍ଟୋର୍ - ୨୦୦୫ - ପୃ: ୩୪
୩୦. ନାୟକ ଅର୍ଚ୍ଚନା - ଅତିମାନବ: ସମ୍ଭାବନା ଓ ପ୍ରତିଶ୍ରୁତି - କଟକ ଷ୍ଟୁଡେଣ୍ଟ୍ସ ଷ୍ଟୋର୍ - ୨୦୦୫ - ପୃ: ୮୧
୩୧. ନାୟକ ଅର୍ଚ୍ଚନା - ଅତିମାନବ: ସମ୍ଭାବନା ଓ ପ୍ରତିଶ୍ରୁତି - କଟକ ଷ୍ଟୁଡେଣ୍ଟ୍ସ ଷ୍ଟୋର୍ - ୨୦୦୫ - ପୃ: ୯୩
୩୨. ନାୟକ ଅର୍ଚ୍ଚନା - ଅତିମାନବ: ସମ୍ଭାବନା ଓ ପ୍ରତିଶ୍ରୁତି - କଟକ ଷ୍ଟୁଡେଣ୍ଟ୍ସ ଷ୍ଟୋର୍ - ୨୦୦୫ - ପୃ: ୯୭
୩୩. ନାୟକ ଅର୍ଚ୍ଚନା - ଅତିମାନବ: ସମ୍ଭାବନା ଓ ପ୍ରତିଶ୍ରୁତି - କଟକ ଷ୍ଟୁଡେଣ୍ଟ୍ସ ଷ୍ଟୋର୍ - ୨୦୦୫ - ପୃ: ୧୦୦
୩୪. ନାୟକ ଅର୍ଚ୍ଚନା - ଅତିମାନବ: ସମ୍ଭାବନା ଓ ପ୍ରତିଶ୍ରୁତି - କଟକ ଷ୍ଟୁଡେଣ୍ଟ୍ସ ଷ୍ଟୋର୍ - ୨୦୦୫ - ପୃ: ୧୧୮
୩୫. ନାୟକ ଅର୍ଚ୍ଚନା - ଅତିମାନବ: ସମ୍ଭାବନା ଓ ପ୍ରତିଶ୍ରୁତି - କଟକ ଷ୍ଟୁଡେଣ୍ଟ୍ସ ଷ୍ଟୋର୍ - ୨୦୦୫ - ପୃ: ୧୨୨-୧୨୩
୩୬. ନାୟକ ଅର୍ଚ୍ଚନା - ଅତିମାନବ: ସମ୍ଭାବନା ଓ ପ୍ରତିଶ୍ରୁତି - କଟକ ଷ୍ଟୁଡେଣ୍ଟ୍ସ ଷ୍ଟୋର୍ - ୨୦୦୫ - ପୃ: ୧୩୩
୩୭. ନାୟକ ଅର୍ଚ୍ଚନା - ଅତିମାନବ: ସମ୍ଭାବନା ଓ ପ୍ରତିଶ୍ରୁତି - କଟକ ଷ୍ଟୁଡେଣ୍ଟ୍ସ ଷ୍ଟୋର୍ - ୨୦୦୫ - ପୃ: ୧୫୩
୩୮. ନାୟକ ଅର୍ଚ୍ଚନା - ଅତିମାନବ: ସମ୍ଭାବନା ଓ ପ୍ରତିଶ୍ରୁତି - କଟକ ଷ୍ଟୁଡେଣ୍ଟ୍ସ ଷ୍ଟୋର୍ - ୨୦୦୫ - ପୃ: ୧୬୫
୩୯. ନାୟକ ଅର୍ଚ୍ଚନା - ଅତିମାନବ: ସମ୍ଭାବନା ଓ ପ୍ରତିଶ୍ରୁତି - କଟକ ଷ୍ଟୁଡେଣ୍ଟ୍ସ ଷ୍ଟୋର୍ - ୨୦୦୫ - ପୃ: ୧୬୯
୪୦. ନାୟକ ଅର୍ଚ୍ଚନା - ନିର୍ବାଚିତ ପ୍ରବନ୍ଧ - ଜ୍ଞାନଯୁଗ ପବ୍ଲିକେଶନ୍ - ୨୦୧୦ - ପୃ: ୨୭
୪୧. ନାୟକ ଅର୍ଚ୍ଚନା - ନିର୍ବାଚିତ ପ୍ରବନ୍ଧ - ଜ୍ଞାନଯୁଗ ପବ୍ଲିକେଶନ୍ - ୨୦୧୦ - ପୃ: ୭୮
୪୨. ନାୟକ ଅର୍ଚ୍ଚନା - ପୃଥିବୀର ନିୟତି ଓ ସମୂହଯୋଗ - ପ୍ରାଚୀ ସାହିତ୍ୟ ପ୍ରତିଷ୍ଠାନ - ୨୦୧୭ - ପୃ:୧
୪୩. ନାୟକ ଅର୍ଚ୍ଚନା - ଦୃଷ୍ଟି ଓ ଦିଗନ୍ତ - ନବଦିଗନ୍ତ - ୨୦୧୪ - ପୃ: ୯

ବିସ୍ଥାପନର ଆବର୍ତ୍ତରେ 'କୋକୁଆ'

"ଯେକୌଣସି ମହାନ୍ ଲେଖକ ନିଜ ବଳିଷ୍ଠ କଳାକୃତି ଭିତରେ ନିଜର ପ୍ରାଚୁର୍ଯ୍ୟ ଠିକ୍ ପ୍ରତ୍ୟକ୍ଷ କିମ୍ବା ପରୋକ୍ଷ ଭାବରେ ଢାଳି ଦେଇଥାଏ ଅଥବା ନିଜ ବିଚାରବୁଦ୍ଧି, ବିବେକ କିମ୍ବା ନିରୀକ୍ଷଣ ଶକ୍ତିକୁ ଅତିମାତ୍ରାରେ ପ୍ରତିପାଦିତ କରିଥାଏ। କାରଣ ସେ ଆତ୍ମବିଶ୍ୱାସ ଏବଂ ନୂତନ ପ୍ରୟୋଗ ପାଇଁ ସଂଜୀବିତ।"(୧) ଉତ୍ତର-ଅଶୀ ଓଡ଼ିଆ ନାଟକରେ ନିରୀକ୍ଷଣାତ୍ମକ ନୂତନ ପ୍ରୟୋଗବାଦୀ ନାଟ୍ୟକାର ହେଉଛନ୍ତି ପ୍ର. ବିଜୟ କୁମାର ଶତପଥୀ। ଚଳନ୍ତି ସମୟର ଜୀବନ-ଜଗତକୁ ସେ ତାଙ୍କ ଅନ୍ତର୍ଦୃଷ୍ଟିରେ ଯେଭଳି ଭାବରେ ଅବଲୋକ କରିଥାଆନ୍ତି, ତାକୁ ନାଟକର କାନ୍‌ଭାସ୍‌ରେ ମୂର୍ତ୍ତିମନ୍ତ କରି ଗଢ଼ିତୋଳିବାରେ ସେ କୃତବିଦ୍ୟ। ତାଙ୍କର ସୃଷ୍ଟି ଭିତରେ ବିଶ୍ୱକବି ରବୀନ୍ଦ୍ରଙ୍କ 'ଗୀତାଞ୍ଜଳି'ର 'Where tireless striving stretches its arms towards perfection'ର ଆହ୍ୱାନ ରହିଛି। ପୃଥିବୀକୁ ଅଖଣ୍ଡ-ଅବିଭାଜ୍ୟ ଦେଖିବାର ସ୍ପୃହା, ମାନବର ନିର୍ଭୀକ-ବିଚାର ସ୍ୱାତନ୍ତ୍ର୍ୟ, ମହାନତାର ଦାବି ସହିତ ଉନ୍ନତ ରାଷ୍ଟ୍ର ନିର୍ମାଣର ଆକାଂକ୍ଷା ନାଟ୍ୟକାର ବିଜୟ ଶତପଥୀଙ୍କ ଆଦର୍ଶବାଦର ଇସ୍ତାହାର। ସାର୍ବଜନୀନ ସତ୍ୟରେ ସେ ବିଶ୍ୱାସୀ ଓ ପ୍ରଗତିର ଆଶାରେ ସେ ଅଭିଭୂତ।

ଆଧୁନିକ ଓଡ଼ିଆ ସାହିତ୍ୟରେ ନବନାଟ୍ୟ ଆନ୍ଦୋଳନର ଯଶସ୍ୱୀ ଉତ୍ତରସାଧକ ରୂପେ ପ୍ରଫେସର ଶତପଥୀ ପରମ୍ପରାନୁଗତ ପୁଣି ନୂତନତ୍ୱର ଆବାହକ ମଧ୍ୟ। ତାଙ୍କର ନାଟ୍ୟକୃତିଗୁଡ଼ିକ ସମୟ-ସମାଜ ତଥା ମାନବ ଜୀବନର ସ୍ୱଚ୍ଛନ୍ଦ-ସାବଲୀଳ-ଅବିକଳ ଅନୁକୃତି। 'ଫସିଲ୍‌ର ନିଦ୍ରାଭଙ୍ଗ', 'କଂସର ଆତ୍ମା', 'କ୍ଷୁଧିତ ସରୀସୃପ', 'ଏଇ ଯେ ସୂର୍ଯ୍ୟ ଉଏଁ', 'ବିଷାଦବୃତ୍ତର କାହାଣୀ', 'କର୍ଣ୍ଣ', 'କାରାଗାରର କାହାଣୀ', 'ପକା

ପଇସା ଦେଖ୍ ତାମ୍‌ସା’, ‘କୋକୁଆ’ ଇତ୍ୟାଦି ନାଟକ ତାଙ୍କ ସମୁନ୍ନତ-ସଂପ୍ରସାରିତ ଦୃଷ୍ଟି-ଦର୍ଶନର ପ୍ରତିନିଧିତ୍ୱ କରିଛି। ‘ଏକ ଭଗ୍ନ ସହରର ଇତିବୃତ୍ତ’, ‘କର୍ଣ୍ଣ’ ଇତ୍ୟାଦି ବେତାର ନାଟକ ଡ. ଶତପଥୀଙ୍କ ନାଟ୍ୟଚେତନାର ଗୁଣାତ୍ମକ ଦିଗନ୍ତକୁ ସମୃଦ୍ଧ କରିଛି। ଯେଉଁଥିପାଇଁ ‘ଏଇ ଯେ ସୂର୍ଯ୍ୟ ଉଏଁ’ ନିମନ୍ତେ ୧୯୮୯ ମସିହାରେ ସେ ଓଡ଼ିଶା ସାହିତ୍ୟ ଏକାଡେମୀ ଦ୍ୱାରା ସମ୍ବର୍ଦ୍ଧିତ ହୋଇଛନ୍ତି।

ଉତ୍ତର ଆଧୁନିକ ଓଡ଼ିଆ ନାଟକର ଜଣେ ପ୍ରତିନିଧିଶ୍ରେଣୀୟ ନାଟ୍ୟକାର ଭାବରେ ନାଟକର ଭାବଗତ ଏବଂ ରୂପଗତ ସୌନ୍ଦର୍ଯ୍ୟ ବୃଦ୍ଧି ପ୍ରତି ଡ. ଶତପଥୀ ସର୍ବଦା ସମର୍ପିତ। ବିଶେଷ ବାର୍ତ୍ତମାନିକ ସ୍ଥିତିରେ ତାଙ୍କର ସୃଷ୍ଟି ଆଭିମୁଖ୍ୟ ପ୍ରତି ସେ ସର୍ବଦା ସଚେତନଶୀଳ। ଜାଁ ପାଲ୍ ସାର୍ତ୍ରେଙ୍କ ଶବ୍ଦରେ- “ଲେଖା କେବଳ ଲେଖା ନୁହେଁ, ତାହା ଏକ କୃତି ଅଟେ। ଦୁଷ୍ଟ ପ୍ରବୃତ୍ତି ବିରୁଦ୍ଧରେ ମନୁଷ୍ୟର ଯେଉଁ ସତତ ସଂଘର୍ଷ ଚାଲିଛି, ସେହି ସଂଘର୍ଷରେ ଲେଖା ଯେ ଏକ ଉପଯୋଗୀ ଅସ୍ତ୍ର - ତାହା ଲେଖକବର୍ଗଙ୍କୁ ବୁଝିବା ଆବଶ୍ୟକ।”

ନାଟ୍ୟକାର ଡ. ବିଜୟ ଶତପଥୀଙ୍କ ପାଇଁ ତାଙ୍କ ସମଗ୍ର ସାଧନା କେବଳ ଗୋଟିଏ ଗୋଟିଏ ‘ଲେଖା’ ନୁହେଁ ବରଂ ଗୋଟିଏ ଗୋଟିଏ ଉପଯୋଗୀ ଅସ୍ତ୍ର। ସେହି ଅସ୍ତ୍ରଗୁଡ଼ିକୁ ପାଥେୟ କରି ସେ ବହୁ ପରୀକ୍ଷା-ନିରୀକ୍ଷା କରିଛନ୍ତି। ବିଶେଷତଃ “ପୁଞ୍ଜିପତି ସଂସ୍କୃତି-ସମାଜ ଉପରେ ନିୟନ୍ତ୍ରଣ ବା ପ୍ରଭାବ ବିସ୍ତାର କରିଛି। ଏହି ଧନତାନ୍ତ୍ରିକ ଗୋଷ୍ଠୀ ସମାଜକୁ ନିଜର ସାଆନ୍ତିଆ ଅଧିକାରରେ ଯୁଗ ଯୁଗ ଧରି ନିଜ ପାଦତଳେ ଦାବିରଖି ସେମାନଙ୍କ ଉପରେ ଅତ୍ୟାଚାର ଚଳାଇ ଥିବାରୁ ତହିଁରୁ ଦଳିତ ଗୋଷ୍ଠୀକୁ ମୁକ୍ତି ଦେବା ତଥା ଏହି ସାମନ୍ତବାଦୀ ସଂସ୍କୃତିର ଧ୍ୱଂସ ସାଧନ କରିବା ହେଉଛି ଉତ୍ତର-ଆଧୁନିକ ସାହିତ୍ୟର ପ୍ରଧାନ ଲକ୍ଷ୍ୟ।”[୨] ଫରାସୀ ରାଷ୍ଟ୍ରବିପ୍ଳବ ପରେ ଅଧିକାରବାଦ, ଦରିଦ୍ର-ଶୋଷିତର ମର୍ଯ୍ୟାଦା ପ୍ରସଙ୍ଗ, ଶ୍ରେଣୀ-ସଂଘର୍ଷ ଓ ସାମାଜିକ ଚେତନା, ସାମନ୍ତତନ୍ତ୍ର, ଧାର୍ମିକ-ରାଜନୀତିକ-ଆର୍ଥନୀତିକ ସମସ୍ୟା, ଆତଙ୍କବାଦ, ପରିବେଶ ପ୍ରଦୂଷଣ, ଜଙ୍ଗଲ-ବିଲୋପ ସର୍ବହରା ଆଦିବାସୀମାନଙ୍କ ଜୀବନ ସଂଗ୍ରାମ ଓ ବାସଚ୍ୟୁତିର ସମସ୍ୟାମାନ ସାହିତ୍ୟରେ ସ୍ୱୀକୃତି ଲାଭ କରିଥିଲା। ଏ ଦିଗରେ ଫ୍ଲବେୟର୍, ଦସ୍ତୋୟଭସ୍କି, କାଫ୍‌କା, ଷ୍ଟିଫେନ୍, କ୍ରେନ୍, କାମ୍ୟୁ, ସାର୍ତ୍ତେଙ୍କ ଭଳି ବହୁ ପାଶ୍ଚାତ୍ୟ ସାହିତ୍ୟକାର ସକ୍ରିୟ ହୋଇ ଉଠିଥିଲେ। ଶ୍ରେଣୀ ସଂଘର୍ଷ (class struggle)କୁ ସାହିତ୍ୟର ଆଲୋଚନାଭୁକ୍ତ କରାଗଲା। ବିଶ୍ୱସ୍ତରରେ ମାର୍କ୍ସବାଦୀ ତତ୍ତ୍ୱ ଆଧାରରେ ସମାଜବାଦୀ ସିଦ୍ଧାନ୍ତକୁ ସମନ୍ୱୟ କରି କ୍ରାନ୍ତିର ଅଭିନବ ଦିଗ ଉନ୍ମୋଚନ କରିଥିବା ସାହିତ୍ୟକାରମାନଙ୍କ ମଧ୍ୟରେ ଥିଲେ ଲିଓ ଟ୍ରଟ୍‌ସ୍କି, ପ୍ଲେଖାନୋଭ୍, ଗର୍କୀ,

ମାଓ ସେ ତୁଙ୍ଗ୍, ଚାଓୟାଙ୍ଗ୍, ଲୁନ୍‌ଚାରସ୍କି, ରାଲ୍‌ଫ ଫକ୍‌ସ, ଅର୍ନେଷ୍ଟ୍ ଫିସର୍ ପ୍ରମୁଖ। ଭାରତରେ ମାର୍କସବାଦର ତିନିଟି କାର୍ଯ୍ୟକୁ ସାହିତ୍ୟରେ ଗୁରୁତ୍ୱ ପ୍ରଦାନ କରାଯାଇଥିଲା।

୧. ଶ୍ରମିକ-ଚାଷୀଙ୍କ ସଂଘର୍ଷକୁ ଆଲୋଚନା କରିବା

୨. ସ୍ୱତନ୍ତ୍ରତା ସଂଗ୍ରାମରେ ସାମାନ୍ୟ ବର୍ଗକୁ ସାମିଲ୍ କରିବା

୩. ସାମାଜିକ ଜାଗରଣର ପ୍ରକ୍ରିୟାକୁ ବ୍ୟାପକ ଏବଂ ତୀବ୍ର କରିବା

ମାର୍କସ୍‌ବାଦର ଏହି ଲକ୍ଷ୍ୟ ଆଦୌ ସାଧାରଣ ନ ଥିଲା। ଏହାକୁ ବଢ଼ାଇବାକୁ, ସାହିତ୍ୟର ମାଧ୍ୟମ ଥିଲା ପ୍ରକୃଷ୍ଟ। ୧୯୪୨ ମସିହାଠାରୁ ୧୯୫୫ ମସିହା ପର୍ଯ୍ୟନ୍ତ ଓଡ଼ିଶାରେ 'ଇପ୍‌କୋ ଓ ଲୋକସଂସ୍କୃତି ମଣ୍ଡଳୀ' ନାମକ ଦୁଇଟି ନାଟ୍ୟାନୁଷ୍ଠାନ ମାର୍କସ୍‌ବାଦୀ ଆଭିମୁଖ୍ୟକୁ ଲୋକ ସମ୍ମୁଖରେ ଜୀବନ୍ତ କରି ଦୃଶ୍ୟାୟିତ କରୁଥିଲା। ବିଶେଷତଃ ୧୯୫୦ ପରବର୍ତ୍ତୀ ନାଟକରେ ଦର୍ଶକ ତଥା ଯୁଗରୁଚି ଆଧାରିତ ବହୁ ସାମାଜିକ ସମସ୍ୟା ଚିତ୍ରିତ ହୋଇଥିଲା, ମାତ୍ର ୧୯୭୦ ମସିହା ପରବର୍ତ୍ତୀ ନାଟକରେ ମାର୍କସ୍‌ବାଦର ବ୍ୟାପକ ଓ ନିଛକ ରୂପରେ ଚିତ୍ରିତ ହୋଇଥିଲା। ନାଟ୍ୟଶୈଳୀ କ୍ଷେତ୍ରରେ ବ୍ରେକ୍‌ଶଟୀୟ ଏପିକ୍ ଥିଏଟରର ଷ୍ଟ୍ରିଟ୍ ପ୍ଲେ, ଡ୍ରଇଂରୁମ୍ ଡ୍ରାମା, ପୋଷ୍ଟର ପ୍ଲେ ପ୍ରଭୃତି ବେଶ୍ ଲୋକାଦୃତି ଲାଭ କରିଥିଲା। ମିଥ୍, ଆଲିଗୋରୀ ଏବଂ ଫାଣ୍ଟାସିକୁ ସାଂପ୍ରତିକ ସମସ୍ୟା ସହିତ ସଂଯୋଗ କରି ଦିଆଗଲା। ନାଟକର ଆତ୍ମିକ କ୍ଷେତ୍ରରେ ସମାଜ ବ୍ୟବସ୍ଥାର ବିବର୍ତ୍ତିତ ରୂପ, ଶୋଷଣ ଓ ପୁଞ୍ଜିବାଦର ବିକୃତି, ଆଦିବାସୀ ଜନ-ଜୀବନର ଦୁଃସ୍ଥ ସ୍ଥିତାବସ୍ଥା, ବାସଭୂମିରୁ ବେଦଖଲ ହେବାର ଅସହାୟ ବୈକଲ୍ୟକୁ ଆଧୁନିକ ନାଟ୍ୟକାରମାନଙ୍କୁ ମାନସମନ୍ଥନ କରିଥିଲା। ବିଶେଷ ଭାବରେ ନାଟକଗୁଡ଼ିକରେ ଦଳିତ ଆନ୍ଦୋଳନ (Depressed class movement) ପଛରେ ଥିବା ଉଚ୍ଚଜାତିର ତିରସ୍କାର, ଅସ୍ପୃଶ୍ୟ ମନୋଭାବ, ଜମିର ମାଲିକାନା ଏବଂ ଦଳିତଙ୍କ ପରିଚୟ ଓ ଅଧିକାର ଦାବିର କ୍ରାନ୍ତି ହିଁ ଜୀବନ୍ତ ଦଲିଲ୍ ସାଜିଲା।

ଅନ୍ୟ ଉପରେ ଶାସନ କରିବାର ପ୍ରବୃତ୍ତି (over ruling instinct)କୁ ନେଇ ଆଦିବାସୀମାନଙ୍କୁ ବଳପୂର୍ବକ ସ୍ଥାନଚ୍ୟୁତ (Displacement) କରିବାର ଅମଲାତାନ୍ତ୍ରିକ-ହିପୋକ୍ରାସି ପ୍ରତି ସାହିତ୍ୟିକମାନଙ୍କ ସମ୍ବେଦନଶୀଳ ଆବେଗ ବୃଦ୍ଧି ପାଇଥିଲା। ମାର୍କସୀୟ ଆର୍ଥନୀତିକ ପ୍ରଗତିର ଶ୍ରମ ଏବଂ ପୁଞ୍ଜିଭିତ୍ତିକ ବ୍ୟବସ୍ଥା କ୍ଷେତ୍ରରେ ଚିର ନିପୀଡ଼ିତ ଦଳିତ ଓ ଆଦିବାସୀମାନେ ସାହିତ୍ୟର କେନ୍ଦ୍ରବିନ୍ଦୁ ପାଲଟିଗଲେ।

ନିରୀହ ଆଦିବାସୀମାନଙ୍କ ଦୈନ୍ୟ, ଆକୁତି, ଦୁଃଖ ଓ କ୍ରୋଧକୁ ନାଟ୍ୟକାର ବିଜୟ ଶତପଥୀ ମଧ୍ୟ ତାଙ୍କ ନାଟକରେ ରୂପାୟିତ କରିଛନ୍ତି। କାରଣ ସେ ଜାଣନ୍ତି "ଶୋଷଣ ସତ୍ୟ - ଯୁଗ ଯୁଗ ଧରି ଏହି ଶୋଷଣ ତା'ର ରୂପ ବଦଳେଇ ଆସିଛି

ଏବଂ ମାନବ ସମାଜର ଇତିହାସ ହେଉଛି ଶ୍ରେଣୀ ସଂଗ୍ରାମର ଇତିହାସ।"[୩] ଆଦିବାସୀ ଜନଜୀବନର ଅସହାୟତା, ବିସ୍ଥାପନ ଜନିତ କ୍ରୋଧ, ଆତଙ୍କବାଦର ଜୁଲୁସ୍, ସାମନ୍ତବାଦର କୂଟ ଚକ୍ରାନ୍ତ, ଉଦ୍ୟୋଗୀକରଣର ମାୟାଜାଲ, ରାଜନୀତିକ ଆଦର୍ଶର କ୍ଳୀବତ୍ୱ ଓ ତା'ର ଜୀବନ୍ତ ଦସ୍ତାବିଜ ହେଉଛି ଡ. ବିଜୟ ଶତପଥୀଙ୍କ 'କୋକୁଆ' ନାଟକ। ଏହା ସାମନ୍ତବାଦୀ ବ୍ୟବସ୍ଥାରେ ଥିବା ସୂତ୍ରର ଗଣ୍ଠିକୁ ଉନ୍ମୁକ୍ତ କରି ତା'ର ସ୍ୱରୂପ ଦେଖାଇବାରେ ସକ୍ରିୟ ଭୂମିକା ନିର୍ବାହ କରିଛି। 'କୋକୁଆ' ନାଟକରେ ମାନବ ସ୍ଥିତି (Human Condition) ଏବଂ ମାନବବାଦ (Humanity)ର ଉଦ୍‌ଘୋଷଣା ସହିତ ନିଜ ଅସ୍ତିତ୍ୱ (self)ର ସନ୍ଧାନ ମଧ୍ୟ ରହିଛି। 'କୋକୁଆ'ରେ ଥିବା 'ବିସ୍ଥାପନ ସମସ୍ୟା' ଭିତ୍ତିକ ବୃହତ୍ ରାଜନୀତିକ ଅଭିସନ୍ଧିକୁ ଏଠାରେ ଉଲ୍ଲେଖ କରାଯିବା ଉଚିତ ମନେହୁଏ।

ନଗରୀକରଣ, ଉଦ୍ୟୋଗୀକରଣ ଏବଂ ପାଶ୍ଚାତ୍ୟକରଣ ମାଧ୍ୟମରେ ଭାରତର ସାମାଜିକ-ରାଜନୀତିକ ସ୍ଥିତିରେ ଥିବା କିଛି ଭାବାତ୍ମକ ଦିଗ ଦୃଷ୍ଟି ସମ୍ମୁଖକୁ ଆସେ।

୧. ଅନେକ ରାଜ୍ୟଭିତ୍ତିକ ରାଷ୍ଟ୍ରସଂଘ
୨. ସାମ୍ବିଧାନିକ ମାନ୍ୟତାପ୍ରାପ୍ତ ଭାଷା
୩. ପରମ୍ପରାନୁଗତ ସଂସ୍କାର
୪. ବହୁଦଳୀୟ ବ୍ୟବସ୍ଥା
୫. ଉତ୍ତରୋତ୍ତର ବର୍ଦ୍ଧିତ ଜନସଂଖ୍ୟା

ତେବେ ଲୋକତାନ୍ତ୍ରିକ ଉଦ୍ୟୋଗୀକରଣର ଏକ ରାଜନୀତିକ ଚାହିଦା ଓ ଯୋଜନା ହେଉଛି ଭୂମି ଅଧିଗ୍ରହଣ ବ୍ୟବସ୍ଥା। ଭାରତବର୍ଷରେ ଭୂମି ଅଧିଗ୍ରହଣ ବ୍ୟବସ୍ଥାକୁ ନେଇ ଥିବା ସୁବିସ୍ତୃତ ଇତିହାସ ଉପରେ ସମ୍ୟକ୍ ଆଲୋକପାତ କରାଯାଇପାରେ। ଭାରତୀୟ ସମାଜରେ ଊନବିଂଶ ଶତାବ୍ଦୀର ଶେଷାର୍ଦ୍ଧରେ ପୁଞ୍ଜିବାଦୀ ବିକାଶ ଏବଂ ଅନ୍ତର୍ରାଷ୍ଟ୍ରୀୟ ସାମାଜିକ ଶକ୍ତିମାନଙ୍କର ବିଭାଜନ ଦ୍ୱାରା ମାନବ ଭାଗୀଦାର ଓ ଉପଭୋକ୍ତା ହେଲା। ସମାଜରେ ସର୍ବଦା ଦୁଇ ପ୍ରକାର ସଂଘର୍ଷ ଜାରି ରହିଲା। ଗୋଟିଏ ହେଲା ବିଶ୍ୱ ସମାଜବାଦୀ ବ୍ୟବସ୍ଥା ତଥା ବିଶ୍ୱ-ସାମ୍ରାଜ୍ୟବାଦୀ-ପୁଞ୍ଜିବାଦୀ ବ୍ୟବସ୍ଥା। ଏହି ସ୍ଥିତିରେ ଉଚ୍ଚବର୍ଗୀୟ ଧନୀକମାନଙ୍କର ଜମିଦଖଲ ହେତୁ ନିମ୍ନବର୍ଗର ଭୂମିହୀନ ଶ୍ରମିକମାନଙ୍କ ମଧ୍ୟରେ ସଂଘର୍ଷର କ୍ରୂର ରୂପ ବ୍ୟାପକ ହୋଇଥିଲା। ଉଚ୍ଚବର୍ଗୀୟ ଧନୀକ ଗୋଷ୍ଠୀ ହାତରେ ଭୂମିର ମାଲିକାନା (private ownership) ଥିବାରୁ ଆଦିବାସୀ ତଥା ଦଳିତମାନେ ନିଜ ଅସ୍ତିତ୍ୱକୁ ନେଇ ପ୍ରତିକ୍ରିୟାଶୀଳ ହୋଇ ଉଠିଥିଲେ। ଅନ୍ୟ ଦିଗରେ ଭାରତୀୟ ଆର୍ଥିକ ବ୍ୟବସ୍ଥାକୁ ସୁଦୃଢ଼ କରିବା ବ୍ରିଟିଶ ଉପନିବେଶବାଦର

ପ୍ରମୁଖ ଲକ୍ଷ୍ୟ ଥିଲା। ଆର୍ଥିକ ମାନଦଣ୍ଡ ଅଭିବୃଦ୍ଧି ନିମନ୍ତେ ବଣ-ଜଙ୍ଗଲ କାନୁନ, ଭୂମି ଅଧିଗ୍ରହଣ କାନୁନ, ବନୀକରଣ, ଖନନ ଏବଂ ସୁଗମ ଯାତାୟାତ ବ୍ୟବସ୍ଥା ଉପରେ ଗୁରୁତ୍ୱ ଦିଆଯାଇଥିଲା। ୧୭୯୩ର ସ୍ଥାୟୀ ବନ୍ଦୋବସ୍ତ ଅନୁଯାୟୀ ଆସାମ୍ ଭୂମି କାନୁନ (୧୮୩୮), କଲିକତା କାନୁନ (୧୮୨୪) ଏବଂ ୧୮୯୪ ମସିହାରେ ଭୂମି ଅଧିଗ୍ରହଣ କାନୁନ କେବଳ ପଟ୍ଟାଧାରୀମାନଙ୍କ ପାଇଁ ଉଦ୍ଦିଷ୍ଟ ଥିଲାବେଳେ ଭୂମିହୀନମାନଙ୍କ ଦ୍ୱାରା ଆହରିତ ଅଞ୍ଚଳରୁ ସେମାନଙ୍କୁ ବେଦଖଲ କରିବା ଥିଲା ବିସ୍ଥାପନର ଏକ ବିକୃତ ରୂପ। ୧୮୫୦ ମସିହାଠାରୁ ୧୯୧୪ ମସିହାର ସମୟସୀମା ମଧ୍ୟରେ ଭାରତୀୟ ପୁଞ୍ଜିବାଦ ଆରମ୍ଭ ହୋଇସାରିଥିଲା। ୧୯୪୬-୬୪-୬୫ ମସିହାରେ ଜବାହରଲାଲ ନେହେରୁ ଦେଶର ଅର୍ଥ ବ୍ୟବସ୍ଥାର ବିକାଶ ନିମନ୍ତେ ଯେଉଁ ଲୋକତାନ୍ତ୍ରିକ ଔଦ୍ୟୋଗୀକରଣକୁ ଗୁରୁତ୍ୱ ପ୍ରଦାନ କରିଥିଲେ, ବାସ୍ତବପକ୍ଷେ ସେଥିରେ ପୁଞ୍ଜିବାଦୀ ଶୋଷଣର କୌଣସି ଅଭିସନ୍ଧି ନ ଥିଲା। ଭାରତର କଞ୍ଚାମାଲ୍ ରପ୍ତାନୀ, ଦେଶୀ ପୁଞ୍ଜି ବିନିଯୋଗ, କଳକାରଖାନା, ରେଳପଥ, ସଡ଼କପଥ ନିର୍ମାଣ ପଛରେ ଭାରତର ଆର୍ଥିକ ସ୍ଥିତିକୁ ସୁଦୃଢ଼ କରିବା ହିଁ ମୁଖ୍ୟ ଲକ୍ଷ୍ୟ ଥିଲା। ୧୯୫୦ ମସିହା ବେଳକୁ 'ଜନହିତ'କୁ 'ରାଷ୍ଟ୍ର ନିର୍ମାଣ' ସିଦ୍ଧାନ୍ତ ଆଧାରିତ ଏକ ବଳିଷ୍ଠ ରୂପ ଭାବରେ ସ୍ୱୀକୃତ ହୋଇଥିଲେ ହେଁ ଏହା ସହିତ ବେକାରୀ, ଦାରିଦ୍ର୍ୟ, ଅଶିକ୍ଷା, ଆତଙ୍କବାଦ, ଗଣବିକ୍ଷୋଭ ଇତ୍ୟାଦି ସମସ୍ୟା ସ୍ୱତଃ ଯୋଡ଼ିହୋଇଯାଇଥିଲା। ଏଥି ସହିତ ବିକାଶ, ଜନହିତ ତଥା ରାଷ୍ଟ୍ରନିର୍ମାଣ ଅପେକ୍ଷା ଶୋଷଣ - ଉତ୍ପୀଡ଼ନ ଏବଂ ବିସ୍ଥାପନ ମାଧ୍ୟମରେ ଶୋଷିତବର୍ଗ ଗରିବରୁ ଗରିବତମ ହେବାର ପ୍ରତିକୂଳ ସ୍ଥିତି ଉପୁଜିଥିଲା।

ସ୍ୱାଧୀନ ଭାରତରେ ନିରକ୍ଷର ଆଦିବାସୀ ତଥା ଦଳିତମାନେ ଆଧୁନିକୀକରଣ ନାମରେ ଶୋଷଣର ଶିକାର ହୋଇଥିଲେ। ୧୯୬୦ ମସିହା ବେଳକୁ ଭୂମି ଅଧିଗ୍ରହଣ ହିଁ ସାମାଜିକ ଅସମାନତାର ବୃହତ୍ କାରଣ ରୂପେ ସାମ୍ନାକୁ ଆସିଥିଲା। ୧୯୫୧ରୁ ୧୯୬୦ ମସିହା ମଧ୍ୟରେ ଆଦିବାସୀମାନଙ୍କର ୪୦ ଭାଗ ଜମି ଦଖଲ ହୋଇଥିଲା। ସେମାନଙ୍କଠାରୁ ଅଧିକରୁ ଅଧିକ ଜମି ଦଖଲ କରି ସେମାନଙ୍କୁ ପୁନର୍ବାସ ଯୋଗାଇ ଦିଆଗଲା ନାହିଁ, ଯାହାକୁ ପ୍ରତିବାଦ କରିବାକୁ ଯାଇ ସେମାନେ ବହୁ ହିଂସାତ୍ମକ ରାସ୍ତା ଆପଣେଇଥିଲେ। ଆଦିବାସୀଙ୍କ ପ୍ରତିବାଦର ଏକ ବିକୃତ ରୂପ ଥିଲା ଆଦିମ ଅଧିବାସୀ ବା ଦଳିତ ବର୍ଗର ବିସ୍ଥାପନ ପଛରେ ତିନିଗୋଟି ପ୍ରମୁଖ କାରଣ ରହିଛି। ପ୍ରାକୃତିକ ବିପର୍ଯ୍ୟୟ, ପଳାୟନ ଏବଂ ସଂଘର୍ଷ ଜନିତ ବିସ୍ଥାପନ ହେତୁ ଅନେକ ସମୟରେ ସେମାନଙ୍କୁ ବାସଚ୍ୟୁତ ହେବାକୁ ପଡ଼ିଥାଏ। ଭୂମିକମ୍ପ, ବାତ୍ୟା, ବନ୍ୟା ଇତ୍ୟାଦି ପ୍ରାକୃତିକ ବିପର୍ଯ୍ୟୟ ଯୋଗୁଁ ଅବା କୌଣସି ସ୍ଥାନରେ ରାଜନୀତିକ ବିଭାଜନ

ଯୋଗୁଁ ସେମାନଙ୍କୁ ନିଜ ଅଞ୍ଚଳ ପରିତ୍ୟାଗ କରିବାକୁ ପଡ଼ିଥାଏ। ୧୯୭୨ ମସିହାରେ ବଙ୍ଗଳାଦେଶର ପ୍ରତିଷ୍ଠା ସମୟରେ ଭାରତରୁ ଲକ୍ଷାଧିକ ନାଗରିକ ବଙ୍ଗଳାଦେଶକୁ ଏବଂ ବଙ୍ଗଳାଦେଶରୁ ଭାରତକୁ ବିସ୍ଥାପିତ ହୋଇଥିଲେ। ଦେଶର ବିକାଶ ନାମରେ ସେମାନଙ୍କ ଜୀବିକା ଓ ଜୀବନଧାରଣ ପନ୍ଥାରୁ ବଞ୍ଚିତ ହୋଇଥିବା ପଶ୍ଚିମ ବଙ୍ଗଳାର ସିଙ୍ଗୁର, ନନ୍ଦୀଗ୍ରାମ, ଓଡ଼ିଶାର ନିୟମଗିରି ଓ କାଶୀପୁରର ଅଧିବାସୀମାନେ ବିକ୍ଷୋଭ ପ୍ରଦର୍ଶନ କରିଥିଲାବେଳେ ଉତ୍ତର ପ୍ରଦେଶ ଓ ହରିୟାଣାରେ ହାଇୱେ ନିର୍ମାଣ ବିରୋଧରେ ଜନଆନ୍ଦୋଳନ ସୃଷ୍ଟି ହୋଇଥିଲା। ସେମାନଙ୍କୁ ବାସଚ୍ୟୁତ କରିଥିବା ଶୋଷକ ଶକ୍ତି ଅଧିକରୁ ଅଧିକ ପ୍ରତିଷ୍ଠିତ ଏବଂ ବିତ୍ତଶାଳୀ ହୋଇଥିବାବେଳେ ଭୂମିହୀନ-ବାସଚ୍ୟୁତ ଜନସାଧାରଣ ଅଭାବନୀୟ ଦାରିଦ୍ର୍ୟର ସମ୍ମୁଖୀନ ହୋଇଥିଲେ।

ଆଦିବାସୀ ଓଡ଼ିଶାରେ ଆଦିବାସୀ ଅଧ୍ୟୁଷିତ ଅଞ୍ଚଳ ଭାବରେ ମାତ୍ର ୨୨ ଶତକଡ଼ା ଆଦିବାସୀ ଭୂମି ଅଧିକୃତ କରିଥିଲେ ହେଁ ପ୍ରାୟ ୪୦.୩୮ ପ୍ରତିଶତ ଆଦିବାସୀମାନେ ସେମାନଙ୍କ ଜମିର ପ୍ରକୃତ ପ୍ରାପ୍ୟ ନ ପାଇବା ସହିତ ପୁନର୍ବାସ ପାଇ ନ ଥିବା ଯୋଗୁଁ ଭୟଙ୍କର ଆର୍ଥିକ ଦୁଃସ୍ଥିତିର ସମ୍ମୁଖୀନ ହୋଇଥିଲେ। ଆର୍ଥିକ ଅନଟନ, ସଂସ୍କୃତିର ଅବକ୍ଷୟ, ଭୂମି-ଜଙ୍ଗଲ ଏବଂ ପ୍ରାକୃତିକ ସାଧନର ବିପର୍ଯ୍ୟୟ ଯୋଗୁଁ ସେମାନେ ନିଷ୍କ୍ରିୟ ହୋଇପଡ଼ିବା ସ୍ୱାଭାବିକ ଥିଲା। ସେମାନଙ୍କ ସଂରଚନାତ୍ମକ ମୂଲ୍ୟବୋଧ କ୍ଷୟପ୍ରାପ୍ତ ହେବା କ୍ଷେତ୍ରରେ ସେମାନଙ୍କ ହିଂସ୍ର-ବିଦ୍ରୋହୀ ମାନସିକତା ମଧ୍ୟ ସ୍ୱାଭାବିକ ଥିଲା। କାନୁନଗତ ନ୍ୟାୟ ପର୍ଯ୍ୟନ୍ତ ବିସ୍ଥାପିତମାନଙ୍କ ଅପହଞ୍ଚ ସ୍ଥିତି ଏବଂ ଅଧିକାରୀବର୍ଗଙ୍କ କୁପ୍ରଭାବ ସେମାନଙ୍କ ଜୀବିକା-ଆତ୍ମରକ୍ଷା ଏବଂ ପ୍ରଗତିର ବାଧକ ସାଜିବାରୁ ସେମାନଙ୍କ ଭିତରେ ଆତଙ୍କବାଦୀ-ନକ୍ସଲପନ୍ଥୀ ମାନସିକତା ବୃଦ୍ଧି ପାଇଥିଲା। "ଜୀବନର ମାନଦଣ୍ଡ ବୃଦ୍ଧି ନିମନ୍ତେ ଶିଳ୍ପ ପ୍ରସାର ଘଟିଛି। କଳକାରଖାନା ଓ ଶିକ୍ଷାନୁଷ୍ଠାନ ସୃଷ୍ଟି ପାଇଁ ବଡ଼ ବଡ଼ ଜଙ୍ଗଲ ଓ ଶସ୍ୟକ୍ଷେତ୍ରକୁ ମରୁଭୂମିରେ ପରିଣତ କରିଦିଆଯାଉଛି। ଗ୍ରାମ ସ୍ଥାନରେ ଠିଆ ହୋଇଛି ବଡ଼ ବଡ଼ ଅଟ୍ଟାଳିକାମାନ। ବୃକ୍ଷ କ୍ଷୟ ତଥା କଳକାରଖାନା ଏବଂ ଯାନବାହାନର ଧୂଆଁ ଯୋଗୁଁ ପରିବେଶ ପ୍ରଦୂଷିତ ହେବା ସହିତ ଏହା ମାନବ ସମାଜକୁ ସମର୍ପି ଦେଉଛି ଭୟଙ୍କର ରୋଗମାନ। ଏହା ବ୍ୟତୀତ କଳକାରଖାନା, ବନ୍ଧ, ଜଳାଗାର, ରାସ୍ତା ପ୍ରଭୃତି ନିର୍ମାଣ କରି ସମାଜର ଉନ୍ନତି କରିବା ପ୍ରୟାସରେ ବହୁ ଗ୍ରାମବାସୀ ବାସହରା ହେଉଛନ୍ତି। ଶିଳ୍ପ ଦ୍ୱାରା ସୃଷ୍ଟି ହୋଇଛି ପୁଞ୍ଜିପତି ଗୋଷ୍ଠୀ ଓ ଶ୍ରମିକ ଗୋଷ୍ଠୀ ଏବଂ ସେମାନଙ୍କ ମଧ୍ୟରେ କ୍ରମଶଃ ବଢ଼ିଚାଲିଛି ଆର୍ଥନୀତିକ ବ୍ୟବଧାନ।"[୪] ଭାରତୀୟ ସମ୍ବିଧାନର ଅନୁଚ୍ଛେଦ ୧୧ରେ ଉଲ୍ଲିଖିତ 'ଜୀବନ ଅଧିକାର' ଆଧାରରେ ମଣିଷକୁ ସମ୍ମାନପୂର୍ବକ ବଞ୍ଚିବାର ଅଧିକାର ମିଳିଛି। ସେମାନଙ୍କ

ଆର୍ଥିକ, ସାଂସ୍କୃତିକ ତଥା ସାମାଜିକ ବ୍ୟବସ୍ଥା ଓ ହିତସାଧନ ଉପରେ ପ୍ରାଧାନ୍ୟ ଦିଆଯାଇଛି। ସେହି ଅଭାବଗ୍ରସ୍ତ ଆଦିବାସୀ-ଦଳିତ ତଥା ଶୋଷିତ ବର୍ଗଙ୍କ ସଂଘର୍ଷ ଓ କ୍ରାନ୍ତିକୁ ଉନ୍ମୁକ୍ତ ଭାବରେ ଉପସ୍ଥାପନା କରିବା କ୍ଷେତ୍ରରେ ଦଳିତ ସାହିତ୍ୟର ଭୂମିକା ଅନବଦ୍ୟ।

୧୯୧୭ ମସିହା ପରବର୍ତ୍ତୀ ସମୟରେ ମାର୍କ୍ସ ଓ ଲେନିନ୍‌ବାଦକୁ ସାହିତ୍ୟରେ ଆନ୍ତରିକ ସମର୍ଥନ ମିଳିଥିଲା। ୧୯୪୫ ମସିହାରେ ବମ୍ବେଠାରେ ବାବା ସାହେବ ଆମ୍ବେଦକରଙ୍କ ଦ୍ୱାରା ସ୍ଥାପିତ 'peoples education society' ଅବା ୧୯୬୬ ମସିହାରେ ମହାରାଷ୍ଟ୍ରରେ ସ୍ଥାପିତ 'ସିଦ୍ଧାର୍ଥ ସାହିତ୍ୟ ସଂଘ' ଆଦି ଦଳିତ-ସର୍ବହରା ସଂପ୍ରଦାୟର ଅଧିକାର, ଅର୍ଥନୈତିକ ସଂକଟ, ଶ୍ରେଣୀ ସଂଘର୍ଷ ଏବଂ ବିକାଶ ସମ୍ବନ୍ଧୀୟ ଅନେକ ଦିଗ ପ୍ରତି ଯତ୍ନଶୀଳ ହୋଇଥିଲେ। ରିପବ୍ଲିକାନ୍ ପାର୍ଟି ଦ୍ୱାରା ପ୍ରକାଶିତ 'ଜନତା', 'ପ୍ରବୁଦ୍ଧ ଭାରତ', 'ବହିଷ୍କୃତ ଭାରତ', 'ମୂକ ନାୟକ' ଆଦି ପତ୍ରିକାରେ ଦଳିତମାନଙ୍କର ଅଧିକାର ସଂପର୍କରେ ସ୍ୱର ଉତ୍ତୋଳିତ ହୋଇଥିଲା। ଏ ସଂପର୍କରେ ବାବା ସାହେବ ଆମ୍ବେଦକର କହିଥିଲେ ଯେ, 'ଆମ ଜୀବନ, କର୍ତ୍ତବ୍ୟ ଓ ସଂସ୍କୃତି ଆଡ଼କୁ ଆମକୁ ଧ୍ୟାନ ଦେବାକୁ ହେବ। ଅନ୍ତର୍ମୁଖୀ ହୋଇ ବିଚାର କଲେ ଆମ ସମ୍ମୁଖରେ ସେହି ଭୟାବହ ସ୍ଥିତି ସ୍ପଷ୍ଟ ହୋଇଯିବ ଯେ, ଆମ ଜୀବନ ମୂଲ୍ୟ ଏବଂ ସାଂସ୍କୃତିକ ମୂଲ୍ୟ ନଷ୍ଟ ହେଉଛି। ତେଣୁ ନଷ୍ଟଶୀଳ ଜୀବନ ମୂଲ୍ୟ ତଥା ସାଂସ୍କୃତିକ ମୂଲ୍ୟକୁ ବଞ୍ଚାଇ ରଖିବା ପାଇଁ ଦଳିତ ସାହିତ୍ୟକାରଙ୍କ ସଚେତନଶୀଳ ପ୍ରୟାସର ଆବଶ୍ୟକତା ରହିଛି।

ଓଡ଼ିଆ ସାହିତ୍ୟରେ ମଧ୍ୟ ମାର୍କସ୍‌ବାଦୀ ଦର୍ଶନକୁ ପରିପ୍ରକାଶ କରିବା କ୍ଷେତ୍ରରେ ୧୯୩୪ ଠାରୁ ୧୯୪୭ ମସିହା ମଧ୍ୟରେ ପ୍ରକାଶ ପାଇଥିବା 'ସାରଥୀ', 'ଆଧୁନିକା', 'କୃଷକ', 'ମୁକ୍ତିଯୁଦ୍ଧ', 'ସହକାର', 'ନବଭାରତ' ପ୍ରଭୃତି ପତ୍ରିକା କୃଷକ, ଶ୍ରମିକ, ଚାଷୀ, ମୂଲିଆ, ସର୍ବହରାଙ୍କ ସ୍ୱାର୍ଥରକ୍ଷା ସପକ୍ଷରେ ବିପ୍ଳବର ସୂତ୍ରପାତ କରିଥିଲେ।

ଆଧୁନିକ ଓଡ଼ିଆ ସାହିତ୍ୟରେ ଆଦିବାସୀମାନଙ୍କର ଭୂମି, ଜଙ୍ଗଲ, ପରିବେଶ ଭିତ୍ତିକ ବହୁ ପ୍ରତିକ୍ରିୟାଶୀଳ ସମସ୍ୟାକୁ ସାହିତ୍ୟିକମାନେ ଅତି ଜୀବନ୍ତ ରୂପ ପ୍ରଦାନ କରିଛନ୍ତି। କଥାକାର ଅନନ୍ତ ପଟ୍ଟନାୟକଙ୍କ 'ସଂଗ୍ରାମ', ଗୋପୀନାଥ ମହାନ୍ତିଙ୍କ 'ଦାଦିବୁଢ଼ା', ସୁରେନ୍ଦ୍ର ମହାନ୍ତିଙ୍କ 'ଖାଦାନ', ବିଜୟ ଶତପଥୀଙ୍କ 'ଏଇ ଯେ ସୂର୍ଯ୍ୟ ଉଏଁ', ପ୍ରମୋଦ କୁମାର ତ୍ରିପାଠୀଙ୍କ 'ଯେଉଁ ବନସ୍ତରେ ମଣିଷ ନାହିଁ', ରତି ମିଶ୍ରଙ୍କ 'ରୁଦ୍ଧ ଦ୍ୱାର', ପ୍ରସନ୍ନ କୁମାର ମିଶ୍ରଙ୍କ 'ଆଶା କାନନ', ଅଧ୍ୟାପକ ରାମଚନ୍ଦ୍ର ମିଶ୍ରଙ୍କ 'ଏକାନ୍ତ ନିଜସ୍ୱ', ନୀଳାଦ୍ରି ଭୂଷଣଙ୍କ 'ମୁଣ୍ଡ ଉପରେ ଛାତ', ହୃଷୀକେଶ ପଣ୍ଡାଙ୍କ 'ବ୍ରହ୍ମ ରାକ୍ଷସ' ଇତ୍ୟାଦି ସ୍ମରଣୀୟ।

ଓଡ଼ିଶାର ବିସ୍ଥାପିତ ଅଧିବାସୀମାନଙ୍କ କ୍ରାନ୍ତି, ନକ୍ସଲ ଆତଙ୍କ, ରାଜନୀତିକ ଷଡ଼ଯନ୍ତ୍ର ଆଧାରିତ ବହୁପ୍ରଭାବୀ-ପ୍ରତୀକାତ୍ମକ ନାଟକ ରୂପେ ଡ. ବିଜୟ ଶତପଥୀଙ୍କ 'କୋକୁଆ' ଏକ ସ୍ୱତନ୍ତ୍ର ସୃଷ୍ଟି। ନାଟ୍ୟକାର ଡ. ଶତପଥୀ ମହାଭାରତର ମୂଷଳୀ ପର୍ବରେ ସ୍ଥାନିତ ଓ ବହୁଚର୍ଚ୍ଚିତ 'କୋକୁଆ' ଲୋକକଥାକୁ ଆଧୁନିକ ସମାଜର ନକ୍ସଲ ସମସ୍ୟା ଏବଂ ଆଦିବାସୀ ବିସ୍ଥାପନ ସମସ୍ୟା ସଂଯୋଗ କରିଛନ୍ତି। ଏକ ପ୍ରକାର ପ୍ରତିରୋଧମୂଳକ ସାଂସ୍କୃତିକ ଆନ୍ଦୋଳନ କରିଛନ୍ତି। 'କୋକୁଆ' ନାଟକରେ ବ୍ରେକ୍‌ଶଟୀୟ ନାଟ୍ୟଶୈଳୀ ଅନୁସୃତ ହୋଇଛି। "ବ୍ରେକ୍‌ଶଟ୍‌ଙ୍କ ନାଟକର ଭାବବସ୍ତୁ ଥିଲା ସମାଜ ବାସ୍ତବବାଦ। ସମାଜ ବାସ୍ତବବାଦୀ ଚେତନା ମାଧ୍ୟମରେ ନିପୀଡ଼ିତ ନିଷ୍ପେଷିତ ଜନତାକୁ ଜାଗ୍ରତ କରି ଏଷ୍ଟାବ୍ଲିସ୍‌ମେଣ୍ଟ୍ ବିରୋଧରେ ବିପ୍ଳବ ଘୋଷଣା କରିବା ପାଇଁ ସେ ଆହ୍ୱାନ ଦେଇଥିଲେ। ତାଙ୍କର ଧାରଣା ଥିଲା ଯେ ନାଟକ ଲୋକ ମନରେ ଜାଗରଣ ଓ ବୈପ୍ଳବିକ ଚେତନା ସୃଷ୍ଟି କରିବା ଦିଗରେ ଏକ ଶକ୍ତିଶାଳୀ ମାଧ୍ୟମ। ତାଙ୍କର ଆଶାବାଦୀ ନାଟକଗୁଡ଼ିକୁ ସେ ସମାଜ ପରିବର୍ତ୍ତନର ଅସ୍ତ୍ର ଭାବରେ ବ୍ୟବହାର କରିଥିଲେ। ବିପ୍ଳବ ଦ୍ୱାରା ମଣିଷ ମୁକ୍ତିର ସ୍ୱପ୍ନ ଦେଖିପାରେ- ଏହା ହିଁ ଥିଲା ତାଙ୍କର ଦୃଢ଼ବିଶ୍ୱାସ। ଅନ୍ଧକାରରେ ଶଢୁଥିବା ମଣିଷକୁ ଆଶାର ଆଲୋକ ଦେଖାଇବା ଥିଲା ତାଙ୍କର ମହାକାବ୍ୟିକ ନାଟକର ଆଭିମୁଖ୍ୟ। ଆଶାବାଦର ସ୍ୱର ଯୋଗୁଁ ବ୍ରେକ୍‌ଶଟ୍‌ଙ୍କ ନାଟକ କେବଳ ଜର୍ମାନୀ ବା ପାଶ୍ଚାତ୍ୟ ଜଗତରେ ନୁହେଁ, ସମଗ୍ର ପୃଥିବୀରେ ଆଲୋଡ଼ନ କରିଛି।"[୫]

ଯୁଗୀୟ ସମସ୍ୟାମାନଙ୍କ ମଧ୍ୟରୁ ମାଓପନ୍ଥୀମାନଙ୍କ ବର୍ବରୋଚିତ ଆତଙ୍କ, ନିରୀହ ଆଦିବାସୀ ଜନଜୀବନରେ କଳକାରଖାନା ଓ ପୁଞ୍ଜିବାଦର ସ୍ୱାର୍ଥକୈନ୍ଦ୍ରିକ ବିକାଶର ନକାରାତ୍ମକ ଦିଗ ପ୍ରତି ବେଶ୍ ସଚେତନ ଥିବା ନାଟ୍ୟକାର ବିଜୟ କୁମାର ଶତପଥୀ 'କୋକୁଆ' ନାଟକ ମାଧ୍ୟମରେ ଅମୃତର ସନ୍ଧାନୀ ହୋଇଛନ୍ତି। "ଦରିଦ୍ର ଓ ଅନାଥମାନଙ୍କର ସେବା ସହ ହିଂସ୍ର ଓ ନରସଂହାରରେ ଲିପ୍ତ ମାଓବାଦୀମାନଙ୍କୁ ସ୍ୱାଭାବିକ ଜୀବନଯାପନ ପାଇଁ ଓ ସମାଜର ମୁଖ୍ୟସ୍ରୋତ ସହ ସାମିଲ୍ ହେବା ପାଇଁ ଅନୁପ୍ରାଣିତ କରିଛନ୍ତି। ସମାଜ ପରିବର୍ତ୍ତନ ପାଇଁ ହତ୍ୟା, ଧ୍ୱଂସ ଓ ବିଭୀଷିକା ନୁହେଁ, ସ୍ନେହ, ପ୍ରେମ ଓ ଉଦାରତାର ମାନ୍ତ୍ରିକ ସାଜିଛନ୍ତି।"[୬] ନାଟ୍ୟକାର ଡ. ଶତପଥୀ, ପ୍ରତୀକାତ୍ମକ ଶୈଳୀରେ 'କୋକୁଆ' ଭଳି ଭ୍ରମ (illusion) ଏବଂ ନକ୍ସଲ ତଥା ବିସ୍ଥାପନ ସମସ୍ୟା ଭଳି ବାସ୍ତବତା (reality)କୁ ସଂଯୋଗ କରି ମାନବ ଜୀବନର ନୈତିକ ବିଚାର ମୂଲ୍ୟକୁ ପରଖିବାକୁ ଆଣ୍ଠୁ ବାନ୍ଧିଛନ୍ତି।

'କୋକୁଆ' ନାଟକର ଆରମ୍ଭରେ ଶୀର୍ଷକ ସଂଗୀତ ଏବଂ କଳାଛାଇର ନର୍ତ୍ତନ

– ଅବତାରଣା ମାଧ୍ୟମରେ ଏକ ଭୟସଂକୁଳ ପରିବେଶ ସୃଷ୍ଟି କରାଯାଇଛି। ସଂସ୍କୃତ ନାଟକର ପ୍ରସ୍ତାବନା ଭଳି ଅନ୍ତରାଳରୁ ସୂତ୍ରଧର ମୁଖରେ ଘୋଷଣା ମାଧ୍ୟମରେ ଦର୍ଶକଙ୍କୁ ନାଟକମନସ୍କ କରାଇବାର ସଯତ୍ନ ପ୍ରୟାସ ହୋଇଛି। ଘୋଷଣା ମାଧ୍ୟମରେ କଥାବସ୍ତୁ ପ୍ରତି ଦର୍ଶକଙ୍କ ମନ ଭିତରେ ଅସୀମ ଉତ୍କଣ୍ଠା ସୃଷ୍ଟି କରିବା ନିମନ୍ତେ ଗୁରୁଗମ୍ଭୀର ସାଂଳାପିକ ମାୟାଜାଲ ବୁଣାଯାଇଛି।

ମଞ୍ଚ ଉପରକୁ ଭିନ୍ନ ଭିନ୍ନ ଚରିତ୍ରମାନେ ଆସିଛନ୍ତି। ଦାମ, ଅତନୁ, ଅଜୟ ମାରାଣ୍ଡି, ଶ୍ୟାମାନନ୍ଦ, ଶିବ ମାଝୀ, ମନି, ବିଦେଇ ଭଳି ଚରିତ୍ରମାନଙ୍କ ସଂଳାପ ଜରିଆରେ ସେମାନଙ୍କ ଚାରିତ୍ରିକ ସ୍ୱାତନ୍ତ୍ୟ ସ୍ପଷ୍ଟ ହୋଇଯାଇଛି। ଗାମ୍ଭୀର୍ଯ୍ୟପୂର୍ଣ୍ଣ ସ୍ୱାଭାବିକ ଅଭିବ୍ୟକ୍ତି ମାଧ୍ୟମରେ ଶ୍ୟାମାନନ୍ଦ, ଅଜୟ ମାରାଣ୍ଡି, ଦାମ ଏବଂ ଅତନୁ ଭଳି ଚରିତ୍ରମାନଙ୍କ ଅନ୍ତଃସ୍ୱରୂପ ଉଦ୍‌ଘାଟିତ ହୋଇଛି। ଘଟଣାର ଅଗ୍ରଗତିରେ ନାଟକର ଆଦିବାସୀ ପଲ୍ଲୀ ଧମାଗୁଡ଼ାର ବଣ-ଜଙ୍ଗଲଘେରା ମୁଲକରେ ଭୟ-ଆଶଙ୍କାର ବାତାବରଣ। ଚତୁର୍ଦ୍ଦିଗରେ ଧ୍ୱଂସପ୍ରବଣତା ଅନୁଭବ୍ୟ। ଜଙ୍ଗଲରେ ଏକ ସେବାଶ୍ରମ ପରିଚାଳକ ଆଦର୍ଶବାଦୀ ଶ୍ୟାମାନନ୍ଦ ଅସହାୟ ଓ ଅନାଥମାନଙ୍କ ସେବା କରନ୍ତି। ଏଥିରେ ତାଙ୍କୁ ସାହାଯ୍ୟ କରେ ତାଙ୍କ ଝିଅ ମନିଆ। ସରକାରଙ୍କ ପାଇଁ ମୋଷ୍ଟ୍ ୱାଣ୍ଟେଡ୍ ନକ୍ସଲ ନେତା ଅଜୟ ମାରାଣ୍ଡି ପୋଲିସ୍‌ର କମ୍ବିଂ ଅପରେସନ୍‌ରେ ଗୁଳିବିଦ୍ଧ ହୋଇ ସେବାଶ୍ରମରେ ଗୋପନ-ଆଶ୍ରୟ ନେଇଛି। ଅଜୟ ମାରାଣ୍ଡି ଆନ୍ଧ୍ର-ଓଡ଼ିଶା ସୀମାରେ ଗଢ଼ି ଉଠିଥିବା ମାଓ ସଂଗଠନର ଏରିଆ କମାଣ୍ଡର ଓ ପ୍ରସିଦ୍ଧ ମାଓନେତା। ଆନ୍ଧ୍ର, ଛତିଶଗଡ଼ ଏବଂ ଓଡ଼ିଶାରେ ଆଦିବାସୀଙ୍କ ସଂଗଠିତ କରି ସେ ଆତଙ୍କବାଦୀ ସଂଗ୍ରାମ ଚଳାଇଛି। ଧମାଗୁଡ଼ାର ସରଳ ଆଦିବାସୀମାନଙ୍କୁ ଗୋତି ଖଟାଉଥିବା ଏବଂ ଜମି ହଡ଼ପ କରି ସେମାନଙ୍କୁ ବସ୍ତିକୁ ଶ୍ରୀହୀନ କରିଥିବା ଲୋକପ୍ରତିନିଧି ଥିଲା ଏମ୍.ଏଲ୍.ଏ ହରେକୃଷ୍ଣ ଗୌନ୍ତିଆ। ଦଲାଲ୍ କମ୍ପାନିଠାରୁ ଅଜସ୍ର ଟଙ୍କା ନେଇ ଧମାଗୁଡ଼ାରେ ଫେରୋ ଆଲୋଏଡ୍ କାରଖାନା ନିର୍ମାଣ କରିବାକୁ ଚାହୁଁଥିଲା। ଅଜୟ ମାରାଣ୍ଡି ଦୃଷ୍ଟିରେ ଏମ୍.ଏଲ୍.ଏ ଗୌନ୍ତିଆ ଓ କମ୍ପାନି ଦଲାଲ ଥିଲେ ଜଣେ ଶ୍ରେଣୀଶତ୍ରୁ। ତେଣୁ ଆଦିବାସୀମାନଙ୍କୁ ସଂଗଠିତ କରି ସେ ଆତଙ୍କବାଦର ପ୍ରଚାର-ପ୍ରସାର କରିଥିବା ସଂପର୍କରେ ଶ୍ୟାମାନନ୍ଦ ପାଖରେ ସ୍ୱୀକାର କରି କହିଛି- "ହଁ - ହଁ ସେଇ ନକ୍ସଲ ନେତା ଅଜୟ ମାରାଣ୍ଡି, ଯିଏ ଆନିହିଲେସନ୍‌ରେ ବିଶ୍ୱାସ କରେ। ଶ୍ରେଣୀ ଶତ୍ରୁର ବିନାଶ... ନ ହେଲେ ଆତ୍ମତ୍ୟାଗ... ମୃତ୍ୟୁ...। ଢେର୍ ସହିଲେଣି ବଣମୁଲକର ଆଦିବାସୀ... ଭିଟାମାଟି ଗଲା... ଜମିଜମା ଗଲା... ଜଙ୍ଗଲ ଲୁଟ୍ ହେଲା ଅଫଇସର ଆଉ ପୁଞ୍ଜିପତିମାନଙ୍କ ଚକ୍ରାନ୍ତରେ... କେମିତି... କେମିତି ବଞ୍ଚିବେ ସେମାନେ।"(୭)

ଅଜୟ ମାରାଣ୍ଡି ଚାହିଁଛି ବିପ୍ଳବ କିନ୍ତୁ ଶ୍ୟାମାନନ୍ଦଙ୍କ ଦୃଷ୍ଟିରେ ହିଂସା ଅପେକ୍ଷା ଶାନ୍ତିର ପଥଟି ବେଶୀ ସହଜ-ସୁନ୍ଦର। ସେ ବୁଝିଛନ୍ତି- "ନକ୍ସଲମାନଙ୍କର ହିଂସା ଓ ରକ୍ତପାତ ମୂଳରେ ଅଛି ଦାରିଦ୍ର୍ୟ, ଉପେକ୍ଷା, ବିସ୍ଥାପନ, ସଭ୍ୟ ମଣିଷର ଜାଲିଆତି... ଆଦି ସମୟ ଆସିଛି ସ୍ନେହ, ମମତା... ଭଲପାଇବା ଦେଇ ସେମାନଙ୍କୁ ଟ୍ରାନ୍ସଫର୍ମ - ରୂପାନ୍ତରିତ କରିବାକୁ ହେବ। x x x ପୁଞ୍ଜିର ଦଲାଲ୍ ସାଜି, ବିସ୍ଥାପନ ପଟୁଆର ବାହାର କଲେ ସମସ୍ୟାର ସମାଧାନ ହୁଏନା।[୮]

ଫ୍ୟାକ୍ଟ୍ରି ମାଲିକ, ଧମାଗୁଡ଼ାର ଆଦିବାସୀଙ୍କୁ ପୋଲିସ ଲଗେଇ ବିତାଡ଼ିତ କରିଥିଲା। ସେମାନଙ୍କ ଭିତରେ ଭିଟାମାଟିକୁ ଫେରିପାଇବାର ତୀବ୍ର ଆଶା-ଆକାଂକ୍ଷା ଥିଲା। ଦାମ ମାଝୀ ଓ ଶିବ ମାଝୀ ଧମାଗୁଡ଼ାର ଆଦିବାସୀ ପିଲା। ଫ୍ୟାକ୍ଟ୍ରି ମାଲିକ ସେମାନଙ୍କଠାରୁ ଜମି, ଜଙ୍ଗଲ, ଆହାର ଛଡ଼େଇ ନେବାରୁ ସେମାନେ ପ୍ରତିପାଦ କରିଥିଲେ। ହିପୋକ୍ରାଟ୍ କମ୍ପାନି ମାଲିକଙ୍କ ପ୍ରତି ସେମାନେ ରକ୍ତମୁଖା ହୋଇ ଆତଙ୍କବାଦୀ ସାଜିଛନ୍ତି। ଶ୍ୟାମାନନ୍ଦଙ୍କ ଠାରୁ ଏକଦା ପାଠପଢ଼ି ମଣିଷ ହୋଇଥିବା ପଦସ୍ଥ ପୋଲିସ୍ ଅଫିସର ଅତନୁ ଏବଂ ତା'ର ସହଯୋଗୀ ବିଦେଇ ଜଙ୍ଗଲସ୍ଥ ସେବାଶ୍ରମରେ ମାଓନେତା ଅଜୟ ମାରାଣ୍ଡିକୁ ଖୋଜିବାକୁ ଆସିଛନ୍ତି। ସେ ଅଞ୍ଚଳରେ ଶ୍ୟାମାନନ୍ଦଙ୍କ ଆଶ୍ରମ ନକ୍ସଲ ଆନ୍ଦୋଳନ ଓ ତାଲିମ୍‌ର ମୁଖ୍ୟ କେନ୍ଦ୍ର ଏବଂ ଆଦିବାସୀ ପିଲାଙ୍କୁ ମାର୍କ୍ସବାଦ ଓ ମାଓବାଦର ପାଠ ପଢ଼ାଇ ବିପ୍ଳବୀ କରି ଗଢ଼ି ତୋଳିବାରେ ଶ୍ୟାମାନନ୍ଦଙ୍କ ହାତ ଅଛି ବୋଲି ପୋଲିସ୍ ପାଖରେ ଖବର ଅଛି। ଗୁରୁ ଶ୍ୟାମାନନ୍ଦଙ୍କ ଆଦର୍ଶ ଓ ମୂଲ୍ୟବୋଧରେ ଅନୁପ୍ରାଣିତ ଅତନୁ ନିଜର ବିବେକପଣିଆକୁ ସ୍ଲେଭରୀ (ଦାସତ୍ୱ) ପାଖରେ ବନ୍ଧା ପଡ଼ିଥିବା ଅନୁଭବ କଲେ ହେଁ ଅନନ୍ୟୋପାୟ ଥିଲା। ଶ୍ୟାମାନନ୍ଦ - ମାଓନେତା ଅଜୟକୁ ଅହିଂସା ମାଧ୍ୟମରେ ଲୋକଚିତ୍ତକୁ ପରିବର୍ତ୍ତନ କରିବା ନିମନ୍ତେ ବୁଝାଇଛନ୍ତି। ଶ୍ୟାମାନନ୍ଦଙ୍କ ମତରେ- "କେବଳ ବିପ୍ଳବ, ପ୍ରତିବିପ୍ଳବ... ଏସବୁ ସମସ୍ୟାର ସମାଧାନ ଆଣେନା। ତା' ସହିତ ଆବଶ୍ୟକ ପୁନର୍ଗଠନ। ଚିତ୍ତବୃତ୍ତିରେ ପରିବର୍ତ୍ତନ ସବୁଠାରୁ ବଡ଼ କଥା। x x x ପୃଥିବୀକୁ ସମୟକ୍ରମେ ଆସିଛି ଅନେକ ବାଦ, ବିସମ୍ବାଦ... ମଣିଷର କାନରେ ସେ ସବୁ ଫୁଙ୍କିଛନ୍ତି କେତେ ମନ୍ତ୍ର.... କେତେ ତତ୍ତ୍ୱ... କିନ୍ତୁ ସବୁ ବିଫଳ ହେଇଚି। ମଣିଷର ଚିତ୍ତ ପରିବର୍ତ୍ତନ ସମ୍ଭବ ହେଇନି। ବଢ଼ିଚି ପାର୍ଥକ୍ୟର ପ୍ରାଚୀର। ଧର୍ମ ନାଁରେ, ସଂପ୍ରଦାୟ ନାଁରେ, ମତବାଦ ନାଁରେ ଲାଗିରହିଛି ହତ୍ୟା, ରକ୍ତପାତର ବିଭୀଷିକା। ମୋର ଅଭିଯାନ ସେଇ ମାନବିକ ଚିତ୍ତବୃତ୍ତିର ପରିବର୍ତ୍ତନ ପାଇଁ। ଏହା ହିଁ ସମୟର ଆହ୍ୱାନ।[୯] ଶ୍ୟାମାନନ୍ଦଙ୍କ ଆଦର୍ଶପୂର୍ଣ୍ଣ ଶବ୍ଦରେ ଅଜୟ ମାରାଣ୍ଡିର କ୍ରାନ୍ତିକାରୀ ଆଭିମୁଖ୍ୟ ଅପରିବର୍ତ୍ତିତ ରହିଛି। ସେ

ପୁଞ୍ଜିପତିମାନଙ୍କ ଷଡ଼ଯନ୍ତ୍ର ଓ ଚକ୍ରାନ୍ତର ବ୍ୟୂହକୁ ଭେଦ କରିବାକୁ ଚାହିଁଛି । ସେ ବିପ୍ଳବର ଭାଷା ବୁଝେ । ତା' ମତରେ, ଭାବାବେଗକୁ ଆହୂତି ଦେଲେ ହିଁ ଜଣେ ବିପ୍ଳବୀ ସାଜିପାରେ, କାରଣ ସ୍ନେହ-ମମତା ବିପ୍ଳବକୁ ପଛକୁ ଠେଲିଦିଏ । ତେଣୁ ଅଜୟ କହିଛି- "କାଉଣ୍ଟର ରିଭୋଲ୍ୟୁସନ୍... ଷଡ଼ଯନ୍ତ୍ର... ବଡ଼ ଅଦ୍ଭୁତ ଭାବରେ ଗ୍ରାସ କରିବସିଛି ଏ ପରିବେଶକୁ । କେବଳ ଏଠିକାର କଥା ନୁହେଁ... ମୋଟାମୋଟି ସମଗ୍ର ଦେଶଟାର ଅବସ୍ଥା ଏଇଆ... ଭୟ... ଆତଙ୍କ... ଅବିଶ୍ୱାସ... ରକ୍ତପାତ ଭିତରେ ବୁଡ଼ି ରହିଛି ଆମ ସମାଜ ବ୍ୟବସ୍ଥା ।"(୧୦)

ଭୂମିପୁତ୍ର - ଅଜୟ, ଦାମ ଓ ଶିବ ନିଜ ନିଜର ବିଦ୍ରୋହାତ୍ମକ ମନୋବୃତ୍ତିକୁ ନେଇ ବେଶ୍ କ୍ରାନ୍ତିକାରୀ । ଦାମର ଆଶା ଦିନେ ନା ଦିନେ ଜଙ୍ଗଲ ଆଉ ସାତପୁରୁଷର ଭିଟାମାଟି ସେମାନେ ଫେରିପାଇବେ । ଅଜୟ ମାରାଣ୍ଡି ଶ୍ୟାମାନନ୍ଦଙ୍କ ଆଦର୍ଶରେ ଅନୁପ୍ରାଣିତ ହୋଇ ଆନ୍ଧ୍ର-ଓଡ଼ିଶା ନକ୍ସଲ ସଂଗଠନ ହେଡ୍ କ୍ୱାର୍ଟର୍‌କୁ ଫେରିବାକୁ ଚାହିଁନି । ଶ୍ୟାମାନନ୍ଦଙ୍କ ଝିଅ ମନିକାକୁ ନେଇ ସଂସାର ଗଢ଼ିବାର ସ୍ୱପ୍ନ ଦେଖିଚି । ନାଟକର ପରିଣତିରେ ପୋଲିସ୍ ଓ ନକ୍ସଲ ମଧ୍ୟରେ ଛକା-ପଞ୍ଝା, ଭଙ୍ଗାରୁଜା ଓ ଗୁଳିଗୁଳାର ଭୟଙ୍କର ପରିବେଶ ଭିତରେ ମନିକା ଶିଶୁ ସନ୍ତାନକୁ ଜନ୍ମ ଦେଇଛି । ନୂତନ ସୂର୍ଯ୍ୟାଲୋକରେ ନୂତନ ଆଶାର ବାର୍ତ୍ତା ନେଇ ଆସିବା ଶିଶୁ ଧ୍ୱଂସ ଓ ସୃଜନ ମଝିରେ ଥିବା ମଧ୍ୟ ପଥର ସନ୍ଧାନ ଦେବାକୁ ଆସିଥିବା ମନେହୁଏ ।

ଧମାଗୁଡ଼ା ଗାଁରେ 'ଫେରୋ ଆଲୋଏଡ୍' କାରଖାନା ପ୍ରତିଷ୍ଠାକୁ ବିରୋଧ କରିଥିବା ଶିବ ମାଝୀ ହିଁ ଆନ୍ଧ୍ର-ଓଡ଼ିଶା ସଂଗଠନର କମାଣ୍ଡର-କମ୍ରେଡ୍-ମାଓନେତା ସଦାଶିବ ରାଓ ଭାବରେ ନାଟକରେ ଟ୍ୱିଷ୍ଟ୍ ସୃଷ୍ଟି କରିଛି । ସେ ଅଜୟ ମାରାଣ୍ଡିକୁ ନିଜ କ୍ୟାମ୍ପ୍‌କୁ ଫେରେଇ ନେବାକୁ ଚାହିଁଛି ତେଣୁ ଅଜୟ ତାକୁ ଗୁଳି ମାରିଛି । ନାଟକର ପରିଣତିରେ ଅତନୁ ଦ୍ୱାରା ଅଜୟ ମାରାଣ୍ଡି ମଧ୍ୟ ଗୁଳିବିଦ୍ଧ ହୋଇ ମୃତ୍ୟୁବରଣ କରିଛି । ଶ୍ୟାମାନନ୍ଦଙ୍କ ସମ୍ମୁଖରେ ଆତଙ୍କ-ଭୟ-ବିଭୀଷିକାର ପରିବେଶ । ଶ୍ୟାମାନନ୍ଦ, ମନିକାର ଶିଶୁ ସନ୍ତାନ ଓ ଦାମ ସହିତ ସେ ସ୍ଥାନ ତ୍ୟାଗ କରି ପଳାୟନପନ୍ଥୀ ହେବାକୁ ଶ୍ରେୟସ୍କର ମନେ କରିଛନ୍ତି । ନାଟ୍ୟକାର ଡ. ଶତପଥୀ 'କୋକୁଆ' ନାଟକରେ ଯୁଗ ଯୁଗର ଥେସିସ୍, ଆଣ୍ଟିଥେସିସ୍‌ର ଦ୍ୱନ୍ଦ୍ୱ ଭିତରୁ ଏକ ସମନ୍ୱୟ ନିମନ୍ତେ ଆଶାବାଦୀ ହୋଇଛନ୍ତି ।

"ନୂତନ ଅଦ୍ଭୁତ ସମସ୍ୟା ଭାବରେ ବିସ୍ଥାପନ ସମସ୍ୟା ବର୍ତ୍ତମାନ ସମୟରେ ଏକ ବଡ଼ ସମସ୍ୟା ହୋଇ ମୁଣ୍ଡ ଟେକୁଛି । ବର୍ଷ ବର୍ଷ ଧରି ରହିଥିବା ସ୍ଥାନକୁ ଛାଡ଼ି ପୁଣି ଅନ୍ୟ କେଉଁଠାରେ ବିସ୍ଥାପିତ ହେବାକୁ ସମସ୍ତେ ସହଜରେ ଗ୍ରହଣ କରିପାରନ୍ତି ନାହିଁ । ଏଥିନେଇ ଅନେକ ସମୟରେ ସଂଘର୍ଷ ଦେଖାଦେଇଛି । ଯାଜପୁର କଳିଙ୍ଗ ନଗରର

ଆଦିବାସୀ ବିସ୍ଥାପନ ସମସ୍ୟା ସମଗ୍ର ଓଡ଼ିଶାରେ ପ୍ରବଳ ଆଲୋଡ଼ନ ସୃଷ୍ଟି କରିଥିଲା। ପୋସ୍କୋର ପ୍ରକଳ୍ପ ସ୍ଥାପନ ପାଇଁ ବ୍ୟାପକ ଭାବେ ଜମି ଅଧିଗ୍ରହଣ କରିବା ହେତୁ ଆଦିବାସୀମାନଙ୍କୁ ଉଚ୍ଛେଦ କରିବାକୁ ପଡ଼ିଲା। ଆଦିବାସୀମାନେ ନିଜର ଭୂମିଖଣ୍ଡକୁ ଛାଡ଼ି ଆହୁରି ଜଙ୍ଗଲ ଭିତରକୁ ଯିବାକୁ ପ୍ରସ୍ତୁତ ହେଲେ ନାହିଁ। ବିସ୍ଥାପନକାରୀ ପୋଲିସ୍ ବାହିନୀର ସଶସ୍ତ୍ର ସମ୍ମୁଖୀନ ହେଲେ। ଫଳରେ ପୋଲିସ୍‌ର ବୀଭତ୍ସ ଦମନଲୀଳାରେ ବହୁ ସଂଖ୍ୟକ ଆଦିବାସୀ ମୃତାହତ ହୋଇଥିଲେ। ଆନ୍ଦୋଳନ ସଂପୂର୍ଣ୍ଣ ରୂପେ ଅବଦମିତ ହେଲା ନାହିଁ, ଏ ପର୍ଯ୍ୟନ୍ତ ତାହା ବିଭିନ୍ନ ସମୟରେ ପୁଣି ତେଜି ଉଠୁଛି। ବୃହତ୍ ଶିଳ୍ପ ପ୍ରକଳ୍ପ ଲାଗି ପୂର୍ବରୁ ଓଡ଼ିଶାର ଅରଣ୍ୟ ପ୍ରଦେଶରେ ଆଦିବାସୀମାନଙ୍କୁ ବାରମ୍ବାର ଉଚ୍ଛେଦ କରାଇ ଘନ ଜଙ୍ଗଲ ଭିତରକୁ ବିତାଡ଼ିତ କରି ଦିଆଯାଇଛି। କୋରାପୁଟ, କେନ୍ଦୁଝର ଆଦି ଜିଲ୍ଲାର ବହୁ ସ୍ଥାନରେ ଏହିପରି ଭାବେ ଆଦିବାସୀମାନେ ପ୍ରତିରୋଧ କରି ଉତ୍ପୀଡ଼ନର ସମ୍ମୁଖୀନ ହୋଇଛନ୍ତି। ପୋଲିସ୍‌ମାନେ ବିଦ୍ରୋହ ଦମନ କରିବାକୁ ଯାଇ ବହୁ ସ୍ଥାନରେ ହତ୍ୟା, ଲୁଣ୍ଠନ, ଗୃହଦାହ, ପାଶବିକ ଅତ୍ୟାଚାର ଆଦି ଯଥେଚ୍ଛା ଉତ୍ପୀଡ଼ନ କରିଚନ୍ତି।"[୧୧] 'କୋକୁଆ' ନାଟକର ପରିକଳ୍ପନା କ୍ଷେତ୍ରରେ ମାଓ ଉପଦ୍ରବ ଓ ଆଦିବାସୀମାନଙ୍କ ଭିଟାମାଟିକୁ ନେଇ ସେମାନଙ୍କ ଯୁଗୀୟ ସଂଘର୍ଷର ଦଲିଲ୍ ରହିଛି। ଜଗତୀକରଣର ସର୍ବଗ୍ରାସୀ-ବୀଭତ୍ସ କୋକୁଆ ଅଗଣିତ ଆଦିବାସୀ ସମାଜକୁ ଉଦରସ୍ଥ କରିବାକୁ ଚେଷ୍ଟିତ। ତଥାପି ବଞ୍ଚିବାର ପ୍ରୟାସ ତ ଜାରି ରହିବ। ମାନବ ସ୍ଥିତିର ତଟସ୍ଥ ନିରୀକ୍ଷକ ସାଜିଥିବା ନାଟ୍ୟକାର ବିଜୟ ଶତପଥୀଙ୍କ 'କୋକୁଆ'ରେ ଅର୍ବାଚୀନତାରୁ ପ୍ରାଚୀନତା, କୃତ୍ରିମତାରୁ ପ୍ରାକୃତିକତା ଓ ଯାନ୍ତ୍ରିକତାରୁ ମନୁଷ୍ୟତା ଆଡ଼କୁ ପ୍ରଧାବିତ ହେବାର ଏକ ଅହିଂସ-ଆହ୍ୱାନ ରହିଛି।

ପାଦଟୀକା:

୧. ବିଶ୍ୱ ସାହିତ୍ୟ ସମୀକ୍ଷା - ଅଧ୍ୟାପକ ଶ୍ରୀ ତାରିଣୀ ଚରଣ ଦାସ - ଓଡ଼ିଶା ବୁକ୍ ଷ୍ଟୋର୍ - ୧୯୬୮ - ପୃ:୬୮

୨. ଓଡ଼ିଆ ନାଟକର ଉତ୍ତର ଆଧୁନିକ ପର୍ବ - ଡକ୍ଟର ହେମନ୍ତ କୁମାର ଦାସ - ବିଦ୍ୟାପୁରୀ - ୨୦୦୮ - ପୃ:୨୨

୩. ପ୍ରଗତିବାଦୀ କାବ୍ୟଚେତନା - ଡକ୍ଟର ବିଜୟ କୁମାର ଶତପଥୀ - ଓଡ଼ିଶା ବୁକ୍ ଷ୍ଟୋର୍ - ୧୯୯୨ - ପୃ: ୧୧୦

୪. ୧୯୮୦ ପରବର୍ତ୍ତୀ ଓଡ଼ିଆ ନାଟକ: ସମାଜ ମାନସିକତା ଓ ଶିଳ୍ପଦୃଷ୍ଟି - ଡକ୍ଟର ରଶ୍ମିନନ୍ଦିତା ଜେନା - ଅଗ୍ରଦୂତ - ୨୦୧୭ - ପୃ: ୩୮

୫. ବିଶ୍ୱ ସାହିତ୍ୟ ସମୀକ୍ଷା - ଅଧ୍ୟାପକ ଶ୍ରୀ ତାରିଣୀ ଚରଣ ଦାସ - ଓଡ଼ିଶା ବୁକ୍ ଷ୍ଟୋର୍ - ୧୯୬୮ - ପୃ:୫୫
୬. କୋକୁଆ - ଡ. ବିଜୟ କୁମାର ଶତପଥୀ - ଅଗ୍ରଦୂତ - ୨୦୧୭ - ପୃ: ୮
୭. କୋକୁଆ - ଡ. ବିଜୟ କୁମାର ଶତପଥୀ - ଅଗ୍ରଦୂତ - ୨୦୧୭ - ପୃ: ୨୨
୮. କୋକୁଆ - ଡ. ବିଜୟ କୁମାର ଶତପଥୀ - ଅଗ୍ରଦୂତ - ୨୦୧୭ - ପୃ: ୩୯
୯. କୋକୁଆ - ଡ. ବିଜୟ କୁମାର ଶତପଥୀ - ଅଗ୍ରଦୂତ - ୨୦୧୭ - ପୃ: ୩୩
୧୦. କୋକୁଆ - ଡ. ବିଜୟ କୁମାର ଶତପଥୀ - ଅଗ୍ରଦୂତ - ୨୦୧୭ - ପୃ: ୪୨
୧୧. ୧୯୮୦ ପରବର୍ତ୍ତୀ ଓଡ଼ିଆ ନାଟକ: ସମାଜ ମାନସିକତା ଓ ଶିଳ୍ପଦୃଷ୍ଟି - ଡକ୍ଟର ରଶ୍ମିନନ୍ଦିତା ଜେନା - ଅଗ୍ରଦୂତ - ୨୦୧୭ - ପୃ:୧୧୭

ନୀତିବାଦୀ ସଂକଳ୍ପରେ ରସୋଜ୍ଜ୍ୱଳ: ସଂଘମିତ୍ରା ମିଶ୍ରଙ୍କ ନାଟ୍ୟଜଗତ

ସୃଜନକର୍ମର ସୂକ୍ଷ୍ମତନ୍ତୁରେ ଖୁବ୍ ନିଛକ ଭାବରେ ସଂଯୁକ୍ତ ଥାଏ ଜଣେ ସ୍ରଷ୍ଟାର ଆତ୍ମୋପଲବ୍ଧି । ଜୀବନର ଅସଂଖ୍ୟ ଅନୁଭବକୁ ନେଇ ଯେତେବେଳେ ସ୍ରଷ୍ଟାଟିଏ ତା'ର ସୃଜନ ବଳୟ ଭିତରେ ଲେଖନୀ ଚାଳନା କରିବସେ, ସେତେବେଳେ ଶବ୍ଦମାନେ ସ୍ୱତଃ ଧରାଦିଅନ୍ତି । ଅନୁଭବ, ଚିନ୍ତନ, ଉପଲବ୍ଧିର ସେ ଶବ୍ଦ ମଧ୍ୟରୁ ସ୍ୱତଃ ଉଦ୍‌ଭାସିତ ହୁଏ ସୃଜନଶିଳ୍ପୀର ବାହ୍ୟ ତଥା ଆଭ୍ୟନ୍ତରର ଆବେଗ-ପ୍ରବୃତ୍ତି । ଆଧୁନିକ ଓଡ଼ିଆ ନାଟ୍ୟଜଗତରେ ନିଜ ଶିଳ୍ପକର୍ମକୁ ନେଇ ପ୍ରତିଷ୍ଠିତ ବହୁ ସ୍ୱନାମଧନ୍ୟ ଶିଳ୍ପୀ ଆମର ଦୃଷ୍ଟିବନ୍ଧ ହୁଅନ୍ତି । ସ୍ରଷ୍ଟାଙ୍କ ସୃଷ୍ଟି ଭିତରୁ ଅନାୟାସରେ ଉଦ୍‌ଭାସିତ ହୁଏ ତାଙ୍କ ବ୍ୟକ୍ତିତ୍ୱର ଦୀପ୍ତରୂପ । ସ୍ୱ-ବ୍ୟକ୍ତିତ୍ୱର ଔଜ୍ଜ୍ୱଲ୍ୟରେ ସତତ ଝଲସି ଉଠୁଥିବା ସେମିତି ଜଣେ ଯଶସ୍ୱିନୀ ହେଉଛନ୍ତି କବି-ନାଟ୍ୟକାର-ସମାଲୋଚିକା ପ୍ରଫେସର ସଂଘମିତ୍ରା ମିଶ୍ର । ସେ କବିତାରେ ସ୍ୱତଃସ୍ଫୂର୍ତ୍ତ ସମୀକ୍ଷାରେ ପ୍ରଜ୍ଞାଦୀପ୍ତ, ନାଟକ ରଚନାରେ ଚେତନାମୁଗ୍ଧ ନାରୀ ପ୍ରତିଭା ଭାବରେ ଓଡ଼ିଆ ସାହିତ୍ୟକୁ ଋଦ୍ଧିମନ୍ତ କରିଛନ୍ତି । ବିଂଶ ଶତକର ନାଟ୍ୟଧାରାରେ ନୀତିବାଦର ଉଦ୍‌ଘୋଷିକା ରୂପେ ପ୍ରଫେସର ସଂଘମିତ୍ରା ମିଶ୍ରଙ୍କ ନାଟକ ସୁସମୃଦ୍ଧ । 'ସର୍ବଜନ ହିତାୟ-ସର୍ବଜନ ସୁଖାୟ'ର ଆଦର୍ଶବୋଧ ହିଁ ତାଙ୍କ ପ୍ରତ୍ୟେକ ନାଟକର ମର୍ମବାଣୀ । ପ୍ର. ମିଶ୍ର ନିଜ ନାଟ୍ୟକର୍ମ ସଂପର୍କରେ ମତ ଦିଅନ୍ତି- "ମୋ କଲମର ଗତି ପରମ୍ପରା ନିୟନ୍ତ୍ରିତ । ମୋ ପରିବେଶ ହିଁ ମୋର ଶିକ୍ଷକ । ଦ୍ରୁତ ପରିବର୍ତ୍ତିତ ସାମାଜିକ ପରିବେଶର ବନ୍ୟାରେ ମୁଁ ଶିଙ୍ଗିବୁଡ଼ା ଦେଇ ଆକ୍ତାମାକ୍ତା ହୋଇଛି ତ କେଉଁଠି ଏକ ଦିବ୍ୟ ଚେତନା ମୋତେ ସ୍ଥୈର୍ଯ୍ୟ ଦେଇଛି - ଠିକ୍ ଯୋଗୀ ବା ସନ୍ନ୍ୟାସୀ ସ୍ଥୈର୍ଯ୍ୟ

ନୁହେଁ ବରଂ ସମୟକୁ ପରଖିବାର ସ୍ଥୈର୍ଯ୍ୟ। ଜୀବନ ଅଜସ୍ର ରକ୍ତାକ୍ଷରା ଉପଲବ୍ଧିର ଗନ୍ତାଘର। ଅନେକ ଆଶ୍ୱାସନାରେ ଉଜ୍ଜ୍ୱଳ ତାଙ୍କ ସୃଷ୍ଟି ଦିଗନ୍ତ। ଅସୁମାରି ହାସ-ପରିହାସ ତଥା ମଣିଷର କ୍ଷୁଦ୍ରତା ଓ ସ୍ୱାର୍ଥପରତା ମୋତେ ବେଶ୍ ଘାରିଛନ୍ତି। କିଛି ଟିକେ ଲେଖିଦେଲେ ମୋତେ ଉଶ୍ୱାସ ଲାଗିଛି। ନାଟକର ସିଧାସଳଖ ମନକଥା କହିବାର ଯେଉଁ ସୁଯୋଗ ମୋତେ ମିଳିଛି, ସେଥିପାଇଁ ମୁଁ ଓଡ଼ିଶାର ବିରାଟ ନାଟ୍ୟ-ପରମ୍ପରା ନିକଟରେ କୃତଜ୍ଞ। ମୁଁ ଜାଣେ, ମୋ ଲେଖା କେଉଁ ଭୋକିଲାକୁ ଖାଦ୍ୟ ଦେଇପାରିବନି, କେଉଁ ନାରୀକୁ ତା'ର ହୃତ ସମ୍ମାନ ଫେରାଇ ଦେଇ ପାରିବନି, କେଉଁ ବୟସ୍କଙ୍କୁ ଆଶାବାଡ଼ି ବା କେଉଁ କିଶୋରକୁ ନିର୍ଭରଯୋଗ୍ୟ ଉଦାହରଣଟିଏ ଦେଇପାରିବନି। ଏସବୁ ସତ୍ତ୍ୱେ ମୋର କହିବା କଥା ଯେ ଏ ନାଟକଗୁଡ଼ିକର କଥାଭାଗ ମୁଁ ଆମେ ଆପଣମାନେ ସମସ୍ତେ ଭଣା ଅଧିକେ ଅଙ୍ଗେ ଲିଭାଇଛେ। ଅନେକ ଆଶ୍ୱସ୍ତି ଭିତରେ ମଧ୍ୟ ଜୀବନର ଆଲୋକିତ ଦିଗନ୍ତ ତଥାପି ମୋତେ ଦିଶିଛି।"(୧) ଡ. ମିଶ୍ରଙ୍କ କାବ୍ୟିକ ମନୋଭୂମି ଉପରେ ଜୀବନ ଜିଜ୍ଞାସାର ଅପୂର୍ବ ରୂପ ଅତି ନାଟକୀୟ ଢଙ୍ଗରେ ଉପସ୍ଥାପିତ ହୋଇଛି ତାଙ୍କର ନାଟକଗୁଡ଼ିକରେ। ଏ ସୃଷ୍ଟିକୁ ସୁନ୍ଦର କରିବାର ଦାୟିତ୍ୱ ଆମର ବୋଲି ମନେ କରୁଥିବା ଡ. ମିଶ୍ର ଆବାଲ୍ୟରୁ ହିଁ ସଂସ୍କୃତିପ୍ରିୟ ଥିଲେ। ଶିଶୁବେଳୁ ହିଁ ନାଟକ ତାଙ୍କ ମନକୁ ଆକୃଷ୍ଟ କରିଆସିଥିଲା। ସେ 'ନାଟ୍ୟଚେତନା'ର ପ୍ରତିଷ୍ଠାପକ ସୁବୋଧ, ଶିଳ୍ପୀ-କଥାକାର ଅସୀମ ବସୁ, ନାଟ୍ୟ ତତ୍ତ୍ୱବିଦ୍ 'ଶତାବ୍ଦୀ ଗ୍ରୁପ୍'ର ପ୍ରତିଷ୍ଠାତା ବାଦଲ ସରକାରଙ୍କ ଭଳି ବହୁ ବରିଷ୍ଠ ନାଟ୍ୟପ୍ରେମୀଙ୍କ ସଂସ୍ପର୍ଶରେ ଆସିଥିଲେ। ପିଲାବେଳୁ ହିଁ ଓଡ଼ିଶାରେ ନାରୀ ନାଟକାର ଅଭାବବୋଧକୁ ଅନୁଭବ କରିଥିଲେ। ଓଡ଼ିଶାର ରକ୍ଷଣଶୀଳ ଝିଅ ବୋହୂମାନଙ୍କ ନିମନ୍ତେ ନାଟକରେ ଯୋଗଦାନ ସାଧ୍ୟାତୀତ ବୋଲି ବ୍ୟଥିତ ମଧ୍ୟ ହୋଇଥିଲେ। ଏ ସଂପର୍କରେ ଡ. ସଂଘମିତ୍ରା ମିଶ୍ର ଉଲ୍ଲେଖ କରିଛନ୍ତି- "ଆମ ସମାଜ ଖୁବ୍ ରକ୍ଷଣଶୀଳ। ଆମ ଝିଅ ବୋହୂମାନେ ନାଟକ ପାଇଁ ଦରକାର ହେଉଥିବା ସମୟ ଦେଇପାରନ୍ତି ନାହିଁ। କୌଣସି ନାଟ୍ୟ ସଂସ୍ଥା ସହିତ ଜଡ଼ିତ ରହି ବାରମ୍ବାର ଅଭ୍ୟାସ କରିବା ସମୟରେ ଉପସ୍ଥିତ ରହିବା ବା ଆବଶ୍ୟକୀୟ ପରିବର୍ତ୍ତନ କରିବା ସେମାନଙ୍କର ସାଧ୍ୟାତୀତ ଇତ୍ୟାଦି। ମାତ୍ର ଏ କଥାଟି ମୋତେ ଖୁବ୍ ବିବ୍ରତ କରିଥିଲା। ଫଳରେ ଓଡ଼ିଶାର ନାରୀ ନାଟ୍ୟକାରଙ୍କ ବିଷୟରେ ମୁଁ ଅନୁସନ୍ଧାନ କରି ପ୍ରଥମେ ଲେଖିକା ସଂସଦର ସ୍ମରଣିକାରେ ଛୋଟ ଲେଖାଟିଏ ଲେଖିଥିଲି। x x x ସେଥିରେ ନାରୀ ନାଟ୍ୟକାର, ଅଭିନେତ୍ରୀ, ନିର୍ଦ୍ଦେଶିକା, ନାଟ୍ୟରୂପ ପ୍ରଦାନକାରୀଙ୍କ ସଂପର୍କରେ ଅନେକ ତଥ୍ୟ ଦେଇଛି, ଯାହା ପରବର୍ତ୍ତୀ ଗବେଷକ-ଗବେଷିକାମାନଙ୍କୁ ବେଶ୍ ସାହାଯ୍ୟ କରୁଛି। ନାରୀ ଚରିତ୍ର ହିଁ ନାଟକୀୟ ଚରିତ୍ର ମାତ୍ର ନାରୀଟିଏ ଚରିତ୍ର

ସୃଷ୍ଟିରେ କ'ଣ ପାଇଁ ତା'ର ସାମର୍ଥ୍ୟ ବିନିଯୋଗ କରିପାରୁ ନାହିଁ। ଯେଉଁ ଲେଖିକାମାନେ ନାରୀଚରିତ୍ର (ଗଳ୍ପ-ଉପନ୍ୟାସ ପ୍ରଭୃତିରେ) ସୃଷ୍ଟି କରି ଯଥେଷ୍ଟ ସିଦ୍ଧି ପାଇଛନ୍ତି, ସେମାନଙ୍କ ସୃଷ୍ଟିର ମଧ୍ୟ ନାଟ୍ୟ ରୂପାନ୍ତର ଆବଶ୍ୟକ ହେଉଛି ବୋଲି ମୋର ମତ।"[୨]

ଆଧୁନିକ ଓଡ଼ିଆ ସାହିତ୍ୟ ଧାରାରେ ନିଜ ସ୍ୱତନ୍ତ୍ର ବୈଶିଷ୍ଟ୍ୟ ପ୍ରତିପାଦନ କରିଥିବା ଜଣେ କୁଶଳୀ ନାଟ୍ୟକାର ଭାବରେ ଡ. ସଂଘମିତ୍ରା ମିଶ୍ର ଏକ ସ୍ୱତନ୍ତ୍ର ପରିଚୟ। ବଙ୍ଗଳାର ନାଟ୍ୟକାର ମହାଶ୍ୱେତା ଦେବୀ, ଓଡ଼ିଶାର ଖଡ଼ିଆଳ ଯୁବରାଣୀ ଡୋଳାନନ୍ଦ ପ୍ରିୟା ମହାଦେଇ, ଡ. ଅର୍ଚ୍ଚନା ନାୟକଙ୍କ ଭଳି ଡ. ମିଶ୍ର ନିଜ ନାଟ୍ୟକର୍ମକୁ ଏକ ଅଭିନବ ଉଚ୍ଚତା ପ୍ରଦାନ କରିପାରିଛନ୍ତି। ରକ୍ଷଣଶୀଳ କୁଳୀନ ବ୍ରାହ୍ମଣ ପରମ୍ପରାର ନୈତିକ-ପାରମ୍ପରିକ ଆଧାର ଭୂମିକୁ ନେଇ ତାଙ୍କ ନାଟ୍ୟ କୌଶଳ ଅତି ବିଭାଯୁକ୍ତ ମନେହୁଏ। ବିଶିଷ୍ଟ ନାଟ୍ୟକାର ଡ. ହେମନ୍ତ କୁମାର ଦାସଙ୍କ ମତରେ- "ନାଟକଟିଏ ଲେଖିଦେଲେ କାମ ସରିଯାଏ ନାହିଁ। ସାହିତ୍ୟର ଅନ୍ୟାନ୍ୟ ବିଭାଗ ପରି ନାଟକ ଶ୍ରାବ୍ୟ ନୁହେଁ। ଦୃଶ୍ୟତ୍ୱ ହିଁ ହେଉଛି ଏହାର ମୁଖ୍ୟ ଧର୍ମ। ମଞ୍ଚ ହେଉଛି ଏହାର ସ୍ୱାଦୁ ପରୀକ୍ଷାର ଉପଯୁକ୍ତ କ୍ଷେତ୍ର। xxx ନାଟ୍ୟକାର ଶ୍ରୀମତୀ ମିଶ୍ର ମଧ୍ୟ ଏହି ପରୀକ୍ଷାଗାରର ଜଣେ ସଫଳ ସଦସ୍ୟ। ୧୯୯୧ ମସିହାରେ ସେ ରମାଦେବୀ ମହିଳା ମହାବିଦ୍ୟାଳୟର ଆନ୍ତଃଶ୍ରେଣୀ ଏକାଙ୍କିକା ପ୍ରତିଯୋଗିତା ନିମନ୍ତେ ଲେଖିଛନ୍ତି ତାଙ୍କର ପ୍ରଥମ ଛୋଟ ନାଟକ 'ନାଗଫାଶ'। ଅଭିନେତା ସ୍ୱାମୀଙ୍କ ମାନସିକ ସମର୍ଥନ ଏବଂ ସେହି କଲେଜର ଛାତ୍ରୀ ନିଜ କନ୍ୟାର ସସ୍ନେହ ଅନୁଯୋଗ - ଏ ଉଭୟ ଏଥିପାଇଁ ତାଙ୍କୁ ଯଥେଷ୍ଟ ପ୍ରେରଣା ଯୋଗାଇ ଦିଏ ବୋଲି ସେ ସ୍ୱୀକାର କରନ୍ତି।"[୩] ଡ. ସଂଘମିତ୍ରା ମିଶ୍ର ତାଙ୍କ ନାଟକଗୁଡ଼ିକରେ କୌଣସି ନାଟ୍ୟସୂତ୍ରର ପ୍ରୟୋଗ ଉପରେ ଗୁରୁତ୍ୱ ପ୍ରଦାନ କରିନାହାନ୍ତି। ବରଂ ନାଟକଗୁଡ଼ିକର ଅଙ୍ଗ ତଥା ଆତ୍ମାର ସୌଷ୍ଠବ କେବଳ ତାଙ୍କର ନିଜସ୍ୱ ମୌଳିକ ଅଭିବ୍ୟକ୍ତିର ରୂପାନ୍ତର ମାତ୍ର। ତାଙ୍କର ପ୍ରତ୍ୟେକଟି ନାଟକରେ ରହିଛି ଜୀବନୀୟ ମହତ୍ତର ଅନୁଭବର ସୂତ୍ର। ଡ. ମିଶ୍ରଙ୍କ ନାଟ୍ୟ ଚେତନାର ପ୍ରତିଭୂ ଭାବରେ 'ବସୁଧାର ପ୍ରତିବାଦ ଓ ଅନ୍ୟାନ୍ୟ ନାଟକ' (୨୦୦୮), 'ପ୍ରତୀକ୍ଷାର ଅନ୍ତିମ ପ୍ରହର ଓ ଅନ୍ୟାନ୍ୟ ନାଟକ' (୨୦୧୫), 'ଆଶ୍ୱାସନାର ଅନ୍ତିମ ପର୍ବ' (୨୦୧୫), 'ପିଲାଙ୍କ ପାଇଁ ସାତୋଟି ନାଟକ' (୨୦୧୭) ଆଦି ଉଲ୍ଲେଖଯୋଗ୍ୟ। ନାଟକଗୁଡ଼ିକରେ ନାଟ୍ୟତତ୍ତ୍ୱ ସଂପର୍କିତ ତାଙ୍କର ଗଭୀର ଅନ୍ତର୍ଦୃଷ୍ଟି ଅନୁଭବ୍ୟ। 'ବସୁଧାର ପ୍ରତିବାଦ ଓ ଅନ୍ୟାନ୍ୟ ନାଟକ' ସଂକଳନସ୍ଥ ୧୨ ଗୋଟି ନାଟକ (୧୯୯୧ ମସିହାରୁ ୨୦୦୭ ମସିହା) ଦୀର୍ଘ ୧୬ ବର୍ଷ ମଧ୍ୟରେ ଲିଖିତ। ତାଙ୍କ ଜୀବନର ପ୍ରଥମ ନାଟକ 'ନାଗଫାଶ' (୧୯୯୧), ତାଙ୍କ ସୁପୁତ୍ରୀ 'ଅପରାଜିତାଙ୍କ ଆନ୍ତଃଶ୍ରେଣୀ' ନାଟକ ପ୍ରତିଯୋଗିତା ନିମନ୍ତେ ଲେଖିଥିଲେ

ବୋଲି ପୂର୍ବରୁ ସ୍ପଷ୍ଟ। ନାଟକର ସମସ୍ତ ବିଭବ ଧାରଣ କରି ମହିମାନ୍ୱିତ ହୋଇଛି ପ୍ର. ମିଶ୍ରଙ୍କ 'ଛୋଟ ନାଟକ' ଗୁଡ଼ିକ।

ଓଡ଼ିଶା ସାହିତ୍ୟ ଏକାଡେମୀ ପୁରସ୍କାରପ୍ରାପ୍ତ 'ବସୁଧାର ପ୍ରତିବାଦ ଓ ଅନ୍ୟାନ୍ୟ ନାଟକ' ପୁସ୍ତକସ୍ଥ ୧୨ ଗୋଟି ଛୋଟ ନାଟକ ରହିଛି। 'ଛୋଟ ନାଟକ' ପରମ୍ପରାକୁ ଏହି ନାଟକଗୁଡ଼ିକ ପରିପୁଷ୍ଟ କରିଛନ୍ତି। ସହିଷ୍ଣୁତା, ଆନ୍ତରିକ ଉତ୍ସର୍ଗର ଅନ୍ୟ ନାମ 'ବସୁଧା'। 'ବସୁଧା' କେବେ ହେଲେ ତା' ଯନ୍ତ୍ରଣାକୁ ନେଇ ପ୍ରତିବାଦ କରେନି। ଯଦି ବା କେବେ କରେ ତେବେ ସେହି ମାଟିରୁ ସେ ନିଜକୁ ମୁକ୍ତ କରିପାରେନି ଏବଂ ତାକୁ ହିଁ ଆଦରି ପଡ଼ିରହେ। ସେମିତି ଅସହାୟ ଜୀବନ ପ୍ରତି ବସୁଧା ମଧ୍ୟ ସହୃଦୟ ହୋଇଉଠେ। 'ବସୁଧା' ଏଠାରେ ପ୍ରତ୍ୟେକ ସହନଶୀଳା ନାରୀମାନଙ୍କର ପ୍ରତିନିଧିତ୍ୱ କରିଛି। 'ବସୁଧାର ପ୍ରତିବାଦ ଓ ଅନ୍ୟାନ୍ୟ ନାଟକ' ସଂକଳନସ୍ଥ - 'ବାରଟି ଛୋଟ ନାଟକ ମଧ୍ୟରୁ ପାଞ୍ଚଗୋଟିର ସ୍ୱର ବେଶ୍ ଉଚ୍ଚମାନର। ଏହି ପାଞ୍ଚଗୋଟି ଛୋଟ ନାଟକ ହେଉଛି- 'କେନ୍ଦ୍ରରୁ ପରିଧି ପର୍ଯ୍ୟନ୍ତ', 'ବସୁଧାର ପ୍ରତିବାଦ', 'ଅଧାଦେଖା ସ୍ୱପ୍ନର ନକ୍ସା', 'ଖଳନାୟକ' ଏବଂ 'ଅଭିଯୋଗହୀନ'। ବାକି ସାତଟିରେ ମିଶ୍ରରାଗର ସ୍ୱର ଅନୁଭବ କରିହୁଏ।"[୪] ତାଙ୍କର ସମସ୍ତ ନାଟକରେ ନିମ୍ନୋକ୍ତ ଭାବଧାରା ପରିଲକ୍ଷିତ ହୁଏ।

(କ) ମଧ୍ୟବିତ୍ତ ନାରୀ ସମାଜର ନିରବ ଯନ୍ତ୍ରଣା
(ଖ) ପ୍ରତିବାଦ ଭିତରେ ମଧ୍ୟ ମର୍ଯ୍ୟାଦାର ସୀମାଙ୍କନ
(ଗ) ନାରୀ ସମାଜରେ ଜେଜେମା ଠାରୁ ଗୃହିଣୀ ପୁଣି ଚାକରାଣୀର ସ୍ଥିତି ବର୍ଣ୍ଣନା
(ଘ) ଦାରିଦ୍ର୍ୟର କଷାଘାତରେ ଭାଙ୍ଗିପଡ଼ିଥିବା ମଣିଷ
(ଙ) ଅସୁରକ୍ଷିତ ନାରୀଜୀବନର କଥା
(ଚ) ଅସୀମ ସେବା, ତ୍ୟାଗ, ସମର୍ପଣ ସତ୍ତ୍ୱେ ନାରୀ ଜୀବନର ଦୁଃସ୍ଥିତି ଆକଳନର ଚିତ୍ର
(ଛ) ସଂସ୍କାର, ପରମ୍ପରାବାଦୀ କିଛି ବ୍ୟକ୍ତିବିଶେଷଙ୍କ ଜୀବନାଦର୍ଶ ଇତ୍ୟାଦିର ପ୍ରସଙ୍ଗ ରହିଛି।

'ବସୁଧାର ପ୍ରତିବାଦ ଓ ଅନ୍ୟାନ୍ୟ ନାଟକ' ସଂକଳନର ପ୍ରଥମ ଛୋଟ ନାଟକ 'କେନ୍ଦ୍ରଠାରୁ ପରିଧି ପର୍ଯ୍ୟନ୍ତ'ରେ ଛଅଜଣ ଚରିତ୍ର ମଧ୍ୟରୁ ମୁଖ୍ୟ ଚରିତ୍ର ଦୁଇଜଣ। ସୁଜାତା ଜଣେ ଉଚ୍ଚଶିକ୍ଷିତା ଆଦର୍ଶ ମହିଳା। ସ୍ୱାମୀ ସଂଜୀବଙ୍କ ସ୍ୱପ୍ନର ବିଦ୍ୟାଳୟକୁ ଆଦର୍ଶ ଗାର୍ଲ ସ୍କୁଲରେ ପ୍ରତିଷ୍ଠା ଦେବାକୁ ଚାହାନ୍ତି। ସ୍କୁଲ୍‌ର ପ୍ରେସିଡେଣ୍ଟ୍ ଭାବରେ ତା'ର ଇଣ୍ଟରଭ୍ୟୁର ସ୍ୱଚ୍ଛତା ପ୍ରତି ବେଶ୍ ଯତ୍ନଶୀଳା। କିନ୍ତୁ ତାଙ୍କ ନୀତିଗତ ବିଚାରକୁ

ଫନ୍ଦିଫିକର ମାଧ୍ୟମରେ ନିୟନ୍ତ୍ରିତ କରାଯାଇଛି। ସ୍ୱାମୀ ସଂଜୀବ ଓ ପୁତୁରା କିଶୋର ଚଷମା ପିନ୍ଧି ନ ଥିବା ସମୟରେ ସୁଜାତାଙ୍କଠାରୁ ଦସ୍ତଖତ ନେଇ ପୁତୁରା କିଶୋରର ସ୍ତ୍ରୀକୁ ଚାକିରିରେ ନିଯୁକ୍ତି ଦେଇଛନ୍ତି। "ଏକାଙ୍କିକାର ଅନ୍ତିମ ପର୍ଯ୍ୟାୟ ଆଡ଼କୁ ସାମ୍ପ୍ରାଦିକ ସତ୍ୟକୁ ସାକ୍ଷାତକାର ଦେବା ପ୍ରସଙ୍ଗରେ ନାଟ୍ୟକାର ଆଧୁନିକ ଶିକ୍ଷିତ ନାରୀର ଦୁଃସ୍ଥିତିକୁ ଚିତ୍ରିତ କରିବାକୁ ଚେଷ୍ଟା କରିଛନ୍ତି। ସୁଜାତା ଯିଏ ଅର୍ଥନୈତିକ ସ୍ୱାଧୀନତାକୁ ଆଡ଼େଇ ଦେଇ ଆଉ କାହାର ଶ୍ରଦ୍ଧା ଉପରେ ନିର୍ଭର କରି ସବୁକିଛି ଛାଡ଼ିଦିଏ, ତା'ର ପରିଣତ ବୟସରେ ସମାଜସେବା ହୋଇଯାଏ ଅସହାୟତାର ତା'ର ନାମାନ୍ତର।" ସଂପର୍କ ଯଦି ମାନବ ଜୀବନର କେନ୍ଦ୍ର ହୁଏ, ତାକୁ ଆଧାର କରିଥିବା ସ୍ୱାମୀ-ସ୍ତ୍ରୀ କେବଳ ପରସ୍ପରର ସଂଯୋଜକ ମାତ୍ର। ଯଦି କୈନ୍ଦ୍ରିକ ସଂପର୍କଟି ବିପର୍ଯ୍ୟସ୍ତ ତେବେ ପରିଧି ମଧ୍ୟ ଲକ୍ଷ୍ୟହୀନ ଭାବରେ କେବଳ ପ୍ରଲମ୍ବିତ ଥାଏ ମାତ୍ର। ତେଣୁ ସୁଜାତା ଚରିତ୍ର ମାଧ୍ୟମରେ ଡ. ମିଶ୍ର ପ୍ରତ୍ୟେକ ନାରୀର ହୃଦୟର ଅବ୍ୟକ୍ତ ଭାବକୁ ସ୍ପଷ୍ଟ କରି ଉଲ୍ଲେଖ କରିବାକୁ ଚାହିଁଛନ୍ତି- "ନାରୀ ସ୍ୱାଧୀନତା, ନାରୀ ମୁକ୍ତି ଏସବୁ କଳ୍ପନାର କଥା। କେନ୍ଦ୍ରଠାରୁ ପରିଧି ପର୍ଯ୍ୟନ୍ତ ସବୁଠି ନାରୀଟିଏ ଅପମାନିତ ହୁଏ। ଉପହାସ ଶୁଣେ। xxx କିନ୍ତୁ ନାରୀମୁକ୍ତିକୁ ମାନବାତ୍ମାର ମୁକ୍ତି ବୋଲି ନ ଭାବିଲା ଯାଏ ଆଉ ସବୁ ବେକାର।"(୬) ଆଜୀବନ ବିନା ଭୁଲ୍‌ରେ ନାରୀକୁ କେବଳ ଭୁଲ୍ ମାଗି ମାଗି ବଞ୍ଚିବାକୁ ହୁଏ ବୋଲି କହିବା ମାଧ୍ୟମରେ ସୁଜାତାଙ୍କ ଅନ୍ତର୍ବେଦନା ପ୍ରତ୍ୟେକ ନାରୀ ହୃଦୟର ବ୍ୟଥାକୁ ସ୍ପଷ୍ଟ କରିଛି।

କାନ୍ତକବି ଲକ୍ଷ୍ମୀକାନ୍ତଙ୍କ ଦାର୍ଶନିକ ଶବ୍ଦାବଳୀ- 'ଜୀବନପାତ୍ର ମୋ ଭରିଛ କେତେ ମତେ' ଏକାଙ୍କିକାରେ ଜୀବନକୁ ନେଇ ଅପ୍ରାପ୍ତିର ଏକ ଆବେଗିକ ଶୂନ୍ୟତା ଅନୁଭବ ହୁଏ। ଆଲୋଚ୍ୟ ନାଟକରେ ଛଅଜଣ ଚରିତ୍ର ମାଧ୍ୟମରେ ତିନିଗୋଟି ପିଢ଼ିର ମୂଲ୍ୟବୋଧ ପରିବର୍ତ୍ତନର ସୂକ୍ଷ୍ମ ରୂପକୁ ଅଙ୍କନ କରାଯାଇଛି। ପାରମ୍ପରିକ ଜନ୍ମଦିନ ପାଳନର ବିଧି ଏବଂ ଆଧୁନିକ ଜନ୍ମଦିନ ପାଳନର ବିଧି ବ୍ୟବସ୍ଥା ମଧ୍ୟରେ ଥିବା ଜେନେରେସନ୍ ଗ୍ୟାପ୍ (ପିଢ଼ିଗତ ବ୍ୟବଧାନ)କୁ ଅତି ନିଖୁଣ ଭାବରେ ଚିତ୍ରିତ କରାଯାଇଛି। "ମାଗିବା, ଦୋଷ ଲଦିବା ପାଇଁ ମଣିଷ ଭଗବାନ୍‌ଙ୍କୁ ତିଆରି କରିଛି। ଯେତେ ଥିଲେ ବି ତାକୁ ଦିଶେନି। ସେ ଆହୁରି ଅଧିକ ମାଗେ ଜୀବନର ଶେଷ ପର୍ଯ୍ୟନ୍ତ। ସେହିପରି ଏ ନାଟକର ବିଷୟ ପରିକଳ୍ପନା। ପୁରୁଣାକାଳିଆ ମଫସଲି ମଣିଷ ଜେଜେମା' ସୁଭଦ୍ରା ଦେବୀ ସଂସ୍କାର, ପରମ୍ପରାକୁ ଜାବୋଡ଼ି ଧରିଛନ୍ତି। କିନ୍ତୁ ସହରରେ ଥିବା ପୁଅ ବୋହୂର ସଂସାର ଭିତରେ ବୋହୂ ପ୍ରତି କଠୋର ମନୋଭାବ। କିନ୍ତୁ ପ୍ରକୃତରେ ଦେଖିବାକୁ ଗଲେ ତାଙ୍କ ବୋହୂ ମିଲି ଦେବୀ ସେପରି ନୁହନ୍ତି।"(୭)

'ନଚିକେତାର ଉତ୍ତରାଧିକାରୀ' ନାଟକରେ ପୁରାଣକଳ୍ପର ନଚିକେତା ଚରିତ୍ରକୁ ଆଧୁନିକ ସମାଜରେ ନୂତନ ମୂଲ୍ୟବୋଧର ଉପସ୍ଥାପକ ଭାବରେ ଗ୍ରହଣ କରାଯାଇଛି। ସାତଜଣ ଚରିତ୍ରଙ୍କୁ ନେଇ ପାଞ୍ଚଗୋଟି ଦୃଶ୍ୟ ବିଶିଷ୍ଟ ଏହି ନାଟକରେ ସମାଜର ଯୁବଗୋଷ୍ଠୀଙ୍କ ମନୋବୃତ୍ତିକୁ ଅତି ସୂକ୍ଷ୍ମ ଭାବରେ ବିଶ୍ଳେଷଣ କରାଯାଇଛି। ନିଜ ପିତା-ମାତାଙ୍କ ପ୍ରତି ସେମାନଙ୍କ ଉତ୍ତରାଧିକାରୀ ଥିବା ଗୁରୁଦାୟିତ୍ୱ ସଂପର୍କରେ ଏଥିରେ କମଳା ମାଉସୀ ସଚେତନ ବାର୍ତ୍ତା ପ୍ରଦାନ କରି କହିଛନ୍ତି- "ପ୍ରତ୍ୟେକ ପରିବାରରେ କାହା କାହା ଭିତରେ କେଉଁଠି କେଉଁଠି ଅସନ୍ତୋଷ, ଅବସୋସ ରହିବ। ତେଣୁ କାହା ପରିବାର ସର୍ବାଙ୍ଗ ସୁନ୍ଦର ନୁହେଁ। ଖାଲି ଆଡ୍‌ଜଷ୍ଟ୍ କରିବା କଥା। ସମସ୍ତଙ୍କ ଭିତରେ ଅସହାୟତା ଅଛି। ତେଣୁ ନିଜେ ନିଜକୁ ଗଢ଼ିବା ଶିଖ। ନିଜ ଦୃଷ୍ଟିଭଙ୍ଗୀରେ ତୁମେ ସଂସାରକୁ ଦେଖ। ତୁମ ଦୃଷ୍ଟିରେ ଧ୍ୱଂସ ପ୍ରକୃତରେ ଧ୍ୱଂସ ନୁହେଁ, ବରଂ ଏକ ନୂତନ ସୃଷ୍ଟିର ଆବାହନ। ତୁମେ ନଚିକେତାର ଉତ୍ତରାଧିକାରୀଗଣ ନିଜକୁ ଠିକ୍ ଭାବରେ ସାବ୍ୟସ୍ତ କଲେ ସବୁ ସୁଧୁରିଯିବ।"[୮]

'ନାଗଫାଶ' ନାଟକଟି ଡ. ମିଶ୍ରଙ୍କ ଦ୍ୱାରା ରମାଦେବୀ ମହିଳା ମହାବିଦ୍ୟାଳୟର ଶେଷବର୍ଷ ବିଜ୍ଞାନ ଛାତ୍ରୀମାନଙ୍କ ନିମନ୍ତେ ଲେଖା ହୋଇଥିଲା। ଯାହାକି ଏକ ଆନ୍ତଃଶ୍ରେଣୀ ଏକାଙ୍କିକା ପ୍ରତିଯୋଗିତା ଉପଲକ୍ଷେ ଉଦ୍ଦିଷ୍ଟ ଥିଲା। ଡ. ସଂଘମିତ୍ରା ମିଶ୍ରଙ୍କ ଅନ୍ୟତମ ଛୋଟ ନାଟକ 'ଅଭିଯୋଗହୀନ'ରେ ଛଅଜଣ ଚରିତ୍ରମାନଙ୍କୁ ନେଇ ଅତି ଚମତ୍କାର ଭାବବସ୍ତୁର ଚିତ୍ରାୟନ ହୋଇଛି। ଆଲୋଚ୍ୟ ନାଟକରେ ପାରିବାରିକ ଜୀବନର ଗତାନୁଗତିକ ଘଟଣାକୁ ବର୍ଣ୍ଣନା କରାଯାଇଥିଲେ ହେଁ ଜୀବନଦର୍ଶନ ଓ ନିଛକ ମୂଲ୍ୟବୋଧର ବାର୍ତ୍ତା ସୁଗୁମ୍ଫିତ ହୋଇଛି। ଝିଅମାନଙ୍କର ପାଠପଢ଼ା, କବିତା ଲେଖା, ଟିଉସନ୍, ବାହାଘର, ପ୍ରେଷ୍ଟିଜ୍‌କୁ ନେଇ ଜୀବନର ନିତ୍ୟନୈମିତ୍ତିକ ଘଟଣାବସ୍ତୁ ରହିଛି। 'ପୁତ୍ର ଯଦି ଯୋଗ୍ୟ ହୁଏ ଧନ କିମ୍ପା ସଂଚୁ'ର ବାର୍ତ୍ତା ମାଧ୍ୟମରେ ମଧ୍ୟବିତ୍ତ ମାନସିକତା, ଦାବିକୁ ଅଭିବ୍ୟକ୍ତ କରାଯାଇଛି। ଏହି ନାଟକରେ ବିଧବା- ପ୍ରୌଢ଼ା ସରସ୍ୱତୀ ଦେବୀ ଜଣେ କବୟିତ୍ରୀ। ଦୁଇଟି ପ୍ରତିଷ୍ଠିତ ପୁତ୍ର ସନ୍ତାନର ଜନନୀ ଭାବରେ ଗର୍ବିତା। କିନ୍ତୁ ସେମାନେ ସେମାନଙ୍କ ରାସ୍ତାରେ ରହି ତାଙ୍କ ନିକଟକୁ ଆସିପାରନ୍ତିନି। ସ୍ୱାମୀଙ୍କ ମୃତ୍ୟୁ ପରେ ସରସ୍ୱତୀଙ୍କ ଅଭିମାନ - "ମଣିଷଟା ଏଇଠି ଚାଲବୁଲ କରୁଥିଲା। ହଠାତ୍ କୋଉଦିନ ଫଟ ପାଲଟିଗଲା। ଫଟରେ ଜମିଲା ଧୂଳି - ବେଳ ବି ହେଲାନି ଝାଡ଼ିବାକୁ।"[୯] ନାଟକଟିରେ ଆଧୁନିକ ପିଲାମାନଙ୍କ ଷ୍ଟାଟସ୍ ଗୋଡ଼ାଣିଆ ନୀତି ପାଖରେ ବାପା-ମାଆ ସେମାନଙ୍କ ପାଇଁ ଅପହଞ୍ଚ ହୋଇଯିବାର କଥାବସ୍ତୁକୁ ଅତି ନିଖୁଣ ଭାବରେ ବର୍ଣ୍ଣନା କରାଯାଇଛି। ପିଲାମାନେ 'ସରସ୍ୱତୀ'ଙ୍କୁ ଖୋଜିଲାବେଳକୁ

ସେ ତୀର୍ଥ କରିବା ଉଦ୍ଦେଶ୍ୟରେ ବାହାରକୁ ଚାଲିଯାଇଥିବା ଘଟଣା ନାଟକକୁ ଅତି ହୃଦୟସ୍ପର୍ଶୀ କରିଛି ।

କବି କାଳିନ୍ଦୀଚରଣ ପାଣିଗ୍ରାହୀଙ୍କ ପ୍ରସିଦ୍ଧ କବିତା 'ଉଜ୍ଜ୍ୱଳ ଦଶଦିଗ ପାହିଲା ରାତି'ର ଶୀର୍ଷକ ଆଧାରିତ 'ଉଜ୍ଜ୍ୱଳ ଦଶଦିଗ ପାହିଲା ରାତି' ନାଟକ ରଚିତ । ସାତଜଣ ଚରିତ୍ର ତଥା ପାଞ୍ଚଗୋଟି ଦୃଶ୍ୟ ବିଶିଷ୍ଟ ଏହି ନାଟକରେ- "ନାଟ୍ୟକାରଙ୍କ ସ୍ରଷ୍ଟାମାନସ ପରମ୍ପରାରୁ ବିଚ୍ୟୁତ ନ ହୋଇ ଓଡ଼ିଶାର ସଂସ୍କାରିତ ସଂସ୍କୃତିକୁ ଏଥିରେ ପ୍ରାଧାନ୍ୟ ଦେଇଛନ୍ତି । ଚାଟଶାଳୀ ପାଠର ମହତ୍ତ୍ୱକୁ ଅଗ୍ରାଧିକାର ଦେଇ ଇଂରାଜୀ ସ୍କୁଲ୍‌ର ପାଠକୁ ଦେଶୀ ମାଟିରେ ଆରୋପଣ, ଆମ ପ୍ରଗତିର ପରିଚାୟକ ନୁହେଁ ବୋଲି କୁହାଯାଇଛି । ପର ପିଢ଼ିର ଭବିଷ୍ୟତଙ୍କ ଭିତରେ ସଂସ୍କାର, ପରମ୍ପରା ପ୍ରତି ମୋହଭଙ୍ଗ ହୋଇଛି । ସେମାନେ ପାଲଟି ଯାଉଛନ୍ତି ଯନ୍ତ୍ରମଣିଷ ।"[୧୦] ଆଲୋଚ୍ୟ ନାଟକରେ ନାଟ୍ୟକାର ଡ. ମିଶ୍ର ନୟନାଦେବୀ ଚରିତ୍ର ମାଧ୍ୟମରେ ଅସଜଡ଼ା ପୁତ୍ର ସାନୁକୁ ପଥପ୍ରଦର୍ଶନ କରିଛନ୍ତି । ମଧ୍ୟବିତ୍ତ ପରିବାରରେ ଆଜିକାଲିକା ପିଲାମାନଙ୍କ ପ୍ରକୃତି-ସ୍ୱଭାବର ପରିବର୍ତ୍ତନର ସମ୍ଭାବନା ଅଙ୍କନ କରିଛନ୍ତି ।

ପ୍ରଫେସର ଡ. ସଂଘମିତ୍ରା ମିଶ୍ରଙ୍କ 'ଖଳନାୟକ' ନାଟକରେ ଛଅଜଣ ଚିତ୍ର ଏବଂ ଛଅଗୋଟି ଦୃଶ୍ୟ ମାଧ୍ୟମରେ ଯାତ୍ରା କଳାକାରମାନଙ୍କ ଦୈନ୍ୟ ଅବସ୍ଥାର ଚିତ୍ର ରହିଛି । ସଂପ୍ରତି ସମାଜରେ ଯାତ୍ରାର ପରିକଳ୍ପିତ ଖଳନାୟକ ପରିବର୍ତ୍ତେ ଅସଂଖ୍ୟ ପ୍ରକୃତ-ମଣିଷପଣିଆହୀନ ଖଳନାୟକଙ୍କ ପ୍ରାଦୁର୍ଭାବ ସମାଜକୁ ଭୟଭୀତ କରୁଥିବା ପ୍ରସଙ୍ଗ ରହିଛି । ନାଟ୍ୟକାର ଭବିଷ୍ୟତ ନିମନ୍ତେ ଆଶାବାଦୀ ହୋଇ କହି ଉଠିଛନ୍ତି- "ପୁଣିଥରେ ଭଲ ସମୟ ଆସିବ । ମଣିଷ - ମଣିଷ ପରି ବଞ୍ଚିବ ଶ୍ରଦ୍ଧାରେ - ସମ୍ମାନରେ - ସଂପ୍ରୀତିରେ - ସ୍ୱାଭାବିକତାରେ । ଆଉ କେହି ଖଳନାୟକ ହେବେନି । ସମସ୍ତେ ହେବେ ନାୟକ - ମହାନାୟକ ।"[୧୧]

ଚାରିଟି ଚରିତ୍ର ଏବଂ ପାଞ୍ଚଗୋଟି ଦୃଶ୍ୟ ବିଶିଷ୍ଟ 'ସ୍ମୃତି ଓ ସ୍ୱପ୍ନର ସହର' ଏକ ପରୀକ୍ଷାମୂଳକ ନାଟକ । ଏଥିରେ ଡ. ମିଶ୍ର ଅତି କାବ୍ୟିକ ଶୈଳୀରେ ମାନବ ଜୀବନ ନିମନ୍ତେ ଉଭୟ ସ୍ମୃତି ଏବଂ ସ୍ୱପ୍ନର ମହତ୍ତ୍ୱକୁ ପ୍ରତିପାଦନ କରିଛନ୍ତି । 'ମହେଶ୍ୱର' ଚରିତ୍ର ମାଧ୍ୟମରେ ଏହି ନାଟକରେ ଡ. ମିଶ୍ର ଉଲ୍ଲେଖ କରିଛନ୍ତି- "ସ୍ମୃତି ଆଉ ସ୍ୱପ୍ନକୁ ଛାଡ଼ିପାରିବିନି । ସେ ଦୁହେଁ ମୋର ବଞ୍ଚିବାର ଆଧାର ।"[୧୨] 'ପାଠ ଦେଖାଏ ବାଟ' ଡ. ମିଶ୍ରଙ୍କ ଦ୍ୱାରା ଲିଖିତ ଏକ କିଶୋର ନାଟକ ହେଲେ ହେଁ ସର୍ବଜନ ଉଦ୍ଦିଷ୍ଟ । ଆଲୋଚ୍ୟ ନାଟକରେ ପାଠ ଏବଂ ବହିର ମହତ୍ତ୍ୱ ପ୍ରତିପାଦିତ ହୋଇଛି ।

ସାତଜଣ ଚରିତ୍ର ବିଶିଷ୍ଟ ଏବଂ ଚଉଦଗୋଟି ଦୃଶ୍ୟ ସମ୍ମିଳିତ ନାଟକ

'ଅଧାଦେଖା ସ୍ୱପ୍ନର ନକ୍‌ସା'ରେ ନାଟ୍ୟକାର ଡ. ମିଶ୍ର ଅତି ଚମତ୍କାର କାବ୍ୟିକ ଶୈଳୀରେ ବର୍ତ୍ତମାନର ସାମାଜିକ ବ୍ୟବସ୍ଥା ପ୍ରତି ଅଙ୍ଗୁଳି ନିର୍ଦ୍ଦେଶ କରିଛନ୍ତି। ଆଲୋଚ୍ୟ ନାଟକରେ ଧର୍ମ ଓ କର୍ମକୁ ନେଇ ଉଭୟ ବିଧି ମହତ୍ତ୍ୱର ପ୍ରସଙ୍ଗ ରହିଛି। କିନ୍ତୁ ପରିଶେଷରେ ସଂସ୍କାରିତ ଜୀବନବୋଧକୁ ହିଁ ଜୀବନର ପ୍ରକୃତ ଆଧାର ଭାବରେ ଗୁରୁତ୍ୱ ପ୍ରଦାନ କରିଛନ୍ତି ନାଟ୍ୟକାର।

'ବସୁଧାର ପ୍ରତିବାଦ' ସଂକଳନସ୍ଥ ସେହି ଶୀର୍ଷକ ଛୋଟ ନାଟକଟି ପାଞ୍ଚଜଣ ଚରିତ୍ର ବିଶିଷ୍ଟ ଏବଂ ଚାରିଗୋଟି ଦୃଶ୍ୟ ସନ୍ନିବେଶିତ ରଚନା। ପ୍ରତ୍ୟେକ ନାରୀର ସୌହାର୍ଦ୍ଦ୍ୟପୂର୍ଣ୍ଣ ଆଚରଣ ହିଁ 'ବସୁଧା' ନାମର ଯଥାର୍ଥ ପ୍ରତିନିଧିତ୍ୱ କରିଥାଏ। "ନାରୀ ହିଁ ବସୁଧାର ପ୍ରତୀକ ହିସାବରେ ବ୍ୟବହୃତ। ନାରୀ ପ୍ରତିବାଦ କରେ ନାହିଁ, ପ୍ରତିରୋଧ କରେ ନାହିଁ। କେବଳ ରେସ୍‌ପଣ୍ଡ୍ କରେ। ଖଣ୍ଡିତ ଦୃଷ୍ଟିରେ ପ୍ରତିବାଦ ପରି ଅନୁଭୂତ ହେଉଥିଲେ ମଧ୍ୟ ସମଗ୍ର ଦୃଷ୍ଟିରେ ତାହା ଏକ ଉଚ୍ଚସ୍ତରର ଗ୍ରହଣଶୀଳତା। ପରିଣତ-ବିଶ୍ୱଚେତନାର କଲ୍ୟାଣ କାମନା। ଏକ ସାମୟିକ ସଂସାର ଭିତରେ ପୁନଃ ସୃଜନର ସଂକେତ। ଏକ ଶାନ୍ତ ଶୀତଳ ସୂର୍ଯ୍ୟାସ୍ତରେ ମଧ୍ୟ ଏକ ଗତିମାନ, ଉଜ୍ଜ୍ୱଳ ଉଷାର ପ୍ରତିଶ୍ରୁତି।"[୧୩] ମଧ୍ୟବିତ୍ତ ପରିବାରରେ ସ୍ୱାମୀ-ସ୍ତ୍ରୀଙ୍କ ମାନସିକତାର ଭିନ୍ନତା, ସ୍ୱାମୀର ପୁରୁଷକୈନ୍ଦ୍ରିକ ଅହଂକାର ସମ୍ମୁଖରେ ସ୍ତ୍ରୀ ପ୍ରତି ହେୟ ମନୋଭାବ, ରାଜନୀତିକ ବିପକ୍ଷ ମନୋଭାବକୁ ନେଇ ଶତ୍ରୁତା, ଚକ୍ରାନ୍ତ, କ୍ଷମତାଲିପ୍‌ସା ଭଳି ମାନସିକତା ମଧ୍ୟରେ ନାରୀର ବୁଝାମଣା, ଦୟନୀୟ ସ୍ଥିତି ସତ୍ତ୍ୱେ ଅନ୍ୟମାନଙ୍କ ପ୍ରତି ସମ୍ବେଦନାର ସ୍ୱର ରହିଛି। ସ୍ୱାମୀ ସୁଧାକରଙ୍କ ପୁରୁଷସୁଲଭ ଅହଂ ଆଗରେ ମନ୍ଦାକିନୀ ହାର୍ ମାନି ନାହାନ୍ତି। ନିଜ ଅସ୍ତିତ୍ୱକୁ ହାର୍ ମାନିବାକୁ ନ ଦେଇ ସେ କହି ଉଠିଛନ୍ତି- "ତୁମ ହାତର ଖେଳନା ହେଲି ଢେର୍ ଦିନ। ଏବେ ଦୁର୍ବାର ଭାଗ୍ୟ ହାତରେ ଖେଳନା ହୁଏ।"[୧୪] ଆଲୋଚ୍ୟ ନାଟକରେ ଭ୍ରଷ୍ଟ ରାଜନୀତିର ନିମ୍ନଗାମୀ ସ୍ୱରୂପ ଉନ୍ମୋଚିତ ହୋଇଛି।

'ବସୁଧାର ପ୍ରତିବାଦ ଓ ଅନ୍ୟାନ୍ୟ ନାଟକ' ସଂକଳନସ୍ଥ ଶେଷ ଏକାଙ୍କିକା ହେଉଛି 'ଲୋଡୁଥିବା ସୁଖର ଠିକଣା'। ଲୌକିକ ସୁଖ ତଥା ଅଲୌକିକ-ଅନିର୍ବଚନୀୟ ସୁଖର ଦାର୍ଶନିକ ବ୍ୟାଖ୍ୟାକୁ ସାତଜଣ ଚରିତ୍ରଙ୍କ ମାଧ୍ୟମରେ ଚରିତ୍ରାୟନ ହୋଇଛି। ନାଟ୍ୟକାର ପ୍ରଫେସର ସଂଘମିତ୍ରା ମିଶ୍ରଙ୍କ ଜୀବନବ୍ୟାପୀ ନୀତିନିଷ୍ଠ-ମୂଲ୍ୟବୋଧର ଏହା ଏକ ଅଭିନବ ଏକାଙ୍କିକା। ପ୍ରତ୍ୟେକ ମଣିଷ ନିଜ ବ୍ୟକ୍ତିତ୍ୱ ଦୁଃଖ-ଦୈନ୍ୟକୁ ନେଇ ସନ୍ତପ୍ତ। ସେଇଠି ଦୁଃଖର ବିଷାକ୍ତ ପରିବେଶ ପୁନଶ୍ଚ ସେଇଠି ସୁଖର ଆଲୋକିତ ରୂପ ଥାଏ। ତେବେ କେବଳ ଆତ୍ମକୈନ୍ଦ୍ରିକ ସୁଖର ସନ୍ଧାନ ମଣିଷର ଲକ୍ଷ୍ୟ ହେବା ଉଚିତ ନୁହେଁ ବରଂ ଅପରର ଦୁଃଖ-ସୁଖକୁ ନିଜ ଭିତରେ ଅନୁଭବ କରିପାରିଲେ

ଏକ ପ୍ରକାର ଅନନ୍ୟ ସୁଖର ଠିକଣା ମିଳିଯାଇ ପାରିବ ବୋଲି ଏହି ଏକାଙ୍କିକାର ବାର୍ତ୍ତା ରହିଛି। ଏକାଙ୍କିକାର ମୁଖ୍ୟ ଚରିତ୍ର ସୁବୋଧବାବୁ 'ବୁଝାମଣା ହିଁ ଆମ ପାରିବାରିକ ଜୀବନର ମୂଳପିଣ୍ଡ' ବୋଲି କହିଥିବାବେଳେ ତାଙ୍କ ସ୍ତ୍ରୀ ସୁନ୍ଦନା 'ସହିଷ୍ଣୁତା ହିଁ ପାରିବାରିକ ଜୀବନର ମୂଳକଥା' ବୋଲି ସୁନ୍ଦର ଅଭିବ୍ୟକ୍ତି ପ୍ରଦାନ କରିଛନ୍ତି।

ଡ. ମିଶ୍ରଙ୍କ ଦ୍ୱାରା ଲିଖିତ 'ପ୍ରତୀକ୍ଷାର ଅନ୍ତିମ ପ୍ରହର ଓ ଅନ୍ୟାନ୍ୟ ନାଟକ' (୨୦୧୫) ସଂକଳନସ୍ଥ ଦଶଗୋଟି ଛୋଟ ନାଟକରେ ବହୁ ଭାବାଦର୍ଶ-ସାର୍ବଜନୀନ ଅନୁଭବ ତଥା ଜୀବନୋପଲବ୍ଧିର ଚମତ୍କାର ସମୀକରଣ ରହିଛି। ନଅଗୋଟି ଦୃଶ୍ୟ ବିଶିଷ୍ଟ ପ୍ରଥମ ନାଟକ 'ପ୍ରତୀକ୍ଷାର ଅନ୍ତିମ ପ୍ରହର'ରେ ଡ. ମିଶ୍ରଙ୍କ ଗାନ୍ଧୀବାଦୀ ଦର୍ଶନ ଅନୁରଣିତ ହୋଇଛି। ଆଲୋଚ୍ୟ ନାଟକରେ ନାୟକ ଶଙ୍କର ଜଣେ ଆଦର୍ଶ ବ୍ୟକ୍ତି। ବାଲ୍ୟବିଧବା ପାର୍ବତୀଙ୍କୁ ବିବାହ କରିଛନ୍ତି ଏବଂ ସରକାରୀ ଚାକିରିକୁ ଅଗ୍ରାହ୍ୟ କରିଛନ୍ତି। ନିଜ ଜୀବନବ୍ୟାପୀ ତ୍ୟାଗର ଫଳସ୍ୱରୂପରେ ଅପନ୍ତରାରେ ଏକ ଆଶ୍ରମ ସ୍କୁଲ୍ ପ୍ରତିଷ୍ଠା କରିଛନ୍ତି। ଦେଶସେବାକୁ ଗୁରୁତ୍ୱ ଦେଇ ଶଙ୍କର ଆଜୀବନ ଆଦର୍ଶପୂର୍ଣ୍ଣ ଜୀବନ ବଞ୍ଚିଛନ୍ତି। ଶଙ୍କର ଗାନ୍ଧୀବାଣୀର ପ୍ରଚାର, ଭାରତ ପରି ମହାନ୍ ଦେଶର ଜୟଜୟକାର, ସ୍ନେହ-ସୌହାର୍ଦ୍ଦ୍ୟ, ସମାଜ ସଂସ୍କାର ଓ ଧୈର୍ଯ୍ୟଧାରଣ ପୂର୍ବକ ସମାଜର ମୁଖ୍ୟସ୍ରୋତରେ ରହିବାର ଆଭିମୁଖ୍ୟ ନେଇ ଆଗକୁ ବଢ଼ିଛନ୍ତି। ସେ ଦୃଢ଼ କଣ୍ଠରେ କହିଛି- "ମୁଁ କିନ୍ତୁ ସାଲିସ କରିନି। ମୁଁ ଦୁର୍ନୀତି କରିନି। ନିଜ ପାଇଁ ଭୁଲ୍ ବାଟରେ ଯାଇ ଅର୍ଥ ସଂଗ୍ରହ କରିନି।"(୧୫) ଆଲୋଚ୍ୟ ନାଟକରେ ଦୁର୍ନୀତିମୁକ୍ତ-ଲାଞ୍ଚମୁକ୍ତ ଜୀବନଯାତ୍ରାର ବାର୍ତ୍ତା ରହିଛି। ପୁଅ ବିପିନ୍ ବିଦେଶୀ ସମାଜ ବ୍ୟବସ୍ଥା ଦ୍ୱାରା ପ୍ରଭାବିତ ହୋଇଥିଲେହେଁ ବିଦେଶିନୀ ବୋହୂ ନାନ୍‌ସି, ନାତୁଣୀ ଆଲିସ୍ ଏବଂ ନାତି ଆଲର୍ଟଙ୍କ ସରଳ ଜୀବନ ଦୃଷ୍ଟିକୁ ନାଟ୍ୟକାର ଏଠାରେ ଚିତ୍ରିତ କରିବାକୁ ଭୁଲିନାହାନ୍ତି। ଅତି ନିରପେକ୍ଷ ଭାବରେ ଆଧୁନିକ ମାନବ ସମାଜରେ ଗତିଶୀଳ ଥିବା ଆଦର୍ଶଗତ ଦ୍ୱନ୍ଦ୍ୱ-ସଂଘାତ ଏଥିରେ ଅତି ଚମତ୍କାର ଢଙ୍ଗରେ ବର୍ଣ୍ଣିତ ହୋଇଛି। ପାର୍ବତୀ ନିଜ ନାତି-ନାତୁଣୀଙ୍କ ମନରେ ଗାନ୍ଧୀଙ୍କ ମହତ୍ତ୍ୱ ପ୍ରତିଷ୍ଠା କରିବାକୁ କହିଛନ୍ତି- "ଗାନ୍ଧୀଙ୍କ କଥା ସେତେବେଳେ ଥିଲା ଠାକୁରଙ୍କ ତୁଣ୍ଡରୁ ବାହାରୁଥିବା କଥା ପରି ଗୁରୁତ୍ୱପୂର୍ଣ୍ଣ। କେତେ ଲୋକ ନିଜର ଜମିବାଡ଼ି, କେତେ ସ୍ତ୍ରୀ ଲୋକ ନିଜ ନିଜ ସୁନା-ଗହଣା ଗାନ୍ଧୀଙ୍କ ପାଦତଳେ ଅଜାଡ଼ି ଦେଉଥିଲେ।"(୧୬) ଆଶ୍ରମ ଜୀବନ, ଦୁର୍ନୀତିମୁକ୍ତ ମୂଲ୍ୟବୋଧ, ଦେଶସେବାର ଅସୀମ ଶ୍ରଦ୍ଧାର ସ୍ୱର ବହନ କରିଛି 'ପ୍ରତୀକ୍ଷାର ଅନ୍ତିମ ପ୍ରହର' ନାଟକଟି।

ଛଅଗୋଟି ଚରିତ୍ର, ପାଞ୍ଚଗୋଟି ଦୃଶ୍ୟ ବିଶିଷ୍ଟ 'ସୂଚନା ଗୋଟେ ଝିଅର ନାଁ' ଏକାଙ୍କିକାରେ ଅବସରପ୍ରାପ୍ତ ପୋଲିସ୍ ଅଫିସର ନୃସିଂହ ବାବୁ ଏବଂ ନିର୍ମଳା ଦେବୀଙ୍କ

ସାନ ଝିଅ ସୂଚନା ନାମକୁ କେବଳ ଏକାଙ୍କିକାର ଶୀର୍ଷକ ଭାବରେ ଗ୍ରହଣ କରାଯାଇଛି ଯାହା, କିନ୍ତୁ ପ୍ରକାରାନ୍ତରେ ଜୀବନର ଅସଂଖ୍ୟ ଘଟଣାକ୍ରମର ନାଟକୀୟ ସୂଚନା ଏଥିରେ ସ୍ଥାନିତ ହୋଇଛି। ସମ୍ମାନଜନକ ଜୀବନ ଜିଇବାର ଆହ୍ୱାନ ସହିତ ଆଜିକାଲିକା ଆଧୁନିକ ସମାଜର ଦେଖାଣିଆ ମନୋଭାବର ବହୁ ପ୍ରସଙ୍ଗ ଏଥିରେ ଚିତ୍ରିତ କରାଯାଇଛି। ପାରିବାରିକ ଜୀବନର ଚଉଆଖିଆପଣ, ଦାୟିତ୍ୱବୋଧ ସଂପର୍କିତ ବହୁ ସୂଚନା ପ୍ରତି ସତର୍କ ରହିବାର ବାର୍ତ୍ତା ମଧ୍ୟ ଏଥିରେ ରହିଛି। ନୃସିଂହବାବୁଙ୍କ ଶବ୍ଦରେ- "ଆଜିକାଲିକା ପିଲା ତ ଭୂଇଁଛଡ଼ା ହେଲେ। ପରମ୍ପରାକୁ ଭୁଲିଯିବା ଅର୍ଥ ନିଜ ଚେରକୁ ପାସୋରିଯିବା।"[୧୭] ନିଜ ପାରିବାପଣ, ଜୀବନ ଅନୁଭୂତିର ସୂଚନାକୁ ପାଥେୟ କରି ତା' ଉପରେ ଦମ୍ଭଧରି ଠିଆହେଲେ ହେଁ ମଣିଷ ଏ ସମାଜରେ ତିଷ୍ଠିପାରିବ ବୋଲି 'ଫର୍ଚ୍ଚା ଆଲୁଅର ସମ୍ବାଦ' ଛୋଟ ନାଟକରେ ପାଞ୍ଚଜଣ ଚରିତ୍ର ଏବଂ ଆଠଟି ଦୃଶ୍ୟର ସମାବେଶ ରହିଛି। ଜୀବନବାବୁ ଏବଂ ତାଙ୍କ ପତ୍ନୀ ସ୍ୱାତୀଙ୍କ ଦୀର୍ଘ ବୈବାହିକ ଜୀବନରେ ଦାମ୍ପତ୍ୟ ସଂଘାତର ଚିତ୍ର ଏଥିରେ ବର୍ଣ୍ଣିତ ହୋଇଛି। ସ୍ୱାତୀ ଜଣେ ସଂସ୍କାରପୂର୍ଣ୍ଣ ନାରୀ ଭାବରେ ସ୍ୱାମୀଙ୍କ ପ୍ରତି ସମର୍ପିତା, ଶାଶୂଙ୍କ ପ୍ରତି ଯତ୍ନଶୀଳା। ଜୀବନବାବୁଙ୍କୁ ନେଇ ସମ୍ବେଦନଶୀଳା ସ୍ୱାତୀଙ୍କ 'ସ୍ୱପ୍ନର ପ୍ରସଙ୍ଗ'କୁ ନାଟକର ଆରମ୍ଭରେ ସଂଯୁକ୍ତ କରି, ନାଟ୍ୟକାର ଏହାକୁ ଗତିଶୀଳ କରିଛନ୍ତି। କୌଣସି ସ୍ୱପ୍ନକୁ unfullfilled desireର ଚାପ ଭାବରେ ଗ୍ରହଣ କରୁଥିବା ଜୀବନବାବୁ ତାଙ୍କ ସହକର୍ମିଣୀ ଟିନାଙ୍କ ପ୍ରତି ଆକର୍ଷିତ। ସ୍ୱାତୀ ନିଜ ସ୍ୱପ୍ନରେ ଜୀବନବାବୁ କୌଣସି ଗୋଟିଏ ଉଚ୍ଚା ପାହାଡ଼ ଉପରୁ ଖସିପଡୁଥିବା ଦେଖି ବହୁତ ବ୍ୟସ୍ତ। ଶାଶୂ ମଧ୍ୟ ଆପଣାର ମଣିଷମାନଙ୍କୁ ଆଗତ ଭବିଷ୍ୟ ଦେଖାଯାଏ ବୋଲି ବିଶ୍ୱାସ କରନ୍ତି। ଟିନା ସହିତ ସ୍ୱାମୀଙ୍କ ସଂପର୍କ ଥିବା ଘଟଣାକୁ ସ୍ୱାତୀ ପ୍ରତିକ୍ରିୟାଶୀଳ ନ ହୋଇ ଅତ୍ୟନ୍ତ ଧୈର୍ଯ୍ୟର ସହିତ ସମାଧାନ କରିଛନ୍ତି। ସ୍ୱାମୀ-ପୁରୁଷକୁ ପତନରୁ ରକ୍ଷା କରିଛନ୍ତି ପତ୍ନୀ ସ୍ୱାତୀ। ସ୍ୱାତୀ ଚରିତ୍ର ମାଧ୍ୟମରେ ଡ. ମିଶ୍ର ପ୍ରତ୍ୟେକ ନାରୀଙ୍କ ମନକଥାକୁ ଅଭିବ୍ୟକ୍ତ କରି ଲେଖିଛନ୍ତି- "ସ୍ତ୍ରୀ ଲୋକଟିଏ କ'ଣ ନେଇ ବଞ୍ଚେ ? ବିଶ୍ୱାସ।"

ଡ. ସଂଘମିତ୍ରା ମିଶ୍ରଙ୍କ ଅନ୍ୟ ଏକ ଛୋଟ ନାଟକ 'ନିଷ୍ପତ୍ତି ନେବାର ଲଗ୍ନ'ରେ ଆଠଜଣ ଚରିତ୍ର ମାଧ୍ୟମରେ ସାତଗୋଟି ଦୃଶ୍ୟର ଅବତାରଣା ରହିଛି। ୬୫ ବର୍ଷୀୟା ଜେଜେମା' ସରଳା ଦେବୀ ସାମାଜିକ ପରମ୍ପରା, ମୂଲ୍ୟବୋଧ, ନୀତିନିଷ୍ଠ-ସାମାଜିକ ଚଳଣିରେ ବିଶ୍ୱାସୀ। ଘର ପରିବାର, ନାତି-ନାତୁଣୀ, ସ୍ୱଜନ ବାନ୍ଧବଙ୍କୁ ନେଇ ପରିପୂର୍ଣ୍ଣ ସଂସାର ତାଙ୍କର। ଜୀବନର ଅର୍ଥ ବୁଝି, ବୁଝାଇବାରେ ବିଶ୍ୱାସୀ। 'ସମାଜର ନିୟମ ସାତଗଣ୍ଠିର ନୁହେଁ ବରଂ ସତର ଗଣ୍ଠିରେ ବନ୍ଧା' ବୋଲି ନୀତି-ନିୟମର ସାମାଜିକ

ସୀମା ନିର୍ଦ୍ଧାରଣ କରିଛନ୍ତି । ଜେଜେ ଉଦୟବାବୁଙ୍କ ଶବ୍ଦରେ- "କି ଯୁଗ ହେଲା ଆସି । ବାପା-ମାଆ ଥାଉ ଥାଉ ପୁଅ ଘରର ମୁରବୀ"[୧୮]ର ଏକ ଅସହାୟତା ପ୍ରକାଶିତ ହୋଇଛି । କଥାଭାଗରେ ଲିଲି ଚରିତ୍ର ମାଧ୍ୟମରେ ରାଜନୈତିକ ପ୍ରତିଷ୍ଠା ପାଇଁ ଆକାଙ୍କ୍ଷିତ ସ୍ୱାମୀ ମନୋଜକୁ ପ୍ରତିବାଦ କରିବାର ସାମର୍ଥ୍ୟ ଦେଇଛନ୍ତି ନାଟ୍ୟକାର । ଡ. ମିଶ୍ରଙ୍କ ଅନ୍ୟାନ୍ୟ ନାଟକ ଗୁଡ଼ିକର ନାରୀ ଚରିତ୍ର ସୁଜାତା, ସୁନନ୍ଦା ଏବଂ ମିଲିଦେବୀଙ୍କ ପରି ଲିଲି ନିଷ୍କ୍ରିୟା ହୋଇନାହିଁ ବରଂ ପ୍ରତିକୂଳ ସ୍ଥିତିଗୁଡ଼ିକର ସମ୍ମୁଖ କରିଛି ।

ପାଞ୍ଚଜଣ ଚରିତ୍ର ଏବଂ ଛଅଗୋଟି ଦୃଶ୍ୟ ବିଶିଷ୍ଟ ଛୋଟ ନାଟକ 'ଆଞ୍ଚଳିକ ସମାଚାର'ରେ ଅତି ବ୍ୟଙ୍ଗାତ୍ମକ ଭାବରେ ନାଟକୀୟ ପରିବେଶର ଅବତାରଣା ହୋଇଛି । ଯେଉଁଠି ଅବସରପ୍ରାପ୍ତ ସଦାନନ୍ଦବାବୁଙ୍କ ଘରେ ରେଡିଓ ମାଧ୍ୟମରେ ସମାଚାର ବିବରଣୀ ଚାଲିଛି । ଦଳେଇ ଘାଇର ବନ୍ୟା ପ୍ରକୋପ ହେତୁ ଜଳବନ୍ଦୀ ଉପକୂଳ ଜିଲ୍ଲାରେ ରିଲିଫ୍ ବଣ୍ଟନର ଦୃଶ୍ୟ, କଲେଜ କ୍ଷେତ୍ରରେ ଉଚ୍ଚଶିକ୍ଷାର ନିର୍ଦ୍ଦେଶ ଇତ୍ୟାଦି ଦୃଶ୍ୟର ଚିତ୍ର ପ୍ରଦାନ କରାଯାଇଛି । ଏହି ସମୟ ବାହ୍ୟ ସମାଚାର ମଧ୍ୟ ଦେଇ ଜୀବନ ସମସ୍ୟାର ଅତ୍ୟନ୍ତ ନିଛକ ରୂପ ସବୁ ରୂପାୟିତ ମଧ୍ୟ ହୋଇଛି । ଚାକିରିରୁ ଅବସରପ୍ରାପ୍ତ ୭୦ ବର୍ଷ ବୟସ୍କ ସଦାନନ୍ଦବାବୁ 'ସଂପର୍କ'ମାନଙ୍କୁ ମହତ୍ତ୍ୱ ପ୍ରଦାନ କରିଛନ୍ତି । କେବେ କେବେ ତାଙ୍କୁ 'ସଂପର୍କର ସେତୁରେ ଗୁଣ୍ଡୁଚିମୂଷା ବାଲି ଟିକେ ଝାଡ଼ିଥିବା ମନେ ହୋଇଛି' ତ ପୁଣି କେତେବେଳେ 'ସଂପର୍କ ମଣିଷକୁ ଦମ୍ଭ କରେ ନା ଅସହାୟ କରେ' ବୋଲି ତାଙ୍କ ମନରେ ପ୍ରଶ୍ନ ଉଠିଛି । ସଦାନନ୍ଦଙ୍କ ସହଧର୍ମିଣୀ କାଞ୍ଚନ ଦେବୀ ମଧ୍ୟ ସଂପର୍କମାନଙ୍କର ନିରାଶାଜନକ ସ୍ଥିତି ସଂପର୍କରେ କହିଉଠିଛନ୍ତି- "ସଂପର୍କର ଯେଉଁ ବଗିଚାରେ ଖତସାର ଦେଇ ଦେଇ ମୁଁ ବୁଢ଼ୀ ହେଲି, ସେଠି ଖାଲି ପୋକସୁଙ୍ଘା ଫୁଲ ।" ପୁଣି କହିଛନ୍ତି- "ଏ କି ସଂପର୍କର ଝୁଲା ବଗିଚା ? ଯେଉଁଠି କେବେ ଫୁଲ ଫଳ ହବାରନାହିଁ, ଏଥର ଈଶ୍ୱରଙ୍କ ସାଙ୍ଗରେ ସଂପର୍କ ଯୋଡ଼ିବା କଥା, ଆଉ ନିଜକୁ ତାଙ୍କ ଜିମା ଛାଡ଼ିଦିଅ ।"[୧୯] ଡ. ମିଶ୍ରଙ୍କ ପ୍ରତ୍ୟେକ ନାଟକରେ ନୈତିକ ମୂଲ୍ୟବୋଧର ଅଭିନବ ସମୀକରଣ ଉପଲବ୍ଧ ହୁଏ । ସେ ଯାହା କହିବାକୁ ଚାହାନ୍ତି, ତାକୁ ଦର୍ଶକଙ୍କ ସମ୍ମୁଖରେ ଉପସ୍ଥାପିତ କରିନେବାର ପଥ ନିର୍ଦ୍ଧାରିତ କରିଥାନ୍ତି ।

'ସମୟ ବଦଳିଗଲାଣି ପରା' - ଛୋଟ ନାଟକରେ ଆଠଜଣ ଚରିତ୍ର ଏବଂ ସପ୍ତମ ଦୃଶ୍ୟର ଅବତାରଣା ରହିଛି । ଗ୍ରାର୍ହସ୍ଥ୍ୟ ଜୀବନରେ ପୁଅ-ଝିଅ ସମାନ ବୋଲି ଯେତେ ଆଶ୍ୱାସନା ଦେଲେ ମଧ୍ୟ ଝିଅମାନଙ୍କ ନିମନ୍ତେ ନାନାଦି କଟକଣା ରହିଛି । "ସାଂପ୍ରତିକ ସମାଜରେ ବହୁ ସଂଖ୍ୟାରେ ପ୍ରେମ ବିବାହ ସଂପନ୍ନ ହେଉଥିଲେ ସୁଦ୍ଧା ରକ୍ଷଣଶୀଳ ପରିବାରରେ ଆଜି ମଧ୍ୟ ପ୍ରେମ ବିବାହର ବିରୋଧ କରାଯାଉଛି । ଏପରି

ଅବସ୍ଥାରେ ଭାଷା ନାୟିକା ମଧ୍ୟବିତ୍ତ ପରିବାରର ଝିଅ ହୋଇ ସୁଦ୍ଧା ଯେଉଁ ସାହସର ପରିଚୟ ଦେଇଛି, ତାହା ଭବିଷ୍ୟତର ପତ୍ନୀ ହିସାବରେ ମଧ୍ୟ କାଏମ ରହିବ।"[୨୦] ଆଶା ଚରିତ୍ର ମାଧ୍ୟମରେ ନାରୀ ଜୀବନର ଅବ୍ୟକ୍ତ ଯନ୍ତ୍ରଣାକୁ ରୂପାୟିତ କରାଯାଇଛି - "ତୁ ବୁଝିପାରିବୁନି ଭାଷା। ଗୋଟିଏ ଝିଅର ଆତ୍ମସମ୍ମାନ କେତେ କ୍ଷତାକ୍ତ ହୁଏ। ଯେତେବେଳେ ବରପକ୍ଷ ପରେ ଖବର ଦେବୁ କହି ଚାଲିଯା'ନ୍ତି, ଆଉ ବାପା-ବୋଉ ଫୋନ୍ କରି କରି ଥକିଯା'ନ୍ତି। ଶେଷରେ ଉତ୍ତର ଆସେ- ନାଇଁ।"[୨୧] ଆଲୋଚ୍ୟ ଛୋଟ ନାଟକରେ ଯୌତୁକର ବିଡ଼ମ୍ବନାପୂର୍ଣ୍ଣ ପରିସ୍ଥିତିକୁ ବର୍ଣ୍ଣନା କରାଯାଇଛି। ପରିଶେଷରେ ମଧୁବାବୁଙ୍କ ଉଚିତ ନିର୍ଦ୍ଦେଶ- "ଆଜିର ଝିଅମାନେ ଯଦି ପଢ଼ାଶୁଣା, ଖେଳକୁଦ, ଗୀତ ସବୁଥିରେ ନାମ କରନ୍ତେ ନା, ତେବେ ଆପେ ଆପେ ଏ ପୋଡ଼ାଜଳା, ହଣାମରା, ଆତ୍ମହତ୍ୟା ସବୁ କମିଯାନ୍ତା।"[୨୨]

ସାତଜଣ ଚରିତ୍ର ଏବଂ ପାଞ୍ଚଗୋଟି ଦୃଶ୍ୟ ବିଶିଷ୍ଟ ଛୋଟ ନାଟକ 'ବଡ଼ପାଟିରେ କହିବାକୁ ହୁଏ' ମାଧ୍ୟମରେ ପାରିବାରିକ ଜୀବନର ନୈରାଶ୍ୟଜନକ ସ୍ଥିତି ବର୍ଣ୍ଣିତ। Flashbackର ପ୍ରଭାବ ଦେଇ ଜିତୁବାବୁ ଅତୀତର ସ୍ମୃତିଚାରଣ କରିଛନ୍ତି। ଜିତୁବାବୁ ଦାର୍ଶନିକଙ୍କ ଭଳି ଏଥିରେ କହିବସିଛନ୍ତି- "ନ ଥିଲା ଗଛର ଛାଇକୁ ମନ କରିବା ଯାହା, ଅତୀତକୁ ଝୁରି ହୋଇ ଆଜି ପାଇଁ ଅଦରକାରୀ ହୋଇଯିବା ସେଇଆ।"[୨୩] ଜିତୁବାବୁଙ୍କ ମତରେ ଅତୀତରେ ପାରିବାରିକ ଜୀବନରେ ବୁଝାମଣା ଦ୍ୱାରା ଆଡ୍‌ଜଷ୍ଟ୍‌ମେଣ୍ଟ୍ ହୋଇପାରୁଥିଲା। ହେଲେ ଆଜିର ସମୟରେ ନିଜର ମନର କଥାକୁ ବଡ଼ ପାଟିରେ କହିବାକୁ ହୁଏ। ଆଜିର ସଂପର୍କ ଏବଂ ସମୟର ଅଦ୍ଭୁତ ସତ୍ୟ ଏୟା ଯେ - "ଦୁନିଆ ବଦଳେ। ଯିଏ ବଦଳିପାରେ ଦୁନିଆ ତାକୁ ଛାଡ଼ି ଆଗେଇ ଯାଏ।" ସୀମାଙ୍କ ଶବ୍ଦରେ- "ଯାହାକୁ ଆମେ ଭଲପାଉ ତା' ପାଇଁ adjust କରିବାଟା ବାଧେନି, ଭଲ ଲାଗେ।"[୨୪] ପାରିବାରିକ ଜୀବନରେ ସବୁରି ଭଲ ଗୁଣ ଦେଖିବାକୁ ହୁଏ। "ବଞ୍ଚିବାକୁ ହେଲେ କ୍ଷମା ମାଗିବାକୁ ପଡ଼େ। ବଡ଼ପାଟିରେ ବି କହିବାକୁ ହୁଏ ନିଜ ମନ କଥା।"[୨୫] ଡ. ମିଶ୍ର ଜୀବନକୁ ବଞ୍ଚିବାର ସୁନ୍ଦର ସୂତ୍ର ପ୍ରଦାନ କରିଛନ୍ତି।

'ଠିକଣା ହଜାଇଥିବା ନାୟକ' ଛୋଟ ନାଟକରେ ପାଞ୍ଚଜଣ ଚରିତ୍ର ଏବଂ ପାଞ୍ଚଗୋଟି ଦୃଶ୍ୟର ସମାବେଶ ରହିଛି। ଜେଜେ ହରିବାବୁ ଗାନ୍ଧିଗୋଳର ଦେଶପ୍ରେମୀମାନଙ୍କ ମଧ୍ୟରୁ ଜେଲ୍ ଯାଇଥିବା ନିଜ ବନ୍ଧୁ ନରିଙ୍କୁ ଅପେକ୍ଷା କରିଛନ୍ତି। ଦୀର୍ଘବର୍ଷ ପରେ ହରିବାବୁ ତାଙ୍କ ଚେହେରା ମନେପକେଇ ପାରୁନାହାନ୍ତି। ନରି କୌଣସି ବସ୍ ଆକ୍ସିଡେଣ୍ଟ୍‌ର ସମ୍ମୁଖୀନ ହୋଇଥିବା କଥା ଶୁଣି ହରିବାବୁ ବ୍ୟତିବ୍ୟସ୍ତ ହୋଇପଡ଼ି ତାଙ୍କୁ ଖୋଜି ଚାଲିଚନ୍ତି। ନାଟକର ଶେଷରେ ହରିବାବୁ ଉପଲବ୍ଧି କରିଛନ୍ତି, ସେଇ

ଠିକଣା ହଜାଇଥିବା ନାୟକ ନରିବାବୁ ଯେ କେବେ ମରି ନ ପାରନ୍ତି ବୋଲି ଉପଲବ୍ଧି କରିଛନ୍ତି ।

'ପ୍ରତୀକ୍ଷାର ଅନ୍ତିମ ପ୍ରହର ଓ ଅନ୍ୟାନ୍ୟ ନାଟକ' ସଂକଳନସ୍ଥ ଛୋଟ ନାଟକ 'ନିଜକୁ ପରଖିବାର ବେଳ'ରେ ଚାରିଜଣ ଚରିତ୍ର ତଥା ଚାରିଟି ଦୃଶ୍ୟର ସମାବେଶ ରହିଛି । ଆଲୋକ ବାବୁ 'ଦବା - ମରିବାକୁ କେହି ଭଲପାଆନ୍ତିନି' ବୋଲି ଦାର୍ଶନିକ ଯୁକ୍ତିଟିଏ ଅଭିବ୍ୟକ୍ତ କରିବା ସହିତ ମଣିଷ ନିଜ ଜୀବନକୁ ମ୍ୟାନେଜ୍ କରିବାର ମ୍ୟାନେଜ୍‌ମେଣ୍ଟ୍ ଶିକ୍ଷା ଆବଶ୍ୟକ ବୋଲି ବାର୍ତ୍ତା ଦେଇଛନ୍ତି । ଫେସ୍‌ବୁକ୍ ଚାଟିଙ୍ଗ୍, ଆଇପଡ୍‌ର ମାୟାରେ ବାୟା ଥିବା ଆଧୁନିକ ପିଢ଼ିର ଅସ୍ତବ୍ୟସ୍ତ ଜୀବନକୁ ଦେଖି ଲୀଳାଦେବୀ- "ଭଲରେ ରହିବାକୁ ଟଙ୍କା ପଇସାଠାରୁ ବୁଝାମଣା ଅଧିକ ଲୋଡ଼ା । ପରସ୍ପର ଲାଗି ଉପଯୋଗୀ ହେବା" ନିମନ୍ତେ ନିଜ ଅନୁଭବର କଥାଟିଏ କହିଛନ୍ତି ।

'ସବୁ ଚିକ୍‌ଚିକ୍ କରୁଥିବା ଜିନିଷ ସୁନା ନୁହେଁ'ର ଦାର୍ଶନିକତାକୁ ନେଇ ଆଧାରିତ 'ନାୟକର ସନ୍ଧାନରେ' ଛୋଟ ନାଟକଟିରେ ସାତଜଣ ଚରିତ୍ର ଏବଂ ଛଅଗୋଟି ଦୃଶ୍ୟର ଅବତାରଣା ହୋଇଛି । ଜେଜେ ମୂରଲୀବାବୁଙ୍କ ନାତୁଣୀ ଝାନ୍‌ସୀ ଶୋଭନ ନାମକ ଯୁବକକୁ ଭଲପାଇ ବିବାହ କରିବାକୁ ଚାହେଁ । ଅନୁଭୂତିସଂପନ୍ନ ମୂରଲୀବାବୁ ଶୋଭନକୁ ପରଖିବାକୁ ଯାଇ ତାକୁ ଘରକୁ ଡାକିଛନ୍ତି । କାମର ବାହାନା କରି ଶୋଭନ ଆସିନାହିଁ । ଝାନ୍‌ସୀ ନିଜ ଭୁଲ୍ ବୁଝିପାରିଛି । ଝାନ୍‌ସୀର ବିବାହ ପାଇଁ ଭିନ୍ନ ନାୟକର ସନ୍ଧାନ ଆବଶ୍ୟକତାକୁ ଜେଜେ ପ୍ରମାଣିତ କରିଛନ୍ତି ।

ମଧ୍ୟବିତ୍ତ ପରିବାରର ବିଭିନ୍ନ ଅନୁଭବ-ଅନୁଭୂତିକୁ ନେଇ ଡ. ମିଶ୍ର ତାଙ୍କ ଛୋଟ ନାଟକଗୁଡ଼ିକର କଥାବସ୍ତୁକୁ ବାସ୍ତବବାଦୀ କରିଛନ୍ତି । ପ୍ରତ୍ୟେକ ଏକାଙ୍କିକାର ଜୀବନୀୟ ମୂଲ୍ୟବୋଧ ତଥା ନୀତିବାଦର ସ୍ୱର ଭାସ୍ୱର । ଏସବୁରେ ଦ୍ୱନ୍ଦ୍ୱ-ସଂଘର୍ଷ-ସଂଶୟ ଇତ୍ୟାଦି ନାଟ୍ୟାଙ୍ଗର ସୀମିତ ସ୍ଥିତି ରହିଛି । "ନାଟ୍ୟକାର ମିଶ୍ର ମୁଖ୍ୟତଃ ବେତାର ପାଇଁ ଲେଖନ୍ତି । ଦୃଶ୍ୟଧର୍ମିତା ନାଟକର ପ୍ରଧାନ ଲକ୍ଷଣ ହୋଇଥିବାରୁ ଏବଂ ବେତାର ନାଟକରେ ସେତକ ନ ଥିବାରୁ ଏହାକୁ ପ୍ରକୃତ ନାଟକର ମର୍ଯ୍ୟାଦା ଦିଆଯିବା ଉଚିତ ନୁହେଁ ବୋଲି ବହୁ ଆଲୋଚକ କହି ଆସୁଛନ୍ତି । x x x ବାସ୍ତବରେ ବେତାର ନାଟକରୁ ଦୃଶ୍ୟଧର୍ମିତା ସଂପୂର୍ଣ୍ଣ ଅନୁପସ୍ଥିତ ରହିଥାଏ, ଏହି ଧାରଣା ଠିକ୍ ନୁହେଁ । ଶ୍ରାବ୍ୟ ଧର୍ମ ସାହାଯ୍ୟରେ ଦୃଶ୍ୟ ଧର୍ମ ଫୁଟାଇବାର ଦୁରୂହ ଦାୟିତ୍ୱଟିକୁ ବେତାର ନାଟ୍ୟକାରଙ୍କୁ ପାଳନ କରିବାକୁ ହୋଇଥାଏ । ଅର୍ଥାତ୍ ଶ୍ରୋତା ମନଶ୍ଚକ୍ଷୁରେ ସଂପୂର୍ଣ୍ଣ ଦୃଶ୍ୟଟିକୁ ଉପଭୋଗ କରୁଥିବାର ଅନୁଭବକୁ ସଫଳ ବେତାର ନାଟ୍ୟକାରଙ୍କୁ ସୃଷ୍ଟି କରିବାକୁ ହୁଏ ଏବଂ ତେବେ ଯାଇ ବେତାର ନାଟକ 'perfect play for radio medium

ହୋଇଥାଏ। ନାଟ୍ୟକାର ମିଶ୍ରଙ୍କର ନାଟକଗୁଡ଼ିକ ମୁଖ୍ୟତଃ ବାଚିକ ଅଭିନୟଧର୍ମୀ ହୋଇଥିବାରୁ ବେତାର ମାଧ୍ୟମ ପାଇଁ ସଂପୂର୍ଣ୍ଣ ଉପଯୁକ୍ତ।"(୨୬)

ପ୍ର. ସଂଘମିତ୍ରା ମିଶ୍ରଙ୍କ ଅନ୍ୟତମ ଛୋଟ ନାଟକ ପୁସ୍ତକ 'ଆଶ୍ୱାସନାର ଅନ୍ତିମ ପର୍ବ'ରେ ଆଠଜଣ ଚରିତ୍ର ଏବଂ ସାତଗୋଟି ଦୃଶ୍ୟର ସମାବେଶ ରହିଛି। ଗୋଟିଏ ଗାଁକୁ ଶ୍ରେଷ୍ଠ ଗ୍ରାମର ମାନ୍ୟତା ମିଳିଥିବା ହେତୁ ସାରା ଗାଁ ଚର୍ଚ୍ଚାରେ ରହିଛି। ହେଲେ ମୂଷାଗାତ ଭଳି ଗାଁର ବହୁ ପ୍ରତିକୂଳ ସ୍ଥିତି ମଧ୍ୟ ରହିଛି। ଜେଜୀମା'ଙ୍କୁ ସେହି ଅଞ୍ଚଳର ଏମ୍.ଏଲ୍.ଏ କରିବାକୁ ସମସ୍ତେ ଚାହିଁଛନ୍ତି। ଧୀରବାବୁ ନିଜ ବୋଉକୁ ମହିଳା ୱାର୍ଡରୁ ଆଶାୟୀ ପ୍ରାର୍ଥୀ ରୂପେ ଫିଟ୍ ମନେ କରିଛନ୍ତି। କିନ୍ତୁ ରାଜନୀତିକ ପଙ୍କିଳ ପରିବେଶ ଭିତରକୁ ନ ଯିବା ପାଇଁ ଜେଜୀମା' ରୋକ୍‌ଠୋକ୍ ମନା କରିଦେଇଛନ୍ତି। ଜେଜୀମା'ଙ୍କ ଭଳି ପାରମ୍ପରିକ ମୂଲ୍ୟବୋଧସଂପନ୍ନ ମଣିଷମାନେ ବାସୁକି ଭଳି ସାରା ସଂସାରର ଓଜନ ସମ୍ଭାଳିବା ପରି ସାମର୍ଥ୍ୟ ରଖନ୍ତି। ସେହିମାନଙ୍କୁ ହିଁ ସାଂପ୍ରତିକ ସମୟ ଓ ସମାଜ ନିମନ୍ତେ ଆଶ୍ୱାସନାର ଅନ୍ତିମ ପର୍ବ କହିଲେ ଭୁଲ୍ ହେବ ନାହିଁ।

ଡ. ମିଶ୍ରଙ୍କ 'ଛୋଟ ନାଟକ' ତାଙ୍କ ଅସୀମ ବିଦ୍‌ବତ୍ତାର ପରିଚୟ ବହନ କରିଛି। ଏସବୁର ଆତ୍ମିକ ଦିଗ ଯେତିକି ଆଭାଯୁକ୍ତ, ଆଙ୍ଗିକ ଦିଗ ମଧ୍ୟ ଅନୁରୂପ ଭାବରେ ନାଟକୀୟ ଢଙ୍ଗରେ ଚମତ୍କାର। ତାଙ୍କ ଏକାଙ୍କିକା ଗୁଡ଼ିକରେ ବହୁ ହିନ୍ଦୀ ଶବ୍ଦ, ଇଂରାଜୀ ଶବ୍ଦ, ପୁରାଣ କଳ୍ପ, ଚିତ୍ରାତ୍ମକ ପଦ ଏବଂ ଲୋକୋକ୍ତିର ପ୍ରୟୋଗ ରହିଛି।

ହିନ୍ଦୀ ଶବ୍ଦ: ଛୁଟ୍‌କାରା, ହର୍‌ଦମ୍, ହୋନେୱାଲା, ଦୁଲ୍ହେରାଜା ଇତ୍ୟାଦି

ଇଂରାଜୀ ଶବ୍ଦ: ଲ୍ୟାଣ୍ଡ୍‌ଫୋନ୍, କ୍ୟାମ୍ପସ୍, ଷ୍ଟାଟିକ୍ ଇତ୍ୟାଦି

ପୁରାଣକଳ୍ପ: 'ମହାଭାରତର କୃଷ୍ଣଙ୍କ ଠାରୁ ମ୍ୟାନେଜମେଣ୍ଟ୍‌ର ଶିକ୍ଷା', 'ଯୋଉ ଗାଣ୍ଡୀବ ହାତ, ସେହି ଗାଣ୍ଡିବ ମାଥ'

ଲୋକୋକ୍ତି:

- ମୂଳରୁ ମୂଷା ଯିବାକୁ ବାଟ ନାହିଁ
  ନାଁ ତା' ଲାଞ୍ଜରେ ଗୋଟାଏ କୁଲା।

ମର୍ମବାଣୀ:

- ଯାହାର ମନ ଯେଡ଼େ, ତାହାର ପ୍ରଭୁ ତେଡ଼େ।
- ଊଣା ହେଉଛି ଦିନୁଦିନ ଆୟୁଷ, ଆଉ ଏଣିକି ଅଛି କେତେ ବୟସ
  ଉଦ୍ଧାର ହେବୁ ଯେବେ ଭବସାଗରୁ, ଉପାୟ କରି ଭଜ ଏବେ ଶ୍ରୀ ଗୁରୁ।

- ଗଲେଣି ତୋ ସଙ୍ଗରୁ ଯେତେକ ଜନ
  ଗଣ୍ଠିରେ ବାନ୍ଧିନେଲେ କେତେ କେତେ ଧନରେ।
- କହଇ ମନ ଆରେ ମୋ ବୋଲ କର
  କି ଘେନିଯିବୁ ତୋର ଛୁଟିଲେ ଘଟ।

ଜଣେ ନାରୀ ଭାବରେ ପ୍ରଫେସର ଡ. ସଂଘମିତ୍ରା ମିଶ୍ର ସଂପୂର୍ଣ୍ଣ ଜଗତପ୍ରତି ସମ୍ବେଦନଶୀଳ। ନାରୀ ମନସ୍ତତ୍ତ୍ୱକୁ ମର୍ମେ ମର୍ମେ ଅନୁଭବ କରିବା ସହିତ ସଂସାର ଏବଂ ଜୀବନର ଅଦ୍ଭୁତ ଶକ୍ତିଶାଳୀ ସେତୁବନ୍ଧ ଭାବରେ ନାରୀକୁ ସେ ସମ୍ମାନ ଦେଇଛନ୍ତି। ନାରୀ ହିଁ ନୈତିକତାର ମାନଦଣ୍ଡ। ନାଟକ ମାଧ୍ୟମରେ ନୀତିବାଦର ପ୍ରତିଷ୍ଠା ହିଁ ହୋଇଛି ପ୍ରଫେସର ମିଶ୍ରଙ୍କ ସୃଷ୍ଟି ଆଦର୍ଶ। ସାଂପ୍ରତିକ ସମୟରେ ଡ. ମିଶ୍ର ନାରୀ ଚେତନାର ଜଣେ ଆଦର୍ଶପୂର୍ଣ୍ଣ ଦୃଷ୍ଟାନ୍ତ।

ସହାୟକ ଗ୍ରନ୍ଥସୂଚୀ:

୧. ମିଶ୍ର ସଂଘମିତ୍ରା - ପ୍ରତୀକ୍ଷାର ଅନ୍ତିମ ପ୍ରହର ଓ ଅନ୍ୟାନ୍ୟ ନାଟକ - କାବ୍ୟଲୋକ - ୨୦୧୫ - ପୃ:୫

୨. ମିଶ୍ର ସଂଘମିତ୍ରା - ସଦିଚ୍ଛାର ସହସ୍ରଧାରା - ଫ୍ରେଣ୍ଡ୍ସ ପବ୍ଲିଶର୍ସ - ୨୦୧୫ - ପୃ:୩୯୧/୩୯୨

୩. ସଂପାଦିକା - ସ୍ୱାଇଁ ବିଜୟଲକ୍ଷ୍ମୀ - ସୃଜନ ଓ ସମାଲୋଚନାର ଯୁଗଳବନ୍ଦୀ - ମିତା ବୁକ୍ସ - ୨୦୧୩ - ପୃ: ୯/୧୦

୪. ସଂପାଦିକା - ସ୍ୱାଇଁ ବିଜୟଲକ୍ଷ୍ମୀ - ସୃଜନ ଓ ସମାଲୋଚନାର ଯୁଗଳବନ୍ଦୀ - ମିତା ବୁକ୍ସ - ୨୦୧୩ - ପୃ: ୪୯

୫. ସଂପାଦିକା - ସ୍ୱାଇଁ ବିଜୟଲକ୍ଷ୍ମୀ - ସୃଜନ ଓ ସମାଲୋଚନାର ଯୁଗଳବନ୍ଦୀ - ମିତା ବୁକ୍ସ - ୨୦୧୩ - ପୃ: ୭୫

୬. ମିଶ୍ର ସଂଘମିତ୍ରା - ବସୁଧାର ପ୍ରତିବାଦ ଓ ଅନ୍ୟାନ୍ୟ ନାଟକ - ପବ୍ଲିଶିଂ ହାଉସ୍ - ଭୁବନେଶ୍ୱର - ୨୦୧୮ - ପୃ:୧୫

୭. ସଂପାଦିକା - ସ୍ୱାଇଁ ବିଜୟଲକ୍ଷ୍ମୀ - ସୃଜନ ଓ ସମାଲୋଚନାର ଯୁଗଳବନ୍ଦୀ - ମିତା ବୁକ୍ସ - ୨୦୧୩ - ପୃ: ୬୩

୮. ସଂପାଦିକା - ସ୍ୱାଇଁ ବିଜୟଲକ୍ଷ୍ମୀ - ସୃଜନ ଓ ସମାଲୋଚନାର ଯୁଗଳବନ୍ଦୀ - ମିତା ବୁକ୍ସ - ୨୦୧୩ - ପୃ: ୬୬

୯. ମିଶ୍ର ସଂଘମିତ୍ରା - ବସୁଧାର ପ୍ରତିବାଦ ଓ ଅନ୍ୟାନ୍ୟ ନାଟକ - ପବ୍ଲିଶିଂ ହାଉସ୍ - ଭୁବନେଶ୍ୱର - ୨୦୧୮ - ପୃ:୭୧

୧୦. ସଂପାଦିକା - ସ୍ୱାଇଁ ବିଜୟଲକ୍ଷ୍ମୀ - ସୃଜନ ଓ ସମାଲୋଚନାର ଯୁଗଳବନ୍ଦୀ - ମିତା ବୁକ୍ସ - ୨୦୧୩ - ପୃ: ୬୭

୧୧. ମିଶ୍ର ସଂଘମିତ୍ରା - ବସୁଧାର ପ୍ରତିବାଦ ଓ ଅନ୍ୟାନ୍ୟ ନାଟକ - ପବ୍ଲିଶିଂ ହାଉସ୍ - ଭୁବନେଶ୍ୱର - ୨୦୧୮ - ପୃ:୧୧୮

୧୨. ମିଶ୍ର ସଂଘମିତ୍ରା - ବସୁଧାର ପ୍ରତିବାଦ ଓ ଅନ୍ୟାନ୍ୟ ନାଟକ - ପବ୍ଲିଶିଂ ହାଉସ୍ - ଭୁବନେଶ୍ୱର - ୨୦୧୮ - ପୃ:୧୩୩

୧୩. ସଂପାଦିକା - ସ୍ୱାଇଁ ବିଜୟଲକ୍ଷ୍ମୀ - ସୃଜନ ଓ ସମାଲୋଚନାର ଯୁଗଳବନ୍ଦୀ - ମିତା ବୁକ୍ସ - ୨୦୧୩ - ପୃ: ୯୨

୧୪. ମିଶ୍ର ସଂଘମିତ୍ରା - ବସୁଧାର ପ୍ରତିବାଦ ଓ ଅନ୍ୟାନ୍ୟ ନାଟକ - ପବ୍ଲିଶିଂ ହାଉସ୍ - ଭୁବନେଶ୍ୱର - ୨୦୧୮ - ପୃ:୧୯୨

୧୫. ମିଶ୍ର ସଂଘମିତ୍ରା - ପ୍ରତୀକ୍ଷାର ଅନ୍ତିମ ପ୍ରହର ଓ ଅନ୍ୟାନ୍ୟ ନାଟକ - କାବ୍ୟଲୋକ - ୨୦୧୫ - ପୃ:୨୦

୧୬. ମିଶ୍ର ସଂଘମିତ୍ରା - ପ୍ରତୀକ୍ଷାର ଅନ୍ତିମ ପ୍ରହର ଓ ଅନ୍ୟାନ୍ୟ ନାଟକ - କାବ୍ୟଲୋକ - ୨୦୧୫ - ପୃ:୨୨

୧୭. ମିଶ୍ର ସଂଘମିତ୍ରା - ପ୍ରତୀକ୍ଷାର ଅନ୍ତିମ ପ୍ରହର ଓ ଅନ୍ୟାନ୍ୟ ନାଟକ - କାବ୍ୟଲୋକ - ୨୦୧୫ - ପୃ:୫୬

୧୮. ମିଶ୍ର ସଂଘମିତ୍ରା - ପ୍ରତୀକ୍ଷାର ଅନ୍ତିମ ପ୍ରହର ଓ ଅନ୍ୟାନ୍ୟ ନାଟକ - କାବ୍ୟଲୋକ - ୨୦୧୫ - ପୃ:୮୭

୧୯. ମିଶ୍ର ସଂଘମିତ୍ରା - ପ୍ରତୀକ୍ଷାର ଅନ୍ତିମ ପ୍ରହର ଓ ଅନ୍ୟାନ୍ୟ ନାଟକ - କାବ୍ୟଲୋକ - ୨୦୧୫ - ପୃ:୧୨୮

୨୦. ସଂପାଦିକା - ସ୍ୱାଇଁ ବିଜୟଲକ୍ଷ୍ମୀ - ସୃଜନ ଓ ସମାଲୋଚନାର ଯୁଗଳବନ୍ଦୀ - ମିତା ବୁକ୍ସ - ୨୦୧୩ - ପୃ: ୩୧

୨୧. ମିଶ୍ର ସଂଘମିତ୍ରା - ପ୍ରତୀକ୍ଷାର ଅନ୍ତିମ ପ୍ରହର ଓ ଅନ୍ୟାନ୍ୟ ନାଟକ - କାବ୍ୟଲୋକ - ୨୦୧୫ - ପୃ:୧୪୨

୨୨. ମିଶ୍ର ସଂଘମିତ୍ରା - ପ୍ରତୀକ୍ଷାର ଅନ୍ତିମ ପ୍ରହର ଓ ଅନ୍ୟାନ୍ୟ ନାଟକ - କାବ୍ୟଲୋକ - ୨୦୧୫ - ପୃ:୧୫୧

୨୩. ମିଶ୍ର ସଂଘମିତ୍ରା - ପ୍ରତୀକ୍ଷାର ଅନ୍ତିମ ପ୍ରହର ଓ ଅନ୍ୟାନ୍ୟ ନାଟକ - କାବ୍ୟଲୋକ - ୨୦୧୫ - ପୃ:୧୫୭

୨୪. ମିଶ୍ର ସଂଘମିତ୍ରା - ପ୍ରତୀକ୍ଷାର ଅନ୍ତିମ ପ୍ରହର ଓ ଅନ୍ୟାନ୍ୟ ନାଟକ - କାବ୍ୟଲୋକ - ୨୦୧୫ - ପୃ:୧୬୮

୨୫. ମିଶ୍ର ସଂଘମିତ୍ରା - ପ୍ରତୀକ୍ଷାର ଅନ୍ତିମ ପ୍ରହର ଓ ଅନ୍ୟାନ୍ୟ ନାଟକ - କାବ୍ୟଲୋକ - ୨୦୧୫ - ପୃ:୧୭୧

୨୬. ସଂପାଦିକା - ସ୍ୱାଇଁ ବିଜୟଲକ୍ଷ୍ମୀ - ସୃଜନ ଓ ସମାଲୋଚନାର ଯୁଗଳବନ୍ଦୀ - ମିତା ବୁକ୍‌ସ - ୨୦୧୩ - ପୃ: ୨୦

ଜୀବନସ୍ପୃହାରେ ମଗ୍ନ
'ସରିଯାଇଥିବା ଅପେରା'

ଜୀବନର ଜଟିଳ ପ୍ରହରମାନଙ୍କୁ ଅତିକ୍ରମ କରି, ଆତ୍ମପ୍ରତୀତିର ହୁକୁମ୍‌ରେ ଲେଖନୀ ଧାରଣ କରିଥିବା କବି ହୃଷୀକେଶ ମଲ୍ଲିକ ଉତ୍ତର ଅଶୀ କବିତାକୁ ଦେଇଛନ୍ତି ଏକ ସ୍ୱତନ୍ତ୍ର ଧରା ଓ ଧାରଣା। ସେ ହୃଦ୍‌ବୋଧ କରନ୍ତି- "କବି ଭାଷା ସାଧେ ନାହିଁ, ଭାଷା ହିଁ ସାଧେ କବିକୁ। ହୁକୁମ୍ ଆସେ ଆଉ କୋଉଠୁ, ଲେଖନୀରେ କେବଳ ତାକୁ ତୋଳିଧରେ କବି। ଯେଉଁ କବିତା ଲେଖାହୁଏ, ବେଶୀ କ୍ଷଣ ସେଠି ରହି ହୁଏନା। ପୁଣି ଯେଉଁ କବିତା ଲେଖା ସରେ, ସେଠାକୁ ବି ଆଉ କ୍ୱଚିତ୍ ଫେରିହୁଏ। କବି ମାତ୍ର ଜଣେ। କଲମକାର ଆଉ କିଏ କିଏ। ଅସ୍ଥିର କାଳ ଅନୁକ୍ଷର ମୂର୍ତ୍ତି କବିତାକୁ ଜଗି ରହେ।"[୧] କବି ହୃଷୀକେଶ ମଲ୍ଲିକଙ୍କ କବିତାର ନିଛାଟିଆ ଦିଗ୍‌ବଳୟରେ କୀଟଠୁଁ ବ୍ରହ୍ମଯାଏ ତାଙ୍କ ମହାକବିତାର ଅଂଶୀଦାର। 'ସରିଯାଇଥିବା ଅପେରା'ରେ ବ୍ରହ୍ମାଣ୍ଡଛନ୍ଦ ତଥା ଜୀବନବାଦର ଦର୍ଶନ ଅନୁରଣିତ ହୋଇଛି।

ଜୀବନ ମଞ୍ଚର ଏ ଜାଗତିକ ଅପେରାଟି ଚିରନ୍ତନ। ଅପେରାର ସେହି ରଙ୍ଗମଖା ଚରିତ୍ରଙ୍କ ଗମନ-ଆଗମନ-ବିଦାୟର ଦୃଶ୍ୟ ଅହରହ ଚାଲିଛି। ରାତିର ଦୃଶ୍ୟପଟ ସକାଳକୁ ନ ଥାଏ। ସମୟଘଣ୍ଟାର ପରିକ୍ରମଣ ଦେଇ ଖୋଳପାଛନ୍ନ ଚରିତ୍ରମାନଙ୍କର ରଙ୍ଗଛଡ଼ା ଚେହେରା ହିଁ ବାସ୍ତବ ଜୀବନଯନ୍ତ୍ରଣାକୁ ଚ୍ୟାଲେଞ୍ଜ୍ ଦିଏ। ଅପେରାର ସିଦ୍ଧି କେବଳ ନିଜକୁ ଜୀବନ୍ତ ଭାବରେ ଦର୍ଶକଙ୍କ ସମ୍ମୁଖରେ ଅଭିନୟକୁ ଫୁଟେଇବାରେ। କିନ୍ତୁ ମଞ୍ଚ ଉପରେ ପାରିଲାପଣ ଓ ଆଣ୍ଠସବୁ ରାତି ପାହିଲା ମାତ୍ରେ। ଗେଣ୍ଡା ଭଳି ଜାକିଜୁକି ସାଂକୁଚିଯିବା ସୁନିଶ୍ଚିତ। ସେ ଜାନ୍ତବ ଜ୍ୱାଳା ହେଉ କିମ୍ବା ଜୀବନ କ୍ରାନ୍ତି

ହେଉ 'ପେଟ ପୋଷ୍ ନାହିଁ ଦୋଷ' ନ୍ୟାୟରେ 'ଅପେରା' ହିଁ ସବୁଙ୍କୁ ଆଶ୍ରୟ ଦିଏ। 'ସରିଯାଇଥିବା ଅପେରା' ପ୍ରକୃତରେ କାଳକାଳର ଅସରନ୍ତି ଜୀବନଯାତ୍ରାକୁ ପ୍ରତିବିମ୍ବିତ କରିଛି। ଦର୍ଶକଙ୍କ ପାଇଁ ଅପେରା ହୁଏତ ସରିଥାଏ, କିନ୍ତୁ ସଂସାର ଦୃଷ୍ଟିରେ ତା'ପରେ ମଧ୍ୟ ବହୁତ କିଛି ଅବଶିଷ୍ଟ ଥାଏ। କବିଙ୍କ ଶବ୍ଦରେ- "କିୟତ୍ ଝଲସା, ପ୍ରାୟ ଝାପ୍‌ସା ଏ ବ୍ରହ୍ମାଣ୍ଡ ଏକ ବିସ୍ମୟକର ଅପେରା। ଏଠି ନାଚ ଜମେ, ନାଚ ସରେ। ପରିଣତିରେ ପଡ଼ିରହେ ମଞ୍ଚରେ ପରିତ୍ୟକ୍ତ ବାଡ଼ିଟିଏ, ଖାଲି ଚଉକିକୁ ଡେରି ହେଇ।"(୨)

କବିତ୍ୱ ଚାତୁରୀରେ ମନକୁ ଭାବ-ଗଦ୍‌ଗଦ୍ କରିବାରେ ସୁଦକ୍ଷ କବି ହୃଷୀକେଶଙ୍କ ଆଲୋଚ୍ୟ ସଂକଳନସ୍ଥ ୪୫ଗୋଟି କବିତା ଅଦ୍ଭୁତ ଦର୍ଶନ ନିର୍ଦ୍ଦେଶ କରେ। ଯେଉଁଥିରେ ରୋମାଣ୍ଟିକ୍ ଏଗୋନୀର ବର୍ଣ୍ଣିଳ ଜଲ୍‌ସା ତ ରହିଛି ତତ୍‌ସହିତ କବିଙ୍କ ଜୀବନଦର୍ଶନର ଆର୍ଦ୍ର ଶୀତଳତା ପାଠକ ଚେତନାକୁ ଆବିଷ୍ଟ କରିବ ନିଶ୍ଚୟ।

ପ୍ରେମ, ଆଶା, ଜୀବନବାଦର ମହଣ ମହଣ ବିଭୋରତା ନେଇ କବି ହୃଷୀକେଶ ନିଜ ଅସ୍ତିତ୍ୱର ପୁଟୁଳିରେ ସମାଜର ଦୁଃଖ, ଜୀବନମୂଲ୍ୟ ସହିତ ହାତ ଛଡ଼େଇ ଅବର୍ତ୍ତମାନ ସାଜିଥିବା ସ୍ମୃତି ଆଉ ସଂସ୍କୃତିର ଭାବପକ୍ଷକୁ ମଧ୍ୟ ସଂଗ୍ରହ କରିଛନ୍ତି। ତେବେ ହୃଷୀକେଶଙ୍କ ପ୍ରେମ କେବଳ ସୀମାବଦ୍ଧ ଇଲାକାର ଠିକଣା ଦେଇନି ବରଂ ଅସୀମିତ ଉଚ୍ଛ୍ୱାସର ସନ୍ଧାନ ଦେଇଛି। ପରିତ୍ୟକ୍ତ କାଠ ଠାରୁ ବହୁମୂଲ୍ୟ ଜୀବନପାଠର ଗତି-ପ୍ରକୃତି ହିଁ କବିଙ୍କ କବିତାର ଅନ୍ତଃରୂପ।

'କାଠ ଚଉକି' ହେଉ ଅବା 'ସରିଯାଇଥିବା ଅପେରା' ହେଉ, ସବୁଠି ଆଶା-ଆଶ୍ୱାସନାରେ ବିଭାବରୀ ପାଠକକୁ ଆଲୋଡ଼ିତ କରେ। କବିତାର କଙ୍କାଳ ସାଉଁଟିଥିବା ମେଘଖଣ୍ଡ ଶେଷରେ ଝରିବାର ସୋହାଗ ନେଇ ଦ୍ରବୀଭୂତ ହୁଏ। 'କାଠ'ରୁ ଅସ୍ତିତ୍ୱକୁ କିନ୍ତୁ କିଏ ବୁଝେ ? ଯଦିଓ ନିଜ ଶେଷାଂଶ ଯାଏ ସେ ଭିନ୍ନ ଭିନ୍ନ ରୂପରେ କାମରେ ଆସେ। ଆଶ୍ରୟ ଦେବାଠାରୁ ଦେହାବଶେଷ ଯାଏ ସେ ନିଜ ଗରିମାକୁ ସିଦ୍ଧ କରିଥାଏ। କବିଙ୍କ ଶବ୍ଦରେ 'କାଠ ଚଉକି'ର ଆତ୍ମକଥା -

"ମାମୁଲି କାଠ ନୁହେଁ ମୁଁ, କବି-ଚଉକି
କୋଉ ବୁଝନ୍ତେ ଏ ହୀନ ଲୋକେ ?

x x x

ନ ହେଲା ନାହିଁ ଏଥର, ଆର ଥରକୁ
ମୁଁ ଫର୍ଚ୍ଚା କରିବି ଡିବିରି ହେଇ
ତାଙ୍କ ନୂଆ କବିତାର
ଗଜା ଧାଡ଼ିକି!!! (କାଠ ଚଉକି - ପୃ:୧୧)

ଯେ ନିଜକୁ ଭଲପାଇନି ସେ କ'ଣ ବୁଝେଇବ 'ପ୍ରେମ' ଆଉ ଜୀବନର ପରିଭାଷା ? ପ୍ରେମହୀନ ମଣିଷ ସତେ ଅବା ଜଡ଼ 'ନଈପଠା' ଭଳି। ଫିକା ଫିକା ଜହ୍ନରାତି, ଆକାଶରେ ଫୁଟିଥିବା ତାରାଫୁଲ, ଝିଙ୍କାରୀର ଝିଁ ଝିଁ ଶବ୍ଦ, ଧିମା ଧିମା ବଂଶୀ ସ୍ୱନ ଅବା କାହା ମନରେ କି ପ୍ରତ୍ୟୟ ତୋଳିବ ? ଯେ ବୁଝିନି ନିଜକୁ !

କବି ଅନୁଭବ କରିଛନ୍ତି, ସତେ ଯେପରି -

ମୃତ୍ୟୁରେ ନୁହେଁ
ମୁଁ ଲୀନ ହେଇଯାଉଚି
ବାପା ! ସ୍ୱପ୍ନରେ, ଅଭୀପ୍ସାରେ
ନିରାସକ୍ତିରେ, ନିର୍ବାଣରେ
ବନି ଯାଉଚି
କବିତାର ସବୁଠୁ କାମ୍ୟ, ସବୁଠୁ
  ଗୂଢ଼ ଶବ୍ଦଟିଏ...
  x x x
ଏ ସୂର୍ଯ୍ୟାସ୍ତ ମୋର କିଏ ?
  x x x
ମୁଁ ଯଦି ମୋର ନୁହେଁ। (ନଈପଠାରେ ସୂର୍ଯ୍ୟାସ୍ତ-୨, ପୃ: ୧୫)

ସାମାଜିକ ଜୀବନର ବହୁ ଚିତ୍ରକୁ ସଂପାତିଛନ୍ତି କବି 'ବଗହର୍ ଡିହ', 'ସୀମାଜାନିର ଦୁଃଖ', 'ସାପୁଆ କେଳାର ଗୀତ', 'ପାଣିରେ ପାଣି', 'ସବୁ ବୈଶାଖରେ' ଇତ୍ୟାଦି କବିତାରେ। ଧୂ ଧୂ ଖରାଦିନେ ଘଣ୍ଟପାଟୁଆଙ୍କ ସେହି ଆଦିମ ବିଶ୍ୱାସ ପ୍ରତି କବି ଶ୍ରଦ୍ଧାଶୀଳ ହୋଇ ଉଠିଛନ୍ତି। ପେଟ ପୋଷିବା ପାଇଁ ସାପର ବିଷଦାନ୍ତ ଝାଡ଼ିଦେଇ ମନ୍ତ୍ରଫୁଙ୍କି, ପଦ୍ମତୋଳା ଗାଇ ସାପ ଖେଳାଉଥିବା କେଳାର ଅଭିନୟ ପଛରେ ତା' ଜୀବନଯନ୍ତ୍ରଣାର କଥା ହିଁ ସତ୍ୟ। ଜୀବନ ଜୀବିକା ନିମନ୍ତେ ତା' ପ୍ରତିଦିନର ଦୌଡ଼ ଓ ସାପକୁ ଲୋକସମାଜ ସମ୍ମୁଖରେ ବିଜ୍ଞପିତ କରିବା ଘଟଣା କେଳାରେ ପ୍ରାଣମୂର୍ଚ୍ଛା ସଂଘର୍ଷ ଚିତ୍ରକୁ ଉଜ୍ଜୀବିତ କରେ। ଜନଗହଳି ଅପସୃତ ହେବା ପରେ ସାପ ଓ ସାପୁଆ କେଳା ଉଭୟ ସମଦୁଃଖୀ ଏବଂ ଉଭୟଙ୍କର ସ୍ଥିତି ବିଡ଼ମ୍ବନାପୂର୍ଣ୍ଣ। କବି ହୃଷୀକେଶ ମଲ୍ଲିକ ଘଣ୍ଟପାଟୁଆ, ସାପୁଆ କେଳା ପ୍ରତି ସମ୍ବେଦନା ପ୍ରଦର୍ଶନ କରିଛନ୍ତି। 'କେହି ଜଣେ କହି ଦିଅନ୍ତା କି' କବିତାରେ କବିଙ୍କ ରୁଦ୍ଧ ଯନ୍ତ୍ରଣାର ରୁଗୁରୁଗୁ ବେଦନାବୋଧ ମର୍ମରିତ ହୋଇଛି। ସମୟ ପୂର୍ବରୁ କରଛଡ଼ା ଦେଇଥିବା ବନ୍ଧୁଙ୍କ ବିଦାୟ କବିଙ୍କୁ ମର୍ମାହତ କରିଛି। ଯେ ଦିନେ ତାଙ୍କୁ 'କ୍ଷେତ ଉଜୁଡ଼ିଗଲେ ବି ଗୀତ

ଗାଇବା ବନ୍ଦ ହୁଏ ନାହିଁ' ବୋଲି କହିଛନ୍ତି। କେତେ କେତେ ସମ୍ଭାବନାର ପର୍ବକୁ ପଛରେ ପକେଇ ଚିରନିଦ୍ରା ଯାଇଥିବା ବନ୍ଧୁଙ୍କ ପ୍ରତି କବିଙ୍କ ଅଭିମାନ ଭରା ଶବ୍ଦ -

"ଖସିପଡୁଥିବା ପତ୍ରର ଖାଁ ଖାଁରେ ତ
ଜମୁଥିଲା ମୃତ୍ୟୁର ବିରକ୍ତି
ଇଚ୍ଛାପୁରରେ ଜନ୍ମ ବୋଲି, ଇଚ୍ଛାରେ
ଚାଲିଯିବେ, ତାଙ୍କ ସହ ତ ଆମର
ହେଇ ନ ଥିଲା ଏମିତି କିଛି ଚୁକ୍ତି!!!

(କେହି ଜଣେ କହିଦିଅନ୍ତା କି!, ପୃ: ୪୭)

କବିତାର କାନ୍‌ଭାସ୍ ଉପରେ ଇତିହାସକୁ କୃତାର୍ଥ କରିଥିବା ମହାପୁରୁଷଙ୍କ ଚେହେରା କବିଙ୍କ ପାଇଁ ସ୍ମରଣୀୟ ହୋଇଛନ୍ତି। ବିର୍ସାମୁଣ୍ଡା, ଭୀମଭୋଇ, ଗୋପବନ୍ଧୁ, ନନ୍ଦିନୀ ଶତପଥୀଙ୍କ ଭଳି ଅସାଧାରଣ ବ୍ୟକ୍ତିତ୍ୱଙ୍କ ସହିତ ସାଧାରଣ ମଣିଷଙ୍କ ଭିଡ଼ରୁ କବି ସଂଖୋଳି ବସିଛନ୍ତି ପ୍ରତିଭା ସାମନ୍ତରାୟ, ମର୍ଦ୍ଦରାଜ ବିଚିତ୍ରାନନ୍ଦ ସିଂହସାନ୍ତ, ମୀନା ଅପା, ତ୍ରିନାଥ ବେହେରା, କାହ୍ନା ଆଦି ଚରିତ୍ରଙ୍କୁ। ସେମାନେ କବିଙ୍କ ଦୃଷ୍ଟିରେ ଅସୀମ ସହିଷ୍ଣୁତାର ପ୍ରତୀକ 'ଧରିତ୍ରୀ'। ସେମାନଙ୍କୁ ଭଣ୍ଡଉଥିବା ଆଧୁନିକ ଶିକ୍ଷିତ-ସମ୍ଭ୍ରାନ୍ତ-ପ୍ରତାରକମାନଙ୍କ ପ୍ରତି କବି ବିଦ୍ରୂପ କରିଛନ୍ତି। ସମାଜର ସେହି ଅବହେଳିତମାନଙ୍କ ପ୍ରତି କବିଙ୍କ ଶବ୍ଦ ଝରିପଡ଼ିଛି -

"ତମେ ନିଦ, ବିଳିବିଳି, ଅରଣ୍ୟର କାନ୍ଦ
ଅଧାଖିଆ ଜାମୁକୋଳି, ମୁଟୁମୁଟୁ ବାଦୁଡ଼ି ତମେ..
ମେଳା ସାରି ଅନ୍ଧାରରେ ଫେରୁଥିବା
ଗାଁ ପୁରୋହିତ ତମେ -
ତମେ ହାସ୍‌ନା, ତମେ କାହ୍ନା, ତ୍ରିନାଥ ତମେ
... ପାସୋରା ଗାୟତ୍ରୀ
ବିଶ୍ୱାୟନ ବିତଳରେ ଅସ୍ତଯାଅ
ତମେ, ତମେ, ତମେ... ତମେଇ ଧରିତ୍ରୀ!" (ଅସ୍ତ ଦୃଶ୍ୟ - ପୃ: ୬୦)

'ଚାଦର ଖୋଲନା' ଆକଟ କରି, ସାଂପ୍ରଦାୟିକ ଦଙ୍ଗାରେ ନିହିତ ଜଣେ ସ୍କୁଲ୍ ପିଲା ପାଇଁ, 'ଝିଅଟିର କଥା' କବିତାରେ ଓଡ଼ିଶାର ମୁଖ୍ୟମନ୍ତ୍ରୀ ନନ୍ଦିନୀ ଶତପଥୀଙ୍କ ପାଇଁ ପୁଅ (ବାଜିରାଉତ), ବିଶିଷ୍ଟ ଚିତ୍ରଶିଳ୍ପୀ ଏମ୍.ଏଫ୍. ହୁସେନ୍, ଚିତ୍ରପୁରୁଷ (ଗୋପବନ୍ଧୁ)ଙ୍କ ପାଇଁ କବିଙ୍କ କାରୁଣ୍ୟପୂର୍ଣ୍ଣ ଶବ୍ଦ ବିଚ୍ଛୁରିତ ହୋଇପଡ଼ିଛି। କବିଙ୍କ ଅଙ୍ଗେନିଭା ଘଟଣା ଭିତରୁ ନିରୀହ କିଶୋରଟିର ମୃତ୍ୟୁ ଅତ୍ୟନ୍ତ ମର୍ମଦାହୀ। ବାଷ୍ପାରୁଦ୍ଧ

ହେଲା ଭଳି ଶବ୍ଦମାନଙ୍କ ମାଧ୍ୟମରେ କବି ସ୍ୱୀୟ ନିରୁକ୍ତ ବେଦନାର ସ୍ରୋତ ବୁହାଇଛନ୍ତି। ମୁହଁରେ ପାଣି ଟୋପେ ନ ଦେଇ ସ୍କୁଲ୍ ଯାଇଥିବା ପିଲାଟି ବୋଉକୁ କହିଛି- ସ୍କୁଲ୍‌ରୁ ଫେରିଲେ ରାତି ପଖାଳ, ଆଳୁପୋଡ଼ା, ବଡ଼ିଚୂରା, ତତଲା ଶାଗ ଖାଇବ। ବୋଉର ସେ ଏକମାତ୍ର ବିଶିକେଶନ ଚନ୍ଦ୍ରଉଦିଆ ମୁହଁ ତା'ର, ନିରୀହ-ନିର୍ଦ୍ଦୋଷ। ସାଂପ୍ରଦାୟିକ ବିଦ୍ୱେଷ ଭାବକୁ ଭର୍ତ୍ସନା କରି କବି ସେହି ସ୍କୁଲ୍ ପିଲା ଉଦ୍ଦେଶ୍ୟରେ ଲେଖିଛନ୍ତି -

"ଜନ୍ମ ନେବା ଆଗରୁ ଧର୍ମ
ସେ ଗୁରୁଂଡୁ ଥାଏ କାଳେ କାଳେ-
x x x
ଛଟପଟ ହୁଏ ମୃତ୍ୟୁ, କଙ୍କି ପରି
ତା' କଷି-ମିଠାରେ।
ଚାଦର ଖୋଲନା, ସେ ମୋ ପୁଅ ନୁହେଁ...
ହେଇପାରେ ମୋ ପୁଅର ଭ୍ରମ
ଅତି ବେଶିରେ।" (ଚାଦର ଖୋଲନା, ପୃ: ୨୯)

ଅନୁରୂପ ଭାବରେ 'ଆଦି ପାଇଁ ଶେଷ ଗୀତ'ରେ ମଧ୍ୟ ବିକଳ ବାତ୍ସଲ୍ୟ ସ୍ନେହ ଉପଲବ୍ଧ ହୁଏ। ନିୟତିର ନିଷ୍ଠୁରତା ପ୍ରତି କବିଙ୍କ ପ୍ରଶ୍ନ ପ୍ରକୃତପକ୍ଷେ ପ୍ରତି ବସ୍ତହରା ନାରୀର ଉଚ୍ଚାରଣ।

"ମରିବାକୁ ଯାଉଥିବା ପିଲାଏ
ସତେ, ଏମିତି ହସନ୍ତି
ଡାହାଣୀଙ୍କ ଭାଗ୍ୟରେ ନଲିହି
ଏ ହସ, ମାଆର ଭାଗ୍ୟରେ
ବିହି କାହିଁକି ଲିହନ୍ତି ?" (ପୃ: ୯୫)

ଜରୁରୀ ଅସ୍ତ୍ରୋପଚାର ସତ୍ତ୍ୱେ ବଞ୍ଚିପାରି ନ ଥିବା କେଇଦିନର ଶିଶୁ 'ଆଦି' ପ୍ରତି କବିଙ୍କ ଆବେଗ କେତେ ଯେ ହୃଦ୍ୟ, ତାହା ଅନୁଭବ କରିହୁଏ। 'ଆକ୍ରମଣ' ଏବଂ 'କଥା ରଖ ଭଲ ଝିଅ' କବିତା ଦ୍ୱୟରେ କବିଙ୍କ ଭାବସମ୍ବେଦନା ସମୁଚ୍ଚ। ସଂଘର୍ଷ ବ୍ୟତିରେକ ଜୀବନ ସହଜ ନୁହେଁ। ଜୀବନର ଶେଷଯାଏ ହାତ ଟେକିଦେଇ ମଥାନତ ହେବାର ପ୍ରଶ୍ନ ନାହିଁ। କାରଣ କବିଙ୍କ ଭିତରେ ରବୀନ୍ଦ୍ର ନାଥଙ୍କ 'ଯଦି ତୋର୍ ଡାକ୍ ଶୋନି କେଉ ନା ଆସେ ତବେ ଏକ୍‌ଲା ଚଲୋରେ'ର ଅଦମ୍ୟ ଉତ୍ସାହ ରହିଛି। ତେଣୁ ହୃଷୀକେଶଙ୍କ ଉଦ୍‌ଗତ ଶବ୍ଦ ସବୁରେ କ୍ରାନ୍ତିର ଉଦାତ୍ତ ଆହ୍ୱାନ ଶୁଭେ।

"ଆଉ ହାତ ଟେକିଦେବାର ପ୍ରଶ୍ନ ନାହିଁ,
ପ୍ରଳୟ ସହ ସୃଷ୍ଟିର
ଅହମିକା ସହ ସ୍ୱାଭିମାନର
ମୃତ୍ୟୁ ସହ ସଂକଳ୍ପର।" (ବାକି ଯୁଦ୍ଧ, ପୃ: ୩୮)

କବିଙ୍କ ହୃଦୟରେ ମାଟି ପାଇଁ ଆତ୍ମୀୟତାର ବିଭୋରପଣ ଉଚ୍ଛଳିତ। ଗାନ୍ଧୀ ଗୋପବନ୍ଧୁଙ୍କ ତ୍ୟାଗ-ତିତିକ୍ଷା ତାଙ୍କର ଆଦର୍ଶ। ବର୍ଷ ବର୍ଷ ସୂତା କାଟି ଖଦଡ଼ ପରିଧାନର ଆହ୍ୱାନ ଦେଇଛନ୍ତି। ଦୁଃସ୍ଥ-ଗରିବଙ୍କୁ ଅନ୍ନ-ବସ୍ତ୍ର ଦାନ କରିଛନ୍ତି। କିନ୍ତୁ ସ୍ୱାଧୀନତାର ନୂତନ ଅର୍ଥ ଆଜି ବିଡ଼ମ୍ବିତ। ଦଙ୍ଗା, ରକ୍ତପାତର ବୀଭତ୍ସ ତାଣ୍ଡବ କବିପ୍ରାଣକୁ ଆଘାତ ଦେଇଛି। କବି ତେଣୁ ନୂତନ ସମ୍ବିଧାନର ପ୍ରତିଷ୍ଠା ଚାହାନ୍ତି। ଲଙ୍ଗଳ ମୁନକୁ ଅସ୍ତ୍ର କରି ଭାରତର ଆର୍ଥିକ ଦୁରବସ୍ଥାକୁ ପ୍ରତିହତ କରିବାକୁ ଚାହାନ୍ତି। ତେଣୁ କବି ହୃଷୀକେଶ ସ୍ୱାଧୀନତାର ନୂଆ ଅର୍ଥ ସନ୍ଧାନ କରିଛନ୍ତି। ଏକ ପ୍ରକାର ସେ ପ୍ରତିଶ୍ରୁତିବଦ୍ଧ ଠିକ୍ ଦେବଦାସୀ ଭଳି। କାରଣ -

"ମୁଁ ଯୁଦ୍ଧ ଭିତରର ଶାନ୍ତି
ହିଂସା ଭିତରର ଅହିଂସା
ସୃଷ୍ଟି ଭିତରର ପ୍ରଳୟ ମୁଁ
ଘୁଙ୍ଗୁର ବାନ୍ଧି ସାରିଚି।" (ଘୁଙ୍ଗୁର ବାନ୍ଧି ସାରିଚି, ପୃ: ୮୭)

କବି ଆଗାମୀ ଭବିଷ୍ୟତର କ୍ରାନ୍ତି ଅପେକ୍ଷାରେ। ଭାରତ ସ୍ୱାଧୀନ ହୋଇ ମଧ୍ୟ ବହୁ ନକରାତ୍ମକ-ବିରୋଧାଭାସକୁ ନେଇ ଗତିଶୀଳ। ରାମରାଜ୍ୟର ସେ ସମଦୃଷ୍ଟି ଭାବ ଆଜି ମଧ୍ୟ ସ୍ୱପ୍ନ। ତେଣୁ କବିଙ୍କ ମନରେ ଭବିଷ୍ୟତକୁ ନେଇ ନୂତନ ସମ୍ଭାବନାର ଆଶା। କ୍ରାନ୍ତି ଆସିବ ନିଶ୍ଚୟ। ଅସ୍ପୃଶ୍ୟମାନେ ହିଁ କ୍ରାନ୍ତି ପତାକାକୁ ଉତ୍ତୋଳିତ କରିବେ। ଆଜିର ନାରୀ, ଶିଶୁ, ଯୁବଗୋଷ୍ଠୀ ବ୍ୟାରିକେଡ୍ ଭାଙ୍ଗି କ୍ରାନ୍ତିର ଆହ୍ୱାନ ଦେବେ। ଧନୀ-ଗରିବ, ରଜା-ରଇତଙ୍କ ଭେଦାଭେଦ ରହିବ ନାହିଁ। କବିଙ୍କ ଶବ୍ଦରେ ଆଶାବାଦର ପ୍ରାଚୁର୍ଯ୍ୟ -

"ଠେକୁଆ ମାଗିବ ଅନ୍ତରାଳ
ଚଢ଼େଇ ତା' ବସା
'ବାକ୍ୟ' ଅଡ଼ି ବସିବ 'ସଂକଳ୍ପ'
ଦବାନି ତା' ହିସା ?
ଆସିବ କ୍ରାନ୍ତି, ଜରୁର୍
ମାହାସୁଲ୍ ମାଗିବ ଆମକୁ...।" (ଆସିବ କ୍ରାନ୍ତି, ଜରୁର୍ - ପୃ:୧୨୬)

ସଂସ୍କୃତିପ୍ରବଣ କବି ହୃଷୀକେଶ ମଲ୍ଲିକ ନିଜ ଆୟୁ ବଦଳରେ ଉତ୍କଳୀୟ ସଂସ୍କୃତିର ଜୀବନ୍ୟାସ ଚାହିଛନ୍ତି। 'ଡମଣା ହାଟ', 'ପଣା ସଂକ୍ରାନ୍ତି ଓ ବସନ୍ତରା' କବିତା ଦ୍ୱୟରେ ଅନ୍ୱେଷା କରିଛନ୍ତି ହୃତ ଅତୀତକୁ। କବିଙ୍କ ଶବ୍ଦରେ -

"ସ୍ମୃତିକୁ, ଶୈଶବକୁ କରାଗତ କରି
ସେମାନେ ଏବେ ମାଗୁଛନ୍ତି ମୋତେ
ମୋ ମାତୃଭାଷା
x x x
ତୁ ମାଟି-ଠେକି, ମାଟି-ସରା... ?
ନେ ପଛେ ମୋ ପୂରା ଆୟୁ
ବର୍ତ୍ତି ରହ, ବର୍ତ୍ତି ରହ ତୁ ବସନ୍ତରା।" (ପୃ: ୬୬)

'ଲକ୍ଷ୍ମୀହରା' ଏକ ଭିନ୍ନ ଧରଣର କବିତା। କବି ମଲ୍ଲିକ 'ଲକ୍ଷ୍ମୀପୁରାଣ'ର ଭାବଧର୍ମକୁ ଅତ୍ୟାଧୁନିକ ସମୟରେ 'ପୁରୁଷ ଅହଂ'ର ଶିକାର ହେଉଥିବା ନାରୀମାନଙ୍କ ପ୍ରତି କବିଙ୍କ ସଦୟ-ସହାନୁଭୂତି ଉପଲବ୍ଧ ହୁଏ। ସଂସାର ଓ ପାରିବାରିକ ଜୀବନରେ ନାରୀ-ପୁରୁଷଙ୍କ ମଧ୍ୟରେ ଥିବା ଉଚିତ ବୁଝାମଣା ଅଭାବ ମଣିଷ ଜୀବନକୁ ଲକ୍ଷ୍ମୀହରା କରିଦିଏ। 'ଲକ୍ଷ୍ମୀ', 'ଅଷ୍ଟନିଧି', 'ପୁରାଣକଚ୍ଛ' ସୁସଂହତ-ସୁସ୍ଥ ପାରିବାରିକ ଜୀବନର ପ୍ରତୀକତା କରିଛି।

ସାଂପ୍ରତିକ ସମାଜରେ ସଂସ୍କୃତିର ନବମୂଲ୍ୟାୟନ ପ୍ରତି କବି ବେଶ୍ ଯତ୍ନଶୀଳ। ସଂପ୍ରତି ଉତ୍କଳୀୟ ପର୍ବପର୍ବାଣି, ପାରମ୍ପରିକ ମୂଲ୍ୟବୋଧ ଇତ୍ୟାଦି ନିଜର ପ୍ରକୃତ ମହତ୍ତ୍ୱ ହରାଉଥିବା ମନେହୁଏ। ବହୁ ଦେଶୀ କମ୍ପାନିର ବିଜ୍ଞାପନ ପରି ଦଶରା' ମଧ୍ୟ ମାୟାଜାଲ ରଚେ। ବ୍ୟାବସାୟିକ ମୁନାଫା ଭିତରେ କବିଙ୍କ ଅସହାୟତା ସତେ ମୁଣ୍ଡ ପିଟିଛି -

"ଆହାଃ, ଜହ୍ନ ବୁଡ଼ିଯାଏ ଏକା ଏକା !
କ୍ୟାଲେଣ୍ଡରରୁ ବୋଲେ କାଶତଣ୍ଡୀ: ମୁଁ ଭଲ ଅଛି, ନଈ !
ମୋ ବେପାରଟାର ମୁନାଫାରୁ
ଏ ବୋନସ୍, ପଠାଇଲି ସିର୍ଫ ତୋ ପାଇଁ।"

(ଦଶ'ରା ଆସେ ଦଶ'ରା, ପୃ: ୫୨)

ଅନୁରୂପ ଭାବରେ 'ଦେଖି ନବ କାଳିକା' କବିତାରେ 'ମିଡିଆ'ର ମାୟା, ବଜାରତାନ୍ତ୍ରିକ-ବ୍ୟାବସାୟିକ ସ୍ଥିତିକୁ ନେଇ ମଣିଷର 'ବସ୍ତୁ'ରେ ପରିଣତ ହୋଇଥିବା ମଣିଷ ପାଖରେ ପ୍ରକୃତି ଓ ଜଗତ ପ୍ରତି କୌଣସି ଆବେଗିକ ସଂପର୍କ ନ ଥିବା ନିଶ୍ଚିତ ରୂପେ ଦୁର୍ଭାଗ୍ୟପୂର୍ଣ୍ଣ ବୋଲି କବି ମନେ କରିଛନ୍ତି। 'ସରିଯାଇଥିବା ଅପେରା' ସଂକଳନସ୍ଥ

'ଯୁଦ୍ଧ ବିରୁଦ୍ଧରେ' ଏକ ଉତ୍କୃଷ୍ଟ କବିତା। ଏହା ପ୍ରତି କବିପ୍ରାଣର ନିରବ ସମର୍ଥନ ଭଳି ପ୍ରତୀତ ହେବ। କବିତାର ପ୍ରତି ଶବ୍ଦରେ ଯୁଗ ଯୁଗର କବି କଳ୍ପନା - ତଥା କବିର ଅତନ୍ଦ୍ର ସାଧନାର ସ୍ୱର ମର୍ମରିତ। କବି ହୃଷୀକେଶ 'ଯୁଦ୍ଧ' ବଦଳରେ ପ୍ରେମ, ନମ୍ରତା, ଶୈଶବର ନିରୀହତା, କରୁଣା ତଥା ଦୟାର ଆବାହକ ହୋଇଛନ୍ତି। କବିଙ୍କ ସକାରାତ୍ମକ କବିତ୍ୱ ହେତୁ ନକାରାତ୍ମକ ସ୍ଥିତି ସତେ ଅବା ବିଲୀନ ହୋଇଯାଇଛି। କେବେ କବିତାରେ, କିଶୋର ଝିଅ - ଗାଲର ଲାଲିମାରେ, ମଲ୍ଲୀକଢ଼, ଆମ୍ବ-ବଉଳ ଅବା କୋଇଲି କୁହୁ ରୂପରେ କବିଙ୍କ ଆନ୍ତରିକତା ସଂସାରକୁ ଆଲୋକିତ କରିଛି। କବିଙ୍କ ଆଶ୍ୱାସନାପୂର୍ଣ୍ଣ ଶବ୍ଦରେ -

"କେତେ ତିଆରିଲି ଶବ୍ଦଙ୍କୁ ମୁଁ
ଲେଖିବି ବୋଲି କବିତାଟିଏ
ଖାସ୍ ଯୁଦ୍ଧ ପାଇଁ
ମାନିଲେ ନାହିଁ ମୋ ଆକଟ କେହି
ପ୍ରେମ କବିତାଟେ ଗଲେ ହୋଇ
x x x
ଲେଖିଲି କବିତାଟିଏ ଖାସ୍ ଯୁଦ୍ଧ ପାଇଁ
ଯୁଦ୍ଧ ନୁହେଁ, ଯୁଦ୍ଧ ବିରୁଦ୍ଧରେ ଗଲା ବିକ୍ଷୋଭ ହୋଇ।" (ପୃ: ୫୬)

'କବିତା' ଏବଂ ହୃଷୀକେଶ ମଲ୍ଲିକଙ୍କ ପାଇଁ ଅମୋକ୍ଷ ଓ ଅଘୋରୀ ଶବ୍ଦର ତନ୍ତ୍ର ପୋଥିଟିଏ। କବି କଥା ସୁଦୀର୍ଘ ତପସ୍ୟାର ଫଳଶ୍ରୁତି। ଯଦିଓ ତା'ର ସ୍ୱରୂପ ଠିକ୍ ମାମୁଲି ମଣିଷ ପରି। କିନ୍ତୁ -

"ସହସ୍ରେ ଶବ୍ଦଙ୍କ ଲାସ୍ କାନ୍ଧେଇ
ଅନ୍ତରାଳକୁ ଚାଲିଯାଏ ସମୟ
କବିତାର ମହା-ଶ୍ମଶାନରେ ତଥାପି
ଟକେଇଥାଏ କବି
ନିରେଖିବାକୁ ପରବର୍ତ୍ତୀ ଶବ୍ଦର ଉଦୟ।" (କବି କଥା - ପୃ: ୧୦୩)

ଭାବସ୍ରୋତରେ ଆବେଗର ଚେତନା କଣିକାଙ୍କୁ ପାଥେୟ କରି ଜୀବନକୁ ଅହରହ ପ୍ରଦକ୍ଷିଣ କରିଥିବା କବି ହୃଷୀକେଶ ମଲ୍ଲିକ କବିତା-ମହାକୋଷର ଗ୍ରନ୍ଥି ଉନ୍ମୋଚନ କରିଛନ୍ତି। 'କେମିତି ଲେଖାହୁଏ କବିତା', 'ଶବ୍ଦଙ୍କୁ ଛୁଇଁ ଦେଇଚି ହରିଜନ' ଏବଂ 'କବିତାର ଅବେଳ' ଇତ୍ୟାଦି ସୃଷ୍ଟି ଭିତରେ କବିର ମହାର୍ଘ ଚେତନା ତଥା କବିତାର ପ୍ରକୃତ ପରିଭାଷା ବର୍ଣ୍ଣିତ। କବି ହୃଷୀକେଶଙ୍କ ମତରେ- "ଯେକୌଣସି

ବଡ଼ ମାପର କବିତାରେ ଜୀବନର ଆପାତଃ ସତ୍ୟକୁ କବି ପରା-ଚେତନା (universal consiousness)ର ଆଲୋକରେ ସଂଦୀପିତ କରେ। କବିର ଏହି ଅଭେଦ-ଚେତନାରେ ଧରା ଦେଉଥିବା କବିତା ଖାଲି କବିର ନୁହେଁ, ତହିଁରେ ପାଠକର ମଧ୍ୟ ଭାଗ ଥାଏ। x x x ସୃଜନର ଅଣାୟତ୍ତ ନଟ-ନୃତ୍ୟରେ କବିର ପରମ ସଂବିତ୍ ମୋକ୍ଷ ଲଭେ।"(୪) 'ଯାତ୍ରା ମାଲିକର ବୋହୂ', 'ପେଡ଼ିନାଗ ଓ ଦାଣ୍ଡବେଙ୍ଗ ଉପାଖ୍ୟାନ' ଓ 'ସରିଯାଇଥିବା ଅପେରା'ରେ ଜାନ୍ତବ ପ୍ରବୃତ୍ତିର ସ୍ୱରୂପ ଉଦ୍‌ଘାଟିତ। ବଙ୍ଗଳା, ହିନ୍ଦୀ, ଇଂରାଜୀରେ ପ୍ରବୀଣ କବି ହୃଷୀକେଶ ମଲ୍ଲିକ କବିତା ସମଗ୍ରରେ ଶୈଳୀଗତ ଚମତ୍କାରିତା ଅପୂର୍ବ। ତାଙ୍କ ଶୈଳୀ ହିଁ କବିତାର ଶ୍ରୀ ମଣ୍ଡନ କରିଛି। ବହୁ ସଂସ୍କୃତ, ହିନ୍ଦୀ, ଗ୍ରାମୀଣ, ଇଂରାଜୀ, ଯୁଗ୍ମଶବ୍ଦ, ମିଥ୍ ତଥା ଚିତ୍ରଶବ୍ଦର ସମନ୍ୱୟରେ କବି ମଲ୍ଲିକଙ୍କ କବିତାର ଆଙ୍ଗିକ ରୂପ ପ୍ରଭାବଶାଳୀ ହୋଇଛି।

ସଂସ୍କୃତ ଶବ୍ଦାବଳୀରେ ରହିଛି: ଜୁଗୁପ୍‌ସା, ବଶମ୍ବଦ, ଉତ୍‌ଥିତ, ଆତ୍ମୀୟ, ଶୈଶବ, ଅଶ୍ୱ, ସହସ୍ର, ଲଲାଟ - ଉର୍ଦ୍ଧ୍ୱ, ନିଶ୍ଚେଷ୍ଟ, ପୌରୁଷ, ଶୃଙ୍ଗାର, ଆର୍ତ୍ତ, ନିର୍ଣ୍ଣୟ, ସାକ୍ଷ୍ୟ, ଅନ୍ତର୍ଲୋକ, ଅପସୃୟ, ଭୂଲୋକ, ବୟଃସନ୍ଧି ଇତ୍ୟାଦି।

ହିନ୍ଦୀ ଶବ୍ଦାବଳୀ: ତସ୍‌ବୀର୍, ବର୍ତ୍ତନ୍, ଇସାରା, ହୱା, ଜବାବ୍, କଜରା, ଲଲ୍‌କାର୍, ନୌକରୀ, ଅୟସ୍, ୱାପସ୍, ଖୁସ୍‌ବୁ, ତାଜା-ବୁନିୟାଦୀ, ଫିକର୍, ସଉକିନ୍, ଫୁର୍‌ସତ, ସବୁତ୍, ଖାନ୍‌ଦାନି, ଜାହିର୍, ଫନ୍ଦା ଇତ୍ୟାଦି।

ଗ୍ରାମୀଣ ଶବ୍ଦାବଳୀ: ଢିଙ୍କିବଗ, ଏସାତେଷା, ପାଇଟି, ମନ୍ଦା, କୁତୁରୁପିଆ, ଛିରିକ. ଖୁରା, ନିଭାଚୁଲ୍ଲୀ, ଏନ୍ତୁଡ଼ି, ଫର୍‌କଟେଇ, ଦିହଘଷା, କିଲିବିଲି, ଲେଞ୍ଚୁରା, ଭଗାରୀ, ନିରେଖି, ହେଁସ, ଆଇଷଗାର, ହୁଗୁଳି, ଗରଜ,ଷଠୀ, ପଟାଳି, ଗରଜ ଇତ୍ୟାଦି।

ଇଂରାଜୀ ଶବ୍ଦାବଳୀ: କେନିଲ୍ ୱେଲ୍‌ଥ, କୋରିୟର୍, ଲାଇଫ୍‌ଟାଇମ୍, ମିଡିଆ, ପୋଷ୍ଟର୍, ଟୁର୍, ଇଣ୍ଟରଭ୍ୟୁ, ବ୍ୟାରିକେଡ୍, ଟ୍ରିଗର୍ ଇତ୍ୟାଦି।

ଯୁଗ୍ମଶବ୍ଦ: ବୁରୁବୁରୁ, ସାଲୁସାଲୁ, ଗୁଣୁଗୁଣୁ, ଟହଟହ, ଜୁଲୁଜୁଲୁ, ଫାଟ୍‌ଫାଟ୍, ଫିସ୍‌ଫିସ୍, କବ୍‌କବ୍, ଗୁରୁଣ୍ଡୁ ଗୁରୁଣ୍ଡୁ, ଝିପିଝିପି, ଥପଥପ, ଥମ୍‌ଥମ୍, ଫିକାଫିକା, ସାଁ ସାଁ, ମଳମଳ, ସାଲୁସାଲୁ ଇତ୍ୟାଦି।

ଲୋକ-ମିଥ୍‌ଯୁକ୍ତ ଶବ୍ଦାବଳୀ: ମଣ୍ଡାଖିଆ ଅସୁର, ରୋହିତାଶ୍ୱ, ପ୍ରହଲ୍ଲାଦ, କୁରୁବକ, ଭୀଷ୍ମ, ବ୍ୟାସ, ଚିରୁଗୁଣୀ, ଦାରୁଭୂତ, ବେତାଳ ଇତ୍ୟାଦି।

ଚିତ୍ର ଶବ୍ଦାବଳୀ: ମାଛି ସଂଜବେଳ, କଂଚନ ରଙ୍ଗର ସମାଧି, ଆମ୍ରପତ୍ରର ତୋରଣ, ଶବ୍ଦଙ୍କ ଲାସ୍, କବିତାର ମହାଶ୍ମଶାନ, ସାଦା ଅପରାଜିତା, କଳାଭଅଁର

ମେଘ, ନିର୍ଜ୍ଜନ ବାଲିପଠା, ହରପ୍ପାର ଧୂଳି, ମଇଁଷି ରଙ୍ଗର ଅନ୍ଧାର, ରାତି-ସମୁଦ୍ରରୁ ଲଣ୍ଠନ, ଅଫେରା ଅଭିମାନ, କଳାଭଅଁର ପାଣି, ସୂତାଖିଅ ପରି ଧାନଗଛ, କୁଢ଼ କୁଢ଼ ଡରର ସ୍ତୂପ, ନୂଆ ନଈବଢ଼ି, ମହୁଲ ମିଠା ଆଖି, ବିଦ୍ରୋହର ବୀଜ, ଶଙ୍ଖ ମଲମଲ ପାହାଚ ଇତ୍ୟାଦି।

ଚରାଚର ବିଶ୍ୱକୁ ନେଇ କବି ହୃଷୀକେଶଙ୍କ ଶବ୍ଦ ଉଚ୍ଚାରିତ ହୋଇଛି। ସେଥିରେ ନିଦା ଅନୁଭୂତିର ଗୂଢ଼ପଣକୁ ପୁଟଦେଇ ସେ ତାଙ୍କ ନିଖୁଣ କାରିଗରୀ ପ୍ରଦର୍ଶନ କରିଛନ୍ତି। ସାଧାରଣ ଜୀବନ ଅପେରାରୁ ମଦନା, ଅର୍ପିତା, ମେଘ ଚଢ଼େଇ, ପାରା, ଶଙ୍ଖଚିଲ, ବଗ, ଚେଣ୍ଟେଇ, ଗୁଣ୍ଡୁରୀ, ଗେଣ୍ଡାଳିଆ, ଚନ୍ଦ୍ର, ସୂର୍ଯ୍ୟ, ମଶାଣି, ନୀଳକଇଁ, ଝିଲପାଣି, ବିଲ, ପଳାଶ, ବଣି, ବେଙ୍ଗ, କାଇ ଇତ୍ୟାଦିଙ୍କୁ ଖୋଜିଛନ୍ତି। ପୁଣି ସେମାନଙ୍କ ଶୂନ୍ୟସ୍ଥାନ ଭିତରେ ହାୟ ତୋଳିଛନ୍ତି। 'ସରିଯାଇଥିବା ଅପେରା' ବାସ୍ତବରେ କବିଙ୍କ ଜୀବନ-ସ୍ମୃତି ଓ କବିତ୍ୱର ରସମୟ ତ୍ରିବେଣୀ।

ସହାୟକ ଗ୍ରନ୍ଥସୂଚୀ:

୧. ସରିଯାଇଥିବା ଅପେରା - ହୃଷୀକେଶ ମଲ୍ଲିକ - ୨୦୧୯ - ପ୍ରବାହ (ପ୍ରକାଶକ) - ପୃ: କବିର ପ୍ରାରମ୍ଭ

୨. ତତ୍ରୈବ

୩. ତତ୍ରୈବ

୪. ତତ୍ରୈବ

ସମୁଚ୍ଚ ମୂଲ୍ୟବୋଧର ମର୍ମଲିପି: ଜୀବନର ଜଳଛବି

ଚେତନା ଚୌହଦିରେ ଜୀବନମୂଲ୍ୟକୁ ଭିନ୍ନ ଢଙ୍ଗରେ ଅଭିବ୍ୟକ୍ତ କରୁଥିବା ଚଳିତ ସମୟର ଜଣେ କୁଶଳୀ ସାହିତ୍ୟିକ ଭାବରେ ଗୌରହରି ଦାସ ଅନନ୍ୟ। ଜିଇବାର ବାସ୍ତବ ଅର୍ଥକୁ ଅତି ନିକଟରୁ ହୃଦ୍‌ବୋଧ କରିଥିବା ଅନୁଭବୀ ସୃଜନକାର ସେ। ଚଳମାନ ସମୟର ନିଛକ ରୂପଚିତ୍ର ଅଙ୍କନ ସହିତ ପରିପୂର୍ଣ୍ଣ ମାନବତାର ଦର୍ଶନକୁ ଉପସ୍ଥାପିତ କରିବା କ୍ଷେତ୍ରରେ ତାଙ୍କ ବ୍ୟାପକ ଦର୍ଶନ ଓ ଚିନ୍ତନର ସ୍ୱତନ୍ତ୍ର ଶବ୍ଦ ସ୍ତମ୍ଭ ହେଉଛି 'ଜୀବନର ଜଳଛବି'। ସମୟ- ସମାଜ ତଥା ଜୀବନବାଦକୁ ନେଇ ଏହା ଏକ ସୁସଂହତ ମର୍ମଲିପି।

'ଶ୍ୱେତଶ୍ୱବତାର ଉପନିଷଦ'ର ଦ୍ୱିତୀୟ ପରିଚ୍ଛେଦ - ପଞ୍ଚମ ଶ୍ଳୋକରେ ସଂସାରର ଶାଶ୍ୱତ ସନ୍ତାନମାନଙ୍କ ଉଦ୍ଦେଶ୍ୟରେ ଉଚ୍ଚାରିତ ହୋଇଛି -

"ଶୃଣ୍ୱନ୍ତୁ ବିଶ୍ୱେ ଅମୃତସ୍ୟ ପୁତ୍ରାଃ
ଆୟେ ଧାମାନି ଦିବ୍ୟାନି ତସ୍ଥୁଃ।"

ସେହି ଅମୃତର ସନ୍ତାନମାନଙ୍କ ଉଦ୍ଦେଶ୍ୟରେ ସ୍ତମ୍ଭକାର ଗୌରହରି ଦାସଙ୍କ 'ଜୀବନର ଜଳଛବି' ଏକ ଅନନ୍ତ-ଅସୀମ ଦିବ୍ୟ ଆହ୍ୱାନ କହିଲେ କିଛି ଭୁଲ୍ ହେବ ନାହିଁ। ଅତ୍ୟାଧୁନିକ ସମାଜର ଶୃଙ୍ଖଳିତ-ନୀତିବୋଧକୁ ପୁନଃ ପୁନଃ ସମୀକ୍ଷା ଉଦ୍ଦେଶ୍ୟରେ ତାଙ୍କ ସ୍ତମ୍ଭଗୁଡ଼ିକ ଅପୂର୍ବ ମହତ୍ତ୍ୱ ପ୍ରତିପାଦନ କରିଛନ୍ତି। ଏଠାରେ ମାନବ ଜୀବନର ଯାତ୍ରାପଥକୁ ଉଦ୍ଦେଶ୍ୟପୂର୍ଣ୍ଣ କରିବା ନିମନ୍ତେ ଜନୈକ ହିନ୍ଦୀ କବି ସୌରଭ ଆନନ୍ଦ ଶ୍ରୀବାସ୍ତବଙ୍କ କବିତାରୁ କିୟଦଂଶ ଉଦ୍ଧାରଯୋଗ୍ୟ -

"ଯୋ ଚଢ଼େ ହିମାଳୟ କି ଚୋଟି ପର୍
କ୍ୟା ଏକ୍‌ବାର୍ ମେଁ ୱହାଁ ପହୁଁଚେ ହୋଙ୍ଗେ
କଇବାର୍ କଦମ୍ ଭି ଫିସ୍‌ଲେ ହୋଙ୍ଗେ
ଇରାଦେ ଭି ଦମ୍ ତୋଡ଼େ ହୋଙ୍ଗେ
କିସିନେ ୟେ ଉନ୍‌ସେ କହା ହୋଗା
ଚଲୋ କୋଶିଶ୍ ଫିର୍ ଏକ୍ ବାର୍ କରେଁ
ଜବ୍ ଗିରୋ ତୋ ଦର୍ଦ୍ଦ କୋ ସହନା ସିଖୋ।"

ଜୀବନର ଘାତ-ପ୍ରତିଘାତ, ଦାରୁଣ ପରିସ୍ଥିତି, ବିଫଳତା, ନିରାଶା ଭିତରେ ବଞ୍ଚିବାର ଅମୋଘ ମନ୍ତ୍ରକୁ ପାଇବା ପାଇଁ ପ୍ରତ୍ୟେକ ମଣିଷ ସତତ ଚେଷ୍ଟିତ। କେବଳ ଯାହା ଜୀବନପଥକୁ ଅର୍ଥପୂର୍ଣ୍ଣ ଦୃଷ୍ଟି ନେଇ ଅତିକ୍ରମି ଯିବାକୁ ହୁଏ।

'ଜୀବନର ଜଳଛବି'ରେ ଭିନ୍ନ ଭିନ୍ନ ଉଲ୍ଲେଖନୀୟ ଘଟଣା (Feature) ତଥା କାଳ୍ପନିକତା (Fiction)ର ମଞ୍ଜୁଳ ପରିପ୍ରକାଶ ଘଟିଛି। 'ସିଦ୍ଧାର୍ଥ' ଚରିତ୍ରକୁ ଘଟଣାବଳୀର ସାକ୍ଷୀ ତଥା ସୂତ୍ରଧର ଭାବରେ ପାଠକମାନଙ୍କ ସହିତ ସମ୍ବନ୍ଧିତ କରି ରଖିବା ଦ୍ୱାରା ପାଠକୀୟ ସ୍ୱୀକୃତି ଓ ଆତ୍ମୀୟତା ଲାଭର ସୁନ୍ଦର ସେତୁଟିଏ ନିର୍ମିତ ହୋଇଛି। ସ୍ତମ୍ଭ ଏବଂ କଥକତାର ଅପୂର୍ବ ସମାବେଶରେ ମନଯୋଗୀ ପାଠକ ଏକାତ୍ମ ହୋଇପଡ଼ିବା ସ୍ୱାଭାବିକ ମନେହୁଏ। ଉଭୟ ରୂପ (ଫିଚର୍ ତଥା ଫିକ୍‌ସନ୍)କୁ ଗୌରହରି ଏତେ ଚମତ୍କାର ଭାବରେ ଉପସ୍ଥାପନ କରିଛନ୍ତି ଯେ ସମୟେ ସମୟେ ସତ ଘଟଣାଗୁଡ଼ିକ ଗଳ୍ପର ଭ୍ରମ ସୃଷ୍ଟି କରିଥାନ୍ତି। ସମ୍ବାଦଧର୍ମୀ ନିରସ ଘଟଣା ଗପର ଅନ୍ତଃହୀନ ବ୍ୟାପ୍ତି ଭିତରେ ନିମଜ୍ଜିତ ହେବା କ'ଣ ଏକ ବିଶେଷ କଳାତ୍ମକ ଉପସ୍ଥାପନା ନୁହେଁ କି ? ତେବେ 'ଜୀବନର ଜଳଛବି' ସଂପର୍କରେ ସ୍ତମ୍ଭକାର ଶ୍ରୀ ଦାସ କହନ୍ତି- "ଜୀବନର ଜଳଛବି' - ମୁଁ ବଞ୍ଚିଥିବା ସମୟର ଚିତ୍ର। x x x ଜୟ-ପରାଜୟ ନିର୍ବିଶେଷରେ ସାଧାରଣ ମଣିଷର ଜୀବନ ସଂଗ୍ରାମ, ସାଧାରଣ ଚରିତ୍ରଗୁଡ଼ିକର ଅସାଧାରଣ ମଣିଷପଣିଆ ଏବଂ ସକଳ ପ୍ରତିକୂଳ ପରିସ୍ଥିତି ସତ୍ତ୍ୱେ ବଞ୍ଚି ରହିବା ଲାଗି ମଣିଷର ଦୁର୍ବାର ସଂକଳ୍ପ ହିଁ 'ଜୀବନର ଜଳଛବି'ର ମୂଳକଥା ବୋଲି ମୁଁ ବିଚାର କରେ।"[୧]

ବୃତ୍ତିରେ ସାମ୍ବାଦିକ ଏବଂ ପ୍ରବୃତ୍ତିରେ ଜଣେ କୃତବିଦ୍ୟ ସାହିତ୍ୟିକ ରୂପେ ଗୌରହରି ଦାସ ନିଜକୁ ସାହିତ୍ୟ ଏବଂ ସମ୍ବାଦର ସମନ୍ୱୟକର୍ତ୍ତା ଭାବରେ ପରିପ୍ରକାଶ କରିଛନ୍ତି। 'ସମ୍ବାଦ' ପୃଷ୍ଠାରେ ନିୟମିତ ଭାବେ 'ଶେଷସ୍ତମ୍ଭ' ଲେଖୁଥିବା 'ସମ୍ବାଦ'ର ମୁଖ୍ୟ ସଂପାଦକ, ପ୍ରଖ୍ୟାତ ଲେଖକ ଶ୍ରୀ ସୁରେନ୍ଦ୍ର ମହାନ୍ତିଙ୍କଠାରୁ ଏକ ସଂଖ୍ୟା ପାଇଁ ଲେଖା ସଂଗ୍ରହରୁ ବିଫଳକାମୀ ହୋଇଥିବା ଶ୍ରୀ ଦାସ କୌଣସିମତେ ଏକ ସ୍ତମ୍ଭ ଲେଖି

ଛାପି ଦେଇଥିଲେ। ସେଇଠାରୁ ହିଁ ତାଙ୍କର ସ୍ତମ୍ଭ ଲେଖା ଆରମ୍ଭ ହୋଇଥିବା ସେ ଅନେକତ୍ର ସ୍ୱୀକାର କରିଛନ୍ତି। ଗୌରହରିଙ୍କ ପାଇଁ 'ଜୀବନର ଘଟଣା ଗପ ନୁହେଁ, ବାସ୍ତବତା।'[୨] ଜୀବନକୁ ଅତି ଅନ୍ତରଙ୍ଗ ଭାବରେ ସାକ୍ଷାତ୍ କରିଥିବାରୁ ସେ ଜୀବନର ସୂକ୍ଷ୍ମ-ନିଛକ ମୂଲ୍ୟବୋଧକୁ ଆତ୍ମିକ ଭାବରେ ହୃଦୟଙ୍ଗମ କରିଛନ୍ତି। ତେଣୁ ମଣିଷକୁ ନେଇ ତାଙ୍କ ଚିନ୍ତା ଓ ବିଚାରଧାରା ପର୍ଯ୍ୟାପ୍ତ! ବିକ୍ଷିପ୍ତ ତାଙ୍କର ଅଙ୍ଗେନିଭା ଅନୁଭବ ଏବଂ ଅସୀମ ପ୍ରବାହରେ ପରିପୂର୍ଣ୍ଣ ତାଙ୍କର ଚେତନାର ଉତ୍ସ! ସତେ ଯେପରି ଏତାଦୃଶ ନିରବଚ୍ଛିନ୍ନ ଆତ୍ମମୁଖୀ ପ୍ରବାହର ଆବାହକ ବି ସେ ଏବଂ ଉତ୍ସ ମଧ୍ୟ ସେ ନିଜେ।

ସମକାଳୀନ ଓଡ଼ିଆ ସାହିତ୍ୟରେ ବିଶିଷ୍ଟ କଥାକାର ମନୋଜ ଦାସଙ୍କ ପରବର୍ତ୍ତୀ ଉତ୍ତର ସାଧକ ଭାବରେ ଗୌରହରି ଦାସ ସ୍ୱତନ୍ତ୍ର ମର୍ଯ୍ୟାଦା ଦାବି କରନ୍ତି। ସାହିତ୍ୟକୁ ସେ ସ୍ୱତନ୍ତ୍ର ବର୍ଣ୍ଣବିଭା ପ୍ରଦାନ କରିଥିବା ଯଶସ୍ୱୀ ସ୍ରଷ୍ଟା ପୁରୁଷ। ଗୌରହରି ଦାସଙ୍କ ଶବ୍ଦବସାଣ ଖାଣ୍ଟି ଓଡ଼ିଆତ୍ୱର ପରିଚୟ ପ୍ରଦାନ କରେ। ତାଙ୍କର ବୌଦ୍ଧିକତା ସାହିତ୍ୟର ମୁରବିମାନଙ୍କୁ ଆଶ୍ୱାସନା ପ୍ରଦାନପୂର୍ବକ ନୂତନ ପିଢ଼ିକୁ ସାହିତ୍ୟ ଚିନ୍ତନର ସୁସ୍ଥ ଭିଟାମାଟି ପ୍ରଦାନ କରେ। ସାମାଜିକ ବିରୋଧାଭାସ ପ୍ରତି ଗୌରହରିଙ୍କ ପ୍ରତିକ୍ରିୟାଶୀଳ ଦୃଷ୍ଟିକୋଣ ଅସଂଖ୍ୟ ନିରିମାଖି ନାରୀଙ୍କୁ ସେମାନଙ୍କ ସ୍ୱପ୍ନର ବାଲିକୁଦ ଉପରେ ସହସ୍ର କଳ୍ପଲୋକର ହର୍ମ୍ୟ ନିର୍ମାଣ ନିମନ୍ତେ ପ୍ରଚୁର ସତ୍‌ସାହସ ଦିଏ। ତାଙ୍କରି ସାହିତ୍ୟ ମଧ୍ୟ ଦେଇ ଦୁର୍ବଳ-ଅସହାୟ ମଣିଷପଣିଆ ରାହା ପାଏ। ଗୌରହରି ଓଡ଼ିଶା ମାଟିର ଯଥାର୍ଥ ଉପାସକ। ତାଙ୍କ ଶବ୍ଦ ମଧ୍ୟରେ ନିରବ ସଞ୍ଜ, ଶୀତୁଆ-ପାହାନ୍ତି, ପାର୍ବଣମୁଖର ଋତୁ-ତିଥି, ଉଜ୍ଜ୍ୱଳ ତାରକା, ଶୀତଳ ଚନ୍ଦ୍ର, ନୀଳକଇଁ ଓ ପଦ୍ମଫୁଲ ବେଷ୍ଟିତ ସାଧାରଣ ପୋଖରୀ, କଳା ଭଅଁର ପାଣିରେ ଉଛୁଳା ଅଳସୀ ନଈ ଜିଇଁ ଉଠନ୍ତି। ଆତ୍ମୀୟତା, ଆତ୍ମସମୀକ୍ଷା, ଆତ୍ମାନୁସନ୍ଧାନର ବାର୍ତ୍ତାବହ ଭାବରେ ସାରସ୍ୱତ ପୁରୁଷ ଗୌରହରି ଦାସ ଜଣେ ଅନାବିଳ ବ୍ୟକ୍ତିତ୍ୱ। ସେ ଏକାଧାରରେ ଜଣେ ଶିକ୍ଷାବିତ୍, ସଂଗଠକ, ଦାର୍ଶନିକ, କବି, ଔପନ୍ୟାସିକ, ଗାଳ୍ପିକ, ନାଟ୍ୟକାର, ସ୍ତମ୍ଭକାର, ସଂପାଦକ, ଅନୁବାଦକ କଥା ଭ୍ରମଣସାହିତ୍ୟ ସ୍ରଷ୍ଟା ମଧ୍ୟ। ଗୌରହରିଙ୍କ ସତୁରିରୁ ଊର୍ଦ୍ଧ୍ୱ ସୃଷ୍ଟିସମ୍ଭାରରେ ମାନବ ଜୀବନର ବିବିଧ ଛନ୍ଦର ମହୋତ୍ସବ ଉପଲବ୍ଧ ହୁଏ। 'ଜୀବନର ଜଳଛବି' ତାଙ୍କର ଅଦ୍ୱିତୀୟ କ୍ଲାସିକ୍ କୃତି। ବ୍ୟକ୍ତିକ ଜୀବନର ଅସୁମାରି ଦୁଃଖ-ଜଞ୍ଜାଳକୁ ଅଖଞ୍ଜା ଜଖମ୍ ଭଳି ଭୋଗିଥିବା ହେତୁ ତଜ୍ଜନିତ ଘଟଣା, ପରିବେଶ ତଥା ଚରିତ୍ରମାନେ ହିଁ ତାଙ୍କ ସୃଷ୍ଟିର ଆଧାରଭୂମି ରୂପେ ଉଭା ହୋଇଛନ୍ତି। ସାହିତ୍ୟକୁ ସବୁକାଳର ସମ୍ବାଦ ଏବଂ ସମ୍ବାଦକୁ ସେହି ଦିନର ସାହିତ୍ୟ ମନେ କରୁଥିବା ଲେଖକ ଗୌରହରି ଦାସ ଜୀବନ ଓ ଜଗତକୁ ତାଙ୍କ 'ଜୀବନର ଜଳଛବି'ରେ ରସୋତ୍ତୀର୍ଣ୍ଣ ତଥା କାଳୋତ୍ତୀର୍ଣ୍ଣ କରିଛନ୍ତି। ସଂଘର୍ଷମୟ

ସ୍ୱାନୁଭୂତିକୁ ସାହିତ୍ୟର ବିବିଧ ପରିପାଟୀରେ ଜୀବନ୍ୟାସ ଦେଇଛନ୍ତି । ଆୟୁଷକୁ ଅତିକ୍ରମ କରିବା ହିଁ ଜୀବନର ଗତି ବୋଲି ମନେ କରୁଥିବା ଗୌରହରି ନିଜ ଅଙ୍ଗେନିଭା ଯନ୍ତ୍ରଣାକୁ ହିଁ ପ୍ରକାରାନ୍ତରେ କଳାତ୍ମକ ରୂପ ପ୍ରଦାନ କରିଛନ୍ତି ତାଙ୍କ ସ୍ତମ୍ଭଗୁଡ଼ିକରେ । ସମୟର ବିବିଧ ରଙ୍ଗରୂପକୁ ଅନ୍ତର୍ଗର୍ଭିତ କରିବା ସହିତ ପ୍ରବହମାନ ହେଉଥିବା ଜୀବନକୁ ପ୍ରତ୍ୟକ୍ଷ କରିଥିବା ଆତ୍ମସ୍ଥ ଯୋଗୀ ଭଳି ଗୌରହରି ବ୍ୟାପୃତ ହୋଇଛନ୍ତି ତାଙ୍କ ସାରସ୍ୱତ କର୍ମାନୁଷ୍ଠାନରେ । ଏ କ୍ଷେତ୍ରରେ ପାଠକମାନଙ୍କ ସମ୍ମୁଖରେ ଲେଖକଙ୍କର ତ୍ରିବିଧ ରୂପ ଉଦ୍‌ଭାସିତ ହୁଏ । ପ୍ରଥମତଃ 'ବ୍ୟକ୍ତି ଗୌରହରି', ଦ୍ୱିତୀୟତଃ 'ସାମ୍ବାଦିକ ଗୌରହରି', ତୃତୀୟତଃ 'ସାହିତ୍ୟିକ ଗୌରହରି' । ତାଙ୍କ ସାହିତ୍ୟର ଦ୍ୱିବିଧ ଧାରା । ୧. ସମାଜ ଚେତନା । ୨. ବ୍ୟକ୍ତି ଚେତନା । ଦାର୍ଶନିକ ପ୍ଲେଟୋଙ୍କ ପରି ସୃଜନଶୀଳତା କ୍ଷେତ୍ରରେ ତାଙ୍କର ପ୍ରତିକୂଳ ଅବସ୍ଥା ତାଙ୍କୁ ପ୍ରେରଣା ଦେଇଥିବା ସେ ସ୍ୱୀକାର କରନ୍ତି । ତେଣୁ ପରିସ୍ଥିତିର ବିଷମତା ତାଙ୍କ ସ୍ରଷ୍ଟାମାନସକୁ ପ୍ରଭାବିତ କରିଥିଲେ ହେଁ ଏହା ହିଁ ତାଙ୍କ ସାହିତ୍ୟ ପ୍ରବୃତ୍ତିକୁ ପରିପୁଷ୍ଟ କରିବାକୁ ଖୋରାକ ଯୋଗାଇଛି । ସେ ସର୍ବଦା ସ୍ୱାଧୀନ, ନିରପେକ୍ଷ, ସମ୍ବେଦନଶୀଳ ତଥା ଅନୁସନ୍ଧାନଧର୍ମୀ ସାମ୍ବାଦିକତାକୁ ଗୁରୁତ୍ୱ ପ୍ରଦାନ କରିଛନ୍ତି । ବ୍ୟକ୍ତି ଭାବରେ ସାମ୍ବାଦିକତାକୁ ବୃତ୍ତି କରିଥିଲେ ହେଁ ସାହିତ୍ୟ ତାଙ୍କ ପ୍ରବୃତ୍ତିର ଆକାଂକ୍ଷିତ ଅଂଶ ।

୪୦୦ରୁ ଊର୍ଦ୍ଧ୍ୱ ବିବିଧ ଘଟଣାକୁ ନେଇ 'ଜୀବନର ଜଳଛବି' ସାତଗୋଟି ସଂକଳନରେ ପ୍ରକାଶିତ ଏକ 'ସ୍ତମ୍ଭ ମହାକାବ୍ୟ' । ଏହା ବାସ୍ତବତା ଏବଂ କାଳ୍ପନିକତାର ଅପୂର୍ବ ମଞ୍ଜୁଷା । ଏହା ସଂପର୍କରେ ଆଲୋଚକ ଡକ୍ଟର ମନୋରଞ୍ଜନ ମିଶ୍ର ମତ ଦିଅନ୍ତି- "A vignette can be defined as a short graceful literary essay or sketch. What makes the essays spectacular is the fact that the characters are drawn from the very world that we inhabit. x x x Not a single incident delineated here is purely imaginary. He believes in, what Mark Twain, the famous novelist believes in, "Truth is stranger than fiction". Das has seen 'uncommonness among the commoners' and 'absurdity among the normal". (Rock Pebbles: ISSN 0975-0509 - December 2018) ଉପର୍ଯ୍ୟୁକ୍ତ ମତାମତ କ୍ଷେତ୍ରରେ ସ୍ତମ୍ଭକାର ଗୌରହରି ଦାସଙ୍କ ବକ୍ତବ୍ୟ ମଧ୍ୟ ଉଲ୍ଲେଖଯୋଗ୍ୟ ମନେହୁଏ । "ଜୀବନର ଜଳଛବି' ଲେଖାଗୁଡ଼ିକୁ କ'ଣ ବୋଲି କୁହାଯିବ ? ଗଳ୍ପ, ସ୍ମୃତିଚିତ୍ର, ରମ୍ୟ ରଚନା ନା କଅଣ ? ବିଶିଷ୍ଟ କବି ଓ ଚିନ୍ତକ ହରପ୍ରସାଦ ଦାସ ଥରେ ଏଇ ପ୍ରଶ୍ନ ଉଠାଇ ତାହାର ଉତ୍ତରରେ ଲେଖିଥିଲେ

ଯେ, "ଏଗୁଡ଼ିକୁ ଗଳ୍ପ କହିବା, ଉପନ୍ୟାସ କହିବା, ସ୍ମୃତିଚିତ୍ର କହିବା ନା ସାମାଜିକ ଟିପ୍‌ପଣୀ କହିବା ? ନା ଏସବୁକୁ କବଳିତ କରି ମାନବିକ ଆବେଗର ସୁକୁମାର ପଣରେ ଉଦ୍‌ବେଳିତ ଜୀବନ ପ୍ରବାହ କହିବା ? ଏ ସଂପର୍କରେ ମୁଁ କେବଳ ଏତିକି କହିବି ଯେ ଏଥିରେ ବର୍ଣ୍ଣିତ କୌଣସିଟି ଘଟଣା ସଂପୂର୍ଣ୍ଣ କାଳ୍ପନିକ ନୁହେଁ। ଏଭଳି ସ୍ତମ୍ଭଟିଏ ଲେଖିବା ପଛରେ ମୋର ପ୍ରେରଣା ହେଲା, ମାର୍କ ଟ୍ୱାଇନ୍‌ଙ୍କ ସେହି ପ୍ରସିଦ୍ଧ ବାକ୍ୟ - ଟ୍ରୁଥ୍ ଇଜ୍ ଷ୍ଟ୍ରେଞ୍ଜର୍ ଦ୍ୟାନ୍ ଫିକ୍‌ସନ୍ ବା ବାସ୍ତବତା କଳ୍ପନାଠାରୁ ଅଧିକ ଆଶ୍ଚର୍ଯ୍ୟକର। ମୁଁ ସାଧାରଣ ଚରିତ୍ରମାନଙ୍କର ଭିତରେ ଅସାଧାରଣପଣିଆକୁ ଦେଖିଛି ଏବଂ ସ୍ୱାଭାବିକ ଭିତରେ ଆସ୍ୱାଭାବିକତା। ଏହି ସ୍ତମ୍ଭର ଚିତ୍ର ଓ ଚରିତ୍ରମାନେ ଆମ ସମସ୍ତଙ୍କର ପରିଚିତ, ଆମ ଚାରିପାଖର ପୃଥିବୀରେ ସେମାନେ ଆତଯାତ ହେଉଥାଆନ୍ତି। ସେମାନଙ୍କ ଆଶା, ବିଶ୍ୱାସ, ମୋହ, ସ୍ୱପ୍ନ, ପୁଣି ସ୍ୱପ୍ନଭଙ୍ଗ, ନୈରାଶ୍ୟ, କ୍ଷୋଭ ଓ ଗ୍ଲାନି ଇତ୍ୟାଦି ଆମ ନିଜ ପରିକା। ଏହି ସାଧାରଣପଣ ଓ ସ୍ୱାଭାବିକତା ହିଁ 'ଜୀବନର ଜଳଛବି'ର ଏକମାତ୍ର ବୈଶିଷ୍ଟ୍ୟ ବୋଲି ମୁଁ ମନେ କରେ।"[୩] ତେବେ, ସ୍ତମ୍ଭଗୁଡ଼ିକୁ 'ଶବ୍ଦଚିତ୍ର', 'ରେଖାଚିତ୍ର' ଅଥବା 'ସ୍କେଚ୍' ଭାବରେ ମଧ୍ୟ ଗ୍ରହଣ କରାଯାଇପାରେ, ଯେଉଁଥିରେ ଲେଖକଙ୍କ ଅତୀତର ସ୍ମୃତି ବିଜଡ଼ିତ ମୁହୂର୍ତ୍ତ କଳାତ୍ମକ ଉପସ୍ଥାପନ କୌଶଳରେ ଅସମ୍ଭବ ଚିତ୍ର ଉତ୍ତୋଳନକ୍ଷମ ହୋଇଛି।

'ଜୀବନର ଜଳଛବି'ରେ ଗୌରହରିଙ୍କ ଦ୍ୱିବିଧ ଅନୁଭୂତି ପାଠକ ଚିତ୍ତକୁ ସମ୍ମୋହିତ କରେ।

୧. ପ୍ରତ୍ୟକ୍ଷ ଜୀବନାନୁଭୂତି

୨. ପରୋକ୍ଷ ଜୀବନାନୁଭୂତି

ତାଙ୍କର ଏହି ଅନୁଭୂତି ହିଁ ଦୀର୍ଘ ଅର୍ଦ୍ଧଶତାବ୍ଦୀର ଅଙ୍ଗେନିଭା ଉପଲବ୍ଧିର ଉଜ୍ଜ୍ୱଳ ଛାୟା ସ୍ତୂପ। ୧୯୮୭ ମସିହାରୁ ଏଯାବତ୍ ଦୀର୍ଘ ୩୪ ବର୍ଷ ଧରି ଜୀବନର ଅନୁଭୂତି ସର୍ବସ୍ୱ ସାରସ୍ୱତ କୃତି ଭାବରେ 'ଜୀବନର ଜଳଛବି' ମାନବ ଜୀବନର ଉପପାଦ୍ୟ ପାଲଟିଛି। ତେବେ ଏହା 'ଜୀବନର ଜଳଛବି' (୧୯୯୩), 'ଚିହ୍ନା ଚୌହଦି' (୧୯୯୬), 'ଭିନ୍ନ ଭୂମିକା' (୧୯୯୮), 'ପରିଚିତ ପରିଧି' (୨୦୦୧), 'ଅସମର୍ଥ ଈଶ୍ୱର' (୨୦୦୭), 'ହାତଲେଖା ଚିଠି' (୨୦୧୨), 'ଈଶ୍ୱରଙ୍କ ଠିକଣା' (୨୦୧୯) ପ୍ରମୁଖ ପୁସ୍ତକ ରୂପରେ ପ୍ରକାଶିତ ହୋଇଛି। 'ଜୀବନର ଜଳଛବି'ର ପ୍ରତିଟି ପର୍ଯ୍ୟାୟରେ ରହିଛି ଆଦର୍ଶ ମୂଲ୍ୟବୋଧ, ମହନୀୟ ମାନବିକତା, ମଣିଷପଣିଆ ପ୍ରତିଷ୍ଠାର ମହାନ୍ ବାର୍ତ୍ତା। ଏଥିରେ ରହିଛି ଯାନ୍ତ୍ରିକ ଜୀବନଶୈଳୀ ସହ ଆତ୍ମିକ ଭାବାନୁଭୂତିର ସାମ୍ମୁଖ୍ୟ ଓ ସଂଯୋଗ, ପ୍ରକୃତିର ଅସୀମ ସୌନ୍ଦର୍ଯ୍ୟର ଦିବ୍ୟଗାନ,

କୃତ୍ରିମ ଜୀବନଚର୍ଯ୍ୟା ସହ ନିଃସର୍ଗ ପ୍ରକୃତିର ସମନ୍ୱୟ, ଖାଣ୍ଟି ଓଡ଼ିଆ (ମୃତପ୍ରାୟ) ଶବ୍ଦ ସହିତ ଆଧୁନିକ ଓଡ଼ିଆଙ୍କୁ ପରିଚୟ କରାଇବାର ଆଗ୍ରହ, ସ୍ୱଚ୍ଛ ଓଡ଼ିଆପଣର ପ୍ରଚାର ତଥା କ୍ରମବର୍ଦ୍ଧିଷ୍ଣୁ କଂକ୍ରିଟ୍ ଜୀବନଯାତ୍ରାରୁ ମୁକ୍ତ ଏକ ଅକୃତ୍ରିମ - ପ୍ରାକୃତିକ ବିଭୋରତାରେ ବଞ୍ଚିବାର ଉଦାତ୍ତ ଆହ୍ୱାନ। ଦୁଇରୁ ଅଢ଼େଇ ପୃଷ୍ଠା ଭିତରେ ଅତି ବିଚିତ୍ର ଅନୁଭବକୁ ପାଠକ ହୃଦୟରେ ଅଙ୍କନ କରି 'ଫିଚର୍'ର ସମାପ୍ତି ବେଶ୍ ବିଧିବଦ୍ଧ ହୋଇଥାଏ। ସ୍ତମ୍ଭକାର ପାଠକପ୍ରାଣକୁ ଭାରାକ୍ରାନ୍ତ ନ କରିବାକୁ ସତତ ସଚେତନ। ଜଣେ ମନସ୍ତତ୍ତ୍ୱବିଦ୍ ଭଳି ଆଧୁନିକ ମଣିଷର ମନୋଭୂମିର ଉତ୍‌ଥାନ-ପତନକୁ ସେ ବେଶ୍ ହୃଦ୍‌ବୋଧ କରିପାରନ୍ତି। ବିଶେଷ ଘଟଣା ଓ ନିର୍ଦ୍ଦିଷ୍ଟ ପ୍ରସଙ୍ଗକୁ ନେଇ ତାଙ୍କ ଗାମ୍ଭୀର୍ଯ୍ୟପୂର୍ଣ୍ଣ ଆଲୋଚନା ସମୟରେ ସେ ଅତି ଚମତ୍କାର ଢଙ୍ଗରେ କିଛି ସାବଲୀଳ ପ୍ରସଙ୍ଗର ଅବତାରଣା କରିଥାନ୍ତି। ଓଡ଼ିଶାର ଫଟୋଗ୍ରାଫିକ୍ ଚିତ୍ର ଉତ୍ତୋଳନ କ୍ଷେତ୍ରରେ ତାଙ୍କ ସାହିତ୍ୟର ଯାଦୁକରୀ ପ୍ରଭାବ ଅନତିକ୍ରମ୍ୟ। ବିଭିନ୍ନ ଋତୁ, ପର୍ବପର୍ବାଣି, ଓଷା-ବ୍ରତ, ପିଠାପଣା, ଅନ୍ଧବିଶ୍ୱାସ, ସାମନ୍ତବାଦୀ ମାନସିକତା, ବ୍ୟକ୍ତିକ ସଂପର୍କ, ପ୍ରେସ୍-କମ୍ପାନୀର କର୍ମଚାରୀଙ୍କ ଜୀବନ ଚିତ୍ର, ଗଛବୃଛ, ବିବିଧ ସାଂଗୀତିକ ଯନ୍ତ୍ର, ଦେବ-ଦେବୀ, ଲୋକସଂସ୍କୃତି (ପାଲା), ଜୀବିକାଧାରୀ ମଣିଷର ସଂଘର୍ଷ, ପୁରାଣକଳ୍ପର ଚରିତ୍ର ତଥା ଜୀବନଦର୍ଶନର ରସାଳ ସମାବେଶ ହୋଇଛି 'ଜୀବନର ଜଳଛବି' ମଧ୍ୟରେ। କଥାକାର ସୁରେନ୍ଦ୍ର ମହାନ୍ତିଙ୍କ 'ଶେଷସ୍ତମ୍ଭ' ଏବଂ ମନୋଜ ଦାସଙ୍କ 'ଅନ୍ତରଙ୍ଗ ଭାରତ' ଭଳି ଗୌରହରିଙ୍କ 'ଜୀବନର ଜଳଛବି' ସ୍ୱତନ୍ତ୍ର ଓ ସ୍ମରଣୀୟ ସ୍ତମ୍ଭ।

ବିସ୍ତୃତି ଏବଂ ଆବେଦନ ଦୃଷ୍ଟିରୁ ଫିଚର୍ କିମ୍ବା ରୂପକ ଅତ୍ୟନ୍ତ ଗଭୀର ତଥା ଗମ୍ଭୀର। ଯଦିଓ ଏହା ସମ୍ବାଦ ବା ସମାଚାର ପ୍ରସ୍ତୁତିକରଣର ଏକ ରୂପ କିନ୍ତୁ, 'ରୋଚକ ବିଷୟର ମନୋରମ ତଥା ବିଶଦ ପ୍ରସ୍ତୁତି ହିଁ ଫିଚର୍'। "The good newspaper is not just only paper and ink. The good newspaper lives. News is its life blood, leaders are its heart and features may be said to be its soul." ଏହି ମର୍ମରେ ତଥା ପ୍ରସଙ୍ଗାନୁକ୍ରମେ ଗୌରହରିଙ୍କ 'ଫିଚର୍' ଓ ତାଙ୍କ ଦୃଷ୍ଟିକୋଣ ସମ୍ବନ୍ଧୀୟ ମତାମତକୁ ଆଲୋଚନାଭୁକ୍ତ କରିବା ଉଚିତ ମନେ ହୁଏ। ତାଙ୍କ ମତରେ- "ଖବରକାଗଜର ଖବର ତଥ୍ୟ ଉପରେ ଗୁରୁତ୍ୱ ଦିଏ। ସେଠାରେ ସାମ୍ବାଦିକର ନିଜ ମତ ଲଦିଦେବାର ସ୍ୱାଧୀନତା ନାହିଁ। ସେ ଜଣେ ଖବରଦାତା ବା ରିପୋର୍ଟର। ଅନ୍ୟମାନେ ଯାହା କହିବେ ତାହା ଆଧାରରେ ସେ ଲେଖିବ। ମାତ୍ର ଫିଚର୍ ଲେଖକର ଅଧିକ ଟିକିଏ ସ୍ୱାଧୀନତା ରହିଛି। ସେ ସେହି ଖବରର ଭିନ୍ନ ଭିନ୍ନ ଦିଗକୁ ନେଇ ଆଲୋଚନା କରିପାରିବ। xxx ଫିଚର୍ ନାନା ପ୍ରକାରର ଅଛି। ସବୁ କଥାକୁ ଫିଚରଧର୍ମୀ

ଲେଖାରେ ପ୍ରକାଶ କରାଯାଇପାରିବ। ମାତ୍ର ଫିଚରର ସାହିତ୍ୟସ୍ପର୍ଶ ତାକୁ ଦୀର୍ଘ ଜୀବନ ଦେଇଥାଏ। ମୋର 'ଜୀବନର ଜଳଛବି' ସାହିତ୍ୟଧର୍ମୀ ଏକ ଫିଚର୍, ଯାହା ନିୟମିତ ବ୍ୟବଧାନରେ ପ୍ରକାଶ ପାଉଥିବାରୁ ଏକ ସ୍ତମ୍ଭର ପଦବାଚ୍ୟ। ସାଧାରଣତଃ ଜଣେ ଫିଚର୍ ଲେଖକ ସ୍ଥାୟିତ୍ୱ କିମ୍ବା ଦୀର୍ଘ ସମୟ ମନେ ରହିବା ଭଳି ଲେଖାଟିଏ ଲେଖିବା ଉପରେ ଗୁରୁତ୍ୱ ଦିଏ।"(୪) 'ଜୀବନର ଜଳଛବି'ରେ ଚାରିଶହରୁ ଊର୍ଦ୍ଧ୍ୱ ସ୍ତମ୍ଭରେ 'କଥାଭାଗ'ର ଲାଳିତ୍ୟ ବେଶ୍ ହୃଦ୍ୟ। ବିଶିଷ୍ଟ କଥାକାର ମନୋଜ ଦାସଙ୍କ 'ଅନ୍ତରଙ୍ଗ ଭାରତ' ଏବଂ ସୁରେନ୍ଦ୍ର ମହାନ୍ତିଙ୍କ 'ଶେଷସ୍ତମ୍ଭ'ର ପାଠକୀୟ ଆବେଦନଧର୍ମୀ ସ୍ତମ୍ଭ ରୂପେ ଗୌରହରି ଦାସଙ୍କ ଫିଚରଗୁଡ଼ିକ ମଧ୍ୟ ବହୁ ପାଠକୀୟ ଆଦୃତି ଲାଭ କରିଛନ୍ତି। ତାଙ୍କ ମତରେ- "ମୋର 'ଜୀବନର ଜଳଛବି' ସୁରେନ୍ଦ୍ର ମହାନ୍ତିଙ୍କ ସ୍ତମ୍ଭର ନିକଟବର୍ତ୍ତୀ। କାରଣ ଏଥିରେ ମୁଁ ମୋର ବକ୍ତବ୍ୟକୁ ଗୋଟିଏ ଗଳ୍ପର ଢାଞ୍ଚାରେ କହିଥାଏ। ତା'ର ଆରମ୍ଭ ଅଛି, ଶୀର୍ଷ ଅଛି ଏବଂ ସମାପ୍ତି ଅଛି। କ୍ଷୁଦ୍ର ଆୟତନ ଭିତରେ ଏହାକୁ ଲେଖିବାକୁ ପଡୁଥିବାରୁ ଏଥିରେ ବେଶୀ କାରିଗରୀ ଦେଖାଇବାର ସୁଯୋଗ ନ ଥାଏ। ପୁଣି ମୋର ଆଭିମୁଖ୍ୟ ହେଉଛି, ଏହା ଅଧିକରୁ ଅଧିକ ପାଠକଙ୍କ ବୋଧଗମ୍ୟ ହେଉ। ଏହାର ବିଷୟବସ୍ତୁ କାଳ୍ପନିକ ନୁହେଁ, ବାସ୍ତବ। ଏହା ଏକ ପ୍ରକାର ସତ୍ୟ ସହ ଶବ୍ଦଯାତ୍ରା।"(୫)

ଗୌରହରିଙ୍କ ପ୍ରତ୍ୟେକ ଫିଚର୍ କୌଣସି ନା କୌଣସି ଘଟଣାଶ୍ରୟୀ ଯାହା ଗଳ୍ପର ଭ୍ରମ ଉପୁଜାଏ। 'ତାଙ୍କର ଫିଚରଗୁଡ଼ିକ ଏଭଳି କାହିଁକି'ର ଉତ୍ତର ଦେଇ ସେ କହନ୍ତି- "ଆପଣମାନଙ୍କ ଧାରଣା ଠିକ୍। ପ୍ରତ୍ୟେକ ଖବରର ଗୋଟେ ସାହିତ୍ୟିକ ଦିଗ ଥାଏ। ଠିକଣା ଢଙ୍ଗରେ ସମ୍ବାଦଟି ଲେଖାଯାଇ ନ ଥିଲେ ବା ଅଯଥା ଅତିରଞ୍ଜନ ଥିଲେ ସେ ସମ୍ବାଦକୁ ପାଠକ ଭଲପାଏ ନାହିଁ। ସେହିପରି ଭଲ ବ୍ୟଞ୍ଜନାତ୍ମକ ଶୀର୍ଷକ ଥିଲେ ଖବରଟି ଦୃଷ୍ଟି ଆକର୍ଷଣ କରେ। ଠିକେ ଠିକେ କହିଦେଲେ ସେଭଳି ଦୃଷ୍ଟି ଆକର୍ଷଣ କରେ ନାହିଁ। ସେଥିପାଇଁ ସାମ୍ବାଦିକତାକୁ ତରବରରେ ଲେଖାଯାଇଥିବା ସାହିତ୍ୟ ବୋଲି ମାଥ୍ୟୁ ଆର୍ନଲ୍ଡ୍ କହିଛନ୍ତି- 'Journalism is literature in a hurry.'। ସାହିତ୍ୟ ପରି ଏଥିରେ କଳ୍ପନାର ଅବକାଶ ରହିଛି। ରସ, ବ୍ୟଞ୍ଜନା, ବ୍ୟଙ୍ଗ ଓ ବସ୍ତୁନିଷ୍ଠତାର ଅବକାଶ ଅଛି। ଯେତେବେଳେ ଜଣେ ସାମ୍ବାଦିକ ବା ଲେଖକ ଲକ୍ଷ୍ୟ କରେ ଯେ ତା ସାମ୍ନାରେ ଥିବା ଘଟଣାର ଏକାଧିକ ଦିଗ ଅଛି ବା ଏ ଘଟଣାରେ ଏଭଳି କିଛି ସ୍ୱତନ୍ତ୍ର ବିଶେଷତ୍ୱ ଅଛି କିମ୍ବା ଏହା ମଣିଷର ମର୍ମସ୍ଥଳକୁ ଏଭଳି ସ୍ପର୍ଶ କରିବ ସେତେବେଳେ ସେ ତାକୁ ନିଜ ଫିଚରଧର୍ମୀ ଲେଖାର ବିଷୟ ଭାବେ ଗ୍ରହଣ କରିଥାଏ। କ୍ଷୁଦ୍ରଗଳ୍ପର ପରିଭାଷା କ'ଣ ? ସୀମିତ ପରିସରରେ ଉତ୍କଣ୍ଠା ରକ୍ଷା କରୁଥିବା ଏକ ଘଟଣାର ବର୍ଣ୍ଣନା, ଯାହା ପଢ଼ା ସରିବା ପରେ ସୁଦ୍ଧା ପାଠକ ମନରେ ଅତୃପ୍ତି

ଘେରି ରହିଥିବ। ଫିଚର୍‌ର ଆଭିମୁଖ୍ୟ ଠିକ୍ ସେଇଆ। ଏଥିପାଇଁ 'ଜୀବନର ଜଳଛବି' ସ୍ତମ୍ଭରେ ଅନେକ ଲେଖାକୁ ପାଠକ ଗଳ୍ପ ଭାବରେ ଗ୍ରହଣ କରିଥାଆନ୍ତି। ମୁଁ ଏହାକୁ ଭ୍ରମ ବୋଲି କହିବି ନାହିଁ।"[୬]

ଗୌରହରି ଦାସ ଜଣେ ଦାୟବଦ୍ଧ ସୃଜନଶିଳ୍ପୀ। ଅଧିକାଂଶ ଲେଖକଙ୍କ ପରି ସେ ମଧ୍ୟ ଗଭୀର ଅନ୍ତର୍ଦାହରୁ ମୁକ୍ତି ପାଇବା ନିମନ୍ତେ ଲେଖନ୍ତି। ଜଣେ ଲେଖକର ସୃଜନାତ୍ମକ-ଅସହାୟତାକୁ ଅତି ଭାବପ୍ରବଣ ହୋଇ ସେ ଉଲ୍ଲେଖ କରିଛନ୍ତି- "ଲେଖାଟି ଲେଖିବା ବେଳେ ମନ ଭିତରେ ବିଶ୍ୱାସ ଥାଏ, ଲେଖିସାରିଲା ପରେ ଅବା ମୁଁ ଏହି ଯନ୍ତ୍ରଣା ଓ ମର୍ମଦାହରୁ ରକ୍ଷା ପାଇଯିବି; ମାତ୍ର ତାହା ହୁଏ ନାହିଁ। ଏହାର କାରଣ ଖୋଜି ଦେଖିଛି, ମୁଁ ଲେଖା ଆରମ୍ଭ କଲାବେଳେ ଯେମିତି ଯାହା ଲେଖିଦେବି ବୋଲି ଆସ୍ଫାଳନ କରିଥାଏ, ବାସ୍ତବରେ ସେମିତି ଲେଖିପାରେ ନାହିଁ। ଏହି ଅସଫଳତା ପାଇଁ ମୋ ନିଜର ଅସାମର୍ଥ୍ୟ ଯେତିକି ଦାୟୀ, ଶବ୍ଦମାନଙ୍କର ଅସହାୟତା ବି ସେତିକି ଦାୟୀ। ଅନୁଭବ ଅଭିବ୍ୟକ୍ତି ପର୍ଯ୍ୟାୟକୁ ଆସିବା ବାଟରେ ଆବେଶ ଅନେକ ହୁଗୁଳା ହୋଇଯାଏ ଓ ଶବ୍ଦମାନଙ୍କ ପିଠିରୁ ଭାବ ଓହ୍ଲେଇ ଯାଇଥାଏ।"[୭] ସୃଜନଶିଳ୍ପୀ ଗୌରହରିଙ୍କ ବ୍ୟକ୍ତିତ୍ୱ ଯେତିକି ଗରିମାମୟ ତାଙ୍କର ସମଗ୍ର ସୃଷ୍ଟିସମ୍ଭାର ମଧ୍ୟ ସେତିକି ମହିମାନ୍ୱିତ। ତାଙ୍କ ଅଭିବ୍ୟକ୍ତିର ସରଳତା ସାହିତ୍ୟାନୁରାଗୀ ପାଠକ ହୃଦୟକୁ ଏଭଳି ଦ୍ରବୀଭୂତ କରିବାରେ ସକ୍ଷମ ଯେ, ଅପାଠକଟିଏ ପାଠକ ହୋଇପାରେ, ବେରସିକଟିଏ ଆବେଗାତ୍ମକ ସ୍ତରକୁ ଅନୁଭବ କରିପାରେ ତଥା ଅଜ୍ଞାନ ମଣିଷଟିଏ ଅକସ୍ମାତ୍ ଜ୍ଞାନାତ୍ମକ ଦର୍ଶନରେ ଅବଗାହନ କରିପାରେ। 'ଜୀବନର ଜଳଛବି' ପୁଣ୍ୟତୋୟାର ଜଳ ଭଳି ସ୍ୱଚ୍ଛ-ଶୁଦ୍ଧ ଏବଂ ଚାକ୍ଷୁଷ ଦୃଶ୍ୟ ଭଳି ଅକୃତ୍ରିମ ଓ ସଜଳ। ଚମତ୍କାର କଥାକାରିତାକୁ ଆଧାର କରି ଗତାନୁଗତିକ-ପ୍ରଥାସିଦ୍ଧ ଗଡ୍‌ଡାଳିକା ଉପରେ ଚେତନାଦର୍ଶର ମୃଦୁ-କରାଘାତ ସହ ସ୍ନେହପୂର୍ଣ୍ଣ ଆକଟ ଓ ନମ୍ର ହସ୍ତକ୍ଷେପ ହିଁ 'ଜୀବନର ଜଳଛବି'କୁ ଏକ ଶିକ୍ଷାକୋଷରେ ପରିଣତ କରିଛି।

'ଜୀବନର ଜଳଛବି' ଶୀର୍ଷକସ୍ଥ ପ୍ରଥମ ସଂକଳନରେ ପ୍ରାୟ ୪୪ ଗୋଟି ସ୍ତମ୍ଭ ରହିଛି। ଗପ ସହିତ ଜନ୍ମ ହୋଇଥିବା କଥାକାର ଗୌରହରି ଦାସଙ୍କ ନିମନ୍ତେ ସୀମା ଓ ସୀମାନ୍ତକୁ ଅସ୍ୱୀକାର କରୁଥିବା ବିଚିତ୍ର ପକ୍ଷୀ ହେଉଛି ସାହିତ୍ୟ। ଏହା ଜୀବନର ବିବିଧ ରୂପକୁ ନିଜ ପୃଷ୍ଠାମାନଙ୍କ ମାଧ୍ୟମରେ ଚିତ୍ରାୟନ କରେ। ଗୌରହରି ଦାସଙ୍କ ଶବ୍ଦରେ- "ଯେଉଁଠି ବଞ୍ଚି ରହିବା ପାଇଁ ସାମାନ୍ୟ ସ୍ୱପ୍ନଟିଏ ନାହିଁ, ଅବଲମ୍ବନ ନାହିଁ - ଇଆରି ନାଁ ଜୀବନ।"[୮] 'ଜୀବନର ଜଳଛବି'ରେ ମାନବ ଜୀବନନିଷ୍ଠ ଅସଂଖ୍ୟ ରୂପର ମାର୍ମିକ ଚିତ୍ର ରହିଛି। "ଜୀବନ ଏକ ବିଚିତ୍ର ଅନୁଭବ। ଆକସ୍ମିକ ଅଥଚ

ଅନିବାର୍ଯ୍ୟ ଏହାର ଅଧିକାଂଶ ଚାହିଦା। ଅଦ୍ଭୁତ ପୁଣି ଏହାର ପ୍ରତିଟି ଅଭିଜ୍ଞତା। ଏଠି ସୁଖ ଆସି ପ୍ରଜାପତି ପରି ଖଣ୍ଡିଉଡ଼ା ଦେଇ ଚାଲିଯାଏ, ଅଥଚ ଦୁଃଖ ଆସି ସୁଧଖୋର ମହାଜନ ପରି ଅଗଣାରେ ବସିରହେ ଅଚଳ ମହାମେରୁ ପରି। ଚାହୁଁଥିବା ଜିନିଷ ମିଳେ ନାହିଁ, ଅଥଚ ନ ଚାହୁଁଥିବା ଜିନିଷମାନ ଆସି ଗଳା ଛନ୍ଦି ଓହଳି ବସନ୍ତି। ଅପେକ୍ଷା କରୁଥିବା ଅତିଥି ଆସନ୍ତି ନାହିଁ, ଆଡ଼େଇ ଚାଲିଥିବା ଶତ୍ରୁ ହିଁ ଆସି ଆଗରେ ଛିଡ଼ା ହୁଅନ୍ତି।"[୯] ନିତ୍‌ସେଙ୍କ ପରି ଗୌରହରିଙ୍କ ପାଇଁ ଜୀବନର ବ୍ରତ ହେଲା- 'ମଣିଷର ଉନ୍ନତତର ଜୀବନ, ଉନ୍ନତତର ସଂସ୍କୃତିର ସନ୍ଧାନ।' ନିତ୍‌ସେଙ୍କ ଭଳି ଗୌରହରି 'transvaluation of values' ଉପରେ ଗୁରୁତ୍ୱାରୋପ କରନ୍ତି। ଏକଦା ନିତ୍‌ସେ କହିଥିଲେ- "ମୋ ଲେଖାରେ ମୁଁ ନିଜକୁ ଫୁଟାଇଛି। ମୋର ପ୍ରବୃତ୍ତି, ଅନ୍ତର୍ବୋଧ, ବିଶ୍ୱାସ, ମୋର ଜ୍ଞାନ ତଥା ଅଜ୍ଞାନକୁ ତମେ ଜାଣ। ମୋ ଜୀବନରେ ଯାହାସବୁ ପାଥେୟ ଭାବେ ଗ୍ରହଣ କରିଛି, ଯେଉଁଠୁ ସାହସ ପାଇଛି, ପ୍ରେରଣା ପାଇଛି, ଜୀବନକୁ ଅଙ୍ଗୀକାର ଶକ୍ତି ପାଇଛି, ତମେ ସେସବୁରୁ କିଛି ଉପକାର ପାଉଛ କି ନା ଦେଖ।"[୧୦] ଅନୁରୂପ ଭାବରେ ଗୌରହରି ଦାସଙ୍କ 'ଜୀବନର ଜଳଛବି' ତାଙ୍କ ଜୀବନାନୁଭୂତି ଓ ଜୀବନ ଜିଜ୍ଞାସାର ସଜଳ ପଟ୍ଟଚିତ୍ର।

'ଭୂଗୋଳ ସେପାରି ଭୂଇଁ' ଫିଚର୍‌ରେ କିଛି ସାଧାରଣ ଅଲଭ୍ୟ ଚିଜର ପ୍ରାପ୍ତିର ପ୍ରସଙ୍ଗ ରହିଛି, ଯାହା ଏକଦା ମଣିଷକୁ ଶାନ୍ତି ପ୍ରଦାନ କରୁଥିଲା, ତାହା କ୍ରମଶଃ ମୂଲ୍ୟହୀନ ହୋଇପଡୁଥିବାର ଚିତ୍ର ରହିଛି। ପୂର୍ବେ ଗାଁ ଗହଳିରେ ବିଦେଶୀ ଅଙ୍ଗୁର, ସେଓ ଇତ୍ୟାଦି ଫଳ ସାତ ସପନ ଥିଲା। ଭୂଗୋଳରେ ସେହି ଅନାମଧେୟ ଗାଁର ଅସଂଖ୍ୟ ନିରୀହ ମଣିଷମାନେ ଦୁର୍ଲଭ ମିଠା ଓ ଫଳ ପାଇଁ ଏକଦା ଆକାଂକ୍ଷିତ ରହୁଥିବାର ନିଛକ ବର୍ଣ୍ଣନା ଏଥିରେ ରହିଛି। 'ମଧୁର ମିଥ୍ୟା' ଫିଚର୍‌ରେ ଦାରିଦ୍ର୍ୟକୁ ଓ ଅତୀତକୁ ଅସ୍ୱୀକାର ଏବଂ ଅସମ୍ମାନ କରୁଥିବା ଚିତ୍ତରଞ୍ଜନଙ୍କ ପାଖକୁ ଅବସରପ୍ରାପ୍ତ ସ୍କୁଲ୍ ହେଡ୍‌ମାଷ୍ଟର ମାନ୍ଧାତା ମହାପାତ୍ର କିପରି ବହୁ ଆଶା-ପ୍ରତ୍ୟାଶା ନେଇ ଆସନ୍ତି; କିନ୍ତୁ ପୁତ୍ରବଧୂ ଦ୍ୱାରା ଉପେକ୍ଷିତ-ଅପମାନିତ ହୋଇ ଫେରିଯାଆନ୍ତି, ତାର ଚିତ୍ର ରହିଛି। ନିଜ ଗାଁର ମାଟି-ଗୋଡ଼ି-ବିଲ-ଅପନ୍ତରା ପୋଖରୀ, ମନ୍ଦିର, ନଈ ଓ ମଣିଷ ମୁଖପାତ୍ର ସାଜିଥିବା ସ୍ତମ୍ଭକାର ଗୌରହରି 'ଅର୍ଜୁନ ବାଆଜୀ ପୋଖରୀ', 'ତଳବନ୍ଧ', 'ମୁଠିଶାଗ ଓ ଆମ୍ବ ବଉଳର ଶୈଶବ', 'ଆମ ଗାଆଁ', 'ମାମୁଘର', 'ପୂଜାଛୁଟି', 'ସନାତନ ମାଷ୍ଟ୍ରେ', 'ନିତ୍ୟାନନ୍ଦ ସାର୍', 'ଆଦର୍ଶ ଶିକ୍ଷକ' ଇତ୍ୟାଦି ଫିଚର୍‌ଗୁଡ଼ିକରେ ଜୀବନ୍ତ ଭାବରେ ସ୍ମୃତି ଓ ଚିତ୍ରର ରୂପାୟନ କରିଛନ୍ତି। ଗୌରହରି ନିଜ ଶିକ୍ଷକଙ୍କ ପ୍ରତି ଶ୍ରଦ୍ଧାପୂର୍ଣ୍ଣ ଭାବପ୍ରବଣତାକୁ ଶବ୍ଦାୟିତ କରିଛନ୍ତି: "ସମାଜର ଦମ୍ଭିଲା ମଣିଷମାନେ ନିପାରିଲା

ମଣିଷଙ୍କ ଆବେଗ, ଭାବପ୍ରବଣତାକୁ ରାସ୍ତା ଉପରର ଅଲୋଡ଼ା କାଗଜ ଟୁକୁରା ପରି ଦଳିଚକଟି ଚାଲିଯାଉଥିବାର ଦେଖିବାବେଳେ ହିଁ ସିଦ୍ଧାର୍ଥର ମନେପଡ଼ନ୍ତି ନିତ୍ୟାନନ୍ଦ ସାର୍।"[୧୧] ନିଜ ଗାଁ ମାଟିକୁ ଶଙ୍ଖୋଳିବାକୁ ଯାଇ ଗୌରହରି ଦାସ 'ଛୋଟ ମୋର ଗାଁଟି'ର କବି ସଚ୍ଚି ରାଉତରାୟଙ୍କ ପରି ଭାବପ୍ରବଣ ହୋଇଉଠିଛନ୍ତି। ତାଙ୍କର ସେହି ଆବେଗପୂର୍ଣ୍ଣ ଉକ୍ତି ସବୁ କେତେ ଯେ ହୃଦ୍ୟ ଦେଖନ୍ତୁ-

"ଓଡ଼ିଶାର ଭୌଗୋଳିକ ମାନଚିତ୍ରରେ ନ ହେଲେ ବି ବାଲେଶ୍ୱର (ଏବେ ଭଦ୍ରକ) ଜିଲ୍ଲା ମାନଚିତ୍ରରେ ଛୋଟ ଏକ ସୋରିଷଦାନାର ସ୍ଥିତି ପରି ଅର୍ବାଚୀନ ସ୍ଥିତି ତଳବନ୍ଧ ଗାଆଁର।"[୧୨] 'ବିଧବା ସକାଳ', 'ଉଆଁସୀ କନ୍ୟା' ଆଦି ଫିଚର୍‌ରେ ନାରୀ ଜୀବନର କରୁଣ ସ୍ଥିତି ବର୍ଣ୍ଣିତ ହୋଇଛି। ବାଲ୍ୟବିଧବା ନିଆଶ୍ରୀ ମାଳଅପାର ନିଃସଙ୍ଗ ଜୀବନ ଓ ଦୀର୍ଘଶ୍ୱାସର ଯନ୍ତ୍ରଣା ପ୍ରତି ଲେଖକ ସମ୍ବେଦନଶୀଳ ହୋଇ ଉଠିଛନ୍ତି। ଅନୁରୂପ ଭାବରେ ଗୋଟାଏ ରକ୍ତମାଂସର ମଣିଷର ନିଃସଙ୍ଗ, ନିର୍ଜନ ଓ ଯନ୍ତ୍ରଣାକାତର ଚିତ୍ର ସହିତ ସମାଜର ବଦ୍ଧମୂଳ ଅନ୍ଧବିଶ୍ୱାସ ପାଇଁ ନିଜର ଜୀବନ ଓ ଯୌବନକୁ ଅନିଚ୍ଛାରେ ବଳି ଦେଇଥିବା ସରଳା, ଅସହାୟା ନାରୀର ଦୁର୍ଭାଗ୍ୟପୂର୍ଣ୍ଣ ଜୀବନର ଚିତ୍ର ହେଉଛି 'ଉଆଁସୀ କନ୍ୟା' ସ୍ତମ୍ଭ। 'ଶାଳବଣର ଗୀତ', 'ଶୈଶବ ପାଇଁ ସ୍ମୃତି ତର୍ପଣ', 'ମୋହଭଙ୍ଗର ପର୍ବ' ଇତ୍ୟାଦି ସ୍ତମ୍ଭଗୁଡ଼ିକରେ ଗ୍ରାମ୍ୟ ଜୀବନ, ଶିଶୁପଣ, ସହରୀ ଜୀବନର ମୃଦୁ ପଦପାତର ଚିତ୍ର ରହିଛି, ଯେଉଁଠି ସ୍ତମ୍ଭକାର ଗୌରହରି ଶକ୍ତି ଦାସ ଭଳି ସାପୁଆ କେଳା ପ୍ରତି ସମ୍ବେଦନଶୀଳ ହୋଇ ଉଠିଛନ୍ତି 'କଂସର ଘରଣୀ, ପଦ୍ମାବତୀ ରାଣୀ' ଫିଚର୍‌ରେ। ଅପରପାର୍ଶ୍ୱରେ 'ଉଦାର ଈଶ୍ୱର', 'ଅସହାୟ ଦେବଶିଶୁ', 'ଅନୁତ୍ତରିତ', 'କପଟ ଅଭିମନ୍ୟୁ' ଫିଚର୍‌ରେ ମଣିଷର ଜୀବନ-ଜୀବିକା, ଅସହାୟତା ପ୍ରତି ଲେଖକଙ୍କର ଦରଦ, ଆପଣାପଣ ଓ ସହାନୁଭୂତି ଝରିପଡ଼ିଛି। 'ମେହେନତୀ ମଣିଷ ସ୍ମୃତିରେ' ଫିଚର୍‌ରେ ଶ୍ରମକୁ ସୁଲଭ ମୂଲ୍ୟରେ ବିକି ଗୁଜୁରାଣ ମେଣ୍ଟାଉଥିବା ଶ୍ରମଜୀବୀଙ୍କ ପ୍ରତି ସ୍ତମ୍ଭକାରଙ୍କ ସହାନୁଭୂତି ଝରିପଡ଼ିଛି। ସଂସାରର ଧାଁ ଦଉଡ଼ ଭିତରେ ଜୀବନର ଯାବତୀୟ ଚାହିଦା ମେଣ୍ଟେଇବାକୁ ଯାଇ ଯନ୍ତ୍ରରେ ପରିଣତ ହେଉଥିବା ମଣିଷଙ୍କ ଚିତ୍ର ରହିଛି 'ଜୀବନ-ଚମ୍ପୂ'ରେ। ରାଜଧାନୀର ବର୍ଣ୍ଣାଢ଼୍ୟ କୋଳାହଳ ଭିତରେ ଉଷୁମ ଆନ୍ତରିକତା କେବେଠାରୁ ଆତ୍ମହତ୍ୟା କରିଥିବାର ବିଡ଼ମ୍ବନାପୂର୍ଣ୍ଣ ସ୍ଥିତିକୁ ଦର୍ଶାଇଛନ୍ତି 'ସହରୀ ସଂପର୍କ' ମାଧ୍ୟମରେ। ଲେଖକ ନିଜ କୈଶୋରର ଗାଁ ସ୍ମୃତିକୁ ଦୀର୍ଘ ୩୦ ବର୍ଷ ପରେ ଝୁରି ହୋଇଛନ୍ତି 'ଅଚିହ୍ନା ଆକାଶ' ସ୍ତମ୍ଭରେ। ସମୟାନୁକ୍ରମେ ମନ୍ତେଇ, କାଦୁଅନାସୀ ଗାଁ, ଚତୁର୍ଦ୍ଦଶୀ ଜହ୍ନର ବିବର୍ଣ୍ଣ ରୂପକୁ ଦେଖି ସିଦ୍ଧାର୍ଥ ଓରଫ୍ ଗୌରହରି ଦାସ ଚରମ ଅବସାଦ ଓ ଅସହାୟତାରେ ଭାଙ୍ଗିପଡ଼ିଛନ୍ତି। ସ୍ତମ୍ଭକାର 'ଗ୍ରାମ୍ୟ ଜୀବନ'

ମଧ୍ୟରେ ଭାରତକୁ ଦର୍ଶନ କରିଛନ୍ତି 'ଇଣ୍ଡିଆ ଦ୍ୟାଟ୍ ଇଜ୍ ଭାରତ' ସ୍ତମ୍ଭରେ। ଲେଖକଙ୍କ ଶାଣିତ ଟିପ୍ପଣୀ: "ଭାରତର ମଣିଷମାନେ ମଫସଲରେ ରହନ୍ତି, ଭାରତର ଚାଷଜମି ଚଷି, ମୂଲ ଲାଗି ପେଟ ପୋଷନ୍ତି। x x x ଅଥଚ ଏଇ ଭାରତର ଲୋକମାନଙ୍କ ସୁଖ, ଦୁଃଖ, ଉତ୍ଥାନ ଓ ଅଭ୍ୟୁଦୟ ପାଇଁ ସେମାନଙ୍କର ଜୀବନ, ସ୍ୱପ୍ନ, ଆବେଗ ଓ ପରମ୍ପରା ସହ ଆଦୌ ସମ୍ବନ୍ଧ ରଖୁ ନ ଥିବା 'ଇଣ୍ଡିଆ'ର ଲୋକମାନେ ଯୋଜନା ତିଆରି କରନ୍ତି, ତାକୁ ପ୍ରଣୟନ କରନ୍ତି।"[୧୩]

'ଚିହ୍ନା ଚୌହଦି' ସ୍ତମ୍ଭ ସଂଲଗ୍ନ ପ୍ରାୟ ୫୦ ଗୋଟି ପ୍ରସଙ୍ଗରେ ସ୍ତମ୍ଭକାର ପଲ୍ଲୀ ଜୀବନର ସୌନ୍ଦର୍ଯ୍ୟ, ଆହ୍ଲାଦ, ଶାନ୍ତି, ସ୍ୱଚ୍ଛତାକୁ ଝୁରି ହୋଇଛନ୍ତି। "ମଣିଷର ଅନେକ ଅସାମର୍ଥ୍ୟ ଅଛି। ତାହା ଭିତରୁ ଗୋଟିଏ ହେଲା ପଛରେ ଛାଡ଼ି ଆସିଥିବା ଜୀବନ ପାଖକୁ ଆଉ ଫେରି ନ ପାରିବା। ଦିନେ ହୁଏତ ମଣିଷ ଦୂର ଆଉ କୋଉ ଗ୍ରହରେ ଯାଇ ଘର କରିବ, ମାତ୍ର ଗତକାଲି ପାଖକୁ ସେ କେବେ ବି ଫେରିପାରିବ ନାହିଁ, ଶତଚେଷ୍ଟା ସତ୍ତ୍ୱେ। ସେଥିପାଇଁ ମଣିଷ ଅତୀତକୁ ଝୁରେ, ବେଶି ବେଶି ମନେପଡ଼େ ସେଇ ସମୟ ଯାହା ତା ପାଖକୁ ଫେରି ଆସିବ ନାହିଁ କୌଣସି ଦିନ। ତେଣିକି ସ୍ମୃତିକୁ ସମ୍ବଳ କରି ବଞ୍ଚିବା ପାଇଁ ତା ପାଇଁ ଅବଧାରିତ। ସ୍ମୃତି ନ ଥାଇ ମଣିଷ ନାହିଁ।"[୧୪] ସହର ଜୀବନରେ କୁଆଁର ପୁନେଇଁ, ରଜଦୋଳି, ଦୋଳମେଳଣ କ୍ରମଶଃ ତା'ର ମହତ୍ତ୍ୱ ହରାଉଥିବାର ଚିତ୍ର ରହିଛି 'ଦୋଳି' ଫିଚର୍‌ରେ। 'ଚିହ୍ନା ଚୌହଦି'ରେ ସ୍ତମ୍ଭକାର ସାଂସ୍କୃତିକ ଜୀବନର ମୂଲ୍ୟକୁ ମହତ୍ତ୍ୱ ପ୍ରଦାନ କରିବା ସହିତ ନାରୀ ଜୀବନର ଅସହଣି ଦୁଃଖ (ଅନ୍ତରଙ୍ଗ ଦୁଃଖ, ଗଙ୍ଗଶିଉଳିମାନଙ୍କର ସ୍ୱପ୍ନ), ଶିକ୍ଷକମାନଙ୍କ ଆଦର୍ଶବତ୍ତା (ଗୁରୁଦକ୍ଷିଣା), ଅପୂର୍ଣ୍ଣ-ଅବସୋସମୟ ଜୀବନ (ସିଦ୍ଧାର୍ଥର ନୂଆ ତତ୍ତ୍ୱ), ଦୁର୍ନୀତି, ଅନ୍ୟାୟର ଦୁର୍ଭାଗ୍ୟପୂର୍ଣ୍ଣ ସ୍ଥିତି (ଅସହାୟ ଭାରତ)ର ନିଛକ ବର୍ଣ୍ଣନା ରହିଛି। ଲେଖକଙ୍କୁ ଯେଉଁଠି ଧର୍ମ, ନୈତିକତା ଓ ମୂଲ୍ୟବୋଧ ଆଖିବୁଜି ଦେଉଥିବା ସବୁ ମଣିଷଙ୍କ ମୁହଁ ପରି ସମାନ ଦେଖାଯାଉଛି, ସେଇଠି ପରମୁଖାପେକ୍ଷୀ ପରାଧୀନ ଓ ଅସହାୟ ସହରୀ ଜୀବନ ତାଙ୍କୁ ବ୍ୟଥିତ କରୁଛି। ଦେଶ-ସମାଜର ପ୍ରତିକୂଳ-ଦୁର୍ଦ୍ଦଶାପୂର୍ଣ୍ଣ ସ୍ଥିତିକୁ ଦେଖି ଲେଖକଙ୍କ ମନରେ ପ୍ରଶ୍ନ ଉଠିଛି- "ସ୍ୱାଧୀନତା ଆନ୍ଦୋଳନ ବେଳର ଏଇସବୁ ଧାରା ପରମ୍ପରାସିଦ୍ଧ ଭାବେ ଆଜି ଅନୁସୃତ ହେଉଛି ସ୍ୱାଧୀନ ଭାରତରେ। ଦିନେ ଫିରିଙ୍ଗି ଶାସନକୁ ହଟେଇବା ପାଇଁ ଅନୁସୃତ ପଦକ୍ଷେପମାନ ଆଜି ସ୍ୱାଧୀନ ଭାରତର ସରକାରୀ ସଂପତ୍ତି ନଷ୍ଟଭ୍ରଷ୍ଟ କରିଦେବା ପାଇଁ ଅନୁସୃତ ହେଉଛି। ଆନ୍ଦୋଳନ ନାଁରେ ହିଂସା ହିଁ ହୋଇ ଉଠିଛି ମୁଖ୍ୟ ଆୟୁଧ; ମହାତ୍ମା ଗାନ୍ଧୀଙ୍କର ଦେଶ ଏହି ଭାରତବର୍ଷରେ। କେବେ ଏଥିରୁ ମୁକ୍ତି କିଏ ଜାଣେ ?"[୧୫] ନିର୍ବାଚନୀ ପ୍ରଚାରରେ ଆର୍ଥିକ ଫାଇଦା ସହିତ

ଭାରତୀୟ ରାଜନୀତିରେ ନିସ୍ପୃହ କର୍ମୀମାନଙ୍କ ସୁବିଧାବାଦର ପ୍ରସଙ୍ଗ ରହିଛି 'କର୍ମଣ୍ୟେବାଧିକାରସ୍ତେ' ସ୍ତମ୍ଭରେ। 'ମୋହ ମୁଦ୍‌ଗର', 'ସଂପର୍କ', 'ପ୍ରଜାପତିର ଡେଣା' ଇତ୍ୟାଦିରେ ସଂପର୍କ ତଥା ଅସ୍ତବ୍ୟସ୍ତ ଜୀବନ ଯନ୍ତ୍ରଣାର ଚିତ୍ର ରହିଛି। ପୃଥିବୀର ଅସଂଖ୍ୟ ଦୁଃଖ, ଅସହାୟତା, ନିର୍ଯାତନାର ଚିତ୍ରକୁ ଜୀବନ୍ତ ଭାବରେ ଅଭିବ୍ୟକ୍ତ କରାଯାଇଛି 'ଶୋଷଣର ଶ୍ୱେତପତ୍ର' ଫିଚର୍‌ରେ। ଯେଉଁମାନଙ୍କ ପାଇଁ ମୃତ୍ୟୁ ନୁହେଁ ଜୀବନ ହିଁ ସବୁଠୁ ବଡ଼ ସମସ୍ୟା, ସେହିମାନଙ୍କ ପ୍ରତି ସ୍ତମ୍ଭକାରଙ୍କ ହୃଦୟ ବିଗଳିତ ହୋଇଉଠିଛି। ଜୀବନର ମୋହଭଙ୍ଗର ଚିତ୍ର 'ମହଙ୍ଗା ସ୍ୱପ୍ନ' ସ୍ତମ୍ଭରେ ଅନୁରଣିତ ହୋଇଛି। ଜିଘାଂସା, ହତ୍ୟା, ପ୍ରତିଶୋଧ, କ୍ଷମତାର ମୋହ, ଗଣହତ୍ୟାର ପ୍ରସଙ୍ଗକୁ ନେଇ 'ମୁମୂର୍ଷୁ ମୂଲ୍ୟବୋଧ', 'ଦାରିଦ୍ର୍ୟ'କୁ ନେଇ 'ଅତିଥି' ଓ ଓଡ଼ିଆ ଭାଷାପ୍ରୀତିର ବାର୍ତ୍ତା ରହିଛି 'ଉଜ୍ଜ୍ୱଳ ଉଦାହରଣ' ଫିଚର୍‌ରେ। 'ଭାଙ୍ଗି ପଡୁଥିବା କୋଣାର୍କ', 'ସଭ୍ୟ ଓ ସାକ୍ଷର', 'ବିଷ ବଳୟ', 'ଚିଲମ୍ ଓ ଚିଲିକା', 'କଳା ପାହାଡ଼', 'ଚିହ୍ନା ମଣିଷ, ଅଚିହ୍ନା ସ୍ୱର', 'ବସୁଧୈବ କୁଟୁମ୍ବକମ୍' ଇତ୍ୟାଦିରେ ସ୍ତମ୍ଭକାର ଇତିହାସ, ଭାରତୀୟ ପରମ୍ପରାର ମହତ୍ତ୍ୱକୁ ଅନ୍ୱେଷା କରିଛନ୍ତି। ପ୍ରତିମାପୂଜା ଅପେକ୍ଷା ମାନବ ସେବାର ମହତ୍ ଦର୍ଶନ ରହିଛି 'କ୍ଷୁଧାର୍ତ୍ତ ଈଶ୍ୱର' ଫିଚର୍‌ରେ।

'ଭିନ୍ନ ଭୂମିକା' ସ୍ତମ୍ଭ ସଂଲଗ୍ନ ପ୍ରାୟ ୫୦ରୁ ଊର୍ଦ୍ଧ୍ୱ ପ୍ରସଙ୍ଗରେ ବନ୍ୟାପ୍ରପୀଡ଼ିତ ଘଡ଼ିମୂଳ ଓ ମୁଣ୍ଡିଲୋ ଗାଁର ହତଭାଗ୍ୟ ମଣିଷମାନଙ୍କ ପ୍ରତି ସହାନୁଭୂତିର ଚିତ୍ର ରହିଛି 'ଘଡ଼ିମୂଳ' ଫିଚର୍‌ରେ। 'ଜଙ୍ଗଲରେ ଜହ୍ନରାତି' ଫିଚର୍‌ରେ ପ୍ରକୃତିର ଉଲ୍ଲଙ୍ଗ ଆହ୍ୱାନର ଚିତ୍ର ରହିଛି। 'ନିର୍ମୂଳୀ' ଫିଚର୍‌ରେ ଓଡ଼ିଆ ପରମ୍ପରା ଓ ସଂସ୍କୃତିର ମହତ୍ତ୍ୱ ପ୍ରଖ୍ୟାପିତ ହୋଇଛି। ପ୍ରତିକୂଳ ପରିସ୍ଥିତି ସାଙ୍ଗେ ମୁକାବିଲା କରିପାରୁଥିବା ସଂଗ୍ରାମୀ ମଣିଷଙ୍କ ପ୍ରତି ସହାନୁଭୂତିଶୀଳ ହୋଇଉଠିଛନ୍ତି ସ୍ତମ୍ଭକାର 'ମଣିଷ' ଫିଚର୍‌ରେ। ହରିଆନାର ଛୋଟ ସହରର 'ଡବ୍‌ୱାଲି'ରେ ଘଟିଥିବା ଅଗ୍ନିକାଣ୍ଡ ଭଳି ପାରିପାର୍ଶ୍ୱିକ ଦୁଃସ୍ଥିତି ଓ ବିପତ୍ତି କାଳରେ 'ମଣିଷପଣିଆ'ର ମନ୍ତ୍ରଗାନ କରିଛନ୍ତି ଲେଖକ। ଶ୍ରୀ ଦାସ ଓଡ଼ିଶା ଏବଂ ଓଡ଼ିଶା ବାହାରେ ଥିବା ବହୁ ପର୍ଯ୍ୟଟନସ୍ଥଳୀର ମହତ୍ତ୍ୱକୁ ପ୍ରତିଷ୍ଠା କରିଛନ୍ତି 'ରୂପସାର ରୂପସୀ ସନ୍ଧ୍ୟା', 'ଧନ୍ୟବାଦ କେରଳ', 'ପର୍ଯ୍ୟଟନ ନା ପଥଶ୍ରମ' ଇତ୍ୟାଦି ଫିଚର୍‌ରେ। 'ଶୋକର ଲୁଣ୍ଠନକାରୀ' ଫିଚର୍‌ରେ ଐତିହାସିକ ଟ୍ରାନ୍‌ସୱାର୍ଲଡ୍ ଏୟାର୍‌ଲାଇନ୍‌ସର ବିମାନ ଦୁର୍ଘଟଣାର ପ୍ରସଙ୍ଗ ଏବଂ କରୁଣ ବିପର୍ଯ୍ୟୟର ଚିତ୍ର ରହିଛି। 'ମାଟି ଓ ଆକାଶର ମନ୍ତ୍ର' ଫିଚର୍‌ରେ ବାସୁଦେବପୁର ଧାମରାର କରଣପଲ୍ଲୀ ଓ ତତ୍‌ସଂଲଗ୍ନ ମାଇଲ୍ ମାଇଲ୍ ବ୍ୟାପୀ ଚାଷଜମିର ବର୍ଣ୍ଣନା ଛଳରେ ଓଡ଼ିଶା ମାଟି ଓ ଆକାଶର ଜୟଗାନ ରହିଛି। ଜଣେ ନିରକ୍ଷରା ବୃଦ୍ଧାଙ୍କ ଭିତରେ ଗୌରହରି ଜୀବନର ମୂଲ୍ୟବୋଧକୁ ସନ୍ଦର୍ଶନ

କରିଛନ୍ତି। ସେହିମାନେ ହିଁ ଭବିଷ୍ୟତର ପିଢ଼ିକୁ ମାର୍ଗ ନିର୍ଦ୍ଦେଶ କରିବାର ସଂସ୍କାର ଧାରଣ କରିଥାନ୍ତି ବୋଲି ଲେଖକ ମତ ଦିଅନ୍ତି। ଆଧୁନିକ ଯୁବକମାନେ ଜୀବନର ଅନନ୍ତ ରୂପ, ରସ ଓ ରହସ୍ୟ ସନ୍ଧାନକୁ ଭୁଲି ଜମି ଖର୍ଦ୍ଦି, ପଦୋନ୍ନତି ଓ ଜାଲ୍ ଭାଉଚର୍ ପ୍ରସ୍ତୁତିରେ ସମୟ କାଟୁଥିବାର ଚିତ୍ର ରହିଛି 'ବଣମଲ୍ଲୀ' ଲେଖାରେ।

'ସାମର୍ଥ୍ୟର ସୀମା', 'ଖାତକର ଖାତା', 'ଅଭିମାନର ଓଜନ', 'ମାଆ', 'ହିସାବୀ ହୃଦୟ', 'ନିରବ ପ୍ରଶ୍ନ', 'ଔଦ୍ଧତ୍ୟର ସ୍ଥିର ଚିତ୍ର' ଆଦି ସ୍ତମ୍ଭଗୁଡ଼ିକରେ ମଣିଷ ଜୀବନର ଅନୁଭବ, ସଂପର୍କର ବିବର୍ତ୍ତିତ ରୂପରେଖର ବାସ୍ତବ ବର୍ଣ୍ଣନା ରହିଛି। 'ଏଠି ସବୁଦିନେ ମରୁଡ଼ି' ସ୍ତମ୍ଭରେ ଗ୍ରାମ୍ୟ ଜୀବନ ଅପେକ୍ଷା ସହରୀ ଜୀବନରେ ମୂଲ୍ୟବୋଧର ମରୁଡ଼ିକୁ ବ୍ୟଙ୍ଗ କରିଛନ୍ତି ଲେଖକ। 'ସଞ୍ଚାର ପାଇଁ ସ୍ୱପ୍ନଟିଏ' ସ୍ତମ୍ଭରେ କଳାକାରର ଦୁଃସ୍ଥ ସ୍ଥିତିର ମନୋବୈଜ୍ଞାନିକ ବିଶ୍ଳେଷଣ ରହିଛି। ଅନୁରୂପ ଭାବରେ 'ପ୍ରେମର ଚାଦର' ସ୍ତମ୍ଭରେ ନିୟମଗିରି ଡଙ୍ଗରିଆ କନ୍ଧ କିଶୋରୀ ଉଦ୍ଦେଶ୍ୟରେ ଲେଖକଙ୍କ ଅନୁକମ୍ପା ପଡ଼ି ହୁଏ। ସେମାନେ ପରିଶ୍ରମ କରି ପ୍ରସ୍ତୁତ କରୁଥିବା ଚାଦରର ଚାହିଦା ଅଧିକ। ହେଲେ ସେମାନଙ୍କୁ ପାରିଶ୍ରମିକ ଯଥେଷ୍ଟ ମିଳେ ନାହିଁ। ସ୍ତମ୍ଭକାର ସେହି ସ୍ୱାଭିମାନୀ କନ୍ଧ କିଶୋରୀମାନଙ୍କ କଠୋର ପରିଶ୍ରମକୁ ସମ୍ମାନ ଜଣାଇ ସମ୍ବେଦନା ପ୍ରକାଶ କରି ଲେଖିଛନ୍ତି- "ଚାଦରଗୁଡ଼ିକରେ ଲାଗିଥିବା ମାଟି ଓ କାଦୁଅର ଚିହ୍ନ ତାକୁ ପ୍ରେମ, ପ୍ରତ୍ୟୟ ଓ ପ୍ରତୀକ୍ଷାର ବିଶ୍ୱସ୍ତ ପରିଚୟ ପରି ଲାଗୁଥିଲା। ସେ ତହିଁରୁ ଯୋଡ଼ିଏ ତରବରରେ କିଣି ନେଉ ନେଉ ଭାବୁଥିଲା, ଏମିତି ପ୍ରେମ ଓ ଏମିତି ମିଠା ରଙ୍ଗର ପ୍ରକାଣ୍ଡ ଥାନ ଖଣ୍ଡିଏ କନ୍ଧ କିଶୋରୀକୁ ମିଳନ୍ତା କି, ସେ ତହିଁରେ ଫୁଲମାନ ବୁଣି ଏ ସାରା ପୃଥିବୀକୁ ଆଦରରେ ଢାଙ୍କିଦିଅନ୍ତା। କୌଣସି ଅଶୁଭ ଗ୍ରହର ଖରାପ ନଜର ଆଉ ଏ ପୃଥିବୀ ଉପରେ ପଡ଼ନ୍ତା ନାହିଁ।"[୧୬] ବାସ୍ତବବାଦୀ ଘଟଣାଶ୍ରିତ ସ୍ତମ୍ଭ 'ପାଉଁଶର ପ୍ରଶ୍ନ'ରେ ବାରିପଦା - ନିଗମାନନ୍ଦ ଆଶ୍ରମସ୍ଥ ମଧୁବନ ଗଣଦାହ ପରି କରୁଣ ଘଟଣାର ସଜଳ ଚିତ୍ର ରହିଛି। ସ୍ତମ୍ଭକାର ସେହି ଘଟଣାର ଚାକ୍ଷୁଷ ବିବରଣୀ ପ୍ରଦାନ କରି ଲେଖିଛନ୍ତି- "୧୯୯୭ ତେଇଶି ଫେବୃଆରିର ଅଶୁଭ ଅପରାହ୍ଣରେ ପୋଡ଼ି ଅଙ୍ଗାର ହୋଇଗଲା ବର୍ଷ ବର୍ଷର ଦାମ୍ପତ୍ୟ, ବାତ୍ସଲ୍ୟ ଓ ସଂପର୍କ। xxx ଆଖି ସାମ୍ନାରେ ନିଜ ପ୍ରିୟ ମଣିଷଟିକୁ ନିଆଁର ଜ୍ୱାଳାରେ ଜଳିପୋଡ଼ି ଚିତ୍କାର କଲାବେଳେ ଏ ଘଟଣାକୁ ରକ୍ଷା କରି ନ ପାରିବାର ଅସାମର୍ଥ୍ୟ, କୁଢ଼ କୁଢ଼ ଶବ ମେଳରୁ ନିଜ ପୁଅ କିମ୍ବା ସ୍ୱାମୀର ଶବକୁ ଖୋଜି ବୁଲିବାର ମର୍ମନ୍ତୁଦ ଉପଲବ୍ଧି, ଡାକ୍ତରଖାନା ବାରନ୍ଦାରେ ପଡ଼ିଥିବା ବିକଳାଙ୍ଗ ମଣିଷର ପୋଡ଼ା ଘା' ଉପରୁ ମାଛି ଓ ମଶାମାନଙ୍କୁ ଗୋଟିଏ ହାତରେ ଆଡ଼େଇ, ଆର ହାତରେ ଆଖିରୁ ଲୁହ ପୋଛିବାର ଅଭିଜ୍ଞତା କୌଣସି ଦିନ ଭୁଲିହେବ ନାହିଁ।[୧୭]

'ଜୀବନର ଜଳଛବି'ରେ ମଣିଷ ଜୀବନର ଯାବତୀୟ ଭାବ-ବିଚାର, ରୀତି-ନୀତି, ଯୌଥ ଜୀବନ, ବିବେକାନୁମୋଦିତ ଜୀବନ, ପ୍ରାପ୍ତି-ଅପ୍ରାପ୍ତି, ପୂର୍ଣ୍ଣ-ଅପୂର୍ଣ୍ଣର ପ୍ରସଙ୍ଗ, ଆଦର୍ଶବୋଧ, ସାଂସ୍କୃତିକ ଅବକ୍ଷୟର ଚିତ୍ର, ଭାଗ୍ୟବାଦ, ଜୀବନ ପ୍ରଣାଳୀ, ବିଫଳତା, ଅବସୋସ, ମିଥ୍ୟାଡମ୍ବର, ଦାୟିତ୍ୱବୋଧ, କ୍ଷୟମାଣ ମୂଲ୍ୟବୋଧ, ଇତିହାସର ଉଦାସୀନ ସ୍ଥିତି, ମାନବ ଚରିତ୍ରର ଅନ୍ତର୍ନିହିତ ଦିଗ, ସନ୍ନ୍ୟାସ, ଆଧ୍ୟାତ୍ମିକତା, ପ୍ରାକୃତିକ ନିଃସର୍ଗ ପ୍ରବାହର ମହତ୍ତ୍ୱ ଇତ୍ୟାଦି ସଂପର୍କିତ ବହୁ କ୍ଷୁଦ୍ର ସ୍ତମ୍ଭ ରହିଛି।

'ଜୀବନର ଜଳଛବି' ଶୃଙ୍ଖଳାର ଚତୁର୍ଥ ଏବଂ ପଞ୍ଚମ ସଂକଳନ ହେଉଛି 'ପରିଚିତ ପରିଧି' (୨୦୦୧) ଏବଂ 'ଅସମର୍ଥ ଈଶ୍ୱର' (୨୦୦୭)। 'ପରିଚିତ ପରିଧି'ରେ ୧୯୯୭ରୁ ୨୦୦୦ ପର୍ଯ୍ୟନ୍ତ ଲିଖିତ ଲେଖାଗୁଡ଼ିକ ସଂକଳିତ ହୋଇଥିବା ବେଳେ ୨୦୦୨ରୁ ୨୦୦୬ ପର୍ଯ୍ୟନ୍ତ ଲିଖିତ ଲେଖାଗୁଡ଼ିକ 'ଅସମର୍ଥ ଈଶ୍ୱର'ରେ ସଂକଳିତ ହୋଇଛି। 'ପରିଚିତ ପରିଧି' ସଂକଳନସ୍ଥ ୬୩ଟି ସ୍ତମ୍ଭ ଏବଂ 'ଅସମର୍ଥ ଈଶ୍ୱର' ସଂକଳନସ୍ଥ ୫୭ଟି ସ୍ତମ୍ଭରେ ମଣିଷ ଜୀବନର ବହୁବିଧ ରୂପ ଆଲୋଚିତ ହୋଇଛି। ଏଥିରେ କଳ୍ପନାର ଐନ୍ଦ୍ରିକ ଶବ୍ଦଜାଲ ମଧ୍ୟ ଦେଇ ବାସ୍ତବ ଘଟଣାର ଅନ୍ୱୟ ହୋଇଛି। ବିକ୍ରମାଦିତ୍ୟଙ୍କ କାନ୍ଧରେ ବେତାଳ ଝୁଲିପଡ଼ି ଅମୀମାଂସିତ ପ୍ରଶ୍ନମାନଙ୍କର ଉତ୍ତର ଅନ୍ୱେଷା କରିବା ଭଳି ଲେଖକ 'ସିଦ୍ଧାର୍ଥ' ଚରିତ୍ର ମାଧ୍ୟମରେ ଜୀବନର ଅସଂଖ୍ୟ ଅମୀମାଂସିତ ଅନ୍ତର୍ଦ୍ୱନ୍ଦ୍ୱ - ସଂଶୟର ରୂପରେଖ ଓ ସତ୍ୟାସତ୍ୟ ନିର୍ଣ୍ଣୟ କରିଛନ୍ତି।

ମଣିଷର ମନର ନିଶାକୁ ପରିପୂର୍ତ୍ତି କରିବା ପାଇଁ କେତେ ଯେ ଅସହାୟତାକୁ ନେଇ ବଞ୍ଚିଥାଏ ତାର ସେଇ ନିରୀହ ମନୋଦଶା 'ନିଶ' ସ୍ତମ୍ଭରେ ଅନୁମେୟ ହୁଏ। ଯୌଥ ଜୀବନର ମହାନ୍ ପରିକଳ୍ପନାକୁ ନେଇ ଉଚ୍ଛ୍ୱସିତ ହୋଇଛନ୍ତି ଗୌରହରି, ତାଙ୍କର 'ଯୌଥ ଜୀବନ' ସ୍ତମ୍ଭରେ। ମାତ୍ର ଆଧୁନିକ ସମାଜରେ ବିଡ଼ମ୍ବିତ ଯୌଥ ଜୀବନକୁ ନେଇ ସେ ବ୍ୟଥିତ। ତାଙ୍କୁ ମନେ ହୋଇଛି - "ଆଜି ଜୀବନ ଗୋଟେ ସମାବେଶରୁ ସଂକୁଚିତ ହୋଇ ଏକକ ଅଭିନୟରେ ପରିଣତ ହୋଇଛି।"(୧୮) ଜୀବନର ଅପ୍ରାପ୍ତି ଓ ଅବସୋସକୁ ନେଇ ସନ୍ତୁଷ୍ଟ ରହିବା ପାଇଁ ସ୍ତମ୍ଭକାର ଗୌରହରି ଆହ୍ୱାନ ଦେଇଛନ୍ତି ତାଙ୍କର 'ପ୍ରାପ୍ତି-ଅପ୍ରାପ୍ତି' ରଚନାରେ। ଅତି ରମଣୀୟ ଶବ୍ଦ ସଂଯୋଜନା ପୂର୍ବକ 'ସିଦ୍ଧାର୍ଥ' ଚରିତ୍ର ମାଧ୍ୟମରେ ଲେଖକ ନିଜ ଅନୁଭବକୁ ହିଁ ବର୍ଣ୍ଣନା କରିଛନ୍ତି। ଗୌରହରି ଅବସୋସ ପ୍ରକଟ କରିଛନ୍ତି ଆଧୁନିକ ମଣିଷର ମିଥ୍ୟାଲୋକାଚାରକୁ ଦେଖି। କାର୍ତ୍ତିକ ପୂର୍ଣ୍ଣିମା ନେପଥ୍ୟରେ ଥିବା ସାଂସ୍କୃତିକ ବୈଶିଷ୍ଟ୍ୟ ସଂପର୍କରେ ବିସ୍ମୃତ ଓଡ଼ିଆଙ୍କ ପାଇଁ ଲେଖକ ବ୍ୟଥିତ ଏବଂ ଚିନ୍ତିତ। ପ୍ରାପ୍ତି-ଅପ୍ରାପ୍ତିର ହିସାବନିକାଶକୁ ନେଇ ତତ୍ପର ଆଧୁନିକ ମଣିଷଙ୍କ ନିମନ୍ତେ ଲେଖକଙ୍କ ଅଭିବ୍ୟକ୍ତି

ଅତ୍ୟନ୍ତ ମାର୍ମିକ। ଗୌରହରିଙ୍କ ମତରେ- "ହାତ ପାପୁଲିର ପ୍ରାପ୍ତିକୁ ନେଇ ସନ୍ତୁଷ୍ଟ ରୁହନ୍ତୁ, ଅପ୍ରାପ୍ତିମାନଙ୍କୁ ନେଇ ଅବସୋସ କରି ବସିଲେ ସମଗ୍ର ଜୀବନ ତ ଅକୁଳାଣ ପଡ଼ିଯିବ।"(୧୯)

ଗୌରହରି ବିରୋଧାଭାସପୂର୍ଣ୍ଣ ଜୀବନକୁ ଅଙ୍ଗୁଳି ନିର୍ଦ୍ଦେଶ କରିଛନ୍ତି 'ମୁହଁ ଓ ମୁଖା' ରଚନାରେ। ସ୍ୱାମୀ ହରେଇଥିବା ଗୋଟିଏ ଝିଅ ପାଇଁ ସମାଜର କଠୋର ଦୃଷ୍ଟିକୋଣ ଏବଂ ତାକୁ ବହୁ ରୀତି-ନୀତି ବନ୍ଧନରେ ବାନ୍ଧି ଦିଆଯିବା ବିଧି-ବ୍ୟବସ୍ଥାକୁ ସ୍ତମ୍ଭକାର ଅଙ୍ଗୁଳି ନିର୍ଦ୍ଦେଶ କରି ସମାଜକୁ ପ୍ରଶ୍ନ କରିଛନ୍ତି-

"ସ୍ୱାମୀ ହରେଇଥିବା ଝିଅଟିଏ ପାଇଁ କଣ ହସିବା ବି ମନା? ସେ କଣ ସବୁବେଳେ ବିପର୍ଯ୍ୟସ୍ତ ଓ କାନ୍ଦୁରା କାନ୍ଦୁରା ଦିଶୁଥିବା ଗୋଟେ ଦର୍ଶନୀୟ ବସ୍ତୁ ହୋଇ ରହିବାକୁ ବାଧ୍ୟ! ଗୋଟେ ପ୍ରଲମ୍ବିତ ହାହାକାର ଏବଂ ମର୍ମାନ୍ତକ ଯନ୍ତ୍ରଣାର ସ୍ଥାୟୀ ବ୍ୟକ୍ତିରୂପ ହୋଇ ରହିବା ହିଁ ତାର ଭବିଷ୍ୟତ? ତା ଉପରେ ସମୟର, ସାନ୍ନିଧ୍ୟର, ସଂପର୍କର, ସ୍ୱପ୍ନର, ସମ୍ଭାବନା କି ସଂକଳ୍ପ କୌଣସିଟିର ସ୍ୱାକ୍ଷର ପଡ଼ିବା ଅପରାଧ? xxx ତା'ର ଅପୂର୍ଣ୍ଣ ମାତୃତ୍ୱ ଏବଂ ଗାର୍ହସ୍ଥ୍ୟର ସଫଳତା ନିମନ୍ତେ ଉଚ୍ଚସ୍ୱରରେ କାମନା କରୁଥିଲେ। ତାହାହେଲେ କଣ ସେ ପ୍ରସ୍ତାବ, ସେ ଚିତ୍କାର ଓ ସେ ସହାନୁଭୂତି ସବୁ ଥିଲା ସାମୟିକ ଉତ୍ତେଜନା! ପ୍ରତାରଣାର ପୃଥକ୍ ପୃଥକ୍ ଚେହେରା!"(୨୦) ନାରୀ ଜୀବନର ଅସହାୟ ସ୍ଥିତି ପ୍ରତି ସମ୍ବେଦନଶୀଳ ଲେଖକ ଗୌରହରି ଦାସ 'ସତ୍ୟ-ଅସତ୍ୟ' ସ୍ତମ୍ଭରେ ଅନୁରୂପ ଭାବେ 'ନାରୀ' ପ୍ରତି ସମ୍ମାନ ପ୍ରଦର୍ଶନ କରି ସମାଜକୁ ପ୍ରଶ୍ନ କରିଛନ୍ତି- "ମହାଭାରତରେ ଦ୍ରୌପଦୀ ପଚାରିଥିବା ପ୍ରଶ୍ନଟି ବାରମ୍ବାର ମୁଣ୍ଡ ଟେକୁଥିଲା- ନାରୀ ଗୋଟେ ବସ୍ତୁ ନା ବ୍ୟକ୍ତି? ତାର ଇଚ୍ଛା-ଅନିଚ୍ଛା, ରାଜି-ଅରାଜିର କ'ଣ କିଛି ମୂଲ୍ୟ ନାହିଁ? ଗୋଟେ କଅଁଳା ପିଲାର ଅସହାୟତାକୁ ଢାଲ କରି ତା ଜୀବନ ଓ ଯୌବନ ପାଇଁ ଆଗୁଆ ନିଷ୍ପତ୍ତି ନେଲାବେଳେ ମନ ଭିତରେ ଏତେ ଟିକିଏ କୁଣ୍ଠା ଆସେ ନାହିଁ?"(୨୧)

ନିଜ ମହାତ୍ତ୍ୱାକାଂକ୍ଷା ଚରିତାର୍ଥ ତା' ପାଇଁ ଅନ୍ୟର ସ୍ୱାର୍ଥକୁ ବାଜି ଲଗେଇ ସାବାସି ନେଉଥିବା ବ୍ୟକ୍ତିବିଶେଷଙ୍କ ପ୍ରତି ଲେଖକଙ୍କ ଶାଣିତ ବ୍ୟଙ୍ଗ ମର୍ମରିତ ହୋଇଛି 'ପାଗଳପଣ' ରଚନାରେ। ନବଗଠିତ ରାଜନୈତିକ ଦଳ ମିଥ୍ୟା ପ୍ରତିଶ୍ରୁତିର କରୁଣ ଚିତ୍ର ରହିଛି 'ଗଣତନ୍ତ୍ରର ଗୋଟି' ରଚନାରେ। କ୍ଷମତାସୀନ ରାଜନୀତିକ ନେତାମାନଙ୍କ ମିଛ ପ୍ରତିଶ୍ରୁତି ସମ୍ମୁଖରେ ସ୍ୱପ୍ନାବିଷ୍ଟ ମଣିଷମାନେ ଖଣ୍ଡେ ଖଣ୍ଡେ ପତାକା ଧରି ର୍‍ୟାଲି କରନ୍ତି। କିନ୍ତୁ ନିର୍ବାଚନୀର ଫମ୍ପା ନୀତି ଓ ପରିତ୍ୟକ୍ତ ପଶାପାଲିରେ ସେମାନେ କେବଳ ଦାନ ଗୋଟି ଭଳି ଗଡ଼ିଥିବା କଥାଟି ସତ। ଅଫେରା ଶୈଶବ ଓ କୋମଳ କୈଶୋର

ପାଇଁ ଲେଖକଙ୍କ ଉଚ୍ଛ୍ୱାସର ଏକ ସୁନ୍ଦର ସ୍ତମ୍ଭ ହେଉଛି 'ବାଟ ବରକୋଳି'। ବିଳାସର ସୁନାହରିଣ ପଛରେ ଧାଇଁ ଧାଇଁ ନିଜ ଅନ୍ତରଙ୍ଗ ସାଥୀ-ପରିଚିତଙ୍କ ସଂପର୍କରେ ବିସ୍ମୃତ ଲେଖକ ଅଶାନ୍ତ ଓ ଅନୁତପ୍ତ ହୋଇଥିବା ମନେହୁଏ। 'ଗଣତନ୍ତ୍ରର ରେଜା କୁଲି' ସ୍ତମ୍ଭରେ ରାଜନୈତିକ ଉଦାସୀନତା ଓ ଭାଗ୍ୟବାଦକୁ ନେଇ ବଞ୍ଚିଥିବା ମଣିଷମାନଙ୍କର ଯନ୍ତ୍ରଣାର ସ୍ୱର ଶୁଭେ। 'ବିବେକର କୃଷ୍ଣପକ୍ଷ' ରଚନାଟି ଲେଖକଙ୍କ ଏକ ଦାର୍ଶନିକ ଅଭିବ୍ୟକ୍ତି। ଏଥିରେ ବୁଝାମଣା ଏବଂ ଭଲପାଇବା ଭିତରେ ମଣିଷର ବିବେକର ବ୍ୟାପ୍ତି ନ ବଢ଼ି କାହିଁକି କୃଷ୍ଣପକ୍ଷ ଜହ୍ନର ଔଜ୍ଜ୍ୱଲ୍ୟ ପରି ହ୍ରାସ ପାଉଛି - ସେହି ଅନୁତ୍ତରିତ ପ୍ରଶ୍ନ ରହିଛି। 'ମେଳା (୧)' ଓ 'ମେଳା (୨)' ରଚନାରେ ଜୀବନର ମେଳା ସଂପର୍କିତ ଦାର୍ଶନିକ ତଥା ମନସ୍ତାତ୍ତ୍ୱିକ ବିଚାର ରହିଛି। ସ୍ତମ୍ଭକାରଙ୍କ ମତରେ- "ଜୀବନର ମେଳା ସବୁଠି ଓ ସବୁବେଳେ ଏଇପରି ନାଟକୀୟ। କିଛି କିଛି ଲୋକଙ୍କ ହାତରୁ ଅତର୍କିତ ଭାବରେ ତାଙ୍କର ପ୍ରିୟ ବସ୍ତୁ ଯେମିତି ଖସିଯାଏ, କିଛି କିଛି ହାତରେ ତାହା ଅନାୟାସରେ ପୁଣି ସେମିତି ଧରା ଦିଏ। କୋଉଠି ପ୍ରାପ୍ତିର ସଫଳତା ତ କୋଉଠି ହଜେଇବାର ବିଫଳତାକୁ ନେଇ ହିଁ ମଣିଷର ଜୀବନ।"[୨୨] ପୁଣି ମଧ୍ୟ ସେ ଦାର୍ଶନିକ ଭଳି କହିବସିଛନ୍ତି- "ଜୀବନ ତ ସବୁଦିନେ ଏହିପରି। ହାତପାଆନ୍ତାରେ ଥିବା ସୁଖଟିକକ ଦେଖୁ ଦେଖୁ ହାତଛଡ଼ା ହୋଇଯାଏ, ବିଶ୍ୱାସ ହୁଏନି ଆଦୌ। ନିଜ ପାରିବାର ପଣିଆ ଉପରେ ସନ୍ଦେହ ଆସେ। ଦୂରତ୍ୱ ନେଇ ଭ୍ରମ ସୃଷ୍ଟି ହୁଏ।"[୨୩] ପ୍ରତି ମଣିଷ ଆଖିରେ ଜୀବନର ଅସରନ୍ତି ମେଳା ଚାଲିଥିବାର ସୁନ୍ଦର ଯୁକ୍ତି ବାଢ଼ିଛନ୍ତି ଲେଖକ। ଗୁଜୁରାଟ କାଣ୍ଡଲା ଅଞ୍ଚଳର ଝଡ଼ବାତ୍ୟା ଘଟଣାକୁ ଦୃଶ୍ୟାୟିତ କରିବାକୁ ଯାଇ ସିଦ୍ଧାର୍ଥ ଚରିତ୍ର ଜରିଆରେ ସ୍ୱୟଂ ସ୍ତମ୍ଭକାର ବହୁବର୍ଷର ପ୍ରାକୃତିକ ବିପର୍ଯ୍ୟୟର ସ୍ମୃତିଚାରଣ କରିଛନ୍ତି 'ପ୍ରଳୟ ଓ ପଲିଥିନ୍' ସ୍ତମ୍ଭରେ। ପ୍ରଚଣ୍ଡ ବାତ୍ୟାରେ କ୍ଷତିଗ୍ରସ୍ତ ହୋଇଥିବା ପ୍ରାକୃତିକ ଓ ସାମାଜିକ ଦୁଃସ୍ଥିତି ପ୍ରତି ଲେଖକ ଆତଙ୍କିତ ହୋଇଥିବା ପ୍ରକାଶ କରିଛନ୍ତି। ଏ ସମସ୍ତ ଆଦିଭୌତିକ ପ୍ରତିକୂଳ ସ୍ଥିତିରେ ମଣିଷ ମନର ଅହଂ-ବଡ଼ପଣକୁ ଅଙ୍ଗୁଳି ନିର୍ଦ୍ଦେଶ କରି ସ୍ତମ୍ଭକାର ଲେଖିଛନ୍ତି- "ମଣିଷର ଇଚ୍ଛା ସାମ୍ନାରେ ମଣିଷ ହାତ ତିଆରି ଘରବାଡ଼ି, ବିଜୁଳି-ଟେଲିଫୋନ୍ ଖୁଣ୍ଟ ଓ ଗଛମାନେ କେତେ ଅସହାୟ! ପଲିଥିନ୍ ମୁଣାର ପ୍ରୟୋଜନ ସରିଲା ପରେ ମଣିଷ ତାକୁ ମୋଡ଼ିମକଚି ଦୂରକୁ ଫିଙ୍ଗିଦେବା ପରି ପ୍ରକୃତି ଗୋଟିଏ ଫୁତ୍କାରରେ ମଣିଷର ଅହଂକାର, ଔଦ୍ଧତ୍ୟ ଓ ସାମର୍ଥ୍ୟକୁ ଠେଲିଦିଏ ଯୋଜନ ଯୋଜନ ଦୂରକୁ।[୨୪]

ଅହମଦାବାଦ ଗସ୍ତକାଳୀନ ଏକ ସ୍ମୃତିବିଜଡ଼ିତ ଘଟଣା ଅନୁସାରେ ଜଣେ ଅଟୋରିକ୍ସା ବାଲାର ସଚ୍ଚୋଟପଣକୁ ଭୁବନେଶ୍ୱରର ଟ୍ୟାକ୍ସି ଚାଳକଙ୍କ ଠାରେ ଖୋଜି

ବସିଛନ୍ତି ଲେଖକ 'ଯେ ଅହମଦାବାଦ୍ ହୈ' ସ୍ତମ୍ଭରେ। ସାଧାରଣ ଅଟୋଚାଳକ ହେଲେ ହେଁ ଅହମଦାବାଦର ସେଇ ସ୍ୱାଭିମାନୀ-ସଚ୍ଚୋଟ ବ୍ୟକ୍ତିଠାରୁ ପ୍ରତ୍ୟେକ ମଣିଷକୁ ଶିକ୍ଷା ଗ୍ରହଣ କରିବା ଉଚିତ ବୋଲି ଗୌରହରିଙ୍କ ମତ। 'ଦ୍ୱିତୀୟ ଈଶ୍ୱର' ଲେଖାରେ ଆରବ ସାଗରର ପୃଷ୍ଠଭୂମିରେ ସୋମନାଥ ମନ୍ଦିର ପ୍ରସଙ୍ଗ ଉତ୍‌ଥାପନ କରି ଲେଖକ ଶିଳ୍ପୀ ସାଧନାର ଶତ ଜୟଗାନ କରିଛନ୍ତି। ଲେଖକଙ୍କ ମତରେ- "ସବୁ ପ୍ରକାର ଷଡ଼ଯନ୍ତ୍ର, ଲୁଣ୍ଠନ, ଆକ୍ରମଣ, ନିର୍ଯାତନା ସତ୍ତ୍ୱେ ଶିଳ୍ପୀ ସାଧନାର ବିଜୟ ତିଳକ, ମହାକାଳର ଗଳାରେ ସଫଳତାର ଜୟମାଲ୍ୟ। ମଣିଷ ଭିନ୍ନ କିଏ ବା ଏତେ କଷଣ, ପୀଡ଼ନ ଓ ପ୍ରତିବନ୍ଧକ ସତ୍ତ୍ୱେ ପୁଣି ଥରେ ପାଉଁଶ ଭିତରୁ ପ୍ରତ୍ୟୟର ପ୍ରତିମାକୁ ଗଢ଼ିଦେଇ ପାରିଥାନ୍ତା!"[୨୫] ଲେଖକ ମନେ କରନ୍ତି ଦ୍ୱିତୀୟ ଈଶ୍ୱରର ସ୍ପର୍ଦ୍ଧା ରଖୁଥିବା ମାନବୀୟ ଦିବ୍ୟାନୁଭୂତିର ସ୍ମୃତିସ୍ତମ୍ଭ ରୂପେ ଅସଂଖ୍ୟ କଳା-ସ୍ଥାପତ୍ୟର ବିକଳ୍ପ ନାହିଁ। ସମୟଚକ୍ରରେ ମଣିଷର ଭୂମି ଓ ଭୂମିକା କିପରି ବଦଳିଯାଏ, ତାର ଏକ ବାସ୍ତବ ରୂପ ରହିଛି 'ଭିନ୍ନ ଭୂମି, ଭିନ୍ନ ଭୂମିକା' ସ୍ତମ୍ଭରେ। ଆଲୋଚ୍ୟ ଫିଚର୍‌ରେ ସ୍ତମ୍ଭକାର ଗୌରହରି ଭାବୀ ପିଢ଼ିଙ୍କୁ ନେଇ ଆଶାବାଦୀ ହୋଇଛନ୍ତି। ତାଙ୍କ ମତରେ- "କାଲିର ଦୁଷ୍ଟ ପୁଅ ଭୂମିକାରେ ଥିବା ମଣିଷ ଆଜି ଦାୟିତ୍ୱବାନ୍ ବାପା ପାଲଟିଯାଏ। ଆଜିର ଦୁଷ୍ଟ ବାଳକ ଆସନ୍ତାକାଲିକୁ ଅପେକ୍ଷା କରୁଥାଏ - ସମୟ ଆସିବ ଓ ସେ ବି ପାଲଟିଯିବ ଗୋଟେ ବୟସ୍କ ଅଭିଭାବକ।"[୨୬]

ସଂସ୍କାରପ୍ରବଣ-ପରମ୍ପରାଶ୍ରିତ ସ୍ତମ୍ଭକାର ଗୌରହରି ଦାସଙ୍କ 'କୁଆଁର ପୂନେଇଁ ଜହ୍ନ' ସ୍ତମ୍ଭ ଗ୍ରାମୀଣ ଜନଜୀବନରେ ପାରମ୍ପରିକ ଓଷା-ବ୍ରତର ଅର୍ଥପୂର୍ଣ୍ଣ ମୂଲ୍ୟକୁ ବିଚାର କରିଛି। ଯଦିଓ ଆଧୁନିକତାର ପ୍ରଭାବ ସେସବୁକୁ କ୍ରମେ ଅନ୍ତଃସାରଶୂନ୍ୟ ଏବଂ ନିଷ୍ପ୍ରଭ କରିଚାଲିଛି ତଥାପି ପରମ୍ପରାର ମହତ୍ତ୍ୱ ଅକ୍ଷୁଣ୍ଣ ରହିବ ବୋଲି ତାଙ୍କର ବିଶ୍ୱାସ।

'ପୂର୍ଣ୍ଣ-ଅପୂର୍ଣ୍ଣ' ସ୍ତମ୍ଭରେ ଅପୂର୍ଣ୍ଣତାକୁ ଆନ୍ତରିକ ଭାବରେ ଗ୍ରହଣ କରିନେବାର ଆହ୍ୱାନ ରହିଛି। ଲେଖକଙ୍କ ମତରେ- "କିଛି କିଛି ଅପୂର୍ଣ୍ଣତା ବାହାରକୁ ଦିଶେ, ଆଉ କିଛି କିଛି ବାହାରକୁ ଦିଶେ ନାହିଁ। ମାତ୍ର ଅପୂର୍ଣ୍ଣତା ତ ସବୁବେଳେ ନିନ୍ଦନୀୟ ନୁହେଁ। ଅଧାଗଢ଼ା ଜଗନ୍ନାଥଙ୍କ ପରି ଅପୂର୍ଣ୍ଣତା ବି କେବେ କେବେ ବନ୍ଦନୀୟ। x x x ଅପୂର୍ଣ୍ଣତାର ଅର୍ଥ ଅସଂଖ୍ୟ ପୂର୍ଣ୍ଣତାର ଉନ୍ମୁକ୍ତ ସମ୍ଭାବନା, ହେଲେ ପୂର୍ଣ୍ଣତା କେବଳ ଗୋଟିଏ ନିର୍ଦ୍ଦିଷ୍ଟ କଳ୍ପନାର ସୀମିତ ପରିପୂର୍ତ୍ତି।"[୨୭] ମୂଲ୍ୟବୋଧ ଏବଂ ମଣିଷପଣିଆର ଅବକ୍ଷୟମାଣ ସ୍ଥିତିକୁ ନେଇ 'ଭାଗବସ୍ତରା' ଲିଖିତ। ଏଠାରେ ଲେଖକ ଜୀବନମୂଲ୍ୟକୁ 'ସବୁଜ ଆତ୍ମୀୟତା'ର ଇମେଜ୍ ମଧ୍ୟରେ ଅନ୍ୱେଷଣ କରିଛନ୍ତି। ଦାରିଦ୍ର୍ୟର କଷାଘାତରେ ଦୁର୍ଭାଗ୍ୟପୂର୍ଣ୍ଣ ଜୀବନ ବଞ୍ଚୁଥିବା ଦୁଃସ୍ଥ ମଣିଷମାନଙ୍କ ଉଦ୍ଦେଶ୍ୟରେ ଦରଦୀ ଲେଖକ

ଗୌରହରି ଦାସ 'ଅସଂପୂର୍ଣ୍ଣ ଈଶ୍ୱର' ନାମରେ ଏକ ଚମତ୍କାର ଆଲେଖ୍ୟ ପ୍ରସ୍ତୁତ କରିଛନ୍ତି। ଅନୁରୂପ ଭାବରେ 'ଈଶ୍ୱରଙ୍କ ଭେଟ' ସ୍ତମ୍ଭରେ ଦୀନ-ଦୁଃଖୀ ମଣିଷମାନଙ୍କୁ ଲେଖକ ଈଶ୍ୱର ରୂପେ ବିବେଚନା କରିଛନ୍ତି। ଲେଖକ ଏ ଉଦ୍ଦେଶ୍ୟରେ ମତବ୍ୟକ୍ତ କରିଛନ୍ତି- "ଲୋକମାନେ ଅବଶ୍ୟ ଈଶ୍ୱରଙ୍କୁ ରତ୍ନସିଂହାସନ ଉପରେ ଖୋଜିଥାଆନ୍ତି, କିନ୍ତୁ ଈଶ୍ୱର ତ ହାଟ, ବସ୍ତି ଓ ସଡ଼କ ଘୂରି ଘୂରି ପ୍ରକୃତ ମଣିଷକୁ ଖୋଜି ହୁଅନ୍ତି।"[୨୮] ଅଭାବୀ ପରିବାରର ଜଞ୍ଜାଳ, ଦୁଃସ୍ଥ ଜୀବନ, ପୁଣି କପାଳରେ ଆଦର୍ଶ ଶିକ୍ଷକର ତିଳକ ଧାରଣ କରିଥିବା ଶିକ୍ଷକଙ୍କ ପ୍ରତିନିଧିତ୍ୱ କରେ 'ବିମ୍ବାଧର ସାର୍' ଫିଚର୍। "ଅନ୍ଧାରକୁ ଅଭିଶାପ ଦେବା ବଦଳରେ ମହମବତିଟିଏ ଜଳେଇ ଦେବାର ଆତ୍ମବିଶ୍ୱାସ ଏବଂ ଏକଲା ଏକଲା ଜୀବନ ଜିଇବାର ଅର୍ଥପୂର୍ଣ୍ଣ ଦୃଷ୍ଟିଭଙ୍ଗୀ"କୁ[୨୯] ନେଇ ମର୍ମରିତ ହୋଇଛି 'ସନ୍ଧ୍ୟାତାରା' ସ୍ତମ୍ଭ। ଏ ପୃଥିବୀର ଭିଡ଼ ସମାବେଶ ମଧ୍ୟରେ ପ୍ରତ୍ୟେକ ମଣିଷ ପ୍ରତ୍ୟେକଙ୍କଠାରୁ ଯୋଜନ ଦୂରରେ। ଏଠି ସମସ୍ତେ ଗୋଟେ ଗୋଟେ ନିର୍ଜନ ଉପଦ୍ୱୀପ। ଚିରୁଡ଼ାଏ ସ୍ନେହ ଆଦର ପାଇଁ ସନ୍ତୁଳି ହେଉଥିବା ଛେଉଣ୍ଡ ପିଲାପଣକୁ ନେଇ ଗୌରହରିଙ୍କ 'ଏକଲା ମଣିଷ' ରଚନା ଅତ୍ୟନ୍ତ ହୃଦୟସ୍ପର୍ଶୀ। 'ଛବି ବହିର ଗଛ', 'ଘର ଓ ଉଆସ', 'ଭଦ୍ରକ ୧୯୯୯', 'ଏରସମା', 'ଚାରୁଲତା ଓ ଗାନ୍ଧାରୀ' ଇତ୍ୟାଦି ଲେଖାରେ ବାସ୍ତବତା, କିମ୍ବଦନ୍ତୀ ଏବଂ ଦର୍ଶନର ଅଦ୍ଭୁତ ସମାବେଶ ଘଟିଛି। 'କୌତୂହଳ', 'ଆନୁଗତ୍ୟ', 'ପାଲଟା ପ୍ରଶ୍ନ', 'ମଧୁମାଳତୀର ପ୍ରଶ୍ନ', 'ଚେତନାର ଚଇତାଳି', 'ଅନ୍ଧାରର ପ୍ରଶ୍ନ', 'ନିରୁଦ୍ଦିଷ୍ଟ ସନ୍ନ୍ୟାସୀ' ଇତ୍ୟାଦି ସ୍ତମ୍ଭରେ ଲେଖକୀୟ ବ୍ୟକ୍ତିସତ୍ତା ଏବଂ ଜୀବନଦର୍ଶନର ମନୋବୈଜ୍ଞାନିକ ତତ୍ତ୍ୱ ସବୁ ସୁଗୁମ୍ଫିତ ହୋଇଛି।

'ଅସମର୍ଥ ଈଶ୍ୱର' ସଂକଳନସ୍ଥ ସ୍ତମ୍ଭଗୁଡ଼ିକରେ ବାସ୍ତବ ଘଟଣାଶ୍ରୟୀ ପରିବେଶ ଏବଂ କଳ୍ପନାଶ୍ରିତ କଥାବସ୍ତୁର କଳାତ୍ମକ ସମ୍ମିଶ୍ରଣ ଘଟିଛି। 'ଅଙ୍ଗଦର ଆରଜନ୍ମ' ଲେଖିଥିବାବେଳେ ଏହି ଜଳଛବି ଯାତ୍ରା ଏତେଦିନ ଚାଲିବ ବୋଲି ଲେଖକ ଗୌରହରି କଳ୍ପନା କରି ନ ଥିଲେ। ନାନା ପ୍ରକାର ଜଞ୍ଜାଳ ଏବଂ 'ଏସବୁ ଲେଖି ଲାଭ କ'ଣ' ଭଳି ମନୋଭାବ ଯୋଗୁଁ ସେ ଲେଖାଲେଖି ପ୍ରତି ଉଦାସୀନ ହୋଇପଡ଼ିଥିଲେ। ପରବର୍ତ୍ତୀ ସମୟରେ 'ଜୀବନର ଜଳଛବି'ରୁ ପ୍ରଚୁର ଶ୍ରଦ୍ଧା ଓ ପାଠକୀୟ ସ୍ୱୀକୃତି ପାଇବା ହେତୁ 'ଅସମର୍ଥ ଈଶ୍ୱର' ପରି ସଂକଳନର ସୃଷ୍ଟି। ଆଲୋଚ୍ୟ ସଂକଳନରେ ଲେଖକ ଗୌରହରି ଦାସ ଜୀବନର ପ୍ରକୃତ ମୂଲ୍ୟବୋଧ ସହିତ ସାଧାରଣ ମଣିଷକୁ ସାକ୍ଷାତ କରାଇବାର ପ୍ରୟାସ କରିଛନ୍ତି। 'ଅସମର୍ଥ ଈଶ୍ୱର' ସଂକଳନସ୍ଥ ଫିଚରଗୁଡ଼ିକରେ ଓଡ଼ିଶୀ ସଂସ୍କୃତି, ଲୋକାଚାର, ସଣ୍ଢୁଣା, ରାଜନୀତି, ଇତିହାସ, ଧର୍ମବିଶ୍ୱାସ, ସାମାଜିକ ବିଧି ବ୍ୟବସ୍ଥା, ଅନ୍ତର୍ମନର ସଂଗୁପ୍ତ ଭାବଧାରା ଇତ୍ୟାଦିର ପ୍ରସଙ୍ଗ ଉତ୍‌ଥାପିତ ହୋଇଛି।

ଗୌରହରିଙ୍କ ଫିଚର୍‌ଗୁଡ଼ିକୁ ଆକଳନ କଲେ ବିଶେଷ ଭାବରେ ତ୍ରିବିଧ ଭାବରୂପ ସମ୍ମୁଖକୁ ଆସେ। ପ୍ରଥମଟି ସାମାଜିକ ଭାବରୂପ, ଦ୍ୱିତୀୟଟି ରାଜନୀତିକ ଭାବରୂପ ଏବଂ ତୃତୀୟଟି ନୈତିକ ଭାବରୂପ। ଏହି ପର୍ଯ୍ୟାୟରେ ସମାଜନିଷ୍ଠ ସମସ୍ତ ଫିଚରରେ ସ୍ଥାନୀୟ ଅଞ୍ଚଳ, ସେମାନଙ୍କ କର୍ମାନୁଷ୍ଠାନ ଓ ପାରମ୍ପରିକ ମୂଲ୍ୟ ପ୍ରତିଭାତ ହୁଏ। 'ମୁଦୁଲିପଡ଼ାର ମଣିଷ' ସ୍ତମ୍ଭରେ ପ୍ରାଗୈତିହାସିକ ଆଦିମ ସଭ୍ୟତାର ବଣ୍ଡା ଜାତି ପ୍ରସଙ୍ଗ ରହିଛି। ବଣ୍ଡା ଜାତିର ମଣିଷମାନଙ୍କ ବଞ୍ଚିବା ଅଧିକାରକୁ ନେଇ ଲେଖକ ଅତ୍ୟନ୍ତ ସମ୍ବେଦନଶୀଳ ହୋଇ ଉଠିଛନ୍ତି। ମାଲକାନଗିରି ପରି ବକ୍ସାଇଟ୍ ପୂର୍ଣ୍ଣ ଅଞ୍ଚଳ ପ୍ରତି ସରକାରଙ୍କ ଉଦାସୀନତାକୁ ନେଇ 'ମଉଳା ଫୁଲତୋଡ଼ା' ସ୍ତମ୍ଭ ରଚିତ। ମଫସଲର ଗ୍ରାମୀଣ ଜୀବନ ଆଧାରିତ ଏକ ସୁନ୍ଦର ଫିଚର୍ ହେଉଛି 'ସେମାନଙ୍କ ଓଡ଼ିଶା'। ଯେଉଁଥିରେ ସମାଜ ଜୀବନର ବହୁ ନଗ୍ନ ସତ୍ୟ ବର୍ଣ୍ଣିତ ହୋଇଛି। ଓଡ଼ିଶାବାସୀଙ୍କୁ ପଙ୍ଗୁ, ବିକଳାଙ୍ଗ, ଦୁଃସ୍ଥ ଏବଂ ଦରିଦ୍ରର ମୋହର ଦେବା ଯୋଗୁଁ ସେ ଅତ୍ୟନ୍ତ ଲଜ୍ଜିତ ମନେ କରିଛନ୍ତି। କାରଣ ଗୌରହରି ଦାସ ଜାଣନ୍ତି- "ପ୍ରାଚୁର୍ଯ୍ୟର ଆଲୋକ ନୁହେଁ, ଅନ୍ଧାରର ଦାରିଦ୍ର୍ୟ ଭିତରେ ହିଁ ବ୍ୟକ୍ତି-ନକ୍ଷତ୍ରର ଔଜ୍ଜ୍ୱଲ୍ୟ ଫୁଟି ଉଠେ।"[୩୦] 'ଚିନି ଚମ୍ପାର ଠିକଣା', 'ବାହାଦୁର ଶାହ ଓ ବାଜାବାଲା', 'ଆଶା ଅଛି, ବିଶ୍ୱାସ ଅଛି', 'ଡେରାସରେ ବଣଭୋଜି', 'କାମାକ୍ଷା ଦର୍ଶନ', 'ପରିବାବିକାଳି ଝିଅ', 'ଶିକ୍ଷକର ହାତ', 'ବୋହୂ', 'ଭାତ' ଇତ୍ୟାଦିରେ ଲେଖକଙ୍କ ସାମାଜିକ ଜୀବନଦର୍ଶନ ଫୁଟି ଉଠିଛି।

'ଅମାବାସ୍ୟା', 'ଜବରଦଖଲ', 'ପୁରୁଣା ଇତିହାସ' ଇତ୍ୟାଦିରେ ରାଜନୀତିକ ଭାବରୂପ ବେଶ୍ ହୃଦ୍ୟ। ମହାବିଦ୍ୟାଳୟ କ୍ଷେତ୍ରରେ ଛାତ୍ର ରାଜନୀତିର ପୃଷ୍ଠଭୂମି ଉଦ୍ଧାର କରି ଲେଖକ ଗୁରୁ-ଶିଷ୍ୟ ପରମ୍ପରାର ବିଡ଼ମ୍ବିତ ସ୍ଥିତିକୁ ନେଇ ଅବସୋସ ପ୍ରକଟ କରିଛନ୍ତି। 'ଅମାବାସ୍ୟା' ନାମକରଣ କରି ଶୈକ୍ଷିକ ବାତାବରଣର ଘନ କାଳିମାମୟ ଦୁର୍ଦ୍ଦଶାକୁ ବର୍ଣ୍ଣନା କରିବାକୁ ଯାଇ ସ୍ତମ୍ଭକାର ଉଲ୍ଲେଖ କରିଛନ୍ତି- "ଶିକ୍ଷା ବଦଳରେ ନିଜ ଜୀବନର ସବୁକିଛି ଗୁରୁଙ୍କ ପାଦତଳେ ସମର୍ପି ଦେବାର ନମ୍ରତା ଓ ଶିକ୍ଷାଦାନ ବିନିମୟରେ ଛାତ୍ରଠୁଁ କପର୍ଦ୍ଦକଟେ ସୁଦ୍ଧା ଗ୍ରହଣ ନ କରିବାର ବଡ଼ପଣ ଭିତରେ ବଞ୍ଚି ରହିଥାଏ ଗୁରୁ-ଶିଷ୍ୟର ସଂପର୍କ।"[୩୧] କାହାଣୀଧର୍ମୀ କଥକତା ମାଧ୍ୟମରେ କିମ୍ବଦନ୍ତୀର କା ପୁରୁଷ ସିଦ୍ଧାର୍ଥ ଦ୍ୱାରା ସମସାମୟିକ ସ୍ଥିତିକୁ ଜୀବନ୍ତ ଭାବରେ ଚିତ୍ରାୟିତ କରିବାରେ ଜଣେ ସମର୍ଥ ସ୍ତମ୍ଭକାର ପାରିପାର୍ଶ୍ୱିକ ଦୃଶ୍ୟପଟକୁ ଅବିକଳ ଉପସ୍ଥାପିତ କରିବାର ଗୁରୁଦାୟିତ୍ୱକୁ ଗୌରହରି ଦାସ ଅତ୍ୟନ୍ତ ନିଷ୍ଠାପର ଭାବରେ ସଂପାଦନ କରିଛନ୍ତି।

ସ୍ତମ୍ଭଗୁଡ଼ିକରେ ନୀତିବୋଧର ନିର୍ମାଣକାରୀ ଗୌରହରି ସ୍ୱୟଂ ନୀତିବିଶ୍ୱାସୀ।

ଯୁଗ ଯୁଗ ଧରି ମଣିଷ ଜୀବନର ଅନ୍ତର୍ନିହିତ ଉଦ୍ଦେଶ୍ୟ ହେଉଛି ଅମୃତ ଉତ୍ସକୁ ଅନ୍ୱେଷଣ କରିବା। ଯିଏ ଯେତେ ନୀତିନିଷ୍ଠ ସେ ସେତେ ସଂସ୍କାରିତ ଓ ଶୃଙ୍ଖଳିତ। 'ଗଣତନ୍ତ୍ରର ବିଶ୍ୱରୂପ' ଫିଚର୍‌ରେ ରାଜଗିରି ଅଞ୍ଚଳରେ ବଢୁଥିବା ଅରାଜକତା, ବିଶୃଙ୍ଖଳିତ ନେତା ପୋଷାକଧାରୀ ବ୍ୟକ୍ତିବିଶେଷଙ୍କ ଅନ୍ୟାୟ-ଅନୀତିର ସ୍ୱରୂପ ଉଦ୍‌ଘାଟନ ହୋଇଛି। 'ଖଜୁରିର କ୍ଷତ' ସ୍ତମ୍ଭରେ ନାରୀ ଜୀବନର ଅବ୍ୟକ୍ତ ଯନ୍ତ୍ରଣାର ଚିତ୍ର ମର୍ମରିତ। ନାରୀ ଖଜୁରି ଗଛ ଭଳି ମିଠା ଓ ମଧୁର ହେଲେ ହେଁ ପୁରୁଷର ନୃଶଂସ-ନିଷ୍ଠୁରତା ହେତୁ ତାକୁ ଅକଥନୀୟ ଅନୁଶୋଚନାପୂର୍ଣ୍ଣ ଜୀବନ ବଞ୍ଚିବାକୁ ହୁଏ। 'ପ୍ରତାରଣା' ସ୍ତମ୍ଭରେ 'ଶ୍ରମିକ ଦିବସ' ପାଳନ କରୁଥିବା ଅସଂଖ୍ୟ ଶୋଷିତ ଶ୍ରମିକମାନଙ୍କ ଯନ୍ତ୍ରଣା ଚିତ୍ରିତ। 'ନିଖୋଜ ମହାନିବାସ'ରେ ଆଜୀବନ ଶ୍ରମ-ସ୍ୱେଦ ଦେଇ, ଆତ୍ମୀୟମାନଙ୍କୁ ନିଜର କରି ସଂପର୍କରେ ବାନ୍ଧିଥିବା ମଣିଷର ମୃତ୍ୟୁ ପରବର୍ତ୍ତୀ ମହାକ୍ଲାନ୍ତି ନିବାରଣ ନିମନ୍ତେ ପାଳିତ ଗତାନୁଗତିକ ରୀତି-ନୀତିର ଦେଖାଣିଆପଣ ପ୍ରତି ସ୍ତମ୍ଭକାର ଅଙ୍ଗୁଳି ନିର୍ଦ୍ଦେଶ କରିଛନ୍ତି।

'ଜୀବନର ଜଳଛବି'ରେ ଷଷ୍ଠତମ ପର୍ବ ରୂପେ 'ହାତଲେଖା ଚିଠି' ମାନବୀୟ ସମ୍ବେଦନାର ଜୀବନ୍ତ ଆଲେଖ୍ୟଗୁଚ୍ଛ। ୫୫ ଗୋଟି ଫିଚର୍‌ର ସମନ୍ୱୟରେ ଏହା ଏକ ଚମତ୍କାର ସଂକଳନଟିଏ। ସମସ୍ତ ଫିଚର୍ ଭଳି ଏହି ସ୍ତମ୍ଭଗୁଡ଼ିକରେ 'ସିଦ୍ଧାର୍ଥ' ମାନବମୂଲ୍ୟର ପୃଷ୍ଠପୋଷକତା କରିଛନ୍ତି। ଜୀବନର କ୍ଷୁଦ୍ରାତିକ୍ଷୁଦ୍ର ଅନୁଭବକୁ ନେଇ ଆଲୋଚ୍ୟ ସଂକଳନଟି ଅତ୍ୟନ୍ତ ମର୍ମସ୍ପର୍ଶୀ। 'ଫଟୋଗ୍ରାଫ୍' ସ୍ତମ୍ଭରେ ପ୍ରତ୍ୟେକ ମଣିଷ ନିମନ୍ତେ ଜୀବନର ପ୍ରଥମ ଫଟୋ ଉତ୍ତୋଳନ ସହ ସମ୍ବନ୍ଧିତ ଘଟଣା ଅତି ସ୍ମରଣୀୟ। ସେହିପରି ଜଣେ ରେଳ କର୍ମଚାରୀର ନିର୍ଭରଯୋଗ୍ୟ ପ୍ରତିଶ୍ରୁତି ପାଇ ଟ୍ରେନ୍‌ରେ ଆରାମରେ ଶୋଇପଡ଼ି ଗନ୍ତବ୍ୟ ଷ୍ଟେସନ୍ ପ୍ଲାଟ୍‌ଫର୍ମରୁ ବହୁତ ଦୂରକୁ ଚାଲିଆସି ହଟହଟା ହେବାର ଅସହାୟ ଚିତ୍ର ରହିଛି 'ନିଦ'ରେ। ଏହି ସ୍ତମ୍ଭରେ ପ୍ରତି ମଣିଷ ଉପରେ 'ନିଦ୍ରାରୂପେଣ ସଂସ୍ଥିତା-ଶକ୍ତି'ର ଦୁର୍ବାର ପ୍ରଭାବକୁ ଲେଖକ ସ୍ୱୀକାର କରି ଲେଖିଛନ୍ତି- "ବିଦ୍ୟାଦେବୀଙ୍କୁ ଛାଡ଼ି ପୃଥିବୀର ହଜାର ହଜାର ଲୋକ ଜୀବନ ଜିଉଁଛନ୍ତି, ମାତ୍ର ନିଦ୍ରାଦେବୀଙ୍କୁ ଛାଡ଼ି କେହି ଜଣେ ସୁଦ୍ଧା ନାହାନ୍ତି। ସମସ୍ତେ ତାଙ୍କର ଅଧୀନ।"[୩୨] ଉପହାର ଭାବରେ ପ୍ରତିବର୍ଷ ପାଉଥିବା ଅସଂଖ୍ୟ ଡାଏରୀ ମଧ୍ୟରୁ ଖଣ୍ଡିଏ ଡାଏରୀକୁ ଜଣେ ବୃଦ୍ଧ ବ୍ୟକ୍ତିଙ୍କ ନାତି ଉଦ୍ଦେଶ୍ୟରେ ପ୍ରଦାନ କରି ଅଦ୍ଭୁତ ଆତ୍ମୀୟତା ଓ ଶାନ୍ତି ଅନୁଭବ କରିବାର ମର୍ମସ୍ପର୍ଶୀ ସ୍ୱର ରହିଛି 'ଡାଏରୀ' ଲେଖାରେ। ଅତୀତ ପୃଷ୍ଠାରେ କ୍ରମଶଃ ହଜି ଯାଉଥିବା ବଡ଼ବିଲ ଅଞ୍ଚଳର ପ୍ରାକୃତିକ ସୌନ୍ଦର୍ଯ୍ୟ ଓ ତାର ଅଭାବନୀୟ ପ୍ରଦୂଷିତ ବାତାବରଣ ପ୍ରତି ଲେଖକଙ୍କ ହୃଦୟ ମର୍ମାହତ ହୋଇଛି। 'ବଡ଼ବିଲ' ସ୍ତମ୍ଭରେ ସ୍ତମ୍ଭକାର ଉଲ୍ଲେଖ କରିଛନ୍ତି- "ଦିନେ ହୁଏତ ପାହାଡ଼ କୋଳରେ ଏହି ବଡ଼ବିଲ

ସେମିତି ସବୁଜ ସୁନ୍ଦର ଥିଲା। ମାତ୍ର ଆଜି ବଡ଼ବିଲ ମୃତ ଯୌବନ ଓ ହୃତ ସବୁଜିମାର ନଷ୍ଟଭୂଇଁ। ତଳୁ ଧୂଳି ଓ ଉପରୁ ଧୂଆଁ ଉଡ଼ି ଢାଙ୍କି ଦେଇଛି ତାର ଆକାଶ, ଯେଉଁଠି ଦିନେ ଭଦଭଦଳିଆ, ବଗ, ବଣି ଏବଂ ଘରଚଟିଆମାନେ ଉଡୁଥିଲେ।"(୩୩) ପାରସ୍ପରିକ ବୁଝାମଣାର ଅଭାବରେ ଘନିଷ୍ଠ ସଂପର୍କର ବିଫଳ ସ୍ଥିତିକୁ ନେଇ ବାସ୍ତବ ମନେହୁଏ ଲେଖକଙ୍କ 'ଘର ଭାଙ୍ଗିଯାଉଛି' ଫିଚର୍। ଯେଉଁଠି ସେ ଆମେରିକା ନିବାସୀ ଜଣେ ଭାରତୀୟ ପ୍ରଫେସରଙ୍କ ଉକ୍ତିକୁ ଉଦ୍ଧାରପୂର୍ବକ ଲେଖିଛନ୍ତି- "ଏକବିଂଶ ଶତାବ୍ଦୀର ଭାରତରେ କୌଣସି ଗୋଟିଏ ଅନୁଷ୍ଠାନ ଯଦି ସବୁଠାରୁ ଅଧିକ ବିପଦର ସମ୍ମୁଖୀନ ହେବ ତାହା ହେଉଛି ବାହାଘର। ଯୌଥ ପରିବାର ଭାଙ୍ଗିଯାଉଛି। ସ୍ୱାମୀ-ସ୍ତ୍ରୀ ଭିତରେ କଳି ଲାଗିଲେ କେହି ମଧ୍ୟସ୍ଥତା କରିବାକୁ ପାଖରେ ନାହିଁ।"(୩୪)

ଭାରତୀୟ ପାରିବାରିକ ଜୀବନର ମୂଳଦୁଆ ଭୁଶୁଡ଼ିବାର ଚିତ୍ର ଏ ସମୟର ନିଛକ ପ୍ରସଙ୍ଗ ନିଶ୍ଚୟ। ସ୍ତମ୍ଭକାର ଗୌରହରିଙ୍କ ମତରେ- "ଗତକାଲିର ଭଲପାଇବା ଉପରେ ଭରସା କରି ଆଜିର ସଂପର୍କ ତିଷ୍ଠିପାରେ ନାହିଁ। ପୁରୁଣା ଦରରେ ଯେମିତି ବଜାରରେ ଜିନିଷ ମିଳେ ନାହିଁ, ପୁରୁଣା ଭରସାରେ ସେମିତି ଘରକରଣା ତିଷ୍ଠେ ନାହିଁ।"(୩୫) 'ଉଜୁଡ଼ା ଘର' ସ୍ତମ୍ଭ ମାଧ୍ୟମରେ ଉଜୁଡ଼ା ଘରକୁ ସଜାଇବାର ପ୍ରୟାସ କରିଛନ୍ତି ସ୍ତମ୍ଭକାର। 'ବସାଘର' ଲେଖାରେ ମାନବେତର ବାରମାସୀ ଚଢ଼େଇଙ୍କ ପ୍ରତି ସମ୍ବେଦନାର ସ୍ୱର ଅନୁରଣିତ ହୋଇଛି। ଦମୟନ୍ତୀଙ୍କ ମତରେ- "ସମସ୍ତେ ନିଜ ନିଜର ସାମର୍ଥ୍ୟ ଅନୁସାରେ ବସା ବାନ୍ଧନ୍ତି, ସେ ମଣିଷ ହୁଅନ୍ତୁ କି ଚଢ଼େଇ।"(୩୬) 'ତିରୁପତି ଦର୍ଶନ', 'ସୁନାପୁର', 'ମଣିକର୍ଣ୍ଣିକା ଘାଟ' ଲେଖାରେ ସେହି ସେହି ଅଞ୍ଚଳର ମହତ୍ତ୍ୱ ପ୍ରତିପାଦିତ ହୋଇଛି। 'ସ୍ମୃତିର ଭିଡ଼'ରେ ଅତୀତ ସ୍ମୃତିର ମହତ୍ତ୍ୱ, 'ହସର କାରଣ' ଲେଖାରେ ମୁହୂର୍ତ୍ତକ ଲାଗି କାହା ହସର କାରଣ ସାଜିବାରେ ଜୀବନ ସାର୍ଥକତାର ବାଣୀ ମର୍ମରିତ ହୋଇଛି। 'ନୀଳକଇଁ', 'ବାପାଙ୍କ ଆଲମାରି', 'ବୋଉର ପାନଖର୍ଚ୍ଚ', 'ଅପରିଚିତ', 'ରାଜୁର ଫଟୋ' ଇତ୍ୟାଦିରେ ଆବେଗପୂର୍ଣ୍ଣ-ଅନୁଭବର କଥା ରହିଛି। ଓଡ଼ିଶା ପ୍ରତି ନିବିଡ଼ ଆନ୍ତରିକତାର ରୂପଚିତ୍ର ରହିଛି 'ଶେଷଘର' ସ୍ତମ୍ଭରେ। 'ନିରୁଦ୍ଦିଷ୍ଟ ବସନ୍ତ' ଲେଖାରେ ହରିବଂଶ ରାୟବଚ୍ଚନଙ୍କ 'ମଧୁଶାଳା' କବିତା ବିରୋଧରେ ଜାରି ହୋଇଥିବା ଫତ୍ୱା, ପାକିସ୍ତାନୀ ଗାୟକ ଗୁଲାମ୍ ଅଲୀଙ୍କ ଭାରତଗସ୍ତ ଉପରେ କଟକଣା ପ୍ରସଙ୍ଗକୁ ଆଲୋଚନାଭୁକ୍ତ କରି ପ୍ରତ୍ୟେକ ମଣିଷ ଉଦାର ଏବଂ ହୃଦୟବାନ୍ ହେବାକୁ ଲେଖକଙ୍କ ଅନୁରୋଧ ରହିଛି। ବିଜ୍ଞାନ ଓ ସଭ୍ୟତାର ପ୍ରଗତି ମଣିଷକୁ ବାହ୍ୟସ୍ତରରେ ମହାନ୍ କରିଛି ସତ, ମାତ୍ର ଆତ୍ମିକ ସ୍ତରରେ ସେ ସଂକୀର୍ଣ୍ଣ ହୋଇପଡ଼ିଛି। ନିରୁଦ୍ଦିଷ୍ଟ ବସନ୍ତ ଭଳି ତା' ଭିତରୁ ମଣିଷପଣିଆ ଲୋପ ପାଇବାକୁ ବସିଲାଣି ବୋଲି ଲେଖକ

ଦୁଃଖ ପ୍ରକାଶ କରିଛନ୍ତି। 'ଛୋଟଲୋକ', 'ଗଙ୍ଗଶିଉଳିର ସ୍ୱପ୍ନ', 'ପୋଷ୍ଟମ୍ୟାନ୍' ଇତ୍ୟାଦି ସ୍ତମ୍ଭରେ ମାନବ ପ୍ରତି ଆନ୍ତରିକ ଭଲପାଇବାର ସ୍ୱର ଅନୁରଣିତ ହୋଇଛି। 'ଜଉ କଣ୍ଢେଇ' ସ୍ତମ୍ଭରେ ନାରୀ ମନର ଦୁଃଖ-ଯନ୍ତ୍ରଣାର ସ୍ୱରୂପ ଉନ୍ମୋଚିତ ହୋଇଛି। 'ହାତଲେଖା ଚିଠି' ଅନ୍ତର୍ଭୁକ୍ତ 'ଅଯୋଧାରେ ଜଳକଷ୍ଟ' ଲେଖାରେ ଆଦିବାସୀପଡ଼ାର ସୀତା ସିଂହର ଟ୍ୟୁବ୍‌ୱେଲ୍ ସ୍ଥାପନ ସ୍ୱପ୍ନ ଓ ତା'ର ପାରିବାପଣର କଥା ରହିଛି। ଅଫିସରମାନଙ୍କ ନିପାରିଲାପଣ ଓ ମିଥ୍ୟା ପ୍ରତିଶ୍ରୁତି ଆଗରେ 'ଅଯୋଧାର ଜଳକଷ୍ଟ' ବିଡ଼ମ୍ବିତ ମନେହୋଇଛି। 'ଅନ୍ଧାର' ଲେଖାରେ ଦେଶର ଭବିଷ୍ୟତ ନେଇ ସ୍ୱପ୍ନ ଦେଖୁଥିବା ସାଧାରଣ ଦରିଦ୍ର ଓ ନିରକ୍ଷର ନାଗରିକଙ୍କ ପ୍ରତି ସ୍ତମ୍ଭକାର ସହାନୁଭୂତି ପ୍ରଦର୍ଶନ କରିଛନ୍ତି। ମାନବ ଜୀବନର ସବୁଠୁ ଅଧିକ ପ୍ରଭାବଶାଳୀ ରୂପ ହେଉଛି 'ଭୟ ଓ ଲୋଭ'। ଏହାର ମନସ୍ତାତ୍ତ୍ୱିକ ବିଶ୍ଳେଷଣଟିଏ ରହିଛି 'ଭୟ ଓ ଲୋଭ' ଲେଖାରେ। 'ହାତଲେଖା ଚିଠି' ଫିଚର୍‌ରେ ଚିଠି ପରମ୍ପରାର ମହତ୍ତ୍ୱ ଏବଂ ଉତ୍କଳୀୟ ପୁରପଲ୍ଲୀରେ ଓଡ଼ିଆ ଘରର ରୀତି-ନୀତିର ମହତ୍ତ୍ୱ ପ୍ରତିଷ୍ଠିତ ହୋଇଛି। ବିଦେଶ ଯାତ୍ରାକୁ ନେଇ ଗୌରହରି ଦାସଙ୍କ ବ୍ୟକ୍ତିଗତ ଅନୁଭବ ରୂପ ରହିଛି 'ଦେଶ' ସ୍ତମ୍ଭରେ। ସକଳ ନିରାଶା ସତ୍ତ୍ୱେ ଭବିଷ୍ୟତ ପାଇଁ ଆତ୍ମବିଶ୍ୱାସର ଦୃଢ଼ତା ମଣିଷକୁ ବଞ୍ଚେଇ ରଖିବାରେ ସହାୟକ ହୋଇପାରେ ବୋଲି ବାର୍ତ୍ତା ରହିଛି 'ଅନନ୍ତ ସମ୍ଭାବନା'ରେ। ମଣିଷକୁ ହିଁ ଅନନ୍ତ ସମ୍ଭାବନାର ଆଧାର ମନେ କରିଛନ୍ତି ଲେଖକ। 'ଦାୟିତ୍ୱ', 'ଅନ୍ଧବିଶ୍ୱାସ', 'ନିଖୋଜ ମଣିଷ' ଇତ୍ୟାଦିରେ ଜୀବନର ବିବିଧ ମୂଲ୍ୟବିଚାରର ପ୍ରସଙ୍ଗ ରହିଛି। ସହାନୁଭୂତି, ଶ୍ରଦ୍ଧା ଓ ସମ୍ବେଦନା ଏବଂ ମଣିଷପଣିଆର ଆହ୍ୱାନ ରହିଛି 'ଅପହୃତ ଆବେଗ' ଲେଖାରେ।

'ଜୀବନର ଜଳଛବି'ର ସପ୍ତମ ପର୍ବ ହେଉଛି 'ଈଶ୍ୱରଙ୍କ ଠିକଣା'। ଏଥିରେ ୬୦ଟି ସ୍ତମ୍ଭ ସନ୍ନିବେଶିତ। ଏହାର ମୁଖବନ୍ଧରେ ଲେଖକ ଉଲ୍ଲେଖ କରିଛନ୍ତି- "କୌଣସି ଘଟଣା ମନକୁ ଆନ୍ଦୋଳିତ ନ କଲେ ଜଣେ ଲେଖକ ଲେଖାଟିଏ ଲେଖିପାରେ ନାହିଁ। ମୋ କ୍ଷେତ୍ରରେ ମଧ୍ୟ ସେଇଆ ଘଟିଥାଏ। ଏହି ସଂକଳନରେ ଯେଉଁ ଲେଖାଗୁଡ଼ିକ ପ୍ରକାଶ ପାଇଛି ସେସବୁ ମୋତେ ଗଭୀର ଭାବରେ ଆନ୍ଦୋଳିତ କରିଛନ୍ତି। ତେଣୁ ମୁଁ ସଂପୃକ୍ତ ଚରିତ୍ରମାନଙ୍କ ନିକଟରେ ମୋର ଋଣ ସ୍ୱୀକାର କରୁଚି।" x x x ଦୀର୍ଘବର୍ଷ ଧରି ଏହି ସ୍ତମ୍ଭ ଲେଖିବା ଭିତରେ ମୋର ଅନୁଭବ ହୋଇଛି ଯେ ଆମ ସମାଜର ଏକ ବିରାଟ ଅଂଶ ରଚନାତ୍ମକ ଏବଂ ସୃଜନାତ୍ମକ ଜୀବନକୁ ଆଦର କରନ୍ତି। ସେମାନେ ବିଶ୍ୱାସ ରଖନ୍ତି, ଆମ ଚାରିପାଖର କିଛି କିଛି କଥା ବିଗିଡ଼ି ଯାଇଥିଲେ ମଧ୍ୟ ସମୁଦାୟ ସମାଜ ଅସଜଡ଼ା ହୋଇ ନାହିଁ। ଆସନ୍ତାକାଲି ଉପରେ ସେମାନଙ୍କର ଦୃଢ଼ ବିଶ୍ୱାସ,

ସମାଜ ଓ ବ୍ୟବସ୍ଥା ଉପରେ ସେମାନଙ୍କର ଗଭୀର ଆସ୍ଥା। ଏହି ଉପଲବ୍ଧି ମୋତେ ସମାଜ ଓ ମଣିଷ ଉପରେ ଭରସା ରଖିବା ଲାଗି ଅଧିକରୁ ଅଧିକ ପ୍ରଚୋଦିତ କରିଥାଏ।"(୩୭)

ଗୌରହରି ଦାସ ଅବକ୍ଷୟମାଣ ଗ୍ରାମ୍ୟ ଜୀବନର ଚିତ୍ର ପ୍ରଦାନ କରିଛନ୍ତି, 'ଏ ମାଟି ସ୍ୱର୍ଗ ଥିଲା' ଫିଚର୍‌ରେ। ଏତଦ୍‌ବ୍ୟତୀତ ଗଣତନ୍ତ୍ର, ସ୍ୱାଧୀନତା, ସାମ୍ୟବାଦର ଚରିତ୍ର କ୍ରମେ ଅପସୃତ ଏବଂ ବିଡ଼ମ୍ବିତ ହେଉଛି। ଅତୀତରେ ଯେ ଏହି ମାଟି ସ୍ୱର୍ଗ ଥିଲା, ସ୍ୱର୍ଗ ଅଛି, ସ୍ୱର୍ଗ ରହିବ, ଏ ଦେଶେ ପୁଣ୍ୟ ଥିଲା, ପୁଣ୍ୟ ଅଛି, ପୁଣ୍ୟ ରହିବ- କେବଳ ଆଶା ଓ ସ୍ୱପ୍ନ ଛଡ଼ା ଏହା ଆଉ କିଛି ନୁହେଁ। ଯୁବପିଢ଼ି ମଧ୍ୟରେ ଭାବପ୍ରବଣତାକୁ ଖୋଜିଛନ୍ତି ଲେଖକ 'ପ୍ରଥମ ଦେଖା' ସ୍ତମ୍ଭରେ। ବିଦେଶରେ ରହୁଥିବା ରାଧାରଂଜନ ଯେବେ ବି ଭାରତ ଆସନ୍ତି, ନିଜ ଗାଁ ମାଟିକୁ ଖୋଜିବାର ଭାବପ୍ରବଣତା ନିଶ୍ଚିତ ଭାବରେ ଅଭିନନ୍ଦନୀୟ। 'ମାଳଅପା', 'ମାଆର ଝିଅ', 'ସଂଜବଳିତା', 'ଲଳିତା', 'ଦ୍ରୌପଦୀର ପ୍ରଶ୍ନ' ଇତ୍ୟାଦିରେ ନାରୀ ମନୋଦଶା ଓ ତା'ର ଜୀବନସ୍ଥିତିର ମାର୍ମିକ ଚିତ୍ର ରହିଛି।

'କନକ ଚମ୍ପା', 'ରଙ୍ଗଣୀ ଲଟା', 'ସ୍ୱପ୍ନ ଖାଲି ସତ୍ୟ', 'ଆଷାଢ଼ ଆସିବ' ଇତ୍ୟାଦିରେ ଆନ୍ତରିକ ସହାନୁଭୂତି, ମାନବ ଜୀବନଦର୍ଶନର ସ୍ୱର ଅନୁରଣିତ ହୋଇଛି। ଅନୁରୂପ ଭାବରେ 'ବିବେକଦୀପ', 'ସାମ୍ନାରେ ବୈକୁଣ୍ଠ', 'ବିଶ୍ୱାସର ଧରାତଳ', 'ଆସ୍ଥା', 'ସ୍ମୃତି ଓ ସ୍ୱପ୍ନର ଜୀବନ', 'ଝୁରିହେବା ଜୀବନ ନୁହେଁ', 'ଈଶ୍ୱରଙ୍କ ଠିକଣା', 'ଈଶ୍ୱରଙ୍କ ଜାତି' ଇତ୍ୟାଦି ସ୍ତମ୍ଭରେ ଗୌରହରି ଦାସଙ୍କ ସୂକ୍ଷ୍ମ ଦାର୍ଶନିକତାର ସ୍ୱତନ୍ତ୍ର ରୂପ ଚିତ୍ରିତ ହୋଇଛି। ଜୀବନକୁ ଅବଲୋକନ କରିବାର ପୃଥକ୍ ଦୃଷ୍ଟିକୋଣ ହେତୁ ଉପର୍ଯ୍ୟୁକ୍ତ ଫିଚରଗୁଡ଼ିକରେ ଗଭୀର ଜୀବନଦର୍ଶନ ସ୍ପଷ୍ଟ ଉପଲବ୍ଧ ହୁଏ। 'ଅନ୍ଧରାତିର ଅରୁଣିମା'ରେ ଗୌରହରିଙ୍କ ଆଶାବାଦ ବେଶ୍ ହୃଦ୍ୟ। ସେ ଲେଖିଛନ୍ତି- "ଚତୁରମାନଙ୍କ ସବୁ ଚକ୍ରାନ୍ତ ଓ ସଇତାନମାନଙ୍କ ସବୁ ଷଡ଼ଯନ୍ତ୍ର ସତ୍ତ୍ୱେ ଏ ଦେଶ ବଞ୍ଚିବ। ସବୁ ଅନୈତିକତା ଓ ଅବକ୍ଷୟର ଝଡ଼ ତୋଫାନ ଭିତରୁ ଏ ଦେଶ ପୁଣି ମୁଣ୍ଡ ଟେକିବ।"(୩୮) ଝିଅମାନଙ୍କ ସୁନ୍ଦର ଭବିଷ୍ୟତ ନିମନ୍ତେ ସ୍ତମ୍ଭକାର ଆଶାବାଦୀ ହୋଇ ଲେଖିଛନ୍ତି- "ଗ୍ରୀଷ୍ମ ତାତିରେ ତତଲା ଏ ମାଟି ଉପରକୁ ଆଷାଢ଼ ଆସିବ। ବର୍ଷାର ସ୍ନେହ ଆଦରରେ ଓଦା ହେବ ଏ ମାଟି। ପୁଣିଥରେ ସୃଷ୍ଟିସମ୍ଭବା ହେବ ପୃଥିବୀ। ପୃଥିବୀର କୌଣସି ଦୁଃଖ କି କୌଣସି ସମସ୍ୟା ସ୍ଥାୟୀ ନୁହେଁ।"(୩୯) ମଣିଷର 'ମଣିଷପଣିଆ'ର ଅଭୀପ୍ସା ରହିଛି 'ସ୍ନେହତର୍ପଣ' ସ୍ତମ୍ଭରେ। 'ଆସ୍ଥା' ଫିଚର୍‌ରେ ପାରାଅଲିମ୍ପିକ୍ ଉଚ୍ଚଡିଆଁ ପ୍ରତିଯୋଗିତାରେ ସ୍ୱର୍ଣ୍ଣପଦକ ପାଇଥିବା ଖେଳାଳିଙ୍କ ସଂଗ୍ରାମ ପ୍ରସଙ୍ଗ ରହିଛି।

ଥର୍ଗାଭେଲୁଙ୍କ ସ୍ୱର୍ଣ୍ଣପଦକ ପ୍ରାପ୍ତିର ଔଜ୍ଜ୍ୱଲ୍ୟ ପଛରେ ଲୁଚିଥିବା ତା'ର ପ୍ରଲମ୍ବିତ ସଂଗ୍ରାମ ଓ ସଂଘର୍ଷର ଅନ୍ଧକାରକୁ ସ୍ତମ୍ଭକାର ଗୌରହରି ଅନୁଭବ କରି କୃତ୍ୟକୃତ୍ୟ ହୋଇଛନ୍ତି। ଏହି ମର୍ମରେ ତାଙ୍କର ଭାବପୂର୍ଣ୍ଣ ଉଚ୍ଚାରଣ ଥିଲା- "ମଣିଷ ଈଶ୍ୱରଙ୍କୁ ଭେଟିବାକୁ ଯେତିକି ଆଗ୍ରହୀ, ଈଶ୍ୱର ମଧ୍ୟ ମଣିଷକୁ ଭେଟିବା ପାଇଁ ସେତିକି ବ୍ୟସ୍ତ। ମାତ୍ର ମଣିଷ ଯେଉଁ ଠିକଣାରେ ଓ ଯେଉଁ ଚେହେରାରେ ଈଶ୍ୱରଙ୍କୁ ଖୋଜୁଥାଏ, ଈଶ୍ୱର ସେ ଠିକଣାରେ କି ସେହି ଚେହେରାରେ ନ ଥାନ୍ତି। ସେଥିପାଇଁ ଈଶ୍ୱର ଭିନ୍ନ ଭିନ୍ନ ଚେହେରାରେ ବରାବର ମଣିଷ ପାଖକୁ ଆସୁଥାଆନ୍ତି, ମାତ୍ର ମଣିଷ ତାହାଙ୍କୁ ଅନାଗ୍ରହରେ ଏଡ଼ାଇ ଯାଇ ପୂର୍ବ ନିର୍ଦ୍ଧାରିତ ଠିକଣାରେ ଧାଉଁଥାଏ।"[୪୦] ନିଜେ କଷ୍ଟ ସହ୍ୟ କରି ନିଜ ଏକମାତ୍ର ପୁତ୍ରକୁ ବିଦେଶ ନିବାସୀ ହେବାକୁ ଗ୍ରହଣ କରିନେବାର ହୃଦୟବତ୍ତାର ଚିତ୍ର ରହିଛି 'ଉପଲବ୍ଧି' ଫିଚର୍‌ରେ।

'ଈଶ୍ୱରଙ୍କ ଠିକଣା' ଫିଚର୍‌ରେ ଗୌରହରୀୟ ଦାର୍ଶନିକତା ଅତ୍ୟନ୍ତ ଚମତ୍କାର। ତାଙ୍କ ମତରେ- ମଣିଷର ଦୁର୍ଭାଗ୍ୟର ଦୁଇ ବଡ଼ କାରଣର ଆବିଷ୍କର୍ତ୍ତା ସିଏ ନିଜେ। ପ୍ରଥମଟି ହେଉଛି ଧର୍ମ ଏବଂ ଦ୍ୱିତୀୟଟି ଈଶ୍ୱର। x x x ଈଶ୍ୱର କାହିଁକି ଅଛନ୍ତି ଜାଣ ? କାରଣ, ମଣିଷ ମନରେ ଭୟ ଅଛି। ଯଦି ମଣିଷ ମନରେ ଭୟ ନ ଥାଆନ୍ତା, ତାହାହେଲେ ଈଶ୍ୱର କୋଉକାଲୁ ଏ ପୃଥିବୀରୁ ବିଦାୟ ନେଇଯାଆନ୍ତେଣି।"[୪୧] ସ୍ତମ୍ଭକାର ଗୌରହରି ଦାସ ମାନବକୁ ନିଜ ଭିତରେ ଈଶ୍ୱରୀୟ ସ୍ଥିତି ସନ୍ଦର୍ଶନ କରିବା ପାଇଁ ବାର୍ତ୍ତା ପ୍ରଦାନ କରିଛନ୍ତି। ଜୀବନକୁ ଭଲ ପାଇବାର ଚିତ୍ର ରହିଛି 'ଜୀବନ' ଫିଚର୍‌ରେ। ସୋସିଆଲ୍ ମିଡିଆର ପ୍ରଭାବ ବିସ୍ତାର ହେତୁ ମାନବ ଜୀବନର ବିବିଧ ସମସ୍ୟାକୁ ନେଇ 'ଛଳନାର ଜଉଘର' ରଚିତ। ଲେଖକ ମଣିଷକୁ ଅସହାୟତମ ଜୀବ ଭାବରେ ଚିତ୍ରିତ କରିଛନ୍ତି 'ଭଙ୍ଗା ଖେଳଣା'ରେ। ପୁରୁଣା ଜୀବନକୁ ନୂଆ କରି ଜିଇବାର ଇସ୍ତାହାର ରହିଛି 'ଝୁରିହେବା ଜୀବନ ନୁହେଁ' ସ୍ତମ୍ଭରେ। 'ଈଶ୍ୱରଙ୍କ ଜାତି' ସ୍ତମ୍ଭରେ ଗୌରହରୀୟ ଦାର୍ଶନିକ ବକ୍ତବ୍ୟ ଆଜିର ସମାଜ ପାଇଁ ଅତ୍ୟନ୍ତ ଶିକ୍ଷଣୀୟ। ସେ କହିଛନ୍ତି- "ପ୍ରତିଟି ମଣିଷ ଭିତରେ ଜଣେ ଜଣେ ଦେବତା ଅଛନ୍ତି। ନେତା ଓ ଧର୍ମଗୁରୁମାନେ ସେମାନଙ୍କ ଆଡ଼କୁ ଚାହାଁନ୍ତୁ। ସମୟ ମିଳିଲେ ଚାହାଁନ୍ତୁ ଆକାଶକୁ - ସୂର୍ଯ୍ୟ ଓ ଚନ୍ଦ୍ରମାକୁ। ନଦୀ ଓ ସମୁଦ୍ରକୁ। ଅନୁଭବ କରନ୍ତୁ ଆଲୋକ ଓ ପାଣି-ପବନର ସ୍ପର୍ଶକୁ। କାହିଁ, କେଉଁଠି ହେଲେ ତ ପାତର-ଅନ୍ତର ବା ଭେଦ-ବିଭେଦର ସ୍ପର୍ଶ ନାହିଁ।"[୪୨]

'ଈଶ୍ୱରଙ୍କ ଠିକଣା'ରେ ଆଧୁନିକ ମାନବ ସମାଜ ନିମନ୍ତେ ଜୀବନ ଜିଇଁବା, ଗନ୍ତବ୍ୟସ୍ଥଳରେ ପହଞ୍ଚି ଲକ୍ଷ୍ୟକୁ ହାସଲ କରିବାର ସୂକ୍ଷ୍ମ ମାର୍ଗଦର୍ଶନ କରାଇଛନ୍ତି ସ୍ତମ୍ଭକାର

ଗୌରହରି ଦାସ। 'ଜୀବନର ଜଳଛବି' ସନ୍ନିବେଶିତ ସାତଗୋଟି ପର୍ବ ଜୀବନ ସଂଗୀତର ସପ୍ତସ୍ୱର ତଥା ଯୋଗାଚାରର ସପ୍ତାଙ୍ଗ ଭଳି ଦିବ୍ୟ-ଶାଶ୍ୱତ ତଥା ସମୃଦ୍ଧ।

'ଜୀବନର ଜଳଛବି'ର ସାତଗୋଟି ସଂକଳନରେ ସ୍ଥାନିତ ୪୦୦ରୁ ଊର୍ଦ୍ଧ୍ୱ ସ୍ତମ୍ଭଗୁଡ଼ିକରେ ରହିଛି ଅଦ୍ଭୁତ କଳାତ୍ମକ ପ୍ରାଚୁର୍ଯ୍ୟ। ସମୟ, ସମାଜ, ନୀତି, ପରମ୍ପରାଦିର ବଳିଷ୍ଠ ରୂପରେଖକୁ ନେଇ ସ୍ତମ୍ଭଗୁଡ଼ିକର ଆତ୍ମିକ ବିଭବ ପରିପୁଷ୍ଟ ହୋଇଥିବା ବେଳେ ଗୌରହରିଙ୍କ ଚମତ୍କାର ଶବ୍ଦ ସଂଯୋଜନା, ରୂପକଳ୍ପ ଏବଂ ଶୈଳୀଗତ ଚମତ୍କାରିତା ସ୍ୱତନ୍ତ୍ର ଭାବରେ ଉପସ୍ଥାପିତ ହୋଇଛି।

'ଜୀବନର ଜଳଛବି'ରେ ଗ୍ରାମୀଣ ଜୀବନଚିତ୍ର:

ପ୍ରକୃତିବାଦୀ ଗୌରହରି ଦାସ ଜଣେ ଖାଣ୍ଟି ଓଡ଼ିଆ। ତାଙ୍କ ସୃଷ୍ଟି ଭିତରେ ସଭ୍ୟତାର ଦେଖା-ଅଦେଖା ରଙ୍ଗ, ସମୟର ପାଦଚିହ୍ନ, ଜୀବନୀୟ ପ୍ରସ୍ତ ପ୍ରସ୍ତ ଉପଲବ୍ଧିର ବର୍ଣ୍ଣବୋଧ ରହିଛି। ଲେଖକଙ୍କ ସାମଗ୍ରିକ ସୃଷ୍ଟିର ପ୍ରକୃଷ୍ଟ ପୃଷ୍ଠଭୂମି ହୋଇଛି ତାଙ୍କ ଗାଁ ମାଟି। ଗ୍ରାମ୍ୟଜୀବନ ତଥା ପଲ୍ଲୀ ପ୍ରକୃତିକୁ ସେ ଭରପୂର ଭୋଗିଛନ୍ତି ଓ ବଞ୍ଚିଛନ୍ତି ମଧ୍ୟ। ପାଟପୁର, ଷଣ୍ଢଗଡ଼ା ଅଞ୍ଚଳର ଆମ୍ବତୋଟା, ଧାନବିଲ, ଗୋହିରି, କାଚକେନ୍ଦୁ ପୋଖରୀର ନାଲି କଇଁ, ନଈ ଆଡ଼ିରେ କେତକୀ ଫୁଲ, ବଣୁଆଗଛ, ବାଉଁଶ ବଣ, କ୍ଷୀରଭର୍ତ୍ତି ଧାନଫୁଲର ବାସ୍ନା, ଅମରୀ ବଣ, ଗାଁର ଓଦା ପବନ, ଫୁଲ ଉଡ଼ା ଧାନଗଛ, ମାଟିର ସବୁଜିମା, କିଆଫୁଲର ବାସ୍ନା, ଶରତର କାଶତଣ୍ଡୀ, କେତକୀ ଫୁଲ, ଶୁଖିଲା ମେଘ, ଅଶିଣର ପାଣିଚିଆ ଖରା, ବଉଦମାନଙ୍କ ଗୋଡ଼ିଆଗୋଡ଼ି ଖେଳ, ଆକାଶର ଇନ୍ଦ୍ରଧନୁ, ପୋଖରୀ ତୁଠରେ ଲଙ୍ଗଳା ପିଲା, ରାସ୍ତାଧାରର ବାବୁଲା ଗଛ, ଘାସପଡ଼ିଆ, ମନ୍ତେଇ ନଦୀ ଉପରର ନୀଳ ଆକାଶ, ଘାସଫୁଲ, କଙ୍କି, ପ୍ରଜାପତି, ନୀଳ ପୋଖରୀ, କାଠ କଣ୍ଢେଇ ଖେଳ, ଅଷ୍ଟପ୍ରହରୀ କୀର୍ତ୍ତନ, ସାହିପିଲାଙ୍କ ଅପେରା, ଭୋଜି, ରଜର ବାଗୁଡ଼ି ଖେଳ, ବଡ଼ପୋଖରୀ ମାଛଧରା, ଗଙ୍ଗଶିଉଳିର ବାସ୍ନା, ମୁଠି ଶାଗ, ପୋଇଶାଗ, ଗୁଗୁଚିଆ, ମେଘପଖଳା ଶ୍ରାବଣର ଥଣ୍ଡା ପରିବେଶ, ଚଉଁରାମୂଳ ସଞ୍ଜ, ଘଣ୍ଟେଶ୍ୱରର ଦୁର୍ଗାପୂଜା, ଦୁର୍ଗାଷ୍ଟମୀ ତିଥି ଇତ୍ୟାଦିର ସୁଗୁମ୍ଫନରେ 'ଜୀବନର ଜଳଛବି' ଖାଣ୍ଟି ଓଡ଼ିଆ ପାଠକପ୍ରାଣକୁ ନିଜର ନିଜର ଲାଗେ, ଆତ୍ମୀୟତା ଓ ତନ୍ମୟତାରେ ମୋହାଚ୍ଛନ୍ନ କରେ। "ସହରୀ ଶୀତଳ ଜୀବନ ଭିତରେ ଫେରାର୍ ହୋଇଯାଇଥିବା ନିଜର ସରଳ, ନିଷ୍ପାପ ଗ୍ରାମୀଣ କୈଶୋର ପାଇଁ ଏକ ପ୍ରଚଣ୍ଡ nostalgia କୃତିଟିର ସାମଗ୍ରିକ ସ୍ଥାୟୀ ଭାବ କହିଲେ ଅତ୍ୟୁକ୍ତି ହେବ ନାହିଁ। x x x ଲେଖକଙ୍କ ଶୈଶବକାଳୀନ ଆଡ୍‌ଭେଞ୍ଚରର ବର୍ଣ୍ଣନା କୌଣସି ଚଳଚ୍ଚିତ୍ର ନିର୍ଦ୍ଦେଶକର shooting scriptର ଭ୍ରମ ଉପୁଜାଏ।" (୪୩) ଭୀଷଣ ପ୍ରକୃତିବାଦୀ ଗୌରହରିଙ୍କ ମନରେ ପ୍ରକୃତି ପ୍ରୀତି ଏକ ସ୍ୱତନ୍ତ୍ର ଅବଧାରଣା ରଖେ। ଗଛର ନମ୍ରତା, ଫୁଲ-ଫଳର

ଶ୍ରଦ୍ଧା, ପାହାଡ଼-ଝରଣାର ନିରବ ପୃଷ୍ଟପୋଷକତା ମଣିଷକୁ ଋଣୀ କରିଦିଏ। ସେ ପ୍ରଶ୍ନ କରନ୍ତି- "ଏ ପୃଥିବୀଠାରୁ ସୁନ୍ଦରତମ ମନ୍ଦିର ଆଉ କେଉଁଠି ଅଛି ? କାରଣ ଏହାର ସଞ୍ଜ, ସକାଳ, ମଧ୍ୟାହ୍ନ, ମଧ୍ୟରାତ୍ରି, କୁହୁଡ଼ି-କାକର, ଚଇତ୍ର ପବନ ଓ ଶ୍ରାବଣ ବର୍ଷା ଯେଉଁ ଦିବ୍ୟ ଆନନ୍ଦ ଦିଏ ତାହା କୌଣସି ବାଦ୍ୟଯନ୍ତ୍ର କେବେ ଦେଇପାରେ ନାହିଁ।"

'ବହୁ ଓଡ଼ିଶୀ ଖାଦ୍ୟ ଓ ପିଠାପଣା:

'ଜୀବନର ଜଳଛବି'ରେ ଓଡ଼ିଶୀ ଖାଦ୍ୟ ଓ ପିଠାପଣାର ଉଲ୍ଲେଖ ରହିଛି। ସଂଘର୍ଷପୂର୍ଣ୍ଣ ଜୀବନରେ ଗୌରହରି ଭଲ ରୋଷେଇ ଅଭିଜ୍ଞତା ମଧ୍ୟ ରଖନ୍ତି। ତାଙ୍କ ସୃଷ୍ଟି ଭିତରେ ଖାଣ୍ଟି ଓଡ଼ିଆ ଘରର ପାକଶାଳାର ମହମହ ସୁଗନ୍ଧକୁ ଆଘ୍ରାଣ କରିହୁଏ। ମାଛ-ଆମ୍ବୁଲ, ଇଲିଶି ମାଛ ଝୋଳ, ଗଇଁଠା, ଚକୁଳି, ଖମ୍ବ ଆଳୁ, କଦଳୀ ଭଜା, ମୁଠି ଶାଗଭଜା, ମୁଢ଼ିଛେନା, ଛେନା ମୁଡ଼କୀ ଇତ୍ୟାଦି।

'ଜୀବନର ଜଳଛବି'ରେ 'ଲୋକକଥା' ଏବଂ ପୁରାଣକଳ୍ପ (ମିଥ୍):

ବହୁ ଶାସ୍ତ୍ରଦର୍ଶୀ ଗୌରହରି ଆଧୁନିକ ସମାଜର ଛଳ-ଛଦ୍ମ-ବ୍ୟବସ୍ଥା-ନିୟମର ବହୁବିଧ ସ୍ୱରୂପକୁ ଅଙ୍ଗେ ନିଭେଇଛନ୍ତି। ଜଣେ ସଚେତନଶୀଳ-ସମାଜବାଦୀ ସ୍ରଷ୍ଟା ଭାବରେ ମଣିଷକୁ ଶୋଧ କରିବାର ଗୁରୁଦାୟିତ୍ୱ ପ୍ରତି ସେ ବେଶ୍ ଯତ୍ନବାନ୍ ମନେ ହୁଅନ୍ତି। ଲୋକକଥା ତଥା ପୁରାଣର ଚରିତ୍ରମାନେ ଆଜିର ସମୟ ପାଇଁ ନୂତନ ମୂଲ୍ୟବୋଧକୁ ପ୍ରତିଷ୍ଠା ଦେବା କ୍ଷେତ୍ରରେ ବିଶେଷ ଭୂମିକା ଗ୍ରହଣ କରିଥାନ୍ତି। ପୌରାଣିକ ଆଧାରର ଅନ୍ୱେଷା କରି ଗୌରହରି ଆଧୁନିକ ମଣିଷ ଜୀବନର ସମୁଚ୍ଚ ମୂଲ୍ୟବୋଧକୁ ସମନ୍ୱିତ କରିବାକୁ ଚାହିଛନ୍ତି। ପୁରାଣର ଚରିତ୍ରମାନଙ୍କ ନାମୋଲ୍ଲେଖ ତାଙ୍କ ସ୍ତମ୍ଭର ଆତ୍ମିକ ଅବବୋଧକୁ ଭାବାତ୍ମକ ଆଧାର ପ୍ରଦାନ କରିଛି। ଏହି ମର୍ମରେ ଗୌରହରି ଶକୁନିର ବିଷମଞ୍ଜି ବୁଣା, ଧୃତରାଷ୍ଟ୍ରର ରାଣୀ, କର୍ଣ୍ଣାର୍ଜୁନ ଯୁଦ୍ଧ, ଅଭିମନ୍ୟୁ ବଧ, କଂସର ଘରଣୀ, ମତ୍ସ୍ୟଗନ୍ଧା, ଖୁଲଣା ସୁନ୍ଦରୀ, କଲୁରେଇବେଷ୍ଟ, ବୁଢ଼ୀ ଅସୁରୁଣୀ, ମାଙ୍କଡ଼ ଓ କୁମ୍ଭୀର କଥା ଆଦିକୁ ସ୍ଥାନିତ କରିଛନ୍ତି।

ଉତ୍କଳୀୟ ବାଦ୍ୟଯନ୍ତ୍ର:

ଗୌରହରି ଦାସ ଜଣେ ସଂଗୀତ ଅନୁରାଗୀ। ପିଲାବେଳୁ ସାଂଗୀତିକ ପରିବେଶ ପ୍ରତି ତାଙ୍କର ଦୁର୍ବଳତା ଥିବା କଥା ସେ ସ୍ୱୀକାର କରନ୍ତି। ରାଗ-ରାଗିଣୀ, ତାଳ, ଲୟ, ଛନ୍ଦଯୁକ୍ତ ସଂଗୀତ ପ୍ରତି ତାଙ୍କ ଅନୁରାଗ ରହିଛି। ସଂଗୀତକୁ ନେଇ ତାଙ୍କ ବ୍ୟକ୍ତିଗତ ରୁଚିବୋଧ 'ଜୀବନର ଜଳଛବି'କୁ ସ୍ୱରମୟ କରିଛି। ତାଙ୍କର ଅନେକ ସ୍ତମ୍ଭରେ ସଂଗୀତ ଓ ବାଦ୍ୟଯନ୍ତ୍ରର ରୂପ ରହିଛି। ସେଗୁଡ଼ିକ ଢୋଲ୍‌କି, ହାରମୋନିୟମ, ତାବ୍‌ଲା, ଯୋଡ଼ିନାଗରା, ବଇଁଶୀ, ସାହାନାଇ, ଘୁଙ୍ଗୁରୁ ଇତ୍ୟାଦି।

'ଜୀବନର ଜଳଛବି'ରେ ରାଜନୀତିକ ଚିତ୍ର:

ସାମ୍ବାଦିକତାକୁ ନେଇ ଗୌରହରିଙ୍କ ଜୀବନବୃତ୍ତ ବେଶ୍ ସକ୍ରିୟ। ରାଜ୍ୟ, ଦେଶ ତଥା ବିଦେଶର ଖବର ତାଙ୍କ ସାମ୍ବାଦିକତାକୁ ବିବିଧ ଖୋରାକ ଦିଏ। ରାଜନୀତିକ ପ୍ରେକ୍ଷାପଟର ନିୟତ ପରିବର୍ତ୍ତିତ ସ୍ଥିତିସବୁ ମଧ୍ୟ ତାଙ୍କ ସମ୍ବାଦର ଏକ ପ୍ରମୁଖ ଦିଗ। ଅତି ନିରପେକ୍ଷ ଭାବରେ ରାଜନୀତିକ ପଟ୍ଟ ପରିବର୍ତ୍ତନକୁ ସେ ନିଜ ସୃଷ୍ଟିରେ ରୂପାୟିତ କରନ୍ତି। ପ୍ରକୃତ ଗଣତନ୍ତ୍ରର ମୂଲ୍ୟବୋଧକୁ ଧାରଣ କରିଥିବା ଗୌରହରି ତାଙ୍କ ସ୍ତମ୍ଭଗୁଡ଼ିକରେ ଦୁର୍ନୀତି, ଭ୍ରଷ୍ଟାଚାର, ନିର୍ବାଚନୀ ହଟଚମଟ ପ୍ରତି ଶାଣିତ ଦୃଷ୍ଟି ନିକ୍ଷେପ କରିଛନ୍ତି। ନିର୍ବାଚନ ପ୍ରଚାରରେ କେବଳ ଆର୍ଥିକ ଫାଇଦା ନୁହେଁ ବରଂ ତତ୍‌ସହିତ ପ୍ରଚୁର ଉତ୍ତେଜନା ମଧ୍ୟ ଗୌରହରିଙ୍କ ଦୃଷ୍ଟିରୁ ବାଦ ପଡ଼ିନାହିଁ। କିନ୍ତୁ ଗାଉଁଲି, ଦରିଦ୍ର ଏବଂ ନିରୁଦ୍‌ବିଗ୍ନ ମଣିଷମାନଙ୍କ ପାଇଁ ଭାରତୀୟ ରାଜନୀତିର ମହତ୍ତ୍ୱକୁ ନେଇ ସେ ଅନେକ ସ୍ତମ୍ଭରେ ପ୍ରଶ୍ନାୟିତ ହୋଇଛନ୍ତି। ରାଜନୀତିକ ଶପଥ ପାଠ ପରେ ରାଜନେତାମାନଙ୍କର ନୀତିହୀନ ଭୋଟ ପ୍ରଚାର, ରଙ୍ଗ ବଦଳା ନୀତି, ପଦବି ଲାଭ ପରେ ନିରୀହ-ଜନତାଙ୍କ ପ୍ରତି ଉଦାସୀନତାର ଜୀବନ୍ତ ଚିତ୍ର ଉତ୍ତୋଳିତ ହୋଇଛି ତାଙ୍କର ଅନେକ ସ୍ତମ୍ଭରେ।

'ଜୀବନର ଜଳଛବି'ରେ ଇତିହାସର ସ୍ୱର:

ସାମ୍ବାଦିକତାରେ ସମୟ, ସ୍ଥାନ, ଘଟଣାର ପଦଧ୍ୱନି ଥାଏ। 'ଇତିହାସ' - ଅତୀତର ସମୟକୁ ବର୍ତ୍ତମାନର ସ୍ଥିତିରେ ଆଉ ଥରେ ବିଶ୍ଳେଷଣ କରିବାର ଆଧାରଭୂମି ପ୍ରଦାନ କରେ। ଇତିହାସର ସ୍ମୃତି ବିଜଡ଼ିତ ଚିତ୍ର ଯୁଗେ ଯୁଗେ ପାଠକ ଚିତ୍ତକୁ ଆତ୍ମସମୀକ୍ଷାର ସୁଯୋଗ ଦିଏ। ଏହା ସଚେତନ କରେ ସମୟକୁ ଓ ମଣିଷ ସମାଜକୁ। ସର୍ବଦା ଆଜିର ଘଟଣାକୁ ଗୁରୁତ୍ୱ ପ୍ରଦାନ କରୁଥିବା ଗୌରହରିଙ୍କ ପାଇଁ କାଲିର ଘଟଣା ମଧ୍ୟ ଅନୁରୂପ ଭାବରେ ଗୁରୁତ୍ୱ ରଖେ। ଇତିହାସର ଘଟଣାରୁ ଆଜିର ସମାଜ ପାଇଁ ସେ ଶିକ୍ଷଣୀୟ ନଥି ପ୍ରସ୍ତୁତ କରିଛନ୍ତି 'ଜୀବନର ଜଳଛବି' ସ୍ତମ୍ଭଗୁଡ଼ିକରେ। 'ଜୀବନର ଜଳଛବି'ରେ ଦେଶ ବିଦେଶର ବହୁ ବିଶେଷ ଐତିହାସିକ ଘଟଣା ସନ୍ନିବେଶିତ ହୋଇଛି। ତନ୍ମଧ୍ୟରୁ ୧୯୮୯ ଅଗଷ୍ଟ ମାସରେ ସମ୍ବଲପୁରର କଟରଧୁଆଠାରେ ତିନିବର୍ଷର ଏକ ନିଷ୍ପାପ, ନିର୍ବୋଧ ଶିଶୁକୁ ନୃଶଂସ ହତ୍ୟା, ମଧୁବନ ନିଗମାନନ୍ଦ ଆଶ୍ରମରେ ଅଗ୍ନିକାଣ୍ଡ, ୧୯୯୬ ଜୁଲାଇ ୧୭ ତାରିଖର ନ୍ୟୁୟର୍କରୁ ପ୍ୟାରିସ୍ ଆସୁଥିବା ଟ୍ରାନ୍‌ସୱାର୍ଲଡ୍ ଏୟାରଲାଇନ୍‌ସର ବିମାନ ଦୁର୍ଘଟଣା, ୧୯୯୫ ଡିସେମ୍ବର ୨୩ ତାରିଖରେ ହରିଆନାର ଡବ୍‌ୱାଲି ସହରରେ ଅଗ୍ନିକାଣ୍ଡ ଇତ୍ୟାଦି। ସେହିପରି ଆଉ କିଛି ଉଦାହରଣ ହେଲା:-

- ଏହା ଭିତରେ ଅନେକ ବର୍ଷ ବିତିଗଲାଣି । ଅଣଷ୍ଠରୀରେ ହାତପାଣ୍ଠି ଉଚ୍ଛେଦ ହେଇଗଲା ରାଜାରାଜୁଡ଼ାଙ୍କର । ଇଲାକାରେ ପ୍ରଜାମାନେ କୁଆଡ଼େ ଜମି ଛାଡ଼ିଲେ ନାହିଁ । ସିଲିଂରେ ବହୁ ଜମି ଚାଲିଗଲା । (ଟିକାଏତ ଓ ଟାଉନବସ୍ - ଜୀବନର ଜଳଛବି: ଏକ - ଚିହ୍ନା ଚୌହଦି - ପୃ: ୧୮୧)
- ତା' ଫଟୋଟି ଖବରକାଗଜରେ ଛପାହେଲା ବେଳକୁ ସେ କିନ୍ତୁ ଶୋଇପଡ଼ିଥିଲା ଧ୍ୱସ୍ତବିଧ୍ୱସ୍ତ ତ୍ରିପୋଲି ଶିବିରର ଧ୍ୱଂସସ୍ତୂପ ଭିତରେ, ରକ୍ତର ପୋଖରୀ ଭିତରେ ନିଜର ଖେଳଣା କଣ୍ଢେଇଟିକୁ ଧରି । ଲିବ୍ୟାର ରାଷ୍ଟ୍ରନେତା କର୍ଣ୍ଣେଲ ଗଦ୍ଦାଫିଙ୍କର ପାଳିତା ଶିଶୁ କନ୍ୟା, ହାନା ଥିଲା ତା'ର ଗେଲବସରିଆ ନାଆଁ । ମାତ୍ର ତେର ମାସ ହେଲା ପୃଥିବୀକୁ ଆସିଥିଲା ସେ । ଆମେରିକାର ବୋମାବର୍ଷୀ ଉଡ଼ାଜାହାଜ ମାଡ଼ରେ ଧ୍ୱସ୍ତବିଧ୍ୱସ୍ତ ତ୍ରିପୋଲିର ରାଷ୍ଟ୍ରପତି ଭବନ ଭିତରେ ଶେଷ ନିଃଶ୍ୱାସ ନେବାବେଳକୁ ସେ ଖେଳଣା ଧରି ଖେଳୁଥିଲା । (ଚିହ୍ନା-ଚୌହଦି - ହାତ ନୁହେଁ ପଞ୍ଝା)
- ଇତିହାସର କଳାପାହାଡ଼ ହିନ୍ଦୁ ମନ୍ଦିର ଓ ବିଗ୍ରହମାନଙ୍କୁ ଧ୍ୱଂସ କରି ପ୍ରକାରାନ୍ତରେ ଏହି କୀର୍ତ୍ତିମାନଙ୍କର ପ୍ରାଧାନ୍ୟକୁ ହିଁ ସ୍ୱୀକୃତି ଦେଇଥିଲା । କିନ୍ତୁ ଆଜି ହିନ୍ଦୁ ଧର୍ମପୀଠ ଓ ତୀର୍ଥମାନଙ୍କରେ ରକ୍ତବୀର୍ଯ୍ୟ ପ୍ରାୟ ବିଛେଇ ଯାଇଥିବା ଏହି ଅପଶକ୍ତିମାନଙ୍କର ପ୍ରତିବାଦ କରିବ କିଏ ? (ଜୀବନର ଜଳଛବି: ଏକ - ଚିହ୍ନା ଚୌହଦି - କଳା ପାହାଡ଼ - ପୃ: ୩୦୫)
- ଯୋଉ ଲୁହଧାରଟି ଆଖିରୁ ନିଗିଡ଼ି ଚିବୁକ ଦେଇ ମାଟିରେ ଖସିପଡ଼ିଲା, ଯୋଉ ଦୀର୍ଘଶ୍ୱାସ ଧୂଆଁରେ ମିଶି ପବନରେ ମିଳେଇଗଲା ସେସବୁ ଆଉ ଫେରିବେ ନାହିଁ । ଡବ୍ୱାଲିର ସେଇ କୁନି କୁନି ମଣିଷମାନେ ଆଉ ଫେରିବେ ନାହିଁ କୌଣସିଦିନ । (ଜୀବନର ଜଳଛବି: ଏକ - ଭିନ୍ନ ଭୂମିକା - ମଣିଷ ପଣିଆ - ପୃ: ୪୧୮)
- ରୁପ୍‌ସା ବାରିପଦା ଟ୍ରେନ୍ ଚଳାଚଳ ଆରମ୍ଭ ହୋଇଥିଲା ୧୯୦୫ ଜାନୁଆରି ୨୦ ତାରିଖରେ, ବାରିପଦାରୁ ବାଙ୍ଗିରିପୋଷି ଯାଏ ଟ୍ରେନ୍ ଚଳାଚଳ ଆରମ୍ଭ ହେଲା ୧୯୨୦ ମସିହା ଜୁଲାଇ ୧୫ ତାରିଖରେ । ୧୯୦୫ ବେଳକୁ ଅବଶ୍ୟ ମୟୂରଭଞ୍ଜ ରାଜାଙ୍କ ପ୍ରତିଷ୍ଠା ଥିଲା ଅବିସମ୍ବାଦିତ । (ରୁପ୍‌ସାର ରୂପସୀ ସନ୍ଧ୍ୟା - ଭିନ୍ନ ଭୂମିକା - ଜୀବନର ଜଳଛବି: ଏକ - ପୃ: ୪୨୧)
- ୧୮୨୯ ମସିହାରେ ଇଟାଲୀର ଜେନଓ୍ୱାରେ ପ୍ରାଣତ୍ୟାଗ କରିବା ପୂର୍ବରୁ ଜେମ୍‌ସ ସ୍ମିଥ୍‌ସନ୍ ଭବିଷ୍ୟବାଣୀ କରିଥିଲେ, 'ସମୟ ଆସିବ, ଯୋଉଦିନ

ମୋତେ ସାମାଜିକ ସ୍ୱୀକୃତି ଦେଇ ନ ଥିବା ଏଇ ରାଜା ଓ ସମ୍ଭ୍ରାନ୍ତ ପରିବାରର ଲୋକଙ୍କୁ ପୃଥିବୀ ଭୁଲିଯିବ, ମାତ୍ର ସେଦିନ ମଣିଷ ଜାତି ଏହି ସ୍ମିଥ୍‌ସନ୍‌ର ନାଆଁକୁ ଶ୍ରଦ୍ଧାର ସହ ସ୍ମରଣ କରୁଥିବ। ('ଅବୈଧ ସନ୍ତାନ, ଅମର କୀର୍ତ୍ତି' - ଭିନ୍ନ ଭୂମିକା - ଜୀବନର ଜଳଛବି: ଏକ - ପୃ: ୪୫୫)

- "ଆସନ୍ତାକାଲି ଠାରୁ (ମାର୍ଚ୍ଚ, ୨୦୧୩) ଆଉ ମେଘାଳୟ ଲୋକଙ୍କୁ ଗୁଆହାଟୀର ହାଇକୋର୍ଟକୁ ଯିବାକୁ ପଡ଼ିବ ନାହିଁ। ତୁମେ ତ ଜାଣ, ଆସନ୍ତାକାଲି ଶିଲଂ ହାଇକୋର୍ଟର ଉଦ୍‌ଘାଟନ ଉତ୍ସବ - ଆଡ୍‌ଭୋକେଟ୍ ଶ୍ୱେତାମ୍ବର ଉତ୍ତର ଦେଲେ।" (ସବୁଠୁ ସୁନ୍ଦର ଦୃଶ୍ୟ - ଈଶ୍ୱରଙ୍କ ଠିକଣା - ପୃ: ୨୬)
- "ତ୍ରିଭାଙ୍କୋରର ରାଣୀ ଏକଦା ଏହି ମନ୍ଦିର (କେରଳର ସବରିମାଳା ମନ୍ଦିର)କୁ ଯାଇଥିଲେ ଏବଂ ଅନ୍ୟମାନେ ମଧ୍ୟ ଯିବାରେ ବାରଣ ନ ଥିଲା। ୧୯୯୧ ମସିହାରେ କେରଳର ହାଇକୋର୍ଟ ତାଙ୍କ ରାୟରେ ଏ ପ୍ରକାର ଏକ ରାୟ ଦେଇ ଦଶରୁ ପଚାଶ ବର୍ଷ ବୟସର ମହିଳାମାନଙ୍କ ପାଇଁ ନିଷେଧାଦେଶ ଲାଗୁ କରିଥିଲେ।" (କବାଟ ଖୋଲିଦିଅ - ଈଶ୍ୱରଙ୍କ ଠିକଣା - ପୃ: ୨୩୮)
- "ଚଣ୍ଡୀଗଡ଼ର ରକ୍ ଗାର୍ଡେନ୍ ଏକ ସୁନ୍ଦର କୃତି। ଅଦରକାରୀ ଜିନିଷପତ୍ରକୁ ନେଇ ଯେ ଏତେ ସୁନ୍ଦର ପ୍ରସ୍ତର ଉଦ୍ୟାନ ନିର୍ମାଣ କରାଯାଇପାରେ, ଆଖିରେ ନ ଦେଖିଲେ ଜଣେ ତାହା ବିଶ୍ୱାସ କରିପାରିବ ନାହିଁ। ୧୯୫୭ ମସିହାରେ ସରକାରୀ କର୍ମଚାରୀ ନେକ୍ ଚାନ୍ଦ କାହାକୁ କିଛି ନ ଜଣାଇ ଏହି ପାର୍କର ନିର୍ମାଣ କାମ ଆରମ୍ଭ କରିଥିଲେ।

  (ଭଙ୍ଗା ଖେଳଣା - ଈଶ୍ୱରଙ୍କ ଠିକଣା - ପୃ: ୨୨୬)
- ବିଶ୍ୱ ଇତିହାସର ଚେହେରାରେ ହିରୋସୀମା ଓ ନାଗାସାକି ଦୁଇଟି ଲୁହଟୋପା, ତାହାର କାରୁଣ୍ୟକୁ ଯେତେ କହିଲେ ବି ସରିବ ନାହିଁ। ଇତୋ ସେମାନଙ୍କୁ ମୋତେୟାସୁ ଆଉ ଓତା ଦୁଇ ନଈ ମଝିର ସେଇ ଜାଗାକୁ ଦେଖଉଥିଲେ, ଯୋଉଠି ନଈପାଣି ୧୯୪୫ ଅଗଷ୍ଟ ୬ ତାରିଖ ସକାଳେ ତତଲା ତରଳ ସୀସା ପାଲଟି ଯାଇଥିଲା। (ଇଚିଗୋ ଇଚିଏ - ଈଶ୍ୱରଙ୍କ ଠିକଣା - ପୃ: ୨୦୨)
- ୱାଘା ସୀମାନ୍ତରେ ପ୍ରତିଦିନ ସନ୍ଧ୍ୟାରେ ଅନୁଷ୍ଠିତ ହେଉଥିବା ଭାରତ ଓ ପାକିସ୍ତାନର ଜାତୀୟ ପାତାକା ଅବତରଣ ଦୃଶ୍ୟ ଦେଖିବା ପାଇଁ ସିଦ୍ଧାର୍ଥ ଅପେକ୍ଷା କରୁଥିଲା। ୧୯୫୯ ମସିହାରୁ ପ୍ରତିଦିନ ଭାରତ ଓ ପାକିସ୍ତାନ ସେନା ନିଜ ନିଜର ଜାତୀୟ ପତାକା ସୂର୍ଯ୍ୟାସ୍ତ ପୂର୍ବରୁ ଓହ୍ଲେଇ ଆଣନ୍ତି। (ୱାଘାରେ ଦେଶ ପ୍ରେମ - ଈଶ୍ୱରଙ୍କ ଠିକଣା - ପୃ:୨୧୩)

'ଜୀବନର ଜଳଛବି'ରେ ଓଡ଼ିଶା ଓ ବିଦେଶର ନିଃସର୍ଗ ପ୍ରକୃତିର ଚିତ୍ର:

ଗୌରହରି ଦାସ ଜଣେ ମାଟିମଗ୍ନ ପ୍ରକୃତିପ୍ରାଣ ବ୍ୟକ୍ତିତ୍ୱ। ଜୀବନ ଓ ଜଗତକୁ ଦେଖିବାର ଦୃଷ୍ଟିକୋଣ ତାଙ୍କର ସ୍ୱତନ୍ତ୍ର। ତାଙ୍କ ସୃଷ୍ଟିସମଗ୍ର ଭିତରେ ଖାଣ୍ଟି ଓଡ଼ିଆର ସ୍ୱାଭିମାନ ସ୍ପଷ୍ଟ ଉପଲବ୍ଧ ହୁଏ। ଜଣେ ସାମ୍ବାଦିକ ଭାବରେ ଓଡ଼ିଶାର ପ୍ରତ୍ୟେକ ଅଞ୍ଚଳର ଖବର ତାଙ୍କ ପାଖରେ ରହିବା ସ୍ୱାଭାବିକ ଘଟଣା, କିନ୍ତୁ ଘଟଣାକ୍ରମର ବାସ୍ତବତାକୁ ନେଇ ସେହି ସ୍ଥାନଗୁଡ଼ିକର ସ୍ୱତନ୍ତ୍ର ମହତ୍ତ୍ୱକୁ ସେ ତାଙ୍କ ଲେଖନୀ ମଧ୍ୟରେ ଜୀବନ୍ତ ଭାବରେ ରୂପାୟିତ କରିଛନ୍ତି। ଓଡ଼ିଶାର ଛୋଟରୁ ବଡ଼ ଘଟଣା ସହିତ ଓଡ଼ିଶା ବାହାରେ ଥିବା ଭୌଗୋଳିକ-ପାରିପାର୍ଶ୍ୱିକ ସ୍ଥିତାବସ୍ଥା ପ୍ରତି ମଧ୍ୟ ସେ ଅତ୍ୟନ୍ତ ସଚେତନ ଥାନ୍ତି। କାରଣ ସେ ବୁଝନ୍ତି- "ଶିଳ୍ପୀ ଯଦି ଅସୀମ ଭାବମୟ ଉପାୟ ଛାଡ଼ି ଖାଲି କେତେଗୁଡ଼ିକ ବନ୍ଧା ବୋଲି (diction) ଧରି ଏପାଖ ସେପାଖ ହୁଅନ୍ତି, ତାହେଲେ ଏପରି କଳା ଦୀର୍ଘଶ୍ୱାସ ଆଉ ତତଲା ଲୁହରେ ହିଁ ଉଭେଇଯାଏ।" (୪୪) ତେଣୁ ଚିହ୍ନା-ଅଚିହ୍ନା, ଜଣା-ଶୁଣା ଜଗତ ତାଙ୍କ ସୃଷ୍ଟି ମଧ୍ୟରେ କଳ୍ପନାଶ୍ରିତ ହୋଇ ଚମତ୍କାର ରୂପ ଲାଭ କରିଛି। ଏହା ହିଁ ଗୌରହରୀୟ ଶୈଳୀର କୋମଳ ମରମ ଭାବ (emotion)କୁ ପ୍ରତିଷ୍ଠା ପ୍ରଦାନ କରିଛି। 'ଜୀବନର ଜଳଛବି'ରେ ପ୍ରକୃତି ପ୍ରତି ଲେଖକଙ୍କ ଆବେଦନ ଅଦ୍ଭୁତ। "କବି ୱର୍ଡସୱର୍ଥ ଡେଜିଫୁଲ ଦେଖି ହଜିଥିଲେ; କିନ୍ତୁ ଡେଜିଫୁଲର ଧାରଣା ଯାହାର ନ ଥିବ, ସେ କାହୁଁ ରସ ଚାଖିବ! x x x ଯେ ଜାଣେ ସେ ବୁଝିବ!" (୪୫) ଗୌରହରିଙ୍କ ସୃଷ୍ଟି ମଧ୍ୟରେ ବିଶ୍ୱଭାବ ସହିତ ସ୍ଥାନୀୟ ଭାବର ମୌଳିକ ବିଚାରବୋଧ ରହିଛି। ସ୍ଥାନର ରଙ୍ଗ ଯେଉଁଠି ତାଙ୍କ 'ଜୀବନର ଜଳଛବି'କୁ ବର୍ଣ୍ଣୋଜ୍ଜ୍ୱଳ କରିଛି, ସେଇଠି ବାହ୍ୟ-ବିଦେଶୀ ପ୍ରକୃତିର ଅନୁଭୂତି ତାଙ୍କ ସୃଷ୍ଟିକୁ ମୌଳିକ ତଥା ବାସ୍ତବବାଦୀ କରି ତୋଳିଛି।

ଓଡ଼ିଶାର ପର୍ବପର୍ବାଣି, ନଦ-ନଦୀ, ଫୁଲ, ତୋଟା, ନଈ, ସବୁଜିମାପୂର୍ଣ୍ଣ ଧାନବିଲ, ଗୋହିରି, ଜହ୍ନ, ସୂର୍ଯ୍ୟ, ତାରକା ଇତ୍ୟାଦିଙ୍କ ସୌନ୍ଦର୍ଯ୍ୟ ବର୍ଣ୍ଣନାରେ 'ଜୀବନର ଜଳଛବି' ବେଶ୍ ଛବିଳ ଦିଶେ। ମନ୍ତେଇ ନଈ, ମହାନଦୀ, ଋଷିକୁଲ୍ୟା, କେନ୍ଦୁଝରରେ ମାଛକାନ୍ଦଣା ନଈ, ଘାଗରା ଜଳପ୍ରପାତ, ଘୁଟୁର୍ ପାହାଡ଼, ଅର୍ଜୁନ ବାଆଜୀ ପୋଖରୀ, ଷଣ୍ଢଗଡ଼ା ବଡ଼ପୋଖରୀ, ବାରିପଦା ବାରୁଣୀଘାଟ, ଲୁଲୁଙ୍ଗ ଡାକବଙ୍ଗଳା, ଖିଚିଂ ଦେଉଳ, ବରେଇପାଣି ପ୍ରପାତ, ଚାନ୍ଦିପୁର ସମୁଦ୍ର, ବ୍ରହ୍ମପୁର ସହରର ଗୋଳନ୍ଥରା ସିଦ୍ଧଭୈରବୀ ଇତ୍ୟାଦିର ବର୍ଣ୍ଣନା ସେ ଏହି ଲେଖାଗୁଡ଼ିକରେ ପ୍ରଦାନ କରିଛନ୍ତି। ଏତଦ୍‌ବ୍ୟତୀତ କନ୍ୟାକୁମାରୀର ମୀନାକ୍ଷୀ ମନ୍ଦିର, ବିବେକାନନ୍ଦ ସ୍ମୃତିଶିଳା, କେରଳ ହାଉସ୍ କେରଳର ଶୁଚିନ୍ଦ୍ରମ ମନ୍ଦିର, କୋଭଲାମ୍ ବିଚ୍, ପଦ୍ମନାଭାୟା ପ୍ୟାଲେସ୍, ରାଜଗିରି - ଏରିଏଲ୍

ରୋପ୍-ୱେ, ଆନ୍ଧ୍ର-ଓଡ଼ିଶା ସୀମାର ସୁନାପୁର, ଇଚ୍ଛାପୁର ଅଞ୍ଚଳ, ବାହୁଦା ନଈ, ମେଘାଳୟର ଶିଲଂ, ବୋସ୍କୋ ମ୍ୟୁଜିୟମ୍, ଏଲିଫ୍ୟାଣ୍ଟ ଫଲ୍‌ସ, ଭାଗାଟର୍ ବିଚ୍, କାଣ୍ଡୋଲିମ୍ ବିଚ୍ ଓ କୋଲାବ୍ ବିଚ୍ ଇତ୍ୟାଦିର ବର୍ଣ୍ଣନା ରହିଛି । ମହାନଦୀ, ଋଷିକୁଲ୍ୟା, ମନ୍ତେଇ, ବ୍ରାହ୍ମଣୀ, ତେଲ୍, କୋଏଲ୍, ଶାଲୁଙ୍କି ନଈର ମଧ୍ୟ ପ୍ରସଙ୍ଗାନୁକୂଳ ଅବତାରଣା କରିଛନ୍ତି ସ୍ରଷ୍ଟାକାର ।

ଓଡ଼ିଶାର ବିଭିନ୍ନ ଫୁଲ-ଫଳ-ବୃକ୍ଷ, ଋତୁ ଓ ନାନ୍ଦନିକତାର ଚିତ୍ର:

ଗୌରହରି ଦାସଙ୍କ ସମଗ୍ର ସୃଷ୍ଟିର ଅନ୍ତଃସୌନ୍ଦର୍ଯ୍ୟକୁ ନୂତନ ଚମକ ପ୍ରଦାନ କରିଛି ପ୍ରକୃତିର ସୌନ୍ଦର୍ଯ୍ୟ । 'ଜୀବନର ଜଳଛବି'ରେ ଓଡ଼ିଶାର ବଣ-ଜଙ୍ଗଲରେ ଉପଲବ୍ଧ ବିବିଧ ଫୁଲ-ଫଳର ନାମକୁ ଉଲ୍ଲେଖ କରିବା ଛଳରେ ବାହ୍ୟ ପ୍ରକୃତି ସହିତ ଲେଖକଙ୍କ ଅନ୍ତରଙ୍ଗ-ଆତ୍ମୀୟତା ସ୍ପଷ୍ଟ ଉପଲବ୍ଧ ହୁଏ । କେତକୀ, ଚମ୍ପା, ନାଗେଶ୍ୱର, କରଞ୍ଜ ଫୁଲ, କାଶତଣ୍ଡୀ, କିଆବଣ, ଶେଫାଳୀ, ବଣମଲ୍ଲୀ, କଇଁଫୁଲ ଇତ୍ୟାଦି; ଅଁଳା, ଜାମୁ, ବରକୋଳି, ଜାମୁକୋଳି, କ୍ଷୀରକୋଳି, ପିଚ୍‌କୋଳି, ଦୁଧକୋଳି, ନରକୋଳି, ଭଇଁଚ କୋଳି, କାନକୋଳି, ଶଗଡ଼ବାଟୁଆ କୋଳି, କଣ୍ଟେଇ କୋଳି ଇତ୍ୟାଦି; ଶାଳ, କେନ୍ଦୁ, ବାବୁଲ୍, ପଳାଶ, ଶିମିଳି, କୃଷ୍ଣଚୂଡ଼ା ଇତ୍ୟାଦିର ଚିତ୍ର ରହିଛି । ଏତଦ୍‌ବ୍ୟତୀତ 'ଋତୁ'ମାନଙ୍କର ଅଭିନବ ସଂଯୋଜନା ଦ୍ୱାରା 'ଜୀବନର ଜଳଛବି' ପାଠକଙ୍କ ସମ୍ମୁଖରେ ଚଳଚ୍ଚିତ୍ର ଭଳି ଜୀବନ୍ତ ହୋଇ ଉଠେ । ଚଇତ୍ର ଆକାଶ, ଭାଦ୍ରବର ପାଗ, ଜ୍ୟେଷ୍ଠ ମାସର ଖରା, ଜ୍ୟେଷ୍ଠ ମାସର ଗୁଲୁଗୁଲି, ବଇଶାଖୀ ପବନ ଇତ୍ୟାଦି ଅତ୍ୟନ୍ତ ଚମତ୍କାର ଶୈଳୀରେ ସୁବିନ୍ୟସ୍ତ ହୋଇଛି । ଏ ସମସ୍ତରେ ପାଠକ ଗୌରହରୀୟ ସୃଷ୍ଟିର ନାନ୍ଦନିକ ଆନନ୍ଦରେ ବିଭୋରପଣ (Aesthitic Pleasure) ଅନୁଭବ କରନ୍ତି । ଏ ସମସ୍ତରେ ଗୌରହରିଙ୍କ ସୃଜନଶୀଳ କଳାତ୍ମକ ଦୃଷ୍ଟିକୋଣ ଅନନ୍ୟ । ଏହି ମର୍ମରେ ଗୌରହରିଙ୍କ ଦ୍ୱାରା ସଂଯୋଜିତ ବିବିଧ ରୂପାତ୍ମକ-ଚିତ୍ରର ବ୍ୟାପ୍ତ ରୂପ ଉଦ୍‌ଭାସିତ ହୁଏ । ଏହି ରୂପାତ୍ମକ ଚିତ୍ର ହିଁ ତାଙ୍କ 'ଜୀବନର ଜଳଛବି'କୁ ରସସିକ୍ତ କରିବାରେ ପ୍ରମୁଖ ଭୂମିକା ଗ୍ରହଣ କରିଛି ।

ଗ୍ରୀକ୍ ଦାର୍ଶନିକ ପ୍ଲେଟୋ, କାଣ୍ଟ, ହେଗେଲ୍, ସାନ୍ତାୟନ୍ ଇତ୍ୟାଦିଙ୍କ ସୃଷ୍ଟି ସୌନ୍ଦର୍ଯ୍ୟର ଆନ୍ତରିକ ଉଚ୍ଚାରଣ ଗୌରହରିଙ୍କ ସୃଷ୍ଟିକର୍ମ ମଧ୍ୟରେ ଅନୁଭୂତ ହୁଏ । ଗୌରହରିଙ୍କ ଉପଲବ୍ଧି, ଜୀବନାନୁଭୂତି ତଥା ଭାଗାବେଗ ତାଙ୍କ ସୌନ୍ଦର୍ଯ୍ୟବୋଧକୁ ଅଦ୍ଭୁତ ଦୀପ୍ତି ପ୍ରଦାନ କରିଛି । ଯେପରି- କାଶତଣ୍ଡୀର ଚାମର, ମେଘପଖଳା ଆକାଶ, ସୁନେଲି ବେଳାଭୂମି, ପରୀକଥାର ସବୁଜ ଉପତ୍ୟକା, ଦାୟିତ୍ୱଶୂନ୍ୟ କୈଶୋର, ଅଳସ ଉଦାସ ଅପରାହ୍ଣ, କର୍ପୂରବୋଳା ସ୍ମୃତି, ନବୋଦିତ ସୂର୍ଯ୍ୟଙ୍କ ଅରୁଣିମା, ଶ୍ରାବଣର

ଅହଙ୍କାର, ସହାନୁଭୂତିର ବୋଇତ, ବିଷାଦର ପୋତାଶ୍ରୟରେ ଲଙ୍ଗର, ଅପରାହ୍ଣରେ ପୋଖରୀତୁଠର କରଞ୍ଜ ଫୁଲର ଶେଯ, ନିଆଶ୍ରୀ ବିଧବା ପରି ପୋଖରୀ, ପୋଖରୀ ହୁଡ଼ାର ଚଇତାଳି, ମେଘାଳୟର ମେଘ ଖାସି କିଶୋରୀଙ୍କ ପରି ମନୋଇ, ଜୀବନର ଖୁଆଡ଼ରୁ କଅଁଳା ବାଛୁରୀ ପରି ଡେଇଁ ପଡୁଥିବା ଚଞ୍ଚଳପଣ, ଉଦାର ଈଶ୍ୱର, କାରୁଣ୍ୟର ଅଦିନିଆ ବର୍ଷା, କଦଳୀପଟୁଆ ଭେଳା, ଗାଁର ଚାରିପଟେ ପେଟରା ଭିତରେ ଗୁଡ଼େଇ ରହିଥିବା ସାପ ପରି ବୁଲାଣି, ଧୂଆଁଳିଆ କୁହୁଡ଼ିର ନରମ ଆସ୍ତରଣ ତଳେ ଫୁଙ୍ଗୁଳା ଶୈଶବ, ଧାନକଟା ଶେଷ ଗହୀର ବିଲର ଅବଶେଷ ନଡ଼ା, ପଳାଶ ଗଛର ଅଗ୍ନ୍ୟୁତ୍ସବ, ବୟସ୍କ ସନ୍ଧ୍ୟା, ଉଡ଼ାଣ ଖୋର ସ୍ମୃତି, କାର୍ତ୍ତିକର ଉତ୍ତୀର୍ଣ୍ଣ ଅପରାହ୍ଣ, ସୁନାଆଉଟା ଅସ୍ତରାଗ, ଆକାଶରେ ବାଦଲର ବାଲିଯାତ୍ରା, ମେଘଢଙ୍କା ଆକାଶ ପରି ଗମ୍ଭୀର ମୁହଁ, ଅନୂଢ଼ା କିଶୋରୀର ରେଶମୀ କେଶ, ଦରବୁଢ଼ା ଫଗୁଣ, ଆଲୁଅ ଅନ୍ଧାରର ଭଗ୍ନାଂଶ ଭିତରେ କଳା ପିଚୁରାସ୍ତା, ଅଶିଣର ଆକାଶ ତଳେ ଥୋଡ଼ ଧରି ଆସୁଥିବା ଧାନଗଛର ବାସ୍ନା, ମାଘ-ଫଗୁଣର ଚଳଚଞ୍ଚଳ ପ୍ରତ୍ୟୁଷ-ଗୋଧୂଳି, ନିରିମାଖୀ ଗାଁ, କଅଁଳା ବାଛୁରୀ ପରି ଦିନସବୁ, ଗୋଧୂଳିର ଡାହାଣିଆ ଖରା ଇତ୍ୟାଦିର କଳାତ୍ମକ ସଂଯୋଜନାରେ 'ଜୀବନର ଜଳଛବି' ରସଗ୍ରାହୀ ପାଠକପ୍ରାଣକୁ ଭାବବିହ୍ୱଳ କରିବାରେ ବେଶ୍ ସାମର୍ଥ୍ୟ ବିସ୍ତାର କରିଛି। ଗୌରହରିଙ୍କ କାବ୍ୟିକ ଛଟା ଗଦ୍ୟର ଗାମ୍ଭୀର୍ଯ୍ୟକୁ ଏକ ପ୍ରକାର ଛଳଛଳ ସ୍ରୋତସ୍ୱିନୀରେ ପରିଣତ କରିପାରିଛି। ତାଙ୍କ ବର୍ଣ୍ଣନାରେ- "ସିଦ୍ଧାର୍ଥ ରେଳ ବଗିର ଝରକା ଦେଇ ରାତି ଆକାଶର ତାରାମାନଙ୍କ ଆଡ଼େ ଚାହିଁଥିଲେ। ନୀଳ ଆକାଶର ଛାତିରେ ଅସୁମାରି ତାରା, ମଣିଷ ମନର ଅସୁମାରି ସ୍ୱପ୍ନ ପରି! ସହର ପରିବେଶରେ ରହୁଥିବା ମଣିଷ ପାଇଁ ମଥା ଉପରର ଆକାଶ ବି ଦୂରର ଅତିଥି।" (୪୬)

ଗୌରହରି ଦାସଙ୍କ ରସବୋଧ ହିଁ ତାଙ୍କ ସୃଷ୍ଟି ସୌନ୍ଦର୍ଯ୍ୟର ମୁଖ୍ୟ ଉତ୍ସ। ତାଙ୍କ ସ୍ୱାନୁଭୂତି, ମନୋଭାବ ତଥା କଳ୍ପନାର ସୁସମନ୍ୱୟରେ 'ଜୀବନର ଜଳଛବି' ଅଖଣ୍ଡ ପ୍ରତୀତି ସୃଷ୍ଟି କରିବାରେ ସମର୍ଥ। ହେଗେଲ୍‌ଙ୍କ ମତରେ- "ସ୍ୱୟଂଭୂ ପ୍ରତ୍ୟୟ' (Absolute Idea) ହିଁ ସୃଷ୍ଟିକୁ ବ୍ୟତିକ୍ରମ କରେ। ଏ ଦୃଷ୍ଟିରୁ ଗୌରହରିଙ୍କ ସୃଜନକର୍ମରେ ରହିଛି ଅନ୍ତର୍ଜ୍ଞାନ ବିଶିଷ୍ଟ ଆତ୍ମିକ ଆହ୍ଲାଦ (psychic pleasure)ର ଦ୍ୟୁତି। ରବୀନ୍ଦ୍ରନାଥଙ୍କ ମତରେ- "କୌଣସି ଚିତ୍ର ବା କଳାକୃତି ଆମକୁ ସୁନ୍ଦର ଦିଶେ, କାରଣ ତାହା ଯେ ଆମ ଭିତରେ ଏକ ଦୈହିକ ଆନନ୍ଦ ସୃଷ୍ଟି କରେ - ତାହା ଆଦୌ ନୁହେଁ; ବରଂ ତାହା ଆମ ଭିତରେ ଏକ ଚିରନ୍ତନ ଆନନ୍ଦବୋଧର ସତତ ପରିପ୍ରକାଶ କରାଇପାରେ ବୋଲି ତାହା ଆମକୁ ଭଲ ଲାଗେ, ସୁନ୍ଦର ଦିଶେ।" (୪୭) ଗୌରହରି ଦାସ ଆମ ସମାଜର ସାଧାରଣ ଜୀବନକୁ ଆନ୍ତରିକ ଭାବରେ ରୂପାୟନ କରିବା

କ୍ଷେତ୍ରରେ ଏହାର ପାରିପାର୍ଶ୍ୱିକ ସୌନ୍ଦର୍ଯ୍ୟକୁ ଭରପୂର ଆସ୍ୱାଦନକୁ ଗୁରୁତ୍ୱ ପ୍ରଦାନ କରିଛନ୍ତି। ତାଙ୍କ ଜୀବନୀୟ ଉପଲବ୍ଧି, ଭୂୟୋଦର୍ଶନର ସମ୍ଭାର, ଅସୀମ (Infinite) ପ୍ରତି ଆଗ୍ରହ, ମାନବପ୍ରେମ ତଥା ସମ୍ବେଦନା (Sensibility) 'ଜୀବନର ଜଳଛବି'କୁ ଅନନ୍ୟ ବିଭାରେ ବିମଣ୍ଡିତ କରିଛି। ତାଙ୍କର ପଦଗୁଡ଼ିକ ପାଠକ ଚିତ୍ତକୁ ଅନନ୍ୟ ଚେତନାରେ ଆବିଷ୍ଟ କରିବା ନିମନ୍ତେ ଠିକ୍ ନିଶା ତୁଲ୍ୟ ପ୍ରଭାବୀ ମନେହୁଏ। ଦେଖନ୍ତୁ କେତେ ପ୍ରଭାବଶାଳୀ ତାଙ୍କ ପଦବନ୍ଧ:-

- ଆଷାଢ଼ର ବର୍ଷାବତୁରା ପବନରେ କେତକୀ ଫୁଲର ବାସ୍ନା
- ପ୍ରଭାତର ସୂର୍ଯ୍ୟ କୁହୁଡ଼ି ଦୁଆର ସେପଟୁ ମୁହଁ ଦେଖଉଥାନ୍ତି
- ଗୋଛା ଗୋଛା ସ୍ୱପ୍ନ, ବିଡ଼ା ବିଡ଼ା ବିସ୍ମୟ
- ଚଇତ୍ର ଆକାଶରେ ମେଞ୍ଚା ମେଞ୍ଚା ମେଘ
- ପବନ ବିଛେଇ ଦିଏ ଚୁନି ଚୁନି କରଞ୍ଜ ଫୁଲ
- ଜାମୁକୋଳି ଗଛର ଶାଖାରେ ପେନ୍ଥା ପେନ୍ଥା ପାଚିଲା ଜାମୁକୋଳି
- ଲଙ୍କାଆମ୍ବ ବଣରେ ମହୁମାଛିଙ୍କର ମେଳଣ
- ପାହାଡ଼ର ଚୂଡ଼ା ଉପରେ ମୁକ୍ତକେଶା ଅବଧୂତ
- ସମାଧିସ୍ଥ ଯୋଗୀ ପରି ମନ୍ଦିର
- ଚାହୁଁ ଚାହୁଁ ଭାଦ୍ର ଆକାଶର ଅନ୍ତଃସତ୍ତ୍ୱା ମେଘମାନେ ପାଲଟି ଯାଆନ୍ତି ଫର୍ଦ୍ଦ ଫର୍ଦ୍ଦ ବନ୍ଧ୍ୟା ବାଦଲ
- କାଶତଣ୍ଡୀର ଲହରାୟିତ ଚାମର ଚାଳନା
- ରଙ୍ଗଭର୍ତ୍ତି ଦିନ
- ସ୍ୱପ୍ନଭର୍ତ୍ତି ରାତି
- ଉଦ୍ଧତ ଧାନଗଛ
- ଚଇତ୍ର ପବନର ଉଷ୍ମତା
- ଉଷୁମ ସ୍ମୃତି
- ହାହାକାରମୟ ବାଲୁବନ୍ତ
- ଶାନ୍ତ-ସମାହିତ ମହମମୂର୍ତ୍ତି
- ଜଙ୍ଗଲ ଛାତି ଚିରି କେଶବତୀ କନ୍ୟାର ମୁକ୍ତ କୁନ୍ତଳ ପରି ଅଣଓସାରିଆ ରାସ୍ତା
- ସୂର୍ଯ୍ୟାସ୍ତର ସୁନାଆଉଟା ଅସ୍ତରାଗ
- ନବପତ୍ରମାନଙ୍କର ସବୁଜ ସମାବେଶ ଇତ୍ୟାଦି ଉଲ୍ଲେଖନୀୟ।

ଜନୈକ ସାହିତ୍ୟାନୁରାଗୀ-ସମାଲୋଚକଙ୍କ ଶବ୍ଦରେ: Most frequently

poetry oozes out of the prose pieces affecting the readers. For instance: "The sparkling Sun-beams spread themselves on the sprawling grass. The disabled butterfly tried again. But in vain. x x x Suddenly, the bright morning saddened his heart. It was suffocating." (୪୮) ଗୌରହରିଙ୍କ ନାନ୍ଦନିକ ବିଚାର ସାଂପ୍ରତିକ ସାହିତ୍ୟରେ ନୂତନ ଅଧ୍ୟାୟ ସୃଷ୍ଟି କରିବାରେ ସମର୍ଥ ହୋଇଛି।

'ଜୀବନର ଜଳଛବି'ରେ ସ୍ଥାନୀୟତାର ଚିତ୍ର:

ସମାଜବାଦୀ ସ୍ତମ୍ଭକାର ଗୌରହରି ଦାସଙ୍କ ସ୍ତମ୍ଭଗୁଡ଼ିକରେ ସ୍ଥାନୀୟ ଅଞ୍ଚଳ ସବୁ ଚଳଚଞ୍ଚଳ ହୋଇ ଉଠିଛନ୍ତି। ସତେ ଯେପରି ସେସବୁ ଅଞ୍ଚଳ ତାଙ୍କରି ଐଶୀ ଲେଖନୀରେ ଚିତ୍ରିତ ହୋଇଯିବାର ଅପେକ୍ଷାରେ ଥାଆନ୍ତି! ଗୌରହରି ନିଜ ଓଡ଼ିଶା ମାଟି ତଥା ଭାରତବର୍ଷର ପ୍ରତ୍ୟେକ କ୍ଷୁଦ୍ରାତିକ୍ଷୁଦ୍ର ସ୍ଥାନକୁ ମଧ୍ୟ ମହତ୍ତ୍ୱ ପ୍ରଦାନ କରିବାର ଆଗ୍ରହ ରଖନ୍ତି। ତେଣୁ 'ଜୀବନର ଜଳଛବି'ରେ ଓଡ଼ିଶା, ଓଡ଼ିଶା ବାହାରର ବହୁ ସ୍ଥାନ ଅତି ସୁନ୍ଦର ଭାବରେ ଚିତ୍ରିତ ହୋଇଛନ୍ତି। ସ୍ଥାନଗୁଡ଼ିକୁ ନେଇ ଗୌରହରିଙ୍କ ସ୍ୱଅନୁଭୂତିର ପରିଚର୍ଚ୍ଚା 'ଜୀବନର ଜଳଛବି'କୁ ଆକର୍ଷଣୀୟ କରିବାରେ ସକ୍ରିୟ ହୋଇଉଠିଛି। ସ୍ଥାନଗୁଡ଼ିକର ନାମୋଲ୍ଲେଖ ସହିତ ସେହି ଅଞ୍ଚଳର ବିଶେଷତ୍ୱ ପୁଣି ସ୍ଥାନୀୟ ଅଭାବ ଏବଂ ସମସ୍ୟାସବୁକୁ ପାଠକଙ୍କ ନିକଟରେ ଉପସ୍ଥାପନ କରିବାରେ ଗୌରହରି ଜଣେ ଅଦ୍ୱିତୀୟ ସ୍ତମ୍ଭକାର। ଏ କ୍ଷେତ୍ରରେ ତାଙ୍କ ସଚ୍ଚୋଟ ପୁଣି ନିରପେକ୍ଷ ଆଲୋଚନା ଯେ ପାଠକମାନଙ୍କୁ ତାଙ୍କ ପ୍ରତି ଶ୍ରଦ୍ଧାତୁର କରେ, ଏହା ନିଃସନ୍ଦେହ। ଏହି ପରିପ୍ରେକ୍ଷୀରେ ଗୌରହରି ଦାସ ବ୍ରହ୍ମପୁର ସହରର ଗୋଳନ୍ଥରା ସିଦ୍ଧଭୈରବୀ, ବଲାଙ୍ଗୀରର ଲୋଇସିଙ୍ଗା, ନଅଗାଁ, ଆଗଲପୁର, ସାନଟିକା, ଆନ୍ଧ୍ର-ଓଡ଼ିଶା ସୀମାର ସୁନାପୁର, ଇଚ୍ଛାପୁର, ଚଣ୍ଡୀଖୋଲର ଡୁବୁରି, ହରିଚନ୍ଦନପୁର, କେନ୍ଦୁଝର, କୋରାପୁଟ, ଘଣ୍ଟେଶ୍ୱର, କାଦୁଅନାସୀ ଗାଁ, ରସୁଲଗଡ଼, ବାଣୀବିହାର, ଚନ୍ଦ୍ରଶେଖରପୁର, ଆଇଗିଣିଆ, ଖେରଙ୍ଗ ବଜାର, ଗୁରୁଦାସପୁର, ବରଦା, ନଛିବିନ୍ଧା, ପୀରହାଟ, ବେଦବ୍ୟାସ ତୁଠ, ସରସ୍ୱତୀ କୁଣ୍ଡ, ଧଉଳି, ସାମନ୍ତରାପୁର, ବାଲୁଗାଁ, କାଳିଜାଇ, ଚିଲିକା, ମାହାଙ୍ଗା, କୁଣ୍ଡ, ମଣିଯୋରୀ, ରାଣୀଗୋଡ଼ା, ଅଚ୍ୟୁତପୁର, ବାସୁଦେବପୁର, ପଣସପୁର, ନୂତାଙ୍ଗ, ବାଙ୍ଗିରୀପୋଷି-ରୁପ୍‌ସା, ବଲାଙ୍ଗୀର-ଲୋଇସିଙ୍ଗା, ସାନଟିକା, କେରଳର କୁଚିପୁରମ୍, ତିରୁର୍, ତ୍ରିଭେନ୍ଦ୍ରମ୍, ହରିଆନାର ଡବୱାଲି, ମହାରାଷ୍ଟ୍ର ସିକନ୍ଦରାବାଦ, ପଞ୍ଜାବର କମଜତ୍ ଗାଁ, ବିହାରର ମୁଙ୍ଗେର ଜିଲ୍ଲା ଇତ୍ୟାଦି ସ୍ଥାନର ବର୍ଣ୍ଣନା ରହିଛି। ଗୌରହରିଙ୍କ ଫିଚର୍ ଗୁଡ଼ିକରେ କୋଳାହଳଶୂନ୍ୟ ଗ୍ରାମ୍ୟ ପରିବେଶ ଓ ଗ୍ରାମ୍ୟ ଜୀବନ ସହ ପ୍ଲାଟ୍‌ଫର୍ମ, ହାଟ

ବଜାର, ନିର୍ଜନ ମଶାଣି, ନଈକୂଳ, କିମ୍ବା ସରକାରୀ ଦପ୍ତରର ବିଭିନ୍ନ ସ୍ଥାନ ଇତ୍ୟାଦି ନିଛକ ଭାବରେ ଚିତ୍ରିତ ହୋଇଛନ୍ତି।

କେନ୍ଦୁଝରର ପାହାଡ଼ ଓ ପ୍ରପାତକୁ ପ୍ରଶଂସାରେ ପୋତିପକାଇଛନ୍ତି ଗୌରହରି। ଅତି ଚମତ୍କାର ବର୍ଣ୍ଣନା ଦେଇ ଉଲ୍ଲେଖ କରିଛନ୍ତି- "ନିତ୍ୟ ବସନ୍ତର ଲୀଳାଭୂଇଁ କେନ୍ଦୁଝରର ନଈ, ପାହାଡ଼, ପ୍ରପାତ ଓ ଝରଣା - ସବୁରି ନାମକରଣ ବେଶ୍ କାବ୍ୟିକ। କବିତା ଏ ମାଟିର ଲୋମକୂପରେ, ଆକାଶରେ, ଶାଳଜଙ୍ଗଲ ଓ ମାଛ କାନ୍ଦଣା ନଈର ବାଙ୍କ ବୁଲାଣିରେ।"[୪୯] ଅନୁରୂପ ଭାବରେ ଓଡ଼ିଶାର ବହୁ ଅଖ୍ୟାତ ଅନାମଧେୟ ପୁରପଲ୍ଲୀକୁ ଲୋକଲୋଚନକୁ ଆଣିବାରେ 'ଜୀବନର ଜଳଛବି' ଦୃଷ୍ଟାନ୍ତମୂଳକ କାର୍ଯ୍ୟ ସଂପାଦନ କରିଛି। ଯେପରି 'ଭୂଗୋଳ ସେପାରି ଭୂଇଁ'ର ରାଇଚରଣ- ଉଠା ବୁକ୍‌ଷ୍ଟଲ୍‌ର ମଇଳା ମାଲିକାନା ପଛରେ ଜୀବନ୍ୟାସ ପାଇଥିବା ତାଙ୍କର ଉଜ୍ଜ୍ୱଳ ସାମ୍ରାଜ୍ୟ। ଘଣ୍ଟେଶ୍ୱରରୁ କାଦୁଅନାସି ଯାଏ ବିସ୍ତୃତ ସେ ସାମ୍ରାଜ୍ୟ, ଆମର ପୃଥିବୀଠାରୁ ବଡ଼।"[୫୦] ଜଣେ ସ୍ତମ୍ଭକାର ଭାବରେ ଗୌରହରି ପାଠକ ସମାଜର ମାନସିକତା ବୁଝିପାରନ୍ତି। ସେଥିପ୍ରତି ସଚେତନ ଥିବାରୁ ସେ ମନେ କରନ୍ତି- "ସ୍ତମ୍ଭକାରମାନେ ଅଭିଜ୍ଞ ଲେଖକ, ଯେଉଁମାନଙ୍କର ସମାଜରେ ଗ୍ରହଣୀୟତା ଅଛି, ସେହି ବିଷୟରେ ସେମାନଙ୍କର ଦକ୍ଷତା ପ୍ରମାଣିତ ହୋଇଥିବାରୁ ପାଠକ ତାଙ୍କ କଥା ଶୁଣନ୍ତି, ପଢ଼ନ୍ତି। ସେମାନଙ୍କଠାରୁ ବହୁପାଠିତା ଆଶା କରାଯାଏ। ଶବ୍ଦରେ ଦଖଲ ନ ଥିଲେ, ବିଚାରବୋଧରେ ନିରପେକ୍ଷତା ନ ଥିଲେ ସେମାନଙ୍କର ମତକୁ ବୃହତ୍ତର ସମାଜର ମତ ବୋଲି ପାଠକ ଗ୍ରହଣ କରିବେ ନାହିଁ। ଏଥିପାଇଁ ଜଣେ ସ୍ତମ୍ଭକାରଙ୍କୁ ନିଜର ବିଶ୍ୱସନୀୟତା ଉପରେ ଗୁରୁତ୍ୱ ଦେବାକୁ ପଡ଼ିବ। ସ୍ତମ୍ଭକାରମାନେ ସମାଜର ମତ ନିର୍ମାଣ କରିଥାନ୍ତି। ତେଣୁ ସେମାନଙ୍କ ଭୂମିକା ନିଶ୍ଚୟ ଗୁରୁତ୍ୱପୂର୍ଣ୍ଣ।[୫୧] ତେଣୁ ପାଠକମାନଙ୍କ ସହ ଆନ୍ତରିକ ସହାବସ୍ଥାନକୁ ଗୁରୁତ୍ୱ ପ୍ରଦାନପୂର୍ବକ ଗୌରହରି ଅତି ନିରପେକ୍ଷ ଭାବରେ ବୃହତ୍ତର ସମାଜର ନିଛକ ରୂପକୁ ଉପସ୍ଥାପିତ କରିଛନ୍ତି। ସ୍ଥାନୀୟ ଅଞ୍ଚଳଗୁଡ଼ିକର ରୂପାୟନ କାଳରେ ପାଠକମାନଙ୍କ ପ୍ରତି ନିଜର ବିଶ୍ୱସନୀୟତାକୁ ପ୍ରତିଷ୍ଠା ଦେବା ପାଇଁ ସେ ସର୍ବଦା ଚେଷ୍ଟିତ ଥାଆନ୍ତି।

ସ୍ଥାନୀୟତାର ଚିତ୍ର ପ୍ରଦାନ କରିବାକୁ ଯାଇ ଭଦ୍ରକ-ଚାନ୍ଦବାଲି ରାସ୍ତା, ସାଳନ୍ଦୀ କୂଳ, ନରେନ୍ଦ୍ରପୁର ଗାଁ, ପାଟଣମଙ୍ଗଳା, ଗୁଜୁରାଟର ଦଙ୍ଗା, ବର୍ମା ବାଇପାସ୍, ଭୋପାଳର ଭାରତଭବନ, କୁଆଖିଆ-ଘୋଳପୁର, ଅହମଦାବାଦ, ବରୋଦା, ସାବରମତୀ, ରାୟଗଡ଼ା, ମୁଦୁଲିପଡ଼ା ଇତ୍ୟାଦି ଅଞ୍ଚଳର ପ୍ରସଙ୍ଗ ଉତ୍‌ଥାପିତ। କେବଳ ସ୍ଥାନୀୟତା ନୁହେଁ, ଓଡ଼ିଶାର ପାଲା, ଦାସକାଠିଆ, ଯାତ୍ରା, ନାଚ, ବିବିଧ ସାଂଗୀତିକ ବାଦ୍ୟଯନ୍ତ୍ର, ଓଡ଼ିଶାର ବିବିଧ ଶାଗ, ମାଛ ଇତ୍ୟାଦିର ବିକ୍ଷିପ୍ତ ସୁଗୁମ୍ଫନ ତାଙ୍କ ଫିଚରଗୁଡ଼ିକୁ ଚଳଚଞ୍ଚଳ

କରିଛି । ଓଡ଼ିଶାକୁ ଚିହ୍ନିବାକୁ ଚାହୁଁଥିବା ଜିଜ୍ଞାସୁ-ଅନୁସନ୍ଧିତ୍ସୁମାନଙ୍କ ନିମନ୍ତେ 'ଜୀବନର ଜଳଛବି' ଏକ ଦର୍ପଣ । ଜାତୀୟ ଅସ୍ମିତାର ପ୍ରତିନିଧିତ୍ୱ କରିଛି ଜୀବନର ଜଳଛବି ।

'ଜୀବନର ଜଳଛବି'ରେ ବିଦେଶର ରୂପଚର୍ଯ୍ୟା:

ଗୌରହରି ଦାସଙ୍କ ବୃତ୍ତିଗତ ଜୀବନକୁ ତାଙ୍କ ବହୁଶାସ୍ତ୍ରଦର୍ଶିତା ତଥା ପର୍ଯ୍ୟଟନ ଜୀବନର ଅନୁଭୂତି ବହୁ ମାତ୍ରାରେ ପରିପୁଷ୍ଟ କରିଥିବା ମନେହୁଏ । ୧୯୯୬ ମସିହାରେ 'ଓଡ଼ିଶା ସୋସାଇଟି ଅଫ୍ ଆମେରିକାଜ୍' (ଓସା) ଦ୍ୱାରା ଆମନ୍ତ୍ରିତ ହୋଇ ସେ ଆମେରିକା ଯାଇଥିଲେ । ଏହାର ଚାରିବର୍ଷ ପରେ ଅର୍ଥାତ୍ ୨୦୦୦ରେ ଗୌରହରି ଆଉ ଥରେ ଆମେରିକା ସହ ସ୍ୱିଡେନ୍ ଓ ପରେ ଚୀନ୍ ଯିବାର ସୁଯୋଗ ପାଇଥିଲେ । ଏହାଛଡ଼ା ସେ ୟୁରୋପର କେତେକ ଦେଶ ଏବଂ ଜାପାନ ଭ୍ରମଣ କରିଛନ୍ତି । ଏହିସବୁ ଭ୍ରମଣକାଳୀନ ଅନୁଭୂତି ତାଙ୍କ ବୌଦ୍ଧିକତାକୁ ନୂତନ ବିସ୍ତୃତି ପ୍ରଦାନ କରିବାରେ ସହାୟକ ହୋଇଛି । ନ୍ୟୁୟର୍କ, ୱାଶିଂଟନ୍ ଡିସି, ନ୍ୟାସ୍‌ଭିଲ୍, ସୁଇଡେନ୍ ଇତ୍ୟାଦି ସ୍ଥାନ ତାଙ୍କୁ ପ୍ରଚୁର ଅଭିଜ୍ଞତା ପ୍ରଦାନ କରିଥିବା ସେ ସ୍ୱୀକାର କରନ୍ତି । 'ଜୀବନର ଜଳଛବି'ରେ ଯୁକ୍ତରାଷ୍ଟ୍ର ଆମେରିକାର ରାଜଧାନୀ ୱାଶିଂଟନ୍ ଡିସି ସଂପର୍କରେ ସେ ଉଲ୍ଲେଖ କରିଛନ୍ତି- "ଯୁକ୍ତରାଷ୍ଟ୍ର ଆମେରିକାର ରାଜଧାନୀ ୱାଶିଂଟନ୍ ଡିସିର କେନ୍ଦ୍ରସ୍ଥଳରେ ଅବସ୍ଥିତ 'ସ୍ମିଥ୍‌ସନିଆନ୍ ଇନ୍‌ଷ୍ଟିଚ୍ୟୁସନ୍' କେବଳ ଆମେରିକା ନୁହେଁ, ସମଗ୍ର ପୃଥିବୀର ଏକ ବିରାଟ ଅନୁଷ୍ଠାନ । ଏହି ଅନୁଷ୍ଠାନ ଅଧୀନରେ ଚବିଶରୁ ଊର୍ଦ୍ଧ୍ୱ ଆନ୍ତର୍ଜାତିକ ସଂସ୍ଥା କାମ କରୁଛି ।"[୫୨] ବିଦେଶ ପର୍ଯ୍ୟଟନ ସମୟର ମଧୁରତମ ଅନୁଭୂତିକୁ 'ଜୀବନର ଜଳଛବି'ରେ ସ୍ଥାନିତ କରି ବହୁ ସ୍ଥାନର ପ୍ରସଙ୍ଗାନୁସାରୀ ନାମୋଲ୍ଲେଖ କରିଛନ୍ତି । ନ୍ୟାସ୍‌ନାଲ୍ ମ୍ୟୁଜିୟମ୍ ଅଫ୍ ନାଚୁରାଲ୍ ହିଷ୍ଟ୍ରି, ନ୍ୟାସ୍‌ନାଲ୍ ଏୟାର୍ ଆଣ୍ଡ୍ ସ୍ପେସ୍ ମ୍ୟୁଜିୟମ୍, ସ୍ମିଥ୍‌ସନିଆନ୍ ଆଷ୍ଟ୍ରୋ ଫିଜିକାଲ୍ ଅବ୍‌ଜର୍ଭେଟରୀ, ନ୍ୟାସ୍‌ନାଲ୍ ମ୍ୟୁଜିୟମ୍ ଅଫ୍ ଆମେରିକାନ୍ ଆର୍ଟ, ଇଣ୍ଟରନ୍ୟାସ୍‌ନାଲ୍ ସେଣ୍ଟର ଫର୍ ସ୍କଲାର୍ସ ଇତ୍ୟାଦି । ଲେଖକଙ୍କ ମତରେ- "ସମଗ୍ର ମଣିଷ ଜାତିର ସେବା ଓ ଜ୍ଞାନର ବିଚ୍ଛୁରଣ ଦିଗରେ 'ସ୍ମିଥ୍‌ସନିଆନ୍ ଇନ୍‌ଷ୍ଟିଚ୍ୟୁସନ୍'ର ପଟାନ୍ତର ନାହିଁ ।"[୫୩] ସାନ୍‌ଫ୍ରାନ୍‌ସିସ୍‌କୋର ବେଳାଭୂମି, କାଲିଫର୍ଣ୍ଣିଆ, ଡିସ୍‌ନିଲ୍ୟାଣ୍ଡ୍, ବର୍ମିଂହାମ୍ ଆଦି ସ୍ଥାନଗୁଡ଼ିକୁ ନେଇ ଲେଖକ 'ଜୀବନର ଜଳଛବି'ରେ ନିଜ ସ୍ମୃତିଚାରଣ କରିଛନ୍ତି । ଗୌରହରି ଦାସଙ୍କ ସାହିତ୍ୟ ନିଜ ଦେଶ ପ୍ରତି ଯେତିକି ପ୍ରଗାଢ଼ ମମତ୍ୱବୋଧ ରଖେ, ବିଦେଶର ବାସ୍ତବିକ ସ୍ଥିତି ପ୍ରତି ମଧ୍ୟ ସେତିକି ସ୍ୱୀକୃତି ଓ ସମ୍ମାନବୋଧ ଧାରଣ କରିଥିବା ଉପଲବ୍ଧି ହୁଏ ।

'ଜୀବନର ଜଳଛବି'ରେ ବିବିଧ ସମସ୍ୟାର ଚିତ୍ର:

"ସୀମାହୀନ ଅନ୍ଧାରୀ ଭାଗ୍ୟ ବିରୋଧରେ ମଣିଷ କେଡ଼େ ନଗଣ୍ୟ, ନିଆଁ-

ବିରୋଧୀ ତୁଳାଗଦା; କିନ୍ତୁ ଯେତେବେଳେ ମଣିଷ ବୁଝିଲା, ସୀମାଦିଆ ମାଟିର ଘଟ ନୁହେଁ ସର୍ବସ୍ୱ, ଭାଗ୍ୟର ଏକତରଫା ଡିଗ୍ରି ଛାଡ଼ି ମଣିଷ ପକ୍ଷରେ ଖୁବ୍ ଅଛି କହିବାକୁ, ସେତେବେଳେ ସାହିତ୍ୟିକର ଧାରଣା ବଦଳିଲା।[୫୪] ଗୌରହରି ଦାସ ଜଣେ ମାନବବାଦୀ ସାହିତ୍ୟିକ। ତାଙ୍କ ସମଗ୍ର ସୃଷ୍ଟିର ମୁଖ୍ୟ ଉପାଦାନ ହିଁ ମଣିଷ ଓ ତାର ଜୀବନୀୟ ସ୍ଥିତାବସ୍ଥା। ତେଣୁ ଜଣେ ଦାୟବଦ୍ଧ ସ୍ତମ୍ଭକାର ତଥା ସାହିତ୍ୟିକ ଭାବରେ ସେ ତାଙ୍କର ଦାୟିତ୍ୱକୁ ବୁଝିଛନ୍ତି। ସେ ଅବହେଳିତ, ଅସହାୟ, ନିରବ ମଣିଷମାନଙ୍କ ଅକୁହା ଶବ୍ଦର ଉଚ୍ଚାରକ ଭାବରେ ପ୍ରତିନିଧିତ୍ୱ କରିଛନ୍ତି। ଗୌରହରି ଦାସଙ୍କ ମତରେ- "ଯାହା ଚାରିପାଖେ ଯେତେ ଶବ୍ଦ, ଯେତେ କୋଳାହଳ, ତା'ର ସେତେ ଖାତିର, ସେତେ ଗୁରୁତ୍ୱ। ଯିଏ ନିର୍ଜନ, ନିରବ, ସିଏ ପଛୁଆ, ଦୁର୍ବଳିଆ, ଏକଲା ମଣିଷ।"[୫୫] ସେହି ଦୁର୍ବଳିଆ - ଏକଲା ମଣିଷଙ୍କ ପାଇଁ ଲେଖନୀ ଚାଳନାପୂର୍ବକ ସେମାନଙ୍କ ଅଧିକାର, ଇଚ୍ଛା, ଆକାଂକ୍ଷା, ସ୍ୱପ୍ନ ତଥା ପରିଶ୍ରମର ପାଉଣା ଦାବି କରିବାକୁ ଅଣ୍ଟା ଭିଡ଼ିଛନ୍ତି ଗୌରହରି ଦାସ। ସମାଜର ବିବିଧ ସମସ୍ୟା ମଧ୍ୟରେ ରହିଛି- ଦାଦନ ଦୁର୍ଦ୍ଦଶା, ଶ୍ରମିକମାନଙ୍କ ସ୍ୱପ୍ନ ଏବଂ ସ୍ୱପ୍ନଭଙ୍ଗ, ବିଦେଶ ଭୂଇଁରେ ମାଟି ସଂଗେ ମାଟି ହୋଇ ଖଟୁଥିବା କଙ୍କାଳସାର ମଣିଷଙ୍କ ଚିତ୍ର, ହାକିମ ହୁକୁମା - ତଥାକଥିତ ନାମୀଦାମୀ ଲୋକଙ୍କ ପ୍ରଚାରପ୍ରବଣତା, ଅନୁଶାସନହୀନ ଛାତ୍ରଙ୍କ ଦୌରାତ୍ମ୍ୟ, ବନ୍ୟା-ବିଧ୍ୱସ୍ତ ଜଳମଗ୍ନ ମଫସଲ, ସାମାଜିକ ସ୍ୱୀକୃତି ଓ ଅର୍ଥନୈତିକ ନିରାପତ୍ତାର ଅଭାବ, ବିକାରଗ୍ରସ୍ତ ରୁଚି, ବିଦେଶୀ ଯନ୍ତ୍ରର ପ୍ରଭାବ, ଗ୍ରାମ୍ୟ ଜୀବନର ଅପମୃତ୍ୟୁ, ମଣିଷର ଧର୍ମଧାରଣା, ଅନ୍ଧବିଶ୍ୱାସ, ଚିକିତ୍ସା ବିଜ୍ଞାନ ଉପରେ ଅନାସ୍ଥା ଭାବ, ଲୋକପ୍ରତିନିଧିଙ୍କୁ ଲାଞ୍ଚ-ଅଣ୍ଟାଗୁଞ୍ଜା, ହାତଗୁଞ୍ଜା, ଆଜିର ପିଲାମାନଙ୍କ ହାତରେ ପ୍ରଚୁର ଅବସର, ଅଖଣ୍ଡ ସ୍ୱାଧୀନତା, ମନ୍ତ୍ରୀ ହାକିମମାନଙ୍କ ଚକ୍ରବ୍ୟୂହ, ମିଥ୍ୟାଚାର, ପ୍ରତିପତ୍ତିର ଅହଂକାର, ଅନ୍ୟାୟ ପ୍ରତିଯୋଗିତା, ସ୍ଥାନୀୟ ରାଜନୀତିର ସଂକୀର୍ଣ୍ଣ ରୂପ, ଦଳୀୟ ନେତାଙ୍କ ଖଣ୍ଡିତ ଭାବମୂର୍ତ୍ତି, ଦାରିଦ୍ର୍ୟ ଓ ଅସହାୟତାରୁ ବେପାରୀଙ୍କ ଲାଭ, ଅବସରହୀନ ସହରୀ ଜୀବନ, ଆତଙ୍କବାଦୀଙ୍କ ଗୁଳିକାଣ୍ଡରେ ଓଡ଼ିଆ ଶ୍ରମିକଙ୍କ ନିଧନ, ଆନ୍ତରିକତାଶୂନ୍ୟ ସହରୀ ଜୀବନ, ସ୍ୱୀକୃତିହୀନ କଳାକାର ଜୀବନ, ଅଜଣା ଉପନିବେଶ ଭଳି ଦଣ୍ଡାୟମାନ ଗ୍ରାମ୍ୟ ଜୀବନ, ଉନ୍ମାଦନାହୀନ ଓଡ଼ିଶୀ ପର୍ବପର୍ବାଣି, ମୃତପ୍ରାୟ ଓଡ଼ିଆ ପତ୍ରପତ୍ରିକାର ବିଡ଼ମ୍ବନାର ଚିତ୍ର ଇତ୍ୟାଦି ଚିତ୍ରିତ ହୋଇଛି। ବନ୍ୟାବିଧ୍ୱସ୍ତ ଅଞ୍ଚଳର ବର୍ଣ୍ଣନା ଦେଇ ଗୌରହରି ଉଲ୍ଲେଖ କରିଛନ୍ତି- "ଶହ ଶହ ତାଳବରଡ଼ା ତାଟିଘେରା ଟିକି ଟିକି ଘର। ପିଚୁରାସ୍ତାର ଦୁଇକଡ଼େ ସେଇ ଘରଗୁଡ଼ିକ ଦିଶୁଛନ୍ତି ଛୋଟ ପାଳଗଦାଗୁଡ଼ିଏ ପରି। କାନ୍ଥ କହିଲେ ଓଦା ଶାଢ଼ି କି ଧୋତି ଖଣ୍ଡେ ବେଢ଼ା ହୋଇଛି। ତାରି ଭିତରେ ମୁଣ୍ଡ ନୁଆଁଇ ବସିଛନ୍ତି ବନ୍ୟାବିଧ୍ୱସ୍ତ

ଅଞ୍ଚଳର ଗରିବ ମଣିଷ। ଚାରିପଟେ ବନ୍ୟାଜଳ। ଉପରୁ ଶ୍ରାବଣର ବର୍ଷା। ବତୁରି ଯାଇଛି ତାଳବରଡ଼ା, ରାସ୍ତାକଡ଼ରେ ସେମାନଙ୍କର ହାଣ୍ଡି, ଆଟିକା, ଲୁଗାପଟା ଓ ସର୍ବସ୍ୱ। ଆଖିରେ ନିଦ ନାହିଁ। ଗାଆଁର ଘର ଭାଙ୍ଗିଯାଇଛି, କ୍ଷେତରେ ଚରିଯାଇଛି ବଢ଼ିପାଣି। ବର୍ତ୍ତମାନ ନାହିଁ, ଭବିଷ୍ୟତ ନାହିଁ - କେବଳ ମୁଠାଏ ଦୀର୍ଘଶ୍ୱାସକୁ ନେଇ ଏଇ ଯେ ନିଉଛୁଣା ଜୀବନ, ଆହା ପଦେ କହିବାକୁ କାଉଟେ ବି ଆସେ ନାହିଁ ତାଙ୍କ ପାଖକୁ।"(୫୬) ସେହିପରି ଅଭାବୀ ଅସହାୟ ଗରିବମାନଙ୍କ ପ୍ରତି ପ୍ରତିଷ୍ଠିତ ବାବୁଭାୟାଙ୍କ ଶୋଷଣର ଚିତ୍ର ପ୍ରଦାନ କରିବାକୁ ଯାଇ ଗୌରହରି ଲେଖିଛନ୍ତି- "ଦଳେ ଚାଲାକ ମଣିଷଙ୍କ ଉଚ୍ଚାକାଂକ୍ଷା ଓ ଅନୈତିକତାର ଯୁଗଳବନ୍ଦୀ ଭିତରେ ସର୍ବସ୍ୱାନ୍ତ ହୋଇ ଚାଲିଥିବା ଏହିପରି ଅସହାୟ ଗରିବଗୁରୁବା ହିଁ ତାର ଓଡ଼ିଶା!"(୫୭)

କ୍ଷୁଧାର୍ତ୍ତ ମଣିଷମାନଙ୍କର ଏ ରାଜ୍ୟରେ ଅଭାବ ନାହିଁ। ରାମରାଜ୍ୟ ପ୍ରତିଷ୍ଠାର ସ୍ୱପ୍ନ ଦେଖାଇ ଏମିତି ସହସ୍ର ବର୍ଷ ଧରି ଗରିବ-ନଗ୍ନ ଫକୀରମାନଙ୍କ ଘରେ ଭୋକର ଜ୍ୱାଳା ହୁତୁହୁତୁ ହୋଇ ଜଳି ଚାଲିଛି। ଦରଦୀ ସ୍ତମ୍ଭକାର ଗୌରହରି ସେହିଭଳି ବୁଭୁକ୍ଷୁମାନଙ୍କ ଯନ୍ତ୍ରଣାର ଚିତ୍ର ପ୍ରଦାନ କରି ଲେଖିଛନ୍ତି- "ସିଦ୍ଧାର୍ଥ ଘରକୁ ଫେରିଲା। ତା ଚାରିପଟେ ପୁଞ୍ଜାଏ ଅସହାୟ ଓ ଆତୁର ଭୋକଙ୍କ ଭିଡ଼। ସେ ଭୋକମାନଙ୍କ ଆଖିରେ ଲୁହ, ପିଠିରେ ମାଡ଼ର ଆଘାତ, ଛାତି ଭିତରେ ଅସଂଖ୍ୟ ଦୀର୍ଘଶ୍ୱାସ। ଇଏ ଭୋଜି ନୁହେଁ, ଆକାଶର ସବୁ ତାରା ଯଦି ରନ୍ଧାଭାତ ହୋଇ କୌଣସି ଦିନ ମାଟି ଉପରକୁ ଖସିପଡ଼ନ୍ତେ ହୁଏତ ସେହିଦିନ ପୃଥିବୀର ଭୋକମାନେ ମନଭରି ଥରୁଟିଏ ଭୋଜି ଖାଇପାରନ୍ତେ।"(୫୮) ଆଧୁନିକ ସମାଜରେ ନିଜ ସଂଘର୍ଷପୂର୍ଣ୍ଣ ସ୍ଥିତିକୁ ନେଇ କର୍ମତତ୍ପର-ମେହେନତି ଅସଂଖ୍ୟ ଶିଶୁ ଶ୍ରମିକଙ୍କ ପାଇଁ ଗୌରହରିଙ୍କ ହୃଦୟ ବିଗଳିତ। ସେମାନଙ୍କ ପ୍ରତି ସମବେଦନା ଜ୍ଞାପନପୂର୍ବକ ଗୌରହରି ଲେଖିଛନ୍ତି- "କେତେ ଆଇନ ପ୍ରତିଦିନ ଏ ଦେଶରେ ତିଆରି ହେଉନାହିଁ ଶିଶୁଶ୍ରମିକମାନଙ୍କୁ ଖଟେଇବାର ନିଷେଧାଦେଶ ଜାରି କରି! ଅଥଚ ଏପରି ଶହ ଶହ, ହଜାର ହଜାର ପିଲା ବିଡ଼ି କାରଖାନା, ହୋଟେଲ୍, ଦୋକାନ ଓ ଟ୍ରେନ୍‌ରେ ଝାଡୁଦାର ଭାବେ କାମ କରୁଛନ୍ତି।"(୫୯) ଆଧୁନିକ ସମାଜରେ ଶିଶୁଶ୍ରମିକଙ୍କ ପ୍ରତି ହେଉଥିବା ଶୋଷଣର ଚିତ୍ରକୁ ଲେଖକ ତାଙ୍କର ଅସଂଖ୍ୟ ସ୍ତମ୍ଭରେ ବାରମ୍ବାର ଚିତ୍ରିତ କରିଛନ୍ତି। ନାହି ତଳକୁ ଖସିପଡୁଥିବା କୋଚଟ ମଇଳା ପ୍ୟାଣ୍ଟ୍ ଖଣ୍ଡକୁ ଟେକିଧରି ଦି ପିଇସା ରୋଜଗାର ପାଇଁ ଦିନରାତି ଦୌଡୁଥିବା ଝାଡୁବାଲା ପିଲା, ଭିକାରିଙ୍କୁ ଦେଖି ସଂପ୍ରତି ସମୟର ଶୋଷଣର ଚିତ୍ର ଅଙ୍କନ କରିଛନ୍ତି।

ସମାଜର ବିବିଧ ସମସ୍ୟା ତାଙ୍କର 'ଜୀବନର ଜଳଛବି'ର କୈନ୍ଦ୍ରିକ ଆଧାର। ଏହାକୁ କଳାତ୍ମକ ଭାବରେ ସେ ଅଭିବ୍ୟକ୍ତ କରିଛନ୍ତି। ଗୌରହରି ତାଙ୍କର

ଫିଚରଗୁଡ଼ିକରେ 'ସାହିତ୍ୟ ତତ୍ତ୍ୱ'ର ପ୍ରୟୋଗକୁ କେତେ ଗୁରୁତ୍ୱ ପ୍ରଦାନ କରନ୍ତିର ଉତ୍ତରରେ ଥିବା ତାଙ୍କ ବକ୍ତବ୍ୟ- "ପ୍ରତି ଖବରର ଭିନ୍ନ ଭିନ୍ନ ଦିଗ ଅଛି। ଆମେ ଗୋଟିଏ ଦିଗରୁ ତା ସଂପର୍କରେ ଶେଷ ରାୟ ଦେଇପାରିବା ନାହିଁ। ଉଦାହରଣ ସ୍ୱରୂପ- ଯୁଦ୍ଧ। ଦୁଇ ଦେଶ ଭିତରେ ଯୁଦ୍ଧ ହୁଏ। ଗୋଟେ ଦେଶ ଜିଣେ, ଆଉ ଗୋଟେ ଦେଶ ହାରେ। ମାତ୍ର ଯୁଦ୍ଧର ସ୍ଥୁଳ ବିବରଣୀ ପଛରେ ଆହୁରି ଅନେକ କଥା ଅକୁହା ରହିଯାଏ। ଯୁଦ୍ଧ ଜିଣିଥିବା ଦେଶର ସୈନିକ ମଧ୍ୟ ମରିଥାଆନ୍ତି, ସେମାନଙ୍କର ମାଆ ହରେଇଥାଆନ୍ତି ପୁତ୍ର, ପତ୍ନୀ ହରେଇଥାଏ ସ୍ୱାମୀ, ପିଲାଏ ହରେଇ ବସିଥାଆନ୍ତି ନିଜର ବାପାକୁ। ସେକଥା ମଧ୍ୟ ଲେଖାହେବା ଦରକାର। ଫିଚର୍ ବା ଅଣ-ସମ୍ବାଦ ରଚନା ସମ୍ବାଦ-ଆଶ୍ରିତ ହୋଇଥାଏ, ମାତ୍ର ସମ୍ବାଦ-ସର୍ବସ୍ୱ ନୁହେଁ। ତାର ବାହାରକୁ ସିଏ ଉଙ୍କି ମାରି ଦେଖେ। ଏଥିରେ ମଣିଷର ସମ୍ବେଦନଶୀଳତା ମୁଖ୍ୟ ପ୍ରଶ୍ନ। ଏହା ମସ୍ତିଷ୍କ ଅପେକ୍ଷା ହୃଦୟକୁ ଅଧିକ ସ୍ପର୍ଶ କରିଥାଏ। ଏଥିପାଇଁ ଲେଖକକୁ ଅଧିକ ଗବେଷଣା କରିବାକୁ ପଡ଼େ, ଉଭୟ ପକ୍ଷର ତଥ୍ୟ ସଂଗ୍ରହ କରିବାକୁ ପଡ଼େ ଏବଂ ସେ ତାକୁ ଏଭଳି ଭାଷାରେ ଲେଖେ ଯାହା ପାଠକଙ୍କୁ ସ୍ପର୍ଶ କରିବ। ଗୋଟିଏ ଛୋଟ ଉଦାହରଣ ଦେବି। ଏହି ଘଟଣାକୁ ନେଇ ଅତୀତରେ ମୁଁ ଗୋଟିଏ ପ୍ରବନ୍ଧ ଲେଖିଥିଲି- 'ସମ୍ବାଦ କେତେବେଳେ ସାହିତ୍ୟ ହୁଏ'। ସେହି ପ୍ରବନ୍ଧରେ ମୁଁ ଏହି ଘଟଣା ଉଲ୍ଲେଖ କରିଥିଲି। ବୁଢ଼ୀଟିଏ, ହାରାମଣି ଷଡ଼ଙ୍ଗୀ। ୨୦୦୧ ମସିହାର ବନ୍ୟା ସମୟରେ ମୁଖ୍ୟମନ୍ତ୍ରୀ ନବୀନ ପଟ୍ଟନାୟକ ହାରାମଣିଙ୍କ ଗାଁକୁ ଯାଇଥିଲେ। ହାରାମଣିଙ୍କର ଦୁଇଟି ଇଚ୍ଛା- ସେ ମୁଖ୍ୟମନ୍ତ୍ରୀ ଓ ପ୍ରଧାନମନ୍ତ୍ରୀଙ୍କୁ ଭେଟିବେ। ମୁଖ୍ୟମନ୍ତ୍ରୀଙ୍କ ସାଙ୍ଗେ ତ ଦେଖା ହୋଇଗଲା, କିନ୍ତୁ ପ୍ରଧାନମନ୍ତ୍ରୀଙ୍କ ସହ ଦେଖା କରେଇବ କିଏ? ବୁଢ଼ୀ ନିଜର ଇଚ୍ଛାଟିକୁ ମୁଖ୍ୟମନ୍ତ୍ରୀଙ୍କ ପାଖରେ ଜଣାଇଥିଲେ। ମୁଖ୍ୟମନ୍ତ୍ରୀ ହସି ହସି କହିଥିଲେ, ସେ ଏ ଦିଗରେ ତାଙ୍କୁ ସାହାଯ୍ୟ କରିବେ। ମାତ୍ର ବୁଢ଼ୀଙ୍କ ମନ ସେମିତିରେ ବୁଝି ନ ଥିଲା। ସେ ଶହେଟି ଟଙ୍କା ମୁଖ୍ୟମନ୍ତ୍ରୀଙ୍କୁ ଦେଇଥିଲେ, ଏ ଟଙ୍କା ରଖିଥାଅ। ନ ହେଲେ ମୋ କଥା ଭୁଲିଯିବ। ମୁଖ୍ୟମନ୍ତ୍ରୀ ବୁଢ଼ୀଙ୍କ ଜିଦ୍ ଦେଖି ଶହେଟି ଟଙ୍କା ରଖିଥିଲେ। ୨୦୦୩ ଜୁଲାଇ ୧୬ ତାରିଖରେ ପ୍ରଧାନମନ୍ତ୍ରୀ ଅଟଳ ବିହାରୀ ବାଜପେୟୀ ଆସିଲେ। ତାଙ୍କର ଗସ୍ତ କାର୍ଯ୍ୟକ୍ରମ ଚୂଡ଼ାନ୍ତ କଲାବେଳେ ମୁଖ୍ୟମନ୍ତ୍ରୀଙ୍କର ହାରାମଣି ଷଡ଼ଙ୍ଗୀଙ୍କ କଥା ମନେପଡ଼ିଲା। ତାଙ୍କ ଅଫିସରୁ ନିର୍ଦ୍ଦେଶ ଦେଲେ ବୁଢ଼ୀଙ୍କୁ ଖୋଜ ଓ ତାଙ୍କୁ ଭୁବନେଶ୍ୱର ଆଣିବାର ବ୍ୟବସ୍ଥା କର, ଯେମିତି ସେ ପ୍ରଧାନମନ୍ତ୍ରୀଙ୍କୁ ଭେଟିପାରିବେ। ଅଫିସରମାନେ ସେ ଗାଁକୁ ଗଲେ। ବୁଢ଼ୀଙ୍କ ଘର ପାଖେ ପହଞ୍ଚିଗଲେ। ମାତ୍ର ବୁଢ଼ୀଙ୍କ ସାକ୍ଷାତ ପାଇଲେ ନାହିଁ। କାରଣ ଗତବର୍ଷ ନଭେମ୍ବର ୧୦ ତାରିଖରୁ ୭୦ ବର୍ଷର ବୁଢ଼ୀ ହାରାମଣି

ମରିଗଲେଣି। ହାତରେ ଶହେ ଟଙ୍କିଆ ନୋଟ୍‌ଟିଏ ଧରି ମୁଖ୍ୟମନ୍ତ୍ରୀ ବସିଛନ୍ତି। ଦି ଦିନ ପରେ ପ୍ରଧାନମନ୍ତ୍ରୀ ଆସିବେ। ଇଏ ସାହିତ୍ୟ ପରି ସମ୍ବାଦ ନା ସମ୍ବାଦ ପରି ସାହିତ୍ୟ ତାହା ଆପଣ ବିଚାର କରିବେ।"[୬୦] 'ଜୀବନର ଜଳଛବି' ଗୌରହରି ଦାସଙ୍କ ଜୀବନୋପଲବ୍ଧ ପ୍ରତ୍ୟକ୍ଷ ଅନୁଭୂତିର ସ୍ପଷ୍ଟ ଉଚ୍ଚାରଣ, ଯାହା ସମସ୍ୟାମୂଳକ ସାହିତ୍ୟ ମାଧ୍ୟମରେ ଆତ୍ମପ୍ରକାଶ ଲାଭ କରିପାରିଛି। ସେ ପ୍ରତ୍ୟକ୍ଷ କରିଥିବା ସମସ୍ୟାଗୁଡ଼ିକ ପ୍ରତି ପାଠକୀୟ ଦୃଷ୍ଟି ଆକର୍ଷଣ ସହିତ ତା'ର ସମାଧାନ ଉଦ୍ଦେଶ୍ୟରେ ସାହିତ୍ୟକୁ ନିଜର ଆୟୁଧ ଭାବରେ ହିଁ ପାଥେୟ କରିଛନ୍ତି।

କିଛି କଳ୍ପିତ ନାମ କିନ୍ତୁ ବାସ୍ତବ ଚରିତ୍ର:

କବି ରବୀନ୍ଦ୍ରନାଥ କାକଳି କରି ଉଡ଼ିଯାଉଥିବା ଶୁଭ୍ର ବଳାକାମାନଙ୍କୁ ନିରୀକ୍ଷଣପୂର୍ବକ ଗାଇ ଉଠିଥିଲେ-

ଏଇ ବାସାଛାଡ଼ା ପାଖି ଯାୟ ଆଲୋ-ଅନ୍ଧକାରେ
କୋନ୍‌ପାର୍ ହତେ କୋନ୍‌ପାରେ
ଧ୍ୱନିଆ ଉଠିଛେ ଶୂନ୍ୟ ନିଖିଲେର୍ ପାଖାର ଏଗାନେ
ହେଥା ନୟ, ଅନ୍ୟ କୋଥା, ଅନ୍ୟ କୋଥା, ଅନ୍ୟ କୋନ୍ ଖାନେ।"

(ବଳାକା)

ଆଲୋକ-ଅନ୍ଧକାରର ବଳୟ ପାର ହୋଇ ସୁଦୂର ଅତୀତରୁ ଅନାଗତ ଭବିତବ୍ୟ ନିମନ୍ତେ ପ୍ରତିକ୍ଷଣର ନିରବଚ୍ଛିନ୍ନ ଯାତ୍ରା ସଂଗୀତ ଗାନ କରୁଥିବା ସେହି ବଳାକାଙ୍କ କାକଳିରେ ଜୀବନକୁ ବଞ୍ଚିବାର ଅଦମ୍ୟ ଆହ୍ୱାନ୍‌କୁ ଉପଲବ୍ଧି କରିଥିଲେ ବିଶ୍ୱକବି। ସେହି ଅନୁଭବର ସ୍ୱର ବେଶ୍ ପ୍ରାଞ୍ଜଳ ଓ ଉଦାତ୍ତ ଶୁଭେ ଗୌରହରିଙ୍କ ଚରିତ୍ରମାନଙ୍କ କଣ୍ଠରେ। ତାଙ୍କ ସୃଷ୍ଟିସମଗ୍ରରେ ଚରିତ୍ରମାନଙ୍କୁ ଆଧାର କରି ବିଚିତ୍ର ଜୀବନର ଭିନ୍ନ ଭିନ୍ନ ପୃଷ୍ଠାଙ୍କନ ବେଶ୍ ତାତ୍ପର୍ଯ୍ୟପୂର୍ଣ୍ଣ ଓ ଅକୃତ୍ରିମ। ନାରୀ ଓ ପୁରୁଷ ଚରିତ୍ର କେବଳ ନୁହେଁ ପ୍ରାଣୀଜଗତ, ଉଦ୍ଭିଦ ଜଗତ ପ୍ରତି ଲେଖକଙ୍କ ଆନ୍ତରିକ ସଦିଚ୍ଛା ବେଶ୍ ବାରି ହୁଏ ତାଙ୍କ 'ଜୀବନର ଜଳଛବି'ରେ। ତାଙ୍କ ଚର-ଅଚର, ସଜୀବ-ନିର୍ଜୀବ ଜଗତର ରୂପ ଏ ସମାଜକୁ ଅର୍ଥପୂର୍ଣ୍ଣ ଜୀବନ ବଞ୍ଚିବାର ଶପଥ ପାଠ କରାଏ। ତେଣୁ 'ଜୀବନର ଜଳଛବି'ରେ ତାଙ୍କ ଚରିତ୍ରମାନେ ଜୀବନର ହର୍ଷ, ବିଷାଦ, ଆନନ୍ଦ, ନିରାନନ୍ଦ, ସ୍ୱପ୍ନ, ବିଫଳତା, ଜୟ-ପରାଜୟ, ଉଲ୍ଲାସ, ଉଦାସୀନତା, ଯୋଜନା, କଳ୍ପନା ତଥା ଅନିର୍ଦ୍ଦିଷ୍ଟ ଅନୁଭବର ଚିରନ୍ତନ ଆବେଗକୁ ଜୀବନ୍ତ ଭାବରେ ଉପସ୍ଥାପନ କରନ୍ତି। ଗୌରହରି ଦାସଙ୍କ ଚରିତ୍ରମାନେ କେବଳ ଜୀବନର ନିଛକ ତଥ୍ୟ ପ୍ରଦାନ କରନ୍ତି ନାହିଁ, ତତ୍‌ସହିତ କୋମଳ ମାର୍ମିକ ଅନୁଭବକୁ ମଧ୍ୟ ନିରବରେ ଉଚ୍ଚାରଣ କରନ୍ତି।

ସ୍ତମ୍ଭକାର ଗୌରହରି ଦାସ ନିଜ ଗତାନୁଗତିକ ଜୀବନରେ ଯେଉଁ ଚରିତ୍ରମାନଙ୍କୁ ସାକ୍ଷାତ୍ କରିଛନ୍ତି, ଦୂରରୁ ହେଉ ଅବା ନିକଟରୁ ହେଉ ଯେଉଁମାନଙ୍କ ସମସ୍ୟା-ଘଟଣା ତଥା ଜୀବନ ବଞ୍ଚିବାର ସ୍ଥିତିକୁ ପରଖିଛନ୍ତି, ସେହିମାନଙ୍କୁ ନେଇ ସେ ତାଙ୍କ ସ୍ତମ୍ଭରେ ନିରପେକ୍ଷ ଦଲିଲ୍ ମଧ୍ୟ ପ୍ରସ୍ତୁତ କରିଛନ୍ତି। 'ଜୀବନର ଜଳଛବି'ରେ ସ୍ଥାନିତ ବିଶେଷ ସ୍ଥାନ, ଘଟଣା ଓ ବ୍ୟକ୍ତିବିଶେଷ ସଂପୂର୍ଣ୍ଣ ସତ୍ୟାଧାରିତ ଉପାଦାନ। କେବଳ କିଛି କଳ୍ପିତ ନାମୋଲ୍ଲେଖ ଥାଇପାରେ କିନ୍ତୁ ଚରିତ୍ରମାନେ ଏଇ ଆଖିଦେଖା-ନିତିଦିନିଆ ସଂସାର ଭିଡ଼ରୁ କେହି ନା କେହି ନିଶ୍ଚୟ।

ପୁରୁଷ ଚରିତ୍ରମାନଙ୍କ ମଧ୍ୟରେ ଅଛନ୍ତି:- ନୀଳନନା, ବଗୁଲି, ମଣ୍ଟୁ, ଯଦୁ, ମଧୁଆ, ଚଗଲାନନା, ମାଗୁଣି ମହାନ୍ତି, ସନାଦାଦି, ସାନଭାଇ ବୁଲୁ, ମାଗୁଣୀ ମାଝି, ଚନ୍ଦ୍ରମଣି, କାର୍ତ୍ତିକ ସ୍ୱାଇଁ, ଲକ୍ଷ୍ମଣ, ସାପୁଆ କେଳା ଶକ୍ତି ଦାସ, ରାଧାରମଣ, ଉମାଚରଣ, ଶୁକଦେବ, ବବ୍‌ଲୁ ବାବୁ, ଅଧିକାରୀ ବାବୁ, ଚନ୍ଦ୍ରକାନ୍ତ, ମହାନ୍ତି ବାବୁ, ଖଗ ସାର୍, ରାଇଚରଣ, ଅଭୟ ଦାସ, କମଳାକାନ୍ତ, କୁଶୁଭାଇ, ଶୁକୁରୁ ପ୍ରଧାନ, ନରେନ୍ଦ୍ର ମହାପାତ୍ର, ହଳଧର, ଆଦର୍ଶ ଶିକ୍ଷକ ହଳଧର ମହାନ୍ତି, ରାଧାଚରଣ, କାଶିନନା, ନବକିଶୋର, ଶ୍ୟାମଳକାନ୍ତି, ଫେଲୁ, ମହାପାତ୍ର ବାବୁ, ବୁବୁନ୍, ମୃତ୍ୟୁଞ୍ଜୟ, ବୈଜୟନ୍ତ, କାଳିଆ, ହରବାବୁ, ନିରଞ୍ଜନ ବାବୁ, ଅକ୍ଷୟ ବାବୁ, ଚିନ୍ତାମଣି ରାୟ ମହାପାତ୍ର, ସଂଜୟ, ବୁଦ୍ଧିରାମ, ସଚ୍ଚିଦାନନ୍ଦ, ପ୍ରମୋଦ, ସୋମନାଥ, ସର୍ବେଶ୍ୱର, କୁଳମଣି, ପ୍ରଦ୍ୟୁମ୍ନ, ସହଯାତ୍ରୀ ମାଧବଚାନ୍ଦ, ଟ୍ୟାକ୍ସି ଡ୍ରାଇଭର ଅରୁଣ, ବନ୍ଧୁ ନିରଞ୍ଜନ, କ୍ଷେତ୍ରବାସୀ ପ୍ରମୁଖ।

ନାରୀ ଚରିତ୍ରମାନଙ୍କ ମଧ୍ୟରେ ଅଛନ୍ତି:- ମହାପାତ୍ର ଘରବୁଢ଼ୀ, ଲଳିତା, ଶର୍ମିଷ୍ଠା, ଉର୍ମିଳା, ଅପର୍ଣ୍ଣା, ତିଳୋତ୍ତମା, ମାଳଅପା, ସବିତା ସ୍ୱାଇଁ, ସୁମିତ୍ରା, ମିନୁ, କୁନ୍‌ମୁନ୍, ତିଳୋତ୍ତମା ଦେବୀ, ସୁତପା, ମଣିମାଳା, ମାଳତୀ ବେହେରା, ଚନ୍ଦ୍ରଲେଖା, ଅରୁଣିମା, ସୁରମା ପଟ୍ଟନାୟକ, ସ୍ନେହଲତା ପ୍ରମୁଖ। ଏତଦ୍‌ଭିନ୍ନ 'ଜୀବନର ଜଳଛବି'ରେ ବହୁ କିଶୋର-କିଶୋରୀ, ହଳିଆ-ହାଟୁଆ, ହୋତାଘର, ବଳ ଘର, ବେହେରା ଘର, ଦାସ ଘର, ପରିଡ଼ା ଘର ଇତ୍ୟାଦି ପ୍ରସଙ୍ଗ ରହିଛି।

ନିରପେକ୍ଷ ଭାବରେ ଚରିତ୍ରମାନଙ୍କ ଚିତ୍ରାୟନ ପ୍ରତି ଗୌରହରି ଅତ୍ୟନ୍ତ ସଚେତନ। ପୁରୁଷପ୍ରଧାନ ସମାଜରେ ନାରୀମାନଙ୍କ ଅସହାୟତାକୁ ଜୀବନ୍ତ ଭାବରେ ପାଠକମାନଙ୍କ ସମ୍ମୁଖରେ ଉପସ୍ଥାପନ କରିବା କ୍ଷେତ୍ରରେ ସେ ଏ ସମୟର ଜଣେ ଯଥାର୍ଥ ଚିତ୍ରକର। ପ୍ରତ୍ୟେକ ଦୁର୍ବଳ ନାରୀର- "ଗମ୍ଭୀର ଓ ନିରବ ଚେହେରା ଭିତରେ ମୁଁ ଲକ୍ଷ୍ୟ କରେ ଏକଦା ଛନଛନିଆ ଏକ ଫୁଲ ବଗିଚାର ଧ୍ୱସ୍ତବିଧ୍ୱସ୍ତ ବିକୃତ ରୂପ। ଗୋଟାଏ ରକ୍ତମାଂସର ମଣିଷର ନିଃସଙ୍ଗ, ନିର୍ଜନ ଓ ଯନ୍ତ୍ରଣାକାତର ଚିତ୍ର।"[୬୧]

ଗୌରହରିଙ୍କ ସୃଷ୍ଟି ମଧ୍ୟରେ ସ୍ତ୍ରୀ ଲୋକର ପରଶ (feminine touch) ଅତ୍ୟନ୍ତ କରୁଣ ତଥା ସମ୍ବେଦନଶୀଳ।

'ଜୀବନର ଜଳଛବି'ରେ ସମାଜ ଅଭିପ୍ରେତ କିଛି ମହାପୁରୁଷଙ୍କ ନାମୋଲ୍ଲେଖ ମଧ୍ୟ ରହିଛି। ପ୍ରସଙ୍ଗାନୁକ୍ରମେ ସକ୍ରେଟିସ୍‌ଙ୍କ ବିଷପାନ, ଯୀଶୁଙ୍କ କ୍ରୁଶବିଦ୍ଧ, ମହାତ୍ମା ଗାନ୍ଧୀଙ୍କ ହତ୍ୟା, ଗୌତମ ବୁଦ୍ଧଙ୍କ ନିର୍ବାଣ ଇତ୍ୟାଦି ଉଲ୍ଲେଖଯୋଗ୍ୟ।

ତେବେ ଅଳ୍ପ କେତୋଟି ଚରିତ୍ରକୁ ଛାଡ଼ିଦେଲେ ପୁସ୍ତକ ବର୍ଣ୍ଣିତ ଅଧିକାଂଶ ଚରିତ୍ର ଓ ଦେଶ, କାଳ, ଲେଖକଙ୍କ ଅତି ପରିଚିତ। ନିଜ ଫିଚର୍‌ର ଚରିତ୍ରମାନଙ୍କ ସଂପର୍କରେ ଗୌରହରି ଦାସ ମତ ଦିଅନ୍ତି- "ଜୀବନର ଜଳଛବି'ର ଚରିତ୍ରମାନେ ମୋ ଚାରିପାଖ ପୃଥିବୀର। ସେମାନଙ୍କ ସହ ଦେଖା ହେଇଛି ଭିଡ଼ ପ୍ଲାଟ୍‌ଫର୍ମ, ହାଟବଜାର ଓ ନିର୍ଜନ ମଶାଣିରେ, ନଈକୂଳରେ, ପୁଣି ସରକାରୀ ଦପ୍ତର ଓ ରେସନ ଦୋକାନର ଲମ୍ବାଧାଡ଼ିରେ। ସେମାନେ ଗାଁରେ ରହନ୍ତି, ସହରରେ ବି ରହନ୍ତି। ସେମାନଙ୍କର ସୁଖ ଅଛି, ଦୁଃଖ ଅଛି, ଅଭିମାନ ଅଛି, ଅବସୋସ ମଧ୍ୟ ଅଛି। ସେମାନଙ୍କର ସେହି ସେହି ଅନୁଭବକୁ ମୁଁ ଯେମିତି ଭାବରେ ପ୍ରତ୍ୟକ୍ଷ କରିଛି, ଠିକ୍ ସେହିପରି ଭାବରେ ଧରି ରଖିବାକୁ ଚେଷ୍ଟା କରିଛି। ସେସବୁ ଯଦି ଆପଣଙ୍କ ହୃଦୟକୁ ଛୁଏଁ, ଆପଣଙ୍କ ଭିତରେ ସଂପୃକ୍ତ ଚରିତ୍ରମାନଙ୍କ ପ୍ରତି ଅନୁରାଗ କି ଅନୁକମ୍ପା ସୃଷ୍ଟି କରିବାରେ ସମର୍ଥ ହୁଏ ତାହାହେଲେ ସେ ସବୁ ସେହି ଚରିତ୍ରମାନଙ୍କର ସଫଳତା। ଯଦି ସେଥିରେ ମୁଁ ବିଫଳ ହୁଏ ସେ ବିଫଳତା ସର୍ବତୋଭାବେ ମୋର।"[୬୨]

ଚରିତ୍ରମାନଙ୍କ ପ୍ରତି ଅସମ୍ଭବ ଶ୍ରଦ୍ଧା ଓ ଦରଦ, ସେମାନଙ୍କ ସଂପର୍କରେ ଲେଖକଙ୍କର ଅନୁଭୂତି ତଥା ହୃଦୟସ୍ପର୍ଶୀ ରୂପକଧର୍ମୀ ଉପସ୍ଥାପନା ଶୈଳୀ ହେତୁ ପ୍ରତ୍ୟେକଟି ସ୍କେଚ୍‌ରୁ ନିର୍ଗତ ହେଉଛି କିପରି ଗୋଟାଏ ନିବିଡ଼ତାର ଉଷ୍ମତା। x x x କେତେକ ଚରିତ୍ରକୁ ନିଖୁଣ ଭାବେ ଆଙ୍କିବାକୁ ଯାଇ ଲେଖକ ଏପରି ଛୋଟ ଛୋଟ କଥାର ପୁଙ୍ଖାନୁପୁଙ୍ଖ ବର୍ଣ୍ଣନା ଦେଇଛନ୍ତି ଯେ ସେହି ବର୍ଣ୍ଣନା ଦେଇ ଚରିତ୍ରର ବ୍ୟକ୍ତିତ୍ୱ ଉଜ୍ଜ୍ୱଳ ହୋଇ ଫୁଟି ଉଠିଛି।[୬୩]

ନାରୀ-ପୁରୁଷ ଚରିତ୍ରମାନେ ନିଜ ନିଜ ଭୂମିକାନୁରୂପ ରୁଚି, ଇଚ୍ଛା, ଆଗ୍ରହ, ଅନୁଭବ ତଥା ବିଚାରକୁ ଉପସ୍ଥାପନ କରିଛନ୍ତି। ସେମାନଙ୍କ ବ୍ୟକ୍ତିତ୍ୱ ଏବଂ ବକ୍ତବ୍ୟରେ କୃତ୍ରିମତା ନାହିଁ, ବରଂ ସେମାନେ ସମୟାନୁସାରୀ ଜୀବନମୂଲ୍ୟ, ବିରୋଧାଭାସ, ଅବସୋସ, ଅପୂର୍ଣ୍ଣତା ଏବଂ ସାଲିସ୍‌କରା ଜୀବନଧାରାର ରୂପ ସ୍ପଷ୍ଟ କରିଛନ୍ତି। ଏହା ହିଁ ଗୌରହରୀୟ ଶୈଳୀଗତ ନୈପୁଣ୍ୟ। ଚରିତ୍ରମାନଙ୍କ ଚାରିତ୍ରିକ ଦିଗସବୁକୁ ଅବିକଳ ଭାବରେ ଚିତ୍ରିତ କରିବାରେ ସେ ଜଣେ ସମର୍ଥ ଶିଳ୍ପୀ।

'ସିଦ୍ଧାର୍ଥ' - 'କା'ରେ ନିଜେ ଲେଖକ:

'ମୁଁ' ଲୋପ ହେଲେ ସବୁ ଶେଷ, ମଣିଷ-ମଣିଷ ନୁହେଁ, କିଛି ନୁହେଁ ବୋଲି ନିରଭିମାନୀ ସାହିତ୍ୟିକ ଗୌରହରି ଦାସ ସତତ ସଚେତନ।[୬୪] ଅଭାବନୀୟ ପ୍ରତିକୂଳ ଜୀବନସ୍ଥିତି ସତ୍ତ୍ୱେ 'ମୁଁ'ଟିକୁ ବଞ୍ଚେଇ ରଖି, ଆତ୍ମପ୍ରତିଷ୍ଠା ଦ୍ୱାରା ତାକୁ ଅଭିଷିକ୍ତ କରିପାରିଥିବା ଅପରାଜିତ ଶିଳ୍ପୀ ସେ, ଯେ ସର୍ବଦା ଭାବନ୍ତି- "ଜୀବନ ସଂପର୍କରେ ସବୁଯାକ ସତ୍ୟ ଗୋଟେ ଗୋଟେ ଅର୍ଦ୍ଧସତ୍ୟ।"[୬୫] ତେଣୁ ଯୁଗେ ଯୁଗେ ଜୀବନକୁ ଭିନ୍ନ ଢଙ୍ଗରେ ବାରମ୍ବାର ଆଲୋଚନା କରିଚାଲନ୍ତି ଶିଳ୍ପୀ-ସ୍ଥପତି-ସନ୍ନ୍ୟାସୀ-ସାଧକଗଣ। ଗୌରହରି ତାଙ୍କ ପାରିପାର୍ଶ୍ୱିକ ଅବସ୍ଥାକୁ ଯେତିକି ବୁଝିଛନ୍ତି, ସେସବୁକୁ ନିଜ ଶବ୍ଦ ମାଧ୍ୟମରେ ସ୍ଥିତିବାନ୍ କରି ତୋଳିଛନ୍ତି। ସେ ଜଣେ ସ୍ୱପ୍ନପ୍ରିୟ-ଉଦାର-ସମ୍ବେଦନଶୀଳ ସ୍ରଷ୍ଟା ଭାବରେ ସବୁଦିନର ଆକାଶ, ପୃଥିବୀ, ଘାସଫୁଲ, ମାଟି-ଗୋଡ଼ିକୁ ନୂଆ ରୂପରେ ଦେଖିଛନ୍ତି ଏବଂ ପାଠକମାନଙ୍କୁ ଦେଖେଇଛନ୍ତି ମଧ୍ୟ। 'ଜୀବନର ଜଳଛବି' ତାଙ୍କ ଶିଳ୍ପୀପ୍ରାଣର ଖିଆଲୀ ସୃଷ୍ଟି ନୁହେଁ, ତାଙ୍କ ସାଧାରଣ ଜୀବନାନୁଭୂତି ନିବିଡ଼ ଜୀବନଦର୍ଶନ ସହ ସମନ୍ୱିତ ଦେଖା-ପରଖା ଜଗତର ମହାର୍ଘ ଆଲେଖ୍ୟ। କାରଣ 'ପ୍ରକୃତ ଅନୁଭୂତି ନ ଆସିଲେ କଳା ଅସମ୍ଭବ'।[୬୬] 'ସିଦ୍ଧାର୍ଥ' ନାମରେ ସ୍ୱ-ଅନୁଭୂତିକୁ ବଖାଣିବା ନିମନ୍ତେ ପରୋକ୍ଷ ଚରିତ୍ରର ସର୍ଜନା କରିଛନ୍ତି। 'ଜୀବନର ଜଳଛବି'ରେ ସ୍ଥାନିତ ପ୍ରତିଟି ପ୍ରସଙ୍ଗ ତଥ୍ୟଯୁକ୍ତ ନ ହେଲେ ହେଁ ବେଶ୍ ରମଣୀୟ। ସରଳ ସାବଲୀଳ ଭାଷାରେ ଛୋଟ ଛୋଟ ଘଟଣାର ବର୍ଣ୍ଣନା ଉପସ୍ଥାପନା ଶୈଳୀ ଖୁବ୍ ଅନ୍ତରଙ୍ଗ ବୋଧ ହୁଏ। ଠାଏ ଠାଏ ପ୍ରକୃତିର ଦୃଶ୍ୟ ରଚନା ଚମତ୍କାରିତା ବୃଦ୍ଧି କରିଛି। ଜୀବନର ସ୍ମୃତି-ଅନୁଭୂତି କେନ୍ଦ୍ରୀୟ ଚରିତ୍ର ସିଦ୍ଧାର୍ଥ ମଧ୍ୟ ଦେଇ କାହାଣୀ ଆଙ୍ଗିକରେ ପ୍ରକାଶ ପାଇଥିବାରୁ ମର୍ମସ୍ପର୍ଶୀ ହୋଇପାରିଛି। ଫିଚର୍ ରଚନା କ୍ଷେତ୍ରରେ ଏହା ଏକ ସ୍ୱତନ୍ତ୍ର ବୈଶିଷ୍ଟ୍ୟ। ପ୍ରକାଶଭଙ୍ଗୀରେ ଲାଳିତ୍ୟ ଓ ନାଟକୀୟତା ଏହାର ଅନ୍ୟତମ ଗୁରୁତ୍ୱପୂର୍ଣ୍ଣ ଦିଗ।"[୬୭]

ଯେଉଁ ଭୂଇଁର ମାଟି ଓ ମଣିଷ ବିନା କିଛି ପ୍ରତିଦାନରେ ନିଜର ସର୍ବସ୍ୱ ଅଜାଡ଼ି ଦିଅନ୍ତି ସେଇ ଗ୍ରାମ୍ୟ ଜୀବନ ପାଇଁ ଲେଖନ୍ତି ସିଦ୍ଧାର୍ଥ ଓରଫ୍ ଗୌରହରି ଦାସ। ସେ ସ୍ପଷ୍ଟ କରି କହନ୍ତି- "କାହିଁକି କେଜାଣି ଓଡ଼ିଶାର ସବୁ ଛୋଟ ବଡ଼ ଗାଆଁ ମୋତେ ଦୂରରୁ ଦିଶନ୍ତି ଏକାପରି- ମୋ ନିଜର ଗାଁ ପରି। ଗାଆଁର ଶାନ୍ତ ଶୀତଳ ପରିବେଶ ପାଇଁ ମନ ଭିତରେ ଚେଇଁଉଠେ ଏକ ଅହେତୁକ ଦୁର୍ବଳତା। ଜୀବନର ସବୁଠୁ ସ୍ମରଣୀୟ ଶୈଶବ ଓ କୈଶୋରର ଦିନଗୁଡ଼ିକ ଏଇ ଗାଁର ମାଟି, ପାଣି ଓ ପବନ ସହିତ ବିତିଥିବାରୁ ହିଁ ମୋ ଭିତରେ ଗାଁ ପ୍ରତି ଏମିତି ଏକ ଆବେଗିକ ଦୁର୍ବଳତା ଛାଏଁ ଛାଏଁ ଚେର ମେଲେଇ ବସିଛି।[୬୮] ସିଦ୍ଧାର୍ଥ ଚଳନ୍ତି ସମୟର ଏକ ଆଲୁଅପିଣ୍ଡ- ଚେତନାର

ଦୀପଦଣ୍ଡି। ଯେ ହାରିଯାଇଥିବା ମାନବ ସମାଜକୁ ଦିଗ୍‌ଦର୍ଶନ ଦେଇ କହିବସନ୍ତି- "ଅମାବାସ୍ୟା କେବେହେଲେ ପୂର୍ଣ୍ଣିମାର ପଥରୋଧ କରିପାରେ ନାହିଁ, ସେହି ଅନ୍ଧାର ଭିତରୁ ପୁଣି ଉଙ୍କିମାରେ ଆଲୋକର ଇସ୍ତାହାର।"(୬୯) ଗୌରହରି ଦାସଙ୍କ ଚେତନାପୁଷ୍ଟ ସିଦ୍ଧାର୍ଥ ଭିତରେ ଦେଶ ଓ ଜାତିର ବ୍ୟବଧାନ ନାହିଁ। ସିଦ୍ଧାର୍ଥ - ଅସୀମ ପ୍ରତି ଉନ୍ମୁଖ- ଆଦର୍ଶପୂର୍ଣ୍ଣ ବ୍ୟକ୍ତିଚେତନାର ପ୍ରତିନିଧିତ୍ୱ କରେ। ଗୌରହରି ଦାସଙ୍କ ପାଇଁ 'ସିଦ୍ଧାର୍ଥ' ତାଙ୍କର ମାନସ ସନ୍ତାନ। "ବୁଦ୍ଧତ୍ୱର ଅନୁଭବ, ସମଗ୍ର ପୃଥିବୀର ଦୁଃଖ ଓ ଯନ୍ତ୍ରଣାକୁ ଉପଲବ୍ଧି କରିବାର ସାମର୍ଥ୍ୟ ଓ ସ୍ଥାବର ଜଙ୍ଗମର ମର୍ମଦାହକୁ ଆପଣେଇ ନେବାର ଦିବ୍ୟଭାବ ଜଣେ ସାଧାରଣ ମଣିଷ ଆଶା କରିବା ବୃଥା। ସେଥିପାଇଁ ସାଧାରଣ ମଣିଷଟିଏ ସୁଖ-ଦୁଃଖ, ସଂସାର-ବୈରାଗ୍ୟ ମଝିରେ ପେଣ୍ଡୁଲମ୍ ପରି ଝୁଲୁଥାଏ। କେବେ ସବୁକୁ ମୁରୁଛି ଦେବାର ଅନାସକ୍ତି ଏବଂ କେବେ ସବୁକୁ ଜଡ଼େଇ ଧରିବାର ଆସକ୍ତିକୁ ନେଇ ଜୀବନ ଜିଉଁଥାଏ।(୭୦)

ସଂସ୍କାରିତ ଜୀବନାଲୋକର ଉତ୍ତରିତ ଦିଗସବୁକୁ ଉନ୍ମୋଚନ କଲାବେଳେ କିମ୍ବଦନ୍ତୀ ଚରିତ୍ର ଭାବରେ କେବେ ସିଦ୍ଧାର୍ଥ ତ କେବେ ସଂଜୟଙ୍କ ଆବଶ୍ୟକତା ପଡ଼ିଛି। କାରଣ ଆଜିର ସମୟରେ କୌଣସି ନିର୍ଦ୍ଦିଷ୍ଟ ଭାବମୂଲ୍ୟକୁ ନିଜେ ବୁଝେଇବା ଅପେକ୍ଷା ପ୍ରଭାବଶାଳୀ-ଦୃଷ୍ଟାନ୍ତମୂଳକ ଚରିତ୍ରମାନଙ୍କ ସହାୟତା ଆବଶ୍ୟକ ହୁଏ। ତେଣୁ ମିଥ୍‌ର ଚରିତ୍ର ଭାବରେ 'ସିଦ୍ଧାର୍ଥ' ନୈତିକ ମୂଲ୍ୟବୋଧ ଏବଂ ଆଧୁନିକ ବାସ୍ତବତାର ନିହିତ ସତ୍ୟକୁ ସ୍ୱୟଂ ସ୍ତମ୍ଭକାର ହିଁ ଉଦ୍‌ଘୋଷଣା କରିଛନ୍ତି। ନୈତିକତା କେବଳ ଜୀବନର ନିୟାମକ ନୁହେଁ; ବରଂ "ପ୍ରତିକୂଳ ପରିସ୍ଥିତି ସାଙ୍ଗେ ସଂଗ୍ରାମ କରି ବଞ୍ଚିବା ପାଇଁ ସତେକି ନିର୍ବେଦ ଦ୍ରୁମଗୁଡ଼ିକର ମଞ୍ଜି ଭିତରେ ଛପିଥିବା ପ୍ରତ୍ୟୟ ଟିକକର ଅଦ୍ଭୁତ ପ୍ରେରଣା।"(୭୧)

'ଜୀବନର ଜଳଛବି' ନାମକରଣର ସାର୍ଥକତା:

ପାଞ୍ଚଶହରୁ ଊର୍ଦ୍ଧ୍ୱ ଶୀର୍ଷକରେ ଲିଖିତ ବିବିଧ ସ୍ତମ୍ଭଗୁଡ଼ିକର ନାମକରଣ ବେଶ୍ ଚାତୁର୍ଯ୍ୟପୂର୍ଣ୍ଣ। 'ନାମ' ହିଁ କୌଣସି ତତ୍ତ୍ୱ-ବ୍ୟକ୍ତିତ୍ୱର ମହତ୍ତ୍ୱ ପ୍ରକ୍ଷାପନ କରିବାରେ ସହାୟକ ହୋଇଥାଏ। ଲେଖକଙ୍କର ଆତ୍ମସଂଭୂତ ଅନୁଭବର ଏକ ମୂର୍ତ୍ତ ରୂପ ଭାବରେ ନାମକରଣ ବା ଶିରୋନାମାର ମହତ୍ତ୍ୱ ବେଶ୍ ଅଧିକ। ଗୌରହରି ଦାସଙ୍କ ଫିଚର୍‌ଗୁଡ଼ିକ ନାମକରଣ ଦୃଷ୍ଟିରୁ ବେଶ୍ ସ୍ୱତନ୍ତ୍ର ମନେ ହୁଅନ୍ତି। ସ୍ତମ୍ଭଗୁଡ଼ିକର ନାମକରଣ ସମୟରେ ସେ ନିର୍ଦ୍ଦିଷ୍ଟ ଭାବ-ବିଚାର ଏବଂ ଦୂରଦୃଷ୍ଟିକୁ ମହତ୍ତ୍ୱ ପ୍ରଦାନ କରନ୍ତି। ଫିଚର୍‌ଗୁଡ଼ିକର 'ଶିରୋନାମା' ବା ନାମକରଣ ସମ୍ବନ୍ଧୀୟ ତାଙ୍କ ବିଶେଷ ବିଚାରର ସଂପର୍କରେ ସେ କହନ୍ତି- "ହଁ ନାମକରଣ କ୍ଷେତ୍ରରେ ବିଶେଷ ବିଚାର ଥାଏ। ଏଥିପାଇଁ ମୁଁ ବେଶ୍ କିଛି

ସମୟ ଚିନ୍ତା କରିଥାଏ। କାରଣ, ଗୋଟିଏ ବହିର ନାଆଁ ବା ଲେଖାର ଶୀର୍ଷକ ଗୋଟେ ପିଲାର ନାମ ପରି ଗୁରୁତ୍ୱପୂର୍ଣ୍ଣ। ଯୋଉ ଶୀର୍ଷକଟି ପାଠକଙ୍କୁ ଛୁଇଁବା ସହ ମୋର ଲେଖାଗୁଡ଼ିକର ଅନ୍ତଃସ୍ୱରକୁ ପ୍ରକାଶ କରୁଥିବ ମୁଁ ସେହିପରି ନାଆଁଟିଏ ସ୍ଥିର କରେ। ତାହା ନ ହେଲେ ନାମଟି ପ୍ରାସଙ୍ଗିକ ମନେ ହେବ ନାହିଁ।"(୭୨)

'ସମ୍ବାଦ'ରେ ସାମ୍ବାଦିକତା ସମୟର ଘଟଣା ମଧ୍ୟରୁ ୧୯୮୭ ମସିହା ମେ ମାସ ୪ ତାରିଖ ସଂସ୍କରଣରେ ପ୍ରକାଶିତ 'ଅଙ୍ଗଦର ଆରଜନ୍ମ' ଲେଖାରୁ 'ଜୀବନର ଜଳଛବି'ର ସୃଷ୍ଟି ପ୍ରକ୍ରିୟା ଆରମ୍ଭ ହୋଇଥିଲା। ବିଶିଷ୍ଟ ସାହିତ୍ୟିକ ଆର୍.କେ. ନାରାୟଣଙ୍କ 'ମାଲ୍‌ଗୁଡି' ପରି ଗୌରହରି ତାଙ୍କ ଜନ୍ମସ୍ଥାନ ଓ ତତ୍‌ସଂଲଗ୍ନ ଅଞ୍ଚଳଗୁଡ଼ିକର ସଜଳ ଚିତ୍ର ବର୍ଣ୍ଣନା କରିଛନ୍ତି। ସେ ଏ ସଂପର୍କରେ ଉଲ୍ଲେଖ କରିଛନ୍ତି- "ମୋ ଗାଁ ଷଣ୍ଢଗଡ଼ା ଓ ଘଣ୍ଟେଶ୍ୱର ବଜାରର କୋଳାହଳ, ତାହାର ଲଙ୍କା ଆମ୍ବବଣ, ଖରାଦିନର ତତଲା ବାଲି ରାସ୍ତା ଏବଂ ଚାରିପଟର ବିସ୍ତୀର୍ଣ୍ଣ ଧାନକ୍ଷେତ ମୋତେ ବାରମ୍ବାର ଆନମନା କରେ। ମୋର ଗାଁର ମନ୍ଦେଇ କୂଳରୁ ନିର୍ମଳ ଆକାଶର ଜହ୍ନ ଯେତିକି ସୁନ୍ଦର ଦିଶେ, ସେଭଳି ଅନ୍ୟ କେଉଁଠୁ ସୁନ୍ଦର ଦିଶୁଥିବ ବୋଲି ମୋର ମନେ ହୁଏ ନାହିଁ। ସେଇ ହେତୁ 'ଜୀବନର ଜଳଛବି'ର ଅଧିକାଂଶ ଲେଖାରେ ମୁଁ ମୋ ନିଜ ଅଞ୍ଚଳର ଦୃଶ୍ୟକୁ ପାଟପୁରର ଦୃଶ୍ୟ ଭାବେ ଗ୍ରହଣ କରିଛି।"(୭୩) ଅନୁରୂପ ଭାବରେ ସହରକୁ ନେଇ 'ଜୀବନର ଜଳଛବି'ର ଦ୍ୱିତୀୟ ପର୍ବ 'ଚିହ୍ନା ଚୌହଦି' ନାମିତ ହୋଇଛି। ଲେଖକଙ୍କର ଭିନ୍ନ ଭିନ୍ନ ଅନୁଭବର କଥା ରହିଛି 'ଭିନ୍ନ ଭୂମିକା'ରେ, ଜୀବନର ଅନ୍ତରଙ୍ଗ ମଣିଷମାନଙ୍କ ସହ ଅଙ୍ଗେଲିଭା ସ୍ମୃତିର କିଛି ପର୍ବ ସଂଯୋଜିତ ହୋଇଛି 'ପରିଚିତ ପରିଧି'ରେ। ଅସହାୟ ମାନବ ଜୀବନର ସଜଳ ରୂପାଙ୍କନ ରହିଛି 'ଅସମର୍ଥ ଈଶ୍ୱର'ରେ, ମଧୁର ମୁହୂର୍ତ୍ତମାନଙ୍କ ପ୍ରାଚୀନ ମୂଲ୍ୟବୋଧ ଓ ପରମ୍ପରା ସହ ଅନୁବନ୍ଧିତ କରିବାର ପ୍ରୟାସ ରହିଛି 'ହାତଲେଖା ଚିଠି'ରେ ଏବଂ ସର୍ବୋପରି 'ମାନବ ଶିଶୁ' ଓ ଅବହେଳିତ ମଣିଷଙ୍କ ବିକଳ ସ୍ଥିତିରେ 'ଈଶ୍ୱରଙ୍କ ଠିକଣା' ଖୋଜିଛନ୍ତି ସ୍ତମ୍ଭକାର ଗୌରହରି ଦାସ। 'ଜୀବନର ଜଳଛବି'ର ସମସ୍ତ ଉପ-ଶିରୋନାମା ଅତ୍ୟନ୍ତ ପ୍ରଭାବଶାଳୀ ତଥା ଯଥାର୍ଥ। ନାମକରଣଗତ ସ୍ୱାତନ୍ତ୍ର୍ୟ ଗୌରହରିଙ୍କ ଶୈଳୀଗତ ଚମତ୍କାରିତାକୁ ଆଉ ପାଦେ ବଳିଷ୍ଠ ଓ ସୁଠାମ କରିପାରିଛି।

ଧ୍ୱନ୍ୟାତ୍ମକ ଶବ୍ଦ: ଫଁ ଫଁ, ଫୁଁ ଫୁଁ, ପେଁ ପେଁ, ପୁଁ ପାଁ, ଛିଃ ଛିଃ, ଥ, ଫୁଃ, ଚୁ-ଚୁ ଇତ୍ୟାଦି।

ଯୁଗ୍ମ ଶବ୍ଦ: ମେଞ୍ଚାମେଞ୍ଚା, ଝିପ୍‌ଝିପ୍, ଦୂର୍‌ଦୂର୍, ଟକ୍‌ଟକ୍, କୁଳୁକୁଳୁ, ଝଣ୍‌ଝଣ୍, ଠୋଠୋ, ଥଣ୍ଡା ଥଣ୍ଡା, ରଖ୍ ରଖ୍, ଟୁକୁଡ଼ା ଟୁକୁଡ଼ା, ସାମ୍‌ନାସାମ୍‌ନି, ଥମଥମ, ଚିକ୍‌ଚିକ୍, ଶିରିଶିରି, ଧାଇଁ ଧାଇଁ, ସ୍ତୂପସ୍ତୂପ, ଠାଏ ଠାଏ, ଖପ୍‌ଖାପ୍, ଝଲମଲ, ଟିଣ୍‌ଟିଣ୍, ଲହରେଇ

ଲହରେଇ, ଦଲ୍‌କା ଦଲ୍‌କା, ଡବଡବ, ମହମହ, ଟୁକୁଟୁକୁ, ଯୁଆଡ଼େ ଯୁଆଡ଼େ, କଣେଇ କଣେଇ, ଫଡ଼ଫଡ଼, ଗୁରୁଣ୍ଡି ଗୁରୁଣ୍ଡି, ରୁଗୁରୁଗୁ, ବିଡ଼ିବିଡ଼ି, ଛାଇଁଛାଇଁ, ଟୁକୁଟୁକୁ, ଗୁଳୁଗୁଳି, ଝଣଝଣ, ଫରଫର, ଟୁଲୁଟୁଲୁ, ଫୁରୁଫୁରୁ, ଗୁରୁଗୁରୁ, ଫେଁ ଫେଁ, କାନ୍ଦୁରା କାନ୍ଦୁରା, ପୃଥକ୍ ପୃଥକ୍, ଚକଚକ, ବୁଦ୍‌ବୁଦ୍ ଇତ୍ୟାଦି ।

ଗାଉଁଲି ଶବ୍ଦ: ନଥ୍, ହିଡ଼, ଗୋଡ଼ି, କାନ୍ଦୁରା, କତରା, କୋତରା, ବେହରଣ, ଉଲୁଗୁଣା, ମାଇପି, ନୁଖୁରା, ମାମଲତ, ଅହନ୍ତା, ଗଲାସନ, ଆରେଇ, ମଗଜ, ବାଡ଼ବତା, ଓଷେଇତୀ, ଚଉଁରା, ଟାଙ୍ଗରା, ହୁଗୁଳା, ଆଉଁଶା, ପାକଳ, ମୂଳଚାଲ, ତୁଣ୍ଡ, ଖୁଚୁରା, ଚର୍‌କି, ପୁଞ୍ଜାଏ, ବଇଶାଖ, ମସିଣା, ସଅଳ, ବାହୁନି କାନ୍ଦିବା, ମୁକୁଳା, ଓଗାଳିବା, ଡିହ, ଘଷି, ପଲସ୍ତରା, ହଡ଼ା, ଶିରିଣି ଇତ୍ୟାଦି ।

ହିନ୍ଦୀ ଶବ୍ଦ: ସବ୍‌ଜାନ୍‌ତା, ଆୱାଜ୍, ସାବାସି, ତେଜାବ୍, ଆଲାପ୍, ନାରାଜ୍, ମେହେଫିଲ୍, ଓସ୍ତାଦ୍, କରିସ୍ମା, ହାର୍‌ଜିତ୍, ମେହେନତୀ, ଜୁଲୁମ୍, ଚୁନୌତି, ବେବକୁଫ୍, ଦରୱାନ୍, ହାୱା, ଖୁଦାହ, ଜାହିର୍, ଲିଜିୟେ, ଠୈରିହେ, ଅକାଲ୍, ହୁକୁମ୍ ଇତ୍ୟାଦି ।

ଇଂରାଜୀ ଶବ୍ଦ: ସିଗ୍‌ନାଲ୍, କମ୍ପାର୍ଟମେଣ୍ଟ୍, ସାଇନ୍‌ବୋର୍ଡ, ଇଲେକ୍‌ଟ୍ରିକ୍ ।

ଶବ୍ଦବିମ୍ବ (ରୂପକଳ୍ପ): ପାପୁଲିଏ ପୌରୁଷ, ପବନର ଉଦାର ଆଲିଙ୍ଗନ, କାକରଭିଜା କୋଳାହଳ, ପଡ଼ିଆର ଜାଙ୍ଗଲିକ ଚିତ୍କାର, ଅପହୃତ ଶ୍ୟାମଳ, ହଳେ ମନପବନ କଠଉ, ମଫସଲ ଗାଁର ଶୀତ ମଠେଇ ବୋହୂ ପରି, ଧୃତରାଷ୍ଟ୍ରୀ ଆଲିଙ୍ଗନ, ବିବେକର କୃଷ୍ଣପକ୍ଷ, ବିଶ୍ୱାସର ଅଞ୍ଜନ, ସକାଳର ସଲଜ୍ଜ ସମୀରଣ, ଭୂଲୁଣ୍ଠିତ ଘର, ନିଷ୍କରୁଣ ପ୍ରାଚୀର, ପ୍ରଲମ୍ବିତ ଅନ୍ଧାର, କପଟ କଅଁଳା ବାଛୁରୀ ପରି ସ୍ମୃତି, ଶ୍ରମ ଓ ସ୍ୱପ୍ନର ବସାଘର, କ୍ଷୁଧା ଓ କ୍ଳାନ୍ତିରେ ଅସାଢ଼ ମଣିଷ, ବାଲିଛତୁର ଜୀବନ, ଆଷାଢ଼ର ତୃଷାତୁର ଚେହେରା, ଉତ୍ପୀଡ଼କ ସ୍ମୃତି, ବଜାର ଦରର କ୍ରୁଦ୍ଧ ଚେହେରା, ଜଙ୍ଗଲୀ ଫୁଲର ଉଲ୍ଲଂଘ ଅଭିସାର, କାକର ଗାଧୁଆ ଦୂବ, ଶୀତାର୍ତ୍ତ ରାତି, ଅସୂୟାର କଳାସାପ, ସଦ୍ୟପ୍ରସୂତ ଶିଶୁ ପରି ଲାଲ୍ ଲତପତ କୁଆଁର ପୂନେଇଁ ଜହ୍ନ, ସବୁଜ ଆତ୍ମୀୟତା, ଫୁଲଭର୍ତ୍ତି ମହୁଲ, ସ୍ମୃତିକୋଷରେ ନୂଆ ଆମ୍ବକଷି ପରି ସତେଜ, ଅଳସ ଅପରାହ୍ଣ, ଉଦାସ ମଣିଷ ପରି ଘୁମେଇଥିବା ରାସ୍ତା, ଘଞ୍ଚ ବେହରଣ ତଳେ କୋଇଲିର ପ୍ରଲମ୍ବିତକୁ ଅପୂର୍ଣ୍ଣ ଇଚ୍ଛାର ତୁଳସୀ ବଣ, କଳଙ୍କର ସପ୍ତଫେଣୀ ବୁଦା ଇତ୍ୟାଦି ।

ମର୍ମବାଣୀ:

- ଗଭୀର ପାଣିରେ ଥିବା ରୋହିମାଛ ଗର୍ବ କରେ ନାହିଁ, ମାତ୍ର ଗଣ୍ଡୂଷେ ପାଣିରେ ଥିବା ଛୋଟ ମୀନ ବେଶୀ ଫଡ୍‌ଫଡ୍ ହୁଏ । (ପରିଚିତ ପରିଧି)

- ମଣିଷ ଦେହେ ଦିବ୍ୟଜ୍ଞାନ, ଦେଖି ସନ୍ତୋଷ ଭଗବାନ।
- କୂଳ ଛାଡ଼ିଗଲେ କି କରେ ନାଆ, କୋଳ ଛାଡ଼ିଗଲେ କି କରେ ମାଆ। (ପରିଚିତ ପରିଧି, ପୃ:୯୮)
- ଶିଳ୍ପୀ କଳ୍ପନାର ପ୍ରତୀକ ଈଶ୍ୱର। (ପରିଚିତ ପରିଧି)
- ଯେମିତି କର୍ମକୁ ସେମିତି ଫଳ।
- ଘର ବୋଲି ଅର୍ଜିଛୁ ଯେତେ ପଦାର୍ଥ, ଘର ଛୁଟିଲେ ତୋତେ ବୋଲିବେ ଭୂତ।
- ଜୀବନ ରାସ୍ତାର ଗୋଟିଏ ବାଟ ବନ୍ଦ ହୋଇଗଲେ ଆଉ ଗୋଟେ ବାଟ ଖୋଲିଯାଏ। (ଅସମର୍ଥ ଈଶ୍ୱର, ପୃ:୧୧୦)
- ଦେଶ ସ୍ୱାସ୍ଥ୍ୟ ଆଦୌ ଭଲ ନାହିଁ। (ଈଶ୍ୱରଙ୍କ ଠିକଣା, ପୃ:୨୯)
- ଚତୁରମାନଙ୍କ ସବୁ ଚକ୍ରାନ୍ତ ଓ ସଇତାନ୍‌ମାନଙ୍କ ସବୁ ଷଡ଼ଯନ୍ତ୍ର ସତ୍ତ୍ୱେ ଏ ଦେଶ ବଞ୍ଚିବ। ସବୁ ଅନୈତିକତା ଓ ଅବକ୍ଷୟର ଝଡ଼ ତୋଫାନ ଭିତରୁ ଏ ଦେଶ ପୁଣି ମୁଣ୍ଡ ଟେକିବ। (ଈଶ୍ୱରଙ୍କ ଠିକଣା, ପୃ:୩୨)
- ଦୟା ମଣିଷକୁ ମାରିଦିଏ, ତାହାଠୁଁ ବରଂ ଭଲ ଈର୍ଷା। (ଈଶ୍ୱରଙ୍କ ଠିକଣା, ପୃ:୩୨)
- ମଣିଷ ନିଜେ ଏପର୍ଯ୍ୟନ୍ତ ସଂପୂର୍ଣ୍ଣ ମଣିଷ ହୋଇପାରି ନାହିଁ। ଯେଉଁଦିନ ସିଏ ନିଜେ ସଂପୂର୍ଣ୍ଣ ପାଲଟିଯିବ, ସେଦିନ ତା'ର ଈଶ୍ୱର ବି ସଂପୂର୍ଣ୍ଣ ପାଲଟିଯିବେ। (ଅସମର୍ଥ ଈଶ୍ୱର, ପୃ:୮୯)
- ଶିକ୍ଷିତ ଶ୍ରେଣୀ ହିଁ ସମାଜର ବଡ଼ ଶତ୍ରୁ। (ଅସମର୍ଥ ଈଶ୍ୱର, ପୃ:୧୮୦)
- ଜୀବନର ଅନ୍ୟ ନାମ ସଂଘର୍ଷ। (ଅସମର୍ଥ ଈଶ୍ୱର, ପୃ:୧୦୯)
- ମଣିଷ ଗୋଟେ ଅଦ୍ଭୁତ ପ୍ରାଣୀ। ଅନ୍ୟର ନିର୍ଯାତନାରୁ ସେ ଯେତିକି ଆନନ୍ଦ ପାଏ, ନିଜର ସଫଳତାରୁ ସୁଦ୍ଧା ସେତିକି ପାଏ ନାହିଁ। (ଅସମର୍ଥ ଈଶ୍ୱର, ପୃ:୧୦୨)
- ଆଘାତକୁ ଉପହାର ଭାବେ ଗ୍ରହଣ କର। ତାହାହେଲେ ତୁମ ଜୀବନ ବି ଅର୍ଥମୟ ହୋଇଯିବ। (ଅସମର୍ଥ ଈଶ୍ୱର, ପୃ:୨୪)
- ଜୀବନରେ ଅନ୍ଧାରର ଆଶଙ୍କା ସାଙ୍ଗରେ ଆଶାର ଆଲୋକ ସବୁଦିନ ରହିଛି। ବନ୍ଧନ ସାଙ୍ଗେ ସାଙ୍ଗେ ମୁକ୍ତିର ସମ୍ଭାବନା ମଧ୍ୟ ଅଛି। (ପରିଚିତ ପରିଧି, ପୃ:୧୫୪)
- ସବୁ କାନ୍ଥ ଭିତରେ ଯେମିତି ଗୋଟେ ଝରକା ଖୋଲିବାର ସମ୍ଭାବନା ଥାଏ, ସବୁ ମଣିଷ ଭିତରେ ବି ସେମିତି ଜଣେ ସନ୍ନ୍ୟାସୀ ଜନ୍ମ ନେବାର ସମ୍ଭବନା ଥାଏ। (ଅସମର୍ଥ ଈଶ୍ୱର, ପୃ:୬୪)

- ମଣିଷ ପରି ପ୍ରକୃତି ଆଉ କାହାକୁ ଦେଖେଇବା ପାଇଁ ସଜାଏ ନାହିଁ। ତାହା ତା'ର ସ୍ୱଭାବ। (ଅସମର୍ଥ ଈଶ୍ୱର, ପୃ:୧୧୪)

ଓଡ଼ିଆତ୍ୱକୁ ଧାରଣ କରିଥିବା ଏକାଗ୍ର ସାହିତ୍ୟିକ ଗୌରହରି ଦାସଙ୍କ 'ଜୀବନର ଜଳଛବି' ସାହିତ୍ୟିକ ମୂଲ୍ୟରେ ଉଦ୍‌ଭାସିତ। 'ଜୀବନର ଜଳଛବି' ପାଠ କଲା ପରେ ପାଠକ ନିଶ୍ଚିତ ଭାବରେ ଶବ୍ଦ ଝୁଲଣାରେ ଝୁଲି ଆତ୍ମଚିନ୍ତନରେ ବିଭୋର ହୋଇଯିବ। ଚମତ୍କାର କଥକତା ଯେ ଜଗତକୁ ପରିବର୍ତ୍ତନ କରିବାର ସାମର୍ଥ୍ୟ ରଖେ, ତାହା 'ଜୀବନର ଜଳଛବି' ପ୍ରତିପାଦନ କରେ। ଏହାକୁ ଏକାଗ୍ର ପଠନ ସହ ପାଠକୀୟ ହାର୍ଦ୍ଦିକ ସ୍ୱୀକୃତିର ଆବଶ୍ୟକତା ରହିଛି। କୌଣସି ସାହିତ୍ୟ-ସ୍ତମ୍ଭ ଯେ ଏତେ ନାନ୍ଦନିକ ବିଭାଯୁକ୍ତ ହୋଇପାରେ, ତାହା ସେହି ପର୍ବଗୁଡ଼ିକୁ ପାଠକଲା ପରେ ହିଁ ଅନୁଭବ କରିହୁଏ। ଏଥିରେ ମାନବପ୍ରେମର ବ୍ୟାପ୍ତି ସହିତ ଜୀବନବାଦ ତଥା ସମୁଚ୍ଚ ଚେତନାର ବୈଦୂର୍ଯ୍ୟ ମଣିର ଆଲୋକମୟ ସ୍ଥିତି ରହିଛି। ଏହି ଦୃଷ୍ଟିରୁ 'ଜୀବନର ଜଳଛବି' ପ୍ରକାରାନ୍ତରେ ପ୍ରତ୍ୟେକ ମାନବ ପାଇଁ ଜୀବନବେଦ କହିଲେ କିଛି ଭୁଲ୍ ହେବ ନାହିଁ।

'ଜୀବନର ଜଳଛବି'ରେ କିଛି ସ୍ମରଣୀୟ ପଦ:

ବହୁଶାସ୍ତ୍ରଦର୍ଶୀ ଗୌରହରି ଦାସ ଜଣେ ପ୍ରତିଭାସଂପନ୍ନ ସାହିତ୍ୟିକ। ସାମ୍ବାଦିକତାର ବୃତ୍ତି ମଧ୍ୟରେ ସାହିତ୍ୟର ଭାବଗତ ରୂପଚର୍ଯ୍ୟାକୁ ଅତି ନିଖୁଣ ଭାବରେ ଅଭିବ୍ୟକ୍ତ କରିଛନ୍ତି। 'ଜୀବନର ଜଳଛବି'ର ସାତଟି ସଂକଳନରେ ବହୁ ପଦ ଗୀତର ସୁସମନ୍ୱୟ ତାଙ୍କୁ ଶାସ୍ତ୍ରଜ୍ଞର ମାନ୍ୟତା ଦେବାକୁ ଯଥେଷ୍ଟ।

- କ୍ଷୁଦ୍ର ସିପ୍ରା ସ୍ରୋତ ବିଖ୍ୟାତ ଜଗତେ, ମହାନଦୀ ନାମ ରହିଲା ଗୁପତେ
- ଇଚ୍ଛନ୍ତି ଦାମ୍ଭିକେ ହସ୍ତେ ରଖିବାକୁ ସମସ୍ତଙ୍କ ଭାଗ୍ୟ ଡୋରି
ନିଜ ଭାଗ୍ୟ ଡୋରି କାଳହସ୍ତେ ଏହା ପକାନ୍ତି ହେଳେ ପାସୋରି
- ତମେ ଡହକ ଗଛର ମହକ
ତମେ ତଳେ କାହିଁ ପାଇଁ ଲୋଟୁଛ
ତମେ ଜିରା ମରିଚରେ ବଘରା
ତମେ ଘାସ କାଇଁପାଇଁ ଖାଉଛ ! (ଜୀବନର ଜଳଛବି - ପୃ: ୩୬୮)
- ଅନଳ କନକ ଗୋରୀ
ନୁହଁଇ ପୁରୁଷ ନୁହଁଇ ସ୍ତିରୀ
ସିଏ ତ ବିଧବା ନାରୀ
କାନ୍ଦୁଛନ୍ତି ପତି ଗୁଣ ସୁମରି। (ଜୀବନର ଜଳଛବି - ପୃ: ୩୬୮)
- ଆ' ଜହ୍ନମାମୁ ସରଗଶଶୀ

- ଅକଲ ମକଲ ଟକଲ ଟିଆଁ
- କଦମ୍ବ ବନେ ବଂଶୀ ବାଜିଲାରେ
- ବାଆ କଲେ ବତା ଦୋହଲୁଥାଏ
- ବନସ୍ତେ ରାବିଲା ଗଜ, ବରଷକେ ଥରେ ଆସଇ ରଜ।

'ଜୀବନର ଜଳଛବି'ର ଆଙ୍ଗିକକୁ ଗୌରହରି ଦାସଙ୍କ ଚମତ୍କାର ଭାଷାଶୈଳୀ ବିଦଗ୍ଧ ବାକ୍‌ବିଳାସ ପରିପୁଷ୍ଟ କରିବା ସହିତ ଘଟଣା ଏବଂ ଚରିତ୍ର ପ୍ରତି ଗଭୀର ଅନ୍ତର୍ଦୃଷ୍ଟି, ମନନଧର୍ମୀ ବିଶ୍ଳେଷଣ, ବୁଦ୍ଧିଦୀପ୍ତ ଶ୍ଳେଷ, ଅକଳ୍ପନୀୟ ଦୃଶ୍ୟମାନଙ୍କର ମୁଗ୍ଧ ଅଭିବ୍ୟକ୍ତି ଏହାକୁ କାଳଜୟୀ ସୃଷ୍ଟିର ମାନ୍ୟତା ପ୍ରଦାନ କରିବାରେ ସମର୍ଥ ହୋଇଛି। ଜୀବନର ଫଟୋଗ୍ରାଫିକ୍ ଚିତ୍ର ଉତ୍ତୋଳନ କ୍ଷେତ୍ରରେ 'ଜୀବନର ଜଳଛବି' ଅଦ୍ୱିତୀୟ ଭୂମିକା ନିର୍ବାହ କରିଛି।

'ଜୀବନର ଜଳଛବି' ଜୀବନୀୟ ବ୍ୟାପକ ଅନୁଭବର କଳାତ୍ମକ ଉପସ୍ଥାପନା ମାତ୍ର। ପ୍ରତ୍ୟେକ ସ୍ତମ୍ଭର ପଶ୍ଚାତ୍ ଭାଗରେ ରହିଛି ମାନବ ଜୀବନର ବିବିଧ ରୂପ, ସମସ୍ୟା, ମାର୍ଗ ନିର୍ଣ୍ଣୟର ବ୍ୟାପକ ଦର୍ଶନ। ସ୍ତମ୍ଭକାର ତଥା ମୌଳିକ ଚିନ୍ତାନାୟକ ଗୌରହରି ଦାସ ସାହିତ୍ୟ ଜରିଆରେ ଅସହାୟ ମାନବାତ୍ମାର ପ୍ରତିନିଧିତ୍ୱ କରିଛନ୍ତି। ଯନ୍ତ୍ରଣାପିଷ୍ଟ ଦୁର୍ବଳ ମାନବ ପ୍ରତି ଗୌରହରି ଦାସଙ୍କ ଭାବାବେଗ ହିଁ 'ଜୀବନର ଜଳଛବି'କୁ ସାର୍ଥକ କରିଛି। ସେହି ଦୁର୍ବଳ ମାନବାତ୍ମା ହିଁ ଗୌରହରିଙ୍କ ସୃଷ୍ଟିର ପ୍ରାଣସ୍ପନ୍ଦନ। ନିତ୍‌ସେଙ୍କ ମତରେ- "ମଣିଷର ନୂତନ ସୃଜନଶକ୍ତି ତାର ଭାବାବେଗ ଦ୍ୱାରା ରୂପାୟିତ ହୁଏ। ଆମର ପ୍ରବୃତ୍ତି, ଲାଳସା ବା ସର୍ବବିଧ କ୍ଷୁଧା ବା କାମନାକୁ ଦମନ କରିନାହିଁ। ତା'ର ଊର୍ଦ୍ଧ୍ୱପାତନ (sublinition) ଦ୍ୱାରା ହିଁ ମଣିଷ ସେଇ ଅତିମାନବ ହେବା ଦିଗରେ ଗତି କରିବ।"(୭୪) 'ଜୀବନର ଜଳଛବି'ରେ ରହିଛି ମଣିଷର ଊର୍ଦ୍ଧ୍ୱପାତନର ଆହ୍ୱାନ। ସେଥିପାଇଁ ଗୌରହରି ବାରମ୍ବାର କହନ୍ତି- "ମଣିଷ ଚିରକାଳ ନିଃସଙ୍ଗ, ଲୋଭ ଓ ଭୟର ମଝିରେ ଝୁଲୁଥିବା ଗୋଟିଏ ପେଣ୍ଡୁଲମ୍। ସେଥିପାଇଁ ସେ ସମାଜ, ସାହିତ୍ୟ, ଦର୍ଶନ ଏବଂ ଆଧ୍ୟାତ୍ମିକତା ଲୋଡ଼ିଥାଏ। ଏସବୁ ତାକୁ ବିଶ୍ୱାସ ଦିଅନ୍ତି ଯେ ସେ ଏଇ ପୃଥିବୀରେ ନିହାତି ଏକଲା ନୁହେଁ। ତାର ଗୋଟିଏ ସମାଜ ଅଛି, ତାର ଗୋଟିଏ ପରିଚିତ ପୃଥିବୀ ଅଛି ଏବଂ ସର୍ବୋପରି ସେ ଦିବ୍ୟ ମହାଚେତନାର ଏକ ଅଂଶବିଶେଷ।"(୭୫) 'ଜୀବନର ଜଳଛବି' ଅନ୍ତର୍ଭୁକ୍ତ ପାଞ୍ଚଶହରୁ ଊର୍ଦ୍ଧ୍ୱ ଫିଚର ଜୀବନକୁ ବଞ୍ଚିବାର, ଅବ୍ୟକ୍ତକୁ ବ୍ୟକ୍ତ କରିବାର, ଅପୂର୍ଣ୍ଣତା ଭିତରେ ପୂର୍ଣ୍ଣତା ତଥା ସାଧାରଣ ମଧ୍ୟରେ ଅସାଧାରଣ ଜୀବନର ନୈଷ୍ଠିକ ଯଜ୍ଞାନୁଷ୍ଠାନର ଆଲୋଡ଼ନ କରିଛି। ଗୌରହରି ଏହି ମର୍ମରେ କହନ୍ତି- "ସବୁ ମଣିଷଙ୍କ ଜୀବନରେ ସୁଖ ସାଙ୍ଗରେ ଦୁଃଖ

ଅଛି, ଅଶ୍ରୁ ଅଛି, ବ୍ୟର୍ଥତା ଓ ଅବସୋସ ମଧ୍ୟ ରହିଛି; କିନ୍ତୁ ସେସବୁକୁ ଝୁରି ବସିଲେ ସମୟ ସରିବ ନାହିଁ। ସେଥିପାଇଁ ସାହିତ୍ୟ କହେ, 'ଜୀବନ ଯେତେବେଳେ ତୁମକୁ କାନ୍ଦିବା ପାଇଁ ଶହେଟି କାରଣ ଦେଖେଇବ, ତୁମେ ସେତେବେଳେ ହସିବା ପାଇଁ ତାକୁ ଶହେ ଏକଟି କାରଣ ଦେଖେଇ ପାରିଲେ ଏ ସଂସାରରେ ବଞ୍ଚିପାରିବ। ଯେଉଁମାନେ ହସୁଛନ୍ତି ସେମାନଙ୍କର ଯେ କୌଣସି ଦୁଃଖ ନାହିଁ ବୋଲି ହସୁଛନ୍ତି, ତାହା ନୁହେଁ; ବରଂ ସବୁ ଦୁଃଖ ସତ୍ତ୍ୱେ ସେମାନେ ହସିବାକୁ ଚେଷ୍ଟା କରୁଛନ୍ତି।"(୭୬) ଶ୍ରୀମା'ଙ୍କ ଉକ୍ତି- 'Do not take the sorrows of life for what they seem to be, they are in truth a way to greater achievements'ରେ ଗୌରହରି ବିଶ୍ୱାସୀ।

ଗୌରହରିଙ୍କ ଲେଖାରେ ମଣିଷ ଜୀବନର ପରୀକ୍ଷାନିରୀକ୍ଷା ରହିଛି। ମଣିଷର ପ୍ରତ୍ୟେକଟି ମୂଲ୍ୟ, ଚିନ୍ତନ, ଆଦର୍ଶ, ଉପଲବ୍ଧି ତାଙ୍କ ସ୍ତମ୍ଭର ଗୋଟିଏ ଗୋଟିଏ ପରୀକ୍ଷିତ ଉପାଦାନ। ମାଟି, ଆତ୍ମିକ ମୂଲ୍ୟବୋଧ, ଗ୍ରାମ୍ୟ ପରିସରକୁ କେନ୍ଦ୍ର କରି ସେ 'ଜୀବନର ଜଳଛବି'ରେ ଯେଉଁ ଭାବାତ୍ମକ ଆଧାରଭୂମି ଗଢ଼ିଛନ୍ତି ସେଥିରେ ରହିଛି-

- ଅପୂର୍ଣ୍ଣତା ମଧ୍ୟରେ ପୂର୍ଣ୍ଣତା, ଅସମ୍ଭବରେ ସମ୍ଭାବନାମୟ ସୋପାନ ଆରୋହଣର ସୂତ୍ର
- ସମାଜ ବ୍ୟବସ୍ଥାର ସୂକ୍ଷ୍ମ ଅନୁଶୀଳନ
- ମଣିଷର ଅସାଧୁ ଉଦ୍ୟମ ପ୍ରତି ତୀକ୍ଷ୍ଣ ବ୍ୟଙ୍ଗ
- ଆଧ୍ୟାତ୍ମିକ ଚେତନାର କ୍ରିୟାଶୀଳତା ପ୍ରତି ସକରାତ୍ମକ ଆତ୍ମପ୍ରତ୍ୟୟ
- ସାଂପ୍ରତିକ ମଣିଷର ଅସାମର୍ଥ୍ୟ, ଅଯୋଗ୍ୟତା ଓ ଅହଂକାରର ଅନ୍ତଃସାରଶୂନ୍ୟ-ଦୟନୀୟ ସ୍ଥିତିର ସ୍ୱରୂପ ଉଦ୍‌ଘାଟନ
- ରାଜନୈତିକ ଶାଣିତ ବ୍ୟଙ୍ଗ
- ଗୌରହରିଙ୍କ ବହିର୍ଦ୍ଦୃଷ୍ଟି, ଜୀବନର ସଂଘାତମୟ ସ୍ଥିତିକୁ ପ୍ରତ୍ୟକ୍ଷ କରିବା ସହିତ ତାଙ୍କର ଅନ୍ତର୍ଦ୍ଦୃଷ୍ଟିର ସଂପ୍ରସାରିତ ରୂପ।
- ଜୀବନର ବିବିଧ ପ୍ରବୃତ୍ତି, ବିବର୍ତ୍ତିତ ଜୀବନ ପୃଷ୍ଠାର ଭିନ୍ନ ଭିନ୍ନ ଅଧ୍ୟାୟର ଗତିଶୀଳ ରୂପରେଖ।

ଗୌରହରି ଦାସଙ୍କ ନିମନ୍ତେ ଔପନ୍ୟାସିକା ପ୍ରତିଭା ରାୟଙ୍କ ବକ୍ତବ୍ୟ ଯଥାର୍ଥ ମନେ ହୁଏ- "ମହୁମାଛିର ଦଂଶନ ପରି ଦୁଃଖର ଦଂଶନ ସହି ମଧୁ ସଂଗ୍ରହ କରିପାରିଲେ ମଣିଷ ବଞ୍ଚେ। ନ ପାରିଲେ ଜୀବନଟା ମରଣ ପାଲଟିଯାଏ। ଏଇ ଦୁଇଟି ହେଲା ମଣିଷ ଆଗରେ ରାସ୍ତା। x x x ମଲା କାଠ ଖତରି ଯାଏ - ଜିଅନ୍ତା ଗଛର ଡାଳ ଖତରି

ଯାଏ ନାହିଁ । ମଣିଷ ତ ମଲାକାଠ ନୁହେଁ । ମଣିଷ ହେଉଛି ଅନନ୍ତ ଭବିଷ୍ୟତର ଜିଅନ୍ତା ଡାଳ । ସେ ଖତରିବ କେମିତି ?"(୭୭)

'ଜୀବନର ଜଳଛବି'ରେ ସ୍ଥାନିତ ସମସ୍ତ ଲେଖାଗୁଡ଼ିକରେ ମଣିଷର ଜୀବନର ବ୍ୟକ୍ତିକ ତଥା ସାମୂହିକ ସ୍ଥିତିର ମୂଲ୍ୟସିଦ୍ଧାନ୍ତ ରହିଛି । ସମସ୍ତ ସ୍ତମ୍ଭରେ ଚିରନ୍ତନ ମାନବିକ ଭାବାବେଗ-ସହାନୁଭୂତି-ସମ୍ବେଦନାର ଆର୍କିଟାଇପ୍ (Archetype) ରୂପ ରହିଛି । ଓଡ଼ିଶାର ମାଟି-ପାଣି-ପବନ-ରୀତି-ନୀତି-ଚଳଣି ତଥା ପରମ୍ପରାର ପ୍ରବାହରୁ ଲବ୍ଧ ଆର୍କିଟାଇପ୍ ଚିନ୍ତନକୁ ଗୌରହରି ସ୍ୱୀକୃତି ପ୍ରଦାନପୂର୍ବକ ଏହାର ନବରୂପାୟନ କରିଛନ୍ତି । ପାଶ୍ଚାତ୍ୟ ସମାଲୋଚକ ରବର୍ଟ, ଗ୍ରେଭେସ୍, ହ୍ୟୁଇଟ୍ମ୍ୟାନ୍ ତଥା କ୍ୟାମ୍ପବେଲ୍ ପ୍ରମୁଖଙ୍କ ଭଳି ସମୟ-ସମାଜ-ପରିବେଶ ତଥା ପରିସ୍ଥିତିରୁ ହିଁ ଗୌରହରିଙ୍କ ସାହିତ୍ୟ ଜଗତ ଖୋରାକ ଯୋଗାଡ଼ କରିଛି । ପ୍ରତ୍ୟେକ ସୃଷ୍ଟି ଭିତରେ ଗୌରହରୀୟ ଜୀବନ ଜିଜ୍ଞାସା ନୂତନ ନୂତନ ପୃଷ୍ଠା ଉନ୍ମୋଚନ କରିବା ସହ ପ୍ରଚୁର ଆଶାବାଦ ଓ ସମ୍ଭାବନାର ବିଶ୍ୱସ୍ତ ବାର୍ତ୍ତା ପ୍ରଦାନ କରିଛି । ଆଧୁନିକ ସମାଜ ନିମନ୍ତେ ସମୁଚ୍ଚ ମୂଲ୍ୟବୋଧର କୁଜ୍ଝଟିକା ସାଜି ଏହା ଯୁଗ ଯୁଗ ଧରି ଅଦମ୍ୟ ଜୀବନଶକ୍ତିର ପ୍ରେରଣା ପ୍ରଦାନ କରୁଥାଉ ।

ଆଙ୍ଗିକ ତଥା ଆତ୍ମିକ ଦୃଷ୍ଟିରୁ ଗୌରହରି ଦାସଙ୍କ 'ଜୀବନର ଜଳଛବି' ଏକ ମାନବ ଜୀବନଗ୍ରନ୍ଥ । ଜଣେ ନିରପେକ୍ଷ ସାମ୍ବାଦିକ ଓ ସାହିତ୍ୟିକ ଭାବରେ ସେ ସମୟ-ସମାଜ ଏବଂ ମାନବ ଜୀବନର ନିରପେକ୍ଷ ଦଲିଲ ପ୍ରସ୍ତୁତ କରିଛନ୍ତି । ଅସଂଖ୍ୟ ଦୁର୍ଭାବନା ଭିତରେ ନିଶ୍ଚିତ ସମ୍ଭାବନାର ଅବିର ବିଞ୍ଚୁଥିବା, ଘନ ଅବିଶ୍ୱାସ ଭିତରେ ପ୍ରତ୍ୟୟର ଛନ୍ଦ ତୋଳୁଥିବା, ଦୀର୍ଘ ନିରାଶା ଭିତରେ ମୁଠା ମୁଠା ଆଶ୍ୱାସନା ଓ ଉଦ୍ଦୀପନା ବିଞ୍ଚୁଥିବା ସୃଜନଶିଳ୍ପୀ ଗୌରହରି ଦାସଙ୍କ 'ଜୀବନର ଜଳଛବି' ମାନବ ସମାଜକୁ ସ୍ଥିର-ଚିତ୍-କଳ୍ପର ମୋହମୟ ପରିସର ପ୍ରଦାନ କରେ । 'ଜୀବନର ଜଳଛବି'କୁ ଆଜି ପାଇଁ ଏବଂ ଅନାଗତ ଭବିଷ୍ୟତ ପାଇଁ ଏକ ମହତ୍ତର 'ଜୀବନ ଖସଡ଼ା' (Life Syllabus) ତଥା ମାନବୀୟ ମୂଲ୍ୟବୋଧର ପରଖାଘର (Laboratory) କହିଲେ ଭୁଲ୍ ହେବ ନାହିଁ ।

ସହାୟକ ପାଦଟୀକା:

୧. ବେହେରା ଶିଶିର, ଅନ୍ତରଙ୍ଗ ଆଳାପ, ମା' ସାରଦା ପବ୍ଲିକେଶନ୍ସ, ୨୦୨୧

୨. ତତ୍ରୈବ

୩. ଦାସ ଗୌରହରି, ଜୀବନର ଜଳଛବି, ଫ୍ରେଣ୍ଡ୍ସ ପବ୍ଲିଶର୍ସ, ୨୦୧୭, ପୃ:xi

୪. ବେହେରା ଶିଶିର, ଅନ୍ତରଙ୍ଗ ଆଳାପ, ମା' ସାରଦା ପବ୍ଲିକେଶନ୍ସ, ୨୦୨୧

୫. ତତ୍ରୈବ

୬. ତତ୍ରୈବ

୭. ଦାସ ଗୌରହରି, ଜୀବନର ଜଳଛବି, ଫ୍ରେଣ୍ଡ୍ସ ପବ୍ଲିଶର୍ସ, ୨୦୧୭, ପୃ: ନିଜକଥା

୮. ଦାସ ଗୌରହରି, ବିଦେଶ ଓ ଅନ୍ୟାନ୍ୟ ଗଳ୍ପ, ବ୍ଲାକ୍ ଇଗଲ୍ ବୁକ୍ସ, ୨୦୧୯, ପୃ: ୩୩

୯. ଦାସ ଗୌରହରି, ଜୀବନର ଜଳଛବି, ଫ୍ରେଣ୍ଡ୍ସ ପବ୍ଲିଶର୍ସ, ୨୦୧୭, ପୃ: ନିଜକଥା

୧୦. ମହାନ୍ତି ଶରତ କୁମାର, ଅସ୍ତିତ୍ୱବାଦର ମର୍ମକଥା, ଅଗ୍ରଦୂତ ପ୍ରକାଶନୀ, ୧୯୭୭, ପୃ: ୧୧୮

୧୧. ଦାସ ଗୌରହରି, ଜୀବନର ଜଳଛବି, ଫ୍ରେଣ୍ଡ୍ସ ପବ୍ଲିଶର୍ସ, ୨୦୧୭, ପୃ: ୧୭

୧୨. ଦାସ ଗୌରହରି, ଜୀବନର ଜଳଛବି, ଫ୍ରେଣ୍ଡ୍ସ ପବ୍ଲିଶର୍ସ, ୨୦୧୭, ପୃ: ୨୦

୧୩. ଦାସ ଗୌରହରି, ଜୀବନର ଜଳଛବି, ଫ୍ରେଣ୍ଡ୍ସ ପବ୍ଲିଶର୍ସ, ୨୦୧୭, ପୃ: ୧୬୫

୧୪. ଦାସ ଗୌରହରି, ବିଦେଶ ଓ ଅନ୍ୟାନ୍ୟ ଗଳ୍ପ, ବ୍ଲାକ୍ ଇଗଲ୍ ବୁକ୍ସ, ୨୦୧୯, ପୃ: ୭

୧୫. ଦାସ ଗୌରହରି, ଜୀବନର ଜଳଛବି, ଫ୍ରେଣ୍ଡ୍ସ ପବ୍ଲିଶର୍ସ, ୨୦୧୭, ପୃ: ୨୪୭

୧୬. ଦାସ ଗୌରହରି, ଜୀବନର ଜଳଛବି, ଫ୍ରେଣ୍ଡ୍ସ ପବ୍ଲିଶର୍ସ, ୨୦୧୭, ପୃ: ୫୦୯

୧୭. ଦାସ ଗୌରହରି, ଜୀବନର ଜଳଛବି, ଫ୍ରେଣ୍ଡ୍ସ ପବ୍ଲିଶର୍ସ, ୨୦୧୭, ପୃ: ୫୧୧

୧୮. ଦାସ ଗୌରହରି, 'ପରିଚିତ ପରିଧି', ଫ୍ରେଣ୍ଡ୍ସ ପବ୍ଲିଶର୍ସ, ୨୦୦୧, ପୃ: ୧୪

୧୯. ଦାସ ଗୌରହରି, 'ପରିଚିତ ପରିଧି', ଫ୍ରେଣ୍ଡ୍ସ ପବ୍ଲିଶର୍ସ, ୨୦୦୧, ପୃ: ୨୩

୨୦. ଦାସ ଗୌରହରି, 'ପରିଚିତ ପରିଧି', ଫ୍ରେଣ୍ଡ୍ସ ପବ୍ଲିଶର୍ସ, ୨୦୦୧, ପୃ: ୨୫

୨୧. ଦାସ ଗୌରହରି, 'ପରିଚିତ ପରିଧି', ଫ୍ରେଣ୍ଡ୍ସ ପବ୍ଲିଶର୍ସ, ୨୦୦୧, ପୃ: ୨୮
୨୨. ଦାସ ଗୌରହରି, 'ପରିଚିତ ପରିଧି', ଫ୍ରେଣ୍ଡ୍ସ ପବ୍ଲିଶର୍ସ, ୨୦୦୧, ପୃ: ୫୦
୨୩. ଦାସ ଗୌରହରି, 'ପରିଚିତ ପରିଧି', ଫ୍ରେଣ୍ଡ୍ସ ପବ୍ଲିଶର୍ସ, ୨୦୦୧, ପୃ: ୫୦
୨୪. ଦାସ ଗୌରହରି, 'ପରିଚିତ ପରିଧି', ଫ୍ରେଣ୍ଡ୍ସ ପବ୍ଲିଶର୍ସ, ୨୦୦୧, ପୃ: ୬୬
୨୫. ଦାସ ଗୌରହରି, 'ପରିଚିତ ପରିଧି', ଫ୍ରେଣ୍ଡ୍ସ ପବ୍ଲିଶର୍ସ, ୨୦୦୧, ପୃ: ୭୨
୨୬. ଦାସ ଗୌରହରି, 'ପରିଚିତ ପରିଧି', ଫ୍ରେଣ୍ଡ୍ସ ପବ୍ଲିଶର୍ସ, ୨୦୦୧, ପୃ: ୭୯
୨୭. ଦାସ ଗୌରହରି, 'ପରିଚିତ ପରିଧି', ଫ୍ରେଣ୍ଡ୍ସ ପବ୍ଲିଶର୍ସ, ୨୦୦୧, ପୃ: ୮୫
୨୮. ଦାସ ଗୌରହରି, 'ପରିଚିତ ପରିଧି', ଫ୍ରେଣ୍ଡ୍ସ ପବ୍ଲିଶର୍ସ, ୨୦୦୧, ପୃ: ୧୦୭
୨୯. ଦାସ ଗୌରହରି, 'ପରିଚିତ ପରିଧି', ଫ୍ରେଣ୍ଡ୍ସ ପବ୍ଲିଶର୍ସ, ୨୦୦୧, ପୃ: ୧୧୪
୩୦. ଦାସ ଗୌରହରି, 'ଅସମର୍ଥ ଈଶ୍ୱର', ଫ୍ରେଣ୍ଡ୍ସ ପବ୍ଲିଶର୍ସ, ୨୦୦୭, ପୃ: ୪୨
୩୧. ଦାସ ଗୌରହରି, 'ଅସମର୍ଥ ଈଶ୍ୱର', ଫ୍ରେଣ୍ଡ୍ସ ପବ୍ଲିଶର୍ସ, ୨୦୦୭, ପୃ: ୩୫
୩୨. ଦାସ ଗୌରହରି, 'ଅସମର୍ଥ ଈଶ୍ୱର', ଫ୍ରେଣ୍ଡ୍ସ ପବ୍ଲିଶର୍ସ, ୨୦୦୭, ପୃ: ୧୧୬
୩୩. ଦାସ ଗୌରହରି, 'ହାତଲେଖା ଚିଠି', ଫ୍ରେଣ୍ଡ୍ସ ପବ୍ଲିଶର୍ସ, ୨୦୧୨, ପୃ: ୧୫
୩୪. ଦାସ ଗୌରହରି, 'ହାତଲେଖା ଚିଠି', ଫ୍ରେଣ୍ଡ୍ସ ପବ୍ଲିଶର୍ସ, ୨୦୧୨, ପୃ: ୨୪
୩୫. ଦାସ ଗୌରହରି, 'ହାତଲେଖା ଚିଠି', ଫ୍ରେଣ୍ଡ୍ସ ପବ୍ଲିଶର୍ସ, ୨୦୧୨, ପୃ: ୨୫

୩୬. ଦାସ ଗୌରହରି, 'ହାତଲେଖା ଚିଠି', ଫ୍ରେଣ୍ଡ୍ସ ପବ୍ଲିଶର୍ସ, ୨୦୧୨, ପୃ: ୨୬
୩୭. ଦାସ ଗୌରହରି, 'ହାତଲେଖା ଚିଠି', ଫ୍ରେଣ୍ଡ୍ସ ପବ୍ଲିଶର୍ସ, ୨୦୧୨, ପୃ: ୨୯
୩୮. ଦାସ ଗୌରହରି, 'ଈଶ୍ୱରଙ୍କ ଠିକଣା', ଫ୍ରେଣ୍ଡ୍ସ ପବ୍ଲିଶର୍ସ, ୨୦୧୯, ପୃ: ନିଜକଥା
୩୯. ଦାସ ଗୌରହରି, 'ଈଶ୍ୱରଙ୍କ ଠିକଣା', ଫ୍ରେଣ୍ଡ୍ସ ପବ୍ଲିଶର୍ସ, ୨୦୧୯, ପୃ: ୩୨
୪୦. ଦାସ ଗୌରହରି, 'ଈଶ୍ୱରଙ୍କ ଠିକଣା', ଫ୍ରେଣ୍ଡ୍ସ ପବ୍ଲିଶର୍ସ, ୨୦୧୯, ପୃ: ୬୪
୪୧. ଦାସ ଗୌରହରି, 'ଈଶ୍ୱରଙ୍କ ଠିକଣା', ଫ୍ରେଣ୍ଡ୍ସ ପବ୍ଲିଶର୍ସ, ୨୦୧୯, ପୃ: ୧୩୫
୪୨. ଦାସ ଗୌରହରି, 'ଈଶ୍ୱରଙ୍କ ଠିକଣା', ଫ୍ରେଣ୍ଡ୍ସ ପବ୍ଲିଶର୍ସ, ୨୦୧୯, ପୃ: ୧୭୨
୪୩. ଦାସ ଗୌରହରି, 'ଈଶ୍ୱରଙ୍କ ଠିକଣା', ଫ୍ରେଣ୍ଡ୍ସ ପବ୍ଲିଶର୍ସ, ୨୦୧୯, ପୃ: ୨୪୮
୪୪. ଦାସ ଗୌରହରି, ଜୀବନର ଜଳଛବି, ଫ୍ରେଣ୍ଡ୍ସ ପବ୍ଲିଶର୍ସ, ୨୦୧୭, ପୃ: ୫୩୬
୪୫. ମହାନ୍ତି ଗୋପୀନାଥ, କଳାଶକ୍ତି, ଅଗ୍ରଦୂତ, ୧୯୭୩, ପୃ: ୧୭
୪୬. ମହାନ୍ତି ଗୋପୀନାଥ, କଳାଶକ୍ତି, ଅଗ୍ରଦୂତ, ୧୯୭୩, ପୃ: ୯୨
୪୭. ଦାସ ଗୌରହରି, 'ହାତଲେଖା ଚିଠି', ଫ୍ରେଣ୍ଡ୍ସ ପବ୍ଲିଶର୍ସ, ୨୦୧୨, ପୃ: ୧୩
୪୮. ଓଡ଼ିଆ ଗବେଷଣା ପରିଷଦ ଗ୍ରନ୍ଥମାଳା, (ପ୍ରଫେସର ନରେନ୍ଦ୍ରନାଥ ମିଶ୍ର), ନନ୍ଦନତତ୍ତ୍ୱ (ଏକ ସଂପାନ), କୋଣାର୍କ ପବ୍ଲିଶର୍ସ, ପୃ: ୧୩
୪୯. ଦାସ ଗୌରହରି, ଜୀବନର ଜଳଛବି, ଫ୍ରେଣ୍ଡ୍ସ ପବ୍ଲିଶର୍ସ, ୨୦୧୭, ପୃ: ୫୩୩
୫୦. ଦାସ ଗୌରହରି, ଜୀବନର ଜଳଛବି, ଫ୍ରେଣ୍ଡ୍ସ ପବ୍ଲିଶର୍ସ, ୨୦୧୭, ପୃ: ୪୨
୫୧. ଦାସ ଗୌରହରି, ଜୀବନର ଜଳଛବି, ଫ୍ରେଣ୍ଡ୍ସ ପବ୍ଲିଶର୍ସ, ୨୦୧୭, ପୃ: ୫୨୯

୫୨. ବେହେରା ଶିଶିର, ଅନ୍ତରଙ୍ଗ ଆଳାପ, ମା' ସାରଦା ପବ୍ଲିକେଶନ୍ସ, ୨୦୨୧
୫୩. ଦାସ ଗୌରହରି, ଜୀବନର ଜଳଛବି, ଫ୍ରେଣ୍ଡ୍ସ ପବ୍ଲିଶର୍ସ, ୨୦୧୭, ପୃ: ୪୫୨
୫୪. ମହାନ୍ତି ଗୋପୀନାଥ, କଳାଶକ୍ତି, ଅଗ୍ରଦୂତ, ୧୯୭୩, ପୃ: ୭୯
୫୫. ମହାନ୍ତି ଗୋପୀନାଥ, କଳାଶକ୍ତି, ଅଗ୍ରଦୂତ, ୧୯୭୩, ପୃ: ୭୯
୫୬. ଦାସ ଗୌରହରି, ଜୀବନର ଜଳଛବି, ଫ୍ରେଣ୍ଡ୍ସ ପବ୍ଲିଶର୍ସ, ୨୦୧୭, ପୃ: ୧୭
୫୭. ଦାସ ଗୌରହରି, ଜୀବନର ଜଳଛବି, ଫ୍ରେଣ୍ଡ୍ସ ପବ୍ଲିଶର୍ସ, ୨୦୧୭, ପୃ: ୧୯
୫୮. ଦାସ ଗୌରହରି, ଜୀବନର ଜଳଛବି, ଫ୍ରେଣ୍ଡ୍ସ ପବ୍ଲିଶର୍ସ, ୨୦୧୭, ପୃ: ୧୦୨
୫୯. ଦାସ ଗୌରହରି, ଚିହ୍ନା ଚୌହଦି, ଫ୍ରେଣ୍ଡ୍ସ ପବ୍ଲିଶର୍ସ, ୧୯୯୬, ପୃ: ୧୯୩
୬୦. ଦାସ ଗୌରହରି, କଥା ସରିନାହିଁ, ସମ୍ବାଦ କେତେବେଳେ ସାହିତ୍ୟ ହୁଏ, ଏଥେନା ବୁକ୍ସ, ଭୁବନେଶ୍ୱର, ୨୦୧୮, ପୃ: ୨୪୬
୬୧. ବେହେରା ଶିଶିର, ଅନ୍ତରଙ୍ଗ ଆଳାପ, ମା' ସାରଦା ପବ୍ଲିକେଶନ୍ସ, ୨୦୨୧
୬୨. ଦାସ ଗୌରହରି, ଜୀବନର ଜଳଛବି, ଫ୍ରେଣ୍ଡ୍ସ ପବ୍ଲିଶର୍ସ, ୨୦୧୭, ପୃ: ୫୨
୬୩. ଦାସ ଗୌରହରି, ଜୀବନର ଜଳଛବି, ଫ୍ରେଣ୍ଡ୍ସ ପବ୍ଲିଶର୍ସ, ୨୦୧୭, ପୃ: 'ଖ'
୬୪. ଦାସ ଗୌରହରି, ଜୀବନର ଜଳଛବି, ଫ୍ରେଣ୍ଡ୍ସ ପବ୍ଲିଶର୍ସ, ୨୦୧୭, ପୃ: ୫୩୬
୬୫. ମହାନ୍ତି ଗୋପୀନାଥ, କଳାଶକ୍ତି, ଅଗ୍ରଦୂତ, ୧୯୭୩, ପୃ: ୮୭
୬୬. ଦାସ ଗୌରହରି, ଜୀବନର ଜଳଛବି, ଫ୍ରେଣ୍ଡ୍ସ ପବ୍ଲିଶର୍ସ, ୨୦୧୭, ପୃ: ୧୫୭
୬୭. ମହାନ୍ତି ଗୋପୀନାଥ, କଳାଶକ୍ତି, ଅଗ୍ରଦୂତ, ୧୯୭୩, ପୃ: ୧୪୧
୬୮. ଦାସ ଗୌରହରି, ଜୀବନର ଜଳଛବି, ଫ୍ରେଣ୍ଡ୍ସ ପବ୍ଲିଶର୍ସ, ୨୦୧୭, ପୃ: ୫୩୫
୬୯. ଦାସ ଗୌରହରି, ଜୀବନର ଜଳଛବି, ଫ୍ରେଣ୍ଡ୍ସ ପବ୍ଲିଶର୍ସ, ୨୦୧୭, ପୃ: ୭୭

୭୦. ଦାସ ଗୌରହରି, ଈଶ୍ୱରଙ୍କ ଠିକଣା, ଫ୍ରେଣ୍ଡ୍ସ ପବ୍ଲିଶର୍ସ, ୨୦୧୯, ପୃ: ୯୪
୭୧. ଦାସ ଗୌରହରି, ଜୀବନର ଜଳଛବି, ଫ୍ରେଣ୍ଡ୍ସ ପବ୍ଲିଶର୍ସ, ୨୦୧୭, ପୃ: 'ଖ'
୭୨. ଦାସ ଗୌରହରି, ଅସମର୍ଥ ଈଶ୍ୱର, ଫ୍ରେଣ୍ଡ୍ସ ପବ୍ଲିଶର୍ସ, ୨୦୧୭, ପୃ: ୧୧୬
୭୩. ଗୌରହରି ଦାସଙ୍କ ସହ ଏକ ବିଶେଷ ସାକ୍ଷାତକାର, ଡକ୍ଟର ସଂଘମିତ୍ରା ଭଞ୍ଜ, ୨୦୨୧
୭୪. ଦାସ ଗୌରହରି, ଜୀବନର ଜଳଛବି, ଫ୍ରେଣ୍ଡ୍ସ ପବ୍ଲିଶର୍ସ, ୨୦୧୭, ପୃ: xi
୭୫. ନାୟକ ଅର୍ଚ୍ଚନା, ମହାପାତ୍ର ନୀଳମଣି ସାହୁ, ଅତିମାନବ ସମ୍ଭାବନା ଓ ପ୍ରତିଶ୍ରୁତି, କଟକ ଷ୍ଟୁଡେଣ୍ଟ୍ସ ଷ୍ଟୋର୍, ୨୦୧୦, ପୃ: ୩୪
୭୬. ଦାସ ଗୌରହରି, କଥାଟିଏ, ଆମ ଓଡ଼ିଶା, ୨୦୧୬, ପୃ: ନିଜକଥା
୭୭. ରାୟ ପ୍ରତିଭା, ମଗ୍ନ ମାଟି, ଆଦ୍ୟା ପ୍ରକାଶନୀ, ୨୦୧୪, ପୃ: ୪୩୭

ଗଳ୍ପହୀନ ଗଳ୍ପସ୍ରଷ୍ଟା
ଆଭାସ ବରାଳ

'କଳା ହେଉଛି ଜୀବନର ଛାୟାଚିତ୍ର। ଜୀବନର ଛାୟାଚ୍ଛନ୍ନ ପରିମଣ୍ଡଳର ଚିତ୍ର ଅଙ୍କନ କରେ କଳା। କଳାର ତୀର୍ଥତ୍ୱ ରହିଛି ଜିଉଁଥିବା ମଣିଷର ନିଦା ଜୀବନ ପରିଧି ଭିତରେ। ଜୀବନର ବାହାରେ କୌଣସି କଳା ନାହିଁ କି ସତ୍ୟ ନାହିଁ।"[୧] ମଣିଷର ଏହି ନିଦା ଜୀବନ ପରିଧିକୁ ଅତି ଅଭିନବ ପରିପାଟୀରେ କଳାତ୍ମକ କରି ଗଢ଼ି ତୋଳିଥିବା ସ୍ୱର୍ଦ୍ଧିତ କଥାକାର ଶ୍ରୀ ଆଭାସ କୁମାର ବରାଳ ଚଳନ୍ତି ସମୟର ଜଣେ ବହୁଧା ବିଭକ୍ତ ବ୍ୟକ୍ତିତ୍ୱ। କଥାଶିଳ୍ପରେ ନୂତନ ଆଙ୍ଗିକ ସୌକୁମାର୍ଯ୍ୟ ସହିତ କଥାବସ୍ତୁରେ ନିରୁତା ଅଣପାରମ୍ପରିକ ମୂଲ୍ୟବୋଧର ଉପସ୍ଥାପନ ଶ୍ରୀ ଆଭାସ କୁମାର ବରାଳ ୧୯୮୦ ପରବର୍ତ୍ତୀ ଓଡ଼ିଆ କଥା ସାହିତ୍ୟକୁ ଦେଇଛନ୍ତି ଏକ ନୂତନ ପରିଚୟ। ୧୯୮୦ ପରବର୍ତ୍ତୀ ଅନ୍ୟାନ୍ୟ ବିଶିଷ୍ଟ କଥାକାରମାନଙ୍କ ପରି ସେ ମଧ୍ୟ ଜୀବନ-ଜଗତର ବାସ୍ତବ ସତ୍ୟ, ସଂଘର୍ଷ, ମଣିଷର ସ୍ନେହ-ଶ୍ରଦ୍ଧା, ମନର ସୂକ୍ଷ୍ମ ବିଶ୍ଳେଷଣ, ଶିକ୍ଷିତ-ମଧ୍ୟବିତ୍ତ ବ୍ୟକ୍ତିଚେତନାର ଅନୁଭୂତି, ସ୍ୱାମୀ ସ୍ତ୍ରୀ ମଧ୍ୟରେ ବିଚ୍ଛିନ୍ନତା ବୋଧ, ଅବିଶ୍ୱାସ, ମାଟି, ପାଣି, ପବନ, ବାହ୍ୟ ପ୍ରକୃତିରୁ ଅନ୍ତର୍ପ୍ରକୃତି, କାହାଣୀ ସହିତ କାହାଣୀହୀନତା, ମୁକ୍ତ ରାଜନୀତି, ଅନ୍ତର୍ରାଷ୍ଟ୍ରୀୟ ଭାବଧାରା, ଜଗତୀକରଣ, ମୁକ୍ତ ବ୍ୟାବସାୟିକ ପରିଧି ତଥା ନିର୍ଦ୍ଦିଷ୍ଟ ବିନ୍ଦୁରେ ସ୍ଥିର ନ ରହି ଅନ୍ତରୀକ୍ଷ ଆଡ଼କୁ ଉନ୍ମୁଖ ଜଗତର ବିବିଧ ରୂପ-ରଙ୍ଗକୁ ନେଇ ଶ୍ରୀ ବରାଳ ଶବ୍ଦରାଗ ତୋଳିଛନ୍ତି। ସମୟର ଶାଣିତ-ବାସ୍ତବ ସ୍ୱର ତାଙ୍କ ଶୈଳୀର ଏକ ବିଶିଷ୍ଟ ଦିଗକୁ ନିର୍ଦ୍ଦେଶ କରେ। ତାଙ୍କ ଶବ୍ଦରେ- "ଶିଳ୍ପୀ ଜରୁରୀ ନୁହେଁ - ଶିଳ୍ପ,

କଳାକାର ଜରୁରୀ ନୁହେଁ କଳା ହିଁ ମୁଖ୍ୟ କଥା । କାରଣ ଶିଳ୍ପ-ଶିଳ୍ପୀକୁ ତଥା କଳା-କଳାକାରକୁ ସ୍ୱତଃସିଦ୍ଧ ଭାବରେ ଆତ୍ମପରିଚିତି ପ୍ରଦାନ କରିବାରେ ସମର୍ଥ ।”

ଓଡ଼ିଶାର ବିଶିଷ୍ଟ ଶିକ୍ଷାବିତ୍ ଶ୍ରୀ ଅବନୀ କୁମାର ବରାଳ ଏବଂ ଅଧ୍ୟାପିକା ମାତା ଶ୍ରୀମତୀ ଆଦରମଣି ଦେବୀଙ୍କ ଯୋଗ୍ୟ ଦାୟାଦ ଭାବରେ ଗାଳ୍ପିକ ଶ୍ରୀ ଆଭାସ କୁମାର ବରାଳ ୧୯୬୦ ମସିହା ଅକ୍‌ଟୋବର ୩୦ରେ କଟକ ଜିଲ୍ଲାର ‘ଡଗରପଡ଼ା’ରେ ଜନ୍ମଗ୍ରହଣ କରିଥିଲେ । ୧୯୭୭ ମସିହାରେ ଭୁବନେଶ୍ୱର ସରକାରୀ ଉଚ୍ଚ ବିଦ୍ୟାଳୟ ୟୁନିଟ୍-୧ରୁ ମ୍ୟାଟ୍ରିକ୍, ୧୯୭୯ ମସିହାରେ ବିଜେବି କଲେଜରୁ ଇଣ୍ଟରମିଡିଏଟ୍, ୧୯୮୧ ମସିହାରେ ପ୍ରାଣନାଥ ମହାବିଦ୍ୟାଳୟ ଖୋର୍ଦ୍ଧାରୁ ସ୍ନାତକ, ୧୯୮୩ ମସିହାରେ ରେଭେନ୍‌ସା ବିଶ୍ୱବିଦ୍ୟାଳୟରୁ ସ୍ନାତକୋତ୍ତର ତଥା ୧୯୮୬ ମସିହାରେ ବନାରସ୍ ବିଶ୍ୱବିଦ୍ୟାଳୟରୁ ଇଂରାଜୀରେ ଏମ୍.ଫିଲ୍ ଡିଗ୍ରୀ ପ୍ରାପ୍ତ କରି ସଂପ୍ରତି ପ୍ରାଣନାଥ ମହାବିଦ୍ୟାଳୟ ଖୋର୍ଦ୍ଧାରେ ଅଧ୍ୟାପନାରତ ଅଛନ୍ତି । ସେ ଜଣେ ପ୍ରତିଭାସଂପନ୍ନ ବ୍ୟକ୍ତିତ୍ୱ । ସେ ଏକାଧାରରେ ଜଣେ କବି, ଗାଳ୍ପିକ, ଔପନ୍ୟାସିକ, ପେଣ୍ଟର, ଉଡ୍ ଆର୍ଟିଷ୍ଟ୍ ଏବଂ ସର୍ବୋପରି ଇଂରାଜୀ ଭାଷା-ସାହିତ୍ୟର ଜଣେ ନିଆରା ଅଧ୍ୟାପକ । ଜୀବନକୁ କଳାତ୍ମକ ଭାବରେ ଜିଇଁବା ସତେ ଯେମିତି ତାଙ୍କର ଏକ ସ୍ୱାଭାବିକ କର୍ମ । ଜୀବନକୁ କେନ୍ଦ୍ର କରି ଜିଇଁବା ଓ ଦେଖିବାର ଦାର୍ଶନିକ ଆଭିମୁଖ୍ୟଟି ଯେମିତି ତାଙ୍କ ବ୍ୟକ୍ତିତ୍ୱ ଭିତରୁ ଉକୁଟି ଉଠେ, ସେମିତି ଅନ୍ୟ କାହା ପାଖରେ ମିଳିବା ଦୁଷ୍କର । ତାଙ୍କ ଭିତରେ ଅହରହ ଦୁଇଟି ସତ୍ତାର ସନ୍ତୁଳିତ ଅବସ୍ଥାକୁ ପାଠକ ଉପଲବ୍ଧ କରିପାରେ । ଜଣେ ଅଧ୍ୟାପକ ରୂପେ ଅନ୍ୟଟି ଜଣେ କଳାକାର ରୂପେ ସେ ନିଜକୁ ବେଶ୍ ଏକ ପରିଧି ଭିତରେ ସାଉଁଟି ଧରିଥାଆନ୍ତି । ଗୋଟିଏ ସତ୍ତା ଅନ୍ୟଟିକୁ ଅତିକ୍ରମ ନ କରି ବରଂ ଆଦରି ନେଇଥିବା ମନେହୁଏ । ତାଙ୍କ ପେସା-ନିଶାର ସମନ୍ୱୟ ସହିତ ଏବଂ ଆର୍ଟିଷ୍ଟିକ୍ ମାନସିକତା ତାଙ୍କୁ ଓଡ଼ିଆ ପାଠକଙ୍କ ନିକଟରେ ସ୍ୱତନ୍ତ୍ର କରି ଗଢ଼ି ତୋଳିଛି ।

ଶ୍ରୀ ବରାଳ ଅଷ୍ଟମ ଶ୍ରେଣୀରୁ ଗଳ୍ପଲେଖା ଆରମ୍ଭ କରିଥିଲେ ହେଁ ୧୯୮୪ରୁ ୧୯୮୯ ମସିହା ଭିତରେ ଅସଂଖ୍ୟ କବିତା ମଧ୍ୟ ରଚନା କରିଥିଲେ । ତେବେ ୧୯୮୯ ପରେ ‘କଥା’ ଗଳ୍ପରେ ପ୍ରକାଶିତ ‘ସମୟ’ ନାମକ ଗଳ୍ପ ହିଁ ତାଙ୍କ ଜୀବନର ଆଦ୍ୟ ସାରସ୍ୱତ-କଥାରୂପ । ତାଙ୍କର ସୃଷ୍ଟିଗୁଡ଼ିକରେ - ‘ନାନୁ’ (୧୯୯୮), ‘ମୁଁ ୧/୧୮’ (୨୦୧୦), ‘; ସେମାନେ’ (୨୦୧୨), ‘ଜୀବାଣୁ ଓ ଅନ୍ୟାନ୍ୟ ଗଳ୍ପ’ (୨୦୧୬) ଇତ୍ୟାଦି ଗଳ୍ପ ସଂକଳନ, ୧୦୮ଟି କବିତାର ସଂକଳନ ‘The City’, ‘ମହାପୁରୁଷ’, ‘ଇଣ୍ଟରଭ୍ୟୁ’ ଆଦି ଦୁଇଟି ଉପନ୍ୟାସ ଏବଂ ବିଶିଷ୍ଟ କବି-ସାଂସଦ ପ୍ରସନ୍ନ ପାଟଶାଣୀଙ୍କ ଦ୍ୱାରା ରଚିତ ‘ଖୋର୍ଦ୍ଧା ମାଟିର କବିତା’ର ଇଂରାଜୀ ଅନୁବାଦ ‘Khorda, The poetry I recite' ଇତ୍ୟାଦି ଶ୍ରୀ ବରାଳଙ୍କର ଅଭିନବ ସୃଷ୍ଟିସମ୍ଭାର । ପେସାରେ ଜଣେ ଇଂରାଜୀ ଅଧ୍ୟାପକ ହେଲେହେଁ ଓଡ଼ିଆ ଭାଷା ପ୍ରତି ତାଙ୍କର ଐକାନ୍ତିକ ଅନୁରକ୍ତି ହିଁ ତାଙ୍କୁ ଓଡ଼ିଆ ଗଳ୍ପଜଗତରେ ସୁବିଦିତ କରିପାରିଛି । ଇଂରାଜୀ ସାହିତ୍ୟର ବିଶିଷ୍ଟ ଔପନ୍ୟାସିକ ସାମୁଏଲ୍ ବେକେଟ୍, ଫ୍ରାନ୍‌ଜ କାଫ୍‌କା, ଆଲବର୍ଟ କେମ୍ୟୁ, ବାଲ୍‌ଜାକ୍ ଆଦିଙ୍କ ସ୍ଥିତିବାଦୀ ଦୃଷ୍ଟିକୋଣ ଦ୍ୱାରା ବହୁ ଭାବରେ ପ୍ରଭାବିତ ହୋଇଥିବା କଥାକୁ ଗାଳ୍ପିକ ଶ୍ରୀ ବରାଳ ଅତି ନମ୍ରତାର ସହିତ ସ୍ୱୀକାର କରନ୍ତି । ଓଡ଼ିଶାର ଯଶସ୍ୱୀ ଶ୍ରୀ ଅବନୀ ବରାଳଙ୍କ ଦିଗ୍‌ଦର୍ଶନ ତଥା ବିଶିଷ୍ଟ ଗାଳ୍ପିକ ଶ୍ରୀ ପଦ୍ମଜ ପାଳଙ୍କ ପ୍ରୋତ୍ସାହନ ଏବଂ ସୁଲେଖିକା ଆଦରମଣି ବରାଳଙ୍କ ଶିକ୍ଷା-ଦୀକ୍ଷା-ସଂସ୍କାର ହିଁ ଓଡ଼ିଆ ଭାଷା ପ୍ରୀତି ଓ ତାଙ୍କ ସାହିତ୍ୟିକ ମାନସିକତାକୁ ଏକ ବଳିଷ୍ଠ ଭିତ୍ତିଭୂମି ପ୍ରଦାନ କରିଥିବା ସେ ସ୍ୱୀକାର କରନ୍ତି ।

ଅତ୍ୟାଧୁନିକ ଓଡ଼ିଆ ଗଳ୍ପଜଗତରେ ୧୯୮୦ ମସିହା ପରବର୍ତ୍ତୀ ଶ୍ରୀ ହରିହର ମିଶ୍ର, ବନଜ ଦେବୀ, ରାଜେନ୍ଦ୍ର କିଶୋର ପଣ୍ଡା, ରାମଚନ୍ଦ ବେହେରା, ପଦ୍ମଜ ପାଳ, ଅର୍ଚ୍ଚନା ନାୟକ, ପ୍ରସନ୍ନ ପାଟଶାଣୀ, ଅଧ୍ୟାପକ ବିଶ୍ୱରଞ୍ଜନ, ଲକ୍ଷ୍ମୀପ୍ରିୟା ଆଚାର୍ଯ୍ୟ, ଦୀପକ ପାଲ୍, ଗୋଲାପ ମଞ୍ଜରୀ କର, ତରୁଣକାନ୍ତି ମିଶ୍ର, ଯଶୋଧାରା ମିଶ୍ର, ଜଗଦୀଶ ମହାନ୍ତି, ଗାୟତ୍ରୀ ସରାଫ୍, ପୀତବାସ ରାଉତରାୟ, ଦାଶ ବେନହୁର, ରମେଶ ପଟ୍ଟନାୟକ, ବିଷ୍ଣୁ ସାହୁ, ରବି ପଣ୍ଡା, ଅଜୟ ସ୍ୱାଇଁ, କବିତା ବାରିକ, ଗୌରହରି ଦାସ, ସୁସ୍ମିତା ବାଗ୍‌ଚୀ, ବିଜୟ ନାୟକ ପ୍ରମୁଖ ବିଶିଷ୍ଟ କଥାକାରମାନଙ୍କ ମଧ୍ୟରେ ଶ୍ରୀ ଆଭାସ କୁମାର ବରାଳ ନିଜ କଥାଚାତୁରୀର ନୈପୁଣ୍ୟକୁ ନେଇ ପାଠକଙ୍କ ନିକଟରେ ଏକ ନିର୍ଦ୍ଦିଷ୍ଟ ଏବଂ ସ୍ୱତନ୍ତ୍ର ସ୍ଥାନଟିଏ ସୃଷ୍ଟି କରିପାରିଛନ୍ତି ।

'ନାନୁ', '; ସେମାନେ', 'ମୁଁ ୧/୧୮' ଏବଂ 'ଜୀବାଣୁ ଓ ଅନ୍ୟାନ୍ୟ ଗଳ୍ପ'ଗୁଡ଼ିକ ଶ୍ରୀ ବରାଳଙ୍କ ଉତ୍କୃଷ୍ଟ ସୃଷ୍ଟି । ପ୍ରତ୍ୟେକ ଗଳ୍ପରେ ସାଧାରଣ ମଣିଷ ଜୀବନର ନିଛକ ସତ୍ୟ ଉଦ୍‌ଘାଟନରେ ଗାଳ୍ପିକ ପ୍ରୟାସୀ ହୋଇଥିବା ମନେହୁଏ । ବିଶେଷତଃ 'ଜୀବାଣୁ ଓ ମାଂସ' ଗଳ୍ପରେ ସୁପ୍ତ-ପ୍ରବୃତ୍ତୀୟ ଇଚ୍ଛା, ପ୍ରଚ୍ଛନ୍ନ ଯୌନକାଂକ୍ଷା, ଖୋଳପା ଭିତରେ ନିଜକୁ ଢାଙ୍କି ରଖିଥିବା ଆଧୁନିକ ମଣିଷର ଚିରନ୍ତନ-ଭୋଗତୃଷ୍ଣାର ସଂଗୁପ୍ତ କଥା ରହିଛି । ଗାଳ୍ପିକ ଶ୍ରୀ ବରାଳଙ୍କ ମତରେ ସଭ୍ୟ-ମାର୍ଜ୍ଜିତ ମଣିଷ ସମାଜ ନିଜକୁ ଅନବରତ ଭାବେ ଢାଙ୍କି ରଖିବାର ପ୍ରୟାସ କରିଚାଲିଛି । ଭଲପଣିଆ, ଆଦର୍ଶବାଦର ବିଜ୍ଞାପନ କରି ତା' ଭିତରେ ଲୁକ୍କାୟିତ ହିଂସ୍ର ପଶୁତ୍ୱକୁ ବାହାରକୁ ଆସିବାକୁ ନ ଦେବାର ଯଥାସମ୍ଭବ ଚେଷ୍ଟା କରିଚାଲିଛି । ଗାଳ୍ପିକ କିନ୍ତୁ ତାଙ୍କ ଗଳ୍ପ ମାଧ୍ୟମରେ ମୁଖାପିନ୍ଧା ମଣିଷର ମୁଖା ଉନ୍ମୋଚନ ଓ ତା'ର ସ୍ୱରୂପୋଦ୍‌ଘାଟନ ନିମନ୍ତେ ସତତ ଚେଷ୍ଟିତ ହୋଇଛନ୍ତି ।

'ନାନୁ' ଗଳ୍ପ ସଂକଳନଟି ଶ୍ରୀ ଆଭାସ ବରାଳଙ୍କ ଜୀବନର ମୁଖଶାଳା ରୂପେ ବିଦ୍ୟମାନ। "ଏହା ତାଙ୍କ ସୃଜନଶୀଳତାର କିଛିଟା ସଂକେତ ଓ ପ୍ରତିବଦ୍ଧତା ବହନ କରେ। x x x ନାନୁକୁ ପଢ଼ିଲେ ଏଇ ବିଂଶ ଶତାବ୍ଦୀର ଶେଷ ଦଶକର ବାସ୍ତବତା, ଅଣପାରମ୍ପରିକ ଚିନ୍ତା-ଚେତନାଠାରୁ ଜୀବନଯାତ୍ରାର ଚମତ୍କାର ଆଭାସ ମିଳେ। ନାନୁ ଅନେକ ଦୃଷ୍ଟିରେ ଭିନ୍ନ, ଅଲଗା। ସାହିତ୍ୟରେ ଏଇ ଭିନ୍ନତା ଖୁବ୍ ଗୁରୁତ୍ୱପୂର୍ଣ୍ଣ ଓ ଏକ ଯୁଗାଭାସ।"[୨] ଗାଳ୍ପିକ ଶ୍ରୀ ବରାଳଙ୍କ ଗଳ୍ପରେ ଜୀବନ ଅନ୍ୱେଷାର ବହୁବିଧ ରୂପ ଉଙ୍କି ମାରେ। ପ୍ରାୟ ସମସ୍ତ ଗଳ୍ପରେ କିପରି ଏକ ଉହଳବିକଳ ଭାବ। ନିଜ ଭିତରୁ ନିଜକୁ ଆବିଷ୍କାରର ଚେଷ୍ଟା, ଆତ୍ମପ୍ରତିଷ୍ଠାର ଦୁର୍ବାର ଇଚ୍ଛା ସହିତ ଅହଂବାଦୀ ମନୋଭାବର ସ୍ୱଷ୍ଟତା। ବେଳେବେଳେ ଯନ୍ତ୍ରଣାର ପରିଭାଷାକୁ ନିର୍ଦ୍ଦିଷ୍ଟ ଶବ୍ଦଯୋଡ଼ି ସୀମିତ ପରିଧିରେ ସାଉଁଟି ହୁଏନି। କେବେ କେବେ ଅତ୍ୟଧିକ ଅବସାଦଗ୍ରସ୍ତ ଆଧୁନିକ ମଣିଷ ମଧ୍ୟ ନିରବି ଯିବାକୁ ଶ୍ରେୟ ମନେ କରେ। ଗାଳ୍ପିକ ମଧ୍ୟ ଏଭଳି ନିରବତା ଭିତରୁ ନିଜକୁ ମୁକ୍ତ କରିପାରିନାହାନ୍ତି। ଏହି "ନିରବତା ଭିତରୁ ହିଁ ନାନୁର ସୃଷ୍ଟି। x x x ସେ ଅଚାନକ ଆସେ, ପାଖରେ ବସେ ଆଉ ଚରିତ୍ରଟିଏ ଦେଖାଇଦିଏ।"[୩] ଗାଳ୍ପିକ ଶ୍ରୀ ବରାଳ ନିଜର ନିଆରା ଶୈଳୀରେ ଭାବ ଓ ଭାଷାକୁ ନେଇ ଦୃଶ୍ୟ-ଅଦୃଶ୍ୟ, ଶବ୍ଦ-ନୀରବତା, ଘଟଣା-ଅଘଟଣ ମଧ୍ୟବର୍ତ୍ତୀ ଥିବା ପର୍ଯ୍ୟାୟଗୁଡ଼ିକର ପରିକଳ୍ପନା ତଥା ଅବତାରଣା କରିଛନ୍ତି। ତାଙ୍କ ମତରେ- "ବାରମ୍ବାର କୁହାଯାଇଥିବା-କୁହାଯାଉଥିବା ଏବଂ କୁହାଯିବାକୁ ଥିବା କଥାକୁ ମୁଁ ମୋ ନିଜସ୍ୱ ପରିକଳ୍ପନା ଭିତରୁ ନିଜସ୍ୱ ଶୈଳୀରେ ପ୍ରକାଶ କରିବାକୁ ଚେଷ୍ଟା କରିଛି ମାତ୍ର।"[୪]

ଆତ୍ମବିଭାଜିତ ମଣିଷର ଅନ୍ତର୍ଦ୍ୱନ୍ଦ୍ୱ ଓ ବିରୋଧାଭାସକୁ ନେଇ 'ନାନୁ' ଗଳ୍ପ ସଂକଳନଟି ମର୍ମରିତ। "ବିଂଶ ଶତାବ୍ଦୀ ଶେଷ ପାହାଚରୁ ପାଦ ଉଠାଉଥିବା ଆତ୍ମ ବିଭାଜିତ ମଣିଷର ଅନ୍ତର୍ଦ୍ୱନ୍ଦ୍ୱ ହିଁ ନାନୁର ସଂପତ୍ତି। ସେ କେତେବେଳେ ବ୍ୟତିବ୍ୟସ୍ତତାରେ ଉର୍ଦ୍ଧ୍ୱମୁଖୀ ହୋଇ ମୋକ୍ଷକୁ ମୁହାଁଇଛି ତ କେବେ ତା'ର ନିମ୍ନଗାମୀ ଶାଣିତ ଦୃଷ୍ଟି ତାକୁ ଛନ୍ଦି ପକାଇଛି ଉଲୁପି ରାଜ୍ୟର ଅମା ଅନ୍ଧକାରରେ। ତେବେ ବି ନାନୁ, ନାନୁ ହୋଇ ବଞ୍ଚିଛି, ସ୍ୱପ୍ନ ଦେଖୁଛି, ପ୍ରେମ କରୁଛି, ସଂଘର୍ଷ କରୁଛି, ଜଳୁଛି କିନ୍ତୁ ହାର୍ ମାନୁନି। 'ନାନୁ'ର ପ୍ରତିଟି ଗଳ୍ପ ମାନସିକ ସ୍ତରରେ ପାଠକ ପାଇଁ ସୃଷ୍ଟି କରିବ ଏକ ଦ୍ୱିଧାଜଡ଼ିତ ଦ୍ୱନ୍ଦ୍ୱ ଯାହା ହୁଏତ ଏକବିଂଶ ଶତାବ୍ଦୀକୁ ସ୍ୱାଗତ କରିବା ପ୍ରକ୍ରିୟାରେ ନିମଜ୍ଜିତ, ନିଜ ମାନସିକତାରେ ଉନ୍ନତ ମଣିଷର ପ୍ରକୃତ ସ୍ୱରୂପ।"[୫] ଚଉଦଗୋଟି ଗଳ୍ପ ସନ୍ନିବିଷ୍ଟ 'ନାନୁ' ଗଳ୍ପ ସଂକଳନସ୍ଥ 'ମୁଁ'ଟି ବାସ୍ତବରେ ଗାଳ୍ପିକଙ୍କ ଅସ୍ତିତ୍ୱର ପରିଚାୟକ ହୋଇଛି। ଗଳ୍ପନାୟକ ଏଥିରେ ନିଜ ଶବ୍ଦ ଆଉ ଶବବାହକମାନଙ୍କୁ ଆହ୍ୱାନ କରିବା ପଛରେ

ଜୀବନର ଅଣନିଃଶ୍ୱାସ ଦୌଡ଼କୁ ଅଙ୍ଗୁଳି ନିର୍ଦ୍ଦେଶ କରିଛନ୍ତି। ମନ ଓ ହୃଦୟ ଭିତରେ ଶବ୍ଦ ଚାପିହୋଇ ନିଃଶବ୍ଦ ଏବଂ ଆବର୍ଜନାମୟ ହେବା ପୂର୍ବରୁ ଶବ୍ଦବାହକମାନେ ସେବୁକୁ ବାହାର କରିଦେବା ଉଚିତ। କାରଣ ମରିଯାଇଥିବା ଶରୀରକୁ ଶବବାହକମାନେ ଧଳା ଚାଦର ଢାଙ୍କି ପୋଷ୍ଟମର୍ଟମ୍ କରିବା ପରି, ସ୍ରଷ୍ଟାର ଶବ୍ଦ ମଧ୍ୟ କବର ଲଭିଥାଏ। ଶ୍ରୀ ବରାଳଙ୍କ ଶବତୁଲ୍ୟ ଶବ୍ଦ ବ୍ୟବଚ୍ଛେଦର ଇମେଜ୍ ଅତ୍ୟନ୍ତ ପ୍ରଭାବଶାଳୀ ମନେହୁଏ। ନିରବିତ ମଣିଷ ତଥା ଶବର ଦୁଇଟି ସ୍ଥିତିରେ ହିଁ ଚିତ୍କାର କରିବାର 'ଜୁ' ନ ଥାଏ।

'ଛାଇ ୯/୧୦' ଗଳ୍ପରେ ଗାଳ୍ପିକ ସୁଭାଷ ପରିଡ଼ା ଚରିତ୍ର ମାଧ୍ୟମରେ ତା'ର ଉଭଟ ଜୀବନ ଯନ୍ତ୍ରଣାକୁ ପରିବେଷଣ କରିଛନ୍ତି। ଏହି ଗଳ୍ପରେ ନିୟତ ପରିବର୍ତ୍ତନଶୀଳ ମଣିଷ ଜୀବନର ଦ୍ୱନ୍ଦ୍ୱାୟିତ ମାନସିକତା ମର୍ମରିତ ହୋଇଛି। ଏଥିରେ ଗାଳ୍ପିକଙ୍କ ଗଳ୍ପମନସ୍କତା ଅପେକ୍ଷା ଜୀବନକୁ ନେଇ ଆବେଗପୂର୍ଣ୍ଣ ବ୍ୟାଖ୍ୟା ବେଶ୍ ହୃଦ୍ୟ। "ଦୁର୍ଘଟଣା ହିଁ ଘଟଣାର ଅନ୍ୟ ରୂପ। ଦୁର୍ଘଟଣାରୁ ଦିନରାତି ହୁଏନି, ବରଂ ଆମେ ସବୁ ସ୍ୱଷ୍ଟ ଭାବେ ବଞ୍ଚିବା, ନିଜ ପାଇଁ ଓ ଅନ୍ୟ ପାଇଁ ବଞ୍ଚିବା ହିଁ ଦୁର୍ଘଟଣାର ଦୁର୍ଘଟଣା। ଏସବୁ ବେସୁରା ନୁହନ୍ତି। ସଂଗୀତ ପରି ସ୍ୱର-ଛନ୍ଦ-ତାଳରେ ପରସ୍ପର ଆବଦ୍ଧ।" ଘଟଣାବହୁଳ ଜୀବନଦୌଡ଼ ଭିତରେ ନିଜକୁ ଖୋଜି ପାଇବା ବେଳକୁ 'ଅସ୍ତିତ୍ୱ'ର ବିବିଧ ରୂପ ସମ୍ମୁଖକୁ ଆସେ। ଗାଳ୍ପିକଙ୍କ ମତରେ- "'ମୁଁ' ମୁଁର ଅନ୍ୟ ଏକ ମୁଁ - ଯାହା ଥିଲା 'ମୁଁ'ର ରୂପାନ୍ତର। ତେଣୁ ମୁଁ ଜାଣେନି। ଜନ୍ମ ପୂର୍ବରୁ, ଜନ୍ମ ପରେ। ମୋ ଜନ୍ମ ବୃତ୍ତାନ୍ତ।" 'କାହାକୁ ଖୋଜୁଛି' ଗଳ୍ପରେ ଗାଳ୍ପିକ ଜୀବନଯାତ୍ରାରେ ସଚେତନ ଭାବରେ ସ୍ୱପ୍ନର ସ୍ତରୀତ ଅବଚେତନକୁ ନିଜ ଭିତରୁ ଖୋଜିବାର ପ୍ରୟାସ କରୁଛନ୍ତି। ଆଲୋଚ୍ୟ ଗଳ୍ପରେ ନିଜ ଆତ୍ମପରିଚୟର ପ୍ରଶ୍ନ ଉଠିଛି। ନିଜ ଆତ୍ମପ୍ରତିଷ୍ଠା, ଅହଂକୁ ଖୋଜା ଚାଲିଛି। "ସେଇ ଗଛ ମୂଳରେ ସେ ପହଞ୍ଚିଲା... ବିଭାସର କୌଣସି ଚିହ୍ନ ନାଇଁ... କେବଳ ସେ... ଗଛ ମୂଳେ ବସିଲା... ଅପେକ୍ଷା କଲା ବିଭାସକୁ... ତା'ର ମନେହେଲା ସେ ବିଭାସ ନୁହେଁ ତ... ?"[୬]

'କାନ୍ଦ-୧୯୯୨' ଗଳ୍ପରେ ମଣିଷ ଯନ୍ତ୍ରଣାର ତା' ହୃଦୟ ସହିତ ଥିବା ଅନ୍ତରଙ୍ଗ ସମ୍ବନ୍ଧର ନୂତନ ପରିଭାଷା ପ୍ରଦାନ କରିଛନ୍ତି ଗାଳ୍ପିକ। ଶ୍ରୀ ବରାଳଙ୍କ ମତରେ- "କାନ୍ଦିବା ଭିତରେ ଶବ୍ଦ ଅଛି। ଭାଷା ନାହିଁ। କୌଣସି ନିର୍ଦ୍ଦିଷ୍ଟ ଅର୍ଥ ନାହିଁ, କିନ୍ତୁ ହୃଦୟ ପର୍ଯ୍ୟନ୍ତ, ମନ ପର୍ଯ୍ୟନ୍ତ ପହଞ୍ଚିଯାଇ ପାରୁଛି। ଯେମିତି କୌଣସି ଚଢ଼େଇର ସ୍ୱର। ସମଗ୍ର ବାଧା ସତ୍ତ୍ୱେ ହଜିଯାଉନି କୋଳାହଳରେ। ପ୍ରତ୍ୟେକ ଶବ୍ଦ ବୁଝି ହେଉନି କିନ୍ତୁ ସେ କାନକୁ ଅତିକ୍ରମ କରିପାରୁନି। ସଂଜ୍ଞା ବହିର୍ଭୂତ।"[୭] ଏହି ଗଳ୍ପରେ ଗାଳ୍ପିକ ପାଠକ ହୃଦୟରେ ଟ୍ୱିଷ୍ଟ୍ (twist) ସୃଷ୍ଟି କରି ଲେଖିଛନ୍ତି- "କୌଣସି ଏକୁଟିଆ ଲୋକର ମୃତ୍ୟୁ ପୂର୍ବରୁ ବା

ମୃତ୍ୟୁ ସମୟରେ କିମ୍ବା ମୃତ୍ୟୁର ଠିକ୍ ପରେ ପରେ ସେ ଆସି ପହଞ୍ଚିଯାଏ। ଆଉ କାନ୍ଦେ, ଅନେକ ସମୟ ଧରି କାନ୍ଦେ।"[୮] ଏକମାତ୍ର ବଢ଼ିଲା ପୁଅର ମୃତ୍ୟୁ ପରେ ପାଗଳୀ ମାଆ ପାଖରେ ଅନ୍ୟ ଯେକୌଣସି ବ୍ୟକ୍ତିର ମୃତ୍ୟୁ ସନ୍ନିକଟ ବୋଲି ଜାଣିବାର ଶକ୍ତି ଆସିଯାଏ ଓ ସେ ଦୀର୍ଘ ସମୟ ଧରି ବାହୁନି ବାହୁନି କାନ୍ଦେ। ପାଠକଙ୍କ ନିମନ୍ତେ ଏକ ଗଳ୍ପମୋଡ଼ (twist) ସୃଷ୍ଟି କରିବାକୁ ଯାଇ ଗାଳ୍ପିକ ପୁଣି ଏକ ପରିସ୍ଥିତିକୁ ଏଥିରେ ଯୋଡ଼ିଦେଇ ନାଟକୀୟ ଉତ୍କଣ୍ଠା ସୃଷ୍ଟି ପାଇଁ ଚେଷ୍ଟା କରିଛନ୍ତି। ପୁତ୍ରବିଧୁରା ସ୍ତ୍ରୀ ଲୋକଟି ଗଳ୍ପର ଶେଷାର୍ଦ୍ଧରେ ଲେଖକଙ୍କର ଶୋଇଥିବା କାଠଗଦା ତଳେ ବସି ମୁଣ୍ଡ କଚାଡ଼ି କାନ୍ଦିବା ଭିତରେ ପାଠକର ଛାତି ଥରିଉଠେ। ପ୍ରଶ୍ନ ଉଠେ "କାହାର ମୃତ୍ୟୁ ସନ୍ନିକଟ ତେବେ ?"

'ନାନୁ'ର 'ବିଦ୍ରୋହୀ' ଗଳ୍ପରେ ପାଗଳ ଭଳି ମନେ ହେଉଥିବା ବ୍ୟକ୍ତିଟି ଗତାନୁଗତିକ ଜୀବନଶୈଳୀରୁ ଭିନ୍ନ ଥିବା ହେତୁ ସମାଜ ଦୃଷ୍ଟିରେ 'ବିଦ୍ରୋହୀ' ଭଳି ପ୍ରତୀତି ସୃଷ୍ଟି କରିଛି। 'ରାତି' ଗଳ୍ପରେ ଭିତରେ ମଣିଷ ମନର ଅନ୍ଧାରୀ ତୃଷ୍ଣାର ସ୍ତରିତ ଅବସ୍ଥା ଚିତ୍ରିତ ହୋଇଛି। ପ୍ରତି ମଣିଷର ଅନ୍ଧକାର ଭିତରେ ଉକୁଟି ଉଠୁଥିବା ଯୌନ ଉଦ୍ଦୀପ୍ତ ଦୁର୍ବଳତାର ସଂପୂର୍ଣ୍ଣ ସତ୍ୟକୁ ଗାଳ୍ପିକ ଅତି ସୂକ୍ଷ୍ମ ଭାବରେ ଚିତ୍ରିତ କରିଛନ୍ତି। 'ବାଘ ଶିକାର', 'ଘା', 'ସ୍ୱପ୍ନ', 'ଦାଗ' ଆଦି ଗଳ୍ପରେ ଜୀବନର କିଛି ନିର୍ଦ୍ଦିଷ୍ଟ ସ୍ଥିତାବସ୍ଥାକୁ ନୂଆ ବାଗରେ ବଖାଣି ବସିବା ସହିତ ସୂକ୍ଷ୍ମ ମନସ୍ତତ୍ତ୍ୱକୁ ପାଠକଙ୍କ ନିକଟରେ ପରଶିଥିବା ମନେହୁଏ। ଗାଳ୍ପିକ ପଦ୍ମଜ ପାଲଙ୍କ ଶବ୍ଦରେ- "ମଣିଷ ଭିତରର ଅପରାଧୀ ଚେତନାର ଏକାକୀ ଭାବ ଗଳ୍ପଗୁଡ଼ିକର ଭିତ୍ତିରୂପେ ଉଭା ରହିଛି ଏବଂ ଏହା ଏକ ଅଣ୍ଡାଭଙ୍ଗା ସାପ ଭଳି ଘୂର୍ଣ୍ଣାୟିତ ହେଉଛି ମାତ୍ର ଗତିଶୀଳତାର କୌଣସି ଆଭିମୁଖ୍ୟ ବହନ କରେନି।"[୯]

ଗାଳ୍ପିକ ଶ୍ରୀ ଆଭାସ କୁମାର ବରାଳଙ୍କ ଦ୍ୱିତୀୟ ଗଳ୍ପ ସଂକଳନ 'ମୁଁ ୧/୧୮'ରେ ୧୮ ଗୋଟି ଗଳ୍ପ ସନ୍ନିବେଶିତ ହୋଇଛି। ଅବଶ୍ୟ 'ନାନୁ' ଗଳ୍ପ ସଂକଳନସ୍ଥ ଦୁଇଟି ଗଳ୍ପ 'କାନ୍ଦ-୧୯୯୨' ଏବଂ 'କାହାକୁ ଖୋଜୁଛି' ଉଭୟ ଏଥିରେ ପୁନଶ୍ଚ ସ୍ଥାନିତ ହୋଇଛନ୍ତି। 'ବାଁ ହାତ', 'ସମୟ', 'ଅଟକି ରହୁଥିବା ସମୟ', 'ରାନୁ ଓ ବିଲେଇ', 'କ୍ରଚେଜ', 'ମାଟି କଣ୍ଢେଇ', 'ଦୃଶ୍ୟପଟ', 'କଙ୍କଡ଼ାର ଆଖି', 'ବନ୍ଦୀ', 'ଅଧେ ପଥର ପାଲଟିଥିବା ମନ୍ତ୍ରୀପୁଅ କଥା', 'ଭିନ୍ନ ଗୋଟେ ରାତି' ଇତ୍ୟାଦି ଏହି ସଂକଳନର ଉତ୍କୃଷ୍ଟ ଗଳ୍ପରାଜି।

'ବାଁ ହାତ' ଗଳ୍ପରେ କୌଣସି ଜଣେ ବ୍ୟକ୍ତିବିଶେଷ ନିଜ ବାମ ହାତରେ ଅନେକଗୁଡ଼ିଏ ଭୁଲକୁ ବାରମ୍ବାର କରିବା ଫଳରେ ତା' ନିଜର କ୍ଷତି ହେବା ସହିତ

ତା' ସଂପର୍କିତ ଲୋକମାନଙ୍କର ମଧ୍ୟ ଅଶେଷ କ୍ଷତି ହୋଇଛି। ଫଳରେ ସେ ଅତିଷ୍ଠ ହୋଇ ନିଜେ ହିଁ ନିଜ 'ବାଁ' ହାତଟିକୁ କାଟି ଦେଇଛି। ଗାଳ୍ପିକଙ୍କ ମତରେ- "ଘଟିବା ଘଟଣାଗୁଡ଼ିକ ଯାହା ସାମାଜିକ ସ୍ରୋତର ବାହାରେ ଅଥଚ ନିହାତି ଦରକାରୀ ଘଟଣା, ସେଗୁଡ଼ିକ ପାପ ନିଶ୍ଚୟ ନୁହେଁ।"[୧୦] ତେବେ ଭୁଲ୍-ଠିକ୍‌ର ଊର୍ଦ୍ଧ୍ୱରେ ଥାଇ ଗାଳ୍ପିକ ମଣିଷ ଜୀବନର ସ୍ଥିତିକୁ ମହତ୍ତ୍ୱ ପ୍ରଦାନ କରିଛନ୍ତି। ପରିସ୍ଥିତି ଅନୁସାରେ ଘଟିଥିବା ଭୁଲ୍ ମଧ୍ୟ ଠିକ୍ ହୋଇପାରେ ବୋଲି ସେ ଅତି ସହଜ ଢଙ୍ଗରେ ଉପସ୍ଥାପନ କରିଛନ୍ତି। 'ସମୟ' ଗଳ୍ପରେ 'ମୃତ୍ୟୁ'କୁ ଚ୍ୟାଲେଞ୍ଜ୍ କରି ଡାକ୍ତରଖାନା ଛାଡ଼ି ଚାଲିଯାଇଥିବା ଜଣେ କ୍ୟାନ୍‌ସର ରୋଗୀ ନିର୍ଭୟରେ - ଦୁଃସାହସିକତାର ସହିତ ନିଜ କାର୍ଯ୍ୟପନ୍ଥା ନିର୍ଣ୍ଣୟ କରି ସମୟକୁ ପରାସ୍ତ କରିପାରିଛି। କ୍ୟାନ୍‌ସର ରୋଗୀର କଥା ପ୍ରକାରାନ୍ତରେ ସ୍ୱୟଂ ଗାଳ୍ପିକଙ୍କ ଅଭିବ୍ୟକ୍ତି। "ମରିବା ଯଦି ସୁନିଶ୍ଚିତ ତେବେ ଘରେ ମରିବାନି ବା କାହିଁକି ? ଡାକ୍ତରଖାନାରେ ଶୋଇ ଶୋଇ ବାରମ୍ବାର ମରିବା ଅପେକ୍ଷା ବରଂ ଭଲ ହେବ ଘର ଭିତରେ କାମ କରୁ କରୁ ଦିନେ ମରିଯିବା।"[୧୧] 'ଅଟକି ରହୁଥିବା ସମୟ' ଗଳ୍ପରେ ଜୀବନ-ଜୀବିକାକୁ ନେଇ ସଂଘର୍ଷରତ ଗରିବ-ଦୁଃସ୍ଥ ମଣିଷର ସ୍ଥିତି ସ୍ଥାପନାର ଅଦ୍ଭୁତ ପ୍ରୟାସ ବର୍ଣ୍ଣିତ। 'ସମୟ', 'ରାନୁ ଓ ବିଲେଇ' ଗଳ୍ପରେ ସମୟ ସ୍ରୋତରେ ରାନୁ ଭଳି ଅସଂଖ୍ୟ ନାରୀର ଦେହଜ-ଉଷ୍ମ ଉଦ୍ଦୀପନାର ଇମେଜ୍ ତୋଳିଛନ୍ତି ଗାଳ୍ପିକ। ଅବସ୍ଥାର ଦୋଷ ଦେଇ ପଳାୟନପନ୍ଥୀ ହେଲେ ସମସ୍ୟା ଦୂର ହୁଏନି ବରଂ ପରିସ୍ଥିତି ଭିତରର ସତ୍ୟକୁ ଗ୍ରହଣ କରିବାର ସତ୍‌ସାହସ ଦିଏ ଗାଳ୍ପିକଙ୍କ ଅନ୍ୟ ଏକ ବିଶିଷ୍ଟ ଗଳ୍ପ 'କ୍ରଚେଜ'।

ପ୍ରକୃତିପ୍ରେମୀ ଗାଳ୍ପିକ ଶ୍ରୀ ଆଭାସ ବରାଳଙ୍କ 'ମାଟି କଣ୍ଢେଇ' ଏକ ଶ୍ରେଷ୍ଠ ଗଳ୍ପ। ଏଥିରେ ଗାଳ୍ପିକଙ୍କର ଭିନ୍ନ ଦୃଷ୍ଟିଭଙ୍ଗୀ ଅତ୍ୟନ୍ତ ଅନନ୍ୟ। ବରଗଛ ଓ ଅଶ୍ୱତ୍ଥ ଗଛ ଦ୍ୱୟ ମଧ୍ୟରେ ମାନବତ୍ୱ ଆରୋପଣ (personification) କରି ଉଭୟଙ୍କ ପାରସ୍ପରିକ ଭାବ ଆଦାନ ପ୍ରଦାନ, ପ୍ରେମ ଓ ଶେଷରେ ବିଛେଦର କରୁଣ ପରିବେଶଟିଏ ଚିତ୍ରିତ କରିଛନ୍ତି। ଗାଁ ଲୋକେ ଅଶ୍ୱତ୍‌ଥକୁ ଅନ୍ୟ ଏକ ବରଗଛ ସହିତ ବିବାହ କରାଇଦେବା ପରେ ଅଶ୍ୱତ୍‌ଥଟି ପୋଖରୀ ସେପାଖରେ ବରଗଛଟିକୁ କରୁଣ ଭାବରେ ଚାହିଁବା ଭିତରେ ଗଭୀର ମାନବୀୟ ସଂବେଦନା ବାରିହୁଏ। ସେହିପରି 'ସଂବିତ୍', 'କୌଣସି ଏକ ସକାଳରେ' ଓ 'ପାପ' ଇତ୍ୟାଦି ଗଳ୍ପରେ ମଣିଷ ଜୀବନର ନିଛକ ବାସ୍ତବତାକୁ ଗାଳ୍ପିକ ନିଖୁଣ ଭାବରେ ଚିତ୍ରିତ କରିଛନ୍ତି। 'ପଶୁ' ଗଳ୍ପରେ ଅତି ଚମତ୍କାର ଶୈଳୀରେ ଗାଳ୍ପିକ ମଣିଷ ଭିତରର ପଶୁତ୍ୱକୁ ପାଠକମାନଙ୍କ ସହିତ ପରିଚିତ କରାଇଛନ୍ତି। 'ପଶୁ'ର ସର୍ବବ୍ୟାପୀ ଓ ପ୍ରଭାବଶାଳୀ ସତ୍ତାକୁ ବୁଝାଇବାକୁ ଯାଇ ଗାଳ୍ପିକ ଲେଖିଛନ୍ତି- "ଯେହେତୁ

ସେ କୌଣସି ନିର୍ଦ୍ଦିଷ୍ଟ ସ୍ଥାନରେ ନ ଥାଏ ଏବଂ ସବୁ ସମୟରେ ତା'ର ଆବିର୍ଭାବ ହୁଏନା । କେବଳ କେତେକ ନିର୍ଦ୍ଦିଷ୍ଟ ସମୟରେ ଅଥଚ ସବୁ ସ୍ଥାନରେ ତା'ର ଆବିର୍ଭାବ ହୋଇଛି କେବେ ନା କେବେ । ଘଟଣାଟି ଘଟି ସାରିବା ପରେ ସେ ଅନ୍ତର୍ଦ୍ଧାନ ହୋଇଯାଏ, ପବନର ମିଳାଇଯିବା ପରି । ଅଥଚ ପୁଣି ଦେଖାଦିଏ... କେଉଁଠି ଗୋଟିଏ ଦୁର୍ଘଟଣା ଘଟାଇ ।"[୧୨] ଜୀବନକୁ ଅଭିବ୍ୟଞ୍ଜିତ କରିବାରେ ଶ୍ରୀ ବରାଳଙ୍କ ଭଳି ଏତେ ନିଷ୍କପଟତା ବୋଧହୁଏ ଆଉ କେଉଁଠି ମିଳିବା କଷ୍ଟକର ହେବ । ଜୀବନ ସହଜ ନୁହେଁ ବରଂ ମୃତ୍ୟୁ ସହଜ । ଜୀବନକୁ ଅତି ସୁନ୍ଦର ଭାବରେ ବୁଝାଇବାକୁ ଯାଇ ସେ ଲେଖିଛନ୍ତି- "ମରିବା ପାଇଁ କୌଣସି ନିର୍ଦ୍ଦିଷ୍ଟ କାରଣ ଥିଲେ ମୃତ୍ୟୁ ସମ୍ଭବ ହୁଏନି । ଜୀବନର କେଇଟି ମୁହୂର୍ତ୍ତ ମୃତ୍ୟୁଠାରୁ ମୂଲ୍ୟବାନ । ମୃତ୍ୟୁ ଭଳି ଏତେ ସହଜ କାମ କରିପାରିବିନି ।"[୧୩] 'କଙ୍କଡ଼ାର ଆଖି' ଗଳ୍ପରେ ନାରୀ-ପୁରୁଷଙ୍କ ଆଦିମ ଆବେଗ-ତୃଷ୍ଣା ଓ ଭୋଗର କଥା ଅଭିବ୍ୟଞ୍ଜିତ ହୋଇଛି । ସଂପର୍କର ବନ୍ଧନ କେବେ କେବେ ଭିନ୍ନ କାଇଦା-କଟକଣାକୁ ନେଇ ମଣିଷ ଅତିଷ୍ଠ କରିପକାଏ । ମଣିଷ ଜୀବନ ନଜରବନ୍ଦୀ ଭଳି ମନେହୁଏ । କିନ୍ତୁ ବାସ୍ତବରେ ତାହା କେବଳ ସାମୟିକ ମୁହୂର୍ତ୍ତ ପାଇଁ ଥାଏ । ସେଇ 'ବନ୍ଦୀ' ହେବାରେ ହିଁ ଆନନ୍ଦ ଥାଏ ବନ୍ଧନ ଥାଏ ବୋଲି ଗାଳ୍ପିକଙ୍କ ମତ । ଜୀବନ ଜିଇଁବାରେ କେବେ ତାଲା ପଡ଼ି ନ ଥାଏ ବୋଲି ଗାଳ୍ପିକ ଯୁକ୍ତି ବାଢ଼ିଛନ୍ତି । 'ଅଧେ ପଥର ପାଲଟିଥିବା ମନ୍ତ୍ରୀପୁଅ କଥା' ଗଳ୍ପରେ ଜଣେ ଆଧୁନିକ ଯୁବକର ପ୍ରେମରେ ବ୍ୟର୍ଥତା ଅତ୍ୟନ୍ତ ମାର୍ମିକ ହୋଇଛି ।

କଥାକାର ଶ୍ରୀ ବରାଳଙ୍କ '; ସେମାନେ' ଗଳ୍ପ ସଂକଳନସ୍ଥ ୯ ଗୋଟି ଗଳ୍ପ ହେଲା 'ବିଷ', 'ଛେଳି', 'ବଂଶୀ', 'ନାରୀ', 'ଚୌକି', 'ନୂଆବର୍ଷ', 'ଗରାଖ', 'ଗନ୍ଧ', 'ଡେଣ୍ଟିଷ୍ଟ' ଇତ୍ୟାଦି ପ୍ରମୁଖ ।

ଶିକ୍ଷିତା-ବିବାହଯୋଗ୍ୟା ନାରୀଟିଏ ବରପାତ୍ର ପକ୍ଷରୁ ବିଭିନ୍ନ ପରୀକ୍ଷା-ନିରୀକ୍ଷା ଓ ପ୍ରଶ୍ନବାଣର ଶିକାର ହୋଇ କିଭଳି ଗତାନୁଗତିକ ଜୀବନଧାରାଠୁ ନିଜକୁ ମୁକ୍ତ ରଖି ସ୍ୱାଧୀନ ଜୀବନଶୈଳୀକୁ ଆପଣେଇ ନେଇଛି, ସେଇ ଭାବଧର୍ମକୁ ନେଇ 'ବିଷ' ଗଳ୍ପଟି ଅତ୍ୟନ୍ତ ଭିନ୍ନ ସ୍ୱାଦର ମନେହୁଏ । ଏଥିରେ ଗାଳ୍ପିକ ଦୂରଦୃଷ୍ଟିକୁ ପ୍ରଶଂସା କରାଯାଇପାରେ । ଜଣେ ପୁରୁଷ ହୋଇ ହାର୍ଦ୍ଦିକ ଭାବରେ ନାରୀ ସ୍ୱାଧୀନତାର ସପକ୍ଷରେ ଯିବା କିଛି କମ୍ କଥା ନୁହେଁ । ଆଲୋଚ୍ୟ ଗଳ୍ପରେ ନାରୀର ସ୍ୱାଧୀନତାକୁ ନେଇ କୁନିଅପା ଚରିତ୍ରଟି କହିଛି- "ମୋର ସ୍ୱାଧୀନତା ମୋ ଅର୍ଥନୀତି ସହିତ ସଂଯୁକ୍ତ, ନାରୀଟିଏ ସବୁବେଳେ ନିଜର ଆର୍ଥିକ ସ୍ୱାଧୀନତା ରଖିବା ଉଚିତ ।"[୧୪] ପୁରୁଷ ସମାଜ ନିକଟରେ ନାରୀ ଏକ ରହସ୍ୟର ଗନ୍ତାଘର । ତାକୁ ଭେଦ କରିବା ଦୁଷ୍କର ।

ତେବେ ଆଲୋଚ୍ୟ ଗଳ୍ପରେ ସ୍ୱାମୀ ଓ ସ୍ତ୍ରୀ ଉଭୟେ-ଉଭୟଙ୍କ ପ୍ରତି ଥିବା ଗଭୀର ପ୍ରେମକୁ ସାବ୍ୟସ୍ତ କରିବାକୁ ଯାଇ ଖୁସିରେ ବିଷପାନ କରିଛନ୍ତି, ଯେଉଁଥିରେ ନାରୀଟି ମୃତ୍ୟୁମୁଖରୁ କୌଣସିମତେ ବର୍ତ୍ତିଯାଇଛି। ମାତ୍ର ସ୍ୱାମୀ ଉପରେ ବିଷର କୌଣସି ପ୍ରଭାବ ପରିଲକ୍ଷିତ ହୋଇନାହିଁ। ଗଳ୍ପର ପରିଣତିରେ ଜଣାପଡ଼ିଛି ଯେ ସ୍ତ୍ରୀଟି ଆଜୀବନ ସ୍ୱାମୀ ପାଖରେ ହାର୍ ନ ମାନିବା ଉଦ୍ଦେଶ୍ୟରେ ସ୍ୱାମୀର ବିଷ ଥିବା ପାତ୍ରରେ ଜଳଭର୍ତ୍ତି କରି ନିଜେ ବିଷପାନ କରିଛି। ସବୁ କ୍ଷେତ୍ରରେ ନିଜକୁ ବିଜୟିନୀ ସଜେଇବାର ଏ ଅଦ୍ଭୁତ ଚିରନ୍ତନ-ନାରୀସୁଲଭ ମାନସିକତାକୁ ଗାଳ୍ପିକ ଅତ୍ୟନ୍ତ ଚତୁରତାର ସହିତ ଉପସ୍ଥାପନ କରିଛନ୍ତି।

ପୈତୃକ ସଂପତ୍ତିରେ ସାମିଲ୍ ଥିବା ଜେଜେଙ୍କର ଏକ ପୁରୁଣା ଚୌକି ପାଇଁ ନାତିର ସ୍ମୃତିଭିଜା ଆବେଗ ସେତେବେଳେ ଶକ୍ତ ଆଘାତ ପ୍ରାପ୍ତ ହୋଇଛି ଯେବେ ସେ ଗୋଡ଼ଭଙ୍ଗା ଚୌକିଟିକୁ ପରିତ୍ୟକ୍ତ ଅବସ୍ଥାରେ ବାଡ଼ିପଟେ ଦେଖିଛି। 'ଚୌକୀ' ଗଳ୍ପରେ ପୂର୍ବପୁରୁଷଙ୍କ ପ୍ରତି ଗାଳ୍ପିକଙ୍କ ଆନ୍ତରିକ ସମ୍ମାନବୋଧ ସହିତ ଆଧୁନିକ ସାଜିଥିବା ନୂତନ ମୂଲ୍ୟବୋଧସଂପନ୍ନ ଉତ୍ତର ପିଢ଼ିର ହତାଦର ମନୋଭାବ ପ୍ରତି ଚରମ ବିଦ୍ରୂପ ଓ ଖେଦ ପ୍ରକାଶ ପାଇଛି।

'ନୂଆବର୍ଷ' ଗଳ୍ପରେ ମାନବିକତା ପ୍ରଦର୍ଶନ କରିବାକୁ ଯାଇ ଗୋଟିଏ ମଦ୍ୟପକୁ ସହାୟତା କରୁ କରୁ ସୃଷ୍ଟି ହୋଇଥିବା ଅଭାବନୀୟ ପରିସ୍ଥିତି ବର୍ଣ୍ଣିତ। 'ଗରାଖ' - ସହୃଦୟତା - ସହାନୁଭୂତି ବିଜଡ଼ିତ ଏକ ଉତ୍କୃଷ୍ଟ ଗଳ୍ପ।

'ଜୀବାଣୁ ଓ ଅନ୍ୟାନ୍ୟ ଗଳ୍ପ' ପୁସ୍ତକରେ 'ଡେଣ୍ଟିଷ୍ଟ୍', 'ଜୀବାଣୁ', 'ଅନ୍ଧାରର ଏପାଖ ସେପାଖ', 'ପାରାଲିସିସ୍', 'ଭାଓଲିନ୍', 'ତୃତୀୟ ଇଚ୍ଛା', 'ଶେଷ ପର୍ଯ୍ୟନ୍ତ ସକାଳ', 'ଅନ୍ଧାରରୁ ଆଲୁଅ ପର୍ଯ୍ୟନ୍ତ', 'ମାଂସ', 'ଭିନ୍ନ ଗୋଟେ ରାତି', 'ରୂପାନ୍ତର', 'ରୋଗ', 'ଆଶା', 'ଶିକାରୀ', 'ସଂପର୍କ' ଇତ୍ୟାଦି ୧୫ ଗୋଟି ଗଳ୍ପ ସଂକଳିତ। 'ଡେଣ୍ଟିଷ୍ଟ୍' ଗଳ୍ପରେ ସୌନ୍ଦର୍ଯ୍ୟ ପ୍ରତି ନାରୀର ଅଦ୍ଭୁତ ସଚେତନତାକୁ ଅତି ମାର୍ମିକ ଶୈଳୀରେ ଗାଳ୍ପିକ ତଉଲିଛନ୍ତି। ଜଣେ ଡେଣ୍ଟିଷ୍ଟଙ୍କ ସ୍ତ୍ରୀ ହୋଇ ମଧ୍ୟ ଗଳ୍ପ ନାୟକ ରୂପେ ଚିତ୍ରିତ ଅନ୍ୟ ଜଣେ ଡେଣ୍ଟିଷ୍ଟ୍‌ଙ୍କ ଦ୍ୱାରା ନିଜ ଦାନ୍ତଗୁଡ଼ିକୁ ବାହାର କରିବାକୁ ଯାଇଥିବା ଜଣେ ନାରୀର ଉଦ୍ଭଟ ମାନସିକତା ଏଥିରେ ବର୍ଣ୍ଣିତ।

'ଅନ୍ଧାର ଏପାଖ ସେପାଖ' ଗଳ୍ପରେ 'ନାନୁ' ଚରିତ୍ରର ଏକତରଫା ମୋହାବିଷ୍ଟ ପ୍ରେମ ଓ ପରିଣତିରେ ତା' ସମ୍ମୁଖକୁ ଆସିଥିବା ବିକଟ ସତ୍ୟ ଉଦ୍‌ଘାଟିତ। ଆଭାକୁ ନେଇ ରାତିର ଅନ୍ଧକାରରେ ଘରଛାଡ଼ି ଚାଲିଯାଇ ସଂସାର ଗଢ଼ିବାକୁ ସାହସ ଜୁଟାଇଛି ନାନୁ। କିନ୍ତୁ ଗଳ୍ପର ପରିଣତିରେ ଅତି ଆକସ୍ମିକ ଭାବରେ ଆଭା ତା'ର ଈପ୍‌ସିତ

ପ୍ରେମିକ ନାନୁ ନୁହେଁ ବରଂ ଅନ୍ୟ କେହି ଜଣେ ବୋଲି ଜାଣିବା ପରି ନାନୁ ନିଜ ଭଙ୍ଗା ହୃଦୟ ନେଇ ଘରକୁ ଫେରିଆସିଛି।

'ପାରାଲିସିସ୍' ଗଳ୍ପରେ ମାନବ ସଂପର୍କର ଏକାନ୍ତ ବ୍ୟକ୍ତିଗତ ରୂପକୁ ଉତ୍ତୋଳିତ କରିଛନ୍ତି ଗାଳ୍ପିକ। 'ଅବିଶ୍ୱାସ ଭିତରେ ମଧ୍ୟ ବିଶ୍ୱାସର ପରିବେଶଟିଏ ତିଆରି କରିହୁଏ'ର ବାର୍ତ୍ତାଟି ବେଶ୍ ଆବେଗପୂର୍ଣ୍ଣ ମନେହୁଏ। ଦୁଇ ବନ୍ଧୁଙ୍କର ଗୋଟିଏ ନାରୀ ପ୍ରତି ଦୁର୍ବଳତା ଓ ଅହେତୁକ ଆକର୍ଷଣକୁ ନେଇ ବେଶ୍ ମନଛୁଆଁ ମନେହୁଏ 'ଭାଓଲିନ୍' ଗଳ୍ପ। 'ତୃତୀୟ ଇଚ୍ଛା' ଗଳ୍ପରେ ନାରୀକୁ ନେଇ ଗାଳ୍ପିକ ଏକ ଚମତ୍କାର ଥିଓରୀ ଉଲ୍ଲେଖ କରିଛନ୍ତି। ନାରୀ ମାତ୍ରେ କୋମଳ, ସଦୟା। ପୁଣି ତତ୍‌ସହିତ ସେ ଯଦି ସୁନ୍ଦରୀ ହୋଇଥାନ୍ତି ତେବେ ସେ ମହାନତାର ପୂର୍ଣ୍ଣମୂର୍ତ୍ତି ପାଲଟିଯାନ୍ତି। ଅଥଚ ସଂସାର ବୁଝେନି, ବାରମ୍ବାର ତାକୁ ପ୍ରତାରିତ କରେ। ସମ୍ଭବତଃ ସେଇଥିପାଇଁ ବୋଧହୁଏ ପ୍ରତ୍ୟେକ ସୁନ୍ଦରୀ ନାରୀ ଅତ୍ୟନ୍ତ ରୁକ୍ଷ ଭାବରେ ଅନ୍ଧ ଭଳି କାହାରିକୁ ଦେଖେନି କି ବଧିର ଭଳି କିଛି ଶୁଣେନି। 'ଶେଷ ପର୍ଯ୍ୟନ୍ତ' ଗଳ୍ପରେ କର୍ମ ହିଁ ମଣିଷ ପାଇଁ ପ୍ରମୁଖ ଅଟେ। ଫଳ ଆଶା ନୁହେଁ ବରଂ କର୍ମ ଶ୍ରେଷ୍ଠ ବୋଲି ଦର୍ଶନ ବାଢ଼ିଛନ୍ତି ଗାଳ୍ପିକ 'ଶେଷ ପର୍ଯ୍ୟନ୍ତ' ଗଳ୍ପରେ। ତାଙ୍କ ମତରେ "କର୍ମ ହିଁ ପ୍ରତ୍ୟେକ ମଣିଷର ମୁକ୍ତିର ଏକମାତ୍ର ମାର୍ଗ ହୋଇପାରେ।" ଶ୍ରୀ ବରାଳଙ୍କ ପ୍ରତ୍ୟେକ ଗଳ୍ପରେ କିଛି ନା କିଛି ନୂତନତା ରହିଛି। ପ୍ରତିଟି ମଣିଷ ଜୀବନର ଅଘଟଣ ଓ ଘଟଣାର ସଂଜ୍ଞା ଭିତରେ ପ୍ରତିଦିନର ସକାଳକୁ ଅପେକ୍ଷା କରୁଛି ବୋଲି ଗାଳ୍ପିକ କହିବସିଛନ୍ତି 'ସକାଳ' ଗଳ୍ପରେ। 'ଅନ୍ଧାରରୁ ଆଲୁଅ ପର୍ଯ୍ୟନ୍ତ' ଗଳ୍ପରେ ଜୀବନ ସାଫଲ୍ୟର ବହୁ ପ୍ରସଙ୍ଗ ଉତ୍‌ଥାପିତ ହୋଇଛି।

ମଣିଷ ମାଂସଠାରୁ ଖାସି ମାଂସ ଯେ ମୂଲ୍ୟବାନ୍ ଏହି ବ୍ୟଙ୍ଗ ଭାବଧାରାକୁ ନେଇ ସୃଷ୍ଟ 'ମାଂସ' ଗଳ୍ପ ଅତ୍ୟନ୍ତ ହୃଦ୍ୟ। ଛେଳିଗୁଡ଼ାକ ବଦଳରେ ଯଦି ମଣିଷ ମାଂସ ବିକ୍ରୀ ହୁଅନ୍ତା ତେବେ ହୁଏତ ମଣିଷର ମୂଲ୍ୟ ବଢ଼ିଯାଇପାରନ୍ତା। କାରଣ- "ସମସ୍ତ ମାଂସ ରୂପାନ୍ତରିତ ହୋଇଯାଇଛି କାଗଜ ଟଙ୍କାରେ।"[୧୪] ମାଂସାଶୀ ମଣିଷଙ୍କ ପ୍ରତି ବ୍ୟଙ୍ଗ କରି ଗାଳ୍ପିକ ଲେଖିଛନ୍ତି- "ମାଂସ ଦୋକାନରେ ଟଙ୍ଗା ହୋଇଥିବା ଛେଳିଟା ମଣିଷ ପରି ଲାଗେନି। ଛାଲ ଉତୁରା ସାରିବା ପରେ ଛେଳିଟା ବି ଗୋଟିଏ ମଣିଷ ପରି ଖୋଲା ଦେଖାଯାଏ।" ପୁଣି ଗାଳ୍ପିକ ମାଂସ ପାଇଁ ମାଂସର ଆମନ୍ତ୍ରଣ ଓ ଉତ୍ତାପର ସୂକ୍ଷ୍ମ ଚେତନାକୁ ଶବ୍ଦରେ ଖଞ୍ଜି ଲେଖିଛନ୍ତି- "ତା' ଦେହଟା ସେ ଆଉଜାଇ ନେଲା ମୋ ଉପରେ। ମୋର ମନେହେଲା ଛାଲ ଉତରା ଦେହଟା, ମାଂସ ବିକ୍ରୀ ପାଇଁ ଟଙ୍ଗା ଯାଇଥିବା ଦେହଟିଏ ମୋ ଉପରେ କ୍ରମଶଃ ଚାପି ହୋଇପଡ଼ିଛି।" 'ଭିନ୍ନ ଗୋଟେ ରାତି' ଗଳ୍ପରେ ନାରୀ ଦେହକୁ କ୍ରୀଡ଼ନକ ମନେ କରିବା ସହିତ ମଦ୍ୟପଟି ମୃତଦେହ

ପ୍ରତି ତା'ର ପାଶବିକତାକୁ ପୁରୁଷତ୍ୱ ମନେ କରି ଶେଷରେ ଲଜ୍ଜିତ ହୋଇ ମଦ ଛାଡ଼ିଥିବା ଘଟଣା ବର୍ଣ୍ଣିତ।

ସୀମିତ କଥାବସ୍ତୁକୁ ନେଇ ପାଠକ ମନରେ ଦୀର୍ଘ ପ୍ରଭାବ ବିସ୍ତାର କରିବାର ଅତି ସୂକ୍ଷ୍ମ କାରିଗରୀ ଗାଳ୍ପିକ ଆଭାସ ବରାଳଙ୍କୁ ଦେଇଛି ଏକ ସ୍ୱତନ୍ତ୍ର ପରିଚିତି। 'ରୂପାନ୍ତର' ଗଳ୍ପରେ ବିରୋଧାଭାସପୂର୍ଣ୍ଣ ଆଧୁନିକ ମଣିଷ କୋଉ କୂଳରେ ହୋଇ ନ ପାରି ଶେଷରେ ଦୁର୍ଭାଗ୍ୟପୂର୍ଣ୍ଣ ଜୀବନକୁ ବରଣ କରିଥିବା ଘଟଣା ବର୍ଣ୍ଣିତ।

ଗାଳ୍ପିକ ଶ୍ରୀ ଆଭାସ କୁମାର ବରାଳ ଗପିବାର ପ୍ରବଣତାକୁ ନେଇ ଗଳ୍ପ ରଚିବାରେ ବ୍ୟାପୃତ ହୋଇଛନ୍ତି। ଦର୍ଶନକୁ ବାଦ୍ ଦେଇ ଲେଖକର ପରିଚୟ ବା କ'ଣ ହୋଇପାରେ? ପାଠକକୁ ବାର୍ତ୍ତା ଦେବାକୁ ନ ଚାହିଁଲେ ମଧ୍ୟ ସ୍ୱତଃ ତାଙ୍କ ଗଳ୍ପରେ ତାଙ୍କର କିଛି ମାର୍ମିକ ଉପଲବ୍ଧିର ପାଠକକୁ ଦେଇଛି ସୁଚିନ୍ତିତ ମୂଲ୍ୟବୋଧର ବାର୍ତ୍ତା। 'ମତ୍ସ୍ୟକନ୍ୟାର ପ୍ରେମରେ' ପଡ଼ିଥିବା ମଣିଷଟିଏ କିପରି ନିଜକୁ ମତ୍ସ୍ୟପୁତ୍ରରେ ପରିଣତ କରିବାକୁ ପ୍ରଯତ୍ନ କରି ପରିଶେଷରେ ମୃତ୍ୟୁ ବରଣ କରିଛି ଏହାହିଁ 'ରୂପାନ୍ତର' ଗଳ୍ପର କରୁଣ ଅନ୍ତଃସ୍ୱର। 'ରୋଗ' ଗଳ୍ପରେ ବିବିଧ କାରଣବଶତଃ ପ୍ରତ୍ୟେକ ମଣିଷର ଶୋକସନ୍ତପ୍ତ ଜୀବନକୁ ଅନୁଭବୀ କଥାକାର ଶ୍ରୀ ବରାଳ ମାର୍ମିକ ଢଙ୍ଗରେ ଉପସ୍ଥାପନ କରିଛନ୍ତି। 'କାନ୍ଦ' ସହିତ ଯନ୍ତ୍ରଣା ସଂଲଗ୍ନ। ଯନ୍ତ୍ରଣା ଦୀର୍ଘ ହେଲେ ପାଲଟିଯାଏ 'ରୋଗ'। ଜଣେ ମନସ୍ତତ୍ତ୍ୱବିତ୍ ଭଳି ଗାଳ୍ପିକ ମଣିଷ ମନ ସହିତ ଏହି ରୋଗର ସଂପର୍କ ଥିବା ଅନୁଭବ କରିଛନ୍ତି। ତାଙ୍କ ମତରେ ମଣିଷ ନିଜେ ଚାହିଁଲେ ହିଁ ଏଭଳି ରୋଗରୁ ନିବୃତ୍ତ ହୋଇପାରିବ। ପ୍ରତି ମଣିଷର ସୂକ୍ଷ୍ମ ମନସ୍ତତ୍ତ୍ୱକୁ ଗାଳ୍ପିକ ଅତି ନିଖୁଣ ଭାବରେ ଅଭିବ୍ୟକ୍ତ କରିଛନ୍ତି। ମଣିଷ ମନରେ ଅସରନ୍ତି ଆଶା। ପ୍ରତି ମଣିଷର ଆଶା ଭିନ୍ନ ଭିନ୍ନ। ସାଧାରଣ ମଣିଷମାନଙ୍କ ଭିଡ଼ ଭିତରୁ ଟ୍ରେନ୍ ପ୍ଲାଟ୍‌ଫର୍ମରେ ଝାଡୁ କରି ଟ୍ରେନ୍ ବର୍ଥରୁ ରେଜା ଟଙ୍କା ମିଳିବାର ଆଶା ନେଇ ସବୁଦିନ କର୍ମଚଞ୍ଚଳ ହୋଇପଡୁଥିବା ପିଲାଟିଏର ଜୀବନ ଯନ୍ତ୍ରଣାକୁ ଗାଳ୍ପିକ ଅତି ଚମତ୍କାର ଭାବରେ ଚିତ୍ରିତ କରିଛନ୍ତି। ପରିଶେଷରେ ଗାଳ୍ପିକ ସେଇ ପିଲାଟି ପରି ନିଜେ ମଧ୍ୟ ଟଙ୍କାଟିଏ ପାଇସାରି ଆଉ ଟଙ୍କାଟିଏ ପାଇବାର ଆଶାରୁ ନିଜକୁ ମୁକ୍ତ ରଖିପାରୁନାହାନ୍ତି। 'ଆଶା' ପ୍ରତ୍ୟେକ ମଣିଷ ମନର ଏକ ସ୍ୱାଭାବିକ ଅବସ୍ଥା ବୋଲି ଗାଳ୍ପିକ ମତବ୍ୟକ୍ତ କରିଛନ୍ତି। ସବୁବେଳେ ଶିକାରପ୍ରିୟ ଶିକାରୀ ଯେ ଦିନେ ନିଜେ ନିଜ ଶିକାରର ଜାଲରେ ପଡ଼ି ହନ୍ତସନ୍ତ ହୁଏ ତା'ରି ଉପରେ ଆଧାରିତ ଗଳ୍ପ 'ଶିକାର' ଅତି ଚମତ୍କାର ଶୈଳୀରେ ରଚିତ। ଗୋଟିଏ ମଣିଷର ଅନ୍ୟ ଜଣେ ମଣିଷ ପାଇଁ ଆବେଗର ସ୍ୱର ବହନ କରିଛି ଗଳ୍ପ 'ସଂପର୍କ'। ପ୍ରତ୍ୟେକ ଗଳ୍ପର ପ୍ଲଟ୍ ଖୋଜିବା ନିମନ୍ତେ ଗାଳ୍ପିକଙ୍କୁ ବାହାରକୁ ଯିବାକୁ ପଡ଼ିନି। କାରଣ ତାଙ୍କ ନିଜ ଜୀବନ ହିଁ ଗଳ୍ପମାନଙ୍କର ଗନ୍ତାଘର ଭଳି।

କଥାକାର ଶ୍ରୀ ବରାଳ ଆଜିର ଗଳ୍ପ ନିର୍ମାଣ ବିଧିରୁ ମୁକୁଳି ନିଜସ୍ୱ ଶୈଳୀଟିଏ ସୃଷ୍ଟି କରିପାରିଛନ୍ତି। କାରଣ ସାଂପ୍ରତିକ ଗଳ୍ପରେ ଘଟଣା ଦେଇ ବିସ୍ମିତ ହେବାର ଅବସ୍ଥା ଆଉ ନାହିଁ। ଗଳ୍ପର ଗତି ଓ ଚରିତ୍ରରେ ସ୍ୱାତନ୍ତ୍ର୍ୟ ଏକ ନୂତନ ଭାବାନ୍ତର ସୃଷ୍ଟି କରିଛି। ଗତାନୁଗତିକତାକୁ ପରିହାର କରି ମୌଖିକ ଭାଷା (oral prase)ର ବ୍ୟବହାର କରି ସେ ଗଳ୍ପକୁ ଅତି ଚମତ୍କାର ଢଙ୍ଗରେ ଗତିଶୀଳ କରାଇଛନ୍ତି। ଆଜିକାର ଅନ୍ୟ ଜଣେ ବିଶିଷ୍ଟ ଗାଳ୍ପିକ ପ୍ରକାଶ ମହାପାତ୍ରଙ୍କ ଶବ୍ଦରେ "ନଈର ଲକ୍ଷ୍ୟ ଯେପରି କିଛି ନାହିଁ, ନକ୍ସା ଦେଇ ସେ ଯେପରି ଗତି କରେନି ଏବଂ ଗତି କରିବା ହିଁ ତା'ର ଲକ୍ଷ୍ୟ ଭଳି ଗଳ୍ପର ମଧ୍ୟ ଲକ୍ଷ୍ୟ କିଛି ନାହିଁ। ଘଟଣା ମଧ୍ୟ ଗଳ୍ପର ଲକ୍ଷ୍ୟ ନୁହେଁ। ଗଳ୍ପର ମୂଳକଥା ହେଉଛି ଗତି।" ଠିକ୍ ଅନୁରୂପ ଭାବରେ ଶ୍ରୀ ଆଭାସ ବରାଳଙ୍କ ଗଳ୍ପଜଗତର ବିଧିବଦ୍ଧ ନକ୍ସା ନାହିଁ, ବରଂ ଗତିଶୀଳ ହେବା ହିଁ ପ୍ରମୁଖ ଲକ୍ଷ୍ୟ।

ଶ୍ରୀ ବରାଳଙ୍କ ଗଳ୍ପରେ ଆଙ୍ଗିକ ଭାବଧର୍ମ ସହିତ ଆତ୍ମିକ ଭାବଧର୍ମ ମଧ୍ୟ ନିତ୍ୟନୂତନ। ଏ ଯୁଗ ବଦଳୁଛି। ଯୁଗ ବଦଳିବାର ସ୍ୱର ନିଶ୍ଚିତ ଭାବରେ ତାଙ୍କ ଗଳ୍ପର ଆତ୍ମିକ ଭାବକୁ ପ୍ରଭାବିତ କରିଛି। ମନୋରଞ୍ଜନ ନ କରି ସୁନ୍ଦର ପ୍ରତୀତି (Impression) ଦେବାର ଚେଷ୍ଟା ଶ୍ରୀ ଆଭାସ ବରାଳଙ୍କ ଗଳ୍ପକୁ କରିଛି ଅନନ୍ୟ ଓ ବ୍ୟତିକ୍ରମ। ମୁହୂର୍ତ୍ତ ସର୍ବସ୍ୱ ଜୀବନର ଅଣୁ-ଅଣୁର ସାମଗ୍ରୀକୁ ନେଇ ସେ ଗଳ୍ପ ଲେଖୁଥିବା ମନେହୁଏ। ତାଙ୍କ ଶବ୍ଦରେ- "ସବୁ ଭାଷା କ'ଣ ସମସ୍ତେ ସମସ୍ତଙ୍କର ବୁଝିପାରନ୍ତି। ମୁଁ ହୁଏତ ସମାଜର ଭାଷାଠାରୁ ଆହୁରି ନ୍ୟୂନ ବା ଉଚ୍ଚରେ ଅଛି।"(୧୪) ଶ୍ରୀ ବରାଳ ସହରୀ ଶବ୍ଦାବଳୀର ପ୍ରୟୋଗ ସହିତ 'ଗଳ୍ପର ମଞ୍ଜି'କୁ ସଂପୂର୍ଣ୍ଣ ନୂଆ ବାଗରେ ପ୍ରୟୋଗ କରି ଗଳ୍ପକୁ ନୂତନ ମୋଡ଼ ପ୍ରଦାନ କରିଛନ୍ତି। ତାଙ୍କ ଭାବପ୍ରକାଶ ସ୍ୱାତନ୍ତ୍ର୍ୟ ହିଁ ତାଙ୍କୁ ଜଣେ ସ୍ପଷ୍ଟବାଦୀ-ନିର୍ଭୀକ ଗାଳ୍ପିକ ରୂପେ ମାନ୍ୟତା ପ୍ରଦାନ କରିଛି।

ଶ୍ରୀ ବରାଳଙ୍କ ଗଳ୍ପ ଜଗତ ବୈବିଧ୍ୟପୂର୍ଣ୍ଣ। ତାଙ୍କ ଗଳ୍ପରେ ପରିବେଶର ଅନୁଭୂତି ଓ ଅନ୍ତର୍ଦୃଷ୍ଟି, ଯୌନବିକାର (Perversion), ପ୍ରତିମୂଲ୍ୟବୋଧ (Antivalues)ର କଥା, ଅନ୍ତର୍ଦର୍ଶନ (Introspection), ଯୌନପ୍ରଶାନ୍ତି (Sex-seblimition), ବିଷାଦଗ୍ରସ୍ତ ମନ, ଜୀବନ, ପ୍ରେମ, ଖିଆଲି ଆବେଗ, ନିଃସଙ୍ଗତା, ସ୍ୱପ୍ନ ପୁଣି ବିଫଳତାର କଥା ଅଛି। ତାଙ୍କ ଗଳ୍ପରେ କେଉଁଠି ମଣିଷ ଜୀବନର ସ୍ଥିତି ସନ୍ଧାନର ଚିତ୍ର ତ କେଉଁଠି ଚିତ୍ତ ସଂଘର୍ଷର ଚିତ୍ର ପୁଣି କେଉଁଠି ପ୍ରବୃତ୍ତୀୟ (Instinct) ଦୁର୍ବଳତାକୁ ନେଇ ଆହ୍ଲାଦିତ ବ୍ୟକ୍ତିସତ୍ତାର ଚିତ୍ର ରହିଛି। ନାରୀ ଓ ପୁରୁଷଙ୍କ ଚରିତ୍ର ମୂଲ୍ୟାୟନରେ ଶ୍ରୀ ବରାଳଙ୍କ ନିରପେକ୍ଷ ଦୃଷ୍ଟିକୋଣ ଅତ୍ୟନ୍ତ ପ୍ରଶଂସନୀୟ। 'ନାନୁ' ଏକ ସମୟଗର୍ଭିତ ନାୟକ ଭାବରେ ପ୍ରାୟ ଅନେକ ଗଳ୍ପରେ ଦଣ୍ଡାୟମାନ ହୋଇଛି। ନାରୀ ଚରିତ୍ର ମଧ୍ୟରେ

ଅସୀମା, ମାଳା ମାଉସୀ, ଆଭା, ଇତି, ପ୍ରଣତି, ମାନସୀ, ମିନତି, ରାନୁ, ଇତୁ, ନିଶା, କୁନିଅପା ଏବଂ ମିଲି ପରି ବହୁ ଚରିତ୍ରଙ୍କୁ ସେ ଯଥାସମ୍ଭବ ଜୀବନ୍ତ ଭାବରେ ଚିତ୍ରିତ କରିଛନ୍ତି। ନାରୀ-ପୁରୁଷ ସଂପର୍କିତ ନିଛକ ସର୍ତ୍ତେ ସହିତ ନାରୀର ସୌନ୍ଦର୍ଯ୍ୟ ପୁରୁଷର ସୌକୁମାର୍ଯ୍ୟ ସହିତ ସେମାନଙ୍କ ଦୁର୍ବଳତାର ଚିତ୍ରକୁ ମଧ୍ୟ ଅତି ଦୁଃସାହସିକତାର ସହିତ ଲେଖିବାରେ ସେ ଦ୍ୱିଧା ପ୍ରକାଶ କରିନାହାନ୍ତି। ତାଙ୍କ ଚରିତ୍ରମାନେ ନିର୍ଦ୍ଦିଷ୍ଟ ବର୍ଗ (class)ର ନୁହନ୍ତି। ସେ ଚରିତ୍ରମାନଙ୍କୁ ସେମାନଙ୍କ ଆର୍ଥିକ ପ୍ରତିପତ୍ତି ଦେଖି ନୁହେଁ ବରଂ ସେମାନଙ୍କ ମାନସିକତା ବୁଝି ତାଙ୍କୁ ଚୟନ କରିଥାନ୍ତି। ଗାଳ୍ପିକ ଶ୍ରୀ ଆଭାସ ବରାଳଙ୍କ ମତରେ- "ଚରିତ୍ରଟେ ପାଇଁ ବର୍ଷ ବର୍ଷ ଅପେକ୍ଷା କରିବାକୁ ହୁଏ। ଚରିତ୍ର ସହିତ ଘନିଷ୍ଠ ହେବାକୁ ହୁଏ ଏବଂ ଅପେକ୍ଷା କରିବାକୁ ହୁଏ ଚରିତ୍ରର ପ୍ରକୃତ ବ୍ୟକ୍ତିତ୍ୱ ମୋ ନିଜ ସମ୍ମୁଖରେ ଫାଟି ପଡ଼ିବା ଯାଏ।" ଚରିତ୍ରର ସଂଗୁପ୍ତ ପ୍ରକୋଷ୍ଠ (Hidden Corner)ର ଉନ୍ମୁକ୍ତି ହିଁ ହୋଇଛି ଶ୍ରୀ ବରାଳଙ୍କ ଗଳ୍ପ ଆଭିମୁଖ୍ୟ। ଯଦିଓ ସେ କୌଣସି ଆଭିମୁଖ୍ୟ ସୃଷ୍ଟି ଓ ତା'ର ପ୍ରଚାରରେ ବିଶ୍ୱାସୀ ନୁହନ୍ତି, ଗଳ୍ପ ପାଠକର ମନକୁ ପ୍ରଭାବିତ କରିପାରିଲେ ହିଁ ତା'ର ସାର୍ଥକତା ବୋଲି ତାଙ୍କର ମତ। ଗାଳ୍ପିକ ଶ୍ରୀ ଆଭାସଙ୍କ ପାଇଁ "ଯେକୌଣସି ଲେଖା ଏକ ଚିଠି ପରି ଅତି ହାର୍ଦ୍ଦିକ - ଆଟୋପହୀନ ହେବା ଦରକାର। ସବୁ କୁହା-ଅକୁହା କଥା ଲେଖାଯାଇପାରିବ। ଗପଟା ଗପ ହେବା ଉଚିତ। ଯାହାକୁ କହିଲେ-ଶୁଣିଲେ ଭଲ ଲାଗିବ। ସେଥିପାଇଁ ମିଛ-ସତ ଯୋଡ଼ିଯାଡ଼ି ଲେଖିବାକୁ ହୁଏ। ଯଦି ଗଳ୍ପ ଲେଖିସାରି ଗଳ୍ପଟିକୁ ବୁଝାଇବାକୁ ପଡ଼େ ତେବେ ଗାଳ୍ପିକର ଗଳ୍ପ ବିଫଳ ହୁଏ। ଗଳ୍ପ ଭଲ ଲାଗିବା ଦରକାର ଏଥି ନିମନ୍ତେ ନୂତନ ବକ୍ତବ୍ୟ ଜରୁରୀ। ଘଟଣା ବାରମ୍ବାର ଘଟିଚାଲେ କିନ୍ତୁ ଲେଖାର ଶୈଳୀ ହିଁ ଲେଖକଙ୍କୁ ପରିଚୟ ଦେଇଥାଏ। କହିବାର ଶୈଳୀ ହିଁ ଗଳ୍ପ ତିଆରି କରେ; ଗଳ୍ପ ବୋଲି କିଛି ନ ଥାଏ।"

ଶ୍ରୀ ବରାଳଙ୍କ ପ୍ରତି ଗଳ୍ପର ଆରମ୍ଭ ଆକସ୍ମିକତାରୁ, ଜୀବନ ସଂପୃକ୍ତ ଘଟଣାରୁ। ତାଙ୍କ ଭିତରେ ଚେନାଏ ଜୀବନାଂଶକୁ ପାଠକ ନିକଟରେ ଅତି ନିଖୁଣ ଭାବରେ ପରଶି ଦେବାର କି ଅଦ୍ଭୁତ ଆଗ୍ରହ ସତେ ! ଭଲ-ମନ୍ଦ, ପାପ-ପୁଣ୍ୟ, ଠିକ୍-ଭୁଲ୍, ଉଚିତ-ଅନୁଚିତର ଦୋଛକି ଊର୍ଦ୍ଧ୍ୱରେ ସେ ବେଶ୍ ସ୍ୱଚ୍ଛ-ସ୍ୱାଭାବିକ-ପରିଷ୍କାର ମୂଲ୍ୟବୋଧ ନେଇ ଦଣ୍ଡାୟମାନ। ଯାହା ଯେମିତି ଯେତେବେଳେ ଅଙ୍ଗେ ନିଭେଇଛନ୍ତି ତା'ରି ଭିତରୁ ଗଳ୍ପର ପ୍ଲଟ୍‌କୁ ସାଉଁଟି ନେଇଛନ୍ତି। ଶବ୍ଦ ବସାଣ ଭିତରେ ଗୋଟିଏ କବିର ଆବେଗଦୀପ୍ତ-ଭାବକୁ ପାଠକ ଅନୁଭବ କରିବ ନିଶ୍ଚୟ। ଜୀବନକୁ ନେଇ ଯେତେ ଉଭଟତା ଥିଲେ ହେଁ ଚରିତ୍ର ସହିତ ଘଟଣାର ସଂପୃକ୍ତିକୁ ନେଇ ସେ ସର୍ବଦା ଜୀବନ୍ତ ଆଲେଖ୍ୟ ପ୍ରଦାନ କରିଛନ୍ତି। ଚିରାଚରିତ ଘଟଣା ଭିତରେ ସଂପୂର୍ଣ୍ଣ ନୂତନ

ଭାବସଂଯୋଗର ଦକ୍ଷତା ହେତୁ ସ୍ୱତନ୍ତ୍ର ଶ୍ରୀ ଆଭାସ କୁମାର ବରାଳ ଆଧୁନିକ ପୁରସ୍କାର ଗୋଡ଼ାଣିଆ ନୀତିକୁ ଘୃଣା କରନ୍ତି। ପ୍ରତିଭା କେବେହେଲେ ପୁରସ୍କାର ତଳେ ଲୁଚି ପାରେନି। ତା'ରି ଭିତରେ ମଧ୍ୟ ଶ୍ରୀ ବରାଳ '୨୦୧୦ ଅଖିଳମୋହନ କଥାସମ୍ମାନ'ରେ ସମ୍ମାନିତ ହୋଇଛନ୍ତି। ଇଂରାଜୀ ଅଧ୍ୟାପନା ସହିତ ଓଡ଼ିଆ ସାହିତ୍ୟ କ୍ଷେତ୍ରରେ ତାଙ୍କର ଏ ଅକାହାଣୀର ଗଳ୍ପ ସାଧନା ଭବିଷ୍ୟତରେ ଆହୁରି ସମ୍ଭାବନାମୟ ଫର୍ଦ୍ଦଙ୍କୁ ଯୋଡ଼ିବ ବୋଲି ଆଶା ଓ ବିଶ୍ୱାସ।

ସହାୟକ ପୁସ୍ତକ:

୧. ଗଳ୍ପ ଉପନ୍ୟାସର ନବଦିଗନ୍ତ - ଶ୍ରୀ ଆଦିକନ୍ଦ ସାହୁ - ପୃ:୩୬

୨. ନାନୁ - ଶ୍ରୀ ଆଭାସ କୁମାର ବରାଳ - ପୃ: ୬

୩. ମୁଁ ୧/୧୮ - ଶ୍ରୀ ଆଭାସ କୁମାର ବରାଳ - ପୃ: କଥା: ଦୁଇ

୪. ନାନୁ - ଶ୍ରୀ ଆଭାସ କୁମାର ବରାଳ - ପୃ: ୫

୫. ନାନୁ - ଶ୍ରୀ ଆଭାସ କୁମାର ବରାଳ - ପୃ: ୭

୬. ନାନୁ - ଶ୍ରୀ ଆଭାସ କୁମାର ବରାଳ - ପୃ: ୨୬

୭. ନାନୁ - ଶ୍ରୀ ଆଭାସ କୁମାର ବରାଳ - ପୃ: ୩୦

୮. ନାନୁ - ଶ୍ରୀ ଆଭାସ କୁମାର ବରାଳ - ପୃ: ୩୧

୯. ନାନୁ - ଶ୍ରୀ ଆଭାସ କୁମାର ବରାଳ - ନାନୁ ପାଇଁ ନାନା ବିଚାର

୧୦. ମୁଁ ୧/୧୮ - ଶ୍ରୀ ଆଭାସ କୁମାର ବରାଳ - ପୃ:୧୫

୧୧. ମୁଁ ୧/୧୮ - ଶ୍ରୀ ଆଭାସ କୁମାର ବରାଳ - ପୃ: ୨୨

୧୨. ମୁଁ ୧/୧୮ - ଶ୍ରୀ ଆଭାସ କୁମାର ବରାଳ - ପୃ: ୬୪

୧୩. ମୁଁ ୧/୧୮ - ଶ୍ରୀ ଆଭାସ କୁମାର ବରାଳ - ପୃ: ୭୫

୧୪. ସେମାନେ - ଶ୍ରୀ ଆଭାସ କୁମାର ବରାଳ - ପୃ: ୧୪

୧୫. ଜୀବାଣୁ ଓ ଅନ୍ୟାନ୍ୟ ଗଳ୍ପ - ଶ୍ରୀ ଆଭାସ କୁମାର ବରାଳ - ପୃ:୬୧

ବିରୋଧାଭାସ ସତ୍ତ୍ୱେ ସତ୍ୟର ଉଦ୍‌ଗାତା ସତ୍ୟପ୍ରିୟ ମହାଳିକ

ଉତ୍ତର ଅଶୀ ଓଡ଼ିଆ କଥାସାହିତ୍ୟରେ ନୂଆ ଥିମ୍, ନୂଆ କଥା ତଥା ନୂଆ ଚିତ୍ର ଦ୍ୱାରା ଗପର ଆସର ଜମେଇ ତା'ର ବଳୟକୁ ନୂତନ ଉଦ୍‌ଭାସରେ ପରିପୂର୍ଣ୍ଣ କରିଥିବା ଜଣେ ସମ୍ବେଦନଶୀଳ ଗାଳ୍ପିକ ଭାବରେ ସତ୍ୟପ୍ରିୟ ମହାଳିକ ଏକ ସଶ୍ରଦ୍ଧ ଉଚ୍ଚାରଣ। ଆଧୁନିକ ଓଡ଼ିଆ ଗଳ୍ପ ଧାରାରେ ମିଥ୍ ଏବଂ ଫାଣ୍ଟାସିକୁ ପ୍ରୟୋଗ କରି ଧରାବନ୍ଧା କାହାଣୀ ପରମ୍ପରାକୁ ଭିନ୍ନ ରୂପ ପ୍ରଦାନ କରିଥିବା ଯଶସ୍ୱୀ କଥାକାର ଶ୍ରୀ ଶାନ୍ତନୁ ଆଚାର୍ଯ୍ୟ ତଥା ପଦ୍ମଶ୍ରୀ ମନୋଜ ଦାସଙ୍କ କଥା ସାହିତ୍ୟ ଦୁର୍ଗ ଆଜିର ଗାଳ୍ପିକଙ୍କ ନିମନ୍ତେ ଦୁର୍ଲଂଘ୍ୟ ନିଶ୍ଚୟ। ତା'ରି ପରିସର ଭିତରେ ଶ୍ରୀ ମହାଳିକ ନିଜ ଗଳ୍ପଧର୍ମୀତାର ସ୍ୱତନ୍ତ୍ର ବୈଶିଷ୍ଟ୍ୟ ପ୍ରତିପାଦନ କରିଛନ୍ତି। ପେସାରେ ଜଣେ ଅଧ୍ୟାପକ, ନିଶାରେ ଜଣେ କଥାକାର ତଥା ସଂପ୍ରତି ଗଳ୍ପସାହିତ୍ୟ କ୍ଷେତ୍ରରେ ସେ ଜଣେ ନବୀନ ଶୈଳୀକାର। ଉଇଲିୟମ୍ ଫକ୍‌ନରଙ୍କ ମତରେ ଲେଖା ପାଇଁ ତିନିଟି ଉପାଦାନ ମଧ୍ୟରେ ଅନୁଭୂତି (Experience), ପର୍ଯ୍ୟବେକ୍ଷଣ (Observation) ଏବଂ କଳ୍ପନା (Imagination) ପ୍ରମୁଖ ହୋଇଥିଲା ବେଳେ ଶ୍ରୀ ମହାଳିକଙ୍କ ସୃଷ୍ଟି ଭିତରେ ଏହି ତିନିଟି ତତ୍ତ୍ୱ ସହିତ ଜଗତ୍‌ସତ୍ୟ (Truthfulness)ର ମହାସମନ୍ୱୟ ରହିଛି।

ପାଶ୍ଚାତ୍ୟ ସଂସ୍କୃତି ଏବଂ ସାହିତ୍ୟର ବିବିଧ ଅନ୍ତର୍ଜାତୀୟ ତତ୍ତ୍ୱକୁ ଗର୍ଭିତ କରି ଗଳ୍ପସାହିତ୍ୟ ପାରମ୍ପରିକ ଗଡ୍‌ଡ଼ାଳିକାରୁ ଓହରିଯାଇଛି। ମଣିଷ ଜୀବନର ନିଛକ ଅନୁଦ୍‌ଘାଟିତ ସତ୍ୟ, ବର୍ତ୍ତମାନର ମନସ୍ତାତ୍ତ୍ୱିକ ପ୍ରବାହକୁ ମଧ୍ୟ ନିଜ ସହିତ ସାମିଲ୍

କରିଛି । ଆଜିର ଗାଳ୍ପିକ କାହାଣୀହୀନ ଅବସ୍ଥା ଦେଇ ଜୀବନକୁ ଛାନ୍‌ବିନ୍ କରିବାର ପ୍ରୟାସ ଜାରି ରଖିଛି ଏବଂ ସେହି ଅନୁସାରେ ମଧ୍ୟ ବଦଳିଛି ଗଳ୍ପର ଥିମ୍ ।

ଦୀର୍ଘ ସମୟର ଉପନିବେଶିକ ପରମ୍ପରାକୁ ଏଡ଼େଇ ଗାଳ୍ପିକ ସତ୍ୟପ୍ରିୟ ମହାଳିକ ନିଜ ଗଳ୍ପଗୁଡ଼ିକରେ ଜଣେ ସ୍ରଷ୍ଟାର ଦାୟବଦ୍ଧତା (Commitment)କୁ ବଜାୟ ରଖିଛନ୍ତି । ସମସ୍ତେ ମାନି ନେଉଥିବା ଉତ୍ତରକୁ ସେ ଅସ୍ୱୀକାର କରି ନୂଆ ଉତ୍ତରର ସନ୍ଧାନୀ ସାଜିଛନ୍ତି । କୌଣସି ବିଧିବଦ୍ଧ - ଫର୍ମୁଲାଦିଆ ଛାଞ୍ଚରେ ଢଳେଇ କରି ଗପ ଲେଖିବାରେ ସେ ବିଶ୍ୱାସୀ ନୁହନ୍ତି । ଗଳ୍ପର ପାରମ୍ପରିକ ଭାବଭୂମି ତଥା ଭାଷାଗତ ସଂରଚନାକୁ ଭାଙ୍ଗି ଏକ ନୂତନ ସ୍ୱତଃସ୍ଫୂର୍ତ୍ତ ଶିଳ୍ପ ସଂରଚନାର ପରୀକ୍ଷା ଓ ପ୍ରୟୋଗକୁ ଗୁରୁତ୍ୱ ପ୍ରଦାନ କରଛନ୍ତି । ତାଙ୍କର ଅନେକ ଗଳ୍ପ ପ୍ରାଚୀନ କାହାଣୀ ପରମ୍ପରାର ପ୍ରତିନିଧିତ୍ୱ କରିଛି ତଥା ଆଧୁନିକ ବାସ୍ତବତାର ପୃଷ୍ଠଭୂମି ଉପରେ ସେସବୁ ଅସଂଖ୍ୟ ମୂଲ୍ୟବୋଧକୁ ପ୍ରତିଷ୍ଠା ଦେବାରେ ସହାୟତା ମଧ୍ୟ କରିଛି । ୧୯୮୨ ମସିହା ପରବର୍ତ୍ତୀ ସମୟରୁ ଏଯାବତ୍ ଶତାଧିକ ଗଳ୍ପର ଲେଖକ ଭାବରେ ଶ୍ରୀ ସତ୍ୟପ୍ରିୟ ମହାଳିକ ବେଶ୍ ଚର୍ଚ୍ଚିତ ଏବଂ ଆଦୃତ ମଧ୍ୟ । ତାଙ୍କ ସୃଜନସମ୍ଭାରରେ ରହିଛି 'ଗଳ୍ପପୁରୁଷ' (୨୦୦୨), 'ସେଇସବୁ ଦିନ' (୨୦୦୪), 'କଥାତନ୍ତ୍ର' (୨୦୦୬), 'ଅଳ୍ପଗଳ୍ପ' (୨୦୦୬), 'ଶୂନ୍ୟକାଳ' (୨୦୦୮), 'କୁହୁକ ଦର୍ପଣ' (୨୦୦୯), 'ସରିନଥିବା ଏକ ଲୋକକଥା' (୨୦୦୯), 'ତିନି ଆଖ୍ୟାନ' (୨୦୧୪), 'ମିଛ ସହିତ ଏକ ପ୍ରୟୋଗ' (୨୦୧୬) ଇତ୍ୟାଦି ଗଳ୍ପ ସଂକଳନ, 'କଭର୍ ଷ୍ଟୋରୀ' (୨୦୦୭) ଏବଂ 'ନିଉଟୋପିଆ' (୨୦୧୯) ଦୁଇଟି ଉପନ୍ୟାସ ଏବଂ 'ବାଣୀବିହାର ଡାଏରୀ' ଇତ୍ୟାଦି ପ୍ରମୁଖ ।

ସୃଜନ ତାଙ୍କ ପାଇଁ ସତ୍ୟର ଆବିଷ୍କାର ଏବଂ ସତ୍ୟର ବିସ୍ତାର । ମଣିଷ ମନର ସୂକ୍ଷ୍ମ ସଂବେଦନା, ଜୀବନର ସଂଶୟାଚ୍ଛନ୍ନ ସ୍ଥିତି ତଥା କଳ୍ପନାକୁ ଶ୍ରୀ ମହାଳିକ ସର୍ବଦା ଗୁରୁତ୍ୱ ପ୍ରଦାନ କରିଛନ୍ତି । ଚରିତ୍ର ତଥା ଘଟଣା ଆଧାରରେ ଗଳ୍ପାଣୁ ଦ୍ୱାରା ଆକ୍ରାନ୍ତ ହେବା ସେ ସ୍ୱୀକାର କରନ୍ତି । ପାଠକୀୟ ମତ - ପ୍ରତିକ୍ରିୟା, ମୂଲ୍ୟାୟନ ଏବଂ ଚର୍ଚ୍ଚାର ବେଶ୍ ଉର୍ଦ୍ଧ୍ୱରେ ରହି ରୋକ୍‌ଠୋକ୍ ଭାବରେ ସେ ତାଙ୍କର ଗପୁଡ଼ାପଣକୁ ବଜାୟ ରଖିଛନ୍ତି । ତାଙ୍କ ଶବ୍ଦରେ- "ମୋ ଭିତରେ ଗୋଟେ ଅବାଗିଆ କଥାବାଚକ ରାତିଦିନ ମାର୍ଚ୍ଚପାଷ୍ଟ କରୁଥାଏ । ସେ ମୋତେ ଶାନ୍ତିରେ ବସେଇ ଉଠେଇ ଦିଏନି । ସେ ମୋତେ ସବୁବେଳେ ଉସ୍‌କଉଥାଏ ।"[୧] ସମସ୍ତ ସାହିତ୍ୟକଙ୍କ ଭଳି ଶ୍ରୀ ମହାଳିକଙ୍କ ସାରସ୍ୱତ ଜୀବନର ଆରମ୍ଭ କବିତାରୁ । ତାଙ୍କ ପାଇଁ ଅକ୍ଷର ବ୍ରହ୍ମବୀଜ, ବ୍ରହ୍ମକଳ୍ପ, ଅମର ତଥା ଅବିନଶ୍ୱର । ସମୟାନୁକ୍ରମେ ତାଙ୍କ ଜୀବନ କବିତାମନସ୍କ ସ୍ଥିତିରୁ ଗଳ୍ପ ଆଡ଼କୁ ଉନ୍ମୁଖ

ହୋଇଥିଲେ ହେଁ କବିତାର ସେହି ଭାବସାନ୍ଦ୍ର ବଳୟରୁ ସଂପୂର୍ଣ୍ଣ ମୁକ୍ତ ହୋଇପାରିଥିବା ମନେହୁଏ ନାହିଁ। ପୁରୁଣାକୁ ଭାଙ୍ଗି ନୂଆ ନିର୍ମାଣରେ ବିଶ୍ୱାସୀ ଶ୍ରୀ ମହାଳିକ ଆତ୍ମାଭିବ୍ୟକ୍ତି କ୍ଷେତ୍ରରେ ସାଂଘାତିକ ଭାବେ ମୁକୁଳା। ତାଙ୍କ ଗଳ୍ପଶୈଳୀ ସଂପର୍କରେ ସେ କହନ୍ତି- "ମୋ ଗପର ଆଦୌ ଏକ ଧରାବନ୍ଧା ଫର୍ମୁଲାର କାହାଣୀଟିଏ ନଥାଏ। ସେପାଇଁ ମୋର ଅନେକ ଗପ ସୁଖପାଠ୍ୟ ମନେ ହୋଇ ନପାରନ୍ତି। ଅନ୍ୟ ଭାବରେ କହିଲେ ଠିକ୍ ହେବ ଯେ, ମୋ ଗପ କଦାପି ଶୋଇକରି ବିଛଣାରେ ପଢ଼ିବାର ସଉକିନ୍ ସ୍ଲିପିଂ ପିଲ୍ ନୁହେଁ। ଏହା ବିରକ୍ତିକର, ଅମନରୋଚକ ଭୂତାଣୁ। ଏହା ସଂଘାତିକ ଓ ସଂକ୍ରାମକ। ଏଣୁ କେବଳ ଚେଇଁ ଉଠିବା ପାଇଁ ଏହା ପଢ଼ାଯାଇପାରେ। ଶୋଇପଡ଼ିବା ପାଇଁ ନୁହେଁ।"[୨] ଅନ୍ୟତ୍ର ପୁଣି ଗାଳ୍ପିକ କହିଛନ୍ତି- "ମୋ ଗପରେ ଠିକ୍ ସେହି କଥା କହେ ଯାହା ମୁଁ ଚାହେଁ। ମାତ୍ର ମୁଁ ମୋର ପରିଦୃଷ୍ଟ ଜଗତର ହିତ ପାଇଁ ଲେଖେ ଓ ଲେଖିଚାଲେ। ଏହା ମୋର ବୌଦ୍ଧିକ ବିଳାସ ନୁହେଁ, ଏକପ୍ରକାର ସାମାଜିକ ଦାୟିତ୍ୱ। ଆତ୍ମସନ୍ତୋଷର ଊର୍ଦ୍ଧ୍ୱରେ ଏକ ସମ୍ମୋହନ, ଏକ ସଂସ୍କାର"।[୩]

ହାଇସ୍କୁଲ୍ ସମୟରେ 'ଡାକ୍ତର ଭୂୟାଁ' ନାମକ ଗପ ଥିଲା ତାଙ୍କର ପ୍ରଥମ ରଚିତ ଗଳ୍ପ। ପରବର୍ତ୍ତୀ ସମୟରେ ଆଇ.ଏ. ପାଠପଢ଼ା ବେଳକୁ ସେ 'ଝରଣା' ପତ୍ରିକାର ସଂପାଦନା କରିଥିଲେ। ସେହି ପତ୍ରିକାରେ ପ୍ରକାଶିତ ମିନିଗପ 'ସୁନାଚଢ଼େଇ ଓ ମୁଁ' ଆତ୍ମପ୍ରକାଶ ଲାଭ କରିଥିଲା। ପରବର୍ତ୍ତୀ ସମୟରେ ୧୯୮୦ ମସିହା ବେଳକୁ ସେହି ଗପଟିର ନାମ ପରିବର୍ତ୍ତିତ ହୋଇ 'ଇତିହାସର ଜଣେ ଶହୀଦ' ନାମରେ ପ୍ରକାଶିତ ହୋଇଥିଲା। ବାଣୀ ବିହାରର ସ୍ନାତକୋତ୍ତର ଶିକ୍ଷାଲାଭ (୧୮୮୩) ସମୟରେ ଖୋର୍ଦ୍ଧାରୁ ପ୍ରକାଶିତ 'ମହଲ' ପତ୍ରିକାରେ 'ସେମାନେ କ'ଣ କରୁଛନ୍ତି ନିଜେ ବି ଜାଣିନାହାନ୍ତି' ଗପ ପ୍ରକାଶ ଲାଭ କରିଥିଲା। ଏହି ସମୟରେ ସେ ତାଙ୍କର ସମସାମୟିକ ବରିଷ୍ଠ ଗାଳ୍ପିକ ନିମାଇଁ ପଟ୍ଟନାୟକ ଏବଂ ରବି ପଟ୍ଟନାୟକଙ୍କର ଦୃଷ୍ଟି ଆକର୍ଷଣ କରି ପାରିଥିଲେ। କଥାତତ୍ତ୍ୱ ଦୃଷ୍ଟିରୁ ଗାଳ୍ପିକ ମହାଳିକ ପ୍ରାଚୀନ କଥାସାହିତ୍ୟ ତଥା ଆଧୁନିକ କଥାସାହିତ୍ୟର ଲବ୍ଧ ପ୍ରତିଷ୍ଠିତ କଥାକାରମାନଙ୍କ ନିକଟରେ କୃତଜ୍ଞତା ପ୍ରଦର୍ଶନ କରନ୍ତି। ତତ୍‌ସହିତ ନିଜସ୍ୱ ମନନଶୀଳ-ସୃଜନଶକ୍ତିକୁ ପାଥେୟ କରି ଅତ୍ୟାଧୁନିକ ବାସ୍ତବତାର ପ୍ରେକ୍ଷାପଟ୍ଟ ଉପରେ ତୀକ୍ଷ୍ଣଦୃଷ୍ଟି ନିବଦ୍ଧପୂର୍ବକ ପରୀକ୍ଷା-ନିରୀକ୍ଷାର କୌଶଳ ଠାରୁ ନିଜକୁ ଦୂରେଇ ପାରିନାହାନ୍ତି। ତାଙ୍କ ଶବ୍ଦରେ- "ମୋ ସମକାଳୀନ ଲେଖକମାନଙ୍କ ଠାରୁ ମୁଁ ଅନେକ କିଛି ଶିଖିଛି। ମୋର ପୂର୍ବପୁରୁଷମାନଙ୍କ ଠାରୁ ଅନେକ କିଛି ହାସଲ କରିଛି। ମୋର ଅନୁଜମାନଙ୍କ ଦ୍ୱାରା ମୁଁ ପ୍ରେରିତ ଓ ଉତ୍ସାହିତ ହୋଇଛି। ଏମାନେ ସମସ୍ତେ ମୋ ସୃଜନକର୍ମକୁ ନାନା ଭାବେ ପ୍ରଭାବିତ କରିଛନ୍ତି।[୪] ଗାଳ୍ପିକ ସତ୍ୟପ୍ରିୟ ପରମ୍ପରାକୁ

ଭୁଲିନାହାନ୍ତି କିନ୍ତୁ ପରମ୍ପରାଶ୍ରିତ ମଧ୍ୟ ନୁହେଁ । ପରମ୍ପରାରୁ ସ୍ୱାଦ, ଗନ୍ଧ, ରୂପକୁ ମଧୁମକ୍ଷିକା ଭଳି ଯତ୍ନରେ ସଂପାତିଛନ୍ତି । ସେହି ଯତ୍ନଶୀଳ ପ୍ରୟାସ ଭିତରେ କଥାର ରଙ୍ଗ ସ୍ୱତଃ ଭରିଉଠିଛି । ପାଠକର ଆତ୍ମସ୍ଥ ହୋଇ ସଂଚରି ଯାଇଛି ତାଙ୍କ ଦୃଷ୍ଟିଭଙ୍ଗୀ । ତାଙ୍କ ଗପକୁ ଶୁଣି ମିଛର ଗନ୍ଧ ବାରିବାକୁ ଇଚ୍ଛା କଲେହେଁ କେତେବେଳେ ଯେ ପାଠକ ନିରାଟ ସତ୍ୟର ପରିଧିକୁ ଆଉଜି ସ୍ତବ୍ଧ ହୋଇଯାଇଥାଏ, ତାହା ସେ ବହୁ ପରେ ଅନୁଭବ କରେ । ଗପ ଗଢ଼ିବା ତାଙ୍କ ଦୃଷ୍ଟିରେ ଏକ ସ୍ୱତନ୍ତ୍ର କାର୍ପେଣ୍ଟ୍ରି । ସେ ସଂପର୍କରେ ତାଙ୍କ ବକ୍ତବ୍ୟ ହେଲା- "ଗପଗୁଡ଼ାକ ଖାଲି ମୂଳରୁ ଆରମ୍ଭ ହେବ ଓ ଟିକିନିଖି ସବୁକଥା ସଜେଇ କ୍ରମାନ୍ୱୟରେ କୁହାଯିବ ଓ ତା'ପରେ କ'ଣ ହେଲାର ଉତ୍ତର ଦିଆଯିବ... ସେ କଥା ନ ହୋଇପାରେ" ।(୪)

ଗାଳ୍ପିକ ମହାଲିକ ଗପର ନିୟମବଦ୍ଧ ଧାରାରୁ ବିଚ୍ୟୁତ ହୋଇ ଉନ୍ମୁକ୍ତ ଭାବରେ ନିରୁତା ଗପକୁ ହିଁ ଗୁରୁତ୍ୱ ଦେଇଛନ୍ତି । ଜଣେ କଥାକାର ଭାବରେ ସେ ନିରୋଳା ଗପିଛନ୍ତି । ସିଧା ସିଧା କୌଣସି କଥାକୁ ସେ ଗପ ଭାବରେ ଉପସ୍ଥାପିତ କରିନାହାନ୍ତି । ବୁଲେଇ-ବଙ୍କେଇ ପାଠକ ମନକୁ ବାନ୍ଧି ରଖିବାର ଅପୂର୍ବ ଛନ୍ଦତୋଳି ପାଠକ ପ୍ରାଣକୁ ବୈକଲ୍ୟ, ଅବସୋସ, ତୃଷ୍ଣା ଏବଂ ଅସମାଧିତ ପ୍ରଶ୍ନର ଗହ୍ୱର ଭିତରକୁ ନିକ୍ଷେପ କରିବା ହିଁ ସତ୍ୟପ୍ରିୟଙ୍କ ନିଆରା କୌଶଳ । ଠିକ୍ ଯେମିତି 'କଥାସରିତ', 'ଚତୁର ବିନୋଦ'ର ଗପ ଖିଅଟିଏ ମୂଳକଥାରୁ ଆରମ୍ଭ ହୋଇ କ୍ରମେ କେନା ମେଲିଥାଏ ଏବଂ ପରିଶେଷରେ ଗନ୍ତବ୍ୟ ନିଷ୍କର୍ଷରେ ପହଞ୍ଚିଥାଏ । ଅନୁରୂପ ଭାବରେ ଚରମ ଅତୃପ୍ତିର ଜାଗରଣ ଏବଂ ଗୁଡ଼ାଏ ଉଦ୍‌ଗତ ପ୍ରଶ୍ନର ଉତ୍ତର ଖୋଜୁଥିବା ପାଠକଙ୍କ ନିମନ୍ତେ ସତ୍ୟପ୍ରିୟ ମହାଲିକଙ୍କ ଏକ ଉତ୍କୃଷ୍ଟ ଗଳ୍ପ ସଂକଳନ ହେଉଛି 'ମିଛ ସହିତ ଏକ ପ୍ରୟୋଗ' । ସ୍ୱତନ୍ତ୍ର ଗଳ୍ପ ସଂରଚନା ମାଧ୍ୟମରେ ତାଙ୍କ ବାକ୍‌ଚାତୁରୀର କଳାତ୍ମକତା ପାଠକକୁ ଯେ ଅତିମାତ୍ରାରେ ସ୍ପର୍ଶ କରେ ଏହା ନିଃସନ୍ଦେହ ।

'ମିଛ ସହିତ ଏକ ପ୍ରୟୋଗ' ଶ୍ରୀ ମହାଲିକଙ୍କ ଜୀବନ ଜିଜ୍ଞାସାର ସଂବାହକ । 'ଟେକ୍ନୋକ୍ରାନ୍ତି'ର ଏହି ଅତ୍ୟାଧୁନିକ ଯୁଗରେ ପନ୍ଦର ଗୋଟି ଗଳ୍ପ ମାଧ୍ୟମରେ ଗାଳ୍ପିକ ସମକାଳୀନ ସମାଜର ବିବିଧ ସମସ୍ୟା ବୃତ୍ତିକୁ ଅଙ୍ଗୁଳି ନିର୍ଦ୍ଦେଶ କରିଛନ୍ତି । ଏହି ସଂକଳନସ୍ଥ ପ୍ରତ୍ୟେକଟି ଗଳ୍ପ ନୂଆ ନୂଆ ସମସ୍ୟା, ସଙ୍କଟ ତଥା ସମ୍ଭାବନାକୁ ନେଇ ବିଶ୍ଳେଷିତ ହୋଇଛି । 'ମିଛ' ଏଠାରେ ଦୁର୍ନୀତି, ଆଟୋପ, ଛଳନା, ମିଥ୍ୟା, ଦେଖାଣିଆପଣ ତଥା ମୁଖା ପରିହିତ ସ୍ଥିତାବସ୍ଥାର ପ୍ରତୀକ ସାଜିଛି । ସେହି ବିରୋଧାଭାସପୂର୍ଣ୍ଣ ମାନବ ଜୀବନ ଓ ସାମାଜିକ ବିଧି ବ୍ୟବସ୍ଥାର ମିଛ ସହିତ ପ୍ରକୃତ ସତକୁ ନେଇ ଚିନ୍ତାନୁଶୀଳ ଆତ୍ମିକ-ପ୍ରୟୋଗର କଥା କହିଛନ୍ତି ଗାଳ୍ପିକ । ସତ୍ୟର ସ୍ଫଟିକ

ଔଜ୍ଜ୍ୱଲ୍ୟ ବେଳେବେଳେ ମିଛର ଅନ୍ଧକାର ଭିତରେ ଲୁକ୍‌କାୟିତ ହୋଇଯାଇଛି, ହେଲେ କାଳକ୍ରମେ ସେ ଅନ୍ଧକାରପୂର୍ଣ୍ଣ ଗହ୍ୱରରୁ ଅଣୁତମ ରନ୍ଧ୍ରଦେଇ ବିଚ୍ଛୁରିତ ହୋଇଥାଏ। ହୁଏତ ପୁନଶ୍ଚ ତାକୁ ଢାଙ୍କିଦେବାର ଅପଚେଷ୍ଟା ହୁଏ ଅବା ସତ୍ୟ ଦିବାଲୋକଙ୍କୁ ଉଜାଗର କରିଥାଏ। ଏହି ପରିପ୍ରେକ୍ଷୀରେ ସେ ଜନ୍ ଅଫ୍ ଦି କ୍ରସ୍‌ଙ୍କ ଉକ୍ତି ସ୍ମରଣୀୟ- "If a man wants to be sure of his road, he must close his eyes and walk in the dark." ଗାଳ୍ପିକ ସତ୍ୟପ୍ରିୟ ଠିକ୍ ଏହି ପ୍ରକାର ମିଛ ଭଳି ଅନ୍ଧାରରେ ମଧ୍ୟ ନିର୍ଭୀକତାର ସହି ଆଖିବୁଜି ରାସ୍ତା ଅତିକ୍ରମ ଓ ଅନ୍ୟକୁ ପଥପ୍ରଦର୍ଶନ କରିବାର ସତ୍‌ସାହସ କରିଛନ୍ତି। ଏହି ସଂକଳନରେ ପ୍ରଚଳିତ ରୁଗ୍‌ଣ ସମାଜବ୍ୟବସ୍ଥା, ବ୍ୟକ୍ତିସତ୍ତାର ଉତ୍କଟ ଦଶା, ଅନ୍ୟାୟ - ଶୋଷଣ, ଅବକ୍ଷୟମାଣ ମୂଲ୍ୟବୋଧ, ଯୌନବିକ୍ଷୁବ୍ଧତା, ପଥଭ୍ରଷ୍ଟ ଯୁବସମାଜ ପ୍ରତି ଗଭୀର ସମ୍ବେଦନା ତଥା ଶ୍ଳେଷ ରହିଛି।

'ମିଛ ସହିତ ପ୍ରୟୋଗ' ଭଳି ବାସ୍ତବବାଦୀ ଗପ ଜରିଆରେ ଅତ୍ୟାଧୁନିକ ସମାଜସଂଲଗ୍ନ ରାଜନୀତିକ ଦୁଃସ୍ଥିତିର ନଗ୍ନସତ୍ୟକୁ ଖୋଲାଖୋଲି ଭାବରେ ଉପସ୍ଥାପନ ନକରି ଗପର ଆଳରେ ଲୋକକଥାର 'ନେତେଇ ଧୋବଣୀ' ମୋଟିଫ୍‌କୁ ସାମିଲ କରିଛନ୍ତି। ତା'ରି ପ୍ରସଙ୍ଗ ଅବତାରଣା କରି ଜୀବନ-ଜଗତର ବାସ୍ତବ ଚିତ୍ର ଅଙ୍କନ କରିଛନ୍ତି। ଅତି ଚମତ୍କାର ଭାବରେ ଗୁଲିଖଟି ଜମେଇବା ଉଦ୍ଦେଶ୍ୟରେ ଗାଳ୍ପିକ ନେତେଇ ଧୋବଣୀକୁ ଗପର ପରିସରଭୁକ୍ତ କରି ଲେଖିଛନ୍ତି- 'ଗପ ରାନ୍ଧିବା ନେତେଇ ଧୋବଣୀର କାମ। ସେ କୁଆଡୁ ପାଏ କେଜାଣି ଏତେ ଗପମଞ୍ଜି। ଯେତେବେଳେ ଶୁଣ ସେ ରାନ୍ଧୁଥାଏ ହାଣ୍ଡିଏ ଗପ'[୬] ତେବେ, ନେତେଇ ଧୋବଣୀକୁ ଅତିକ୍ରମ କଲେ ଯାଇ ପାଠକ ପ୍ରକୃତ ଗଳ୍ପକୁ ବୁଝିବାରେ ସମର୍ଥ ହେବ। ଗାଳ୍ପିକଙ୍କ ଏହି ଗପରେ କଥାଭାଗ ଅତ୍ୟନ୍ତ ମାର୍ମିକ। ଏଥିରେ ଖଣ୍ଡିତ ଜୀବନ ଯନ୍ତ୍ରଣାର ଆର୍ତ୍ତରୂପ ସଂଜୀବିତ। କର୍ମକାର ବୋଲି ଦରିଦ୍ର ବ୍ୟକ୍ତିର ତିନିଟି ବିକଳାଙ୍ଗ ଭିନ୍ନକ୍ଷମ ପୁଅ ଓ ଗୋଟିଏ ସର୍କସ୍ ମାଙ୍କଡ଼କୁ କେନ୍ଦ୍ରକରି ଗଳ୍ପର ବିଷୟବସ୍ତୁ ଗତିଶୀଳ ହୋଇଛି। ପିଲା ତିନିଟିଯାକ ଥିଲେ ମାନସିକ ଅକ୍ଷମ ଓ ଶାରୀରିକ ବିକଳାଙ୍ଗ। ଜଣେ ଅନ୍ଧ, ଜଣେ ମୂକ ଏବଂ ଆଉ ଜଣେ ବଧିର। ଦରିଦ୍ର କର୍ମକାର ଗୁଜୁରାଣ ମେଣ୍ଟାଇବା ପାଇଁ ମାଙ୍କଡ଼ ନାଚ ଦେଖାଏ। ଦିନେ ଜଣେ ଆଭିଜାତ୍ୟ ବନ୍ୟପ୍ରାଣୀ ସୁରକ୍ଷା କାନୁନ ଖିଲାପର ଦ୍ୱାହି ଦେଇ ମାଙ୍କଡ଼ଟିକୁ ଚତୁରତାର ସହିତ ନେଇଯାଇଛି। ଆଭିଜାତ୍ୟ ଜଣକ ମାଙ୍କଡ଼ଟିକୁ ନେଇ ନିଜ ସ୍ୱାର୍ଥରେ ବ୍ୟବହାର କରିଛି। ଏମିତିକି ଆଗାମୀ ନିର୍ବାଚନ ପ୍ରଚାର ଉଦ୍ଦେଶ୍ୟରେ ମାଙ୍କଡ଼ଟିକୁ ହନୁମାନ ଭକ୍ତ ସଜାଇ ଏଭଳି ପ୍ରଚାର କରିଛି ଯେ ତା'ର ମହତ୍ତ୍ୱ କ୍ରମେ ବୃଦ୍ଧି ପାଇଛି। କର୍ମକାରର ପାଳିତ ମାମୁଲି ମାଙ୍କଡ଼ ରାଜନୀତିରେ ସକ୍ରିୟ ଆଧାର ପାଲଟିଯାଇଛି। କିନ୍ତୁ ତାକୁ

ପାଳିଥିବା ଦରିଦ୍ର କର୍ମକାର ଓ ତା'ର ବିକଳାଙ୍ଗ ତିନି ପୁଅର ଦୁରବସ୍ଥା ଅତ୍ୟନ୍ତ ଦୁର୍ଭାଗ୍ୟପୂର୍ଣ୍ଣ ରହିଛି। ମାଙ୍କଡ଼ ପରିବର୍ତ୍ତେ ତା'ର ତିନିପୁଅ ନଖାଇ ନପିଇ ମାଙ୍କଡ଼ ଭଳି ଦିଶିଛନ୍ତି। କର୍ମକାରର ଏହି ଅସହାୟ ଅବସ୍ଥାରେ ଜଣେ ରିପୋର୍ଟର ତାକୁ ବିଭିନ୍ନ ପ୍ରକାର ପ୍ରଶ୍ନ ପଚାରି ତା' ବକ୍ତବ୍ୟକୁ ଟିପାଖାତାରେ ଲେଖିବସିଛି। ତିନିପୁଅଙ୍କ ଫଟୋ ଉଠାଇବା ପୂର୍ବରୁ ସେମାନଙ୍କୁ ଆଖି, ପାଟି ଓ କାନ ଉପରେ ହାତ ଚାପିରଖିବାକୁ ନିର୍ଦ୍ଦେଶ ଦେଇଛି। ତା' ପରଦିନ କର୍ମକାରର ଅଜାଣତରେ ସାରା ସହର, ଜିଲ୍ଲା ପ୍ରଶାସନ, ମୁଖ୍ୟମନ୍ତ୍ରୀଙ୍କ ସଚିବ ଏବଂ ବିଚାରାଳୟ ନିକଟରେ ତା' ବିକଳାଙ୍ଗ ପୁଅମାନଙ୍କ ଇଚ୍ଛାମୃତ୍ୟୁ ଦରଖାସ୍ତ ପ୍ରସଙ୍ଗ ପ୍ରଚାରିତ ହୋଇଛି। ଖବରକାଗଜରେ ତିନି ମାଙ୍କଡ଼ଙ୍କ ତଳେ କନ୍ଥା ଘୋଡ଼ିହୋଇ ଗୋଟିଏ ଚନ୍ଦାମୁଣ୍ଡିଆ ବୁଢ଼ାର ଫଟୋଟି ବାହାରିବା ପରେ ଜିଲ୍ଲା ପ୍ରଶାସନ, ମିଡିଆବାଲା, ସ୍ଥାନୀୟ ନିଉଜ୍ ଚ୍ୟାନେଲ୍ ଏବଂ ସାମ୍ବାଦିକଗଣ ସକ୍ରିୟ ହୋଇଉଠିଛନ୍ତି। ବିରୋଧୀ ଦଳର ଚକ୍ରାନ୍ତ ଅନୁସାରେ ସାମ୍ବାଦିକମାନେ କର୍ମକାରକୁ ଜଣେ ଅନାମଧେୟ ମଦ୍ୟପ ଭାବରେ ଦର୍ଶାଇବାକୁ ଷଡ଼ଯନ୍ତ୍ର ରଚିଥିବାବେଳେ କେହି ଜଣେ ଯୁବ ସ୍ୱେଚ୍ଛାସେବୀ କର୍ମକାରର ଦୁର୍ଦ୍ଦଶା ପ୍ରତି ସରକାର ଓ ସ୍ଥାନୀୟ ପ୍ରଶାସନର ଦୃଷ୍ଟି ଆକର୍ଷଣ କରିବାକୁ ଯାଇ ବିଚାରାଳୟରେ ଏକ ମକଦ୍ଦମା ରୁଜୁ କରିଛି। ଆଧୁନିକ ଯୁଗର ସକ୍ରିୟ ଗଣମାଧ୍ୟମ ପ୍ରତି ଗାଳ୍ପିକ ଶ୍ଳେଷପୂର୍ଣ୍ଣ ବକ୍ତବ୍ୟ ପ୍ରଦାନ କରିଛନ୍ତି ଯେ- 'ରାତାରାତି ବନ୍ଧୁ କର୍ମକାରର ଭାଗ୍ୟ ବଦଳିବାକୁ ଲାଗିଲା। ଏଥର ଆମ୍ବଗଛ ମୂଳରୁ ତାକୁ ସ୍ଥାନାନ୍ତରିତ କରି ନିଆଗଲା ଏକ ଇନ୍ଦିରା ଆବାସକୁ। ତତ୍କାଳୀନ ଚିକିତ୍ସା ଓ ପୋଷାହାର ଖଞ୍ଜି ଦିଆଗଲା। କୁପୋଷଣର ଶିକାର ହୋଇ ମାନସିକ ଏବଂ ଶାରୀରିକ ଭାବେ ବିକଳାଙ୍ଗ ହୋଇଯାଇଥିବା ସେଇ ତିନି ପୁଅଙ୍କୁ ଯୋଗାଇ ଦିଆଗଲା ବିଶେଷ ସୁବିଧା। ସେମାନଙ୍କର ସୁରକ୍ଷା, ସ୍ୱାସ୍ଥ୍ୟ ଓ ଶିକ୍ଷା ପାଇଁ କେତେଜଣ ସ୍ୱେଚ୍ଛାସେବୀ ଆଗେଇ ଆସିଲେ। ପ୍ରତିଦିନ ନୂଆ ନୂଆ ଖବର ନୂଆ ନୂଆ ଢଙ୍ଗରେ ପରିବେଷିତ ହେବାକୁ ଲାଗିଲେ।'[୭]

ଆଧୁନିକ ସମୟରେ ଗଣମାଧ୍ୟମ ଓ ରାଜନୀତିକ କୂଟନୀତି ଯେ ତିଳକୁ ତାଳ ଏବଂ ବିରାଟକୁ ସାମାନ୍ୟ କରିପାରେ ଏଥିରେ କୌଣସି ସନ୍ଦେହ ନାହିଁ। ନିର୍ବାଚନରେ ନିଜ ପତିଆରା ବୃଦ୍ଧି ନିମନ୍ତେ ପ୍ରତ୍ୟେକଙ୍କର ଗୋଡ଼ଟଣା ନୀତିକୁ ଗାଳ୍ପିକ ଅଙ୍ଗୁଳି ନିର୍ଦ୍ଦେଶ କରିଛନ୍ତି। କର୍ମକାର ଭଳି ଅସଂଖ୍ୟ ଦୀନ-ଦରିଦ୍ର ଖଟିଖିଆଙ୍କ ଜୀବନର ଲଗାମକୁ ସମାଜର ବଡ଼ବଡ଼ିଆମାନେ ନିଜ ହାତରେ ନିୟନ୍ତ୍ରିତ କରିଥାନ୍ତି। ଗାଳ୍ପିକଙ୍କ ଶବ୍ଦରେ- 'ବନ୍ଧୁର ଭାଗ୍ୟ ଗୋଟେ ପୁରୁଣାକାଳିଆ ଜଙ୍ଗ୍‌ଲଗା ତାଲା ପରି ଝୁଲୁଥିଲା। ତାକୁ ନେଇ ଲୋକେ ଭିନ୍ନ ଭିନ୍ନ ସ୍ୱପ୍ନ ଦେଖୁଥିଲେ। ଯୋଜନା ତିଆରି କରୁଥିଲେ

ପ୍ରଶାସନ କହିଲା କି ବନ୍ଧୁ ଜଣେ ମାମୁଲି କଳାକାର। ତା' ତିନିପୁଅ ପୋଖତ ଅଭିନେତା ସେମାନେ ମାନସିକ କି ଶାରୀରିକ ଭାବେ ବିକଳାଙ୍ଗ ନୁହନ୍ତି। ବରଂ ସେମାନେ ତିନି ମାଙ୍କଡ଼ ଅବିକଳ ଅଭିନୟ କରନ୍ତି। ପ୍ରଶାସନ ଏକ ପ୍ରେସ୍ ବିବୃତ୍ତିରେ ଏକଥା ଘୋଷଣା କଲା।'(୮) ଛଅକୁ ନଅ କରିଥିବା ବିଜ୍ଞପିତ ରାଜନୀତି ଓ ତା'ର ହଟଚମଟର ବିକୃତି ପ୍ରତି ଗାଳ୍ପିକଙ୍କ ଶ୍ଳେଷପୂର୍ଣ୍ଣ କ୍ଷୋଭ ଅତ୍ୟନ୍ତ ହୃଦ୍ୟ। ନଷ୍ଟ ରାଜନୀତି ତଥା ଭ୍ରଷ୍ଟ ସାମାଜିକ ବିଧି ବ୍ୟବସ୍ଥା ଭିତରେ ଅସଂଖ୍ୟ କର୍ମକାର ଏଭଳି ନିଜ ଦୁର୍ଭାଗ୍ୟପୂର୍ଣ୍ଣ ଜୀବନ ଭୋଗୁଛନ୍ତି। ଆଖି, ପାଟି ଓ କାନ ବନ୍ଦ କରିଥିବା ଗାନ୍ଧୀଜୀଙ୍କ ତିନିମାଙ୍କଡ଼ ତତ୍ତ୍ୱ ଆଜି କେବଳ ଦେଖାଣିଆ ଜଡ଼ଦର୍ଶନ ପାଲଟିଛି ମାତ୍ର। ଆମ ଦେଶ ସ୍ୱତନ୍ତ୍ର ହେବାର କାହିଁ କେତେ ଯୁଗ ପରେ ବି ଲୋକେ ଭୋକ, ରୋଗ, ଅଶିକ୍ଷା ଓ ଭୟ ଭିତରେ ଶଢୁଛନ୍ତି। କର୍ମକାରର ତିନି ବିକଳାଙ୍ଗ ପୁଅଙ୍କ ସମ୍ବେଦନଶୀଳ ଫଟୋଟି ଅନାହାର ଓ କୁପୋଷଣ ପ୍ରତିଯୋଗିତାରେ ପ୍ରଥମ ହୋଇ ଦେଶ- ବିଦେଶର ଭିନ୍ନ ଭିନ୍ନ ଅବସରରେ ପ୍ରଦର୍ଶିତ ହେବା ଏବଂ 'ଭାରତକୁ ଦେଖ' ଶୀର୍ଷକ ଫଟୋ ପ୍ରଦର୍ଶନୀରେ ଭାଗନେଇ ଏକାଦିକ୍ରମେ ତିନିଟି ପଦକ ହାସଲ କରିବା ଘଟଣା, ଆମ ଦେଶ-ଜାତି-ସମାଜର ଦେଖାଣିଆ- ବିଜ୍ଞପିତ ଜୀବନବାଦ ପ୍ରତି ତୀକ୍ଷ୍ଣ ବ୍ୟଙ୍ଗ ବୋଲି ମନେହୁଏ। ଭାଷଣ ପ୍ରସଙ୍ଗରେ ଏ ଦେଶର ଦଳୀୟ ନେତାମାନେ ଦଳିତ-ଶୋଷିତ ବର୍ଗର ପୀଡ଼ା, ଅନାହାର ମୃତ୍ୟୁ ଓ କୁପୋଷଣକୁ ନେଇ ସଭା-ସମିତି, ଅନଶନ-ଧାରଣା, ରାଲି-ସତ୍ୟାଗ୍ରହ, ଦୀର୍ଘଭାଷଣ ପ୍ରଦାନ ଓ କାଦୁଅ ଫିଙ୍ଗାଫିଙ୍ଗି ନୀତି ପ୍ରଦର୍ଶନ କରନ୍ତି। ମାତ୍ର ଗାନ୍ଧୀବାଦର ମାର୍ମିକ ମୂଲ୍ୟବୋଧ ଆଦି ଧରାଶାୟୀ ହୋଇଥିବା ମନେହୁଏ। ଶହ ଶହ ଆକ୍ଟିଭିଷ୍ଟି ଓ ବରିଷ୍ଠ ନେତାଗଣ ନିଜ ସରକାରଙ୍କ ଭୋଟ୍‌ବ୍ୟାଙ୍କ୍ ତିଆରି କରିବା ନିମନ୍ତେ କୋଟି କୋଟି ଜନତାଙ୍କ ବିଶ୍ୱାସ ତଥା ଆସ୍ଥାକୁ ନେଇ ରାଜନୀତିକ ଖେଳ କରୁଛନ୍ତି। ଏହି ଲଜ୍ଜାକର ରାଜନୀତିକ ଦୁର୍ନୀତିର ମୁଖା ଖୋଲିବାକୁ ଯାଇ ଗାଳ୍ପିକ ସତ୍ୟପ୍ରିୟ ବ୍ୟଙ୍ଗାତ୍ମକ ସହାନୁଭୂତି ପ୍ରଦର୍ଶନ କରି ଲେଖିଛନ୍ତି- "ଜନତାକୁ ଧନ୍ୟବାଦ। ସେମାନେ ଅଗମୂଳ କିଛି ବୁଝନ୍ତି ନାହିଁ। ସେମାନେ ଅତ୍ୟଧିକ ଓ ଆବଶ୍ୟକଠାରୁ ଅଧିକ ଭାବପ୍ରବଣ। ତାହାହିଁ ଆମ ଦେଶ ପାଇଁ ଦୁର୍ଭାଗ୍ୟ।"(୯) ବାସ୍ତବିକ ଭାବରେ ଆଧୁନିକ ଜୀବନଯନ୍ତ୍ରଣା ସହିତ ଏତାଦୃଶ ସାମାଜିକ ମିଛ - ବିଡ଼ମ୍ବିତ ତଥା ବିରୋଧାଭାସପୂର୍ଣ୍ଣ ସ୍ଥିତାବସ୍ଥାର ଅହରହ ପ୍ରୟୋଗ କେବଳ ଆମ ଅନ୍ତଃସାରଶୂନ୍ୟ ବିଚାରମୂଲ୍ୟକୁ ହିଁ ଇଙ୍ଗିତ କରୁଛି ଯାହା। କାରଣ ସତ୍ୟକୁ ସାମ୍ନା କରିବାର ସାହସ କାହାରି ପାଖରେ ନାହିଁ। କର୍ମକାର ମଣିଷ ସଭ୍ୟତାର ପ୍ରବାହରେ ମାଙ୍କଡ଼ରୂପୀ ମାନବର ରୂପାନ୍ତରକୁ ଅଙ୍ଗେନିଭେଇଛି। ସର୍କସ୍‌ର ମାଙ୍କଡ଼ ଭଳି ଆଧୁନିକ ମଣିଷ ମଧ୍ୟ ନାନ୍ଦ ବେଶ- ପୋଷାକ, ବେତବାଡ଼ି, ପିନ୍ଧାଶାଢ଼ି,

ପାଟପଗଡ଼ି, ଲୁହା ରିଂ, ଢୋଲ ଓ ଝୁମୁକା ବ୍ୟବହାର କରି ଅଭିନୟ କରେ ଓ ନିଜ ପ୍ରକୃତ ସ୍ୱରୂପ ଲୁଚାଏ। ଗାନ୍ଧୀବାଦର ସମସ୍ତ ଅନଶନ, ଧାରଣା ଓ ସତ୍ୟାଗ୍ରହ ଆଜି ବାଟହୁଡ଼ି ମିଛର ମିଶ୍ରଣ ଭିତରେ ବିଡ଼ମ୍ବିତ। ମାଙ୍କଡ଼ର ଉତ୍ତରପୁରୁଷ ଭାବରେ ଆଧୁନିକ ମଣିଷ ପାଇଁ ତା'ର ବିବେକାନୁମୋଦିତ କର୍ମପ୍ରୟାସ କେବଳ ଏକ ଆସ୍ଫାଳନ ମାତ୍ର ! ମାନବ ତା'ର ଶ୍ରେଷ୍ଠ ଜୀବନର ମହତ୍ତ୍ୱ ପ୍ରତିପାଦନ କରିବାରେ ସମର୍ଥ ହୋଇପାରିନି। 'ଏକ ମାମୁଲି ହସ କଥା' ଗଳ୍ପରେ ଗାଳ୍ପିକ ଏ ଦେଶର ଉତ୍କଟ ଡାକ୍ତରୀବିଦ୍ୟାକୁ ଇଙ୍ଗିତ କରିଛନ୍ତି। ଗାଳ୍ପିକଙ୍କ ମତରେ- "ଯେଉଁମାନଙ୍କୁ ଶନିଦଶା ପଡ଼େ ସେଇମାନେ ଡାକ୍ତରଖାନା ଆସନ୍ତି। ବେଳ ଖରାପ ପଡ଼ିଲେ ଦୁଃଖ ଆସେ। ରୋଗ ଆସେ ଆକସ୍ମିକ ଭାବେ ଓ ସବୁକିଛି ନାରଖାର କରି ଚାଲିଯାଏ।"(୧୦)

ଆଧୁନିକ ସମାଜରେ ମଧ୍ୟବିତ୍ତ ବର୍ଗର ଗାଉଁଲି ଲୋକେ ସହରୀ ଡାକ୍ତରଙ୍କ ନିକଟରେ ରୋଗୀକୁ ଚିକିତ୍ସା କରିବାକୁ ଆସି ମାସ ମାସ ପଡ଼ିରହନ୍ତି। ଚିକିତ୍ସା ପାଇଁ ଧାର-କରଜ କରି ସେମିତି ସନ୍ତପ୍ତ ହୁଅନ୍ତି। ଯଦିଓ 'ଡାକ୍ତରଖାନାରେ ପଇସା ଦେଲେ ବେଡ୍ ମିଳେ, ଡାକ୍ତରଖାନାରେ ନକଲି ଔଷଧ ଓ ପାଣିମିଶା ଦୁଧ, ବାସି ପାଉଁରୁଟି ଓ ମୃତ୍ୟୁ ମିଳେ। ତା' ସତ୍ତ୍ୱେ ଲୋକେ ଡାକ୍ତରଖାନା ଆସନ୍ତି। ଡାକ୍ତରକୁ ଦେବତା ବୋଲି ଭାବନ୍ତି।'(୧୧)

ଏହି ଗଳ୍ପଟିର ପୃଷ୍ଠଭୂମି ସଂପର୍କରେ ଗାଳ୍ପିକ ଶ୍ରୀ ମହାଳିକ ଉଲ୍ଲେଖ କରିଛନ୍ତି ଯେ "ଏ ଘଟଣାଟି ଏପରି ଏକ ସମୟରେ ଘଟୁଥିଲା, ଯେତେବେଳେ ଦିଲ୍ଲୀରେ ନେତାଏ ଲାଜସରମ ଛାଡ଼ି ସୁଆଙ୍ଗ ଦଳ ଗଢୁଥିଲେ ଓ ଭାଙ୍ଗୁଥିଲେ। ରାଜ୍ୟ-ରାଜନୀତିରେ ବଟସ୍କର, ଟାଉଟର୍, ଅପରାଧୀ ଓ ଦଲାଲ୍‌ମାନଙ୍କ ଶାସନ ଚାଲିଥିଲା। ତଥାପି ଏଇ ଛୋଟ ସହରଟିରେ ଲୋକେ ଆଗାମୀ ନିର୍ବାଚନର ଗତିବିଧି ଦ୍ୱାରା ପ୍ରଭାବିତ ହୋଇସାରିଥିଲେ।"(୧୨) ଆଲୋଚ୍ୟ ଗଳ୍ପରେ ନାଇଲନ୍ ମଶାରି ଭିତରେ ଶୋଇଥିବା ବେଳେ ମଶାରି ସହ ଜଳିଯାଇଥିବା ତିନିମାସର ପିଲାକୁ ଧରି ଚିକିତ୍ସାଳୟରେ ଥିବା ଜଣେ ଲୋକ ସହିତ 'ହିରୋ' ନାମକ ଜଣେ ଭାଗ୍ୟବାଦୀ ଯୁବକର ସାକ୍ଷାତ ଡାକ୍ତରଖାନାର ୱାର୍ଡରେ ହୋଇଛି। ହିରୋ ମଧ୍ୟ ତା' ସ୍ତ୍ରୀର ପେଟଫୁଲା ଯନ୍ତ୍ରଣା ସମ୍ବନ୍ଧୀୟ ଚିକିତ୍ସା ଉଦ୍ଦେଶ୍ୟରେ ସେଇଠିକୁ ଆସିଥାଏ। ହିରୋ ଆଗରେ ବ୍ୟକ୍ତିଟି ତା'ର ସମସ୍ତ ଅସହାୟତାକୁ ଖୋଲି କହିଛି। ଲୋକଟି ତା'ର ଚିକିତ୍ସାଧୀନ ତିନିମାସର ପୁଅର ସ୍ୱାସ୍ଥ୍ୟାବସ୍ଥା ନେଇ ଚିନ୍ତିତ ଓ ଧୈର୍ଯ୍ୟହରା ହୋଇପଡ଼ିଛି। କ୍ରମେ ହିରୋ ସହିତ ଆଉ ତା'ର ସାକ୍ଷାତ ହୋଇନି। ହିରୋ ମଧ୍ୟ ତା' ସ୍ତ୍ରୀର ପେଟଫୁଲା ରୋଗର କାରଣ ନିର୍ଣ୍ଣୟ ହୋଇ ନ ପାରୁଥିବା ହେତୁ ଦ୍ୱନ୍ଦ୍ୱରେ ରହିଛି। ଡାକ୍ତର ମାହାନ୍ତି ପ୍ରତି ତା'ର

କ୍ରୋଧ ଜନ୍ମିଛି। ମାହାନ୍ତି ରୋଗୀର ଚିକିତ୍ସା ପାଇଁ ମୋଟା ପଇସା ମାଗେ। ମାହାନ୍ତି ପରି ଏ ଯୁଗର ଅସଂଖ୍ୟ ଡାକ୍ତର ଗରିବଙ୍କ ତଣ୍ଟିଚିପନ୍ତି। ମିଛ ରିପୋର୍ଟ ଓ ଜାଲି ସାର୍ଟିଫିକେଟ୍ ପ୍ରସ୍ତୁତ କରନ୍ତି। ଏମିତିକି ଶବ ବ୍ୟବଚ୍ଛେଦ ପାଇଁ ମୃତ ଘୋଷିତ ମଣିଷ ମଧ୍ୟ ଫେରିଆସେ। ଡାକ୍ତର ମାହାନ୍ତିଙ୍କୁ ହିରୋ ଜୀବନରୁ ମାରିଦେବା ପାଇଁ ଭାବିଛି। କୌଣସି ଅପକର୍ମ ପାଇଁ ତଦନ୍ତ କମିଟିର ଜେରା ଶୁଣି ସତକୁ ସତ ମାହାନ୍ତିଙ୍କୁ ଷ୍ଟ୍ରୋକ୍ ହୋଇଛି ଏବଂ ସେ ଆଇ.ସି.ୟୁ.ରେ ଭର୍ତ୍ତି ହୋଇ ପରିଶେଷରେ ମରିଯାଇଛି। ଆଧୁନିକ ଯୁଗରେ ଡାକ୍ତରମାନଙ୍କର ଶଠତା ଓ ରୋଗୀର ଆର୍ଥିକ ଶୋଷଣର ନଗ୍ନ ସତ୍ୟ ପ୍ରତି ଗଳ୍ପରେ ରହିଛି ବ୍ୟଙ୍ଗାତ୍ମକ ତାଚ୍ଛଲ୍ୟ।

'ଦୁଃଖର କାରଣ' ଗଳ୍ପରେ ପଚାଶ ବର୍ଷରୁ ଊର୍ଦ୍ଧ୍ୱ ବୟସ୍କ ଚୌଧୁରୀ ନାମକ ବ୍ୟକ୍ତି ମାଧ୍ୟମରେ ଗାଳ୍ପିକ ପ୍ରତ୍ୟେକ ଆଧୁନିକ ମଣିଷର ବ୍ୟକ୍ତିଗତ, ପାରିବାରିକ ତଥା ଶାରୀରିକ ଦୁଃଖକୁ ଦର୍ଶାଇଛନ୍ତି। "କଲୋ ଚୌଧୁରୀର କୌଣସି ଅଭାବ ନଥିଲା। ତଥାପି ତା'ର ଦୁଃଖ ଥିଲା। ସକଳ ପ୍ରାଚୁର୍ଯ୍ୟ ସତ୍ତ୍ୱେ ମଣିଷ ଯେ କାହିଁକି ଦୁଃଖୀ ହୁଏ, ତାହା ଯଦି ଜାଣିବାକୁ ଚାହିଁଥାନ୍ତି ତେବେ କଲୋକୁ ଦେଖିଥାନ୍ତେ।"(୧୩) କଲୋ ଚୌଧୁରୀ ଥିଲା ଜଣେ ସଫଳ ବିଜ୍‌ନେସ୍‌ମ୍ୟାନ୍। ଥାଇରଏଡ୍ ଆକ୍ରାନ୍ତ ମୋଟୀ ସ୍ତ୍ରୀ, ତିନିଟି ବେକାର ପୁଅ, ଦୁଇଟି ବିଦେଶୀ କୁକୁର ଏବଂ ଗୋଟିଏ ଚାକରାଣୀକୁ ନେଇ ସାମାଜିକ ସ୍ତରରେ ପ୍ରତିଷ୍ଠା ଲାଭ କରିପାରିଥିଲା। କିନ୍ତୁ ବ୍ୟକ୍ତିଗତ ଜୀବନରେ ମଳକଣ୍ଟକ ରୋଗ ତା' ପାଇଁ ଅସହ୍ୟ ଓ ଉତ୍କଟ ଥିଲା। ଅପରେସନ୍ ପରେ ସେ ସୁସ୍ଥ ହୋଇଥିଲେ ହେଁ ତା'ର ନିଃସଙ୍ଗ ବାର୍ଦ୍ଧକ୍ୟ ଜୀବନରେ ନିଃସଙ୍ଗତାର ଦୁଃଖକୁ ସେ ଅନୁଭବ କରୁଥିଲା। ଅକସ୍ମାତ୍ ଏଲି ନାମ୍ନୀ ଝିଅ ସହିତ ପ୍ରାତଃଭ୍ରମଣ ସମୟରେ ଗୋଟିଏ ୱାକିଂ ଟ୍ରାକ୍‌ରେ ତା'ର ଦେଖା ହୋଇଥିଲା। କଲୋ ଦୃଷ୍ଟିରେ ସ୍ମାର୍ଟ, ରୁଚିସମ୍ପନ୍ନ ଓ ସୁନ୍ଦରୀ। ଏଲି ସ୍ୱର୍ଗର ପରୀ ଭଳି ଥିଲା। କଲୋ ତାକୁ ପ୍ରତିଦିନ ଭେଟିବା ଦ୍ୱାରା ତା' ବ୍ୟକ୍ତିତ୍ୱରେ ପରିବର୍ତ୍ତନ ଆସିଥିଲା। ଗାଳ୍ପିକଙ୍କ ଶବ୍ଦରେ- "କଲୋ ଚୌଧୁରୀ କ୍ରମେ ଯୌବନ ଆଡ଼କୁ ପ୍ରତ୍ୟାବର୍ତ୍ତନ କରୁଥିଲା। ଏଇ ସୃଷ୍ଟିର ଏକ ବିଲକ୍ଷଣ ଥିଲା।"(୧୪)

କଲୋର ହୃଦୟରେ ଅଜ୍ଞାତସାରରେ ଝିଅଟି ପ୍ରତି ଅନୁରାଗ ସୃଷ୍ଟି ହୋଇଥିଲା। ମାତ୍ର ଦିନେ ବର୍ଷାପାଗ ସତ୍ତ୍ୱେ ମର୍ଣ୍ଣିଂୱାକ୍‌ରେ ଯାଇ ଝିଅଟିକୁ ସେ ଦେଖିବାକୁ ପାଇଲା ନାହିଁ। ହେଲେ ଶୂନ୍‌ଶାନ୍ ରାସ୍ତାଠାରୁ ଅନତିଦୂର ବଣୁଆ ଗଛ ଘେରରେ ଓ ରକ୍ତ ଜୁଡୁବୁଡୁ ଅବସ୍ଥାରେ ପାଶବିକ ଅତ୍ୟାଚାରର ଶିକାର ହୋଇଥିବା ଝିଅଟିକୁ କଲୋ ଦେଖିବାକୁ ପାଇଲା। ଦୂରରେ ପଡ଼ିଥିବା ଝିଅଟିର ବାନିୟନ୍‌ରେ ଲିଖିତ ମେସେଜ୍‌କୁ ପଢ଼ି ନିଜ ପାଇଁ ତା'ର ବାର୍ତ୍ତା ଖୋଜୁଥିଲା କଲୋ ଚୌଧୁରୀ। ଆଶା, ଆସକ୍ତି ହିଁ

ଦୁଃଖର କାରଣ ବୋଲି ପରୋକ୍ଷ ଭାବରେ ବାର୍ତ୍ତା ଦେଇ ଗାଳ୍ପିକ ଗଳ୍ପଟିକୁ କରୁଣ ଓ ଦୁଃଖାନ୍ତକ କରି ତୋଳିଛନ୍ତି। ଆଧୁନିକ ଶିକ୍ଷିତ ମଣିଷଙ୍କ ପ୍ରବୃତ୍ତୀୟ ଦୁର୍ବଳ ଦିଗକୁ ଉନ୍ମୋଚନ କରିବା ତାଙ୍କର ପ୍ରମୁଖ ଲକ୍ଷ୍ୟ। ସେମାନଙ୍କ ଗୁପ୍ତ ତଥ୍ୟକୁ ଲୋକଲୋଚନକୁ ଆଣିପାରୁଥିବା ଚତୁର ପୁଣି ନିରୀହ ବ୍ୟକ୍ତିକୁ ଅବଲମ୍ବନ କରି କାର୍ଯ୍ୟହାସଲ କରୁଥିବା ଘଟଣା ଅଭିବ୍ୟଞ୍ଜିତ ହୋଇଛି ଗାଳ୍ପିକଙ୍କ 'ଅସ୍ତ୍ର' ଗଳ୍ପରେ। ଅଫିସର ଏବଂ ଅଫିସ୍‌ରେ କାମ କରୁଥିବା ଝିଅର ଅନୈତିକ ସଂପର୍କକୁ ନେଇ ଗୁଜବ କରୁଥିବା ଅଫିସ୍ କର୍ମଚାରୀମାନଙ୍କର ଷ୍ଟିଙ୍ଗ୍ ଅପରେସନ୍ କରିବ ବୋଲି ଝିଅଟି ଧମକ ଦେଇଛି। ଝିଅ ପାଖରେ ଅଫିସ୍‌ର ସମସ୍ତ ଖବରକୁ ସେ ତା'ର ଗୁପ୍ତ କ୍ୟାମେରାରେ ଲୁଚାଇ ରଖିବା ସହିତ ଲାଞ୍ଚଅନେବା, ଟେବୁଲ୍ ଉପରେ ଗୋଡ଼ ଥୋଇ ବସିବା, ଘଣ୍ଟା ଘଣ୍ଟା ଗୁଲିଗପ କରିବାର ଫଟୋ ଉଠାଇଥିବା କଥା ଜାଣି କର୍ମଚାରୀମାନେ ବ୍ୟସ୍ତ ହୋଇପଡ଼ିଛନ୍ତି। ପଦସ୍ଥ ଅଫିସରଙ୍କ ଦୁର୍ବଳତାର ତଥ୍ୟ ମଧ୍ୟ ଝିଅ ପାଖେ ରହିଥିବା ଜାଣି ସମସ୍ତ କର୍ମଚାରୀ କଥାଟିକୁ ସଂପୂର୍ଣ୍ଣ ଘୋଡ଼େଇ ଦେବା ଉଦ୍ଦେଶ୍ୟରେ ବିକ୍ରମାଦିତ୍ୟଙ୍କ ଭଳି ଭଦ୍ରବ୍ୟକ୍ତିକୁ ଫସେଇଛନ୍ତି। ଅଫିସ୍‌ରେ ଘଟିଥିବା ରହସ୍ୟ ସଂପର୍କରେ ବିନ୍ଦୁବିସର୍ଗ ଜାଣି ନ ଥିବା ନୈଷ୍ଠିକ-ସନ୍ଥ ସ୍ୱଭାବର ବ୍ୟକ୍ତି ବିକ୍ରମାଦିତ୍ୟଙ୍କ ଡ୍ରୟାର୍‌ରେ ବହୁତ ଗୁଡ଼ାଏ ଟଙ୍କା ରଖି ତାଙ୍କୁ ପୁଲିସରେ ଧରାଇଦେବାର ଷଡ୍‌ଯନ୍ତ୍ର ହୋଇଛି। ଅଫିସ୍‌ରେ ସେଇ ଝିଅଟି ନବନିଯୁକ୍ତି ପାଇଛି ଏବଂ ସମସ୍ତ କର୍ମଚାରୀ ପୂର୍ବବତ୍ ରହିଛନ୍ତି। ମାତ୍ର ପଙ୍କିଳ ପରିବେଶ ଭିତରେ ଶୁଭ୍ରତାର ସ୍ଥିତି ନ ଥିବା ଭଳି ଭଦ୍ରବ୍ୟକ୍ତି ବିକ୍ରମାଦିତ୍ୟକୁ ଅସ୍ତ୍ର ଭାବରେ ବ୍ୟବହାର କରି ଚାକିରିରୁ ବହିଷ୍କାର ଘଟଣା ଆମ ସମାଜର ଏକ ନିତିଦିନିଆ ବିଷୟ।

କୋଳାକୋଳି ନ୍ୟାୟରେ ଦପ୍ତରୀ କାର୍ଯ୍ୟାଳୟରେ ବିକ୍ରମାଦିତ୍ୟଙ୍କ ଭଳି ନିରୀହ ମଣିଷମାନେ ଏମିତି ବଳି ପଡ଼ିଯାଆନ୍ତି। ତାଙ୍କୁ ଅସ୍ତ୍ର କରି ଅନ୍ୟ ଚତୁର ବିଲୁଆମାନେ ପ୍ରମୋସନ୍ ପାଆନ୍ତି। ଏହି ଗଳ୍ପରେ ଆଜିକାର ସ୍ୱାର୍ଥପର ଲୋକସମାଜର ଜୀବନ୍ତ ଚିତ୍ରକୁ ବଖାଣି ବସିଛନ୍ତି ଗାଳ୍ପିକ।

ସୁଖ ଅନ୍ୱେଷଣରେ ବହିର୍ମୁଖୀ ମଣିଷ କିପରି ତା'ର ସମସ୍ତ ସୁଖ-ଶାନ୍ତିକୁ ପରିବାରରେ ହିଁ ପ୍ରାପ୍ତ କରିଥାଏ ତାହାରି ଉପରେ ଆଧାରିତ 'ଦାମ୍ପତ୍ୟ' ଗଳ୍ପ। ପତ୍ନୀ ଓ ପିଲାମାନଙ୍କ ଅନୁପସ୍ଥିତିରେ ଶଙ୍କରାଚାର୍ଯ୍ୟ ନିଜକୁ ମୁକ୍ତ ମନେକରିଛି। ଖୁସିହେବା ପାଇଁ ଫୋନ୍ ଡାଇରେକ୍ଟୋରୀରୁ କିଛି ନମ୍ବର ଡାଏଲ୍ କରିଛି। ଅପର ପାର୍ଶ୍ୱରୁ ଜଣେ ମହିଳାଙ୍କ କଣ୍ଠସ୍ୱର ଶୁଣି ଆନନ୍ଦିତ ହୋଇଛି। ମହିଳା ଜଣକ ତାକୁ ମ୍ୟୁନିସିପାଲିଟିର କର୍ମଚାରୀ ଭାବି ପାଣି ଛାଡ଼ିବାକୁ ଅନୁରୋଧ ଜଣାଇଛି। ଶଙ୍କରାଚାର୍ଯ୍ୟ ମହିଳାର କଣ୍ଠସ୍ୱର ପ୍ରତି ଆକୃଷ୍ଟ ହୋଇ ବିଭିନ୍ନ କଳ୍ପନା ଜଳ୍ପନା କରି ବସିଛି। ମହିଳା ଦେଇଥିବା

ନମ୍ବରରେ ପରଦିନ ରିଂ କଲାପରେ ଅନୁରୂପ ନାରୀକଣ୍ଠ ଶୁଣିପାରି ନାହିଁ ବରଂ ଅନ୍ୟ କେହି ଫୋନ୍ ଉଠାଇଛି। ମାତ୍ର ତିନିଦିନ ପରେ ହଠାତ୍ ରାତିରେ ଦୀର୍ଘ ସମୟ ଧରି ଫୋନ୍ ରିଂ ହେବା ଘଟଣା ତା' ମନ ଭିତରେ ଭୂତ-ପ୍ରେତର ଭୟ ସଞ୍ଚାର କରିଛି। କିନ୍ତୁ ପ୍ରକାରାନ୍ତରେ ସେହି ଭୟ ତା' ନିଜ ମନର। ଦାମ୍ପତ୍ୟର ବନ୍ଧନ ମଣିଷକୁ ବାନ୍ଧି ରଖିଥାଏ। ଯଦିବା ମଣିଷ ବେଳେବେଳେ ସେଥିରୁ ନିସ୍ତାର ପାଇବାର ପ୍ରୟାସ କରିବସେ ତଥାପି ଦାମ୍ପତ୍ୟ ପ୍ରତି ତା'ର ଅହେତୁକ ନିଷ୍ଠା ତାକୁ ଭ୍ରମିତ ହେବାକୁ ଦିଏନି। ତା' ମନର ଭୂତ ତାକୁ ଭୟଭୀତ କରେ ଓ ସେ ନିଜେ ପରିବାରିକ ସମ୍ପର୍କ ରଜ୍ଜୁକୁ ଶ୍ରେୟ ମଣେ। ଗାଳ୍ପିକ ସତ୍ୟପ୍ରିୟଙ୍କ ଏତାଦୃଶ ମାନସିକତା ଅତ୍ୟନ୍ତ ପ୍ରାସଙ୍ଗିକ ମନେହୁଏ। ଅତ୍ୟାଧୁନିକ ମାନବ ସମାଜ ବାହାରେ ସୁଖ ଅନ୍ୱେଷଣ କରିବାକୁ ଯାଇ ସମସ୍ୟାଯୁକ୍ତ ହେବା ସୁନିଶ୍ଚିତ। ବାହ୍ୟ ଜଗତରେ ପ୍ରଲୋଭନ ସାମୟିକ କିନ୍ତୁ ପାରିବାରିକ ଜୀବନର ବନ୍ଧନ ସବୁଠାରୁ ନିରାପଦ ନିଶ୍ଚୟ। ବହିର୍ମୁଖୀ ଜୀବନବୋଧ ଅପେକ୍ଷା ଅନ୍ତର୍ମୁଖୀନତା ମଣିଷ ଜୀବନ ନିମନ୍ତେ ଶ୍ରେଷ୍ଠ ବୋଲି ଗଳ୍ପରୁ ବାରିହୁଏ।

'ହାରାଧନ ହାଁସଦା' ଗଳ୍ପରେ ବ୍ରିଟିଶ୍ ବାଘର ଇମେଜ୍ ମାଧ୍ୟମରେ ଶୋଷଣକାରୀଙ୍କ ଦ୍ୱାରା ଅତ୍ୟାଚାରିତ ଜଣେ ନିରୀହ ଯୁବକର ନିଷ୍ଫଳ ଜୀବନ ସଂଘର୍ଷର ଘଟଣା ବର୍ଣ୍ଣିତ। ଏଥିରେ ଗାଳ୍ପିକଙ୍କ ବାସ୍ତବବାଦୀ ଦୃଷ୍ଟିକୋଣ ସହିତ ସ୍ଥିତିବାଦର ପ୍ରସଙ୍ଗ ଉତ୍‌ଥାପିତ ହୋଇଛି। ମାତ୍ର ବାରବର୍ଷ ବୟସରୁ ବିପର୍ଯ୍ୟୟପୂର୍ଣ୍ଣ ଜୀବନ ଭୋଗିଥିବା ହାରାଧନ ଏହି ଗଳ୍ପର ମୁଖ୍ୟ ନାୟକ। ଯାହାର ବାପକୁ ଜଙ୍ଗଲରେ ବାଘ ଖାଇଯାଇଛି ଓ ତା ମା'କୁ ଠିକାଦାର ବାହା ହୋଇ ସୁରଟ ନେଇଯାଇଛି। ବାଲ୍ୟୁତ ବୟସରୁ ହାରାଧନ ନିଃସଙ୍ଗ ହୋଇ ବାରବୁଲା ଜୀବନ ବିତେଇଛି। ଏହି ଗଳ୍ପରେ ବ୍ରିଟିଶ୍ ହାକିମମାନଙ୍କୁ ବାଘ ବୋଲି କୁହାଯାଇଛି। ବ୍ରିଟିଶ ବାଘ ଦାରୋଗା ନିରୀହ ହାରାଧନକୁ ଗୋଟେ ହରିଣ ଛୁଆ ପାଖରେ ରଖି ପାଳୁଥିବା ଦୋଷରେ ବାନ୍ଧି ନେଇଛି। ଜଣେ କଏଦୀ ଭାବେ ହାରାଧନ ଜେଲ୍‌ରେ ସଜା କାଟିଛି। ସେ ସେଠି ଜଣେ କଏଦୀ ଦ୍ୱାରା ଲୁହାରେ ଶାରୀରିକ ଶୋଷଣର ଶିକାର ହୋଇ ଦୀର୍ଘ ବର୍ଷ ପରେ ଜେଲ୍‌ରୁ ମୁକ୍ତ ହୋଇଛି। ଗାଳ୍ପିକଙ୍କ ଶବ୍ଦରେ- "ଅନେକ ବର୍ଷ ପରେ ହାରାଧନ ବି ମୁକୁଳିଗଲା ଜେଲ୍‌ରୁ। ଜେଲ୍‌ରୁ ଯାଇ ସେ ଆଉ ନିଜ ଗାଁକୁ ଫେରିଲାନି। ଫେରିଲାନି ଚିହ୍ନାମାଟି ପାଣି ଓ ଜଙ୍ଗଲକୁ। ସେ ଏପରି ଏକ ଭୂଖଣ୍ଡକୁ ଚାଲିଯିବାକୁ ମନକଲା ଯେଉଁଠି ବ୍ରିଟିଶ୍ ବାଘ ନଥିବ। ସେ ସ୍ୱଚ୍ଛନ୍ଦରେ ଘୂରି ବୁଲିପାରିବ।"[୧୫] ଜେଲ୍‌ରୁ ମୁକୁଳି ହାରାଧନ ସହରକୁ ଆସି ଜଣେ ଠିକାଦାର ପାଖରେ କାମ କରିଛି। ସେଠି ତା'ର ସାକ୍ଷାତ ହୋଇଛି ଫୁଲତୁଲୀ ସାହାତୋ ସହିତ। ଫୁଲତୁଲୀ ପ୍ରତି ହାରାଧନର ହୃଦୟ ଢଳିଛି। ଫୁଲତୁଲୀକୁ

ଧରି ହାରାଧନ ବୁଲି ବୁଲି କାମଧନ୍ଦା କରିଛି ଓ ସୁନ୍ଦର ଭବିଷ୍ୟତର ସ୍ୱପ୍ନ ଦେଖିଛି। ଫୁଲତୁଲୀର ଝିଅଟିଏ ହେବାପରେ ତା' ପ୍ରତି ହାରାଧନ ବେଶ୍ ଯତ୍ନଶୀଳ ହୋଇଛି। କିନ୍ତୁ ଫୁଲତୁଲୀ ତାକୁ ଭଲପାଇବାର ମିଥ୍ୟା ପ୍ରତିଶ୍ରୁତି ଦେଇ, ପିଲାଟିକୁ ଛାଡ଼ି ଜଣେ ଡ୍ରାଇଭର ସାଙ୍ଗରେ ଫେରାର୍ ହୋଇଯାଇଛି। ହାରାଧନ କାମରୁ ଫେରିଲାବେଳକୁ ସବୁ ଜାଣିପାରି ପିଲାଟିର ଅବସ୍ଥା ଦେଖି ଲାଜ, ଅପମାନ ଓ ଦୁଃଖରେ ବ୍ୟଥିତ ହୋଇଛି। ହାରାଧନ ବଞ୍ଚିବାର ରାହା ପାଉ ନ ଥିବାରୁ ପିଲାକୁ ବିଷଦେଇ ନିଜେ ବିଷପିଇ ମରିବାର ଅପଚେଷ୍ଟା କରିଛି। ଅର୍ଥାତ୍ ସେ ମରିପାରିନାହିଁ, କାରଣ ବିଷ ଭାବି ଯାହାକୁ ପିଇଥିଲା ତାହା ଭେଜାଲ୍ ବିଷ ଥିଲା। ଅବିଶ୍ୱସନୀୟ ସଂସାରରେ ଭେଜାଲ୍ ମିଶା ବିଷ ବି ତାକୁ ମାରିପାରିନି। ଏହି ଭେଜାଲ ଯୁଗ ସମ୍ପର୍କରେ ଗାଳ୍ପିକ ତାଚ୍ଛଲ୍ୟପୂର୍ଣ୍ଣ ଉକ୍ତି ପ୍ରୟୋଗ କରିଛନ୍ତି ଯେ- "କଥା କ'ଣକି, ଆଜିକାଲି ବଜାରରେ ଔଷଦ ଓ ବିଷବି ଭେଜାଲ ମିଳୁଥିଲା। ସେ କଥା ହାରାଧନ ଭଲକି ବୁଝି ନଥିଲା ଅଥବା ହାରାଧନର ଏ ବିଷୟରେ ସାମାନ୍ୟ ଜ୍ଞାନ ନଥିଲା। ଥିଲେ ସେ ନିଶ୍ଚୟ ମରିବା ପାଇଁ ଅନ୍ୟ କିଛି ବିକଳ୍ପ ଖୋଜିଥାନ୍ତା। ତା'ମାନେ ସେ ଗୋଟେ ଭେଜାଲ୍ ବିଷ ଶିଶି ପିଇଥିଲା। କାହାକୁ ଆଉ ବିଶ୍ୱାସ କରିବ ? ବିଷକୁବି ବିଶ୍ୱାସ ନାଇଁ।"[୧୬] ବିଷ ପିଇ ବର୍ତ୍ତିଯିବା ଘଟଣାରେ ହାରାଧନ ନିଜକୁ ଭାଗ୍ୟବାନ ମନେକରିଛି। ସେ ଆଉ କେବେ ମରିବାକୁ ଇଚ୍ଛା କରିବନି ବୋଲି ଭାବି ମିଠା ଖାଇଛି, କିନ୍ତୁ ପରଦିନ ଭେଜାଲ ଓ ଅପମିଶ୍ରିତ ମିଠା ଦ୍ୱାରା ତା'ର ମୃତ୍ୟୁ ହୋଇଛି। ଆଲୋଚ୍ୟ ଗଳ୍ପରେ ଗାଳ୍ପିକ 'ବ୍ରିଟିଶ୍ ବାଘ' ରୂପେ ଏକ ଭୟଙ୍କର ନୃଶଂସ-ବର୍ବର ମାନସିକତାର ଇମେଜ୍‌କୁ ସମାଜର ଭିନ୍ନ ଭିନ୍ନ ଚରିତ୍ରମାନଙ୍କ ଠାରେ ଆରୋପଣ କରିଛନ୍ତି। ବାଘ ପରି ହିଂସ୍ରତା ଦାରୋଗା, ପୁଲିସ, ଠିକାଦାର ଓ ମିଡିଆ ସମ୍ବାଦଦାତାଙ୍କ ପାଖରେ ଥିବା ଦର୍ଶାଇଛନ୍ତି। ଗଳ୍ପଟିରେ ଚରିତ୍ରର ଗତିଶୀଳତା ପାଠକର ଭାବାତ୍ମକ ପରିଧିକୁ ଆବୋରି ବସିବାରେ ସମର୍ଥ। ଗଳ୍ପରେ ଚିତ୍ରମୟୀ ଶବ୍ଦ ପରିବେକ୍ଷଣ ଅତ୍ୟନ୍ତ ସମୁଚ୍ଚ।

'ଭାଇରସ୍' ଗଳ୍ପରେ ଆଧୁନିକ ମଣିଷର ମସ୍ତିଷ୍କ ଓ ହୃଦୟକୁ ଧୀରେ ଧୀରେ କରାୟତ୍ତ କରୁଥିବା ମିଡିଆ' ଅର୍ଥାତ୍ ଗଣମାଧ୍ୟମର ଲଗାମହୀନ କୁପ୍ରଭାବ ବର୍ଣ୍ଣିତ। ସଭ୍ୟ ଶିକ୍ଷିତ ସମାଜରେ ହତ୍ୟା, ଲୁଟ୍, ଷଡ଼ଯନ୍ତ୍ର, ଧର୍ଷଣ ଓ ଜାଲିଆତିର ଅନୈତିକ ପରିବେଶରେ ସାଧାରଣ ଜନଜୀବନ ଆଜି ଭୀତତ୍ରସ୍ତ। ଏହା ପଛରେ ମିଡିଆ ବିଶେଷ ଭୂମିକା ଗ୍ରହଣ କରିଛି। ଯାହାର ପ୍ରଭାବରେ ମାନବର ସମଗ୍ର ଦିନଚର୍ଯ୍ୟା, ବ୍ୟକ୍ତିଗତ ରୁଚିବୋଧ ଓ ଜୀବନଲକ୍ଷ୍ୟ ଆଜି ବିପର୍ଯ୍ୟସ୍ତ। ଏହା ମଣିଷର ସୂକ୍ଷ୍ମ ସମ୍ବେଦନାକୁ ଆୟତ୍ତ କରିବାକୁ ବସିଛି। ଏ ସମ୍ପର୍କରେ ଗାଳ୍ପିକଙ୍କ କ୍ଷୋଭପୂର୍ଣ୍ଣ ବକ୍ତବ୍ୟ

ଉଲ୍ଲେଖଯୋଗ୍ୟ- "ମୋଟାମୋଟି, ବଜାରକୁ ନିୟନ୍ତ୍ରଣ କରିବ ମିଡିଆ। ମିଡିଆ ମଣିଷର ଦେହ, ମନ ଓ ଆତ୍ମାକୁ ପରିଚାଳିତ କରିବ। ମିଡିଆ 'ଅବତାର' ବେଶରେ ଠିଆହେବ। ପ୍ରଥମେ ଆଖି ଓ କାନଦେଇ ମସ୍ତିଷ୍କର ଅନ୍ଦର ମହଲ ପର୍ଯ୍ୟନ୍ତ ଯିବ। ତା'ପରେ ଧୀରେ ଧୀରେ ମଣିଷକୁ ବଜାରର ଦାସ ବନେଇ ଦେବ। ମଣିଷ ଆଉ ମଣିଷ ହୋଇ ରହିବନି। ଗୋଟେ ଯନ୍ତ୍ର ହୋଇ ଉଠିବ।"(୧୭) ଗାଳ୍ପିକ ଭବିଷ୍ୟତର ସାମାଜିକ ସ୍ଥିତି କ୍ଷେତ୍ରରେ ମିଡିଆର ପ୍ରଭୂତ୍ୱ ଓ ତା'ର ଅଧୀନରେ ମଣିଷର ଦାସତ୍ୱ ଆଶଙ୍କାକୁ ଏଡ଼େଇ ପାରିନାହାନ୍ତି। ବଜାରୀକରଣ ପଛରେ କଂଜ୍ୟୁମରଙ୍କୁ ଲୋଭନୀୟ ମୁନାଫା ଦେଖାଇ ଆକର୍ଷିତ ଓ ସଂକ୍ରମିତ କରିବାର ବାହାନା ଭିତରେ ଥିବା ଶୋଷଣକୁ ଗାଳ୍ପିକ ପର୍ଦ୍ଦାଫାଶ୍ କରିଛନ୍ତି। ଗାଳ୍ପିକଙ୍କ ମତରେ- "ବଜାର ଓ କଂଜ୍ୟୁମର୍ ଭିତରେ କେବଳ ଗୋଟିଏ ଯୋଗସୂତ୍ର ରହିବ। ତାହାହେଲା ପୁଞ୍ଜି, ଇନ୍‌ଭେଷ୍ଟମେଣ୍ଟ, ପ୍ରଫିଟ୍, ଅଫର୍, ସେୟାର ଓ ପ୍ରପର୍ଟି।"(୧୮) ମିଡିଆ ସପିଙ୍ଗ୍ ମଲ୍ ଓ ବିଜ୍ଞାପନ କମ୍ପାନୀ ସେୟାର୍ ଇତ୍ୟାଦି ଗୋଲକଧନ୍ଦାକୁ ନେଇ ଆଧୁନିକ ସଭ୍ୟ ଶିକ୍ଷିତ ମଣିଷ ଜୀବନର ବୈଷୟିକ ଉପଲବ୍ଧିର ଅନ୍ତଃସାରଶୂନ୍ୟ ମାରାତ୍ମକ ଭୟଙ୍କରିତାକୁ ପ୍ରତିପାଦନ କରିଛନ୍ତି। ସମାଜ ଉଦ୍ଦେଶ୍ୟରେ ବାର୍ତ୍ତମାନିକ ସ୍ଥିତିର ସ୍ୱରୂପ ଉନ୍ମୋଚନ କରି ଲେଖିଛନ୍ତି- "ମିଡିଆସବୁ କର୍ପୋରେଟ୍ ହାଉସ୍ ଦ୍ୱାରା ପରିଚାଳିତ। ପୁଞ୍ଜିପତିଙ୍କ ଇନ୍‌ଭେଷ୍ଟ୍‌ମେଣ୍ଟରେ ଚ୍ୟାନେଲ୍ ଓ ଆଡ୍ ଚାଲେ। ବଜାରରେ କଂଜ୍ୟୁମର ତିଆରି ହୁଏ ଓ କର୍ପୋରେଟ୍ ସେକ୍ଟର ଯୁବସମାଜଙ୍କୁ ଦିଗ୍‌ଭ୍ରମିତ କରେ। ଅସଲ ମୁଦ୍ଦାରୁ ହଟିଯାଏ ମସ୍ତିଷ୍କ। ସମାଜର ତଳଶ୍ରେଣୀର ଦୃଶ୍ୟ, ତଳଶ୍ରେଣୀର ଦୁଃଖ, ତଳଶ୍ରେଣୀର ସଂଘର୍ଷ ନଥାଏ ମିଡିଆରେ।"(୧୯) ଗାଳ୍ପିକ ଯୁବଗୋଷ୍ଠୀର ହାତରେ ଦେଶ ଓ ରାଜନୀତିର ଭବିଷ୍ୟତକୁ ଛାଡ଼ି ଦେଇଛନ୍ତି। 'ଖୁଲ୍‌ଯା ସିମ୍‌ସିମ୍' ଗଳ୍ପଟି ମଧ୍ୟ ଏହି ଧରଣର ମାୟାବଜାର ଉପରେ ଆଧାରିତ। ଯେଉଁଠି ଉଇଲିୟମ୍ ନାମକ ଚରିତ୍ରଟିଏ ତା' ପରିବାର ସଦସ୍ୟଙ୍କ ଖୁସି ପାଇଁ ପ୍ରତି ମାସର ଦରମାକୁ ରକମ ରକମ ଆସବାବପତ୍ର କିଣିବାରେ ଖର୍ଚ୍ଚ କରେ। ବିବେକଶୂନ୍ୟ ଭାବରେ ଉଇଲିୟମ୍ ନିଜେ ମଧ୍ୟ ମାୟାବଜାରର କୁହୁକ ପ୍ରଭାବରେ ସମ୍ମୋହିତ। ସେ ଗୋଟିଏ ମୋହରୁ ବାହାରି ଆଉ ଗୋଟିଏ ମୋହରେ ଛନ୍ଦି ହୋଇପଡ଼େ। ମାୟା ବଜାରରେ ଥିବା ବିଭିନ୍ନ ଅଫର୍ ଲୋଭରେ ପଡ଼ିଯାଏ। ଗାଳ୍ପିକଙ୍କ ଶବ୍ଦରେ- "ମାୟାବଜାର ଗୋଟେ ବିଶାଳ ଯନ୍ତା ପରି। ଥରେ ପଶିଗଲେ ଆଉ ମୁକୁଳି ଆସିବାର ରାସ୍ତା ମନେ ନ ଥିବ। ଆଲିବାବା ଓ ଚାଳିଶ୍ ଚୋର ଗପର ସେଇ କୁହୁକ ଗୁମ୍ଫାର ଦୁଆର ପରି ପଶିଗଲା ପରେ ଭୁଲି ହୋଇଯାଏ ଫେରିବାର ସୂତ୍ର। ଗୁମ୍ଫା ଭିତରେ ଏତେ ଅସରପି, ଏତେ ମାୟା, ଏତେ ଝଲମଲ ଯେ ମନ ଓ ବୁଦ୍ଧି ଭ୍ରମରେ ପଡ଼ିଯାଏ।"(୨୦)

ଖୁଲ୍‌ଯା ସିମ୍‌ସିମ୍ ଏଭଳି ଏକ ଯାଦୁକରୀ ମନ୍ତ୍ର ଯାହା ଦ୍ୱାରା ଅସୁମାରି ଧନପ୍ରାପ୍ତ ହୋଇପାରେ ବୋଲି ମଣିଷ ମନରେ ଏକ ପ୍ରତ୍ୟୟ ସୃଷ୍ଟି ହୋଇଥାଏ। ଆଧୁନିକ ବଜାରତାନ୍ତ୍ରିକ ମାୟାଜାଲର କୁହୁକ ଫରୁଆ ରୂପେ ଲଟେରୀ ଉଠାଣ ଖେଳ ମଧ୍ୟ ଏକ ଲୋଭନୀୟ ଷଡ୍‌ଯନ୍ତ୍ର। ଯାହାର ଶିକାର ଉଇଲିୟମ୍ ଭଳି ଗ୍ରାହକମାନେ ହୋଇଛନ୍ତି। ପାଖରେ ଟଙ୍କା ନ ଥିଲେ ମଧ୍ୟ ଡେବିଟ୍ କାର୍ଡ ଦ୍ୱାରା ଧୀରେ ଧୀରେ ଋଣ ପରିଶୋଧ କରିବାର ନିମନ୍ତେ ସୁବିଧା ସୁଯୋଗ ଦେବାର ବ୍ୟବସ୍ଥା ଏକ ସୁପରିଚାଳିତ ମାୟାଜାଲ। ଯାହାର ସ୍ୱପ୍ନ ଓ କଳ୍ପନା ଭିତରେ ମଣିଷ କେତେବେଳେ ଗୁଲାମ୍ ସାଜିଥାଏ ତା'ରି ନଗ୍ନ ସତ୍ୟ ସମ୍ପର୍କରେ ଗାଳ୍ପିକ ଏକ ଚିତ୍ରାତ୍ମକ ବର୍ଣ୍ଣନା ଦେଇଛନ୍ତି। ବଡ଼ଲୋକୀର ଦେଖାଣିଆ ଢମ ଯୋଗୁଁ ଉଇଲିୟମ୍‌ର ମାୟାବଜାରରେ କଥାକୁହା ଶାରୀ ଅନ୍ୱେଷଣ ଶିକ୍ଷିତ ମଣିଷର ବୋକାପଣକୁ ହିଁ ପ୍ରମାଣ କରିଛି। ଅତି ହାସ୍ୟାତ୍ମକ - ଶ୍ଳେଷପୂର୍ଣ୍ଣ ଶୈଳୀରେ ଗଳ୍ପଟି ଆଧୁନିକ ମଣିଷର ଅନନ୍ତ ବଜାରତାନ୍ତ୍ରିକ ଦାସତ୍ୱକୁ ଅଙ୍ଗୁଳି ନିର୍ଦ୍ଦେଶ କରିଛି।

ଈଶ୍ୱରଙ୍କ ସ୍ଥିତି କୌଣସି ନିର୍ଦ୍ଦିଷ୍ଟ ଧର୍ମରେ ନାହିଁ ଏବଂ ମଣିଷ ସମାଜ ଦ୍ୱାରା ବହୁବିଧ ସଂପ୍ରଦାୟ ସୃଷ୍ଟି ହୋଇଥିବା ଭାବଭୂମି ଉପରେ ଗାଳ୍ପିକଙ୍କ 'ପରସ୍ପର' ଗଳ୍ପ ପର୍ଯ୍ୟବସିତ। ମୁସଲମାନ ବନ୍ଧୁ ରଜାକ୍ ମିଆଁ ଜଣେ ଫୁଲ ଦୋକାନୀ ଏବଂ ଗଳ୍ପ ନାୟକ ଜଣକ ହିନ୍ଦୁ। (ନିଜେ ଲେଖକ ହୋଇପାରନ୍ତି) ଉଭୟଙ୍କ ପୁଅ ଗୋଟିଏ ସ୍କୁଲ୍‌ରେ ପଢ଼ନ୍ତି। ଉଭୟଙ୍କ ପାରିବାରିକ ସମ୍ପର୍କ ନିବିଡ଼। ସ୍କୁଲ୍ ଇଭେଣ୍ଟ୍‌ରେ ପିଲାମାନେ ସମସ୍ତ ଜାତି-ବର୍ଣ୍ଣ-ଧର୍ମ ଓ ସଂପ୍ରଦାୟକୁ ସମ୍ମାନ ଜଣାଇ ଏକ ଇଭେଣ୍ଟ୍‌ର ଆୟୋଜନ କରିଥିଲେ। ଗାଳ୍ପିକଙ୍କ ମତରେ- "ଆରେ ପିଲାମାନଙ୍କ ମୁଣ୍ଡରେ ଏସବୁ ସଂକୀର୍ଣ୍ଣତା ଆମେ କାହିଁକି ପୂରାଇବା ? ଆମେ ବଡ଼ମାନେ ମୁରବିମାନେ। ସେମାନଙ୍କୁ ତାଙ୍କ ବାଟରେ ଛାଡ଼ିଦିଅ..... ଆମେ ସେଇ ପୁରୁଣା କାଳର ଧର୍ମ, ସଂପ୍ରଦାୟ, ଜାତିଙ୍କ ବର୍ଣ୍ଣର ଗୋଳିଆ ପାଣି ଭିତରେ ଥିବା କି ?"[୨୧] ଗଳ୍ପ ନାୟକ ହିନ୍ଦୁ ନୀତିନିୟମକୁ ଗୁରୁତ୍ୱ ଦେଇ ବାସ୍ତୁଶାସ୍ତ୍ରାନୁସାରେ ଘର ପ୍ରତିଷ୍ଠା କରିଛନ୍ତି। ଗୃହପ୍ରବେଶ ସମୟରେ ଯେଉଁ ଫୁଲ, ତ୍ରିଶାଖା ବେଲପତ୍ର, ଦୂବର ଆବଶ୍ୟକତା ପଡ଼ିଛି ସେ ସବୁ ରଜାକ୍ ମିଆଁର ଫୁଲ ଦୋକାନରୁ ଅତି ଚତୁରତାର ସହିତ ଗଳ୍ପନାୟକ ନେଇ ଆଣିଛି। କାରଣ କେହି କାହାର ଧର୍ମୀୟ ବିଶ୍ୱାସକୁ ପ୍ରତାରିତ କରିବାକୁ ପ୍ରସ୍ତୁତ ନ ଥିଲେ। ଗଳ୍ପନାୟକ ଜାଣନ୍ତି ଯେ ପୂଜା-ପାଠ ଆସ୍ଥା ଓ ବିଶ୍ୱାସର କଥା। କିନ୍ତୁ ସମାଜର ପ୍ରତି କାର୍ଯ୍ୟରେ ପ୍ରତି ମଣିଷର ସହଯୋଗର ଆବଶ୍ୟକତା ପଡ଼ିଥାଏ, ଯେଉଁଥିରେ ଜାତି ଖୋଜାପଡ଼େନି। ଆଲୋଚ୍ୟ ଗଳ୍ପରେ ମାନବବାଦର ପରିଚର୍ଚ୍ଚା ରହିଛି। ଧର୍ମର ବାସ୍ତବ ଉଦ୍ଦେଶ୍ୟ

ଛୁଆଁଛୁଇଁରେ ନଷ୍ଟ ହୁଏ ନାହିଁ କିମ୍ବା ଈଶ୍ୱରଙ୍କର କୌଣସି ସ୍ୱରୂପ ନାହିଁ। ସର୍ବଧର୍ମ ସମନ୍ୱୟର ଅପୂର୍ବ ଦର୍ଶନ ନେଇ ଗଳ୍ପଟି ଅତ୍ୟନ୍ତ ହୃଦ୍ୟ ହୋଇଛି।

'ସାହେବ, ବିବି ଓ ଗୁଲାମ' ଗଳ୍ପରେ ଅବକ୍ଷୟମାଣ ଦାମ୍ପତ୍ୟ ପ୍ରେମ ସହିତ ନାରୀ-ପୁରୁଷର ଆଟୋପପୂର୍ଣ୍ଣ କେମେଷ୍ଟ୍ରି ରହିଛି। ସାହେବ ସବୁବେଳେ କାର୍ଯ୍ୟବ୍ୟସ୍ତ ଥାଆନ୍ତି। ସାହେବ ତା'ର ଭର୍ଚୁଆଲ୍ ଦୁନିଆରେ ବ୍ୟସ୍ତ ଥାଏ। ସ୍ତ୍ରୀର ମନ ଭିତରେ ସ୍ୱାମୀ-ସାନ୍ନିଧ୍ୟର ଆକାଂକ୍ଷା କୃତ୍ରିମ ଜିଜୀବିଷା ଓ ପ୍ରବୃତ୍ତୀୟ ଚିରନ୍ତନତାର ଅତ୍ୟନ୍ତ ମନସ୍ତାତ୍ତ୍ୱିକ ବିଶ୍ଳେଷଣ କରାଯାଇଛି। ନାରୀ ମନସ୍ତତ୍ତ୍ୱର ଚିତ୍ର ଉତ୍ତୋଳନ କରି ଗାଳ୍ପିକ ଉଲ୍ଲେଖ କରିଛନ୍ତି- "ବହୁଦିନ ହେଲା ବିବି ଗୋଟେ କଥା ଭାବୁଥିଲା। ଜୀବନଟା ବେକାର ହୋଇଯାଇଛି। ଜୀବନର କିଛି ଉଦ୍ଦେଶ୍ୟ ନାହିଁ। କିଛି ଅଭିଲକ୍ଷ୍ୟ ନାହିଁ। ଘର ଭିତରେ ସେ ଗୋଟେ ଅସ୍ତିତ୍ୱହୀନ ଜୀବ।"[୨୨] ବୋଲକରା ଗୁଲାମ୍ ବିବି କଥାର ଗୁଲାମ୍ ଥିଲା। ମିଛରେ ବାହାନା କରି ଗୁଲାମକୁ ଧରି ବିବି ବାହାରକୁ ବାହାରିଛି ବୁଲିବା ପାଇଁ। "ଗାଡ଼ି ରାସ୍ତାରେ ଦଉଡୁଥିଲା। ବିବିର ମନ ବି ଦଉଡୁଥିଲା। ସତେ ଯେପରି କାଳକାଳର ବେଡ଼ି ଛିଣ୍ଡେଇ ସେ ମୁକୁଳି ଯାଇଥିଲା।"[୨୩] ଗୁଲାମ୍ ବିବିକୁ ତା'ର ଗାଁକୁ ବୁଲେଇବାକୁ ନେଇଥିଲା। ଯେଉଁଠି ବିବି ଅନୁଭବ କରିଛି ଗୁଲାମ୍ ଓ ତା'ର ସ୍ତ୍ରୀ ଛବିକୁ ନେଇ ଘର ଭିତରର ପରିପୂର୍ଣ୍ଣ ସଂସାର ଓ ଖୁସିଭର୍ତ୍ତି ଆତ୍ମୀୟତାକୁ। ବିବି ଭିତରେ ଈର୍ଷା ସୃଷ୍ଟି ହୋଇଛି। ସେ ଈର୍ଷା ଗୁଲାମର ନିରୀହତା ପ୍ରତି। କାରଣ ସାହେବର ଜୀବନରେ ଫାଇଲ୍, ପ୍ରୋଗ୍ରାମ୍ ଓ ଟାର୍‌ଗେଟ୍ କେବଳ ଇନ୍‌କ୍ରିମେଣ୍ଟ୍‌ କୈନ୍ଦ୍ରିକ ଥିଲା। ଭୌତିକ ସୁଖର ପ୍ରଲୋଭନ ଭିତରେ ବ୍ୟକ୍ତିକ ସୁଖ ଉଭେଇ ଯାଇଥିଲା। ବିବିର ନିଃସଙ୍ଗ ଜୀବନରେ ଗୁଲାମ୍ ଥିଲା ଏକ ସମ୍ମୋହନ। ତା' ପ୍ରତି ଆକର୍ଷିତ ହେବା ବିବି ପାଇଁ ସ୍ୱାଭାବିକ ଥିଲା। ମାତ୍ର ଉଭୟଙ୍କ ଭଲପାଇବା ତଥା ସର୍ମପଣ ଭିତରେ ଗଳ୍ପଟିର ମୋଡ଼ ପରିବର୍ତ୍ତନ ଘଟିଛି ଯେବେ ରାସ୍ତାପାଖ ପଦ୍ମପୋଖରୀରୁ ଉଭୟଙ୍କ ମୃତଦେହ ଉଦ୍ଧାର ହୋଇଛି। ଗଳ୍ପର ପରିଣତିରେ ଗୁଲାମ ଓ ବିବିର ମୃତ୍ୟୁ ଅତ୍ୟନ୍ତ ଜଟିଳ ରହସ୍ୟପୂର୍ଣ୍ଣ ଘଟଣା ଅବା ଦୁର୍ଘଟଣାର ପ୍ରଶ୍ନବାଚୀ ସୃଷ୍ଟି କରିଛି। ଗାଳ୍ପିକ ପାଠକଙ୍କୁ ରହସ୍ୟାବୃତ୍ତ ଅନ୍ତର୍ଦ୍ୱନ୍ଦ୍ୱ ଭିତରକୁ ଠେଲିଦେଇଛନ୍ତି। ପୁଲିସ, ସାହେବର ଲ୍ୟାପ୍‌ଟପ୍‌ରୁ କିଛି ତଥ୍ୟ ଉଦ୍ଧାର କରି ବହୁ ପ୍ରକାର ସନ୍ଦେହ ଓ ଦ୍ୱନ୍ଦ୍ୱରେ ପଡ଼ିଛି। ପୁଲିସ ଦୃଷ୍ଟିରେ ବିବି ଓ ଗୁଲାମ୍‌ର ମୃତ୍ୟୁ ଅମରପ୍ରେମ କାହାଣୀ, ଅବା ଅନର୍ କିଲିଙ୍ଗ୍ ଅବା ଆକ୍ସିଡେଣ୍ଟ୍ ଭଳି ପ୍ରହେଳି ସୃଷ୍ଟି କରିଛି। ପାଠକଙ୍କୁ ଅସଂଖ୍ୟ ଅସମାଧିତ ପ୍ରଶ୍ନର ଅର୍ଦ୍ଧୁଆ ଜାଲରେ ଛନ୍ଦି ଗାଳ୍ପିକ ଅନ୍ତଃହୀନ ଜିଜ୍ଞାସା ଓ ଅନନ୍ତ ଅତୃପ୍ତିବୋଧ ସୃଷ୍ଟି କରି ଗଳ୍ପଟିକୁ ସାଫଲ୍ୟ ମଣ୍ଡିତ କରିଛନ୍ତି।

'ପ୍ରସଙ୍ଗ' ଗଳ୍ପରେ ମଣିଷର ଅନ୍ୟ ପାଇଁ ସମ୍ବେଦନାର ଆତ୍ମିକ ସ୍ୱର ଉପଲବ୍ଧ ହୁଏ। ନଟୁ ଓ ତା' ସ୍ତ୍ରୀ ହସ୍ପିଟାଲ ୱାର୍ଡରେ ଚିକିତ୍ସା ପାଇଁ ରହିଥିବାବେଳେ ପାଖ ୱାର୍ଡରେ ଗୋଟିଏ ବଜବଜୀ ସ୍ତ୍ରୀ ଓ ତା'ର ଅଳସୁଆ ସ୍ୱାମୀ ମଧ୍ୟ ରହିଥିଲେ। ବଜବଜୀ ସ୍ତ୍ରୀଟି ଯାହା ଦରକାର ପଡ଼େ ନଟୁ ସ୍ତ୍ରୀକୁ ନ ପଚାରି ନେଇଯାଏ। ଚାରିଦିନରେ ନଟୁର ସ୍ତ୍ରୀ ଡିସ୍‌ଚାର୍ଜ ହୋଇ ଘରକୁ ଫେରିବାକୁ ବାହାରିଛି। ହେଲେ ତା'ର ଚପଲଟି ମିଳିନି। ସ୍ତ୍ରୀ କଥାରେ ନଟୁ ଚପଲ କିଣି ବାହାରିଛି। ମାତ୍ର ଚପଲ କିଣିବା ଅପେକ୍ଷା ହସ୍ପିଟାଲ୍‌ରେ ଆଉ ଅଧିକା ଦୁଇଘଣ୍ଟା ରହିଯାଇ ମିଲ୍ ଥାଳି (ଖାଦ୍ୟ) ପାଇବାର ଇଚ୍ଛା ଉଭୟଙ୍କ ଭିତରେ ଅଧିକ ମାତ୍ରାରେ ରହିଛି। ମିଲ୍ ଥାଳିଟିକୁ ପାଖ ବେଡ୍ ବଜବଜୀ ସ୍ତ୍ରୀର ସ୍ୱାମୀକୁ ଦେବା ଉଭୟଙ୍କ ଉଦ୍ଦେଶ୍ୟ। ଯଦିଓ ବଜବଜୀର ସ୍ୱାମୀ ନଟୁର ସ୍ତ୍ରୀକୁ ଟିକେ ମଧ୍ୟ ପସନ୍ଦ ନୁହେଁ, ତଥାପି ନଟୁ ସ୍ତ୍ରୀ ଚିନ୍ତା କରିଛି- "କିନ୍ତୁ ଯଦି ଏବେ ଭାରିଯିବେ ତେବେ ଆଜିର ଦି'ପହର ମିଲ୍ କ୍ୟାଣ୍ଟିନ୍ ବାଲା ପହଞ୍ଚେଇଦେବେ ଓ ବିଲ୍‌ନେଇ ପଇସା ଉଠେଇବ। ମାତ୍ର ଏ ଲୋକଟା ଉପାସ ରହିଯିବ। ହଃ, ଏ ଲୋକଟା କିଏ କି ତା'ର? ରହୁ ଉପାସ କାମଚୋର, ନିକମ୍ମା, ଅଳସୁଆ। ହେଲେ ବିଚରା ଭୋକରେ ରହିବନା? ଛିଃ ... ଭଗବାନ ଅସନ୍ତୁଷ୍ଟ ହେବେ। ହଉପଛେ ଆଉ ଟିକେ କଷ୍ଟ ଦି' ଘଣ୍ଟା ରହିଯିବ।"[୨୪] ନଟୁର ସ୍ତ୍ରୀ ଭିତରେ ନିକମ୍ମା ଲୋକ ପ୍ରତି ଅନୁକମ୍ପା ଓ ସହାନୁଭୂତି ଥିଲା। କିନ୍ତୁ ଡାକ୍ତରଖାନାରେ ରୋଗୀକୁ କେବଳ ଗୋଟିଏ ଥାଳି ଖାଇବାକୁ ମିଳିବ ସିନା ଆଟେଣ୍ଡାଣ୍ଟ ହିସାବରେ ବଜବଜୀର ଅଳସୁଆ ସ୍ୱାମୀକୁ ତ ମିଳିବା କଥା ନୁହେଁ। କ୍ୟାଣ୍ଟିନ୍ ପିଲା ବଜବଜୀକୁ ଗୋଟିଏ ମିଲ୍ ଥାଳି ବଢ଼େଇ ନଟୁ ସ୍ତ୍ରୀକୁ ଦେଇନି। ନଟୁ ସ୍ତ୍ରୀ କ୍ୟାଣ୍ଟିନ୍‌ବାଲାର ଚାଲାକି ଜାଣିପାରିଛି। ଇତିମଧ୍ୟରେ ବଜବଜୀ ସ୍ତ୍ରୀଟି ନିଜ ଖାଦ୍ୟରେ ଅସର୍ପା ପଡ଼ିଥିବା କହି ଚିତ୍କାର କରିଛି। ସୁଯୋଗ ଦେଖି ଅଳସୁଆ ସ୍ୱାମୀଟି ତା' ହାତରୁ ଖାଇବା ନେଇ ଚାଲିଯାଇଛି। କ୍ୟାଣ୍ଟିନ୍ ପିଲା ଭୟଭୀତ ହୋଇ ଆଉ ଗୋଟିଏ ଖାଦ୍ୟ ଥାଳି ଆଣି ତା' ହାତକୁ ବଢ଼େଇବା ପଛରେ ନଟୁ ସ୍ତ୍ରୀର ସୁପରିକଳ୍ପିତ ଯୋଜନା ଥିଲା। ଯାହାଦ୍ୱାରା ବଜବଜୀ ସ୍ତ୍ରୀ ଓ ଅଳସୁଆ ସ୍ୱାମୀକୁ ମିଲ୍ ମିଳିପାରିଛି। ନଟୁ ସ୍ତ୍ରୀ ମାଧ୍ୟମରେ ମଣିଷ ପ୍ରତି ସହୃଦୟ-ନିଃସ୍ୱାର୍ଥ ଭଲପାଇବାର ସ୍ୱରୂପକୁ ଗାଳ୍ପିକ ଅତି ଚମତ୍କାର ଶୈଳୀରେ ଅବତାରଣା କରିଛନ୍ତି। ନଟୁ ମଧ୍ୟ ନିଜ ସ୍ତ୍ରୀ ପାଇଁ ହଳେ ଚପଲ ଆଣିବା ସହିତ ବଜବଜୀ ପାଇଁ ହଳେ ଚପଲ ଆଣିବା ପ୍ରସଙ୍ଗ ମାଧ୍ୟମରେ ଗାଳ୍ପିକ ମଣିଷପଣିଆର ଆବେଗିକ ରୂପ ଉପସ୍ଥାପିତ କରିଛନ୍ତି।

'ଦୂରତ୍ୱ' ଗଳ୍ପରେ ଗ୍ରାମୀଣ ସଭ୍ୟତା ନିକଟରେ ସହରାଭିମୁଖୀ-ବିଷୟକୈନ୍ଦ୍ରିକ ଜୀବନର ପରାହତ ଚିତ୍ର ବର୍ଣ୍ଣିତ। ମୁହଁରେ ନ କହିଲେ ହୃଦୟ ବୁଝେ ଯେ ଗାଁର

ଅନ୍ତର୍ନିହିତ ମୂଲ୍ୟବୋଧ କେତେ ସମୃଦ୍ଧ। ଗଳ୍ପର ପ୍ରାରମ୍ଭରେ ଗାଳ୍ପିକ ଗାଁ ଏବଂ ସହରର ଦୂରତ୍ୱକୁ ସ୍ପଷ୍ଟ କରିବାକୁ ଯାଇ ଲେଖିଛନ୍ତି- "ପ୍ରାୟ ବହୁତ ବର୍ଷ ପରେ ନୀଳମାଧବ ଗାଁକୁ ଫେରୁଥିଲା। ସହରରେ ତା'ର ଶରୀରଟା ଏତେବର୍ଷ ଯାଏ ଥିଲା ସତ, କିନ୍ତୁ ତା'ର ଆତ୍ମା ସବୁବେଳେ ଗାଁରେ ପଡ଼ିରହିଥିଲା। ହଁ, ଏକଥା ସତ ଯେ ନୀଳମାଧବ ଶରୀର ଓ ଆତ୍ମାକୁ କେବେବି ଏକାସାଙ୍ଗେ ଯୋଡ଼ିପାରିନଥିଲା ଏତେ ବର୍ଷଯାଏ।"[୨୫] ମଳକଣ୍ଟକ ରୋଗରେ ପୀଡ଼ିତ ନୀଳମାଧବ ସମସ୍ତ ସହରୀ ଉପଚାର ସତ୍ତ୍ୱେ ସୁସ୍ଥ ନ ହେବାରୁ ଗାଁକୁ ଆସିଛି ଗାଁର ବିଖ୍ୟାତ ବଇଦକୁ ସାକ୍ଷାତ କରିବାକୁ। ଗାଁର ପିଲାଦିନ ବନ୍ଧୁ ଚଇତନ ତୁଳନାରେ ନୀଳମାଧବ ବୟସ୍କ ଦିଶିନାହିଁ। ସହରୀ ସଭ୍ୟତାର ପ୍ରଭାବରେ ଗାଁର ପରିବେଶ କ୍ରମେ ପରିବର୍ତ୍ତିତ ହୋଇଥିବା ଅନୁଭବ କରିଛି ସେ। ଗାଳ୍ପିକଙ୍କ ଶବ୍ଦରେ- "ଗାଡ଼ିର କାଚଦେଇ ନୀଳମାଧବ ଦେଖିଥିଲା ବଦଳିଯାଇଥିବା ଗାଁର ଭୂଗୋଳ ଓ ବିକୃତ ନକ୍ସା, ଦେଖୁଥିଲା ବଜାର କିପରି ଗାଁ ଭିତରକୁ ପଶି ଆସିଚି। କିପରି ଗାଁରୁ ସାନଭାଇଙ୍କ ଗହଣରୁ ଉଠିଆସୁଛନ୍ତି ଲୋକେ ଏକଲା ହୋଇ ମୁଖ୍ୟରାସ୍ତା କଡ଼କୁ ପକ୍କାଘର ତୋଳି। କିପରି ଗାଁର ଆତ୍ମା ଭିତରେ ସର୍ବଗ୍ରାସୀ ମାର୍କେଟ୍‌ର ଅନୁପ୍ରବେଶ, କିପରି ଧୀରେ ଧୀରେ ବଜାର ତା'ର ମାୟାଜାଲରେ ସରଳ ନିରୀହ ଗାଁଟିକୁ ବି କଂଜ୍ୟୁମର କରିସାରିଲାଣି।"[୨୬] ନୀଳମାଧବର ବିଦେଶୀ ପିସ୍ଟୁଲା ରୋଗକୁ ଗାଁ ଗହଳିରେ ଅର୍ଶ ବା ମଳକଣ୍ଟକ ନାମରେ ଝାଡ଼ଫୁଙ୍କ କରି ଦେଶୀ ଚିକିତ୍ସା ହୁଏ। ପିଲାଦିନ ବନ୍ଧୁ ଚଇତନ, ଅସାଧ୍ୟ ରୋଗ ଭଲ କରୁଥିବା ଜଣେ ବୁଢ଼ା ବଇଦଙ୍କ ପାଖକୁ ନେଇଗଲା। ଗୋଦର ଗୋଡ଼ିଆ ବୁଢ଼ା ବଇଦ ହୁଲୁହୁଲୁ ବାବା ଗୁପ୍ତବିଦ୍ୟା, ଝାଡ଼ଫୁଙ୍କ, ଦୁର୍ଲ୍ଲଭ ଜଡ଼ିବୁଟି ସାହାଯ୍ୟରେ ଲୋକଙ୍କ ସେବା କରେ। ନୀଳମାଧବ ମୁଣ୍ଡିଆ ମାରିଲା ବେଳକୁ ଗୋଦରା ଗୋଡ଼ିଆ ବଇଦ ତା' ଗୁହ୍ୟଦ୍ୱାରକୁ ଗୋଇଠା ମାରିଦେବା ପରେ ସେ ଘରକୁ ଫେରିଛି ଓ ଦାରୁରେ ନୁହେଁ ଦୂବରେ ଭଲ ହେବାପରି ନୀଳମାଧବକୁ ଅନୁଭବ ହୋଇଛି। ଗାଁରେ ଥିବା ବୃଦ୍ଧ ବାପା ଓ ସାନଭାଇର ପିଲାପିଲିଙ୍କ ସୁଖ-ଦୁଃଖ ବୁଝିବାକୁ ତା' ପାଖରେ ସମୟ ନାହିଁ। ସେ ପୁଣି ନିଜ କାର୍ଯ୍ୟବ୍ୟସ୍ତ ପରିବେଶକୁ ଫେରିବାକୁ ମନ ବଳାଇଛି। ମଣିଷ ଯେତେବେଳେ ଦୁଃଖରୁ ଉଶ୍ୱାସ ହୁଏ ସେତେବେଳେ ତା'ର ଅସଂଖ୍ୟ ପ୍ରବଣତା ବାଟହୁଡ଼େ ଏବଂ ସଂପର୍କ ଭିତରେ ଦ୍ୱରତ୍ୱ ବଢ଼ିଯାଏ। 'ଦୂରତ୍ୱ' ଗଳ୍ପ ମାଧମରେ ଆଧୁନିକ ସ୍ୱାର୍ଥାନ୍ୱେଷୀ ମଣିଷମାନଙ୍କ ଜୀବନରେ ସଂପର୍କ, ମଣିଷପଣିଆ, ସ୍ନେହ, ମମତ୍ୱବୋଧ, ପାରିବାରିକ ବନ୍ଧନଠାରୁ ମାତ୍ରାଧିକ ଦୂରତ୍ୱରେ ଥିବା ସତ୍ୟକୁ ଗାଳ୍ପିକ ସତ୍ୟପ୍ରିୟ ଅତି ବାସ୍ତବବାଦୀ ଦୃଷ୍ଟିକୋଣ ନେଇ ଉପସ୍ଥାପିତ କରିଛନ୍ତି।

'ସୂତ୍ର' ଗଳ୍ପରେ ସହଜଲଭ୍ୟ ଅର୍ଥତାନ୍ତ୍ରିକ ମାୟାଜାଲର ଧୂର୍ତ୍ତତା ବର୍ଣ୍ଣିତ ହୋଇଛି। ଆଜିକାର ଯୁଗର ସିନେମା, ବିଜ୍ଞାପନର ପ୍ରଭାବରେ ନୂତନ ପିଢ଼ିର ଶିଶୁମାନସ କେତେମାତ୍ରାରେ ଯେ ପ୍ରଭାବିତ ହେଉଛି, ତା'ର ଏକ ଜୀବନ୍ତ ଚିତ୍ର ଅଙ୍କନ କରିବାକୁ ଯାଇ ଗାଳ୍ପିକ ଲେଖିଛନ୍ତି- "ବାହାରର ଭର୍ଚୁଆଲ୍ ଦୁନିଆ, କମ୍ପ୍ୟୁଟର୍‌ର ମନିଟର୍‌ରେ ପିଲାମାନଙ୍କୁ ସମ୍ମୋହିତ କରିନଉଚି କଉଁ ଅଜଣା ରାଇଜକୁ। ପିଲାମାନେ ବାସ୍ତବତାଠାରୁ ଦୂରେଇ ଯାଉଛନ୍ତି। ଦୂରେଇ ଯାଉଛନ୍ତି ମାଆ ବାପାଙ୍କଠାରୁ। କଳ୍ପନାର ଡେଣାରେ ଉଡ଼ିଯାଉଛନ୍ତି ଅବାସ୍ତବ କଉଁ ଫାଣ୍ଟାସୀର କୁହୁକ ଜଗତକୁ।"[୨୭] ଗାଳ୍ପିକ ଆଧୁନିକ ସମାଜରେ ବିନା ଶାରୀରିକ ଶ୍ରମରେ, କେବଳ ସାଧାରଣଜ୍ଞାନ ପ୍ରୟୋଗ କରି କରୋଡପତି ହେବାର ଦୁରଭିସନ୍ଧି ରଖୁଥିବା ପୁଞ୍ଜିବାଦୀ ଷଡ୍‌ଯନ୍ତ୍ରକୁ ଉପଲବ୍ଧ କରିଛନ୍ତି। ଗାଳ୍ପିଙ୍କ ଦୃଷ୍ଟିରେ ଆଜିର ଏ ଭୌତିକ ସୁଖବାଦ କେବଳ ଏକ ମାୟା ଏବଂ ସବୁଠି ସେଇ କମ୍ପ୍ୟୁଟର୍ ଭର୍ଚୁଆଲ୍ ଜଗତ ଓ ଭ୍ରମର ଇନ୍ଦ୍ରଜାଲ ବୋଲି ମନେକରିଛନ୍ତି।

'ପ୍ରଜନ୍ମ' ଗଳ୍ପରେ ଦାମ୍ପତ୍ୟ ଜୀବନର ଆଟୋପ, ଅନ୍ତଃସାରଶୂନ୍ୟ ଦେଖାଣିଆ ପ୍ରେମର ଚିତ୍ର ରହିଛି। ମିଷ୍ଟର୍ ଏବଂ ମିସେସ୍ ପାଲ୍‌କିୱାଲା ନିଜର ୩୭ ବର୍ଷର ବିବାହବାର୍ଷିକୀ ପାଳିବା ଉଦ୍ଦେଶ୍ୟରେ ବାହାରିଛନ୍ତି। ତେବେ ସେମାନଙ୍କ ଦୀର୍ଘ ୩୭ତମ ବିବାହବାର୍ଷିକୀକୁ ସ୍ମରଣୀୟ କରିବା ପାଇଁ ଓ ଅନ୍ୟମାନଙ୍କ ସହିତ ଖୁସି ବାଣ୍ଟିବା ଉଦ୍ଦେଶ୍ୟରେ ଗୋଆ ଯାଇଛନ୍ତି। ଏମିତିକି ମିଷ୍ଟର୍ ପାଲ୍‌କିୱାଲା ସ୍ତ୍ରୀଙ୍କ ସହିତ କାଟିଥିବା ଦୀର୍ଘ ବର୍ଷର ଜୀବନକୁ ଆଶୀର୍ବାଦମୟ ସ୍ୱର୍ଗ ମନେକରିଛନ୍ତି। ବସ୍‌ରେ ଥିବା ସମସ୍ତ ଯାତ୍ରୀ ଅଭିନବ ଢଙ୍ଗରେ ସେମାନଙ୍କ ବିବାହବାର୍ଷିକୀ ଉପହାର ସମ୍ବର୍ଦ୍ଧନା ଦେବାକୁ ଯୋଜନା କରିଥିବାବେଳେ କାହାଣୀରେ ଆକସ୍ମିକ ଭାବେ ମୋଡ଼ ପରିବର୍ତ୍ତନ ଘଟିଛି। ଟୁରିଷ୍ଟ୍ ବସ୍ ଗୋଆ ବିଚ୍‌ରେ ପହଞ୍ଚିବା ପରେ ମିଷ୍ଟର୍ କପୁର୍‌ଙ୍କ ସ୍ତ୍ରୀ ମିସେସ କପୁର୍ ଏବଂ ମିଷ୍ଟର୍ ପାଲ୍‌କିୱାଲା ହଠାତ୍ କୁଆଡ଼େ ଚାଲିଯାଇଛନ୍ତି। ବହୁ ଖୋଜାଖୋଜି ପରେ ମିଳିନାହାନ୍ତି। ଏପଟେ ମିସେସ୍ ପାଲ୍‌କିୱାଲା ମଧ୍ୟ ନିଜ ମିଷ୍ଟର୍‌ଙ୍କୁ ବିକଳ ହୋଇ ଖୋଜିଛନ୍ତି। ପରବର୍ତ୍ତୀ ସମୟରେ ଘଟଣାଟି ଆହୁରି ରହସ୍ୟାବୃତ୍ତ ହୋଇପଡ଼ିଛି ଯେତେବେଳେ ମିସେସ୍ ପାଲ୍‌କିୱାଲାଙ୍କ ସଙ୍ଗେ ମିଷ୍ଟର୍ କପୁର୍ ମଧ୍ୟ କୁଆଡ଼େ ଅଦୃଶ୍ୟ ହୋଇଯାଇଛନ୍ତି। ପରିଶେଷରେ ବସ୍ ଭିତରକୁ ସମସ୍ତେ ଆସିଛନ୍ତି ଏବଂ ମିଷ୍ଟର୍ ମିସେସ୍ ପାଲ୍‌କିୱାଲାଙ୍କୁ ସମସ୍ତେ ବିବାହବାର୍ଷିକୀ ନିମନ୍ତେ ଶୁଭେଚ୍ଛା ଜଣାଇଛନ୍ତି। ଅତି ହାସ୍ୟାତ୍ମକ ପରିବେଶର ଅବତାରଣା କରି ଗାଳ୍ପିକ ସତ୍ୟପ୍ରିୟ ଅତୃପ୍ତ-ଅଶାନ୍ତ ସଂପର୍କ ତଥା ଆଧୁନିକ ଯୁଗରେ ସ୍ୱାମୀ-ସ୍ତ୍ରୀ ଅଦଳବଦଳର ବିକୃତ କିନ୍ତୁ ବାସ୍ତବ-ନଗ୍ନରୂପ ନିର୍ଣ୍ଣୟ କରିଛନ୍ତି।

'ପିଣ୍ଡ ବ୍ରହ୍ମାଣ୍ଡ' ଏକ ଭିନ୍ନ ସ୍ୱାଦର ଗଳ୍ପ। ଆଲୋଚ୍ୟ ଗଳ୍ପରେ ତିନିଟି ପିଢ଼ିର

ବିବର୍ତ୍ତିତ ମୂଲ୍ୟବୋଧ ଓ ମାନସିକତାର ଜୀବନ୍ତ ଚିତ୍ର ବର୍ଣ୍ଣିତ। ବାପାଙ୍କ ମୃତ୍ୟୁପରେ ତାଙ୍କ ଅସ୍ଥିକୁ ଗଙ୍ଗାରେ ବିସର୍ଜନ କରିବା ପାଇଁ ବଦ୍ରୀ ନାରାୟଣ ଅନେକ ବର୍ଷତଳୁ ସାଇତି ରଖିଥିଲେ। ବଦ୍ରୀ ନାରାୟଣ ଓ ତାଙ୍କ ପୁଅ ଗଙ୍ଗାଘାଟରେ ପିଣ୍ଡଦାନର ବିଧିବିଧାନ ଦେଖିଛନ୍ତି। ବଦ୍ରୀ ନାରାୟଣ ଭାବିଚାଲିଛନ୍ତି- "ଆଜି ଅସ୍ଥି ବିସର୍ଜନ କରିଦବ ଗଙ୍ଗାରେ। ତା'ପରେ ସେ ଆହୁରି ଏକୁଟିଆ ହେଇଯିବ। ହରେଇ ବସିବ ଚିରକାଳ ପାଇଁ ଏକ କରୁଣାମୟ ସ୍ନେହୀ ଆତ୍ମୀୟତା। ତା'ପରେ ବାପର ଅବର୍ତ୍ତମାନରେ ସେ କିପରି ନିଜେ ବି ପାଲଟିଯିବ ଏକ ଅସ୍ଥିର ଅବଶେଷ। ସେହି ଅବଶେଷ ବି ଦିନେ ନିଃଶେଷ ହୋଇଯିବ। ତା' ପୁଅ ବି ଦିନେ ତାକୁ ଭସେଇଦବ ଗଙ୍ଗା କି ଯମୁନାରେ। କାରଣ ଚିରକାଳ ବାପର ବୋଝ ବୋହିପାରିବା କମ୍ ଧୈର୍ଯ୍ୟ ଓ ନିଷ୍ଠାର କଥା ନୁହେଁ। ସେ ପାରିଲାନି। ତା' ପୁଅ ପାରିବ?"(୨୮) ବଦ୍ରୀକୁ ଅସ୍ଥି ବିସର୍ଜନ କରିବା ସମୟରେ ତାଙ୍କ ପୁଅ ମୋବାଇଲ୍‌ରେ କଥା ହେବା, ଲଣ୍ଡା ନହେବା ଇତ୍ୟାଦି ଘଟଣା ଭଲ ଲାଗିନାହିଁ। ସେ ଭାବିଛନ୍ତି- "ପୁଅର ପୁଅମାନେ ତା' ନାତି ଟୋକାଟା ବି ଆସିଲାନି ସାଙ୍ଗରେ। ସିଏ ବି ତ ଲଣ୍ଡା ହୋଇପାରିଥାନ୍ତା। ଏତେକ ପିତୃପୁରୁଷ, ପୂର୍ବଜଙ୍କ ପାଇଁ କରିବାକୁ ହୁଏ। ନହେଲେ ଏ ବଂଶଲତାର ଅର୍ଥ କ'ଣ? ରକ୍ତ ସଂପର୍କର ଅର୍ଥ କ'ଣ? ... ଏଇଠୁ କ'ଣ ଶେଷ ହୋଇଯିବ ଏ ଧାରାର ପ୍ରବାହ? କେଉଁ ଆଦିମ କାଳରୁ ଚାଲି ଆସିଥିବା ଏ ପ୍ରଥାର ଅନ୍ତିମ କଡ଼ିଟି କ'ଣ ଏଇଠି ଛୁଣ୍ଡିଯିବ?(୨୯) ଗାଳ୍ପିକ ସତ୍ୟପ୍ରିୟଙ୍କ ଏ ପ୍ରଶ୍ନ ଆଧୁନିକ ସମାଜର ନୂତନ ପିଢ଼ିକୁ ପଚାରାଯାଇଛି ଗଳ୍ପର ପରିଣତିରେ ଗାଳ୍ପିକ ପ୍ରତି ମଣିଷର ଜୀବନକୁ ଗ୍ରାସ କରିଥିବା ଅର୍ଥଲୋଭର ଦିଗକୁ ଦର୍ଶାଇଛନ୍ତି। ପିଣ୍ଡ ପକାଉଥିବା ବ୍ରାହ୍ମଣର ଲକ୍ଷ୍ୟ କିପରି ଶୀଘ୍ର ପୂଜାପାଠ ଶେଷକରି ଅନ୍ୟ କିଛି କର୍ମବିଧି କରି ଅଧିକ ଅର୍ଥ ହାସଲ କରିବ। ବଦ୍ରୀ ପିଣ୍ଡଦାନ ପରେ ପିଣ୍ଡ ଗ୍ରହଣ ଉଦ୍ଦେଶ୍ୟରେ ବର୍ଷ ଶେଷରୁ ଭୋକିଲା ଥିବା ପୂର୍ବପୁରୁଷମାନଙ୍କୁ କାଉ ରୂପରେ ଆସିବା ପାଇଁ ଅପେକ୍ଷା କରି ଚାଲିଛନ୍ତି। ଖୁମ୍ପ ନ ମାରିଲେ ପିଣ୍ଡ ବେକାର ହୋଇଯିବ ବୋଲି ଭାବି ଅପେକ୍ଷା କରିଥିବାବେଳେ ସେ ଭୁଲିଯାଉଛନ୍ତି ଯେ, ଏ ପ୍ରଗତିଶୀଳ ସଭ୍ୟ ସମାଜ ଯୋଗୁଁ ବ୍ରହ୍ମାଣ୍ଡରେ କାଉ, କୋଇଲି, ଗିଧ, ଶାଗୁଣା, ହଳଦୀବସନ୍ତ ଓ କୋଚିଲାଖାଇ କ୍ରମଶଃ ଲୋପ ପାଇଗଲେଣି।

ଜଗତୀକରଣର ମହାବଳୟ ଭିତରେ ଆଧୁନିକ ବ୍ୟସ୍ତବହୁଳ ମଣିଷ ଆଜି ବିଜ୍ଞାନର ପ୍ରଗତି ଜରିଆରେ ବହୁ ସମସ୍ୟା ମୁକ୍ତ ହୋଇଛି ସତ, ହେଲେ ମାନବ ଜୀବନର ବିଚାର, ସଂସ୍କାର ଓ ଚେତନାଗତ ଆଦର୍ଶର କ୍ଷୟିଷ୍ଣୁ ଦିଗ ବାସ୍ତବିକ ଅତ୍ୟନ୍ତ ବିଡ଼ମ୍ବନାର ବିଷୟ। ଗାଳ୍ପିକ ସତ୍ୟପ୍ରିୟ ଜଣେ ସମର୍ପିତ କଥାକାର। ଗପକୁ ଗପିବା

ପାଇଁ ବହୁ ସମୟରେ ଅନ୍ୟ ଗପକୁ ପାଥେୟ କରିଛନ୍ତି। ବହୁ ସମୟରେ ନିଜେ ହିଁ ଗଳ୍ପମାନଙ୍କର ନାୟକ ଭାବରେ ଆଖିଦେଖା ଜଗତ ଓ ଅଙ୍ଗେନିଭା ଘଟଣାକୁ ଯୋଡ଼ିଛନ୍ତି ଗପରେ। ପ୍ରତି ଗଳ୍ପ ଭିନ୍ନ ଭିନ୍ନ ଭାବାତ୍ମକ ଦିଗ ଉଦ୍‌ଭାସିତ କରିଛି। ତାଙ୍କ ଗଳ୍ପର ଆଙ୍ଗିକରେ ନୂତନ ଶୈଳୀଗତ ଚାତୁର୍ଯ୍ୟ ରହିଛି।

ଗାଳ୍ପିକ ସତ୍ୟପ୍ରିୟଙ୍କ ଗଳ୍ପରେ ବହୁ ଚିତ୍ରାତ୍ମକ ଶବ୍ଦ (Imagery word)ର ଅତି ଚମତ୍କାର ପ୍ରୟୋଗ ରହିଛି। ଯେପରି- ଛପର ଉଡ଼ିଯାଇଥିବା ଛାତପରି, ଗଦାଏ ପୋଡ଼ା ପାଉଁଶ ପରି, ଜଙ୍କ୍‌ଲଗା ତାଲାପରି, ପିଣ୍ଡୁଳାଏ ବରଫ ପରି, ବିଷାକ୍ତ ଧୂଆଁର କୁହୁଡ଼ି, ଲହଡ଼ି ଭାଙ୍ଗିବା ପରି କୁନି କୁନି ବାଛୁରୀଙ୍କ ଅବିଶ୍ରାନ୍ତ ଉଡ଼ନ୍ ଛୁ, ବ୍ୟାଧି ଓ ଅକ୍ଷମତାର କବଳରେ ଘୁଣ ଖାଉଥିବା ପୁରୁଣା ପଲଙ୍କ ପରି, ଘୁଙ୍ଗିଡ଼ି ଭିତରେ ସୁନ୍ଦର ଜେଲିମାଛ, ଭୁଲି ଆସୁଥିବା ଦୁଃଖର ଦରଦ ପରି, ଶୁଖି ଆସୁଥିବା ଘାଆର ବକଳ ପରି, କଲେରା ରୋଗୀ ପରି, ସର୍ଦ୍ଦି ଲାଗିଯାଇଥିବା ଶିଶୁ ପରି, ପୁରୁଣା ଘରଟି ଗୋଟେ ଫାଟି ଯାଇଥିବା ଓ ରଫୁ ହୋଇଥିବା ପୁରୁଣା କୋଥଳି ପରି ଇତ୍ୟାଦି।

ଗାଳ୍ପିକ ନିଜ ଗଳ୍ପରେ କିଛି ଲୋକକଥାକୁ ଉଦ୍ଧାର କରିଛନ୍ତି। ଯେପରି: ନେତେଇ ଧୋବଣୀ ନିଜ ଗୋଡ଼ ଚୂଲିରେ ପୂରେଇ ଜାଳୁଥିଲା, କୁହୁକ ଖଣ୍ଡା, ପାରିଜାତ ଫୁଲ, ମଉଳୁ ନଥିବା ଫୁଲ, ସୁନା ଫରୁଆ, ତିନିତାଳ ପାଣି, ତିନିତାଳ ପଙ୍କ, ଜୀବନ ନାଟି, କଥାକୁହା ଚଢ଼େଇ, ପକ୍ଷୀରାଜ ଘୋଡ଼ା ଇତ୍ୟାଦି।

ନିପଟ ଗାଉଁଲି ଶବ୍ଦର ପ୍ରୟୋଗ ରହିଛି। ଯେପରି- ଅପର୍ଛନିଆ, ଘା'ଘାଉଡ଼, ଚମଉତୁରା, ମାଇକିନା, ତୁଟୁକା ଇତ୍ୟାଦି।

ହିନ୍ଦୀ ଶବ୍ଦ: ଆଦତ୍, କାନୁନ୍, ଇନ୍ତେଜାର୍, ମୁର୍ଗା, ଦୁଶ୍‌ମନୀ, ମତ୍‌ଲବ୍, ଆବାଜ୍, ସଲାମ୍, ମୁଦ୍ଦା, ଠହର୍‌ଯାଓ, ନଓ ଜୱାନ୍, ନିକମ୍ମା, ଖତମ୍, ଫୁର୍ସତ୍, ଇନ୍ତେଜାର୍, ୱାଦା, ଗଲତ୍, ବହୁତ୍, ତୟାର୍, ନିକାହ, କସମ୍, ବରବାଦ୍, ରିସ୍ତା, ୟାର୍, ଖୁସ୍‌ବୁ।

ଇଂରାଜୀ ଶବ୍ଦ: ଇଲେକ୍‌ଟ୍ରି, ନ୍ୟୁକ୍ଲାଇଡ୍ ସ୍କାନ୍, ଅଲଟ୍ରାସାଉଣ୍ଡ, ଆପେଣ୍ଡିସାଇଟ୍, ଏଣ୍ଡୋସ୍କୋପି, ଗଲ୍‌ଷ୍ଟୋନ୍, କମ୍ପାନୀ, ଥେଟର୍, ଟର୍ଣ୍ଣିଂ ପଏଣ୍ଟ, ଷ୍ଟ୍ରୋକ୍, ଏକ୍ଟିଭିଷ୍ଟ, ଷ୍ଟ୍ରେଚର୍, ଏକ୍ସିଡେଣ୍ଟ, ସାର୍ଟିଫିକେଟ୍, ଇମ୍ପୋଟେଡ୍ ପରଫ୍ୟୁମ୍ ଇତ୍ୟାଦି।

ଧ୍ୱନ୍ୟାତ୍ମକ ଯୁଗ୍ମଶବ୍ଦ: ଫଟ୍‌ଫଟ୍, ଫିଡ଼ିଫିଡ଼ି, ଚୁଚୁ, ହାଉଁହାଉଁ, ଖାଉଁଖାଉଁ, ଧାଏଁଧାଏଁ, ସାଏଁସାଏଁ, ମର୍‌ମର୍, ଫଁଫଁ, ପଁପଁ, ଫଡ୍‌ଫଡ୍, ଝିପ୍‌ଝିପ୍, କାଁ ଭାଁ, ହୋଃ ହୋଃ, ଖୁଁ ଖୁଁ, ପଟ୍‌ପଟ୍, ଫୁଡ୍‌ରୁ ଛୁର୍‌ର, ଦାଉଁଦାଉଁ, କ୍ୟୁଂକ୍ୟୁଂ, ଚଡ୍‌ଚଡ୍, ଝୁମ୍‌ଝୁମ୍, ଗୁଲୁଗୁଲୁ, ଛଳଛଳ, ସୁଃ...ସୁଃ, ଘ୍ୟୁଁ...ଘ୍ୟୁଁ ଇତ୍ୟାଦି।

ଗାଳ୍ପିକ ସତ୍ୟପ୍ରିୟଙ୍କ ଗଳ୍ପର ଆତ୍ମିକ ଦିଗକୁ ବହୁ ଭାବାତ୍ମକ ବିଭବ ସମୃଦ୍ଧ କରିଛି। ଏଥିରେ ଉତ୍ତର-ଅଶୀ ପରବର୍ତ୍ତୀ ମାନବ ଜୀବନର ଭିନ୍ନ ଭିନ୍ନ ସମସ୍ୟା ଓ ଭାବଧାରା ସମନ୍ୱିତ ହୋଇଛି। ସେ ସବୁର ଅତି ବିଶ୍ୱସ୍ତ ଫଟୋଗ୍ରାଫିକ୍ ରୂପଚିତ୍ର ଉତ୍ତୋଳନ କରିବାରେ ସତ୍ୟପ୍ରିୟ ମହାଲିକ ନିଶ୍ଚିତ ରୂପେ ଜଣେ ସ୍ୱର୍ଦ୍ଧିତ କଥାକାର। ତାଙ୍କରି ଶବ୍ଦରେ- "ମଣିଷ ମନର ସୂକ୍ଷ୍ମ ସଂବେଦନା, କଳ୍ପନା, ସୃଜନଶୀଳତା ଓ ମାନବୀୟ ଗୁଣଗୁଡ଼ିକୁ ଖତମ କରିଦେବାର ଏ ଯେଉଁ କ୍ରୁର ଷଡ଼ଯନ୍ତ୍ର ଚାଲିଛି, ତାକୁ ଧରାପକେଇ ଦେବା ଓ ତା'ର ମୁଖା ଖୋଲିଦେବା ପାଇଁ ମୁଁ ଗପ କହେ।"[୩୦] ମାଙ୍କଡ଼, କୁକୁର, କାଉ ଇତ୍ୟାଦି ମାନବେତ୍ତର ଜୀବମାନଙ୍କ, କର୍ମକାର ଭଳି ଦୁଃସ୍ଥ-ଗରିବମାନଙ୍କ ପ୍ରତି, ବଦ୍ରୀ ନାରାୟଣଙ୍କ ଭଳି ଅସହାୟ ପୁତ୍ର ଓ ବାପା ପ୍ରତି ଗାଳ୍ପିକଙ୍କ ଆନ୍ତରିକ ଅନୁକମ୍ପା ଝରିପଡ଼ିଛି। ମୁଖ୍ୟ ଚରିତ୍ର ରୂପେ ଆଖିଦେଖା ଜଗତର ମଣିଷମାନଙ୍କୁ ସେ ସାଉଁଟିଛନ୍ତି। ତାଙ୍କ ଗଳ୍ପରେ 'ନାରୀ' ଅଥବା 'ପ୍ରତିନାୟକ' ଚରିତ୍ରର ସ୍ଥିତି ପ୍ରାୟ ନାହିଁ କହିଲେ ଚଳେ।

ସତ୍ୟପ୍ରିୟଙ୍କ ଗଳ୍ପରେ ଭିନ୍ନ ଧରଣର ଦାର୍ଶନିକତା ମର୍ମରିତ ହୁଏ। ଯେପରି ସେ କହିଛନ୍ତି-

- "ସକଳ ପ୍ରାଚୁର୍ଯ୍ୟ ସତ୍ତ୍ୱେ ମଣିଷ ଯେ କାହିଁକି ଦୁଃଖୀ ହୁଏ .... ଶରୀର ବହି କାହାର ରୋଗ ନଥାଏ ? ଜନ୍ମ ହେଇ କାହାର ମରଣ ନଥାଏ ? କିନ୍ତୁ ଏସବୁ କାହିଁକି ଥାଏ ? ଏସବୁରୁ ମୁକ୍ତି ପାଇବାର ବା ରକ୍ଷା ପାଇବାର ଉପାୟ କ'ଣ ?" (ପୃ:୪୩)
- "ବିଷକୁ ବି ବିଶ୍ୱାସ ନାଇଁ। ମରଣକୁ ବି ଭରସା ନାହିଁ।" (ପୃ:୭୫)
- "ସମାଜର ତଳଶ୍ରେଣୀର ଦୃଶ୍ୟ, ତଳଶ୍ରେଣୀର ଦୁଃଖ, ତଳଶ୍ରେଣୀର ସଂଘର୍ଷ ନଥାଏ ମିଡିଆରେ।" (ପୃ:୮୭)
- "ଆଉ ଆମେ ସେଇ ପୁରୁଣା କାଳର ଧର୍ମ, ସଂପ୍ରଦାୟ, ଜାତି କି ବର୍ଣ୍ଣର ଗୋଳିଆ ପାଣି ଭିତରେ ଥିବା କି ?" (ପୃ:୯୬)
- "ପୂଜା ପାଠ ହେଲା ଆସ୍ଥା ଓ ବିଶ୍ୱାସର କଥା।" (ପୃ:୧୦୨)
- "ବରଂ ଭଲ ଏକ ପରିପୂର୍ଣ୍ଣ ଜୀବନ ନଚେତ୍ ପରିପୂର୍ଣ୍ଣ ମୃତ୍ୟୁ।" (ପୃ:୧୨୧)

ମିଛ ସହିତ ଏକ ପ୍ରୟୋଗ ପ୍ରକୃତପକ୍ଷେ ଜୀବନ ପ୍ରୟୋଗଶାଳାର ଜଟିଳ ପ୍ରାକ୍ଟିକାଲ୍ ତଥ୍ୟ ପ୍ରଦାନ କରେ। ଏ ସମସ୍ତ ତଥ୍ୟ ସହିତ ଗାଳ୍ପିକଙ୍କ ସୈଦ୍ଧାନ୍ତିକ ବିବେଚନା ଅତ୍ୟନ୍ତ ଭିନ୍ନ ଧରଣର ଭାବଦିଗନ୍ତକୁ ଉନ୍ମୋଚନ କରିବାରେ ସମର୍ଥ ହୋଇଛି। ଶବ୍ଦଶୈଳୀ କ୍ଷେତ୍ରରେ ଅତ୍ୟାଧୁନିକ ଜୀବନଧାରା ଭିତରକୁ ହିନ୍ଦୀ, ଇଂରାଜୀ,

ପର୍ତ୍ତୁଗୀଜ ଶବ୍ଦାବଳୀର ପ୍ରଚୁର ମାତ୍ରାରେ ଅନୁପ୍ରବେଶ ନିଶ୍ଚିତ ରୂପେ ବିଶ୍ୱ ଜଗତୀକରଣ ଓ ବଜାରତାନ୍ତ୍ରିକ ବ୍ୟବସ୍ଥାର ସଂପ୍ରସାରିତ ରୂପକୁ ସୂଚିତ କରୁଛି। ଇତିମଧ୍ୟରେ ଗପ କହିବାର ବିଧିବିଧାନ କେବଳ ପରିବର୍ତ୍ତିତ ହୋଇନାହିଁ ବରଂ ତତ୍‌ସହିତ ଶିକ୍ଷା-ସଂସ୍କୃତିର ଅଳୀକ ଆଧାରଭୂତ ବେଷ୍ଟନୀରେ ମାନବ ଜୀବନର ବ୍ୟାପକ ବିରୋଧାଭାସ ସମନ୍ୱିତ ବିପୁଳ ସଂଶୟାଛନ୍ନ ଅନ୍ତର୍ଦ୍ୱନ୍ଦ୍ୱ ମଧ୍ୟ ରୂପାନ୍ୱିତ ହୋଇଛି। ଗାଳ୍ପିକ ସତ୍ୟପ୍ରିୟ ତାଙ୍କ କଥାଶକ୍ତି ମାଧ୍ୟମରେ ମୁଖାପିନ୍ଧା ମଣିଷଙ୍କୁ ବାକ୍‌ହୀନ କରି ନତମସ୍ତକ ହେବାର ସମସ୍ତ ସାମର୍ଥ୍ୟ ଯୋଡ଼ିଛନ୍ତି। ଗପ ପଢ଼ିବା ପରେ ପାଠକ ସ୍ତବ୍ଧ ହେବାକୁ ଏକ ପ୍ରକାର ବାଧ୍ୟ। ବିଜ୍ଞାପନ ମାଧ୍ୟମରେ ଉନ୍ମୁକ୍ତ ବଜାରତାନ୍ତ୍ରିକ ମାୟା, ଟିଭି, ଖବରକାଗଜ, ଗଣମାଧ୍ୟମର ଛ'କୁ ନ' କହିପାରିବାର କ୍ଷମତା, ମ୍ୟାଚ୍ ଫିକ୍ସିଂ, ନେତା- ମନ୍ତ୍ରୀମାନଙ୍କ ସ୍ୱତନ୍ତ୍ର ଭୋଟ୍ ଆଦାୟ କୌଶଳ, ରିଆଲଟି ସୋ'ର ଜୁଆଖେଳ, ବ୍ୟକ୍ତିଗତ ଫାଇଦା ନିମନ୍ତେ ରାଲି-ଅନଶନ, ଧାରଣାର ପ୍ରହସନ, ଖଦି- ସତ୍ୟାଗ୍ରହର ଅପପ୍ରୟୋଗ, ପ୍ରଶାସନର ଭାଷଣବାଜି ଭିତରେ ଦେଶ-ରାଜ୍ୟର କୁପୋଷଣ ଓ ଅନାହାର ମୃତ୍ୟୁ, କୃଷକ ଆତ୍ମହତ୍ୟା, ଇନ୍ଦିରା ଆବାସ ଯୋଜନାର ବିଫଳତା, ଡାକ୍ତରୀବିଦ୍ୟାର ନୀତିହୀନ ଦିଗ, ବ୍ୟକ୍ତିଗତ ଦୁଃଖ ସତ୍ତ୍ୱେ ରଙ୍ଗିନ୍ ଜୀବନକୁ ବିଜ୍ଞପିତ କରିବା ଚେଷ୍ଟାରେ ମାତିଥିବା ଆଧୁନିକ ସଭ୍ୟ ମଣିଷର ମିଛ-ବେରଙ୍ଗ ଜୀବଦ୍ଦଶା, ନୂତନ ଭାବୀ ପିଢ଼ିର ଅଧୋପତିତ ରୂପ, ସେକ୍ସର ମାୟା, ବଜାରର ଚାହିଦା, ଫେସନ୍ ମଣ୍ଡି, ସୌନ୍ଦର୍ଯ୍ୟ ପ୍ରତିଯୋଗିତା ପଛରେ ଥିବା ଶୋଷଣ, କଂଜ୍ୟୁମର୍ ଗୁଡ୍‌ସ ନାମରେ ପ୍ରପଞ୍ଚର ଜୀବନ୍ତ ଚିତ୍ର ସବୁକୁ କଥାକାର ସତ୍ୟପ୍ରିୟ ତାଙ୍କ 'ମିଛ ସହିତ ଏକ ପ୍ରୟୋଗ' ଗଳ୍ପ ସଂକଳନରେ ଉଜ୍ଜୀବିତ କରିଛନ୍ତି। ଗଭୀର ଜୀବନବାଦୀ ଓ ଆଶାବାଦୀ କଥାକାର ସତ୍ୟପ୍ରିୟଙ୍କ ସଜଡ଼ା ଗପ ପସରାର ଭଣ୍ଡାର ଅକ୍ଷୟ ଓ ଏମିତି ଅବାରିତ ହେଉ। କଥାର ଆସର ଜମେଇ ମାନବ ଜୀବନର ଏହି ଭଳି ତନ୍ନତନ୍ନ ପରୀକ୍ଷା ମାଧ୍ୟମରେ ଅତ୍ୟାଧୁନିକ ମଣିଷ ଅନ୍ତତଃ ପକ୍ଷେ ମଣିଷଟିଏ ହୋଇପାରିବାର ସାନ୍ତ୍ୱନା ଏବଂ ଆତ୍ମପ୍ରସାଦ ଲାଭ କରୁ।

ସହାୟକ ପାଦଟୀକା:

୧. ସତ୍ୟପ୍ରିୟ ମହାଳିକ ସ୍ୱର, ସ୍ୱୀକାର ଓ ସାକ୍ଷାତକାର- ସଂପାଦନା: ବିହାରୀ ରବୀନ୍ଦ୍ର କୁମାର - ଓଡ଼ିଶା ବୁକ୍ ଏମ୍ପୋରିୟମ୍ - କଟକ-୨୦୨୦ - ISBN-୮୧-୮୪୨୧-୦୮-୧୬ - ପୃ:୧୪

୨. ସତ୍ୟପ୍ରିୟ ମହାଳିକ ସ୍ୱର, ସ୍ୱୀକାର ଓ ସାକ୍ଷାତକାର - ସଂପାଦନା: ବିହାରୀ ରବୀନ୍ଦ୍ର କୁମାର - ଓଡ଼ିଶା ବୁକ୍ ଏମ୍ପୋରିୟମ୍ - କଟକ-୨୦୨୦ - ପୃ:୨୨

୩. ସତ୍ୟପ୍ରିୟ ମହାଳିକ ସ୍ୱର, ସ୍ୱୀକାର ଓ ସାକ୍ଷାତକାର- ସଂପାଦନା: ବିହାରୀ ରବୀନ୍ଦ୍ର କୁମାର - ଓଡ଼ିଶା ବୁକ୍ ଏମ୍ପୋରିୟମ୍ - କଟକ-୨୦୨୦ - ପୃ:୧୩
୪. ସତ୍ୟପ୍ରିୟ ମହାଳିକ ସ୍ୱର, ସ୍ୱୀକାର ଓ ସାକ୍ଷାତକାର- ସଂପାଦନା: ବିହାରୀ ରବୀନ୍ଦ୍ର କୁମାର - ଓଡ଼ିଶା ବୁକ୍ ଏମ୍ପୋରିୟମ୍ - କଟକ-୨୦୨୦ - ପୃ:୨୭
୫. ସତ୍ୟପ୍ରିୟ ମହାଳିକ ସ୍ୱର, ସ୍ୱୀକାର ଓ ସାକ୍ଷାତ୍‌କାର- ସଂପାଦନା: ବିହାରୀ ରବୀନ୍ଦ୍ର କୁମାର - ଓଡ଼ିଶା ବୁକ୍ ଏମ୍ପୋରିୟମ୍ - କଟକ-୨୦୨୦ - ପୃ:୧୮
୬. ମିଛ ସହିତ ଏକ ପ୍ରୟୋଗ - ମହାଳିକ ସତ୍ୟପ୍ରିୟ - ଅଗ୍ରଦୂତ-କଟକ-୨୦୧୬ - ପୃ: ୧୪
୭. ମିଛ ସହିତ ଏକ ପ୍ରୟୋଗ - ମହାଳିକ ସତ୍ୟପ୍ରିୟ - ଅଗ୍ରଦୂତ-କଟକ-୨୦୧୬ - ପୃ: ୨୦
୮. ମିଛ ସହିତ ଏକ ପ୍ରୟୋଗ - ମହାଳିକ ସତ୍ୟପ୍ରିୟ - ଅଗ୍ରଦୂତ-କଟକ-୨୦୧୬ - ପୃ: ୨୧
୯. ମିଛ ସହିତ ଏକ ପ୍ରୟୋଗ - ମହାଳିକ ସତ୍ୟପ୍ରିୟ - ଅଗ୍ରଦୂତ-କଟକ-୨୦୧୬ - ପୃ: ୧୭
୧୦. ମିଛ ସହିତ ଏକ ପ୍ରୟୋଗ - ମହାଳିକ ସତ୍ୟପ୍ରିୟ - ଅଗ୍ରଦୂତ-କଟକ-୨୦୧୬ - ପୃ: ୨୬
୧୧. ମିଛ ସହିତ ଏକ ପ୍ରୟୋଗ- ମହାଳିକ ସତ୍ୟପ୍ରିୟ - ଅଗ୍ରଦୂତ-କଟକ-୨୦୧୬ - ପୃ: ୨୮
୧୨. ମିଛ ସହିତ ଏକ ପ୍ରୟୋଗ - ମହାଳିକ ସତ୍ୟପ୍ରିୟ - ଅଗ୍ରଦୂତ-କଟକ-୨୦୧୬ - ପୃ: ୨୮
୧୩. ମିଛ ସହିତ ଏକ ପ୍ରୟୋଗ - ମହାଳିକ ସତ୍ୟପ୍ରିୟ - ଅଗ୍ରଦୂତ-କଟକ-୨୦୧୬ - ପୃ: ୪୩
୧୪. ମିଛ ସହିତ ଏକ ପ୍ରୟୋଗ - ମହାଳିକ ସତ୍ୟପ୍ରିୟ - ଅଗ୍ରଦୂତ-କଟକ-୨୦୧୬ - ପୃ: ୪୯
୧୫. ମିଛ ସହିତ ଏକ ପ୍ରୟୋଗ - ମହାଳିକ ସତ୍ୟପ୍ରିୟ - ଅଗ୍ରଦୂତ-କଟକ-୨୦୧୬ - ପୃ: ୭୨
୧୬. ମିଛ ସହିତ ଏକ ପ୍ରୟୋଗ - ମହାଳିକ ସତ୍ୟପ୍ରିୟ - ଅଗ୍ରଦୂତ-କଟକ-୨୦୧୬ - ପୃ: ୭୫

୧୭. ମିଛ ସହିତ ଏକ ପ୍ରୟୋଗ - ମହାଲିକ ସତ୍ୟପ୍ରିୟ - ଅଗ୍ରଦୂତ-କଟକ-
୨୦୧୬ - ପୃ: ୮୩
୧୮. ମିଛ ସହିତ ଏକ ପ୍ରୟୋଗ - ମହାଲିକ ସତ୍ୟପ୍ରିୟ - ଅଗ୍ରଦୂତ-କଟକ-
୨୦୧୬ - ପୃ: ୮୩
୧୯. ମିଛ ସହିତ ଏକ ପ୍ରୟୋଗ - ମହାଲିକ ସତ୍ୟପ୍ରିୟ - ଅଗ୍ରଦୂତ-କଟକ-
୨୦୧୬ - ପୃ: ୮୭
୨୦. ମିଛ ସହିତ ଏକ ପ୍ରୟୋଗ - ମହାଲିକ ସତ୍ୟପ୍ରିୟ - ଅଗ୍ରଦୂତ-କଟକ-
୨୦୧୬ - ପୃ: ୧୧୦
୨୧. ମିଛ ସହିତ ଏକ ପ୍ରୟୋଗ - ମହାଲିକ ସତ୍ୟପ୍ରିୟ - ଅଗ୍ରଦୂତ-କଟକ-
୨୦୧୬ - ପୃ: ୯୫
୨୨. ମିଛ ସହିତ ଏକ ପ୍ରୟୋଗ - ମହାଲିକ ସତ୍ୟପ୍ରିୟ - ଅଗ୍ରଦୂତ-କଟକ-
୨୦୧୬ - ପୃ: ୧୧୮
୨୩. ମିଛ ସହିତ ଏକ ପ୍ରୟୋଗ - ମହାଲିକ ସତ୍ୟପ୍ରିୟ - ଅଗ୍ରଦୂତ-କଟକ-
୨୦୧୬ - ପୃ: ୧୨୦
୨୪. ମିଛ ସହିତ ଏକ ପ୍ରୟୋଗ - ମହାଲିକ ସତ୍ୟପ୍ରିୟ - ଅଗ୍ରଦୂତ-କଟକ-
୨୦୧୬ - ପୃ: ୧୩୫
୨୫. ମିଛ ସହିତ ଏକ ପ୍ରୟୋଗ - ମହାଲିକ ସତ୍ୟପ୍ରିୟ - ଅଗ୍ରଦୂତ-କଟକ-
୨୦୧୬ - ପୃ: ୧୪୨
୨୬. ମିଛ ସହିତ ଏକ ପ୍ରୟୋଗ - ମହାଲିକ ସତ୍ୟପ୍ରିୟ - ଅଗ୍ରଦୂତ-କଟକ-
୨୦୧୬ - ପୃ: ୧୪୫
୨୭. ମିଛ ସହିତ ଏକ ପ୍ରୟୋଗ - ମହାଲିକ ସତ୍ୟପ୍ରିୟ - ଅଗ୍ରଦୂତ-କଟକ-
୨୦୧୬ - ପୃ: ୧୬୨
୨୮. ମିଛ ସହିତ ଏକ ପ୍ରୟୋଗ - ମହାଲିକ ସତ୍ୟପ୍ରିୟ - ଅଗ୍ରଦୂତ-କଟକ-
୨୦୧୬ - ପୃ: ୧୭୯
୨୯. ମିଛ ସହିତ ଏକ ପ୍ରୟୋଗ - ମହାଲିକ ସତ୍ୟପ୍ରିୟ - ଅଗ୍ରଦୂତ-କଟକ-
୨୦୧୬ - ପୃ: ୧୮୧
୩୦. ସତ୍ୟପ୍ରିୟ ମହାଲିକ ସ୍ୱର, ସ୍ୱୀକାର ଓ ସାକ୍ଷାତ୍‌କାର - ସମ୍ପାଦନା - ପୃ:୧୩

ସ୍ୱତନ୍ତ୍ର କବିପଣ ଓ କବି ଉପେନ୍ଦ୍ର ନାୟକଙ୍କ କାବ୍ୟଚେତନା

ଆଧୁନିକ ଓଡ଼ିଆ କବିତା ଧାରାର ଜଣେ ସୁପରିଚିତ- ଶ୍ରଦ୍ଧାପୂର୍ଣ୍ଣ ଉଚ୍ଚାରଣ ରୂପେ କବି ଉପେନ୍ଦ୍ର ନାୟକ ଜଣେ ଯଶସ୍ୱୀ- ସ୍ୱତଃସ୍ଫୂର୍ତ୍ତ କାବ୍ୟଶିଳ୍ପୀ। ଉତ୍ତର ଅଶୀ ଓଡ଼ିଆ କବିତାରେ ତାଙ୍କର ସ୍ୱତନ୍ତ୍ର ସ୍ଥିତି ସ୍ୱୀକାର୍ଯ୍ୟ। କବି ଉପେନ୍ଦ୍ର ନାୟକ ଜଣେ ଆବେଗପ୍ରବଣ ରୋମାଣ୍ଟିକ୍ କାବ୍ୟସ୍ରଷ୍ଟା, ସମାଜିକ ପରିମଣ୍ଡଳରେ ସେ ଜଣେ ତତ୍ତ୍ୱଦର୍ଶୀ ଡାକ୍ତର। ପେସା ଏବଂ ନିଶାରେ ଅନେକ ପାର୍ଥକ୍ୟ ସତ୍ତ୍ୱେ ସେ ବେଶ୍ ସନ୍ତୁଳିତ। ଡାକ୍ତରୀ ପେସା ଭିତରେ ଥିବା କବିତା ସୃଜନର ଅଦ୍ଭୁତ ନିଶାଟି ତାଙ୍କ କଳାତ୍ମକ-ଦୃଷ୍ଟିକୋଣକୁ ଏକ ଗୌରବପୂର୍ଣ୍ଣ ରୂପରେଖ ପ୍ରଦାନ କରିଛି। ଡାକ୍ତରୀ-କର୍ମଭୂମିର ନିର୍ଦ୍ଦିଷ୍ଟ ବଳୟ ମଧ୍ୟରେ ଆବଦ୍ଧ ନ ଥିବା ତାଙ୍କ ଅସୀମ ପ୍ରଗଲ୍ଭତା ଓ ଦୁର୍ବାର ସେଣ୍ଟିମେଣ୍ଟ- କବିତାର ଭାବଭୂମିକୁ ପରିବ୍ୟାପ୍ତ କରିଛି। ପ୍ରତିଟି ମଣିଷ-ସମାଜ ଆଖିରେ ସାଧାରଣ। କିନ୍ତୁ ବୁଢ଼ିଆଣୀ ଭଳି ଜାଲ ବୁଣିବାର ନିୟତ ପ୍ରକ୍ରିୟାଟିକୁ କ'ଣ କେହି ପ୍ରତିହତ କରିପାରେ ? ବୋଧହୁଏ ନା ! ସେମିତି ଅସଂଖ୍ୟ କବିତାର ଭାବମଗ୍ନ- ତନ୍ତୁଜାଲ ବୁଣିଥିବା କବି ଉପେନ୍ଦ୍ର ନାୟକଙ୍କ ଲେଖନୀ ଅପୂର୍ବ ଲାବଣ୍ୟ ମଣ୍ଡିତ ଓ ଅଦ୍ଭୁତ ଭାବରେ ରସସ୍ନିଗ୍ଧ ! ବିଶ୍ୱନିୟନ୍ତା ସୃଜନର ସମ୍ଭାବନାପୂର୍ଣ୍ଣ-ନିୟତ ପ୍ରବହମାନ ପ୍ରକରଣକୁ ସତେ ଯେପରି କବି ନାୟକଙ୍କଠାରେ ଗୁଞ୍ଜି ଦେଇଛନ୍ତି ! ଅସଂଖ୍ୟ କବିତାରେ ଝରିପଡ଼ିଛି ପାର୍ଥିବ-ଅପାର୍ଥିବ ଭାବବିନ୍ଦୁକୁ ନେଇ ଅସଂଖ୍ୟ ଦର୍ଶନ। ଜୀବନ-ଜଗତ-ପ୍ରେମ-ପ୍ରକୃତି-ଆଧ୍ୟାତ୍ମିକତା-ମାଟିପ୍ରୀତି ଇତ୍ୟାଦିର ସମ୍ମୋହନକୁ ନେଇ କବି ଉପେନ୍ଦ୍ର ନାୟକ କବିତାମନସ୍କ ହୋଇଛନ୍ତି। ତାଙ୍କ ମତରେ- "ଜୀବନ ଏକ ମହାନାଟକ ! କେଉଁ ପରିବେଶରେ

ଜୀବନର କେଉଁ ବୈଶିଷ୍ଟ୍ୟ ପ୍ରତିପାଦିତ ହୁଏ କଳନା କରିହୁଏ ନାହିଁ। ବ୍ୟକ୍ତି ତା'ର ପ୍ରତିଟି ଜୀବନ ଅଧ୍ୟୟନରେ କିଛି ନା କିଛି ଅଲିଭା ଅନୁଭୂତି ଆହରଣ କରିଥାଏ। ବିଶେଷକରି କବି, ଲେଖକ ବା କଳାକାରଟିଏ ତା'ର ଜୀବନାନୁଭୂତିକୁ ଲିପିବଦ୍ଧ କରିଦେବାକୁ ଚାହେଁ ଭିନ୍ନ ଭିନ୍ନ ଭାବରେ।

ଜୀବନର ପ୍ରତିକୂଳ ସ୍ଥିତିସବୁରେ, ଅଥଳଥଳ ଦୁଃଖର ଭଉଁରୀ ମଧ୍ୟରେ ଅବସାଦକୁ ବୁଝିନଥିବା, ଜୀବନର ଉତ୍ତପ୍ତ ଲାଭାପୂର୍ଣ୍ଣ-ଆବର୍ତ୍ତ ଭିତରେ ଶିଝିନଥିବା କବିପଣ କ'ଣ କେବେ ପାଠକ ହୃଦୟକୁ ସ୍ପର୍ଶ କରିପାରେ ? ଜୀବନରେ ଅନୁଭୂତିଲବ୍ଧ ଜ୍ଞାନ ତ ଜରୁରୀ ନିଶ୍ଚୟ କିନ୍ତୁ ତତ୍‌ସହିତ ଆବଶ୍ୟକ ନୈତିକ ମନୋଭୂମି (ମୋରାଲ୍ ସରଫେସ୍)ଟିଏ, ଯାହା କବି ଉପେନ୍ଦ୍ର ନାୟକଙ୍କ ବ୍ୟକ୍ତିତ୍ୱରେ ଉପଲବ୍ଧ ହୁଏ। ସେହି ନୈତିକ ମନୋଭୂମି ହେତୁ ସେ ନିଜେ ପରଖି ପାରିଛନ୍ତି ନିଜ କବି ଦୃଷ୍ଟିକୁ, ସମୀକ୍ଷା କରିଛନ୍ତି ନିଜ ଆତ୍ମପ୍ରତ୍ୟୟକୁ। ତତ୍‌ସହିତ ଗୋଟି ଗୋଟି ସାଇତିଥିବା ସ୍ମୃତିମାନଙ୍କ ମାଧ୍ୟମରେ ସେ ଅନ୍ୱେଷା କରିଛନ୍ତି 'ଅଦୃଷ୍ଟି'କୁ ଓ ସମୀକ୍ଷା କରିଛନ୍ତି ନିଜ ଭୁଲ୍-ଠିକ୍‌ର ପର୍ଯ୍ୟାୟ ସବୁକୁ। ତାଙ୍କରି ଶବ୍ଦରେ- "କବିଟିଏ ହେଉ ବା କଳାକାରଟିଏ ହେଉ ସୃଜନର ଚିତ୍ର-ଚୌହଦି ଭିତରେ ସେ ଏକ ଅନନ୍ୟ ଚିତ୍ରକର। ଜୀବନର ପ୍ରାଚୁର୍ଯ୍ୟ ଓ ଐଶ୍ୱର୍ଯ୍ୟକୁ ଜଳାଞ୍ଜଳି ଦେଇ ସୃଜନର ବେଣୁବାଇ ସେ ଆଙ୍କିବସେ ତା'ର ଅଭିନବ ଚିନ୍ତା-ଚେତନାରେ ସମାଜର ପ୍ରତିଟି ଚିତ୍ର ଓ ଚରିତ୍ର। ତା'ରି ଭିତରେ ପ୍ରେମ, ତା'ରି ଭିତରେ ବିପ୍ଳବ, ପ୍ରକୃତି ଓ ଜୀବନବାଦର ସହଜ-ସରଳ ସ୍ୱର ଯଥାରୀତିରେ ଅଙ୍କିତ ହୋଇଯାଏ।''

ମାନବୀୟ ସମ୍ବେଦନା ନଥିଲେ ସମାଜ ଓ ଜଗତ ପ୍ରତି ଅନ୍ତରଙ୍ଗ ସଂପର୍କ ସ୍ଥାପନ ସମ୍ଭବ ନୁହେଁ। କବି ଉପେନ୍ଦ୍ର ନାୟକ ନିଜର ସମ୍ବେଦନଶୀଳ ଆବେଗ ପ୍ରତି ଅତି ଯତ୍ନଶୀଳ। ମାନବପ୍ରେମର ଉଚ୍ଚାଟ ସହିତ ବ୍ୟକ୍ତିକ ଯନ୍ତ୍ରଣାର ତୀବ୍ରତାକୁ ସହ୍ୟ କରି କବିତାରେ ଅମୃତପାୟୀ ହୋଇଛନ୍ତି। ସ୍ୱୟଂକୁ ଖୋଜିପାଇଛନ୍ତି କବିତାର ବିସ୍ମୃତି ଇଲାକାରେ। କର୍ମଚାପ, ସଂପର୍କର ଚାପ ତଥା ନକାରାତ୍ମକ ଚାପରୁ ମୁକ୍ତିର ବାଟ ଖୋଜି ଶେଷରେ ଆଶ୍ୱସ୍ତି ହୋଇଛନ୍ତି କବିତାର ଚୌହଦି ଭିତରେ। ନିଜ ପାଇଁ ଗଢ଼ିଛନ୍ତି ବ୍ୟକ୍ତିକ ଭାବଜଗତର ଏକ ନିର୍ଭରଯୋଗ୍ୟ ପରିସର। ଯେଉଁଠି ଅବାଧରେ ନିଷ୍କପଟ ଶବ୍ଦସବୁଙ୍କୁ ଅଜାଡ଼ି ସେ ଶାନ୍ତ ଆଉ ସ୍ଥିର। କବି ଲେଖିଛନ୍ତି- 'କବି ଜୀବନର ହସ-କାନ୍ଦ, ବ୍ୟଥା-ବ୍ୟର୍ଥତା, ପ୍ରେମ-ପ୍ରଣୟ ଓ ମିଳନ-ବିଚ୍ଛେଦର ଅନୁଭବ ଅନୁରଣିତ ହୋଇଯାଏ ତା'ର କବିତାରେ। ସେହି ମୁଗ୍ଧ ଅନୁଭବ ଭିତରେ କେତେବେଳେ ବିଷାଦର କଣ୍ଟା ବିଛେଇ ହୋଇଯାଏ ତ କେତେବେଳେ ମଧୁମିତ ମୁହୂର୍ତ୍ତର ପୁଲକିତ ଉଚ୍ଛ୍ୱାସ ପ୍ରତିବିମ୍ବିତ

ହୋଇଯାଇଥାଏ। ମୋ ଭିତରେ ଏ ପ୍ରକାର ପ୍ରବଣତା କେମିତି କେତେ ମାତ୍ରାରେ ପ୍ରକଟିତ ମୁଁ ମୁହଁଖୋଲି ନକହିଲେ ହେଁ ମୋ ରଚନାରୁ ତାହା ପ୍ରତିପାଦିତ ହୁଏ।"

କବି ଉପେନ୍ଦ୍ର ନାୟକଙ୍କ କବିତ୍ୱ ଅତ୍ୟନ୍ତ ସ୍ୱତଃସ୍ଫୂର୍ତ୍ତ। କାରଣ, ସମାଜର ଭିନ୍ନ ଭିନ୍ନ ଅବସ୍ଥା ତାଙ୍କୁ ବିବିଧ ଭାବନାରେ ପରିପୂର୍ଣ୍ଣ କରିଛି। ସେଥିପାଇଁ କବିଙ୍କ କାବ୍ୟିକ ଅଭିବ୍ୟକ୍ତିଟି କେତେବେଳେ ଉଦାସ ତ କେତେବେଳେ ନିଃସଙ୍ଗ, କେତେବେଳେ ସ୍ମୃତି ବିଜଡ଼ିତ ତ ପୁଣି କେତେବେଳେ ମେଞ୍ଚାଏ ଅବିଶୋଷଙ୍କୁ ନେଇ ସ୍ୱପ୍ନିଳ, କେତେବେଳେ ଅନେଷାନ୍ମୁଖ ପୁଣି ପ୍ରତିକ୍ରିୟାଶୀଳ ମଧ୍ୟ। ଏ ସମସ୍ତ ପାର୍ଥିବ ରୂପବଳୟ ମଧ୍ୟରେ ଅସୀମ ଅଲୌକିକ ଅରୂପର ସ୍ଥିତି ମଧ୍ୟ ତାଙ୍କ ମହାନ୍ କବିପଣକୁ ସ୍ପର୍ଶାତୁର କରିଛି। ଜୀବନରେ ଅନ୍ୱେଷାବୋଧର ଶେଷ ନାହିଁ ବୋଲି କବି ବୁଝନ୍ତି। ତେଣୁ ସେ ଲେଖିଛନ୍ତି- "ଅନ୍ୱେଷଣର ଶେଷ ନାହିଁ। ସତ୍ୟର ସାରବତ୍ତା ହେଉ ବା ଅସତ୍ୟର ଅଳନ୍ଧୁ, ମୂଲ୍ୟବୋଧର ମହାନତା ହେଉ ବା ପ୍ରତାରଣାର ଛନ୍ଦିତ ମାୟା, ସାଧୁତାର ମହିମାନ୍ୱିତ ମନ୍ତ୍ର ହେଉ ବା କପଟାଚାରର ତିକ୍ତ ଷଡ଼୍ୟନ୍ତ୍ର, ସମାଜର ଏହି ପ୍ରତିଟି ଦନ୍ତୁରିତ ଅବସ୍ଥାର ଭିନ୍ନ ଭିନ୍ନ ଅନ୍ୱେଷଣ ବାସ୍ତବିକ ଯେତେ କଷ୍ଟ ସାପେକ୍ଷ ହେଲେ ହେଁ ତାହା କବିର ଲେଖନୀରେ ଅଙ୍କିତ ହେବାକୁ ବାଧ୍ୟ। ତାହା ହିଁ କବିର ପ୍ରକୃତ କବିପଣ ତଥା କବି ଧର୍ମ। ଏହି ଅଙ୍କନ, ଏହି ଚିତ୍ରାୟନରୁ ଅସଜଡ଼ା ସମାଜ ସଜାଡ଼ିବାରେ ସକ୍ଷମ ହୋଇପାରେ। ଜୀବନର ନାନାଦି ଜୀବନାନୁଭୂତି ତଥା ଏହି କ୍ଷୟବର୍ଦ୍ଧିଷ୍ଣୁ ସମାଜର ସଂକଟମୟ ଦୃଶ୍ୟ ଅବଲୋକନ କରି ମୁଁ କେବଳ ଅଶେଷ ମ୍ରିୟମାଣ ହୋଇନାହିଁ ବରଂ ଏହାର ସମ୍ଭାବନା ନିମନ୍ତେ ଏକ ଉଜ୍ଜ୍ୱଳ ଆଲୋକରେଖା ସୃଷ୍ଟି କରିବାକୁ ପ୍ରଲୋଭିତ ହୋଇଛି।

ଡ. ଉପେନ୍ଦ୍ର ନାୟକ ଏକାଧାରରେ ଜଣେ ଡାକ୍ତର, ଶିକ୍ଷାବିତ୍, ଦକ୍ଷ ପ୍ରଶାସକ, ଗୀତିକାର ତଥା ଜଣେ ସମର୍ପିତ ସାରସ୍ୱତ ସାଧକ। ଆକାଶବାଣୀ କଟକର ସେ ଜଣେ ସ୍ୱୀକୃତିପ୍ରାପ୍ତ ଗୀତିକାର ଓ ନାଟ୍ୟଶିଳ୍ପୀ ଭାବେ ବହୁ ସୁନାମ ଅର୍ଜନ କରିଛନ୍ତି।

୧୯୫୧ ମସିହା ଫେବୃୟାରୀ ୮ ତାରିଖରେ ପିତା ଦୈତାରୀ ନାୟକ ଓ ମାତା ଚିତ୍ରକଳା ନାୟକଙ୍କ କୋଳମଣ୍ଡନ କରି ଭଦ୍ରକ ଜିଲ୍ଲାର ଜଗନ୍ନାଥ ପ୍ରସାଦ ଗ୍ରାମରେ ସେ ଭୂମିଷ୍ଠ ହୋଇଥିଲେ। ଛାତ୍ରାବସ୍ଥାରୁ ସେ ଥିଲେ ଜଣେ ମେଧାବୀ ଛାତ୍ର। 'ସେବା'କୁ ହିଁ ସେ ମାନବପ୍ରେମର ମୂଳାଧାର ବୋଲି ମନେ କରୁଥିଲେ। ଶ୍ରୀ ଉପେନ୍ଦ୍ର ନାୟକଙ୍କ ଭିତରେ ଏହି ସେବା ମନୋଭାବ ହିଁ ତାଙ୍କ ମାନବୀୟ ସମ୍ବେଦନାର ମୂଳ ଉତ୍ସ ଥିଲା। ଜୀବନ, ଜଗତ, ମାନବ, ପ୍ରକୃତି ତଥା ଈଶ୍ୱରଙ୍କୁ ନେଇ ତାଙ୍କୁ ଅନ୍ତର୍ଚେତନା ସର୍ବଦା ଭାବମୁଗ୍ଧ। ତେଣୁ ଡାକ୍ତରୀ ପେସା ଭିତରେ ମଧ୍ୟ କବିତ୍ୱର ଅନ୍ତଃସଲୀଳା ଫଲ୍‌ଗୁଟିର ଛଳଛଳ ସ୍ରୋତ ଅବାଧରେ ଗତିଶୀଳ ହୋଇଛି।

କବି ଉ. ନାୟକଙ୍କ କବିତାର ପରିସର ଅତ୍ୟନ୍ତ ପରିବ୍ୟାପ୍ତ। ବିବିଧ ବର୍ଣ୍ଣବିଭା ନେଇ ତାଙ୍କ ସାମଗ୍ରିକ ସୃଷ୍ଟିକର୍ମ ଅତ୍ୟନ୍ତ ଜାଜୁଲ୍ୟମାନ। ୩୬ ଖଣ୍ଡ କବିତା ସଂକଳନରେ ପ୍ରାୟ ତିନିହଜାରରୁ ଊର୍ଦ୍ଧ୍ୱ କବିତା ସୁଗୁମ୍ଫିତ ହୋଇ ରହିଛି। କବିତା ସଂକଳନ ଗୁଡ଼ିକର ପ୍ରକାଶନ ସମୟରେ ବ୍ୟବଧାନ ନଥିବା ସତ୍ତ୍ୱେ, ରଚନା ଗୁଡ଼ିକର ଅନ୍ତଃସ୍ୱରରେ ପ୍ରାୟ ବ୍ୟକ୍ତିକ ପ୍ରେମାନୁଭୂତି, ଜୀବନାନୁଭୂତି, ସମାଜବୋଧମୂଳକ, ପ୍ରକୃତି ପ୍ରୀତିମୂଳକ, ଦର୍ଶନାନୁଭୂତି ତଥା ସଂସ୍କାରମୂଳକ ଭାବଧର୍ମ ରହିଛି।

(୧) ବ୍ୟକ୍ତିକ-ପ୍ରେମାନୁଭୂତିକୁ ନେଇ 'ହୃଦୟ ଇଲାକାର ଅଧିବାସୀ' (୨୦୦୨) ସଂକଳନସ୍ଥ ୧୦୦ଟି, 'ସବୁ ସ୍ମୃତି-ସବୁ ଅବସୋସ' (୨୦୦୯) ସଂକଳନସ୍ଥ ୧୩୦ଟି, 'ପ୍ରୀତି ପ୍ରଣୟର କାବ୍ୟ' (୨୦୦୨)ର ୧୨୦ଟି କବିତା ଉଲ୍ଲେଖଯୋଗ୍ୟ।

(୨) 'ଜୀବନାନୁଭୂତି ମୂଳକ' କବିତା ଭାବରେ- 'କବିତା ଢେଉ' (୧୯୯୯)ର ୭୯ଟି, 'ଏକକ ଚିତ୍ରକର' (୨୦୦୮)ର ୭୮ଟି କବିତା ଉଲ୍ଲେଖନୀୟ।

(୩) 'ସମାଜବୋଧ ମୂଳକ' କବିତା ଭାବରେ- 'ଅଭିବ୍ୟକ୍ତିର ଲିପି' (୧୯୮୭)ର ୫୪ଟି କବିତା ସ୍ମରଣୀୟ।

(୪) 'ପ୍ରକୃତିପ୍ରୀତି ମୂଳକ' କବିତା ଭାବରେ- 'ଅରଣ୍ୟର ମୋହ' (୨୦୧୭)ର ୭୮ଟି କବିତା ସ୍ମରଣୀୟ।

(୫) 'ଦର୍ଶନାନୁଭୂତି ମୂଳକ' କବିତା ଭାବରେ- 'ବାଇଶି ବସନ୍ତ' (୧୯୮୩)ର ୬୦ ଟି କବିତା, 'ଉଦାସ ଅଭିବ୍ୟକ୍ତି' (୧୯୯୮)ର ୬୬ଟି କବିତା, 'ନିଃସଙ୍ଗ ସନ୍ନ୍ୟାସୀ' (୨୦୧୦)ର ୫୮ଟି, 'ଭିନ୍ନ ଅନ୍ୱେଷଣ' (୨୦୧୪)ର ୧୬୩ଟି କବିତା ଉଲ୍ଲେଖନୀୟ।

(୬) 'ପର୍ଯ୍ୟଟନ ଭାବମୂଳକ' କବିତା ଭାବରେ 'କୋଣାର୍କରୁ କୁରୁକ୍ଷେତ୍ର' (୨୦୧୬)ର ୮୮ଟି କବିତା ଉଲ୍ଲେଖଯୋଗ୍ୟ।

କବି ଉପେନ୍ଦ୍ର ନାୟକ ବହୁ କାବ୍ୟଗ୍ରନ୍ଥର ସ୍ରଷ୍ଟା ହୋଇଥିଲେ ମଧ୍ୟ ଏହି ଉଲ୍ଲିଖିତ କାବ୍ୟଗ୍ରନ୍ଥକୁ ନେଇ ମୋର ଆଲେଖ୍ୟ ସୀମିତ। ଉପର୍ଯ୍ୟୁକ୍ତ ସଂକଳନସ୍ଥ କବିତାଗୁଡ଼ିକରେ ଆତ୍ମିକ ତଥା ଆଙ୍ଗିକ ଶିଳ୍ପକର୍ମ ଅତ୍ୟନ୍ତ ବଳିଷ୍ଠ। କବି ଉପେନ୍ଦ୍ର ନାୟକଙ୍କ ଅବଧାରଣା ସଂଜାତ (କନ୍‌ସେପ୍‌ଚୁଆଲ) ବହୁ ଆବେଗ ସ୍ୱତନ୍ତ୍ର ଶୈଳୀରେ ଉପସ୍ଥାପିତ ହୋଇଛି। ଉପର୍ଯ୍ୟୁକ୍ତ ସମସ୍ତ କାବ୍ୟ ଚେତନାକୁ ନେଇ ବିକ୍ଷିପ୍ତ ଆଲୋଚନା କରାଯାଇପାରେ।

କବିର ସାଧନାପୀଠ ହେଉଛି ତା'ର ବ୍ୟକ୍ତିଗତ ପରିସର। ଜୀବନର ଘଟଣା-ଅଘଟଣାଗୁଡ଼ିକ ତାକୁ ଅନୁଭୂତିନିଷ୍ଠ କରେ। 'କବି ମନର ଉଦ୍‌ବେଳନରେ କବିତା

ଢେଉ ମଥା ପିଟେ। ଲେଖନୀ ଝଙ୍କୃତ ହୁଏ। ଝରିପଡ଼େ କବିତାର ପଙ୍‌କ୍ତି। ସୁଖରେ, ଦୁଃଖରେ, ଜୀବନର ପ୍ରତିଟି ବ୍ୟଥା-ବ୍ୟର୍ଥତାରେ କବିତା ଜନ୍ମ ନିଏ କବି ହୃଦୟର ପ୍ରତିଟି ଅଭିବ୍ୟକ୍ତିକୁ ଲିପିବଦ୍ଧ କରି। ତାହା ପ୍ରେମ ପାଇଁ ହେଉ, ବିପ୍ଳବ ପାଇଁ ହେଉ, ପ୍ରକୃତି ପାଇଁ ହେଉ ଅଥବା ମୂଲ୍ୟବୋଧଭିତ୍ତିକ ଜୀବନବାଦର ଅଭିବ୍ୟକ୍ତି ହେଉ।"

କବି ଡ. ନାୟକ ଜୀବନର ପ୍ରକୃତ ଅର୍ଥକୁ ଖୋଜି ପାଇଛନ୍ତି ନିଜ ସାରସ୍ୱତ ସାଧନା ଭିତରେ। ତେଣୁ, ସେ ଲେଖିଛନ୍ତି -

"ସାରସ୍ୱତ ସାଧନାର ବଳୟ/ ଏତେ ପରିବ୍ୟାପ୍ତ ଯେ,
ତା' ଭିତରେ ଖୋଜି ଖୋଜି/ ନା ପାଉଛି ସତ୍ୟର ସନ୍ଧାନ
ନା ସୃଷ୍ଟି କରି ପାରୁଛି/ ପ୍ରଜାପତିର ରଙ୍ଗବେରଙ୍ଗ/
ଚିତ୍ରିତ ଡେଣା ?
+++
ଅନନ୍ତ ପ୍ରଶାନ୍ତିରେ/ ସୃଜନୀର ନୀର ପିଇ/ ଲଭିବି ମୁଁ ଚିରଶାନ୍ତି
+++
ମୁଁ ଚାଲିଛି/ କାମନା ବିହୀନ ହୋଇ/ ଦେଖିବାକୁ/
ସତ୍ୟର ସଂକେତ ! (କବିତା ଢେଉ- ପୃ:୧୫)

ଭବିଷ୍ୟତକୁ କିଏ ଦେଖିଛି ? କବି ବର୍ତ୍ତମାନକୁ ନେଇ ଆଶାବାଦୀ, ନିଜ କର୍ମ ଭିତରେ ସେ ସ୍ୱଚ୍ଛନ୍ଦ। ସୃଷ୍ଟି ଭିତରେ ସେ ଅଫୁରନ୍ତ ଉଲ୍ଲାସକୁ ଉପଲବ୍ଧି କରିଛନ୍ତି। 'କବିତା' ତାଙ୍କ ହୃଦୟରେ ଅଜସ୍ର ପୁଲକ ସୃଷ୍ଟି କରିଛି। ସୃଷ୍ଟିକର୍ମକୁ କବି ଐଶ୍ୱର୍ଯ୍ୟମୟ ଅଟ୍ଟାଳିକା ପ୍ରାପ୍ତିର ଆନନ୍ଦଠାରୁ ମଧ୍ୟ କିଛି କମ୍ ନୁହେଁ ବୋଲି ମନେ କରିଛନ୍ତି। ଜୀବନର ଅନନ୍ତ କାଳ ପର୍ଯ୍ୟନ୍ତ ସାରସ୍ୱତ ସାଧନାରେ ବ୍ୟାପୃତ ରହିବାକୁ ଚାହିଁଛନ୍ତି। ସତ୍ୟନିଷ୍ଠ କବିପ୍ରାଣ ଜୀବନରେ ସତ୍ୟକୁ ସ୍ୱାଗତ କରିଛନ୍ତି। ତେଣୁ କବିଙ୍କ ଶବ୍ଦରେ-

"ଏଇଠି ଉଦୟ ଏଇଠି ଅସ୍ତ/ ଏଇଠାରୁ ହେବ ଜୀବନ କାବ୍ୟଲେଖା/ ପ୍ରୀତି-ପ୍ରଣୟର ସତ୍ୟସାଥୀରେ/ ଉଠିବ ଊର୍ଦ୍ଧ୍ୱେ ମାନବବାଦର ଶିଖା।

(ଏଇଠି ଉଦୟ ଏଇଠି ଅସ୍ତ: ଏକକ ଚିତ୍ରକର, ପୃ:୯)

'ଦୁଃଖ ନଥିଲେ ଜୀବନ ନାହିଁ' କବିତାରେ ଜୀବନବାଦର ଉଦାତ୍ତ ଓ ଗାୟକ ସାଜିଛନ୍ତି କବି। ତାଙ୍କ ମତରେ, "ଜୀବନ ଭିତରେ ରୋଗ ଶୋକ ଯନ୍ତ୍ରଣା ନଥିଲେ ଜୀବନର ପ୍ରକୃତ ସୀମା ସରହଦକୁ ମାପିହୁଏ ନାହିଁ।"

(ଦୁଃଖ ନଥିଲେ ଜୀବନ ନାହିଁ ଏକକ ଚିତ୍ରକର, ପୃ: ୬୩)

ମିଥ୍ୟା ପ୍ରବଞ୍ଚନା, ଅସତ୍ୟ, ଅନ୍ୟାୟ, ଛଳନାକୁ କବି ଡ. ନାୟକ ଘୃଣା କରନ୍ତି। ମମତା ସୁରଭିରେ ବାନ୍ଧି ହୋଇ ଜୀବନର ସର୍ବନିମ୍ନ ପ୍ରୟୋଜନୀୟତାରେ ମହାନନ୍ଦ ଲଭିବାକୁ ଇଚ୍ଛୁକ। ଜୀବନ ସଂଗ୍ରାମ କିନ୍ତୁ ସରେନାହିଁ। ସ୍ୱାର୍ଥପର ମଣିଷମାନଙ୍କ ଉଦ୍ଦେଶ୍ୟରେ କବିଙ୍କ ଆବେଗପୂର୍ଣ୍ଣ ଶବ୍ଦ-

"ଜୀବନ ସାରା/ କେବଳ ସତ୍ୟପଥରେ/ଧାଇଁଛି ବୋଲି/
ମୁଁ ଅସତ୍ୟର ପାଖ ପଶିପାରେ ନାହିଁ।"

(ଅରଣ୍ୟମୋହ- ପୃ: ୧୫୩)

ପୁଣି, ଲେଖିଛନ୍ତି-

"ମୂଲ୍ୟବୋଧ ହଜିଗଲେ/ ସମାଜ ଅସଜଡ଼ା ହୋଇଯାଏ/ ଆପେ ଆପେ ନିରଙ୍ଗ ହୋଇଯାଏ ଜୀବନ/ ବଞ୍ଚିବାର ମାନେ କିଛି ନଥାଏ।"

(ଅରଣ୍ୟମୋହ- ପୃ: ୧୫୩)

କବି ନିଜ ଜୀବନରେ ସ୍ଥିରତା ଓ ଶାନ୍ତି ଚାହିଁଛନ୍ତି। କାରଣ ସେ ବୁଝିଛନ୍ତି- "ଅସ୍ଥିର ଚିତ୍ତରେ କବିତାର ଧ୍ୱନି ତୋଳି ହୁଏ ନାହିଁ/ ଶବ୍ଦମାନଙ୍କୁ ଆୟତ୍ତ କରିହୁଏ ନାହିଁ/ ପ୍ରୀତି, ନୀତି, ଗତି ସବୁ, ଏପାଖ ସେପାଖ ହୋଇଯାଏ।"

(ସ୍ଥିରଚିତ୍ତରେ କବି - ପୃ:୯୯)

ସମାଜନିଷ୍ଠ କବିପ୍ରାଣ ସମାଜର ନୀତିହୀନ ସ୍ଥିତିକୁ ଧ୍ୱଂସ କରିବାକୁ ଚାହିଁଛି। ତାଙ୍କ ମତରେ ସମାଜର ବଡ଼ପଣ୍ଡାମାନେ ଏକପ୍ରକାର ବିଷବଣ ଓ ମହାବ୍ୟାଧି। ସେମାନଙ୍କ ରକ୍ତଆଖିର କାମନାରେ ନିରୀହ ମଣିଷମାନେ ବଳିପଡ଼ିଯାଆନ୍ତି। କବି ତେଣୁ, ସୁସ୍ଥ ସମାଜ ସ୍ଥାପନା ପାଇଁ ଆକାଙ୍‌କ୍ଷିତ। କବିଙ୍କ ଶବ୍ଦରେ-

"କର ଶୀଘ୍ର ଆତ୍ମଶୁଦ୍ଧି/ ସୁସ୍ଥ ସମାଜ ଗଠନ ପାଇଁ/ କର ଏବେ ସୁସ୍ଥ ସଂଗଠନ/ ତାହା ହେବ/ ଆଗାମୀ ଜୀବନ ପାଇଁ/ ମହତ୍ତର ସତ୍ୟମୟ ଦାନ।"

(କବିତାଢେଉ - ପୃ:୧୭)

ସାମାଜିକ-ପ୍ରତିକୂଳ ଅବସ୍ଥା ସତ୍ତ୍ୱେ କବି ତା'ର କଲ୍ୟାଣ ନିମନ୍ତେ ବ୍ୟଗ୍ର। ସମଗ୍ର ସମାଜରେ ଭୋଗବାଦର ସଂପ୍ରସାରିତ ରୂପ ଆଜି ମାୟାଜାଲରେ ବାନ୍ଧିରଖିଛି। ଯେଉଁଠି ସତ୍ୟର ସଂଧାନ ବିଡ଼ମ୍ବିତ। ତେଣୁ ମଣିଷ ଆଶା ଏବଂ ସମ୍ଭାବନାକୁ ଧାରଣ କରି ଆଗକୁ ବଢ଼ିବା ନିମନ୍ତେ ପ୍ରଶ୍ନିଳ। ତେଣୁ, ଆଜିର ମାନବ ସମାଜକୁ କବି ନିର୍ଦ୍ଦେଶ ଦେଇ ଲେଖିଛନ୍ତି-

"ବିଶ୍ୱର କଲ୍ୟାଣ ପାଇଁ/ ବଞ୍ଚିବାକୁ ହେବ ଏଠି/ ସହିବାକୁ ହେବ ସିନା ଚରମ ଲାଂଛନା। (ଏକକ ଚିତ୍ରକର - ପୃ:୬୯)

ପୁଣି ଅନ୍ୟତ୍ର ମଧ୍ୟ ଲେଖିଛନ୍ତି-

"ଆପଣା ମହତ ରଖି/ ଗଢ଼ିବାକୁ ହେବ ଏ ସମାଜ/ କୁସଂସ୍କାର ବ୍ୟବଚ୍ଛେଦ/ ବଞ୍ଚିବାକୁ ହେବ ସିନା/ ସୁଖ-ଦୁଃଖ ପାପପୁଣ୍ୟ ଚାଖି"

(ଏକକ ଚିତ୍ରକର - ପୃ: ୭୪)

କବି ଏଲିୟଟ୍‌ଙ୍କ ମତରେ "The rhythm of modern poetry is fashioned by the internal combustion engine." ଅର୍ଥାତ୍ ବିଜ୍ଞାନପ୍ରସୂତ ଭୌତିକ ପରିମଣ୍ଡଳ ଓ ଯାନ୍ତ୍ରିକତାକୁ ନେଇ କବିର ଅସ୍ୱସ୍ତି ହିଁ ଆଜିର କବିତାର ସ୍ୱର। ଅନୁରୂପ ଭାବରେ, କବି ଉପେନ୍ଦ୍ର ନାୟକଙ୍କ କବିତାରେ ଏହି ଅସ୍ୱସ୍ତିପୂର୍ଣ୍ଣ ସ୍ଥିତିଟି ମର୍ମରିତ ହୋଇଛି। ତେଣୁ କବିଙ୍କ ବିକଳଭାବ ଝରିପଡ଼ିଛି ଶବ୍ଦରେ-

"ସତରେ ଏ ପୃଥିବୀ କ୍ରମଶଃ ବଦଳିଯାଏ ଯେମିତି/ ସବୁଥିରେ ଅସମ୍ଭବ ବ୍ୟତିକ୍ରମ/ ସବୁକିଛିର ନାହିଁ ନଥିବା ଓଲଟପାଲଟ।"

(ଉଦାସ ଅଭିବ୍ୟକ୍ତି - ପୃ:୬)

"ଆଉ କାହିଁକି ?" କବିତାରେ କବି ସମ୍ଭ୍ରାନ୍ତବର୍ଗକୁ ମହାମାରୀ- ପ୍ରତାରକ ପଙ୍ଗପାଳ ବୋଲି ସମ୍ବୋଧନ କରି ଲେଖିଛନ୍ତି-

"ସମାଜର ସେବା ନାମେ/ ବଧ କରିପାର ତୁମେ କୋଟି ଜନଗଣ। ଭଦ୍ରତାର ମୁଖାତଳେ/ ତଣ୍ଟିଚିପି ଲୁଣ୍ଠିପାର/ ଦିନ ଦ୍ୱିପ୍ରହରେ/ ତୁମେ କୁହ ! କେତେକାଳ ଚାଲିଥିବ/ ତୁମର ଏ ଅନ୍ୟାୟ ଶାସନ/ କେତେକାଳ ଜାବୁଡ଼ି ଧରିବ ଆଉ/ ଜନତାର ରାଜଶକ୍ତି ରାଜସିଂହାସନ।

(ଉଦାସ ଅଭିବ୍ୟକ୍ତି - ପୃ: ୨୩)

କବି ଡ. ନାୟକ ସର୍ବଦା ଛଳନାର ବ୍ୟବଚ୍ଛେଦ ଚାହିଁଛନ୍ତି। ସେ ବୁଝିଛନ୍ତି ଯେ-

"ସମାଜ ଏଠି ସମାଜ ନୁହେଁ/ ସଂସ୍କୃତିର କ୍ଷୟ/ ଅର୍ଥ ଆଉ ସ୍ୱାର୍ଥ ହାତେ/ ଅନ୍ୟାୟରେ ଲୟ।" (ଉଦାସ ଅଭିବ୍ୟକ୍ତି - ପୃ:୪୦)

ସମାଜର ବିଶୃଙ୍ଖଳିତ ରୂପ କବିଙ୍କୁ ମର୍ମାହତ କରୁଛି। ସମାଜର ଭ୍ରଷ୍ଟାଚାର, ଶାସନତନ୍ତ୍ରର ଦୁର୍ବଳତା, ଦୁର୍ନୀତି, ରକ୍ଷକ ହୋଇ ଭକ୍ଷକ ସାଜିଥିବା ଅସାମାଜିକମାନଙ୍କ ପ୍ରତି କବିଙ୍କର କ୍ଷୋଭ ଏବଂ ତାଚ୍ଛଲ୍ୟ ପ୍ରକାଶ ପାଇଛି।

ଜୀବନକୁ ଠିକ୍ ରୂପେ ଚିହ୍ନିଥିବା କବି ସମାଜର ମେହନତି ଶ୍ରମିକ, କୃଷକମାନଙ୍କ ପ୍ରତି ସହାନୁଭୂତି ପ୍ରକଟ କରିଛନ୍ତି। ସେହି ଅବହେଳିତମାନଙ୍କ ଭିତରେ ହିଁ ସମାଜକୁ ସନ୍ଦର୍ଶନ କରିଛନ୍ତି। ତାଙ୍କ ଶବ୍ଦରେ-

"ଜୀବନକୁ ଚିହ୍ନିଛି ମୁଁ ମେହନତି ଜନତା ଓଠରେ/ ହସ ଟିକେ ଆଙ୍କିବାକୁ/ ଉଦ୍ବେଳିତ କରିବାକୁ ହେବ ଅବା/ ଦୀର୍ଘତମ ସ୍ୱର। ସୃଷ୍ଟି ହୋଇଯିବ ସିନା/ ସଂପ୍ରୀତି ଓ ସୌହାର୍ଦ୍ଦ୍ୟର/ ନିଃଶବ୍ଦ ସହର।" (ଉଦାସ ଅଭିବ୍ୟକ୍ତି - ପୃ: ୬୪)

ଜୀବନ ଓ ସମାଜକୁ ଭଲପାଉଥିବା କବି ଡ. ଉପେନ୍ଦ୍ର ନାୟକ 'ପ୍ରେମ'କୁ ନେଇ ସ୍ୱତନ୍ତ୍ର ବିଚାର ରଖନ୍ତି। 'ପ୍ରେମ' ସଂପର୍କରେ ଏକଦା ବିଶିଷ୍ଟ କବି-ଦାର୍ଶନିକ (ରୁମି) କହିଥିଲେ- I am intoxicated with love's cup, the two worlds have passed out my wine (Rumi, qt. An anthology of islamic literature - P : 254 - Edit by James knitzick)

'ପ୍ରେମ'ରେ କବି ଜଗତ ଓ ନିଜକୁ ବିସ୍ମରି ଦେଇଛନ୍ତି। ଏବଂ ପ୍ରେମଜନିତ ଏକ ଅନ୍ତଃପ୍ରେରଣାକୁ ଅନୁଭବ କରିଛନ୍ତି। ବିଶିଷ୍ଟ ବିପ୍ଳବୀ କବି ରବି ସିଂ, କବି ଉପେନ୍ଦ୍ର ନାୟକଙ୍କ ପ୍ରେମସିକ୍ତ ସେଣ୍ଟିମେଣ୍ଟ୍ ସଂପର୍କରେ କହିଛନ୍ତି- "ପ୍ରେମ ଏକ ମୌଳିକ ବସ୍ତୁ। ପ୍ରେମର ଅନୁଭୂତି, ଅନୁଭବ ଯୌବନରେ ସର୍ବାଧିକ ଭାବରେ ଅନୁଭୂତ ହୁଏ, ପରେ ସେହି ପ୍ରେମର ଅନୁଭବ ଓ ତାର ଆବେଗିକ ତତ୍ତ୍ୱ ହୃଦୟର ନିବିଡ଼ ନିବନ୍ଧନରେ ରୂପାନ୍ତରିତ ହୋଇ ପରସ୍ପରକୁ ମମତ୍ୱର ବଳୟରେ ଆବଦ୍ଧ କରି ଏକ ସାଜୁଜ୍ୟ ବା ଆସୋସିଏସନ୍ ଗଢ଼ି ତୋଳେ! +++ ସେକ୍ସପିୟରଙ୍କ 'ଡାର୍କ ଲେଡି' ଭଳି କବି ଉପେନ୍ଦ୍ର ନାୟକଙ୍କ ପ୍ରେମର ପାତ୍ରୀ ଅଜ୍ଞାତ।"

ତେବେ କବି ଡ. ଉପେନ୍ଦ୍ର ନାୟକଙ୍କ ଜୀବନର ହସକାନ୍ଦ, ବ୍ୟଥା, ବ୍ୟର୍ଥତା, ପ୍ରେମ-ପ୍ରଣୟ ଓ ମିଳନ-ବିଚ୍ଛେଦର ଅନୁଭବ ଅନୁରଣିତ ହୋଇଛି ତାଙ୍କ କବିତାରେ। ତାଙ୍କ ମତରେ- "ସେହି ମୁଗ୍ଧ ଅନୁଭବ ଭିତରେ କେତେବେଳେ ବିଷାଦର କଣ୍ଟା ବିଛେଇ ହୋଇଯାଏ ତ କେତେବେଳେ ମଧୁମିତ ମୁହୂର୍ତ୍ତର ପୁଲକିତ ଉଚ୍ଛ୍ୱାସ ପ୍ରତିବିମ୍ବିତ ହୋଇ ଯାଇଥାଏ। ମୋ ଭିତରେ ଏ ପ୍ରକାର ପ୍ରବଣତା କେମିତି କେତେ ମାତ୍ରାରେ ପ୍ରକଟିତ ମୁଁ ମୁହଁ ଖୋଲି ନ କହିଲେ ହେଁ ମୋ ରଚନାରେ ତାହା ପ୍ରତିପାଦିତ ହୁଏ।" ପ୍ରେମ-ବିରହ ବିଚ୍ଛେଦର ଭାବାବେଗ ଭିତରେ କବି ଗୁଣୁଗୁଣେଇଥିବା ଶବ୍ଦ ସବୁ ଅପୂର୍ବ ଗୀତିମୟ ରୂପଲାଭ କରି ଗୀତିଗୁଚ୍ଛରେ ପରିଣତ ହୋଇ ଯାଇଛନ୍ତି। 'ପ୍ରେମ କବିଙ୍କୁ ଗାୟକରେ ରୂପାନ୍ତରିତ କରିଛି। ସେହି ସବୁ ଗୀତିଗୁଚ୍ଛରୁ କିଛି କବିତାକୁ ଓଡ଼ିଶାର ବିଶିଷ୍ଟ କଣ୍ଠଶିଳ୍ପୀମାନେ ମଧ୍ୟ ଭିନ୍ନ ଭିନ୍ନ ସମୟରେ ମଞ୍ଚ, ବେତାର ଓ ଦୂରଦର୍ଶନରେ ପରିବେଷଣ କରି ପ୍ରଶଂସା ସାଉଁଟିଛନ୍ତି। ଗୀତି କବିତା ଗୁଡ଼ିକରେ କବିଙ୍କ ବେଦନାବିଧୁର - ବିକଳ ରାଗିଣୀ ଅତ୍ୟନ୍ତ ମର୍ମସ୍ପର୍ଶୀ।

ପ୍ରିୟତମାକୁ ଆହ୍ୱାନ କରି କବି ଲେଖିଛନ୍ତି-

"ରାତିରେ ଆସକି ସଂଜରେ ଆସ/ ଦିବସରେ ଆସ ଘୂରିଘୂର
ଆଲୋକେ ଆସକି ଅନ୍ଧାରେ ଆସ/ ମରମରେ ଆସ ଘାରିଘାରି।"

(ପ୍ରୀତି-ପ୍ରଣୟର କାବ୍ୟ - ପୃ:୨୭)

ଛଳନା, ପ୍ରତାରଣା, ପ୍ରବଞ୍ଚନାର ବହୁ ଊର୍ଦ୍ଧ୍ୱରେ ଥିବା କବି ଡ. ନାୟକ ଜୀବନରେ ପ୍ରେମ ପ୍ରଣୟର ମହକକୁ ସାଇତିବାକୁ ଚାହିଁଛନ୍ତି। ସ୍ପଷ୍ଟ ଭାବରେ ନିଜ ହୃଦୟର କଥାକୁ ପାଠକଙ୍କ ନିକଟରେ ପହଞ୍ଚାଇବା ଉଦ୍ଦେଶ୍ୟରେ ଲେଖିଛନ୍ତି-

"ଛଳନାର ଗୀତ ଗାଇନାହିଁ କେବେ/ ବାଇନି ଛଳନା ବୀଣା
ପକ୍ଷୀର କାକଳୀ ଶୁଣିଅଛି ସିନା/ ଛୁଇଁନି ତା' ରଙ୍ଗ ଡେଣା।

(ପ୍ରୀତି-ପ୍ରଣୟର କାବ୍ୟ - ପୃ:୩୦)

ସ୍ମୃତିକୁ ସମ୍ବଳ କରି ପ୍ରୀତିପୂର୍ଣ୍ଣ ମହାକାବ୍ୟ ରଚନା କରିବାର ନିଶାରେ କବି ମତୁଆଲା ସାଜିଛନ୍ତି। ସ୍ମୃତି ଏବଂ ପ୍ରୀତି ତାଙ୍କ ଭିତରେ ଗିରି, ସମୁଦ୍ର, ବତାସୀ ଝଡ଼କୁ ଅତିକ୍ରମ କରିଯିବାର ସାମର୍ଥ୍ୟ ଭରିଛି। ହସ-କାନ୍ଦର ଜୀବନରେ ପ୍ରେମରୂପୀ ରଙ୍ଗ, ମଳୟ, ଗୋଲାପବଣ, କୋକିଳର ସ୍ୱର ତାଙ୍କ ଆତ୍ମାରେ ଆଲୋଡ଼ନ ସୃଷ୍ଟି କରିଛି। କାବ୍ୟ ନାୟିକାକୁ ନବମଲ୍ଲୀ ଓ ଜହ୍ନ - ରୋଶଣିର ଉପହାର ଦେବାକୁ ଚାହିଁଛନ୍ତି କବି। ତେଣୁ, ପ୍ରିୟତମାକୁ କବି ଅନୁରୋଧ କରିଛନ୍ତି-

"ସରୁ ପାଇଜାମା ପଞ୍ଜାବୀ ପିନ୍ଧାଇ/ ହାତେ ଦିଅ ମୋର ଲେଖନୀ ଟେକି/
ଓମରଖାଏମ୍ ପାଲଟି ଯାଏ ମୁଁ/ ତୁମେ ହୁଅ ନିଜେ ସୁରା ଓ ସାକୀ!"

(ସବୁ ସ୍ମୃତି ସବୁ ଅବସୋସ - ପୃ:୧୦୬)

'ପ୍ରେମ' ହିଁ ଜୀବନକୁ ଜିଇଁବାର ପ୍ରକୃତ ଇନ୍ଧନ ଯୋଗାଏ। ପ୍ରୀତିର ସୌରଭକୁ ନେଇ କବିଙ୍କ ହୃଦୟବତ୍ତା ଗଭୀର ହୋଇଛି। ଜୀବନରୁ ଚଞ୍ଚଳତା ଦୂର ହୋଇଛି ଏବଂ କବି ସ୍ୱପ୍ନିଳ ହୋଇ ଉଠିଛନ୍ତି। ଜଗତ ପ୍ରତି ତାଙ୍କ ମୁଗ୍ଧ ଦୃଷ୍ଟି ବ୍ୟାପକ ହୋଇଛି। କାରଣ, ପ୍ରେମର ଶ୍ୟାମଳ ସୁଗନ୍ଧ ରାଗ, ମିଠା ମିଠ ପୁଲକ ତାଙ୍କ ହୃଦୟରେ ଜଗତ ପଶୁ, ପକ୍ଷୀ, ନଈ, ମାଟି, ଆକାଶକୁ ଭଲପାଇବା ଶିଖାଇଛି। କବି ରମାକାନ୍ତ ରଥଙ୍କ ମତରେ- "ବିଚ୍ଛେଦରେ ଦୁଃଖ ଅଛି, ପ୍ରବଞ୍ଚିତ ହେବାର କ୍ଷୋଭ ଅଛି, ଆହୁରି ଅଛି ଏ ସବୁର ଊର୍ଦ୍ଧ୍ୱରେ ଥିବା ଭଲପାଇବାର ଅତୁଟ ପ୍ରତ୍ୟୟ। ସେ ଭଲପାଇବା ଚେତନାର ଯେଉଁ ସ୍ତରରେ ଅନୁଭୂତ ହୁଏ, ସେହି ସ୍ତରରୁ ହିଁ ତାଙ୍କ କବିତା ଆରମ୍ଭ ହୁଏ। ପ୍ରବାହର କୂଳେ କୂଳେ ଭଲପାଇବାର ବିରୋଧାତ୍ମକ ଯାହା କିଛି ଥାଏ ତା'ର ସାମୟିକ ଛାଇର କାଳିମା ପରେ ପ୍ରବାହ ତା'ର ନିଜସ୍ୱ ଉଜ୍ଜ୍ୱଳତାରେ ଉଜ୍ଜ୍ୱଳ ହୁଏ।"

କବି ଉପେନ୍ଦ୍ରଙ୍କ ପ୍ରେମର ଭାବସାନ୍ଦ୍ର ରୂପ ଅତି ମାର୍ମିକ। -

"କେବଳ ତୁମରି ଆଦେଶରେ/ ସ୍ତବ୍ଧ ମୋର/ ଅଫୁରନ୍ତ ମୁରଲୀ ମୂର୍ଚ୍ଛନା/ ଉତ୍କଣ୍ଠା ଓ ଆବେଗର ଉଗ୍ରତାରେ ବି/ ବଂଶୀ ମୋର/ ପାରୁନାହିଁ ଅଧରକୁ ଛୁଇଁ/ ରଙ୍ଗର ପୃଥିବୀ ମୋର/ ଆପେ ଆପେ ହୋଇଯାଏ/ ନିରସ-ନିରଙ୍ଗ/ ଦୁଃଖର ଯମୁନା ଏଠି/ ଯାଏ ସିନା ବହି।"

(ହୃଦୟ ଇଲାକାର ଅଧିବାସୀ - ପୃ:୨୨)

'ହୃଦୟ ଇଲାକାର ଅଧିବାସୀ' କବିତା ପୁସ୍ତକର ସମସ୍ତ ସୃଷ୍ଟି ଭିତରେ କବିଚିତ୍ତର ଉଦ୍‌ବେଗ, ବିକଳପଣ, ଅଶ୍ରୁର ଉଷ୍ଣତା, ଦୀର୍ଘଶ୍ୱାସ, ପ୍ରତୀକ୍ଷିତ ପ୍ରହର, ଅସହାୟ, ଥକ୍କାପଣ, ଅଭିମାନ, କ୍ଷୋଭ, ସନ୍ତପ୍ତ ଯନ୍ତ୍ରଣା, ନିରବତା, ସ୍ୱପ୍ନପ୍ରବଣ ଖିଆଲୀ ଭାବନା ବ୍ୟାପକ ହୃଦୟବତ୍ତା, ପୁଞ୍ଜୀଭୂତ ସ୍ନେହ, ଆଶଙ୍କା, ଦହନର ଏକ ବ୍ୟାପକ ପରିସର ଉପଲବ୍ଧ ହୁଏ। ଯେଉଁଠି ତାଙ୍କ ଗୋପନ ପ୍ରେମ ଡାଏରୀ ପୃଷ୍ଠାରେ ଝରି ପଡ଼ିଛି-

''ଆହୁରି ଅନେକ କଥା/ ଲେଖିଛି ମୋ ନିଜ ଡାଏରୀରେ/ ପ୍ରତିଟି ଡାଏରୀ ବାନ୍ଧି/ ଲୁଚାଇ ରଖିଛି ମୋର/ ଗୁପ୍ତ ପେଟିକାରେ।"

(ହୃଦୟ ଇଲାକାର ଅଧିବାସୀ - ପୃ: ୩୭)

'ବାଇଶି ବସନ୍ତ' (୧୯୮୩) କବି ଉପେନ୍ଦ୍ରଙ୍କର ପ୍ରଥମ ପ୍ରକାଶିତ କବିତା ସଂକଳନ। 'ବାଇଶି ବସନ୍ତ' କବିତା ସଂକଳନର 'ତୁମକଥା ମନେପଡ଼େ' କବିତାର ଶବ୍ଦଦେଇ ପ୍ରତି ଭାବପ୍ରବଣ ମଣିଷ କାହାରିକୁ ନା କାହାରିକୁ ହୁଏତ ଝୁରିହେବ। ଯେଉଁଠି କବିଙ୍କ ଶବ୍ଦରେ-

"ତୁମେ ପୁଣି ଦେଖାଦିଅ ସ୍ୱପ୍ନରେ, ଚିନ୍ତାରେ/ ରୋଗଶଯ୍ୟା ଧାରେ ଅବା-/ ଦଗ୍ଧ ଯନ୍ତ୍ରଣାରେ/ ଅବକ୍ଷୟ ଭାବ ସାମ୍ରାଜ୍ୟରେ।"

(ବାଇଶି ବସନ୍ତ - ପୃ:୧୬)

କବିଙ୍କ 'ପ୍ରେମ' ଶବ୍ଦଚିତ୍ରର ବର୍ଣ୍ଣିଳ ଆଭା ନେଇ ମହିମାନ୍ୱିତ ପୁଣି ହୃଦୟର ରଦ୍ଧ କିନ୍ତୁ ଶୀତଳ ଆର୍ତ୍ତନାଦ ତଥା ମନ ଫଳକର ଚିର ଅମଳିନ-ଚିର ଉଦ୍‌ଭାସିତ ଅଲିଭା ଚିହ୍ନ ସାଜିଛି 'ପ୍ରେମ'। ସେହି 'ପ୍ରେମ' ପୁଣି କବିଙ୍କୁ ପ୍ରତିନିଧି ବିଦ୍ରୋହୀରେ ରୂପାନ୍ତରିତ କରିଛି। କବିଙ୍କ ଶବ୍ଦରେ-

"ମୁଁ ଯେ ଏକ ଶାନ୍ତିର ପ୍ରତୀକ/ ପ୍ରେମ ମୋର ସହଜାତ/ ମଣିଷର ଦାବି ଆଉ ଅଧିକାର ପାଇଁ/ ବିନାସର୍ତ୍ତେ ତୋଳିପାରେ ବିପ୍ଳବର ସ୍ୱର।"

(ଅରଣ୍ୟମୋହ - ପୃ: ୧୨)

ପ୍ରକୃତିର ରୂପାଙ୍କନ ଓ ଗୁଣଗାନ ଡ. ନାୟକ ଅତି ଅଭିନବ ଶବ୍ଦ ସଂଯୋଜନାରେ ବିଭୋର ହୋଇ ଉଠିଛନ୍ତି। ତାଙ୍କ ମତରେ-

"ଅରଣ୍ୟ ହେଉଛି ପ୍ରକୃତିର ଗନ୍ତାଘର। ସବୁଜ ଗଛଲତାର ସୌନ୍ଦର୍ଯ୍ୟ ସହିତ ପଶୁପକ୍ଷୀଙ୍କର ନିସ୍ତବ୍ଧ କୋଳାହଳ ପରିବେଶର ଭାବଗାମ୍ଭୀର୍ଯ୍ୟକୁ ସମୃଦ୍ଧ କରିଥାଏ। ସେହି ଅରଣ୍ୟର ପ୍ରାକୃତିକ ଶୋଭା ସଂପଦରେ ପ୍ରାୟ ସଭିଏଁ କେମିତି ନା କେମିତି ମୋହଗ୍ରସ୍ତ ହୋଇଯାଇଥାନ୍ତି।" କିନ୍ତୁ ସଂପ୍ରତି ଅରଣ୍ୟର ସୌନ୍ଦର୍ଯ୍ୟ ପ୍ରତି ବିମୁଖ ମଣିଷ ପାଇଁ ବସ୍ତୁବାଦ ହିଁ ମୁଖ୍ୟ କାରଣ ହୋଇଛି। ଦୂର ବନାନୀ, ଫୁଲ, କଦମ୍ବର ବାସ୍ନା, ସୁନା ଶସ୍ୟ, ମେଘ ମେଦୁରିତ-ନୀଳ ଆକାଶ, କଦମ୍ବର ମହକ, ଆଉ କିଛି ପ୍ରତ୍ୟୟ ତୋଳିନି। ବସ୍ତୁବାଦୀ ସମାଜର ସ୍ୱାର୍ଥାନ୍ଧମାନେ ଜୀବନର ମୂଲ୍ୟବୋଧକୁ କଳୁଷିତ କରି ଚାଲିଛନ୍ତି। 'ଅରଣ୍ୟର ମୋହ'ରେ କବିଙ୍କ ପ୍ରକୃତିପ୍ରୀତିର ପ୍ରଚ୍ଛନ୍ନ ଆବେଗ ସହିତ 'ଅରଣ୍ୟ'ର ପ୍ରତୀକାତ୍ମକ ଚିତ୍ର ମଧ୍ୟ ରହିଛି। 'ଅରଣ୍ୟ' ସବୁଜିମାର ପ୍ରତୀକ ସାଜିନି କେବଳ, ମାନବାତ୍ମାର ଦୁର୍ବାର-ବସ୍ତୁତାନ୍ତ୍ରିକ ପ୍ରବୃତ୍ତିର ପ୍ରତୀକ ମଧ୍ୟ ସାଜିଛି। 'ବାରମାସୀ ଚଢ଼େଇର ଗୀତ'ରେ କବିଙ୍କ ପ୍ରକୃତି ପ୍ରୀତି ସୁସ୍ପଷ୍ଟ।

କବି ନିଜ ଚେତନାରେ ସଂପ୍ରସାରିତ ହେବାକୁ ଚାହିଁଛନ୍ତି। ସଂକୀର୍ଣ୍ଣ ଭାବ-ଭାବନା, ଈର୍ଷା, ଦ୍ୱେଷରୁ ମୁକ୍ତ ହେବାକୁ ଚାହିଁଛନ୍ତି। ପ୍ରକୃତ ଶାନ୍ତିର ବାର୍ତ୍ତା ନର୍କ ନୁହେଁ- ମଣିମୟ ସୁନ୍ଦର ସ୍ୱର୍ଗ, ସଜଳ ମୁହୂର୍ତ୍ତ, ବ୍ରହ୍ମଜ୍ଞାନ, ମନୀଷା ତଥା କନକ କିରଣର ତେଜୋଦୀପ୍ତ ଆଭାକୁ ଅନ୍ୱେଷା କରିଛନ୍ତି। ଦାର୍ଶନିକ-ଭାବାନୁଭୂତିପୂର୍ଣ୍ଣ ଶବ୍ଦରେ କବି ଲେଖିଛନ୍ତି-

"ସମୟର ରଥ ଚକତଳେ/ ଅଚିହ୍ନା ଇଲାକାକୁ ତୋଳିବାକୁ ହୁଏ ପାଦ/ ଶୁଣିବାକୁ ହୁଏ ବ୍ରହ୍ମଜ୍ଞାନ/ ଓଁକାର ଭେଦଶବ୍ଦ/ ଲିଭିଯାଏ ପ୍ରାଚୁର୍ଯ୍ୟର ନିଶା /ଶବ୍ଦ ବି ନିଃଶବ୍ଦ ହୁଏ/ ରଙ୍ଗହୀନ ହୋଇଯାଏ/ ପ୍ରୀତିସ୍ୱଦ ମନ ଓ ମନୀଷା।"

(ଏକକ ଚିତ୍ରକର - ପୃ:୯୭)

'ମୁଁ ନିର୍ବାଣ ଚାହେଁ - ନିର୍ବାସନ ନୁହେଁ' କବିତାରେ ଜୀବନ ପ୍ରତି କବିଙ୍କ ଦାର୍ଶନିକ ଦୃଷ୍ଟିକୋଣ ଅଭିବ୍ୟଞ୍ଜିତ ହୋଇଛି। ଯେଉଁଠି ଜୀବନର ପ୍ରତିକୂଳ-ବିରୋଧାଭାସକୁ ଅଙ୍ଗେ ନିଭେଇ କବି ଅତିଷ୍ଠ ହୋଇଛନ୍ତି। ତେଣୁ ସେ ଲେଖିଛନ୍ତି-

"ଅନେକ ଅତିଷ୍ଠ ହୋଇ ପଡ଼ିଲିଣି/ ଏବେ ମୁଁ ନିର୍ବାଣ ଚାହେଁ-
ନିର୍ବାସନ ନୁହେଁ ++++ ମୋର ପ୍ରୀତିମୟ ଜୀବନ ଲୋଡ଼ା।"

କବିଙ୍କ କବିତାରେ ଦିବ୍ୟସାନ୍ନିଧ ଓ ମହାଜାଗତିକ ଚେତନା (cosmic consciousness) ପ୍ରତି ଉନ୍ମୁଖତା ସୁସ୍ପଷ୍ଟ। ଆଧାତ୍ମିକ-ଉପଲବ୍ଧି କବି ଚେତନାର ଏକ ସ୍ୱତନ୍ତ୍ର ବୈଶିଷ୍ଟ୍ୟ।

ଡ. ଉପେନ୍ଦ୍ର ନାୟକ ତାଙ୍କ କର୍ମମୟ ଜୀବନରେ ଓଡ଼ିଶା ଓ ଓଡ଼ିଶା ବାହାରେ ବହୁ ଅଞ୍ଚଳରେ ଭ୍ରମଣ କରିଛନ୍ତି। ଯେଉଁ ଯେଉଁ ସ୍ଥାନରେ ତାଙ୍କୁ କିଛି କାଳ ରହିବାକୁ ପଡ଼ିଛି, ସେହି ସ୍ଥାନ ପ୍ରତି ତାଙ୍କ ଆତ୍ମିକ ଆବେଗ ବୃଦ୍ଧି ପାଇଛି। ତାଙ୍କର ବହୁ କବିତାରେ ଆଞ୍ଚଳିକତାର ଚିତ୍ର ରହିଛି। 'କୋଣାର୍କରୁ କୁରୁକ୍ଷେତ୍ର' ଏବଂ 'ନିଃସଙ୍ଗ ସନ୍ନ୍ୟାସୀ' ସଂକଳନସ୍ଥ କବିତାଗୁଡ଼ିକରେ ସେହି କ୍ଷେତ୍ରଗୁଡ଼ିକର ଅଭିନବ ବର୍ଣ୍ଣନା ପାଠକକୁ ସେହି ସ୍ଥାନ ପ୍ରତି ଆକୃଷ୍ଟ କରିବାରେ ସମର୍ଥ। ଓଡ଼ିଶାର ରାଉରକେଲା, ଦାମନଯୋଡ଼ି, ସୁନ୍ଦରଗଡ଼, କାଶୀପୁର, ନୀଳଗିରି, ଚିଲିକା, ପଞ୍ଚଲିଙ୍ଗେଶ୍ୱର, ନନ୍ଦପୁର, ବାରିପଦା, କୋଣାର୍କ ଇତ୍ୟାଦିକୁ ନେଇ ତାଙ୍କ କବିତା ଊର୍ଜସ୍ୱଳ ହୋଇଉଠିଛି। ସେହିପରି ଓଡ଼ିଶା ବାହାରେ ଦିଲ୍ଲୀ, ପୁନେ, କୋଲ୍‌କାତା, ଆଗ୍ରା, ପାନିପଥ, ଆନ୍ଧ୍ର, କୁରୁକ୍ଷେତ୍ର, ମଶୋରୀ ଇତ୍ୟାଦି ଅଞ୍ଚଳ ଓ ତା'ର ଐତିହ୍ୟର ଗରିମାମୟ ଚିତ୍ରକୁ କବି ଶବ୍ଦାୟିତ କରିଛନ୍ତି ଅତ୍ୟନ୍ତ ମନୋଜ୍ଞ ପରିପାଟିରେ। ନିଜ ଆଞ୍ଚଳିକ ମୋହ ସଂପର୍କରେ କବି ଉଲ୍ଲେଖ କରିଛନ୍ତି- "ମୋର ଜୀବନକାଳ ମଧ୍ୟରେ ଓଡ଼ିଶାର ବିଭିନ୍ନ ସ୍ଥାନ ଏବଂ ଭାରତର ବିଭିନ୍ନ ସ୍ଥାନ ପରିଦର୍ଶନ କରି ମୁଗ୍ଧ ହୋଇଛି। କେଉଁଠି ସେ ସ୍ଥାନ ଇତିହାସ, କିମ୍ବଦନ୍ତୀ ମୋତେ ମୁଗ୍ଧଚକିତ କରିଛି ତ କେଉଁଠି ସ୍ଥାନଟିର ଭୌଗୋଳିକ ଗୁରୁତ୍ୱ ମୋତେ ପ୍ରଲୁବ୍ଧ କରିଛି। କେଉଁ ସ୍ଥାନର ପରିବେଶ ସଂଦର୍ଶନ କରି ମୁଁ ବିଶେଷ ଭାବେ ପ୍ରୀତ ହୋଇଛି ତ, କେଉଁ ସ୍ଥାନରେ ଆଧ୍ୟାତ୍ମିକ ଚେତନାରେ ମୁଁ ଆର୍ଦ୍ର ହୋଇଉଠିଛି। ସର୍ବୋପରି ସେ ସବୁ ସ୍ଥାନ ବା ପର୍ଯ୍ୟଟନ ପୀଠ ସଂପର୍କରେ ଦୁଇଧାଡ଼ି ଲେଖିଦେବାରୁ ମୋର କବିପ୍ରାଣ ମୋତେ ବିଶେଷଭାବେ ସ୍ପନ୍ଦିତ କରିଛି।"

କବି ଡ. ଉପେନ୍ଦ୍ର ନାୟକଙ୍କ କବିତାରେ ବିବିଧ ଚେତନାର ମହାସମନ୍ୱୟ ଘଟିଛି। ଯୁଗଯନ୍ତ୍ରଣା, ପ୍ରେମ, ବିଷାଦ, ପ୍ରକୃତି, ଅନୁଭୂତି ଆଧ୍ୟାତ୍ମିକତାକୁ ନେଇ ତାଙ୍କର କବିତା, ଇଂରାଜୀ କବି ମିଲ୍‌ଟନ୍‌ଙ୍କ 'A flow of the soul' ପାଲଟିଯାଇଛି ଯେମିତି।

ଆଙ୍ଗିକ-ଆତ୍ମିକ ଦୃଷ୍ଟିରୁ କବିତା ଗୁଡ଼ିକରେ ଶିଳ୍ପତତ୍ତ୍ୱ ସୁସଜ୍ଜିତ-ବର୍ଣ୍ଣାଢ଼୍ୟ। ଗୀତିମନସ୍କ ଆବେଗ ଦ୍ୱାରା କବି ସତେ ଯେପରି ଅନୁବନ୍ଧିତ ହୋଇଥିବା ମନେହୁଏ। ଶବ୍ଦ, ଭାଷା, ଭାବ ଦୃଷ୍ଟିରୁ କବିତାଗୁଡ଼ିକ ଜୀବନ୍ତ ଓ ଅନୁଭୂତିରେ ଆର୍ଦ୍ର। କବିର ଅନ୍ତର୍ଦୃଷ୍ଟି ନେଇ ସେ ଅନୁଭବ କରିଛନ୍ତି ଶବ୍ଦସବୁ ତାଙ୍କୁ ହାତଠାରି ଡାକିବାର। ତେଣୁ ଏକନିଷ୍ଠ ସାଧନା କରିଛନ୍ତି 'କବିତା ଶବ୍ଦ'ର। କବି ଡ. ନାୟକଙ୍କ କାବ୍ୟଶିଳ୍ପ ସଂପର୍କରେ ବିଶିଷ୍ଟ ସମାଲୋଚକ ଜାନକୀ ବଲ୍ଲଭ ମହାନ୍ତି (ଭରଦ୍ୱାଜ) ସ୍ପଷ୍ଟ କରିଛନ୍ତି - "ଡ. ନାୟକଙ୍କର କବିତାଗୁଡ଼ିକ ମୁକ୍ତଛନ୍ଦରେ ଲିଖିତ। ଏଥିରେ ଉପମା, ରୂପକର ପରିମିତ ବ୍ୟବହାର ହୋଇଅଛି। ମାତ୍ର ଏହା ଚିତ୍ରକଳ୍ପର ଗୁରୁଭାରରେ ଭାରାକ୍ରାନ୍ତ ହୋଇନାହିଁ।"

ତେବେ କବିଙ୍କର ଗୀତିକବିତାରେ ସ୍ୱତଃସ୍ଫୂର୍ତ୍ତତା ଏବଂ ଗୀତିଧର୍ମିତାର ଲାବଣ୍ୟ ସୁସ୍ପଷ୍ଟ ଏବଂ ପ୍ରାଣସ୍ପର୍ଶୀ। ପ୍ରତ୍ୟେକ କବିତାରେ ଶବ୍ଦ ସଂଯୋଜନାରେ କବିଙ୍କ ସରଳ ଓ ସ୍ପଷ୍ଟ ପ୍ରକାଶଶୈଳୀ ହିଁ ତାଙ୍କ କବିତାର ବୈଶିଷ୍ଟ୍ୟ। ଆଧୁନିକ ଓଡ଼ିଆ କବିତାରେ କବି ଉପେନ୍ଦ୍ର ନାୟକ ଏକ ସଶ୍ରଦ୍ଧ ଉଚ୍ଚାରଣ। ତାଙ୍କ ବ୍ୟକ୍ତିତ୍ୱର ସରଳତା ସହ ତାଙ୍କ ଶବ୍ଦର ସଂବେଗର ଭାବପୂର୍ଣ୍ଣ ଅଭିବ୍ୟକ୍ତି ହିଁ ତାଙ୍କର ସ୍ୱତନ୍ତ୍ର ପରିଚୟ। ଡ. ନାୟକଙ୍କର ତିନି ହଜାରରୁ ଊର୍ଦ୍ଧ୍ୱ କବିତାମାନଙ୍କରେ ଥିବା ଚିତ୍ରକଳ୍ପ ଭାବସ୍ରୋତକୁ ନେଇ ବହୁ ଆଲୋଚନା କରାଯାଇପାରେ। କବି ଉପେନ୍ଦ୍ର ନାୟକଙ୍କ କବିତ୍ୱ ଅତ୍ୟନ୍ତ ସ୍ୱତଃସ୍ଫୂର୍ତ୍ତ। କାରଣ, ସମାଜର ଭିନ୍ନ ଭିନ୍ନ ଅବସ୍ଥା ତାଙ୍କୁ ବିବିଧ ଭାବନାରେ ପରିପୂର୍ଣ୍ଣ କରିଛି। ସେଥିପାଇଁ କବିଙ୍କ କାବ୍ୟିକ ଅଭିବ୍ୟକ୍ତିଟି କେତେବେଳେ ଉଦାସ ତ କେତେବେଳେ ନିଃସଙ୍ଗ, କେତେବେଳେ ସ୍ମୃତିବିଜଡ଼ିତ ତ ପୁଣି କେତେବେଳେ ମେଞ୍ଚାଏ ଅବସୋସକୁ ନେଇ ସ୍ୱପ୍ନିଳ, କେତେବେଳେ ଅନ୍ୱେଷାନ୍ମୁଖ ପୁଣି ପ୍ରତିକ୍ରିୟାଶୀଳ ମଧ୍ୟ। ଡ. ନାୟକଙ୍କ ସାମଗ୍ରିକ କାବ୍ୟକୃତି ଭିତରେ ଗଭୀର ଜୀବନବାଦର ପବିତ୍ର ଔଜ୍ଜ୍ୱଲ୍ୟ ଯେ ଅଭିନନ୍ଦନୀୟ, ଏଥିରେ ସଂଦେହ ନାହିଁ।

ମାନବତାବାଦର ଭିନ୍ନ ଉଚ୍ଚାରଣରେ ମଗ୍ନ: 'ମୁଦ୍ରିତ ମହକ'

କବି ନିବିଡ଼ ଆତ୍ମୀୟତାରେ ପରିପୂର୍ଣ୍ଣ ଏକ ଭିନ୍ନ ଇଲାକାର ସନ୍ଧାନ ଦିଏ, ଯେଉଁଠି ସେ ସମଗ୍ର ସଂସାରକୁ ନିଜ ଛାତି ଭିତରକୁ ଆଉଜେଇ ନିଏ ଆନ୍ତରିକ ମମତ୍ୱବୋଧରେ। ଯେହେତୁ କବି ଜଣେ ସତ୍-ପ୍ରହରୀର ଭୂମିକା ନିର୍ବାହ କରନ୍ତି, ସେଥିହେତୁ ନିରପେକ୍ଷ ସମଦୃଷ୍ଟି ହିଁ ତାଙ୍କର ଆଦର୍ଶ ଥାଏ। ସେ ମାନବ-ମାନବେତର-ଜଡ଼ ଜଗତ ପ୍ରତି ସଦୟ ଦୃଷ୍ଟିପାତପୂର୍ବକ ସେ ସବୁର ଇଚ୍ଛା-ଆକାଂକ୍ଷା-ଆବଶ୍ୟକତା ତଥା ନ୍ୟାଯ୍ୟ ଦାବି ନିମନ୍ତେ ପ୍ରତିନିଧିତ୍ୱ କରିଥାନ୍ତି।

ଉତ୍ତର-ଆଧୁନିକ ଓଡ଼ିଆ କବିତାରେ ଏଭଳି ଜଣେ ପ୍ରତିନିଧି-ସ୍ରଷ୍ଟା ହେଉଛନ୍ତି କବି ଡ. ଭରତ ବେହେରା। ବାସ୍ତବତା, ଜୀବନବୋଧ ତଥା ମାନବ ସମ୍ବେଦନାର ସେ ଜଣେ ଉଦାତ୍ତ ଗାୟକ। ତାଙ୍କ କବିପଣ ଭିତରେ ସ୍ଥିର ଲାର୍ଭାର ଆହ୍ୱାନ, ସୁସଂହତ ସମାଜ ନିମିତ୍ତ ଦୁର୍ବାର ଆକାଂକ୍ଷା, ମହାସମୁଦ୍ର ମଧ୍ୟବର୍ତ୍ତୀ ଶାନ୍ତ ସ୍ଥିତି ତଥା ବିଶ୍ୱକଲ୍ୟାଣ ପାଇଁ ନିଜକୁ ଉତ୍ସର୍ଗ କରିବାର ପ୍ରଚଣ୍ଡ ଜିଦ୍ ରହିଛି। ବ୍ୟକ୍ତିଗତ ପ୍ରେମର ଅଭିବ୍ୟକ୍ତି ପ୍ରତି ଏକପ୍ରକାର ନିସ୍ତରଙ୍ଗ ମାନସିକତା ଥିବା ସହିତ ବାସ୍ତବ ଜଗତର କ୍ଷୟମାଣ ମୂଲ୍ୟବୋଧ ପ୍ରତି ତାଙ୍କର ତୀବ୍ର ସଚେତନତା ତାଙ୍କୁ ସ୍ୱତନ୍ତ୍ର ପରିଚିତି ପ୍ରଦାନ କରିଛି।

'କୁହୁଳା ଭୂଇଁ', 'ପକ୍ଷପରାଗ', 'ମୁଦ୍ରିତ ମହକ', 'ଉଲ୍ଲଙ୍ଗ ଉତ୍ପତ୍ତି', 'ପରାର୍ଥପାଦ', 'ଏ ମାଟି ମୌନବତୀ', 'ଆବରଣ', 'ଅଜ୍ଞାତ ଅନ୍ଧାର', 'ଭାରତବର୍ଷ', 'ବିବାକବସୁଧା' ଶୀର୍ଷକରେ ତାଙ୍କର ୧୦ ଗୋଟି କବିତା ପୁସ୍ତକ

ରହିଛି। ଦୀର୍ଘ ୨୦ ବର୍ଷରୁ ଊର୍ଦ୍ଧ୍ୱ ତାଙ୍କ ଲେଖନୀ ନିଃସୃତ କବିତା ଗୁଡ଼ିକ ବେଶ୍ ନିଆରା ଢଙ୍ଗରେ ଉଚ୍ଚାରିତ ହୋଇଛି। ତାଙ୍କ କବିତା ସମଗ୍ର ସ୍ୱାନୁଭୂତି ତଥା ଭାବସମ୍ବେଦନାର ନୂତନ ଛନ୍ଦରେ ମଗ୍ନ। ଡ. ବେହେରାଙ୍କ ଚେତନାଗତ ବ୍ୟାପ୍ତି ଭିତରେ ଏକପ୍ରକାର ପରିପକ୍ୱ-ସୁସ୍ଥ ମନଃସ୍ଥିତିର ଅଦ୍ଭୁତ ବାହକ ହୋଇଛି ତାଙ୍କର କବିତା ସମଗ୍ର। ତାଙ୍କ କବିତାରେ କବି ପଦ୍ମଶ୍ରୀ ସଚ୍ଚିରାଉତରାୟଙ୍କ ମାନବତାବାଦ ଏବଂ କବି ବିନୋଦ ନାୟକଙ୍କ ଲାସ୍ୟ-ପ୍ରକୃତି ପ୍ରେମ ମଧ୍ୟ ଉପଲବ୍ଧ ହୁଏ। "ବର୍ତ୍ତମାନ ଦ୍ୱିଧାଗ୍ରସ୍ତ ସମାଜ ଭିତରେ କବିର ଆତ୍ମସଚେତନ ମନ ଖଣ୍ଡିତ ହେବାକୁ ବାଧ୍ୟ। ସମାଜର ସଂହତି ଭାଙ୍ଗି ଯାଇଚି। ଏଇ ପରିବର୍ତ୍ତନ ପରିପ୍ରେକ୍ଷୀରେ ନାନା ସାମାଜିକ ଅବସ୍ଥା ଆଉ ପରିବେଶ ଚାପରେ କବିର ସମାଜବୋଧ କେଉଁଠି ତୀକ୍ଷ୍ଣ ଆଉ ଶାଣିତ ହୋଇଉଠୁଛି ତ କେଉଁଠି ପୁଣି କବିର ଆହତ ଆତ୍ମା ପ୍ରତିକ୍ରିୟାରେ କ୍ରାନ୍ତିର ନେତୃତ୍ୱରେ ପୁରାତନର ଲୁପ୍ତ ଐତିହ୍ୟ ଭିତରକୁ ପଳାଇଯିବା ପାଇଁ ବ୍ୟଗ୍ର ହୋଇଉଠିଛି।"[୧] କବି ଭରତ ବେହେରା ବାସ୍ତବତାର ରୂପକାର। ଜୀବନମୂଲ୍ୟର ପରିଭାଷାକୁ ସେ ବ୍ୟକ୍ତିକ ସ୍ତରରୁ ଊର୍ଦ୍ଧ୍ୱକୁ ଯାଇ ନୈର୍ବ୍ୟକ୍ତିକ ବାସ୍ତବତା ଭିତରେ ଉପଲବ୍ଧି କରିଛନ୍ତି।

'ମୁଦ୍ରିତ ମହକ' (୨୦୦୯) ଡ. ଭରତ ବେହେରାଙ୍କ ଏଇ ଉତ୍କୃଷ୍ଟ କବିତା ସଂକଳନ। ଏଥିରେ ମାନବ ଜୀବନ ଏବଂ ସମାଜକୈନ୍ଦ୍ରିକ ବହୁ ସ୍ପର୍ଶକାତର ଦିଗ ଉନ୍ମୋଚିତ। 'ମୁଦ୍ରିତ ମହକ'ରେ ପାଠକ ତ୍ରିବିଧ ଭାବପ୍ରବଣତା ଉପଲବ୍ଧି କରିପାରିବେ। ଆଲୋଚ୍ୟ ସଂକଳନରେ 'ମାଟି-ମଣିଷ ସଂପର୍କିତ ପ୍ରବଣତା', 'କ୍ରାନ୍ତିକାରୀ ପ୍ରବଣତା' ତଥା 'ରହସ୍ୟବାଦୀ ପ୍ରବଣତା'ର ସୁସମନ୍ୱୟ ରହିଛି କବି ଡ. ବେହେରାଙ୍କ କବିତାରେ। ବିଶ୍ୱ ସଂରଚନାର ଉଦ୍ଦେଶ୍ୟ ଏବଂ ଧ୍ୱଂସାତ୍ମକ (Nihilist) ମନୋବୃତ୍ତିର ଊର୍ଦ୍ଧ୍ୱରେ ଲୋକମଙ୍ଗଳର ସର୍ଜନାତ୍ମକ ଆଭିମୁଖ୍ୟ ଅନୁରଣିତ ହୋଇଛି। ତାଙ୍କ କବିତାରେ ବ୍ୟକ୍ତିଗତ ପ୍ରେମ ଅପେକ୍ଷା ସମଗ୍ର ବିଶ୍ୱ, ଉପେକ୍ଷିତ ଭୂମି, ମାଟି, କ୍ଷେତ, ଋତୁ, ଅରଣ୍ୟ, ପଳାଶ ବଣ ପାଇଁ ଉଚ୍ଚକିତ ସ୍ୱର ଶୁଭେ। 'ମାଟି ପ୍ରତି ତାଙ୍କ ସ୍ନେହ ଓ ଆନ୍ତରିକତାର ଇୟତ୍ତା ନାହିଁ। 'ମାଟି' ପ୍ରତି ସାମାନ୍ୟ ଆଘାତ ହେଲେ ତାଙ୍କ ହୃଦୟ ପ୍ରଚଣ୍ଡ ଭାବରେ ପ୍ରତିବାଦ କରି ଉଠେ। 'ମାଟି'କୁ କବି ମା' ରୂପେ ମାନବାୟିତ କରିଛନ୍ତି। ମାଟି ମା'ର ଗର୍ଭ-ଜରାୟୁରେ ମାରାତ୍ମକ ପାରମାଣବିକ ବୋମା ପରୀକ୍ଷଣ ଓ କାରଖାନାରୁ ନିର୍ଗତ ବର୍ଜ୍ୟବସ୍ତୁ ଇତ୍ୟାଦି ଧରାପୃଷ୍ଠକୁ ପ୍ରଦୂଷିତ କରେ। ତଥାପି ସେ 'ଧାତ୍ରୀ' ଏବଂ 'ମା' ରୂପେ ତା' ଗର୍ଭରୁ ମଣିମୁକ୍ତା, ପାରିଜାତପୁଷ୍ପ ବିଶଲ୍ୟକରଣୀ ଏବଂ ଅସୁମାରି ତୁଣ୍ଡକୁ ଆହାର ପ୍ରଦାନ

କରେ। ତେଣୁ, 'ମାଟି' ପାଇଁ କବି ବେହେରାଙ୍କ ଅଭିମାନ ଠିକ୍ ଜଣେ ଉତ୍ତରଦାୟାଦ ଭଳି। କବିଙ୍କ ଶବ୍ଦରେ ଦୃଢ଼ୋକ୍ତିର ଆଭାସ:

"ମାଟି କେବେ ନଥିଲା ସୁପ୍ତ
ନା' କେବେ ହୋଇପାରେ ଅକର୍ମା-ଅଥର୍ବ।" (ମାଟି - ପୃ:୭)

ମୃତାହତ ମାଟି ଉଦ୍ଭିଦ ଜଗତ ପାଇଁ ଅଜର-ଅମର ହୋଇ ଯୁଗଯୁଗ ଧରି ସତତ ସଜାଗ। ତା' ମନରେ କାହାପ୍ରତି ଲେଶମାତ୍ର ଘୃଣା ନାହିଁ ବରଂ ଧାତ୍ରୀଟିଏ ଭଳି ଆନ୍ତରିକ ସୋହାଗ ଏବଂ ନିଃସର୍ତ୍ତ ଆତ୍ମୀୟତାରେ ସେ ପ୍ରତ୍ୟେକଙ୍କୁ ନିଜ ଛାତିରେ ଆଶ୍ରୟ ଦିଏ। 'ବୁନ୍ଦାଏ ଝାଳ' କବିତାରେ କବିଙ୍କ ମମତ୍ୱବୋଧ ଶବ୍ଦରେ-

"ରୁହ ମୁଁ ତମକୁ ଚିହ୍ନାଇଦେବି ମାଟି
ବତେଇ ଦେବି ରାସ୍ତା
ଅଗ୍ରସର ହେବାପାଇଁ ଆଗକୁ ଆଗକୁ।" (ବୁନ୍ଦାଏ ଝାଳ - ପୃ:୪୫)

'ବନବର୍ଣ୍ଣାଳୀ' କବିତାରେ ଅନିର୍ମଳ ପୀତ ପଟୁମାଟି, ଉଞ୍ଚା-ଖାଲ ଭୂମି, ମୁକ୍ତାପଟୁମାଟି ଇତ୍ୟାଦି ଶବ୍ଦବିମ୍ବର ପ୍ରୟୋଗ ରହିଛି। 'ମାଟି' ଓ 'କ୍ଷେତ' ସହିତ ମଣିଷର ସଂପୃକ୍ତିକୁ ନେଇ 'ନିଃଶବ୍ଦ ଖଟଣି', 'କୋକା କ୍ଷେତର ଗଜା' ଇତ୍ୟାଦି କବିତାରେ ଚାଷୀଭାଇ ମାନଙ୍କ ପ୍ରତି କବିଙ୍କର ସହାନୁଭୂତି ବିଚଳିତ ହୋଇଛି। କବି ନିଜେ ମଧ୍ୟ ଜୀବନରେ ଅନ୍ୟ ପନ୍ଥା ନଥିଲେ ଚାଷ କରିବାରେ ବିଶ୍ୱାସୀ। ଚାଷୀଭାଇମାନଙ୍କ ପାଇଁ କବିଙ୍କ ଔଦାର୍ଯ୍ୟପୂର୍ଣ୍ଣ ଶବ୍ଦ -

"ଚାଷୀର ଥାଏ କ'ଣ କିଛି ଗୋଟେ
ଜାତି ଭିତ୍ତି ଗୋତ୍ର
ଭୂମିହୀନଠାରୁ ଭୂମିପତିଯାଏ
ପ୍ରତ୍ୟେକ ତ ଚାଷୀ ପଦବାଚ୍ୟ।" (ଅନ୍ୟରୂପ - ପୃ:୩୦)

ଚାଷୀର ନିଗିଡ଼ା ପରିଶ୍ରମର ବୁନ୍ଦାବୁନ୍ଦା ଝାଳ ମଧ୍ୟରେ କବି ମାନବୀୟ ଚେତନାର ଉତ୍ତରଣ ଚାହିଁଛନ୍ତି। 'ବର୍ଦ୍ଧିତ ବର୍ଣ୍ଣାଳୀ' କବିତାରେ ଚାଷୀ-ଚାଷୁଣୀର ଦୁର୍ଦ୍ଦଶାପୂର୍ଣ୍ଣ ଜୀବନ ଚିତ୍ରପ୍ରଦାନ କରିଛନ୍ତି। କବିଙ୍କ ମତରେ-

"ଇତିହାସ ହିଁ ଧାଡ଼ି ଧାଡ଼ି ପଢ଼ିଥିବ
ନିଃଶେଷିତ ହୋଇଥିବା ଶ୍ରମର ଗରିମା।
ଦେଖ, ଶ୍ରମକୁ ସମ୍ବଳ କରି ବଞ୍ଚୁଥିବା
ମଣିଷର ଭାଗ୍ୟ
ଦବୁଅଛି ତଳକୁ ତଳ।" (ପୋଖତ ପ୍ରବାହ - ପୃ: ୧ ୦୩)

ନିଷ୍କରୁଣ ବଜାର ବ୍ୟବସ୍ଥା ଭିତରେ କବିଙ୍କ ଖେଦୋକ୍ତି- "କୃଷି କ'ଣ ଗୋଟେ ବିବର୍ଜିତ ବୃତ୍ତି ? ପୁଣି 'ବୁନ୍ଦାଏ ଝାଳ' କବିତାରେ ଚାଷୀମାନଙ୍କ ପ୍ରତି ସହାନୁଭୂତି ପୂର୍ଣ୍ଣ ଶବ୍ଦରେ ଲେଖିଛନ୍ତି -

"ମୁଣ୍ଡର ଝାଳ
ନପଡ଼ିଲେ ତୁଣ୍ଡର ତଟରେ
ପରିତୃପ୍ତ ହେବ କ'ଣ ନିରକ୍ଷର ଭୋକ ?" (ପୃ: ୪୫)

ବିଶ୍ୱକବି ରବୀନ୍ଦ୍ରଙ୍କ ମତରେ- "None can reach heaven who has not passed through hell.'' (ସାବିତ୍ରୀ -ପୃ:୨୫୭) କବି ରବୀନ୍ଦ୍ର ଜାଗତିକ ସଂଘାତ-ସଂଘର୍ଷ-ଶ୍ରମଦେଇ ସ୍ୱର୍ଗର ଅମୃତସମ ସ୍ଥିତି ସଂଧାନରେ ବିଶ୍ୱାସୀ। କବି ଭରତ ବେହେରା ମଧ୍ୟ ଅନୁରୂପ ଭାବରେ, 'କର୍ମ ମୋହର ନିଜଗୁରୁ' ନ୍ୟାୟରେ ନିଜ ଦେହରୂପୀ ଦେଉଳରେ କର୍ମ, ଆଶା, ସ୍ୱପ୍ନକୁ ଅବଲମ୍ବନ କରି ଉର୍ଦ୍ଧ୍ୱାୟିତ ହେବା ନିମନ୍ତେ ଆକାଂକ୍ଷିତ ହୋଇଛନ୍ତି। ତେଣୁ, ଉଛୁଳା ଜହ୍ନରାତିର ପ୍ରତୀକ୍ଷା ଓ ଆହ୍ୱାନ କରିଛନ୍ତି। ବିଳମ୍ବିତ ଜହ୍ନରାତି ପରେ ହିଁ ଆଶାରୂପୀ ସୂର୍ଯ୍ୟୋଦୟ ସମ୍ଭବ। କବି ତେଣୁ ଆଶା ପୋଷଣ କରିଛନ୍ତି -

"ତମେ ଆସିବନା ଜହ୍ନରାତି
ଏବେ ନହେଲେବି ବିଳମ୍ବରେ
ସେତେବେଳକୁ ପାକଳ ହୋଇଯାଇଥିବ
ଘନ ଅନ୍ଧକାର
ତରାସିବାକୁ ଅପେକ୍ଷିଥିବ ଜହ୍ନ
ତମେ ଆସିବନା ଫୁଙ୍କିବାକୁ ଶଂଖ
ଆରମ୍ଭ କରିବା ଲାଗି
ଅନ୍ୟଗୋଟେ ଶୁଭ କର୍ମକାଣ୍ଡ।" (ଅନ୍ୟଗୋଟେ ଆରମ୍ଭ - ପୃ: ୩୭)

ଜହ୍ନରାତି ହିଁ ଆଗାମୀ ସମୟରେ କର୍ମମୟ ଜୀବନର ଗନ୍ତବ୍ୟ ପଥରେ ଶୁଭଶଂଖ ବଜାଇ କର୍ମଦ୍ୟୋତନା ପ୍ରଦାନ କରିଥାଏ।

ମାନବ ପ୍ରତି କବି ବେହେରାଙ୍କର ଆନ୍ତରିକତା ବହୁ କବିତାରେ ଉପଲବ୍ଧ ହୁଏ। 'ବୁଢ଼ୀମା', 'ଆଦିବାସୀ ମହିଳା', 'ବାପା', 'ସାବିତ୍ରୀ', 'ସୋନିଆଗାନ୍ଧୀ', 'ବନଜା ରାଉଳ', 'ଚନ୍ଦ୍ରାଅପା', 'ବଡ଼ ଭଉଣୀ', 'ଫକୀର ରାଉଳ', 'ଡାକପିଅନ' (ମାମୁଲି ମଥା), 'ପାଦବାହୀ ରିକ୍ସଗାଡ଼ି' ତଥା 'କ୍ରାନ୍ତିକାରୀ ବ୍ୟକ୍ତିତ୍ୱ ଅବନୀବରାଳ'ଙ୍କ ପ୍ରତି କବିଙ୍କର ଆନ୍ତରିକତା ତାଙ୍କର କବିତା ମାନଙ୍କରେ ସ୍ପଷ୍ଟ ଉପଲବ୍ଧ ହୁଏ।

କବିଙ୍କ ରୋମାଣ୍ଟିକ୍ ଅନୁଚିନ୍ତା ସମଗ୍ର ବିଶ୍ୱ ପାଇଁ ଛଳଛଳ ହୋଇଉଠିଛି। ତା'ରି ଭିତରେ କେତେକେତେ ଚରିତ୍ରମାନଙ୍କ ବିବିଧ ଆଦର୍ଶ, କ୍ରିୟା, ମୂଲ୍ୟବୋଧକୁ କବି ଡ. ବେହେରା ଅତି ସୂକ୍ଷ୍ମ ଭାବରେ ସଂଦର୍ଶନ କରିଛନ୍ତି। ସାଧାରଣ ମଣିଷଠାରୁ ଆରମ୍ଭ କରି ଅସାଧାରଣ ବ୍ୟକ୍ତିତ୍ୱଙ୍କୁ ନେଇ ତାଙ୍କ ସେଣ୍ଟିମେଣ୍ଟର ଅପୂର୍ବ ମୁଗ୍ଧ ରୂପ ଚିତ୍ରିତ ହୋଇଛି। 'ବୁଢ଼ୀମା' କବିତାରେ ପ୍ରତି ନାରୀର ଉତ୍ତରିତ ରୂପ ଭାବରେ ତା'ର ବୃଦ୍ଧାବସ୍ଥାକୁ ସମ୍ମାନ ଦେଇଛନ୍ତି କବି। କବିତାର ଶବ୍ଦେ ଶବ୍ଦେ ଆକଳନ କରିଛନ୍ତି ବୁଢ଼ୀମା'ଙ୍କୁ। ମା'ଟିଏ ଉତ୍ତୀର୍ଣ୍ଣ ହୋଇଗଲେ ବୁଢ଼ୀ ମା' ସ୍ଥାନରେ ପହଞ୍ଚିଯାଏ। କବିଙ୍କ ପାଇଁ ବୁଢ଼ୀମା' ଏକ ନାନାବାୟା ଗୀତର ଲହର ଯେ ବାଳୁତ ମନର ଜିଦ୍‌କୁ ପ୍ରଶମିତ କରିପାରେ। ସେ ପୁଣି ବୁକୁରୂପୀ ପେଡ଼ିରେ କେରି କେରି ଅଭିମାନ, ସହିଷ୍ଣୁତାକୁ ଆଦରି ନେଇପାରେ। ଅତି ଚମତ୍କାର ଢଙ୍ଗରେ ଏ ସଂସାରର ପ୍ରତ୍ୟେକ ବୁଢ଼ୀମା'ଙ୍କ ନିମିତ୍ତ କବି ଡ. ଭରତ ବେହେରା ଅଜାଡ଼ି ଦେଇଛନ୍ତି ତାଙ୍କର ଭିଜାଶବ୍ଦ କିଛି -

"ତୁଠ ପଥର ଭଳି
ସହିବାର ପରିଭାଷା ମା'
ବରଫ ଭଳି ତରଳିଯିବାର ଶବ୍ଦ
ବୁଢ଼ୀ ମା' ବିବେକ।" (ବୁଢ଼ୀମାଆ - ପୃ:୧୫)

'ନିରୁଦ୍ଦେଶର ନିର୍ଜନ ନିଦ୍ରା' କବିତାରେ କୌଣସି କାରଣରୁ ଆକସ୍ମିକ ଭାବରେ ନିରୁଦ୍ଦିଷ୍ଟ ହୋଇଯାଇଥିବା ଲୋକ ପ୍ରତି କବି ସମ୍ବେଦନା ପ୍ରକାଶ କରିଛନ୍ତି। ବିଶ୍ୱର ଗୃହିଣୀମାନଙ୍କ ପାଇଁ କବି ଶ୍ରଦ୍ଧାପୂର୍ଣ୍ଣ-ଆନ୍ତରିକତା ଜ୍ଞାପନ କରିଛନ୍ତି। ନାରୀଟିଏ ତା' ପରିବାର ପାଇଁ ରାନ୍ଧୁଣୀ ସାଜେ। ଚୁଲିନିଆଁକୁ ଦୀପ୍ତ କରିବାକୁ ଫୁଙ୍କିଚାଲେ, ନିଆଁ ଝୁଲରେ ସିଝେ ତା'ର ପାପୁଲି। ରଡ଼ନିଆଁ ଧାସବାଜି ତା' ଆଖିରୁ ଲୁହ ବହେ। ଏଇ ନିତ୍ୟନୈମିତ୍ତିକ ଅକୁଣ୍ଠ କର୍ମ ଭିତରେ ନାରୀଟିଏ ଯକ୍ଷ୍ମା ଏବଂ ଶ୍ୱାସ ରୋଗ ଭଳି ପ୍ରତିକୂଳ ଅବସ୍ଥାକୁ ନେଇ କର୍ମ କଷଣକୁ ଆଦରି ନେଇଥାନ୍ତି। ସେହି ସମସ୍ତ ରାନ୍ଧୁଣୀମାନଙ୍କ ନିମନ୍ତେ କବିଙ୍କ ହୃଦୟ ସନ୍ତପ୍ତ ହୋଇଉଠିଛି। -

"କର୍ମକଷଣ କ'ଣ ସେମାନଙ୍କର
ନିରୂପିତ ଭାଗ୍ୟ
ତମାମ ଜୀବନ କ'ଣ ବିତିବାକୁ ବାଧ୍ୟ
ବିଷଣ୍ଣ ବିନ୍ଦୁରେ? ? (ଆଖି ତଳର ଅଶ୍ରୁ - ପୃ: ୨୦)

ସେମିତି ଜଣେ ଆଦିବାସୀ ମହିଳାଙ୍କ ବିଳପିତ ମାତୃତ୍ୱକୁ ନେଇ କବି ହୃଦୟ

ବିଦୀର୍ଣ୍ଣ ହୋଇଛି। ଯାହା ଆଖି ସମ୍ମୁଖରେ ତା'ର ସନ୍ତାନର ମୃତ୍ୟୁ ହୋଇଥିବ ସେ ଅବା କିପରି ଧୈର୍ଯ୍ୟ ଧରି ରହିପାରିବ ?

କବିଙ୍କ ସମ୍ବେଦନାର କି ମାର୍ମିକ ଅଭିବ୍ୟକ୍ତି ସତେ !

"ଆଦିବାସୀ ମହିଳାର ରଡ଼ି ପ୍ରତିଧ୍ୱନି
ଗଢ଼ିଥିଲା କାରୁଣ୍ୟ ମଣ୍ଡଳ
ତା'ର ଅନ୍ତଫଟା ବିକ୍ଷୁବ୍ଧ ଶବ୍ଦାର୍ଥ
କାହା ମର୍ମକୁ ଭେଦୁକି ନ ଭେଦୁ
ବିଦାରି ଦେଉଥିଲା ମୋର
ଅଛିଦ୍ର ଆତ୍ମାକୁ।" (ବିକ୍ଷୁବ୍ଧ ବାହୁନା - ପୃ:୨୧)

କୌଣସି ହୋଟେଲରେ କାର୍ଯ୍ୟରତ ମହିଳାର ଉଦାସପଣକୁ ଅନୁଭବ କରି କବିଙ୍କ ଅତି ନିବିଡ଼ କାରୁଣ୍ୟପୂର୍ଣ୍ଣ ଶବ୍ଦ କି ହୃଦ୍ୟ ସତେ ! -

"ସଦାକାଳ ତା' ବିରସ ମୁହଁରେ
ମୌନ ପ୍ରବଣ ମୁଦ୍ରା
କୋରି ପକାଏ ମୋ ଅନ୍ତରାତ୍ମାକୁ।" (ମୌନପଣ - ପୃ:୨୪)

କବି ଅନୁଭବ କରୁଛନ୍ତି ନାରୀଟିର ଦୁର୍ଦ୍ଦଶାକୁ। ଅନେକ ଅପୂରଣୀୟ କ୍ଷତି ସହିଛି ସେ ମନରେ ଓ ଦେହରେ। ଉପାର୍ଜିତ ଅର୍ଥକୁ ମଧ୍ୟ ସେ ତା'ର ପରିବାରର ସଦସ୍ୟକୁ ଦେଇଚାଲିଥିବ। ନାରୀଟିଏ ମୌନପଣ ଭିତରେ ଥିବା ଅସୀମ ଉଦାସୀନତାକୁ କବି ହୃଦ୍‌ବୋଧ କରି ସମଦୁଃଖୀ ହୋଇଛନ୍ତି।

କବିତାରେ 'ସାବିତ୍ରୀ'କୁ କେବଳ 'ମିଥ୍' ଭାବରେ ଡ. ବେହେରା ପ୍ରୟୋଗ କରିନାହାନ୍ତି। ଆଧୁନିକ ସମାଜରେ ମଧ୍ୟ ତା'ର ସେଇ ସ୍ଥିତିକୁ ଭିନ୍ନ ରୂପେ ଅବଲୋକନ କରିଛନ୍ତି। 'ସାବିତ୍ରୀ'କୁ କବି ନିଭୃତ ମଡେଲିଂ ଗୃହ, ମଧୁଶାଳାର ମହଲ, ବିଜ୍ଞାପନର ପର୍ଦ୍ଦା କିମ୍ବା କାର୍ଯ୍ୟାଳୟରେ ପାଇଛନ୍ତି। ଆଧୁନିକ ସାବିତ୍ରୀ ପୂର୍ବଭଳି ଅବଳା ନୁହେଁ ବରଂ ତା'ର ଚରିତ୍ରର ମହତ୍ତର ବିକାଶ ଘଟିଛି। ଆଜିର ସାବିତ୍ରୀର ଗନ୍ତବ୍ୟର ସୀମା ସରହଦ ପରିବ୍ୟାପ୍ତ। କବି ତେଣୁ, ସମଗ୍ର ସଂସାରର ନାରୀମାନଙ୍କୁ 'ସାବିତ୍ରୀ' ରୂପେ ସମ୍ମାନ ଜଣାଇ ଲେଖିଛନ୍ତି -

"ଗୋଟିଏ ନାମ ନୁହେଁ ସାବିତ୍ରୀ
ଗୋଟିଏ ନିର୍ଜଳା ବ୍ରତ ନୁହେଁ ସାବିତ୍ରୀ
ବରଂ ସାବିତ୍ରୀ ଗୋଟିଏ
ଉଷ୍ମ ଉଲ୍ଲଙ୍ଘନର ଅବିଶ୍ରାନ୍ତ ଆଭା।" (ସାବିତ୍ରୀ - ପୃ: ୩୯)

ଭାରତର କଂଗ୍ରେସ ଅଧ୍ୟକ୍ଷା ସୋନିଆ ଗାନ୍ଧୀଙ୍କ ଆଦର୍ଶ ପାଳିବାକୁ କବି ସ୍ୱାଗତ କରି ତାଙ୍କ ଭଳି ଶକ୍ତିଶାଳୀ ମହିଳାଙ୍କ ଉଦ୍ଦେଶ୍ୟରେ 'ଅନ୍ତରାତ୍ମାର ଡାକ' କବିତାକୁ ଉତ୍ସର୍ଗ କରିଛନ୍ତି। ପଦପଦବୀର ଶୀର୍ଷସ୍ଥାନରେ ଥାଇ ମଧ୍ୟ ଗୋଟିଏ ଶବ୍ଦରେ ତୁଚ୍ଛ କରି ସଗୌରବ ଅନାସକ୍ତ ଓ ନିର୍ଲିପ୍ତ ହୋଇ ସମସ୍ତଙ୍କୁ ଚକିତ କରିଥିଲେ ସୋନିଆ। କବି ଡ. ବେହେରା ତାଙ୍କ ଉଦ୍ଦେଶ୍ୟରେ ପ୍ରଶ୍ନ ରଖିଛନ୍ତି -

"ତମେ କ'ଣ ସର୍ବଶ୍ରେଷ୍ଠ ଆଦର୍ଶ ପାଳିକା
ଅତ୍ୟଧିକ ଗଣତନ୍ତ୍ର ଅନୁରାଗୀ ଆତ୍ମା
ସାମାନ୍ୟ ପ୍ରତିବାଦରେ ପରିତ୍ୟାଗ କରିଦେଇ
ଗାଦିଚେର ମୂଳ ? ?" (ପୃ: ୪୪)

କବିଙ୍କ ଦୃଷ୍ଟିରେ ଶ୍ରୀମତୀ ସୋନିଆ ଗାନ୍ଧୀ ମହିଳା ସଶକ୍ତୀକରଣର ଉତ୍ତୁଙ୍ଗ ସ୍ଲୋଗାନ୍ ଏବଂ ଆକାଶଠୁ ମଧ୍ୟ ଅତ୍ୟଧିକ ଉଦାର। ମାନବବାଦୀ କବି ଭରତ ବେହେରା ପିତୃତ୍ୱର ମୂଲ୍ୟବୋଧକୁ 'ବାପା' କବିତାରେ ଉଚ୍ଚାରଣ କରିଛନ୍ତି। ସଂସାରର ସବୁ ଭଗିନୀମାନଙ୍କୁ ନେଇ 'ବଡ଼ ଭଉଣୀ' ଓ 'ଅପାଚନ୍ଦ୍ରା' କବିତା ରଚନା କରିଛନ୍ତି। ଅତି ସାଧାରଣ ସ୍ତରର ଫକୀର ରାଉଳ, ଡାକପିଅନ, ପାଦବାହୀ ରିକ୍ସା ଚଳାଉଥିବା ମଣିଷ ମଧ୍ୟ ତାଙ୍କ ଦୃଷ୍ଟି ସମ୍ମୁଖରୁ ବାଦ୍ ପଡ଼ିନାହାନ୍ତି। ପ୍ରତ୍ୟେକ ପରିଶ୍ରମୀ ମଣିଷଙ୍କ ଉଦ୍ଦେଶ୍ୟରେ କବିଙ୍କ ଆତ୍ମୀୟତାପୂର୍ଣ୍ଣ ଶବ୍ଦ -

"ସମ୍ଭବତଃ ଶ୍ରମ ହିଁ ସେମାନଙ୍କ
ଏକମାତ୍ର ସାଙ୍ଗୁଆ ସାରଥି।" (ଏକା ଏକା ନିସ୍ତରଙ୍ଗ - ପୃ:୧୦୭)

'ସ୍ୱପ୍ନକୁ ନେଇ କବି ବେଶ୍ ଆଶାବାଦୀ। ସ୍ୱପ୍ନଟିଏ ତାଙ୍କ ଦୃଷ୍ଟିରେ ଉଦ୍‌ବାୟୀ କଣିକା ଯାହା ସ୍ନାୟୁକୁ ସକ୍ରିୟ କରେ, ମନକୁ ସବୁଜ କରେ, ଶୋଷଣବିହୀନ ଶ୍ରେଣୀହୀନ- ଜାତିମୁକ୍ତ ଅନୁପମ ପୃଥିବୀର ସ୍ୱପ୍ନ ଦେଖାଏ। ସମସ୍ତ ପ୍ରତିକୂଳସ୍ଥିତି ଏବଂ ବିଫଳତା ସତ୍ତ୍ୱେ ଭଳି ଭଳି ସ୍ୱପ୍ନ ନେଇ ମଣିଷ ବଞ୍ଚିଥାଏ। କାରଣ -

"ସାମ୍ନାରେ ଲମ୍ବିଛି ଲମ୍ବମାନ ରାତି
ଦେଖିବାକୁ ଭଳିଭଳି ସ୍ୱପ୍ନ
କେବେ ସାକାର ହେବ ତମର ସ୍ୱପ୍ନ
ନା' ଅଧୁରା ରହିଯିବ ମରଣ ଅବଧି।" (ମହାସ୍ୱପ୍ନର ମୁଦ - ପୃ:୧୦୧)

'ରୂପରେଖ' କବିତାରେ ମାନବ ସଭ୍ୟତାର ବିକଶିତ ପର୍ଯ୍ୟାୟକୁ କବି ସୂଚିତ କରିଛନ୍ତି। ଲୋକମୁଖ, ପୋଥି, ପୁରାଣ ଓ ପୁସ୍ତକ ପୃଷ୍ଠାରୁ ହିଁ ବିତିଯାଇଥିବା ଯୁଗମାନଙ୍କର ସ୍ମାରକୀ ମିଳେ। ଯୁଗ ପରେ ଯୁଗ ଅତିକ୍ରାନ୍ତ ହୋଇଛି। କଳିଯୁଗର ଅନ୍ତିମ ରୂପରେଖକୁ

ନେଇ କବି ଆଶ୍ୱସ୍ତ ଯେ ଏ କଳିଯୁଗର ସମୟ ଦିନେ ଅନନ୍ତ ପ୍ରବାହ ଭିତରେ ନିଶ୍ଚିହ୍ନ ହୋଇଯିବ। କଳିଯୁଗର ବିଦାୟ ପରେ ନବୀନ ସୂର୍ଯ୍ୟୋଦୟ ସଂସାର ପାଇଁ ମଙ୍ଗଳପୂର୍ଣ୍ଣ ବାର୍ତ୍ତା ନେଇ ଆସିବ ବୋଲି କବି ଭରତ ବେହେରା ବେଶ୍ ଆକାଂକ୍ଷିତ ଥିବା ମନେହୁଏ। ସେ ପ୍ରଶ୍ନିଳ ହୋଇଉଠିଛନ୍ତି -

"ଅନାଗତ କାଳ କ'ଣ ହୋଇଥିବ ଅବିକଳ
ପାପମୁକ୍ତ ଶାପମୁକ୍ତ କଷଣ ରହିତ
ଅକପଟ ଅହମର ଶୁଦ୍ଧ ଉଚ୍ଚାରଣ ? ?" (ପୃ:୪୨)

କବି ସଂସାରର ସଂଘର୍ଷ, ଦୁର୍ବହ ଦୁର୍ଦ୍ଦଶା, ଅପରାଧପ୍ରବଣତାକୁ ଉପଲବ୍ଧି କରି ବସୁନ୍ଧରାକୁ ବନ୍ଧ୍ୟା ପାଲଟିଯିବାକୁ ଅନୁରୋଧ କରିଛନ୍ତି।

"ବସୁନ୍ଧରା
ତମେ ପ୍ରତି ମୁହୂର୍ତ୍ତରେ ଶୁଣିବା ଅପେକ୍ଷା
ଉନ୍ମାଦିନୀ ଉତ୍ତେଜିତ ରଡ଼ି
ବନ୍ଧ୍ୟା ପାଲଟିଯାଅ ଅନ୍ତତଃ ଏବେଠୁ
ମୋହମୁକ୍ତ ହେବାପାଏ ପାପିଷ୍ଠ ପ୍ରବୃତ୍ତି।" (ଉନ୍ମାଦିନୀ - ପୃ:୫୦)

ଏକପାର୍ଶ୍ୱରେ ମହଣେ ସ୍ୱପ୍ନ ଅପରପାର୍ଶ୍ୱରେ ବାସ୍ତବତାର ନଗ୍ନ ରୂପକୁ ନେଇ କବି ସଂଶୟାଚ୍ଛନ୍ନ ହୋଇଛନ୍ତି ସତ, ତଥାପି ସବୁଜ ଧାନର ଫୁଲର ଗୁଣ୍ଡୁଣୀ ଭିତରେ ଥିବା ଶସ୍ୟ କବିଙ୍କ ପାଇଁ କସ୍ତୁରୀ ପ୍ରାୟ ଆକର୍ଷଣୀୟ-ଗନ୍ଧଯୁକ୍ତ ମନେହୋଇଛି। କବି ମାଟିକୁ ନିଜଠାରୁ ଦୂରେଇ ପାରିନାହାନ୍ତି। ସୁବର୍ଣ୍ଣ କ୍ଷେତ, ହରିତ୍ ଶସ୍ୟ, ପଳାଶ ବଣର ଶୁଖିଲା ମହକ, ନଈପଠା, ବଗଚରା, ଥୁଣ୍ଟାଦ୍ରୁମ ଇତ୍ୟାଦି ମଧ୍ୟ କବିଙ୍କ ପାଇଁ ଅତି ଆତ୍ମୀୟ।

'ସମୟ' ତାଙ୍କ ଦୃଷ୍ଟିରେ ମରୀଚିକା ସଦୃଶ। ସମୟ ଅନୁଯାୟୀ ସମସ୍ତ ଭୋଗାଭୋଗ ହୁଏ। ସୁରା, ସାକୀ, ମଧୁଶାଳାର ସ୍ଥିତି ଥାଇ ମଧ୍ୟ ଫଗୁଣର ସ୍ପର୍ଶ ଏବଂ ଶ୍ରାବଣର ସ୍ନିଗ୍ଧ ବର୍ଷାବିନ୍ଦୁ ମଣିଷ ପାଇଁ ବେଳେବେଳେ ଦୁର୍ଲଭ ହୋଇପଡ଼େ। ଆଜୀବନ ବୈଶାଖର ଝାଞ୍ଜିରେ ଆକ୍ତାମାକ୍ତା ହେଉଥିବା ମଣିଷ ପାଇଁ କବି ଆବେଗରେ କହିଉଠନ୍ତି:

"ସତରେ
ସମୟ ପହଁରିଗଲେ
ଏ କୂଳରୁ ଅନ୍ୟ ଏକ କୂଳ
ଦୂରେଇ ଯାଆନ୍ତି ସବୁ
ହାତ ମୁହଁ ରୁଦିତ ନୟନ।" (ମରୀଚିକା - ପୃ:୧୦୮)

'ବିଦୀର୍ଣ୍ଣ ବେଦନା' କବିତାରେ ସମଗ୍ର ମଣିଷର ଅନ୍ତର୍ଦାହର ମାନଚିତ୍ର ରହିଛି। ପ୍ରତି ମଣିଷ ଚକ୍ଷୁରୁ ଛଳଛଳ ଲୁହ ବିନ୍ଦୁ ହୋଇ ଝରେ, ଅସୀମ ଦୁଃଖକୁ ନେଇ ଯେତେ କହିଲେ ବି କଥା ବାକିରହେ, ଦୁଃଖର ଦାଉ, ଦ୍ରୋହ, ଦ୍ୱନ୍ଦ୍ୱକୁ ବର୍ଣ୍ଣିବା ପାଇଁ ତା' ପାଖରେ ଶବ୍ଦ ନିଅଣ୍ଟ ହୁଏ। କବି ତେଣୁ ଦୁଃଖ ସଂଜ୍ଞା ଅତି ନିଛକ ଭାବରେ ପ୍ରଦାନ କରିଛନ୍ତି -

"ଦୁଃଖ: ତମେ ଗୋଟେ ନାନାର୍ଥକ ଶବ୍ଦ
ତମ ତାଡ଼ନାର ଉତ୍ତପ୍ତ ଲହୁରେ
ଦଗ୍ଧ ହେଉଥାନ୍ତି ଅସଂଖ୍ୟ ଅସ୍ତିତ୍ୱ
ଭିତରକି ସୀମା ପାର ଭୌଗୋଳିକ ଦିଶା।" (ବିଦୀର୍ଣ୍ଣ ବେଦନା - ପୃ: ୧୧୦)

'ନିଦ୍ରା' କବିତାରେ ଜୀବନର ଅଖଣ୍ଡ ଦର୍ଶନବୋଧ ରହିଛି। ଗୃହ-କର୍ମକାଣ୍ଡ ଏବଂ ସନ୍ତାନର ଲାଳନପାଳନ ପ୍ରତି ସମର୍ପିତା ନାରୀ ତା'ର ଶିଶୁକୁ 'ଧୋବାୟା ଲୋରୀ' ଶୁଣାଇ ଥାଏ। ମା' କୋଳର ସେତିକି ସମୟ ହିଁ ତା'ର ନିଶ୍ଚିନ୍ତ ପ୍ରହର ଥାଏ। କାରଣ, ତାରୁଣ୍ୟରେ କଠୋର କର୍ମ ଆହ୍ୱାନରେ ଏବଂ ଅଧିକ ଅର୍ଜନ ଆଶାରେ ତାକୁ ଯିବାକୁ ହୁଏ ଦୂରକୁ ଏବଂ ପରିଶେଷରେ ଶେଷ ନିଦ୍ରାରେ ଶୋଇଯାଏ। ଅନୁରୂପ ଭାବରେ 'ଲୁଳିତ ଲୁହର ରଙ୍ଗ' କବିତାରେ ମାତୃହରା ମୁରବୀହୀନ ଗୋଟିଏ ପୁଅର କ୍ରନ୍ଦନ ଏବଂ ତା'ର ଯନ୍ତ୍ରଣାକୁ ନେଇ କବିଙ୍କ ଭାବପ୍ରବଣତା ପ୍ରକାଶ ପାଇଛି। ଜୀବିତାବସ୍ଥାରେ ଅଭିଭାବକମାନଙ୍କ ସ୍ଥିତି ଠିକ୍ ଏକ ଶକ୍ତ-ଦୃଢ଼ ବରଗଛ ଭଳି ପର୍ଯ୍ୟାପ୍ତ ଛାୟା, ପ୍ରେରଣା ଏବଂ ଅଚିନ୍ତ୍ୟ ଆଶ୍ରୟ ପ୍ରଦାନ କରିଥାଏ। କିନ୍ତୁ ସେମାନଙ୍କ ଆକସ୍ମିକ ବିୟୋଗ ସମସ୍ତଙ୍କୁ କେତେ ଯେ ମର୍ମାହତ କରେ, ତାହା ଅବର୍ଣ୍ଣନୀୟ। ପ୍ରତ୍ୟେକ ସନ୍ତାନର ଏଭଳି ମୁରବିହୀନ ଅବସ୍ଥାକୁ ନେଇ କବି କ୍ରନ୍ଦନରତ ସନ୍ତାନମାନଙ୍କ ଉଦ୍ଦେଶ୍ୟରେ ଲେଖିଛନ୍ତି -

"ଅନ୍ତତଃ ଝରୁଥିବା ଯାଏ ଶେଷ ଲୁହବିନ୍ଦୁ
ଏକା ଏକା ଛାଡ଼ିଦିଅ ତାକୁ
ଯେତେ ଦାୟିକା ଦେଇ କାନ୍ଦୁଛି ତ କାନ୍ଦୁ
ଏକା ଏକା ଛାଡ଼ିଦିଅ ତାକୁ।" (ଲୁଳିତ ଲୁହର ରଙ୍ଗ - ପୃ: ୧୧୨)

ସାମ୍ୟବାଦୀ ସଂଗଠକ ଅବନୀ ବରାଳଙ୍କ ଠାରୁ କୃଷକ ନେତା ବଲିଭିଆର ରାଷ୍ଟ୍ରପତି ହୋଇଥିବା ଇଭୋ ମୋରାଲସଙ୍କ ପର୍ଯ୍ୟନ୍ତ କବିଙ୍କ କବିତାରେ ଜୀବନ୍ତ। କେବଳ ମାନବ ପ୍ରତି କବି ଭରତ ବେହେରା ଆବେଗ ପ୍ରବଣ ହୋଇନାହାନ୍ତି, କାଇଁଫୁଲ, ଅରଣ୍ୟ, ଚଢ଼େଇ, ଲହକାଲତା, ଚିତ୍ରାବତୀ ନଦୀ, ପଳାଶବଣକୁ ମଧ୍ୟ କବି ଶବ୍ଦରେ ସଜେଇଛନ୍ତି।

'ମୁଦ୍ରିତ ମହକ'ରେ କ୍ରାନ୍ତି ଓ ଈଶ୍ୱରବାଦକୁ ନେଇ କବି ଭରତ ବେହେରା ନିଜ ସ୍ୱତନ୍ତ୍ର ଦୃଷ୍ଟିକୋଣ ଉପସ୍ଥାପନ କରିଛନ୍ତି। 'ମୁକ୍ତି ମର୍ମର', 'ଘୋଷଣାନାମା', 'ଧର୍ମଘଟ', 'କିସ୍ତିକଥା', 'ଛାଇ ନକ୍ସା', 'ଅରଣ୍ୟର ଆଖି', 'ମୁଦ୍ରିତ ମହକ', 'ପୋଖତ ପ୍ରବାହ' ତଥା 'ମହାସ୍ୱପ୍ନର ମୁଦ' କବିତାରେ କ୍ରାନ୍ତିର ଏକ କୁହୁଳା ପ୍ରତିଶବ୍ଦ ଅନୁଭବ କରିହୁଏ। ମଣିଷ ଉପରେ ମଣିଷର ଶୋଷଣ, ଯୁଗପତ୍ ପରମ୍ପରାର ସଶକ୍ତ ଶିକୁଳି, ଅସଂପୂର୍ଣ୍ଣ ଦାବି, ବଞ୍ଚିତ ମଣିଷମାନଙ୍କର ଅଶେଷ ସଂଗ୍ରାମକୁ କବି ଭରତ ବେହେରା ମର୍ମେ ମର୍ମେ ଅନୁଭବିଛନ୍ତି।

ଧର୍ମଘଟକୁ ଏକ ଧମକପୂର୍ଣ୍ଣ ଧ୍ୱନି ବୋଲି ମନେ କରନ୍ତି କବି।

ତାଙ୍କ ମତରେ- "ବଞ୍ଚିତର ଅବନତ ମଥା କି ଗର୍ଦ୍ଦନ
ଆସ୍ତେ ଆସ୍ତେ ସିଧା ହୋଇଯାଏ
ବହୁଥିଲେ ବରାବର
ବିଦ୍ରୋହ ବତାସ।" (ଧର୍ମଘଟ - ପୃ:୬୧)

ଜାତିପ୍ରଥା, ଜାତି-ଉପଜାତି ସୃଜନ ପଛରେ ବ୍ୟବସ୍ଥାର କୂଟ ସନ୍ଧିକୁ କବି ହୃଦ୍‌ବୋଧ କରନ୍ତି। 'ମହାସ୍ୱପ୍ନର ମୁଦ' କବିତାରେ ତେଣୁ କବି ସ୍ୱପ୍ନ ଦେଖିଛନ୍ତି -

"ତେବେ ବି ସ୍ୱପ୍ନ ଦେଖାଯାଏ
ପହଁରି ପହଁରି ଆବେଗର ନଈ।
ତମେକି ସ୍ୱପ୍ନ ଦେଖୁଥିଲ ଗଣପତି
ଶ୍ରେଣୀହୀନ ରାଷ୍ଟ୍ରହୀନ
ଶୋଷଣବିମୁକ୍ତ
ଜାତିମୁକ୍ତ କୁସଂସ୍କାର ମୁକ୍ତ
ସମାଦର ସମଗ୍ର ସମାଜ। (ମହାସ୍ୱପ୍ନର ମୁଦ - ପୃ: ୧୦୧)

କବି ହୃଦ୍‌ବୋଧ କରିଛନ୍ତି- "ଶ୍ରମକୁ ସମ୍ବଳ କରି ବଞ୍ଚୁଥିବା ମଣିଷର ଭାଗ୍ୟ ଦବୁଅଛି ତଳକୁ ତଳକୁ।" ଏହି ଅଖଣ୍ଡ ସତ୍ୟକୁ ପ୍ରତ୍ୟକ୍ଷ ଭାବରେ ଧାରଣ କରିଛି 'ଇତିହାସ'। କବିଙ୍କ ଶବ୍ଦରେ-

"ଇତିହାସ ହିଁ ଧାଡ଼ି ଧାଡ଼ି ପଢ଼ିଥିବ
ନିଃଶେଷିତ ହୋଇଥିବା ଶ୍ରମର ଗରିମା।" (ପୋଖତ ପ୍ରବହ - ପୃ:୧୦୨)

'ସ୍ଫୁଲିଙ୍ଗର ଶୀର୍ଷନାମ ନକ୍ସଲ' କବିତାରେ ନ୍ୟାଯ୍ୟଦାବି ପାଇଁ ସଂଗ୍ରାମରତ ଉତ୍ପୀଡ଼ିତ-ଉପେକ୍ଷିତ ମଣିଷର ଅସ୍ତିତ୍ୱକୁ ସାବ୍ୟସ୍ତ କରୁଥିବା ନକ୍ସଲମାନଙ୍କୁ କବି 'ସ୍ଫୁଲିଙ୍ଗ' ତଥା 'ଅନିର୍ବାଣ ଶିଖା' ନାମରେ ନାମିତ କରିଛନ୍ତି।

କବି ପ୍ରଶ୍ନାୟିତ -

"ସେମାନେ କ'ଣ ଚାହାନ୍ତି
ମୋକ୍ଷ ନା ନିର୍ବାଣ
ନା, ଦଳିତଙ୍କ ଭୋକ ଭିଜା ଉଦରର
ଜ୍ୱାଳା ପ୍ରଶମନ???" (ଉପେକ୍ଷିତ ଭୂମି - ପୃ:୧୧୯)

କ୍ରାନ୍ତି ଓ ବିପ୍ଳବକୁ ଆଶ୍ରା କରିଥିବା କବିସତ୍ତା ଯେବେଯେବେ ଦେଶୀୟ ଋଣଦାତାର ଚାପ ଓ ଫିସାଦିକୁ ନ ବୁଝି ତା'ର ଜାଲରେ ପଡ଼ିଥିବା ନିରୀହ କରଜିଆମାନଙ୍କୁ ଦେଖିଛନ୍ତି, ସେହି କିସ୍ତି ଦେୟ ଭାରାକ୍ରାନ୍ତଙ୍କ ପ୍ରତି ତାଙ୍କର ଆନ୍ତରିକ ଦରଦ ମଧ୍ୟ ଝରିପଡ଼ିଛି।

ଜୀବନ ସଂଘାତର ସର୍ବଶେଷ ଶାନ୍ତି-ମୁକ୍ତିସ୍ଥଳୀ ଭାବରେ କବି ଅନାକ୍ଷୟ ଦିବ୍ୟତ୍ୱ ପାଖରେ ନତମସ୍ତକ ହୋଇଛନ୍ତି। 'ଅଲୌକିକ ଅସ୍ତିତ୍ୱର ନାମ ଈଶ୍ୱର', 'ଅକ୍ଷର ଅନିଷା', 'ନିତ୍ୟନାମ', 'ନୀଳବାସ୍ନା' ଇତ୍ୟାଦି କବିତାରେ କବି ଭରତ ବେହେରାଙ୍କ ଆଧ୍ୟାତ୍ମିକ ଆସ୍ପୃହାର ଅତି ସ୍ୱଚ୍ଛ-ସାବଲୀଳ ମନ୍ଦାକିନୀ ପାଠକକୁ ଦ୍ରବୀଭୂତ କରିବାରେ ସମର୍ଥ। କବିଙ୍କ ଭିତରେ ଅଦୃଷ୍ଟର ସ୍ୱୀକୃତି ଅଛି ସତ କିନ୍ତୁ ତା' ଭିତରେ ମଧ୍ୟ ମଣିଷ ଯନ୍ତ୍ରଣାର ଦଲିଲ ପହଞ୍ଚାଇବାର ସତତ ପ୍ରୟାସ ରହିଛି। ଆଧୁନିକ ସଂଘାତପୂର୍ଣ୍ଣ ଜୀବନସ୍ଥିତିରେ କବି-ଭଗବାନ୍ ବୁଦ୍ଧଙ୍କ ଦର୍ଶନକୁ ସ୍ମରଣ କରିଛନ୍ତି -

"କ'ଣ ଏବେ କହିଥାନ୍ତେ ବୁଦ୍ଧ
କାମନାର ବିନାଶରେ ଦୁଃଖର ଆପୂର୍ତ୍ତି
ନା, ସର୍ଜନା କରିଥାନ୍ତେ
ଆଉ କିଛି ଅଭ୍ରାନ୍ତ ଅକ୍ଷର।" (ନୀଳବାସ୍ନା - ପୃ: ୭୧)

ନାମତତ୍ତ୍ୱର ମହତ୍ତ୍ୱ ବୁଝାଇବାକୁ ଯାଇ କବି ବେହେରା 'ନିତ୍ୟନାମ' କବିତାରେ ଈଶ୍ୱରଙ୍କ ସ୍ୱରୂପ ସଂପର୍କରେ ଉଲ୍ଲେଖ କରିଛନ୍ତି -

"ସବୁଠାରୁ ଗତିଶୀଳ ଗରିମାମୟ ଅସ୍ତିତ୍ୱର
ସାର୍ବକାଳିକ ନାମ ଈଶ୍ୱର
ବସ୍ତୁତଃ ଗୋଟେ ବିସ୍ମୟାତୀତ
ଅଲୌକିକ ଅସ୍ତିତ୍ୱର ନାମ ଈଶ୍ୱର।" (ନିତ୍ୟନାମ - ପୃ:୧୨୪)

ଈଶ୍ୱର- ବାଦ-ବିବାଦ, ବିତର୍କର ଊର୍ଦ୍ଧ୍ୱରେ ଦୃଶ୍ୟ ପୁଣି ଅଦୃଶ୍ୟରେ, ନିକଟରେ ପୁଣି ଦୂରାନ୍ତରେ ଥାଆନ୍ତି। ମଣିଷର ସୁଖ, ସଙ୍କଟ, ସଂତ୍ରାସ କାଳରେ ମଣିଷ ଉପରେ ସେ ଅଜାଡ଼ି ଦିଅନ୍ତି ଅସରା ଅସରା ଆନନ୍ଦ ଏବଂ ଆଶିଷ। କବିଙ୍କ ପାଇଁ ଈଶ୍ୱର ହିଁ ତାଙ୍କ ଅସ୍ତିତ୍ୱର ପ୍ରତିଷ୍ଠାପକ।

ଈଶ୍ୱରଙ୍କ ରୂପ ଅବିକଳ୍ପ, ଅଶ୍ରୁତପୂର୍ବ, ସେ ଶବ୍ଦ, ଜ୍ୟୋତି ଓ ବିଭୂତିର ସବୁ ଅସମ୍ଭବକୁ ସମ୍ଭବ କରୁଥିବା ଅଭେଦ୍ୟ ଆଲୋକ ହେଉଛନ୍ତି ଈଶ୍ୱର। କବି ଡ. ବେହେରା ଈଶ୍ୱରଙ୍କୁ ସାଧାରଣ ରୂପରେ ସୀମିତ କରିନାହାନ୍ତି। ବରଂ ତାଙ୍କ କବିପଣ ଅସୀମ ଚେତନାପୁଞ୍ଜର ଆଧାର ରୂପେ ଅତି ସୂକ୍ଷ୍ମ ଭାବରେ ତାଙ୍କୁ ଅବଲୋକନ କରିଛନ୍ତି। କବିଙ୍କ କବିତାରେ ଆତ୍ମିକ-ନବଚେତନା ଅତ୍ୟନ୍ତ ସ୍ୱତନ୍ତ୍ର। ସମୟ ଓ ସମାଜର ସ୍ଥିତିରେ ମାନବ ଜୀବନକୁ ନେଇ ତାଙ୍କର ବହୁବିଧ ଦର୍ଶନ ପରିସ୍ଫୁଟ ହୋଇଛି।

ଉତ୍ତର ଅଶୀ ଓଡ଼ିଆ କବିତା ନୂତନ ଆତ୍ମିକ ଧରାତଳକୁ ଆଶ୍ରୟ କରିଥାଏ। କବି ଡ. ଭରତ ବେହେରାଙ୍କ କବିତାର ଆଙ୍ଗିକ ଭାବମୂଲ୍ୟ ମଧ୍ୟ ବଳିଷ୍ଠ। 'ମୁଦ୍ରିତ ମହକ' କବିତା ସଂକଳନରେ ବହୁ ତତ୍ସମ, ଗ୍ରାମୀଣ, ଧ୍ୱନ୍ୟାତ୍ମକ ଯୁଗ୍ମ ଶବ୍ଦ, ହିନ୍ଦୀ ଶବ୍ଦାବଳୀ ତଥା ଚିତ୍ରବିମ୍ବର ସୁସଂଯୋଜନ ପରିଦୃଷ୍ଟ ହୁଏ।

ତତ୍ସମ ଶବ୍ଦାବଳୀ: କ୍ଲେଶ, ପୁଷ୍ପ, ବିଶ୍ୱ, ସହକର୍ମୀ, ନିଃସ୍ୱଳ ଜନ୍ମାନ୍ତର, ପଙ୍ଗୁ, ପୃଥ୍ୱୀ, ମହାର୍ଘ, ଦ୍ରୁମ, ମାତୃତ୍ୱ, ନିଷ୍ପାପ, ସଂଗୋପ୍ୟ, କ୍ଷୁଧା, ନିଖିଳ, ଜନ୍ମାନ୍ତର, ସ୍ନାୟୁ, ନୈବେଦ୍ୟ, ଅମୃତ, ଭଗ୍ନ, ତୃଷ୍ଣା, ଶୈଶବ, ଯୌବନ, ମୂଢ଼, ଆକୃତି, ଅନ୍ୱେଷ୍ୟ, କ୍ଷବ, ପର୍ଯ୍ୟନ୍ତ, ଦୁଷ୍କର୍ମ, କ୍ଷୁଧା, ଭ୍ରୂମ, ଗ୍ରୀବ ଇତ୍ୟାଦି।

ଗ୍ରାମୀଣ ଶବ୍ଦାବଳୀ: ଅତର୍ଚ୍ଛ, ଫର୍ଚ୍ଚା, ତରାସିବା, ଦେଢ଼ିଆ, ଟୋକେଇ, ସିଆଣିଆ, ଆଂଶୁ ଇତ୍ୟାଦି।

ହିନ୍ଦୀ ଶବ୍ଦାବଳୀ: ଆବାଜ୍, ଜହ୍‌ର, କଦମ୍, ଦପ୍ତର୍, ମଜବୁତ୍, ଗର୍ଦ୍ଦନ, ବରାବର୍, ମହଜୁଦ୍, ତମାମ୍, ମୁସ୍କିଲ୍, ବିରାଦର୍, ମର୍ଜି ଇତ୍ୟାଦି।

ଯୁଗ୍ମ ଶବ୍ଦାବଳୀ: ଖଟୁଖଟୁ, ଝାପ୍‌ସାଝାପ୍‌ସା, ମହମହ, ଭିନ୍ନଭିନ୍ନ, ନୂଆନୂଆ, ଡହଡହ, ବୁରର୍‌ବୁରର୍, ଲୁହଲହୁ, ଗୁଣୁଗୁଣୁ, ମେଞ୍ଚାମେଞ୍ଚା, ବିଜିବିଜି, ଢେରଢେର, ଅର୍ବୁଦଅର୍ବୁଦ, ଫଣଫଣ, ପୁଞ୍ଜାପୁଞ୍ଜା, ବସ୍ତାବସ୍ତା, ଗୁଣ୍‌ଗୁଣ୍, ଚୂନାଚୂନା, ମୃଦୁମୃଦୁ, ଅସରାଅସରା, ମାଳମାଳ, ରତରତ, ଗହଗହ ଇତ୍ୟାଦି।

ଚିତ୍ରବିମ୍ବ: କାଗଜବାଘ, କୋମଳ କୋରକ, ମନ୍ଥରା ଭୂଇଁ, ପୋଖରୀ କଇଁ, ଖଟଣିର ଚିହ୍ନ, ମୁହଁର ଭୂଗୋଳ, ଶିଶିର ସ୍ନାତ ସକାଳ, ସ୍ଥିର ଇନ୍ଦ୍ରଧନୁ, ନିର୍ଜନ ନିଦ୍ରା, ଚୋଟ ମାରୁଥିବା ଦୁଃଖ, ତାଡ଼ନାର ଉତ୍ତପ୍ତ ଲହୁ, ତାରୁଣ୍ୟର ତରଳ ବେଳା, ପ୍ରସ୍ତପ୍ରସ୍ତ ନିଝୁମ ନିଦ, ନିବିଡ଼ ନିଶୀଥ, ଅଫେରା କ୍ରାନ୍ତି, ଭୋକଭିଜା ଉଦର, ଭୟଶିଖ, ପାଂଶୁଳ ପାଖୁଡ଼ା, ସଂଘର୍ଷ ଘାଟି, ରକ୍ତବର୍ଣ୍ଣ ଭ୍ରୂଣ, ସଶବ୍ଦ ଅଭିଯାତ୍ରା, କଳ୍ପିତ କରବୀ, ଚେତନାର ଆଗ୍ନେୟ ଇତ୍ୟାଦି।

କବି ଡ. ଭରତ ବେହେରା ଜଣେ ପ୍ରତିଭାସଂପନ୍ନ ବ୍ୟକ୍ତିତ୍ୱ। କବିତାର ଅନ୍ତରଙ୍ଗ

ଇଲାକାରେ ତାଙ୍କ ଚେତନାର କଣିକା ସ୍ୱତନ୍ତ୍ର ଭାବରେ ଅଭିବ୍ୟକ୍ତ ହୋଇଛି। କବିତା ଯେତିକି ଆଲୋଚିତ ହେବା କଥା ସେତିକି ଚର୍ଚ୍ଚା। ନହେବା ନିଶ୍ଚିତ ଭାବରେ ଦୁର୍ଭାଗ୍ୟପୂର୍ଣ୍ଣ। ଆଗାମୀ ସମୟରେ ତାଙ୍କ ସୃଷ୍ଟି ସମ୍ଭାର ପାଠକଙ୍କ ଆନ୍ତରିକ ସୌହାର୍ଦ୍ଦ୍ୟ ଲାଭ କରି ଯେ ବହୁ ଆଲୋଚିତ ହେବ, ଏଥିରେ ସନ୍ଦେହ ନାହିଁ।

ସହାୟକ ଗ୍ରନ୍ଥସୂଚୀ:

୧.   ପାଣ୍ଡୁଲିପି – ଶ୍ରୀ ସଚ୍ଚିରାଉତରାୟ – ପୃ:୪ ୨
୨.   ମୁଦ୍ରିତ ମହକ – ଡ. ଭରତ ବେହେରା – କାବ୍ୟଲୋକ ୨୦୦୯

ପୀତବାସ ରାଉତରାୟଙ୍କ ସୃଷ୍ଟି: ଏକ ଆକଳନ

"ସବୁ କଥା ଭିତରେ ହସିବାର ଉପାଦାନ ବାହାର କରିପାରିବା ପାଇଁ ଗୋଟିଏ ବିଶେଷ ଶକ୍ତି ବା ମନୋବୃତ୍ତିର ପ୍ରୟୋଜନ। ସମସ୍ତେ ଏହା କରିପାରନ୍ତି ନାହିଁ, ଯେ ଏହା କରିପାରେ ସେ ଭାଗ୍ୟବାନ।"(୧) ଆଧୁନିକ ଓଡ଼ିଆ ହାସ୍ୟ-ସାହିତ୍ୟଧାରାରେ ହସେଇବା - ରସେଇବା ଓ ମଜେଇବା ବିଶେଷ ଦକ୍ଷ ଗାଳ୍ପିକ ହେଉଛନ୍ତି ଶ୍ରୀ ପୀତବାସ ରାଉତରାୟ। ସମାଜ ଓ ମଣିଷ ଜୀବନର ଆନ୍ତରୀଣ ବିସଙ୍ଗତିକୁ ତନ୍ନତନ୍ନ ନିରୀକ୍ଷଣ କରି, ଶୁଦ୍ଧ ହସର ପ୍ଳାବନ ଛୁଟାଇ ସେ ସମାଜ ସଂସ୍କାର, ପରିମାର୍ଜ୍ଜନା ଅନୁବ୍ରତୀ ଏବଂ ଅଭିବ୍ୟଞ୍ଜନାସିଦ୍ଧ ହୋଇଛନ୍ତି। ପୀତବାସ ରାଉତରାୟ ଆଧୁନିକ ଓଡ଼ିଆ ହାସ୍ୟ ବ୍ୟଙ୍ଗ ସାହିତ୍ୟଧାରାର ଜଣେ କୃତବିଦ୍ୟ ଶିଳ୍ପୀ।

ବହୁମୁଖୀ ପ୍ରତିଭାର ଅଧିକାରୀ ଶ୍ରୀ ରାଉତରାୟ ଏକାଧାରରେ ଜଣେ ରମ୍ୟ ଗାଳ୍ପିକ, ସଂକଳକ, ସଂଗଠକ, ସଂପାଦକ ତଥା ଶ୍ରୀଜଗନ୍ନାଥ ସଂସ୍କୃତିର ଆଧ୍ୟାତ୍ମିକ ପ୍ରଚାରକ ମଧ୍ୟ। ଆଧୁନିକ ଗଳ୍ପ କ୍ଷେତ୍ରରେ କ୍ଷୁଦ୍ରତ୍ୱକୁ ପ୍ରାଧାନ୍ୟ ଦେଇଥିବା ଏହି ପ୍ରାଜ୍ଞ-ଶୈଳୀକାର ଓଡ଼ିଆ ହାସ୍ୟ-ବିଦ୍ରୂପାତ୍ମକ ଗଳ୍ପ ସାହିତ୍ୟକୁ ଦେଇଛନ୍ତି ନୂତନ ପରିଚୟ। କ୍ଷୁଦ୍ରତମ ଆଟମରୁ ଯେମିତି ବିସ୍ଫୋରଣ ସମ୍ଭବ, ସେଇଭଳି କ୍ଷୁଦ୍ରଲେଖାରେ ମଧ୍ୟ ଶକ୍ତିଶାଳୀ ରୂପକଳ୍ପ ଦେଇ ଆକର୍ଷଣୀୟ କରିବାରେ ସାମର୍ଥ୍ୟ ବହନ କରନ୍ତି ସେ। ବ୍ୟକ୍ତିଗତ ଜୀବନର ପରମ୍ପରାନୁଗତ ଦୃଷ୍ଟିକୋଣ ତାଙ୍କ ବ୍ୟକ୍ତିତ୍ୱକୁ ଔଜ୍ଜ୍ୱଲ୍ୟମଣ୍ଡିତ ମଧ୍ୟ କରିଛି। ସମାଜର ପ୍ରଚଳିତ ବିଧିବ୍ୟବସ୍ଥା, ଦୋଷ ତ୍ରୁଟିର ତୀବ୍ର ସମାଲୋଚନା କରି ସମାଜର ଆଭ୍ୟନ୍ତରୀଣ ସଂଘର୍ଷ ଓ ସ୍ୱବିରୋଧକୁ ସୂଚନା ଦେବା ତାଙ୍କ ସୃଷ୍ଟିର ପ୍ରଧାନ

ଲକ୍ଷ୍ୟ। ଆଧୁନିକ ଓଡ଼ିଆ ବ୍ୟଙ୍ଗ ଗଳ୍ପ ସାହିତ୍ୟ କ୍ଷେତ୍ରରେ ମହାପାତ୍ର ନୀଳମଣି ସାହୁ ଏବଂ ଚୌଧୁରୀ ହେମକାନ୍ତ ମିଶ୍ରଙ୍କ ପରେ ବ୍ୟଙ୍ଗକୁ ଏକ ସମ୍ଭ୍ରାନ୍ତ ରୂପ ପ୍ରଦାନ କରିବା କ୍ଷେତ୍ରରେ ଶ୍ରୀ ରାଉତରାୟ ବ୍ୟତିକ୍ରମ ଓ ଅନନ୍ୟ।

ଶ୍ରୀ ରାଉତରାୟ (୧୯୫୨) ପେସାରେ ଜଣେ ଅର୍ଥନୀତିଜ୍ଞ ଏବଂ ନିଶାରେ ସାହିତ୍ୟଖୋର-ହାସ୍ୟକାର, ପ୍ରୟୋଗାତ୍ମକ ବିଶ୍ଳେଷଣାତ୍ମକ ଅର୍ଥନୀତିରେ ଉତ୍କଳ ବିଶ୍ୱବିଦ୍ୟାଳୟରୁ ସେ ସ୍ନାତକୋତ୍ତର କଳାଭୂଷଣରେ ଉତ୍ତୀର୍ଣ୍ଣ।

ଜଣେ ସାରସ୍ୱତ ସାଧକ ଭାବରେ ତାଙ୍କ ସାହିତ୍ୟିକ କୃତି ମଧ୍ୟରେ ରହିଛି 'ପ୍ରଜାପତିର ଗୀତ' (୧୯୯୭), 'ଚିଠିଟିଏ ଗପଟିଏ' (୨୦୦୩), 'ଅନେକ ସୂର୍ଯ୍ୟର ରଶ୍ମି' (୨୦୦୫), 'ପତ୍ନୀକୁ ନେଇ ଗପ ଲେଖିବି ନାହିଁ' (୧୯୯୮), 'ଶ୍ରୀମତୀ ବିଶ୍ୱ ସୁନ୍ଦରୀ' (୨୦୦୮), 'ଟେଲିଭିଜନରେ ଦାମ୍ପତ୍ୟ ଲୀଳା' (୨୦୦୮), 'ଛାତି ଚିରିଦେଲେ ତୁ' (୨୦୧୫), 'ବ୍ୟଙ୍ଗ ପଞ୍ଚାମୃତ' (୨୦୧୫), କେନ୍ଦ୍ର ସାହିତ୍ୟ ଏକାଡେମୀ ଦ୍ୱାରା ପ୍ରକାଶିତ 'ଓଡ଼ିଆ ଲଘୁକଥା ସଂକଳନ' (୨୦୧୭), ଅନୂଦିତ ବ୍ୟଙ୍ଗଗଳ୍ପ 'ଶ୍ରୀମତୀ ବିଶ୍ୱସୁନ୍ଦରୀ' (ବଙ୍ଗଳା) ୨୦୧୧। ଏତଦ୍‌ଭିନ୍ନ ଶ୍ରୀଜଗନ୍ନାଥଙ୍କୁ ନେଇ ଅନୁଭୂତି ଓ ଅନୁଭବର ସଂକଳନ ଭିତରେ ରହିଛି 'ଅନୁଭୂତିରେ ଶ୍ରୀଜଗନ୍ନାଥ' (୨୦୦୬), 'ଅନୁଭବରେ ଶ୍ରୀଜଗନ୍ନାଥ' (୨୦୦୭), 'ଅନ୍ତରଙ୍ଗ ଶ୍ରୀଜଗନ୍ନାଥ' (୨୦୦୮), 'ଅନନ୍ୟ ଶ୍ରୀଜଗନ୍ନାଥ' (୨୦୦୯), 'ଅମୃତମୟ ଶ୍ରୀଜଗନ୍ନାଥ' (୨୦୧୦), 'ଅତୁଳନୀୟ ଶ୍ରୀଜଗନ୍ନାଥ' (୨୦୧୧), 'ଅବର୍ଣ୍ଣନୀୟ ଶ୍ରୀଜଗନ୍ନାଥ' (୨୦୧୧) ଇତ୍ୟାଦି। ଶ୍ରୀଜଗନ୍ନାଥଙ୍କୁ ସମାଜର ନିୟତ ଘଟଣାବଳୀ ଭିତରେ ଲୁକ୍କାୟିତ ନିକଟ ସତ୍ୟ ଉନ୍ମୋଚନର ଗୁରୁଦାୟିତ୍ୱବୋଧ ସତେଯେପରି ତାଙ୍କ ସାରସ୍ୱତ କର୍ମର ପ୍ରମୁଖ ଉଦ୍ଦେଶ୍ୟ। ସତ୍ୟାନୁଶୀଳନ ପରେ ଆଶୁ ସମସ୍ୟାର ସମାଧାନ ତଥା ସାମାଜିକ ବିକୃତିରେ ଅନ୍ଧାରିତ ଦିଗକୁ ସଜାଡ଼ିବା ଉଦ୍ଦେଶ୍ୟରେ ଶୁଦ୍ଧ ହାସ୍ୟରସ ସହିତ ତିର୍ଯ୍ୟକ୍ ବ୍ୟଙ୍ଗଶୈଳୀକୁ ସେ ଆୟୁଧ କରିଛନ୍ତି। ବ୍ୟଙ୍ଗ ବ୍ୟକ୍ତିଗତ ଶତ୍ରୁତା ଓ ମତଭେଦର କଥା କହେନାହିଁ। ଏକ ବୃହତ୍ତର ସମାଜର ପୃଷ୍ଠଭୂମିରେ ଏହା ସାମାଜିକ ସ୍ଖଳନ ଓ ତ୍ରୁଟି ବିଚ୍ୟୁତିକୁ ବିଦ୍ରୂପ କରେ। ସେଥିନିମନ୍ତେ ମଣିଷର ପ୍ରତିଟି ସମସ୍ୟା ସଂଲଗ୍ନ ବିରୋଧାଭାସକୁ ବୁଝାଇ ନିଜକୁ ସେମାନଙ୍କ ମାନସିକତା ଭିତରେ ଅବସ୍ଥାପିତ କରିବାର ଯଥାସମ୍ଭବ ପ୍ରୟାସ ପ୍ରୟାସ କରିଛନ୍ତି ଗାଳ୍ପିକ ଶ୍ରୀ ରାଉତରାୟ। ମଣିଷର ଅନ୍ତର୍ମନକୁ ହୃଦ୍‌ବୋଧ କରି ତା'ର ବିକୃତି ପ୍ରତି ତାଚ୍ଛଲ୍ୟ କରି ଅବା ତିର୍ଯ୍ୟକ୍ ବାକ୍ୟବାଣ ପ୍ରୟୋଗ କରି ନୁହେଁ ବରଂ କରୁଣା ଓ ସଦ୍‌ଭାବ ପ୍ରଦର୍ଶନ ହିଁ ଶ୍ରେଷ୍ଠ ମଣିଷପଣିଆ ବୋଲି ଗାଳ୍ପିକଙ୍କ ଅଭିମତ। ଆରିଷ୍ଟଟଲ୍‌ଙ୍କ ମତରେ- ହାସ୍ୟରସ ଜୀବନର ଅସଙ୍ଗତିକୁ

ଆଲୋକିତ କରେ ଓ ଗମ୍ଭୀର ସମସ୍ୟା ସବୁକୁ ଆଡ଼େଇଯାଏ କିନ୍ତୁ ଗାଳ୍ପିକ ରାଉତରାୟ ଆଉ ପାଦେ ଆଗେଇ ଯାଇଛନ୍ତି। ସମାଜ ଓ ଜୀବନର ଗମ୍ଭୀର ସମସ୍ୟା ଗୁଡ଼ିକୁ ସେ ଆଦୌ ଏଡ଼େଇ ପାରିନାହାନ୍ତି, ତେଣୁ ତାଙ୍କ ସୃଷ୍ଟିସମଗ୍ର ଭିତରେ ଗମ୍ଭୀର ସମସ୍ୟା ବିଜଡ଼ିତ ମଣିଷ ଓ ବିରୋଧାଭାସର ବାସ୍ତବ ଚିତ୍ର ବେଶ୍ ପ୍ରସ୍ଫୁଟିତ।

ଗାଳ୍ପିକ ଶ୍ରୀ ରାଉତରାୟଙ୍କ ମତରେ- "ନିରୋଳା ହାସ୍ୟ ସୃଷ୍ଟି କରିବା ପ୍ରକୃତରେ କାଠିକର ପାଠ। ସେଥିପାଇଁ ପ୍ରତ୍ୟେକ ଘଟଣାକୁ ଏକ ତିର୍ଯ୍ୟକ୍ ଦୃଷ୍ଟିରେ ଦେଖିବାକୁ ପଡ଼ିଥାଏ। ସେହି ତିର୍ଯ୍ୟକ୍ ଦୃଷ୍ଟିକୁ ହାସ୍ୟରସରେ ରୂପାନ୍ତର କରିବାକୁ ଯେଉଁ କଷ୍ଟ ତା' ପ୍ରକୃତରେ ବ୍ୟଙ୍ଗକାରଟିଏ ହିଁ ବୁଝିପାରିବ, ସେ ଲେଖାର ଯନ୍ତ୍ରଣା କେବଳ ଲେଖା ସରିଲେ ହିଁ ଉପଶମ ହୁଏ। ନହେଲେ କଣ୍ଟା ଭଳି ଫୋଡ଼ି ହୋଇ ଚାଲିଥାଏ, ସେ ଯନ୍ତ୍ରଣାର ଚିରନ୍ତନ ମଲମ ହେଉଛି ସେହି ଯନ୍ତ୍ରଣାରେ ହିଁ ବାରମ୍ବାର ଘାଣ୍ଟିହେବା।"

'ପ୍ରଜାପତିର ଗୀତ' (୧୯୯୭), 'ଚିଠିଟିଏ ଗପଟିଏ' (୨୦୦୩), 'ଅନେକ ସୂର୍ଯ୍ୟର ରଶ୍ମି' (୨୦୦୫) ଆଦି ଗଳ୍ପ ସଂକଳନରେ ଗାଳ୍ପିକଙ୍କ ଗାମ୍ଭୀର୍ଯ୍ୟପୂର୍ଣ୍ଣ ବ୍ୟକ୍ତିତ୍ୱର ନମ୍ରସ୍ୱର ଅନୁଭବ୍ୟ ହୁଏ। ଏହା ଶ୍ରୀ ରାଉତରାୟଙ୍କ ଆଦ୍ୟ-ସାହିତ୍ୟିକ ଜୀବନର ଗଳ୍ପାଭିବ୍ୟକ୍ତି। ତାଙ୍କ ଶବ୍ଦରେ- "ସାହିତ୍ୟକୃତିଟିଏ କ୍ୟାମେରାର ନିଛକ ଫଟୋଗ୍ରାଫ୍ ହୁଏନାହିଁ କିମ୍ବା ଦର୍ପଣରେ ନିରୋଳା ପ୍ରତିଛବି ହୁଏନାହିଁ। ସେ ସୂକ୍ଷ୍ମ ଚେତନାକୁ ବହନ କରି ହୋଇଯାଏ ରଙ୍ଗୀନ୍ ଓ ଭାବପୂର୍ଣ୍ଣ। ୧୬ ଗୋଟି ସମ୍ଭାରରେ ପରିପୁଷ୍ଟ 'ପ୍ରଜାପତିର ଗୀତ' 'ପ୍ରଥମପ୍ରେମ' ଭଳି ଭାବୋଦ୍ଦୀପ୍ତ ଆବେଗକୁ ବହନ କରିଛି। ଶିଳ୍ପୀ ପ୍ରତିଭା ଯେ ବହୁ ସମୟରେ ଜୀବନ ଯନ୍ତ୍ରଣାରେ ପେଷିହୋଇ ନିଃଶେଷ ହୋଇଯାଏ, ଏହି ଭାବଧର୍ମ ଉପରେ 'ପ୍ରଜାପତିର ଗୀତ' ଆଧାରିତ। ଏ ସଂପର୍କରେ ଗାଳ୍ପିକ କହନ୍ତି "ପ୍ରଜାପତିର ଜୀବନରେ ଯେପରି ସଁବାଳୁଆର ଅତୀତଟିଏ ଅଛି, ଏହିଭଳି କ୍ଷଣଜନ୍ମା ଶିଳ୍ପୀଗଣ ଯେଉଁମାନେ ପ୍ରଜାପତି ଭଳି ରଙ୍ଗୀନ୍ ସ୍ୱପ୍ନର ଜାଲ ବୁଣି ଚାଲିଛନ୍ତି ସେମାନେ ବିତାନ୍ତି ସଁବାଳୁଆ ଭଳି ରୁକ୍ଷ ଜୀବନ।" ପ୍ରତିଭା ଥିଲେ ମଧ୍ୟ ଅସଂଖ୍ୟ ପ୍ରଜାପତି ଭଳି ସେମାନେ ହଜିଯାନ୍ତି ନାମହୀନ ଭାବରେ। 'ନିଷିଦ୍ଧ ପ୍ରେମ' ଗଳ୍ପରେ ପ୍ରେମର ଅତି କୋମଳ ଆବେଗ ଅନୁଭବ ହୁଏ। 'ବାଲିଘର' ଗଳ୍ପରେ ଶିଶୁସୁଲଭ ଚପଳତା ଓ ଅକୃତ୍ରିମ ଆବେଗ ନିଆରା ଢଙ୍ଗରେ ଅଭିବ୍ୟକ୍ତ ହୋଇଛି। ଗାଳ୍ପିକଙ୍କ ଆବେଗପୂର୍ଣ୍ଣ ଶବ୍ଦରେ ବାଲିଘରେ ତମେହିଁ ନିଜେ ବିଶ୍ୱକର୍ମା। ଏଠି ସ୍ୱପ୍ନ ଓ ସତ୍ୟର ଅନନ୍ତ ମିଳନ। ଏଠି ଦରକାର ପଡ଼ିବେ ନାହିଁ ଇଂଜିନିୟର, କଣ୍ଟ୍ରାକ୍ଟର, ମିସ୍ତ୍ରୀ କିମ୍ବା ମୂଲିଆ। ମାତୃତ୍ୱର ଅନାବିଳ ମମତା ଓ ଆବେଗ ମର୍ମରିତ ହୋଇଛି 'ସ୍ପନ୍ଦନ' ଗଳ୍ପରେ। ଜନ୍ମଦାତ୍ରୀ 'ବୋଉ' ପାଇଁ ଲେଖିଛନ୍ତି 'ଅବ୍ୟକ୍ତ ଗଳ୍ପ'। ଆଲୋଚ୍ୟ ଗଳ୍ପଟି

ଓଡ଼ିଆ ସାହିତ୍ୟ ଏକାଡେମୀରୁ ଶ୍ରେଷ୍ଠଗଳ୍ପ ରୂପେ ବିବେଚିତ ହୋଇ ପ୍ରକାଶଯୋଗ୍ୟ ହେବାର ସମ୍ମାନ ପ୍ରାପ୍ତ କରିଛି। 'ପ୍ରଜାପତିର ଗୀତ' ସଂକଳନସ୍ଥ ଗଳ୍ପଗୁଡ଼ିକରେ ଗାଳ୍ପିକ, ଜୀବନ ଓ ଜଗତର ବାସ୍ତବ ଚିତ୍ରକୁ ଉଦ୍ରେକ କରିଛନ୍ତି।

'ଚିଠିଟିଏ ଗପଟିଏ' ଶ୍ରୀ ରାଉତରାୟଙ୍କର 'ଛୋଟଗପ' ଧାରାର ଏକ ଉତ୍କୃଷ୍ଟ ଗଳ୍ପ ସଂକଳନ। ୨୪ଟି ଗଳ୍ପ ବିଶିଷ୍ଟ ଏହି ପୁସ୍ତକଟିର ସୃଷ୍ଟି ପଛରେ ଗାଳ୍ପିକ ଶ୍ରୀ ଅଭିନ୍ନ ଚନ୍ଦ୍ରଙ୍କୁ ଶ୍ରେଷ୍ଠତା ପ୍ରଦାନ କରିଛନ୍ତି। ଅତ୍ୟନ୍ତ ସଂକ୍ଷିପ୍ତ କଥାବସ୍ତୁ ଭିତ୍ତିକ ଛୋଟଗଳ୍ପର ସମାହାରରେ ଏ ସଂକଳନଟି ତତ୍କାଳୀନ ସମୟରେ ପ୍ରଚୁର ପାଠକୀୟ ଆଦୃତି ଲାଭ କରିଥିଲା। ଏକବିଂଶ ଶତାବ୍ଦୀର କାର୍ଯ୍ୟବ୍ୟସ୍ତ ପାଠକମାନଙ୍କର ମାନସିକତାକୁ ଦୃଷ୍ଟି ସମ୍ମୁଖରେ ରଖି ଗାଳ୍ପିକ ସୀମିତ ସମୟସୀମା ମଧ୍ୟରେ ତାଙ୍କ କଥାଧର୍ମୀ ଆବେଗକୁ ପ୍ରତିଷ୍ଠା ପ୍ରଦାନ କରିଛନ୍ତି। ଏହା ପଛରେ ଗାଳ୍ପିକଙ୍କ ଏକମାତ୍ର ମହତ୍ ଉଦ୍ଦେଶ୍ୟ- "ପାଠକ ଟିକିଏ ଫୁରୁସତ୍ ପାଇଲେ ଗପଟେ ପଢ଼ିପାରିବ। 'ଚିଠିଟିଏ ଗପଟିଏ' ସଂକଳନସ୍ଥ ସମସ୍ତ ଗଳ୍ପଗୁଡ଼ିକରେ ଜୀବନ-ଜଗତ ପ୍ରତି ଗାଳ୍ପିକଙ୍କ କଟାକ୍ଷପାତର ଧୀର-ସ୍ଥିର ହାସ୍ୟସ୍ୱର ସ୍ପନ୍ଦିତ ହୁଏ।

ଦେଖାଣିଆ ପ୍ରେମ ଏବଂ ବିବାହ ବାର୍ଷିକୀ ପ୍ରତି ପ୍ରଚ୍ଛନ୍ନ ବିଦ୍ରୂପ ରହିଛି ଗାଳ୍ପିକଙ୍କ 'ଦାମ୍ପତ୍ୟ' ଗଳ୍ପରେ। 'ଦାମ୍ପତ୍ୟ' ପାଇଁ ବୋଧହୁଏ କୌଣସି ସ୍ଥାନ ବା କାଳର ଆବଶ୍ୟକତା ନାହିଁ, ଦାମ୍ପତ୍ୟପ୍ରେମ ଏମିତି ଗୋଟିଏ ଜିନିଷ ଯାହା ସବୁ ଥାଇ ମଧ୍ୟ ଅନୁଭବ କରିହୁଏ ନାହିଁ, ପୁଣି କିଛି ନଥାଇ ମଧ୍ୟ ଅନୁଭବ କରିହୁଏ। 'ମାଂସ' ଗଳ୍ପରେ ବର୍ଷ ବର୍ଷ ଧରି ଗ୍ରାହକଙ୍କୁ ଛେଳି କାଟି ମାଂସ ଯୋଗାଉଥିବା କଂସେଇ ଅବ୍‌ଦୁଲ ମିଆଁ ମାଂସ ପାଇଁ ଆସିଥିବା ତରୁଣୀ ପ୍ରତି ଆକର୍ଷିତ ହୋଇଯାଇଥିବା ଘଟଣା ବର୍ଣ୍ଣିତ। ଆଲୋଚ୍ୟ ଗଳ୍ପରେ ମଣିଷର ଅବଦମିତ ପ୍ରବୃତ୍ତୀୟ ଇଚ୍ଛା, ନାରୀ ହେଉ ବା କୁକୁଡ଼ା ହେଉ ମାଂସ ପ୍ରତି ଥିବା ଆକର୍ଷଣକୁ ଏଡ଼େଇ ନପାରି କିପରି ହନ୍ତସନ୍ତ ହୁଏ, ତାହା ଅଭିବ୍ୟଞ୍ଜିତ ହୋଇଛି।

'ଜାଲ' ଗଳ୍ପରେ ଟେଲିଭିଜନ୍ ବିଜ୍ଞାପନ ନିମନ୍ତେ ସ୍ନାନରତା-ଲୋକପ୍ରିୟ ମଡେଲ୍‌କୁ ଜାଲକରି ଗ୍ରାହକଙ୍କୁ ଆକୃଷ୍ଟ କରିବାର ଅପୂର୍ବ କୌଶଳକୁ ଗାଳ୍ପିକ ଉପସ୍ଥାପନ କରିଛନ୍ତି। ଜଣେ ଅର୍ଥନୀତି ବିଶାରଦ ଭାବରେ ଦୋକାନୀମାନଙ୍କର ଗ୍ରାହକଙ୍କୁ ପ୍ରଲୋଭିତ କରିବାର ବ୍ୟବସାୟିକ ମନୋବୃତ୍ତିକୁ ଗାଳ୍ପିକ ଅତ୍ୟନ୍ତ ସୂକ୍ଷ୍ମ ଭାବରେ ହୃଦ୍‌ବୋଧ କରିଥିବା ମନେହୁଏ। କାର୍ତ୍ତିକ ମାସର ଶେଷଦିନ ଅତିବାହିତ ନହେଉଣୁ, ନୈଷ୍ଠିକ ପୂଜାକର୍ମ ପରେ ଛାଡ଼ଖାଇର ଦ୍ୱାହିଦେଇ ପୁଣି ମହାପ୍ରସାଦ ଓ ନିର୍ମାଲ୍ୟକୁ ସଂପୂର୍ଣ୍ଣ ଏଡ଼େଇ ଅବଦମିତ ମାଛ-ମାଂସ ଲାଳସାକୁ ଚରିତାର୍ଥ କରିବାର ମନୋବୃତ୍ତି

ପ୍ରତି ଗାଳ୍ପିକଙ୍କ ଶାଣିତ ବିଦ୍ରୂପ ରହିଛି । ନାମଫଳକ ଲଗାଇ ମହାପୁରୁଷମାନଙ୍କର ସ୍ମୃତିରକ୍ଷା କରିବାର ପ୍ରୟାସ ଭିତରେ ସେମାନଙ୍କ ପ୍ରତି ଯଥୋଚିତ ସମ୍ମାନବୋଧ ଆଜିର ଯୁଗରେ କିପରି ବିଡ଼ମ୍ବିତ ହୋଇଛି ଏବଂ ମହାପୁରୁଷମାନଙ୍କ ସ୍ମୃତିରକ୍ଷା ନିମିତ୍ତ ଭାରତୀୟମାନଙ୍କର ଦୁର୍ଭାଗ୍ୟପୂର୍ଣ୍ଣ ଅନାଗ୍ରହ ପ୍ରତି ବ୍ୟଙ୍ଗ-ବିଦ୍ରୂପ ରହିଛି । 'ମହାତ୍ମାଗାନ୍ଧୀଙ୍କଠାରୁ ମହର୍ଷି ଗାଲମାଧବ ପର୍ଯ୍ୟନ୍ତ' ଗଳ୍ପରେ ଗାନ୍ଧୀଚିନ୍ତନ ଆଧୁନିକ ମହାନଗରୀୟ ବସ୍ତୁତାନ୍ତ୍ରିକ ଜୀବନବୋଧର ରୁକ୍ଷ ବାସ୍ତବତା 'ଧୂସର ଗୋଲାପ' ଗଳ୍ପରେ ମର୍ମରିତ ହୋଇଛି । ସଂପୂର୍ଣ୍ଣ ଜଗତକୁ ଅଜ୍ଞାନତାର ଅନ୍ଧକାରରୁ ମୁକ୍ତ କରିବା ନିମନ୍ତେ ପ୍ରତିଯୁଗେ ତତ୍ତ୍ୱଦର୍ଶୀ - ମହାପୁରୁଷମାନେ ଭାରତବର୍ଷକୁ ନୂତନ ଦିଗ ନିର୍ଦ୍ଦେଶ କରିଥାନ୍ତି । କିନ୍ତୁ ଦୁର୍ଭାଗ୍ୟ ଯେ ଆଜିର ଏ ଆଧୁନିକ ଯୁଗରେ ସେହି ମହାପୁରୁଷମାନଙ୍କ ଉପରେ ଜାଣିବା ପାଇଁ ସଭ୍ୟ-ଶିକ୍ଷିତ ମଣିଷଙ୍କ ମଧ୍ୟରେ ସ୍ପୃହା ନାହିଁ କି ସମୟ ମଧ୍ୟ ନାହିଁ । ଗାଳ୍ପିକ ଅନୁଭବ କରିଛନ୍ତି ଯେ, ବଡ଼ ବଡ଼ ପୁସ୍ତକ ଦୋକାନରେ ମଧ୍ୟ ମହାପୁରୁଷଙ୍କ ଛବି ଗୁଡ଼ିକ ଦୁଷ୍ପ୍ରାପ୍ୟ ହେଲାଣି, କଦବା କେମିତି ଫୁଟ୍‌ପାଥ୍‌ରେ ଅବଶ୍ୟ ମିଳିଯାଉଛି । ଗାଳ୍ପିକଙ୍କର କିଛି ଭଲପାଇଁ ଚେଷ୍ଟା କରି ଜୀବନକୁ ଜଳାଞ୍ଜଳି ଦେଇଥିବ, ଆଉ ସେଇଥିପାଇଁ ବୋଧେ ତାକୁ ଫୁଟ୍‌ପାଥ୍‌ର ବୁଲା ବିକାଳି ହିଁ ବେଶି ମନେରଖିପାରିଛି । 'ଚିଠିଟିଏ ଗପଟିଏ'ର 'ରାମରାଜ୍ୟ' ଗଳ୍ପରେ ମୋଟା ଫୁଲମାଳ ପକାଇ ସୌଖିନ ରାଜନୀତି ପାଇଁ ଅନଶନ କରୁଥିବା ନେତୃବର୍ଗଙ୍କ କଥା କିପରି ସମ୍ବାଦପୃଷ୍ଠା ମଣ୍ଡନ କରୁଛି କିନ୍ତୁ ବୁଭୁକ୍ଷୁ ପିଲାଙ୍କ ସମେତ ବିଷଖାଇ ଆତ୍ମହତ୍ୟା କରିଥିବା ଗୋଟିଏ ମାଆର କରୁଣ କାହାଣୀ, ସମ୍ବାଦପତ୍ରର କୌଣସି ଏକ ଫର୍ଦ୍ଦର କୋଣରେ ପାଠକଙ୍କ ଦୃଷ୍ଟି ଆଢୁଆଳରେ ରହିଯାଉଥିବା କ୍ଷୋଭର ଜୀବନ୍ତ ଆଲେଖ୍ୟ ବର୍ଣ୍ଣିତ । 'ମାନଚିତ୍ର' ଗଳ୍ପରେ ବମ୍ବେରେ ଭାରତବର୍ଷର ନକ୍‌ସା କରି ଗୁଜୁରାଣ ମେଣ୍ଟାଉଥିବା ଏକ ବ୍ୟକ୍ତି ପ୍ରକୃତରେ ଯେ ଝିଅମାନଙ୍କର ଦଲାଲ ଥିବା ଘଟଣା । ଗାଳ୍ପିକଙ୍କୁ ଅତ୍ୟନ୍ତ ମର୍ମାହତ କରିଛି, ଏଭଳି ମୁଖାପିନ୍ଧା ଦଲାଲଗିରି ଗାଳ୍ପିକଙ୍କ ଚକ୍ଷୁଃଶୂଳ ହୋଇଛି । ଗାଳ୍ପିକଙ୍କୁ ମନେହୋଇଛି ସତେଯେପରି ସେ ବିକାଳି ଭାରତର ମାନଚିତ୍ର ବିକ୍ରି କରିନି ବରଂ ଭାରତମାତାକୁ ବାରମ୍ବାର ବିବସନା କରିଚାଲିଛି । ଟୁକୁଡ଼ାଟୁକୁଡ଼ା ହୋଇପଡ଼ିଛି ଭାରତବର୍ଷ ଆଉ ପ୍ରତି ରାଜ୍ୟର ମାନଚିତ୍ର ସ୍ଥାନରେ ଦିଶୁଛି ମାଂସର ଖେଳ ଖେଳିବା ପାଇଁ ମିଛ ପ୍ରଲୋଭନରେ ଶିକାର ହୋଇ ଆସିଥିବା ଯୁବତୀମାନଙ୍କର ଅଶ୍ରୁ, ସ୍ୱେଦ ଓ ରୁଧିରର ରଙ୍ଗ । ଏଥିରେ ଥିବା ଚିଠିଟିଏ ଗପଟିଏ ସଂକଳନସ୍ଥ 'ତୃତୀୟ ନୟନ' ଏକ ଉତ୍କୃଷ୍ଟ ଗଳ୍ପ, ଲଟେରୀ ଟିକେଟ୍ ବିକ୍ରୀ କରି ସ୍ୱପ୍ନ ବୁଣୁଥିବା ଗୋଟିଏ ସ୍ୱାଭିମାନୀ ଅନ୍ଧବ୍ୟକ୍ତି ଭିକ୍ଷାବୃତ୍ତି ନକରି କର୍ମାଭିମୁଖୀ ହୋଇଛି । ଲକ୍ଷଲକ୍ଷ ଜନସାଧାରଣଙ୍କ ମଧ୍ୟରେ ଜୀବନଦର୍ଶନର ନୂତନ

ପଥ ଉନ୍ମୋଚନ କରିଥିବା ଅନ୍ଧକୁ କେନ୍ଦ୍ରକରି 'ତୃତୀୟ ନୟନ' ଗଳ୍ପଟି ଆଧୁନିକ ଅଳସୁଆଙ୍କ ପାଇଁ ଏକ ସମୁଚିତ ବିଦ୍ରୂପ।

ଉତ୍ତୀର୍ଣ୍ଣ ବୟସରେ ଉପନୀତ ହେଲାପରେ ପ୍ରୌଢ଼ ମଣିଷମାନେ, ଉତ୍ତରପୁରୁଷଙ୍କ ପାଇଁ ଚିଡ଼ିଆଖାନାର ନିଷ୍କ୍ରିୟ ପଶୁ ଭଳି କିପରି ଅଲୋଡ଼ା, ଅଖୋଜା ହୋଇପଡ଼ନ୍ତି, ସେଇ ଆବେଗସିକ୍ତ ଭାବଭୂମି ଉପରେ ଆଧାରିତ 'ଚିଡ଼ିଆଖାନା' ଗଳ୍ପଟି ଆଧୁନିକ ଯୁଗ ଯନ୍ତ୍ରଣାକୁ ବୟାନ୍ କରେ। 'ଘାସ' ଗଳ୍ପରେ ଦାମ୍ପତ୍ୟ ଜୀବନକୁ ନେଇ ଗାଳ୍ପିକଙ୍କ ଯୁକ୍ତି ବେଶ୍ ପ୍ରଶଂସନୀୟ। ଉପମାଦେଇ ହାରିଯାଇଥିବା ରାଜକୁମାର ମାନଙ୍କ ପରିବର୍ତ୍ତେ 'ଘାସ' ପରି 'ତୃଣାଦପି ଶୁନିଚେନ'ର ପ୍ରବଣତା ନେଇ ଆସିଥିବା ଯୁବକକୁ ରାଜକୁମାରୀ ଚୟନ କରିଥିବା ମାନସିକତା ପ୍ରକାରାନ୍ତରେ ଗାଳ୍ପିକଙ୍କ ନମ୍ରନ୍ତି ଫଳିନୋବୃକ୍ଷାଃ, ନମ୍ରନ୍ତି ଗୁଣୀନୋଜନାଃ'ର ଜୀବନାଦର୍ଶକୁ ଉପସ୍ଥାପିତ କରେ।

ସୀମିତ ସମୟସୀମା ଭିତରେ ଅନେକ ଅକୁହା କଥାକୁ ଅଭିନବ ଶୈଳୀରେ ଉପସ୍ଥାପିତ କରିବାରେ ଦକ୍ଷ ଶ୍ରୀ ପୀତବାସ ରାଉତରାୟଙ୍କ ଅନ୍ୟ କ୍ଷୁଦ୍ର ଗଳ୍ପ ସଂକଳନଟି ହେଉଛି 'ଅନେକ ସୂର୍ଯ୍ୟର ରଶ୍ମି' (୨୦୦୬)। ଆଲୋଚ୍ୟ ସଂକଳନଟି ମୁହୂର୍ତ୍ତସର୍ବସ୍ୱ ଘଟଣାକୁ ନେଇ ସମୁଜ୍ଜଳ। ଏ ସଂକଳନସ୍ଥ ଗଳ୍ପଗୁଡ଼ିକ - "ଅଧିକାଂଶ ଖବରକାଗଜିଆ ଗଳ୍ପ, ଯାହା ସକାଳର କାକର ବୁନ୍ଦାପରି, ଗପର ପଢ଼ିବାର ସମୟସୀମା ଦିନଟିଏ ମଧ୍ୟ ନୁହେଁ, ମୁହୂର୍ତ୍ତକ ପାଇଁ, ଯେଉଁ ଗ୍ରାହକ ଯେଉଁ ସମୟରେ ଖବର କାଗଜଟିଏ ଧରିଲା ସେତିକିବେଳେ ପଢ଼ିଦେଲା ଥରେ ଫିଙ୍ଗିଦେଲେ ଆଉ ଉଠାଇ ପଢ଼ିବାର ସମୟ ନାହିଁ ମାତ୍ର ଏ ଗପ ଗୋଟିଏ ଦିନରେ ବହୁତ ପାଠକଙ୍କ ଆଖିରେ ପଡ଼େ। କାକର ବୁନ୍ଦାରେ ସୂର୍ଯ୍ୟଙ୍କ ରଶ୍ମି ପ୍ରତିଫଳିତ ହୋଇ ଯେଭଳି ବଢ଼ାଇଦିଏ ସୂର୍ଯ୍ୟଙ୍କ ଐଶ୍ୱର୍ଯ୍ୟ ଓ ଗରିମା ସେମିତି ଏ ଗପ, ଅଳ୍ପ ସମୟ ପାଇଁ ପାଠକଙ୍କ ପାଖରେ ପରଷାଯାଇ ଗପର ଅବେଦନ ପାଠକୀୟ ପ୍ରତିକ୍ରିୟା ରୂପାନ୍ତରିତ ହୁଏ ଚିଠି ମାଧ୍ୟମରେ। 'ଅନେକ ସୂର୍ଯ୍ୟର ରଶ୍ମି' ଗଳ୍ପ ସଂକଳନରେ ମାନବ ଜୀବନର ଅସଂଖ୍ୟା ଅନୁଭବ ଓ ସିଦ୍ଧାନ୍ତର ବିଚ୍ଛୁରିତ ରୂପ ଉପଲବ୍ଧ ହୁଏ। ୨୧ଟି ଗଳ୍ପ ବିଶିଷ୍ଟ ଏହି ଗଳ୍ପ ଅତ୍ୟନ୍ତ ସମ୍ବେଦନଶୀଳ ଘଟଣାର ଔଜ୍ଜ୍ୱଲ୍ୟ ବହନ କରିଛି। ପ୍ରତ୍ୟେକଟି ଗଳ୍ପ ଗୋଟିଏ ଗୋଟିଏ ରସୋତ୍ତୀର୍ଣ୍ଣ ମିନିଗଳ୍ପ କହିଲେ କିଛି ଅତ୍ୟୁକ୍ତି ହେବ ନାହିଁ। ତାଙ୍କ ଗଳ୍ପଗୁଡ଼ିକର ନାମକରଣରୁ ହିଁ ଗଳ୍ପର ଆନ୍ତରୀଣ ମୂଲ୍ୟବୋଧ ତଥା ଲେଖକୀୟ ଦର୍ଶନ ହୃଦ୍ୟ ହୁଏ। ବହୁ ବିବାଦୀୟ ରାମ ଜନ୍ମଭୂମି, ବାବରୀ ମସଜିଦକୁ ନେଇ ରାଜନୀତିକ ହଟଚମଟଠାରୁ ବହଭ ଉର୍ଦ୍ଧ୍ୱରେ ଅଯୋଧ୍ୟାରେ ଅବସ୍ଥାପିତ ରାମ-ବାବରୀ ଡାକ୍ତରଖାନାରେ ଜାତି, ଧର୍ମ-ବର୍ଣ୍ଣ ନିର୍ବିଶେଷରେ ସମସ୍ତଙ୍କୁ ସେବା ଯୋଗାଇବାର ଭାବାଦର୍ଶକୁ ନେଇ କ'ଣ ହୁଅନ୍ତା ଗଳ୍ପଟି ରଚିତ। ଏଥିରେ ଈଶ୍ୱରଙ୍କୁ

ନେଇ ଆଧୁନିକ ସଭ୍ୟ-ଶିକ୍ଷିତ ମଣିଷର ଜାତିଗତ ବୈଷମ୍ୟର ସେହି ସଂକୀର୍ଣ୍ଣ ମାନସିକତାକୁ ଗାଳ୍ପିକ ଟାପରା କରିବାକୁ ପଶ୍ଚାତ୍‌ପଦ ହୋଇନାହାନ୍ତି। 'ଦହି ହାଣ୍ଡିରେ ଭାରତବର୍ଷ' ଗଳ୍ପରେ ଭାରତୀୟମାନଙ୍କର ଗୋଡ଼ଟଣା ନୀତିକୁ କର୍ପୂର ଉଡ଼ି ଯାଇଥିବା କନା ସଂପର୍କରେ ଗଳ୍ପରେ ଗାନ୍ଧୀନୀତିର ଦୁର୍ଭାଗ୍ୟପୂର୍ଣ୍ଣ ଅବସ୍ଥାକୁ ଉନ୍ନତି ନାଁରେ ଅର୍ଥ ତୋଷରପାତ ଏବଂ ଦୁଃସ୍ଥ-ଗରିବଙ୍କ ଅସହାୟତାକୁ ଢାଲକରି ସେମାନଙ୍କ ଫାଇଦା ଉଠାଇବା ନୀତିକୁ 'ପ୍ରଗତି' ଗଳ୍ପରେ ଅତି ବିଦ୍ରୂପାତ୍ମକ ଶୈଳୀରେ ଗାଳ୍ପିକ ଉପସ୍ଥାପନ କରିଛନ୍ତି। ଗାନ୍ଧିଜୀଙ୍କ ପ୍ରତିମୂର୍ତ୍ତି ଉନ୍ମୋଚନକୁ ଭିତ୍ତିକରି 'ଗାନ୍ଧୀ ମହାତ୍ମାଙ୍କ ଠେଙ୍ଗା' ଗଳ୍ପଟି ରଚିତ। 'ଫୁଲର ମୂଲ' ଗଳ୍ପରେ ଆଶାବାଦର ମନ୍ତ୍ର ଶୁଣାଇଛନ୍ତି ଗାଳ୍ପିକ। ତାଙ୍କ ଶବ୍ଦରେ ପ୍ରତି ମୁହୂର୍ତ୍ତରେ ମଣିଷ ବଞ୍ଚିବାକୁ ଚାହେଁ ପ୍ରତି ମୁହୂର୍ତ୍ତରେ ପୁଣି ଆଶା କରୁଥିବା ଆହୁରି ରଙ୍ଗୀନ୍ ଭବିଷ୍ୟତଟିଏ ପାଇଁ ଦରକାର ପଡ଼ିଲେ ବର୍ତ୍ତମାନର ସୁଖକୁ ଜଳାଞ୍ଜଳି ଦେଇ, ଭବିଷ୍ୟତ ମଧ୍ୟ ରଙ୍ଗୀନ ହେବ ବୋଲି କ'ଣ ଭରସା ଅଛି ? ତଥାପି ମଣିଷ ବଞ୍ଚେ। 'ଜୀବନସଂଗୀତ' ଏବଂ 'ଆମିଷ ନିରାମିଷ' ଗଳ୍ପରେ ଗାଳ୍ପିକଙ୍କ ସଂସ୍କାରିତ ଭାବାବେଗ ଅନୁରଣିତ ହୋଇଛି। 'ଅନେକ ସୂର୍ଯ୍ୟର ରଶ୍ମି' ସଂକଳନସ୍ଥ ପ୍ରତ୍ୟେକ ଗଳ୍ପଗୁଡ଼ିକରେ ସମୟ ସମାଜ-ଜୀବନର ଅନ୍ତରଙ୍ଗ ଚିତ୍ର ତଥା ବିସଙ୍ଗତି ପ୍ରତି ଗାଳ୍ପିକଙ୍କ ବିନମ୍ର ତାଚ୍ଛଲ୍ୟ ଅତ୍ୟନ୍ତ ପ୍ରଭାବଶାଳୀ ମନେହୁଏ।

'ପତ୍ନୀଙ୍କୁ ନେଇ ଗପ ଲେଖବିନାହିଁ' (୧୯୯୮) ପୀତବାସୀୟ ବ୍ୟଙ୍ଗଧାରାର ଏକ ଉତ୍କୃଷ୍ଟ କଳାତ୍ମକ ଗଳ୍ପ ସଂକଳନ। ଏହା ୧୦ଟି ଗଳ୍ପର ଏକ କ୍ଷୁଦ୍ରରୂପ ହେଲେ ହେଁ ବିଶଲ୍ୟକରଣୀତୁଲ୍ୟ ବ୍ୟାପକ ପ୍ରଭାବ ବିସ୍ତାରକାରୀ ସୃଷ୍ଟି। ଗାଳ୍ପିକଙ୍କ ଶବ୍ଦରେ- ଆଜିର ଜୀବନରେ ନିରୋଳା ହସର ସମ୍ଭାବନା ବହୁତ କମ୍, ଆଜିର ହସ ହେଉଛି ନିଜ ପ୍ରତି, ପରିବେଶ ପ୍ରତି ଓ ନିଜର ସମାଜ ପ୍ରତି ବିଦ୍ରୂପର ହସ ଯାହାକୁ ନିଜେ ଗରଳ ଭଳି ପାନକରି ନୀଳକଣ୍ଠ ସାଜିଲେ ହିଁ ଅମୃତ ସମାନ ହସଟି ମିଳିପାରିବ। ଏହି ସଂକଳନସ୍ଥ ଗଳ୍ପଗୁଡ଼ିକରେ ପାଠକଙ୍କ ନିମନ୍ତେ ହାସ୍ୟରସର ସାଂଗୀତିକ ଝଙ୍କାର ବେଶ୍ ଧ୍ୱନ୍ୟାତ୍ମକ।

ନିଜ ପତ୍ନୀଙ୍କ ସହ ଏକ ସପ୍ତାହବ୍ୟାପୀ ଏକତ୍ର ସହାବସ୍ଥାନର ଧାରା ବିବରଣୀ ଗଳ୍ପରେ ଗ୍ରାର୍ହ୍ୟସ୍ଥ ଜୀବନର ଖଟା-ମିଠା ଅନୁଭୂତି ରହିଛି। ଧର୍ମପତ୍ନୀଙ୍କୁ ସମୟ ନଦେଇ ପଛରେ - 'ଚାକିରିଆ ଜୀବନର ଅଧିକାଂଶ ସମୟ କାକସ୍ନାନ, ଗଧ ଭୋଜନ ଓ କୁକୁର ଧାଉଡ଼ି' କାରଣଟି ବିଦ୍ୟମାନ, ତେବେ ଅସୁସ୍ଥତା ବଶତଃ ସାତଦିନ ନିରବଚ୍ଛିନ୍ନ ଭାବେ ଘରେ ରହି ପତ୍ନୀଙ୍କ ମନମୁତାବକ ବରାଦ ଆଣିବାକୁ ପ୍ରତିଶ୍ରୁତି ଦେଇ ହନ୍ତସନ୍ତ ହୋଇଛନ୍ତି। ତାଙ୍କର ମନେ ହୋଇଛି ସତେ ଯେମିତି ତାଙ୍କର ମେରୁଦଣ୍ଡଟି ଉଭେଇ ଯାଇ ସେ ଗୋଟାଏ ଅମେରୁଦଣ୍ଡୀ ପ୍ରାଣୀ ପାଲଟି ଯାଇଛନ୍ତି। ଅର୍ଥନୈତିକ ଅନିଶ୍ଚିତତା

ହେତୁ ମଣିଷ ବୟସ ଥାଇ ବାର୍ଦ୍ଧକ୍ୟ ଭୋଗିବା ଏବଂ ନୂତନ ଇଚ୍ଛାର ଜନ୍ମ ଯୋଗୁଁ ବଦ୍ଧ ପାଗଳ ସାଜି ରାଞ୍ଚି ଯିବାର ସ୍ଥିତିକୁ ଅତି ହାସ୍ୟାତ୍ମକ ଢଙ୍ଗରେ ଗାଳ୍ପିକ ଉପସ୍ଥାପନ କରିଛନ୍ତି । ସ୍ତ୍ରୀର ବହୁବିଧ ଇଚ୍ଛା ପୁରୁଷକୁ ଅନ୍ୟମନସ୍କ କରାଏ ବୋଲି ଗାଳ୍ପିକ ବ୍ୟଙ୍ଗବାଣ ନିକ୍ଷେପ କରିଛନ୍ତି । 'ବିବାହ-ବିଭ୍ରାଟ' ଗଳ୍ପରେ ଆଧୁନିକ ସଭ୍ୟ-ଶିକ୍ଷିତ ସମାଜରେ ପଞ୍ଜିକାର ମାନଙ୍କ ବିବାହ ତିଥି ଗଣନା, ଭୋଜିଭାତଖିଆ, ତିଥିଦେଖି ବରବିଦା ଏବଂ ଏସବୁର ଊର୍ଦ୍ଧ୍ୱରେ ବାହାଘର ନିମନ୍ତେ ଆବଶ୍ୟକ ସାମଗ୍ରୀର ଆୟୋଜନ ମାନଙ୍କର ଶୋଷଣକୁ ଗାଳ୍ପିକ ବ୍ୟଙ୍ଗ କରିଛନ୍ତି । ହିନ୍ଦୀ ବ୍ୟଙ୍ଗକାର ହରିଶଙ୍କର ପରସାଇ ତାଙ୍କ 'ଦୋ ନାକ୍ ବାଲେ ଲୋଗ' ଗଳ୍ପରେ ଇଜ୍ଜତ ବା ସମ୍ମାନକୁ ଦେଖାନ୍ତି । ଜଗି ନିଜ ଲମ୍ବା ନାକକୁ ସୁରକ୍ଷିତ ରଖିବା ଏବଂ ଧନହାନୀ, ପ୍ରାଣପୀଡ଼ାର ଦୁଃସ୍ଥିତିରେ ରହି ମଧ୍ୟ ବଡ଼ପଣ ଏହି ଦେଖାଣିଆ ଗୁଣକୁ ବ୍ୟଙ୍ଗ କରିବା ଭଳି ଶ୍ରୀ ରାଉତରାୟ ମଧ୍ୟ ସାମାଜିକ କୁସଂସ୍କାର-ଆଧୁନିକୀ ଦେଖାଣିଆ ଗୁଣକୁ ବିଦ୍ରୂପ କରିଛନ୍ତି ।

'ଚକାଡୋଳାଙ୍କ ଦେବଦାସୀ ଲୀଳା' ଗଳ୍ପରେ କ୍ଷୟମାଣ ପାରମ୍ପରିକ ମୂଲ୍ୟବୋଧକୁ ଗାଳ୍ପିକ ଅଙ୍ଗୁଳି ନିର୍ଦ୍ଦେଶ କରିଛନ୍ତି ।

ଗାଳ୍ପିକ ଶ୍ରୀ ରାଉତରାୟଙ୍କ 'ଶ୍ରୀମତୀ ବିଶ୍ୱସୁନ୍ଦରୀ' (୨୦୧୫) ଗଳ୍ପ ସଂକଳନଟିକୁ 'ହସଥେରାପି' କୁହାଯାଇପାରେ । ଏହି ସଂକଳନ ଉଦ୍ଦେଶ୍ୟରେ ଗାଳ୍ପିକଙ୍କ ବକ୍ତବ୍ୟ ହେଉଛି - 'ହସ ହେଉଛି ସର୍ବ ମହୌଷଧି । ହସରେ ଅନେକ ପ୍ରକାର ରୋଗ ନିରାକରଣ ଶକ୍ତି ଅଛି, ତେଣୁ ଏହି ହସିବାର ପରମ୍ପରାକୁ ବଜାୟ ରଖିବା ପାଇଁ ଏ ପୁସ୍ତକଟିର ସୃଷ୍ଟି । 'ଶ୍ରୀମତୀ ବିଶ୍ୱସୁନ୍ଦରୀ' ହସକୌତୁକର ଏକ ଭଣ୍ଡାର କହିଲେ ଭୁଲ ହେବନାହିଁ । ପୀତବାସୀୟ କୌତୂହଳପୂର୍ଣ୍ଣ ମାନସିକତା ପଛରେ ରହିଛି କେବଳ ନିର୍ଭେଜାଲ ହାସ୍ୟରସ । ସେ ଭଲଭାବରେ ବୁଝିଛନ୍ତି ନିର୍ମଳ ହାସ୍ୟରସରେ ଥାଏ କାରୁଣ୍ୟର ବ୍ୟଞ୍ଜନା, ବାକ୍‌କେଳିରେ ଥାଏ ମାର୍ଜିତ ବୁଦ୍ଧିର ବିସ୍ମୟ ଓ ବିଦ୍ରୂପରେ ଥାଏ ସ୍ଫୀତ ଗର୍ବର ରୂଢ଼ ଆଘାତ । ଅଥଚ କୌତୂହଳରେ କେବଳ ହସ ଆଉ ହସ - ଅବିଛିନ୍ନ, ଅବିମିଶ୍ର, ପ୍ରସନ୍ନ ଓ ଭକାମ । ତାହା ଆବାଳବୃଦ୍ଧବନିତା ସର୍ବଜନ ଉପଭୋଗ୍ୟ । ୧୨ଗୋଟି ଗଳ୍ପ ସନ୍ନିବେଶିତ ଏହି ଗଳ୍ପପୁସ୍ତକ ଦ୍ୱାରା ପାଠକଙ୍କୁ ପର୍ଯ୍ୟାପ୍ତ ହସର ଖୋରାକ ଯୋଗାଇ ହସେଇ ହସେଇ ବେଦମ୍ କରିବାରେ ଗାଳ୍ପିକ ଯେ ସମର୍ଥ ହୋଇଛନ୍ତି, ଏଥିରେ ଦ୍ୱିମତ ନାହିଁ । ଗାଳ୍ପିକ ଶ୍ରୀ ପୀତବାସ ରାଉତରାୟଙ୍କ ଅନୁଭୂତିସିଦ୍ଧ - ପରିପକ୍ୱ ଦୃଷ୍ଟିକୋଣର ଏହା ଏକ ସମୃଦ୍ଧ ଆଲେଖ୍ୟ । 'କାଳିଆ ବଳିଆ ଡଟ୍‌କମ୍' ଗଳ୍ପରେ ଆଜିକାଲିର ବିଜ୍ଞାପନ ଯୁଗର ଅବକ୍ଷୟମାଣ ଧର୍ମଭାବକୁ ଗାଳ୍ପିକ ଅଙ୍ଗୁଳି ନିର୍ଦ୍ଦେଶ କରିଛନ୍ତି । କମ୍ପ୍ୟୁଟର ଓ ଇଣ୍ଟରନେଟ୍ ମାଧ୍ୟମରେ ଶ୍ରୀଜଗନ୍ନାଥ ତତ୍ତ୍ୱର

ସରଳୀକରଣ କରି ସହଜଲଭ୍ୟ କରାଇବାର ପ୍ରକ୍ରିୟା ଅତ୍ୟନ୍ତ ଦୁଃଖଦ। 'ବିଶ୍ୱାସେ ମିଳୟ ହରି ତର୍କେ ବହୁ ଦୂର' ନ୍ୟାୟରେ ଶ୍ରୀଜଗନ୍ନାଥ କୋଟି କୋଟି ବିଶ୍ୱବାସୀଙ୍କ ଚେତନାକୁ ଆବୋରି ବସିଛନ୍ତି। ଚଳନ୍ତି ସତ୍ତାର ମାନ୍ୟତା ଦେଉଥିବା ବିଶ୍ୱବାସୀଙ୍କ ହୃଦୟରେ ଜଗନ୍ନାଥଙ୍କୁ ନେଇ ଅସୀମ କୌତୂହଳର ସୀମା ନାହିଁ। ସେଇ ନିରୀହ ଆବେଗ ଓ ଅସୀମ ଶ୍ରଦ୍ଧାକୁ ଏତେ ତର୍ଜମା କରିବାର ଆବଶ୍ୟକତା ଅବା କ'ଣ ଥାଇପାରେ। 'କାଳିଆ ବଳିଆ ଡଟ୍‌କମ୍'ର ନାମକରଣରୁ ହିଁ ଆଧୁନିକ ଗାଳ୍ପିକଙ୍କ ଇଙ୍ଗିତ ସୁସ୍ପଷ୍ଟ। ଅନୁରୂପ ଭାବରେ ବ୍ୟବସାୟ କୈନ୍ଦ୍ରିକ ସ୍ୱାର୍ଥୀ ଦୁନିଆରେ ସମସ୍ତଙ୍କ ହୃଦୟର ବ୍ୟାପକତା ପରିବର୍ତ୍ତେ ହୃଦୟର ସଂକୋଚନ ତଥା ସଂକୀର୍ଣ୍ଣତାକୁ ଗାଳ୍ପିକ 'ବ୍ୟାଧିଗ୍ରସ୍ତ ମାନସିକତା' ରୂପେ ବ୍ୟଙ୍ଗୋକ୍ତି ବାଢ଼ିଛନ୍ତି 'ହୃଦୟେଶ୍ୱରୀ, କେମିତି ହେଲା ଏ ହୃଦୟ ଚୋରି' ଗଳ୍ପରେ। ବ୍ୟବସାୟବହୁଳ ବସ୍ତୁତାନ୍ତ୍ରିକ ଯୁଗରେ ନିଜ ପରିବାରର ଖୁସି ନିମନ୍ତେ ବିଭିନ୍ନ ଫର୍ମ ପୂରଣ କରି ଦୋକାନୀଠାରୁ ବିଭିନ୍ନ ଭୋଗବିଳାସପୂର୍ଣ୍ଣ ସାମଗ୍ରୀ କ୍ରୟକରି ତରୁଣ ବାବୁଙ୍କ ପରି ଅନେକ ଋଣଗ୍ରସ୍ତ ହୋଇ ଶୂନ୍ୟ ହୋଇ ଯାଆନ୍ତି। ଏହି ହାସ୍ୟରସାତ୍ମକ ବିଦ୍ରୂପ ଆଧାରରେ ଗାଳ୍ପିକଙ୍କ 'ଶୂନ୍ୟ ଶୂନ୍ୟ ମହାଶୂନ୍ୟ' ଗଳ୍ପଟି ରଚିତ।

'ଶ୍ରୀମତୀ ବିଶ୍ୱସୁନ୍ଦରୀ' ଗଳ୍ପରେ କୋଟି ବ୍ରହ୍ମାଣ୍ଡ ସୁନ୍ଦରୀ କ୍ଲବ୍‌ର ବାର୍ଷିକୋତ୍ସବ ଉପଲକ୍ଷେ ସର୍ବସମ୍ମତିକ୍ରମେ ଶ୍ରେଷ୍ଠ ସୁନ୍ଦରୀ ପ୍ରତିଯୋଗିତାର ଘୋଷଣା ପରେ କଲୋନୀର ନାରୀମାନଙ୍କୁ ଘାରିଥିବା କୃତ୍ରିମ ସୌନ୍ଦର୍ଯ୍ୟର ନିଶାକୁ ଅତି ହାସ୍ୟାତ୍ମକ ଢଙ୍ଗରେ ଗାଳ୍ପିକ ବର୍ଣ୍ଣନା କରିଛନ୍ତି। ସୁନ୍ଦରୀ ପ୍ରତିଯୋଗିତାରେ ଜଣେ ନିର୍ବିବାଦୀୟ ବ୍ୟକ୍ତି ମୁଖ୍ୟବକ୍ତା ଏବଂ ମୁଖ୍ୟ ବିଚାରକ ରୂପେ ଦର୍ଶକଙ୍କ ଉଦ୍ଦେଶ୍ୟରେ ଯେଉଁ ବକ୍ତବ୍ୟ ପ୍ରଦାନ କରିଥିଲେ ତାହା ସଂପ୍ରତି ଯୁଗର ସମସ୍ତ ସୁନ୍ଦରୀଙ୍କ ଉଦ୍ଦେଶ୍ୟରେ ଅଭିପ୍ରେତ ମନେହୁଏ। ପ୍ରକାରାନ୍ତରେ ସେ ସମସ୍ତ ବକ୍ତବ୍ୟ ଭିତରେ ଗାଳ୍ପିକ ବାସ୍ତବ ତଥା ସୂକ୍ଷ୍ମ ସୌନ୍ଦର୍ଯ୍ୟର ପରିଭାଷା ପ୍ରଦାନ ଛଳରେ ଲେଖିଛନ୍ତି- 'ସୁନ୍ଦରପଣିଆ' ଯାହା ସୁନ୍ଦର ଭାବର ବାର୍ତ୍ତାବହ। ଯାହାର ମୁହଁ ଦେଖିଲେ ମନ ଆପେ ଆପେ ଖୁସିରେ ଭରିଯାଏ ସେ ସିନା ପ୍ରକୃତ ସୌନ୍ଦର୍ଯ୍ୟ, କାରଣ ତାଙ୍କର ଗୁଣର ସୌନ୍ଦର୍ଯ୍ୟରେ ସେ ଚିରସୁନ୍ଦରୀ। ଆଲୋଚ୍ୟ 'ଶ୍ରୀମତୀ ବିଶ୍ୱସୁନ୍ଦରୀ' ଗଳ୍ପଟି ବଙ୍ଗଳା ଭାଷାରେ ମଧ୍ୟ ପ୍ରକାଶିତ ହୋଇ ପାଠକୀୟ ଆଦୃତି ଲାଭ କରିବା ସହିତ ମଞ୍ଚସ୍ଥ ହେବାର ଗୌରବଲାଭ କରିବା ଅତ୍ୟନ୍ତ ଅଭିନନ୍ଦନୀୟ।

'ଟେଲିଭିଜନ୍‌ରେ ଦାମ୍ପତ୍ୟ ଲୀଳା' (୨୦୦୫) ଅନୁଭବୀ ଗାଳ୍ପିକ ଶ୍ରୀ ରାଉତରାୟଙ୍କ ଅତ୍ୟନ୍ତ ମନଛୁଆଁ-ହାସ୍ୟରସାତ୍ମକ ଗଳ୍ପ ସଂକଳନ। ହସିହସି ଜୀବନକୁ ଲମ୍ବାଇ ଚାଲିଲେ ଏକବିଂଶ ଶତାବ୍ଦୀରେ ମୃତ୍ୟୁ ବିଷୟରେ ସଦାସର୍ବଦା ଚିନ୍ତିତ ଜନସାଧାରଣଙ୍କ ପାଇଁ ଏକ ଜ୍ୱଳନ୍ତ ଉଦାହରଣ।

ଗଳ୍ପାନୁଯାୟୀ ଭାରତବର୍ଷରେ ନିର୍ବାଚନ ମାଧ୍ୟମରେ ଶାସନ ଭାରକୁ ନିଜ ହାତକୁ ନେଇ ପାଞ୍ଚବର୍ଷ ଭିତରେ ସତ୍ୟଯୁଗ ଫେରାଇ ଆଣିବା ନିମନ୍ତେ ଦେବତାମାନଙ୍କ ସମ୍ମୁଖରେ ନାରଦ ପ୍ରସ୍ତାବ ଦେଇଛନ୍ତି । ଭାରତବର୍ଷକୁ ସ୍ୱର୍ଗରେ ପରିଣତ କରିବାପାଇଁ ଏକ ନେତାରୂପେ ଭୂପୃଷ୍ଠରେ ନିର୍ବାଚନ ଲଢ଼ିବା ପାଇଁ ଗଣେଶଙ୍କୁ ପ୍ରେରଣ କରାଯାଇଛି । ଶ୍ରୀବିଷ୍ଣୁ ଏକଥାକୁ ଭାରତର ରାଷ୍ଟ୍ରପତିଙ୍କୁ ସ୍ୱପ୍ନାଦେଶ ଜରିଆରେ ଅବଗତ କରାଇଛନ୍ତି । ଦେଶର କୋଣେ ଅନୁକୋଣେ ଏ ଖବର ପ୍ରଚାର ହେଲାପରେ ନେତାଙ୍କ ମନଭିତରେ ଚହଳ ସୃଷ୍ଟି ହୋଇଛି । ଦେବତାମାନଙ୍କର ମୃତ୍ୟୁ ନାହିଁ, ସେମାନେ ମୃତ୍ୟୁଞ୍ଜୟ । ଥରେ ସେମାନେ ଗାଦି ପାଇଗଲେ ତା'ର ମଜା ଚାଖିବେ ଓ ତା'ପରେ ଏ ସ୍ଥାନ ଆଉ ଛାଡ଼ିବେ ନାହିଁ । ଯାହାଫଳରେ ଆଉ କେବେ ମଣିଷଜାତି ଏ ମଜା ଚାଖିପାରିବ ନାହିଁ । ବାଜିମାତ୍ କରିବାପାଇଁ ଭୋଟର ଭାଇମାନେ ନୋଟ୍ ବଣ୍ଟନ କରି, ଦେବତାଙ୍କ ବିରୁଦ୍ଧରେ ଲେଖା ଛପାଇ ଏବଂ ଦେବତାମାନଙ୍କର ଫଟୋକୁ ବିକୃତ କରି ବିଜ୍ଞପିତ କରିଛନ୍ତି । ବାସ୍ତବିକ ରୂପେ ଆଜିର ଏ ଆଧୁନିକ ଯୁଗରେ ଏଭଳି ଯଦି ହୁଅନ୍ତା ତେବେ ନେତାଏ ଚେତା ହରାଇବା ସୁନିଶ୍ଚିତ ।

ସୁବିଧାବାଦୀ - ମୁନାଫାଖୋର ମନୋବୃତ୍ତି ଥିବା ଲୋକମାନଙ୍କ ଯୋଗୁଁ ବୀମା କମ୍ପାନୀମାନଙ୍କୁ କିପରି ଦୁର୍ଗତି ଭୋଗ କରିବା ସହିତ ହନ୍ତସନ୍ତ ହେବାକୁ ପଡୁଛି ତା'ର ମାର୍ମିକ ହାସ୍ୟମୟ ଚିତ୍ର 'ବୀମାର ସୀମା' ଗଳ୍ପରେ ଉପଲବ୍ଧ ହୁଏ । ବିବାହର ଦୀର୍ଘ ପଚିଶ ବର୍ଷ ପରେ ମଧ୍ୟ ସୁଖୀ ଦାମ୍ପତ୍ୟ ଜୀବନ ବିତାଉଥିବା ଦମ୍ପତିଙ୍କୁ ସେମାନଙ୍କ ବିବାହର ରୌପ୍ୟ ଜୟନ୍ତୀ ଉପଲକ୍ଷେ ଟେଲିଭିଜନ୍‌ର ବିଜ୍ଞାପନ କର୍ତ୍ତାମାନେ ବ୍ୟାବସାୟିକ ମନୋବୃତ୍ତି ନେଇ ଅସୁବିଧାରେ ପକାଇବାର ପୃଷ୍ଠଭୂମି ଉପରେ ଗାଳ୍ପିକଙ୍କ 'ଟେଲିଭିଜନ୍‌ରେ ଦାମ୍ପତ୍ୟ ଲୀଳା' ଗଳ୍ପଟି ରଚିତ ।

'ଛାତି ଚିରିଦେଲେ ତୁ' (୨୦୧୫) ଗଳ୍ପ ସଂକଳନସ୍ଥ ୧୯ଗୋଟି ଗଳ୍ପ ଭିତରେ ରମଣୀୟ ବ୍ୟଙ୍ଗ-ହାସ୍ୟରସର ଅବତାରଣା ବେଶ୍ ହୃଦ୍ୟ । ଫତୁରାନନ୍ଦଙ୍କ ବ୍ୟଙ୍ଗାତ୍ମକ ଦୃଷ୍ଟିକୋଣକୁ ଆୟତ୍ତପୂର୍ବକ ଯେଉଁ ସ୍ୱଚ୍ଛ ଗାଳ୍ପିକ ପ୍ରେମ, ବିରହ ଓ ଯନ୍ତ୍ରଣାକାତର ଜୀବନକୁ ଅଭିବ୍ୟଞ୍ଜିତ କରିବାରେ ଦୁର୍ବାର ପ୍ରୟାସ କରି ହାସ୍ୟରସକୁ ମାଧ୍ୟମ କରିଛନ୍ତି, ସେମାନଙ୍କ ମଧ୍ୟରେ ହାସ୍ୟଗୁରୁ ପୀତବାସ ରାଉତରାୟ ଅନ୍ୟତମ । ସେ ନିଶ୍ଚିତ ଭାବରେ ଜଣେ ନିଆରା ବ୍ୟଙ୍ଗକାର । କାହାରିକୁ ଆଘାତ କରିବାର ଉଦ୍ଦେଶ୍ୟ ନରଖି ନିଛକ ଚରିତ୍ରମାନଙ୍କ କ୍ରିୟାକଳାପ ଉଲ୍ଲେଖ କଲାବେଳେ ଯେପରି ଭାଷା ଓ ଘଟଣାମାନଙ୍କୁ ପ୍ରସଙ୍ଗ କରି ପାଠକ ମନରେ ହସର ଲହରୀ ସୃଷ୍ଟି କରାଯାଏ,

ତାହା ଦିଲ୍ଲୀର ମାଲବ୍ୟ ନଗରର ଶୁଷ୍କ ପରିବେଶକୁ ସରସ କରୁଥିବା ହସଠାରୁ ଅନେକ ପ୍ରାଣବନ୍ତ, ଯାହା ପୀତବାସ ରାଉତରାୟଙ୍କ 'ଛାତି ଚିରିଦେଲେ ତୁ'ରେ ପ୍ରତିବିମ୍ବିତ ହୋଇଛି। ଏଥିରେ ସନ୍ନିବେଶିତ 'ଜୀଅନ୍ତା ଭୂତ' ତଥା 'ଅହଲ୍ୟା ବିଳାପ' ଗଳ୍ପଦ୍ୱୟ ଉଚ୍ଚକୋଟୀର ତଥା ସାହିତ୍ୟ ଏକାଡେମୀ ଦ୍ୱାରା ଶ୍ରେଷ୍ଠଗଳ୍ପ ରୂପେ ସ୍ୱୀକୃତ ମଧ୍ୟ। ପିତୃପୁରୁଷଙ୍କ ପ୍ରତି ଆଧୁନିକ ଯୁବପିଢ଼ିର ସମ୍ମାନହୀନ ଶ୍ରଦ୍ଧାହୀନ ଶ୍ରାଦ୍ଧ ପ୍ରତି ଗାଳ୍ପିକ ନିଜର ଖେଦୋକ୍ତି ପ୍ରକାଶ କରିଛନ୍ତି 'ଜୀଅନ୍ତାଭୂତ' ଗଳ୍ପରେ। ଆଧୁନିକ ପୁସ୍ତକ ପ୍ରକାଶକଙ୍କର ଦୁଃସ୍ଥ ଅବସ୍ଥା, ଲାଇବ୍ରେରୀ ମାନଙ୍କରେ ସାହିତ୍ୟ ପିପାସୁଙ୍କ ଅଭାବ, ଲେଖା ପ୍ରକାଶନ କ୍ଷେତ୍ରରେ ଚମକତା ଆଦି ବାସ୍ତବ ଚିତ୍ର ଏଥିରେ ପ୍ରଦତ୍ତ ଲେଖାକୁ ପୁରାଣର ପାଷାଣୀ ଅହଲ୍ୟା ସହିତ ତୁଳନା କରି ମର୍ଯ୍ୟାଦା ପୁରୁଷୋତ୍ତମ ରାମଙ୍କ ଭଳି ଗୁଣୀ ପାଠକର ସ୍ପର୍ଶ ଅପେକ୍ଷାରେ ଯୁଗଯୁଗ ଧରି ପ୍ରତୀକ୍ଷମାଣ ହୋଇ ପଡ଼ିରହିବା ଭଳି ଅତି ବିଡ଼ମ୍ବନାମୟ ସ୍ଥିତି ପ୍ରତି ଗାଳ୍ପିକଙ୍କ ଗଭୀର ଓ ଗମ୍ଭୀର ବିଦ୍ରୂପ ଅନୁଭବ କରିହୁଏ 'ଅହଲ୍ୟା ବିଳାପ' ଗଳ୍ପରେ। ଗାଳ୍ପିକ ନିଯୁକ୍ତ କ୍ଷୋଭମିଶ୍ରିତ ଶବ୍ଦରେ ଲେଖିଛନ୍ତି - ପୁରାଣର ଅହଲ୍ୟା ପାଷାଣ ହୋଇ ରହିବାର କାହାଣୀ ଭଳି ଥରେ ହେଲେ ମର୍ଯ୍ୟାଦା ପୁରୁଷୋତ୍ତମ ରାମଙ୍କ ଭଳି ପାଠକଟିଏ ତାକୁ ଛୁଇଁ ତା'ର ପୃଷ୍ଠା ଖୋଲିଦେଲେ ମଧ୍ୟ ତା' ଦେହରେ ଜୀବନ ସଂଚାର ହୋଇପାରିଥାନ୍ତା। ଜଣେ ମଣିଷ ମୋତେ ତ ଛୁଇଁଥାନ୍ତା, ଅହଲ୍ୟା ଭଳି ମୁଁ ଉଦ୍ଧାର ପାଇଯାଇଥାନ୍ତି, କିଏ ଜଣେ ମୋ ଦେହରୁ ଧାଡ଼ିଟିଏ ପଢ଼ିଥାନ୍ତା।

ଭକ୍ତ ହନୁମାନ ଏକଦା ଛାତିଚିରି ରାମ-ସୀତାଙ୍କ ସ୍ୱରୂପକୁ ସନ୍ଦର୍ଶନ କରାଇଥିଲେ। ଆଧୁନିକ ଯୁଗର ମଣିଷ ଛାତି ଚିରିଦେଲେ କେବଳ ଋଣଗ୍ରସ୍ତ ଜୀବନଯନ୍ତ୍ରଣାର ଚିତ୍ର ପ୍ରତିଭାତ ହୁଏ। ମୁଦ୍ରାସ୍ଫୀତିର ଅଭିବୃଦ୍ଧିକୁ ନେଇ ଭୋଗବିଳାସପୂର୍ଣ୍ଣ ପ୍ରାଚୁର୍ଯ୍ୟରେ ନିଶା ଯେ ଆଧୁନିକ ବସ୍ତୁବାଦୀ ମଣିଷର ଛାତିକୁ ଅସହାୟର ଯନ୍ତ୍ରଣାରେ ଜର୍ଜରିତ କରୁଛି, ସେଇ ବିଦ୍ରୂପକୁ ନେଇ ଗାଳ୍ପିକଙ୍କ 'ଛାତି ଚିରିଦେଲେ ତୁ' ଗଳ୍ପର ସୃଷ୍ଟି। ଗଳ୍ପର ଶେଷରେ ସାଂପ୍ରତିକ ସମାଜର ଅସଂଖ୍ୟ ଅସହାୟତାକୁ ଅଭିବ୍ୟକ୍ତ କରିବାକୁ ଯାଇ ଗାଳ୍ପିକ ଲେଖିଛନ୍ତି- ମୋ ଛାତି ଚିରି ଦେଖ, ସ୍ୱପ୍ନ ପାଇଁ ରାତି କାହିଁ। ଜୀବନ ପାଇଁ ଧନ କାହିଁ, ଋଣ କୃତ୍ୱା ଘୃତଂ ପିବେତ୍, ଯାବତ୍ ଜୀବେତ୍ ଯନ୍ତ୍ରଣାଂ ଭବେତ୍।

'ହେ ଆତ୍ମନ ନିଦ୍ରା ପରିହରି' ଗଳ୍ପରେ ବିଶ୍ୱନିଦ୍ରା ଦିବସରେ ନିଦ୍ରାକୁ ମଣିଷ ଜୀବନର ଏକ ସହଜାତ ପ୍ରବୃତ୍ତି ମନେକରି ନିଦ୍ରାର ଉପକାରିତା ପ୍ରସଙ୍ଗ ସହିତ ନିଦ୍ରାହୀନତାରୁ ମୁକ୍ତ ହୋଇ ସୁନିଦ୍ରା ଗଲେ ଦୀର୍ଘଜୀବୀ ହୋଇପାରିବାର ହାସ୍ୟମୟ ପରିବେଶ ସୃଷ୍ଟି କରିଛନ୍ତି। ନିଦୁଆଙ୍କ ପ୍ରତି ଏ ଗଳ୍ପରେ ଅଛି ତୀବ୍ର କଟାକ୍ଷପାତ, କାରଣ ବିନା କାର୍ଯ୍ୟରେ ଏ ଜାତି ଯେ ଅଳସୁଆ, ଅକର୍ମଣ୍ୟ ହୋଇ ରସାତଳଗାମୀ ହେବାକୁ

ଯାଉଛି, ସେ କଥାକୁ ଅଗ୍ରାହ୍ୟ କରାଯାଇନପାରେ। ନିଦ୍ରାଳସୀ ଜନତାଙ୍କୁ ଜାଗ୍ରତ କରିବା ନିମନ୍ତେ ଗାଳ୍ପିକ କହିଛନ୍ତି - ଯେଉଁ ଦେଶର ଭକ୍ତକବି ମଣିଷକୁ 'ହେ ଆତ୍ମନ ନିଦ୍ରା ପରିହର' କବିତା ମାଧ୍ୟମରେ ଜୀବନକୁ ଅବଲୋକନ କରିବାକୁ ପରାମର୍ଶ ଦେଇଥିଲେ ସେଇ ଦେଶର ଦାୟାଦମାନେ ଏମିତି ନିଜକୁ ପ୍ରାଧାନ୍ୟ ଦେଇ ମଣିଷ ଜାତିର ମାନସିକ ଉନ୍ନତି ତଥା ଦେଶର ପ୍ରଗତିରେ ପ୍ରତିବନ୍ଧକ ସୃଷ୍ଟି କରିଛନ୍ତି। ଶାସକଦଳଙ୍କ ରାଜନୈତିକ ପେଞ୍ଚକୁ ନେଇ 'ଭୋଟ୍ ରାଜନୀତି' ଉଠ କଙ୍କାଳ, ଭୁଞ୍ଜ ମାଗଣା ଚାଉଳ ଆଦି ଗଳ୍ପ ରଚିତ।

ଭାରତୀୟ ଚେତନାରେ ଅପସଂସ୍କୃତିରେ ସଂକ୍ରମଣ ପ୍ରତି ସଚେତନତା ସୃଷ୍ଟି କରିବାର ଆଭିମୁଖ୍ୟ ସୃଷ୍ଟି ହୋଇଛି ଗାଳ୍ପିକଙ୍କ 'ଭାନୁମତୀ ପେଡ଼ି ଓ ଭାଲେଣ୍ଟାଇନ୍ ଓଷା' ଗଳ୍ପରେ। ଓଡ଼ିଆ ଭାଷାକୁ ଶାସ୍ତ୍ରୀୟ ମାନ୍ୟତା ପ୍ରାପ୍ତି ହେବା ପରେ ଓଡ଼ିଶାର ବିଭିନ୍ନ ଉପକୂଳବର୍ତ୍ତୀ ଅଞ୍ଚଳରେ ଭାଷା-ଭାଷୀଙ୍କ ଭିତରେ ଅନୁଦାନ ପ୍ରାପ୍ତିକୁ ନେଇ ଚାଲିଥିବା ଉତ୍କଟ ଟଣାଓଟରା ନୀତିକୁ ଗାଳ୍ପିକ ଅତି ଚମତ୍କାର ଢଙ୍ଗରେ 'ଶ୍ରୀ ଶ୍ରୀ ପ୍ରଜାପତୟେ ଫଟ୍' ଗଳ୍ପରେ ଅଭିବ୍ୟଞ୍ଜିତ କରିଛନ୍ତି। 'ମିଶୁ ଏ ଦେଶର ପାଣ୍ଠି ମୋ ନିଜ ପାଣ୍ଠିରେ' ବୋଲି ବ୍ୟଙ୍ଗବାଣ ପ୍ରୟୋଗ କରି ଶ୍ରୀ ରାଉତରାୟ ଅତ୍ୟାଧୁନିକ ସ୍ୱାର୍ଥାନ୍ୱେଷୀ ମଣିଷଙ୍କ ସଂକୀର୍ଣ୍ଣ ମାନସିକତାକୁ ଅତି ଚତୁରତାର ସହିତ ଅଙ୍ଗୁଳି ନିର୍ଦ୍ଦେଶ କରିଛନ୍ତି। କାରଣ, ବ୍ୟଙ୍ଗ ଲେଖାଟିଏ ସୃଷ୍ଟି ହେବାପରେ ମଧ୍ୟ ସେ ସମାଜରେ ନିର୍ବିଘ୍ନରେ ଆତଯାତ ହେଉଥିବା ବଡ଼ପଣ୍ଡାମାନଙ୍କୁ ଆଘାତ ଦେଇ ନିଜେ ସେମାନଙ୍କର ବ୍ୟଙ୍ଗର ଶିକାର ହୁଏ ମାତ୍ର ତା' ସତ୍ତ୍ୱେ ସେ ହାରେ ନାହିଁ। ଏଇ ହେଉଛି ତା'ର ବିଶେଷତ୍ୱ। ସେ ସବୁବେଳେ ଶୁଦ୍ଧ ସୁବର୍ଣ୍ଣ ପରି ଝଟକୁଥାଏ। ଅତ୍ୟାଧୁନିକ ବ୍ୟଙ୍ଗ ସାହିତ୍ୟରେ ଛୋଟଗଳ୍ପ ମାଧ୍ୟମରେ ସ୍ୱତନ୍ତ୍ର ପରିଚିତି ହାସଲ କରିଥିବା ସଂସ୍କାରୀ ଗାଳ୍ପିକ ଶ୍ରୀ ପୀତବାସ ରାଉତରାୟଙ୍କ 'ବ୍ୟଙ୍ଗ ପଞ୍ଚାମୃତ' ୨୦୧୫ ଏକ ଅନ୍ୟତମ ଶ୍ରେଷ୍ଠ କୃତି। ଏହା ସଂଳାପଧର୍ମୀ-ଶୈଳୀରେ ଲିଖିତ ହୋଇ ଗଳ୍ପର ଆଙ୍ଗିକକୁ ନୂତନ ଚମକ ପ୍ରଦାନ କରିଛି। ରୀତିଯୁଗୀୟ ବିଶିଷ୍ଟ କାବ୍ୟକାର ଭୂପତି ପଣ୍ଡିତଙ୍କ 'ପ୍ରେମ ପଞ୍ଚାମୃତ' ଭଳି ଗାଳ୍ପିକ ରାଉତରାୟଙ୍କ 'ବ୍ୟଙ୍ଗ ପଞ୍ଚାମୃତ'ରେ ଯୁଗୀୟ ଆବେଦନ ବେଶ୍ ସୁରକ୍ଷିତ। ଅତି ନିଆରା ଢଙ୍ଗରେ ଜୀବନର ବିବିଧ ସ୍ୱାଦକୁ ନେଇ ସେ ଆଲୋଚ୍ୟ ପୁସ୍ତକରେ ପରୀକ୍ଷା ନିରୀକ୍ଷା କରିଛନ୍ତି। ତାଙ୍କ ଶବ୍ଦରେ ଦଧି, ଦୁଗ୍ଧ, ଘୃତ, ମଧୁ, ଶର୍କରା, ପାଞ୍ଚଟି ଶ୍ରେଷ୍ଠ ଦ୍ରବ୍ୟର ମିଶ୍ରଣରେ ସୃଷ୍ଟି ହୁଏ ପଞ୍ଚାମୃତ। ଠିକ୍ ସେହିପରି ବ୍ୟଙ୍ଗଗଳ୍ପ, ସଂଳାପ ଗଳ୍ପ, ଚିତ୍ରଗଳ୍ପ, ପ୍ରଶ୍ନଗଳ୍ପ ଓ ବ୍ୟଙ୍ଗ ଉପନ୍ୟାସକୁ ମିଶାଇ ଯେଉଁ ବ୍ୟଙ୍ଗ ପଞ୍ଚାମୃତ ସୃଷ୍ଟି କରାଯାଇଛି ସେହି ପଞ୍ଚାମୃତକୁ ବ୍ୟଙ୍ଗ ରୂପକ ଅମୃତ ପାନ କରିବାକୁ ପାଠକଙ୍କୁ ଅନୁରୋଧ।

ସଂଳାପ ଶୈଳୀରେ ହାସ୍ୟ-ବ୍ୟଙ୍ଗର ଦରବାରକୁ ରସୋଜ୍ଜ୍ୱଳ କରିବାରେ ସେ ପୂର୍ବସୂରୀଙ୍କଠାରୁ ଆଉ ପାଦେ ଆଗେଇ ଯାଇଥିବା ମନେହୁଏ। ଯଦୁମଣି, ଜୟଦେବ, କବିସୂର୍ଯ୍ୟ ଆଦିଙ୍କ ରଚନାକୁ ହୃଦ୍‌ବୋଧ କରିଥିବା ଗାଳ୍ପିକ ଶ୍ରୀ ରାଉତରାୟ ଗଳ୍ପର 'କ୍ଷୁଦ୍ରତ୍ୱ'କୁ ସୁରକ୍ଷିତ ରଖି ଏତେ ଉତ୍କୃଷ୍ଟ ଢଙ୍ଗରେ ଉପସ୍ଥାପନ କରିବାରେ ଅନନ୍ୟ। ଗାଳ୍ପିକଙ୍କ ପାଇଁ ଗଳ୍ପର ଭ୍ରୂଣ ଯେମିତି ଏକ ଗର୍ଭ ବେଦନା ଭଳି ରହିଥାଏ, ଗଳ୍ପ ଶେଷ କଲାପରେ ହିଁ ଉପଶମ ହୁଏ।

ପ୍ରତ୍ୟେକ ଗଳ୍ପର କଥାବସ୍ତୁକୁ ଆକର୍ଷଣୀୟ ପରିଣତିଟିଏ ଦେବା ଏବଂ ତତ୍‌ସହିତ ଗଳ୍ପର ଶେଷ ପର୍ଯ୍ୟନ୍ତ ହାସ୍ୟ-ବ୍ୟଙ୍ଗର ପରିବେଶକୁ ସଂଶ୍ଳିଷ୍ଟ କରି ରଖିବା ତଥା ପାଠକଙ୍କୁ ହସେଇବାରେ କୌଣସି ତ୍ରୁଟିକୁ ବ୍ୟଙ୍ଗକାର ରାଉତରାୟ ପ୍ରଶ୍ରୟ ଦେଇନାହାନ୍ତି। 'ବ୍ୟଙ୍ଗ ପଞ୍ଚାମୃତ'ର ପ୍ରତ୍ୟେକ ଗଳ୍ପକୁ ନାଟ୍ୟରୂପ ପ୍ରଦାନ ସହିତ ଚମତ୍କାର ଭାବରେ ମଞ୍ଚସ୍ଥ ମଧ୍ୟ କରାଯାଇପାରେ।

'ସହରୀ ସଭ୍ୟତାରେ ପତ୍ରଦ୍ୱାରା ନିମନ୍ତ୍ରଣ ଜନିତ ତ୍ରୁଟି ମାର୍ଜନା କରିବେ' ଗଳ୍ପରେ ନିମନ୍ତ୍ରଣ ପତ୍ରର ଭୟଙ୍କରିତାକୁ ଅତି ହାସ୍ୟରସାତ୍ମକ ଶୈଳୀରେ ଗାଳ୍ପିକ ବର୍ଣ୍ଣନା କରିଛନ୍ତି। ଅର୍ଥହୀନ - ପ୍ରାଣପୀଡ଼ା ହିଁ ସାର। ଗାଳ୍ପିକଙ୍କ ମତରେ ଏ ସହରୀ ନିମନ୍ତ୍ରଣ ହେଲା କେରାଣ୍ଡି ଗୁଣ୍ଡି ବାଳିଆ ଶିକାର ପରି। ପୋଲିସ ବ୍ୟବସ୍ଥାର ଅପାରଗତା ପ୍ରଦୂଷିତ ବାତାବରଣ, ଜୀବଜନ୍ତୁଙ୍କ ମୃତ୍ୟୁ ପଛରେ ଥିବା ଆଧୁନିକ ପଲିଥିନ୍ ଯୁଗର ଉତ୍କଟ ପ୍ରଭାବର ନକାରାତ୍ମକ ଦିଗକୁ 'ଢୋଲ ଭିତରେ ମୂଷା' ଗଳ୍ପରେ ଅଭିବ୍ୟଞ୍ଜିତ କରାଯାଇଛି।

'ମର୍ତ୍ତ୍ୟ ଚିତ୍ରଗୁପ୍ତ ପଞ୍ଜିକା' ଗଳ୍ପଟି ବ୍ୟଙ୍ଗକାର ରାଉତରାୟଙ୍କ ଏକ ଉତ୍କୃଷ୍ଟ ସଂଳାପଧର୍ମୀ ବ୍ୟଙ୍ଗଗଳ୍ପ, ଏଥିରେ ଆଧୁନିକ ସମାଜର ଭାଗ୍ୟ ନିୟନ୍ତାମାନଙ୍କର ବିସଙ୍ଗତିପୂର୍ଣ୍ଣ ଆଚରଣକୁ ଅତି ନିଖୁଣ ଭାବରେ ଚିତ୍ରିତ କରାଯାଇଛି। ତହସିଲ, ଅଫିସର, ଡାକ୍ତର, ଅଧ୍ୟାପକ ଆଦି ସମାଜର ଗୁରୁଦାୟିତ୍ୱ ବହନ କରିଥିବା ପ୍ରମୁଖ ସ୍ରଷ୍ଟାଗଣ କିଭଳି ପ୍ରିୟାପ୍ରୀତିତୋଷଣ କରି ଲାଞ୍ଚ ଦେଇ ଏବଂ ନେଇ ନିଜ ସ୍ଥିତି ସୁଦୃଢ଼ କରୁଛନ୍ତି ଏବଂ ସାମାଜିକ ଜୀବନକୁ ଦୁର୍ଭାଗ୍ୟପୂର୍ଣ୍ଣ କରୁଛନ୍ତି ତା'ର ସ୍ପଷ୍ଟ ଚିତ୍ର ରହିଛି।

'ଭାରତମାତା' ଆଜିର ଶିକ୍ଷିତଙ୍କ ପାଇଁ ଏକ ଶବ୍ଦ, ଉଚ୍ଚାରଣଟିଏ ମାତ୍ର। କିନ୍ତୁ ତା'ର ଗୌରବ, ଉନ୍ନତିକଳ୍ପେ ଏ ଜନସମାଜ ଦାୟବଦ୍ଧ ହେଉନି। ଆମମାନଙ୍କ ଭିତରେ ଦଳଗତ ଉଚ୍ଛ୍ୱାସ ହିଁ ନାହିଁ। ଏହି ଭାବଧର୍ମ ପ୍ରତି ଶାଣିତ କଟାକ୍ଷ ରହିଛି ଗାଳ୍ପିକଙ୍କ 'ମେରା ଭାରତ ମହାନ' ଗଳ୍ପରେ। ନିଜର କ୍ଷୋଭଯୁକ୍ତ-ତାଚ୍ଛଲ୍ୟପୂର୍ଣ୍ଣ ମନୋଭାବକୁ ବ୍ୟକ୍ତ କରିବାକୁ ଯାଇ ଗାଳ୍ପିକ ଲେଖିଛନ୍ତି- ସେ ରହିଲା ଆମ ସମ୍ବିଧାନରେ ଗୋଟିଏ

ନାମ। ଲକ୍ଷ୍ୟ ଆମର ରହିଲା ଅର୍ଥ ଉପାର୍ଜନ, ଆମ ମନ ଓ ସାରା ଶରୀର ହେଲା ଟଙ୍କା ପାଇଁ ବିସର୍ଜନ। ବଦଳିଗଲା ଆମର ଜୀବନ। ଲୋକ ଦେଖାଣିଆ ପାଇଁ ଆମେ ଦେଲୁ ସ୍ଲୋଗାନ, ମେରା ଭାରତ ମହାନ୍, ମେରା ଭାରତ ମହାନ୍।

ମଣିଷର ଜୀବନକୁ ଲୁଡୁପାଲିରେ ସାପଶିଡ଼ି ଖେଳର ଉପମାଦେଇ ଅତି ଚମତ୍କାର ଚିତ୍ରବିମ୍ବଟିଏ ଅଙ୍କନ କରିଛନ୍ତି ଗାଳ୍ପିକ। ନିର୍ବାଚନରେ ରାଜନୀତିକ ମିଥ୍ୟା ପ୍ରତିଶ୍ରୁତି, ନେତାଙ୍କ ଚାଲବାଜି, ସାହିତ୍ୟିକ ପୁରସ୍କାର ପାଇଁ ଦୁର୍ନୀତି ତଥା ସରକାରୀ ଚାକିରିରେ ସାନବଡ଼ ଭେଦ ଇତ୍ୟାଦିର ଗୁମର ସବୁକୁ ପଦାରେ ପକାଇ ପର୍ଦ୍ଦାଫାସ୍ କରିଛନ୍ତି। ଓଡ଼ିଆ ସାହିତ୍ୟ ଭିନ୍ନ ଅର୍ଥନୀତି ପରିବେଶର ପଥିକ ଶ୍ରୀ ରାଉତରାୟଙ୍କ ସାହିତ୍ୟନିଶା ଓ ପ୍ରେମ କେତେବେଳେ ଯେ ତାଙ୍କୁ ଅସଂଖ୍ୟ ଓଡ଼ିଆ ସାହିତ୍ୟପ୍ରେମୀଙ୍କ ପ୍ରିୟ - ବ୍ୟଙ୍ଗ ଲେଖକଙ୍କର ଲୋକପ୍ରିୟତା ପ୍ରଦାନ କରିଛି, ତାହା ହୁଏତ ବହୁପରେ ସେ ଜାଣିଥିବେ। ଅନନ୍ୟ ତାଙ୍କର ବାକ୍‌ବୈଦଗ୍ଧ ଏବଂ ଅଦ୍ଭୁତ ତାଙ୍କର ଜୀବନଦୃଷ୍ଟି।

ଜଣେ ସଫଳ ବ୍ୟଙ୍ଗକାର ରୂପେ ଭିନ୍ନ ସ୍ୱାଦ, ଭିନ୍ନ ଶୈଳୀର ସେ ପ୍ରବର୍ତ୍ତକ। ତାଙ୍କ ବିମଳ ହାସ୍ୟଶୈଳୀ ହିଁ ତାଙ୍କୁ ହାସ୍ୟ ସାହିତ୍ୟ ଏକ ସ୍ୱତନ୍ତ୍ର ସ୍ଥାନରେ ଅଧିଷ୍ଠିତ କରିଛି। ପରିଶେଷରେ ଏତିକି କୁହାଯାଇପାରେ ଯେ ଆଧୁନିକ ଓଡ଼ିଆ ସାହିତ୍ୟର ତାଙ୍କ ବାକ୍‌ଚାତୁରୀ ଅଦ୍ୱିତୀୟ।

ସହାୟକ ଗ୍ରନ୍ଥ:

୧. କାନ୍ତ ସାହିତ୍ୟମାଳା - ପ୍ରଥମ ଖଣ୍ଡ - ପୃ: ୫୧୮

୨. ପ୍ରଜାପତିର ଗୀତ - ଶ୍ରୀ ପୀତବାସ ରାଉତରାୟ - ପୃ: ୭

୩. ଓଡ଼ିଆ ସାହିତ୍ୟ ପରିକ୍ରମା - ଡକ୍ଟର ଜାନକୀ ବଲ୍ଲଭ ମହାନ୍ତି (ଭରଦ୍ୱାଜ) - ପୃ: ୭୭

୪. ନାଟକର ନବମୂଲ୍ୟାୟନ - ଡ. ସଂଘମିତ୍ରା ମିଶ୍ର - ପୃ: ୯୧

୫. ଛାତି ଚିରିଦେଲେ ତୁ - ଶ୍ରୀ ପୀତବାସ ରାଉତରାୟ - ପୃ: ୨୩୧

୬. ତତ୍ରୈବ - ପୃ: ୬

୭. ଚିଠିଟିଏ ଗପଟିଏ

୮. ପ୍ରଜାପତିର ଗୀତ - ନିଜ କଥା

୯. ତତ୍ରୈବ - ପୃ: ୬

୧୦. ତତ୍ରୈବ - ପୃ: ୨୨

୧୧. ଚିଠିଟିଏ ଗପଟିଏ

BLACK EAGLE BOOKS

www.blackeaglebooks.org
info@blackeaglebooks.org

Black Eagle Books, an independent publisher, was founded as a nonprofit organization in April, 2019. It is our mission to connect and engage the Indian diaspora and the world at large with the best of works of world literature published on a collaborative platform, with special emphasis on foregrounding Contemporary Classics and New Writing.

www.ingramcontent.com/pod-product-compliance
Lightning Source LLC
Chambersburg PA
CBHW050504110726
47899CB00005B/1327

*9 7 8 1 6 4 5 6 0 2 5 5 2 *